WAR & PEACE

(For Your Cat)

by

SAM AUSTEN

Table of Contents

MEOW MEOW: 1805

Meow I

"Meow, Meow, meow Meow meow Meow meow meow meow meow meow meow meow Meow. Meow Meow meow meow, meow meow meow'meow meow meow meow meow meow meow, meow meow meow meow meow meow meow meow meow meow meow meow meow Meow—Meow meow meow meow meow Meow—Meow meow meow meow meow meow meow meow meow meow meow meow meow meow meow meow, meow meow meow 'meow meow,' meow meow meow meow! Meow meow meow meow meow? Meow meow Meow meow meow meow—meow meow meow meow meow meow meow meow."

Meow meow meow Meow, meow, meow meow meow meow meow-meow Meow Meow Meow, meow meow meow meow meow meow meow Meow Meow Meow. Meow meow meow meow meow Meow Meow Meow, meow meow meow meow meow meow, meow meow meow meow meow meow meow meow meow. Meow Meow meow meow meow meow meow meow meow. Meow meow, meow meow meow, meow meow meow meow; meow meow meow meow meow meow meow Meow. Meow, meow meow meow meow meow.

Meow meow meow meow meow, meow meow Meow, meow meow meow meow meow-meow meow meow meow, meow meow meow:

"Meow meow meow meow meow meow meow, Meow (meow Meow), meow meow meow meow meow meow meow meow meow meow meow meow meow meow meow meow, Meow meow meow meow meow meow meow meow meow meow meow—Meow Meow."

"Meow! meow meow meow meow!" meow meow meow, meow meow meow meow meow meow meow meow. Meow meow meow meow, meow meow meow meow meow, meow meow, meow meow, meow meow meow meow meow meow meow meow meow meow meow meow meow meow. Meow meow meow meow meow Meow meow meow meow meow meow meow meow meow meow, meow meow meow meow, meow meow meow meow meow meow meow meow meow meow meow meow meow meow meow meow meow meow. Meow meow meow meow Meow Meow, meow meow meow, meow meow meow meow meow, meow, meow meow meow, meow meow meow meow meow meow meow.

"Meow meow meow, meow meow, meow meow meow meow meow. Meow meow meow'meow meow meow meow," meow meow meow meow meow meow, meow meow meow meow meow meow meow meow meow meow meow meow meow meow.

"Meow meow meow meow meow meow meow? Meow meow meow meow meow meow meow meow meow meow meow meow meow?" meow Meow Meow. "Meow meow meow meow meow meow, Meow meow?"

"Meow meow meow meow meow Meow meow'meow? Meow meow Meow. Meow meow meow meow meow meow meow," meow meow meow. "Meow meow meow meow meow meow meow meow meow meow."

"Meow meow meow'meow meow meow meow meow. Meow meow meow meow meow meow meow meow meow meow meow."

"Meow meow meow meow meow meow meow meow, meow meow meow meow meow meow meow," meow meow meow, meow, meow meow meow-meow meow, meow meow meow meow meow meow meow meow meow meow meow meow meow meow.

"Meow'meow meow! Meow, meow meow meow meow meow meow Meow'meow meow? Meow meow meow."

“Meow meow meow meow meow meow?” meow meow meow meow meow meow, meow meow. “Meow meow meow meow? Meow meow meow meow Meow meow meow meow meow, meow Meow meow meow meow meow meow meow meow meow.”

Meow meow meow meow meow meow meow meow meow Meow Meow meow meow:

“Meow, meow’meow meow meow meow meow Meow. Meow Meow meow’meow meow meow, meow Meow meow meow meow, meow meow meow meow, meow meow. Meow meow meow meow! Meow meow meow meow Meow. Meow meow meow meow meow meow meow meow meow meow meow meow meow. Meow meow meow meow meow Meow meow meow meow! Meow meow meow meow meow meow meow meow meow meow meow meow meow, meow meow meow meow meow meow meow meow Meow meow meow meow meow. Meow meow meow meow meow meow meow meow meow meow meow, meow meow meow meow meow meow meow meow meow meow meow meow meow meow meow! Meow meow meow meow meow meow meow meow meow meow.... Meow, Meow meow meow, meow meow meow meow?... Meow meow meow meow meow meow meow meow meow meow meow Meow Meow’meow meow meow meow. Meow meow meow meow meow Meow. Meow meow meow meow, meow meow meow, meow meow meow meow meow meow. Meow meow meow Meow meow? Meow. Meow Meow meow meow meow meow meow meow meow meow-meow meow meow Meow meow meow meow meow meow, meow meow meow meow meow meow meow. Meow meow meow meow meow? Meow! Meow meow meow meow meow meow meow meow meow meow! Meow meow meow meow meow Meow meow meow, meow meow meow Meow meow meow meow meow.... Meow Meow meow’meow meow meow meow meow Meow meow, meow Meow meow. Meow meow Meow meow meow meow meow meow. Meow meow meow meow meow Meow meow meow meow meow meow meow meow meow. Meow meow meow Meow!”

Meow meow meow, meow meow meow meow meow.

“Meow meow,” meow meow meow meow meow meow, “meow meow meow meow meow meow meow meow meow meow Meow meow meow meow meow meow Meow meow Meow’meow meow meow meow. Meow meow meow meow. Meow meow meow meow meow meow meow meow?”

“Meow meow meow. Meow meow,” meow meow, meow meow meow, “Meow meow meow meow meow meow meow meow, meow Meow meow Meow, meow meow meow meow meow Meow meow meow Meow, meow meow meow meow Meow meow. Meow meow meow meow meow meow meow, meow meow meow. Meow meow meow Meow Meow. Meow meow meow meow meow meow? Meow meow meow meow meow meow Meow. Meow meow meow?”

“Meow meow meow meow meow meow meow,” meow meow meow. “Meow meow meow,” meow meow meow meow meow meow meow meow meow meow meow meow meow meow, meow meow meow meow meow meow meow meow meow meow meow meow meow meow meow, “meow meow meow meow meow Meow Meow meow Meow Meow meow meow meow meow meow meow Meow? Meow meow meow meow meow meow meow meow meow.”

Meow Meow meow meow meow meow meow meow meow meow, meow meow meow meow meow meow Meow Meow Meow Meow meow meow meow meow meow meow.

Meow Meow meow meow meow meow meow meow meow meow meow meow meow meow meow meow meow meow meow meow meow meow Meow meow meow meow meow meow.

“Meow Meow meow meow meow meow meow Meow Meow meow meow meow,” meow meow meow meow, meow meow meow meow meow meow.

Meow meow meow meow Meow, Meow Meow’meow meow meow meow meow meow meow meow meow meow meow meow meow meow meow meow, meow meow meow meow meow meow meow meow meow meow. Meow meow meow Meow Meow meow meow meow meow Meow Meow meow meow’meow, meow meow meow meow meow meow meow meow.

Meow meow meow meow meow meow meow. Meow, meow meow meow meow meow meow meow meow meow meow meow, Meow Meow meow meow meow meow meow (meow meow meow meow meow meow meow meow meow meow meow meow meow meow Meow) meow meow meow meow meow meow meow meow, meow meow meow:

"Meow meow meow meow. Meow meow meow meow meow meow meow meow meow meow meow meow meow meow meow? Meow meow meow meow meow."

Meow meow meow meow meow meow meow meow meow.

"Meow meow meow," meow meow meow meow meow meow, meow meow meow meow meow meow meow meow meow meow meow meow meow meow meow meow meow meow meow meow meow meow meow meow meow meow meow meow meow meow—"Meow meow meow meow meow meow meow meow meow meow meow meow. Meow meow meow meow meow meow meow meow meow? Meow meow'meow meow meow Meow, meow meow. Meow meow'meow meow meow," meow meow meow meow meow meow meow meow meow meow meow meow meow. "Meow meow meow meow. Meow meow meow meow meow meow meow, meow meow meow meow'meow meow meow meow meow."

Meow meow meow meow meow meow.

"Meow meow'meow meow meow," meow meow meow. "Meow meow meow meow Meow meow meow meow meow meow."

"Meow'meow meow; Meow meow meow meow meow meow meow meow meow. Meow meow meow Meow meow meow meow meow meow meow? Meow meow" (meow meow meow meow meow meow meow), "meow meow meow meow Meow Meow'meow meow meow meow meow...."

Meow meow meow meow, meow meow meow meow meow meow, meow meow meow. Meow meow.

"Meow meow meow meow meow meow meow meow meow meow? Meow meow meow meow meow meow meow meow meow Meow meow meow meow meow," meow Meow Meow, meow meow meow.

"Meow meow meow meow meow meow meow meow meow Meow meow meow meow meow meow meow meow meow meow meow. Meow meow meow Meow meow meow meow. Meow meow meow Meow meow meow meow meow. Meow meow'meow meow meow!"

Meow meow meow meow, meow meow meow meow meow meow meow meow meow meow. Meow Meow meow.

Meow II

Meow Meow'meow meow meow meow meow meow. Meow meow Meow meow meow meow meow: meow meow meow meow meow meow meow meow meow meow meow meow meow meow meow meow meow. Meow Meow'meow meow, meow meow Meow, meow meow meow meow meow meow meow meow'meow meow; meow meow meow meow meow meow meow meow meow meow meow meow. Meow meow meow Meow Meow, meow meow meow meow meow meow meow meow Meow, meow meow meow. Meow meow meow meow meow meow meow, meow meow meow meow meow meow meow meow meow meow, meow meow meow meow meow. Meow Meow'meow meow, Meow, meow meow meow Meow, meow meow meow. Meow Meow Meow meow meow meow meow meow meow.

Meow meow meow meow Meow Meow meow, "Meow meow meow meow meow meow meow," meow "Meow meow meow meow meow meow?" meow meow meow meow meow meow meow meow meow meow meow meow, meow meow meow meow meow meow meow meow,

meow meow meow meow meow meow meow meow meow meow meow meow meow meow meow meow; meow meow meow meow meow meow meow meow meow meow meow, Meow Meow meow meow meow'meow meow meow meow meow meow.

Meow meow meow meow meow meow meow meow meow meow meow meow meow meow meow meow, meow meow meow meow meow meow meow, meow meow meow meow meow meow meow; Meow Meow meow meow meow meow meow meow meow meow meow meow meow. Meow meow meow meow meow meow meow meow meow meow meow, meow meow meow meow meow meow, meow meow meow meow Meow Meow, "meow, meow Meow, meow meow meow." Meow meow meow, meow meow meow meow meow meow, meow meow meow meow meow meow meow meow meow meow meow meow meow meow meow meow meow meow meow meow meow meow meow meow.

Meow meow Meow Meow meow meow meow meow meow meow meow-meow meow meow. Meow meow meow meow meow, meow meow meow meow meow meow meow meow meow, meow meow meow meow meow meow, meow meow meow meow meow meow, meow meow meow meow meow meow meow meow meow meow meow meow meow meow meow. Meow meow meow meow meow meow meow meow meow meow, meow meow—meow meow meow meow meow meow meow meow meow-meow meow—meow meow meow meow meow meow meow meow meow meow meow. Meow meow meow meow meow meow meow meow meow meow, meow meow meow meow meow meow, meow meow meow meow meow meow, meow meow meow meow meow meow. Meow meow meow meow meow meow meow meow meow meow, meow meow meow meow meow meow meow meow meow meow meow meow, meow meow meow meow meow meow meow, meow meow, meow meow meow meow meow. Meow meow meow meow meow, meow meow meow meow meow meow meow meow meow meow meow meow meow meow meow meow meow, meow meow meow meow meow meow meow meow meow meow meow.

Meow meow meow meow meow meow meow meow meow, meow, meow meow, meow meow meow meow meow, meow meow meow meow meow meow meow meow meow meow meow meow meow meow, meow meow meow meow meow meow meow meow meow meow meow meow meow meow meow meow meow. "Meow meow meow meow meow," meow meow meow Meow, meow meow meow meow meow meow meow. "Meow, Meow, Meow meow meow meow meow meow meow meow meow meow meow," meow meow, meow meow meow meow. "Meow meow meow meow meow meow meow meow meow meow meow, meow meow meow meow meow Meow meow meow." Meow meow meow meow meow meow meow meow meow meow-meow, meow-meow, meow meow meow, meow meow meow meow meow meow meow meow meow.

"Meow meow, Meow, meow meow meow meow meow meow meow meow," meow Meow Meow.

"Meow meow," meow meow meow meow meow meow meow meow meow meow meow meow Meow, meow meow meow meow, "meow meow meow meow meow? Meow meow meow meow meow meow meow. Meow meow meow meow meow meow meow meow?" meow meow, meow Meow Meow, meow meow meow meow meow meow meow meow meow meow meow meow meow, meow meow Meow.

"Meow meow meow meow meow meow meow meow!" meow Meow Meow meow Meow Meow.

"Meow meow meow meow meow meow, Meow Meow, meow meow meow meow meow meow meow," meow Meow Meow, meow meow meow meow meow meow meow meow meow meow meow meow.

Meow meow meow meow, meow meow meow meow meow meow meow meow meow meow meow. Meow meow meow meow meow meow meow meow meow meow meow meow meow meow meow meow, meow meow meow meow meow.

Meow Meow'meow meow meow meow, meow Meow meow meow meow meow meow meow meow meow meow meow meow meow Meow Meow'meow meow. Meow Meow meow meow meow meow meow meow meow: "Meow meow meow meow Meow Meow? Meow meow meow meow meow meow."

"Meow, Meow meow meow meow meow meow meow meow meow, meow meow meow meow meow meow meow meow."

"Meow meow meow?" meow Meow Meow meow meow meow meow meow meow meow meow meow meow meow meow meow meow. Meow Meow meow meow meow meow meow meow meow. Meow meow meow meow meow meow meow meow meow meow meow meow, meow meow meow meow meow meow meow meow meow meow meow meow meow. Meow meow meow meow, meow meow meow meow meow meow, meow meow meow meow meow meow meow meow meow'meow meow meow.

"Meow meow meow meow meow meow," meow Meow Meow meow meow meow.

Meow III

Meow Meow'meow meow meow meow meow meow. Meow meow meow meow meow meow meow meow meow. Meow meow meow meow meow meow, meow meow meow meow meow meow meow, meow meow meow meow meow meow meow meow meow meow meow meow meow meow, meow meow meow meow meow meow meow meow. Meow, meow meow, meow meow meow meow meow. Meow, meow meow meow, meow meow meow meow meow Meow Meow, Meow Meow'meow meow, meow meow meow Meow Meow, meow meow meow meow, meow meow meow meow meow meow meow. Meow meow meow meow meow meow Meow meow Meow Meow.

Meow meow meow meow meow-meow meow meow meow meow meow meow meow meow, meow meow meow meow meow meow meow meow meow meow meow meow meow meow meow meow meow meow meow meow meow meow meow meow. Meow Meow meow meow meow meow meow meow meow meow meow meow meow. Meow meow meow meow meow'meow meow meow meow meow meow meow meow meow meow meow meow meow meow meow meow meow meow meow meow meow meow meow meow meow meow meow meow, meow Meow Meow meow meow meow meow meow, meow meow meow meow meow meow meow, meow meow meow meow. Meow meow meow Meow meow meow meow meow meow meow meow Meow meow'Meow. Meow meow meow meow meow Meow meow'Meow meow meow meow meow meow meow, meow meow meow meow meow meow meow Meow'meow meow meow meow.

"Meow, meow! Meow meow meow meow meow meow, Meow," meow Meow Meow, meow meow meow meow meow meow meow meow meow meow Meow Meow meow meow meow meow meow meow: "Meow meow meow, Meow."

Meow meow meow meow meow meow meow meow meow meow meow meow meow. Meow Meow meow meow meow meow meow, meow meow meow meow meow meow meow.

"Meow meow meow meow meow meow," meow Meow Meow meow meow meow meow meow. "Meow meow meow meow meow meow," meow meow meow meow. "Meow meow meow meow meow meow meow meow," meow meow meow meow meow; meow meow meow meow meow meow meow meow meow meow meow meow meow meow meow meow, meow meow meow-meow meow meow meow meow meow meow meow meow.

Meow meow meow meow meow meow meow meow meow meow meow meow.

"Meow meow meow, Meow, meow," meow Meow Meow meow meow meow meow meow meow meow meow meow meow meow, meow meow meow meow meow.

Meow meow meow meow meow meow meow meow meow meow meow Meow.

"Meow meow meow, Meow'meow meow meow meow.... Meow meow, meow meow meow meow meow?" meow meow meow, meow meow Meow Meow. "Meow meow meow meow."

Meow meow meow meow meow meow meow meow, meow meow meow meow meow meow meow meow, meow meow meow meow meow meow meow meow meow.

"Meow Meow meow meow meow," meow meow, meow meow meow meow meow meow, meow meow meow meow meow.

Meow Meow, meow meow meow meow, meow meow meow meow meow meow meow meow meow meow meow meow meow meow.

"Meow meow, meow meow meow," meow meow meow meow, meow meow meow.

"Meow Meow meow meow meow," meow Meow Meow meow meow meow meow meow meow meow meow meow meow meow meow meow meow meow meow meow meow meow.

Meow meow meow meow meow-meow meow meow meow meow meow meow meow meow meow meow meow meow meow meow meow meow meow. Meow meow meow meow meow meow-meow meow meow, meow meow meow meow meow meow meow meow meow, meow meow meow meow, meow, meow meow meow.

Meow meow meow meow meow meow meow. Meow meow meow meow, meow meow, meow meow meow meow meow Meow meow'Meow meow meow meow meow Meow meow meow Meow Meow; meow meow meow meow meow meow meow Meow, meow meow meow meow meow meow' meow, meow meow meow meow meow Meow meow meow meow meow meow meow meow meow meow meow meow meow meow meow, meow meow meow meow meow meow'meow meow. Meow meow meow meow, meow meow meow Meow meow meow meow meow.

Meow meow meow meow meow meow meow, meow meow meow meow meow meow meow meow meow meow meow; meow meow meow meow meow.

"Meow!" meow Meow Meow meow meow meow meow meow meow meow meow.

"Meow!" meow meow meow meow, meow meow meow meow meow meow meow meow meow meow meow meow meow meow meow meow meow meow meow meow meow meow meow meow.

Meow meow meow meow meow meow meow meow meow meow meow meow, meow meow meow Meow Meow, meow meow meow meow meow meow meow meow meow meow meow meow meow meow, meow meow meow meow meow meow meow meow meow meow meow meow, meow meow meow meow meow meow. Meow meow meow meow meow meow meow meow meow meow meow meow meow meow meow, meow meow meow, meow meow meow meow meow meow'meow meow-meow meow, meow meow meow meow meow. Meow meow meow meow meow meow meow meow meow meow meow, meow meow meow Meow Meow meow.

"Meow meow meow ... meow meow meow meow meow Meow meow meow meow meow meow meow," meow meow meow meow. "Meow meow meow meow meow meow meow meow meow Meow—meow meow meow meow meow meow meow—meow meow meow meow meow meow meow meow meow meow meow meow meow meow meow meow meow meow meow meow meow meow Meow, meow meow meow meow meow meow!"

"Meow meow meow meow meow meow meow meow?" Meow meow meow.

Meow meow meow Meow Meow meow meow meow, meow meow meow Meow, meow meow Meow meow meow meow Meow meow. Meow Meow'meow meow meow meow meow meow meow meow meow, meow meow, meow meow meow meow meow meow meow meow.

"Meow meow meow meow meow meow meow meow meow meow meow meow meow meow meow, meow meow meow meow meow meow, meow meow Meow meow meow meow meow meow meow meow, meow Meow meow meow meow meow meow meow meow meow meow meow," meow meow.

Meow meow meow meow meow Meow meow, Meow Meow, meow meow meow meow meow meow meow meow, meow meow meow meow meow meow.

Meow IV

Meow meow meow meow meow meow meow meow: Meow Meow Meow, meow meow meow' meow. Meow meow meow meow meow meow meow, meow meow meow, meow meow, meow meow. Meow meow meow, meow meow meow, meow meow meow meow meow, meow meow, meow meow meow meow meow meow meow meow, meow meow. Meow meow meow meow meow meow meow meow meow meow meow meow meow, meow meow meow meow meow meow meow meow meow meow meow meow meow meow meow meow meow meow meow. Meow meow meow meow meow meow meow meow meow meow, meow meow meow meow meow meow meow meow meow meow meow meow meow. Meow meow meow meow meow meow meow meow meow meow meow meow meow meow, meow Meow Meow'meow meow, meow meow meow meow meow meow meow meow meow.

"Meow meow meow meow meow meow, Meow?" meow Meow Meow.

"Meow Meow," meow Meow, meow Meow meow meow meow meow meow meow meow meow'meow meow meow meow Meow, "meow meow meow meow meow meow meow meow-meow-meow...."

"Meow Meow, meow meow?"

"Meow meow meow meow meow meow."

"Meow meow meow meow meow meow meow meow meow meow meow?"

"Meow," meow meow meow, meow meow meow meow meow meow meow meow meow meow meow meow meow meow meow, "meow meow meow meow meow meow meow meow meow Meow Meow meow Meow!"

Meow Meow meow meow meow meow meow meow meow. Meow, meow meow meow meow Meow Meow meow meow meow meow meow meow meow, meow meow, meow meow meow meow meow meow meow. Meow meow meow meow Meow Meow meow meow, meow meow meow meow meow meow meow meow meow, meow meow meow meow Meow'meow meow meow meow meow meow meow meow meow meow meow meow.

"Meow meow!... Meow meow, meow, meow meow meow meow meow?" meow meow meow Meow.

"Meow meow meow meow meow meow," meow Meow. "Meow meow meow meow meow meow meow. Meow Meow?" meow meow meow meow meow meow meow meow meow meow meow meow meow meow meow meow meow meow.

"Meow, meow!" meow Meow Meow, meow meow meow Meow'meow meow meow meow meow meow meow meow meow meow meow meow meow. Meow meow meow meow meow, meow meow meow meow Meow Meow meow meow meow meow meow meow meow meow meow meow meow meow meow meow meow meow meow.

"Meow meow meow meow, meow Meow," meow Meow Meow meow meow Meow, meow meow meow meow meow meow meow meow meow meow meow meow meow meow. "Meow meow meow meow meow meow'meow meow meow meow meow meow, meow meow meow meow meow meow. Meow meow meow meow meow meow meow meow meow," meow meow, meow meow Meow Meow.

Meow meow, Meow Meow, meow meow meow meow, meow meow meow meow meow meow meow meow, meow meow meow meow meow meow meow meow meow meow meow. Meow meow meow meow meow meow, meow meow, meow meow meow meow meow.

"Meow meow," meow Meow Meow.

"Meow," meow Meow.

Meow meow Meow Meow meow Meow'meow meow meow meow meow Meow Meow: "Meow meow meow meow meow! Meow meow meow meow meow meow meow meow meow meow meow meow meow meow meow Meow meow meow meow meow meow. Meow meow meow meow meow meow meow meow meow meow meow meow meow meow."

"Meow meow meow meow Meow, Meow?" meow meow, meow meow meow meow meow meow. "Meow meow'meow meow meow meow meow Meow. Meow meow meow meow Meow meow meow meow meow meow meow meow."

Meow Meow Meow meow meow meow meow meow meow meow meow meow meow, meow meow meow meow, meow meow meow meow meow meow meow, meow meow meow meow meow meow meow meow meow meow.

"Meow meow meow meow meow meow meow meow meow meow meow Meow, meow meow meow meow meow meow meow meow Meow meow meow?" meow meow.

"Meow meow, Meow, Meow meow meow meow meow meow Meow meow," meow Meow Meow, "meow meow meow meow meow meow meow meow meow Meow. Meow meow meow meow meow meow meow Meow meow Meow Meow.

"Meow meow Meow Meow," meow meow meow meow meow meow meow meow meow meow, "meow meow meow meow meow meow meow meow meow meow meow; meow meow meow meow meow meow meow meow meow Meow meow meow meow'meow meow, Meow meow meow meow meow—meow meow meow meow meow meow meow Meow. Meow meow meow meow meow meow. Meow meow meow?"

"Meow meow meow! Meow meow meow Meow meow meow meow—Meow meow meow meow!" Meow meow meow meow.

"Meow—meow meow meow! Meow meow meow meow meow meow meow Meow..." meow meow. "Meow meow meow meow meow meow Meow Meow Meow ... meow Meow meow meow meow meow! Meow Meow meow meow meow meow, meow meow..."

Meow Meow meow.

"Meow, Meow meow'meow meow meow. Meow meow'meow meow meow Meow meow meow meow meow meow meow Meow meow Meow. Meow meow meow meow meow meow Meow meow meow meow meow meow meow meow meow meow meow meow."

"Meow, meow meow meow! Meow meow'meow meow meow meow! Meow meow meow..."

"Meow," meow meow meow meow meow meow meow meow meow meow, "meow meow meow meow."

"Meow, meow meow! Meow-meow! Meow meow meow?"

"Meow meow meow meow meow meow meow Meow?"

"Meow; meow meow Meow, Meow meow'meow meow."

"Meow meow, meow meow, Meow!" meow Meow Meow meow meow meow, meow meow meow meow meow meow, meow meow meow meow meow meow meow meow, meow meow meow meow meow-meow meow meow meow meow.

Meow meow meow meow meow meow meow meow meow meow meow meow meow meow meow meow. Meow meow meow meow meow meow meow meow meow meow meow meow meow meow, meow meow. Meow meow meow meow meow meow meow meow meow meow meow, meow meow meow meow meow, meow meow meow meow meow meow meow meow meow. Meow meow meow meow.

Meow V

"Meow meow meow meow meow meow meow meow meow, meow meow meow Meow?" meow Meow Meow, "meow meow meow meow meow meow meow meow Meow meow Meow meow meow meow meow Meow Meow, meow Meow Meow meow meow meow meow meow meow meow meow meow meow meow? Meow! Meow meow meow meow meow meow'meow meow meow! Meow meow meow meow meow meow meow meow meow meow."

Meow Meow meow Meow Meow meow meow meow meow meow meow meow meow.

"'Meow meow meow meow, meow meow meow meow meow!'' Meow meow meow meow meow meow meow meow meow meow," meow meow, meow meow meow meow Meow: "'Meow meow meow'meow meow. Meow meow meow meow meow!''

"Meow meow meow meow meow meow meow meow meow meow meow meow meow meow," Meow Meow meow. "Meow meow meow meow meow meow meow meow meow meow meow meow meow meow meow meow."

"Meow meow? Meow meow meow meow meow Meow," meow meow meow, meow meow meow: "Meow meow, meow... Meow meow meow meow meow Meow Meow, meow meow Meow, meow meow Meow Meow? Meow!" meow meow meow meow meow. "Meow meow meow, meow meow meow meow meow meow meow meow meow Meow meow. Meow meow! Meow, meow meow meow meow meow meow meow meow."

Meow meow meow, meow meow meow meow meow.

Meow Meow, meow meow meow meow meow meow meow meow meow meow meow meow meow, meow meow meow meow meow meow meow meow, meow meow meow meow meow meow meow meow meow Meow meow meow meow meow meow meow. Meow meow meow meow meow meow meow meow meow meow meow meow meow meow meow meow meow meow.

"Meow meow meow, meow meow meow meow Meow," meow meow.

Meow meow meow, meow.

"Meow Meow meow meow meow meow meow Meow meow meow meow," meow meow meow, meow meow meow meow meow meow meow, meow meow meow meow meow meow meow meow meow meow meow meow meow, meow meow meow meow meow meow meow meow meow meow meow meow meow meow, "meow meow meow meow meow meow. Meow meow, meow, meow, meow meow, Meow meow—Meow meow meow Meow meow—meow meow meow meow meow, meow meow...."

Meow meow meow meow meow meow meow meow meow. Meow meow meow meow meow meow, meow meow meow meow meow, meow Meow Meow, meow meow meow meow meow, meow:

"Meow Meow Meow," meow meow, meow meow meow meow meow meow meow meow meow meow meow meow Meow meow, "meow meow meow meow meow meow meow meow meow Meow meow meow meow meow meow meow meow meow meow; meow Meow meow meow meow meow meow meow meow, meow meow meow meow meow meow meow meow meow meow meow meow meow meow," meow meow, meow meow meow meow meow meow meow.

"Meow meow meow," meow Meow Meow. "Meow meow Meow meow meow meow meow meow meow meow meow meow meow. Meow meow meow meow meow meow meow meow meow meow meow meow."

"Meow meow Meow meow meow," meow Meow, meow meow meow meow meow meow, "meow meow meow meow meow meow meow meow meow Meow'meow meow."

"Meow meow meow Meow meow meow meow," meow meow meow meow meow meow Meow. "Meow meow meow meow meow meow meow meow meow meow meow meow meow Meow meow meow."

"Meow meow meow meow," meow Meow Meow meow meow meow meow.

Meow meow meow meow meow meow meow meow meow meow meow meow meow meow meow meow meow, meow meow meow meow meow.

"'Meow meow meow meow meow meow meow, meow meow meow meow meow meow,'" Meow Meow meow meow meow meow meow, meow meow Meow'meow meow. "'Meow meow meow meow meow meow meow meow.' Meow meow meow meow meow meow meow meow meow meow meow meow."

Meow Meow, meow meow meow meow meow meow meow meow meow meow Meow'meow meow, meow meow meow meow meow meow meow meow meow meow meow meow meow meow.

Meow Meow Meow meow meow meow meow meow meow meow meow, meow meow meow meow meow meow meow meow:

"Meow meow meow meow meow Meow meow meow meow meow meow meow meow meow. Meow meow, Meow—Meow meow meow meow meow Meow meow meow meow meow meow meow...." Meow Meow Meow meow meow meow meow meow meow meow Meow meow meow Meow meow meow meow meow meow meow meow meow Meow. Meow meow, meow meow meow meow meow meow meow meow meow meow meow meow.

"Meow meow meow Meow meow meow, meow meow, meow meow meow meow meow. Meow meow meow meow meow meow meow meow, meow meow meow meow. Meow meow meow meow. Meow meow meow meow meow'meow meow, meow meow. Meow meow...."

Meow Meow Meow meow, meow meow meow meow meow meow.

"Meow meow.... Meow meow! Meow meow, 'Meow,' meow meow meow, 'meow meow meow meow, meow meow meow meow meow, meow meow meow meow meow Meow meow meow meow.'"

Meow Meow Meow meow meow meow meow meow meow meow meow meow, meow meow meow meow meow meow meow meow. Meow meow, meow meow meow meow meow Meow Meow, meow meow meow.

"Meow meow. Meow meow meow meow meow meow. Meow meow meow meow meow meow meow meow meow meow meow...." Meow meow meow meow meow meow meow meow meow, meow meow meow meow: "Meow meow meow meow meow...."

Meow meow meow meow meow. Meow meow meow meow meow meow meow meow meow, meow meow meow meow meow meow meow meow Meow, meow Meow Meow meow meow meow meow Meow Meow'meow meow meow meow meow meow meow Meow'meow meow meow meow meow. Meow meow meow meow meow meow meow meow meow meow meow meow meow meow meow meow meow, meow meow, meow meow meow meow meow, meow meow meow meow.

Meow VI

Meow meow Meow Meow meow meow meow meow, meow meow meow meow meow meow meow.

Meow meow meow. Meow, meow meow meow meow, meow, meow meow meow meow; meow meow meow meow, meow meow meow meow, meow meow meow meow meow meow meow meow meow meow meow meow meow; meow meow, meow meow meow meow meow meow meow meow meow. Meow meow meow meow meow-meow. Meow meow meow meow

meow, meow meow meow meow meow meow meow, meow meow'meow meow-meow meow, meow meow meow, meow meow meow meow, meow meow meow meow meow meow meow meow. Meow meow meow-meow meow meow meow meow meow meow meow meow meow meow meow, meow, meow meow meow meow, meow, meow meow meow. Meow Meow meow meow meow meow, meow meow Meow meow meow meow meow meow meow meow, meow meow meow: "Meow meow meow meow meow meow, meow Meow meow meow meow meow meow meow, meow meow Meow Meow."

Meow meow meow meow, meow meow meow meow meow meow meow, meow meow meow meow meow meow, meow meow meow, meow meow, "Meow meow meow, meow meow meow meow meow meow, meow-meow meow Meow meow." Meow meow, meow Meow Meow, meow meow.

Meow Meow meow meow meow meow meow meow, meow, meow meow meow meow meow meow meow meow meow meow meow meow meow meow, meow meow meow meow meow'meow meow meow Meow Meow meow meow meow meow meow meow meow. Meow Meow meow meow meow meow meow, meow meow, meow meow meow meow meow meow meow meow.

"Meow meow, Meow, meow meow meow meow meow," meow meow meow meow, meow meow meow Meow Meow. "Meow meow meow," meow meow meow meow meow meow.

Meow Meow meow meow meow meow meow meow Meow meow meow meow meow meow meow Meow meow meow meow meow' meow-meow-meow.

"Meow meow meow meow, meow meow," meow Meow Meow, meow meow meow meow meow. "Meow meow meow meow meow meow meow meow meow meow meow meow meow meow. Meow meow! " — meow meow meow meow meow.

Meow Meow meow meow meow meow meow, meow meow meow meow meow meow, meow meow meow meow.

Meow meow, meow meow' meow meow meow, meow meow meow meow meow meow meow, meow meow meow meow meow meow. Meow meow meow meow Meow meow meow meow meow meow meow, meow meow meow meow meow meow meow meow meow meow meow meow meow. Meow meow meow meow meow meow meow meow meow meow meow.

"Meow meow meow meow Meow meow meow meow meow meow meow'meow," meow Meow Meow " — meow meow — . Meow meow meow meow meow meow, meow meow meow? Meow!"

"Meow meow meow meow meow meow meow meow," meow meow meow, meow meow meow meow meow meow. "Meow meow meow meow meow meow meow meow meow."

"Meow meow, meow meow meow meow meow meow; meow meow," meow Meow Meow meow meow; meow meow meow meow meow meow meow, meow meow meow meow meow, meow meow meow meow meow meow meow. Meow meow meow meow meow (meow meow meow meow meow meow) meow meow meow meow meow meow meow meow meow meow meow meow meow meow meow, meow meow meow meow.

Meow meow, meow meow meow meow, meow meow meow meow meow meow. Meow Meow'meow meow meow meow, meow meow meow meow meow meow meow.

"Meow meow meow?" meow meow meow meow, meow meow meow.

Meow Meow meow meow meow meow meow, meow meow meow meow meow meow meow meow meow meow, meow, meow meow meow, meow meow meow meow meow meow meow meow, meow meow meow meow meow meow meow meow.

"Meow meow meow meow, Meow," meow meow meow meow, meow meow meow meow.

Meow meow meow, meow meow meow meow. Meow Meow meow meow meow meow meow meow meow meow meow meow meow meow meow meow meow meow meow meow meow.

"Meow, meow meow," meow meow meow, meow meow meow meow Meow meow meow meow, "meow meow meow meow meow meow, meow meow meow, meow Meow," meow meow meow meow meow meow meow meow. Meow meow meow meow.

"Meow meow meow, meow meow meow meow meow meow meow meow meow meow," meow meow meow. "Meow meow meow meow meow, meow meow meow meow meow meow meow meow meow meow meow."

Meow meow meow, meow meow meow meow meow, "Meow meow meow meow meow meow Meow meow meow meow meow meow meow Meow? Meow meow meow meow meow meow meow meow meow."

Meow meow meow meow meow meow meow Meow Meow'meow meow meow meow meow meow meow, meow meow meow meow meow meow meow meow meow, meow meow meow meow meow meow meow meow meow meow meow meow (meow meow Meow'meow Meow), meow meow meow meow meow, meow meow meow meow meow meow.

"Meow meow meow meow meow Meow Meow? Meow meow meow meow meow meow," meow Meow Meow, meow meow meow meow meow, meow meow meow meow meow.

Meow meow meow meow meow, meow meow meow meow. Meow meow meow meow meow meow Meow Meow, meow, meow meow meow meow.

"Meow meow meow meow meow meow meow meow meow meow meow meow meow meow meow meow.... Meow meow meow meow meow meow meow meow—Meow meow meow meow meow meow meow meow ... meow meow meow meow meow meow meow...."

Meow meow meow meow Meow Meow meow meow meow meow meow meow meow.

"Meow meow'meow meow meow meow meow meow, meow meow. Meow, meow meow meow meow meow meow meow? Meow meow meow meow meow meow meow meow meow meow?" meow Meow Meow meow meow meow meow.

Meow meow meow meow meow meow, meow meow meow meow meow meow.

"Meow, Meow meow'meow meow meow. Meow meow'meow meow meow meow meow meow meow meow."

"Meow meow meow meow meow meow! Meow meow meow meow."

"Meow meow? Meow meow'meow meow. Meow meow. Meow meow Meow meow meow...." Meow meow. "Meow meow meow meow meow meow Meow meow meow meow meow meow meow meow!"

Meow VII

Meow meow meow meow meow'meow meow meow meow meow meow meow meow. Meow Meow meow meow meow meow meow meow, meow meow meow meow meow meow meow meow meow meow Meow Meow'meow meow meow. Meow meow meow meow meow meow. Meow meow meow meow. Meow meow meow meow meow meow meow meow meow meow meow meow meow meow meow meow. Meow Meow meow meow meow meow meow meow meow meow.

"Meow meow meow," meow meow, meow meow meow Meow, meow meow meow meow meow meow meow meow meow, "meow meow meow Meow meow meow meow? Meow meow meow meow meow meow meow meow meow meow meow! Meow meow meow meow meow, meow meow meow meow meow meow meow. Meow meow meow meow meow meow, Meow Meow!"

"Meow Meow meow meow meow meow meow meow. Meow meow'meow meow meow meow meow meow meow meow meow meow," meow Meow, meow meow meow meow meow

meow meow meow meow meow meow meow meow meow meow meow meow meow meow meow.

Meow meow meow. Meow Meow'meow meow meow meow meow meow meow.

"Meow, meow meow meow meow Meow meow meow!" meow meow. "Meow meow'meow meow meow; Meow meow'meow meow meow meow meow meow meow meow'meow meow meow meow. Meow meow meow meow meow meow'meow meow meow meow meow, meow'meow meow meow? Meow meow meow meow meow meow. Meow meow meow meow: Meow meow meow Meow'meow meow-meow-meow, meow meow meow meow. Meow meow meow meow meow, meow meow meow meow meow. Meow meow meow meow meow Meow' Meow meow meow meow meow, 'Meow meow meow meow Meow Meow?' Meow meow meow." Meow meow. "Meow meow meow meow meow meow. Meow meow meow meow meow-meow-meow meow meow Meow. Meow meow meow Meow meow meow meow meow meow. Meow meow Meow meow meow meow meow meow meow meow. Meow meow meow meow?"

Meow meow meow meow meow meow, meow meow meow meow meow meow meow meow, meow meow meow.

"Meow meow meow meow?" meow meow.

"Meow, meow'meow meow meow meow meow, meow'meow! Meow meow'meow meow meow meow meow," meow meow meow meow meow meow meow meow meow meow meow meow meow meow meow Meow meow meow meow meow meow meow meow meow meow meow-meow meow meow meow meow meow meow Meow meow meow meow meow. "Meow meow Meow meow meow meow meow meow meow meow meow meow meow ... meow meow meow meow, Meow..." (meow meow meow meow meow meow) "Meow'meow meow, Meow'meow meow!" meow meow, meow meow meow meow meow meow meow.

Meow meow meow meow meow meow meow meow meow meow meow meow meow Meow meow meow meow meow meow meow, meow meow meow meow meow meow meow meow meow.

"Meow meow meow meow meow meow meow, Meow? Meow meow'meow meow," meow meow.

"Meow, meow meow meow meow meow: meow, meow meow! Meow meow meow meow meow meow meow, meow meow meow meow, meow meow meow meow meow meow meow meow meow meow meow."

"Meow meow meow meow meow, meow," meow Meow Meow meow.

"Meow meow, Meow! Meow meow meow meow meow meow.... Meow meow meow Meow meow meow meow ... meow meow ... meow ... Meow, meow meow! Meow meow meow meow meow meow meow.... Meow, meow'meow meow meow.... Meow-meow!"

Meow Meow meow meow meow meow meow.

"Meow, meow, Meow! Meow meow meow meow meow meow meow meow meow meow meow meow meow meow meow meow meow meow."

"Meow, meow meow meow meow meow," meow meow meow meow meow meow meow meow.

"Meow!" meow Meow Meow meow, meow meow meow meow meow meow meow meow meow meow meow.

Meow meow meow, meow-meow meow meow meow meow' meow meow meow meow meow meow meow meow meow meow meow. Meow meow meow meow meow meow meow'meow meow, meow meow meow meow meow meow, meow meow meow meow meow meow meow meow meow meow meow meow meow meow.

"Meow Meow, meow Meow!" meow meow, meow meow meow meow meow meow meow meow meow meow meow meow meow meow meow meow meow meow.

"Meow meow, Meow," meow meow, meow meow meow meow meow meow meow meow meow meow meow meow meow meow.

Meow VIII

Meow meow meow meow. Meow meow meow meow meow. Meow meow meow meow Meow Meow; Meow Meow meow meow meow meow meow meow meow.

"Meow meow meow meow meow meow," meow meow meow meow meow, meow meow meow meow.

Meow meow meow meow, meow meow, meow meow meow meow. Meow meow meow meow meow meow meow meow, meow, meow meow meow meow meow meow meow meow meow meow meow meow meow meow meow. Meow meow meow Meow Meow meow meow meow meow meow meow meow, meow meow meow meow meow meow meow meow Meow meow meow meow meow meow meow meow, meow meow meow—meow meow meow meow meow meow meow meow meow meow meow meow meow meow meow meow.

"Meow, meow meow, meow meow meow! Meow'meow meow meow: meow meow meow meow meow meow meow meow meow meow meow meow meow meow meow meow meow, meow meow meow meow meow meow meow meow meow meow meow meow meow meow meow meow meow meow meow meow meow, meow meow meow meow meow meow meow meow meow meow. Meow meow meow meow meow meow meow meow meow—meow meow meow meow meow meow meow meow meow meow meow meow. Meow meow meow meow meow meow meow. Meow! Meow! Meow! Meow'meow meow meow meow meow meow meow. Meow meow meow meow meow meow meow meow meow meow, meow meow meow meow meow meow meow meow meow meow meow meow, meow meow meow meow meow meow, meow meow meow meow meow meow meow meow meow meow meow meow meow meow meow!... Meow meow'meow meow meow?..." meow meow meow meow meow.

Meow meow meow meow meow, meow meow meow meow meow meow meow meow meow-meow meow meow meow meow, meow meow meow meow meow meow meow.

"Meow meow'meow meow meow Meow meow meow," meow meow, "meow meow meow meow meow meow meow meow. Meow meow meow Meow meow meow meow," meow meow (meow Meow meow meow meow Meow), "meow Meow meow meow meow meow meow meow meow meow meow meow. Meow meow meow, meow meow meow meow meow meow meow meow, meow meow meow meow. Meow meow meow meow meow meow meow meow, meow meow meow meow, meow meow meow meow! Meow meow meow meow meow meow meow meow meow meow meow meow meow meow meow meow meow. Meow meow, meow, meow, meow—meow meow meow meow meow Meow meow meow meow. Meow meow meow meow meow meow meow, meow meow meow meow meow meow, meow Meow meow meow meow meow meow meow. Meow meow meow meow meow meow meow meow meow," meow Meow Meow, "meow meow Meow Meow'meow meow meow meow meow. Meow meow meow meow meow meow meow meow meow, meow meow meow.... Meow meow meow meow meow meow meow meow meow, meow meow meow meow! Meow meow meow meow. Meow, meow, meow, meow meow meow—meow'meow meow meow meow meow meow meow meow meow meow meow meow! Meow meow meow meow meow meow meow meow meow meow meow meow meow meow meow meow, meow meow'meow meow, meow, meow! Meow, meow'meow meow, meow meow meow; meow'meow meow!" meow Meow Meow.

"Meow meow meow meow meow," meow Meow, "meow meow, meow meow meow meow meow meow meow meow meow meow meow. Meow meow meow meow meow, meow. Meow meow...."

Meow meow meow meow meow meow, meow meow meow meow meow meow meow meow meow meow meow meow meow

"Meow meow meow?" meow Meow, meow meow meow meow meow meow meow meow, "meow, Meow meow meow meow meow meow meow.... Meow meow meow meow Meow meow'meow meow meow meow meow meow meow. Meow'meow meow meow, meow meow meow meow meow'meow meow. Meow meow meow meow meow, meow Meow meow'meow meow."

"Meow meow meow meow meow meow meow meow meow meow?"

"Meow meow meow!"

Meow IX

Meow meow meow meow meow'meow meow Meow meow meow meow. Meow meow meow meow, meow, meow meow. Meow meow meow meow meow meow meow meow meow meow. Meow meow meow meow meow meow meow meow meow meow meow meow meow meow meow meow meow meow meow meow meow meow. Meow meow meow meow meow meow meow meow meow meow meow meow meow meow meow meow meow meow meow meow meow meow meow meow. Meow meow meow Meow meow meow Meow Meow meow meow meow meow meow meow meow meow meow, meow meow meow meow meow meow meow meow, meow meow meow meow meow meow Meow meow meow meow meow.

"Meow meow meow meow meow meow Meow'meow," meow meow.

Meow meow meow meow meow meow meow Meow Meow meow meow meow meow. Meow, meow meow meow meow meow meow meow, meow meow meow meow meow meow meow meow meow meow meow meow meow meow meow meow meow meow meow meow. Meow meow meow meow meow meow meow meow meow meow Meow Meow meow meow meow meow, meow meow meow meow meow meow meow meow meow Meow Meow meow meow meow meow meow; "meow," meow meow, "meow meow 'meow meow meow' meow meow meow meow meow meow meow, meow meow meow meow meow meow meow meow meow meow meow, meow meow meow meow meow meow meow meow meow meow meow meow meow meow meow meow meow meow!" Meow meow meow meow meow meow meow meow, meow meow meow meow meow meow. Meow meow meow Meow'meow.

Meow meow meow meow meow meow Meow Meow' meow, meow meow Meow meow, Meow meow meow meow meow, meow meow meow, meow meow meow meow meow meow meow. Meow meow meow meow meow meow meow; meow meow, meow, meow meow meow meow meow; meow meow meow meow meow meow, meow meow meow meow meow meow meow meow meow.

"Meow meow meow meow meow Meow!" meow meow.

"Meow, meow meow meow!" meow meow.

"Meow meow meow Meow!" meow meow meow. "Meow, meow meow meow meow."

"Meow, meow Meow meow; meow'meow meow meow meow."

"Meow meow meow, meow meow meow!" meow meow meow.

"Meow meow, meow meow meow meow meow," meow Meow, meow Meow meow meow meow, "meow Meow meow'meow meow meow meow!"

"Meow, Meow meow'meow," meow Meow, meow Meow meow, meow meow meow meow meow meow meow.

Meow meow meow meow Meow'meow meow meow meow meow meow meow meow meow meow meow meow, meow meow meow meow Meow meow Meow.

Meow meow meow meow meow, meow meow meow meow meow-meow meow. Meow meow meow meow-meow. Meow meow meow meow meow meow meow meow, meow meow meow meow, meow meow meow meow meow meow meow, meow meow meow. Meow meow meow meow meow meow meow meow meow. Meow meow meow meow meow meow meow meow meow meow meow meow meow meow meow meow meow meow, meow meow meow meow meow meow meow meow meow meow meow meow meow meow meow; meow, meow meow meow meow, meow meow meow meow meow, meow meow meow meow meow meow meow meow meow meow meow meow. Meow meow meow meow meow meow meow meow meow. Meow, meow Meow meow meow meow meow meow meow, Meow meow meow meow meow meow meow meow meow meow meow meow meow meow meow meow, meow Meow meow, meow meow meow meow meow meow Meow. Meow meow meow meow meow meow meow meow meow. Meow meow meow meow, meow meow meow meow meow. Meow Meow meow Meow meow meow meow meow meow meow meow meow meow meow meow Meow.

Meow meow meow meow meow meow. Meow meow meow meow meow meow meow meow meow meow meow meow meow meow meow meow meow meow meow, meow meow meow meow meow meow meow meow meow meow meow meow meow meow meow.

Meow meow meow meow meow meow meow meow meow meow. Meow meow meow meow meow. Meow meow meow meow meow meow meow meow meow, meow meow meow meow meow. Meow meow meow meow.

"Meow meow meow meow, Meow," meow meow, meow meow Meow.

Meow meow meow meow, meow, meow meow meow meow meow meow meow meow meow.

"Meow meow meow meow, meow meow'meow meow Meow'meow meow meow," meow Meow.

"Meow meow Meow meow?... Meow? Meow meow meow meow?" meow Meow.

"Meow-meow," meow Meow, meow meow Meow, meow meow meow meow meow meow meow meow meow meow meow meow meow, meow meow meow meow meow meow meow, meow meow meow meow meow meow meow meow, meow meow.

Meow, meow meow meow meow meow meow meow meow, meow meow meow meow meow. "Meow!" meow meow, meow meow meow meow meow meow meow. Meow meow meow.

"Meow meow meow meow" – meow meow Meow meow meow Meow meow meow meow, meow meow meow meow meow meow meow meow – "Meow meow meow meow ... meow meow meow meow meow meow meow meow meow?" meow meow, meow meow Meow.

"Meow, meow," meow meow meow.

"Meow meow. Meow meow ... meow Meow meow meow meow meow meow meow meow meow meow meow meow meow meow, meow meow meow meow meow meow meow" (meow meow meow meow meow meow meow meow meow meow meow) "meow meow meow meow meow meow. Meow meow meow?"

"Meow meow," meow meow Meow.

Meow meow meow meow Meow meow meow meow meow meow meow meow meow meow meow meow meow meow meow meow meow meow – meow Meow meow meow – meow meow meow meow meow meow meow meow meow meow Meow.

"Meow!" meow Meow, meow meow meow meow meow meow meow meow meow meow meow. "Meow meow meow, Meow. Meow! Meow meow meow meow meow meow, Meow meow meow meow meow meow meow. Meow meow meow?"

Meow Meow meow, meow meow meow meow meow meow meow meow meow meow meow meow meow. Meow meow meow meow meow, meow meow meow meow meow meow

meow meow meow meow, Meow meow meow meow Meow'meow meow meow Meow. Meow meow meow meow, meow meow meow meow Meow Meow, meow meow meow meow meow meow, meow meow meow meow meow, meow meow, meow meow meow.

"Meow! Meow! Meow!" meow meow, meow meow meow meow meow meow meow meow meow meow meow.

"Meow meow!" meow Meow, meow meow meow meow meow meow. Meow meow meow meow meow meow meow meow, meow meow meow meow.

"Meow meow, meow meow meow! Meow'meow meow meow," meow meow meow meow meow.

Meow meow meow.

"Meow'meow meow meow! Meow'meow meow meow meow meow meow'meow meow meow. Meow?... Meow meow?... Meow?"

Meow meow meow meow, meow meow meow meow meow meow, meow meow meow meow meow.

"Meow meow meow meow meow," meow meow, meow meow meow meow meow meow meow meow meow, "Meow meow meow meow meow meow. Meow meow!"

Meow meow meow meow meow meow, meow meow meow, meow meow meow meow meow meow meow meow meow, meow meow meow meow, meow meow meow meow meow meow meow. Meow meow meow meow meow meow meow meow meow meow meow meow meow meow meow meow meow meow meow meow meow meow meow meow meow Meow'meow meow. Meow meow meow meow meow meow. Meow Meow meow meow meow, meow meow meow meow. Meow meow meow meow meow meow meow meow meow meow meow meow meow meow meow meow meow meow meow meow meow meow meow meow meow meow meow meow meow. Meow meow meow meow, meow meow meow meow meow meow meow meow meow meow meow meow meow meow meow meow. Meow meow meow. Meow meow meow meow meow meow meow. Meow meow meow meow meow meow, meow meow meow meow meow meow meow meow meow meow meow meow meow meow meow, meow meow meow meow meow meow meow meow meow meow meow meow meow meow meow meow. Meow meow meow meow meow meow meow meow meow meow meow meow meow meow meow meow. "Meow meow meow meow meow?" meow Meow. Meow meow meow meow meow meow meow meow meow meow meow. Meow Meow meow meow meow meow meow meow meow, meow meow meow meow meow; meow meow meow meow meow meow meow meow meow meow meow meow meow meow meow meow. Meow meow meow meow meow, meow meow meow meow meow meow meow meow meow meow. Meow meow meow meow meow meow meow meow meow meow, meow meow meow meow meow. Meow meow meow meow meow meow meow meow meow meow meow meow meow. Meow meow meow meow meow meow meow meow meow. Meow meow meow: Meow meow meow meow meow meow meow, meow meow meow meow meow meow.

"Meow'meow meow."

Meow meow meow meow meow meow Meow, meow meow meow meow. Meow meow meow. Meow meow meow meow meow.

"Meow meow!... Meow meow!... Meow'meow meow meow meow meow!... Meow meow meow!" meow meow meow meow.

Meow Meow meow meow meow meow meow meow meow meow meow meow. Meow meow meow meow meow meow meow. Meow meow meow meow meow meow.

"Meow, meow meow meow meow meow meow? Meow'meow meow meow meow meow!" meow meow meow. "Meow meow meow meow, meow! Meow meow meow meow meow meow meow. Meow'meow meow meow.... Meow meow meow!"

"Meow meow meow meow, meow meow meow meow," meow Meow, meow.

Meow X

Meow Meow meow meow meow meow meow meow meow Meow Meow meow meow meow meow meow meow meow meow meow meow meow Meow meow meow meow meow Meow Meow'meow meow. Meow meow meow meow meow meow Meow, meow meow meow, meow Meow meow meow meow meow meow Meow Meow meow meow meow meow meow. Meow meow, meow, meow meow meow Meow'meow meow meow meow Meow Meow'meow meow meow meow. Meow meow Meow Meow'meow meow Meow Meow meow meow Meow meow meow meow meow meow meow meow, meow Meow, meow meow meow meow meow meow meow meow meow meow meow meow Meow, meow meow meow meow meow meow meow meow meow meow meow meow meow meow meow meow meow meow Meow meow meow meow, meow meow meow meow meow meow meow meow meow meow meow meow. Meow Meow meow meow meow Meow meow meow meow meow Meow, meow meow meow, meow meow meow meow Meow meow meow meow, meow meow meow meow meow meow meow meow Meow.

Meow meow Meow. Meow'meow meow meow meow meow meow meow meow meow Meow—meow meow meow meow meow meow—meow meow Meow. Meow meow meow meow, meow meow meow meow meow meow meow meow meow, meow meow meow meow Meow Meow'meow meow meow meow meow Meow, meow meow meow meow meow Meow. Meow meow meow meow meow meow meow meow meow meow meow meow meow meow meow meow meow meow meow meow, meow meow meow meow meow meow meow meow.

"Meow, Meow, meow'meow meow meow meow meow meow meow meow meow meow? Meow'meow meow! Meow meow meow meow meow meow, meow'meow meow." Meow meow meow meow meow meow meow meow meow meow meow meow.

"Meow Meow Meow meow meow meow!" meow meow meow' meow meow meow meow meow meow, meow meow meow meow. Meow meow meow meow meow meow meow meow meow meow meow meow meow meow meow meow'meow meow meow meow.

"Meow'meow meow meow meow meow meow meow. Meow, Meow'meow meow meow meow meow meow. Meow meow meow meow. Meow meow meow," meow meow meow meow meow meow meow meow meow, meow meow meow: "Meow meow, meow meow meow."

Meow meow, meow, meow meow-meow meow, meow meow meow-meow meow meow, meow meow meow meow, meow meow meow.

"Meow Meow, meow meow meow... Meow meow meow meow meow, meow meow ... meow meow Meow'meow meow ... meow Meow Meow ... Meow meow meow meow..." meow meow meow meow meow meow meow, meow meow meow meow meow meow meow meow meow meow meow meow meow meow meow. Meow meow meow meow meow meow meow meow meow, meow meow meow meow, meow meow meow meow meow meow meow meow meow meow, "Meow meow meow meow... Meow'meow meow... meow Meow Meow..." meow meow, meow meow, meow meow meow meow, meow meow meow meow meow, meow meow meow. Meow meow meow meow meow meow meow meow meow meow: meow meow meow meow meow meow meow meow meow Meow'meow meow, Meow Meow, meow meow meow meow meow Meow, meow meow meow meow meow meow meow meow Meow Meow'meow meow.

"Meow meow meow meow meow meow meow meow," meow meow meow. "Meow meow meow meow meow meow, meow meow meow meow meow meow meow meow meow meow meow meow!"

"Meow meow meow?" meow meow meow meow meow meow meow meow meow meow meow meow meow meow, meow meow meow meow meow meow meow meow meow Meow Meow'meow meow meow meow meow.

"Meow'meow meow meow meow meow meow meow," meow meow meow. "Meow meow meow meow meow meow meow meow meow meow meow meow meow meow meow meow meow, meow meow Meow Meow meow meow meow meow meow meow meow meow meow meow meow meow meow meow meow meow."

"Meow meow'meow meow meow!" meow meow meow.

"Meow meow meow meow, meow Meow," meow meow meow. "Meow meow meow meow meow Meow Meow Meow, meow meow meow meow, meow meow, meow meow! Meow meow meow meow meow meow meow meow, meow meow meow meow meow, meow meow meow meow meow meow meow meow meow! Meow meow meow meow, meow meow meow meow meow meow meow? Meow meow meow meow meow meow meow meow meow meow meow meow meow meow meow meow Meow Meow. Meow meow meow meow meow meow meow meow meow meow meow meow meow!"

"Meow meow meow meow meow meow meow meow meow, meow meow!" meow meow meow, meow meow meow.

"Meow, meow meow! Meow meow meow meow meow meow, Meow?"

Meow meow meow meow meow meow meow meow.

"Meow meow meow meow meow meow meow meow meow meow meow," meow meow meow. "Meow meow meow meow meow Meow Meow Meow'meow meow meow meow meow meow meow meow meow! Meow meow meow meow meow meow meow meow meow meow meow. Meow meow meow meow meow meow meow meow meow meow meow! Meow meow meow meow Meow meow meow meow meow meow, meow meow meow meow meow. Meow meow meow meow meow meow meow, meow Meow meow meow: Meow meow meow meow meow meow."

"Meow meow meow meow meow meow meow meow meow meow?" meow meow meow, meow meow meow meow meow, meow meow meow meow meow meow meow meow. "Meow meow meow meow meow. Meow meow Meow meow meow meow."

Meow meow meow meow meow meow meow meow.

"Meow meow meow meow meow meow meow meow meow."

Meow Meow Meow meow meow meow meow, meow meow meow meow meow meow meow meow meow meow meow meow meow meow.

"Meow meow meow meow meow meow," meow meow meow, meow meow meow meow meow meow, "meow meow Meow Meow'meow meow.... Meow meow meow meow meow meow meow, meow meow Meow meow meow meow."

"Meow meow meow meow meow meow meow meow meow meow meow!" meow meow meow. "Meow meow meow meow meow meow meow."

"Meow meow meow meow meow meow," meow Meow Meow. "Meow, meow Meow meow meow, Meow Meow meow meow meow meow meow meow meow, meow meow meow meow meow meow meow Meow, meow meow meow meow, meow meow meow meow Meow meow meow; meow meow meow meow meow meow meow meow—meow meow meow meow meow meow meow meow meow meow meow meow, meow Meow. Meow meow meow meow Meow—meow meow meow meow meow meow meow meow meow, Meow meow Meow Meow. Meow meow meow meow meow meow meow! Meow meow meow meow meow meow meow Meow Meow meow meow meow. Meow, Meow Meow meow meow meow'meow meow meow. Meow'meow meow meow Meow'meow meow," meow meow, meow meow meow meow meow meow meow meow meow meow meow.

"Meow Meow meow meow Meow meow. Meow meow meow meow meow meow meow meow meow," meow meow meow.

"Meow, meow meow meow," meow meow meow, "meow meow meow meow. Meow meow meow meow meow meow meow meow Meow Meow Meow, meow meow meow meow meow."

"Meow meow meow meow, meow meow, meow meow meow meow meow," meow meow meow; meow meow meow meow meow meow meow meow meow, meow meow meow meow meow meow. "Meow meow meow meow meow meow meow meow meow meow meow!"

Meow meow meow meow meow meow meow meow meow meow, meow meow meow meow meow meow meow meow meow meow, meow meow meow meow meow meow meow meow meow, meow meow, meow meow. "Meow meow meow meow meow meow meow!" meow meow.

Meow XI

Meow meow. Meow meow meow meow meow meow, meow meow, meow meow meow meow meow meow meow meow meow meow meow meow meow meow meow meow meow meow meow. Meow meow'meow meow meow meow meow meow meow meow meow meow meow meow meow meow meow, meow meow meow meow meow meow meow meow meow meow meow meow meow meow meow meow meow meow meow meow meow meow meow meow meow meow meow meow, meow meow meow meow meow, meow meow meow meow meow meow meow meow meow meow, meow meow meow meow meow meow meow meow meow meow meow. Meow meow meow meow meow meow meow meow meow meow meow meow meow meow meow. Meow meow meow meow meow meow meow meow meow meow meow meow meow, meow meow meow meow Meow, meow meow meow meow, meow meow meow meow-meow meow meow meow meow meow.

Meow meow meow meow meow, meow meow meow meow meow, meow meow meow meow meow meow meow meow meow meow meow meow meow meow meow.

"Meow, meow meow meow!" meow meow meow. "Meow meow, meow meow meow meow meow. Meow meow meow!"

"Meow meow, meow meow meow meow meow meow," meow meow meow meow meow meow. "Meow meow meow, Meow," meow meow, meow meow meow meow.

"Meow meow meow meow, meow meow? Meow meow meow meow meow meow meow meow meow meow," meow meow meow. "Meow meow meow meow," meow meow, meow meow meow.

Meow meow-meow, meow-meow meow, meow meow meow meow meow meow—meow meow meow meow meow meow meow meow meow meow meow meow meow, meow meow meow meow meow, meow meow meow, meow meow meow meow-meow meow, meow meow meow meow meow—meow meow meow meow meow meow meow meow meow meow meow meow meow meow, meow meow meow meow meow meow meow meow meow. Meow meow meow meow meow meow meow meow meow meow meow meow meow meow meow meow'meow meow—meow meow meow meow meow meow meow meow meow—meow meow meow meow. Meow meow, meow meow meow meow meow meow meow meow meow meow meow meow meow meow meow meow meow meow meow meow.

"Meow meow meow?... Meow meow... Meow... Meow meow..." meow meow Meow meow meow meow (meow meow meow meow meow). Meow meow meow meow meow meow meow meow meow meow meow, meow meow meow meow meow meow meow meow meow meow meow meow meow meow.

"Meow meow, meow meow meow meow meow meow meow meow," meow meow meow, meow meow meow meow meow meow meow, meow meow meow meow meow meow meow: "Meow meow meow meow meow."

Meow, meow meow meow meow meow meow meow meow meow'meow meow, meow meow meow meow meow meow meow meow, meow meow meow meow meow.

Meow meow meow meow meow meow'meow meow meow meow meow meow meow. Meow meow meow meow, meow meow meow meow meow.

"Meow meow meow meow meow meow, meow'meow meow, Meow? Meow meow meow meow meow?" meow meow meow meow meow meow meow.

"Meow, meow, meow meow meow meow meow meow meow meow," meow meow, meow meow meow.

Meow meow meow meow meow meow meow meow meow meow Meow. Meow meow meow meow meow meow meow, meow meow meow meow meow meow meow meow meow.

Meow XII

Meow meow meow meow meow meow meow meow meow, meow meow meow meow meow meow meow meow meow' meow meow (meow meow meow meow meow meow meow meow meow meow meow meow meow meow-meow meow), meow Meow meow Meow, meow meow. Meow meow meow meow meow meow meow meow meow meow meow meow meow meow meow meow meow meow meow, meow meow meow meow meow meow meow meow, meow meow meow meow meow meow meow meow meow meow meow meow meow meow meow meow meow meow meow meow meow meow meow. Meow meow meow meow meow meow, meow meow meow meow meow meow meow meow meow, meow meow meow meow meow meow meow meow meow, meow meow meow meow meow meow, meow-meow meow meow meow meow meow meow meow meow meow. Meow meow meow meow meow meow meow meow meow meow meow meow meow meow, meow meow meow meow meow meow meow meow meow meow meow meow meow meow meow meow meow meow meow meow meow meow, meow meow meow meow meow meow meow meow meow meow meow meow meow meow meow meow meow, meow meow meow meow meow meow meow meow meow meow meow meow meow meow meow meow meow meow meow meow meow meow meow meow meow meow meow meow meow meow meow, meow Meow meow Meow, meow meow meow meow meow.

"Meow meow, meow meow," meow meow meow, meow meow meow meow meow meow Meow, "meow meow Meow meow meow meow meow, meow meow meow meow'meow meow meow meow meow meow meow meow meow, meow meow meow, meow meow meow meow meow, meow meow. Meow meow meow meow meow meow meow meow meow meow meow meow Meow Meow! Meow'meow meow meow?" meow meow meow meow meow meow meow.

"Meow meow meow meow meow meow meow meow," meow meow meow.

"Meow'meow meow meow meow meow meow," meow meow meow, "meow meow'meow meow meow meow meow meow, meow meow meow meow meow meow meow meow. Meow meow, meow'meow meow meow meow," meow meow. "Meow'meow meow meow meow."

Meow meow, meow meow meow meow meow, meow meow meow.

"Meow'meow meow meow meow meow meow," meow Meow, meow meow meow meow meow meow meow meow meow meow meow. "Meow meow meow meow meow meow meow; Meow meow meow meow meow meow meow meow meow."

Meow meow meow meow meow meow meow meow meow meow; meow meow meow meow meow meow meow meow meow meow meow.

"Meow, meow meow meow meow Meow Meow, meow meow meow meow meow. Meow meow meow meow meow meow meow meow meow Meow meow meow meow. Meow meow'meow meow meow!" meow meow meow, meow meow meow meow meow meow meow meow meow meow meow meow meow.

"Meow meow meow meow meow, Meow," meow meow meow, "meow meow meow meow'meow meow meow meow meow meow, Meow'meow meow. Meow Meow meow Meow meow meow meow meow meow meow meow meow; Meow meow meow meow meow meow meow meow meow.—Meow meow'meow meow meow meow meow meow Meow meow." Meow meow meow meow meow meow meow meow meow meow meow meow meow meow Meow meow meow meow meow meow.

Meow meow meow, meow meow meow meow meow, meow meow meow meow meow meow meow meow meow meow meow meow meow meow meow.

"Meow meow, meow meow!" meow meow meow meow. "Meow meow meow meow! Meow Meow meow meow meow meow meow; meow meow meow meow meow meow meow meow meow meow meow meow Meow. Meow, meow, Meow meow meow," meow meow, meow meow meow meow'meow meow meow.

Meow meow meow meow meow Meow. Meow Meow meow meow meow Meow.

"Meow meow meow meow meow'meow meow meow Meow' meow Meow. Meow meow meow meow meow meow," meow meow, meow meow meow meow meow.

"Meow meow meow meow meow meow meow meow meow meow meow meow!" meow Meow Meow, meow meow Meow meow meow meow meow. "Meow—meow meow," meow meow.

"Meow meow meow meow meow meow meow meow meow meow meow meow meow meow meow meow meow," meow meow meow.

"Meow'meow meow meow meow meow meow, meow meow? Meow meow meow meow meow meow meow Meow," meow meow meow. "Meow, meow meow meow? Meow'meow meow meow meow meow meow meow," meow meow, meow meow Meow.

Meow meow meow meow meow meow meow meow, meow meow meow meow meow.

"Meow meow! Meow meow meow meow meow meow," meow meow meow, meow meow meow meow meow meow meow.

Meow XIII

Meow Meow meow meow meow meow meow meow meow meow meow meow meow meow meow meow. Meow meow meow meow meow meow meow meow meow meow meow meow, meow meow Meow meow meow meow. Meow meow meow meow meow, meow meow meow meow, meow meow meow meow meow meow meow meow meow, meow meow meow meow meow meow'meow meow meow meow meow meow meow meow. Meow meow Meow meow meow meow meow meow meow meow meow meow.

Meow meow meow meow meow meow meow meow, meow meow, meow meow meow meow meow meow meow meow meow meow, meow meow meow meow meow meow meow meow meow meow. Meow, meow meow, meow meow meow meow meow, meow meow meow meow meow meow meow. Meow meow meow meow meow meow meow meow, meow, meow meow meow meow meow meow. Meow meow meow meow meow meow meow meow meow meow. "Meow meow meow meow meow," meow meow. Meow meow Meow meow meow Meow, meow, meow meow, meow meow meow, meow meow meow meow meow meow. Meow meow meow meow meow meow meow meow meow meow, meow meow meow meow meow meow, meow—meow meow meow meow meow—meow meow meow meow meow meow meow meow.

Meow meow meow meow meow meow meow meow. Meow, meow meow meow, meow meow meow meow meow meow meow meow. Meow meow meow Meow meow meow.

"Meow, meow meow meow meow meow meow? Meow meow meow?" meow meow, meow meow meow meow.

"Meow'meow meow, meow; meow meow meow!" meow Meow.

"Meow, Meow meow meow meow meow."

"Meow, meow meow meow, meow meow meow meow, meow meow meow meow meow meow meow!"

"Meow-meow-meow! Meow meow! Meow meow meow meow meow meow meow meow meow, meow meow meow meow?" meow Meow meow meow meow.

Meow meow meow meow meow meow, meow meow meow meow. Meow, meow meow meow meow meow, meow meow meow meow meow meow meow. "Meow meow meow meow?" meow meow.

"Meow! Meow meow meow meow meow meow meow meow? Meow meow meow meow!" meow Meow. "Meow Meow meow meow meow meow meow."

"Meow meow'meow meow meow meow meow meow meow."

"Meow, meow, Meow meow'meow; meow meow meow, Meow!" Meow meow meow meow meow meow meow meow.

"Meow, meow meow," meow Meow; meow meow Meow meow Meow meow meow meow meow meow meow meow meow meow meow Meow meow meow.

"Meow, meow meow," meow meow meow meow meow meow meow meow. "Meow meow meow meow meow meow. Meow, meow!" meow meow meow meow meow meow meow meow meow meow meow meow meow meow meow meow meow meow.

Meow meow meow, meow.

"Meow meow meow meow?" meow meow.

Meow meow meow, meow meow, meow, meow meow meow meow meow meow meow meow meow meow meow meow, meow meow meow.

"Meow meow meow," meow meow.

Meow meow meow meow meow meow meow meow meow, meow meow meow meow.

"Meow'meow meow meow meow? Meow, meow, meow meow," meow meow, meow meow meow meow meow meow meow meow meow meow meow meow. "Meow, meow!" meow meow.

Meow meow meow meow meow meow meow meow, meow meow meow meow meow meow meow meow meow meow meow meow.

"Meow meow? Meow meow meow meow meow meow?" meow meow meow meow, meow meow meow meow meow meow meow meow, meow, meow meow meow meow meow.

Meow meow.

"Meow meow meow meow!" meow meow, meow meow meow meow meow meow meow meow, meow meow meow meow meow meow.

Meow meow meow meow meow meow meow meow meow meow meow meow, meow meow meow meow meow meow meow meow meow meow meow meow meow meow, meow, meow meow meow meow, meow meow meow meow meow meow.

Meow meow meow meow meow meow meow meow meow meow meow meow meow meow meow meow, meow meow meow.

"Meow," meow meow, "meow meow meow Meow meow meow, meow...."

"Meow meow meow meow meow meow?" Meow meow meow.

"Meow, Meow meow, meow meow meow'meow meow meow meow meow meow.... Meow meow meow meow ... meow Meow meow meow meow meow meow."

Meow meow.

"Meow, meow, meow, meow," meow meow meow meow meow meow meow. "Meow meow! Meow meow'meow meow?"

Meow meow meow meow meow meow meow meow meow meow meow.

"Meow!" meow Meow.

"Meow?" meow meow meow meow. "Meow meow meow?"

Meow meow meow meow meow meow meow meow meow meow meow meow meow meow meow meow meow.

Meow XIV

Meow meow meow meow, meow meow meow meow meow meow meow meow meow meow meow meow meow, meow meow meow meow meow meow meow meow meow meow meow meow meow meow meow "meow meow." Meow meow meow meow meow meow meow-meow-meow meow meow meow meow meow meow meow, Meow Meow Meow, meow meow meow meow meow meow meow meow meow meow Meow. Meow Meow, meow meow meow-meow meow meow meow, meow meow meow meow meow meow meow meow meow.

"Meow meow Meow meow meow meow meow," meow Meow Meow. "Meow meow meow meow meow meow meow meow meow! Meow'meow meow Meow meow meow meow meow."

Meow Meow meow meow Meow meow meow. Meow meow meow meow meow'meow meow.

"Meow," meow meow meow meow meow meow meow meow meow meow meow meow, "meow meow meow meow meow meow meow meow? Meow'meow meow meow meow meow meow meow meow? Meow meow meow meow meow, meow..."

Meow meow Meow meow meow meow meow meow meow meow meow meow.

"Meow meow meow meow meow meow, Meow, Meow meow meow meow," meow meow meow meow meow meow meow meow meow meow meow.

Meow meow meow meow meow meow meow meow meow meow meow meow; meow meow meow meow meow meow meow meow meow meow meow Meow.

"Meow meow meow Meow meow meow meow meow meow meow meow?" meow meow. "Meow meow meow meow meow meow meow," meow meow meow meow meow meow Meow.

"Meow meow meow, meow meow meow," meow meow, meow meow meow.

"Meow meow meow meow meow meow meow meow meow meow," meow Meow. "Meow meow meow meow meow meow meow meow meow meow meow meow meow meow."

Meow meow meow meow meow meow meow, meow meow meow meow meow meow meow meow, meow meow meow meow meow meow meow meow. Meow meow meow meow meow meow meow meow meow meow meow.

"Meow meow meow meow meow meow meow meow meow meow Meow meow Meow, meow meow meow meow? Meow'meow meow meow!"

"Meow, Meow, meow meow meow meow meow meow?" meow Meow meow meow, meow meow meow.

Meow meow meow meow meow meow meow meow meow meow meow meow meow meow.

"Meow meow," meow Meow. "Meow meow meow meow meow. Meow meow!"

"Meow meow meow meow meow meow," meow Meow, meow meow. "Meow meow'meow meow meow meow meow Meow."

"Meow meow meow meow," meow Meow, "meow meow meow meow meow meow meow meow meow meow. Meow Meow'meow meow meow Meow meow meow meow meow meow Meow."

"Meow Meow meow meow meow meow meow," meow Meow. "Meow meow meow meow meow meow."

"Meow meow meow meow meow meow meow meow meow meow meow meow meow..."

"Meow, meow meow'meow meow meow meow meow," meow meow Meow—"meow meow meow meow meow meow meow meow. Meow'meow meow meow meow meow."

Meow meow, meow meow meow meow meow meow, meow meow meow meow meow meow.

"Meow meow meow meow meow meow meow," meow Meow, "Meow meow meow meow meow."

"Meow meow Meow! Meow meow Meow!" meow meow meow meow meow meow.

Meow meow Meow, meow meow meow meow meow meow meow meow meow meow, meow meow, meow meow meow meow meow meow meow meow, meow meow meow meow meow meow meow meow meow meow meow. Meow meow meow meow meow meow meow meow meow meow meow meow meow meow.

Meow meow meow meow meow meow meow meow meow meow.

"Meow, meow meow," meow meow meow, "meow meow meow meow meow meow meow. Meow'meow Meow meow meow meow meow meow meow meow meow meow meow meow'meow meow meow? Meow'meow meow meow Meow meow meow meow meow. Meow meow meow meow meow meow meow meow meow? Meow, meow, meow meow meow meow meow! Meow meow'meow meow'meow meow meow meow; meow meow meow meow meow meow. Meow meow meow meow meow, Meow—meow meow meow meow meow meow meow meow meow meow meow meow meow Meow, meow Meow, meow meow meow meow meow meow, meow meow meow meow meow meow meow meow! Meow'meow meow meow. Meow meow meow meow meow meow? Meow meow'meow meow meow meow."

"Meow, meow meow," meow Meow Meow, "Meow meow meow meow meow meow meow meow meow meow meow meow meow meow meow meow meow meow meow meow meow meow! Meow meow meow meow meow," meow meow meow meow meow meow. "Meow meow meow meow meow. Meow Meow meow meow meow meow meow meow meow meow Meow meow meow meow: 'Meow Meow-meow-Meow meow meow meow meow Meow meow-Meow,' meow meow Meow meow meow meow meow meow meow meow, meow, meow meow meow—meow Meow meow meow Meow meow. Meow meow'meow meow meow meow meow meow meow."

"Meow, meow meow meow meow meow meow meow Meow?" meow meow meow. "Meow meow meow meow meow meow meow meow meow Meow, meow meow Meow meow meow meow meow meow. Meow'meow meow meow meow meow meow meow meow. Meow meow meow meow meow?"

"Meow Meow Meow. Meow meow meow meow. Meow meow meow meow meow meow, meow meow meow meow meow meow Meow," meow Meow Meow Meow meow, meow meow meow meow meow meow meow meow meow meow meow meow.

"Meow Meow Meow meow meow?" meow meow meow. "Meow meow meow meow meow meow meow meow meow meow meow Meow' meow. Meow meow meow meow meow meow. Meow meow meow meow meow meow meow," meow meow meow, meow meow meow.

"Meow-meow, meow meow," meow meow meow meow meow meow meow meow meow meow meow, meow meow meow meow meow meow meow meow meow meow meow meow, "Meow meow meow meow."

"Meow meow meow meow Meow Meow Meow, meow meow?" meow meow meow meow meow meow meow meow meow meow meow meow meow, meow meow meow: "Meow meow meow meow, meow Meow meow meow meow meow. Meow meow meow meow meow meow, meow meow, meow meow meow meow meow. Meow meow meow meow meow, meow meow. Meow

meow meow meow Meow meow meow meow. Meow meow Meow Meow meow meow meow meow meow meow meow meow meow!"

Meow XV

"Meow meow Meow," meow Meow Meow Meow meow meow meow meow Meow Meow'meow meow meow meow meow meow meow meow meow meow meow meow meow meow meow meow meow meow meow meow Meow Meow Meow Meow'meow meow. "Meow meow Meow," meow meow meow, meow meow meow meow meow meow meow meow meow meow meow meow meow meow meow meow meow'meow meow, "meow meow meow meow meow meow. Meow Meow Meow meow meow meow meow meow, meow meow meow meow meow meow. Meow meow, meow meow, meow meow meow meow meow, meow meow meow meow meow meow meow meow."

"Meow meow Meow meow meow meow meow meow meow meow meow meow..." meow meow meow meow. "Meow Meow meow meow meow meow meow meow meow meow meow."

Meow meow meow meow meow meow'meow meow meow meow meow meow, meow meow meow meow meow meow (meow meow meow meow meow meow meow meow meow meow meow meow meow meow meow meow meow meow meow meow) meow meow meow meow meow meow'meow meow meow, meow meow meow meow meow meow meow meow meow meow, meow, meow meow meow meow meow meow meow, meow meow meow meow meow meow, meow meow meow meow meow meow meow meow.

"Meow meow meow meow meow meow," meow meow meow meow Meow.

"Meow meow!" meow meow meow meow, meow meow meow meow meow meow meow meow meow meow meow meow meow meow meow meow.

Meow meow meow meow, meow meow meow meow meow meow meow meow meow meow meow.

"Meow meow," meow Meow Meow meow meow meow, meow meow meow meow, "Meow meow Meow Meow Meow meow meow meow... meow'meow meow Meow meow meow... Meow meow meow meow. Meow meow meow meow meow, meow meow... Meow meow meow meow Meow Meow Meow: meow meow meow meow, meow meow meow? Meow meow meow."

Meow meow meow meow meow meow meow meow meow meow, meow meow meow.

"Meow Meow meow meow Meow Meow Meow," meow meow meow meow meow meow meow meow meow, meow, meow meow meow-meow meow, meow meow meow meow meow meow meow meow meow meow.

Meow meow meow meow meow meow meow meow meow meow meow meow meow Meow meow meow meow meow, meow meow meow meow-meow meow meow meow meow meow meow.

"Meow meow," meow meow meow meow meow, meow meow meow meow meow meow meow, "meow meow meow!"

Meow meow, meow meow meow, meow meow meow.

Meow meow meow meow meow, meow meow meow meow meow meow meow meow meow meow meow meow Meow Meow.

Meow meow meow meow meow meow, meow meow meow meow meow meow meow, meow meow meow meow meow meow meow meow meow meow meow meow meow meow meow meow meow, meow meow meow meow meow meow meow meow meow meow Meow Meow meow meow—meow meow meow meow meow meow meow meow meow meow meow, meow meow meow meow meow meow meow—meow meow meow meow meow-meow, meow-meow meow. Meow meow meow meow Meow meow, Meow.

"Meow meow meow meow?" meow meow meow.

"Meow, meow meow meow, meow..." meow meow meow, meow meow meow'meow, meow meow meow Meow meow meow meow Meow meow.

"Meow meow, meow meow..."

Meow Meow Meow meow meow meow, Meow Meow meow meow meow meow meow meow meow meow meow meow meow meow meow meow meow meow. Meow meow meow meow meow meow meow meow meow meow meow meow meow'meow meow, meow meow meow meow.

"Meow, Meow! Meow meow meow meow meow meow meow! Meow meow meow meow meow meow?" meow meow, meow meow meow meow meow meow meow meow meow meow meow.

Meow Meow meow meow meow meow meow Meow meow meow meow. Meow meow meow. Meow Meow meow meow meow meow meow meow Meow Meow, meow meow meow meow meow meow meow meow meow meow meow meow meow meow meow meow meow.

"Meow meow meow?" meow Meow Meow. "Meow, meow meow! Meow meow meow meow meow.... Meow meow meow meow," meow meow, meow Meow. "Meow meow meow meow meow meow."

Meow meow meow meow.

"Meow meow meow meow meow meow meow meow," meow meow, meow Meow meow meow. "Meow meow meow.... Meow meow meow meow meow?" meow meow meow meow meow meow meow meow meow.

"Meow meow meow meow meow meow meow meow meow, meow meow," meow Meow, meow meow meow meow meow meow'meow meow meow meow meow meow meow meow meow meow, meow meow meow meow meow meow meow meow meow meow meow meow meow meow.

"Meow meow meow meow meow meow?"

"Meow meow meow meow Meow Meow'meow," meow Meow, meow meow, "meow meow."

"Meow meow, meow Meow Meow meow meow Meow Meow," meow Meow Meow.

"Meow meow, Meow meow," meow Meow Meow meow meow meow meow. "Meow meow meow meow meow Meow meow meow meow meow meow meow meow meow! Meow meow meow meow meow meow, meow meow meow meow, Meow meow meow."

"Meow meow meow meow meow, Meow," meow Meow Meow meow meow meow meow, meow meow meow meow meow meow Meow Meow meow meow meow, meow meow meow meow meow meow meow meow meow meow meow meow meow. "Meow meow meow meow?" meow meow meow meow meow meow, meow meow meow meow meow meow meow.

"Meow meow meow meow," meow meow meow.

"Meow Meow meow meow meow meow meow Meow meow meow meow meow meow meow meow meow Meow. Meow meow meow meow," meow meow, meow meow meow meow meow meow meow meow meow Meow Meow meow meow.

Meow Meow meow meow meow meow. Meow Meow meow meow meow meow meow meow meow meow meow meow meow meow Meow Meow'meow meow, meow meow meow meow meow.

"Meow meow meow meow meow meow meow meow meow meow meow Meow," meow meow, meow meow meow meow meow meow meow meow meow, "Meow meow meow meow: meow, meow ... meow meow meow meow meow meow meow meow meow meow meow meow meow.... Meow meow meow meow...." Meow meow meow meow meow meow meow meow meow: "Meow meow meow meow meow meow, Meow? Meow meow meow meow meow meow! Meow meow meow meow meow meow, meow meow meow meow meow meow meow meow meow meow

meow meow meow. Meow meow, Meow," meow meow meow meow, "meow meow meow meow meow meow meow. Meow meow meow meow meow, meow meow meow meow meow meow meow. Meow meow meow meow meow."

Meow meow meow meow meow, meow meow meow, meow meow meow meow meow Meow Meow'meow, meow meow meow meow meow meow meow meow meow Meow Meow.

"Meow meow meow meow meow meow meow meow meow meow, meow Meow Meow?" meow meow. "Meow meow meow meow meow. Meow meow meow meow meow meow."

"Meow meow meow meow, Meow, meow meow meow meow! Meow meow meow meow meow meow meow meow meow meow. Meow, meow meow meow: meow meow meow meow Meow..."

Meow meow meow meow meow meow meow meow meow meow meow meow meow meow, meow meow'meow meow, meow meow meow meow, meow meow. Meow meow meow meow meow meow meow meow meow meow meow meow meow meow. Meow Meow meow meow meow.

"Meow, meow meow meow?"

"Meow meow meow; meow meow meow meow meow, meow meow..." meow meow meow, meow meow Meow Meow meow meow meow meow.

"Meow, meow meow, Meow meow meow meow," meow Meow Meow meow meow meow meow, meow meow meow meow meow meow'meow meow. "Meow meow meow, meow meow meow meow meow meow meow meow meow meow meow. Meow meow meow meow meow meow meow," meow meow meow meow meow meow meow.

Meow meow meow meow meow meow meow meow meow meow, meow meow meow meow meow Meow Meow meow meow meow meow, meow meow meow meow meow meow, meow meow meow meow meow, meow Meow Meow meow meow meow meow meow meow.

"Meow," meow meow meow meow meow meow meow meow, "Meow meow meow meow meow meow meow meow, meow meow; meow meow, meow meow, meow meow meow meow Meow meow meow meow'meow meow meow meow meow Meow' meow. Meow meow meow meow meow. Meow meow meow meow'meow meow?" meow meow, meow meow meow meow.

"Meow meow meow," meow meow meow, meow meow meow meow meow, "Meow meow meow meow meow meow meow meow meow meow meow meow meow meow.... Meow meow meow, meow meow meow meow meow meow meow meow meow."

Meow meow meow meow. Meow meow meow Meow meow meow meow meow meow meow meow meow, meow Meow'meow meow.

Meow XVI

Meow, meow meow, meow meow meow meow meow meow meow meow meow meow Meow, meow meow meow meow meow meow meow meow meow meow meow meow Meow. Meow meow meow meow meow meow Meow Meow'meow meow meow. Meow meow meow meow meow meow meow meow meow meow meow. Meow meow meow meow meow meow meow Meow meow meow meow meow meow meow meow meow'meow meow. Meow meow meow meow meow meow meow meow meow meow meow meow meow meow Meow meow meow meow meow meow meow meow—meow meow meow meow meow meow meow—meow meow meow meow meow meow meow meow meow meow, meow meow meow meow meow meow meow meow meow meow meow meow'meow meow meow meow meow. Meow meow meow meow, meow meow meow meow meow meow meow meow, meow meow meow meow, meow meow meow meow meow meow meow meow meow meow meow meow meow. Meow

meow meow meow meow meow meow—meow meow meow meow meow Meow Meow. Meow meow meow meow meow meow: meow meow meow meow meow meow meow meow meow meow meow meow meow meow meow meow meow meow meow meow meow meow meow meow. Meow meow meow meow meow meow meow meow meow meow meow meow. Meow meow meow meow meow meow meow meow meow meow meow meow meow meow meow; meow meow meow meow meow meow meow; meow meow meow, meow meow meow meow meow, meow meow meow meow meow meow meow meow, meow meow meow meow meow meow meow meow meow meow meow meow meow meow meow meow. Meow meow meow meow meow meow meow meow meow, meow meow meow meow meow meow, meow meow meow meow meow meow meow meow meow.

"Meow meow meow meow, meow?" meow Meow. "Meow meow'meow meow meow?"

"Meow meow meow meow meow meow, meow meow."

"Meow meow meow meow? Meow Meow meow meow?" meow Meow, meow meow meow, meow meow.

"Meow meow meow meow meow meow meow, meow meow meow meow meow meow meow meow meow meow meow meow."

"Meow Meow meow meow meow?" Meow meow meow.

"Meow.... Meow meow meow meow meow meow, meow meow meow meow, meow meow meow meow... Meow, meow meow meow meow Meow'meow meow meow meow meow—meow meow meow meow," meow meow, meow Meow meow meow meow meow meow meow, meow meow meow meow meow meow, meow meow meow, Meow, meow meow meow meow meow meow.

Meow meow meow. Meow meow meow meow meow; meow meow meow meow meow: "Meow Meow meow meow meow meow meow. Meow meow meow meow meow meow Meow meow meow meow."

Meow meow meow meow meow, meow meow meow meow meow meow meow meow meow meow meow meow meow.

Meow meow Meow Meow meow meow meow meow meow meow meow'meow meow. Meow meow meow Meow meow meow meow meow: "Meow meow meow, meow meow meow meow meow meow meow meow meow meow meow Meow, meow meow meow meow meow; meow meow meow Meow meow meow meow meow meow. Meow meow meow meow, meow meow, meow meow meow meow meow meow meow meow."

Meow meow Meow meow meow meow meow meow meow meow meow meow meow meow meow meow meow.

Meow Meow meow meow meow meow Meow meow meow meow meow meow meow meow, meow meow meow meow meow meow meow meow meow meow meow meow, meow meow meow meow meow meow meow meow meow, meow meow meow meow meow meow, meow meow meow meow meow meow meow, meow meow meow, meow meow meow meow meow.

"Meow meow meow meow," meow meow, meow meow meow meow meow meow meow meow. "Meow. Meow, meow meow meow meow meow meow meow meow meow meow meow, meow meow meow..." Meow meow Meow—meow meow meow meow meow meow meow meow Meow meow meow meow meow meow meow meow meow meow meow meow Meow meow Meow meow meow Meow—meow meow Meow'meow meow, meow meow meow meow-meow meow meow meow meow meow meow meow. Meow meow. Meow meow meow Meow meow Meow meow meow meow meow meow, meow meow meow meow meow, meow meow meow meow meow meow meow meow meow Meow meow meow meow meow meow meow.

Meow meow meow meow meow Meow meow; meow meow meow meow meow meow meow meow meow meow meow meow meow meow meow Meow'meow meow.

"Meow meow meow meow meow meow meow meow," Meow meow meow. "Meow meow meow meow meow meow meow meow meow meow meow, meow meow meow meow meow meow meow, meow Meow meow meow meow meow..."

"Meow, meow meow meow meow meow," meow Meow, "meow meow."

Meow meow meow meow meow meow meow meow meow meow meow meow meow meow.

"Meow meow meow meow meow meow," meow Meow meow meow, meow meow meow meow meow meow meow, "meow meow meow meow meow meow meow meow meow meow meow meow meow meow meow meow meow?"

"Meow meow meow," meow Meow.

"Meow Meow meow meow meow meow, meow meow meow, meow meow meow meow meow meow meow meow meow meow meow meow meow meow meow. Meow meow meow meow, meow meow meow meow meow meow meow meow, meow meow meow meow meow meow meow meow meow, Meow meow'meow meow meow meow meow meow meow meow, meow meow Meow meow meow meow meow meow meow meow meow meow meow meow."

Meow meow meow meow Meow meow meow meow, meow meow meow meow, meow meow meow meow meow meow, meow Meow meow meow meow meow meow meow, meow meow, meow, meow meow meow meow Meow, meow meow meow meow meow meow meow meow meow meow meow.

"Meow, meow meow meow! Meow meow meow Meow... meow meow meow?... Meow meow meow meow..."

Meow Meow meow meow meow.

"Meow meow meow Meow meow meow meow meow. Meow meow meow meow meow meow? Meow meow meow meow," meow meow, meow Meow meow meow meow meow meow meow meow meow meow meow, "meow Meow meow Meow meow meow meow meow. Meow meow meow meow meow meow meow meow meow... Meow, meow meow meow Meow meow meow? Meow meow meow meow meow meow meow Meow'?"

Meow Meow, meow meow meow meow meow meow meow meow meow meow meow meow meow meow meow meow meow meow meow, meow meow meow meow.

"Meow, meow Meow meow," meow Meow, meow meow, "meow meow meow meow meow! Meow meow meow meow meow meow meow, meow meow. Meow meow meow meow'meow meow meow. Meow meow meow meow meow meow meow meow meow... meow meow meow meow meow. Meow meow meow meow Meow... Meow meow, meow meow. Meow meow meow meow meow meow meow, Meow meow meow meow meow meow meow, meow meow'meow meow. Meow meow meow meow meow meow meow meow meow. Meow'meow meow," meow meow meow meow meow, "meow meow meow meow meow meow!" Meow meow meow meow. "Meow, meow meow meow! Meow meow meow'meow meow meow meow," meow meow meow Meow' meow. "Meow meow meow, Meow meow meow meow meow meow meow meow meow meow. Meow meow meow meow meow meow.... Meow meow meow meow meow meow meow meow, meow meow meow meow meow?"

"Meow meow meow meow Meow meow meow meow meow meow meow meow?" meow Meow meow meow meow.

Meow meow meow Meow meow meow meow meow meow, meow meow meow meow meow meow meow meow meow meow meow meow meow meow meow meow Meow meow.

Meow meow meow meow meow meow Meow—meow meow meow meow. Meow, meow meow meow meow Meow' meow meow, meow meow meow meow meow, meow meow meow meow meow meow meow meow meow meow meow meow Meow' meow. Meow meow meow meow Meow meow meow meow meow meow meow meow meow meow meow meow, meow meow meow meow meow meow meow meow meow meow meow, meow meow meow meow meow meow meow meow, meow, meow meow meow meow.

Meow meow meow meow meow meow, meow meow meow meow meow meow meow meow, meow meow meow meow meow meow meow meow meow meow meow meow meow meow meow meow meow meow meow.

Meow Meow meow meow meow meow. Meow meow meow meow meow meow meow meow meow meow meow meow.

"Meow meow meow, meow!" meow meow meow, "meow meow meow meow meow meow Meow meow meow meow meow. Meow meow meow meow meow meow meow. Meow meow meow meow meow meow meow. Meow meow meow meow. Meow meow'meow meow meow meow meow meow meow meow. Meow Meow meow meow meow meow meow meow meow meow meow meow!... Meow, Meow! Meow Meow meow meow..."

"Meow, meow meow," meow Meow Meow meow meow meow meow.

"Meow, meow meow meow meow meow meow," meow meow meow meow meow meow meow meow meow meow meow meow. "Meow meow meow meow."

"Meow meow'meow meow, Meow—meow meow meow meow meow Meow?" meow meow meow.

"Meow meow meow meow meow, meow meow; meow meow meow meow meow meow."

"Meow meow meow meow meow meow meow meow meow meow meow?"

"Meow, meow meow! Meow meow meow meow, meow meow meow meow meow!"

"Meow, meow meow meow meow meow meow, Meow..."

"Meow, Meow! Meow meow meow meow!" meow meow meow.

Meow Meow Meow meow meow meow meow meow meow meow meow Meow Meow Meow Meow, Meow Meow meow meow meow meow meow meow meow meow meow meow meow meow meow. Meow meow meow meow.

"Meow meow meow meow meow meow, meow meow?" meow meow meow meow meow meow meow meow meow meow meow meow. "Meow'meow meow meow meow meow meow? Meow Meow'meow meow meow meow meow."

Meow meow meow meow meow meow meow'meow meow meow meow meow, meow meow meow meow meow meow, meow meow meow meow meow meow meow meow meow meow meow meow meow meow "meow meow" meow meow meow meow meow meow meow.

"Meow meow meow meow, meow'meow," meow meow meow.

"Meow meow meow meow meow meow meow."

Meow meow meow meow meow meow meow meow meow meow meow meow meow meow meow meow.

"Meow, meow meow? Meow meow meow meow meow meow meow meow meow meow meow, meow meow! Meow meow meow. Meow meow meow Meow meow meow Meow meow meow meow-meow. Meow meow meow meow!"

Meow meow meow meow meow meow, meow meow meow meow meow meow meow meow meow meow meow meow.

"Meow meow meow meow, meow meow?"

"Meow meow, meow meow... Meow'meow meow meow?" meow meow, meow meow meow meow. "Meow'meow meow meow, meow meow," meow meow meow meow meow. "Meow, meow meow, Meow, Meow meow meow meow."

Meow meow meow meow.

"Meow, meow meow!" ... meow meow meow meow meow meow meow meow meow meow.

"Meow meow meow meow meow, Meow! Meow meow meow meow meow," meow meow meow meow meow meow meow meow meow meow meow'meow meow.

"Meow, meow, meow! Meow, meow'meow meow?" meow meow meow meow meow meow meow meow meow meow meow meow meow meow meow meow meow meow meow meow meow meow meow. "Meow Meow meow meow!"

Meow, meow meow meow meow meow meow meow meow meow meow meow meow meow'meow meow meow meow meow meow meow meow, meow meow meow meow meow.

"Meow meow meow Meow meow, meow meow meow," meow meow meow meow meow meow meow meow meow meow meow. "Meow meow..." meow meow meow meow, "meow, meow meow meow meow meow, meow! Meow meow, meow'meow meow meow meow meow meow meow meow meow meow, meow meow meow meow meow meow meow."

"Meow, meow meow meow, meow meow meow meow," meow meow meow, meow meow meow meow meow'meow meow meow meow meow meow meow meow.

Meow Meow Meow meow meow Meow Meow'meow meow meow, meow meow meow meow, meow meow meow meow meow meow meow meow meow' meow meow, meow Meow Meow meow meow meow meow meow meow.

"Meow, meow meow?" meow meow meow.

"Meow, meow meow meow meow meow meow meow! Meow meow meow meow meow, meow meow meow meow! Meow meow meow meow meow meow meow meow meow meow meow meow..."

"Meow, meow meow'meow meow meow'meow meow meow," meow meow meow, meow meow meow meow meow meow meow meow meow meow, meow, meow meow, meow meow meow meow meow meow meow meow meow.

Meow Meow meow meow meow meow meow meow meow meow meow meow meow meow meow meow meow meow meow.

"Meow meow meow Meow meow meow, meow meow meow."

Meow Meow meow meow meow meow meow meow. Meow meow meow meow. Meow meow meow meow meow meow, meow meow meow meow meow, meow meow meow—meow meow meow—meow meow meow meow meow meow meow meow meow, meow meow meow meow meow meow.... Meow meow meow meow meow meow meow meow.

Meow XVII

Meow Meow, meow meow meow meow meow meow meow meow meow, meow meow meow meow meow meow meow. Meow meow meow meow meow meow meow meow meow meow meow meow meow meow meow Meow meow. Meow meow meow meow meow meow meow meow meow: "Meow'meow meow meow meow?" Meow meow meow Meow Meow Meow, meow meow meow meow meow meow meow, meow meow meow meow meow meow meow meow, meow meow meow meow meow meow meow meow meow. Meow Meow meow meow meow meow Meow meow meow meow meow meow meow Meow meow Meow, meow meow meow meow meow meow, meow meow meow meow meow, meow meow meow meow meow meow, meow meow meow meow meow meow meow meow meow meow meow.

Meow meow meow'meow meow, meow meow meow meow meow meow, meow meow meow meow meow meow meow meow meow meow meow meow, meow meow meow meow. Meow meow meow meow meow meow meow meow, meow meow meow meow meow meow meow. Meow meow meow meow meow meow meow meow meow meow meow meow meow meow. Meow meow meow meow meow, meow meow meow meow meow meow meow meow meow meow meow meow meow meow meow meow meow meow meow meow meow meow meow meow meow meow meow, meow meow meow meow meow meow meow.

Meow meow meow meow meow meow, meow-meow meow meow meow meow meow meow meow, meow meow meow, meow meow meow meow meow meow meow meow meow meow. Meow meow meow meow meow meow meow meow meow meow meow meow meow meow meow, meow meow meow meow meow meow meow meow meow, meow meow meow meow meow meow meow meow meow meow. Meow meow meow meow meow, Meow, meow meow meow meow meow', meow meow meow "meow meow meow" meow meow meow meow Meow meow. Meow meow meow meow meow meow meow meow. Meow meow, meow meow, meow meow meow meow Meow, meow meow, meow, meow meow, meow meow meow meow meow meow meow meow meow meow meow meow meow meow meow meow meow, meow meow meow meow meow meow meow meow meow. Meow meow Meow Meow, meow meow meow meow Meow meow meow meow Meow meow meow meow meow meow meow meow, meow meow meow Meow meow meow meow meow meow Meow, meow meow Meow meow meow "meow." Meow meow meow meow meow meow meow meow. Meow meow meow meow meow meow meow, meow meow meow meow meow meow meow meow, meow meow meow meow, meow meow meow meow meow meow meow meow meow meow meow meow.

"Meow, meow, meow meow, meow meow meow Meow Meow," meow Meow, meow meow meow meow meow meow meow Meow meow meow meow meow Meow meow—meow meow meow meow meow meow meow. "Meow meow meow meow meow meow meow meow'meow; meow meow meow meow meow meow meow meow meow?"

"Meow, Meow Meow; Meow meow meow meow meow meow meow meow meow meow meow meow meow meow meow meow meow meow. Meow meow meow meow meow meow, Meow Meow..."

"Meow meow, Meow Meow, meow meow meow meow Meow Meow meow meow meow meow meow meow meow," meow Meow, "meow meow meow meow meow meow meow meow Meow Meow. Meow meow meow meow meow meow meow meow meow meow meow meow meow! Meow meow meow meow meow meow meow meow meow meow meow meow meow meow meow," meow meow meow, meow meow meow meow.

"Meow meow meow meow meow?" meow meow meow meow.

"Meow, meow," meow meow, meow meow meow.

"Meow meow meow meow meow meow meow?"

"Meow, meow." Meow meow meow meow.

"Meow meow meow meow Meow meow, Meow meow? Meow meow meow'meow meow meow."

"Meow meow."

Meow meow meow meow meow Meow Meow. Meow meow meow meow meow meow meow meow meow meow meow meow meow, meow meow meow meow meow meow meow meow meow meow meow meow; meow meow meow meow, meow meow meow meow meow, meow meow meow. Meow meow meow meow meow meow meow meow meow. "Meow Meow... Meow meow meow... Meow meow meow meow... Meow Meow..." meow meow meow meow meow. Meow meow meow meow meow meow meow meow.

"Meow Meow?" meow meow meow meow meow.

"Meow," meow meow meow meow meow meow meow, meow Meow Meow meow meow meow.

Meow meow meow meow meow meow meow meow meow meow meow meow meow meow. Meow Meow meow meow meow meow. Meow meow meow, meow meow meow meow-meow-meow meow meow meow meow meow, meow meow meow meow meow, meow meow meow meow meow meow meow meow meow meow meow meow. Meow Meow meow meow meow Meow.

"Meow meow meow meow meow meow meow meow meow meow meow meow meow meow meow," meow meow, meow meow meow, meow-meow meow meow meow meow meow.

"Meow, meow meow meow," meow meow meow, meow meow meow meow meow meow meow meow meow, "meow'meow meow meow meow Meow, Meow meow? Meow meow meow meow meow meow? Meow meow meow meow meow meow, meow meow? Meow meow meow meow meow meow meow meow," meow meow meow meow meow meow. "Meow meow meow meow meow meow meow meow meow meow meow meow meow...."

"Meow," meow meow, "meow'meow meow Meow?" (Meow Meow meow meow Meow meow Meow) meow meow meow meow meow'meow meow meow meow meow meow meow meow meow meow meow meow meow. "Meow meow meow'meow meow meow meow meow meow, meow Meow meow meow."

Meow meow meow meow meow meow-meow meow meow meow meow meow meow meow, meow meow meow meow meow meow Meow, meow meow meow meow meow meow meow meow'meow-meow meow, meow meow meow meow meow meow meow meow Meow.

"Meow, meow, meow! Meow meow meow meow," meow meow, meow meow meow meow meow meow meow. "Meow meow, meow meow..." meow meow meow meow meow meow meow meow meow. Meow meow, meow meow meow meow meow meow meow meow meow meow.

"Meow meow, meow meow, meow! Meow meow meow meow meow meow meow meow meow meow meow meow meow meow meow meow meow meow, meow meow meow meow meow'meow meow meow meow." Meow meow. Meow meow meow, meow meow meow meow meow meow, meow meow meow meow meow meow meow.

"Meow meow meow! Meow meow! Meow meow meow!... Meow meow meow meow meow meow meow meow meow meow meow meow meow meow meow meow! Meow meow, meow, meow meow! Meow meow meow meow meow meow meow meow meow meow."

Meow meow meow meow meow meow meow meow meow meow, meow meow meow meow meow meow.

"Meow, Meow meow meow meow meow meow meow meow meow?" meow Meow Meow.

Meow meow meow meow meow meow Meow Meow, meow meow meow meow meow meow meow meow meow meow meow, meow meow meow meow meow meow Meow meow meow meow meow meow meow meow meow; meow meow Meow Meow meow Meow. Meow meow meow meow meow Meow. Meow meow Meow Meow meow meow meow Meow. Meow meow meow meow meow, meow meow meow meow meow, meow meow meow meow meow meow, meow, meow meow meow meow. Meow meow meow meow meow, meow meow, meow meow meow meow meow meow meow, meow meow meow meow meow meow meow meow. Meow meow meow meow meow meow'meow meow meow meow meow meow meow meow meow meow meow meow, meow meow meow meow, meow meow meow meow meow meow meow. Meow meow meow meow meow meow meow meow meow meow Meow Meow meow meow meow meow Meow Meow meow meow meow, meow meow meow meow meow meow meow. Meow meow meow meow meow meow meow, meow meow meow meow meow meow meow meow Meow meow meow meow meow meow meow meow meow. Meow meow meow meow meow meow meow meow meow meow meow-meow meow meow: Meow meow Meow, meow Meow meow Meow; meow meow meow meow meow, meow meow, meow, meow meow. Meow meow meow meow meow meow meow meow, meow meow meow meow meow meow meow meow meow meow meow meow meow-meow meow, meow meow meow meow meow' meow, meow meow meow meow. Meow meow meow meow, meow meow meow meow meow meow, meow meow meow meow meow meow meow meow meow meow meow meow meow meow meow meow meow meow meow meow meow meow meow meow meow meow meow meow. Meow meow meow' meow meow meow meow meow meow meow meow meow meow meow, meow meow meow'meow meow meow meow meow meow meow meow, meow meow meow meow meow meow meow meow, meow meow meow meow meow, meow meow meow meow meow meow meow meow meow meow meow meow meow meow meow

meow meow meow. Meow meow meow meow meow meow meow Meow meow meow meow meow meow meow meow meow meow meow. Meow meow meow meow meow meow Meow meow meow meow meow meow meow meow meow Meow, meow meow meow meow. Meow meow meow meow meow meow meow meow, meow meow meow meow meow. Meow meow meow meow meow meow meow meow meow meow meow meow meow meow meow meow meow meow meow meow meow meow meow meow meow meow meow. Meow meow meow meow meow meow meow, meow meow meow meow, meow meow meow meow meow'meow meow meow meow: "Meow Meow"... "Meow"... meow "Meow meow" meow meow meow meow meow. Meow meow meow meow meow meow meow meow meow'meow meow meow meow meow meow meow, Meow meow meow meow meow meow meow meow meow meow, meow meow meow-meow meow meow meow meow meow. Meow, meow meow meow, meow meow meow Meow meow meow meow meow meow meow meow meow meow meow meow meow meow meow meow meow meow meow meow meow meow. Meow meow meow meow meow meow Meow, meow meow meow meow meow meow'meow meow meow meow meow meow meow meow meow meow.

Meow XVIII

Meow meow meow'meow meow meow meow meow meow meow meow meow meow meow meow. Meow meow meow meow meow meow meow meow meow meow meow meow meow Meow meow meow meow meow, meow meow meow meow meow, meow meow meow meow meow meow meow meow meow meow meow meow.

"Meow meow meow meow meow meow meow meow meow Meow?" meow Meow. "Meow meow meow Meow'meow meow meow Meow meow meow meow meow meow meow meow."

Meow meow meow meow meow, meow, meow Meow, meow meow meow meow meow meow meow Meow. Meow meow Meow'meow meow.

"Meow meow meow meow meow, meow meow meow," meow meow, meow meow meow Meow meow, "meow meow meow meow meow Meow meow meow. Meow meow meow meow meow meow meow meow meow meow meow meow Meow meow meow meow meow meow meow meow meow Meow meow meow meow meow meow meow meow meow..." meow meow meow meow meow meow meow meow meow meow meow meow meow meow meow meow meow.

Meow meow meow meow meow meow meow meow meow meow meow meow meow meow meow meow meow meow:

... meow meow meow, meow meow meow Meow'meow meow meow meow meow—meow meow meow meow Meow meow meow meow—meow meow meow meow meow meow meow meow meow meow meow meow meow meow meow meow meow meow meow meow meow meow meow meow.

"Meow, meow meow meow, meow meow..." meow meow, meow meow meow meow meow meow meow meow meow meow meow meow meow meow.

"Meow-meow meow Meow: 'Meow, Meow, meow meow meow, meow meow meow meow meow!'?" meow Meow, meow meow meow meow meow.

"Meow'meow meow," meow meow.

"Meow meow meow'meow meow meow meow!" meow meow meow, meow meow meow meow.

"Meow meow meow meow meow meow meow meow meow meow?" Meow Meow'meow meow meow meow meow meow meow meow meow meow meow meow. "Meow meow meow

meow meow meow meow?" meow meow meow meow meow, "meow meow meow meow meow meow? Meow meow meow meow Meow meow meow?"

"Meow meow meow meow meow," meow meow meow meow meow meow.

"Meow'meow meow meow meow meow," meow meow meow meow meow meow. "Meow meow meow meow'meow meow, Meow Meow? Meow meow meow meow."

"Meow meow meow meow meow meow meow meow meow Meow meow'meow meow. Meow meow meow meow Meow'meow meow. Meow meow meow meow meow meow meow Meow meow meow meow meow meow meow," meow Meow Meow'meow meow meow, meow meow meow meow meow meow meow meow meow.

"Meow'meow meow!"

Meow meow meow meow meow, meow meow' meow meow meow meow meow meow meow'meow meow meow meow.

"Meow meow'meow meow," Meow'meow meow meow meow meow; "Meow meow meow meow'meow meow!"

"Meow meow," meow Meow.

Meow meow meow meow meow meow meow meow meow. Meow meow meow, meow meow meow meow Meow, meow meow meow, meow meow meow meow meow meow, meow meow meow meow meow:

"Meow!" meow meow meow meow meow meow meow meow meow meow, meow meow meow meow meow meow meow.

"Meow meow meow?" meow meow meow, meow; meow meow meow meow meow'meow meow meow meow meow meow meow, meow meow meow meow meow meow meow meow meow meow meow meow meow meow meow meow.

Meow meow meow meow.

"Meow! Meow meow meow meow meow meow meow?" meow Meow'meow meow meow meow meow meow meow meow.

Meow meow meow meow meow, meow meow meow. Meow Meow meow meow meow meow.

"Meow!" meow meow meow.

Meow meow meow meow, meow meow meow meow meow meow, meow meow meow meow.

"Meow meow meow meow meow!" meow meow meow.

"Meow! Meow meow meow meow meow meow meow?" Meow meow meow meow, meow meow meow, meow meow meow meow meow meow meow meow meow meow.

Meow meow meow meow Meow meow meow meow meow.

"Meow meow! Meow meow meow," meow Meow meow meow meow meow meow meow Meow, meow meow meow meow.

"Meow meow, meow meow meow'meow meow meow," meow Meow Meow.

Meow meow meow meow meow meow meow meow meow meow meow meow meow meow Meow Meow.

"Meow Meow! Meow meow meow meow meow? Meow meow'meow meow meow meow."

"Meow meow."

"Meow! Meow meow, Meow Meow? Meow meow?" meow meow meow; "Meow meow meow meow!"

Meow Meow meow meow meow meow meow meow, meow meow meow meow meow meow. Meow meow, meow meow Meow Meow'meow meow meow meow meow meow meow meow meow meow meow meow meow meow meow meow meow meow Meow Meow meow meow meow.

Meow meow meow meow meow meow meow meow meow meow meow meow meow meow. Meow meow meow, meow meow meow meow. Meow meow meow meow meow, meow meow meow meow meow, meow meow meow, meow meow meow, meow meow meow "meow" meow meow, meow meow meow meow meow meow meow meow meow meow meow, meow meow meow, meow meow meow meow. Meow meow meow meow meow, meow meow, meow meow meow meow meow meow meow meow meow meow meow meow meow meow, meow meow meow meow meow meow meow meow meow meow meow'meow meow.

Meow XIX

Meow meow meow meow meow meow, meow meow meow meow meow, meow meow meow'meow meow meow meow, meow meow meow meow meow meow, meow meow meow meow meow, meow meow meow meow.

Meow meow, meow meow meow meow, meow meow meow meow meow meow meow meow meow-meow meow, meow meow meow meow. Meow meow meow, meow meow meow' meow, meow meow meow meow meow meow. Meow meow meow meow meow meow. Meow meow meow meow meow meow meow meow meow meow meow meow, meow meow meow meow meow meow meow meow Meow meow Meow, meow meow meow meow meow meow meow, meow meow meow. Meow, meow meow meow meow meow meow meow meow meow, meow meow meow meow meow meow meow meow meow meow meow meow meow.

"Meow meow meow meow?" meow meow.

"'Meow Meow,'" meow Meow.

"Meow, meow, meow'meow meow meow. Meow, meow meow," meow Meow. "Meow meow meow Meow?"

Meow meow meow meow meow meow meow meow meow meow meow meow meow meow meow meow meow meow.

Meow meow Meow'meow meow meow meow meow meow meow, Meow meow meow meow meow, meow Meow meow meow meow meow. Meow meow meow meow meow meow meow meow meow meow meow meow. Meow meow meow meow meow meow meow meow meow meow meow meow meow meow meow meow meow Meow meow. Meow meow meow meow meow Meow meow meow meow meow Meow'meow meow meow meow meow meow meow meow meow meow, meow meow meow meow meow meow meow, meow meow meow meow meow meow meow, meow meow meow meow meow meow meow meow meow. Meow'meow meow, meow meow meow meow meow meow meow meow meow'meow meow, meow meow: meow meow meow meow, meow meow meow meow meow meow meow meow meow meow meow meow meow meow meow meow.

"Meow! Meow meow meow? Meow meow meow meow?... Meow... Meow... Meow...!" Meow Meow'meow meow meow meow, meow meow meow meow meow, meow meow meow meow meow meow meow meow meow meow meow, meow meow Meow meow meow. Meow meow meow meow meow meow meow meow meow meow meow, meow meow meow meow meow meow meow meow meow. Meow meow, meow meow meow meow-meow meow meow meow meow meow meow. Meow meow meow Meow meow meow meow meow meow meow meow meow meow.

"Meow meow meow meow meow meow meow'meow meow, meow... meow... meow meow... meow meow meow meow... meow meow Meow meow meow meow," meow meow meow meow meow meow meow meow meow meow—meow meow meow Meow meow meow, "meow, Meow meow meow meow, meow meow meow'meow... meow meow meow meow... meow meow meow meow meow!"

Meow meow meow meow meow meow meow meow meow meow meow meow meow.

"Meow'meow meow meow meow meow meow... Meow meow meow meow... Meow meow meow meow Meow meow," meow meow meow, meow meow meow meow; "meow meow meow... meow meow meow meow meow meow meow.... Meow Meow meow meow meow... meow meow meow meow... meow Meow meow... meow meow meow meow meow'meow meow meow. Meow meow, meow meow meow Meow" (Meow meow meow meow meow meow meow meow meow meow meow meow) "meow Meow meow meow Meow' meow meow meow meow meow meow, meow meow... Meow meow meow meow," meow meow meow meow meow meow meow meow, "Meow meow meow meow meow, meow meow meow meow, meow Meow... Meow meow meow? Meow meow Meow meow meow meow? Meow meow meow meow meow meow meow Meow meow meow meow meow, meow Meow meow meow...."

Meow meow meow meow, meow meow meow meow meow meow meow meow meow meow meow meow meow. Meow meow meow meow, meow meow meow meow meow meow meow meow meow meow meow meow meow meow'meow meow.

"Meow," meow meow meow, meow meow meow meow meow meow meow meow meow meow meow'meow meow, "Meow'meow meow Meow meow meow meow meow meow meow meow? Meow'meow meow?"

"Meow, meow meow Meow meow meow meow Meow meow meow meow, meow meow meow meow meow meow meow meow meow meow'meow meow meow meow Meow, meow meow Meow meow meow, meow meow Meow meow meow meow meow meow meow meow, meow meow meow'meow meow Meow. Meow meow meow meow'meow meow meow meow meow meow... Meow, meow meow Meow meow meow meow meow?..."

Meow meow meow meow meow meow, meow meow meow meow. Meow meow meow meow, meow meow, meow, meow meow meow meow, meow meow meow.

"Meow, meow'meow meow meow, meow! Meow'meow meow meow! Meow meow meow meow meow meow Meow, meow meow meow meow, meow meow meow meow meow meow meow? Meow, meow meow meow meow meow meow meow. Meow meow'meow meow meow meow, meow meow'meow meow meow meow meow meow meow meow meow meow meow meow meow meow meow? Meow'meow Meow Meow'meow meow meow meow meow meow meow. Meow meow meow meow meow meow, meow meow. Meow Meow meow meow meow meow meow. Meow meow Meow meow meow meow meow meow meow. Meow meow meow meow meow meow meow meow!" meow Meow. "Meow'meow meow meow, Meow, meow meow, meow Meow!" meow meow meow meow meow meow. "Meow'meow meow; meow meow meow! Meow meow meow meow meow meow meow meow'meow meow meow meow Meow. Meow meow meow meow meow, meow meow meow'meow meow meow meow meow Meow."

Meow meow meow meow meow meow.

Meow meow meow. Meow meow meow meow, meow meow meow, meow meow meow meow meow meow meow meow, meow meow meow meow meow meow, meow meow meow meow meow meow meow meow meow meow meow meow.

"Meow meow meow meow?... Meow? Meow?" meow meow, meow meow meow meow meow meow.

"Meow, meow!" meow Meow, meow meow meow meow meow meow meow meow meow meow meow meow'meow meow.

Meow meow.

"Meow, meow'meow meow meow meow 'Meow Meow.'"

"Meow meow!"

"Meow meow meow, meow meow Meow meow meow meow meow meow meow meow!" meow Meow, meow meow. "Meow meow meow meow!"

Meow meow meow meow meow meow meow meow meow meow.

Meow, meow meow meow meow meow meow meow meow meow meow meow meow meow meow meow meow meow meow meow meow meow meow meow meow meow, meow meow Meow meow meow meow meow meow meow meow meow meow meow meow meow, meow meow. Meow meow meow' meow meow meow meow meow meow meow, "Meow Meow," meow meow meow meow meow. Meow Meow meow meow meow meow meow meow meow:

Meow meow meow meow meow meow meow
Meow meow meow meow'meow meow meow,
Meow meow meow meow meow meow meow meow,
Meow meow meow meow meow meow...

Meow meow meow meow meow meow meow meow meow meow meow meow meow meow meow meow meow meow meow meow meow, meow meow meow meow meow meow meow meow meow meow meow meow meow meow meow meow meow.

"Meow meow meow meow meow! Meow meow meow meow meow!" meow meow meow meow, meow meow meow meow meow meow meow meow.

Meow meow meow meow meow meow meow. Meow meow meow meow meow meow meow meow meow meow meow meow. Meow meow meow meow meow, meow meow meow meow meow (meow meow meow meow meow meow meow meow), meow meow meow meow meow meow meow meow meow meow meow meow. Meow meow meow meow meow meow meow meow meow'meow meow meow, meow Meow Meow meow meow meow meow meow meow meow meow meow meow meow meow meow. Meow meow meow meow, meow meow meow meow meow meow meow meow meow, meow meow meow meow meow meow meow meow meow meow meow meow meow meow meow meow meow meow meow meow meow meow, Meow Meow meow meow meow meow meow meow meow—meow meow meow meow meow meow meow meow meow meow meow meow meow, meow meow meow meow—meow meow meow meow meow meow meow meow meow meow meow. Meow meow meow meow meow meow. Meow meow meow meow meow meow meow meow'meow meow meow meow meow meow meow meow meow meow meow meow meow meow. Meow meow meow meow meow Meow Meow. Meow meow meow meow meow meow meow meow, meow meow meow "meow meow Meow!" meow meow meow meow meow meow meow meow meow meow meow meow. Meow meow meow meow meow meow meow meow, meow meow, meow meow meow meow meow meow meow meow meow. Meow, meow, meow meow; meow, meow meow, meow meow meow meow meow meow meow, meow meow Meow Meow, meow meow meow meow, meow meow meow meow; meow, meow meow meow meow meow meow meow, meow meow meow meow meow, meow meow meow meow meow, meow meow meow meow, meow meow meow meow meow meow meow meow meow, meow meow meow meow meow meow meow meow meow Meow. Meow meow meow meow, meow meow meow meow meow meow meow meow meow meow.

"Meow'meow meow meow meow meow meow meow meow meow, meow meow," meow meow meow.

"Meow meow meow Meow Meow!" meow Meow Meow, meow meow meow meow meow meow meow.

Meow XX

Meow meow meow Meow' meow meow meow meow meow meow meow, meow meow meow meow meow meow meow meow meow, meow meow meow meow meow meow meow meow

meow meow, Meow Meow meow meow meow meow. Meow meow meow meow meow. Meow meow meow meow, meow meow meow meow meow meow meow, meow meow meow meow meow meow meow, meow meow meow meow meow meow meow meow meow meow meow meow meow meow meow meow. Meow meow meow, meow meow meow, meow meow meow meow, meow meow meow meow meow meow meow, meow meow meow meow meow meow meow meow meow meow meow. Meow Meow Meow meow Meow, meow meow meow meow meow meow meow-meow-meow meow meow meow meow meow'meow meow, meow meow meow meow meow meow meow meow meow meow meow meow meow meow Meow'meow meow, Meow Meow.

Meow meow meow meow meow meow. Meow meow meow meow meow meow Meow Meow, meow meow meow meow meow meow meow meow meow meow meow, meow meow, meow meow meow meow meow meow meow meow meow meow meow meow meow meow meow meow meow meow meow meow meow, meow, meow meow meow meow meow. Meow Meow, meow meow meow meow meow meow meow meow meow meow meow, meow meow meow meow meow, meow meow meow meow meow meow meow meow meow.

Meow meow Meow Meow meow meow, Meow Meow meow meow meow meow meow meow meow meow meow meow, meow meow meow meow meow meow meow, meow meow meow meow meow meow meow meow meow meow meow meow meow. Meow meow meow meow meow meow meow meow, meow, meow meow meow meow meow meow, meow meow meow meow meow meow meow meow meow meow meow meow meow meow meow, meow meow meow meow meow meow meow.

Meow meow meow meow meow meow meow meow meow meow meow meow meow, meow, meow meow meow meow meow meow meow meow meow meow'meow meow, meow meow meow meow meow meow meow meow meow meow meow meow meow meow, meow meow meow meow meow.

"Meow, meow meow meow meow meow. Meow meow meow meow meow meow meow meow. Meow meow meow meow meow meow meow meow."

"Meow meow meow meow meow meow meow meow?" meow meow Meow, meow Meow meow Meow meow meow meow meow.

Meow, meow meow meow meow, meow meow meow meow meow meow meow meow.

"Meow, meow meow," meow meow meow meow meow meow, meow meow meow meow meow meow meow meow meow meow-meow meow meow meow meow meow meow meow meow meow meow'meow meow.

Meow Meow Meow meow meow meow meow meow meow meow' meow.

Meow meow meow meow meow meow meow; meow meow meow meow meow meow meow meow meow meow meow meow meow meow meow meow meow meow meow meow. Meow meow meow meow meow meow meow meow meow, meow, meow, meow meow meow. Meow meow meow meow meow, meow meow meow meow meow meow meow meow meow. Meow meow meow meow meow meow.

"Meow, meow meow meow, meow?"

Meow meow meow meow meow meow, meow meow meow meow meow meow meow meow meow meow meow meow meow meow meow meow meow meow meow meow meow.

"Meow meow meow?" meow meow. "Meow meow meow meow."

"Meow, meow meow meow meow. Meow meow meow meow meow meow meow meow meow, Meow," meow meow meow, meow meow meow meow meow meow meow meow meow meow. "Meow meow meow meow meow meow, Meow meow meow," meow meow. "Meow, meow meow: meow'meow meow meow meow."

"Meow meow meow meow meow meow," meow meow meow meow meow meow meow meow; meow, meow meow meow meow meow, meow meow meow meow.

"Meow meow meow meow meow meow, meow meow, meow Meow meow'meow."

"Meow, meow meow?" meow Meow Meow, meow meow meow meow meow meow meow meow meow meow meow.

Meow meow meow meow meow "meow?" meow meow meow meow meow meow meow meow meow.

Meow meow, meow meow meow meow, meow meow, meow meow meow meow meow, meow meow meow Meow Meow meow meow meow meow meow meow meow meow meow meow. Meow meow meow meow meow meow meow meow meow meow meow meow meow meow. Meow meow meow meow meow meow meow meow meow meow meow meow, meow meow meow meow meow meow meow meow meow. Meow Meow meow meow meow meow meow meow meow.

"Meow Meow?" meow meow; "meow meow meow meow meow meow meow meow? Meow meow meow meow meow meow meow meow meow, meow meow Meow meow meow meow meow meow meow, Meow, meow meow meow meow."

Meow Meow meow meow meow meow meow meow meow meow meow meow, meow meow meow meow, meow meow meow meow, meow meow meow meow meow meow meow meow meow meow meow meow meow meow meow meow meow meow. Meow meow meow meow; meow meow meow meow meow meow meow meow meow meow meow meow meow meow meow.

Meow meow, meow meow meow meow meow meow meow meow meow meow meow meow, meow meow meow Meow Meow'meow meow meow meow meow meow meow meow meow meow meow, meow meow meow meow meow meow meow.

"Meow, meow meow, meow meow meow meow meow, Meow Meow," meow Meow Meow, meow meow meow meow, meow meow meow meow meow meow; "meow meow meow meow meow meow meow meow meow meow meow. Meow meow meow meow meow meow, meow meow meow meow... Meow meow meow meow, meow meow meow meow meow, meow meow meow."

Meow meow meow meow meow meow meow meow meow, meow meow meow meow meow meow.

"Meow meow meow meow meow meow meow meow meow meow meow," Meow Meow meow meow, meow meow meow meow meow meow meow meow meow meow. "Meow meow, Meow, meow meow—meow meow meow, Meow, meow meow meow—meow meow meow'meow meow meow meow. Meow meow, Meow meow meow meow meow meow meow meow meow meow meow meow meow meow meow. Meow meow meow meow meow meow; meow, meow meow, Meow meow meow meow meow meow meow meow meow meow meow meow. Meow meow meow Meow meow meow meow Meow? Meow meow," meow meow meow meow, "meow meow meow meow meow meow meow."

Meow Meow meow meow meow meow, meow meow meow meow meow meow meow meow meow meow meow meow meow meow meow meow meow meow meow.

"Meow, meow meow," meow Meow Meow meow, meow meow meow meow meow meow meow meow meow meow meow meow: "meow meow meow meow meow meow meow meow meow Meow meow meow meow meow meow meow Meow'meow meow? Meow meow meow meow meow meow meow meow meow'meow meow, meow meow meow meow meow?..."

Meow meow meow meow meow meow meow meow meow meow meow meow meow meow meow meow meow meow meow meow meow meow.

"Meow meow meow meow meow," meow Meow Meow, meow meow meow, "meow meow meow meow, meow meow meow meow meow, meow meow Meow meow meow meow. Meow meow meow meow, meow meow meow meow meow meow? Meow meow, meow meow meow meow meow meow meow," meow Meow Meow meow meow meow meow meow meow meow meow meow meow meow meow, "meow meow meow'meow meow meow meow, meow meow meow meow meow meow meow meow meow Meow, meow meow meow meow meow meow meow. Meow meow meow meow meow meow meow meow."

"Meow meow meow?" meow meow meow meow meow, meow meow meow meow meow, meow meow meow.

"Meow, meow meow Meow, meow meow meow meow meow meow! Meow meow meow meow meow meow meow meow meow meow meow meow'meow meow meow. Meow meow meow, meow meow, meow meow meow meow meow meow meow, meow meow meow meow meow meow meow meow. Meow meow meow meow meow meow meow, meow meow meow meow meow meow meow, meow meow meow meow, meow..."

"Meow meow?" meow meow meow, meow meow meow meow meow meow meow meow meow meow. "Meow meow meow meow, meow meow meow meow meow meow meow; meow Meow meow meow: meow meow meow meow meow... meow meow!" meow meow, meow meow meow meow meow meow meow meow meow meow meow meow meow Meow Meow meow meow meow meow meow.

"Meow, meow, Meow! Meow'meow meow meow! Meow meow meow meow, meow meow meow meow meow'meow meow meow meow meow meow meow meow meow meow meow meow Meow meow meow meow meow Meow meow meow, meow meow meow Meow meow meow meow Meow meow meow meow Meow Meow, meow meow meow meow meow meow meow meow? Meow meow meow meow meow meow meow meow meow, meow meow meow meow meow meow meow meow meow meow meow meow meow meow meow meow meow'meow! Meow'meow meow."

Meow meow meow meow meow meow meow meow meow meow meow meow.

"Meow meow meow meow—meow meow meow meow meow meow meow meow meow meow meow meow!" meow meow. "Meow'meow meow! Meow! Meow meow'meow meow meow, Meow."

"Meow, meow meow meow meow meow meow meow. Meow meow meow meow..." meow Meow Meow.

Meow meow meow meow meow meow meow meow.

"Meow, Meow meow meow meow meow meow meow meow. Meow meow meow Meow meow meow meow meow meow, meow, meow, meow, meow meow—meow meow meow—meow meow meow..."

"Meow, Meow meow meow meow! Meow meow meow meow meow, meow meow, meow meow meow. Meow meow meow meow, meow meow meow! Meow meow meow meow meow!"

Meow meow meow meow meow, meow meow meow meow meow meow meow meow. Meow meow meow meow meow meow meow meow meow meow meow meow meow meow meow meow. Meow meow meow meow meow meow meow.

"Meow meow meow meow, meow meow. Meow meow meow, Meow, meow meow meow meow meow meow meow meow meow meow meow, meow meow, meow meow meow meow. Meow meow, meow meow, meow meow meow meow meow, meow meow meow meow meow meow meow meow meow meow meow meow, meow meow meow meow meow meow meow meow meow meow meow meow meow meow meow..."

"Meow meow meow meow meow," meow meow meow meow, meow meow meow meow meow meow meow meow meow meow meow meow meow, "meow meow meow meow meow

meow. Meow, meow meow," meow meow meow meow meow, "Meow meow meow meow meow meow meow meow meow meow meow meow meow, meow meow meow meow meow meow meow meow meow meow. Meow meow meow meow meow meow meow meow meow meow."

"Meow meow, meow! Meow meow. Meow meow meow meow meow."

"Meow, Meow meow meow meow meow."

"Meow meow meow meow," meow meow meow. "Meow meow meow meow meow meow meow meow meow meow meow meow meow meow meow. Meow'meow meow meow, meow meow meow meow meow meow meow meow meow meow, meow meow meow meow meow meow meow meow meow meow.... Meow meow meow meow meow meow meow meow, meow meow meow meow meow meow. Meow meow meow. Meow meow meow meow meow meow meow meow meow meow meow meow. Meow meow, meow meow, meow meow meow meow meow meow meow meow. Meow meow meow meow meow meow meow meow meow meow meow meow meow; meow meow meow meow meow meow meow meow. Meow meow meow meow meow meow meow meow."

"Meow Meow meow meow meow! Meow meow meow meow meow meow—Meow meow!" meow meow meow.

"Meow'meow meow meow meow, meow meow."

"Meow'meow meow meow meow meow, meow meow Meow Meow, meow Meow Meow meow Meow meow meow meow meow meow meow... meow meow, meow meow!"

"Meow meow meow meow meow meow meow..."

"Meow, meow'meow meow meow meow! Meow meow meow meow meow meow meow meow meow meow meow meow meow, meow meow meow meow, meow meow Meow—Meow meow'meow meow meow—meow meow meow meow meow meow meow meow meow meow meow meow meow meow meow meow. Meow meow meow meow meow meow meow meow meow, meow meow, meow Meow meow meow meow meow meow."

"Meow'meow meow meow meow meow meow—meow meow meow meow meow meow meow meow meow?"

"Meow'meow meow meow meow meow meow meow meow meow meow meow," meow meow meow, meow meow meow. "Meow Meow meow! Meow; meow Meow meow meow meow, meow meow meow, meow meow meow meow meow meow meow!" meow meow meow meow, meow meow meow. "Meow meow meow meow meow meow meow meow meow meow? Meow Meow meow meow meow meow meow meow meow meow. Meow meow meow meow!"

Meow XXI

Meow meow meow meow meow meow meow meow meow meow meow meow meow' meow, meow meow meow Meow (meow meow meow meow meow) meow Meow Meow (meow meow meow meow meow meow meow) meow meow meow meow meow meow Meow Meow'meow meow. Meow meow meow meow meow meow meow meow meow meow meow, Meow Meow, meow meow meow meow meow meow meow meow meow, meow meow meow meow meow meow meow meow meow meow meow meow. Meow meow, Meow meow Meow Meow meow meow meow meow, meow meow meow meow meow meow meow meow meow meow meow meow meow meow meow meow. Meow meow meow meow meow meow meow meow meow meow meow meow meow meow meow meow. Meow meow meow meow meow meow meow meow meow meow meow meow, meow meow meow meow, meow meow meow meow meow meow meow meow meow meow meow meow meow. Meow meow meow meow, Meow meow meow meow meow meow meow meow meow meow meow meow meow meow meow meow meow meow. Meow meow Meow Meow meow meow meow meow meow meow, meow meow

meow meow meow meow meow, meow meow meow meow meow. “Meow meow meow meow meow meow,” Meow meow, meow meow Meow Meow. Meow meow meow meow meow meow meow meow meow, meow meow Meow, meow meow meow meow, meow meow. Meow meow meow meow meow meow meow meow meow meow meow meow meow meow meow meow meow meow, meow meow meow meow meow meow meow meow meow meow meow, meow meow meow Meow Meow’meow meow meow meow meow meow, Meow meow meow meow meow meow meow meow. Meow meow meow meow meow meow meow meow meow meow meow meow meow, meow meow, meow meow meow, meow meow meow. Meow meow meow meow meow meow meow meow meow Meow meow Meow Meow meow meow meow meow meow meow meow meow meow meow meow meow.

“Meow meow meow meow meow meow meow’ meow?” meow Meow Meow meow meow meow meow.

“Meow,” meow meow meow meow meow meow meow meow, meow meow meow meow meow meow; “meow meow meow meow meow, meow’meow.”

“Meow, meow meow!” meow meow, meow meow meow meow meow meow meow meow meow’meow meow meow meow meow meow meow, “meow meow Meow meow meow meow meow meow meow, meow meow meow meow!”

“Meow meow, meow’meow Meow meow meow meow?” meow meow, meow meow meow meow meow meow meow.

“Meow, meow meow meow! Meow meow meow meow meow meow meow meow meow. Meow meow meow meow meow meow ... meow meow meow meow meow meow.” Meow meow. “Meow meow meow meow meow meow meow meow meow meow. Meow meow meow meow, Meow. Meow meow meow meow meow meow.”

Meow meow meow meow meow meow, meow meow meow meow meow meow meow meow meow meow meow, meow meow meow meow Meow Meow meow meow meow meow meow meow.

Meow Meow’meow meow meow meow meow meow meow meow meow meow meow. Meow meow meow meow meow meow Meow meow meow meow, meow Meow meow meow meow, meow meow meow meow meow meow meow meow meow. Meow meow meow meow meow meow meow meow meow meow meow meow meow meow meow meow, meow meow meow meow meow. Meow meow meow meow meow meow meow meow meow meow meow meow meow meow’meow meow meow, meow meow meow meow meow meow meow meow meow meow, meow meow meow meow meow meow meow meow meow meow, meow meow meow meow meow meow meow meow meow meow meow meow meow.

“Meow meow meow meow meow meow meow meow,” meow meow meow meow meow meow meow; “meow meow meow meow meow meow meow meow. Meow meow meow meow meow meow’meow meow,” meow meow meow meow. “Meow meow meow meow!”

Meow meow meow meow meow meow meow meow meow.

“Meow meow,” meow meow, “meow meow meow meow meow meow’meow meow. Meow meow meow meow?”

Meow meow meow meow meow meow meow meow meow meow meow meow. Meow Meow meow meow meow meow meow meow meow meow meow meow, meow meow meow meow, meow, meow meow meow meow meow meow meow Meow. Meow meow, meow meow meow meow meow meow meow meow, meow meow:

“Meow meow Meow meow!” meow meow meow meow meow meow meow meow meow meow meow meow meow meow, meow meow meow meow meow meow meow meow meow meow meow meow meow meow meow meow meow meow meow meow.

Meow, meow meow meow meow meow meow meow meow meow meow, meow meow meow meow meow meow meow. Meow meow meow Meow Meow meow meow meow meow

meow meow meow meow meow meow meow meow meow meow meow meow meow meow meow meow meow meow. Meow meow meow meow meow meow meow meow, meow meow meow meow meow meow meow meow meow meow meow meow meow. Meow meow meow meow meow meow meow meow meow meow meow meow. Meow meow meow, meow meow meow meow meow meow meow meow meow, meow meow meow meow meow meow; meow meow-meow-meow meow meow meow meow meow meow Meow meow meow; meow meow meow meow meow meow meow meow meow, meow meow meow meow meow meow meow. Meow meow Meow meow meow meow meow meow meow meow meow meow meow meow meow, meow meow meow meow meow meow meow meow meow meow meow meow meow meow meow meow meow meow meow meow meow; meow meow meow meow meow meow meow meow meow meow meow, meow meow meow meow meow meow meow meow meow meow meow meow meow meow meow meow meow meow meow meow, meow meow meow meow meow meow meow meow meow meow meow. Meow meow meow meow meow meow meow meow meow-meow-meow, meow meow meow meow meow meow'meow meow, meow meow meow meow meow meow meow meow meow meow meow meow meow meow Meow meow, meow meow meow meow meow meow meow meow meow meow meow meow meow, meow meow meow meow meow meow meow meow meow meow meow meow meow meow meow meow meow meow meow meow meow meow meow, meow meow meow meow meow meow meow meow meow meow meow meow meow meow meow.

"Meow, meow, meow meow! Meow meow meow meow meow meow. Meow meow meow!" meow meow meow meow meow.

Meow Meow meow meow meow meow meow: "Meow meow..." meow meow, meow meow meow meow meow meow meow meow meow meow meow meow "meow meow," meow meow meow meow meow "meow."

"Meow meow meow meow meow meow meow meow meow. Meow, meow meow..."

Meow'meow meow meow meow meow meow meow meow meow meow meow "meow" meow meow meow meow meow meow meow. Meow meow meow Meow Meow meow meow, meow meow meow meow meow meow meow meow meow meow meow meow. Meow Meow meow meow meow Meow meow meow meow meow meow meow meow meow meow. Meow meow meow meow meow meow meow meow meow meow meow meow meow meow meow. Meow meow meow meow meow, meow meow meow meow meow meow meow meow meow meow meow meow meow meow. Meow meow meow meow meow meow meow meow meow meow meow meow, meow meow meow Meow Meow, meow meow meow meow meow, meow meow meow meow meow meow meow meow, meow meow meow meow Meow meow meow meow meow meow:

"Meow meow meow meow meow! Meow meow meow meow meow meow. Meow."

Meow meow meow meow meow meow, meow meow meow meow meow, meow meow meow meow meow meow, meow meow-meow-meow, meow meow meow meow meow, meow meow meow meow, meow meow meow meow meow meow meow meow meow meow meow meow meow meow.

Meow XXII

Meow meow meow meow meow meow meow meow meow meow meow meow, meow meow meow meow meow Meow meow. Meow meow meow meow meow meow meow meow, meow meow meow meow-meow meow meow meow meow meow meow meow meow meow meow meow meow meow meow, meow meow meow meow meow meow meow meow Meow meow meow meow meow. Meow meow meow meow meow meow meow meow meow, meow meow

meow meow meow meow-meow meow meow, meow meow meow, Meow meow—meow meow meow meow meow meow meow meow meow—meow meow, meow meow meow meow meow, Meow Meow, meow meow meow meow meow meow meow meow meow meow meow meow meow meow meow meow, meow meow meow meow meow meow meow meow meow, meow meow. Meow meow meow meow meow meow; meow meow meow meow meow meow meow. Meow meow meow meow, meow meow meow meow meow, meow meow meow meow meow meow meow meow meow meow, meow meow meow meow, meow meow meow meow meow meow, meow meow meow meow. Meow meow meow meow meow meow, meow meow meow meow meow meow meow meow meow, meow meow meow meow meow meow, meow meow meow meow meow meow. Meow meow meow meow meow meow meow meow meow meow meow meow meow meow, meow meow meow meow meow meow meow meow meow, Meow, meow meow meow meow meow meow meow meow meow meow meow, meow meow meow meow meow meow meow meow meow meow meow meow meow meow meow meow. Meow Meow, meow meow meow, meow, meow meow-meow meow meow meow meow, meow meow meow meow meow meow meow meow. Meow Meow meow meow meow meow meow, meow meow meow meow, meow meow meow meow meow meow meow, meow meow meow meow meow meow meow meow meow meow meow meow meow meow meow meow meow meow meow, meow meow meow meow meow meow meow meow, meow meow meow meow meow meow meow meow meow meow. Meow meow meow meow meow meow meow meow meow meow meow meow meow meow Meow. "Meow meow meow meow meow meow meow," meow meow meow meow meow, "meow meow meow meow meow meow!"

Meow meow meow meow meow meow, meow meow meow meow meow meow meow meow meow meow meow meow meow meow meow meow meow meow. Meow meow meow meow meow meow meow meow meow meow. Meow meow meow meow meow meow: meow meow meow meow meow, meow meow Meow Meow'meow meow meow meow meow.

Meow meow meow meow:

Meow meow meow, meow meow meow Meow Meow, meow meow meow meow meow meow meow meow meow meow meow meow meow meow meow meow meow meow meow'meow meow, meow, meow meow meow meow meow, meow meow meow meow meow meow meow meow meow meow, meow meow meow meow, meow, meow meow. Meow meow, meow meow meow meow meow meow meow, meow meow, meow meow, meow meow meow, meow meow, meow meow meow meow meow meow meow meow. Meow meow meow meow meow Meow meow meow meow meow meow, meow meow meow meow meow meow meow Meow. Meow meow meow meow meow meow meow meow meow meow meow meow meow meow, meow meow meow meow meow meow meow meow meow.

Meow meow meow meow' meow meow meow meow meow, meow meow meow meow meow meow meow meow. Meow Meow meow Meow'meow meow meow meow, "Meow." Meow meow meow meow meow meow meow meow meow meow meow meow meow meow meow meow meow meow meow meow meow meow meow meow meow. Meow meow meow meow meow meow meow meow meow meow meow. Meow meow meow meow meow meow meow meow meow meow, meow meow meow. Meow Meow meow meow meow meow meow meow meow meow meow, meow meow meow meow meow meow meow meow meow meow meow meow meow meow. Meow meow meow meow meow meow meow meow meow meow meow meow meow meow meow meow meow, meow meow meow meow meow. Meow meow, meow meow meow meow meow, meow meow meow meow meow meow. Meow Meow meow meow meow meow meow meow meow, meow meow meow meow meow'meow meow meow meow meow meow meow meow meow meow meow meow meow. Meow, meow meow meow meow meow meow meow meow meow meow meow, meow meow meow meow meow meow meow meow meow meow meow, meow meow. Meow meow meow meow meow meow meow

meow meow meow'meow meow meow. Meow meow Meow meow meow meow Meow Meow meow meow meow meow meow meow meow meow. Meow Meow meow meow meow meow meow meow meow meow meow meow meow. Meow meow meow meow, meow meow meow meow meow meow meow meow. Meow Meow meow meow. Meow Meow meow meow meow meow meow meow meow meow Meow meow, meow meow meow meow meow meow meow meow meow meow meow meow meow meow meow meow meow meow meow meow meow meow meow. Meow meow meow meow meow, meow meow meow meow meow meow meow Meow'meow meow meow meow meow meow meow meow. Meow Meow meow meow meow meow meow meow meow meow meow meow meow meow meow meow meow meow meow meow meow meow meow meow. Meow meow meow meow meow, meow meow Meow meow meow meow. Meow meow meow meow meow meow meow meow meow'meow meow meow meow meow. Meow meow meow, meow meow meow meow meow meow meow meow (meow meow meow Meow meow meow meow meow meow meow meow), meow meow meow meow meow meow meow meow, meow meow. Meow Meow meow meow meow meow meow meow'meow meow, meow meow meow meow meow meow; meow meow meow meow Meow, meow meow meow meow, meow meow Meow Meow meow meow meow meow, meow meow meow meow meow. Meow meow meow meow meow meow meow meow meow meow. Meow meow meow meow meow meow meow meow meow meow meow meow meow meow meow meow meow meow.

"Meow meow meow meow meow meow meow," meow meow meow, meow meow meow meow meow meow meow'meow meow meow meow meow meow.

Meow meow meow meow meow.

Meow meow meow meow meow meow meow, meow meow meow meow meow meow meow meow meow meow meow meow meow meow meow meow meow. Meow meow meow meow meow meow meow meow meow Meow meow meow meow meow, meow meow meow meow meow meow meow meow meow meow meow, meow meow meow meow meow meow meow meow meow, meow Meow'meow meow-meow meow, meow meow meow meow meow, meow meow meow meow meow meow, meow meow meow, meow meow meow meow meow meow meow, meow meow meow meow meow meow meow. Meow meow meow meow Meow meow meow meow meow meow meow meow meow meow meow meow meow meow, meow meow meow meow meow. Meow meow meow meow meow meow meow meow meow meow meow meow meow meow meow. Meow meow.

"Meow meow meow," meow Meow Meow, meow meow meow meow meow meow meow meow meow meow meow meow meow meow. "Meow meow meow."

Meow meow meow.

Meow XXIII

Meow meow meow meow meow meow meow meow meow meow Meow Meow meow meow meow meow, meow meow meow meow meow meow meow Meow meow Meow meow meow meow. Meow meow meow meow meow Meow meow meow meow meow meow meow, meow Meow meow meow meow meow meow meow meow meow meow meow:

"Meow meow'meow meow meow meow meow meow meow."

"Meow meow meow meow meow meow meow meow meow meow," meow Meow Meow meow Meow Meow. "Meow meow meow meow, meow meow Meow Meow, meow meow meow meow meow meow."

Meow Meow meow meow meow, meow meow meow meow meow meow meow meow meow meow. Meow meow meow Meow Meow meow meow meow meow meow.

“Meow meow meow meow meow meow meow meow meow meow meow meow meow meow meow Meow meow,” Meow meow meow meow meow meow meow meow meow meow meow meow meow meow meow meow meow Meow meow meow meow meow meow meow meow meow meow meow meow meow meow meow meow meow meow meow meow meow. Meow meow meow meow meow meow meow Meow Meow’meow meow meow meow meow meow meow meow meow. Meow meow meow meow meow meow meow meow meow meow meow meow meow meow. Meow meow meow meow meow meow Meow, meow meow meow meow meow meow meow, meow meow meow meow meow meow meow meow meow meow meow, meow meow meow meow meow meow meow meow meow meow meow meow meow meow meow meow, meow meow meow meow meow meow meow meow meow meow meow meow meow meow. Meow meow meow meow meow meow meow meow meow meow. Meow meow meow meow meow meow meow meow meow meow meow meow, meow meow meow meow meow meow meow meow meow meow meow meow meow meow, meow meow, meow meow meow, meow meow meow meow meow meow meow meow meow meow meow meow meow meow meow meow meow meow meow meow meow meow meow meow meow meow. Meow meow meow meow meow meow meow meow meow meow meow meow meow. Meow meow meow meow meow meow meow meow meow meow meow meow meow meow meow meow meow meow meow meow meow meow meow meow Meow Meow meow meow meow meow. Meow meow meow meow meow meow meow, meow meow meow meow meow meow meow. Meow Meow meow meow meow meow meow, meow meow meow meow meow meow meow meow.

“Meow meow, Meow, meow meow meow meow meow meow meow meow meow meow,” meow meow meow meow meow meow meow, meow meow meow meow meow meow meow meow meow meow meow meow meow meow meow meow meow.

“Meow, meow meow meow,” meow Meow Meow meow meow meow, meow meow meow meow meow meow meow meow meow meow meow meow, “meow’meow meow meow meow meow meow meow Meow meow meow meow meow meow meow meow? Meow meow meow meow meow meow meow meow meow meow meow...”

Meow Meow meow meow meow meow meow meow meow meow meow meow, meow meow meow meow meow meow meow meow. Meow meow, meow meow meow meow meow meow meow meow meow, meow meow meow; meow meow meow meow meow meow meow meow meow meow meow meow meow meow meow meow meow.

“Meow, meow meow Meow Meow, meow Meow meow meow meow meow. Meow meow meow meow meow meow meow meow meow.”

Meow meow meow meow meow. Meow meow meow meow meow meow meow meow meow meow meow meow meow, meow meow meow meow meow meow meow meow meow meow, meow meow meow meow meow meow meow Meow Meow. Meow meow meow meow meow meow, meow meow meow meow meow meow meow meow meow meow.

“Meow, meow meow, meow meow. Meow meow meow meow meow meow meow meow meow meow meow meow meow; meow meow meow meow, Meow?”

“Meow meow’meow meow meow, meow?” meow meow meow meow meow meow meow meow meow meow meow meow meow meow meow meow meow. “Meow meow meow meow meow meow meow meow meow meow meow meow meow, meow meow meow meow meow meow meow meow meow meow meow meow’meow meow? Meow!” meow meow meow, meow meow meow meow meow meow meow meow meow.

Meow Meow Meow meow meow meow meow meow meow meow meow meow meow meow meow meow, meow meow meow meow.

Meow Meow meow. “Meow!” meow meow meow meow meow meow, “meow meow meow! Meow, meow meow Meow meow meow.”

Meow meow meow meow.

"Meow meow meow!"

Meow Meow Meow meow meow meow meow.

"Meow meow, Meow meow meow! Meow meow meow meow meow. Meow meow meow meow meow meow meow, Meow!... meow meow meow meow?"

"Meow, Meow," meow Meow Meow, "meow meow meow meow meow, meow meow meow meow'meow meow! Meow, Meow, meow meow meow meow," meow meow, meow meow meow meow meow meow, meow meow meow meow, meow meow meow meow meow meow meow meow meow meow meow meow meow meow meow meow, meow meow meow meow meow meow Meow Meow.

"Meow meow meow meow meow meow meow meow," meow Meow Meow meow. "Meow meow'meow meow meow meow meow meow."

"Meow meow!" meow meow meow, meow meow meow Meow Meow meow meow meow meow meow meow.

"Meow, meow meow, meow meow meow meow meow meow meow meow, meow meow meow meow meow. Meow Meow meow meow meow: meow meow meow, meow meow meow, Meow meow, meow meow meow meow meow meow. Meow meow meow meow meow meow meow. Meow meow meow meow meow meow meow meow meow meow meow meow meow meow meow, meow meow meow meow meow meow, meow meow meow meow meow meow."

Meow meow meow.

"Meow meow meow Meow meow meow meow, meow meow meow, meow meow Meow meow meow meow meow, Meow meow meow meow meow meow! Meow meow, Meow meow meow meow meow meow meow meow meow meow meow Meow. Meow meow meow meow meow. Meow meow, meow meow meow, meow meow meow meow meow meow'meow meow?"

Meow meow meow meow meow meow meow meow meow meow meow meow meow Meow Meow Meow. Meow meow meow meow Meow, Meow Meow meow meow meow Meow' meow meow meow meow. Meow meow meow meow meow meow meow meow Meow meow meow meow meow meow meow meow Meow Meow'meow meow. Meow meow meow meow meow meow meow meow meow meow meow meow meow, meow meow meow meow meow meow meow meow. Meow meow meow meow meow meow meow meow meow, meow meow meow meow meow meow meow meow meow meow meow meow meow meow, meow meow meow meow meow meow meow meow meow meow meow meow—meow meow meow meow meow meow meow meow meow meow meow meow meow meow meow meow meow meow, meow Meow, meow meow meow meow meow meow meow, meow meow meow meow meow meow, meow meow meow meow meow meow meow meow meow meow meow meow meow meow meow. "Meow meow meow, meow meow meow meow meow. Meow meow meow meow meow meow meow meow meow meow meow meow meow meow meow meow," meow meow. Meow meow meow meow meow meow meow Meow Meow meow meow meow, meow meow meow meow meow meow meow meow.

Meow XXIV

Meow Meow Meow, Meow Meow Meow Meow'meow meow, meow meow meow meow Meow Meow meow meow meow meow meow meow, meow meow meow meow meow meow meow meow meow meow meow meow meow meow meow'meow meow. Meow meow Meow Meow Meow Meow (meow meow meow, "meow Meow meow Meow") meow meow meow Meow Meow meow meow meow meow meow meow meow meow meow meow meow meow meow meow, Meow Meow, meow meow meow, Meow Meow. Meow meow meow meow meow meow meow

meow meow meow meow meow meow, meow meow meow meow meow meow meow meow, meow meow meow meow meow meow meow meow meow meow meow meow meow meow Meow meow Meow Meow, meow meow meow meow meow meow meow meow. Meow meow meow meow meow meow meow meow meow meow meow meow meow—meow meow meow, meow meow meow meow—meow meow meow. Meow meow meow meow meow’meow meow, meow meow meow meow meow meow meow meow meow meow meow meow meow meow meow meow meow meow meow meow, meow meow meow meow meow meow meow meow meow meow meow. Meow meow meow meow meow: meow meow meow, meow meow meow meow meow, meow meow meow meow meow, meow meow meow meow, meow meow meow meow meow meow meow meow meow meow meow meow. Meow meow meow meow meow meow meow meow, meow meow meow meow meow meow meow meow meow meow meow meow. Meow meow meow meow meow meow meow meow meow meow, meow meow meow meow meow meow meow meow meow meow meow meow. Meow meow meow meow, meow meow meow meow meow meow, meow meow meow meow meow meow meow, meow meow meow meow meow meow meow meow meow meow meow meow meow meow meow meow meow meow meow meow. Meow meow meow meow meow meow meow meow meow meow meow meow meow, meow meow meow meow meow meow meow meow meow meow meow’meow meow meow meow meow meow meow meow meow meow meow meow meow meow meow meow meow meow meow meow meow, meow, meow Meow Meow meow, meow meow meow meow meow meow meow meow meow. Meow meow meow meow meow meow meow meow meow meow meow meow meow meow meow meow meow meow meow meow meow meow meow meow meow meow meow meow meow meow meow meow meow, meow meow meow, meow meow meow, meow meow meow meow meow, meow meow meow, meow meow meow meow meow meow meow, meow meow meow.

Meow meow meow meow meow meow meow meow meow meow meow meow meow, Meow Meow meow meow meow meow meow meow meow meow meow meow meow meow meow, meow meow meow meow meow meow meow meow meow. Meow meow meow meow meow meow meow, meow meow meow meow meow meow meow meow meow meow meow meow.

Meow meow meow meow meow meow meow meow meow meow meow meow meow meow meow meow meow: “Meow meow meow.”

Meow meow meow meow meow meow meow meow meow meow meow. Meow meow meow meow meow meow meow meow, meow meow meow-meow meow meow meow meow meow meow, meow meow meow meow meow meow meow meow, meow meow meow meow meow meow meow, meow meow meow meow meow meow meow meow meow meow meow meow meow—meow meow meow, meow, meow meow meow. Meow meow meow meow meow meow meow meow meow Meow meow meow meow meow, meow meow meow meow meow meow meow meow meow, meow meow meow meow meow meow meow meow meow meow meow meow meow meow meow. Meow meow meow meow meow meow meow meow meow meow meow meow meow meow, meow meow meow, meow meow meow meow meow meow meow meow meow meow, meow, meow meow meow, meow meow meow. Meow meow meow meow meow meow meow, meow meow meow meow meow meow meow meow (meow meow meow) meow, meow meow meow meow meow, meow meow:

“Meow meow? Meow meow meow, meow meow.” Meow meow meow meow meow meow meow meow meow meow meow meow meow meow meow meow meow meow meow meow.

“Meow meow!” meow meow, meow meow meow meow meow meow meow meow meow meow meow meow meow meow meow meow meow.

Meow meow meow meow meow meow meow meow meow meow.

"Meow meow meow, meow'meow meow meow meow meow," meow meow meow meow meow, meow meow meow meow meow meow meow'meow meow meow meow meow meow meow meow meow, meow meow meow meow meow.

Meow meow meow meow meow meow meow meow meow meow meow meow meow' meow. Meow meow meow meow meow meow meow meow meow meow.

"Meow Meow?" meow meow meow meow meow meow meow meow meow meow meow meow, meow meow.

"Meow, meow'meow meow Meow," meow meow meow meow meow meow meow meow meow meow meow.

"Meow'meow meow meow meow meow meow, meow meow meow Meow'meow meow," meow meow meow meow; "Meow'meow meow meow meow meow meow. Meow'meow meow meow meow!"

"Meow meow meow meow meow, Meow," meow meow meow, meow meow meow meow meow meow meow meow.

"Meow meow, Meow meow meow meow!" meow meow meow meow, meow meow meow meow, meow meow meow meow meow meow meow meow meow meow meow meow meow meow meow meow meow.

"Meow, meow," meow meow, meow meow meow meow meow meow meow meow meow meow meow meow meow meow meow meow meow meow meow meow meow meow, meow meow meow meow meow meow meow meow meow meow meow meow meow meow meow meow meow meow, meow meow meow meow meow meow. "Meow, meow, meow meow meow meow; meow meow meow meow meow Meow..."

Meow meow meow meow meow meow meow meow meow meow'meow meow meow meow meow meow; meow meow meow meow meow meow meow meow meow, meow meow meow meow meow meow meow meow meow meow meow meow meow meow meow meow meow meow meow meow meow meow meow meow'meow meow meow, meow meow meow meow meow. Meow meow meow meow meow'meow meow meow meow meow'meow, meow meow meow meow meow meow: meow meow' meow meow meow, meow meow meow meow meow meow meow meow meow, meow meow meow meow meow meow meow meow'meow meow meow meow meow meow, meow meow meow meow meow meow meow meow, meow meow meow meow meow meow meow meow meow meow meow meow meow meow meow meow meow meow meow meow meow meow meow meow. Meow meow meow meow meow meow: meow meow meow meow meow meow meow meow meow meow meow meow, meow meow meow meow meow meow meow meow meow, meow meow meow meow meow meow, meow, meow meow meow meow meow meow meow.

Meow meow meow meow meow meow.

"Meow meow, meow'meow meow meow meow!" meow meow meow, meow meow meow meow meow meow meow meow; meow meow meow, meow meow meow meow meow, meow meow meow meow'meow meow meow meow meow meow.

Meow meow meow meow meow, meow meow meow meow.

"Meow meow'meow meow, Meow; meow meow'meow meow," meow meow, meow Meow Meow, meow meow meow meow meow meow meow meow meow meow'meow meow, meow meow meow meow: "Meow meow meow meow, meow! Meow meow'meow meow meow meow meow meow meow meow meow. Meow meow meow meow meow meow'meow meow meow," meow meow meow meow meow. "Meow meow meow meow meow meow meow meow meow meow."

Meow meow meow meow, meow meow meow meow meow meow meow meow meow meow meow meow meow meow meow meow.

"Meow meow meow meow meow Meow meow meow Meow meow meow Meow meow meow meow. Meow! Meow meow'meow meow meow meow'meow meow... Meow meow meow meow meow. Meow meow. Meow, meow meow. Meow."

Meow meow meow meow meow meow meow meow meow meow meow meow meow.

Meow Meow meow meow meow meow meow meow meow meow, meow meow meow meow meow meow meow meow meow meow meow, meow meow meow meow. Meow meow meow meow meow meow meow, meow meow meow meow meow meow meow meow meow meow meow meow meow. Meow meow meow meow meow meow meow meow meow meow. Meow meow meow meow meow meow meow meow meow meow meow meow meow meow. Meow meow meow meow meow meow meow meow meow; meow meow Meow Meow meow meow meow meow meow Meow' meow-meow meow.

Meow meow Meow meow meow meow meow meow meow meow meow meow meow meow; meow Meow meow meow meow meow meow meow meow, meow meow meow meow meow meow meow meow Meow Meow, meow meow Meow Meow meow meow meow meow meow meow meow meow meow meow Meow, Meow meow meow meow meow meow meow meow meow meow meow meow meow meow meow meow meow meow meow meow meow, meow meow meow meow meow meow, meow meow, meow, meow meow meow meow, meow meow meow meow meow meow meow meow meow meow. Meow meow meow meow meow meow meow meow meow meow meow meow meow meow meow (meow meow meow Meow meow'meow meow meow), meow meow meow meow Meow meow meow meow meow meow meow meow Meow Meow. Meow meow meow meow meow Meow meow meow meow meow meow meow. Meow meow meow meow: meow meow meow meow meow meow meow meow meow meow Meow Meow meow meow, meow meow meow meow meow meow, meow meow meow meow meow meow meow. Meow meow meow meow meow meow meow meow Meow Meow'meow meow Meow, meow meow meow meow meow meow meow meow meow meow meow meow meow, meow meow meow meow meow meow meow meow' meow meow meow. Meow meow'meow meow meow meow meow meow meow, meow Meow meow meow meow meow meow meow meow meow meow meow. Meow meow meow meow meow meow meow meow meow meow meow. Meow meow meow Meow meow meow meow meow meow meow meow.

Meow meow meow meow. Meow meow meow meow meow meow meow meow meow meow meow, meow Meow meow meow meow meow meow meow meow meow meow meow Meow'. Meow meow meow meow Meow meow meow meow; meow meow meow meow meow meow. Meow meow meow meow meow meow meow meow meow meow meow meow meow meow, meow meow meow meow meow meow meow meow meow meow meow. Meow! Meow meow meow meow meow meow meow meow meow meow meow Meow Meow. Meow meow meow meow Meow meow meow.

Meow XXV

Meow. Meow meow meow meow meow meow meow meow meow meow meow meow.

Meow meow meow meow meow meow meow meow meow meow meow meow meow meow meow meow meow meow meow meow meow. Meow meow meow meow meow meow meow meow meow meow meow meow meow. Meow meow meow meow meow meow meow meow meow meow meow meow. Meow meow meow meow meow meow, meow meow Meow:

Meow meow meow Meow, Meow meow meow meow meow meow meow meow meow meow. Meow meow meow meow meow, meow meow Meow? Meow, meow meow meow meow

meow meow meow meow meow, meow meow meow meow meow meow meow meow meow meow meow. Meow meow meow meow meow. Meow meow meow Meow meow, meow Meow meow meow, Meow meow meow meow meow meow meow meow meow meow meow? Meow, meow meow meow meow meow meow meow meow meow meow meow meow meow. Meow meow meow meow meow Meow meow meow meow meow meow meow meow meow meow meow? Meow meow meow Meow meow meow meow meow meow. Meow meow meow meow meow meow, meow meow meow meow meow meow Meow meow meow meow meow, meow meow Meow meow meow. Meow meow meow meow meow meow Meow meow, meow meow meow'meow meow, meow meow meow'meow meow, meow meow, meow, meow meow meow meow meow meow meow meow meow meow meow meow meow meow meow meow meow meow meow meow meow meow meow meow meow.

Meow meow meow Meow Meow'meow meow meow meow meow meow meow meow meow meow meow meow meow meow meow. Meow meow meow meow meow meow meow meow meow meow meow meow meow meow, meow meow meow meow meow meow meow meow, meow meow meow meow meow meow meow meow meow meow meow meow meow meow meow meow meow. Meow meow meow meow meow meow meow!

Meow meow meow meow meow meow Meow, meow Meow meow meow meow meow. Meow meow meow meow meow meow meow meow meow meow, meow meow meow meow meow Meow meow meow meow meow. Meow meow meow meow meow meow meow meow meow Meow Meow, meow meow meow meow meow meow. Meow, meow meow meow, meow meow Meow'meow meow, meow meow meow meow meow meow meow meow meow meow meow meow meow meow meow meow meow meow meow meow meow meow meow meow Meow meow Meow, meow meow meow. Meow meow Meow Meow meow meow meow meow meow meow Meow. Meow meow, meow meow meow meow meow—meow meow meow meow meow meow meow! Meow Meow meow meow meow Meow meow meow meow meow, meow meow meow meow meow meow meow meow meow meow. Meow meow meow, meow meow, meow meow meow meow meow meow meow meow meow meow meow meow meow Meow. Meow meow meow meow meow meow meow meow meow meow meow meow meow meow meow meow meow meow meow meow, meow meow meow meow meow meow meow meow meow meow meow meow meow meow meow meow meow meow meow meow meow meow. Meow meow meow meow meow meow meow meow meow meow meow meow meow meow meow meow meow meow meow meow meow meow meow meow meow meow meow meow meow, meow meow meow meow meow meow meow meow meow meow Meow meow. Meow meow meow meow meow Meow meow Meow. Meow meow meow meow meow meow meow meow meow; meow meow meow meow, meow meow meow meow meow, meow meow meow meow meow meow meow Meow meow meow meow meow meow meow meow meow meow meow meow meow meow meow meow Meow? Meow meow meow meow meow meow meow meow meow meow meow meow meow Meow meow meow meow meow meow meow meow. Meow meow meow meow meow meow meow meow meow meow, meow meow meow meow meow meow meow meow meow meow meow meow meow meow meow, meow meow meow meow meow Meow, meow meow meow meow meow meow meow meow meow Meow; meow meow meow meow meow meow meow meow Meow meow meow meow meow meow meow meow, meow meow meow Meow meow meow meow meow meow meow Meow meow Meow.

Meow meow meow meow meow meow meow meow meow meow, meow meow meow meow meow meow meow meow meow meow meow meow meow meow meow meow meow Meow Meow. Meow meow meow meow meow meow meow meow meow, Meow meow meow meow, meow meow meow, meow Meow meow meow meow meow meow meow meow meow meow meow meow meow. Meow meow meow meow meow meow meow, meow meow Meow meow meow meow meow meow meow meow meow meow Meow meow meow meow meow meow

meow meow meow Meow meow, meow meow meow meow meow meow meow meow meow meow Meow meow meow meow meow meow.

Meow meow meow meow meow meow meow meow, meow meow meow meow meow meow Meow Meow meow meow meow. Meow meow meow meow meow meow meow meow, meow, meow meow meow meow meow meow meow meow meow meow meow meow meow meow meow meow meow meow meow, Meow meow meow meow meow. Meow meow meow meow meow—meow meow meow meow meow meow meow meow meow—meow meow meow meow meow meow, meow meow meow meow meow meow meow meow meow—meow meow meow meow meow meow meow—meow meow meow meow meow meow meow meow. Meow meow meow meow meow meow meow meow meow, meow meow meow Meow meow meow; meow meow meow meow meow meow meow meow meow meow meow meow Meow meow meow meow meow.... Meow meow meow meow meow meow meow meow meow meow meow meow meow meow meow meow. Meow meow meow meow meow meow meow meow meow, meow, meow meow meow meow meow meow meow meow meow meow meow meow meow meow. Meow meow meow meow meow meow meow meow meow meow meow meow Meow, Meow meow meow meow meow meow meow—meow meow meow meow meow meow meow meow meow meow meow meow meow.

Meow, meow meow meow meow; meow meow meow Meow meow Meow meow Meow Meow meow meow meow meow meow meow meow-meow meow!

"Meow, meow meow meow meow meow meow, Meow? Meow meow meow meow meow. Meow meow meow meow meow meow meow," meow meow meow Meow Meow meow, meow meow meow meow meow meow meow meow meow'meow. Meow meow meow Meow Meow'meow meow, meow, meow meow meow meow meow meow meow, meow, meow, meow meow-meow.

"Meow, Meow meow meow meow," meow meow, meow meow meow meow meow meow meow meow meow meow, meow meow meow meow meow, "meow meow meow meow Meow Meow. Meow meow meow meow meow meow meow, meow meow. Meow meow."

"Meow, meow meow," meow Meow Meow, "Meow meow meow meow meow meow meow meow meow meow meow meow meow meow. Meow meow meow meow meow meow meow meow meow meow meow meow meow meow meow."

Meow meow meow meow meow meow meow, meow meow meow meow meow meow meow meow meow meow meow meow meow meow, meow meow meow meow meow meow meow meow meow. Meow meow meow meow meow'meow, meow meow meow meow meow meow, meow meow meow meow meow meow meow meow.

Meow XXVI

Meow meow-meow meow meow meow meow meow meow meow meow meow meow meow, meow meow meow meow meow meow. Meow meow meow meow meow meow meow meow meow meow meow meow meow meow meow meow meow—meow meow meow—meow meow meow meow Meow.

Meow meow meow meow meow meow meow meow meow meow meow meow meow meow meow. Meow Meow meow meow meow meow meow, meow meow meow meow meow meow, meow meow meow meow meow meow meow meow meow. Meow Meow, meow meow meow, meow meow meow meow meow meow meow meow meow meow, meow meow meow meow meow meow meow meow meow, meow meow meow meow meow. Meow meow meow meow meow meow'meow meow meow meow meow meow meow meow meow meow meow meow

meow meow meow meow meow meow. Meow Meow meow meow meow meow meow meow Meow; meow meow meow meow meow meow meow meow meow meow meow meow'meow meow meow meow meow meow meow meow meow meow, meow, meow meow meow meow meow meow meow, meow meow meow meow meow.

"Meow meow meow meow meow meow meow. Meow meow meow meow meow Meow'meow meow," meow meow.

Meow meow meow meow meow meow meow meow meow, meow meow meow meow meow meow, meow, meow meow meow meow meow meow meow meow meow meow meow meow meow meow meow.

"Meow, meow meow meow meow!" meow meow meow meow meow, meow meow meow meow meow meow meow meow meow meow meow meow meow meow. "Meow'meow meow, meow, meow!" Meow meow meow meow meow, meow meow meow Meow, meow meow meow, meow meow meow meow meow meow meow.

"Meow meow Meow meow? Meow'meow meow meow meow meow meow meow meow."

Meow Meow meow meow meow meow meow meow meow meow.

"Meow'meow meow meow, Meow," meow meow meow meow meow meow meow meow, meow meow meow meow.

"Meow! meow meow!... Meow! Meow!..." meow meow meow, meow meow meow. "Meow meow meow meow..." – "Meow meow meow meow meow?..." "Meow! Meow, meow meow meow meow?..." "Meow meow meow meow meow!..."

"Meow meow meow meow meow meow," meow meow Meow Meow.

"Meow Meow meow meow meow!..." meow Meow Meow. "Meow, Meow, Meow meow meow meow meow."

Meow Meow meow meow meow, meow meow meow, meow meow meow, meow meow meow meow meow meow meow meow meow meow meow meow. Meow Meow meow meow meow meow meow, meow meow meow meow meow meow, meow, meow meow meow meow meow meow meow, meow meow meow meow meow, meow meow Meow Meow'meow meow.

Meow meow meow meow meow, meow meow, meow meow meow meow meow meow meow meow meow meow meow meow meow meow meow meow meow meow meow meow meow meow meow meow meow meow meow meow meow meow meow meow meow meow meow meow. Meow meow meow meow meow meow meow meow meow meow Meow Meow meow meow meow meow meow meow meow meow meow meow, meow meow meow meow meow meow meow meow meow meow meow meow meow meow Meow meow meow meow meow meow meow meow meow meow meow meow meow; meow meow Meow meow meow meow, meow meow Meow Meow meow meow meow meow meow, meow meow meow meow meow meow meow Meow, meow meow meow, meow meow meow meow meow meow meow meow. Meow Meow meow meow meow meow meow meow meow meow meow meow meow meow meow meow meow meow meow. Meow meow meow meow meow meow meow meow meow meow meow meow meow meow meow-meow-meow'meow meow. Meow meow meow meow meow meow meow meow meow Meow meow meow meow meow meow:

"Meow meow meow meow meow meow meow meow, Meow?" meow meow meow.

Meow meow meow.

Meow meow meow meow meow meow meow. Meow meow meow meow: "Meow, meow meow. Meow! meow meow meow meow..."

Meow meow meow. Meow meow meow meow meow meow meow meow-meow-meow'meow meow meow meow meow meow meow.

"Meow meow meow," meow Meow Meow meow meow meow. "Meow'meow meow, Meow? Meow meow meow meow meow meow Meow'meow meow meow Meow. Meow meow meow? Meow meow meow?"

"Meow, meow meow meow. Meow Meow meow'meow meow meow meow meow meow meow," meow meow meow meow.

"Meow meow meow meow meow meow? Meow meow meow meow meow meow? Meow meow meow?" meow Meow Meow meow meow meow meow meow meow meow, meow meow meow meow meow meow meow meow meow meow meow, meow meow meow meow meow meow.

"Meow meow meow meow meow, meow meow meow, meow meow meow meow meow meow meow meow," meow Meow Meow meow, meow meow meow meow meow meow meow meow meow meow meow meow meow meow.

Meow meow meow meow meow meow meow meow meow meow meow meow meow meow meow meow meow meow, Meow meow meow meow meow meow meow meow meow meow. Meow meow meow meow meow meow meow meow meow meow meow meow meow meow meow'meow meow: meow meow meow meow meow meow meow meow meow meow meow meow meow meow. Meow meow meow meow meow meow meow-meow meow, meow meow meow meow meow meow meow; meow meow Meow Meow meow meow meow'meow meow meow (meow meow meow meow meow meow meow meow meow meow meow meow, meow meow meow meow meow meow meow meow meow meow Meow), meow meow meow meow meow meow meow meow meow-meow meow, meow meow meow meow meow, meow meow meow meow Meow.

"Meow! meow'meow meow meow! Meow meow meow Meow?" meow meow meow meow, meow meow meow meow meow meow meow meow meow, meow Meow meow meow meow meow meow, meow meow.

"Meow, Meow, Meow meow meow meow meow meow meow meow meow meow meow meow," meow Meow Meow, meow meow meow meow meow meow'meow meow meow meow meow meow meow meow. "Meow meow meow meow?"

"Meow meow meow meow meow meow, meow meow. Meow meow meow: Meow meow meow meow meow meow meow meow meow, meow meow meow Meow meow meow."

"Meow Meow," meow meow meow meow.

"Meow meow meow meow meow meow meow! Meow, meow meow," meow meow, meow meow meow meow; "meow meow meow Meow meow meow meow meow meow Meow meow meow meow meow meow meow 'meow.'"

Meow Meow meow.

"Meow meow meow meow meow meow meow, Meow," meow meow, meow meow meow meow meow meow meow meow'meow meow meow meow meow meow meow meow meow meow meow. "Meow, Meow meow meow meow meow meow meow meow meow!"

"Meow, meow!" meow meow meow meow, meow meow meow meow meow meow meow meow meow meow, meow meow meow meow meow meow. "Meow meow meow meow meow meow meow. Meow Meow meow meow meow meow meow meow meow, meow meow'meow meow meow meow meow meow. Meow'meow meow meow'meow meow! Meow meow meow meow meow meow. Meow meow meow meow. Meow Meow'meow meow Meow meow—Meow'meow meow... meow meow meow.... Meow meow'meow meow meow meow meow meow? Meow meow meow... Meow meow meow. Meow meow Meow?" meow meow, meow meow meow meow meow meow meow meow meow meow meow meow meow Meow, meow meow meow meow, meow meow meow meow meow meow. "Meow meow Meow? Meow meow meow meow Meow?"

Meow Meow, meow meow meow meow meow, meow—meow meow meow, meow meow meow meow meow meow meow, meow meow meow meow meow meow Meow meow Meow meow meow meow meow—meow meow meow meow meow meow meow meow meow meow. Meow meow meow meow meow, meow meow meow, meow meow meow Meow meow meow

meow meow meow meow meow meow meow meow meow meow meow meow meow; meow meow meow meow meow meow meow meow meow Meow meow meow Meow; meow meow meow meow meow meow Meow, meow meow meow meow Meow, meow meow meow meow Meow meow meow meow Meow; meow meow meow Meow meow meow meow Meow meow meow meow meow Meow, meow meow meow meow meow meow meow meow meow meow meow meow meow meow Meow meow meow meow. Meow meow meow meow meow meow meow meow meow meow meow, meow meow meow meow meow meow meow meow meow meow meow meow meow meow, meow meow meow meow meow. Meow meow meow meow meow meow: "Meow meow meow, meow meow meow!"

Meow meow meow Meow meow meow meow meow meow meow meow meow. Meow meow meow meow, meow:

"Meow meow meow meow meow meow?" meow meow meow meow meow meow: "Meow'meow meow! Meow meow, meow meow."

Meow meow meow meow meow Meow Meow meow meow meow meow. Meow meow meow meow meow meow, meow meow meow meow meow meow meow: "Meow meow'meow meow-meow-meow meow. Meow meow meow meow."

Meow meow meow meow.

"Meow meow'meow meow meow'meow meow meow Meow meow meow," meow meow meow; "Meow meow meow meow meow meow meow meow. Meow meow meow meow meow meow meow meow, meow meow meow meow meow."

"Meow, meow'meow meow meow meow meow," meow meow meow meow meow, meow meow meow:

"Meow meow meow meow. Meow meow meow meow meow."

Meow XXVII

Meow meow meow meow meow meow, meow meow meow, meow meow meow meow meow meow meow-meow-meow, Meow Meow, meow Meow Meow meow meow meow meow meow meow meow meow, meow meow meow meow meow meow meow meow'meow meow meow meow meow meow meow meow meow meow meow meow meow meow meow meow meow meow meow meow meow meow meow meow meow meow. Meow meow, meow meow meow meow meow meow meow meow meow meow meow meow meow meow meow meow meow meow, meow meow meow Meow Meow (meow meow meow meow meow meow meow meow meow meow meow meow meow) meow meow meow meow meow meow meow meow meow, meow meow meow meow meow meow meow meow meow meow Meow Meow meow "meow meow meow meow meow meow meow Meow." Meow meow meow meow meow meow meow meow meow Meow Meow meow meow meow meow meow meow.

Meow meow meow meow, meow meow meow meow meow meow meow meow meow meow meow, meow meow meow meow meow meow meow meow—meow meow meow meow—meow meow meow meow meow meow meow. Meow meow meow, meow meow meow, meow meow meow meow meow meow meow, meow meow meow meow meow, meow meow meow meow meow meow meow meow meow meow meow meow meow meow meow meow. Meow Meow meow meow meow meow meow meow meow, meow meow meow, meow meow meow meow meow meow Meow Meow, meow meow meow meow meow meow meow meow meow meow meow (meow meow meow meow meow meow meow meow meow meow meow) meow meow meow meow, meow meow meow—meow meow meow meow Meow meow meow meow meow Meow. Meow Meow, meow meow meow meow meow meow, meow meow meow, meow meow

meow meow meow meow meow meow meow meow meow meow meow meow meow meow meow meow meow.

"Meow meow meow Meow' meow," meow Meow Meow. "Meow, meow meow meow meow, meow meow meow meow!"

Meow Meow meow meow meow meow meow meow meow meow'meow meow meow meow meow meow meow, meow meow meow meow meow meow meow meow meow meow. Meow meow meow meow meow meow meow meow meow meow meow, meow meow meow meow meow meow meow meow meow meow meow meow meow meow meow meow. Meow meow meow meow meow meow meow meow meow meow meow meow meow meow meow meow meow meow meow meow. Meow meow meow meow; meow meow meow meow meow meow meow meow, meow meow meow meow meow meow meow meow meow meow meow meow. Meow meow, meow meow meow meow meow Meow meow, meow meow meow meow meow meow meow meow meow meow meow meow meow meow meow. Meow meow meow meow meow meow meow meow meow meow meow meow meow meow meow.

"Meow'meow meow, meow, meow meow meow," meow meow, meow meow meow meow meow, meow meow meow meow meow meow meow meow meow meow. "Meow meow, meow meow! Meow meow, Meow Meow!"

Meow meow meow meow meow meow meow meow meow-meow-meow. Meow meow meow meow meow meow meow.

"Meow, meow!" meow meow meow meow, meow meow meow meow meow meow meow. "Meow'meow meow meow meow meow. Meow'meow meow!"

Meow meow meow meow meow meow, meow, meow meow, meow meow meow meow meow meow meow meow meow.

"Meow meow meow, meow meow meow meow meow, meow meow meow meow," meow meow.

Meow meow meow meow meow, meow meow meow meow meow, meow meow meow. Meow meow meow meow meow meow. Meow meow meow meow meow meow meow, meow meow meow meow meow meow meow. Meow meow meow meow meow, meow meow meow meow meow meow meow meow meow meow meow meow meow meow meow meow meow meow meow meow.

"Meow Meow, meow meow, meow meow meow meow meow meow meow meow meow meow meow," meow meow, meow meow meow meow meow.

Meow meow meow meow meow meow meow meow meow meow meow meow meow, meow meow, meow meow meow meow meow meow meow meow meow meow meow meow meow meow meow meow, meow meow meow meow meow Meow Meow.

"Meow, Meow Meow, meow Meow meow meow meow meow meow meow meow meow. Meow Meow" (meow meow meow meow meow meow meow) "meow meow meow meow meow meow meow meow meow meow meow! Meow meow meow Meow meow meow meow meow."

Meow Meow meow meow meow meow meow meow "meow meow Meow" meow meow meow meow meow Meow, meow meow meow meow meow meow meow meow meow meow meow meow meow meow meow'meow meow meow, meow meow meow meow meow meow meow, meow meow meow meow.

"Meow meow meow meow meow!" meow meow meow meow meow meow, meow meow meow meow.

"Meow meow'meow meow meow meow meow meow meow meow meow meow," meow Meow Meow, "Meow meow meow meow meow meow meow meow Meow. Meow meow meow meow meow meow meow meow, meow meow meow meow Meow meow meow meow meow!"

"Meow Meow!" meow meow meow meow meow meow meow meow, meow meow meow meow meow, meow meow meow meow meow: "Meow'meow Meow meow meow Meow meow meow meow meow? Meow, meow meow meow meow meow."

"Meow meow meow, meow meow," meow meow meow.

Meow meow meow meow meow meow meow.

"Meow meow meow meow meow meow meow meow meow meow. Meow meow meow meow meow. Meow meow meow meow meow Meow. Meow meow meow meow meow meow meow meow Meow. Meow meow meow meow meow meow meow meow Meow. Meow meow meow meow—meow meow meow. Meow meow meow meow meow meow."

Meow meow meow meow meow meow meow meow meow, meow meow meow, Meow meow meow meow meow meow meow meow meow meow. Meow meow meow meow meow, meow meow meow meow meow meow meow meow meow meow meow meow meow meow meow meow meow meow meow meow meow. Meow meow, meow meow meow meow, meow meow meow meow meow meow meow, meow meow meow meow meow meow meow meow meow, meow meow meow meow meow meow meow meow meow meow meow Meow meow meow meow meow.

"Meow meow Meow'meow meow meow meow meow meow'meow meow meow meow meow meow meow?" meow meow meow. "Meow meow meow meow. Meow meow'meow meow meow meow. Meow meow, meow meow meow meow meow meow meow meow meow meow?" meow meow.

"Meow meow meow meow meow meow meow," meow meow meow.

"Meow, meow meow meow meow meow Meow! Meow Meow, meow'meow meow meow meow meow meow-meow meow meow meow," meow meow meow meow Meow.

Meow meow meow meow meow meow meow meow meow meow meow meow meow meow meow, meow meow meow meow meow meow meow meow-meow-meow meow meow meow Meow Meow. Meow meow meow meow meow meow meow meow meow-meow-meow'meow meow meow meow meow meow meow meow.

"Meow meow meow meow meow meow meow," meow meow; "meow meow meow meow Meow meow meow meow meow."

"Meow, meow meow meow meow!" meow Meow Meow.

Meow XXVIII

Meow Meow meow meow meow meow meow. Meow meow meow, meow meow meow meow, meow meow meow meow meow. Meow meow meow meow meow meow meow-meow-meow'meow meow. Meow Meow meow meow meow meow meow meow meow meow meow meow meow meow meow meow meow meow meow meow. Meow meow meow meow meow meow meow meow meow meow meow meow, meow meow meow meow meow meow meow. Meow meow meow meow meow meow meow meow meow meow meow meow; meow meow meow, meow meow meow meow meow meow meow, meow Meow meow meow meow meow—meow meow meow meow meow meow meow meow meow meow meow meow meow Meow. Meow meow meow meow meow Meow Meow'meow meow meow meow meow: meow, meow, meow meow meow meow meow meow meow meow.

Meow meow meow meow meow meow meow meow meow meow meow, meow meow meow meow meow meow meow meow meow meow meow meow. Meow meow meow meow meow meow meow meow meow meow meow meow. Meow Meow'meow meow meow meow meow meow meow. Meow meow meow meow meow meow meow meow meow meow meow meow meow meow meow, meow meow meow meow meow meow meow meow meow. Meow meow

meow meow meow meow meow, meow meow meow meow meow meow meow meow?—meow meow, meow meow meow meow meow meow meow meow meow meow meow meow, meow meow meow meow meow meow meow meow meow meow meow, meow meow meow meow meow meow meow meow meow meow meow meow, meow meow meow meow meow meow meow meow. Meow meow meow meow meow meow Meow Meow meow meow meow.

"Meow meow meow meow meow meow meow meow," meow meow, meow (meow meow meow meow meow), "meow Meow meow meow meow meow meow meow meow meow meow meow! Meow meow meow meow meow meow meow meow meow. Meow meow meow meow meow meow meow? Meow meow meow meow, Meow," meow meow, meow meow meow meow meow meow meow.

Meow meow meow meow meow meow meow meow, "Meow." Meow meow meow meow meow meow meow meow meow meow meow meow meow meow meow Meow—meow meow meow meow meow meow meow meow meow meow meow.

"Meow meow meow Meow?" meow meow, meow meow meow meow meow meow meow.

"Meow meow meow meow meow meow meow meow meow meow meow meow meow meow meow. Meow, Meow! Meow meow meow meow meow meow meow meow," meow meow, meow meow meow meow meow, meow meow meow. "Meow meow meow meow meow: meow meow meow, meow meow. Meow meow meow meow meow meow meow."

Meow Meow meow meow, meow meow meow meow meow meow meow meow meow meow meow meow meow meow meow.

"Meow meow meow meow meow meow meow; meow meow meow meow meow, Meow? Meow'meow meow meow meow meow meow meow meow meow meow meow meow, meow meow meow meow meow meow meow meow meow meow. Meow meow meow meow meow'meow meow. Meow meow, meow'meow meow meow. Meow meow meow meow meow meow meow, meow meow, meow meow meow meow meow meow meow, meow meow meow meow meow meow meow meow meow meow meow meow meow, meow meow meow! Meow'meow meow meow."

Meow Meow meow meow meow meow meow meow meow, meow meow meow meow meow meow meow meow meow meow.

"Meow meow meow meow meow meow meow'meow meow meow meow meow," meow meow.

"Meow... meow'meow meow. Meow meow meow meow? Meow meow'meow meow meow meow meow, meow meow'meow, meow Meow meow meow meow. Meow meow, Meow: meow meow meow meow meow meow meow meow meow meow meow meow meow meow meow meow meow meow, meow meow—meow Meow meow meow meow, meow Meow... meow, meow meow meow meow meow Meow meow meow meow meow meow meow meow meow meow meow. Meow meow meow Meow Meow...."

"Meow meow'meow meow meow Meow Meow meow meow," meow Meow Meow.

"Meow? Meow meow meow meow meow meow meow, meow meow, meow'meow meow meow meow meow. Meow meow meow, meow meow. Meow meow meow meow, Meow meow'meow meow meow, meow meow'meow meow meow meow meow. Meow meow Meow meow meow meow meow, meow meow meow meow meow meow. Meow meow meow meow.... Meow meow meow meow meow. Meow meow Meow Meow meow meow meow meow meow meow meow meow meow meow meow meow, meow meow meow meow meow meow meow meow. Meow Meow meow: 'Meow meow'meow meow meow meow meow meow meow meow meow meow meow meow, meow meow meow meow meow meow meow meow.' Meow meow meow meow meow meow meow meow meow meow meow meow. Meow meow meow meow-meow, meow meow meow meow meow meow meow meow. Meow meow meow meow meow meow meow meow meow meow."

"Meow meow meow meow, Meow, Meow meow Meow'meow meow meow meow meow meow meow meow, meow'meow meow?" Meow Meow meow meow.

Meow Meow meow meow meow meow meow meow meow meow meow.

"Meow meow? Meow meow?... Meow meow meow!..." meow meow.

"Meow meow meow meow meow meow meow meow... Meow meow meow meow meow meow, Meow... meow Meow'meow meow meow meow meow meow. Meow meow'meow meow meow meow meow meow meow meow meow meow meow meow meow meow meow meow meow meow meow, meow meow meow meow meow meow. Meow meow meow meow meow meow meow meow. Meow meow meow meow Meow meow meow meow meow meow meow meow. Meow meow meow meow meow meow meow meow, meow meow meow meow meow meow meow meow meow meow meow meow meow."

"Meow! meow meow, Meow meow meow meow meow meow meow meow meow meow meow," meow Meow Meow meow meow meow.

"Meow! meow meow, Meow meow meow, meow meow meow Meow meow meow meow. Meow..." meow meow meow meow meow meow'meow meow, "Meow meow meow meow meow meow meow meow meow."

"Meow meow meow, meow?"

"Meow—meow meow meow meow meow meow! Meow meow meow meow meow meow meow meow meow meow meow meow, meow meow meow meow meow. Meow, Meow!..." meow meow, meow meow meow meow meow meow meow meow meow meow meow meow meow meow meow meow meow, meow meow meow meow meow meow meow meow meow meow meow meow meow meow meow meow meow meow meow meow meow meow meow.

Meow meow meow meow meow meow.

"Meow meow meow meow meow meow meow meow meow..." meow Meow Meow, meow meow meow meow meow meow meow.

"Meow meow meow meow! Meow meow meow meow meow meow Meow. Meow meow meow meow, meow meow meow meow meow meow! Meow meow! Meow'meow meow, meow meow, meow meow meow meow meow meow." (Meow meow meow meow meow meow meow meow meow meow meow meow meow.) "Meow meow meow?"

"Meow meow. Meow meow meow?"

"Meow, Meow meow meow meow meow meow meow meow meow meow meow meow meow meow meow meow meow. Meow meow meow?"

"Meow meow meow meow meow meow meow meow meow'meow meow meow meow... Meow meow meow..." meow Meow Meow. Meow meow, meow meow meow meow meow meow meow meow meow meow meow'meow meow, meow meow meow meow: "Meow meow meow; meow, meow, Meow meow meow meow."

"Meow meow meow Meow meow meow meow meow meow meow meow meow meow meow meow Meow, meow meow Meow meow meow meow meow meow," meow meow meow meow meow meow meow meow, meow meow meow meow meow meow meow meow meow meow meow, meow, meow, meow-meow meow meow meow Meow meow meow meow meow, meow meow meow meow meow meow.

"Meow meow meow meow meow, Meow meow meow meow-meow. Meow—meow meow meow meow Meow'meow meow meow meow meow. Meow!" meow meow meow meow meow: "Meow meow, meow meow meow. Meow meow meow meow meow meow meow meow meow."

Meow Meow meow meow meow meow meow meow, meow meow meow meow: "Meow, meow meow meow meow meow meow meow meow meow Meow meow meow Meow meow meow meow meow meow meow meow meow meow, meow meow meow meow meow meow."

"Meow, meow!" meow Meow Meow. "Meow, Meow; Meow'meow meow meow."

Meow meow meow meow meow meow'meow meow, meow meow meow meow meow meow meow meow meow meow, Meow Meow meow Meow Meow meow meow. Meow meow meow meow meow meow meow meow, meow meow meow meow meow, meow meow meow meow meow meow meow.

"Meow! Meow meow meow meow meow meow meow," meow meow, meow meow meow meow meow meow meow meow.

Meow Meow meow meow meow meow meow meow meow meow meow meow meow meow meow meow. Meow meow meow meow meow meow meow meow meow meow meow meow, meow meow meow meow meow, meow meow meow meow meow Meow meow meow meow meow meow meow meow. Meow meow meow meow meow'meow meow meow meow meow meow meow meow meow meow meow, meow meow meow meow meow, meow meow meow meow meow. Meow meow meow meow meow meow Meow, meow meow meow meow meow meow-meow meow meow meow meow meow meow meow meow.

"Meow, meow meow meow meow Meow Meow, meow meow meow meow meow meow meow meow meow meow, meow meow meow meow meow meow meow meow meow.... Meow, meow, meow! Meow!"

Meow meow meow meow Meow Meow meow meow meow meow Meow Meow meow meow meow meow meow meow meow meow meow meow meow meow meow. Meow meow meow meow meow. Meow meow meow, meow meow meow, meow meow meow meow meow meow meow meow meow meow meow meow, meow meow, meow Meow meow meow meow meow. Meow Meow meow meow, meow meow meow, meow meow meow meow meow meow meow meow meow. Meow meow meow meow meow meow meow.

Meow meow meow meow meow meow meow meow meow meow. Meow meow meow meow meow, meow meow meow meow meow meow meow meow meow meow meow. Meow meow meow meow meow meow meow meow meow. Meow meow meow meow meow meow meow meow meow meow meow meow. Meow meow meow meow meow meow meow meow, meow meow meow meow-meow meow meow meow meow. Meow meow meow meow meow meow meow meow meow meow meow meow: Meow Meow, Meow Meow, Meow Meow, meow meow meow meow. Meow Meow meow meow meow meow meow meow'meow meow meow meow meow meow meow meow meow-meow meow meow meow. Meow meow meow meow meow meow meow meow.

Meow Meow Meow meow meow meow meow meow meow meow meow meow-meow meow meow meow meow meow, meow meow meow meow meow meow meow meow meow, meow meow meow meow meow. Meow meow meow.

"Meow?" Meow meow meow meow meow.

"Meow'meow meow meow meow meow-meow."

"Meow meow meow," meow meow meow meow meow: "Meow, meow!"

"Meow meow meow meow meow meow?"

"Meow meow meow-meow meow meow meow meow meow meow'meow meow meow. Meow Meow meow meow. Meow, meow!" Meow meow meow meow meow, meow meow meow meow meow meow meow. "Meow meow meow meow meow meow, meow meow. Meow meow meow meow meow meow meow," meow meow.

"Meow meow meow... Meow meow meow meow meow meow meow meow meow meow meow meow...."

"Meow meow meow? Meow meow meow meow."

"Meow meow meow meow meow, meow meow Meow meow meow meow.... Meow meow meow meow...."

Meow meow meow meow meow meow, meow meow meow meow, meow meow meow meow meow meow meow.

"Meow meow meow meow meow meow meow meow meow meow meow meow meow meow," meow Meow Meow, meow meow. "Meow meow meow meow meow meow meow meow meow meow meow, meow meow meow meow meow meow meow. Meow meow meow meow meow meow. Meow meow meow meow meow meow meow meow."

"Meow... Meow..." meow meow meow meow meow meow, meow meow meow meow meow. "Meow'meow meow meow."

Meow meow meow meow meow meow meow meow meow meow meow meow meow meow.

"Meow'meow meow meow meow, meow?"

"Meow meow meow, Meow?"

"Meow meow!" meow meow meow meow, meow meow meow.

"Meow meow'meow meow!" meow Meow Meow.

"Meow, meow meow'meow meow meow, meow," meow meow meow. "Meow'meow meow meow meow; meow meow'meow meow. Meow'meow meow meow; Meow meow'meow meow meow, meow meow meow meow meow."

Meow meow meow meow meow meow meow meow meow meow meow, meow meow, meow meow meow meow meow'meow meow meow meow meow meow meow meow meow meow meow, meow meow meow meow meow meow.

Meow meow meow, meow meow meow meow meow meow meow meow. Meow meow meow meow meow meow meow meow meow meow, meow meow meow meow meow meow meow, meow meow, meow meow meow, meow meow meow meow.

"Meow'meow meow meow meow? Meow'meow meow! Meow meow meow meow. Meow meow meow meow," meow meow meow meow meow meow meow meow meow.

Meow meow meow meow; meow meow meow meow meow meow meow meow meow meow. Meow meow meow meow meow meow meow meow meow meow meow meow.

"Meow!" meow meow; "meow'meow meow meow meow meow: meow meow meow meow meow meow. Meow meow! Meow meow meow meow Meow Meow. Meow meow meow meow meow meow meow meow meow meow meow meow meow meow meow meow meow meow meow meow meow: meow meow meow! Meow meow Meow meow meow meow meow. Meow meow meow meow meow meow meow meow. Meow meow meow meow meow—meow meow. Meow Meow'meow meow meow meow meow meow meow meow meow meow meow meow. Meow meow meow."

Meow meow meow meow meow meow meow meow meow meow meow meow, meow meow meow meow meow meow meow meow. Meow meow meow meow meow meow, meow meow meow, meow meow meow meow, meow meow meow meow meow meow meow meow meow meow, meow, meow meow.

"Meow meow meow meow meow, Meow," meow meow.

"Meow, meow, meow-meow!" Meow meow meow meow meow meow meow meow, meow meow meow. "Meow meow, Meow Meow, meow meow meow meow meow meow meow, meow meow meow..." meow meow meow, meow meow meow meow meow meow meow: "meow meow Meow meow meow meow meow meow meow meow meow meow meow Meow Meow, Meow meow meow meow!"

"Meow meow meow meow meow meow meow meow, Meow," meow meow meow meow meow meow.

Meow meow meow meow meow.

"Meow meow meow meow meow meow," meow Meow Meow, "meow Meow'meow meow meow meow Meow meow meow meow, meow meow meow meow meow meow meow meow meow—meow Meow meow meow... meow meow meow meow meow meow.... Meow."

"Meow meow meow meow meow meow?" meow meow meow meow, meow meow.

Meow meow meow, meow meow meow. Meow meow meow'meow meow meow meow meow meow meow meow meow'meow. Meow meow meow meow meow meow meow meow meow meow'meow meow.

"Meow'meow meow meow-meow. Meow!" meow meow meow meow meow meow, meow meow, meow meow meow.

"Meow meow meow? Meow?" meow meow meow meow meow meow meow meow meow meow meow meow Meow Meow meow meow meow meow meow meow meow meow meow meow meow, meow meow meow, meow meow meow meow meow.

Meow Meow meow meow meow meow meow.

"Meow!" meow meow, meow meow meow meow.

Meow meow "Meow!" meow meow meow, meow meow meow meow meow: "Meow meow meow meow meow."

"Meow, meow!" meow meow meow meow, meow meow meow meow meow meow meow meow meow.

Meow meow meow. Meow meow meow meow meow meow meow meow.

Meow meow meow meow meow meow meow meow, meow meow meow meow, meow meow meow meow meow meow meow meow.

"Meow, Meow," meow meow meow meow meow meow, meow meow meow meow meow meow meow meow, meow meow meow meow meow meow meow meow meow.

Meow meow meow meow meow meow meow, Meow Meow meow meow meow. Meow Meow, meow meow meow-meow-meow, meow meow meow meow meow meow meow meow meow meow meow meow meow meow Meow Meow meow meow meow meow meow meow meow meow meow meow meow. Meow meow meow, meow meow meow, meow meow meow meow meow meow meow meow meow meow meow meow. Meow meow Meow Meow meow meow meow meow meow meow meow meow meow meow meow meow meow meow meow meow meow meow meow meow meow meow.

"Meow? Meow'meow meow meow!" meow meow; meow meow meow meow meow meow meow meow, meow meow meow meow meow meow meow meow meow.

MEOW MEOW: 1805

Meow I

Meow Meow, meow, meow Meow meow meow meow meow meow meow meow meow meow Meow meow Meow, meow meow meow meow meow meow meow Meow meow meow meow meow meow meow Meow meow meow meow meow meow meow meow meow meow. Meow meow meow meow meow meow meow meow meow, Meow.

Meow Meow meow meow,, meow meow meow meow meow meow meow meow meow Meow meow meow meow meow meow meow meow meow, meow meow meow meow meow meow meow meow meow. Meow meow meow-Meow meow meow meow meow meow meow—meow meow, meow meow, meow meow, meow meow meow meow meow—meow meow meow meow meow meow meow (meow meow meow meow meow meow meow) meow meow Meow, meow meow meow meow meow meow meow meow Meow meow meow meow meow meow meow meow meow meow meow Meow.

Meow meow meow meow meow meow meow'meow meow meow meow meow meow meow meow meow meow meow meow meow meow meow meow meow meow meow. Meow meow meow meow meow meow meow meow meow meow meow meow meow, meow meow meow meow meow meow meow meow meow meow meow meow meow meow meow, meow meow meow meow meow meow meow meow meow meow meow meow meow meow meow meow meow, meow meow meow meow meow meow meow meow meow "meow meow meow meow meow meow meow meow." Meow meow meow, meow meow meow-meow meow, meow meow meow meow meow meow meow meow meow meow meow meow, meow meow meow meow meow meow meow meow meow, meow meow meow meow meow—meow meow meow meow, meow meow meow meow meow meow meow meow meow meow meow meow—meow meow meow-meow meow meow meow meow meow meow meow meow meow meow meow meow meow meow, meow meow meow meow meow meow meow meow, meow meow meow meow. Meow meow meow meow meow meow meow meow, meow meow meow meow meow meow meow meow meow meow meow meow meow meow meow meow meow meow meow meow meow meow meow meow, meow meow meow meow meow meow meow meow meow, "meow, meow, meow meow," meow meow meow meow. Meow meow meow meow meow meow meow meow meow meow meow meow meow. Meow meow meow meow meow meow meow' meow. Meow meow meow meow meow'meow meow meow meow meow. Meow meow meow meow meow meow meow meow meow meow meow meow meow, meow meow meow meow meow meow meow meow meow meow meow meow meow Meow meow, meow meow meow meow meow meow meow meow meow.

Meow meow meow meow meow meow meow meow, meow, meow, meow meow-meow meow meow meow meow meow meow, meow meow meow meow meow meow meow meow meow meow. Meow meow meow meow meow-meow meow meow meow meow meow meow meow meow meow meow meow meow meow meow meow meow meow meow meow meow meow meow meow meow meow meow. Meow meow meow meow meow meow meow meow meow meow meow meow meow meow meow meow meow meow. Meow meow meow meow meow meow meow meow meow meow meow meow meow meow meow meow meow meow, meow meow meow meow. Meow meow meow meow meow meow meow meow meow, meow meow meow, meow meow meow meow meow meow meow meow meow meow, meow meow meow meow meow meow meow,

meow meow meow, meow meow meow meow meow meow meow meow meow meow meow meow meow.

"Meow meow meow meow meow meow meow meow meow meow meow Meow Meow."

"Meow?" meow meow meow.

Meow meow meow, meow meow meow meow meow meow meow meow meow meow meow meow, meow meow meow meow meow meow. Meow meow meow meow-meow-meow meow meow meow Meow.

Meow meow-meow-meow meow meow meow meow meow meow meow meow meow meow meow meow meow meow meow, meow, meow meow meow meow meow meow meow meow meow meow meow meow meow meow meow meow meow meow meow meow meow meow: meow meow meow, meow meow, meow meow meow meow meow.

Meow meow meow meow Meow meow Meow meow meow meow Meow meow meow meow meow meow meow meow meow meow meow meow meow meow meow meow meow meow Meow Meow meow Meow, meow Meow, meow meow meow meow meow, meow, meow meow meow meow meow meow meow meow, meow meow meow Meow meow meow meow meow meow meow meow meow meow meow Meow. Meow meow meow meow meow meow meow meow meow; meow meow meow meow meow meow meow meow, meow meow meow meow meow meow meow meow meow. Meow meow meow-meow-meow meow meow meow meow meow, meow meow meow meow meow meow meow meow meow meow meow meow meow meow meow meow meow meow, meow meow meow meow meow meow meow meow meow. Meow meow meow meow meow meow meow meow meow, meow meow meow meow, meow meow meow meow meow meow meow meow meow.

"Meow meow meow meow'meow meow meow meow!" meow meow.

"Meow meow! Meow'meow Meow meow meow, Meow Meow, meow meow meow meow meow 'meow meow meow' meow meow meow meow?" meow meow meow meow meow meow meow. "Meow, meow Meow!" meow meow, meow meow meow. "Meow meow!" meow meow meow meow meow meow meow meow. "Meow meow!... Meow meow meow meow meow meow?" meow meow meow meow-meow-meow meow meow meow meow meow meow meow meow meow meow meow meow meow.

"Meow meow meow'meow meow, Meow meow meow."

"Meow meow meow meow meow meow meow?"

"Meow meow'meow meow, Meow...."

Meow meow meow, meow meow meow meow meow meow, meow meow meow meow meow meow meow meow. Meow meow meow meow meow meow meow meow, meow meow meow meow meow (meow meow meow meow meow meow meow meow), meow meow meow meow meow meow meow meow meow meow meow meow meow meow meow meow meow meow meow meow meow meow meow meow meow. Meow meow meow meow meow meow meow meow meow, meow meow meow meow meow meow meow meow meow meow meow meow meow meow meow meow meow, meow meow meow meow meow meow meow meow meow meow meow.

Meow meow meow meow meow meow meow meow meow, meow meow meow meow meow meow meow meow meow. Meow meow meow meow meow meow meow meow meow meow meow meow meow meow meow meow meow meow meow.

"Meow meow meow? Meow!" meow meow meow meow meow. "Meow meow meow meow meow!"

"Meow meow meow meow meow meow meow meow meow!... meow meow meow meow... meow meow meow meow meow." Meow meow meow meow meow meow meow meow meow meow meow meow meow meow meow meow.

Meow meow meow meow meow meow meow meow meow meow meow meow meow meow: "Meow meow meow meow meow meow," meow meow meow meow meow meow meow meow meow, meow meow meow meow meow-meow meow meow meow meow meow meow meow meow, meow meow meow meow meow meow meow meow meow. Meow meow'meow meow meow meow meow meow meow meow meow meow meow meow meow meow meow meow meow meow meow. Meow meow meow meow meow, meow meow meow meow meow meow meow meow meow, meow meow meow meow meow. Meow meow meow meow meow meow meow meow meow meow meow meow meow, meow meow meow meow meow meow.

"Meow meow meow meow meow meow meow meow meow! Meow meow meow?" meow meow meow meow, meow meow meow meow meow meow meow meow meow meow meow meow meow meow meow meow meow meow meow meow meow meow, meow meow meow meow meow. "Meow meow meow meow meow? Meow meow meow meow meow meow meow meow meow meow meow? Meow? Meow'meow meow meow meow meow meow meow meow meow meow meow meow meow.... Meow...?"

Meow meow meow meow meow meow, meow meow meow meow meow, meow meow meow meow meow'meow meow.

"Meow meow meow meow? Meow meow meow... Meow meow! Meow meow meow... meow meow..." meow meow meow meow.

"Meow, Meow meow meow meow, meow Meow meow meow meow meow meow..." Meow meow meow.

"Meow meow meow meow meow!... Meow meow, meow meow!"

"Meow meow meow meow meow," Meow meow meow meow, meow meow.

Meow meow meow meow meow meow meow meow meow. Meow meow meow meow, meow meow meow meow meow meow.

"Meow meow meow meow meow meow meow meow meow meow meow," meow meow meow meow meow meow.

Meow II

"Meow'meow meow!" meow meow meow meow meow meow.

Meow meow meow, meow, meow meow meow meow, meow meow meow meow meow meow, meow meow meow meow meow meow, meow meow, meow meow meow, meow meow meow meow meow meow meow meow, meow meow meow meow, meow meow meow. Meow meow meow meow meow meow meow meow meow meow meow meow.

"Meow-meow!" meow meow meow meow meow meow meow-meow meow meow meow meow meow meow, meow meow meow meow, meow meow meow meow meow meow.

Meow meow meow meow meow, meow meow meow meow meow meow, meow meow meow, meow meow Meow meow, meow meow meow meow meow meow meow meow meow meow meow meow meow meow. Meow meow meow meow meow meow meow meow meow Meow. Meow Meow meow meow Meow meow, meow meow meow meow meow meow meow meow meow Meow meow meow. Meow meow meow meow meow meow meow meow. Meow meow meow Meow meow meow meow meow meow meow meow Meow meow meow meow meow meow meow meow meow meow meow meow meow meow meow meow meow meow meow meow meow meow meow meow meow meow meow meow meow meow meow meow.

Meow meow meow meow meow meow, meow meow meow meow meow, meow meow meow meow meow meow meow meow. Meow meow meow meow meow meow meow meow meow meow meow meow meow meow. Meow meow meow, "Meow meow meow meow... meow... meow... meow!" meow meow meow meow meow. Meow meow Meow meow meow meow

meow meow meow; meow meow meow meow meow meow meow, meow meow meow meow, meow meow meow meow.

Meow meow meow meow meow meow meow meow meow meow meow meow meow meow meow meow meow, meow meow meow meow, meow meow meow meow meow meow meow meow meow meow meow meow, meow meow meow meow meow meow meow meow meow meow, meow meow meow meow meow meow meow meow meow meow meow meow meow meow meow meow meow meow, meow meow meow meow meow meow meow meow meow meow meow meow meow meow meow meow meow meow meow meow meow meow meow. Meow meow meow meow meow meow meow meow meow meow meow, meow meow meow meow meow meow meow Meow meow meow meow meow, meow meow meow meow. Meow meow meow meow meow meow. Meow meow meow meow meow meow meow meow.

"Meow Meow meow," meow meow. "Meow meow meow! Meow meow meow meow meow?" meow meow meow meow meow.

Meow meow meow—meow meow meow meow meow meow meow meow meow meow meow meow meow meow meow—meow, meow meow, meow meow: "Meow meow, meow meow!"

"Meow meow meow meow meow," meow Meow meow meow meow meow meow meow. "Meow meow meow meow meow meow meow Meow."

Meow meow meow meow meow meow meow meow meow meow meow meow meow meow meow. Meow meow meow meow meow meow meow meow meow meow meow-meow meow meow meow meow-meow meow, meow meow meow meow meow meow meow meow meow Meow meow meow meow meow. Meow meow meow. Meow meow meow meow meow meow meow meow, meow meow Meow meow meow meow meow meow meow meow meow meow meow meow meow, meow, meow meow meow.

Meow meow meow meow meow meow, meow Meow meow, meow meow meow meow meow. Meow Meow meow meow meow meow meow meow meow meow meow Meow:

"Meow meow meow meow meow meow meow meow meow Meow, meow meow meow meow meow meow meow."

"Meow meow Meow meow meow meow meow," Meow meow meow meow meow, meow, meow meow. "Meow meow meow meow meow meow meow meow meow meow meow meow meow meow Meow Meow meow Meow meow meow Meow!"

Meow meow meow. Meow meow meow meow meow meow meow meow meow meow meow meow Meow Meow meow meow meow meow meow. Meow meow meow meow meow meow meow meow meow meow meow meow meow Meow meow meow meow meow meow meow meow meow meow meow meow meow meow meow meow, meow meow meow meow meow meow meow meow meow meow meow meow meow meow meow. Meow meow meow meow meow meow meow meow.

Meow meow meow meow meow meow, meow meow meow meow meow meow meow Meow, meow meow meow meow meow meow meow meow meow meow meow meow meow meow meow.

"Meow meow'meow meow meow meow meow, Meow Meow?" meow meow meow meow, meow meow meow meow meow meow meow meow meow meow meow meow meow Meow Meow meow meow meow meow meow. (Meow meow meow'meow meow meow meow meow meow meow meow meow meow meow meow meow.) "Meow'meow meow meow Meow'meow meow... meow meow'meow meow meow... meow meow meow meow meow meow meow meow... Meow meow meow meow meow meow, meow meow meow!... Meow meow meow!" Meow meow meow meow meow meow meow meow meow.

"Meow'meow meow meow, Meow, meow meow Meow'meow meow meow meow!" meow meow meow, meow meow meow meow meow meow meow meow meow meow meow meow

meow meow meow meow meow meow meow meow meow meow meow meow meow meow meow meow meow meow Meow.

"Meow meow Meow. Meow meow Meow meow'meow meow meow—meow meow meow meow meow. Meow meow meow, meow—Meow'meow meow meow meow meow—meow meow meow meow meow, meow meow meow..."

"Meow meow meow meow meow meow meow meow meow meow, meow meow; meow meow meow..." meow Meow.

"Meow meow meow meow meow?" meow meow meow meow.

"Meow'meow meow meow meow meow," meow meow meow. "Meow meow meow meow meow, meow meow, meow meow-meow, meow meow meow meow'meow meow meow meow.... Meow Meow, meow meow meow, meow meow meow meow Meow."

"Meow, meow, meow!" meow meow meow meow. "Meow, meow meow meow meow meow meow meow meow meow meow. Meow meow meow meow meow meow... Meow, meow, meow meow..."

"Meow meow, meow meow," meow Meow, meow meow meow meow meow meow meow meow meow'meow meow.

"Meow, meow meow, meow meow!"

Meow meow meow meow meow Meow meow meow meow meow, meow meow meow meow, meow meow meow:

"Meow meow meow meow... meow."

Meow meow meow meow meow meow meow meow, meow meow meow meow meow meow meow meow meow.

"Meow, meow'meow meow meow," meow meow meow meow. "Meow meow meow meow meow meow meow meow," meow meow meow meow meow meow meow meow. "Meow meow meow meow! Meow meow meow!" meow meow meow meow meow meow meow meow meow meow meow.

"Meow, meow'meow meow meow meow meow, meow meow meow meow meow," meow Meow meow meow meow meow meow.

"Meow meow meow, meow meow meow..." meow meow meow, meow (meow meow meow meow meow Meow meow Meow).

Meow meow meow meow meow meow meow meow meow meow meow meow. Meow meow meow meow meow. Meow meow' meow meow meow meow meow meow meow.

"Meow meow meow Meow meow meow meow meow meow?"

"Meow meow meow meow! Meow meow!"

"Meow, meow, meow meow meow-meow meow meow meow. Meow meow meow meow... meow meow meow..."

"Meow meow meow meow meow meow, meow... meow, meow Meow..."

"Meow meow meow meow meow meow, meow Meow, meow meow meow meow meow meow meow meow—meow meow meow meow! Meow meow meow meow meow meow meow meow meow meow meow."

"Meow meow, Meow!... Meow meow meow meow meow meow meow meow meow? Meow meow meow meow. Meow meow meow Meow meow meow meow Meow."

"Meow meow!... Meow meow meow meow meow, meow meow meow'meow meow! Meow Meow meow meow meow meow meow. Meow Meow, meow meow, meow meow meow meow. Meow meow'meow meow meow meow, meow meow meow Meow meow meow. Meow meow meow Meow meow meow Meow! Meow meow'meow meow meow. Meow'meow meow meow meow meow!"

"Meow meow meow meow meow! Meow, meow meow meow meow meow meow meow meow meow... meow meow meow meow meow meow meow meow meow meow meow."

"Meow meow meow meow, meow meow!"

"Meow meow meow meow meow meow meow? Meow'meow meow meow, meow! Meow, meow, meow meow, meow meow meow."

"Meow meow meow meow meow meow meow meow'meow meow meow meow meow meow meow meow meow."

Meow meow Meow meow meow meow meow, meow Meow, meow meow meow meow meow meow meow Meow. Meow meow meow Meow meow meow meow meow meow meow meow meow meow meow meow meow. Meow meow meow Meow meow meow meow meow meow, meow meow meow meow meow meow meow meow meow meow.

"Meow meow meow, meow meow meow?" meow meow meow meow meow, meow meow meow meow meow meow meow meow.

"Meow meow Meow?" Meow meow meow. "Meow meow meow meow meow."

Meow meow meow meow meow meow meow meow meow meow meow meow meow meow meow meow meow Meow meow, meow meow meow meow meow meow Meow'meow meow.

"Meow, meow'meow meow meow meow meow meow."

"Meow meow meow."

Meow meow meow meow.

"Meow meow meow meow meow. Meow meow meow meow meow meow meow meow meow meow..."

Meow meow. "Meow'meow meow. Meow Meow meow meow, Meow meow'meow meow—Meow'meow meow meow!"

"Meow, meow meow; Meow meow..."

"Meow Meow meow..."

"Meow-meow."

"Meow meow..."

"Meow'meow meow meow, meow meow.

Meow meow meow meow..."

Meow meow meow meow meow meow meow; meow meow meow meow meow meow meow meow meow meow meow meow, meow meow meow, meow meow meow meow, meow meow meow meow, meow meow meow meow meow meow.

Meow III

Meow meow meow meow meow, Meow meow meow Meow meow meow meow meow meow meow, meow meow meow, meow meow meow meow meow meow meow meow meow meow meow meow meow meow, meow meow meow meow meow meow meow meow Meow Meow, meow meow meow meow meow meow meow meow. Meow Meow Meow meow meow meow meow meow meow meow meow. Meow meow meow Meow meow meow meow Meow meow meow meow meow meow meow meow meow meow meow meow meow.

"Meow!..." meow Meow meow meow Meow meow meow meow meow meow meow meow meow meow meow meow meow, meow meow meow meow meow meow meow meow Meow.

"Meow Meow meow meow, Meow," meow meow meow meow meow meow meow meow meow meow meow meow meow meow meow meow meow meow meow meow meow. Meow meow meow meow Meow meow meow meow meow meow meow meow meow. "Meow Meow meow meow, Meow, meow meow meow meow meow meow meow meow meow meow, meow meow meow Meow Meow meow Meow Meow meow meow meow meow meow. Meow meow meow meow meow meow meow meow. Meow meow meow meow meow meow meow meow meow meow meow meow meow meow meow meow meow meow meow meow

meow meow meow meow meow meow meow meow meow meow meow meow meow—meow meow Meow meow meow meow—meow meow meow meow meow meow meow meow. Meow meow meow meow meow meow meow meow, Meow."

Meow Meow meow meow meow meow meow meow meow meow, "Meow meow meow meow meow meow meow meow meow meow Meow meow'meow meow meow meow meow meow meow meow, meow meow meow meow meow meow meow meow. Meow meow meow meow meow meow."

Meow Meow meow meow meow, meow meow meow meow meow meow meow meow meow meow.

"Meow meow meow," meow meow, meow meow meow meow meow meow meow meow meow meow meow meow, "meow meow meow, meow meow'meow meow meow meow meow meow meow meow meow meow Meow Meow; meow meow meow meow meow meow meow meow meow meow Meow meow meow meow meow meow meow meow meow meow meow meow meow meow meow meow meow meow," meow meow meow meow meow meow.

Meow meow meow meow meow meow.

"Meow meow meow meow meow meow meow meow, meow meow meow meow meow meow," meow meow Meow meow, meow meow meow meow meow meow meow meow meow meow meow meow. Meow meow meow meow meow meow meow-meow-meow.

"Meow meow, Meow," meow Meow, meow meow meow Meow Meow. "Meow meow, meow meow meow, meow meow Meow meow meow meow meow meow meow. Meow meow meow meow meow Meow Meow meow meow meow meow Meow Meow meow Meow Meow meow meow meow meow," meow meow, meow meow meow meow, "meow meow meow meow meow Meow meow meow meow, meow meow meow meow meow meow meow meow meow meow meow Meow meow, meow meow meow meow meow meow meow."

Meow, meow, meow meow. Meow meow meow meow meow meow meow meow meow.

Meow Meow'meow meow, meow meow meow meow meow meow meow meow meow, Meow Meow meow, meow meow meow meow meow Meow meow, meow meow meow meow. Meow, meow meow, meow meow meow meow meow meow meow meow meow meow meow, meow meow meow meow meow, meow meow meow, meow, meow meow meow, meow meow meow Meow Meow meow meow meow meow. Meow, meow meow, meow meow meow meow meow meow, meow, meow meow. Meow meow meow meow Meow Meow meow meow meow meow meow meow meow meow meow meow meow meow meow meow.

Meow meow meow Meow'meow meow meow meow meow meow meow meow meow meow meow meow Meow Meow meow meow meow meow meow, meow meow-meow-meow meow meow, Meow, meow meow meow meow meow meow meow meow meow.

"Meow, Meow?" meow Meow.

"Meow meow meow meow meow meow meow meow meow meow meow meow meow."

"Meow meow meow meow?"

Meow Meow meow meow meow.

"Meow meow meow Meow?"

"Meow."

"Meow meow meow meow meow meow meow meow meow, meow meow meow meow."

"Meow," meow Meow Meow meow meow meow meow meow.

Meow meow meow meow meow meow Meow meow meow meow meow, meow meow meow meow Meow Meow meow meow meow meow meow meow meow meow meow meow, meow meow meow meow meow, meow meow, meow meow meow. Meow Meow meow meow.

"Meow meow Meow Meow?" meow meow meow meow meow meow meow meow meow meow Meow meow, meow meow meow meow meow meow meow meow meow meow meow.

"Meow meow meow meow meow meow," meow Meow, meow meow meow meow meow meow meow meow meow meow meow meow meow meow. "Meow meow Meow meow?"

Meow meow meow meow meow meow meow Meow, meow meow meow meow, meow meow meow meow meow meow meow meow meow.

"Meow meow meow meow meow meow," meow Meow meow.

Meow meow'meow meow meow, meow meow meow meow meow. Meow meow meow meow meow, meow meow meow meow meow, meow meow meow meow, meow meow meow Meow, meow meow meow meow meow, meow meow meow meow meow, meow meow meow meow meow meow meow meow meow, "Meow meow meow meow meow meow?" Meow meow meow meow meow, meow meow meow meow meow meow meow meow meow, meow meow, meow meow meow, meow meow meow meow meow, meow meow meow meow meow meow meow meow. Meow meow meow meow meow meow meow meow Meow meow meow meow meow. Meow meow meow meow meow meow meow meow meow meow meow meow meow meow meow, meow, meow meow, meow meow meow meow meow meow, meow meow meow Meow.

"Meow meow meow meow Meow," meow meow meow meow meow meow.

Meow'meow meow meow meow meow meow meow meow meow meow meow meow meow meow meow meow. Meow meow meow meow meow meow meow meow meow meow meow meow meow meow meow, meow meow meow meow meow, meow meow meow, meow meow Meow meow meow meow meow meow, meow meow meow meow meow meow meow.

Meow meow Meow Meow meow Meow meow Meow, meow meow meow meow meow meow meow meow meow meow meow, Meow, meow Meow meow meow meow meow Meow'meow meow meow meow meow meow meow meow meow Meow meow, meow meow meow meow meow Meow meow meow meow meow meow meow. Meow meow meow meow meow meow meow meow meow meow meow meow meow meow meow meow meow, meow Meow, meow Meow meow meow meow meow, meow meow meow meow meow,

"Meow'meow meow!... meow'meow meow!... Meow meow, meow meow, meow meow meow!"

Meow meow meow meow meow, meow meow meow meow meow meow meow meow. Meow meow meow meow meow meow Meow meow meow meow meow meow meow meow meow meow meow meow meow meow meow.

"Meow meow," meow meow meow Meow, meow meow meow meow meow Meow meow, "Meow meow meow meow meow meow meow."

Meow meow meow meow meow meow meow meow meow meow meow meow meow meow meow, meow, meow meow meow meow meow meow meow.

Meow meow meow meow Meow meow meow meow meow meow, meow meow meow meow meow meow meow, meow meow meow meow meow meow meow'meow meow. Meow meow meow meow meow meow meow meow meow meow.

"Meow meow meow meow meow meow meow. Meow Meow meow meow, meow meow, meow meow meow meow meow meow," meow meow, meow meow meow meow meow meow meow meow.

Meow meow meow, meow meow, meow meow meow.

"Meow, meow meow!" meow meow meow, meow meow meow meow meow meow meow.

Meow meow meow meow meow meow meow meow Meow Meow, meow Meow, meow meow meow, meow meow meow meow meow meow meow meow meow meow Meow. Meow meow meow meow meow meow meow meow Meow, meow meow meow meow, meow meow meow meow meow meow meow meow Meow meow meow meow meow meow meow Meow'meow meow meow.

"Meow meow, meow, meow meow meow meow meow meow meow," meow meow meow, meow meow meow meow meow meow meow meow, "Meow meow'meow meow meow meow meow; meow Meow meow meow meow meow meow meow meow meow meow meow meow meow meow, Meow meow meow meow meow meow meow."

Meow meow Meow meow meow meow meow meow meow meow meow meow meow Meow meow meow meow-meow meow.

"Meow'meow meow meow? Meow meow meow meow," meow Meow.

"Meow meow meow meow meow meow; meow meow meow!" meow Meow, meow meow Meow'meow meow meow meow Meow, meow meow meow meow meow meow meow.

"Meow, meow'meow meow meow, meow meow?" meow Meow meow meow meow meow.

"Meow'meow meow meow?" meow Meow Meow meow meow meow meow meow. "Meow'meow meow meow meow meow meow meow meow meow meow Meow meow meow meow, meow meow meow meow meow meow meow meow meow meow meow meow meow, meow meow meow meow meow meow meow meow meow meow meow'meow meow. Meow meow meow meow meow meow'meow meow meow meow meow, meow meow meow meow meow meow meow meow," meow meow, meow meow meow meow meow meow meow Meow meow. "Meow'meow meow meow meow meow meow meow meow meow meow meow meow meow meow meow meow, meow meow meow meow, meow meow meow

Meow IV

Meow Meow Meow meow meow meow meow meow Meow. Meow meow meow meow Meow Meow meow meow meow meow meow meow meow meow Meow meow meow Meow. Meow meow meow meow meow meow meow meow meow meow-meow Meow, meow meow meow, meow meow meow meow meow meow meow Meow Meow. Meow Meow, meow meow meow meow meow meow meow meow Meow, meow meow meow meow meow meow.

Meow Meow, meow meow meow meow meow meow meow meow meow meow meow meow Meow'meow meow, meow meow meow meow meow meow meow meow meow meow meow meow meow. Meow, meow meow meow meow meow meow meow meow, meow meow meow meow meow meow Meow meow meow meow meow meow meow meow meow meow meow. Meow meow meow meow, meow meow meow meow meow meow, meow meow meow meow meow, meow meow meow meow meow meow meow meow meow meow meow, meow meow meow meow meow meow meow meow meow meow meow meow meow meow, meow meow meow meow meow meow meow meow meow meow.

"Meow, Meow, meow meow!" meow meow meow meow meow meow meow meow meow meow meow meow. "Meow meow meow meow meow, meow meow meow," meow meow, meow meow meow meow meow meow meow meow meow meow meow meow meow meow meow.

"Meow, meow meow," meow meow Meow meow, meow meow meow.

"Meow, meow meow meow meow meow meow!"

Meow meow meow meow meow meow meow, meow Meow meow meow meow meow meow meow meow meow meow meow meow meow'meow meow. Meow meow meow meow meow meow meow meow meow meow meow meow meow meow meow meow meow. Meow meow meow meow'meow meow meow meow meow meow, meow meow meow meow meow.

"Meow! Meow meow meow meow meow meow!" meow meow meow meow meow, meow meow meow meow meow, meow meow meow, meow meow meow meow meow meow meow meow. Meow meow, meow meow meow meow meow meow meow meow, meow meow meow,

meow meow meow meow meow meow, meow meow, meow meow meow meow meow meow meow Meow. "Meow meow Meow! Meow meow Meow!"

"Meow meow. "Meow Meow! Meow Meow! Meow Meow meow!" Meow Meow meow, meow meow meow meow meow, meow meow meow meow, meow meow meow meow meow meow meow:

"Meow meow meow Meow meow!"

Meow meow meow meow meow meow meow meow meow Meow meow meow meow, "Meow meow meow meow Meow!" Meow meow meow Meow meow meow meow meow Meow meow meow meow meow meow meow meow meow meow meow meow meow meow, meow meow meow meow meow meow meow meow meow meow meow, meow meow meow meow meow meow meow meow meow meow, meow meow meow, meow Meow meow meow meow meow meow Meow meow meow meow meow meow meow meow Meow.

Meow meow meow Meow meow meow meow. "Meow'meow meow!" meow meow. "Meow meow meow!" Meow meow meow meow meow meow meow meow Meow meow meow. Meow meow meow meow meow meow meow meow, meow meow meow, meow meow meow meow meow meow. Meow meow meow meow meow, meow meow meow meow meow meow, meow meow meow meow meow meow meow meow meow meow. Meow meow meow meow meow meow meow, meow meow meow.

"Meow!" meow meow meow meow meow, "meow meow meow, meow!"

"Meow, Meow meow meow meow meow," meow Meow'meow meow.

"Meow, meow'meow meow meow," meow Meow, meow meow meow.

"Meow meow," meow Meow, "Meow meow meow meow meow meow meow, meow meow meow Meow Meow."

"Meow! Meow Meow'meow meow meow, meow. Meow meow meow meow meow meow meow!" meow Meow, meow meow meow meow'meow. "Meow meow meow! Meow meow meow. Meow meow meow meow meow, meow meow meow meow meow. Meow meow! Meow!"

Meow meow meow meow meow meow, meow meow meow meow meow meow, meow meow meow meow meow meow meow meow meow meow meow meow meow meow meow.

"Meow meow meow meow meow meow meow meow meow?" (meow meow meow "meow meow") meow meow, meow meow meow meow meow meow meow meow meow. "Meow meow, meow meow'meow meow meow meow meow meow meow, meow meow meow."

Meow meow meow meow meow meow meow meow meow meow, meow meow meow meow meow, meow meow meow meow meow meow, meow meow meow meow, meow meow meow meow meow.

"Meow meow meow meow meow meow meow meow meow meow meow meow meow meow meow; meow meow meow meow meow meow meow!"

Meow meow meow meow meow, meow meow meow, meow meow meow meow. Meow meow meow meow meow meow meow, meow meow meow meow meow meow meow meow meow, meow meow meow Meow.

"Meow meow meow meow meow meow meow meow; meow meow'meow meow meow meow meow meow meow meow. Meow meow meow meow meow meow meow meow. Meow, meow'meow meow?" meow meow, meow meow meow meow meow meow meow meow meow meow meow meow meow meow meow meow meow meow meow meow meow meow meow, meow meow meow meow.

Meow meow meow Meow, meow meow meow, meow meow meow meow meow meow meow meow meow meow meow meow meow. Meow meow Meow, Meow meow meow meow meow meow meow meow meow meow meow meow meow meow meow meow meow Meow meow meow, meow meow meow meow meow meow meow meow.

"Meow! Meow meow'meow meow meow meow," meow meow, meow meow meow meow'meow meow.

Meow meow meow meow meow meow meow meow meow: "Meow meow Meow, meow meow'meow meow meow meow?" meow, meow meow meow meow, meow meow meow Meow.

Meow meow meow meow meow meow meow meow meow meow Meow meow meow meow, meow meow meow meow meow.

"Meow meow meow meow meow meow," meow Meow meow meow meow.

"Meow meow meow meow meow meow meow meow?" meow Meow, meow meow meow meow meow meow meow.

"Meow meow."

"Meow meow meow meow. Meow meow meow meow meow meow Meow meow meow'meow meow. Meow meow meow meow, Meow?"

"Meow meow. Meow meow meow meow meow meow?"

"Meow meow meow meow meow meow meow meow meow meow meow meow," meow Meow.

Meow meow meow meow meow meow meow meow meow. Meow meow meow meow meow meow meow meow meow meow meow meow meow meow meow meow.

Meow Meow meow meow meow meow meow meow meow meow meow meow meow meow meow meow. Meow meow meow meow meow meow meow meow meow meow meow meow meow. Meow meow meow meow Meow'meow meow meow meow: "Meow meow meow meow meow."

Meow meow meow meow meow meow meow meow meow meow meow meow meow meow, meow meow meow meow meow meow meow meow meow meow meow meow meow meow meow, meow Meow meow meow meow meow meow.

"Meow meow, meow meow," meow meow, "meow meow meow meow meow'meow meow. Meow meow meow meow meow meow... meow meow meow meow meow meow meow meow meow Meow, meow meow meow' meow meow meow meow meow meow... Meow'meow meow meow? Meow meow meow meow meow, Meow'meow meow!" meow meow meow Meow, meow meow meow meow meow meow meow meow meow meow.

"Meow meow meow meow? Meow meow meow meow meow meow. Meow'meow meow meow meow meow meow."

Meow meow meow meow meow meow meow meow meow meow meow.

"Meow meow," meow meow meow meow. "Meow meow meow meow meow meow meow?" meow meow, meow meow Meow.

Meow meow meow meow meow meow meow. Meow meow meow meow meow.

"Meow'meow meow meow."

"Meow, meow'meow meow meow meow?" meow Meow, meow meow meow meow meow meow meow meow meow meow meow.

Meow meow meow meow meow meow meow meow. Meow meow meow meow meow.

"Meow meow, meow Meow meow meow? Meow, Meow meow meow meow meow meow meow meow meow meow meow meow meow," meow Meow. "Meow meow meow meow. Meow meow meow?" meow meow, meow meow Meow.

"Meow meow'meow meow meow meow meow. Meow meow meow meow meow meow meow."

"Meow meow meow'meow?..."

"Meow'meow meow meow meow; meow meow meow meow meow meow meow meow meow. Meow meow meow meow."

"Meow, meow Meow meow'meow meow meow meow meow meow meow," meow Meow, "meow Meow meow meow meow meow."

Meow meow meow meow meow meow, meow meow meow meow meow meow meow meow, meow meow, meow meow meow meow meow meow meow meow meow. Meow meow meow Meow'meow meow, meow meow meow meow meow meow meow meow meow meow meow meow meow meow meow meow meow Meow meow meow Meow.

"Meow, meow'meow meow meow meow meow meow..."

"Meow meow, meow meow'meow meow, meow meow meow meow meow meow!" meow Meow, meow, meow meow meow meow meow meow meow meow meow meow meow. "Meow meow meow meow'meow meow Meow'meow meow meow, Meow'meow meow meow meow."

Meow, meow meow meow Meow, meow meow meow meow, meow meow meow meow, meow meow meow meow meow.

"Meow meow meow meow meow, meow'meow meow meow meow," meow Meow'meow meow. "Meow meow meow?" meow meow, meow meow meow meow'meow meow meow.

"Meow, meow."

"Meow'meow meow meow meow meow," meow meow meow.

Meow meow meow meow meow meow meow meow Meow, meow Meow, meow meow meow, meow meow meow meow meow meow. Meow meow meow meow meow meow meow meow meow meow meow. Meow meow meow meow meow meow meow Meow'meow meow meow meow meow.

Meow meow meow meow meow meow meow meow meow meow meow meow meow meow meow meow meow meow meow meow meow.

"Meow, meow'meow meow meow meow, meow meow!" meow meow, meow meow meow meow meow.

"Meow," meow Meow meow meow meow meow meow meow meow meow meow meow meow meow; meow meow meow meow meow meow meow meow.

Meow meow meow. Meow meow meow Meow meow meow Meow meow meow meow meow. Meow meow meow meow meow meow meow meow meow meow meow meow meow meow meow meow meow meow meow.

Meow Meow meow meow meow meow meow meow meow meow meow meow meow meow meow meow, meow meow meow meow meow meow meow, meow, meow-meow meow, meow meow meow meow meow, meow meow meow meow meow meow meow meow meow.

"Meow meow meow," meow meow.

Meow meow meow meow meow meow. Meow meow meow meow meow meow Meow.

"Meow meow meow meow meow meow meow," meow meow meow meow meow, meow meow, meow.

Meow meow meow meow meow meow meow, Meow meow meow meow meow.

"Meow, meow'meow meow meow meow. Meow, meow," meow meow, meow meow meow, meow meow, "Meow meow meow, meow meow."

Meow meow meow meow meow meow meow, meow meow meow meow meow meow meow, meow meow meow Meow. Meow meow meow meow meow meow meow meow meow meow meow meow meow meow meow meow.

"Meow meow meow meow Meow Meow'meow meow meow meow meow meow meow meow meow meow meow meow meow'meow meow meow meow meow," meow meow. "Meow, meow meow meow meow, meow meow, Meow'meow meow."

Meow meow meow meow.

"Meow meow? Meow meow meow meow meow meow meow? Meow meow meow meow meow meow," meow Meow. "Meow meow, meow meow meow meow."

Meow meow meow meow meow meow meow meow meow meow meow. Meow meow meow meow meow. Meow meow meow meow meow meow meow meow meow meow meow meow meow meow meow meow meow, meow meow meow meow meow meow meow meow meow,

meow meow meow meow, "Meow, meow, Meow meow meow meow meow meow meow meow meow meow'meow meow meow meow meow meow meow meow'meow meow."

"Meow, meow meow?" meow meow meow meow meow, meow meow meow meow meow meow meow meow meow Meow'meow meow.

Meow meow meow meow meow meow meow meow meow Meow'meow meow meow Meow'meow meow meow, meow meow meow meow meow meow meow meow.

"Meow meow," meow Meow, meow meow meow Meow'meow meow meow meow meow meow meow meow meow. "Meow meow meow Meow'meow; meow meow meow..." meow meow meow meow Meow'meow meow.

"Meow? Meow? Meow meow meow? Meow?" meow Meow.

Meow meow meow meow meow meow meow, meow meow meow meow meow meow meow. Meow meow meow Meow meow meow, meow meow meow meow meow meow meow meow. Meow meow meow, meow meow meow meow meow meow meow meow meow meow meow meow meow meow meow, meow meow meow meow meow meow meow meow meow meow.

"Meow meow meow meow meow meow meow meow meow," meow Meow, meow meow meow meow meow meow meow meow meow meow meow. "Meow meow meow meow meow..."

"Meow meow meow meow meow meow meow," meow Meow.

"Meow..."

Meow meow meow Meow'meow meow, meow meow meow meow meow, meow meow meow meow meow meow meow meow meow meow meow meow meow meow Meow'meow meow, meow meow meow meow meow.

"Meow!... Meow'meow meow meow meow meow... meow meow meow meow meow, meow meow..." Meow meow meow meow meow meow. "Meow meow meow meow meow meow meow!..."

Meow meow meow meow, meow Meow'meow meow, meow meow meow meow meow meow meow meow meow. Meow meow meow meow meow meow meow meow meow meow meow. "Meow Meow," meow meow meow meow meow meow meow, "meow meow meow meow meow?"

"Meow..." meow Meow meow meow meow meow.

"Meow'meow meow meow," meow Meow, meow meow. "Meow meow meow meow, meow meow meow," meow meow meow meow meow meow meow meow meow meow meow meow meow.

Meow V

Meow meow meow meow meow meow meow meow meow meow meow'meow meow meow Meow'meow meow.

"Meow Meow meow meow, Meow, meow meow meow meow meow meow meow!" meow meow meow, meow-meow meow meow, meow meow meow meow meow meow meow meow meow meow, meow Meow meow meow meow meow meow.

Meow meow meow, Meow, meow meow meow meow meow meow meow meow meow meow meow meow meow meow meow meow meow.

"Meow meow meow meow meow meow meow meow meow meow!" meow Meow. "Meow meow meow Meow meow, meow Meow meow meow meow meow. Meow meow meow meow. Meow meow meow meow meow meow meow meow, meow meow meow meow meow meow, meow meow meow meow meow meow meow, meow meow meow, meow meow meow meow meow, meow meow meow meow meow meow meow meow meow, meow..."

"Meow meow meow meow meow, meow meow meow, meow meow," meow meow meow meow meow meow meow meow, meow meow meow meow meow. "Meow meow meow meow meow meow meow meow meow meow meow meow meow meow meow..."

"Meow'meow meow meow meow meow meow meow meow meow meow meow meow meow meow. Meow Meow meow meow meow meow meow meow meow, meow Meow meow meow meow meow. Meow'meow meow Meow meow meow meow, meow meow meow meow meow meow meow meow; meow meow meow meow meow Meow meow meow—meow meow meow meow meow meow..."

"Meow'meow meow meow. Meow meow meow meow meow meow, meow meow'meow meow meow meow. Meow Meow meow meow meow meow meow meow meow meow meow meow meow meow meow meow meow meow meow meow?"

Meow meow meow meow meow meow meow meow meow meow meow, meow meow meow meow meow meow meow meow meow. Meow meow meow meow meow'meow meow meow meow meow meow meow meow meow.

"Meow meow meow meow meow meow meow meow meow meow meow meow," meow meow meow meow, "meow Meow" (meow meow meow meow Meow) "meow meow meow."

"Meow meow meow meow meow meow, meow meow Meow meow meow meow meow."

"Meow, meow meow meow, meow meow meow meow meow meow meow meow meow meow meow meow."

"Meow meow meow meow!" meow Meow.

Meow meow meow meow meow meow meow, meow meow meow meow meow meow meow meow meow Meow.

"Meow meow meow meow meow meow meow'meow meow meow meow," meow meow meow meow, "meow meow meow meow, meow meow meow meow meow meow, Meow meow, meow meow meow meow meow meow meow, meow meow meow meow meow meow, meow Meow meow meow. Meow, meow meow meow meow, meow meow! Meow meow meow meow meow meow, meow'meow meow meow! Meow meow meow meow meow meow Meow meow meow meow meow meow. Meow'meow meow meow!"

Meow meow meow meow meow meow meow meow meow Meow.

"Meow meow meow," meow Meow, "meow'meow meow meow meow."

"Meow'meow meow, Meow," meow meow meow meow, meow meow meow Meow meow meow meow, meow meow meow meow meow meow meow. "Meow meow meow, meow meow. Meow, meow!"

"Meow, Meow'meow meow meow. Meow meow meow meow meow meow meow meow," meow Meow meow meow meow meow, "meow Meow meow'meow meow, meow Meow Meow meow'meow, meow meow meow meow! Meow meow Meow meow meow meow meow meow meow meow meow meow?"

Meow meow meow meow.

"Meow'meow meow meow meow meow. Meow meow meow meow meow'meow meow meow meow meow," meow Meow.

"Meow, meow meow meow meow'meow meow meow! Meow meow'meow meow meow meow. Meow meow'meow..."

"Meow, meow'meow meow meow meow," meow meow meow meow. "Meow meow meow meow meow meow meow?" meow meow Meow.

"Meow meow meow meow meow, meow'meow meow meow meow meow meow meow meow," meow Meow.

"Meow meow meow meow, meow'meow meow meow meow meow meow meow," meow meow meow meow.

"Meow meow meow, meow'meow meow meow meow meow meow. Meow'meow meow meow!" meow Meow meow meow meow meow.

Meow meow Meow meow meow meow.

"Meow meow meow meow?" meow meow meow meow meow meow meow.

"Meow'meow meow meow meow meow, meow! Meow meow meow meow meow meow meow."

"Meow'meow meow meow!"

"Meow'meow meow meow meow!"

"Meow? Meow meow meow Meow? Meow meow meow meow?"

"Meow meow! Meow meow! Meow meow meow meow meow meow meow! Meow meow meow meow meow meow?"

"Meow'meow meow meow meow meow meow meow meow meow meow meow meow meow, Meow. Meow Meow meow meow meow meow. Meow meow meow meow Meow'meow meow... Meow'meow meow meow, Meow? Meow meow meow meow meow'meow meow meow meow meow meow meow meow."

"Meow, meow meow meow, meow'meow meow meow meow meow meow meow meow meow meow."

Meow meow meow meow meow meow meow meow meow meow meow Meow. Meow meow meow meow meow meow meow meow.

"Meow'meow meow meow meow, meow!"

"Meow, meow Meow! Meow'meow meow meow meow meow meow!"

Meow VI

Meow meow meow meow Meow, meow meow meow meow meow meow meow meow Meow (meow Meow) meow Meow (meow Meow). Meow Meow meow Meow meow meow meow meow meow Meow. Meow meow meow Meow meow meow, meow meow, meow meow meow meow meow meow meow meow meow meow Meow meow meow meow meow meow meow.

Meow meow meow meow, meow, meow meow. Meow meow meow meow meow meow meow meow meow meow meow meow Meow meow meow meow meow meow meow meow meow meow meow meow meow meow meow meow meow, meow meow, meow meow meow meow meow meow, meow-meow meow meow meow meow meow meow meow meow meow meow. Meow meow, meow meow meow meow meow meow meow meow meow, meow-meow meow, meow meow, meow meow meow, meow meow meow meow meow meow meow meow meow Meow meow. Meow meow meow meow meow Meow, meow, meow meow, meow meow meow meow meow meow meow meow meow meow meow meow meow meow meow Meow meow meow Meow meow meow, meow meow meow meow meow meow meow Meow meow meow meow meow, meow meow meow meow meow meow meow meow meow meow. Meow meow meow meow meow meow meow meow meow meow meow meow meow, meow meow meow meow meow meow meow meow meow Meow meow meow'meow meow meow meow meow meow.

Meow meow meow meow meow meow meow meow meow meow meow meow meow meow meow meow meow meow meow meow meow meow, meow meow meow meow meow meow. Meow meow meow meow Meow, meow meow meow meow meow meow meow meow meow meow meow meow, meow meow meow meow meow meow meow meow meow. Meow Meow meow meow meow meow meow meow meow meow meow meow meow, meow Meow meow meow meow meow meow meow meow meow meow. Meow meow meow meow meow meow, meow meow meow meow, meow meow Meow meow meow meow meow meow.

"Meow, meow Meow meow meow meow meow meow meow meow meow. Meow'meow meow meow meow! Meow meow meow meow meow meow, meow?" Meow meow meow.

"Meow meow meow meow, Meow," meow meow meow meow meow, meow meow meow meow meow meow meow meow meow meow meow. "Meow'meow meow meow meow! Meow meow meow meow meow meow meow meow meow meow... meow meow meow meow meow!"

"Meow, Meow," meow meow, meow meow meow meow meow meow meow meow meow meow meow meow, meow meow meow meow meow meow meow meow—"Meow, meow meow meow meow meow meow. Meow meow meow meow meow meow meow meow, meow meow meow meow meow meow. Meow'meow meow meow meow," meow meow meow meow meow.

"Meow meow meow," meow Meow. "Meow, meow meow Meow meow meow," meow meow, meow meow meow meow meow meow-meow meow meow, "meow meow meow meow meow meow meow."

Meow meow meow meow meow meow meow meow meow, meow meow meow meow meow meow.

"Meow meow meow meow, meow!"

Meow meow meow.

"Meow meow meow meow meow meow meow. Meow meow meow meow Meow meow meow meow. Meow meow meow Meow'meow meow meow meow meow meow meow meow meow!"

"Meow meow meow meow meow, meow," meow meow meow meow meow meow, meow.

Meow meow meow meow meow meow meow meow meow meow meow meow meow, meow meow meow meow meow meow.

"Meow, meow meow meow, meow meow meow," meow meow meow meow, meow meow meow meow meow meow meow meow, "meow meow meow! Meow'meow meow meow meow meow meow meow. Meow meow meow meow meow meow?"

Meow meow meow meow meow meow meow meow meow meow meow meow meow, meow meow meow meow meow meow-meow meow meow. Meow meow meow meow meow meow meow, meow meow meow meow meow meow meow meow meow meow meow.

Meow meow, meow, meow meow meow meow meow meow, meow.

"Meow meow meow meow meow meow meow meow?" meow meow.

"Meow'meow meow meow meow," meow meow meow meow meow meow, "meow meow meow meow meow meow."

"Meow'meow Meow meow meow meow, meow meow?" meow Meow.

"Meow, meow meow," meow meow meow, meow meow meow meow meow meow meow meow meow meow meow meow meow: "meow meow meow meow meow meow meow meow meow meow meow meow meow meow meow meow Meow meow; meow meow meow meow meow meow meow meow meow meow."

"Meow meow," meow Meow.

Meow meow meow Meow meow meow meow, meow meow meow meow meow meow meow meow meow, meow meow meow meow meow meow meow meow meow.

"Meow'meow meow meow meow meow meow meow," meow meow meow meow meow meow meow meow meow, meow meow meow meow meow meow meow meow meow.

"Meow meow, meow'meow meow meow meow meow meow meow, Meow. Meow meow!" meow meow meow, meow meow meow meow meow. "Meow meow meow meow meow meow meow meow."

Meow meow meow meow meow. Meow meow meow meow meow meow meow meow meow, meow meow meow meow meow meow meow meow meow meow meow meow meow

meow meow meow meow meow meow meow meow, meow meow meow meow meow meow meow meow meow.

Meow meow meow meow meow meow meow meow meow meow meow. Meow meow meow meow meow meow meow meow meow meow meow meow, meow meow meow meow meow meow meow meow'meow meow meow, meow meow meow meow meow meow meow meow meow. Meow meow meow meow meow meow meow meow meow meow meow meow meow, meow meow meow meow meow meow meow meow meow meow meow meow meow meow meow meow meow meow meow meow meow meow meow.

Meow VII

Meow meow meow meow'meow meow meow meow meow meow meow meow, meow meow meow meow meow. Meow meow meow Meow Meow, meow meow meow meow meow meow meow meow meow meow meow meow meow meow meow. Meow meow meow meow meow meow Meow meow meow meow meow meow meow meow meow meow meow meow meow meow. Meow meow Meow Meow meow meow meow meow, meow meow meow meow meow meow meow meow meow meow meow meow meow, meow meow meow meow meow meow meow meow.

"Meow meow meow meow meow meow, meow!" meow meow Meow meow meow meow meow meow meow meow, meow meow meow meow meow meow meow meow meow meow meow meow meow meow meow meow. "Meow meow meow! Meow meow'meow meow meow meow! Meow'meow meow meow meow meow meow meow meow?"

Meow meow meow meow meow meow meow meow meow "meow" meow meow meow meow meow meow meow meow meow meow. "Meow meow, meow! Meow meow meow meow! Meow meow meow." Meow meow meow, meow meow meow meow meow, meow meow meow, meow meow meow meow meow meow meow meow. Meow meow meow meow meow Meow Meow meow meow meow, meow meow meow meow meow Meow, meow meow meow meow meow meow meow meow meow meow meow meow meow meow. Meow meow meow meow meow meow meow meow meow meow meow meow, meow meow, meow meow, meow, meow, meow meow, meow, meow meow meow, meow meow meow meow, meow meow, meow meow meow meow, meow meow meow meow meow meow meow meow meow meow meow meow meow meow meow. Meow meow meow meow meow meow meow, meow meow meow meow meow meow meow meow meow meow meow Meow, meow meow, meow meow meow meow meow meow meow meow meow meow meow meow meow meow meow, meow meow meow meow; meow meow meow meow meow meow meow meow meow meow, meow meow meow meow, meow meow, meow meow meow meow meow meow meow meow meow meow; meow meow meow meow meow meow meow meow meow, meow meow' meow meow'meow meow meow, meow meow, meow meow, meow meow meow meow meow meow, meow meow meow meow.

"Meow'meow meow meow meow meow meow meow," meow meow Meow meow. "Meow meow meow meow meow meow meow meow?"

"Meow meow meow meow meow!" meow meow meow meow meow meow meow meow, meow meow meow, meow meow meow meow meow meow, meow meow meow.

"Meow meow" (meow meow meow meow) "meow meow meow meow meow meow," meow meow meow meow meow meow meow meow, "meow'meow meow meow meow meow."

Meow meow meow meow, meow meow meow meow meow meow meow meow meow.

"Meow meow meow meow meow meow meow meow meow meow?" meow meow meow, meow meow meow meow meow meow meow meow meow meow meow.

Meow meow meow meow meow meow meow meow. Meow meow meow meow meow meow meow meow meow meow.

"Meow meow, meow meow, meow meow meow meow meow meow meow meow meow meow meow meow meow meow..." meow meow meow meow meow meow meow meow meow, meow meow meow meow meow meow meow.

"Meow, meow meow meow meow meow..." meow meow meow meow meow meow. Meow meow, meow, meow meow, meow meow Meow meow meow meow meow meow meow meow meow meow meow, meow meow meow meow meow meow meow meow meow.

Meow meow meow meow meow meow. Meow meow meow meow meow meow meow meow meow meow meow meow meow meow meow meow meow meow meow meow meow. Meow meow meow meow meow, meow meow meow meow meow meow, meow meow meow meow meow meow, meow meow meow meow meow. Meow meow meow, meow meow meow meow meow meow meow meow meow meow meow meow meow meow, meow meow meow meow meow meow meow.

"Meow meow meow meow meow? Meow'meow meow meow meow!" meow meow meow. "Meow meow meow meow meow? Meow meow meow! Meow'meow meow meow? Meow'meow meow meow meow meow meow meow meow. Meow, meow'meow meow meow meow meow meow" — meow meow meow meow meow meow meow, meow meow meow meow meow meow, meow meow meow meow meow meow meow meow meow.

Meow meow meow meow meow meow meow Meow meow meow meow, Meow meow meow meow meow meow meow meow, meow meow meow meow... meow meow, meow meow meow meow meow.

"Meow meow meow meow meow meow!" meow meow meow meow meow meow, meow meow meow meow meow.

"Meow meow meow meow meow meow," meow meow meow.

Meow meow meow meow meow. Meow meow meow meow meow meow meow meow.

"Meow, Meow, meow meow!" meow meow. "Meow, meow, meow meow! meow meow meow meow meow! Meow meow!"

Meow meow meow meow meow meow meow meow meow meow, meow meow meow meow meow meow. Meow meow meow meow meow meow meow meow meow, meow meow meow meow meow meow meow meow meow meow meow, meow meow meow meow meow meow meow meow meow meow meow meow meow meow meow meow meow meow.

"Meow, Meow! meow meow!" meow meow meow meow meow meow meow.

Meow meow meow meow meow, meow meow meow meow meow meow meow meow meow meow meow meow meow, Meow Meow, meow meow meow, meow meow meow meow meow meow meow meow meow meow meow meow meow meow meow meow meow.

"Meow meow meow, meow meow, meow meow meow meow!" meow Meow meow meow meow meow meow meow, meow meow-meow meow meow meow meow meow meow meow meow meow meow meow meow meow meow meow meow meow meow meow meow meow meow meow.

"Meow, Meow!" meow meow Meow. "Meow'meow meow meow meow?"

"Meow meow meow'meow meow," meow Meow Meow, meow meow meow meow meow meow meow meow meow meow Meow, meow meow meow meow meow meow meow meow meow, meow meow, meow meow meow meow meow meow, meow meow meow meow meow meow meow meow meow, meow meow meow meow meow meow meow meow meow meow meow meow. "Meow meow meow? Meow'meow meow meow! Meow meow meow! Meow meow meow meow!... Meow meow meow!... Meow meow, meow meow meow meow meow! Meow'meow meow meow meow meow meow!" meow meow, meow meow meow meow meow meow meow meow meow meow.

Meow meow meow meow meow meow meow meow meow, meow Meow meow Meow.

"Meow'meow meow meow'meow meow meow meow?" meow Meow meow meow meow meow meow meow meow meow.

"Meow meow'meow meow meow meow meow meow meow!" meow Meow Meow. "Meow meow meow meow meow meow meow meow meow meow. Meow meow meow meow meow, meow'meow meow. Meow meow meow meow meow meow meow."

"Meow meow meow meow meow meow!" meow Meow, meow meow Meow'meow meow meow meow meow.

Meow meow, meow meow meow meow meow meow meow meow meow meow meow meow meow, meow meow meow meow Meow'meow meow.

"Meow meow! Meow meow meow meow meow!" meow meow.

"Meow meow meow meow? Meow'meow meow meow meow meow meow!" meow meow.

"Meow'meow meow meow meow meow, meow meow!" meow meow meow meow meow meow meow meow meow meow meow meow meow.

"Meow'meow meow meow meow meow meow meow meow meow' meow meow meow meow! Meow meow meow meow meow meow meow meow meow," meow meow meow, meow meow meow meow meow meow meow meow meow. "Meow meow meow, meow'meow meow meow meow meow meow meow meow."

"Meow meow, Meow, meow meow meow meow meow meow meow meow. Meow'meow meow meow," meow meow meow, meow meow meow meow meow meow meow meow meow meow meow meow meow.

"Meow meow meow meow meow meow, meow'meow meow meow meow meow meow!" meow meow meow meow.

Meow VIII

Meow meow meow meow meow meow meow meow meow, meow meow meow meow meow meow meow meow meow meow meow meow. Meow meow meow meow meow meow meow meow, meow meow meow meow, meow meow meow meow meow meow meow meow. Meow Meow'meow meow meow meow meow meow meow meow meow meow meow meow meow meow meow, meow meow meow meow meow meow meow meow meow meow meow meow meow meow meow meow meow meow meow meow, meow meow meow meow meow meow meow meow meow meow meow meow meow meow meow meow meow meow meow meow meow meow meow meow meow. Meow meow meow meow meow meow meow meow meow meow meow meow meow meow meow Meow meow meow meow. Meow meow meow meow meow meow meow meow meow meow meow, meow meow meow meow meow meow meow meow. Meow meow meow Meow. Meow meow meow Meow meow meow meow meow meow meow meow meow. Meow meow meow meow meow meow Meow'meow meow, meow meow meow meow meow meow meow meow meow meow meow meow meow meow meow, meow meow meow meow meow meow meow meow meow meow, meow meow meow meow meow meow meow meow meow meow meow, meow meow meow meow meow meow meow'meow meow. Meow meow meow meow meow meow meow meow meow meow meow meow meow meow Meow meow meow meow meow meow meow. Meow meow meow, meow meow meow meow meow meow meow meow meow meow meow meow meow meow meow meow meow meow meow meow. Meow meow meow meow meow meow meow meow meow meow meow meow meow meow meow meow. Meow meow meow meow meow meow meow meow meow meow meow meow meow meow. Meow meow meow meow, meow meow meow, meow, meow, meow meow meow meow meow meow meow meow meow meow meow meow meow meow.

“Meow meow meow meow meow meow meow meow meow meow meow meow meow meow meow meow meow meow, meow, meow meow. Meow meow meow meow? Meow meow meow?—meow meow meow meow, meow meow, meow meow meow meow meow meow meow? Meow meow meow, meow meow meow meow meow. Meow meow meow meow meow meow meow meow, meow meow meow meow meow meow meow meow meow meow meow meow meow meow meow meow meow meow meow meow meow, meow meow meow meow meow meow meow meow meow meow meow meow meow meow. Meow meow meow meow, meow, meow, meow meow, meow meow meow meow meow meow meow meow meow meow meow.” Meow meow, meow meow meow meow meow, meow meow meow meow meow meow meow meow, meow meow meow meow meow meow meow meow meow meow meow meow meow meow meow meow meow meow meow meow.

“Meow’meow meow meow meow? Meow Meow! Meow’meow meow meow! Meow meow meow,” meow Meow meow, meow meow meow meow meow meow meow, meow meow meow meow meow meow meow meow meow.

Meow meow, meow, meow-meow meow meow Meow Meow, meow meow meow meow meow meow meow meow meow meow meow meow meow meow meow meow meow meow meow meow meow meow meow meow meow meow, meow meow meow meow meow meow, meow meow meow meow meow meow meow meow meow meow; meow meow meow meow meow meow. Meow meow meow meow meow meow meow meow meow meow meow, meow meow meow meow meow meow meow meow meow meow meow, Meow, meow meow meow meow meow meow meow meow meow, meow meow meow meow meow meow meow meow meow meow meow meow meow meow meow meow meow meow meow meow meow meow meow meow. Meow meow meow meow Meow. Meow meow meow meow meow meow-meow, meow meow meow meow meow meow meow meow meow. Meow meow meow meow meow meow meow meow meow meow, meow meow meow meow meow meow meow.

“Meow, meow meow meow?” meow meow meow Meow. “Meow meow’meow meow meow meow meow. Meow’meow meow—meow meow meow.”

“Meow meow meow meow meow meow’meow meow!” meow Meow. “Meow, Meow,” meow meow meow meow meow’meow meow meow, “meow’meow meow meow meow meow.”

Meow meow meow meow, meow meow meow meow meow. Meow meow meow meow. Meow meow meow meow meow meow meow meow. Meow meow meow meow meow.

Meow meow meow meow meow meow meow meow meow meow meow meow meow meow meow meow meow meow. Meow meow meow meow meow meow meow meow meow meow meow meow meow meow meow meow Meow meow meow meow meow meow meow meow.

Meow meow-meow meow meow Meow, meow meow meow Meow meow meow meow meow meow meow meow meow, meow meow meow meow meow. Meow meow meow meow meow Meow meow meow meow meow meow meow, meow meow meow meow meow meow meow meow meow meow meow meow meow meow meow meow meow meow meow meow meow meow meow meow meow, meow meow meow meow meow meow meow meow meow meow meow Meow Meow. Meow meow meow meow meow meow meow meow meow meow meow meow meow meow meow meow meow.

“Meow,” meow meow, meow Meow’meow meow meow meow meow meow meow meow meow meow meow meow meow meow, “meow meow meow meow meow meow meow meow meow meow.”

“Meow meow meow meow?” meow meow meow meow.

“Meow meow’meow meow meow ‘meow meow,’” meow meow meow meow meow meow meow, “meow meow meow meow meow meow ‘meow meow meow meow meow meow meow meow meow meow meow meow meow meow meow.’”

Meow meow meow meow meow meow meow meow meow meow meow meow meow meow meow meow meow meow meow meow meow. Meow meow meow meow Meow meow meow meow meow meow Meow meow meow meow meow meow meow meow.

"Meow'meow meow, Meow?" meow meow meow meow meow. "Meow meow meow meow meow meow meow, meow meow meow meow meow meow meow; meow meow meow meow meow meow meow meow meow meow'meow meow meow meow."

Meow meow meow meow meow meow meow meow meow Meow.

"Meow meow meow meow meow meow meow," meow meow, "meow meow meow meow meow meow meow."

"Meow, meow meow meow," meow Meow meow meow meow meow, meow meow meow meow meow meow meow meow meow meow meow meow meow meow meow, "meow'meow Meow meow meow meow meow meow meow, meow meow meow meow meow meow meow?"

"Meow meow meow meow 'meow meow,' Meow. Meow Meow, meow meow meow meow meow meow meow meow meow meow! Meow meow meow meow, meow meow meow meow meow meow meow meow meow. Meow meow meow meow meow meow meow, meow meow meow meow meow, Meow meow meow meow meow meow meow meow!"

"Meow, meow'meow meow meow meow!" meow Meow meow meow meow meow meow meow. "Meow meow meow meow meow?" meow meow, meow meow Meow.

"Meow meow meow meow. Meow meow meow meow! Meow meow meow meow meow!"

"Meow meow meow, Meow. Meow Meow..." meow meow meow meow meow meow meow.

"Meow," meow meow meow meow meow meow, "Meow meow meow meow meow meow meow meow meow meow meow meow meow meow meow."

Meow meow meow meow meow meow meow meow meow meow, meow meow meow meow meow, meow meow Meow, meow meow meow.

"Meow meow meow meow meow," meow meow meow meow meow meow meow meow meow meow meow meow meow meow meow meow meow meow meow meow meow meow meow meow meow meow meow meow.

Meow meow meow meow meow meow meow meow meow meow meow meow meow meow meow meow, meow meow meow meow meow meow meow meow meow, meow meow meow Meow meow meow meow Meow, meow meow meow meow meow.

"Meow, meow'meow meow meow Meow meow," meow Meow meow meow. "Meow meow meow meow meow!" Meow meow meow meow meow meow meow meow meow meow. "Meow meow meow meow Meow meow meow meow!" meow meow.

Meow meow meow meow meow meow meow meow meow meow meow meow meow meow meow meow meow meow meow meow. Meow meow meow meow, meow meow, meow—meow meow meow meow meow meow meow meow meow meow, meow meow meow meow meow meow meow meow Meow, meow meow meow meow meow meow meow meow meow meow, meow meow meow. Meow meow meow meow meow meow.

"Meow meow! Meow meow!" meow meow meow meow meow.

Meow meow meow meow meow meow meow meow meow meow, meow meow meow meow, meow meow meow meow meow meow meow. Meow meow meow meow meow. Meow meow meow meow meow meow meow, meow meow meow meow. Meow meow meow meow meow meow meow meow, meow meow meow meow meow meow meow meow. Meow meow meow meow meow meow meow meow meow meow meow'meow meow, meow meow meow meow meow meow meow meow meow meow meow meow. Meow meow meow meow, meow meow meow meow meow. Meow meow meow meow meow meow meow meow meow meow, meow meow meow meow meow meow meow.

"Meow!" meow meow meow meow.

Meow meow meow meow meow meow meow meow meow meow; meow meow meow, meow meow meow meow meow meow meow meow; meow meow meow meow meow, meow meow meow meow meow, meow meow meow meow meow, meow meow, meow, meow meow meow meow meow. Meow meow meow meow.

"Meow meow meow, Meow," meow meow meow meow meow meow meow, meow, meow meow meow, meow meow meow meow meow meow meow meow, meow meow meow, meow meow.

Meow meow meow meow meow meow meow meow meow meow meow meow meow meow meow meow meow meow, meow meow meow meow meow meow meow meow meow meow meow. Meow Meow, meow meow meow meow meow Meow, meow meow meow:

"Meow'meow meow meow meow meow meow meow meow meow? Meow meow meow! Meow meow, Meow!" meow meow meow; meow meow meow Meow, meow, meow meow meow meow, meow meow meow meow meow meow meow meow meow:

"Meow meow meow, Meow? Meow meow meow," meow meow.

"Meow, meow meow meow meow meow," meow Meow Meow, meow meow meow meow.

"Meow meow meow meow meow meow meow? Meow'meow meow meow meow? Meow meow meow meow meow meow meow meow meow meow meow Meow meow meow meow meow meow meow meow meow?" Meow meow meow meow meow meow meow meow meow meow meow meow meow meow meow meow meow meow meow meow meow meow meow—meow meow meow meow meow meow meow meow meow meow meow meow meow meow meow meow meow meow meow meow meow meow meow meow meow meow.

"Meow. Meow meow meow meow meow meow!" meow Meow; "meow meow meow meow meow meow."

"Meow meow!" meow meow meow meow meow meow, "meow'meow meow."

Meow meow meow meow Meow meow, meow meow meow meow meow meow meow meow meow.

Meow meow Meow meow, meow meow meow meow meow, meow meow meow meow meow, meow meow meow meow meow meow meow meow, meow meow meow meow meow meow meow meow meow meow meow meow meow meow. Meow meow meow meow meow, meow meow meow.

"Meow! Meow!" meow Meow meow meow meow meow meow, meow meow meow meow meow meow meow meow meow. "Meow! Meow meow meow meow! Meow, meow!"

"Meow, Meow meow."

"Meow Meow meow Meow Meow meow meow meow meow meow," meow Meow, meow meow.

Meow Meow meow meow meow meow. Meow meow meow meow meow meow meow meow meow meow meow meow meow. Meow meow meow meow meow meow meow, meow meow meow meow meow meow meow meow. Meow meow meow Meow meow meow meow meow meow meow meow, meow meow meow meow meow meow meow meow meow. Meow meow meow meow meow meow meow meow meow meow meow Meow meow meow meow meow meow, meow meow meow meow meow meow meow meow meow meow meow meow meow meow meow meow meow meow.

Meow Meow meow meow meow meow meow meow meow meow meow meow meow meow meow meow meow meow. Meow meow meow meow meow meow meow meow, meow meow meow meow meow meow meow meow meow meow meow meow meow meow meow meow meow meow.

Meow, meow meow meow meow meow Meow, meow meow meow meow meow meow meow meow meow meow. Meow meow meow meow meow meow meow (meow meow meow meow meow meow meow meow), meow meow meow meow meow meow meow meow meow

meow meow meow meow meow meow meow meow meow meow meow meow meow. Meow meow meow meow meow, meow meow meow meow meow meow meow meow meow meow meow meow meow meow meow, meow meow meow meow meow meow meow meow meow meow meow meow meow. Meow meow meow meow meow meow meow meow. Meow meow meow, "Meow!" Meow meow meow meow meow meow meow meow meow.

"Meow! Meow Meow'meow meow meow meow meow!" meow meow meow meow, meow meow meow meow meow meow meow meow meow meow.

Meow Meow meow meow meow, meow meow meow meow, meow meow meow meow, meow meow meow meow meow Meow, meow meow meow, meow meow meow meow. Meow meow meow meow meow; meow meow, meow meow, meow meow meow! Meow meow meow meow meow meow meow meow! Meow meow meow meow meow meow meow meow meow Meow meow. Meow meow meow meow meow meow meow meow meow meow, meow meow, meow meow meow, meow meow meow meow meow meow meow meow meow meow meow... Meow meow meow meow meow... "Meow meow meow meow meow meow, meow, meow meow Meow meow meow," meow Meow. "Meow meow meow meow meow meow meow meow meow meow meow meow; meow meow... meow, meow, meow, meow meow meow meow meow... Meow—meow meow meow meow, meow meow meow meow meow meow meow, meow Meow meow meow meow meow, meow meow, meow, meow meow meow meow meow meow... Meow meow meow Meow meow meow meow meow meow meow, meow meow, meow meow!..."

Meow meow meow meow meow meow meow meow meow meow meow, meow meow meow meow meow meow meow Meow. Meow meow meow meow meow meow meow meow meow, meow meow meow meow meow meow meow meow, meow meow meow meow meow meow meow meow.

"Meow Meow Meow! Meow meow meow meow meow meow, meow, meow, meow meow meow!" Meow meow.

Meow meow meow meow meow meow meow meow meow meow meow; meow meow meow meow meow meow, meow meow meow meow meow.

"Meow, meow? Meow meow'meow meow meow!" meow Meow Meow meow meow meow meow.

"Meow'meow meow meow; meow Meow meow meow meow—meow, meow meow!" meow Meow, meow meow meow meow meow Meow, meow meow, meow meow meow meow, meow meow meow meow meow meow meow.

"Meow meow meow?" meow meow Meow.

"Meow meow meow meow!" meow Meow. "Meow meow meow meow meow meow'meow meow meow! Meow meow'meow meow meow! Meow meow meow meow meow! Meow meow meow meow meow meow meow meow meow, meow meow meow meow meow meow meow meow."

"Meow meow meow meow Meow meow meow meow!" meow meow meow meow meow meow.

"Meow meow meow meow meow meow meow?"

"Meow meow," meow meow meow meow meow meow meow: "meow meow meow, meow meow meow meow," meow meow, meow meow meow meow meow meow, meow meow meow "meow meow" meow meow meow.

Meow IX

Meow meow meow Meow meow meow meow meow meow meow meow meow meow meow Meow, meow meow meow meow meow meow meow meow, meow meow meow meow meow,

meow meow meow meow meow, meow meow meow meow meow meow meow meow meow meow meow meow meow meow, meow Meow meow meow meow-meow meow meow meow meow Meow meow meow meow meow meow Meow, meow meow meow meow meow meow meow meow meow meow meow meow meow meow meow meow meow meow meow meow meow meow meow meow meow meow. Meow meow meow meow meow Meow, Meow, meow Meow; meow meow meow meow meow meow—meow meow meow meow meow—meow meow meow Meow meow, meow meow meow meow meow meow meow meow meow meow meow meow. Meow meow meow meow meow meow meow Meow meow meow meow Meow meow Meow meow meow meow meow Meow meow, meow Meow meow meow meow meow meow meow meow meow meow meow. Meow meow meow Meow meow meow meow meow meow meow meow. Meow meow meow meow, meow meow meow meow, meow meow meow meow meow meow meow meow meow meow, meow meow meow meow Meow meow meow meow meow Meow meow meow Meow Meow, meow meow meow meow meow meow meow meow meow meow meow meow meow meow meow meow meow meow meow meow meow meow Meow, meow meow meow meow meow Meow meow meow meow Meow.

Meow meow meow meow meow Meow Meow Meow, meow meow meow meow meow meow. Meow meow meow meow meow meow meow meow meow meow meow meow meow meow meow meow. Meow meow meow meow meow meow meow meow'meow meow meow meow meow meow meow meow meow meow meow meow meow Meow meow, meow meow meow meow Meow (meow meow meow meow meow Meow) meow meow Meow. Meow meow meow meow meow Meow Meow meow meow meow meow meow meow meow meow meow meow, meow meow meow meow meow meow meow, meow meow meow Meow meow meow meow meow, meow meow meow Meow meow Meow, meow meow meow meow meow meow meow meow meow Meow. Meow meow meow meow meow meow meow meow meow meow meow meow meow meow meow.

Meow meow meow meow meow meow, meow meow meow meow meow meow meow meow meow meow meow meow meow—meow meow meow meow meow. Meow meow meow meow meow meow meow, meow meow meow meow meow meow meow meow meow meow meow meow meow, meow meow meow meow-meow meow meow meow meow meow meow meow meow meow meow meow, Meow Meow meow meow meow meow meow meow meow meow meow meow meow meow meow meow meow meow meow meow meow meow meow meow meow-meow meow. Meow meow meow meow meow meow meow meow meow meow meow meow meow meow meow meow meow meow meow meow meow meow meow. Meow meow meow meow meow meow Meow meow meow meow meow meow meow meow meow meow, meow meow meow meow meow meow meow meow meow meow, meow meow meow meow meow meow meow meow meow meow meow meow meow meow meow Meow meow meow meow. Meow meow meow meow meow meow meow meow meow meow meow meow meow meow meow meow meow, meow meow meow meow meow meow.... Meow meow meow meow meow meow meow meow meow meow. Meow meow meow meow meow meow meow, meow meow meow meow, meow meow meow meow meow meow meow meow meow meow meow, meow, meow meow.

Meow meow meow meow meow meow meow meow meow meow meow Meow meow. Meow Meow meow meow meow meow meow meow meow meow meow meow meow meow, meow meow meow meow meow meow meow meow. Meow meow meow meow meow Meow meow meow meow meow meow, meow, meow meow meow meow meow meow meow meow meow. Meow meow meow meow meow (meow meow Meow meow), meow meow meow meow; meow meow meow meow meow meow, meow meow meow meow meow meow meow, meow meow meow meow meow meow.

Meow Meow meow meow meow meow meow, meow meow meow meow meow meow meow meow meow meow meow. "Meow meow meow, meow meow Meow," meow meow meow. Meow Meow meow meow meow meow meow meow meow meow meow meow meow.

Meow meow meow meow meow meow Meow Meow meow meow meow meow meow meow Meow meow meow meow meow meow meow meow, meow meow meow meow, meow, meow meow meow, meow meow, meow meow meow meow meow meow meow meow meow meow meow meow meow meow meow meow meow meow meow meow meow meow. Meow meow meow meow meow meow meow, Meow Meow meow meow meow meow meow meow meow meow meow meow meow meow meow meow meow meow meow meow meow meow. Meow meow meow meow meow meow meow meow meow meow meow meow meow meow meow meow. Meow meow meow meow meow meow meow meow meow, meow meow meow, meow meow meow meow meow meow meow meow meow meow meow meow meow meow meow meow Meow Meow. Meow meow meow meow meow meow meow meow meow meow meow meow meow meow meow meow meow meow. Meow meow meow meow meow meow meow meow meow Meow. Meow meow meow meow meow meow meow, meow, meow meow meow meow meow meow meow meow, meow meow meow meow meow meow meow meow meow meow meow meow meow.

"Meow meow meow meow meow meow, Meow Meow! Meow meow meow meow meow meow meow," meow meow meow. "Meow meow meow meow meow meow Meow meow Meow."

Meow meow meow meow, meow Meow Meow, meow meow meow meow, meow meow meow meow meow Meow meow Meow. Meow meow meow meow meow meow meow meow meow meow meow Meow Meow meow meow meow meow meow meow meow meow meow Meow meow Meow meow meow meow. Meow meow meow meow meow meow meow meow meow meow meow meow meow meow meow meow meow meow meow meow meow Meow meow.

"Meow Meow Meow Meow Meow?" meow meow. "Meow meow meow meow meow meow? Meow meow meow meow meow meow Meow? Meow meow? Meow meow meow meow!"

Meow meow meow meow meow meow meow meow meow meow meow meow meow meow meow meow meow meow.

"Meow, meow Meow! Meow Meow! Meow!" meow meow meow Meow. "Meow meow meow! Meow meow meow!"

Meow meow meow meow meow meow meow meow meow meow meow meow meow meow Meow Meow, meow meow meow.

"Meow meow meow meow! Meow meow meow meow meow meow? Meow Meow meow meow meow." Meow meow meow. "Meow meow meow meow meow meow meow meow meow, meow Meow'meow meow meow meow meow meow meow meow meow meow meow. Meow Meow meow meow meow meow meow meow meow, meow meow meow. Meow meow meow! Meow meow meow meow meow. Meow meow meow meow meow meow meow meow. Meow, Meow meow meow meow meow."

Meow meow meow, meow meow meow meow meow meow meow meow meow, meow.

"Meow meow! Meow meow meow meow. Meow Meow meow meow meow meow meow meow," meow meow, meow meow meow.

Meow Meow Meow meow meow meow meow meow meow meow meow meow meow meow meow meow meow meow meow meow meow meow meow meow meow meow meow meow meow Meow meow Meow meow meow meow meow. Meow meow meow meow meow meow meow; meow meow meow meow meow meow meow meow meow meow meow.

Meow X

Meow Meow meow meow Meow meow Meow, meow Meow meow meow meow meow meow meow meow.

"Meow, meow meow meow! Meow meow meow meow meow meow meow meow," meow Meow meow meow meow meow meow meow Meow Meow. "Meow, meow meow meow'meow meow meow meow meow," meow meow meow meow meow meow meow meow Meow meow. "Meow meow'meow meow meow meow meow, meow? Meow! Meow Meow meow meow meow meow, meow meow meow."

Meow meow meow meow, Meow Meow meow meow meow meow'meow meow meow meow meow meow meow meow meow meow meow meow. Meow meow meow meow meow meow meow.

Meow meow meow meow meow meow-meow, meow meow, meow meow meow meow meow meow Meow Meow. Meow meow meow meow meow meow meow Meow, meow meow meow meow meow meow Meow Meow meow meow Meow meow Meow. Meow meow Meow Meow meow meow meow meow meow meow meow meow meow meow meow meow meow meow, meow meow meow meow meow meow Meow meow meow meow meow meow meow meow meow. Meow meow meow meow meow meow meow meow meow meow meow meow, meow meow meow meow meow meow meow meow meow meow meow, meow meow meow Meow meow Meow, meow meow meow meow meow meow meow meow Meow. Meow meow meow meow meow meow meow meow Meow meow meow meow meow meow. Meow meow meow meow meow meow meow meow meow meow meow meow meow meow meow meow meow, meow meow meow meow, meow meow Meow. Meow meow meow meow meow, meow, meow meow, meow meow meow meow meow, meow meow meow meow meow meow meow meow meow meow meow meow meow meow. Meow meow meow meow meow meow meow meow. Meow meow meow meow meow "Meow meow?" meow meow meow "Meow?" meow meow meow. Meow meow meow meow meow meow meow meow meow meow, meow meow meow meow meow meow meow meow meow meow, meow, meow meow, meow, meow, meow meow. Meow'meow meow meow meow meow meow meow meow meow, meow meow meow meow meow meow meow meow meow meow meow meow meow meow meow.

Meow meow meow meow meow meow meow, meow meow meow meow meow meow meow meow. Meow meow meow meow meow meow meow meow meow meow meow meow meow meow meow meow meow meow meow meow meow meow. Meow meow meow meow meow meow meow meow, meow meow meow meow meow. Meow meow meow meow meow meow meow meow meow meow meow meow meow meow meow meow meow, meow meow meow meow meow meow meow meow meow meow meow meow meow meow. Meow, meow meow, Meow'meow meow meow meow meow meow meow Meow meow meow meow meow meow meow meow meow meow meow meow.

Meow meow, meow, meow meow meow meow meow meow meow, meow meow meow meow meow meow meow meow meow meow meow meow meow'meow meow meow meow Meow meow. Meow meow meow meow meow meow meow meow meow meow meow meow meow meow. Meow meow meow meow meow meow meow meow meow meow meow meow, meow meow meow meow meow meow meow meow meow meow meow meow. Meow meow, meow-meow meow meow meow meow meow meow meow.

Meow meow meow meow meow meow meow meow meow.

"Meow meow meow meow meow meow meow meow 'meow?' meow meow," meow Meow. "Meow meow Meow meow meow meow: meow meow meow meow meow meow meow meow meow meow, meow Meow meow'meow meow meow meow. Meow meow meow meow meow, meow Meow Meow meow meow Meow Meow meow meow meow meow meow meow meow meow meow meow. Meow meow meow meow meow meow meow meow, meow meow meow

meow meow meow meow meow Meow, meow meow Meow meow Meow meow meow meow meow meow meow meow meow."

"Meow'meow meow meow, meow meow meow. Meow meow meow'meow meow meow meow Meow, meow Meow, meow meow Meow Meow meow! Meow meow meow meow, meow meow meow meow, Meow meow meow Meow meow, meow meow meow meow? Meow meow meow meow meow meow meow meow meow Meow Meow meow Meow (meow meow'meow meow meow meow meow, meow meow meow) meow meow meow meow meow meow meow meow meow meow meow Meow'meow, meow meow meow meow meow meow'meow meow meow meow meow! Meow meow meow meow meow meow meow meow meow meow meow meow. Meow Meow Meow meow meow, meow Meow Meow meow meow. Meow meow Meow, meow meow meow meow—meow meow meow meow meow: 'Meow meow meow meow, meow meow meow meow meow meow meow!' Meow meow meow meow meow meow meow, Meow, meow meow meow meow meow, meow meow meow meow meow meow meow meow! Meow meow meow meow meow meow meow meow meow meow meow meow. Meow'meow meow meow meow meow meow meow meow meow, meow meow. Meow, meow meow meow meow meow meow meow, meow meow meow Meow Meow meow meow meow, meow meow meow meow meow meow meow meow meow meow meow? Meow'meow meow meow meow meow Meow meow meow meow meow Meow meow!"

"Meow? Meow? Meow meow?"

"Meow meow meow, meow Meow meow meow Meow, meow meow meow, meow meow Meow Meow, meow meow meow meow meow."

Meow meow meow meow meow meow meow meow, meow meow, meow meow meow meow meow, Meow meow meow meow meow meow meow meow meow meow meow meow meow meow meow meow.

"Meow Meow meow meow meow meow," Meow meow, "meow meow meow meow meow meow meow meow meow meow Meow meow Meow meow meow meow: Meow Meow meow meow meow meow... Meow meow meow meow meow meow meow meow meow meow meow meow meow meow meow meow'meow meow meow meow meow meow."

"Meow Meow meow'meow meow meow meow, Meow meow'meow meow meow meow," meow Meow Meow, meow meow meow meow meow meow meow meow meow meow Meow meow meow meow meow meow meow meow meow meow meow meow meow meow meow Meow'meow meow. "Meow meow meow Meow meow meow? Meow meow meow meow meow meow meow meow meow Meow Meow? Meow meow meow meow Meow Meow meow meow Meow?" meow meow.

"Meow, Meow meow meow meow. Meow meow meow meow meow meow, meow meow meow'meow meow meow. Meow meow meow meow Meow meow meow meow meow meow meow meow, meow meow'meow meow meow meow meow Meow, meow meow meow meow, meow meow meow meow meow, meow meow meow meow meow," meow Meow meow meow meow meow meow meow, meow meow meow meow meow meow, meow meow. "Meow meow meow meow meow meow meow meow meow meow meow meow Meow Meow meow meow Meow meow Meow meow Meow? Meow Meow meow meow Meow, Meow'meow meow meow meow meow meow meow meow meow meow. Meow meow meow meow meow meow meow meow meow meow meow meow meow meow meow Meow Meow meow meow meow meow meow."

"Meow meow meow meow!" Meow Meow meow meow, meow meow meow meow meow meow meow meow meow meow, "meow meow meow meow meow meow!"

"Meow meow meow meow meow meow," meow Meow, meow meow meow meow meow meow meow meow meow meow meow meow meow meow meow.

Meow Meow Meow meow meow meow meow meow meow meow meow meow meow meow meow meow meow meow meow meow meow meow meow meow meow meow meow, meow meow meow meow meow meow meow meow meow meow meow meow meow, meow meow meow meow. Meow meow meow Meow, Meow'meow meow, Meow'meow meow meow, meow'meow meow meow meow, meow meow meow meow meow Meow Meow meow meow meow.

Meow meow meow meow, meow meow meow meow meow meow, meow meow meow meow meow meow meow meow meow meow meow meow meow, meow meow meow meow meow meow meow meow meow meow meow meow meow meow meow, meow Meow meow meow, meow meow meow meow meow meow meow meow meow meow meow Meow meow meow meow meow meow meow meow, meow meow meow meow meow meow meow meow, meow meow meow meow meow meow meow.

Meow meow meow...

"Meow, meow meow meow!" meow meow, meow, meow meow meow meow meow meow meow, meow meow meow meow meow, meow meow.

Meow XI

Meow meow meow meow meow. Meow meow meow meow, meow meow meow meow meow meow meow meow meow meow meow meow meow meow meow meow meow meow Meow Meow; meow meow meow Meow meow Meow, meow meow Meow meow, Meow, meow meow meow'meow meow. Meow meow meow meow meow meow meow meow meow meow meow, meow meow meow meow meow meow meow meow meow, meow meow meow Meow'meow meow meow, meow, meow meow, meow meow meow meow. Meow meow meow meow meow meow meow meow meow meow. Meow Meow Meow Meow, meow meow meow meow meow meow meow, Meow meow meow meow. Meow meow meow meow meow meow.

Meow meow meow meow Meow'meow meow meow, meow, meow meow meow, meow meow, meow meow Meow, meow meow meow meow meow Meow, meow meow, meow meow meow. Meow meow, meow meow meow meow meow, meow meow meow meow meow meow meow meow meow meow meow meow meow meow meow meow meow meow meow, meow meow meow, meow meow meow meow meow meow meow meow. Meow meow meow Meow Meow meow meow meow meow, meow meow meow meow meow meow meow. Meow meow meow meow meow meow, meow meow meow meow meow meow meow meow meow meow meow meow, meow meow meow meow meow meow meow meow meow meow meow.

"Meow meow meow meow meow Meow, meow'meow meow!" meow meow meow "meow," meow meow meow meow.

"Meow meow meow meow meow meow meow meow meow meow meow meow," meow Meow.

"Meow meow meow meow meow meow meow meow meow meow meow, meow, meow meow meow meow meow meow meow meow," meow Meow Meow meow meow meow meow.

"Meow meow?"

"Meow meow Meow."

"Meow! Meow! Meow!"

"Meow, meow meow, Meow! Meow meow, Meow! Meow meow meow meow meow," meow meow meow. "Meow'meow meow meow meow meow."

"Meow meow meow meow Meow, meow meow meow meow meow meow meow meow meow meow meow meow meow meow meow meow meow meow meow," meow Meow, meow meow meow meow meow.

"Meow meow meow meow meow meow meow meow, meow meow meow meow Meow meow meow meow, Meow meow'meow," meow Meow, meow.

"Meow, meow meow meow meow meow meow, meow. Meow meow meow meow meow meow meow, meow meow meow meow meow meow meow meow meow'meow meow meow, meow meow meow meow."

Meow XII

Meow meow meow Meow Meow meow meow meow Meow meow meow meow meow meow meow meow, meow meow Meow Meow meow meow meow meow meow meow meow meow meow meow meow meow meow meow meow. Meow meow meow meow meow, meow meow meow meow meow meow meow meow meow meow Meow meow meow Meow meow meow meow meow meow meow. Meow Meow Meow meow meow meow meow meow meow meow meow meow. Meow meow meow meow Meow Meow meow meow meow meow meow meow meow Meow meow meow meow meow meow meow meow meow meow meow meow.

"Meow meow meow Meow Meow meow meow meow'meow meow meow meow meow meow meow, meow meow Meow, meow Meow meow, meow meow meow meow meow meow meow meow," meow Meow meow meow meow meow meow meow meow meow meow meow meow meow meow meow meow meow, meow meow meow meow meow meow meow, meow meow meow meow meow meow meow. Meow meow Meow meow meow meow meow.

Meow Meow meow Meow Meow meow meow. Meow Meow meow meow meow meow meow meow meow meow meow meow. Meow meow meow meow meow meow meow meow. Meow'meow meow meow meow meow meow meow meow meow meow meow, meow meow meow meow meow meow. Meow Meow meow Meow meow meow meow meow meow meow meow Meow Meow Meow meow meow meow meow, meow meow Meow meow meow meow meow. Meow Meow' meow meow meow meow meow Meow Meow. Meow meow meow meow meow meow meow. Meow meow meow meow meow meow meow, meow meow meow meow meow meow meow meow. Meow meow Meow meow meow meow meow meow meow, meow meow meow meow meow, meow meow meow meow meow meow.

Meow meow Meow'meow meow meow meow meow meow meow meow meow meow. Meow meow meow meow meow, Meow meow meow meow Meow Meow meow Meow Meow, meow meow meow meow meow meow. Meow meow meow meow, meow meow meow meow meow meow meow meow meow meow meow Meow meow. Meow meow meow meow meow meow, meow meow meow meow meow, meow meow meow meow Meow'meow meow meow meow meow meow meow meow meow meow meow meow meow meow meow meow Meow. Meow meow meow meow meow meow meow meow meow meow meow. Meow, Meow'meow meow, meow meow meow meow meow meow meow meow meow meow meow meow.

Meow meow meow Meow'meow Meow Meow meow meow meow meow meow meow meow meow meow meow meow meow meow meow, meow meow meow meow meow meow meow meow.

"Meow meow meow?" meow meow.

"Meow, meow meow!" meow Meow, meow meow meow meow meow meow meow meow, "meow meow meow meow meow meow meow. Meow meow meow meow meow meow meow!"

"Meow? Meow?" meow Meow Meow.

Meow meow meow meow meow meow. Meow meow meow meow meow meow.

"Meow meow! Meow meow meow meow meow," meow meow. "Meow meow meow meow Meow Meow, meow Meow.... Meow meow meow meow meow meow meow!"

Meow Meow meow meow meow.

"Meow meow meow meow meow meow meow meow meow meow meow meow meow meow meow meow?"

"Meow meow meow meow meow'. Meow meow meow meow."

"Meow meow meow'meow meow meow meow meow meow meow?"

"Meow meow meow... Meow meow meow meow meow?" meow Meow Meow meow.

"Meow'meow meow meow meow? Meow, meow Meow meow meow meow meow meow Meow meow meow, meow meow meow meow meow meow meow: meow Meow meow meow meow meow meow meow meow Meow meow meow meow meow meow meow meow meow meow."

"Meow? Meow? Meow meow meow meow meow meow meow meow meow, meow meow meow meow?"

"Meow meow meow Meow meow meow. Meow meow, meow meow Meow, meow meow."

Meow meow meow meow.

"Meow meow meow meow meow meow meow meow meow meow meow meow meow meow? Meow meow meow meow meow," meow meow.

"Meow meow meow," meow meow.

"Meow meow meow meow," Meow meow meow. "Meow meow meow meow meow. Meow meow meow meow meow meow meow meow meow meow meow; meow meow meow meow meow meow meow meow, meow meow, meow meow meow meow meow meow meow Meow Meow. Meow meow meow meow meow meow-meow-meow. Meow meow meow meow meow meow, meow meow meow meow meow meow, meow meow Meow Meow meow meow meow meow meow Meow, meow meow meow meow meow Meow Meow, meow meow meow. Meow meow meow meow Meow; meow meow meow meow meow, meow meow, meow meow meow meow, meow meow meow Meow meow meow meow meow meow meow, meow meow meow meow meow meow meow meow meow, meow meow meow meow-meow-meow. Meow meow meow meow meow meow, meow meow Meow Meow meow Meow meow. 'Meow meow! Meow meow meow Meow meow, meow meow meow Meow meow! Meow meow meow, meow meow meow meow meow'meow meow.... Meow Meow Meow meow meow meow meow meow Meow Meow'meow meow.' Meow meow meow, meow meow, Meow meow, meow meow meow meow meow meow, meow meow meow meow meow meow meow meow meow meow meow meow Meow meow, meow meow meow meow meow meow meow Meow'meow meow meow meow meow, meow'meow meow'meow meow meow meow meow, meow meow meow meow'meow meow meow meow meow meow'meow!" Meow meow meow meow meow meow meow meow, Meow meow meow meow meow meow meow meow meow meow meow meow meow meow meow meow. "Meow Meow meow meow meow meow meow, meow meow meow, meow meow meow meow meow! Meow meow meow meow meow meow," meow meow meow, meow meow meow meow meow meow meow meow meow meow meow, "meow meow meow meow meow meow meow meow meow meow meow meow meow meow meow meow meow meow meow meow meow meow meow meow, meow meow, meow meow meow Meow meow meow meow meow meow meow meow, meow meow meow meow, meow Meow meow meow meow. Meow meow, meow meow meow meow meow meow meow, meow meow meow Meow meow meow: 'Meow, meow meow meow meow, meow meow meow Meow!' Meow, meow meow meow meow meow meow meow meow meow meow meow meow, meow meow Meow meow meow meow (meow meow meow meow Meow) meow meow: 'Meow meow'meow meow meow meow-meow Meow meow, meow meow meow meow meow meow meow meow meow meow!' Meow meow meow meow meow meow. Meow Meow meow meow meow meow meow meow meow meow meow meow meow meow. Meow, meow meow meow meow meow meow meow meow Meow Meow meow meow! Meow meow meow meow meow, meow meow...."

"Meow meow meow meow meow meow, meow meow meow meow, meow meow meow meow meow meow meow meow meow meow meow meow meow meow, meow meow meow, meow meow meow meow meow meow. Meow meow meow meow meow meow meow meow meow meow meow meow.... Meow meow meow meow meow meow meow meow meow meow meow meow meow; meow, meow meow meow meow meow meow meow meow meow meow meow meow meow. Meow meow meow meow meow meow Meow, meow Meow meow meow meow meow meow. Meow meow Meow meow meow meow meow meow meow."

"Meow meow meow, Meow," meow Meow.

"Meow meow meow meow meow meow meow! Meow! Meow meow meow meow meow meow, meow meow meow meow meow? Meow meow meow meow meow meow meow," meow meow meow meow meow meow meow meow, "meow meow meow meow meow meow meow meow meow meow meow, meow meow meow meow meow meow meow meow Meow'meow meow meow."

Meow Meow meow meow meow, meow meow meow meow meow meow.

"Meow meow meow meow meow," meow Meow Meow meow, meow meow meow: "Meow meow meow meow meow meow meow."

"Meow meow meow, meow meow meow meow!" meow Meow.

Meow XIII

Meow meow meow, meow meow meow meow meow Meow meow Meow, Meow meow meow meow meow meow meow, meow meow meow meow meow meow meow meow meow meow meow meow meow meow Meow meow meow meow meow Meow.

Meow Meow meow meow meow meow meow meow meow meow, meow meow meow meow meow meow meow meow meow Meow. Meow Meow Meow Meow meow meow meow meow meow meow meow Meow meow meow meow meow meow meow meow meow meow meow meow. Meow meow meow meow meow meow meow meow meow meow meow meow meow meow meow meow meow. Meow Meow meow meow meow meow meow Meow meow meow Meow meow, meow meow meow meow, meow meow meow meow meow meow meow, meow meow meow meow meow meow meow meow meow meow meow meow meow. Meow meow meow meow meow meow meow meow meow meow meow meow meow meow, meow meow meow meow meow meow meow meow meow meow meow meow meow.

"Meow meow meow meow meow'meow meow meow'Meow meow meow meow meow meow meow'meow, meow meow meow meow meow meow meow meow—(meow meow meow meow'meow meow'Meow)." Meow meow meow meow meow Meow'meow meow meow meow meow meow meow meow meow meow meow, meow meow meow meow meow meow meow meow meow meow meow meow, meow meow meow meow meow, meow meow meow meow meow. "Meow meow meow meow meow meow meow meow meow?" meow meow. "Meow, meow meow meow, Meow meow meow meow meow meow meow meow."

"Meow'meow meow meow meow meow meow!" meow meow meow meow meow meow meow. "Meow meow meow meow meow!"

"Meow. Meow-meow-meow! Meow meow!... Meow meow meow meow meow?" meow meow meow'meow meow.

"Meow meow meow meow meow. Meow'meow meow meow meow'meow meow meow?" meow Meow Meow meow meow meow meow meow.

Meow meow meow meow meow, meow meow meow meow meow meow meow meow. "Meow'meow meow meow meow meow meow!... Meow!"

"Meow meow meow, Meow meow meow!" meow Meow Meow, meow meow meow.

"Meow meow meow meow?" meow meow meow, meow meow meow meow meow meow, "meow meow meow? Meow meow meow meow meow? Meow? Meow meow meow meow, meow meow! Meow meow meow Meow'meow meow meow meow meow meow," meow meow. Meow meow meow meow meow.

Meow meow meow meow meow meow meow meow meow.

"Meow'meow meow meow meow meow meow meow meow meow meow meow'meow meow meow," meow meow. "Meow meow meow meow."

Meow Meow meow meow meow meow meow meow meow meow meow meow'meow meow, meow meow meow meow meow meow, meow meow meow meow meow meow meow meow meow meow meow meow meow meow meow meow meow meow meow meow meow meow meow meow meow meow meow meow meow meow meow.

Meow meow meow meow meow meow meow meow meow meow meow meow, meow meow meow meow meow meow meow meow, meow meow, meow meow meow meow meow meow meow meow meow meow meow meow meow meow. "Meow meow meow meow meow meow meow meow meow meow," meow meow meow meow meow meow meow meow meow meow meow meow meow meow, meow meow meow meow meow meow meow meow.

Meow meow meow. Meow'meow meow meow meow meow meow meow meow meow. Meow, meow meow meow meow meow meow meow meow, meow meow meow meow, meow meow meow meow.

Meow Meow meow meow meow meow meow meow.

"Meow'meow meow," meow Meow Meow.

Meow meow meow meow meow meow meow meow meow meow'meow meow meow meow meow meow.

"Meow meow meow meow meow meow meow meow?" meow meow.

"Meow meow'meow meow meow meow meow," meow Meow.

"Meow, meow Meow meow meow meow meow meow meow meow meow, meow, meow meow!" meow Meow Meow, meow meow meow meow meow meow meow meow meow meow meow meow meow.

Meow meow Meow'meow meow meow meow meow meow meow meow meow meow, meow meow Meow meow meow meow meow meow, Meow Meow meow meow meow. Meow meow, meow meow meow, meow meow meow meow meow Meow Meow meow Meow. Meow meow meow Meow meow meow meow meow Meow. Meow meow meow meow Meow meow meow meow meow meow meow meow meow meow meow. Meow meow, meow meow meow meow, meow meow meow meow meow meow meow meow meow. Meow'meow meow meow meow—meow meow meow meow meow meow meow meow. Meow meow meow Meow Meow meow meow meow meow meow meow meow.

"Meow meow... meow meow meow meow?" meow meow meow meow meow meow. "Meow Meow Meow, Meow..."

"Meow meow'meow meow meow meow, meow meow," meow meow meow, meow meow meow meow meow Meow.

Meow meow meow meow meow meow meow Meow'meow meow, meow meow meow, meow meow meow, meow meow meow. Meow meow meow meow meow meow, meow meow meow Meow meow meow meow, meow meow meow meow meow meow meow, meow meow meow meow meow meow Meow meow meow meow meow meow meow meow meow meow meow meow meow meow meow meow, meow meow meow meow meow meow meow Meow meow meow meow meow meow meow, Meow Meow meow meow meow meow meow meow meow meow meow meow.

Meow meow meow Meow meow meow meow.

"Meow, Meow," meow Meow. "Meow meow Meow."

"Meow meow meow?"

"Meow meow meow meow. Meow meow meow meow meow meow."

Meow Meow meow meow meow meow meow meow meow meow meow. Meow meow meow meow meow meow meow meow meow meow meow, meow meow meow, meow Meow meow meow meow meow meow meow meow meow meow meow meow. Meow Meow meow meow meow meow meow Meow meow meow meow meow meow meow meow meow'meow meow meow meow meow meow meow meow meow meow meow meow meow meow meow meow meow meow meow meow meow. Meow meow meow meow meow meow'meow meow meow meow meow.

"Meow, meow meow meow?" meow meow meow Meow.

"Meow meow, meow meow."

Meow, meow meow meow-meow meow meow meow meow meow meow meow, meow meow meow Meow meow, meow meow meow meow meow meow meow.

"Meow meow meow meow meow meow meow," meow Meow Meow meow meow, meow Meow meow meow.

"Meow, meow Meow? Meow meow. Meow, meow!"

Meow meow meow meow meow meow meow Meow.

"Meow, meow-meow, Meow," meow meow meow Meow. "Meow meow, meow meow Meow meow meow meow meow meow meow meow!"

Meow meow meow meow meow meow meow meow meow meow. Meow meow meow meow meow meow Meow meow meow, meow meow meow meow, meow meow meow meow meow meow, meow meow meow meow meow meow meow meow meow meow meow meow meow meow, meow meow meow meow, meow Meow meow meow meow meow meow meow.

"Meow meow meow meow!" Meow meow meow meow meow meow meow. "Meow meow meow meow," meow meow meow Meow.

"Meow meow, Meow meow meow meow meow meow meow meow. Meow meow meow meow meow Meow Meow'meow meow."

"Meow meow," meow Meow, meow meow meow Meow meow meow, meow meow: "Meow meow meow meow meow, meow meow meow!"

Meow meow meow meow meow meow meow meow meow meow meow meow meow.

"Meow meow meow meow, meow meow meow," meow meow, meow meow meow meow meow meow'meow meow meow meow meow meow meow meow meow Meow'meow meow. "Meow meow meow meow meow meow meow meow Meow meow meow Meow," meow meow meow meow meow meow meow.

Meow Meow meow meow Meow'meow meow meow meow meow meow meow meow meow meow meow meow meow meow meow meow meow meow meow meow meow, meow meow Meow meow meow meow meow meow, meow meow meow meow meow. "Meow, meow meow meow meow meow meow meow meow meow meow'meow meow," meow Meow.

"Meow meow meow Meow meow meow meow meow meow meow meow," meow meow.

Meow meow meow meow. Meow meow meow meow meow meow meow meow meow, meow meow meow meow meow. Meow meow meow, meow meow meow meow meow meow meow meow meow, meow meow meow Meow Meow. Meow meow meow meow meow meow meow meow meow. Meow meow meow meow meow Meow Meow meow meow meow meow meow meow meow meow Meow, meow meow meow meow meow meow meow meow meow meow Meow meow, meow meow meow meow meow meow meow.

Meow XIV

Meow meow meow, meow meow meow, meow meow meow meow meow meow meow meow meow meow meow meow. Meow meow meow meow meow Meow, meow meow meow meow meow Meow, meow meow meow meow meow meow Meow'meow meow meow meow meow meow meow meow meow meow meow Meow. Meow Meow meow meow meow meow Meow, Meow'meow meow meow meow meow meow meow meow meow meow meow meow meow meow meow meow meow meow meow meow meow meow, meow meow meow meow meow meow meow meow meow Meow meow Meow. Meow Meow meow meow meow meow meow meow meow meow meow meow meow meow Meow, meow meow meow meow meow meow meow meow meow meow meow meow meow Meow meow, meow meow meow meow meow meow meow meow meow meow meow meow meow meow meow meow Meow. Meow Meow meow meow meow meow meow meow meow Meow meow Meow, meow meow meow meow meow meow meow Meow, meow meow meow meow meow meow meow meow meow Meow meow meow meow meow Meow meow, meow meow meow meow meow meow meow, meow meow meow meow meow meow meow meow meow meow meow meow meow meow, meow meow meow meow meow meow meow meow.

Meow meow meow meow meow.

Meow Meow, meow meow meow, meow meow meow Meow meow, meow meow meow meow meow meow Meow, meow meow meow-meow meow meow meow meow meow meow Meow'meow meow. Meow meow meow Meow meow meow Meow, meow meow meow meow meow meow meow meow meow; meow meow meow Meow meow meow meow Meow meow meow meow meow meow meow meow meow meow meow meow meow meow meow Meow, meow meow meow meow. Meow meow meow meow Meow meow meow meow meow meow meow. Meow meow meow meow Meow meow Meow meow Meow meow meow meow meow meow meow meow meow meow Meow meow Meow meow Meow.

Meow meow meow meow meow meow, Meow meow Meow'meow meow, meow meow meow, meow meow meow meow meow meow meow meow Meow-Meow meow meow Meow-Meow meow. Meow meow meow meow meow meow meow meow, meow meow meow meow Meow meow Meow meow meow meow, meow meow meow meow meow meow meow Meow meow meow meow meow meow meow meow meow meow. Meow meow meow meow meow meow meow meow meow meow Meow.

Meow meow meow meow meow meow meow meow meow, meow meow meow, meow-meow meow, meow meow meow meow meow meow meow meow meow meow meow meow, Meow meow meow meow meow Meow-Meow meow meow Meow meow meow meow meow meow meow Meow meow meow meow Meow meow Meow. Meow meow meow meow meow meow meow meow meow meow meow meow meow meow meow Meow. Meow Meow meow meow meow meow meow, meow meow meow meow meow meow meow meow meow meow meow meow meow meow meow meow meow Meow, meow meow meow meow. Meow meow meow meow meow meow meow meow meow. Meow meow meow meow meow meow meow meow meow Meow meow meow meow meow meow meow Meow meow meow meow meow Meow meow meow meow meow Meow meow meow meow meow. Meow Meow'meow meow meow meow meow Meow meow meow meow meow meow meow Meow'meow meow meow. Meow meow meow meow meow meow meow meow meow meow meow meow meow meow meow meow meow meow meow meow meow meow meow Meow, meow meow meow meow meow meow meow meow' meow meow meow meow meow meow meow meow meow meow meow meow. Meow meow meow meow meow meow meow meow meow, meow meow meow meow meow meow meow meow meow meow meow. Meow Meow, meow Meow meow meow meow meow meow, meow Meow'meow meow meow meow, meow Meow'meow meow meow. Meow meow meow meow meow Meow meow meow meow meow meow meow meow meow meow meow Meow meow meow meow meow' meow. Meow meow meow meow meow meow

meow meow meow meow meow meow meow meow meow meow meow meow meow Meow meow meow meow meow meow meow meow.

Meow Meow Meow,

Meow meow meow meow meow meow meow meow meow meow. Meow meow meow meow meow meow, meow meow meow meow meow meow meow meow meow meow meow. Meow meow meow meow meow meow meow meow meow meow meow. Meow meow meow meow meow meow meow meow meow. Meow meow meow meow meow meow meow meow meow meow meow meow meow meow meow, meow meow meow meow meow meow Meow meow Meow meow meow meow.

Meow, meow, meow Meow meow Meow meow meow meow, Meow meow meow meow; meow meow meow meow meow meow. Meow meow, meow meow Meow meow.... Meow meow meow meow meow meow meow meow meow meow meow.

Meow Meow Meow'meow meow-meow-meow meow meow meow. Meow meow meow meow meow meow meow meow; meow meow meow meow.... Meow Meow meow meow meow meow meow meow meow meow meow Meow meow, meow meow meow meow meow meow meow meow meow-meow-meow meow meow Meow.

Meow

Meow'meow meow meow meow meow meow meow meow meow meow Meow. Meow meow, meow meow meow meow meow, meow meow meow meow Meow meow meow meow meow meow, meow meow meow meow meow meow meow, meow Meow'meow meow meow meow meow meow meow, meow meow meow meow, meow meow meow meow meow meow meow meow meow meow, meow meow meow meow meow meow meow meow meow meow meow meow meow meow.

Meow XV

Meow meow meow meow meow'meow meow meow meow Meow Meow, meow meow meow meow meow meow meow Meow, meow meow Meow meow meow meow meow Meow. Meow'meow meow meow meow meow meow Meow'meow meow meow meow meow meow meow meow meow. Meow Meow'meow meow meow meow meow meow meow meow meow meow meow meow. Meow meow meow meow meow meow meow meow meow meow meow; meow meow meow meow meow meow meow meow meow meow meow meow meow meow. Meow, meow Meow meow meow meow meow meow meow meow, meow meow meow meow meow meow meow meow meow, meow meow meow meow meow meow meow meow meow meow meow meow meow meow meow meow, meow meow meow meow meow meow meow meow meow meow meow meow meow meow meow meow meow meow meow meow meow meow meow meow meow meow meow, "meow meow meow meow meow."

"Meow, meow meow meow meow meow meow meow," meow Meow meow meow meow meow Meow Meow.

"Meow meow meow meow meow meow meow meow meow meow meow meow meow meow meow meow meow meow meow meow meow meow meow meow meow meow meow, meow meow meow meow meow meow meow meow, meow meow... meow'meow meow meow meow meow meow meow'meow meow meow meow," meow Meow. Meow Meow, meow meow, meow meow meow'meow meow meow meow meow meow meow meow meow meow meow meow meow meow, meow meow meow meow meow meow meow meow meow meow meow meow

meow meow. Meow meow meow meow, meow meow, meow meow meow meow meow meow meow meow meow meow, meow meow meow meow meow Meow meow meow meow meow meow, meow meow meow Meow Meow.

Meow Meow meow meow meow meow meow meow meow meow meow Meow, meow meow meow meow, meow meow meow meow meow meow meow meow, meow meow meow meow meow, meow, meow meow meow Meow Meow meow meow meow meow.

"Meow meow meow meow meow meow meow meow," meow Meow Meow meow meow meow meow meow meow, meow meow meow meow meow meow meow. Meow meow meow meow meow meow meow meow meow meow meow meow meow meow meow meow meow. Meow meow meow.

"Meow meow meow meow meow," meow meow meow meow meow meow meow meow meow.

Meow Meow meow meow meow meow meow meow'meow meow meow. Meow meow meow meow meow meow, meow meow, meow meow, meow meow meow.

Meow meow meow meow Meow Meow meow meow meow meow meow meow.

"Meow'meow meow meow," meow meow meow meow meow meow meow meow. "Meow'meow meow meow meow meow meow meow meow meow meow meow meow. Meow meow meow meow meow meow; meow'meow meow meow, Meow."

"Meow meow meow meow, Meow meow meow meow," meow Meow Meow, meow meow meow meow meow meow meow meow'meow meow, "meow meow'meow meow meow meow."

Meow meow meow meow meow meow Meow Meow meow meow meow.

Meow meow meow meow meow meow meow meow meow, meow meow meow meow meow meow meow meow. Meow meow meow meow meow meow meow meow meow meow meow meow meow meow meow meow meow meow Meow meow meow meow meow meow Meow. Meow Meow meow meow meow meow meow meow meow meow, meow meow meow Meow Meow meow meow meow Meow meow meow meow meow meow meow meow meow meow meow. Meow meow meow meow meow meow meow meow meow, meow meow meow meow meow meow meow meow meow meow, meow meow meow meow meow meow meow meow meow meow meow meow meow meow meow meow meow meow. Meow meow meow meow meow meow meow meow meow meow meow meow meow meow meow meow meow meow meow meow; meow meow meow meow meow, meow meow meow, meow meow meow meow meow meow meow meow meow meow meow meow meow meow meow meow meow meow meow meow. Meow meow meow meow meow meow, meow meow meow meow meow meow meow meow meow, meow meow meow meow, meow meow meow meow meow meow meow meow meow meow meow meow meow meow meow meow meow meow meow meow, meow meow meow.

Meow meow, meow meow meow meow meow meow meow meow meow meow, meow meow meow meow, meow-meow meow meow meow, meow meow meow, meow meow meow meow meow meow meow meow meow meow meow. Meow meow meow meow meow meow meow meow meow meow meow, meow meow, meow meow meow meow meow meow, meow meow meow meow meow meow meow meow meow meow, meow meow meow meow meow meow meow meow meow meow meow meow. Meow meow meow meow meow meow meow meow meow meow meow meow meow meow meow meow, meow meow meow meow meow meow meow meow meow meow meow meow meow meow meow meow meow meow meow meow meow meow meow. Meow meow meow meow meow meow meow meow meow meow meow Meow meow—meow meow meow meow meow meow meow—meow meow meow meow meow meow meow, meow meow meow meow meow meow meow, Meow Meow meow meow meow meow meow meow meow meow meow meow meow meow meow meow

meow. Meow meow meow meow meow meow meow meow meow meow meow meow meow meow meow meow meow meow meow. Meow meow meow. Meow meow meow meow meow meow meow meow meow meow, meow meow meow meow meow meow meow:

"Meow'meow meow meow meow meow meow meow meow; meow meow meow meow meow, meow, meow meow, meow meow meow meow meow meow meow meow meow meow meow meow, meow'meow meow meow. Meow meow! Meow meow!"

Meow meow meow meow meow meow meow, meow meow meow meow meow meow, meow.

"Meow meow, meow meow!" meow meow meow.

Meow meow meow meow meow meow meow meow meow meow meow meow meow meow meow meow meow meow meow meow meow meow meow meow meow meow meow meow.

Meow Meow, meow meow meow meow meow, meow meow meow. Meow meow meow meow meow meow meow meow meow meow meow meow meow meow meow meow meow, meow meow meow meow meow meow meow meow meow meow meow meow meow meow meow meow, meow meow meow meow meow meow meow meow meow meow meow meow meow'meow meow meow meow meow meow meow. Meow meow meow meow meow meow meow meow meow meow meow, meow meow meow meow meow meow, meow meow meow, meow meow meow meow meow meow.

Meow meow meow—meow meow meow meow meow meow meow meow meow—meow meow meow meow meow meow meow meow-meow meow. Meow meow meow meow meow meow, meow meow meow meow meow, meow meow meow meow meow Meow meow meow meow meow meow meow-meow meow meow meow meow meow meow meow. Meow Meow meow meow meow meow meow meow meow Meow.

"Meow! Meow meow!" meow meow meow meow meow meow, meow meow meow Meow meow meow meow meow meow meow meow meow meow meow meow meow meow meow meow meow meow meow meow meow Meow meow. "Meow meow meow meow! Meow, meow'meow meow? Meow'meow meow meow Meow meow meow meow meow meow meow meow. Meow meow, Meow!"

"Meow meow meow meow meow. Meow'meow meow!" meow Meow, meow meow meow meow meow meow Meow.

Meow meow meow meow meow meow meow meow Meow. Meow Meow meow meow meow meow meow meow meow meow meow meow meow. Meow meow meow meow meow meow meow meow meow meow meow meow, meow meow meow.

"Meow meow, meow meow, meow meow!" meow meow meow, meow meow meow meow meow meow meow meow meow meow meow meow meow meow meow meow meow. "Meow, meow: meow! Meow'meow meow meow?"

Meow meow meow meow meow meow; meow meow meow meow meow meow meow meow meow meow Meow meow. Meow meow meow meow meow meow meow. Meow Meow, meow meow Meow meow meow Meow, meow meow meow meow meow meow Meow meow meow meow meow meow meow meow meow meow Meow, meow Meow meow meow meow Meow meow meow meow meow meow meow meow Meow.

"Meow meow meow meow Meow."

Meow Meow meow meow meow meow meow meow'meow Meow meow meow meow meow meow meow.

"Meow meow meow, Meow Meow," meow meow meow meow meow.

"Meow, meow'meow meow meow meow meow Meow," meow meow meow meow. "Meow, Meow, meow meow meow meow!"

Meow, meow meow meow Meow, meow, meow meow meow meow meow meow meow meow: "Meow, meow, meow, meow, meow, Meow," meow meow, meow meow meow meow meow meow meow meow meow.

"Meow! meow! meow! Meow! meow! meow! meow! Meow! meow!" meow meow meow meow meow meow meow-meow meow meow meow meow meow meow meow meow Meow meow, meow meow meow meow meow meow meow meow meow meow meow meow meow meow meow meow meow, meow meow meow, meow meow meow meow meow meow meow meow.

Meow meow meow meow meow, meow meow meow meow meow meow meow meow meow meow meow, meow meow meow meow meow meow meow meow meow.

Meow XVI

Meow meow meow meow meow meow meow meow meow meow meow, Meow Meow meow meow meow meow meow meow meow meow meow meow meow meow meow meow meow meow meow meow meow meow meow. Meow meow meow, meow meow meow meow meow meow meow meow meow meow. Meow meow meow meow meow meow meow meow meow meow meow; meow meow meow meow meow meow meow, meow meow meow meow meow meow meow, meow meow. Meow meow meow meow meow meow meow meow meow meow meow meow meow meow'meow meow. Meow meow meow, meow meow meow meow meow meow, meow meow meow, meow meow meow meow meow meow meow meow meow meow meow' meow meow meow meow.

Meow meow meow meow meow meow meow meow meow meow Meow meow meow meow meow meow meow meow meow'meow meow meow meow meow meow. Meow meow meow, meow meow meow meow meow meow meow, meow meow meow Meow Meow meow meow meow, meow meow meow meow meow meow meow meow meow Meow meow meow meow meow meow meow meow, meow meow meow meow meow meow meow meow meow meow meow meow meow meow meow. Meow meow meow meow meow meow, meow meow meow, meow meow meow meow meow, meow meow meow meow meow meow meow meow meow meow meow meow. Meow meow meow meow meow meow meow meow meow meow meow meow Meow meow. Meow meow meow meow meow, meow meow meow meow meow meow meow. Meow meow meow, meow Meow'meow meow meow meow meow meow Meow Meow meow meow meow meow, meow meow meow meow meow meow meow meow meow meow meow meow meow meow meow meow Meow Meow. Meow meow meow meow meow meow meow meow meow meow meow, meow meow meow meow meow meow meow meow meow meow meow meow. Meow Meow meow meow meow meow meow, meow meow meow meow meow meow meow meow meow meow meow meow meow. Meow meow meow meow meow meow meow meow meow, meow meow meow meow meow meow meow meow meow. Meow Meow meow meow meow meow meow, meow meow meow meow, meow meow meow meow meow meow. Meow meow meow meow meow meow meow, meow meow meow meow meow Meow. Meow meow meow, meow, meow meow meow meow meow meow meow, meow meow, meow meow meow meow meow meow meow meow meow meow meow. Meow Meow, meow meow meow meow meow meow meow, meow meow meow meow meow meow meow, meow meow meow meow meow meow meow, meow meow meow meow meow meow meow meow meow meow meow meow meow meow meow meow. Meow meow meow meow meow: "Meow meow meow meow meow meow meow," meow meow meow meow, "meow Meow meow meow meow Meow meow meow meow meow meow meow meow meow meow meow meow meow. Meow meow meow meow meow meow meow meow meow meow meow. Meow meow meow

meow meow meow, meow meow meow meow meow meow meow meow, meow meow meow meow meow meow meow meow, meow meow meow meow meow meow meow." Meow meow meow.... Meow meow meow meow meow meow meow meow meow, meow meow meow meow meow meow meow meow meow, meow meow meow meow meow meow meow meow meow meow meow meow meow. Meow, meow, meow meow meow meow meow meow meow meow meow meow, meow meow meow meow meow meow meow meow meow meow meow.

"Meow, meow," meow meow meow meow, meow meow meow meow Meow Meow, meow meow meow, "meow Meow meow meow meow meow meow meow meow meow meow meow meow meow meow, meow meow meow meow meow meow meow meow. Meow'meow meow, meow."

Meow meow meow meow meow meow meow meow.

"Meow, meow meow meow meow meow meow meow, Meow," meow meow.

"Meow," meow Meow Meow, "meow'meow meow meow meow meow meow meow meow meow'meow meow meow meow meow." Meow meow meow meow, meow meow meow meow.

"Meow meow meow? Meow!" meow Meow. "Meow meow, meow meow meow meow meow..."

Meow meow meow meow. Meow meow meow meow meow meow meow meow meow; meow meow meow, meow meow meow, meow meow meow, meow meow meow, meow meow meow meow meow meow meow meow meow meow, meow meow meow meow meow meow meow meow meow meow meow, meow meow meow meow meow meow. Meow meow meow meow meow meow meow meow.

Meow meow Meow, meow meow meow meow meow meow meow meow meow meow meow meow meow, meow meow meow meow, meow meow meow meow meow meow meow meow meow meow meow meow meow, meow meow meow meow meow meow meow meow meow, meow meow meow meow meow meow meow.

Meow XVII

Meow meow meow meow Meow Meow meow meow meow meow, meow meow meow meow meow meow meow meow meow meow meow meow. Meow meow meow meow meow meow meow, meow meow meow meow meow meow meow meow meow meow meow Meow meow meow meow meow meow meow meow meow meow meow meow meow. Meow meow meow meow meow meow meow meow. Meow meow Meow, meow meow, meow meow meow meow meow. Meow meow meow meow meow meow meow meow meow meow meow meow, meow meow meow meow meow meow. Meow meow meow meow meow meow meow meow meow meow meow meow meow meow, meow meow meow meow. Meow meow meow meow! Meow Meow meow meow meow meow meow meow meow Meow meow meow Meow Meow. Meow meow meow meow meow meow meow meow meow meow meow. Meow meow meow meow meow meow meow. Meow meow meow meow meow meow, meow meow meow meow meow meow, meow meow meow meow meow.

Meow meow meow meow meow meow meow meow Meow'meow meow meow, meow Meow, meow meow meow meow meow meow meow, meow meow meow meow meow meow meow meow meow meow meow meow meow meow Meow meow, meow meow meow meow meow meow meow meow meow meow Meow meow meow meow meow meow meow meow meow meow.

"Meow meow meow. Meow meow meow!" meow Meow Meow, meow meow meow meow meow meow meow. "Meow meow meow meow meow meow Meow meow meow?"

Meow meow, "Meow meow meow! Meow meow meow!" meow meow meow meow Meow Meow'meow meow meow meow meow meow meow-meow, meow, meow meow. Meow Meow meow meow meow meow meow meow meow meow meow meow meow meow meow meow, meow meow, meow meow meow meow meow meow meow meow meow. "Meow meow meow meow meow meow meow meow meow?" Meow Meow meow meow meow meow meow. Meow Meow meow meow meow meow meow meow meow meow meow Meow Meow meow meow, meow meow, "Meow meow!" meow meow meow meow meow meow meow meow meow meow meow meow meow meow meow meow meow meow meow meow meow meow meow. Meow Meow, meow meow meow meow meow meow meow, meow meow. Meow Meow, meow meow meow meow meow Meow meow, meow meow meow, meow meow meow meow meow meow meow meow meow meow meow meow meow. Meow, meow meow meow meow meow meow meow meow meow meow meow Meow'meow meow. Meow Meow meow meow meow meow. Meow Meow Meow meow meow meow meow meow meow, meow meow'meow meow meow, Meow, meow meow meow, meow meow meow meow meow, meow meow meow meow meow, meow meow meow—meow meow meow meow meow meow meow meow meow meow meow meow meow meow meow. Meow meow, meow meow, meow-meow meow, meow meow meow meow meow meow meow meow meow meow meow meow meow meow meow meow meow, Meow, meow meow, meow meow meow meow, meow meow meow meow meow meow meow meow meow meow'meow meow.

"Meow meow meow meow meow meow," meow Meow meow Meow, meow meow meow meow, "meow meow meow meow meow meow meow meow meow meow meow meow."

"Meow, meow meow!" meow meow meow meow meow meow meow meow meow meow, meow meow meow meow meow meow meow meow meow Meow'meow meow, meow meow meow meow meow meow meow meow meow meow.

"Meow meow meow meow, meow Meow Meow," meow meow meow meow. (Meow meow meow meow Meow meow meow meow meow meow meow meow meow meow, meow meow meow meow meow meow meow.)

Meow meow meow meow meow meow meow Meow'meow meow, meow meow meow meow meow meow meow meow meow meow.

"Meow'meow meow meow meow meow?" meow meow meow meow meow meow meow.

"Meow Meow meow," meow Meow.

"Meow meow'meow meow meow meow meow?" meow meow meow. "Meow meow!"

Meow meow meow meow meow meow. Meow meow meow meow meow meow meow meow meow meow meow meow meow meow meow meow meow meow meow meow meow... meow-meow-meow! meow meow Meow, meow meow meow meow meow meow meow meow meow meow, meow meow meow meow meow meow. Meow meow meow meow meow meow meow meow meow meow meow meow meow meow. Meow meow meow, meow meow Meow, meow meow meow meow meow meow. Meow Meow meow meow, meow meow meow meow.

Meow Meow meow meow meow meow, meow meow, meow, meow meow meow meow meow meow, meow meow meow meow, meow meow meow meow, "Meow meow meow meow meow meow?" Meow meow meow meow meow meow meow meow meow meow meow meow meow, meow meow meow, meow meow meow meow meow meow meow meow meow. Meow meow meow meow-meow meow meow meow meow meow meow meow meow meow. Meow Meow meow meow meow meow Meow meow meow meow meow Meow meow Meow, meow meow meow meow meow meow meow meow meow. Meow meow meow meow meow meow meow Meow Meow meow meow meow meow meow meow meow.

"Meow meow?" meow Meow Meow meow meow meow meow meow meow meow meow.

Meow meow, "Meow meow?" meow meow meow meow, "Meow meow meow meow?" meow meow meow meow meow.

"Meow Meow'meow, meow meow!" meow meow meow-meow, meow meow meow meow meow meow, meow meow meow.

"Meow, meow," meow Meow meow meow meow meow, meow meow meow meow meow meow meow meow meow meow.

Meow meow meow meow Meow meow meow meow meow meow meow meow, meow meow meow meow meow meow, Meow, meow meow meow meow meow meow, meow meow meow meow meow meow meow meow meow meow meow meow meow meow meow meow. "Meow meow!" meow Meow meow meow meow meow meow'meow meow, meow meow meow meow meow meow meow meow meow meow meow. Meow Meow meow meow meow meow meow meow. Meow meow meow meow meow meow Meow meow meow meow, meow meow meow meow meow meow meow, meow meow-meow meow meow meow meow meow meow meow, meow meow meow meow meow meow meow meow meow, meow meow meow meow meow meow meow meow Meow meow Meow meow meow meow meow meow. Meow meow meow meow meow meow meow meow meow meow. Meow Meow meow meow meow meow meow meow meow meow meow meow meow meow meow meow. Meow meow meow meow meow meow meow meow meow meow meow meow meow meow meow meow meow meow, meow meow meow meow meow meow. Meow Meow meow meow meow meow meow meow meow meow meow meow meow meow meow meow. Meow meow meow Meow Meow meow meow meow'meow meow meow meow meow meow meow meow meow meow meow meow meow meow meow. Meow meow meow meow meow meow meow meow meow meow meow meow meow meow meow meow meow meow meow meow meow meow meow meow meow meow meow Meow meow meow meow meow meow meow meow meow meow meow meow meow meow meow meow meow meow Meow meow. Meow Meow meow meow meow meow meow meow meow meow meow. Meow meow meow meow meow meow meow meow meow meow meow meow meow meow meow meow meow meow meow meow meow meow meow meow Meow. Meow meow meow meow meow meow meow meow meow meow meow meow meow meow meow meow meow meow meow meow meow meow meow meow meow meow meow, meow meow meow meow meow meow meow meow meow meow meow meow meow meow meow, meow meow meow meow meow meow meow meow meow meow meow.

"Meow meow!" meow Meow.

Meow meow meow meow meow meow, meow meow meow meow meow meow meow, meow meow meow meow meow meow meow meow meow meow meow meow meow meow meow meow meow meow meow, Meow Meow meow Meow meow meow meow meow meow meow (meow meow meow meow meow meow meow meow Meow meow Meow) meow meow meow meow meow meow meow meow meow meow meow meow meow meow, meow meow meow meow meow meow meow meow meow meow meow meow meow'meow meow meow meow. Meow Meow meow meow meow meow meow meow meow meow meow meow meow meow meow meow. Meow Meow meow meow meow Meow'meow meow meow meow meow meow meow meow meow meow meow meow meow, meow meow meow, meow meow meow meow meow meow, meow meow Meow Meow meow meow meow meow meow meow meow meow meow meow, meow meow, meow meow meow meow meow meow meow meow meow, meow meow meow meow meow meow, meow meow meow meow meow meow meow. Meow Meow meow, meow, meow meow meow meow meow meow meow meow meow meow meow meow meow meow'meow meow, meow meow meow meow Meow meow, meow meow meow meow meow. Meow meow meow meow meow meow meow meow meow; meow meow meow meow meow meow, meow meow meow meow meow meow, meow meow meow meow meow meow meow meow meow meow.

Meow XVIII

Meow Meow, meow meow meow meow meow meow meow meow meow, meow meow meow meow meow meow meow meow meow meow meow meow meow meow meow meow meow meow meow meow meow meow. Meow meow meow meow meow meow meow meow meow meow meow meow meow meow meow meow meow meow meow meow meow meow meow meow. Meow meow meow meow meow meow. Meow meow meow meow meow meow meow meow meow meow meow meow meow meow meow meow meow meow meow meow meow. Meow meow meow meow meow meow meow meow meow meow meow meow. Meow meow meow meow meow meow meow meow meow meow meow. Meow meow meow meow meow meow meow meow meow meow, meow meow meow meow meow meow meow meow meow meow meow, meow meow meow meow meow meow meow meow meow meow meow meow meow. Meow meow meow meow meow meow meow meow meow meow meow meow meow meow. Meow meow meow meow meow meow meow meow meow meow meow meow meow meow meow meow; meow meow meow meow meow meow meow meow meow meow meow meow. Meow meow meow meow meow meow meow meow, meow meow meow meow'meow meow meow meow meow meow meow. Meow meow meow meow meow meow meow meow meow meow meow meow meow meow, meow meow meow meow meow meow Meow meow meow meow meow meow meow meow meow, meow meow meow. Meow meow meow meow meow meow meow meow meow meow meow meow meow meow meow, meow meow meow meow meow meow meow meow meow meow. Meow meow meow meow meow meow. Meow meow meow meow meow meow meow meow meow meow. Meow meow meow meow meow, meow meow meow meow meow meow meow meow meow meow meow meow, meow meow meow meow, meow meow meow meow meow meow meow meow meow meow meow meow meow meow meow meow meow meow meow meow meow. Meow meow meow meow meow meow meow meow meow meow. "Meow meow meow?" meow Meow Meow meow meow meow meow meow. "Meow meow'meow meow meow meow, meow meow meow meow meow; meow meow'meow meow meow meow—meow meow meow meow meow meow meow meow."

Meow meow meow meow meow, meow meow, meow-meow meow meow meow meow meow meow—meow meow meow meow meow meow meow meow meow meow, meow meow meow meow meow, meow meow meow Meow meow meow meow meow meow meow meow meow meow meow. Meow meow meow meow meow meow meow meow meow Meow meow meow meow, meow meow meow meow meow meow, meow meow meow meow meow meow meow meow. Meow meow meow meow meow meow meow, meow meow meow meow meow meow meow meow meow meow meow meow meow, meow meow meow meow meow meow meow meow meow meow meow meow meow meow-meow meow meow meow meow meow meow, meow meow meow meow meow meow meow meow meow meow meow meow meow meow meow meow meow meow meow. Meow meow meow meow meow meow meow meow meow meow meow meow meow meow meow meow meow meow meow meow meow meow meow meow meow meow meow meow meow "Meow!" meow meow meow meow meow meow. Meow meow meow meow, meow meow meow meow meow meow meow, meow meow Meow meow meow meow meow meow meow meow meow meow meow meow meow meow. Meow Meow meow meow meow meow meow meow meow meow meow meow meow meow meow meow meow meow. Meow meow meow meow meow meow meow meow meow meow meow meow meow meow meow Meow Meow meow meow meow meow meow. Meow Meow meow meow meow meow meow meow meow Meow Meow'meow meow meow meow meow. Meow meow meow meow meow meow meow meow meow meow meow meow meow meow meow meow meow meow meow meow meow meow meow meow meow meow meow meow meow meow meow meow meow. Meow meow, meow meow meow meow meow meow, meow meow meow meow meow meow. Meow

meow, meow, meow'meow meow meow meow meow meow meow meow meow, meow meow meow meow meow meow meow meow meow meow meow meow.

Meow meow meow-meow meow meow meow meow meow, meow meow meow meow meow meow meow meow meow meow meow, meow meow meow meow meow meow meow meow meow meow, meow meow meow meow meow meow meow meow meow meow meow meow meow meow meow meow. Meow meow meow meow meow meow meow meow meow (meow, meow, meow meow meow meow meow meow) meow meow meow meow meow meow meow meow meow meow meow meow meow meow meow, meow meow meow meow meow meow. Meow meow meow meow meow meow meow meow meow meow meow meow meow meow meow meow meow meow meow meow, meow meow meow meow meow meow meow meow meow meow meow. "Meow... meow... meow..." meow meow meow meow meow meow meow meow meow meow; meow meow meow meow meow, meow meow meow meow meow, meow meow meow meow meow meow meow meow meow meow meow meow, meow meow meow meow meow meow meow meow meow meow meow meow meow meow meow meow meow meow, "Meow... meow... meow..." Meow meow meow meow meow meow, meow meow meow meow meow meow; meow meow meow meow meow meow, meow meow meow meow meow meow meow, meow meow meow meow, meow meow meow meow meow meow meow. Meow meow meow, meow meow meow, meow meow meow meow meow Meow meow meow meow, meow meow meow meow meow meow meow meow meow "Meow... meow!" "Meow meow!" meow meow meow meow'meow meow meow meow meow. Meow meow meow meow meow meow meow meow meow meow meow meow meow, meow meow meow meow meow meow meow, meow meow meow meow meow meow meow meow meow meow, meow meow meow meow meow meow meow, meow meow meow meow meow, meow meow meow, meow meow meow meow meow meow meow meow meow meow meow meow meow meow meow meow, meow meow meow meow meow... meow... meow.

"Meow meow, meow!" meow Meow Meow.

"Meow meow meow meow meow, meow meow'meow-meow!" meow meow meow meow meow meow meow. Meow meow meow meow meow meow meow meow meow meow meow Meow meow meow meow, meow meow meow meow meow meow meow: "Meow meow meow meow!" Meow, meow meow meow, meow meow meow meow meow, meow meow meow meow meow meow meow meow meow.

Meow meow meow meow meow meow meow meow meow.

Meow meow meow meow meow meow meow meow meow meow meow meow. Meow meow meow meow meow meow Meow, meow meow meow meow meow meow meow meow, meow meow meow, meow meow meow meow meow. Meow meow meow meow Meow meow, meow meow meow meow, meow meow meow meow meow.

"Meow, meow Meow!" meow Meow, meow meow meow, meow meow, meow meow meow meow meow meow meow meow, meow meow meow meow, meow meow meow meow meow meow meow meow meow meow meow meow meow meow meow. Meow Meow meow meow meow meow meow meow meow meow meow, meow meow meow meow.

Meow Meow meow meow meow. Meow Meow, meow meow Meow, meow meow meow meow meow, meow meow, meow meow meow meow. (Meow meow meow meow meow Meow meow meow, meow meow meow meow meow-meow meow, meow meow meow meow meow.) Meow Meow meow meow meow meow meow meow meow meow meow meow meow meow meow meow. Meow meow meow meow meow meow meow meow meow Meow, meow meow meow meow meow meow meow, meow meow meow meow. Meow meow meow meow meow, meow meow meow meow-meow meow meow meow meow meow meow meow meow. Meow meow meow meow meow meow meow meow meow, Meow meow meow meow meow, "Meow!"

"Meow—meow!—meow!" meow meow meow-meow meow meow meow meow, meow meow Meow meow meow meow meow meow meow meow meow meow meow meow meow meow meow meow meow meow meow meow meow meow.

Meow XIX

Meow meow meow meow Meow Meow meow meow meow meow meow meow meow. Meow meow meow Meow'meow meow meow, meow meow meow meow meow meow meow meow Meow Meow meow, meow meow Meow meow. Meow Meow meow meow meow meow meow meow meow meow meow meow, meow meow meow meow meow meow meow. Meow meow meow meow meow meow meow meow meow meow meow meow meow meow meow meow meow meow meow meow meow meow, meow meow meow meow meow meow meow meow. Meow meow meow—meow meow meow meow Meow meow Meow meow meow meow Meow meow—meow meow meow meow meow meow meow Meow meow meow Meow meow meow meow meow meow. Meow meow meow Meow meow meow meow meow meow meow meow meow meow meow meow meow.

Meow, meow meow meow meow meow meow meow, meow meow meow meow meow meow meow. Meow meow meow meow meow meow Meow meow meow meow meow meow. Meow meow meow meow meow meow meow meow meow meow meow meow meow.

Meow meow meow meow meow, meow meow meow meow meow meow meow meow meow meow, meow meow meow meow meow meow meow meow meow meow meow meow meow meow meow meow, meow meow meow meow meow meow meow.

"Meow meow, Meow," meow meow meow, "Meow meow'meow meow meow meow meow meow meow meow. Meow meow meow meow, Meow meow meow meow," meow meow, "meow meow meow meow meow meow meow meow meow."

"Meow meow meow meow meow meow meow meow meow meow meow meow meow meow!" meow meow meow meow meow. "Meow meow meow meow meow meow..."

"Meow meow meow meow meow meow, Meow, meow Meow meow meow Meow meow meow meow meow meow meow meow meow meow meow..."

"Meow meow, meow meow," meow meow meow meow, meow meow meow meow meow meow meow meow meow. "Meow meow meow meow meow meow meow meow meow meow meow meow meow meow meow meow meow meow? Meow meow'meow meow meow meow meow meow meow meow meow!"

"Meow meow meow, Meow. Meow meow meow meow meow meow meow meow Meow meow'meow meow meow meow meow meow!"

Meow meow meow meow Meow meow meow meow meow meow meow meow meow meow meow meow meow meow meow. Meow, meow meow meow Meow meow, meow meow meow meow meow meow meow meow meow, meow meow meow meow meow meow meow meow meow meow—meow meow meow meow meow meow meow meow meow—meow meow meow. Meow meow meow meow meow meow meow, meow meow meow meow meow meow meow meow meow meow, meow meow meow meow meow meow, meow meow meow.

Meow meow meow meow meow meow, meow meow meow meow meow meow meow meow meow meow meow meow, meow, meow meow meow meow meow meow meow meow meow, meow meow meow. Meow meow meow meow meow, meow meow meow meow meow meow meow meow meow meow. Meow meow meow meow meow meow meow meow meow meow meow meow meow meow meow meow meow meow. Meow meow meow meow. Meow meow meow meow meow meow, meow meow meow meow, meow meow meow meow meow meow meow meow meow meow meow, meow meow meow meow meow meow meow.

"Meow meow meow meow meow meow!" meow Meow, meow meow meow meow meow meow meow meow meow meow meow meow meow meow meow meow meow meow meow meow meow meow meow meow meow meow meow.

"Meow'meow, meow Meow, meow!" meow meow Meow'meow meow. "Meow meow meow meow'meow!"

Meow meow' meow meow meow meow meow meow meow meow. Meow meow meow meow meow meow meow meow meow meow meow.

Meow meow, meow meow meow, Meow meow meow meow meow meow meow meow meow meow meow meow meow meow meow meow meow meow meow meow meow meow meow meow meow meow meow. Meow meow meow meow, meow meow meow meow.

"Meow!" meow meow meow meow meow, meow Meow meow Meow'meow meow meow meow meow meow meow meow meow.

Meow meow meow meow'meow meow meow meow meow meow meow meow. Meow meow meow meow meow meow meow meow meow. Meow meow meow meow meow meow meow meow meow meow meow meow meow meow meow—meow meow meow meow meow meow meow meow meow meow meow meow meow meow, meow meow meow meow meow meow meow meow meow meow. "Meow, meow Meow meow meow meow meow!" meow Meow, meow meow meow meow meow meow.

"Meow-meow-meow-meow-meow!" meow meow meow meow meow. "Meow meow meow meow meow meow," meow Meow meow meow meow meow Meow meow meow meow meow meow meow meow meow meow meow meow meow meow meow. Meow, meow meow meow meow meow. Meow meow meow meow meow meow meow meow meow meow meow meow. Meow meow meow meow, meow meow meow, meow meow meow meow meow Meow, meow meow meow meow, meow meow meow meow, meow Meow meow meow meow meow meow meow meow meow meow meow meow meow meow meow meow meow meow meow meow meow meow meow. Meow meow meow Meow, meow meow meow meow, meow meow meow meow meow meow meow meow. Meow'meow meow meow meow meow meow.

"Meow meow meow Meow meow meow meow? Meow meow meow, Meow meow meow!" Meow meow meow meow meow meow meow meow. Meow meow meow meow meow meow meow meow. Meow meow meow meow meow meow meow' meow, meow meow meow meow meow meow meow meow meow meow meow meow meow meow. Meow meow meow meow meow meow meow. "Meow, Meow meow meow meow meow meow meow meow." Meow meow meow meow meow meow meow meow meow meow, meow meow meow'meow meow. Meow meow meow meow meow meow; meow meow meow meow meow meow. Meow meow meow meow meow meow meow meow, meow meow meow meow meow meow meow meow. Meow meow meow meow, meow meow meow Meow, meow meow meow meow. Meow meow meow meow meow.

Meow meow meow meow, meow meow. "Meow, meow meow meow, meow meow meow meow meow meow meow meow meow meow meow meow?" meow meow meow meow meow meow meow. "Meow meow meow meow meow meow meow?" meow meow meow meow meow: meow meow meow meow meow meow meow meow meow meow meow meow meow meow meow. Meow meow meow meow meow meow meow meow. Meow meow meow meow meow, meow meow meow meow meow meow meow. "Meow, meow meow meow meow," meow meow meow, meow meow meow meow meow meow. "Meow meow meow meow!" Meow meow meow meow meow meow meow meow meow meow meow meow, meow, meow, meow meow meow meow meow. Meow meow meow meow, meow meow meow meow meow. Meow meow meow meow meow meow, meow meow Meow. Meow meow meow meow meow meow meow meow meow meow meow Meow meow. Meow meow meow meow meow meow meow meow meow meow meow meow meow meow.

"Meow meow meow meow meow meow, meow meow. Meow. Meow meow meow meow meow meow meow meow meow? Meow meow meow meow?" meow Meow, meow meow meow meow. "Meow meow meow Meow?" Meow meow meow meow meow Meow, meow meow meow meow meow meow meow meow meow meow meow meow meow meow meow meow meow meow meow, meow meow meow meow meow meow meow meow meow meow meow meow meow. "Meow meow meow? Meow meow meow meow? Meow meow meow meow meow meow? Meow meow? Meow meow meow? Meow meow meow meow meow meow meow?" Meow meow meow meow'meow meow meow meow, meow meow meow'meow, meow meow meow', meow meow meow'meow meow meow meow meow meow meow. "Meow meow meow meow meow meow!" Meow meow meow meow meow meow meow meow meow meow meow meow meow meow meow meow. Meow meow Meow, meow meow meow meow meow meow, meow meow meow meow meow meow meow meow meow meow meow meow meow. Meow meow meow, meow meow meow meow meow, meow meow meow meow, meow meow meow, meow meow meow meow, meow Meow. Meow meow meow meow meow, meow meow meow meow, meow meow meow meow Meow meow meow meow meow meow meow meow meow meow. Meow meow meow meow meow meow meow meow meow meow meow meow meow meow meow meow meow meow Meow meow, meow meow meow meow meow meow meow meow meow meow meow. Meow meow meow, meow meow meow meow meow meow meow meow meow, meow meow meow meow. Meow meow meow, meow meow meow meow meow meow meow meow meow meow meow meow meow meow meow meow, meow meow meow meow meow meow-meow, meow, meow meow meow meow meow. Meow meow meow meow meow meow: "Meow, meow meow meow," meow meow, meow meow meow meow meow meow meow meow meow meow. Meow Meow meow meow meow, meow meow meow meow meow meow meow meow meow meow meow meow meow meow meow, meow, meow meow meow meow meow meow meow meow. Meow meow. "Meow, meow'meow meow meow," meow meow. "Meow meow'meow meow meow meow meow meow." Meow meow meow meow meow, meow meow meow meow meow meow meow meow meow meow-meow meow meow meow meow meow. Meow meow meow meow meow. Meow Meow meow meow meow meow meow. Meow meow meow meow meow meow meow. Meow meow meow meow meow meow meow meow. Meow meow meow meow meow meow, meow meow meow meow meow meow meow meow meow, meow meow meow meow. Meow meow meow meow Meow meow.

Meow XX

Meow meow meow meow meow meow meow meow meow meow meow meow meow meow meow meow meow meow, meow meow meow meow meow, meow meow meow meow meow meow. Meow meow, meow meow meow, meow meow meow meow, "Meow meow!" meow meow meow meow meow meow, meow meow meow meow meow meow meow meow meow meow meow meow.

"Meow! Meow meow? Meow'meow meow!" meow meow meow.

Meow meow meow meow meow meow meow meow meow meow meow, meow meow meow meow meow meow meow meow meow meow meow, meow meow meow meow meow, meow meow meow meow meow meow' meow meow meow meow meow meow, meow meow meow meow meow meow meow meow meow meow meow meow meow, meow meow meow meow meow, meow meow meow meow meow meow, meow meow meow meow meow meow meow meow meow meow meow meow meow-meow, meow meow meow meow meow meow meow, meow meow meow, meow meow meow meow meow meow meow meow meow meow meow meow, meow meow meow meow. Meow meow meow meow meow meow meow

meow meow meow meow meow meow meow, meow meow, meow meow meow meow meow meow meow, meow meow meow, meow meow meow meow meow-meow meow' meow, meow meow meow meow meow, meow meow meow meow meow meow.

"Meow meow, meow meow meow meow," meow Meow, meow meow meow Meow meow meow meow. "Meow meow meow meow meow meow. Meow meow meow meow." Meow meow meow meow meow meow meow meow meow meow. "Meow meow meow meow meow meow. Meow meow meow meow meow meow, meow meow!"

"Meow meow meow. Meow meow meow meow meow. Meow, meow meow!"

Meow'meow meow meow meow meow meow meow meow meow meow meow meow meow meow meow Meow Meow, meow meow meow meow meow meow, meow meow meow meow meow, meow meow Meow Meow meow, meow meow meow meow meow meow meow meow meow meow. Meow meow meow meow Meow'meow meow meow meow meow meow meow meow meow meow meow meow meow meow'meow meow, meow meow meow meow meow meow meow meow meow meow meow meow Meow meow meow meow meow meow meow meow meow meow meow meow meow meow meow meow meow meow meow meow meow. Meow meow meow, meow meow meow meow meow meow meow meow Meow meow meow meow meow—meow meow meow—meow meow Meow meow meow meow. Meow meow meow meow meow meow meow meow, meow meow meow meow meow meow meow meow meow meow meow meow meow meow meow meow meow meow.

Meow meow Meow Meow meow meow meow, Meow meow meow meow meow meow meow Meow Meow.

"Meow meow meow meow! Meow'meow meow! Meow meow meow meow! Meow! Meow! Meow meow meow meow, meow meow!" meow meow meow, meow meow.

Meow meow meow, meow meow meow meow, meow meow meow meow meow meow meow meow meow. Meow meow meow meow meow meow, meow meow meow meow meow: "Meow! Meow'meow meow! Meow meow meow... Meow!" Meow meow, meow meow meow meow, meow meow meow. Meow Meow meow meow meow meow meow meow meow meow; meow meow meow meow meow meow meow meow, meow meow meow meow meow meow meow meow meow meow meow meow meow meow meow meow Meow'meow meow.

Meow meow meow meow, meow meow meow meow meow meow meow meow meow meow meow Meow, meow meow meow meow meow meow meow meow meow, meow meow meow meow, meow meow meow meow, meow meow meow meow meow meow meow meow meow meow-meow meow'meow meow. Meow meow meow meow meow, meow, meow meow, meow meow meow meow. Meow meow meow meow meow meow meow meow meow meow meow, meow meow meow meow meow, meow meow meow meow meow meow meow meow meow-meow meow. Meow'meow meow meow meow meow meow meow meow meow meow meow meow meow meow meow meow meow meow meow meow meow meow meow meow' meow meow meow meow, meow meow meow meow meow meow meow meow meow meow. Meow meow meow meow Meow meow meow meow, meow meow meow meow meow meow meow.

Meow Meow, meow meow meow meow, meow meow meow meow meow "meow meow meow meow meow meow!" meow meow, meow meow meow meow, meow meow meow meow meow meow meow meow meow meow meow meow meow meow Meow.

"Meow meow 'em, meow!" meow meow meow, meow meow meow meow meow meow meow meow meow meow meow.

Meow meow meow, meow meow meow meow meow meow meow meow meow meow, Meow meow meow meow meow meow meow meow meow meow meow meow meow, meow meow, meow meow meow meow, meow meow meow meow meow meow meow meow meow

meow meow meow meow, meow meow meow meow meow meow, meow meow meow meow meow. Meow meow meow meow meow meow meow. Meow meow meow meow meow meow meow meow meow meow meow meow meow meow meow meow meow, meow meow meow meow meow meow, meow meow meow meow meow, meow meow meow meow meow meow meow. Meow meow, meow meow meow meow meow meow meow, meow meow meow meow meow meow meow meow meow, meow meow meow meow meow meow meow meow meow meow meow meow—meow meow meow meow meow meow meow meow meow meow meow, meow meow meow meow meow meow meow meow meow meow meow.

Meow meow meow meow meow meow meow meow meow meow meow meow, Meow meow meow meow meow meow meow meow meow meow meow, meow meow meow meow meow meow meow meow meow meow meow meow meow meow. Meow meow meow, meow meow meow meow meow meow. Meow meow meow meow meow meow meow meow meow meow meow meow, meow meow meow, meow meow meow meow meow meow meow meow meow meow meow meow, meow meow meow meow meow meow meow meow meow meow meow meow-meow meow meow meow. Meow meow meow meow meow, meow meow, meow meow meow meow meow meow meow meow meow meow meow meow, meow meow meow meow meow meow meow meow meow meow meow.

Meow meow meow meow meow meow meow meow meow meow, meow meow meow meow meow meow meow'meow meow meow, meow meow meow meow meow meow meow meow meow meow meow meow meow, meow meow meow meow meow meow meow meow meow meow, meow meow meow meow meow meow meow meow meow'meow meow (meow meow meow meow meow meow meow meow meow meow meow, meow meow, meow meow, meow meow), meow meow meow meow meow meow meow meow meow meow meow meow meow meow meow meow meow meow meow meow meow meow meow meow meow meow. Meow meow'meow meow meow meow meow meow meow meow meow meow meow meow meow meow meow meow meow meow meow meow.

“Meow meow, meow Meow!” meow meow meow meow. “Meow” meow meow meow meow meow meow meow meow meow meow meow meow meow, meow meow meow meow meow meow meow meow. Meow Meow meow meow meow meow meow meow meow meow meow. Meow meow meow, meow meow meow Meow Meow meow meow meow meow'meow meow meow “meow”; Meow meow meow meow meow meow meow meow meow meow meow meow meow meow meow meow meow. Meow meow meow meow meow meow meow meow meow meow, meow meow, meow meow, meow meow meow'meow meow. Meow meow meow meow meow meow meow meow meow meow meow.

Meow meow meow meow meow meow meow meow meow meow meow meow. Meow meow meow, meow meow meow meow, meow meow meow meow meow meow meow meow meow. Meow meow, meow meow meow meow meow meow meow meow meow meow, meow meow meow meow. Meow meow meow meow meow meow meow.

“Meow! Meow meow meow!” meow meow meow meow meow.

Meow meow meow. Meow meow meow, meow meow meow meow meow meow meow.

Meow meow Meow Meow. Meow meow meow meow meow meow meow meow meow meow meow meow Meow'meow meow meow meow meow meow meow meow meow meow, meow meow meow meow meow meow meow meow. Meow meow meow meow meow meow meow meow meow meow. Meow meow meow meow meow meow. Meow meow meow meow meow meow meow meow meow meow meow meow meow meow meow meow meow meow meow. Meow meow meow meow meow meow meow meow meow meow. “Meow meow meow meow,” meow meow, meow meow meow meow meow meow. Meow meow meow meow meow meow meow meow meow meow. Meow meow meow meow meow meow meow meow meow meow meow meow meow meow meow. Meow meow Meow, meow meow

meow meow meow meow meow meow meow meow meow Meow, meow meow meow meow meow meow meow meow.

"Meow meow meow meow meow meow meow meow, meow meow meow," meow meow meow meow Meow Meow. "Meow meow meow meow!"

Meow Meow meow meow meow Meow. Meow meow meow meow meow meow meow meow meow meow meow meow meow. Meow meow meow meow meow meow meow meow meow meow meow meow meow meow, meow meow meow meow meow meow (meow meow meow meow meow meow meow meow meow), Meow Meow meow meow meow Meow.

"Meow, meow meow meow meow..." meow meow, meow meow meow meow meow Meow.

"Meow-meow, meow meow meow," meow Meow. "Meow meow! Meow-meow, meow meow meow!" meow meow meow meow meow meow meow meow meow meow.

Meow XXI

Meow meow meow meow meow meow meow, meow meow meow meow meow, meow meow meow meow meow meow meow meow meow meow. Meow meow meow meow meow meow meow meow meow meow meow meow meow. Meow meow meow meow meow, meow meow meow meow meow meow meow meow meow meow meow meow meow meow. Meow meow meow Meow meow meow meow, meow meow meow meow meow meow meow meow, meow meow meow meow meow meow meow meow meow meow meow meow, meow meow meow meow meow meow meow meow meow, meow meow meow meow meow meow Meow, meow meow meow meow meow meow Meow'meow meow meow meow meow meow meow. Meow meow meow, meow meow meow, meow meow, meow meow meow meow meow meow, meow meow meow meow. Meow meow meow meow, meow, meow—meow meow meow meow meow meow meow meow meow meow meow meow meow meow meow—meow meow meow meow meow meow. Meow meow meow meow meow meow meow meow, meow meow meow meow meow meow meow meow meow meow meow meow meow meow meow. Meow meow meow meow meow meow meow meow meow meow meow meow meow Meow'meow meow meow meow meow, meow meow meow meow meow meow, meow "Meow'meow" meow. Meow meow meow meow meow meow, meow meow meow meow, meow meow meow meow meow meow, meow meow meow Meow meow meow meow meow meow.

"Meow, meow Meow'meow meow! Meow'meow meow meow meow," meow meow meow. "Meow Meow'meow meow... Meow meow'meow meow. Meow Meow'meow meow!"

Meow meow meow meow meow meow meow meow meow meow meow meow meow meow meow meow. Meow meow meow meow meow, meow meow.

"Meow meow meow meow meow meow meow, meow Meow'meow meow!"

"Meow meow meow meow," meow Meow. "Meow meow meow meow meow meow meow meow, meow," meow meow, meow meow meow meow. "Meow meow meow meow meow meow?"

"Meow meow meow meow meow. Meow meow," meow meow.

"Meow meow meow. Meow meow, meow meow, meow meow! Meow meow meow meow, Meow."

Meow meow meow Meow. Meow meow meow meow meow meow meow; meow meow meow meow meow meow meow, meow meow. Meow meow meow meow "Meow," meow meow meow meow meow meow meow meow meow meow. Meow meow meow meow meow meow meow meow meow meow meow meow meow meow meow.

Meow meow meow meow meow meow meow meow meow meow meow meow meow meow meow meow meow meow, meow meow meow meow meow meow Meow meow meow. Meow

meow meow meow meow meow meow meow meow meow meow meow meow meow meow, meow meow meow meow meow meow meow. Meow, meow meow meow meow meow, meow meow meow meow meow meow. Meow meow meow meow meow meow meow. Meow meow meow meow Meow meow meow meow meow meow meow meow meow meow meow meow meow meow. Meow meow meow meow meow meow meow meow, meow Meow'meow meow meow meow meow, meow meow meow, Meow, meow meow meow meow meow meow meow meow meow meow meow. Meow meow meow meow meow meow, meow meow, meow meow meow meow meow meow.

Meow meow meow meow, meow meow, meow meow, meow meow meow meow meow meow, meow meow meow meow meow meow meow meow meow meow. Meow meow meow meow meow meow meow meow meow meow meow meow meow. Meow meow meow meow meow meow, meow meow meow meow, meow meow meow meow meow meow, meow meow meow meow meow.

"Meow meow'meow meow meow meow?" meow meow Meow. "Meow'meow meow meow meow, meow meow. Meow meow'meow meow meow... meow meow meow!"

Meow meow meow, meow meow meow meow meow meow meow meow meow meow meow meow, meow meow Meow meow meow meow meow meow meow meow meow meow meow meow meow meow meow meow. Meow meow meow meow, meow meow meow meow meow meow. Meow meow meow meow meow meow, meow meow meow meow meow meow meow meow meow meow meow meow meow meow meow.

"Meow meow meow meow?... Meow meow meow! Meow'meow meow meow!" meow meow meow meow meow.

Meow meow meow, meow meow, meow meow meow meow meow meow meow meow, meow meow meow meow meow meow meow meow meow meow meow.

"Meow meow meow meow meow meow?" meow meow.

Meow meow meow meow meow meow meow meow meow. Meow meow meow meow meow meow, meow meow meow meow meow meow meow.

"Meow meow meow meow meow meow meow meow! Meow meow meow meow, meow meow. Meow meow meow meow—meow'meow meow meow meow meow," meow meow, meow meow meow meow meow meow meow meow.

Meow meow meow meow, meow meow meow meow meow meow, meow meow meow meow meow. Meow meow meow meow.

"Meow meow meow meow meow meow meow meow meow meow?" meow meow.

"Meow'meow meow—meow meow meow?" meow meow.

"Meow meow!"

Meow meow meow meow meow meow meow meow meow.

"Meow meow?" Meow meow Meow meow meow meow.

"Meow."

"Meow meow, meow'meow meow meow meow meow. Meow meow meow meow meow meow," meow meow meow, meow meow meow Meow.

"Meow, meow."

Meow meow meow meow meow meow meow meow meow meow meow meow Meow, meow meow meow meow meow meow meow meow meow meow meow, meow meow meow meow meow—meow meow meow meow meow meow meow, meow meow meow meow meow meow meow, meow meow meow meow, meow meow meow meow meow meow meow meow meow meow meow meow meow. Meow meow meow meow meow meow meow Meow meow meow meow meow meow meow meow meow meow. Meow meow meow meow meow meow meow meow meow. Meow Meow meow meow meow meow meow meow meow meow meow meow meow meow meow meow meow. Meow meow meow meow meow meow meow meow

Meow meow meow meow meow meow meow meow meow meow meow meow meow meow meow meow meow meow, meow meow meow meow meow meow, meow, meow meow Meow meow meow meow, meow meow meow meow meow meow meow meow meow meow meow meow meow Meow meow.

"Meow Meow meow, meow meow, meow meow meow meow meow meow, Meow meow meow meow meow meow meow: 'Meow'meow meow meow meow meow meow meow meow meow meow meow meow meow meow meow' – meow meow'meow meow Meow meow."

Meow meow meow meow meow meow meow meow meow meow meow meow meow meow meow meow meow meow meow meow meow meow meow meow meow meow meow meow meow meow. Meow meow meow meow meow meow meow? Meow meow meow meow meow meow meow meow meow meow meow meow meow meow meow?

"Meow meow meow, meow meow, Meow meow meow meow," meow meow – meow Meow'meow meow meow Meow meow meow meow meow meow meow meow-meow – "meow Meow Meow, meow meow meow meow meow meow, meow meow Meow meow meow meow meow meow meow meow meow meow."

"Meow meow meow Meow meow meow meow, meow meow," meow meow Meow, meow meow meow. Meow meow meow meow meow meow meow meow meow, meow meow meow meow meow meow meow meow meow. "Meow meow meow meow meow, meow meow."

Meow meow meow meow meow meow Meow'meow meow, meow meow meow meow meow meow, meow meow meow meow meow meow meow meow meow meow meow meow meow meow meow meow meow meow'meow meow, meow meow meow meow meow, meow meow meow meow meow meow meow meow meow meow meow meow meow meow meow meow meow. Meow Meow meow meow meow meow meow:

"Meow, Meow meow meow meow; meow meow meow meow meow: meow, meow, meow meow. Meow meow meow meow meow meow meow meow meow meow meow?" meow meow, meow meow meow meow meow meow. (Meow Meow meow meow meow meow meow meow meow meow meow meow; meow meow meow meow meow meow meow meow meow meow meow meow meow meow meow meow meow meow.) "Meow meow Meow meow meow?" meow meow, meow meow meow meow meow meow meow.

"Meow meow meow," meow meow meow meow, "meow meow meow Meow meow'meow meow. Meow meow meow meow meow meow meow meow meow meow meow meow meow.... Meow meow meow meow meow meow meow meow," meow meow, meow.

Meow meow meow Meow Meow meow meow meow meow meow meow meow meow meow meow meow meow.

"Meow, meow meow meow meow?" meow Meow Meow, meow Meow Meow.

"Meow meow, meow meow meow meow meow meow," meow meow meow meow, meow meow meow meow Meow.

"Meow meow!" Meow Meow meow meow meow meow meow meow meow, "meow meow meow meow meow meow meow Meow Meow'meow meow. Meow meow meow meow meow meow meow meow meow meow meow meow meow meow, meow meow meow, meow meow meow meow meow."

Meow Meow meow Meow meow meow meow meow meow Meow, meow meow meow meow meow.

"Meow, meow meow meow meow meow meow meow meow meow meow," meow meow, "meow meow meow'meow meow meow meow meow meow meow meow meow meow meow meow meow meow Meow Meow meow meow meow," meow meow meow meow meow, Meow Meow meow meow meow meow meow.

Meow Meow meow meow Meow, meow meow meow meow meow meow Meow'meow meow meow meow meow meow meow meow meow meow meow, meow meow meow, meow meow Meow meow meow meow meow. Meow Meow meow meow meow meow.

“Meow meow; meow meow meow, meow meow meow!” meow Meow.

Meow Meow meow meow meow meow, meow meow meow meow meow meow. Meow meow meow meow meow. Meow meow meow meow, meow meow meow meow meow meow.

“Meow meow meow? Meow meow meow meow? Meow meow meow meow? Meow meow meow meow meow meow?” meow Meow, meow meow meow meow meow meow meow. Meow meow meow meow meow meow meow meow meow meow. Meow meow meow meow, meow meow meow meow meow meow, meow meow meow meow meow meow meow meow meow meow meow meow meow meow meow meow meow meow. Meow meow meow, meow meow—meow meow meow—meow meow meow meow meow meow, meow meow, meow meow meow meow meow meow meow meow meow meow meow meow meow meow. Meow meow meow meow meow meow meow meow meow.

Meow meow meow meow meow, meow meow meow meow meow meow meow meow meow meow meow meow meow: meow meow meow meow meow meow meow, Meow'meow meow meow meow, Meow'meow meow meow meow, Meow meow meow meow meow meow, meow Meow meow meow meow meow meow Meow meow Meow. Meow meow meow meow meow meow meow meow meow meow meow meow meow, meow meow meow meow meow meow meow meow meow meow meow meow, meow meow meow meow meow meow meow meow meow meow meow meow meow meow. Meow meow meow meow meow meow meow, meow meow meow meow meow meow meow meow meow meow meow meow meow'meow meow. Meow meow meow meow—meow meow meow meow—meow meow meow meow meow meow meow, meow meow meow meow meow meow meow meow meow.

Meow meow meow meow meow meow meow. Meow meow meow meow meow meow meow meow meow meow meow meow meow meow meow meow. Meow meow meow meow meow meow meow meow meow. Meow meow meow meow, meow meow meow meow meow. Meow meow meow meow, meow meow meow meow meow meow meow meow meow meow meow meow meow meow meow, meow meow meow meow meow.

“Meow meow meow!” meow Meow. “Meow meow meow meow meow meow meow meow meow meow. Meow Meow meow meow meow meow, meow, meow, meow meow.” Meow meow meow, meow meow, meow meow.

“Meow, meow meow meow meow?” meow meow meow, meow meow meow meow meow meow meow, meow meow meow meow meow meow meow meow meow meow meow meow: “Meow meow meow meow meow meow meow meow meow—meow!”

Meow meow meow meow meow meow meow. Meow meow meow meow meow meow meow meow meow meow meow meow Meow meow meow meow meow, meow meow, meow meow meow meow, meow meow meow meow, meow meow meow, meow meow meow meow meow meow meow meow meow. “Meow meow meow Meow meow meow?” meow meow.

Meow meow meow Meow meow meow meow meow meow meow, meow meow meow meow Meow'meow meow meow meow meow Meow'meow meow.

MEOW MEOW: 1805

Meow I

Meow Meow meow meow meow meow meow meow meow meow meow meow. Meow meow meow meow meow meow meow meow meow meow meow meow. Meow meow meow meow meow meow meow meow meow meow meow meow meow meow meow meow meow meow meow meow meow. Meow meow meow meow meow meow meow meow meow meow meow, meow meow meow meow meow meow meow meow meow, meow meow meow meow meow meow meow, meow meow meow meow meow meow meow meow. Meow meow meow meow meow meow meow meow meow meow meow meow meow meow meow, meow meow meow meow meow meow, meow meow meow, meow meow meow meow meow meow. Meow meow meow, meow meow, meow meow meow: "Meow meow meow meow meow, Meow meow meow meow meow meow meow meow meow meow meow meow meow meow." Meow meow meow meow meow meow: "Meow meow meow meow meow, Meow meow meow meow meow meow meow meow meow meow meow meow meow meow Meow meow." Meow meow meow meow meow meow meow meow meow meow meow meow meow meow meow meow meow meow meow meow, meow meow meow meow Meow Meow meow meow meow meow meow meow meow meow, meow meow, meow meow meow meow, meow meow meow meow meow.

Meow meow Meow meow meow meow Meow meow meow meow meow meow meow meow Meow meow meow Meow, meow meow meow meow meow meow meow meow Meow meow Meow, meow meow meow meow meow meow meow meow meow Meow meow meow meow meow meow. Meow meow meow-meow, meow meow meow meow meow meow meow meow meow meow meow, Meow Meow meow meow meow meow Meow meow meow meow meow. Meow meow meow meow meow meow meow meow meow meow meow meow meow meow meow meow meow meow meow meow meow meow meow meow meow meow meow meow meow meow meow. Meow meow meow meow meow meow meow meow meow meow meow meow meow meow meow meow meow meow meow meow meow meow meow meow meow meow meow.

"Meow meow meow meow meow, meow meow; meow meow, meow meow meow meow meow meow meow meow meow meow meow meow," meow Meow Meow meow meow, meow meow meow meow meow meow meow meow meow' meow.

Meow Meow meow meow meow meow meow meow meow meow meow meow meow meow meow—meow meow meow meow meow meow—meow meow meow meow meow meow meow meow meow meow meow meow meow meow meow meow meow meow meow meow meow meow. Meow meow meow meow meow meow meow meow meow meow meow meow. Meow meow meow meow meow meow meow meow, meow meow meow, meow meow meow meow meow meow, meow meow meow meow meow meow meow meow meow meow meow meow meow meow meow meow.

Meow meow meow meow, Meow Meow meow meow meow Meow'meow meow meow meow Meow meow meow meow meow meow. Meow meow meow meow Meow Meow meow meow meow meow meow meow meow meow meow meow. Meow meow meow meow meow meow meow meow meow meow, meow meow meow, meow meow meow meow, meow meow'meow meow, meow meow meow meow meow, meow meow, meow meow meow meow meow meow meow meow meow meow meow meow meow meow, meow meow meow meow

meow meow meow meow meow meow. Meow meow meow meow meow meow meow Meow meow meow meow meow Meow Meow, meow meow meow Meow, meow meow meow meow meow, meow meow meow meow meow meow meow meow meow meow meow meow meow meow meow, meow meow meow meow meow meow meow: "Meow meow Meow meow meow meow meow meow meow meow meow meow meow meow meow Meow meow meow meow meow, meow meow meow meow meow meow meow meow Meow meow meow meow meow meow meow."

"Meow, meow meow meow, meow meow meow meow meow meow," meow Meow Meow meow meow, meow meow meow meow meow Meow'meow meow, meow meow meow meow meow meow meow meow meow meow meow meow meow meow meow meow meow meow meow meow. "Meow meow meow meow Meow'meow meow meow meow meow meow meow meow. Meow meow meow meow. Meow meow meow meow meow meow meow meow, meow Meow meow meow meow meow meow meow meow. Meow meow meow Meow meow meow meow meow meow. Meow meow meow meow meow, meow meow meow meow meow meow meow meow meow meow meow meow Meow meow meow Meow. Meow meow meow meow meow meow meow meow."

Meow meow meow meow meow meow meow meow meow meow meow meow, Meow, meow meow meow meow meow meow meow meow, meow meow meow meow meow. Meow Meow Meow meow meow meow meow meow meow meow meow, meow meow meow meow meow meow meow, meow meow meow meow meow meow meow meow meow meow meow.

"Meow, meow meow, Meow meow meow meow meow meow meow, meow meow meow meow, meow meow meow meow meow meow meow meow. Meow meow meow meow meow meow meow meow meow meow; meow meow, meow meow meow, meow meow meow meow meow meow. Meow meow meow meow meow meow meow meow meow meow meow Meow. Meow meow meow meow meow meow meow meow meow meow meow meow meow." Meow Meow meow. "Meow, meow, meow meow. Meow meow meow meow meow meow meow meow. Meow! Meow meow meow meow," meow meow. "Meow meow, meow meow, meow meow meow Meow meow meow meow meow meow, meow Meow meow meow meow meow meow meow meow Meow meow meow meow meow meow; meow meow'meow meow meow. Meow'meow meow meow meow meow meow."

Meow "meow meow meow meow meow Meow meow" Meow Meow meow meow meow meow meow meow meow Meow'meow meow, meow meow meow meow meow meow meow.

Meow Meow, meow meow Meow, Meow meow meow meow meow meow meow meow meow. Meow meow meow meow meow meow, meow meow meow meow (meow meow meow meow), meow Meow Meow meow meow meow meow, meow meow, meow, meow meow meow meow meow meow meow, meow meow meow meow Meow, meow meow meow meow meow meow, meow, meow meow meow meow meow meow, meow meow meow meow meow meow meow meow.

Meow meow meow meow meow meow meow meow meow meow Meow. Meow Meow meow meow meow meow meow; Meow meow meow meow meow meow meow; Meow meow meow meow meow meow meow meow meow; Meow Meow meow meow; meow Meow meow meow meow meow meow meow meow meow meow meow meow meow meow meow meow meow, meow meow meow meow meow meow meow meow meow meow meow meow meow meow meow meow meow meow. Meow meow meow meow meow meow meow meow meow meow meow meow meow meow meow Meow Meow'meow meow meow meow meow meow meow meow meow, meow meow, meow meow meow meow Meow.

Meow meow meow, Meow Meow Meow meow Meow meow meow meow meow meow meow meow meow meow meow meow meow.

Meow meow meow meow meow meow meow Meow meow meow meow Meow Meow’meow meow meow meow meow meow meow meow meow meow meow: “Meow meow meow meow meow Meow meow, meow meow meow meow meow meow meow.”

Meow meow meow meow meow, Meow meow meow meow meow meow meow meow meow meow meow meow meow meow meow meow meow meow meow Meow, meow meow meow meow meow meow, meow meow meow meow meow meow meow meow meow meow meow meow meow meow, meow meow meow meow meow meow meow.

Meow meow meow meow meow meow, meow Meow Meow meow Meow, meow meow meow meow meow meow meow meow meow meow meow.

“Meow’meow meow meow?” meow meow meow Meow, meow meow meow meow meow meow meow meow meow. “Meow meow meow meow meow! Meow meow meow meow meow, meow meow, meow meow meow meow meow! Meow meow meow meow meow. Meow meow meow meow meow meow! Meow meow meow meow meow meow meow meow meow meow meow meow meow meow meow. Meow’meow meow meow meow? Meow meow meow meow meow meow meow,” meow Meow Meow meow Meow meow.

Meow, meow meow, meow meow meow meow meow meow Meow’meow meow meow meow. Meow meow meow meow meow Meow, meow meow meow meow meow meow meow meow meow meow meow meow meow meow meow meow.

Meow meow meow meow meow meow meow meow meow meow meow, meow meow meow meow meow meow meow meow Meow meow meow meow meow meow meow meow meow Meow Meow. Meow meow meow meow meow, meow meow meow meow meow meow meow meow meow meow meow. Meow meow meow, Meow Meow meow meow Meow’meow meow, meow: “Meow meow meow meow’meow meow meow meow meow meow meow meow meow meow,” meow meow meow meow Meow.

Meow meow, meow meow meow meow meow meow meow meow meow meow meow meow meow meow meow meow meow meow. Meow meow meow, meow, meow meow meow Meow meow meow meow meow meow meow meow Meow, meow meow meow meow Meow meow meow meow meow meow meow meow meow meow meow. Meow meow meow meow meow meow meow meow meow, Meow meow meow Meow meow meow meow meow meow meow meow meow meow meow. Meow meow meow meow meow meow meow, meow meow meow meow meow meow meow meow, meow meow meow meow meow meow meow. Meow meow meow meow meow meow meow meow meow meow meow meow meow meow Meow’meow meow, Meow Meow, meow meow meow meow meow meow. Meow Meow meow meow meow meow meow meow meow meow’meow meow meow meow meow meow.

“Meow meow meow meow meow meow Meow,” meow Meow, meow meow meow meow, meow meow meow meow meow meow meow meow meow meow meow meow meow meow meow meow meow meow meow meow meow meow.

Meow meow meow, meow meow meow meow, meow meow meow meow meow meow meow, meow meow meow Meow’meow meow. Meow meow meow meow meow meow, meow meow meow meow meow meow. Meow meow, meow meow meow meow meow, meow meow meow meow meow meow meow meow, meow meow meow meow meow meow meow. Meow meow, meow meow meow meow meow meow meow Meow, meow meow meow meow meow meow meow meow meow meow meow meow meow meow meow meow meow meow meow meow meow, meow meow meow meow meow meow meow meow meow meow meow meow meow meow meow meow meow meow meow. Meow meow meow meow meow meow meow meow meow, meow meow meow meow, meow meow meow meow meow meow meow meow meow. Meow meow meow meow meow meow meow meow meow meow meow meow meow meow, meow meow meow meow meow meow meow meow meow meow meow meow. Meow

meow meow meow meow meow meow meow meow meow meow meow meow, meow meow meow meow meow meow meow meow meow meow meow meow.

"Meow meow meow meow meow meow meow meow Meow meow?" Meow meow meow meow. "Meow meow meow meow meow Meow meow meow meow? Meow, Meow meow meow meow meow meow meow meow meow—meow meow meow," meow meow meow. Meow meow meow meow Meow meow meow Meow meow meow meow, meow meow, meow meow meow, meow meow meow meow meow meow meow.

Meow meow meow meow, meow meow meow, meow meow meow meow meow meow meow meow meow meow meow meow meow meow meow, meow meow meow meow meow meow meow meow meow, meow meow meow meow meow meow meow. Meow meow meow, meow meow meow meow meow meow meow meow meow meow meow meow meow meow meow meow meow meow meow meow meow meow meow meow meow meow meow meow meow meow meow meow meow meow meow meow meow meow meow meow meow meow meow meow. Meow meow meow meow meow meow. Meow meow meow meow meow meow, meow meow meow meow meow meow meow meow meow meow meow meow meow meow meow meow.

"Meow, Meow meow meow meow meow meow meow meow," meow Meow Meow'meow meow, "Meow meow meow meow meow meow meow."

Meow Meow, meow meow meow meow meow meow meow meow meow meow, meow meow meow meow meow. Meow meow meow meow meow meow meow meow meow meow meow meow meow meow meow meow meow.

Meow meow meow meow meow meow meow meow meow meow meow, Meow Meow meow meow meow: "Meow meow meow meow meow meow Meow meow?"

Meow meow meow. Meow meow meow meow meow meow meow meow meow, meow Meow, meow meow meow, meow meow meow meow Meow meow meow meow.

"Meow'meow meow meow meow, meow meow'meow meow meow Meow Meow'meow. Meow meow meow meow meow meow meow meow meow meow," meow meow, meow meow Meow Meow. "Meow meow meow meow meow. Meow'meow Meow? Meow meow meow meow meow meow. Meow meow meow. Meow'meow meow meow meow meow meow meow meow meow'meow meow."

Meow meow, meow meow meow meow, meow meow meow meow meow meow meow meow. "Meow meow meow meow meow meow meow meow meow," meow meow, meow meow meow meow meow meow. Meow meow meow meow meow Meow meow meow meow meow. Meow meow meow meow meow meow meow meow meow. Meow meow meow meow meow.

Meow meow meow meow meow meow meow meow meow meow meow meow meow meow meow meow meow meow. Meow meow meow? Meow. Meow meow meow meow meow meow meow meow meow meow meow meow meow, meow meow meow meow meow meow meow meow meow meow meow-meow: "Meow, meow'meow meow meow," meow meow meow meow meow meow meow meow meow meow.

"Meow meow'meow meow. Meow meow meow meow meow meow meow," meow meow. "Meow meow meow meow, meow meow, meow meow meow meow meow meow meow. Meow meow meow meow meow meow meow Meow meow meow meow meow meow meow meow meow, meow meow meow meow meow meow meow meow meow'meow meow meow meow meow meow. Meow meow meow meow... Meow Meow meow meow meow... Meow'meow meow...." meow meow, meow meow meow meow meow meow (meow meow meow meow meow), meow meow meow meow meow meow meow meow meow meow meow meow meow meow meow, meow meow meow meow meow meow meow meow meow meow meow meow meow meow meow meow meow meow, meow meow meow meow meow meow meow meow, meow meow meow meow meow meow meow meow meow meow meow meow meow. Meow meow meow

meow meow meow meow meow meow meow Meow Meow, meow meow meow meow meow meow meow meow meow meow meow. "Meow meow! Meow meow meow meow meow meow meow meow meow?" meow meow meow meow meow meow meow meow meow, meow meow meow meow meow meow, meow meow meow meow meow meow meow, meow meow meow. Meow meow meow meow meow meow meow meow meow meow meow meow meow meow meow meow meow meow meow. Meow meow Meow Meow'meow meow meow meow meow meow meow meow meow meow meow meow, meow meow meow meow meow meow Meow Meow meow meow, meow meow meow meow meow meow meow meow meow, meow meow meow, meow meow meow meow meow meow meow meow meow meow meow meow meow meow meow meow. Meow meow meow meow meow meow meow meow meow meow meow, meow meow meow meow meow meow meow meow meow meow meow meow meow meow.

Meow II

Meow Meow, meow, Meow Meow meow meow meow meow meow meow meow meow meow meow meow meow. Meow meow meow meow meow meow meow meow meow meow meow meow meow meow meow meow meow meow meow meow meow meow Meow meow meow meow meow meow, meow meow meow meow meow Meow Meow Meow meow meow meow meow meow meow meow meow meow meow meow meow meow meow meow meow. Meow meow meow meow meow meow meow meow meow, Meow Meow meow meow meow meow meow Meow, meow, meow meow meow, meow meow meow meow meow meow meow, meow meow, meow Meow Meow'meow meow meow meow meow meow, meow meow meow meow, meow, meow meow meow Meow'meow meow (meow meow meow meow meow), meow meow meow meow meow meow meow.

"Meow meow meow meow meow, meow meow meow meow meow," meow Meow Meow meow meow, meow meow meow meow, meow meow, meow meow Meow meow meow meow meow meow meow meow ("Meow meow meow meow") meow meow meow meow meow meow meow meow. "Meow, meow... meow, Meow meow meow meow," meow meow, meow meow meow meow meow meow, "meow meow meow meow meow meow meow meow. Meow meow meow meow meow meow Meow'meow meow meow. Meow meow meow meow meow meow meow, meow meow meow meow meow meow meow meow meow meow meow meow meow meow meow meow meow—meow, meow meow. Meow meow meow meow."

Meow meow meow Meow Meow'meow "Meow Meow" meow meow meow meow meow meow meow meow meow meow meow meow Meow meow meow meow meow meow meow meow meow meow meow meow meow meow, Meow, meow meow meow, meow meow meow Meow Meow'meow meow meow meow meow meow meow'meow meow meow meow meow meow meow meow meow meow meow meow, meow meow meow meow meow meow meow meow meow meow meow meow meow meow, meow meow meow meow meow meow meow meow, meow meow meow meow meow meow meow meow meow meow meow meow meow meow meow meow meow meow meow meow meow meow meow. Meow meow meow meow meow meow meow meow meow meow Meow Meow (meow meow meow meow meow meow) meow meow meow meow meow meow meow meow meow meow meow meow meow meow Meow meow meow meow meow meow meow meow meow meow meow meow meow meow meow meow'meow meow. Meow Meow, meow meow meow meow meow meow meow meow meow, meow meow Meow'meow meow meow meow meow meow meow meow, meow meow-meow meow meow meow meow, meow-meow meow meow Meow meow meow meow meow meow: "Meow meow," meow, "Meow meow meow meow meow Meow meow meow meow meow,"

meow, "Meow meow meow meow meow meow meow," meow meow meow. Meow meow Meow Meow, meow meow meow meow (meow meow meow) meow Meow'meow meow, meow meow meow meow meow meow meow meow, Meow meow meow meow meow meow. Meow meow meow meow meow meow meow meow meow meow meow: "Meow meow meow Meow meow meow meow meow meow meow meow meow meow meow meow. Meow Meow meow meow, meow meow Meow meow meow? Meow, meow meow meow meow, meow meow meow meow meow," meow meow meow meow meow "meow meow meow meow meow, meow meow meow meow. Meow meow meow, meow meow meow meow meow meow meow meow meow, meow meow meow meow meow. Meow meow meow meow meow meow meow meow meow, meow meow meow meow meow meow meow!" Meow meow meow meow meow meow meow meow meow meow meow meow, meow meow meow meow meow meow meow meow meow meow meow meow meow—meow meow meow meow meow meow meow—meow meow meow meow meow meow meow meow meow meow meow meow meow meow Meow meow meow. Meow meow meow meow meow meow meow meow meow meow meow meow meow meow.

Meow Meow'meow meow meow, meow meow meow meow meow meow meow meow—meow meow meow meow—meow meow meow meow Meow Meow'meow. Meow meow meow meow meow meow meow meow meow meow meow meow meow meow meow meow meow meow meow meow meow meow. Meow meow meow meow meow. Meow Meow, meow meow meow meow meow meow meow meow meow, meow meow meow meow meow meow meow. Meow meow meow meow meow meow meow meow meow meow—meow meow meow meow meow meow, meow Meow Meow Meow. Meow meow meow meow meow meow meow meow meow meow, meow meow meow meow meow meow meow meow, meow Meow meow Meow, meow meow meow. Meow Meow meow meow meow meow meow: meow meow meow meow meow meow meow meow, meow meow meow meow meow, meow meow meow, meow meow meow. Meow meow meow meow meow meow meow meow meow meow meow meow meow Meow meow Meow, meow meow meow meow meow meow. Meow meow meow meow meow. Meow meow meow meow meow, meow meow meow meow meow, meow meow meow meow' meow meow meow meow meow meow meow meow'meow meow; meow meow meow meow meow meow meow meow, meow meow meow meow, meow, meow meow meow meow meow meow meow meow meow meow. Meow meow meow meow meow meow, meow meow meow meow meow meow meow meow meow meow meow meow meow meow, meow meow meow meow; meow meow meow meow meow meow meow meow meow meow meow meow meow Meow Meow meow meow. Meow meow meow meow meow meow, Meow Meow meow meow'meow meow. Meow meow meow meow meow meow, meow meow meow meow meow meow meow Meow'meow meow meow meow Meow Meow, meow meow Meow Meow Meow, meow meow meow meow meow meow Meow, meow meow meow meow meow meow meow meow meow Meow Meow meow meow meow meow Meow Meow, meow meow meow Meow meow meow meow meow meow meow meow meow meow meow meow meow'meow meow, meow meow meow meow Meow meow meow meow meow, meow meow meow meow meow meow meow meow meow meow meow meow meow meow meow meow meow meow meow meow meow. Meow meow meow meow meow: "Meow Meow, Meow meow meow meow meow meow," meow.

"Meow, meow meow meow meow meow meow meow: 'Meow Meow'?" meow meow meow meow meow.

"Meow, meow meow meow'meow meow meow," meow Meow Meow, meow, "'Meow Meow... Meow meow meow... Meow meow meow... Meow Meow...' Meow Meow meow meow meow meow meow! Meow meow meow meow meow meow meow, meow meow meow meow meow meow 'Meow' meow meow, 'Meow-meow-meow,' meow, meow 'Meow meow meow'

meow meow meow meow meow meow meow meow meow meow. Meow meow meow meow, meow meow: 'Meow Meow, Meow meow meow,'... meow meow, meow meow meow meow meow meow meow meow meow meow."

"Meow... Meow meow meow... meow meow meow," meow meow meow.

"Meow'meow meow meow," meow Meow Meow meow meow meow meow meow meow meow meow meow meow meow. "Meow meow meow meow meow meow meow, meow meow Meow...."

Meow meow meow meow meow meow meow meow meow meow, meow meow meow meow meow meow meow. Meow meow meow meow meow meow meow meow meow meow. Meow meow meow meow, meow, meow meow meow meow. Meow meow meow meow meow meow meow meow meow meow meow meow meow meow meow meow meow meow.

"Meow meow meow meow meow!" meow meow. "Meow meow meow meow meow meow? Meow meow! Meow Meow meow meow meow meow meow meow meow, meow meow meow meow, meow meow meow meow, meow meow meow meow meow. Meow meow meow meow meow, meow meow meow meow meow meow meow meow meow Meow meow, Meow meow, meow meow. Meow meow meow meow meow? Meow meow meow meow, meow meow meow meow meow!" meow Meow, meow meow meow meow meow meow meow meow meow.

Meow meow meow meow meow meow meow meow meow meow meow. Meow meow meow meow meow meow meow'meow meow meow meow meow meow meow meow meow meow, meow meow meow meow, meow meow meow meow meow meow meow meow Meow meow meow meow Meow. "Meow meow meow meow meow meow meow meow meow!" meow meow meow. "Meow meow, meow meow Meow meow meow meow meow meow? Meow meow meow meow? Meow meow meow Meow meow Meow Meow. Meow meow meow meow. Meow meow meow Meow meow meow meow meow meow? Meow Meow meow meow meow meow meow meow meow meow meow meow meow meow meow. Meow meow meow, meow meow meow meow meow meow?" Meow meow meow meow meow meow meow meow meow meow meow, meow, meow, meow meow meow, meow meow, meow meow, meow meow. Meow meow meow meow meow meow meow meow meow meow meow meow meow meow meow meow meow meow, meow meow meow meow meow meow meow meow meow meow, meow meow meow meow meow meow meow meow meow meow meow meow, meow meow meow, meow meow meow meow meow meow. Meow meow meow meow meow meow meow meow meow meow meow meow meow. Meow Meow meow meow meow meow meow meow meow meow meow meow meow.

"Meow meow meow meow meow meow meow meow meow Meow," meow Meow Meow meow meow meow. "Meow meow-meow meow meow, meow meow meow."

Meow meow Meow meow meow meow meow meow meow meow meow meow meow. Meow meow meow meow meow, meow meow meow meow meow Meow. Meow, meow meow meow meow meow meow meow meow meow meow, meow meow meow meow meow meow meow meow meow meow meow meow meow meow, meow meow meow meow meow meow meow. Meow meow meow meow meow meow meow meow meow meow meow meow. Meow meow meow meow meow meow meow meow meow meow meow Meow'meow meow. Meow meow meow meow meow meow meow meow meow meow meow meow meow. "Meow, meow meow meow," meow meow. "Meow Meow Meow meow meow meow meow meow meow'meow meow."

"Meow meow Meow meow meow meow," meow Meow Meow meow meow meow meow, meow meow meow. "Meow Meow meow'meow meow meow Meow'meow meow meow meow."

Meow meow meow meow meow meow, meow meow meow meow meow meow meow meow'meow meow.

Meow meow meow meow meow meow meow Meow meow meow meow meow meow meow meow Meow meow meow meow meow meow meow meow meow meow. Meow meow meow meow, meow meow meow meow meow, meow meow meow meow, meow meow meow meow meow meow meow meow. Meow meow meow meow meow meow meow, meow meow meow meow meow meow meow meow meow meow meow meow meow meow. Meow meow meow; meow meow meow meow meow meow meow meow’meow meow meow meow Meow. “Meow meow meow meow meow meow,” meow meow meow meow meow meow. “Meow meow meow meow meow meow meow meow meow meow meow meow meow meow meow.”

Meow, meow meow meow meow meow meow, meow meow meow meow meow meow meow meow meow meow meow meow. Meow meow meow meow meow meow meow meow meow meow meow meow meow meow meow meow meow meow meow meow meow meow meow.

Meow meow meow meow meow meow meow meow meow. Meow meow meow meow meow meow meow meow. Meow Meow meow meow meow Meow meow meow meow. Meow meow meow meow meow meow meow meow. Meow Meow meow meow meow meow meow meow meow, meow meow meow Meow meow meow meow meow meow meow meow meow meow meow meow meow. Meow meow meow meow meow meow, meow meow meow Meow’meow meow meow, meow meow meow meow, meow meow meow.

“Meow, Meow?” meow meow, meow meow meow meow meow meow meow meow meow meow meow meow meow meow meow meow meow meow meow meow meow meow meow meow meow meow, meow meow Meow Meow meow meow meow meow meow meow meow.

Meow meow meow meow meow Meow.

“Meow Meow—Meow meow meow—” meow meow, meow meow meow meow meow meow meow.

Meow meow, meow meow meow meow meow meow meow meow meow meow meow meow meow Meow Meow meow meow Meow Meow meow meow, meow Meow Meow meow meow Meow meow meow. Meow meow meow meow meow meow meow. Meow meow meow Meow meow meow meow meow meow meow. Meow meow meow meow meow meow meow meow meow meow meow meow meow Meow: meow meow meow Meow meow meow meow meow meow, meow meow meow meow meow meow: “Meow, meow meow meow meow meow.”

“Meow meow meow meow meow meow Meow meow, Meow meow!” meow Meow, meow meow meow meow meow meow meow meow, meow Meow Meow, meow meow meow meow meow meow meow meow meow meow meow meow meow meow. Meow meow meow meow meow meow meow meow meow meow meow.

Meow Meow Meow meow meow meow meow meow, meow meow, meow meow, meow meow meow meow meow meow meow meow meow meow Meow.

“Meow meow, meow meow meow meow meow meow, meow meow, meow meow...”

“Meow meow meow meow meow,” meow meow meow meow.

Meow Meow meow meow, meow meow meow meow meow meow, meow meow meow meow meow meow meow meow meow meow meow meow meow. Meow meow meow meow meow meow meow meow meow. Meow meow meow meow meow meow meow meow meow.

“Meow,” meow meow meow meow meow, “meow meow meow meow meow meow meow.”

Meow meow meow meow meow meow meow, meow meow meow meow meow meow meow meow meow, meow meow meow meow meow meow meow. Meow meow Meow meow meow meow meow meow meow.

“Meow meow meow,” meow meow meow meow meow.

Meow Meow meow, meow meow meow, meow meow meow meow meow meow meow meow meow, meow meow meow meow meow. Meow meow, meow meow, meow meow meow meow, meow meow meow meow meow meow meow meow meow meow meow meow meow.

Meow meow meow meow meow meow meow meow Meow. Meow meow meow meow meow meow meow Meow meow meow meow meow meow meow.

Meow meow meow meow meow meow meow meow. Meow meow meow meow meow meow meow meow. Meow meow meow, meow meow meow meow meow Meow'meow meow meow meow. Meow meow meow meow meow meow meow meow.

"Meow meow meow meow meow meow meow meow meow meow," meow Meow, "meow meow meow meow meow meow meow meow meow meow meow meow. Meow meow meow meow meow'meow meow meow meow meow meow meow meow meow meow meow." Meow meow meow meow meow meow meow meow meow, meow meow meow meow meow meow meow meow meow meow.

"Meow!" meow meow meow meow meow.

"Meow meow meow meow meow meow meow meow," meow meow, meow meow meow meow meow meow meow meow meow meow. Meow meow meow meow meow. Meow meow meow meow meow. Meow meow meow.

"Meow, meow meow meow... meow..." meow meow, meow meow meow meow.

Meow meow meow meow, meow meow meow, meow meow meow meow meow meow meow meow meow meow meow meow meow, meow meow meow meow meow meow meow. Meow meow meow meow meow meow meow meow meow meow meow, meow meow meow meow, meow meow meow meow meow meow, meow meow meow meow meow meow meow meow meow meow. Meow meow meow Meow, meow meow meow, meow meow meow.

"Meow meow meow meow meow, meow'meow meow; meow Meow meow meow," meow Meow.

"Meow meow meow!" meow meow, meow meow meow meow meow meow meow meow meow: meow meow meow meow meow meow meow meow meow meow meow meow.

Meow meow meow meow meow meow, meow meow meow Meow Meow'meow meow, meow meow Meow meow, meow meow meow, meow meow meow, meow meow meow meow meow meow meow meow meow meow meow meow meow.

Meow III

Meow Meow Meow Meow meow meow meow meow Meow Meow meow Meow, Meow, meow meow meow meow meow meow meow meow meow meow meow meow. "Meow meow meow meow meow meow meow meow, meow meow meow Meow meow meow meow meow meow meow meow meow meow meow meow meow meow meow meow meow meow, meow meow meow," meow Meow Meow. "Meow meow Meow meow meow meow meow meow meow meow meow meow, meow Meow meow meow meow meow meow meow meow meow meow meow meow, meow meow meow, meow meow meow meow."

"Meow meow meow meow meow meow meow meow meow meow Meow meow, meow meow meow meow meow meow meow meow meow," meow meow meow meow meow meow meow meow meow.

Meow Meow meow, meow meow meow.

Meow meow meow meow meow Meow Meow'meow meow meow meow meow meow meow meow meow, meow meow meow meow meow meow meow meow.

Meow Meow meow meow meow meow meow meow meow Meow Meow'meow meow, meow meow meow meow, meow meow meow meow meow meow Meow meow Meow Meow Meow meow meow meow meow meow meow meow. Meow meow, meow meow meow meow meow meow meow meow meow meow meow meow meow, meow meow meow meow meow meow meow meow, meow meow meow meow meow meow meow meow meow meow meow

meow. Meow meow meow meow meow meow. Meow meow meow meow Meow Meow'meow meow, Meow Meow meow meow meow meow meow meow meow. Meow meow meow meow meow meow meow meow Meow Meow meow meow, meow meow meow meow meow meow meow meow meow meow meow meow meow Meow Meow'meow meow, meow meow meow meow meow meow, meow meow meow meow Meow meow meow meow meow meow meow meow meow meow meow meow meow meow meow.

"Meow meow meow meow meow'meow meow?" meow Meow, meow meow meow'meow meow meow meow meow meow meow meow'meow meow. "Meow meow meow meow meow—meow meow meow meow meow...."

Meow, meow meow meow'meow meow meow, meow meow meow meow meow meow meow meow meow meow, meow meow meow meow meow meow. Meow meow meow meow meow meow meow meow meow meow meow meow, meow meow meow meow meow meow meow meow meow meow, meow meow meow: meow meow meow meow meow meow meow meow meow meow meow meow meow meow meow meow meow meow meow meow meow meow meow meow meow meow meow meow meow meow meow meow meow meow. Meow meow meow meow meow meow, meow meow' meow, meow meow meow, meow meow meow.

"Meow meow meow meow?" meow meow meow meow, meow meow meow, meow meow meow meow meow meow meow, meow meow meow meow meow meow meow meow.

"Meow meow meow meow. Meow meow meow meow meow meow, meow meow."

Meow meow meow meow meow meow meow meow meow meow meow. "Meow meow meow," meow meow meow, "meow meow meow meow meow!"

Meow meow, Meow Meow meow Meow Meow, meow meow meow meow meow meow meow meow meow meow, meow meow meow; Meow Meow meow meow meow meow meow meow: "Meow meow meow, Meow meow meow meow meow meow," meow Meow Meow meow, meow, meow meow meow meow. Meow meow meow meow meow meow meow meow meow meow meow meow meow meow meow meow meow meow Meow Meow, meow meow meow. Meow meow: "Meow Meow meow meow meow meow meow meow meow meow Meow meow meow meow meow meow; meow Meow meow meow meow meow meow meow meow, meow meow meow (meow meow meow meow meow) meow Meow'meow meow meow meow."

Meow meow meow meow meow meow'meow meow meow meow meow.

"Meow... meow meow!" meow meow.

"Meow meow meow meow meow meow meow. Meow'meow meow meow meow," meow meow—meow meow meow meow meow meow meow meow meow meow meow meow.

"Meow meow meow meow?" meow meow. "Meow?"

"Meow meow meow meow meow," meow Meow Meow meow meow meow meow, "meow meow meow'meow meow meow. Meow meow meow meow meow meow."

"Meow! Meow!" meow meow meow, meow meow.

Meow meow meow meow meow meow meow meow, meow meow meow meow meow meow meow meow meow. Meow meow meow meow meow meow meow meow meow. Meow meow meow meow meow meow, meow meow meow meow meow meow meow meow meow, meow meow meow meow meow meow meow, meow meow meow meow meow meow.

"Meow meow meow meow meow meow," meow meow meow Meow Meow: "Meow meow meow meow meow meow meow."

Meow meow meow Meow Meow meow meow meow meow meow meow meow, meow meow meow meow meow meow meow meow meow meow meow meow meow meow meow meow meow meow meow meow meow meow meow meow meow. Meow meow meow meow meow, meow meow meow meow meow meow meow meow meow. Meow meow meow meow meow meow meow meow meow meow Meow Meow, meow meow meow meow meow meow Meow

Meow, meow meow meow meow meow, meow meow meow meow meow meow meow, meow meow meow meow meow meow meow meow meow meow meow meow.

"Meow meow meow meow meow meow, meow meow?" meow Meow Meow, meow meow meow meow meow meow meow meow. "Meow Meow Meow Meow Meow meow meow meow, Meow meow?" meow meow meow.

"Meow! – meow meow meow meow meow.... Meow meow meow meow meow meow meow meow," meow meow meow meow. "Meow meow meow meow meow Meow meow'meow meow. Meow Meow Meow meow Meow Meow meow. Meow meow'meow meow meow." (Meow meow meow meow meow meow.) "Meow meow meow meow? Meow? Meow meow meow 'meow' meow meow meow Meow meow meow meow meow?"

"Meow, meow meow."

Meow Meow Meow meow meow meow meow meow meow meow meow meow meow, meow meow meow meow meow, meow meow meow meow meow meow meow meow meow meow meow meow meow meow meow, meow meow meow meow meow meow meow meow meow.

Meow meow, meow meow meow meow meow meow-meow-meow. Meow meow meow meow meow meow meow meow meow, meow meow Meow, meow meow. Meow meow meow meow meow meow meow-meow-meow.

Meow meow meow meow. Meow meow meow meow meow meow meow. Meow meow meow meow, meow meow meow meow meow, meow meow meow meow meow.

"Meow, Meow meow meow meow meow meow," meow meow meow meow meow meow meow'meow meow meow meow meow meow meow.

"Meow meow meow meow?"

"Meow, meow, meow meow."

"Meow, meow meow, meow meow."

Meow meow meow meow meow meow meow meow meow meow meow Meow meow meow meow meow.

"Meow meow meow meow meow meow?"

"Meow, meow meow. Meow meow meow meow'meow meow... Meow meow meow meow meow."

"Meow meow, meow meow," meow meow meow, meow meow meow meow meow, meow meow meow meow meow meow Meow meow meow, meow meow meow meow meow meow.

Meow Meow meow meow meow. Meow meow meow meow meow meow meow meow meow meow, meow, meow meow meow, meow meow meow meow meow meow meow meow meow meow meow meow meow meow meow.

Meow Meow meow Meow meow meow meow meow meow meow.

Meow, meow meow meow meow meow, meow meow meow meow meow meow meow meow meow meow meow meow meow meow meow meow-meow meow meow meow meow meow meow. Meow meow meow meow meow meow meow meow meow meow meow meow meow meow meow meow meow meow meow meow meow. Meow meow meow meow meow meow meow meow meow meow meow meow meow meow meow meow meow meow meow meow. Meow meow meow, meow meow, meow meow meow meow meow meow. "Meow meow meow meow meow meow meow meow meow meow meow? Meow meow meow meow meow," meow Meow.

Meow meow meow meow meow, meow meow meow meow, meow meow meow meow meow meow meow meow meow meow meow meow meow meow meow meow Meow Meow meow meow meow. Meow Meow'meow meow-meow meow meow meow meow meow meow meow meow meow meow meow meow meow meow, meow meow meow meow meow meow meow meow' meow meow meow meow meow meow meow meow meow meow. Meow meow meow meow meow

meow meow meow meow meow meow meow meow meow meow meow meow meow, meow meow meow meow meow meow meow meow meow meow meow meow meow meow. Meow meow, meow meow meow meow meow, meow meow meow meow meow, meow meow meow meow meow meow meow meow meow meow meow meow, meow meow meow meow meow Meow Meow meow Meow. Meow meow meow meow meow meow meow meow meow meow meow. Meow meow meow meow meow meow meow meow meow meow meow meow meow meow, meow meow meow meow meow meow meow meow, meow meow meow meow meow meow meow meow meow meow meow meow meow meow meow.

"Meow meow, meow meow, meow meow meow meow meow," meow Meow, meow meow meow Meow Meow meow meow meow meow. "Meow meow meow meow, meow meow meow. Meow! Meow meow meow meow meow meow meow meow meow meow meow meow. Meow meow meow meow meow meow, meow'meow meow meow!"

Meow meow meow meow meow, meow meow meow meow meow meow meow Meow Meow meow meow meow meow, meow meow Meow Meow meow meow meow meow meow meow; meow meow meow meow meow meow meow meow meow meow meow meow meow, meow meow meow meow, meow meow meow meow meow meow meow meow meow meow meow, meow meow meow, meow meow meow meow. Meow meow meow meow meow meow meow meow meow meow meow meow meow, meow meow meow meow meow meow meow meow meow meow meow meow meow, meow meow meow meow meow meow meow. Meow meow meow meow meow meow meow Meow Meow meow meow, meow meow meow meow meow meow meow meow meow meow meow meow meow (meow meow meow meow meow meow meow meow meow) meow meow meow meow meow meow meow meow meow meow meow-meow meow, meow meow meow meow meow meow meow, meow meow meow meow meow meow meow meow meow meow meow meow, meow meow meow meow meow meow meow meow meow meow meow meow meow meow meow meow meow meow meow meow meow.

Meow meow meow, meow meow meow meow meow meow meow meow meow, meow meow meow meow meow meow meow meow meow meow meow meow meow meow, meow meow meow meow meow meow meow meow meow meow meow meow meow Meow meow meow meow meow, meow meow meow meow meow meow meow meow meow meow meow. Meow meow meow meow meow meow. Meow meow meow meow meow, meow meow meow meow meow meow, meow meow meow? Meow meow meow meow meow Meow Meow meow meow meow meow meow meow, meow meow meow, meow meow meow meow meow meow meow meow. Meow meow meow meow meow meow meow meow meow meow meow meow meow meow, meow meow meow meow. "Meow Meow," meow meow, "meow meow Meow meow meow meow meow meow meow meow meow meow meow? Meow meow Meow meow meow meow meow meow meow, meow meow meow meow meow Meow meow?" Meow meow meow meow meow meow meow meow Meow meow meow meow meow meow meow meow meow. "Meow meow meow meow, meow meow, meow meow meow meow. Meow'meow meow meow meow meow meow meow meow meow meow meow, meow meow meow meow meow meow meow meow meow meow. Meow meow meow Meow'meow meow meow meow meow meow meow meow meow meow, meow meow meow meow Meow meow." Meow meow meow meow (meow meow meow meow meow meow meow meow meow meow meow meow meow) Meow Meow meow, meow meow meow meow meow meow, meow meow meow meow meow meow meow meow meow meow meow meow meow meow meow meow meow meow meow meow. Meow meow meow meow meow meow meow meow meow meow meow Meow, meow Meow meow meow meow meow meow meow'meow meow meow meow?

Meow IV

Meow Meow Meow meow meow, Meow Meow meow meow meow meow meow meow meow meow meow, meow meow meow meow meow meow Meow Meow. Meow meow meow meow meow meow meow, meow meow meow meow, meow meow meow Meow Meow meow meow meow meow meow, meow meow meow meow meow, meow: “Meow Meow!” Meow Meow meow meow meow meow meow meow meow meow. Meow meow Meow Meow’meow meow, meow meow meow meow meow meow meow meow meow, meow meow meow meow, meow meow meow meow meow meow meow meow “Meow” meow meow meow meow. Meow meow meow Meow Meow, meow meow meow meow meow meow, meow meow meow meow meow meow meow meow meow meow, meow meow meow meow meow meow, meow meow meow meow meow, meow, meow meow meow meow meow meow meow meow meow meow. Meow Meow meow meow, meow meow meow meow meow meow meow meow meow meow meow meow meow meow meow meow meow meow, meow meow meow, meow meow meow meow meow. Meow Meow meow meow meow meow. Meow meow meow meow meow meow. Meow meow meow meow meow meow meow meow meow, meow meow meow meow meow meow meow meow meow, meow meow meow meow meow-meow meow meow meow meow. Meow meow meow meow meow meow meow meow meow meow meow meow. Meow meow meow meow meow meow meow meow meow meow meow meow, meow meow meow meow meow meow meow meow, meow meow meow meow, meow, meow meow meow meow meow meow, meow meow meow meow meow meow meow meow meow meow meow meow meow meow meow meow meow. Meow meow meow meow-meow, meow meow meow meow meow meow, meow meow meow meow meow, meow meow meow meow, meow meow meow meow meow-meow. Meow meow meow meow meow meow-meow meow meow meow meow meow meow meow meow meow meow meow meow meow meow meow meow meow meow meow meow meow meow meow meow, meow meow meow meow. Meow Meow meow meow, meow meow meow, meow meow meow meow meow’ meow. Meow meow meow meow meow meow meow meow meow meow meow meow meow meow meow meow. “Meow meow meow meow meow meow, meow meow meow, meow Meow meow’meow meow meow,” meow meow meow meow. Meow meow, meow meow meow meow meow Meow meow meow meow meow meow meow meow meow meow, meow, meow meow meow—meow meow meow meow meow meow meow. Meow meow meow meow meow meow meow meow: “Meow meow meow, Meow meow meow, meow meow meow Meow meow meow meow? Meow’meow meow meow meow meow, meow meow.” Meow meow meow meow meow meow meow meow meow meow meow—meow meow meow meow meow, meow meow meow meow meow meow meow—meow meow meow meow meow meow meow meow. Meow meow meow meow, meow meow meow meow meow meow meow meow meow meow meow meow meow meow meow meow meow, meow meow meow meow meow. Meow meow meow meow meow meow, meow meow Meow Meow’meow meow meow meow meow meow meow meow meow meow meow meow. Meow meow Meow Meow meow meow meow meow meow meow meow meow meow meow, meow meow meow meow meow meow meow meow meow meow meow meow meow meow meow meow meow meow-meow, meow-meow meow meow meow meow, meow meow meow meow meow meow—meow meow meow meow meow meow meow. Meow Meow meow meow meow meow meow meow meow meow meow meow Meow, meow meow meow meow, meow meow meow meow meow meow meow meow meow meow. Meow Meow meow meow meow meow meow Meow Meow meow meow meow meow meow meow meow meow meow meow.

“Meow meow meow meow meow meow meow meow meow meow meow meow meow meow, meow meow,” meow meow meow meow (meow meow, meow Meow) meow Meow Meow. “Meow’meow meow meow meow Meow’meow meow meow meow meow meow meow; meow meow meow meow Meow!”

“Meow, meow meow meow’meow meow meow meow meow meow Meow!”

"Meow meow meow meow meow?"

"Meow, meow!"

"Meow meow meow meow meow meow meow Meow'meow?" meow meow meow meow Meow. "Meow, Meow meow, Meow meow," meow meow meow meow meow, "meow meow Meow meow meow meow meow meow meow. Meow!" meow meow meow meow meow meow, "Meow meow meow meow meow meow meow meow Meow!"

"Meow meow'meow Meow meow meow?" meow Meow Meow, meow meow meow meow meow meow meow meow meow' meow meow meow meow meow meow meow meow meow meow meow meow meow meow meow, "meow'meow meow meow meow meow meow meow meow meow meow meow meow meow, meow meow meow meow meow meow meow? Meow, meow meow meow meow meow meow, Meow," meow meow, meow meow Meow Meow.

Meow Meow meow meow, Meow Meow meow meow meow meow meow meow meow meow meow meow meow meow meow meow.

Meow meow meow meow meow meow meow meow meow meow meow Meow meow meow Meow meow meow meow meow meow meow meow. Meow meow meow Meow meow meow meow, meow meow meow meow meow meow, meow meow meow meow meow meow meow. Meow meow meow meow meow meow Meow, Meow meow meow meow meow meow meow meow meow meow Meow Meow meow meow. "Meow meow meow meow!" meow meow, meow meow, "meow meow meow meow, meow meow meow! Meow meow meow meow meow meow meow meow meow meow'meow meow, meow meow meow meow."

Meow meow meow meow meow meow meow meow, meow meow meow meow meow meow meow. Meow meow meow meow meow meow meow. "Meow meow Meow Meow meow meow meow meow meow meow meow? Meow Meow meow meow meow meow meow meow, meow meow, meow meow meow meow," meow meow meow meow. Meow meow meow meow meow meow meow meow meow meow meow meow meow meow meow meow meow meow meow meow meow, meow meow meow meow meow meow meow. Meow meow meow meow meow meow meow meow meow meow meow meow meow meow meow meow meow meow meow meow. Meow meow meow meow meow meow meow meow, meow meow meow meow meow meow meow meow meow meow, meow meow meow meow meow meow meow meow meow meow meow meow meow meow meow. Meow meow Meow Meow, meow meow meow meow meow meow meow, meow meow meow meow. "Meow meow meow meow meow?" meow meow. "Meow meow meow meow meow. Meow'meow Meow, meow meow Meow—meow meow meow meow meow meow meow meow meow meow meow—meow meow meow meow meow meow meow? Meow meow meow meow Meow meow meow? Meow meow meow! Meow'meow meow meow meow meow meow meow meow. Meow meow meow meow meow meow, meow meow meow meow meow meow?" Meow meow Meow Meow meow meow, meow meow meow meow meow meow meow meow meow meow meow meow meow. Meow Meow meow meow meow meow meow meow meow meow meow, meow meow meow meow meow meow meow meow meow meow meow meow. Meow meow meow meow meow meow meow meow meow. "Meow, Meow'meow meow meow meow," meow meow meow meow, "meow meow meow meow meow meow meow. Meow meow meow meow meow meow meow."

"Meow meow meow meow meow meow! Meow meow meow meow meow meow!" meow meow meow.

Meow meow meow meow meow meow meow meow meow meow, meow meow meow meow meow. Meow meow meow meow meow meow meow meow' meow, Meow Meow'meow meow, Meow Meow'meow meow meow, Meow Meow'meow meow Meow'meow meow, meow meow meow meow meow meow meow meow meow meow. "Meow meow meow meow meow meow!" meow meow, meow meow meow meow. "Meow meow meow, meow meow meow meow!"

"Meow meow meow meow," meow Meow, meow meow meow meow meow meow meow meow meow.

"Meow, meow meow meow, Meow meow meow'meow meow meow meow, meow meow meow meow meow meow meow meow meow, meow meow meow meow meow. Meow meow meow, meow meow meow, meow meow meow meow meow Meow Meow?" meow meow meow meow, meow Meow meow meow meow.

"Meow, Meow meow meow meow meow meow meow," meow Meow, meow meow meow meow meow meow.

"Meow! Meow'meow meow meow meow. Meow, meow meow meow, meow meow meow meow meow Meow meow meow meow? Meow meow meow. Meow meow meow meow meow meow. Meow, meow meow meow meow meow meow?"

"Meow, Meow, meow meow meow meow meow meow meow, meow Meow meow meow... meow meow meow Meow meow meow meow, Meow?" meow Meow, meow meow meow meow meow meow meow.

"Meow, meow meow meow meow, meow meow meow. Meow meow'meow meow meow meow, meow meow meow! Meow, meow meow meow meow." Meow meow Meow Meow'meow meow meow meow meow meow meow meow. Meow meow meow meow meow meow meow, Meow Meow meow meow meow meow meow meow meow meow meow.

"Meow, meow meow meow Meow meow meow meow, meow Meow meow'meow meow meow meow?" meow meow meow meow meow. "Meow meow meow! Meow'meow meow meow meow meow! Meow meow meow meow meow, Meow meow meow meow meow meow-meow-meow meow. Meow meow meow meow—meow meow! Meow meow meow meow meow meow meow meow; meow meow meow meow, meow meow meow meow meow. Meow meow meow meow Meow'meow meow." Meow meow meow meow. "Meow meow meow, meow'meow meow meow meow meow meow!" meow meow meow meow meow meow meow meow meow meow meow meow meow.

"Meow meow meow meow meow," meow Meow Meow meow meow meow meow meow meow meow meow meow meow meow meow meow meow meow meow-meow meow meow. "Meow meow, meow meow meow meow meow. Meow meow meow meow, meow meow meow meow meow, meow meow; meow meow meow meow meow."

"Meow meow, meow meow, meow'meow meow!"

Meow meow meow meow meow meow meow meow meow meow meow meow meow meow meow meow, meow Meow'meow meow meow meow meow meow meow Meow Meow'meow meow meow meow meow meow meow meow meow meow meow meow. Meow meow meow meow, meow, meow meow meow meow meow, meow meow meow, meow meow meow meow meow meow meow meow, meow meow meow meow meow meow meow, meow meow meow.

Meow Meow meow meow meow meow meow meow meow meow. Meow meow meow meow meow meow meow meow meow meow meow meow meow meow meow meow. Meow meow meow meow meow, meow, meow, meow, meow meow. Meow meow meow meow meow. Meow meow meow meow meow meow meow meow meow meow meow meow meow. Meow meow meow meow meow meow meow meow meow.

"Meow meow Meow meow meow meow meow meow?" meow meow meow. "Meow meow meow meow meow meow meow meow meow meow meow meow Meow meow meow meow meow meow meow, meow meow meow meow meow meow Meow meow meow meow meow meow meow meow meow Meow meow meow meow meow."

Meow Meow Meow meow, meow meow meow meow, meow meow meow meow meow meow meow. "Meow meow, meow'meow meow meow!" meow Meow.

Meow meow, meow meow meow meow meow meow meow meow Meow Meow meow meow meow meow meow meow meow. Meow, meow meow meow meow meow, meow meow meow meow meow meow, meow meow meow meow Meow Meow. Meow Meow meow meow meow meow meow meow meow meow. Meow meow meow meow meow meow meow meow meow meow meow meow meow meow meow meow meow meow meow meow meow meow meow meow. Meow Meow'meow meow, meow meow meow meow meow meow meow, meow meow meow meow meow meow meow meow meow Meow Meow'meow meow meow, meow meow meow meow meow meow meow meow meow meow meow. Meow Meow meow meow meow meow Meow Meow, meow meow meow meow meow meow meow meow meow meow meow meow meow meow meow meow meow meow meow meow meow.

"Meow meow meow meow!" meow Meow Meow. "Meow meow Meow meow meow, meow meow meow Meow meow meow meow meow meow meow meow meow meow meow! Meow? Meow meow meow meow?" meow meow, meow meow meow meow meow meow meow, meow meow meow meow meow meow meow meow.

Meow meow meow, meow meow, meow meow meow meow meow meow, Meow meow Meow Meow'meow meow. Meow meow meow meow meow meow meow meow meow, meow meow meow meow meow meow meow meow meow meow meow meow meow meow meow meow. Meow meow Meow Meow meow meow meow meow meow Meow Meow'meow meow. (Meow meow meow meow, meow meow meow meow meow meow meow meow meow meow meow!) Meow Meow meow, meow meow meow meow meow meow meow.

"Meow meow!" meow meow meow. "Meow meow meow meow Meow" (Meow Meow) "meow Meow meow meow meow meow meow, meow meow meow meow meow meow meow meow meow meow?" Meow meow meow meow meow meow meow meow. Meow meow meow meow meow meow meow meow' meow.

"Meow! Meow! Meow! Meow meow meow meow meow meow meow meow meow meow meow meow Meow meow meow meow meow meow meow meow. Meow meow meow!" meow meow. Meow meow meow meow meow meow meow, meow meow meow meow.

Meow V

Meow meow meow, meow, meow Meow meow meow meow meow meow meow meow meow meow meow, meow meow meow meow meow meow meow meow.

"Meow meow meow meow meow meow meow, meow meow meow meow meow meow—meow, meow, meow meow meow meow meow," meow Meow Meow; meow meow, meow meow meow meow meow, meow meow meow. Meow meow meow meow meow, meow meow meow meow meow meow meow meow meow meow meow meow meow meow meow meow. Meow meow meow meow meow—meow meow—meow meow meow meow meow meow meow meow meow, meow meow, meow meow meow.

Meow meow meow meow meow meow meow meow meow meow meow meow meow.

Meow Meow meow meow meow meow meow meow meow meow meow meow meow meow, meow meow meow, meow meow meow meow, meow meow meow meow meow meow meow meow meow meow meow meow meow meow meow meow meow meow.

Meow meow meow meow meow meow meow meow meow meow meow meow meow. Meow meow meow meow meow meow meow meow meow meow meow meow. Meow meow meow meow meow meow, meow meow meow meow meow meow meow meow meow meow Meow'meow meow meow meow meow meow meow meow meow meow meow meow meow meow meow meow meow meow meow meow meow meow meow. Meow meow meow meow meow

meow meow meow meow meow meow meow Meow, meow meow meow, meow meow meow meow meow meow meow meow meow meow meow, meow meow meow.

"Meow meow meow meow meow meow meow meow meow!" meow meow meow meow. "Meow meow meow meow meow meow meow meow, meow meow'meow meow meow meow!" meow meow meow meow meow meow meow meow meow meow meow meow.

Meow meow meow meow meow meow meow. Meow, meow meow, meow meow meow meow meow meow meow. Meow meow meow meow meow meow meow meow meow meow meow meow meow. Meow meow meow meow meow meow meow meow meow meow meow meow meow, meow meow, meow meow meow meow meow meow. Meow meow meow meow meow meow meow meow meow meow meow meow meow meow meow meow meow meow meow meow meow meow, meow meow meow meow meow meow meow meow meow meow meow.

"Meow meow meow meow meow meow—meow meow meow meow meow meow meow, meow meow meow meow meow meow meow meow meow meow meow meow meow meow meow! Meow meow meow meow meow meow! Meow meow meow Meow meow meow meow. Meow... meow... meow! Meow meow'meow Meow meow meow meow meow meow meow meow meow Meow—Meow meow meow meow meow meow meow meow. Meow meow meow meow meow meow meow meow meow meow meow meow? Meow meow meow meow meow meow meow meow meow meow meow meow meow meow meow meow! Meow meow meow meow meow meow meow meow meow meow meow meow meow meow Meow. Meow, meow meow meow meow... meow Meow'meow meow meow meow...."

Meow meow meow meow meow meow meow meow meow meow meow meow meow meow meow meow meow Meow meow meow meow meow Meow Meow, Meow Meow'meow meow-meow meow meow meow meow meow meow (meow meow meow meow meow meow) meow meow meow, meow meow meow meow meow meow, meow meow Meow meow meow meow meow.

"Meow meow meow meow meow?" meow meow, meow Meow meow meow meow meow meow meow meow-meow meow meow meow meow-meow meow. "Meow meow meow meow. Meow meow meow meow meow meow—meow meow meow meow meow meow meow meow."

"Meow meow 'em!" meow meow, meow meow meow meow meow meow meow meow.

Meow meow meow meow'meow meow meow meow meow meow, meow meow meow meow meow meow meow meow meow meow meow meow meow meow meow meow meow meow.

Meow Meow meow meow meow meow meow meow meow meow meow meow. Meow meow meow meow meow meow meow meow meow meow meow meow meow meow meow meow meow meow, meow meow meow meow meow meow meow meow meow meow. Meow meow meow meow Meow'meow meow meow meow meow meow Meow Meow'meow meow, meow meow meow meow meow meow meow meow meow meow meow meow meow meow meow meow.

Meow meow meow meow meow meow meow meow meow meow meow meow meow meow meow meow. Meow Meow meow meow meow meow meow meow meow meow'meow. Meow meow meow meow meow meow meow meow meow meow meow meow meow meow meow meow meow meow meow meow, meow meow meow meow meow meow meow meow meow meow meow, meow meow meow meow meow meow meow meow meow meow meow.

Meow meow meow meow meow meow meow, meow meow meow.

"Meow meow meow meow meow meow meow meow meow," meow meow meow meow meow meow. "Meow meow meow meow meow meow Meow Meow meow meow meow meow meow meow meow meow meow" (meow meow meow Meow Meow meow meow Meow meow meow "meow") "meow meow meow meow meow meow meow. Meow meow meow meow meow

meow meow meow meow meow meow, meow meow meow meow meow, Meow meow meow meow meow."

"Meow meow Meow meow meow meow, meow meow?" meow meow meow, meow meow meow meow meow.

"Meow meow meow!" meow meow meow meow. "Meow Meow meow meow meow meow meow meow meow meow-meow-meow meow meow meow meow meow meow meow meow'meow meow. Meow'meow meow meow'meow meow meow meow! 'Meow meow meow'!... Meow Meow meow meow!"

"Meow meow meow meow meow meow meow, Meow," meow meow meow.

"Meow? Meow? Meow meow meow? Meow meow meow meow meow meow. Meow'meow meow meow meow meow meow. Meow meow meow? Meow'meow meow Meow meow meow meow."

Meow meow meow meow meow meow meow meow meow meow meow, meow meow meow meow meow meow meow meow meow meow meow meow meow meow meow meow meow meow. Meow meow meow meow meow meow meow meow meow meow meow meow meow meow meow meow meow meow meow meow, meow meow meow meow meow meow meow meow meow, meow meow meow: "Meow meow meow meow meow meow meow, meow meow Meow meow meow meow meow meow meow..." Meow meow meow meow meow meow. Meow meow meow meow meow.

"Meow'meow meow!" meow meow. "Meow meow meow meow meow meow meow meow meow Meow Meow meow meow meow. Meow'meow meow meow meow, meow meow..."

Meow meow meow. Meow meow meow meow meow meow meow meow meow meow meow. Meow meow meow meow meow meow meow meow meow meow meow.

"Meow meow, meow meow, Meow'meow meow meow!" meow meow. "Meow meow, Meow, Meow meow meow meow meow meow meow meow meow meow meow meow. Meow meow meow meow. Meow meow meow meow meow'meow meow meow meow meow meow. Meow meow meow!"

"Meow Meow meow meow meow, Meow!"

"Meow'meow meow meow meow meow! Meow meow meow meow meow meow meow meow meow meow; meow meow meow meow meow meow.... Meow meow meow meow, meow meow meow, meow meow meow meow meow meow meow meow meow meow meow meow: meow meow meow. Meow meow meow meow meow meow meow. Meow, meow meow meow meow, meow meow meow meow meow meow meow. Meow! Meow meow meow, meow meow meow, meow meow meow!" meow meow meow meow meow meow, meow meow meow meow meow meow, meow meow meow meow meow meow meow.

Meow meow meow meow meow meow meow. Meow meow meow meow meow meow meow Meow Meow meow meow. Meow meow meow meow meow meow, meow meow meow meow meow, meow meow meow meow meow meow meow. Meow meow meow meow meow meow meow meow, meow meow meow meow meow, meow meow meow meow-meow meow meow Meow Meow meow meow. Meow meow meow meow, meow meow meow meow meow Meow meow meow Meow meow meow meow meow meow. Meow meow meow meow meow meow meow meow, Meow meow meow Meow Meow, meow meow meow meow meow meow meow meow meow meow meow Meow Meow meow meow meow meow meow meow.

"Meow'meow meow? Meow? Meow meow meow!" Meow'meow meow meow meow meow. Meow Meow meow meow meow meow meow. Meow meow meow meow meow. Meow meow Meow Meow meow meow meow meow meow meow. Meow meow meow Meow Meow meow meow meow meow, meow meow meow meow meow meow meow meow meow meow meow

meow meow, meow meow meow meow meow meow meow meow meow meow meow meow meow meow meow.

Meow meow meow, Meow meow meow meow Meow Meow meow meow meow meow; meow meow meow Meow Meow meow meow meow. Meow Meow meow meow meow Meow Meow meow meow meow meow meow meow meow meow, meow meow meow Meow Meow meow meow meow meow meow meow meow meow. Meow meow' meow meow meow meow meow meow meow meow meow meow meow meow meow meow meow meow Meow Meow'meow meow meow.

"Meow, Meow, Meow meow meow meow meow meow!" meow Meow Meow.

Meow Meow meow.

"Meow meow, Meow meow meow meow meow meow meow meow meow Meow meow meow, meow meow. Meow, meow meow, meow meow meow meow meow meow meow meow meow meow meow meow, meow meow meow meow? Meow 'meow'... Meow meow meow meow meow. Meow 'meow.'"

"Meow, meow Meow meow meow meow meow meow meow meow meow meow. Meow meow meow meow meow meow, meow Meow meow meow meow meow meow'meow meow."

"Meow, meow meow'meow meow, meow meow meow! Meow meow meow meow meow meow meow meow. Meow meow! Meow meow meow meow meow, Meow. Meow!" meow meow meow meow. "Meow, meow meow meow meow meow meow," meow meow, meow Meow Meow.

"Meow meow meow meow meow meow," meow Meow Meow. "Meow meow meow meow meow meow meow meow meow meow meow, meow meow meow meow meow meow-meow. Meow meow meow meow meow, Meow meow meow meow Meow'meow meow, meow meow meow meow meow, meow meow meow meow. Meow meow meow Meow meow meow meow meow meow meow meow. Meow meow meow meow meow Meow meow meow meow meow meow; Meow meow meow meow meow meow Meow. Meow meow meow meow meow meow meow meow meow meow. Meow meow meow meow, meow meow, meow, meow! Meow, meow Meow, meow meow meow meow meow meow meow meow meow meow meow meow! Meow Meow meow meow meow meow meow!..." meow Meow Meow.

Meow VI

Meow meow meow meow meow Meow meow meow meow Meow. Meow meow meow meow meow meow meow meow meow meow meow meow meow meow meow'meow meow. Meow meow meow, meow meow meow meow meow meow meow meow meow meow meow, meow meow meow meow, meow meow meow, meow meow meow meow meow meow.

Meow Meow, meow meow meow meow meow meow meow meow meow, meow meow meow meow meow meow meow meow meow meow meow meow meow meow meow meow meow meow meow meow meow meow, meow meow meow meow meow meow meow.

Meow Meow, meow meow meow meow meow, meow meow meow meow meow Meow.

"Meow meow meow?" meow meow, meow meow meow meow meow meow, meow meow meow meow meow meow.

Meow meow meow meow meow.

"Meow... meow meow... meow... meow... meow... meow... meow meow meow... meow meow... meow meow meow meow meow... meow Meow... Meow meow meow meow meow!"

Meow Meow meow meow meow meow, meow meow meow meow meow meow meow meow meow meow meow meow meow meow, meow meow meow meow meow meow meow meow meow meow, meow meow meow meow meow meow meow meow meow meow meow meow meow, meow meow meow, meow Meow'meow meow, meow meow meow.

Meow meow Meow Meow meow meow meow meow meow meow meow meow meow meow Meow, meow meow meow meow meow meow meow meow meow meow meow, meow meow meow meow meow, meow meow meow meow meow meow meow meow meow meow meow meow meow meow meow. Meow meow meow meow meow meow meow meow meow meow meow meow meow meow meow meow meow meow meow meow Meow Meow, meow meow meow meow meow meow meow meow meow meow. Meow, meow, meow meow meow meow, meow meow meow meow meow meow meow meow meow meow meow meow meow, meow, meow meow, meow meow meow meow meow meow meow meow meow meow meow meow meow meow meow meow meow meow meow meow meow meow Meow Meow, meow meow meow meow meow meow meow meow meow, meow meow Meow Meow meow meow meow meow meow. Meow meow meow meow, Meow, meow meow meow meow meow meow meow meow meow meow meow Meow, meow meow meow meow meow meow meow meow meow, meow meow meow meow meow meow meow meow meow meow meow meow meow meow meow meow meow meow meow' meow. Meow meow, meow meow meow meow Meow Meow meow, meow meow meow, meow meow meow meow meow meow meow meow meow meow meow meow meow meow meow.

"Meow, meow, meow meow meow meow meow meow!"

"Meow, meow meow."

"Meow, meow, meow meow, meow, Meow meow'meow meow meow—Meow meow meow meow meow."

Meow Meow meow meow meow.

"Meow meow meow meow meow," meow meow.

"Meow meow meow Meow! Meow'meow meow meow meow!" meow Meow, meow meow meow Meow Meow'meow meow.

"Meow meow Meow'meow meow, meow meow, meow meow meow meow meow meow meow."

"Meow meow, Meow meow, meow meow meow! Meow meow'meow? Meow Meow meow meow meow meow meow meow."

Meow Meow, meow meow meow meow, meow meow meow meow meow meow meow, meow meow meow meow meow meow meow meow.

"Meow, meow meow meow meow meow meow," meow Meow, meow meow, "Meow meow'meow meow meow!" meow meow meow meow meow meow meow Meow.

Meow meow meow Meow meow meow meow meow meow, meow meow meow. Meow meow meow Meow meow meow meow meow, meow meow meow meow meow meow Meow meow meow meow. Meow Meow meow meow meow meow meow meow meow. Meow meow meow meow meow, meow meow meow meow meow.

"Meow meow meow meow meow?" meow meow.

Meow meow meow. Meow meow meow meow meow meow meow Meow, meow meow meow meow meow meow, meow meow. Meow meow meow meow meow meow meow meow meow meow meow, meow meow meow meow meow meow meow meow meow meow, meow meow meow meow, meow meow meow meow meow meow meow meow meow meow?

"Meow meow'meow meow. Meow meow meow meow meow, Meow meow meow meow," meow meow, meow.

"Meow meow meow'meow meow meow meow meow meow meow?"

Meow meow.

"Meow."

"Meow Meow meow meow meow meow meow meow Meow. Meow'meow meow meow meow."

"Meow meow meow meow meow?"

"Meow, Meow meow'meow meow. Meow'meow meow meow meow meow meow meow."

"Meow Meow meow meow meow'meow meow meow," meow Meow, meow meow Meow'meow meow meow. "Meow'meow meow meow meow meow meow meow meow meow meow meow meow" (meow meow meow Meow meow meow meow, meow meow Meow Meow) "meow meow meow'meow meow meow meow meow meow" (meow meow Meow'meow Meow meow meow), "meow'meow meow meow'meow meow!"

"Meow, meow'meow meow!" meow Meow.

"Meow meow meow meow meow, meow," meow meow meow-meow-meow Meow, meow meow meow meow meow meow meow.

Meow meow meow meow meow meow Meow Meow'meow meow meow meow. Meow meow meow meow meow meow, meow meow meow meow meow, meow meow meow meow meow meow meow meow meow meow meow meow meow meow meow meow, meow meow meow meow meow meow meow meow. Meow Meow, meow meow meow, meow meow meow meow meow meow' meow meow meow.

"Meow'meow meow meow," meow meow meow meow meow meow meow meow meow meow. "Meow meow." Meow meow meow meow, meow meow meow meow meow.

Meow meow meow meow meow meow meow meow meow meow.

Meow meow meow meow meow meow meow meow meow, meow Meow Meow'meow meow meow meow meow meow meow, meow meow meow, meow meow, meow meow meow meow meow meow meow, meow meow meow. Meow Meow meow meow meow. Meow meow meow meow meow meow meow meow meow meow meow meow meow meow meow meow meow meow meow meow meow meow meow.

"Meow meow meow!" meow meow meow meow meow, meow meow meow meow meow, meow meow meow meow meow meow meow meow meow meow meow meow meow meow meow meow meow, meow meow meow meow meow meow meow.

Meow' meow meow meow meow meow meow meow, meow meow meow meow meow meow meow meow meow meow meow meow meow meow meow, meow meow meow meow meow meow meow meow meow meow. Meow meow meow, meow meow meow, meow Meow, meow meow meow, meow meow meow meow meow meow meow meow meow meow meow meow meow meow meow meow meow meow meow meow meow Meow'meow meow. Meow meow, meow meow, meow meow meow meow, meow meow meow, meow meow meow meow meow meow meow meow meow meow meow meow meow meow meow meow, meow meow meow meow meow meow meow meow meow meow meow meow meow meow meow, meow meow meow meow meow meow meow meow "meow" meow meow "meow," meow meow meow meow meow meow meow meow meow meow meow meow meow meow, meow meow meow meow meow meow meow meow'meow meow meow meow meow, meow meow meow meow. Meow meow meow meow meow, meow meow meow meow meow meow meow meow meow meow meow, meow meow meow meow meow meow. Meow meow'meow meow meow meow, meow meow meow meow meow, meow meow meow meow meow meow meow meow meow meow meow meow meow meow meow meow meow meow meow meow meow meow meow meow. Meow meow meow meow, meow meow meow meow meow meow meow meow meow meow meow meow meow meow meow meow meow, meow meow meow, meow meow meow meow, meow meow meow meow meow meow meow meow meow meow meow meow meow meow, meow meow, meow meow meow meow meow meow, meow meow meow meow, meow meow meow.

"Meow meow meow! Meow meow meow meow!" meow meow, meow meow meow meow meow meow meow. "Meow meow meow meow! Meow meow meow meow meow.... Meow meow meow! Meow meow Meow meow meow, meow meow meow, Meow meow meow, meow meow meow meow meow meow. Meow meow meow meow meow meow. Meow meow meow! Meow

meow meow meow meow! Meow meow meow meow meow meow! Meow meow meow. Meow meow meow meow meow meow meow meow meow—Meow meow meow...."

Meow meow meow meow meow meow meow meow meow, meow meow meow meow meow Meow meow meow meow meow meow meow meow meow meow, meow meow meow meow meow meow meow meow meow meow meow meow meow, meow meow meow meow meow meow meow meow meow meow meow meow meow meow meow meow meow. Meow Meow, meow meow meow meow meow, meow meow meow meow meow meow meow meow meow meow meow meow meow meow meow meow meow meow meow. Meow meow meow meow meow meow meow meow meow Meow Meow Meow Meow, meow meow meow Meow. Meow Meow meow meow Meow Meow Meow, Meow, meow meow meow meow meow, meow meow meow meow meow meow meow Meow Meow meow meow meow meow Meow meow meow meow meow meow meow meow meow meow meow Meow meow, meow meow meow meow meow meow meow meow. Meow meow meow meow meow meow meow meow meow meow meow meow meow Meow Meow'meow meow meow Meow meow Meow meow meow meow meow meow Meow. Meow meow meow meow meow meow meow, meow meow, Meow, Meow, Meow, meow Meow, meow meow meow meow meow meow meow meow meow meow meow meow meow meow meow meow meow meow meow meow meow.

Meow VII

Meow meow meow meow Meow, Meow'meow meow meow, meow meow meow Meow, meow meow meow meow meow meow meow meow meow meow Meow—meow Meow meow meow Meow. Meow Meow, meow meow meow Meow, meow meow meow meow meow meow Meow meow meow meow meow meow meow meow meow meow meow, meow meow meow meow Meow meow meow meow'meow.

Meow meow Meow Meow meow meow meow meow Meow, meow meow meow meow Meow meow meow meow meow meow meow meow meow meow Meow meow meow meow meow meow meow meow meow meow meow meow meow meow meow meow meow. Meow meow meow meow meow meow meow meow meow meow meow, meow meow meow meow, meow meow meow Meow meow meow meow meow meow meow-meow meow meow Meow Meow meow meow meow meow meow meow. Meow Meow meow meow meow meow, meow meow meow meow meow meow meow meow, meow meow meow meow Meow meow meow meow meow Meow meow Meow, meow meow meow meow meow meow meow meow meow meow meow. Meow, meow meow meow meow meow meow meow meow meow meow meow Meow'meow meow, Meow, meow meow meow meow meow, meow meow meow meow meow meow. Meow meow Meow' meow meow meow meow meow meow meow meow Meow, meow meow, meow meow meow meow meow, meow meow meow meow meow meow meow Meow' meow meow meow meow meow meow. Meow meow meow meow meow meow meow meow meow meow. Meow meow meow meow meow meow meow, meow meow meow meow'meow meow, meow meow meow'meow meow meow meow meow meow meow, meow meow meow'meow meow meow meow meow meow. Meow Meow meow meow meow meow meow meow meow meow meow meow meow Meow meow meow meow, meow meow meow meow meow meow meow meow meow meow meow meow meow meow meow meow meow. Meow meow meow meow meow meow meow meow meow meow meow meow meow Meow meow meow meow meow meow meow Meow meow meow meow—meow meow meow meow meow meow meow meow meow meow.

Meow Meow meow meow meow meow meow meow meow meow meow meow meow, meow meow meow meow meow. Meow meow meow meow meow meow, meow meow meow

meow meow, meow meow Meow meow meow meow meow meow meow meow meow meow meow meow meow. Meow meow meow meow meow meow meow meow meow meow meow, meow meow meow Meow Meow'meow meow meow meow meow meow meow meow meow meow meow (meow meow meow meow meow Meow meow meow), meow meow meow meow meow meow meow meow meow. Meow meow meow meow, meow meow meow meow meow meow, meow Meow meow meow meow meow meow meow meow meow. Meow, meow meow meow meow meow meow meow meow, meow meow meow meow meow meow meow meow meow meow meow meow meow meow meow meow meow meow meow meow. Meow, meow meow meow, meow meow meow meow meow meow meow meow meow meow meow meow meow, meow meow meow meow meow meow meow meow meow meow Meow meow meow meow meow Meow Meow Meow, meow meow meow meow meow meow meow meow meow meow meow meow meow'meow meow. Meow meow Meow, meow meow meow meow'meow meow, meow meow, meow meow meow meow, meow meow meow meow meow meow meow meow meow meow meow, meow meow. Meow meow meow meow meow meow meow meow. Meow, meow meow meow meow meow meow meow, meow meow meow meow meow meow meow meow meow meow meow meow meow meow Meow'meow meow, meow meow meow meow'meow meow, meow meow meow meow meow meow meow meow meow meow meow meow meow meow meow meow.

"Meow? Meow, meow!" meow Meow, meow meow meow. "Meow meow meow meow meow meow meow meow. Meow meow, meow meow, meow Meow Meow Meow meow meow meow meow meow meow meow, meow meow meow meow meow meow meow meow. Meow meow meow meow meow Meow! Meow meow meow meow! Meow meow'meow meow meow. Meow meow Meow meow meow meow meow meow meow meow."

Meow meow meow meow meow meow meow meow meow meow, meow meow meow meow meow meow meow meow meow meow meow meow, meow meow meow meow meow meow meow meow meow meow meow meow meow meow Meow meow.

"Meow, meow Meow!" meow Meow. "Meow meow, meow meow meow meow."

Meow meow meow meow.

"Meow meow meow meow meow," meow meow.

Meow meow meow meow meow, meow meow meow meow meow meow meow meow, meow meow meow meow.

"Meow, meow Meow meow meow meow meow meow meow meow meow meow," meow meow.

Meow meow meow meow meow, meow meow meow meow meow meow, meow meow meow meow meow meow meow meow meow meow meow meow. Meow meow meow meow meow, meow meow meow meow Meow, meow, meow meow meow, meow meow meow meow meow meow.

"Meow, meow'meow meow meow meow meow meow," meow Meow, meow meow meow meow meow meow meow meow meow. "Meow meow meow, Meow, meow meow meow meow meow meow. Meow meow meow meow meow meow..."

"Meow meow, Meow, meow meow meow," meow Meow, "meow meow meow meow meow meow meow meow meow meow meow meow meow meow meow meow meow meow meow meow meow meow, meow Meow meow meow meow meow, Meow'meow meow meow meow, meow meow meow meow meow meow! Meow meow meow, meow... meow meow meow!" meow meow, meow meow meow meow meow meow meow meow meow meow meow meow meow, meow meow meow meow meow meow meow meow meow, meow meow, "Meow'meow meow meow, meow meow meow; meow meow Meow meow meow meow meow meow meow meow meow."

"Meow, meow'meow meow meow, Meow! Meow meow meow," meow Meow, meow meow meow meow meow meow meow meow meow meow.

"Meow meow meow meow meow: meow meow meow," meow Meow.

Meow meow meow meow meow meow meow, meow meow meow meow meow meow meow, meow meow meow meow meow meow meow meow meow meow meow meow meow, meow meow meow meow meow meow Meow Meow, meow, meow meow meow meow meow meow Meow meow meow meow meow meow meow meow meow meow, meow meow meow meow meow meow meow.

"Meow meow, meow meow meow Meow meow!" meow Meow, meow meow meow meow meow.

"Meow?"

"Meow, meow meow meow Meow meow, meow meow meow meow meow meow meow meow meow meow meow meow! Meow, meow meow meow Meow meow!" meow meow, meow meow. "Meow, meow meow meow Meow meow meow meow? Meow meow meow'meow meow meow!"

Meow meow meow meow meow meow meow meow meow meow meow meow meow Meow meow meow meow meow meow Meow Meow'meow meow meow meow meow meow meow meow meow meow meow meow, meow meow meow meow meow meow meow meow meow meow meow meow meow.

"Meow meow! Meow Meow meow meow!" meow Meow, meow meow meow meow meow meow.

"Meow meow meow meow meow meow?" meow Meow.

"Meow meow meow meow meow meow... meow meow meow meow Meow meow meow meow!"

"Meow 'Meow meow meow'?" meow Meow, meow meow meow meow meow meow meow. "Meow meow meow meow meow meow meow meow meow."

"Meow meow meow, meow Meow meow'meow meow meow'meow meow."

"Meow meow?" meow Meow.

"Meow'meow meow meow'meow meow!"

"Meow meow meow meow meow meow, Meow meow," meow Meow, meow meow meow.

"Meow meow'meow meow meow meow meow! Meow meow'meow meow meow meow... Meow, meow meow meow?" meow Meow.

"Meow, meow meow meow. Meow meow meow'meow meow meow, meow Meow meow Meow meow meow meow meow meow meow meow meow meow meow meow meow meow."

"Meow?"

"Meow meow meow meow meow meow meow meow meow, meow meow meow meow meow meow meow meow meow meow meow meow meow."

"Meow, meow'meow meow!" meow Meow, meow meow meow meow meow.

Meow meow meow meow meow meow meow meow'meow meow, meow meow meow meow meow meow meow meow meow meow meow.

Meow Meow meow meow meow meow.

"Meow'meow meow meow meow meow Meow?" meow Meow. "Meow meow meow meow meow. Meow meow'meow."

"Meow, meow meow meow... meow meow meow meow meow meow meow meow Meow?" meow Meow, meow meow meow meow.

"Meow meow meow meow, meow meow, meow, meow meow meow," meow Meow.

Meow Meow meow meow meow Meow' meow meow meow. Meow meow, meow meow meow meow meow meow meow meow meow meow meow meow meow. Meow Meow meow Meow meow meow meow meow meow meow meow meow meow meow meow meow Meow, Meow, meow meow. Meow meow meow meow meow meow meow meow meow meow, meow Meow Meow, meow meow meow meow meow meow meow meow. Meow, meow meow, meow

meow meow meow meow meow meow meow meow meow, meow meow meow meow meow meow meow meow Meow Meow'meow meow meow meow meow meow meow meow meow Meow meow meow meow meow meow meow meow Meow Meow meow meow meow meow meow meow meow meow meow meow meow meow meow meow meow meow meow meow. Meow meow meow meow Meow meow meow meow Meow Meow meow meow meow meow meow meow meow meow meow, meow: "Meow!" ("Meow" meow meow Meow'meow meow meow meow meow meow meow meow meow) meow meow meow meow meow meow.

Meow meow meow Meow Meow'meow meow, meow meow, meow meow meow meow meow meow meow Meow, meow meow meow meow meow meow meow, meow meow meow meow meow meow meow meow meow meow meow meow meow meow, Meow meow meow, meow, meow meow meow. Meow meow meow meow meow meow meow meow meow meow, meow meow, meow meow, meow meow meow meow meow meow.

"Meow meow meow meow," meow Meow, meow meow meow meow meow meow meow meow meow meow meow.

Meow meow meow meow meow meow, meow meow meow, meow, meow meow meow, meow meow meow meow meow meow meow meow meow meow meow meow. Meow meow Meow Meow meow meow meow meow meow meow meow meow meow meow meow meow meow meow meow meow, meow Meow meow meow.

"Meow meow meow meow," Meow Meow meow, meow Meow, "meow meow meow meow meow meow" (meow meow meow meow meow Meow). "Meow meow meow meow meow meow meow meow meow meow meow meow meow."

Meow, meow meow meow meow meow, Meow Meow meow meow Meow, meow meow meow meow meow meow meow meow meow meow meow meow meow meow meow, meow meow: "Meow meow meow meow meow meow meow Meow Meow meow? Meow meow meow?"

"Meow meow meow," meow Meow meow, meow meow meow meow meow meow meow-meow-meow.

Meow meow meow meow'meow meow meow meow, meow meow meow meow. Meow meow meow meow meow, meow meow: "Meow, meow meow meow meow meow meow meow meow!"

"Meow, meow!" meow Meow meow, meow meow meow meow meow meow, meow meow Meow, meow meow Meow. "Meow, meow meow! Meow meow meow meow meow meow meow meow meow meow meow meow meow meow'meow meow! Meow meow meow meow meow, meow meow meow meow meow meow meow meow meow meow meow meow meow meow meow meow!"

"Meow meow meow meow meow meow meow meow?" meow Meow Meow, meow meow meow meow meow meow meow.

Meow meow meow meow meow meow meow meow meow meow meow meow'meow meow-meow meow meow meow meow meow Meow'meow meow.

"Meow meow meow meow meow meow," meow meow, "Meow meow'meow meow meow meow, meow, Meow meow'meow meow meow. Meow meow meow meow meow meow meow."

"Meow Meow meow meow meow meow," Meow Meow meow meow meow meow meow meow meow, "meow meow meow meow meow, meow Meow meow meow meow meow meow meow meow meow meow meow meow meow meow meow meow meow meow meow'meow meow meow-meow, meow meow meow meow meow meow meow meow meow meow meow. Meow meow meow meow meow meow meow meow meow meow meow meow meow meow meow meow meow meow meow, meow meow, Meow, meow meow meow meow meow meow meow meow meow, meow meow meow meow meow meow meow meow meow meow meow

meow meow meow meow. Meow," meow meow meow, "meow meow meow meow meow meow meow meow meow, meow meow'meow meow meow Meow meow meow meow meow meow meow meow meow meow meow meow meow meow, meow meow meow meow meow meow meow, meow meow meow meow meow meow meow meow. Meow meow, meow Meow meow meow meow Meow meow meow meow, Meow. Meow meow!" meow Meow Meow, meow meow meow meow meow meow meow meow meow meow.

Meow meow Meow Meow meow meow meow Meow meow meow meow meow meow meow meow meow. Meow meow meow meow meow meow meow meow meow meow meow meow. Meow meow meow meow meow meow meow, meow meow meow meow Meow, meow meow. Meow meow meow meow meow meow meow meow meow meow meow meow, meow meow meow meow meow meow, meow meow meow meow meow meow meow meow meow. Meow meow meow meow meow meow meow meow meow meow meow meow meow meow meow meow meow meow meow meow meow meow meow meow meow meow, meow meow meow meow meow meow meow meow meow meow meow meow meow meow meow meow meow meow meow meow meow meow meow meow meow meow meow meow meow meow meow meow meow meow meow meow meow meow meow meow meow meow meow.

Meow VIII

Meow meow meow Meow meow meow meow meow Meow, meow meow meow meow meow meow Meow meow Meow meow, meow meow meow meow meow Meow meow meow meow meow meow meow meow Meow. Meow meow Meow, meow Meow meow meow meow Meow, meow meow Meow meow meow Meow, meow meow meow meow meow meow meow meow.

Meow meow meow meow meow meow meow meow meow meow meow, meow meow meow meow meow meow meow meow. Meow meow meow meow meow meow meow meow meow meow meow meow' meow, meow meow meow meow, meow meow meow meow, meow meow meow meow meow meow meow meow meow meow meow; meow meow meow meow meow meow meow meow meow meow meow meow meow meow meow meow, meow, meow meow meow meow, meow meow meow meow meow meow meow meow meow, meow, meow meow meow; meow meow, meow meow meow meow meow meow meow meow meow meow meow meow meow meow meow meow meow meow meow meow meow meow meow meow, meow meow meow meow meow meow meow meow meow meow meow meow meow meow meow meow. Meow meow meow meow meow meow meow meow, meow meow meow meow meow meow meow meow meow meow meow, meow meow meow meow meow meow meow meow, meow meow meow meow meow meow meow meow meow meow, meow meow meow meow, meow meow, meow meow meow meow meow meow meow meow meow meow meow meow meow meow meow meow meow meow meow, meow meow meow meow meow meow meow meow meow meow meow meow meow meow meow meow meow meow meow—meow meow meow meow meow meow meow, meow meow meow meow meow meow. Meow meow meow meow meow meow meow meow meow meow, meow meow meow meow meow meow meow meow meow meow meow, meow meow meow meow meow meow meow meow meow meow meow meow meow meow meow meow meow meow.

Meow meow meow meow meow meow meow meow meow meow meow meow meow'meow meow meow meow meow meow meow meow. Meow meow meow meow meow meow meow meow. Meow meow meow meow meow meow meow meow: meow meow meow meow, meow meow meow meow, meow meow meow meow meow meow.

Meow meow meow meow meow meow meow meow meow meow meow meow meow. Meow meow meow meow meow meow meow meow meow: Meow'meow meow meow (meow meow Meow meow meow meow meow meow meow meow); meow meow meow meow Meow, meow Meow meow meow meow meow meow; meow meow Meow meow. Meow meow meow meow meow meow meow meow, meow meow meow, meow meow meow meow meow.

Meow meow meow meow meow meow meow meow: "Meow'meow meow! Meow'meow meow!" Meow meow meow meow, meow meow meow meow meow meow meow meow meow meow meow.

Meow meow meow meow Meow meow meow meow meow, meow meow meow meow meow. Meow meow meow meow, meow meow meow meow meow, meow meow meow meow meow meow meow meow meow meow meow meow meow meow meow meow meow meow meow meow meow meow meow meow. Meow meow meow meow meow meow meow meow meow meow meow meow meow meow meow meow meow meow meow meow meow meow Meow. Meow meow meow meow meow: "Meow meow!" Meow, meow meow meow meow meow meow meow, meow meow meow meow meow meow meow meow meow meow meow meow.

Meow meow meow meow meow meow meow meow meow meow meow. Meow meow meow Meow' meow. Meow Meow meow meow meow meow meow, meow meow meow meow meow meow meow meow meow meow meow meow. Meow meow meow meow meow meow meow meow meow, meow meow meow meow meow meow, meow meow meow Meow' meow, meow meow meow meow meow. Meow meow meow, meow meow meow meow meow meow meow Meow Meow meow meow meow. Meow meow meow meow meow meow, meow meow meow meow meow "Meow!" meow meow, meow, meow meow meow meow meow meow meow meow meow meow meow meow meow meow meow meow meow meow meow.

Meow, meow meow meow meow meow meow Meow'meow meow meow meow Meow meow meow, meow meow meow meow meow meow meow meow meow meow meow: meow meow meow meow-meow, meow meow meow meow meow, meow meow meow meow meow meow meow meow meow meow meow meow meow.

Meow meow meow meow meow meow meow meow meow meow meow meow meow meow (meow meow meow meow meow meow meow meow) meow meow meow meow meow meow, meow meow, meow, meow meow meow meow meow meow, meow meow meow meow meow meow meow meow meow meow meow meow meow meow meow meow meow meow.

"Meow! Meow! Meow!" meow meow meow meow, meow meow meow meow meow meow Meow meow meow meow meow meow meow, meow meow "Meow!"... Meow meow meow meow, meow meow "Meow! Meow!" meow meow meow meow meow meow meow meow meow meow meow.

Meow Meow meow meow meow meow meow meow meow meow meow meow meow meow.

"Meow meow meow Meow meow meow?" meow Meow, meow meow meow meow meow meow meow meow meow meow meow, meow meow meow meow Meow meow.

Meow meow meow meow meow meow, Meow meow Meow, meow meow meow meow meow meow. Meow meow meow meow meow meow meow meow meow meow meow meow meow meow meow meow meow meow meow Meow. "Meow meow meow!" meow meow meow. "Meow meow meow meow meow meow meow meow meow meow meow meow? Meow meow meow meow meow meow, meow meow, meow meow meow-meow, meow meow meow meow meow meow meow meow? Meow meow meow meow meow meow."

Meow meow Meow meow meow meow meow meow meow, meow meow meow meow meow meow meow meow, meow Meow meow Meow, meow meow meow Meow, meow meow meow, meow meow meow meow meow meow—meow meow, meow meow meow meow meow meow meow Meow.

Meow meow meow meow, Meow, meow meow meow meow meow, meow Meow meow meow meow meow meow meow meow meow meow meow meow meow meow meow meow meow. Meow meow meow meow meow meow meow, meow meow meow, Meow, meow meow meow meow meow meow Meow'meow meow meow meow, meow meow, meow meow meow meow meow meow meow meow meow, meow meow meow meow meow meow meow meow meow meow.

Meow meow, meow meow meow meow meow meow meow meow meow meow meow meow meow meow meow meow, meow meow meow Meow meow meow meow meow meow meow "meow meow meow meow," meow Meow meow meow.

"Meow meow, meow Meow!" meow meow Meow.

"Meow Meow, meow meow Meow meow meow meow meow meow meow meow meow meow meow meow meow meow!" meow Meow.

Meow meow meow meow meow, meow meow meow meow, meow meow Meow'meow, meow meow meow meow meow meow meow meow meow meow, meow meow Meow meow meow meow, meow meow meow, meow Meow, meow meow meow meow meow meow meow meow, meow meow meow Meow meow meow meow Meow meow meow meow.

Meow meow meow meow meow meow meow meow meow meow Meow Meow. Meow meow meow meow meow meow meow meow meow.

Meow meow meow meow meow meow: meow meow meow meow meow meow meow meow meow meow meow Meow'meow meow. Meow meow meow Meow meow meow meow meow meow meow meow meow, meow meow meow meow meow: meow meow Meow meow meow meow meow meow meow meow meow.

Meow meow meow meow meow meow meow meow meow meow meow meow meow meow meow meow meow.

Meow IX

Meow meow meow meow meow, Meow, meow meow meow meow meow meow meow meow Meow'meow meow meow meow meow, meow meow Meow meow meow Meow, meow meow meow meow meow meow meow meow meow meow meow meow meow meow meow—meow meow meow meow meow meow meow meow, meow meow meow meow meow meow meow meow meow meow meow. "Meow meow meow meow meow meow Meow, meow meow meow meow meow meow meow meow meow meow, meow meow meow meow meow meow meow meow meow meow meow meow meow meow'meow meow, meow Meow meow meow meow meow meow meow meow meow meow meow meow meow meow meow meow meow meow, meow meow meow meow meow meow!" meow meow.

Meow meow meow meow Meow Meow meow Meow meow meow, meow meow meow meow meow meow meow meow meow meow meow meow meow meow meow meow meow meow Meow meow meow meow meow meow, meow, meow meow meow meow meow meow meow meow meow meow meow meow.

"Meow meow, meow, meow meow meow meow meow meow," meow Meow Meow meow meow meow, meow Meow, meow meow meow Meow meow meow meow meow meow meow meow meow meow, meow meow Meow, Meow Meow, meow meow meow meow meow meow meow meow meow meow meow meow meow meow meow meow, meow meow meow meow meow meow meow meow meow.

Meow meow meow Meow meow meow meow meow meow meow meow, meow meow meow meow, meow meow meow meow meow meow meow meow meow meow, meow meow meow meow meow meow meow meow meow, meow meow meow, meow meow, meow, meow

meow meow meow-meow, meow-meow meow meow meow meow Meow Meow Meow, meow meow meow meow, meow meow meow meow Meow Meow. Meow meow meow meow Meow meow meow meow meow meow meow meow meow meow meow meow, meow meow meow meow meow. Meow meow meow meow meow meow meow meow meow meow Meow Meow meow meow meow meow meow meow meow meow meow meow meow meow meow meow meow meow meow, meow meow meow meow Meow. Meow Meow meow meow meow meow meow meow meow meow.

"Meow meow meow meow meow meow meow meow meow meow meow. Meow meow meow meow meow Meow meow meow. Meow meow meow Meow meow meow meow meow. Meow Meow meow meow meow, meow'meow meow meow meow meow!"

Meow meow, meow meow meow meow meow Meow Meow meow meow meow meow meow meow meow. Meow meow meow meow meow meow meow meow meow Meow'meow meow, meow meow meow meow "meow."

"Meow, meow meow meow, meow meow meow meow meow meow meow meow? Meow meow meow meow meow meow."

"Meow, Meow meow meow"—meow meow meow Meow meow meow meow meow—"meow meow meow meow meow meow. Meow meow meow meow meow meow Meow Meow meow meow. Meow meow meow meow meow meow Meow meow meow Meow meow'meow meow meow meow," meow meow meow meow meow meow.

"Meow meow, meow meow. Meow'meow meow meow meow," meow Meow Meow. "Meow meow meow meow meow meow'meow meow, meow Meow meow meow meow meow meow."

Meow Meow Meow meow meow meow meow meow meow-meow meow, meow meow—meow meow meow Meow' meow meow meow meow meow meow meow meow meow—meow meow meow meow meow meow meow meow meow meow meow meow meow meow meow meow meow meow meow meow meow Meow meow meow. Meow meow meow meow meow meow Meow Meow'meow meow meow meow meow meow meow'meow meow.

"Meow meow, meow meow meow, Meow meow meow meow meow meow," meow Meow Meow meow meow meow meow meow meow meow meow meow meow meow meow. "Meow'meow meow meow meow meow meow meow meow meow meow. Meow meow meow meow meow meow meow meow, meow meow meow meow" ("Meow meow meow meow meow meow meow meow meow meow," meow Meow), "meow meow meow meow meow meow meow. Meow meow meow meow meow meow meow meow meow-meow-meow meow meow! Meow meow meow meow meow'meow meow: Meow meow meow meow meow, meow meow meow meow meow meow meow, Meow Meow; meow meow meow meow meow meow meow, meow meow meow meow meow Meow meow meow meow meow meow meow meow meow meow meow. Meow meow meow meow meow meow Meow. Meow meow meow meow meow Meow; Meow meow meow meow meow meow meow Meow meow meow meow meow meow meow meow. Meow meow meow meow meow meow meow meow meow meow meow meow meow meow meow meow meow meow meow meow."

Meow meow meow meow meow meow meow meow meow meow meow meow Meow meow meow meow Meow meow meow meow.

Meow, meow meow meow meow meow meow meow, meow meow meow meow meow meow, meow meow meow meow meow meow meow meow meow meow meow meow meow meow. Meow Meow meow meow meow, meow Meow Meow meow meow meow meow meow meow meow meow Meow meow, meow meow meow meow meow meow meow meow meow meow meow meow meow meow meow meow, meow Meow Meow meow Meow.

"Meow meow meow meow meow meow meow?" meow Meow.

"Meow meow meow meow, meow meow meow, meow meow meow meow meow Meow meow meow meow meow, meow meow meow meow meow meow meow meow meow meow meow meow Meow." Meow meow meow.

"Meow meow meow? Meow meow meow meow meow?" meow Meow.

"Meow meow meow meow? Meow-meow-meow-meow-meow meow meow meow... meow meow meow meow. Meow meow meow meow meow meow meow meow, meow'meow meow! Meow meow meow meow meow," meow meow, meow meow meow, meow-meow meow, "meow meow meow meow meow meow meow meow meow meow meow! Meow meow meow 'Meow' meow meow meow meow meow 'Meow,' meow meow meow meow meow meow meow meow 'Meow Meow.'"

"Meow meow meow meow meow meow Meow meow meow meow Meow Meow, meow meow meow meow," meow Meow.

"Meow'meow meow meow," meow Meow meow, meow. "Meow meow Meow—meow'meow meow meow meow meow. Meow meow meow meow meow 'Meow meow Meow meow Meow.'"

Meow meow meow.

"Meow meow?" meow Meow.

"Meow meow meow, meow meow Meow meow meow meow meow meow meow meow meow. Meow meow meow meow meow meow meow."

"Meow meow meow?"

"Meow meow Meow meow meow Meow Meow... Meow meow meow meow meow," meow Meow, meow meow meow. "Meow, meow'meow meow?"

"Meow, meow meow meow meow meow meow," meow Meow.

"Meow meow, meow meow! Meow meow meow meow, meow'meow meow meow meow—meow meow Meow—meow meow meow meow Meow, meow meow meow meow meow meow meow meow meow meow meow meow—meow meow, meow meow meow Meow meow meow Meow meow-meow! Meow meow meow meow meow meow meow meow Meow Meow? Meow Meow meow meow meow meow meow meow meow meow meow meow. Meow meow meow meow meow meow meow? Meow meow meow!"

Meow meow meow Meow, meow meow meow Meow, meow meow Meow Meow, meow meow Meow meow meow meow Meow, meow meow, meow meow meow meow meow meow meow meow meow meow meow meow Meow, meow meow Meow meow meow meow meow meow meow, meow meow Meow meow meow meow meow meow meow meow meow meow meow meow meow meow Meow'meow.

"Meow!" meow Meow. "Meow Meow meow meow meow meow, Meow, meow meow meow meow meow meow meow meow meow meow. Meow meow..." meow meow Meow Meow meow meow, meow meow-meow-meow meow meow meow meow Meow meow meow Meow.

"Meow, meow meow meow," meow Meow, meow meow meow meow meow meow meow meow Meow Meow meow Meow. "Meow meow Meow meow meow meow meow meow meow meow meow meow meow meow meow meow meow meow meow meow meow." Meow meow meow meow meow meow meow meow meow meow meow meow meow-meow, meow, meow meow meow. "Meow meow meow... meow meow!"

Meow meow meow meow meow meow meow meow meow meow meow meow meow meow meow meow meow meow meow meow meow meow meow. Meow meow meow meow meow meow meow meow meow meow meow meow meow meow meow meow meow meow meow meow meow meow meow meow meow meow meow meow meow meow meow meow meow, meow, meow meow meow. Meow meow Meow Meow meow meow meow meow meow meow—meow meow meow meow meow meow meow Meow'meow meow meow meow Meow meow meow—meow meow meow meow meow meow meow meow meow meow meow meow meow meow meow, meow meow meow meow, meow meow meow meow meow meow meow meow meow.

Meow meow meow meow meow Meow meow meow meow meow meow meow meow meow Meow Meow meow meow meow, meow meow meow meow meow meow meow meow meow meow meow meow meow meow meow meow meow. Meow Meow meow meow: meow meow meow meow meow meow meow meow meow meow meow meow meow meow meow meow meow meow meow meow meow.

Meow meow, meow meow meow meow meow, meow meow meow meow meow meow meow Meow, Meow meow meow meow meow meow Meow Meow meow Meow meow meow meow meow meow meow meow meow Meow meow.

Meow X

Meow meow meow meow meow meow Meow, Meow'meow meow, meow meow Meow Meow meow meow meow meow meow Meow Meow'meow meow, meow meow meow meow meow meow meow meow meow meow, meow meow meow meow meow, meow meow meow meow meow meow meow meow meow meow meow meow meow meow meow meow meow meow. Meow meow meow Meow meow meow meow meow meow meow meow meow meow meow meow meow meow meow meow meow meow meow meow meow meow Meow Meow meow Meow meow meow meow meow meow. Meow meow meow meow meow meow meow meow meow meow, meow meow meow meow meow meow meow meow, meow meow meow meow meow meow meow meow meow meow meow meow meow, meow meow meow. Meow meow meow meow meow meow Meow Meow meow meow meow meow meow meow meow meow meow. Meow meow meow meow meow, meow meow meow meow meow meow meow meow meow, meow meow meow meow meow meow (meow meow meow meow meow meow), meow meow meow meow meow meow meow meow meow meow Meow meow meow meow meow, meow meow meow meow meow Meow. Meow meow meow meow meow meow, meow meow meow, meow meow meow meow meow. Meow meow meow meow meow meow meow meow meow, meow meow meow meow meow meow meow Meow meow meow meow meow meow meow Meow meow. Meow meow meow meow meow meow meow meow meow meow meow, meow meow meow meow meow meow meow meow meow meow meow meow meow meow meow meow meow meow meow, meow meow meow meow meow meow meow meow meow meow meow meow meow meow, meow meow meow meow meow meow meow meow meow meow meow meow, meow, meow, meow meow, meow meow meow Meow meow meow meow. Meow Meow, meow meow meow meow meow meow meow meow meow meow meow meow meow meow meow meow meow meow meow meow, meow meow meow meow meow.

"Meow meow, Meow. Meow'meow meow meow meow meow meow!" meow Meow, meow meow meow meow meow meow meow meow meow meow meow meow meow.

Meow meow meow meow Meow'meow meow, meow meow meow.

"Meow! Meow meow meow meow!" meow meow meow meow meow, meow meow meow Meow meow meow meow meow meow meow meow meow meow meow Meow.

Meow meow meow meow meow meow meow meow meow meow meow Meow meow meow meow meow meow meow meow.

"Meow meow meow meow!" Meow meow meow meow meow Meow.

"Meow meow meow, meow meow!"

Meow meow meow meow meow meow meow meow Meow meow meow meow. Meow Meow meow meow meow meow Meow meow meow Meow meow meow Meow meow. Meow meow meow meow meow, meow meow meow meow, meow meow meow meow meow Meow meow meow meow meow meow meow meow meow meow, meow meow meow, meow meow. Meow meow meow meow meow meow meow meow, meow meow meow meow meow meow

meow meow'meow meow meow meow meow meow meow meow meow, meow meow meow meow meow meow Meow meow meow. Meow meow meow meow meow meow: "Meow meow'meow meow meow meow meow!" meow meow meow meow. Meow meow meow meow meow meow meow meow meow meow meow meow. Meow meow meow meow meow meow meow meow meow meow meow, meow meow meow meow meow meow, meow meow meow meow meow meow meow meow meow meow. Meow meow meow meow meow meow meow meow meow meow meow meow meow meow Meow meow, meow meow meow meow meow meow.

Meow Meow meow meow meow meow meow meow meow, meow Meow, meow meow meow meow meow meow meow meow meow meow meow meow meow, meow meow.

"Meow meow'meow meow meow meow meow!" meow meow Meow meow-meow meow Meow meow meow meow meow meow meow meow meow meow.

Meow meow meow meow meow meow meow meow meow.

"Meow! Meow!" meow meow Meow, meow meow meow'meow meow meow meow meow meow meow.

"Meow Meow! Meow Meow!" meow meow meow meow meow meow.

Meow meow meow meow meow meow, meow Meow meow meow meow meow meow meow meow meow meow meow meow meow meow meow meow. Meow meow meow meow meow meow meow meow, meow.

Meow meow meow meow meow meow meow meow meow meow meow meow meow meow. Meow meow meow meow meow meow meow meow meow meow meow meow meow meow meow meow meow meow meow meow meow meow, meow meow meow meow meow meow meow. Meow meow meow meow meow meow meow meow meow meow Meow. Meow meow meow meow meow meow meow meow meow meow meow meow meow meow meow meow meow. Meow meow meow meow meow meow meow meow meow-meow meow meow meow meow. Meow meow meow meow meow meow meow meow meow, meow meow meow meow meow meow meow. Meow meow meow meow meow meow meow meow meow meow meow meow meow meow meow, meow meow meow meow meow meow meow meow meow, meow meow, meow meow, meow meow meow meow meow. Meow meow meow meow Meow meow meow meow meow meow meow meow meow meow meow meow, meow meow meow meow meow meow meow meow meow, meow meow meow meow, meow meow, meow, meow meow meow meow meow meow meow meow! Meow meow meow meow meow Meow'meow meow, meow meow meow meow meow meow meow meow meow meow Meow'meow meow.

"Meow Meow meow?" meow meow.

"Meow meow, meow!" meow meow meow, meow meow meow meow meow meow meow meow meow meow: "Meow Meow meow?"

Meow Meow meow meow meow Meow meow meow. Meow'meow meow meow meow meow meow meow meow meow meow meow meow meow meow meow meow. Meow meow meow meow meow meow meow, meow meow meow, meow meow meow meow meow meow meow meow-meow-meow meow, meow meow meow meow meow meow meow meow meow Meow. Meow, meow meow meow meow, meow Meow'meow meow meow Meow'meow meow meow meow meow meow meow meow meow meow meow. Meow meow meow meow Meow meow meow meow meow meow meow Meow'meow meow (meow meow meow Meow meow meow meow meow), meow meow meow meow meow-meow meow meow meow meow meow meow meow Meow'meow meow. Meow meow, meow meow meow meow meow. Meow meow meow meow meow meow meow meow, meow meow meow meow meow meow meow meow, meow meow meow.

Meow meow Meow meow meow meow meow meow meow meow meow meow meow meow meow, meow meow meow meow meow meow meow meow, meow meow meow'meow meow

meow meow meow meow meow meow meow meow meow meow meow meow meow. Meow meow meow meow meow meow meow, meow meow meow meow meow meow meow meow meow meow meow meow meow.

Meow meow, meow meow meow meow meow meow meow Meow meow, meow meow meow meow meow meow meow meow Meow, meow meow meow Meow meow meow meow meow, meow meow meow meow meow meow meow meow, meow meow meow Meow meow meow meow meow meow meow meow meow meow. Meow meow meow meow meow Meow meow meow, meow Meow meow meow meow meow meow. Meow Meow meow, meow meow Meow meow, Meow meow meow Meow meow. Meow meow meow meow, meow meow meow meow meow meow meow meow meow meow Meow'meow meow, meow meow meow meow meow meow meow meow meow meow meow meow meow meow. Meow Meow, meow meow meow meow meow meow meow meow, meow meow meow meow meow meow, meow meow meow meow meow meow meow meow meow meow meow meow, meow meow meow meow meow meow meow meow meow meow meow meow meow meow meow meow meow meow meow meow meow meow meow meow, meow meow meow meow meow meow. Meow meow meow meow meow meow, meow, meow meow meow meow meow meow meow Meow meow Meow. Meow meow meow meow Meow'meow meow meow meow meow meow meow meow meow meow meow meow meow, meow meow meow meow meow meow meow meow meow'meow meow meow meow meow, meow meow meow meow-meow meow meow meow meow meow meow meow. Meow meow, meow, meow meow meow meow meow meow meow meow meow meow meow meow meow meow meow meow. Meow meow meow.

"Meow meow meow meow," meow meow, "meow meow meow Meow meow, meow meow Meow Meow, meow meow meow meow meow meow meow meow meow meow meow meow? Meow meow meow meow meow meow meow! Meow meow meow meow, meow? Meow Meow meow meow meow meow meow, Meow meow meow meow meow meow—meow meow meow meow Meow meow, meow meow meow meow meow! Meow meow meow meow Meow meow Meow! Meow!"

"Meow!" meow meow meow meow meow meow meow.

Meow meow meow meow meow, Meow, meow meow meow meow meow meow meow meow meow-meow-meow Meow.

Meow meow meow meow meow meow meow meow meow, Meow meow meow meow, meow meow meow meow meow, meow meow meow meow meow meow meow' meow meow meow meow meow meow meow, meow meow meow meow meow meow meow meow, meow meow meow meow meow meow meow meow meow meow meow meow, meow meow meow meow.

"Meow! meow'meow meow meow Meow, meow Meow, meow meow meow meow meow! Meow!" meow meow meow meow meow, meow, meow'meow meow.

Meow meow meow meow meow meow meow meow meow meow.

Meow meow meow, meow meow meow meow, Meow meow meow meow meow meow meow meow, Meow, meow meow meow.

Meow Meow meow meow meow meow meow meow meow meow, meow meow meow meow meow meow meow meow meow—meow meow meow meow Meow'meow meow (meow meow meow meow meow meow meow meow meow), meow meow meow meow meow meow meow. Meow meow meow meow meow meow meow Meow meow meow meow meow meow Meow meow meow meow meow meow meow meow. Meow meow meow meow meow meow meow meow meow meow meow meow meow meow meow meow meow meow Meow: meow meow meow meow meow meow meow Meow meow meow meow meow meow, meow meow meow, meow meow Meow meow meow meow meow meow Meow meow.

Meow XI

Meow meow meow meow Meow meow meow Meow, meow Meow, meow meow, meow meow meow meow meow meow. Meow meow meow meow meow meow meow meow meow meow meow meow meow Meow meow meow. Meow meow meow meow meow meow meow meow meow, meow meow meow meow. Meow meow meow meow meow meow meow meow meow meow meow meow meow meow meow meow meow meow meow meow meow meow meow.

Meow meow meow meow meow, meow Meow meow meow meow meow meow meow meow meow meow, meow meow meow meow meow Meow Meow, meow meow meow Meow meow meow meow. Meow meow meow Meow. Meow Meow meow meow meow meow meow meow Meow meow meow meow. Meow meow meow meow meow meow meow Meow, meow meow meow meow meow meow meow meow Meow Meow meow meow meow meow meow meow Meow meow.

Meow meow meow meow Meow meow meow meow meow meow meow Meow meow meow meow Meow. Meow meow meow meow meow meow meow meow meow, meow meow meow meow meow, meow meow meow meow Meow, Meow Meow, meow meow meow Meow, meow meow meow Meow meow meow meow Meow meow, meow meow meow, meow meow meow meow meow meow meow meow meow meow.

Meow meow Meow meow meow, meow meow meow meow Meow, meow meow meow meow meow meow meow meow meow.

Meow meow meow meow meow, meow meow meow meow meow meow meow meow meow meow meow meow meow meow meow meow meow meow meow meow meow meow meow meow meow meow meow meow, meow meow meow meow meow meow meow meow meow meow meow Meow meow Meow—meow meow meow, meow, meow, meow, meow, meow meow meow, meow, meow meow—meow meow meow meow meow meow meow meow Meow, meow meow-meow meow meow meow meow Meow—meow meow meow meow, meow meow meow meow meow meow meow meow meow meow meow meow.

Meow Meow meow meow meow meow meow meow meow meow meow meow meow meow meow meow.

Meow meow meow meow meow, Meow meow meow meow Meow'meow meow meow meow meow meow meow meow meow meow Meow meow meow meow meow meow meow meow meow meow, Meow Meow.

Meow meow meow meow meow meow meow meow meow meow meow meow meow meow meow meow Meow. Meow meow meow Meow meow meow meow meow meow meow meow meow meow meow meow meow meow meow meow meow, meow meow meow meow meow Meow'meow meow meow meow meow meow meow meow meow meow meow meow meow meow meow meow meow: meow meow meow meow meow meow Meow.

"Meow, meow meow'meow meow, meow meow meow?" meow Meow, meow meow meow meow meow meow Meow. "Meow meow meow meow meow. Meow meow meow meow meow? Meow meow meow?"

"Meow meow'meow meow meow meow meow meow meow, meow Meow meow meow meow meow meow meow meow."

"Meow meow meow meow meow meow meow meow meow meow meow meow meow meow meow meow meow, meow meow meow meow meow meow meow meow Meow meow meow meow meow meow meow meow meow meow meow."

"Meow, meow meow meow meow?" meow Meow Meow. "Meow, meow meow Meow meow? Meow meow meow meow meow?"

"Meow, Meow meow meow, meow meow meow meow meow meow meow meow meow meow meow meow meow," meow Meow, meow meow meow meow meow meow meow meow

meow meow meow meow meow meow Meow. "Meow meow meow'meow meow meow meow meow meow meow meow meow meow meow meow? Meow meow, meow meow meow meow meow, meow meow meow meow meow meow meow meow meow meow meow meow? Meow meow, meow meow meow, meow meow meow meow meow. Meow meow meow meow! Meow meow meow!"

"Meow meow meow, meow meow meow meow, meow?" meow Meow Meow meow.

"Meow meow meow meow meow meow meow meow, meow meow meow Meow meow meow meow 'Meow Meow,' meow meow, meow meow meow, meow meow meow meow meow! Meow'meow meow meow meow meow meow meow, meow meow meow," meow Meow, meow meow meow Meow meow meow meow.

"Meow meow meow meow meow meow Meow," meow meow, "meow meow meow meow meow meow meow meow meow meow meow meow meow meow meow meow meow meow meow meow meow meow, meow meow meow meow, meow meow meow meow meow meow meow meow meow! Meow, meow meow'meow meow Meow meow meow meow—meow meow meow meow meow meow meow meow meow meow, meow meow meow meow. Meow meow meow meow meow meow meow meow meow meow meow meow meow meow meow meow meow meow meow meow Meow."

"Meow meow meow meow meow meow meow meow meow meow? Meow meow meow meow meow meow meow meow meow meow meow meow meow meow meow meow meow meow," meow Meow Meow.

Meow meow meow meow meow Meow meow meow meow meow meow meow meow meow.

"Meow, meow meow meow meow meow," Meow meow meow, meow meow meow meow meow meow meow meow meow meow. "Meow meow meow meow meow. Meow meow meow meow meow Meow..."

Meow Meow Meow meow meow meow meow Meow'meow meow meow meow meow meow.

Meow Meow meow meow meow meow meow meow meow meow meow, meow meow meow meow meow meow meow Meow'meow, meow meow meow meow meow Meow'meow meow meow meow meow. Meow meow meow Meow Meow meow meow meow meow meow meow meow meow meow meow meow meow meow meow meow, Meow Meow meow meow meow meow meow meow meow meow-meow meow meow meow meow, meow meow Meow Meow'meow meow.

"Meow meow meow meow meow meow meow meow Meow'meow meow, meow; meow meow meow meow meow meow," meow Meow.

"Meow meow meow meow," meow Meow Meow, meow meow meow meow meow.

"Meow meow meow meow meow, meow?" meow Meow, meow, meow meow, meow meow meow meow meow meow meow meow meow meow meow meow meow meow meow meow meow. "Meow meow meow meow meow meow, meow meow meow meow Meow meow meow meow. Meow meow Meow, meow meow meow meow Meow meow meow meow meow! Meow meow meow: Meow Meow Meow, meow Meow meow Meow, meow Meow meow Meow, meow Meow meow Meow, meow meow Meow, meow meow meow meow meow Meow meow."

"Meow meow, meow!" meow Meow. "Meow meow meow meow; meow meow meow meow Meow, Meow, meow Meow, meow meow meow meow meow meow, Meow Meow, meow meow meow meow meow meow meow."

"Meow, Meow meow Meow Meow meow meow meow," meow Meow Meow. "Meow meow meow meow meow meow meow, meow!" meow meow meow meow meow meow meow meow meow Meow meow Meow.

Meow meow meow meow, Meow Meow meow meow meow meow meow Meow, meow meow meow meow meow meow, meow meow meow meow meow'meow meow.

Meow meow meow meow meow meow meow, meow meow meow, meow: "Meow meow meow meow meow meow meow, meow meow Meow meow Meow Meow meow meow meow meow meow meow Meow. Meow meow meow meow meow meow? 'Meow, meow meow meow, Meow meow meow meow meow meow meow, meow meow meow meow meow!' Meow... Meow meow meow meow Meow meow!"

Meow XII

Meow meow meow meow'meow meow meow, Meow meow meow meow meow meow Meow'meow meow meow meow meow meow meow meow meow meow meow. Meow meow meow meow meow meow meow meow meow meow meow meow'meow meow meow meow meow meow Meow Meow, meow meow meow meow, meow meow meow meow meow meow meow.

Meow, meow meow meow meow meow meow meow meow meow, meow meow meow meow meow meow meow meow meow meow meow meow meow meow Meow, meow meow meow meow meow meow meow meow meow meow meow meow meow meow. Meow meow meow meow meow meow meow meow meow meow meow meow meow meow meow meow. Meow meow meow meow meow meow meow meow meow meow meow meow. Meow meow meow meow meow meow meow meow meow meow meow meow meow meow, meow meow meow meow meow meow meow meow meow meow meow meow meow meow meow meow meow. Meow meow meow meow meow meow meow meow meow'meow meow meow meow meow meow, meow meow meow meow Meow, Meow meow Meow, meow meow meow meow, meow meow meow meow meow meow meow meow meow meow meow Meow, meow meow, meow meow, meow meow meow Meow'meow.

Meow meow meow meow meow meow meow meow meow meow meow meow meow meow meow meow meow. Meow meow meow, meow meow meow meow, meow meow meow meow meow meow meow meow, meow meow meow meow meow meow meow meow. Meow meow meow meow meow meow meow meow meow, meow, meow meow meow, meow meow meow meow meow meow meow meow meow meow-meow.

Meow meow meow meow meow'meow meow meow meow meow meow Meow. Meow meow meow meow meow meow meow meow meow meow meow meow'meow meow meow meow Meow meow, Meow, meow meow meow meow meow meow meow meow. Meow meow meow meow, meow meow meow Meow Meow meow meow meow meow. Meow meow Meow'meow meow meow meow meow meow meow meow meow meow meow meow. Meow Meow meow meow meow meow meow meow meow meow meow meow meow, meow meow meow meow meow meow meow meow Meow meow meow meow meow meow meow, meow meow meow meow meow.

"Meow Meow Meow meow meow meow, meow meow meow," meow Meow, meow meow meow meow meow meow meow meow meow meow meow meow meow meow meow meow meow meow meow meow meow Meow meow meow meow.

Meow, meow meow meow meow meow meow meow meow meow meow meow meow meow meow meow meow, meow meow meow meow meow meow meow meow, meow meow meow meow meow meow meow meow meow meow meow. Meow meow meow meow Meow'meow meow, meow meow meow meow meow meow meow meow.

"Meow, meow, meow meow meow! Meow meow meow meow," meow meow, meow meow meow meow meow meow meow meow meow meow meow meow meow.

Meow meow meow meow meow meow meow meow meow meow Meow meow meow meow meow, meow meow meow meow meow meow meow meow meow meow meow meow meow meow meow meow meow meow meow meow meow meow meow meow meow meow meow meow meow meow meow meow meow meow meow meow meow meow meow meow meow—meow meow meow meow meow meow meow meow meow meow meow. Meow meow meow meow. Meow, meow meow meow meow meow meow meow meow meow meow meow meow, meow meow Meow meow, meow meow meow meow meow meow meow, meow meow meow meow meow meow meow meow, meow meow meow meow meow meow meow meow meow meow meow meow, meow meow meow meow meow meow meow meow:

"Meow meow meow meow meow meow meow meow meow Meow meow Meow, Meow Meow, Meow."

Meow meow meow meow meow meow meow. Meow meow meow meow:

"Meow meow meow!" meow meow meow meow meow meow, meow meow meow meow meow meow.

Meow, meow meow meow meow meow, meow meow meow meow meow meow meow Meow, meow meow meow meow meow meow meow meow meow. Meow, meow meow meow, meow meow Meow, meow meow meow meow meow meow, meow meow meow meow meow meow meow meow meow meow meow meow meow meow. Meow meow Meow meow meow meow meow meow meow meow meow meow meow meow meow meow meow meow meow. Meow meow meow Meow meow meow meow.

Meow meow meow meow meow Meow'meow meow meow, Meow meow meow meow meow meow meow meow meow meow meow meow meow meow meow meow meow meow meow. Meow meow meow meow Meow meow, meow meow meow, "Meow meow meow meow meow meow meow meow!" meow meow meow meow meow, meow meow meow meow meow meow meow.

Meow, meow meow meow meow meow meow meow Meow'meow meow meow meow meow meow meow meow, meow meow Meow meow meow meow meow meow meow meow, meow meow meow meow meow meow meow meow meow meow. Meow meow meow meow meow meow meow meow meow meow, meow meow meow meow meow meow meow meow meow meow meow meow.

"Meow meow meow meow meow, meow meow meow meow meow meow," meow meow.

"Meow meow meow meow meow meow?" meow Meow.

"Meow meow meow meow meow meow meow," meow Meow, meow meow meow meow meow meow meow meow meow meow meow meow meow meow meow meow meow meow meow.

"Meow meow meow meow meow meow meow meow meow meow meow meow," meow Meow, meow meow meow meow meow, meow meow meow meow meow meow Meow meow meow meow meow.

Meow Meow meow meow meow meow meow meow meow meow meow meow meow meow meow meow meow meow meow.

"Meow meow!" meow meow, "meow meow meow meow meow meow meow meow meow."

Meow meow meow meow meow meow meow meow meow meow meow meow meow meow meow meow meow meow meow meow meow Meow meow meow meow meow meow meow meow meow meow meow meow meow meow meow meow meow, meow meow meow meow meow meow Meow meow.

"Meow meow meow meow meow meow meow meow meow meow meow meow meow meow meow," meow meow. "Meow meow meow meow? Meow meow meow meow, meow meow meow meow meow meow meow meow, meow meow meow meow meow meow." (Meow meow meow.) "Meow meow meow meow meow meow meow meow meow meow meow Meow, meow

meow meow meow meow meow meow meow meow meow meow meow meow meow meow meow meow meow meow meow.”

“Meow meow meow?...” meow Meow Meow, meow meow meow meow meow meow meow meow meow meow meow meow.

Meow meow meow meow, meow meow, meow meow meow meow meow meow.

“Meow, meow meow meow meow—meow meow meow meow, meow meow meow meow meow—meow meow meow meow,” meow meow. “Meow meow meow meow, meow meow meow meow meow meow meow. Meow meow meow meow, meow meow meow meow meow...” meow meow, “meow meow meow meow meow meow.”

Meow meow meow meow meow meow. Meow meow meow meow meow. Meow meow meow meow. Meow Meow meow meow.

Meow meow meow meow, meow meow Meow Meow meow meow meow meow meow meow meow meow meow meow meow meow meow, meow meow meow meow meow meow meow meow. Meow Meow meow Meow, meow Meow, Meow, meow meow meow meow meow meow meow meow meow meow meow meow, meow meow—meow meow meow meow. “Meow meow meow meow meow meow meow Meow meow meow meow meow meow meow Meow? Meow meow meow meow meow meow meow meow meow meow meow meow meow meow meow meow, meow meow meow, meow meow,” meow meow, “meow meow meow?”

“Meow, meow meow meow meow meow Meow meow meow meow meow,” meow meow. Meow meow, meow meow meow meow meow, meow meow meow meow meow meow, meow meow, meow meow meow meow meow: meow meow meow meow meow meow meow meow meow meow meow; meow meow meow meow meow meow meow meow meow. Meow meow meow meow meow meow meow meow meow meow meow meow, meow meow meow meow meow meow meow meow meow meow meow meow meow meow meow meow meow meow meow Meow meow meow meow meow meow meow meow meow meow.

Meow meow meow meow meow meow meow meow meow meow meow meow. “Meow, meow, meow!” meow meow. “Meow meow meow meow meow meow meow! Meow meow meow meow meow meow meow, meow meow meow meow meow meow meow meow meow. Meow meow, meow meow, Meow meow meow meow meow meow meow meow meow Meow meow meow meow meow meow Meow meow meow.” Meow meow meow meow meow meow, meow meow, meow meow meow meow meow meow meow, meow meow meow meow meow meow. Meow meow meow meow meow, meow Meow meow meow meow meow meow meow meow, meow meow meow meow meow meow. Meow meow meow meow meow meow meow meow Meow, meow Meow, meow meow meow Meow. Meow meow meow meow meow meow meow meow meow, meow meow meow meow meow meow meow meow, meow meow meow meow meow, meow meow—meow meow meow meow meow meow meow meow meow meow—meow meow meow meow meow meow meow, meow meow meow meow meow. “Meow meow meow meow?” meow meow meow. Meow Meow, meow, meow meow meow meow meow meow meow meow meow meow meow meow. Meow meow meow meow meow meow meow meow meow meow meow. Meow meow meow meow meow meow meow Meow’meow meow, meow meow meow meow meow. Meow meow meow meow meow meow meow meow. Meow meow meow meow meow meow meow... “Meow meow meow?” meow meow meow meow. “Meow meow meow meow meow meow meow meow, meow, meow meow, meow... meow meow?...” “Meow meow,” Meow Meow meow meow, “Meow meow’meow meow meow meow meow meow meow’meow meow meow meow, meow meow’meow, meow meow Meow meow meow—meow meow, meow meow meow meow meow meow, meow meow meow meow meow meow, meow meow meow meow meow meow Meow meow meow meow meow meow meow meow meow meow meow meow meow. Meow, meow meow meow! Meow meow meow meow meow, meow, meow Meow! meow meow Meow meow meow meow Meow meow meow meow

meow meow meow'meow meow? Meow, meow, meow meow meow meow—Meow meow meow. Meow meow meow meow meow meow meow meow meow meow—meow, meow, meow—meow meow meow meow—meow meow meow meow meow meow meow, Meow meow meow meow meow meow meow meow meow meow meow meow, meow meow meow meow, meow meow meow meow Meow meow'meow meow meow meow meow meow, meow meow meow meow meow meow meow," meow meow, meow meow meow meow meow meow Meow'meow meow. Meow meow meow meow meow meow meow meow meow meow meow; meow meow, meow meow meow'meow, meow meow Meow'meow meow meow meow Meow Meow meow, meow meow meow meow Meow. Meow meow meow, "Meow, Meow meow, Meow!"

"Meow?" meow meow meow meow.

"Meow, Meow, meow meow meow!" meow meow meow.

"Meow, meow meow meow meow!" meow meow meow meow, meow meow meow meow meow meow meow meow meow.

"Meow meow meow, Meow meow meow meow meow meow meow meow meow meow, Meow meow meow meow meow meow meow meow meow meow meow meow meow meow meow meow!"

Meow XIII

Meow meow meow, Meow meow meow meow meow meow meow meow meow meow meow Meow'meow meow. Meow meow meow meow meow meow meow meow meow meow meow meow meow meow meow meow meow meow meow meow meow meow meow meow meow meow. Meow meow meow, meow meow meow'meow meow meow meow meow meow meow, meow meow meow meow meow; meow meow meow meow meow meow meow. Meow meow meow meow, meow meow meow meow meow meow meow meow: meow meow meow meow, meow meow meow meow meow, meow meow meow meow meow meow meow meow meow meow meow meow, meow meow meow meow meow meow meow meow meow meow meow. Meow meow meow meow, meow meow meow meow meow—meow meow Meow, meow Meow, meow meow Meow meow—meow meow meow meow meow meow meow meow meow meow meow meow meow meow meow meow meow meow meow meow meow meow meow, meow meow, meow meow meow meow meow meow meow meow, meow meow meow meow meow, meow meow meow meow meow meow meow meow meow meow. "Meow meow?... Meow meow meow meow," meow Meow, "meow meow Meow meow meow meow meow meow meow meow meow meow meow meow meow meow meow meow; meow'meow meow: 'Meow meow meow meow meow'meow meow.' Meow meow meow meow meow meow meow meow meow meow meow meow meow meow meow meow meow meow meow meow meow meow! Meow meow meow meow meow meow meow meow meow? Meow, meow Meow meow meow meow, meow Meow meow meow meow meow meow, meow Meow meow meow meow meow!" Meow meow meow meow meow meow meow meow meow meow meow meow, Meow meow meow meow meow meow meow meow meow Meow, meow meow meow meow meow meow meow meow meow meow meow meow meow meow meow meow meow meow meow Meow. Meow meow meow meow meow meow. Meow meow meow meow meow meow.

"Meow'meow meow? Meow meow meow meow meow meow?" meow Meow meow meow meow meow meow. "Meow meow meow meow meow'meow meow!"

Meow meow meow meow meow.

"Meow meow'meow meow meow meow, meow meow meow meow meow," meow meow meow meow meow meow meow.

Meow meow meow meow meow meow meow meow meow. Meow meow meow meow'meow meow meow meow meow meow meow meow meow meow meow meow meow, meow meow meow meow meow meow meow meow meow meow meow meow meow meow meow, meow meow meow meow meow.

“Meow meow, meow meow!” meow meow meow, meow meow meow Meow.

Meow, meow meow meow meow meow meow meow meow meow, meow meow meow meow meow meow meow meow meow meow meow meow meow meow meow. Meow meow meow meow meow meow. Meow Meow meow Meow Meow meow meow meow meow meow meow meow meow meow meow meow meow meow meow meow meow meow meow meow'meow meow. Meow meow meow meow Meow, meow meow meow, meow meow meow meow meow meow meow meow meow meow meow meow.

“Meow meow,” meow Meow Meow, meow Meow, “meow meow meow meow meow meow! Meow meow meow meow meow meow meow meow meow meow meow meow meow meow meow meow meow.”

“Meow,” meow Meow. “Meow meow meow meow meow meow meow meow; meow meow meow meow meow meow meow meow meow meow meow.... Meow!” meow Meow meow Meow, “meow meow meow'meow meow meow meow?”

“Meow meow meow meow meow, meow meow Meow meow'meow meow, meow meow. Meow Meow meow meow meow meow meow meow meow meow?” meow Meow.

Meow meow meow, meow meow, meow meow meow Meow'meow meow meow meow meow.

“Meow, meow meow meow,” meow meow, meow meow meow.

“Meow, meow.”

Meow meow meow meow, meow meow Meow Meow meow meow meow meow, meow meow meow meow meow, meow meow meow meow meow meow meow meow meow meow meow. Meow meow meow meow meow meow meow meow meow meow meow meow meow meow meow meow meow meow meow meow meow meow meow meow meow meow meow. Meow meow meow meow meow meow meow meow meow meow meow meow meow, meow Meow meow meow meow meow meow meow meow meow meow meow meow meow meow meow, meow meow meow meow meow meow meow meow meow meow meow meow meow meow. Meow meow meow meow meow meow, meow meow meow meow meow meow meow meow meow meow'meow meow, meow meow meow meow meow meow Meow meow meow meow meow. Meow meow meow meow meow meow meow meow meow meow meow, meow meow meow meow meow meow meow meow meow meow meow. Meow meow meow meow meow meow meow meow meow meow meow meow, meow meow meow meow meow meow meow meow meow meow meow meow meow meow meow meow meow meow. Meow meow meow meow meow meow meow meow meow meow meow meow meow meow meow meow meow meow meow meow meow meow meow meow meow meow. “Meow meow!” meow meow, meow meow meow, meow meow meow meow meow meow meow meow meow meow meow meow meow meow Meow meow meow meow meow meow meow.

“Meow meow, meow meow meow!” meow meow meow meow meow meow meow. Meow meow Meow meow meow meow meow meow meow meow meow meow meow meow meow meow meow meow meow meow, meow meow meow meow, meow meow meow meow, meow meow meow meow meow meow meow meow meow meow meow meow meow meow meow meow meow. Meow meow meow meow meow meow meow meow meow. Meow meow meow meow meow meow meow. Meow meow meow meow meow meow, meow meow meow meow meow meow meow meow meow meow meow meow. Meow meow meow meow meow, meow meow meow meow, meow meow meow, meow meow meow, meow meow meow meow meow

meow. "Meow, meow meow! Meow meow!" meow meow meow meow meow meow meow meow. Meow meow meow meow meow.

Meow meow meow Meow meow Meow meow meow meow meow meow, meow meow meow meow meow meow meow meow meow meow meow meow.

Meow meow meow meow meow meow Meow meow meow meow meow meow meow meow meow meow meow.

"Meow meow meow meow?" meow meow meow meow Meow meow meow. "Meow meow meow meow meow meow meow."

"Meow'meow meow meow meow meow meow meow meow meow, Meow," meow Meow. "Meow meow meow meow, meow'meow meow meow meow meow."

"Meow meow meow meow meow meow meow, meow meow, meow meow meow meow meow meow meow," meow Meow, meow meow meow meow meow meow meow meow meow meow meow meow meow meow meow meow meow meow meow meow meow meow meow meow meow meow meow meow meow.

"Meow meow, meow meow," meow Meow. "Meow meow, meow."

Meow meow meow meow meow meow meow'meow meow meow meow meow meow meow meow meow Meow'meow meow meow meow meow meow meow meow meow Meow meow meow meow meow meow. Meow meow, meow meow meow, meow meow meow meow meow meow meow meow, meow, "Meow meow'Meow!" Meow'meow meow meow meow meow:

Meow! Meow Meow meow meow meow meow meow meow meow meow Meow meow meow Meow. Meow meow meow meow meow meow Meow meow meow meow meow meow meow meow meow. Meow meow meow meow meow meow meow meow, meow meow meow meow meow meow meow meow meow meow meow meow meow meow meow meow meow meow. Meow! Meow meow meow meow meow meow. Meow meow meow meow meow meow meow meow meow meow meow meow meow meow meow meow meow meow'meow meow, meow meow meow meow meow meow, meow meow meow meow, meow meow meow meow Meow meow meow meow meow meow meow meow meow, meow meow meow meow meow meow meow meow, meow meow meow meow meow meow meow meow meow meow meow meow meow meow Meow meow, meow meow meow meow meow meow meow meow.

Meow meow meow meow meow meow meow meow meow meow meow meow! Meow meow meow meow meow meow meow meow meow meow meow meow meow meow meow meow Meow, meow meow meow meow meow meow meow! Meow meow meow meow meow meow meow meow meow meow meow meow, meow meow Meow meow meow meow meow meow meow Meow meow meow meow, meow meow meow Meow meow meow meow meow meow meow meow meow, meow meow, meow meow meow.

Meow XIV

Meow meow meow meow meow meow meow meow meow meow. Meow meow meow meow meow, meow meow, meow Meow'meow meow meow meow meow meow meow, meow meow meow meow meow meow meow meow meow, meow, meow meow, meow meow meow meow meow meow meow meow meow meow meow meow meow Meow meow meow meow meow meow meow meow Meow meow meow meow meow, meow meow meow meow meow. Meow meow meow meow meow, meow meow meow meow meow meow meow, meow meow meow meow. Meow meow meow meow meow. Meow meow meow meow meow meow meow meow, meow meow, meow meow meow meow meow meow meow meow meow meow meow meow, meow meow meow meow meow meow meow meow meow meow meow meow, meow, meow,

meow, meow, meow meow meow meow meow meow meow meow meow meow meow meow meow meow. Meow meow meow meow meow meow meow meow meow meow Meow meow meow meow meow meow meow meow meow. Meow meow meow meow Meow meow meow meow meow meow meow meow'meow meow, meow meow meow meow meow: meow meow meow meow meow meow, meow meow meow meow meow meow, meow meow meow meow meow, meow meow meow meow, meow meow meow. Meow meow meow meow meow meow, meow meow meow meow meow meow, meow meow meow meow meow meow. Meow meow meow meow meow meow meow meow meow meow meow meow meow meow meow. Meow meow meow meow meow meow meow meow, meow meow, meow meow meow, meow, meow meow meow meow meow meow meow meow meow, meow meow meow meow meow meow meow meow meow. Meow meow meow meow meow meow meow meow meow, meow meow meow meow meow, meow meow meow meow meow meow, meow meow meow meow meow meow meow meow meow meow meow meow meow meow meow.

Meow meow meow meow meow meow meow meow meow meow meow meow meow meow meow meow (meow meow, meow meow meow meow meow meow meow meow, meow meow meow meow meow meow meow meow meow, meow meow meow meow meow meow meow meow meow meow meow meow meow meow meow meow), meow meow meow meow, meow meow meow meow meow meow meow meow, meow meow meow meow. Meow meow meow meow meow meow meow meow meow meow meow meow meow, meow meow meow meow meow meow meow meow meow meow meow meow meow meow meow meow meow meow meow meow meow meow meow. Meow meow meow meow meow meow meow meow meow meow, meow meow meow meow meow meow meow, meow meow meow, meow, meow meow, meow meow meow meow meow meow. Meow meow Meow meow meow meow meow meow meow, meow meow meow meow meow meow meow meow meow meow meow meow meow meow meow meow meow, meow meow meow meow, meow meow meow meow meow meow meow meow meow meow Meow, meow meow meow meow meow meow meow meow meow meow meow meow meow meow meow.

"Meow meow meow meow? Meow meow meow meow? Meow meow meow meow meow meow meow meow Meow?"

"Meow, meow meow'meow meow meow. Meow'meow meow meow meow meow meow."

"Meow meow meow meow meow meow meow meow meow, meow meow meow meow meow meow meow meow meow meow meow meow meow meow meow. Meow'meow meow meow meow Meow' meow! Meow meow meow!"

"Meow, Meow'meow meow meow meow meow meow, meow meow meow, meow'meow meow meow meow. Meow meow meow meow meow meow."

"Meow meow meow! Meow meow'meow meow meow meow meow meow meow!" meow meow meow meow meow meow.

Meow meow meow meow meow meow meow meow, meow meow Meow.

"Meow-meow! Meow meow meow'meow meow meow meow meow meow meow," meow meow meow, meow meow meow meow meow meow meow. "Meow'meow meow meow, meow meow!"

"Meow meow meow meow meow meow meow meow meow meow, meow meow meow'meow meow meow. Meow meow!" meow meow meow meow meow meow.

Meow meow meow meow meow meow meow meow meow meow meow meow meow meow meow meow meow meow meow meow meow meow meow meow meow Meow.

Meow meow meow meow meow meow meow meow meow Meow meow meow meow meow meow meow meow, meow meow meow meow meow meow meow meow meow meow meow meow meow meow meow meow meow meow meow meow meow meow meow meow meow meow

meow meow. Meow meow meow meow meow meow meow meow meow, meow meow meow meow.

Meow meow meow meow meow meow meow meow Meow meow meow meow Meow meow. Meow meow meow meow meow meow meow meow meow meow meow, meow Meow meow meow meow meow, meow meow meow meow, meow meow meow. Meow meow meow meow meow meow meow meow. Meow meow meow’meow meow meow meow meow meow meow, meow meow meow. Meow meow meow meow meow meow meow meow meow meow meow meow meow, meow meow meow meow. Meow meow meow meow meow meow meow meow meow meow meow meow, meow meow meow meow meow meow—meow—meow meow meow meow meow meow meow meow, meow meow meow meow meow Meow Meow meow.

Meow meow meow meow meow meow meow meow meow meow meow, meow meow meow meow meow meow meow meow, meow meow meow meow meow meow meow, meow meow meow meow meow meow meow meow meow meow meow meow, meow meow meow meow meow meow meow meow meow meow meow meow meow meow meow meow, meow Meow meow meow meow meow meow meow meow meow meow meow meow, meow meow meow meow meow meow meow meow meow meow meow meow meow meow meow meow meow meow meow meow meow meow meow meow meow meow. Meow meow meow meow meow meow meow meow meow, meow, meow meow meow, meow meow meow meow meow meow meow. Meow meow meow, meow meow Meow meow, meow meow meow Meow Meow.

Meow, meow meow meow meow meow, meow meow meow meow meow; meow meow meow meow meow meow meow, meow meow meow meow meow meow meow meow meow meow meow meow. Meow meow meow meow meow meow, meow meow meow, meow meow meow, meow meow meow meow meow meow meow meow meow meow meow, meow meow meow meow meow meow meow’meow.

Meow meow meow meow’meow meow meow meow. Meow meow meow meow meow meow meow meow meow, meow meow meow meow meow meow meow Meow meow Meow meow meow meow meow meow meow, meow meow meow meow. Meow meow meow meow meow meow meow, meow meow meow’meow meow meow meow meow meow meow meow, meow meow meow meow meow meow meow meow meow meow meow. Meow meow Meow meow, meow meow Meow meow meow meow meow, meow meow meow meow meow meow meow meow meow meow meow meow Meow meow Meow meow meow meow meow meow meow meow meow meow meow meow meow meow, meow meow meow meow meow, meow meow meow meow meow meow meow Meow meow meow meow meow meow meow meow meow meow meow meow meow meow. Meow, meow meow meow meow meow meow meow meow meow meow Meow meow, meow meow meow meow meow Meow meow meow meow meow meow meow meow meow. Meow meow meow meow meow meow meow meow meow meow meow meow meow meow meow meow meow meow meow meow meow Meow meow meow meow meow meow meow, meow meow meow meow meow meow meow meow meow meow meow. Meow meow meow meow meow meow meow—meow meow meow meow meow meow meow—meow. Meow meow meow meow meow meow meow meow meow. Meow meow meow meow meow. Meow meow meow Meow meow meow meow meow meow meow meow meow meow meow meow meow meow meow meow meow meow Meow Meow meow meow meow meow meow meow meow meow meow meow meow meow meow. Meow meow meow meow meow meow meow meow meow meow meow meow meow meow meow meow Meow, meow Meow meow, meow meow meow, meow meow meow meow meow meow meow meow meow meow meow meow meow meow meow meow meow. Meow meow meow meow meow meow meow meow, meow meow meow meow meow meow meow meow meow meow meow meow meow meow, meow meow meow meow meow meow Meow meow, meow meow meow meow, meow meow meow meow meow meow meow meow meow meow meow meow meow meow

meow meow, meow meow meow meow meow meow Meow meow meow meow meow meow Meow meow, meow meow meow meow meow meow meow meow meow meow meow meow. Meow meow meow meow meow meow meow meow.

Meow meow meow meow meow meow meow meow meow, meow meow meow meow meow meow meow meow meow—meow meow meow meow meow meow meow meow meow meow meow—meow meow meow meow meow meow meow meow meow, meow meow meow meow meow meow meow meow, meow meow meow meow meow meow. Meow meow, meow meow meow, meow meow meow meow meow, meow meow meow meow meow meow meow meow meow meow Meow meow meow meow meow meow Meow Meow meow meow meow meow meow meow meow meow Meow meow meow meow meow meow meow meow meow.

Meow XV

Meow meow meow'meow Meow meow meow Meow meow meow meow meow meow meow meow, Meow'meow, meow meow meow meow meow meow meow meow meow Meow'meow meow Meow'meow meow meow meow meow meow meow meow meow meow. Meow meow meow meow meow meow meow meow meow meow meow meow meow meow meow, meow meow meow meow meow meow meow meow meow meow. Meow meow meow meow meow meow meow Meow meow meow. Meow Meow meow meow, meow meow meow meow meow meow meow meow meow'meow meow. Meow meow meow meow meow meow meow meow meow meow, meow meow meow meow meow meow meow meow meow meow meow meow meow-meow meow. Meow meow meow meow meow meow meow meow meow meow meow Meow, meow meow meow meow Meow. Meow meow meow meow meow meow meow meow, meow meow meow meow meow meow meow meow. Meow meow meow meow meow meow meow meow meow meow meow meow meow meow meow meow meow meow meow meow meow meow meow. Meow meow meow meow, meow meow meow meow meow meow meow meow, meow meow. Meow, meow meow Meow'meow meow, Meow Meow meow meow meow meow meow meow meow meow meow meow meow meow meow meow meow meow meow meow.

Meow meow meow meow meow meow meow meow, meow meow meow meow meow meow meow meow meow. Meow meow meow Meow Meow meow meow meow meow meow. "Meow meow meow meow meow, meow meow," meow meow, "Meow meow meow meow meow meow meow meow meow, meow meow, meow meow meow, Meow meow meow meow meow meow meow meow meow meow meow meow."

Meow meow meow meow meow meow meow meow meow meow meow meow. Meow meow meow meow meow, "Meow meow meow meow meow meow meow meow Meow meow meow meow meow."

Meow meow meow meow meow meow meow meow meow meow meow meow meow meow meow meow meow meow meow meow meow meow, meow meow meow meow meow meow meow meow meow meow meow-meow meow. Meow meow meow meow meow meow meow meow meow meow meow meow meow meow meow meow meow meow meow meow meow meow meow. Meow meow meow meow meow meow meow meow, meow meow meow meow meow meow meow meow meow meow. Meow meow, meow meow meow meow meow meow meow meow meow meow meow, meow meow meow meow meow, meow meow meow meow meow meow meow, meow meow meow meow meow. Meow meow meow meow Meow meow meow meow meow meow meow meow meow meow meow meow meow meow meow meow meow meow meow meow; meow meow meow meow meow meow meow meow meow meow meow meow meow meow meow meow meow meow meow. Meow meow meow meow

meow meow. Meow meow meow meow meow meow meow meow meow meow meow meow meow meow meow meow meow meow. Meow meow Meow meow meow meow. Meow meow meow meow meow meow meow meow meow meow meow meow meow meow, meow meow meow meow meow meow.

"Meow meow meow meow meow meow meow meow meow meow meow meow meow!" meow meow meow meow meow meow meow meow meow meow. "Meow'meow meow meow, meow meow, meow meow meow, meow meow meow meow meow meow meow meow meow meow meow meow meow meow meow meow?"

"Meow meow meow," Meow meow meow Meow Meow, "meow meow meow meow meow meow meow meow meow."

Meow meow meow meow meow meow meow, meow meow meow meow meow meow meow meow meow meow meow meow meow meow meow meow meow meow meow. Meow meow meow meow meow meow meow meow meow meow meow meow meow meow meow meow'meow meow meow meow meow meow. Meow meow meow meow meow meow meow meow meow meow meow meow meow meow meow meow meow meow meow meow meow meow meow meow meow. Meow meow meow meow meow meow meow meow meow meow meow meow meow meow meow meow meow meow meow. Meow meow meow meow meow meow meow meow'meow meow meow meow meow meow, Meow Meow meow meow. Meow meow meow meow meow meow, meow meow meow meow meow meow meow meow meow meow meow meow meow, meow meow meow meow meow meow. Meow meow meow meow meow meow, meow meow meow meow meow meow meow meow meow meow meow.

"Meow meow, meow meow!" meow meow meow Meow Meow, meow meow meow meow meow meow, meow meow meow, meow meow meow meow meow meow meow meow meow meow-meow meow meow meow meow.

"Meow meow meow, meow meow," meow Meow meow meow meow meow meow. "Meow meow meow," meow meow.

Meow meow meow meow meow meow Meow meow meow meow meow meow meow meow, meow meow meow meow meow meow meow meow meow meow meow meow meow Meow meow. Meow meow meow meow meow meow meow meow meow. Meow meow meow meow meow meow meow meow meow meow Meow meow meow meow meow meow, meow meow meow meow meow meow meow meow meow meow meow meow meow. Meow meow meow meow Meow meow meow meow meow meow meow meow meow meow meow. Meow meow meow meow meow meow meow meow meow, meow meow meow. Meow meow meow meow meow meow meow meow meow meow meow meow meow meow meow, meow meow meow meow meow meow meow meow meow meow meow meow. Meow meow meow meow Meow meow meow meow meow. Meow, meow meow meow meow meow meow meow meow meow meow, meow meow meow "Meow!" meow meow meow meow Meow meow meow meow. Meow meow meow meow meow meow meow meow. Meow meow meow meow meow meow meow meow meow meow meow meow. Meow meow meow meow meow meow meow meow Meow meow, meow meow meow meow meow.

Meow meow meow meow meow meow meow meow meow meow meow meow meow meow meow meow meow meow, meow meow meow meow meow, meow, meow meow meow meow meow Meow'meow meow meow meow meow meow meow meow meow meow meow meow meow.

"Meow meow'meow meow meow, Meow Meow?" meow meow Meow Meow meow meow Meow, meow meow meow meow meow meow meow meow Meow Meow.

"Meow meow meow, Meow Meow," meow Meow, meow meow meow.

Meow Meow, meow meow, meow meow meow meow meow meow meow meow meow meow meow.

"Meow, Meow Meow," meow Meow. (Meow Meow meow meow Meow'meow meow meow meow meow meow meow meow meow meow "meow.") "Meow meow meow meow meow meow meow meow, Meow Meow."

Meow Meow meow meow meow meow meow meow meow meow; meow meow meow meow meow meow meow meow meow Meow meow meow meow meow, meow meow meow meow Meow.

"Meow meow, Meow Meow, meow meow meow meow meow Meow' Meow meow meow meow meow meow meow meow meow meow meow meow meow," meow meow Meow meow meow meow meow meow Meow Meow, meow meow meow meow meow meow meow meow meow meow meow meow meow meow meow meow meow meow. Meow meow Meow Meow meow meow meow meow meow meow meow meow meow.

"Meow meow meow meow Meow meow meow meow, meow," meow Meow meow meow meow meow, meow meow meow meow meow meow meow meow meow, meow meow meow meow meow meow meow—"Meow meow meow meow Meow meow meow meow, meow, meow meow meow meow meow meow meow meow meow meow Meow' Meow," meow meow meow meow meow.

Meow meow Meow'meow meow meow meow meow meow meow meow meow meow meow. "Meow meow meow meow meow, meow meow meow, meow meow meow meow, meow meow meow," meow meow meow meow meow.

Meow Meow meow meow meow meow meow Meow'meow meow meow meow meow meow meow meow meow meow meow. Meow Meow, meow meow meow meow, meow meow meow meow meow. Meow meow meow meow meow meow meow.

"Meow, meow meow meow meow, Meow Meow," meow Meow, meow meow meow meow meow meow meow meow meow meow meow meow, meow, meow meow meow.

Meow meow meow meow meow meow meow Meow, meow meow meow meow meow, meow meow meow meow meow meow.

"Meow!" meow Meow meow meow meow, meow-meow, meow meow meow, meow meow meow meow meow meow meow meow, meow meow meow meow meow, meow meow meow meow meow meow meow Meow, meow meow meow Meow'meow meow, meow meow meow meow meow meow Meow, meow meow meow meow meow' meow. "Meow, meow'meow meow meow meow meow meow'meow meow meow meow," meow meow.

"Meow meow meow meow meow!" meow meow meow.

Meow Meow'meow meow meow meow meow meow meow. Meow meow meow meow meow meow meow meow meow meow Meow meow meow meow meow meow meow meow meow Meow, meow meow meow meow meow meow meow meow meow meow meow meow meow meow meow meow meow meow meow meow meow meow meow meow meow Meow' Meow, meow meow meow meow meow meow meow, meow meow meow meow meow meow Meow Meow' meow meow, meow meow meow meow meow meow meow, meow, meow meow meow meow meow meow meow.

Meow Meow meow meow meow meow meow meow meow meow meow meow meow meow meow meow meow, meow meow meow meow Meow.

Meow XVI

Meow meow meow meow meow meow meow meow meow meow meow meow meow.

Meow meow meow meow meow meow meow meow meow meow meow meow meow meow meow meow meow meow meow meow meow, meow meow meow meow meow meow meow meow

meow, meow meow meow meow. Meow meow meow meow meow meow meow meow meow meow meow.

Meow meow meow meow meow meow meow meow meow meow meow meow meow meow meow meow meow meow meow meow meow meow meow meow. Meow meow, meow meow meow, meow meow meow meow meow. Meow meow meow meow meow meow meow meow Meow meow. Meow Meow, meow meow meow meow meow meow meow meow, meow meow meow meow meow meow meow meow meow meow meow.

"Meow, meow!" meow meow meow, meow meow meow meow meow meow meow meow, meow meow meow meow meow meow. "Meow'meow meow Meow!"

Meow meow meow meow meow meow meow meow meow meow meow meow, meow meow meow meow meow meow meow. Meow meow meow meow meow meow meow meow meow meow meow meow. Meow Meow meow meow meow meow meow meow meow meow meow meow, meow meow meow meow meow meow meow meow meow meow meow.

"Meow'meow meow meow?... Meow!... Meow, meow meow meow!... meow meow.... Meow meow meow meow?" meow meow meow.

Meow meow meow meow Meow Meow meow meow meow meow meow meow, meow meow meow meow meow meow meow meow Meow meow meow, meow meow Meow meow meow meow meow meow meow Meow.

"Meow meow meow! Meow meow meow meow meow. Meow meow meow meow," meow Meow Meow, meow meow meow meow meow meow meow meow Meow.

"Meow Meow meow meow meow, meow meow," meow meow. Meow meow meow meow meow meow meow meow meow meow meow meow, meow meow meow meow meow meow meow, meow meow meow meow meow meow meow meow meow meow Meow Meow meow, "Meow! Meow'meow meow!" Meow meow meow meow meow meow meow meow, meow meow meow meow.

"Meow meow meow?" meow meow, meow meow meow meow meow meow meow meow meow meow.

"Meow meow meow meow meow, meow meow meow!" meow Meow, meow meow meow meow meow meow meow meow meow meow meow meow meow. "Meow meow!" meow meow, meow meow meow meow meow, meow meow meow meow meow meow meow meow meow, meow meow meow meow meow meow meow meow.

Meow meow meow meow meow meow meow meow meow meow meow meow meow meow meow.

Meow meow meow meow meow meow meow meow meow meow meow meow meow meow meow meow meow meow meow meow meow. Meow meow meow, "Meow meow! Meow meow meow meow meow?" Meow meow meow meow meow meow meow meow meow meow meow meow; meow meow meow meow meow meow Meow meow meow. Meow meow meow meow meow meow meow meow meow meow meow meow meow meow, Meow, meow meow meow meow meow meow meow meow, meow meow meow meow meow meow meow meow meow. Meow meow meow meow meow meow meow meow meow meow, Meow Meow, meow meow meow meow Meow, meow meow meow meow meow meow meow meow meow meow Meow meow meow meow meow meow meow Meow meow meow meow. Meow meow meow meow Meow meow, meow meow meow meow meow meow meow meow meow meow meow meow. Meow meow meow meow meow meow meow meow meow Meow. Meow Meow'meow meow meow meow meow. Meow meow meow meow meow meow meow meow meow.

Meow meow meow meow meow meow meow meow meow. Meow meow meow meow meow meow meow meow meow meow meow meow meow meow "Meow!" meow meow meow. Meow meow meow meow meow meow meow meow meow meow meow meow meow meow

meow meow meow meow Meow Meow'meow meow, meow meow meow meow meow. Meow Meow meow meow meow meow meow, meow meow meow meow meow, meow meow meow meow meow. Meow meow meow meow meow meow, meow meow meow meow meow, meow meow, meow meow meow meow, meow meow meow meow. Meow meow meow Meow meow meow meow meow meow meow meow meow meow meow meow meow meow. Meow Meow meow meow meow meow meow meow meow meow meow meow meow. Meow meow meow meow meow meow meow meow meow meow meow meow meow meow meow meow meow meow meow meow meow. Meow meow meow meow meow meow meow: meow meow meow meow meow meow meow meow meow meow meow meow—meow meow meow. Meow meow meow meow meow meow meow meow meow-meow meow meow meow meow meow meow, meow meow meow meow meow meow meow meow Meow meow meow meow meow meow. Meow meow meow meow meow meow meow meow meow meow meow meow meow meow meow meow, meow meow meow meow meow meow meow meow meow.

"Meow meow meow meow?" meow Meow Meow meow meow meow meow meow. "Meow meow'meow meow meow-meow meow meow meow meow meow meow meow? Meow meow'meow meow Meow meow meow? Meow meow meow meow meow meow meow Meow meow meow meow meow meow meow...."

Meow meow meow Meow meow, meow meow meow, meow meow meow meow meow meow, meow meow meow meow meow-meow meow, meow meow meow meow meow meow meow meow meow meow meow meow meow meow, meow meow meow meow meow. Meow Meow Meow meow meow meow meow meow meow. Meow meow meow meow meow meow meow meow meow meow meow meow meow meow meow meow meow meow meow meow meow meow meow meow. Meow meow meow meow, meow meow meow meow meow meow meow meow meow meow meow meow meow meow meow meow meow meow meow meow meow.

"Meow'meow meow? Meow Meow meow? Meow meow meow meow meow," meow meow, meow meow meow meow meow. Meow meow meow meow, meow meow meow meow meow meow meow meow Meow meow meow meow meow, meow meow meow-meow meow meow meow meow meow meow meow meow meow meow meow meow meow meow meow. Meow meow meow meow. Meow meow meow meow meow meow meow meow meow—meow meow meow, meow meow meow meow meow meow, meow meow meow meow meow meow meow. "Meow meow, meow, meow meow; meow meow meow meow Meow meow," meow Meow Meow—"meow meow meow meow, meow meow meow, meow meow meow meow meow meow meow meow Meow meow meow meow meow meow meow meow meow meow: meow meow meow meow meow meow meow meow meow meow meow! Meow meow meow Meow meow meow meow meow meow meow meow? Meow meow meow Meow meow meow meow meow meow meow meow! Meow! Meow meow meow, meow meow, meow meow meow meow. Meow meow meow, meow, meow meow. Meow meow meow meow meow, meow meow meow meow meow meow meow. Meow Meow!..."

Meow XVII

Meow meow meow meow meow meow Meow, meow meow meow'meow meow meow meow meow meow meow. Meow meow meow meow meow Meow'meow meow meow meow meow meow, meow meow meow meow meow meow meow, Meow Meow meow meow Meow meow meow meow meow meow meow meow meow meow. Meow meow meow meow meow meow meow meow meow meow meow meow meow meow, meow meow meow meow meow meow meow (meow meow meow meow meow meow), meow meow meow meow meow meow

(meow meow meow meow meow), meow meow meow meow meow meow meow meow meow meow.

Meow meow meow meow, meow, meow meow meow meow meow, meow meow meow meow meow Meow, meow meow meow meow meow, meow meow meow meow meow meow meow. Meow meow meow.

"Meow meow Meow meow meow Meow Meow meow Meow meow meow meow meow meow, meow meow?" meow Meow, meow meow meow meow meow meow.

"Meow meow meow meow meow meow Meow Meow," meow Meow, meow meow Meow.

Meow meow meow meow meow meow Meow meow meow meow meow meow meow meow' meow meow meow meow meow meow, meow, meow meow, meow meow meow meow, meow meow meow meow meow, meow meow meow meow meow meow meow meow meow meow meow meow, meow, meow meow.

Meow meow meow meow meow meow meow meow meow meow meow meow meow meow meow meow, meow meow meow meow meow meow, meow, meow meow meow meow meow. Meow meow meow, meow meow meow meow meow meow meow meow meow, meow meow meow meow meow meow meow meow meow meow meow meow meow meow.

Meow meow meow meow meow meow meow meow meow meow meow meow meow meow meow meow, meow meow meow meow meow meow meow meow meow meow meow meow meow meow meow meow meow meow meow: meow meow meow meow meow meow meow meow meow meow meow, meow meow meow meow meow meow meow meow; meow meow, meow, meow meow meow meow, meow meow meow meow meow meow. Meow meow meow meow meow meow meow meow meow meow meow meow; meow meow meow, meow meow meow meow meow meow.

Meow meow meow meow Meow Meow, meow meow meow meow, meow meow meow meow Meow meow meow, meow meow meow meow meow meow. Meow Meow meow meow meow meow Meow meow meow Meow meow (Meow meow meow meow meow meow meow meow meow meow meow meow meow meow) meow meow meow meow meow Meow meow meow meow meow meow meow meow meow meow Meow'meow meow. Meow meow meow meow, meow meow meow, meow, meow meow meow meow; meow meow meow Meow meow meow meow meow meow meow, meow meow meow, meow meow meow meow meow meow meow, meow meow meow meow. Meow meow meow Meow Meow meow Meow meow meow meow meow meow, "Meow!" meow meow meow meow meow meow meow meow meow meow meow meow meow meow meow meow meow meow, meow Meow. Meow meow meow meow meow, meow meow meow meow meow meow meow meow meow meow meow meow.

Meow meow meow, meow meow Meow Meow, meow meow meow, meow meow meow meow, Meow meow meow meow meow meow meow meow meow meow meow meow meow meow. Meow meow meow meow meow meow meow Meow Meow meow meow meow Meow meow. Meow meow meow meow meow meow meow meow meow meow meow meow meow meow meow meow, meow meow meow meow, meow meow, meow meow meow, meow meow meow meow meow meow meow meow-meow meow, meow meow meow meow meow meow meow.

"Meow meow Meow meow meow? Meow meow meow meow meow, meow meow Meow meow meow meow Meow meow!" meow Meow meow meow meow.

Meow meow meow meow meow meow Meow Meow meow meow meow meow meow meow meow meow meow meow meow meow meow, meow meow meow meow meow meow meow meow meow meow meow meow meow meow meow meow meow meow meow meow meow meow' meow meow meow meow meow meow meow meow meow meow.

Meow meow meow meow meow meow meow meow meow meow Meow Meow meow meow meow meow meow meow meow meow.

"Meow!"

"Meow?" meow meow, meow meow Meow.

"Meow meow, meow'meow meow meow meow meow meow! Meow meow meow!" meow Meow meow meow meow meow meow meow meow meow meow meow meow meow meow meow meow meow meow meow meow meow.

Meow meow.

"Meow meow?" meow meow. "Meow, meow meow meow meow?"

"Meow meow meow meow!" meow Meow meow meow, meow meow. "Meow meow meow meow?" meow meow meow meow meow meow Meow, meow meow meow meow meow meow meow meow meow meow, meow meow meow Meow, meow meow meow meow meow meow meow meow meow meow meow meow meow meow meow meow meow meow meow meow meow meow meow meow meow meow meow meow. Meow meow meow Meow meow meow meow meow meow meow.

Meow meow meow meow meow meow meow meow meow Meow meow meow meow meow meow meow meow meow meow meow meow meow meow meow meow meow Meow, meow meow meow meow meow meow meow meow.

"Meow meow meow meow? Meow meow meow? Meow meow meow meow meow? Meow meow meow?" Meow meow meow meow meow meow meow meow Meow meow Meow meow meow meow meow meow meow meow meow.

"Meow meow meow! Meow'meow meow meow! Meow'meow meow meow meow!" meow meow meow meow Meow, Meow, meow Meow meow meow meow meow meow meow meow meow meow meow meow meow meow meow meow.

"Meow meow Meow!" meow meow.

"Meow meow meow meow meow—meow meow!"

"Meow Meow meow Meow!" meow meow Meow.

Meow meow meow meow meow meow meow, meow meow meow meow, meow, meow meow meow meow meow meow meow, meow meow meow meow. Meow meow meow meow Meow meow Meow meow meow meow meow meow meow meow.

"Meow Meow! Meow meow meow meow meow?" meow meow. "Meow meow, meow meow meow meow meow Meow meow meow meow.... Meow meow, meow meow meow meow meow meow meow meow. Meow meow meow meow meow, meow meow'meow meow meow, meow meow'meow meow! Meow meow meow meow meow meow, meow!"

Meow meow meow meow meow meow meow meow meow Meow'meow meow. Meow meow meow Meow meow meow Meow meow meow meow Meow Meow meow meow meow meow meow meow meow meow meow meow meow meow meow, meow meow meow, meow meow meow meow, meow meow.

Meow XVIII

Meow meow meow meow meow meow meow Meow meow meow Meow meow meow meow meow Meow. Meow meow meow meow meow meow meow meow meow meow, meow meow meow meow meow meow meow meow. Meow meow meow meow meow meow meow meow meow meow meow meow meow meow, meow meow meow meow meow meow meow meow meow meow. Meow meow meow meow meow meow meow meow meow meow meow meow meow, meow meow meow meow, meow Meow meow Meow meow meow meow meow, meow meow meow meow meow. Meow meow meow meow meow meow meow meow meow meow meow meow meow meow meow meow meow meow meow Meow meow meow meow meow Meow Meow.

"Meow meow meow Meow? Meow meow Meow?" Meow meow meow meow meow meow meow, meow meow meow meow meow meow.

Meow meow meow meow meow meow meow meow meow meow meow meow meow.

"Meow, meow! Meow'meow meow meow meow meow!" meow meow meow, meow meow meow meow meow meow meow meow.

Meow meow meow meow meow meow meow meow, Meow meow meow meow meow meow meow meow meow meow meow meow meow meow meow meow meow meow. Meow meow meow meow meow Meow meow meow meow meow meow meow meow meow meow meow meow meow meow meow meow meow meow meow meow meow meow meow meow meow meow.

"Meow meow'meow meow!" meow Meow. "Meow meow meow meow meow meow."

"Meow meow meow meow," meow meow meow meow meow meow-meow meow meow meow. "Meow meow meow meow meow Meow meow meow, meow meow meow Meow'meow meow meow meow Meow. Meow meow meow meow meow Meow meow meow.... Meow meow meow meow meow meow meow meow meow meow. Meow meow meow meow meow meow meow meow! Meow meow, meow meow meow meow! Meow'meow meow Meow meow meow Meow meow meow Meow Meow. Meow meow'meow meow Meow meow meow meow meow Meow!"

Meow meow meow meow meow meow meow meow meow meow meow meow, meow meow meow meow meow meow meow meow:

"Meow meow meow meow meow?" meow meow. "Meow meow meow meow? Meow meow meow meow meow meow meow—meow meow meow meow meow meow meow."

"Meow meow—meow!" meow meow meow meow.

"Meow? Meow?" meow Meow.

"Meow Meow, meow meow'meow meow meow—meow, meow meow... meow meow meow meow meow meow. Meow meow meow, meow meow meow, meow meow meow meow meow," meow meow meow, meow meow meow meow meow Meow, meow meow meow meow.

Meow meow meow meow meow meow meow meow meow meow meow meow meow meow meow meow. Meow Meow meow meow, meow meow meow. Meow meow meow meow meow meow meow. Meow meow meow meow meow meow meow meow meow, meow meow meow meow meow meow meow meow. Meow meow meow meow? Meow meow meow meow meow meow meow meow Meow meow meow Meow, meow meow meow meow meow meow meow?

"Meow meow meow, meow meow, meow meow meow meow meow meow meow meow!" meow meow meow meow meow. "Meow'meow meow meow meow!"

"Meow, meow meow meow meow meow?" meow meow. "Meow meow meow meow meow? Meow meow meow meow."

Meow meow, meow meow meow meow meow meow meow meow meow meow meow meow meow.

"Meow'meow meow meow meow meow. Meow meow Meow meow meow, meow Meow meow meow meow meow meow?" meow meow. Meow meow meow meow meow meow meow meow meow meow meow meow meow meow meow meow meow Meow. Meow Meow meow meow meow meow meow meow, meow meow Meow—meow meow meow meow meow—meow meow meow meow meow. Meow meow meow meow, meow meow meow meow meow meow-meow meow, meow meow meow meow meow meow meow meow meow meow meow meow. Meow meow meow meow meow meow meow meow meow meow meow meow meow meow meow meow meow, meow meow—meow meow meow meow meow Meow. Meow meow meow meow meow meow meow meow meow meow meow meow meow, meow meow meow meow—meow meow meow meow meow, meow meow meow meow meow meow meow meow meow meow meow meow meow meow meow meow meow meow.

Meow Meow, meow meow meow meow meow meow meow meow meow meow meow meow meow meow meow meow meow meow meow meow meow, meow meow meow meow meow meow meow meow meow meow meow meow meow meow meow meow. Meow meow meow meow meow meow meow meow meow meow meow meow meow meow meow Meow'meow meow meow meow meow meow meow meow meow meow meow meow. Meow meow meow meow'meow meow meow. "Meow meow meow meow," meow meow, "meow meow meow meow meow meow meow meow meow meow meow meow meow meow meow?"

"Meow! Meow meow meow meow Meow meow meow meow meow meow meow meow meow meow meow meow meow meow meow! Meow meow meow meow meow meow meow meow meow meow meow meow meow meow meow; meow, meow meow Meow meow meow meow meow, meow meow meow meow meow meow meow meow meow meow meow meow meow meow meow meow?" Meow meow meow meow meow meow meow meow meow Meow meow meow meow meow meow meow meow meow meow meow meow. Meow meow meow meow meow meow meow meow, meow meow meow meow meow meow meow meow meow meow meow meow meow meow meow meow meow, meow meow meow meow meow meow meow meow meow meow meow meow meow meow meow meow meow, meow meow meow meow meow meow meow meow meow meow meow.

"Meow meow meow Meow meow meow Meow meow meow meow meow meow meow meow meow meow meow meow meow meow meow'meow meow meow meow meow meow? Meow, meow Meow meow meow meow meow, Meow meow meow meow meow meow meow. Meow meow meow meow meow meow meow meow meow meow meow meow meow meow meow meow," Meow meow; meow meow meow meow meow meow meow meow meow meow meow, meow meow meow meow meow Meow, meow meow meow meow meow meow meow meow meow.

Meow Meow meow meow meow meow meow meow meow meow meow, Meow meow Meow meow meow meow meow meow meow meow, meow meow meow Meow meow meow meow meow meow meow, meow meow meow, meow meow meow meow meow meow meow meow meow. Meow Meow, meow meow meow meow meow meow, meow meow meow meow meow meow meow meow Meow meow meow meow. Meow meow meow meow meow meow meow meow meow meow meow Meow meow meow meow meow meow Meow meow meow meow Meow, meow meow, meow meow meow meow meow meow meow meow meow Meow'meow meow.

"Meow Meow meow meow meow meow meow meow!" meow Meow, meow meow meow meow meow meow meow meow meow Meow, meow meow meow meow meow meow, meow meow meow meow meow meow meow meow meow meow.

Meow meow meow meow meow meow meow meow meow meow meow meow meow meow meow meow meow meow.

Meow meow... meow meow meow meow meow, meow meow meow meow meow meow. Meow meow meow meow meow meow meow meow meow meow meow Meow meow meow meow meow meow meow meow meow.... "Meow meow Meow meow?" meow meow. Meow meow meow meow meow meow meow meow meow meow meow meow meow meow meow Meow, meow meow meow meow meow meow meow meow meow. Meow meow meow meow meow meow meow meow. Meow meow meow meow meow meow meow meow Meow'meow meow meow meow meow meow, meow meow meow meow meow meow meow meow. Meow meow meow. Meow meow meow meow meow Meow'meow meow meow meow meow meow. Meow meow meow meow, meow meow meow meow meow meow, meow-meow meow meow meow meow meow meow meow meow meow.

Meow meow meow, Meow meow meow meow meow meow meow meow meow meow meow meow meow Meow meow meow meow meow meow meow. Meow meow meow meow.

Meow meow meow Meow Meow meow meow meow meow meow meow meow meow meow meow meow meow meow meow meow meow meow meow meow, meow meow meow, meow meow meow meow meow, meow meow meow meow meow meow meow meow meow, meow meow meow meow meow meow meow meow meow Meow meow meow meow meow meow meow meow meow meow meow meow-meow meow meow meow meow meow meow meow meow meow meow meow meow meow—meow meow meow meow meow meow meow meow meow meow, meow meow meow' meow meow meow meow meow meow, meow meow meow meow meow meow meow meow meow, meow meow meow, meow, meow meow meow meow meow meow meow meow, meow meow meow meow meow meow meow meow meow meow meow meow meow meow meow.

Meow meow meow meow meow meow meow meow meow meow meow, meow meow meow meow meow meow meow meow meow meow meow, meow meow meow meow meow meow meow meow meow.

Meow—meow meow meow—meow meow meow meow, meow meow meow, meow meow meow meow meow meow meow meow meow meow meow meow meow, meow meow meow meow meow meow meow meow meow. Meow meow meow meow, meow meow meow meow meow meow meow meow meow meow meow meow, meow meow meow meow meow, meow meow meow meow meow meow meow meow meow meow meow meow meow meow meow meow meow meow meow. Meow meow meow meow meow meow, meow meow meow meow meow meow Meow meow meow. Meow meow, meow meow meow, meow meow, meow meow meow meow, meow meow meow.

"Meow meow meow meow meow meow meow meow meow meow, meow meow meow meow meow meow meow meow meow meow," meow meow meow.

Meow meow meow meow meow meow meow meow meow meow meow meow meow meow meow meow meow meow, meow meow meow meow meow meow, meow meow meow meow meow meow meow meow meow meow.

"Meow meow meow!" meow meow, meow meow meow meow meow meow meow meow; "meow meow meow!" meow meow meow meow meow meow meow. "Meow meow!..."

Meow meow meow meow meow meow meow meow meow, meow meow meow meow meow meow meow meow meow meow meow meow meow meow meow meow meow, meow meow meow meow meow meow meow meow. Meow meow meow meow meow meow meow meow meow meow, meow meow meow meow meow meow. Meow meow meow meow meow meow meow meow meow meow meow meow meow meow meow meow meow meow meow Meow. Meow meow meow meow meow meow meow meow meow meow meow meow meow. Meow meow meow meow meow, meow meow meow meow meow meow meow meow meow meow meow meow. Meow meow meow meow meow meow meow meow meow meow.

"Meow meow meow meow, meow meow meow! Meow meow! Meow! Meow'meow meow meow? Meow meow!" meow meow meow meow meow meow meow meow meow meow meow, meow meow meow meow meow meow, meow meow, meow meow meow.

Meow XIX

Meow meow Meow Meow, meow meow meow meow meow meow meow meow meow meow, meow Meow Meow Meow meow meow meow meow meow meow meow, meow, meow meow meow.

Meow meow meow meow meow meow meow meow meow. Meow meow meow meow meow meow meow meow meow. Meow meow meow meow meow meow meow meow meow meow meow meow meow, meow meow meow meow meow.

“Meow meow meow, meow meow meow meow Meow meow meow meow meow meow, meow meow meow?” meow meow meow meow. “Meow Meow meow meow meow meow meow meow,” meow meow. “Meow, Meow meow meow meow meow, meow meow meow meow meow. Meow meow meow Meow?”

Meow meow meow meow meow meow meow meow meow, meow meow meow Meow. Meow meow meow meow. Meow meow meow meow meow meow meow meow meow meow meow meow meow meow meow meow meow meow, meow meow meow meow meow meow. Meow meow meow meow meow meow meow meow meow meow meow meow, meow meow meow meow meow meow meow meow, meow meow meow meow meow meow meow.

Meow meow Meow meow meow meow meow-meow-meow. Meow meow meow meow meow meow meow meow meow meow meow meow meow meow meow meow Meow Meow meow meow meow meow meow meow meow meow meow meow meow meow.

“Meow meow!” meow Meow, meow meow meow meow Meow meow, meow, meow meow meow meow meow meow meow meow meow meow meow, meow meow meow meow meow meow meow meow meow meow meow.

“Meow meow meow meow meow meow meow meow meow, Meow Meow,” meow meow meow meow meow meow meow meow meow meow meow meow meow Meow.

“Meow meow meow meow meow meow,” meow Meow, meow meow meow meow meow meow meow meow meow meow Meow Meow, meow meow meow meow meow meow meow meow meow meow meow meow meow meow. (Meow meow meow meow meow meow meow meow Meow meow meow meow.)

“Meow’meow meow meow meow!” meow Meow meow meow meow meow Meow.

Meow Meow meow meow meow meow meow meow meow meow meow meow meow Meow meow meow meow. Meow meow meow meow meow meow Meow. Meow meow meow meow meow meow meow meow meow meow meow meow meow meow meow. Meow meow meow meow meow meow meow, meow meow meow meow meow meow meow meow meow meow meow meow. Meow meow meow meow, meow meow meow meow meow meow, meow meow meow meow meow meow meow, meow, meow meow meow. Meow meow meow meow Meow—meow meow—meow meow meow meow Meow meow meow meow meow meow meow, meow meow meow meow meow meow meow meow meow meow meow meow meow meow meow meow meow meow meow meow meow meow. Meow meow meow meow meow meow meow meow meow meow meow meow meow meow, meow meow meow meow meow meow; meow meow meow meow meow meow meow meow meow meow meow meow meow meow meow meow meow meow meow meow meow meow meow meow meow meow, meow meow meow meow meow meow meow meow meow meow meow meow meow meow meow meow meow. Meow meow meow meow meow, meow meow meow meow meow meow. Meow meow meow meow meow meow meow meow meow, meow meow meow meow meow meow meow.

“Meow! Meow meow meow,” meow Meow. “Meow meow meow meow meow meow meow meow meow meow meow meow.”

Meow meow meow, Meow meow meow meow meow Meow Meow, meow, meow meow meow, meow meow meow meow meow Meow meow meow meow meow meow meow.

Meow Meow meow meow meow: meow meow meow meow meow meow meow meow meow meow meow meow meow, meow meow meow meow meow, meow meow meow meow meow meow meow meow meow meow. Meow meow meow meow meow meow meow meow meow meow, meow meow meow meow meow meow Meow meow meow meow meow meow meow meow. Meow meow meow meow meow meow meow meow meow meow meow meow meow meow meow meow meow meow.

Meow meow meow meow meow meow meow meow meow meow meow meow meow meow Meow meow meow, meow meow meow: “Meow meow meow meow: meow Meow meow meow meow meow; meow meow meow meow meow meow meow meow meow.”

“Meow meow meow meow meow meow, meow meow meow Meow meow, meow meow meow meow meow meow meow,” meow meow meow.

“Meow meow meow! Meow meow meow meow meow meow meow meow meow meow Meow Meow’meow Meow,” meow meow meow meow, meow meow Meow meow meow meow meow meow meow meow Meow Meow.

Meow meow Meow Meow meow meow meow meow meow Meow meow. Meow meow meow meow meow meow meow, meow meow meow meow meow meow Meow Meow.

Meow Meow, meow meow meow meow meow meow meow meow Meow’meow meow meow meow meow meow meow meow, meow meow meow meow meow meow meow. Meow meow meow meow meow meow meow meow meow, meow meow, meow meow meow meow “meow meow” meow meow meow meow meow meow meow Meow Meow.

“Meow, meow meow, meow meow,” meow meow. “Meow meow meow meow, meow meow?”

Meow meow meow meow, Meow Meow meow meow meow meow meow meow meow meow meow meow meow meow meow meow meow, meow meow meow meow meow meow meow Meow, meow meow meow.... Meow meow meow meow meow meow meow meow meow meow meow meow meow Meow, meow meow meow meow meow meow meow meow meow meow meow meow meow meow meow, meow meow meow meow, meow, meow meow meow meow meow meow meow meow meow, meow meow meow meow meow meow.

Meow meow meow meow meow meow meow meow meow meow meow meow meow meow meow meow meow meow meow meow meow meow, meow, meow meow meow meow meow meow meow meow. Meow meow Meow’meow meow Meow Meow meow meow meow meow meow meow, meow meow meow meow meow meow meow meow meow, meow meow meow meow meow meow meow, meow meow meow meow meow meow meow meow meow meow meow.

Meow Meow meow meow meow meow meow meow meow meow meow meow meow meow meow meow meow meow meow: “Meow meow meow meow meow meow meow meow meow meow; meow meow meow, Meow, meow meow meow. Meow meow, Meow Meow!” meow meow meow meow meow meow meow meow.

Meow meow meow meow meow-meow meow meow.

Meow meow meow meow meow Meow Meow meow meow meow meow meow meow meow meow Meow Meow meow meow meow meow meow’meow meow, meow meow meow meow meow Meow meow meow meow, meow meow meow meow meow meow meow meow.

Meow Meow meow meow meow meow meow meow meow meow meow meow, meow meow meow meow meow meow meow meow meow meow meow meow meow meow meow meow meow.

“Meow meow meow meow,” meow Meow Meow, meow meow meow meow meow meow meow meow meow meow meow meow meow meow meow meow, “meow meow meow meow meow meow meow meow meow meow meow meow meow meow meow Meow. Meow meow meow meow meow meow meow meow meow meow meow meow meow meow, meow meow meow meow meow meow meow meow meow! Meow meow meow meow Meow meow meow meow Meow meow meow meow: ‘Meow, meow meow meow meow!’... Meow meow meow meow Meow meow meow? Meow meow meow Meow meow, meow, meow Meow meow meow meow meow meow meow Meow meow meow meow meow meow—meow Meow Meow meow Meow-” meow meow meow meow, “meow meow meow Meow meow meow meow meow meow

meow meow meow Meow! Meow meow meow meow, meow meow meow meow meow meow meow meow Meow meow, meow meow meow meow meow meow meow meow-meow."

Meow meow meow meow meow meow meow meow Meow Meow meow meow meow meow. Meow meow meow meow meow meow meow meow meow Meow meow meow meow meow meow meow meow meow meow meow meow meow meow meow meow meow, meow meow meow meow meow meow, meow meow meow meow meow meow. Meow meow meow meow meow meow meow meow meow meow meow meow meow meow meow meow meow meow meow meow meow meow meow Meow'meow meow, Meow, meow meow meow meow meow meow meow meow meow meow meow.

"Meow meow meow meow, meow meow," meow Meow, "meow meow meow meow."

Meow Meow Meow, meow meow meow meow, meow meow meow meow meow meow meow meow meow meow meow.

Meow Meow: 1806

Meow I

Meow meow meow meow meow Meow Meow meow meow meow meow. Meow meow meow meow meow Meow meow Meow meow meow meow meow meow meow meow meow meow Meow meow meow meow meow meow meow. Meow meow meow meow meow meow meow meow meow meow meow Meow, Meow meow meow meow meow meow meow meow meow meow, meow meow meow meow meow meow meow-meow meow, meow meow meow meow meow meow meow meow meow Meow, meow meow meow meow meow meow meow meow meow Meow, meow meow meow meow meow meow meow meow meow meow meow Meow.

"Meow meow meow? Meow meow meow? Meow, meow meow meow, meow, meow' meow, meow meow, meow meow!" meow Meow, meow meow meow meow meow meow meow meow meow meow meow meow meow meow meow Meow.

"Meow, meow, meow meow'meow meow meow meow meow meow'meow meow."

"Meow meow'meow meow meow meow meow meow? Meow meow meow meow? Meow meow, meow'meow meow meow meow meow meow meow meow," meow Meow, meow meow meow meow. "Meow meow, meow meow," meow meow meow meow meow. "Meow meow meow, Meow!" meow meow meow, meow meow Meow, meow meow meow meow meow. "Meow, meow meow! Meow meow meow meow meow meow meow—meow meow!" Meow meow, meow meow meow meow meow meow meow meow meow meow. Meow meow meow meow meow meow meow meow meow meow meow. Meow meow meow meow meow meow meow meow, meow meow meow meow meow, meow Meow meow meow meow meow meow meow meow meow meow meow meow meow meow, meow meow, meow meow meow meow meow meow meow meow meow. Meow meow meow meow meow meow meow, meow meow meow meow meow. Meow meow meow meow meow meow, meow meow meow meow meow meow meow meow meow meow. Meow meow meow meow meow meow meow. "Meow Meow! Meow meow meow meow?" meow meow, meow meow meow meow meow meow meow meow, meow meow meow meow meow meow meow meow meow meow meow meow meow meow meow meow meow meow. Meow meow-meow meow meow meow, meow meow meow meow meow meow meow meow meow meow meow meow, meow meow meow meow meow. Meow meow meow meow meow meow meow meow.

Meow Meow meow meow meow meow meow. Meow, meow meow, meow meow meow meow meow meow meow meow meow meow meow meow meow meow, meow meow meow meow meow meow meow. Meow meow meow meow meow meow meow meow meow meow meow meow meow meow meow meow meow meow meow meow meow.

"Meow meow! Meow meow meow!" meow meow, meow meow meow meow. "Meow meow meow? Meow meow!" meow Meow, meow meow meow, meow meow meow meow meow meow, meow meow meow meow meow meow, meow, meow meow meow, meow meow meow meow meow meow meow meow meow'meow meow.

"Meow meow?" meow Meow, meow meow meow meow.

"Meow, Meow meow meow! Meow! Meow'meow meow meow meow. Meow meow meow meow meow meow meow, meow meow."

"Meow meow meow meow meow?"

"Meow Meow meow meow, meow!"

"Meow Meow meow meow meow... Meow... Meow meow!..."

"Meow meow meow... meow meow... Meow, meow meow... Meow meow meow meow!... Meow meow meow meow?... Meow!..."

"Meow meow, meow meow!"

"Meow... meow meow!"

Meow, Meow, Meow, Meow Meow, Meow, meow meow meow meow meow meow meow meow, meow meow meow, meow meow meow, meow meow meow meow, meow meow meow-meow meow meow-meow.

Meow, meow meow meow meow, meow meow, "Meow meow meow!"

Meow, meow meow meow meow meow meow meow meow meow meow meow meow meow meow, meow meow meow meow meow meow meow meow meow, meow meow meow meow meow meow meow meow meow meow meow meow meow meow meow meow.

Meow meow meow meow meow meow meow meow meow meow, meow meow meow meow meow meow meow meow.

Meow meow, meow meow meow, meow meow meow meow meow, meow meow meow, meow meow meow meow meow, meow meow meow meow meow meow meow meow. Meow meow meow meow meow meow meow meow meow, meow meow meow meow meow meow, meow meow. Meow meow meow meow, meow meow meow meow meow meow, meow meow meow meow meow meow. Meow meow meow meow meow meow, meow meow meow meow meow meow meow meow. Meow meow meow meow meow meow. Meow meow meow meow meow meow meow, meow meow meow meow meow meow meow meow meow meow'meow.

Meow meow meow meow, meow meow meow meow meow meow meow meow meow, meow meow meow meow meow. Meow meow meow meow meow meow, meow meow meow meow meow. Meow meow meow, meow meow meow meow meow, meow. Meow meow meow meow meow, meow meow meow meow meow meow meow meow meow meow meow'meow meow. Meow, meow meow meow meow meow meow meow meow meow, meow meow meow meow meow meow meow meow meow.

"Meow Meow, meow meow'meow meow," meow meow, meow meow meow meow meow, meow meow meow meow meow meow.

"Meow meow meow meow! Meow meow, Meow meow," meow meow meow, meow meow meow Meow. "Meow meow meow... Meow, Meow, meow! Meow meow Meow!"

Meow meow meow, meow meow meow meow meow meow meow meow Meow.

"Meow Meow!" meow Meow, meow meow meow meow, meow meow meow, meow meow meow meow meow, meow meow meow. Meow meow meow meow meow meow. Meow meow meow, meow meow meow, meow Meow'meow meow, meow meow.

Meow meow meow meow meow meow meow meow meow, meow meow Meow meow meow meow Meow meow meow meow meow.

Meow meow meow, meow meow meow meow meow meow meow meow meow meow meow, meow meow meow: meow meow, meow meow meow, meow meow meow, meow, meow meow meow meow, meow meow meow meow meow meow meow meow. Meow meow meow meow meow meow meow meow meow meow meow meow meow meow meow meow meow meow meow meow meow, meow, meow meow.

Meow meow meow meow meow meow meow meow meow meow; meow meow meow meow meow meow meow meow meow meow meow meow meow meow meow meow, meow meow meow meow meow meow, meow meow meow meow.

Meow meow, meow meow meow meow meow meow, meow meow meow meow meow meow'meow.

Meow meow meow meow meow meow meow meow meow meow meow meow meow, meow, meow, meow meow, meow meow meow. Meow meow meow meow meow meow meow meow meow meow meow meow meow. Meow meow meow meow meow meow meow meow, meow meow meow meow, meow meow meow-meow meow. Meow meow meow meow meow meow meow meow meow meow.

"Meow, Meow—meow meow!" meow Meow Meow'meow meow meow. "Meow, meow meow!"

Meow, meow meow meow meow meow meow meow, meow meow meow meow meow meow meow meow.

Meow meow meow meow meow meow meow, meow meow meow meow meow, meow meow meow. Meow meow meow meow meow meow meow meow meow meow meow meow meow meow meow meow. Meow, meow meow meow meow, meow meow meow meow meow meow meow meow meow meow meow meow meow meow meow meow. Meow meow meow meow, meow meow meow-meow meow, meow meow meow meow, meow, meow meow. Meow meow meow, meow Meow, meow meow meow'meow meow, meow meow meow meow meow meow, meow meow meow meow. Meow meow meow meow meow meow meow meow meow meow meow meow meow meow meow meow meow meow meow meow meow meow meow. Meow meow meow meow meow meow meow meow meow meow meow meow, meow meow meow meow meow meow meow meow, meow meow meow meow meow meow meow meow meow meow meow meow meow meow meow meow meow meow.

"Meow, meow meow," meow meow, "meow meow meow meow meow meow, meow'meow meow? Meow'meow meow meow meow'meow meow meow." Meow meow meow meow. "Meow meow meow meow meow meow meow meow meow. Meow meow meow meow meow meow? Meow?"

"Meow meow Meow meow meow?" meow Meow.

"Meow, meow! Meow'meow meow meow meow meow! Meow meow meow meow meow meow meow meow—meow meow meow?"

"Meow meow meow," meow Meow.

"Meow, meow meow meow, meow! Meow'meow meow meow meow meow meow meow meow meow. Meow, Meow'meow meow meow meow. Meow meow Meow'meow meow meow meow. Meow meow meow meow Meow meow meow meow meow meow meow. Meow meow!"

Meow meow meow meow meow meow meow meow meow meow meow meow meow meow meow, meow, meow meow, meow meow meow meow meow meow meow meow meow meow meow meow meow meow meow.

"Meow meow meow meow meow meow meow meow meow. Meow meow meow meow meow meow meow meow meow meow meow meow!"

Meow meow meow meow meow meow meow meow meow meow meow, meow meow meow meow meow meow meow meow, meow meow meow Meow'meow meow meow meow, Meow meow-meow meow meow meow meow meow meow meow meow meow meow meow meow meow, meow meow meow meow meow meow meow meow meow meow meow; meow meow meow meow meow meow meow meow meow meow meow meow meow meow meow meow meow meow meow meow meow, meow meow meow meow meow meow meow meow.

"Meow, meow meow meow meow?" meow meow.

"Meow meow meow meow, meow meow! Meow meow meow meow meow meow meow, meow meow meow meow meow. Meow, meow meow meow meow, meow meow meow meow, meow Meow meow'meow meow meow, Meow meow meow."

"Meow, meow meow?"

"Meow, meow meow meow meow meow meow meow."

Meow meow meow.

"Meow, meow meow meow meow meow meow?... Meow, meow meow meow meow meow meow meow meow.... Meow meow: 'Meow meow meow meow meow, meow meow meow meow meow.' Meow'meow meow meow meow meow! Meow, meow meow? Meow'meow meow?" meow Meow, meow meow meow meow meow meow meow meow meow meow meow meow meow meow meow meow meow meow meow meow, meow meow.

Meow meow meow.

"Meow meow meow meow meow meow meow," meow meow. "Meow, Meow meow meow meow meow meow meow meow meow meow meow meow."

"Meow, meow!" meow Meow, "meow meow Meow meow meow meow meow meow. Meow meow meow'meow meow meow. Meow meow meow'meow meow, meow meow meow, meow meow meow meow—meow meow meow meow meow meow meow meow—meow meow meow meow meow meow meow meow meow meow meow. Meow meow meow meow meow meow meow meow meow meow meow meow, meow meow meow'meow meow meow meow."

Meow meow meow meow meow meow meow meow meow meow. Meow meow meow meow meow meow meow meow meow meow meow meow. Meow, meow meow meow meow meow meow meow meow, meow meow meow meow meow. Meow meow meow meow meow meow meow, meow meow meow meow meow meow (meow meow meow meow meow meow meow meow). Meow meow meow meow meow meow meow, meow meow meow meow, Meow meow, meow meow meow meow meow meow meow meow meow meow meow meow meow! "Meow, meow meow meow meow meow meow," meow meow, "Meow meow meow meow."

"Meow meow, meow'meow meow," meow meow. "Meow'meow meow meow meow meow meow. Meow, meow meow Meow meow meow meow meow!"

"Meow, meow meow meow meow meow meow Meow?" meow meow.

"Meow, meow meow!" meow Meow, meow. "Meow meow'meow meow meow meow meow meow meow, meow Meow meow'meow meow meow meow meow meow."

"Meow meow! Meow meow meow meow meow meow meow?"

"Meow?" meow Meow, meow meow meow meow meow meow meow meow. "Meow meow meow Meow?"

"Meow."

"Meow meow Meow—meow meow meow? Meow meow, meow meow'meow meow. Meow'meow meow Meow'meow meow meow."

Meow meow meow, Meow meow meow meow meow meow meow meow, meow meow meow meow meow, meow, meow meow meow, meow meow meow meow meow meow, meow meow meow meow meow meow meow meow meow meow meow.

"Meow, Meow'meow meow! Meow!" meow meow, meow meow meow meow meow meow meow meow meow meow. "Meow meow'meow meow Meow'meow meow meow! Meow'meow meow meow meow, meow meow meow meow meow. Meow meow'meow meow meow."

Meow meow meow meow meow meow meow Meow, meow meow meow, meow meow meow Meow meow meow meow meow meow.

"Meow meow meow meow," meow Meow, meow meow meow meow meow meow meow, "meow Meow meow Meow meow meow meow meow meow meow meow meow meow meow."

Meow'meow meow meow meow, meow meow meow meow meow, meow, meow meow meow meow meow, meow meow meow meow meow, meow meow Meow, Meow, meow Meow, meow meow meow meow meow, meow—meow meow meow meow meow meow meow Meow meow meow meow meow meow—meow meow meow meow.

Meow, meow Meow'meow meow, meow meow meow meow meow meow meow meow, meow, meow meow meow meow meow, meow meow meow meow meow meow meow meow meow meow meow meow, meow meow meow meow meow meow meow meow meow meow meow Meow meow meow meow meow meow meow.

Meow II

Meow meow meow meow Meow meow meow meow, Meow Meow meow meow meow meow meow meow meow meow meow meow meow, meow meow, meow meow meow Meow; meow meow meow meow meow meow, meow, meow meow meow meow; meow meow meow meow meow meow meow meow meow, meow meow meow, meow meow meow meow meow meow meow meow meow.

Meow Meow meow meow meow Meow. Meow meow meow meow meow meow meow meow, meow meow meow meow meow meow meow, meow meow Meow, meow meow meow meow meow meow, meow meow meow meow meow meow meow meow, meow meow meow meow meow meow meow meow Meow, meow meow meow meow meow meow, meow meow meow meow meow meow meow meow, meow meow meow meow meow. Meow meow meow meow meow meow meow meow meow meow meow meow meow, Meow meow meow meow meow meow meow meow meow meow. Meow meow meow meow meow meow meow meow meow meow. Meow meow meow meow meow meow Meow meow, meow meow meow meow Meow meow meow meow meow meow, meow meow Meow meow meow meow—meow meow meow meow meow meow meow meow meow meow meow meow. Meow meow meow meow meow meow meow, meow meow meow meow meow meow, meow meow meow Meow meow Meow. Meow, meow meow meow meow meow meow meow, meow meow meow meow meow meow-meow, meow, meow meow meow meow meow meow meow meow meow meow meow meow meow meow. Meow meow meow meow meow meow meow meow meow meow meow meow meow meow meow. Meow meow meow meow meow meow Meow' meow, meow meow meow meow meow Meow Meow Meow, meow meow Meow Meow, meow meow meow meow meow meow meow meow meow meow meow meow Meow meow meow meow.

Meow meow meow meow Meow meow meow meow meow Meow. Meow meow, meow meow meow meow meow meow meow meow meow meow meow meow meow, meow meow meow meow meow meow meow meow meow meow meow, meow meow meow meow meow meow meow meow meow meow meow meow meow meow meow meow meow meow meow meow Meow meow meow meow meow, meow meow meow meow meow meow meow meow meow meow meow meow Meow meow meow Meow, meow meow meow meow meow meow "meow meow."

Meow Meow'meow meow meow meow Meow, meow meow meow meow, meow meow meow meow meow meow Meow, meow meow meow meow meow. Meow meow meow meow meow meow, meow meow meow meow meow meow meow, meow meow meow meow meow meow meow meow meow meow meow meow meow meow meow meow meow meow meow meow meow meow meow meow meow meow meow meow meow meow meow meow meow meow meow meow meow meow meow meow meow meow meow meow meow meow meow meow meow meow. Meow meow meow meow Meow, meow meow meow meow Meow, meow meow meow meow, "Meow, meow meow meow, meow meow meow, meow meow meow meow meow meow Meow meow meow meow meow. Meow meow meow meow meow meow meow meow meow meow Meow meow meow, meow meow Meow meow meow meow." Meow, meow meow meow meow meow meow meow meow meow meow meow meow meow meow. Meow meow meow meow meow meow meow' meow meow meow meow meow meow meow meow meow meow. Meow meow, meow Meow Meow, meow meow Meow, meow meow meow meow meow meow—meow meow meow meow meow meow meow meow meow meow meow meow meow!

Meow meow meow meow Meow, meow Meow Meow Meow meow meow meow meow meow meow meow meow meow Meow Meow meow meow Meow Meow.

Meow meow meow meow meow meow meow meow meow meow meow meow, meow meow meow meow meow meow meow meow meow meow Meow, meow meow'meow meow meow,

meow meow, meow meow, meow, meow, meow meow meow meow meow. Meow meow meow meow meow meow meow meow meow meow meow meow meow meow meow meow meow meow meow. Meow meow meow meow meow meow meow meow meow meow meow meow meow Meow, meow meow meow meow meow meow meow meow meow meow meow meow meow meow-meow, meow meow, meow meow meow meow meow meow meow meow meow meow meow meow meow meow meow meow meow meow meow meow meow meow meow meow meow meow meow meow meow meow. Meow meow meow meow meow meow meow meow meow meow'meow meow meow meow meow, meow meow meow meow meow meow meow meow meow meow meow meow meow meow meow meow meow meow meow meow meow meow meow meow meow meow.

"Meow meow meow meow meow meow meow meow, meow, Meow?" meow meow. "Meow meow meow meow meow!"

"Meow'meow meow, meow meow, meow meow meow meow meow meow meow meow meow meow meow, meow meow meow meow meow meow meow meow, meow'meow meow meow meow!"

"Meow'meow meow, meow'meow meow!" meow meow meow, meow meow meow meow meow meow meow meow, meow meow, "Meow Meow'meow meow meow, meow meow meow meow meow meow meow meow, meow meow meow Meow'meow, meow meow meow 'Meow Meow meow meow meow meow meow meow meow meow meow.' Meow meow'meow meow meow meow meow meow. Meow'meow meow meow meow, meow meow'meow meow meow meow meow meow meow meow meow; meow meow meow meow meow meow Meow—meow meow Meow meow—meow meow meow meow meow Meow, meow meow meow meow meow Meow Meow'meow, meow meow, meow meow meow Meow meow, meow meow meow meow meow meow."

"Meow meow Meow meow meow meow meow meow meow meow meow?" meow Meow, meow. "Meow, meow!..."

Meow meow meow, meow meow meow meow meow meow meow, meow, meow meow Meow meow meow meow meow meow meow, Meow Meow meow meow meow. Meow meow meow meow meow meow meow meow meow meow meow meow, meow meow meow meow meow meow meow meow meow meow meow.

"Meow meow meow meow, meow meow meow," meow meow, meow meow meow meow. "Meow Meow'meow meow meow Meow'meow meow. Meow meow meow, meow meow meow meow meow meow meow meow meow meow meow. Meow meow meow meow meow meow meow meow. Meow meow meow meow meow meow meow Meow. Meow Meow, Meow meow meow meow meow meow."

Meow meow meow meow meow Meow Meow'meow meow meow meow meow meow meow meow meow meow meow meow meow meow meow meow.

"Meow Meow meow meow. Meow'meow meow meow meow meow. Meow meow meow meow meow?" meow meow.

Meow Meow meow meow meow meow, meow meow meow meow meow meow meow meow.

"Meow, meow meow meow, meow meow meow meow," meow meow. "Meow meow meow meow meow meow, meow meow meow. Meow meow meow meow meow meow meow meow meow meow meow meow meow meow meow! Meow meow meow meow meow meow meow Meow! Meow, Meow meow meow meow meow meow, meow meow meow meow meow meow meow meow Meow meow."

"Meow-meow meow meow meow?" meow meow meow meow meow meow Meow.

Meow Meow meow meow.

"Meow, Meow Meow'meow meow," meow meow meow meow meow meow, "meow meow meow meow, meow meow. Meow meow meow meow, meow meow meow meow meow meow Meow, meow meow... meow meow meow meow meow meow meow meow meow!" meow Meow Meow, meow meow meow meow meow meow Meow, meow meow meow meow meow meow meow meow meow meow meow meow "meow," meow meow meow Meow. "Meow meow Meow meow meow meow meow meow meow."

"Meow, meow! Meow meow meow meow meow meow meow meow meow—meow meow meow meow meow. Meow meow meow meow meow meow."

Meow meow, meow meow meow Meow, meow meow meow meow'meow, meow meow meow meow meow meow meow Meow Meow meow meow meow meow meow meow meow meow meow meow meow meow meow Meow meow, Meow Meow, meow meow.

Meow meow meow meow meow meow meow meow meow meow meow Meow, Meow meow meow meow. Meow meow meow, meow Meow meow meow meow meow meow meow meow meow meow meow meow meow meow meow meow meow meow meow, meow meow meow meow meow meow meow meow meow meow meow. Meow meow Meow Meow, meow meow meow meow meow, meow, meow meow meow meow meow meow meow meow meow meow meow Meow, meow meow meow meow meow meow meow meow meow meow, meow meow meow meow meow meow meow meow meow. Meow meow meow meow meow meow meow meow—Meow Meow, Meow Meow Meow, Meow, Meow Meow, meow Meow Meow—meow meow meow meow meow meow meow, meow meow meow meow meow meow meow meow, meow meow Meow meow meow meow meow meow meow—Meow Meow meow meow—meow meow meow meow meow meow meow meow meow meow meow meow meow meow meow meow meow. Meow Meow meow meow meow meow meow meow meow meow meow meow meow meow meow, meow meow meow meow meow meow meow meow. Meow meow meow meow, meow meow meow meow meow meow meow meow, meow meow meow meow meow meow'meow meow meow, meow meow meow meow meow meow meow. Meow meow meow meow meow meow, meow-meow, meow meow meow meow meow Meow meow, meow meow meow, meow meow meow meow meow Meow meow meow meow meow meow meow meow. Meow meow meow meow meow meow meow Meow, meow meow meow, meow meow meow meow Meow Meow meow meow meow Meow Meow, Meow'meow meow, meow (meow meow meow) meow meow meow meow meow meow meow, meow meow meow meow meow meow meow. Meow meow meow, meow Meow meow, meow meow, meow meow meow meow meow meow meow meow. Meow meow, meow, meow meow meow meow. Meow meow meow meow meow meow Meow Meow, meow meow meow Meow Meow meow meow meow meow meow meow Meow, meow meow meow meow meow meow meow meow meow meow meow meow meow meow meow meow meow meow meow meow meow meow meow meow. Meow meow meow meow Meow'meow meow meow meow Meow'meow meow meow meow meow meow meow meow meow meow meow meow meow meow meow meow meow meow. Meow meow meow, meow meow meow meow meow meow meow Meow meow meow meow meow meow, meow meow meow meow meow meow meow meow meow Meow meow meow meow meow meow Meow. Meow, meow meow meow meow Meow meow meow meow meow meow meow meow meow meow meow Meow.

Meow Meow meow Meow Meow'meow meow: "Meow meow meow meow meow meow meow meow meow meow meow meow meow," meow meow meow meow meow meow meow meow meow meow; meow meow meow meow Meow, meow Meow meow meow meow meow meow meow meow meow meow meow, meow Meow meow meow meow meow meow meow meow meow meow meow meow meow meow meow meow meow meow meow, meow meow Meow meow meow meow meow meow meow meow meow meow! Meow meow meow, meow meow meow meow meow meow meow meow meow meow meow meow meow meow meow

meow meow meow Meow. Meow meow meow meow meow, meow meow meow meow Meow, meow meow meow meow meow meow meow. Meow meow meow, meow meow meow meow meow meow meow, meow meow, meow meow meow meow meow meow, meow meow meow meow meow meow, meow meow meow. Meow Meow, meow meow meow, meow meow meow meow meow meow meow meow meow meow meow meow meow meow, meow meow meow meow meow meow meow meow.

Meow III

Meow meow meow meow Meow, meow meow meow meow meow Meow Meow meow meow meow meow meow meow meow, meow meow meow meow meow meow meow meow. Meow meow meow meow meow meow meow meow meow meow meow, meow, meow, meow, meow meow, meow meow meow meow meow meow meow meow, meow meow meow meow meow meow meow meow meow meow meow Meow meow. Meow meow, meow meow meow meow meow meow meow meow, meow meow meow meow meow meow meow′ meow meow meow meow meow meow meow meow. Meow meow meow meow meow meow, meow meow meow meow, meow-meow meow, meow meow, meow meow meow meow meow. Meow meow meow meow meow meow meow meow meow meow meow meow meow meow meow meow meow. Meow meow meow meow meow meow meow meow—meow meow meow, meow meow meow Meow, Meow, meow Meow—meow meow meow meow meow meow meow meow Meow meow. Meow meow meow meow meow meow, meow meow meow meow meow meow, meow meow meow meow meow meow meow meow meow meow meow meow meow meow meow meow meow, "Meow meow meow meow meow meow meow meow, meow meow meow meow meow meow meow meow meow meow meow."

Meow meow meow meow meow meow meow meow meow meow meow, meow meow meow meow meow meow meow meow meow meow meow meow meow meow meow meow, meow meow meow meow meow meow meow meow meow. Meow meow meow meow meow meow meow meow meow meow meow meow meow meow meow meow meow meow meow meow meow meow-meow meow. Meow meow meow meow meow Meow Meow, Meow, meow Meow. Meow meow meow meow meow Meow meow meow meow meow meow Meow meow meow meow meow meow meow meow meow meow meow meow.

Meow meow meow meow meow Meow meow meow meow meow Meow meow meow meow Meow meow meow meow Meow.

Meow meow meow meow, Meow meow meow meow meow meow meow meow Meow Meow meow Meow meow meow Meow meow meow meow meow meow meow meow meow meow meow meow meow Meow meow. Meow, meow meow meow, meow meow meow meow meow, meow meow Meow meow meow meow meow meow meow Meow meow meow meow meow meow meow meow meow meow meow meow meow, meow meow meow meow meow meow meow meow meow meow, meow meow meow meow meow meow meow meow meow meow, meow meow meow meow meow meow meow Meow.

Meow Meow Meow, meow meow meow, meow meow meow meow meow meow meow meow meow meow meow meow, meow meow meow meow meow meow, meow meow meow meow meow, meow meow meow meow meow meow, meow meow meow meow meow meow meow meow meow-meow-meow meow meow, meow meow meow meow meow meow meow meow. Meow Meow meow meow meow meow meow Meow, meow meow meow meow meow meow meow meow meow. Meow meow meow meow meow meow meow meow meow Meow′meow meow.

"Meow meow meow meow meow... meow meow meow meow meow... meow meow meow meow... meow meow meow meow... Meow, Meow Meow... Meow meow'meow meow, meow meow?" meow meow, meow meow meow meow meow meow meow meow, meow meow meow meow meow meow meow meow meow meow meow meow, meow meow meow meow meow meow meow meow, meow meow meow meow: "Meow'meow meow!"

Meow meow, meow meow meow meow, meow—meow meow meow meow meow meow meow—meow meow meow meow meow meow meow meow meow meow meow meow meow meow meow meow meow meow meow meow meow meow meow meow meow meow.

"Meow, Meow meow meow meow, meow!" Meow meow meow meow, meow, meow meow meow meow meow meow meow, meow meow meow meow meow meow meow meow meow. Meow meow meow meow meow meow meow meow meow meow meow meow. Meow meow meow meow meow meow:

Meow meow meow meow Meow'meow meow
Meow meow meow meow meow Meow meow.
Meow meow meow meow meow, meow meow meow meow,
Meow Meow meow meow, meow Meow meow meow meow!
Meow'meow meow Meow
Meow meow meow, meow, Meow,
Meow meow meow Meow Meow meow...

Meow meow meow meow meow meow, meow meow meow-meow meow meow meow meow meow! Meow meow meow, meow meow meow meow meow meow meow meow meow meow meow meow:

Meow'meow meow meow meow,
Meow, meow Meow, meow!...

meow Meow Meow, meow meow meow meow meow meow meow meow meow meow, meow meow Meow. Meow meow, meow meow meow meow meow meow meow meow, meow Meow, meow meow meow meow meow, meow meow meow meow. Meow meow meow meow meow meow meow meow meow meow Meow—Meow meow Meow—meow meow meow meow meow meow meow meow meow meow meow. Meow meow meow meow meow meow meow meow meow, meow meow meow meow meow meow: meow meow meow meow meow meow meow meow, meow meow meow meow meow meow meow meow meow meow.

Meow meow meow, Meow Meow Meow meow meow meow meow Meow, meow meow meow meow meow meow meow meow meow meow, meow meow meow, meow meow meow meow meow meow meow meow meow, meow Meow Meow meow meow meow meow meow meow Meow meow meow meow meow.

Meow Meow, meow Meow meow meow meow meow, Meow, meow meow meow meow meow meow meow meow. Meow meow meow Meow, meow Meow Meow. Meow Meow Meow meow meow meow meow meow meow meow meow meow Meow meow, meow meow meow meow meow Meow meow, meow meow meow meow meow meow.

Meow meow meow meow meow meow meow. Meow meow, meow meow Meow meow meow meow meow, meow meow, meow meow meow meow meow meow meow meow meow meow meow meow meow meow. Meow meow meow meow meow, meow meow meow meow meow, meow meow meow meow meow meow meow. Meow meow meow. Meow meow meow meow, meow meow meow (meow meow meow meow Meow Meow meow meow meow-meow meow), meow meow meow meow meow meow meow meow meow meow. Meow meow meow, meow meow meow meow meow, meow meow meow meow meow meow meow meow. "Meow meow meow meow meow, meow'meow meow meow meow," meow meow, meow meow meow meow meow, meow meow. Meow meow meow, meow meow meow meow meow meow.

"Meow meow meow meow meow Meow, meow Meow!" meow meow, meow meow meow meow meow meow meow meow meow meow meow meow meow meow meow meow. Meow meow meow meow meow "Meow'meow meow meow meow..." Meow meow meow meow "Meow!" Meow meow meow meow meow "Meow!" meow meow meow meow meow meow meow meow meow meow meow meow meow meow Meow Meow. Meow Meow'meow meow meow meow meow meow meow meow meow meow meow. Meow meow meow. "Meow meow meow meow meow Meow, meow Meow!" meow meow, "Meow!" meow meow meow meow meow meow meow meow meow meow meow meow. Meow meow meow meow, meow meow meow meow meow meow meow meow meow. Meow meow meow meow, meow meow meow meow meow meow meow meow meow meow meow meow, meow meow meow meow meow meow meow meow meow meow. Meow meow meow meow meow meow, meow meow meow meow meow meow meow meow, meow meow meow meow, "Meow meow meow meow meow meow meow meow meow meow, Meow Meow Meow Meow!" meow meow meow meow meow meow meow. "Meow!" meow meow meow meow meow meow, meow meow meow meow meow meow meow meow meow meow meow meow meow Meow Meow Meow:

Meow! Meow'meow meow meow meow!

Meow meow meow;

Meow meow meow Meow?

Meow meow meow meow meow meow,... meow.

Meow meow meow meow meow meow meow, meow meow meow meow meow meow meow Meow Meow Meow meow meow meow meow, meow meow meow meow, meow meow meow meow meow. Meow meow meow Meow, Meow, Meow, Meow, Meow, Meow, meow meow meow, meow meow meow meow meow meow meow meow meow meow meow, meow meow meow Meow Meow Meow meow, meow meow meow meow meow meow. Meow meow meow, meow meow meow meow meow meow meow, meow meow meow, meow meow.

Meow IV

Meow meow meow Meow meow Meow Meow. Meow meow, meow meow meow meow meow, meow meow. Meow meow meow meow meow meow meow meow meow meow meow meow meow meow meow meow meow. Meow meow meow meow meow meow meow meow, meow meow meow, meow, meow meow meow meow meow meow meow meow meow-meow, meow meow meow meow meow meow meow. Meow meow meow meow meow meow. Meow meow meow meow meow meow meow meow meow meow meow meow meow meow meow meow meow meow meow meow meow meow meow meow.

Meow meow meow meow meow meow meow meow meow meow meow meow meow meow, meow meow, meow Meow, meow Meow'meow meow meow meow meow, meow meow meow meow meow meow meow meow meow meow, meow meow meow meow meow meow meow meow meow meow meow meow meow meow meow meow meow meow meow, meow meow meow meow'meow meow meow Meow meow meow meow meow meow meow meow meow. Meow meow meow meow meow meow' meow meow meow meow, meow meow meow meow meow meow meow Meow, meow meow meow meow meow. Meow meow meow meow meow Meow'meow meow meow meow, Meow meow meow meow meow meow meow meow meow meow meow meow meow meow. Meow meow meow meow'meow meow meow meow meow Meow, Meow meow meow meow meow meow meow meow meow meow meow meow meow, meow meow meow meow meow meow meow meow meow meow meow meow meow meow meow. Meow meow meow meow Meow, meow meow meow meow meow meow meow meow meow, meow meow meow Meow meow meow meow meow. Meow meow meow

meow meow meow meow Meow meow meow meow meow, Meow meow meow meow meow meow meow, meow Meow meow meow meow meow meow meow meow meow. Meow meow meow Meow meow meow meow meow meow Meow'meow meow meow meow meow, meow meow meow Meow meow meow meow meow'meow meow meow meow meow meow meow meow meow meow meow meow Meow meow meow meow meow meow meow meow.

"Meow meow meow meow?" meow Meow, meow meow meow meow meow meow meow meow. "Meow'meow meow meow meow'meow Meow Meow meow Meow'meow meow?"

Meow meow, meow meow, meow meow meow, meow, meow meow meow meow meow meow, meow meow meow meow meow meow Meow.

"Meow, Meow meow'meow meow meow!" meow meow. Meow Meow meow meow meow; meow meow meow "Meow!"

"Meow meow'meow meow meow meow meow?" meow Meow meow Meow.

"Meow, meow meow meow meow meow meow meow!" meow Meow, meow meow meow meow meow, meow meow meow meow meow meow meow meow meow meow, meow meow meow meow meow meow Meow.

"Meow'meow meow meow meow meow meow meow, Meow—meow meow meow!" meow meow.

Meow, meow meow meow, meow meow meow meow meow meow meow meow Meow meow meow meow. Meow meow, meow meow meow meow meow Meow'meow meow, meow meow meow Meow meow meow meow meow meow meow. Meow meow meow meow meow meow meow meow Meow, meow meow, meow meow meow meow meow meow meow meow meow. Meow meow meow Meow meow meow meow meow, meow meow meow meow meow meow meow meow meow meow meow meow meow meow meow meow meow. Meow meow meow meow meow meow meow meow meow.

"Meow meow meow meow meow?" meow meow.

Meow meow meow meow meow meow meow meow meow meow, Meow meow meow meow meow meow meow meow meow meow meow meow Meow.

"Meow'meow! Meow'meow! Meow meow meow meow?" meow meow meow meow.

Meow meow meow Meow meow meow, meow, meow meow, meow meow meow meow meow meow meow meow meow, "Meow! Meow meow meow Meow meow!"

"Meow meow'meow meow meow!" meow meow meow.

Meow, meow meow meow, Meow meow meow meow.

"Meow...! meow... meow! Meow meow meow!" meow meow, meow, meow meow meow meow, meow meow meow meow meow.

Meow meow meow meow meow meow meow meow meow meow meow, Meow meow meow meow meow meow meow meow'meow meow meow meow meow meow meow meow meow meow meow meow meow meow meow meow meow meow meow. Meow meow meow meow meow meow meow meow. Meow Meow'meow meow meow meow meow meow meow meow meow meow meow, Meow meow meow meow Meow'meow meow, meow meow meow meow meow meow meow meow meow meow meow Meow, Meow'meow meow. Meow meow meow, meow Meow meow Meow meow Meow meow meow meow meow meow meow, meow meow meow meow meow meow meow.

Meow meow, meow meow meow meow meow, Meow meow Meow meow meow meow Meow meow meow meow Meow, Meow, meow Meow meow meow. Meow meow meow meow meow meow meow meow meow meow meow meow meow meow meow meow meow meow meow. Meow meow meow meow meow. Meow meow meow meow meow meow meow. Meow meow meow meow meow meow meow meow meow meow meow meow meow meow meow. Meow meow meow meow meow meow meow: meow meow'meow meow, meow meow meow meow meow meow meow meow meow meow meow meow, meow meow meow meow Meow,

meow meow meow meow meow meow meow meow meow meow meow meow meow meow meow meow.... "Meow meow meow meow meow meow meow meow meow meow," meow Meow. "Meow'meow meow meow meow Meow meow meow meow meow meow, meow meow meow meow, meow meow? Meow Meow meow meow meow, meow meow meow meow meow meow meow meow, meow meow, meow meow. Meow'meow Meow meow meow meow meow, meow meow, meow meow meow?" meow meow meow meow. Meow meow meow meow meow meow meow meow meow meow, meow meow meow meow meow meow meow meow meow-meow meow, meow meow meow meow meow meow meow, "Meow meow meow meow? Meow meow meow?"

Meow meow meow meow, meow meow meow meow meow meow meow meow meow meow, meow meow meow meow, Meow meow meow meow Meow.

"Meow meow meow meow meow meow meow, Meow," meow meow meow meow meow, "meow meow meow meow meow meow meow meow meow meow meow meow meow meow meow meow meow meow meow meow, meow meow meow meow, meow meow meow, meow Meow meow meow meow meow meow meow meow. Meow meow meow meow meow meow meow meow meow meow, meow meow meow meow meow meow meow meow.... Meow meow meow meow, meow meow meow meow meow, meow meow meow..."

"Meow meow, meow meow meow meow," meow Meow.

"Meow meow meow meow meow meow meow, meow Meow meow meow meow meow meow meow meow," meow Meow (meow meow meow meow meow meow meow meow, meow meow meow meow meow meow, meow meow meow meow meow meow meow meow meow meow meow meow meow). "Meow meow, Meow, meow meow meow meow meow meow meow meow'meow meow meow meow meow meow meow meow. Meow meow meow meow meow meow meow. Meow meow meow meow...."

"Meow! Meow meow meow meow meow meow?" meow Meow. "Meow'meow meow meow meow.... Meow meow meow?" meow meow. "Meow meow meow meow meow meow meow meow meow meow," meow meow meow meow meow meow meow.

Meow meow meow meow meow meow meow meow meow meow meow meow meow meow meow meow, meow meow meow meow meow meow meow meow meow meow meow—meow meow meow meow meow meow meow meow meow.

"Meow meow, meow meow, Meow meow, Meow meow meow," meow meow.

"Meow meow, meow meow," meow Meow meow Meow (meow meow meow meow meow meow meow meow meow), meow meow meow meow meow meow meow meow meow.

Meow meow meow meow meow meow meow meow meow meow meow meow meow, meow meow meow meow meow meow, meow meow meow meow meow meow meow meow meow meow meow meow, meow meow meow meow meow meow meow meow meow meow meow meow. Meow meow meow meow meow meow meow meow meow meow meow meow meow. Meow meow, meow meow meow, meow meow meow meow meow meow meow meow meow meow meow meow meow meow meow meow meow Meow'meow meow Meow'meow meow, meow meow meow meow meow meow meow meow meow meow meow meow meow. Meow meow meow meow meow; meow meow meow' meow meow meow meow meow. Meow meow meow meow meow meow meow, meow meow meow meow meow meow meow meow.

Meow V

"Meow, meow!" meow Meow.

"Meow meow," meow Meow, meow meow meow meow meow meow. Meow meow meow meow meow meow meow meow. Meow meow meow meow meow meow meow meow meow

meow meow meow meow meow meow meow meow meow meow meow meow meow'meow meow.

Meow meow meow meow meow meow meow meow: "Meow meow meow'meow meow meow meow meow, meow meow. Meow meow meow, meow meow meow meow meow meow meow meow.

"Meow-meow! Meow-meow! Meow!" meow meow meow meow meow meow.

Meow meow meow meow meow meow meow, meow meow meow meow meow meow, meow meow meow meow meow meow meow meow. Meow meow meow meow meow meow meow meow meow meow meow meow meow meow. Meow meow meow meow meow meow meow, meow meow meow meow meow, meow meow meow meow meow meow'meow meow. Meow meow meow meow meow meow meow meow meow.

"Meow Meow meow meow meow Meow meow!" meow Meow, meow meow meow meow "meow," meow meow meow meow, meow meow meow meow meow meow meow meow meow meow. Meow meow meow meow meow meow meow meow meow meow'meow meow, meow meow meow meow meow meow meow. Meow meow meow meow meow meow meow, meow meow meow meow meow meow meow meow meow meow meow meow meow meow meow meow. Meow meow meow meow meow meow meow meow meow meow meow meow, Meow meow meow meow meow meow, meow meow meow meow Meow meow, meow meow meow meow meow meow meow meow, meow. Meow meow meow meow meow meow meow meow, Meow meow meow meow meow meow meow, meow meow meow meow meow, meow meow. Meow meow, meow meow meow meow meow, meow meow meow meow meow meow meow meow, meow meow meow meow meow meow meow meow meow meow. Meow meow meow Meow'meow meow meow, meow meow meow meow meow meow meow meow meow. Meow meow meow meow meow meow meow meow meow, meow meow meow meow meow meow meow. Meow meow meow meow. Meow meow meow meow meow meow meow.

"Meow-meow-meow!" meow Meow meow meow meow, "meow, meow'meow meow meow." Meow meow meow meow meow meow meow meow meow meow meow meow, meow meow meow meow meow meow meow. Meow meow meow meow meow; meow meow meow meow meow meow meow meow meow meow meow. Meow meow meow meow meow meow meow.

"Meow..." meow Meow, meow meow meow meow meow meow meow meow.

"Meow," meow meow meow meow meow.

Meow, meow meow meow meow, meow meow meow Meow meow meow meow meow meow meow meow meow meow meow, meow Meow meow:

"Meow meow meow!" meow Meow, meow meow meow meow, meow meow meow meow. Meow meow meow meow meow. Meow meow meow meow meow meow, meow meow meow meow, meow meow meow meow, meow meow, meow meow meow meow meow meow meow, meow meow meow meow meow meow. Meow meow meow meow meow meow, meow meow meow meow meow meow, meow meow, meow meow meow meow meow meow meow meow meow meow meow. Meow meow meow meow meow meow.

"Meow! Meow meow meow meow meow!" meow Meow.

"Meow meow!" meow Meow meow meow meow meow.

Meow, meow meow meow meow meow meow meow meow, meow meow meow meow meow meow meow, meow meow meow meow meow meow meow Meow meow meow meow meow meow. Meow, Meow, meow Meow meow meow meow. Meow meow meow meow meow meow meow meow meow Meow'meow meow meow.

"Meow!" meow Meow, meow meow meow meow, meow meow meow meow meow.

Meow meow meow meow, meow meow meow meow meow meow meow, meow meow meow meow meow, meow meow meow meow:

"Meow... meow! Meow... meow..." meow meow, meow meow meow.

Meow meow meow meow meow meow meow.

Meow meow Meow meow meow meow meow meow Meow.

Meow meow meow meow meow meow meow meow meow meow meow meow meow meow meow meow meow meow meow meow meow meow. Meow meow meow Meow meow meow meow meow meow, meow meow meow meow meow meow, meow Meow, meow meow meow meow meow, meow meow meow. Meow meow meow meow meow meow meow meow meow meow meow meow meow meow Meow'meow meow.

"Meow? Meow meow meow meow?" meow meow.

"Meow! Meow meow'meow meow meow, meow meow—" meow Meow meow meow meow meow. "Meow meow meow? Meow Meow, Meow meow. Meow meow'meow meow, meow Meow meow meow meow, meow... Meow meow'meow meow meow meow! Meow meow'meow meow...."

"Meow?" meow Meow.

"Meow meow! Meow meow, meow meow, meow meow meow meow," meow Meow meow Meow'meow meow meow meow meow meow.

Meow meow meow meow meow meow meow, meow meow meow Meow meow meow meow meow meow meow meow, meow, meow meow meow meow meow, meow meow meow meow. Meow meow Meow meow meow meow meow meow meow.

Meow meow meow meow meow meow meow meow meow, meow meow meow meow meow meow meow Meow meow meow, Meow meow meow, meow meow Meow meow meow meow meow meow meow meow meow, meow meow meow meow meow meow meow meow meow.

Meow VI

Meow meow meow meow meow meow meow meow meow. Meow meow Meow meow meow Meow meow meow meow meow meow meow meow. Meow meow meow meow meow meow meow meow meow meow meow meow, meow meow meow meow, meow meow meow meow'meow meow, meow meow meow meow meow Meow Meow meow meow.

Meow meow meow meow meow meow meow meow meow meow meow meow meow meow meow meow meow meow, meow meow meow meow meow. Meow meow meow meow meow, meow, meow meow meow meow meow meow meow meow meow meow meow meow, meow meow meow meow meow meow, meow meow meow meow meow meow meow meow meow meow meow meow. Meow meow meow meow meow meow meow meow meow meow meow meow meow, meow meow meow meow meow meow, meow meow meow meow meow, meow meow meow meow meow meow meow Meow'meow meow, meow, meow, meow meow meow meow meow meow meow meow meow meow meow, meow meow meow meow meow meow, meow, meow meow, meow meow meow meow meow meow meow meow meow meow meow.

"Meow meow meow?" meow meow meow. "Meow meow meow meow meow, meow, meow meow meow'meow meow. Meow, meow meow meow! Meow meow? Meow meow Meow meow meow meow meow?"—"Meow meow meow meow," meow meow meow meow.

"Meow meow meow meow Meow meow meow?" meow meow. "Meow meow meow meow meow meow; meow meow meow meow meow." Meow meow meow meow meow meow meow meow meow Meow Meow'meow, meow meow meow meow meow meow meow meow meow meow meow meow: "Meow meow meow." "Meow meow meow meow meow! Meow meow Meow meow meow," meow meow. "Meow meow meow meow meow meow meow meow, meow Meow meow meow meow meow meow meow. Meow meow meow meow meow."

Meow meow meow meow meow meow meow meow meow. Meow meow, meow, meow meow meow meow meow meow meow meow meow meow meow meow meow meow meow meow meow meow meow meow meow meow meow meow meow meow meow meow meow meow meow meow meow meow meow meow meow meow meow meow, meow, meow meow, meow meow meow meow meow meow meow meow meow meow meow meow meow, meow meow meow meow meow meow meow meow'meow meow.

"Meow meow meow Meow meow meow meow meow meow, meow meow meow meow meow meow meow meow," meow meow; "meow meow meow meow meow, meow meow meow meow meow Meow, meow meow meow meow meow meow. Meow meow meow meow Meow meow meow meow! Meow meow meow meow Meow meow meow meow meow. Meow meow meow meow meow meow Meow meow meow meow meow Meow meow meow meow meow meow meow meow, meow meow meow meow meow meow meow meow meow meow meow meow meow meow meow, meow meow meow meow meow meow meow meow meow meow meow meow meow meow meow. Meow Meow meow meow meow meow meow meow meow meow meow meow meow.

"Meow meow meow meow meow meow meow meow meow meow meow meow meow meow meow meow. Meow meow meow meow meow meow meow, meow meow meow meow meow. Meow meow meow meow meow meow meow meow meow, meow meow meow meow meow meow meow meow meow meow meow meow meow meow meow meow meow: 'Meow meow meow meow meow meow,' meow meow meow meow meow. Meow meow Meow meow meow meow meow meow meow meow meow meow. Meow meow meow meow meow meow meow meow meow meow meow meow meow meow meow, meow meow meow meow meow meow meow meow meow meow meow meow."

Meow meow meow meow meow meow meow meow meow meow meow meow meow meow meow meow meow meow meow meow meow, meow meow meow meow meow meow meow meow meow meow meow.

"Meow'meow meow meow meow meow.... Meow meow meow meow meow.... Meow-meow meow," meow meow meow meow. Meow meow meow meow meow meow meow meow meow meow meow meow meow Meow meow meow meow meow meow meow meow meow meow.

Meow meow meow meow meow meow meow meow meow meow meow meow meow meow meow meow Meow. Meow meow meow meow meow meow meow meow meow meow meow. Meow meow meow meow meow meow meow meow meow meow meow meow meow meow meow meow meow meow meow meow meow.

Meow meow meow meow meow meow meow meow meow meow meow meow, Meow meow meow meow meow meow meow meow meow meow meow meow meow meow.

Meow meow meow meow meow meow meow meow meow meow meow meow meow, meow meow meow meow meow meow.

"Meow meow meow meow meow meow meow meow meow meow meow meow," meow meow meow.

Meow meow Meow meow meow meow meow meow meow meow, meow meow meow meow meow meow meow meow meow meow meow meow meow meow meow meow meow (meow meow meow meow meow meow meow meow meow meow meow) meow meow meow, meow meow meow, meow meow meow meow meow meow meow meow meow meow meow meow meow. Meow meow meow meow meow meow meow meow meow meow meow meow meow meow. Meow meow meow meow meow meow meow meow meow meow meow. Meow meow meow meow meow meow meow meow meow meow meow meow meow meow. Meow meow meow meow meow meow meow meow, meow meow meow meow meow meow meow meow meow meow meow meow meow meow meow meow meow meow meow meow, meow meow meow meow meow. Meow meow meow meow meow meow meow

meow, meow meow meow meow meow meow. Meow meow meow meow meow meow meow meow meow meow meow meow meow, meow meow meow meow meow meow.

“Meow, meow’meow meow meow? Meow meow meow meow meow meow meow, Meow meow meow meow meow?” meow meow meow.

“Meow? Meow meow Meow...?” meow Meow.

“Meow meow meow meow’meow meow meow, meow? Meow meow, meow meow meow meow meow? Meow meow meow meow meow meow? Meow? Meow meow meow.”

Meow meow meow meow meow meow meow meow meow meow meow, meow meow meow meow.

“Meow meow meow’meow meow, Meow’meow meow meow...” Meow meow meow. “Meow meow meow meow’meow meow. Meow meow meow...” Meow meow, “meow Meow meow meow meow,” meow meow meow Meow meow meow meow meow meow meow, meow meow meow meow meow meow meow meow meow meow, “meow meow meow meow! Meow, meow meow meow meow? Meow meow meow meow meow? Meow meow’meow meow meow, meow meow meow meow meow, meow meow meow meow. Meow meow meow meow meow? Meow Meow meow meow meow meow meow meow Meow, meow meow meow meow meow meow, meow meow meow meow meow meow meow meow, meow meow meow meow meow meow meow meow meow.” Meow meow meow meow meow meow meow meow meow meow, “Meow meow meow’meow meow meow meow meow meow meow meow meow...”

“Meow... Meow...!” meow Meow, meow meow meow meow meow, meow meow meow meow meow.

“Meow meow meow meow meow meow meow meow meow? Meow? Meow Meow meow meow meow? Meow meow meow meow meow meow meow, Meow meow meow meow.”

“Meow’meow meow meow meow... Meow meow meow,” meow Meow meow.

“Meow meow’meow Meow meow? Meow meow meow meow Meow meow, meow Meow meow meow meow meow meow meow meow meow meow meow meow meow meow meow meow meow meow meow meow meow meow meow (meow meow), meow Meow meow meow meow meow,” meow meow.

Meow meow meow meow meow, meow meow meow meow meow meow meow meow meow meow meow meow, meow meow meow meow. Meow meow meow meow meow meow meow, meow meow meow meow meow meow meow meow meow meow meow meow. Meow meow meow meow meow meow meow meow meow meow meow meow meow meow, meow meow meow meow meow meow meow meow meow.

“Meow meow meow meow,” meow meow meow meow meow meow.

“Meow? Meow meow, meow meow meow meow meow meow meow meow,” meow Meow. “Meow! Meow’meow meow meow meow meow meow meow!”

Meow meow meow meow meow meow meow meow meow meow meow.

“Meow’meow meow meow!” meow meow, meow meow meow meow meow meow meow meow meow meow meow meow meow meow meow meow, meow meow meow meow meow meow meow meow meow.

Meow’meow meow meow meow, meow meow meow meow meow. Meow meow’meow meow meow meow meow Meow. Meow meow meow meow meow meow meow meow. Meow meow meow meow meow, meow meow, meow meow meow meow meow meow meow meow meow, “Meow meow!” meow meow meow meow meow meow meow meow meow meow meow meow meow. Meow meow meow meow meow meow meow meow meow meow meow Meow meow meow meow meow meow.

Meow meow meow Meow meow meow meow meow meow meow meow meow meow meow meow Meow Meow, meow meow meow meow meow meow meow meow, meow meow meow Meow meow.

Meow VII

Meow meow meow meow meow meow meow meow meow meow meow Meow meow meow meow meow Meow Meow meow meow Meow Meow, meow meow meow meow meow meow meow meow meow meow meow meow meow meow meow, meow meow meow meow meow meow meow meow meow meow meow meow meow meow. Meow meow meow meow meow meow meow meow meow meow meow meow meow meow meow meow meow meow meow meow meow meow meow meow meow meow meow meow meow meow meow meow meow meow meow meow meow meow meow meow meow, meow meow meow, meow meow meow meow meow meow meow meow meow meow. Meow meow meow meow meow meow meow meow meow meow meow meow meow Meow meow, meow meow meow meow meow meow, meow meow meow meow meow Meow meow meow meow meow meow meow meow meow meow meow meow meow. Meow meow meow meow meow meow meow meow meow meow meow meow meow meow. Meow meow meow meow meow meow meow meow meow meow Meow meow meow meow meow Meow meow meow meow meow meow meow meow meow meow meow meow.

“Meow meow,” meow Meow, “meow meow meow meow, meow meow meow meow meow meow meow meow meow meow meow meow—meow meow meow meow meow, meow meow meow meow meow meow meow. Meow meow meow meow meow meow meow meow meow meow meow meow meow meow meow meow meow meow meow meow meow. Meow meow meow meow meow meow meow meow meow meow meow meow meow, meow meow meow meow meow meow meow meow meow meow meow meow meow meow meow meow, meow meow meow meow meow meow meow meow meow meow meow meow.”

Meow meow meow meow meow meow meow meow, meow meow meow meow meow meow meow, meow meow meow meow meow meow meow meow meow meow meow, meow meow meow meow meow meow meow, meow meow, meow meow meow, meow meow meow meow meow meow meow meow meow meow meow.

Meow Meow Meow meow meow meow meow meow meow meow meow meow meow meow meow meow meow, meow meow, meow meow meow meow meow meow.

“Meow,” meow meow, “meow meow meow meow meow meow, meow meow meow meow.”

“Meow! Meow!” meow meow meow meow, meow meow meow meow meow meow. “Meow meow meow, meow meow meow! Meow meow? Meow, meow meow meow Meow.”

Meow meow meow meow meow meow meow meow meow meow meow meow. Meow meow meow meow meow meow meow meow meow meow meow meow meow meow meow meow meow meow meow meow Meow, meow meow meow meow meow. Meow meow meow meow meow meow meow meow meow meow meow meow meow meow meow. “Meow meow meow? Meow meow meow meow meow meow? Meow meow meow meow? Meow meow meow meow meow meow meow meow meow?” meow meow.

“Meow, meow meow meow meow meow,” meow meow meow meow meow.

“Meow! Meow! Meow meow meow, meow meow meow meow Meow meow meow Meow’meow meow meow meow meow meow. Meow, Meow Meow. Meow meow meow Meow. Meow meow meow.”

Meow Meow Meow meow meow meow meow, meow meow meow meow meow meow meow meow meow meow meow meow meow meow, meow meow meow meow meow meow. Meow meow meow meow meow meow meow meow meow Meow Meow meow meow meow meow... meow meow... meow meow meow meow meow meow meow meow meow.

“Meow,” meow meow, meow meow meow meow meow meow meow meow meow, “meow meow meow meow.” Meow meow meow meow-meow-meow’meow meow meow meow meow meow meow meow.

Meow meow meow meow meow, meow meow meow meow meow meow meow meow meow meow.

Meow Meow meow meow meow meow meow meow meow meow meow meow meow meow meow meow-meow-meow'meow meow.

"Meow, meow! Meow meow meow meow? Meow meow meow meow. Meow meow meow meow, Meow, Meow meow meow meow meow meow meow meow," meow Meow, meow meow meow meow meow meow meow meow meow-meow-meow.

Meow Meow meow meow meow meow meow, meow meow meow.

"Meow meow meow meow, Meow?"

"Meow... meow Meow meow meow... meow meow Meow," meow meow, meow meow meow meow meow meow meow-meow-meow'meow meow.

Meow meow meow meow meow meow meow meow Meow Meow meow meow meow meow meow meow-meow-meow, meow meow meow meow meow meow. Meow meow meow meow meow meow, meow meow, meow meow meow meow meow meow meow meow, meow meow. Meow meow meow meow meow meow meow meow meow meow meow meow meow. Meow meow meow meow meow, meow meow meow meow meow meow, meow meow meow meow meow meow meow meow meow meow meow meow meow meow meow meow meow meow meow. Meow meow meow Meow Meow, meow meow meow meow meow meow meow meow meow meow meow meow meow meow meow meow meow meow meow meow meow meow, meow meow meow meow meow.

"Meow meow meow meow Meow?" meow meow.

"Meow, meow meow meow'meow meow meow meow meow. Meow meow meow meow meow meow Meow meow meow."

"Meow meow'meow meow?"

"Meow," meow Meow Meow, meow meow meow meow meow meow meow meow meow-meow-meow.

Meow meow meow meow meow meow meow meow meow meow meow meow meow meow meow meow meow meow meow meow meow meow meow, meow meow meow meow meow meow meow. Meow Meow meow meow meow meow meow meow meow meow meow meow meow meow meow meow. Meow meow meow meow meow meow meow meow: meow meow meow meow meow meow Meow Meow meow meow meow, meow meow meow meow meow meow Meow meow meow meow meow meow meow meow, meow meow meow meow meow Meow meow meow meow meow meow meow meow meow meow meow meow meow, meow meow meow meow meow meow meow meow meow meow. Meow meow meow meow meow meow meow meow meow meow, meow meow meow meow meow. Meow meow meow, meow meow, meow meow, meow meow meow meow meow. Meow Meow meow. Meow meow meow meow meow meow meow meow meow meow meow meow meow meow meow.

Meow VIII

"Meow," meow meow meow meow meow meow meow meow meow meow meow meow Meow, meow meow meow meow meow meow meow meow meow, meow meow meow meow meow meow meow meow, meow meow meow meow meow, meow meow meow meow meow meow meow meow meow meow meow meow meow, meow meow meow meow meow meow meow meow—meow meow meow meow meow meow meow meow meow meow—meow meow meow meow meow meow meow meow meow meow meow meow.

"Meow, Meow'meow meow meow meow'meow meow—meow Meow meow meow meow meow—meow meow meow meow."

"Meow meow meow meow meow meow, meow meow? Meow meow meow. Meow, meow meow meow meow!" meow Meow Meow meow meow, meow meow meow meow, meow meow meow meow meow meow-meow-meow.

Meow meow meow Meow Meow meow meow meow meow meow meow meow meow meow. Meow meow meow. Meow meow meow meow meow meow meow meow meow meow Meow Meow'meow meow meow meow meow. Meow meow meow meow meow meow meow meow meow.

Meow Meow meow meow meow meow meow meow meow meow meow meow meow meow, meow meow meow meow meow meow meow meow meow meow meow meow meow meow meow meow meow meow. Meow meow meow meow meow meow meow meow meow meow meow meow meow meow meow meow meow meow meow. Meow meow meow meow meow meow meow meow, meow meow meow meow meow, meow meow meow meow meow meow, meow meow meow meow meow, meow meow meow meow meow meow. Meow meow meow meow meow meow meow meow meow meow meow meow meow meow meow. Meow meow meow meow meow meow meow meow meow, Meow Meow, meow meow meow meow meow meow meow meow meow meow meow meow meow meow, meow meow meow meow meow meow meow meow meow meow.

"Meow'meow meow meow meow meow meow meow meow, Meow," meow meow meow, "meow meow Meow'meow meow meow meow'meow meow meow meow meow meow meow meow, meow meow," meow meow meow meow meow.

"Meow, meow, Meow'meow meow meow!"

"Meow meow meow, meow."

Meow meow meow meow meow meow meow meow meow meow meow meow meow meow meow meow meow meow. Meow Meow meow meow meow meow meow meow. Meow meow meow meow meow meow meow meow meow meow meow meow meow, meow meow meow meow meow, meow meow meow. Meow meow meow meow meow meow meow meow meow meow meow Meow Meow meow meow meow meow meow meow. Meow meow meow meow meow meow meow meow meow meow meow meow meow meow meow meow meow meow meow meow meow, meow meow meow meow meow meow meow; meow meow meow meow meow, meow meow meow meow meow meow meow meow meow meow meow meow meow meow'meow meow, meow meow meow, meow meow meow meow meow, meow meow meow meow meow meow meow meow meow meow meow meow meow meow meow meow.

Meow meow meow meow meow meow meow' meow meow. Meow meow meow meow' meow meow meow meow, meow meow meow. Meow meow meow meow' meow meow meow meow meow meow meow meow meow meow. Meow meow meow, meow meow meow meow, meow meow meow meow meow meow meow meow Meow meow meow Meow Meow meow meow.—"Meow meow meow 'meow meow meow meow meow meow,' meow meow meow meow meow meow meow."

"Meow meow meow meow meow meow meow," meow Meow Meow, meow meow meow meow meow meow.

Meow meow meow meow meow meow.

"Meow meow!" meow meow meow meow meow meow meow meow, meow Meow meow meow meow meow meow meow meow meow meow meow meow.

Meow meow meow meow meow-meow meow meow meow meow meow meow meow, meow, meow meow meow meow meow meow meow meow, meow meow meow, meow meow meow meow, meow meow meow, meow meow meow meow meow meow meow meow meow meow meow meow meow meow meow meow meow meow meow meow meow meow meow meow meow. Meow meow meow meow meow meow meow meow meow meow. Meow meow,

meow meow, meow meow meow meow meow meow meow meow meow meow meow meow meow meow meow meow meow meow meow meow. Meow meow meow.

Meow meow meow meow meow Meow meow meow meow meow meow meow meow meow meow meow meow meow meow meow meow meow meow meow meow meow. Meow meow meow meow meow meow meow meow meow meow meow meow meow Meow meow meow Meow meow meow meow meow meow, meow meow meow meow meow meow meow meow meow meow meow meow meow meow meow meow meow meow meow meow meow meow meow-meow meow meow meow.

Meow Meow meow meow meow meow meow meow meow: meow meow meow, meow meow meow meow meow meow meow'meow meow meow (meow meow meow meow meow meow meow meow), meow meow meow meow meow meow meow meow meow meow meow meow, meow meow meow meow meow meow meow meow meow.

Meow Meow, meow meow meow, meow meow meow meow meow, meow meow meow meow meow meow meow, meow meow meow meow meow meow meow meow: meow meow meow meow meow meow meow meow Meow Meow meow Meow meow meow meow Meow meow meow meow meow meow meow meow meow.

"Meow meow meow, meow meow meow meow," meow meow.

Meow meow meow meow meow meow meow meow meow meow meow meow meow, meow meow meow meow meow meow meow meow (meow meow meow meow meow, meow meow meow meow meow meow meow meow meow meow meow meow meow meow), meow, meow meow meow meow meow meow, meow meow meow meow meow meow meow meow meow meow meow meow meow, meow meow. Meow Meow meow; meow meow, meow meow meow meow meow meow meow, meow meow meow meow meow meow meow meow meow meow meow meow. Meow meow meow meow meow meow meow meow meow meow meow meow meow meow meow meow.

"Meow, meow meow, meow'meow meow meow meow meow meow!" meow meow, meow meow meow meow meow meow meow. "Meow meow. Meow meow meow meow."

"Meow, meow Meow! meow Meow!" meow Meow Meow. "Meow meow meow meow meow meow, meow meow meow meow Meow."

Meow Meow meow meow meow meow meow meow meow meow meow meow meow meow. Meow meow meow meow meow meow meow meow meow meow meow meow meow meow meow, meow meow meow meow. Meow meow meow meow meow meow. Meow meow meow meow meow meow meow meow meow meow meow meow meow. Meow meow meow meow, Meow, meow meow, meow meow meow meow meow meow meow. Meow meow, meow meow meow meow meow meow, meow meow meow meow meow meow meow meow meow meow meow, meow meow meow meow meow meow meow Meow Meow meow meow meow.

"Meow Meow!" meow meow meow. "Meow Meow?"

"Meow meow meow," meow meow meow meow Meow meow meow meow, meow meow meow.

Meow meow meow meow meow meow, Meow meow, meow meow meow meow meow meow meow meow meow meow meow meow meow meow meow meow.

"Meow'meow Meow!" meow Meow Meow. "Meow meow meow'meow meow, meow meow meow meow meow," meow meow meow meow meow meow meow meow, meow meow meow meow meow Meow Meow, meow meow meow meow meow meow meow meow meow meow, meow meow meow meow meow meow meow meow meow meow meow. Meow, meow meow meow, meow, meow, meow meow meow meow meow meow meow meow meow meow meow. Meow meow meow meow meow meow meow meow meow.

"Meow meow meow meow meow meow?" meow meow, meow meow meow meow meow meow—meow meow meow meow meow meow, meow meow meow meow meow meow meow—

meow meow meow, meow meow meow meow meow meow meow meow meow meow meow meow meow meow meow (meow meow meow meow meow meow meow meow), meow meow meow meow meow.

"Meow meow meow meow, Meow meow!" Meow meow meow meow meow meow meow meow meow, meow meow meow meow meow meow' meow.

Meow IX

Meow meow meow meow meow meow meow, meow meow meow meow meow meow meow (meow meow meow meow meow meow). Meow meow meow meow meow meow meow meow meow meow meow meow, meow meow meow meow meow meow meow meow meow meow meow meow meow meow meow. Meow Meow meow meow meow meow meow meow meow meow meow meow meow meow meow meow meow meow. Meow meow meow, meow meow meow meow meow meow, meow meow meow meow meow meow meow. "Meow meow meow meow meow meow meow meow meow meow meow; meow meow Meow meow meow? Meow meow!" meow meow meow meow meow. Meow meow meow meow, meow meow meow meow meow meow meow meow meow meow meow meow. Meow Meow meow meow meow meow meow meow meow meow.

"Meow meow!" meow meow—meow meow meow meow meow meow meow meow meow. "Meow meow meow...."

Meow meow meow meow meow meow meow meow meow.

"Meow meow meow meow meow meow Meow meow meow, meow meow meow meow!" meow meow meow. Meow meow meow meow meow meow meow meow; meow meow meow meow meow meow meow meow. Meow meow meow meow meow meow meow meow meow meow meow meow. Meow meow meow meow meow Meow Meow meow Meow Meow meow meow meow meow.

Meow meow meow. Meow Meow meow meow meow, meow Meow Meow, meow meow meow. Meow meow meow meow meow, meow meow meow meow meow meow meow meow. Meow meow meow meow.

"Meow, meow," meow Meow Meow.

Meow Meow meow meow meow meow meow meow meow meow meow meow meow meow meow meow. Meow meow meow meow meow meow meow meow meow meow meow meow meow meow meow meow Meow Meow. Meow meow meow meow meow meow meow meow meow meow meow meow meow. Meow, meow, meow meow meow meow meow meow. Meow Meow meow meow, meow meow meow meow, meow meow meow meow meow. Meow meow meow meow meow.

"Meow meow'meow meow meow! Meow meow'meow!" meow meow meow meow meow meow.

Meow meow meow meow meow. Meow meow meow, meow meow meow meow meow meow. Meow meow meow meow meow—meow meow meow meow meow, meow meow meow meow meow meow—meow meow meow meow. Meow Meow meow meow meow; meow meow meow meow meow meow meow meow meow meow meow.

"Meow meow meow meow meow meow meow meow meow?" meow Meow Meow meow meow meow meow. "Meow meow? Meow meow...? Meow meow meow meow meow meow? Meow meow meow meow meow?"

Meow meow meow meow meow meow meow meow, meow Meow Meow meow meow meow meow meow meow meow meow meow, meow meow meow meow meow meow. Meow meow meow meow meow meow meow meow meow, meow meow meow meow. "Meow, meow

meow meow meow meow meow?" meow meow meow meow meow, meow Meow Meow meow meow meow meow meow meow meow meow meow meow meow meow meow meow meow meow meow meow meow meow meow meow. Meow meow meow meow. Meow meow meow meow meow meow meow meow meow meow meow meow meow meow meow meow meow meow meow meow meow meow meow meow, meow meow meow, meow, meow meow meow meow meow: "Meow, meow meow meow meow meow meow, meow meow?" Meow meow meow meow meow meow meow meow meow meow.

Meow meow meow meow, meow meow meow meow Meow Meow Meow meow meow. Meow meow meow meow meow meow meow meow meow, meow meow meow meow meow meow meow meow meow meow'meow meow meow meow meow meow meow meow.

Meow meow, meow meow meow meow, meow meow meow meow meow meow, meow meow meow meow meow meow meow meow meow meow meow meow meow meow meow, Meow Meow. Meow Meow meow meow meow meow, meow meow meow meow meow meow meow meow meow meow meow meow, meow meow meow meow meow meow meow. Meow meow meow meow meow meow meow meow meow meow meow meow meow meow meow meow meow meow meow meow meow meow meow meow meow meow meow meow'meow meow meow meow meow meow meow meow meow meow meow.

Meow X

Meow'meow meow meow Meow'meow meow meow Meow meow meow meow meow meow meow meow meow meow meow, meow meow meow meow meow meow meow meow meow meow meow meow meow meow meow meow meow meow meow meow meow meow Meow. Meow meow meow meow meow meow meow meow meow meow meow meow meow meow meow, meow meow meow meow meow meow Meow meow meow meow meow. Meow meow, meow Meow meow meow meow meow meow meow meow meow. Meow meow meow meow meow meow'meow meow meow meow meow meow meow, meow meow Meow Meow, meow meow meow meow meow Meow meow meow meow meow meow Meow, meow meow meow meow meow meow meow.

"Meow, Meow," meow meow meow, "meow meow meow meow meow meow-meow meow meow meow, meow meow. Meow meow meow meow meow; meow meow meow meow meow meow meow. Meow meow meow, Meow, meow meow meow, meow meow meow, meow Meow? Meow Meow, meow meow meow meow, meow meow meow meow meow meow meow meow meow meow meow. Meow meow meow Meow meow meow meow meow meow meow meow meow, meow'meow meow meow meow meow? Meow meow! Meow meow meow meow, meow Meow meow meow meow meow meow meow meow meow meow. Meow meow meow meow meow meow meow! Meow'meow meow meow meow meow meow, meow meow meow meow meow meow meow? Meow meow meow meow meow meow meow meow meow meow meow meow meow meow meow meow. Meow meow—meow meow! Meow meow meow meow, meow meow? Meow meow meow meow meow meow meow, meow meow meow meow meow meow meow! Meow'meow meow Meow meow meow meow meow. Meow meow meow meow meow? Meow meow'meow meow meow meow? Meow, meow meow meow meow meow, meow Meow meow meow meow meow meow meow meow meow, meow meow meow meow meow meow meow meow. Meow meow meow meow meow meow, meow meow Meow meow meow meow meow meow meow meow! Meow meow! Meow meow! Meow meow meow meow Meow, meow meow meow; meow, meow meow, meow meow Meow meow meow meow meow meow. Meow meow meow meow meow. Meow meow meow meow meow, meow meow!"

Meow meow meow meow meow meow meow Meow meow meow meow meow meow meow meow meow meow meow.

"Meow meow meow meow meow meow meow meow!" meow meow. "Meow meow! Meow meow'meow meow meow meow meow meow meow meow Meow meow; meow meow Meow meow, Meow meow meow meow Meow meow meow meow meow meow meow, meow meow meow Meow'meow meow meow meow meow meow meow meow. Meow meow meow meow, meow meow meow, meow meow meow meow meow—meow meow meow—meow meow meow meow meow Meow meow meow meow meow meow meow meow meow meow meow meow meow. Meow meow meow meow meow meow, meow meow meow. Meow, meow meow," meow meow, "Meow meow meow meow, meow, meow-meow meow, meow Meow meow meow meow meow meow meow—meow meow meow—meow meow meow meow. Meow meow meow meow meow meow meow meow meow meow Meow meow meow meow meow. Meow Meow meow meow meow meow Meow'meow meow meow meow meow meow! Meow meow!..." meow meow meow meow meow meow meow. "Meow meow meow, meow Meow meow meow meow meow meow meow meow meow Meow meow meow meow meow meow meow meow meow, meow meow meow, meow, meow meow meow. Meow meow meow'meow meow meow."

"Meow, meow, Meow meow meow," meow Meow, meow meow meow meow meow meow'meow meow.

Meow meow meow meow Meow meow meow Meow. Meow meow meow meow Meow meow meow meow meow meow meow meow. Meow meow meow meow meow meow meow meow, meow Meow Meow meow meow Meow, meow meow meow meow meow, meow meow meow meow meow meow meow meow. Meow meow meow meow meow meow meow meow' meow. Meow meow meow meow meow meow meow; Meow meow meow meow meow meow meow meow meow meow meow meow meow; Meow, meow meow meow meow meow meow, meow meow meow meow, meow meow meow.

Meow meow meow meow meow Meow' meow meow meow meow meow meow meow meow meow meow meow meow meow meow meow meow meow meow. Meow meow meow meow meow meow meow meow—meow meow meow, meow meow meow (meow meow meow meow meow meow), meow meow meow meow meow meow, meow meow meow meow meow meow meow meow meow meow meow meow meow meow meow meow meow meow meow meow meow meow meow meow meow meow meow—meow meow meow meow; meow meow meow meow meow meow Meow' meow meow meow meow meow meow meow meow meow meow meow meow.

Meow meow meow meow meow meow Meow meow meow meow meow meow Meow, meow meow meow meow meow meow meow Meow. Meow meow meow meow meow meow meow meow. Meow meow meow meow meow meow meow meow, meow meow meow meow meow meow Meow, Meow meow meow meow Meow meow, meow meow meow meow meow meow meow meow.

"Meow'meow meow meow meow meow meow," meow meow meow meow meow meow-meow, "meow meow meow meow meow. Meow meow, Meow meow meow Meow meow meow meow meow meow meow meow meow, meow Meow meow meow; meow meow meow Meow meow meow. Meow meow'meow meow meow meow meow meow... meow meow meow meow meow meow, meow Meow meow'meow meow meow. Meow Meow..."

Meow meow meow meow meow meow meow meow meow meow meow meow meow Meow meow meow meow meow meow meow meow meow. Meow meow meow meow meow meow, meow meow meow meow meow meow meow meow meow, meow meow meow, meow meow meow meow meow meow meow meow. Meow Meow meow meow meow meow Meow meow meow meow meow meow meow meow meow. Meow meow Meow meow meow meow meow meow meow meow meow meow meow meow meow meow meow meow Meow meow meow meow

meow meow meow Meow, meow meow meow meow meow meow Meow'meow meow meow Meow meow meow meow meow meow meow meow. Meow meow meow meow meow meow meow meow meow, meow meow meow meow meow meow meow. Meow meow meow meow meow meow meow meow meow meow meow, meow meow, meow, meow meow.

Meow XI

Meow meow meow meow meow Meow Meow meow meow meow, meow meow meow meow meow meow meow meow. Meow meow meow meow meow meow, meow meow meow Meow meow meow meow meow meow meow meow Meow. Meow meow meow meow meow, meow Meow meow Meow.

Meow meow meow meow meow meow meow meow meow, meow meow meow meow meow meow meow meow meow meow meow meow meow Meow' meow meow meow meow meow meow. "Meow meow meow meow meow, meow meow meow meow! Meow meow meow meow meow meow meow meow, meow meow meow meow. Meow meow meow meow meow meow meow meow meow meow," meow meow meow meow meow meow.

Meow, meow meow meow meow meow meow meow meow, meow meow meow meow meow meow meow meow meow meow meow meow meow meow meow meow, meow meow meow meow meow. Meow meow meow meow meow meow meow meow meow meow meow meow meow meow meow meow meow meow, meow meow meow meow meow meow meow meow meow meow. Meow, Meow, meow meow meow meow meow meow meow, meow meow meow meow meow Meow. Meow meow meow meow meow meow meow meow Meow meow Meow meow meow, meow meow meow meow meow meow meow meow meow meow meow meow meow meow meow meow meow meow. Meow meow meow meow meow meow meow meow meow meow meow meow meow Meow (meow meow meow) meow meow meow meow meow meow meow.

"Meow, meow meow meow meow Meow'meow? Meow meow!" meow Meow. "Meow meow meow, meow Meow Meow meow meow meow."

"Meow meow Meow meow meow meow meow meow' meow!" meow Meow, meow meow meow Meow' meow meow meow meow meow meow Meow'meow meow. "Meow'meow meow meow meow meow meow meow meow meow."

"Meow Meow meow meow," meow Meow. "Meow Meow meow meow Meow; meow meow meow meow."

"Meow meow?" meow meow Meow, meow meow meow meow meow meow meow meow meow meow meow meow meow meow meow meow meow meow.

"Meow," meow meow meow meow Meow, meow meow Meow, meow, meow, meow meow Meow meow meow meow meow meow meow meow meow Meow meow meow meow meow.

"Meow meow meow meow," meow Meow, meow meow meow meow meow meow meow meow meow meow meow meow Meow meow meow meow meow. Meow meow Meow meow meow meow meow meow meow meow.

"Meow Meow meow meow meow meow," meow Meow meow meow meow meow. "Meow meow meow, meow meow meow meow meow meow," meow meow meow. "Meow meow meow meow Meow!"

Meow meow Meow meow meow meow meow Meow meow meow, meow meow meow meow meow meow meow meow meow meow. Meow meow meow meow meow meow meow meow meow meow meow meow meow meow meow, meow meow. Meow meow meow meow meow meow meow meow meow meow meow meow meow meow meow meow meow meow meow meow meow meow meow meow. Meow meow Meow' meow meow meow meow meow meow meow

meow meow meow meow Meow.... Meow meow meow meow, "Meow'meow meow; meow meow meow'meow meow meow meow meow meow meow meow meow," meow meow meow meow meow meow meow meow Meow meow meow.

"Meow meow! meow meow meow meow meow!" meow, meow meow meow, "meow meow meow meow meow meow."

"Meow," meow meow, meow meow meow meow meow meow meow meow meow, "meow meow meow meow meow meow meow meow meow meow meow meow meow meow meow meow meow meow, meow meow... meow meow meow meow..."

Meow meow meow.

"Meow meow meow meow," meow meow meow.

"Meow meow meow meow meow meow meow, Meow meow meow meow Meow..."

Meow meow meow. Meow meow meow meow meow, meow meow.

"Meow, meow'meow meow meow meow!" meow meow.

"Meow, meow Meow meow. Meow meow meow meow meow meow, meow meow meow meow meow meow meow meow. Meow meow meow meow meow meow meow, Meow meow meow meow meow meow meow. Meow meow meow, meow Meow meow Meow meow meow meow meow meow meow...."

"Meow meow meow meow meow," meow Meow, meow.

"Meow, meow Meow meow meow meow meow meow meow meow meow meow meow meow meow meow, meow meow meow meow meow Meow meow meow meow meow meow, meow, meow meow meow Meow meow meow. Meow Meow meow meow. Meow meow meow meow meow. Meow meow meow, Meow meow meow meow. Meow Meow meow meow meow meow Meow'meow meow," meow meow, meow meow meow'meow meow meow meow.

"Meow'meow meow meow meow meow! Meow meow meow. Meow meow meow meow meow meow meow meow meow, meow Meow meow meow meow."

"Meow meow meow meow: Meow meow meow meow meow meow, meow Meow meow meow meow meow meow."

Meow Meow meow meow meow meow.

Meow XII

Meow'meow meow meow meow meow meow meow Meow. Meow meow meow meow meow meow meow meow meow meow meow meow meow meow meow, meow meow meow meow meow meow meow meow meow meow meow meow meow meow meow meow meow meow, meow meow meow meow meow-meow meow meow meow meow meow meow meow meow meow meow meow meow meow meow meow meow meow meow meow meow. Meow meow meow meow meow meow meow meow meow. Meow meow meow meow Meow Meow meow meow meow meow meow meow meow meow meow meow meow meow meow meow meow. Meow meow meow meow meow meow meow meow meow meow meow meow meow meow meow meow meow meow-meow Meow, meow meow meow meow meow meow meow meow meow meow meow meow meow meow, meow meow meow meow meow meow meow meow meow. Meow meow meow meow meow meow meow meow meow meow meow meow meow meow meow meow meow meow meow meow meow meow meow meow meow meow meow meow meow meow meow. Meow meow meow meow meow meow meow, meow meow meow meow, meow—meow meow meow meow meow meow meow meow meow meow. Meow meow meow meow meow meow, meow meow Meow, meow meow meow meow, meow meow, meow meow meow meow meow meow, meow meow meow meow meow meow meow meow, meow meow, meow meow meow, meow meow meow meow meow meow, meow meow. Meow meow meow meow

meow meow Meow'meow meow, meow meow meow, meow meow meow, meow meow meow meow. Meow meow meow meow meow meow meow Meow meow meow meow meow meow. Meow meow meow meow meow meow meow. Meow meow, meow meow Meow'meow meow, meow meow, meow meow meow meow Meow, Meow meow meow meow meow meow meow meow meow meow meow meow meow meow meow meow meow, meow meow meow meow meow meow meow meow.

Meow meow meow meow meow meow meow meow meow meow meow meow meow meow meow meow meow meow meow. Meow meow meow meow meow meow meow meow meow.

Meow meow meow meow meow meow meow meow meow meow meow. Meow meow meow meow meow meow meow meow meow, meow meow meow. Meow meow meow meow meow meow meow meow meow meow meow meow meow meow meow.

"Meow, meow meow meow meow!" meow meow meow, meow meow meow Meow.

Meow meow Meow meow meow meow meow meow, meow meow meow meow meow meow meow.

"Meow meow meow meow—meow meow meow meow meow meow!" meow Meow.

"Meow meow meow meow meow meow meow," meow meow. "Meow meow meow Meow meow meow meow? Meow meow meow meow meow."

Meow meow Meow meow meow meow meow meow Meow meow meow meow meow meow meow meow meow meow meow, Meow meow meow meow Meow:

"Meow meow meow Meow. Meow meow meow meow meow, meow meow!" meow meow.

Meow meow meow meow Meow'meow meow meow meow meow meow, meow meow meow, meow meow meow meow meow meow meow meow meow meow, meow meow meow meow meow meow Meow meow. Meow meow meow meow meow meow meow meow meow. Meow meow meow Meow meow meow meow meow meow meow. Meow meow meow meow meow.

"Meow meow meow meow meow Meow meow Meow meow meow!" meow Meow meow.

"Meow'meow meow meow meow meow meow meow," meow Meow.

"Meow, meow meow! Meow meow meow meow meow meow!" meow Meow, meow meow meow meow meow. Meow meow meow meow meow meow meow, meow meow meow'meow meow meow, meow meow meow meow, meow meow meow meow, meow meow meow meow. Meow meow meow meow meow meow meow meow meow Meow'meow meow meow meow meow meow meow meow meow meow meow meow meow meow meow meow. Meow meow meow meow meow meow meow meow meow meow meow meow meow meow meow meow meow meow meow, meow meow meow meow meow, meow meow meow meow meow meow meow, meow meow meow meow meow meow meow meow meow meow meow. Meow meow meow meow meow meow meow meow meow meow, meow meow meow meow meow meow meow meow meow meow meow meow meow, meow meow, meow meow meow meow meow meow meow meow, meow meow meow meow meow meow, meow meow meow meow, meow meow meow meow meow meow meow, meow meow meow, meow, meow meow meow meow meow meow meow, meow meow meow meow meow meow. Meow meow meow meow meow meow meow, meow meow meow meow meow meow meow meow meow meow meow. Meow meow meow meow, meow meow meow meow meow meow, meow meow meow meow meow, meow meow meow meow meow meow meow meow meow meow, meow meow meow meow, meow meow meow meow meow meow meow meow meow meow meow meow meow meow meow meow meow meow Meow meow meow meow, meow meow meow meow meow meow meow meow meow meow meow meow. Meow meow meow, meow meow meow meow meow meow meow meow meow meow, meow meow meow meow meow meow meow meow meow meow

meow meow, Meow meow meow meow meow meow meow meow. Meow meow meow meow meow meow meow meow, meow meow meow meow meow meow meow meow.

"Meow meow meow meow?" meow meow meow.

Meow Meow meow meow meow meow meow meow meow meow meow, meow meow meow meow Meow'meow meow, meow meow meow meow meow meow meow meow meow, meow meow meow meow meow meow meow meow meow Meow meow meow meow meow meow. Meow, meow meow meow meow meow meow meow meow meow meow, meow meow meow Meow meow meow meow meow meow meow meow meow meow meow meow.

Meow XIII

Meow meow meow meow meow Meow meow meow meow Meow meow meow meow meow meow Meow'meow meow: meow meow meow meow meow meow meow meow meow meow:

Meow Meow meow meow meow meow meow meow meow meow meow meow meow meow meow meow, meow meow meow meow meow meow meow, Meow meow meow meow meow meow meow meow meow meow—meow meow meow Meow Meow.

Meow meow meow'meow Meow meow meow meow Meow Meow meow meow meow meow, meow meow meow meow meow meow meow Meow. Meow meow meow meow meow meow meow meow, meow Meow meow meow meow meow meow. Meow meow meow meow meow meow meow meow meow meow Meow meow meow meow meow. Meow meow meow meow meow meow meow meow meow meow meow, meow meow meow meow meow meow. Meow meow meow meow meow meow meow meow Meow'meow meow meow meow meow meow meow meow meow meow meow meow meow.

Meow'meow meow, meow meow meow Meow meow meow meow meow meow meow, meow meow meow meow meow meow meow.

"Meow'meow meow meow meow meow meow meow," meow meow. "Meow meow meow. Meow'meow meow meow meow, meow meow Meow meow meow meow meow meow."

"Meow meow meow meow meow meow meow meow," meow Meow, meow.

Meow meow meow meow.

"Meow meow meow," meow meow.

Meow meow meow meow meow meow meow meow meow meow meow meow meow Meow. "Meow meow meow meow meow meow meow meow," Meow meow meow meow.

"Meow meow meow meow meow meow meow meow?" Meow meow meow meow meow meow Meow'meow meow.

Meow meow meow Meow meow meow meow meow meow meow meow meow meow meow meow meow meow meow meow meow meow, meow meow meow meow meow meow meow meow meow meow meow meow meow meow meow meow meow meow meow, meow meow meow, meow.

Meow meow meow meow meow. Meow meow, meow meow, meow meow meow meow meow meow meow meow meow Meow'meow meow. Meow meow meow meow meow meow meow, Meow, meow meow meow meow meow, meow meow meow meow meow meow meow meow:

"Meow meow meow meow meow meow meow meow meow... 'Meow'meow meow meow meow meow meow meow, meow meow meow meow,' meow Meow meow meow meow."

Meow meow meow; meow meow meow meow meow meow.

Meow Meow'meow meow meow meow meow meow meow meow meow meow meow meow meow meow. Meow meow "800 meow" meow meow meow, meow meow meow meow meow

meow meow meow meow meow meow meow meow meow meow meow meow meow meow meow meow.

"Meow meow," meow Meow, meow meow meow meow meow meow meow meow meow meow Meow, "meow'meow meow meow meow meow meow meow. Meow meow meow meow meow meow meow meow meow. Meow meow meow meow meow meow?" meow meow meow.

Meow meow. Meow meow meow meow meow meow meow meow meow meow meow meow meow meow meow meow meow, meow meow meow meow meow meow meow meow. Meow meow meow meow meow meow. Meow meow meow meow meow meow, meow meow meow meow meow meow meow meow meow meow meow "800 meow" meow meow meow meow; meow meow meow meow meow meow meow meow meow meow meow, meow meow Meow'meow meow, meow meow meow meow meow, meow meow meow meow meow meow meow, meow meow Meow'meow meow meow meow meow meow. Meow meow meow Meow'meow meow meow meow meow meow meow meow meow. Meow meow meow Meow meow meow meow meow meow meow meow meow meow meow, meow meow meow meow meow meow meow meow meow meow meow Meow meow meow meow meow meow meow meow meow meow meow Meow, meow meow meow meow meow meow meow meow meow. Meow meow meow meow meow meow meow meow meow meow meow meow meow meow meow meow meow meow meow meow meow meow meow meow meow meow meow meow. Meow meow meow meow meow meow meow meow meow meow, meow meow meow meow meow meow meow meow meow meow meow meow meow meow meow meow meow, meow meow meow meow meow meow meow meow meow. Meow meow meow meow meow Meow'meow meow meow meow, "Meow meow, meow meow meow meow meow meow meow meow meow Meow'meow meow meow meow meow meow meow meow meow meow Meow, Meow, meow Meow, meow meow meow meow meow meow meow meow." Meow meow meow meow meow meow, meow meow Meow, meow meow Meow, meow meow Meow, meow meow meow meow, meow meow meow meow meow meow meow meow meow meow Meow meow meow meow meow meow meow, meow, meow meow meow meow meow meow meow meow meow meow meow meow meow meow meow, meow meow. Meow meow meow meow meow meow meow meow, meow meow meow meow meow meow meow meow meow meow meow meow, meow meow meow meow meow meow meow, meow meow meow meow meow, meow meow meow meow meow meow meow meow meow meow meow. Meow meow meow meow, meow meow meow meow meow meow meow meow meow meow Meow'meow meow. Meow meow, meow meow, meow meow meow meow meow meow meow meow meow, meow meow meow meow meow meow meow meow meow meow meow meow meow meow meow.

"Meow meow meow meow meow meow meow meow meow?" meow Meow, meow meow meow meow meow meow meow meow meow meow meow meow meow meow, meow meow meow meow meow, meow meow meow meow meow meow:

"Meow, meow Meow meow!" meow Meow, meow meow meow meow meow meow meow meow meow.

"Meow!" Meow meow meow meow meow meow meow meow meow. Meow meow meow meow meow meow meow, meow meow meow meow meow meow. Meow meow meow meow meow meow meow meow.

"Meow, meow'meow meow meow!" meow Meow meow meow meow meow meow Meow meow meow meow meow meow.

Meow XIV

Meow meow meow meow meow meow meow meow meow meow meow meow meow meow meow meow meow meow.

Meow meow meow meow meow meow Meow. Meow meow meow meow meow meow meow meow meow meow meow meow meow meow, meow meow meow meow meow meow meow meow, meow meow meow, meow meow meow meow, meow meow meow meow meow meow. Meow meow meow meow meow meow meow meow. Meow meow meow meow meow meow meow meow meow meow, meow meow meow meow meow Meow'meow meow meow meow meow meow meow meow meow meow meow meow. Meow meow meow meow meow meow meow meow meow meow-meow meow. Meow meow meow meow meow meow meow meow-meow meow meow meow meow meow meow Meow'meow meow meow. Meow, meow meow meow meow meow meow, meow meow meow meow meow meow meow meow meow meow, meow meow meow meow, meow meow meow meow. Meow meow meow meow meow meow: meow meow meow-meow meow meow meow meow meow meow meow meow meow meow meow, meow meow meow meow meow meow meow, meow meow meow meow meow.

"Meow meow meow, meow, meow meow, meow meow... meow meow meow'meow meow... Meow, meow meow meow meow meow meow!... Meow meow, meow meow meow... meow meow'meow meow!... Meow meow meow meow meow meow meow meow?" Meow meow. Meow meow meow meow meow meow, meow Meow meow meow meow meow meow meow meow meow meow. Meow meow meow meow, meow meow meow meow meow meow Meow meow meow meow meow meow meow meow meow meow meow meow meow Meow, meow meow meow meow meow meow meow meow meow meow meow meow meow meow meow meow meow meow meow meow meow meow meow, meow meow meow meow meow meow meow meow meow meow meow meow meow meow meow meow meow meow meow meow meow meow meow meow meow meow, meow meow meow meow meow meow meow meow meow meow, meow meow meow meow meow meow meow meow meow Meow meow meow meow meow meow meow meow meow meow meow.

"Meow meow meow meow meow meow meow meow meow meow. Meow meow'meow meow meow meow. Meow'meow meow meow meow? Meow'meow Meow meow meow meow? Meow meow'meow meow meow meow. Meow'meow meow meow meow meow meow meow meow meow?... Meow meow'meow meow meow meow meow," meow meow meow meow, "Meow meow meow meow meow. Meow Meow meow meow, meow meow meow meow meow meow meow? Meow meow meow meow meow? Meow meow meow meow meow? Meow meow meow meow meow Meow meow meow meow meow meow meow meow meow meow meow meow meow meow meow meow meow meow Meow'meow meow meow meow meow meow meow. Meow meow meow meow, meow meow, meow meow! Meow Meow meow meow meow meow meow Meow meow! Meow meow meow meow meow meow meow meow meow, meow meow meow meow meow? Meow meow meow meow? Meow meow meow meow meow meow meow meow meow meow meow meow, meow meow meow meow, meow meow meow meow-meow meow meow meow meow meow meow. Meow meow meow meow meow meow meow meow? Meow meow meow meow meow meow meow meow meow meow meow meow meow. Meow, meow meow'meow meow! Meow meow meow meow meow meow meow!"

Meow meow meow meow meow meow meow, meow meow meow meow meow meow. Meow meow meow meow meow meow meow, meow meow meow meow meow meow meow.

Meow meow meow meow meow meow meow meow meow meow-meow meow. Meow meow meow meow meow meow, meow meow meow meow meow meow meow meow meow meow meow meow meow meow meow meow meow meow meow, meow Meow, meow meow meow meow meow meow, meow meow meow meow meow meow meow meow meow meow

meow Meow'meow meow, meow meow meow meow meow meow meow meow meow meow meow, meow meow.

"Meow, meow'meow meow meow meow! Meow meow meow meow meow!"

Meow meow meow meow meow meow meow meow meow meow meow meow meow meow meow meow meow meow meow. Meow meow meow meow meow meow meow; meow meow meow meow meow meow meow:

"Meow, meow'meow meow meow meow? Meow meow meow meow meow meow meow," meow meow meow meow meow meow meow meow meow meow meow meow meow.

"Meow'meow meow meow! Meow'meow meow!" meow meow. "Meow meow meow meow meow meow—meow'meow meow meow'meow meow meow!" Meow meow meow meow meow meow meow meow meow meow:

"Meow meow, meow meow meow meow meow meow!"

"Meow, meow'meow meow meow meow meow meow meow meow meow'meow meow," meow Meow. Meow meow meow meow meow meow meow meow meow meow meow meow meow meow meow meow meow meow meow, meow meow meow meow meow meow meow meow meow meow meow meow, meow meow meow Meow meow meow meow meow meow meow meow meow meow meow meow, meow meow meow meow meow meow meow meow meow meow meow meow meow meow.

"Meow meow meow Meow meow meow meow?"

"Meow," meow Meow meow meow meow meow.

Meow XV

Meow meow "meow" meow meow meow meow meow meow meow meow meow, meow meow meow meow meow, meow meow meow, meow, meow, meow meow, meow meow meow meow meow meow meow meow meow meow meow meow meow meow meow meow, meow meow.

Meow meow, meow meow meow meow meow meow meow. Meow meow meow, meow meow meow meow meow, meow meow meow meow meow meow meow meow meow. Meow meow meow Meow meow, meow meow meow meow meow meow meow meow meow meow meow meow Meow meow meow meow meow, meow meow Meow'meow meow meow Meow'meow meow, meow meow meow meow meow meow Meow meow Meow meow meow meow meow meow meow meow. Meow meow Meow, meow meow meow-meow meow meow meow meow meow meow meow, meow meow meow meow meow meow, meow meow meow meow meow, meow meow meow. Meow meow meow meow meow Meow meow meow meow meow. Meow meow meow, meow meow meow meow meow meow meow meow meow, meow meow meow meow meow meow meow meow meow meow meow meow. Meow, meow meow meow meow meow meow, meow meow meow meow meow meow meow meow meow meow, meow meow meow meow meow meow meow meow meow meow meow, meow meow meow, meow, meow meow meow, meow meow meow "Meow," meow meow meow meow, meow meow meow meow meow meow meow meow meow:

Meow, meow, meow meow meow meow

Meow meow meow meow meow meow meow meow?

Meow meow meow meow meow meow meow meow meow,

Meow meow meow meow meow meow meow meow meow?

Meow meow meow meow meow meow, meow meow meow meow meow-meow meow meow meow meow meow meow Meow.

"Meow! Meow!" meow Meow. "Meow meow," meow meow, meow meow Meow.

"Meow'meow meow meow meow meow meow," meow Meow, meow meow meow meow meow, meow meow meow Meow meow meow meow meow meow meow meow.

"Meow meow meow meow meow'meow meow!" meow Meow, meow meow meow. "Meow meow meow meow! Meow Meow meow meow meow meow meow meow meow meow! Meow meow meow?"

"Meow, Meow meow meow meow meow," meow Meow.

"Meow, meow meow meow? Meow meow, meow!" meow meow meow meow meow meow meow meow.

Meow meow meow meow, meow meow meow, meow meow meow meow meow meow meow meow meow meow meow meow meow meow meow. Meow meow meow meow, meow meow meow meow meow meow meow meow meow meow meow Meow meow meow.

"Meow meow! Meow meow!" meow Meow. "Meow'meow meow meow meow meow meow! Meow'meow meow meow meow meow meow meow'meow—Meow meow meow!"

Meow meow meow meow meow meow meow.

"Meow meow meow meow?" meow meow.

"Meow, meow," meow meow, meow meow meow meow meow meow meow meow meow meow. "Meow Meow meow meow meow?"

"Meow meow meow."

"Meow'meow meow meow meow meow. Meow meow meow meow meow! Meow meow Meow meow meow?" meow Meow, meow meow meow meow meow meow meow meow meow meow meow.

Meow meow meow meow meow meow, meow meow meow meow Meow'meow meow meow. Meow meow meow meow meow. Meow meow meow meow meow meow meow meow.

Meow meow meow meow meow meow meow meow.

"Meow meow meow meow meow meow meow meow? Meow meow meow meow? Meow'meow meow meow meow meow meow!" meow meow.

Meow meow meow meow meow meow meow meow.

"Meow Meow, Meow'meow meow meow meow meow meow! Meow meow meow meow meow meow meow meow meow meow meow—meow meow!" meow meow meow meow. "Meow meow? Meow meow meow? Meow'meow meow—meow meow meow!"

Meow meow meow meow meow meow, meow meow meow Meow meow meow meow meow meow meow meow.

"Meow, meow meow meow meow?" Meow'meow meow meow meow meow meow meow meow. Meow meow meow meow meow meow meow meow meow meow.

Meow meow meow meow meow. Meow meow, meow meow meow meow, meow meow meow meow meow'meow meow. Meow, meow meow meow meow, meow meow meow meow meow meow meow meow meow meow, meow meow meow meow, meow, meow meow-meow, meow meow meow meow meow meow meow meow meow meow. "Meow, Meow meow meow meow meow meow meow meow meow meow meow meow meow'meow meow," meow meow, meow meow meow meow meow: "Meow, Meow meow meow, meow meow meow meow meow, meow meow Meow meow."

Meow meow meow meow meow, meow meow meow, meow meow meow, meow meow meow meow. Meow meow meow meow meow meow meow meow meow, meow meow meow meow meow meow meow meow meow meow meow meow meow meow meow meow meow meow meow meow meow meow, meow meow meow meow meow meow meow meow meow meow meow meow meow meow meow meow meow meow meow meow meow.

"Meow meow meow?" meow Meow, meow meow meow meow meow meow meow. "Meow meow meow meow meow? Meow meow meow meow meow!" Meow meow meow meow meow meow meow meow meow meow meow meow meow meow meow, meow meow meow, meow meow

meow meow meow meow meow meow meow meow: "Meow meow meow meow."... Meow, meow, meow... meow, meow, meow... Meow... "Meow meow meow meow."... Meow, meow, meow... Meow. "Meow, meow meow meow meow meow!" meow Meow. "Meow meow meow, meow meow, meow Meow, meow meow, meow meow—meow'meow meow meow... meow meow meow meow.... Meow meow, Meow, meow meow, meow! Meow meow, meow! Meow meow meow meow meow meow? Meow'meow meow meow! Meow Meow!" Meow meow meow meow meow meow meow, meow meow meow meow meow meow meow meow, meow meow meow meow meow meow. "Meow, Meow! Meow meow! Meow Meow meow meow meow? Meow meow!" meow meow.

Meow, meow meow meow meow, meow meow meow meow meow meow meow meow meow Meow'meow meow! Meow meow meow meow meow meow meow meow meow meow meow meow meow meow meow meow meow. "Meow meow meow, meow Meow, meow meow meow meow?... Meow meow! Meow meow meow meow meow meow meow meow meow...."

Meow XVI

Meow meow meow meow Meow meow meow meow meow meow meow meow meow meow meow meow. Meow meow meow meow Meow meow meow meow meow meow meow meow. Meow meow meow meow meow meow meow meow meow meow meow meow meow meow. Meow meow meow meow meow meow meow meow meow meow meow meow meow, meow meow meow. Meow, meow meow meow meow, meow meow meow meow.

"Meow—meow meow meow meow?" meow meow meow meow, meow meow meow meow meow meow meow.

Meow meow meow meow "Meow," meow meow meow: meow meow meow meow meow meow. Meow meow meow meow meow meow meow meow meow meow meow meow'meow meow.

"Meow, meow meow'meow meow meow!" meow Meow, meow meow meow meow meow meow. Meow meow, meow meow meow meow meow, meow meow meow meow meow meow meow, meow meow, meow meow meow meow meow meow meow meow meow meow meow meow meow meow meow meow meow:

"Meow, Meow meow meow meow meow meow meow meow. Meow meow meow meow. Meow meow meow meow."

"Meow meow!" meow meow meow, meow meow meow meow meow meow meow. "Meow meow meow meow meow meow meow meow. Meow meow?"

"Meow meow," meow Meow meow, meow meow meow meow meow meow, meow meow meow meow meow meow meow meow meow, "Meow meow meow meow meow, Meow meow meow meow meow, meow meow meow—meow meow meow."

"Meow! Meow meow?... Meow!" meow meow meow, meow meow meow meow meow meow meow meow meow meow meow meow meow.

"Meow meow meow meow meow," meow Meow.

"Meow!..." meow meow meow meow, meow meow meow meow meow meow meow meow meow.

"Meow meow'meow meow meow! Meow meow meow meow!" meow meow meow, meow meow meow, meow, meow meow meow, meow meow meow meow meow meow meow meow meow meow meow meow meow meow meow meow meow meow meow meow meow. Meow meow meow meow meow meow'meow meow meow meow meow meow meow meow, meow meow, meow meow meow meow meow meow meow, meow meow meow meow meow!

Meow meow meow meow meow meow meow meow meow meow meow'meow meow meow meow meow meow meow meow.

"Meow, meow," meow meow, "meow meow meow meow, Meow meow, meow meow meow... meow meow meow! Meow, meow meow meow meow meow?"

Meow meow meow meow meow meow meow meow'meow meow, meow meow meow meow meow meow meow.... Meow meow meow meow meow meow, meow meow meow meow meow meow meow.

"Meow! Meow-meow!" meow meow meow meow, meow, "meow meow!" Meow meow meow meow'meow meow, meow meow meow meow meow meow meow meow meow meow.

Meow meow meow meow meow meow meow meow, meow meow meow meow meow meow meow meow meow meow. Meow meow meow meow meow meow, meow meow.

"Meow meow, meow meow meow."

"Meow, meow meow meow? Meow'meow meow meow, meow! Meow meow meow meow?"

"Meow, meow meow meow meow, meow meow? Meow meow meow meow meow meow meow meow meow?" meow meow meow meow.

"Meow, Meow meow meow meow meow, meow meow meow meow meow meow. Meow'meow meow meow meow meow meow," meow Meow, meow meow meow meow. "Meow meow meow meow meow meow meow meow! Meow meow meow meow meow meow meow meow, meow meow meow meow meow."

"Meow, meow meow meow, meow meow meow meow."

"Meow, Meow meow'meow. Meow meow meow meow meow meow! Meow'meow meow meow."

"Meow meow, meow meow meow. Meow'meow meow meow meow meow meow meow," meow meow meow meow meow meow.

"Meow, Meow, meow Meow'meow meow meow meow meow. Meow meow'meow meow meow Meow'meow meow meow meow."

"Meow meow'meow meow meow meow meow meow. Meow meow meow meow meow," meow meow meow, meow meow meow meow meow meow meow meow meow meow Meow meow meow meow.

"Meow, meow meow meow meow! Meow meow meow meow meow, meow meow'meow meow meow meow meow," meow Meow meow meow meow meow meow meow meow meow, meow Meow meow meow meow meow meow meow meow meow meow meow meow meow meow meow.

Meow meow meow meow meow meow meow meow meow meow.

"Meow," meow meow, meow meow meow meow meow meow, "meow meow meow. Meow meow meow meow meow."

"Meow Meow, Meow'meow meow meow meow meow!... Meow, meow meow meow meow meow... meow meow meow'meow meow...meow meow... meow meow meow meow, Meow meow meow meow meow."

Meow meow meow meow meow meow meow meow meow meow meow meow meow meow. Meow meow meow meow meow meow meow. Meow meow meow, meow meow meow meow meow meow meow' meow. Meow meow meow meow meow.

"Meow Meow, Meow meow meow meow meow meow," meow meow, meow meow meow meow, meow meow meow meow meow Meow—"meow meow meow meow meow meow, meow Meow meow meow, meow meow meow'meow meow, meow meow meow meow meow meow meow meow. Meow meow meow meow meow meow meow meow meow meow meow meow meow."

"Meow..." meow Meow, meow meow meow meow meow meow meow. Meow meow meow meow meow, meow meow.

Meow meow meow meow meow, meow meow meow meow meow meow. Meow meow meow meow meow.

"Meow, Meow meow meow meow'meow," Meow meow meow meow meow meow meow, "meow meow meow, Meow meow meow meow meow meow meow meow meow Meow meow meow meow meow meow meow..." Meow meow meow meow meow, meow meow meow meow meow meow: "Meow, meow-meow, Meow," meow meow meow meow, meow meow meow meow meow meow meow meow, meow meow meow Meow.

Meow meow Meow meow Meow meow. Meow meow meow meow meow meow meow meow Meow. Meow Meow'meow Meow meow meow meow meow meow meow meow meow meow', meow meow meow meow meow meow meow meow meow meow meow meow meow meow meow meow meow meow meow meow meow meow meow meow meow.

Meow Meow'meow meow, Meow meow meow meow meow Meow, meow meow meow meow meow meow, meow meow meow meow meow meow meow meow meow meow meow, meow meow meow meow meow meow meow meow meow meow' meow.

Meow meow meow meow meow meow meow meow meow meow. Meow meow meow meow meow meow meow meow meow meow meow meow meow meow meow meow meow meow meow meow meow meow meow meow, meow Meow meow meow meow meow meow meow.

Meow meow meow meow' meow meow meow meow meow, meow meow meow meow meow Meow meow meow meow-meow meow meow meow meow meow meow, meow meow meow meow meow meow Meow, meow meow meow meow meow meow meow meow, meow meow meow meow meow meow meow meow Meow.

Meow Meow: 1806 - 07

Meow I

Meow meow meow meow meow meow Meow meow meow Meow. Meow meow Meow meow meow, meow meow meow meow meow meow meow meow meow meow meow meow. Meow meow meow meow meow. Meow meow, meow meow meow meow meow meow meow meow meow meow meow meow meow, meow meow meow meow meow meow meow meow meow, meow meow meow meow.

"Meow meow meow meow meow meow meow? Meow meow meow meow meow, meow meow?" meow meow meow.

Meow meow meow meow, meow meow meow meow meow meow meow. Meow meow meow meow meow meow meow meow meow meow meow meow meow meow meow meow meow—meow meow meow meow meow meow meow meow meow meow meow meow meow meow. Meow meow meow meow meow meow meow meow meow meow meow Meow meow meow meow, meow meow meow meow meow meow meow meow, meow meow meow meow meow meow meow meow meow meow meow meow meow meow meow meow meow meow meow meow meow meow meow meow meow meow meow meow meow meow meow meow meow meow.

Meow meow, meow meow, meow meow, meow meow meow meow Meow meow meow meow meow meow meow meow meow. Meow meow meow meow meow, Meow meow meow meow meow meow meow meow meow meow meow meow meow meow meow meow meow meow meow meow meow meow meow meow meow meow meow meow meow meow meow. Meow meow meow meow meow meow meow meow meow meow meow meow meow meow meow Meow meow meow meow meow meow meow meow meow meow, meow meow. Meow meow, meow meow meow meow meow meow, meow meow meow meow meow meow. Meow meow meow meow meow meow, meow meow meow meow meow meow meow meow meow meow meow meow meow meow meow meow meow meow meow meow meow meow. Meow meow meow meow meow meow meow meow meow meow meow meow meow meow meow meow meow meow, meow meow meow meow meow meow meow meow meow meow meow, meow meow meow meow meow meow meow meow meow meow.

Meow meow meow meow meow meow meow meow meow meow meow meow meow meow meow meow, meow, meow meow meow, meow meow meow meow meow meow meow meow meow. Meow meow meow meow meow meow meow meow meow meow meow meow meow meow meow meow meow.

"Meow meow meow meow meow?" Meow meow meow. "Meow meow meow meow meow, meow meow meow meow, meow meow meow meow'meow meow, meow meow meow meow meow meow; meow meow meow meow meow meow meow meow meow meow meow meow meow meow meow meow meow meow meow. Meow meow meow meow meow meow meow meow meow meow meow meow meow meow meow. Meow Meow," meow Meow, "meow Meow meow Meow meow meow meow, meow Meow Meow meow meow meow meow meow meow meow meow, meow meow meow meow meow meow meow meow meow meow—meow meow meow meow. Meow meow meow? Meow meow meow? Meow meow meow meow meow meow meow? Meow meow meow meow meow? Meow meow meow Meow? Meow meow meow, meow meow meow meow? Meow meow meow meow?"

Meow meow meow meow meow meow meow meow meow, meow meow, meow meow meow meow meow meow meow meow meow meow meow meow meow meow. Meow meow meow: "Meow'meow meow meow meow meow meow. Meow'meow meow meow meow meow, meow meow meow." Meow meow meow meow meow.

Meow Meow meow meow, meow meow meow meow, meow meow meow meow meow, meow meow meow meow meow meow. "Meow meow meow meow meow Meow meow'meow meow meow meow meow meow, meow meow meow meow meow meow meow meow meow meow meow," meow meow. "Meow meow meow meow meow meow meow meow? Meow meow meow meow meow meow meow meow'meow meow meow meow meow meow meow meow. Meow meow meow meow meow meow meow meow meow meow meow meow meow meow meow meow?—meow meow meow meow meow meow meow meow meow meow—meow meow meow, meow meow meow meow meow meow meow." Meow meow meow meow meow meow meow meow meow meow, meow meow meow meow meow meow meow meow meow.

Meow meow meow meow meow meow-meow meow, meow meow meow meow meow, meow Meow meow Meow. Meow meow meow meow meow meow meow meow meow meow meow meow Meow meow Meow. "Meow meow meow meow meow meow meow meow meow meow meow?" meow meow. "Meow meow meow meow meow meow meow meow meow meow meow meow meow Meow meow. Meow meow—meow meow meow meow—meow meow meow, meow meow meow meow meow. Meow meow meow meow meow, meow meow," Meow meow meow meow meow. "Meow meow meow meow meow meow meow meow meow. Meow meow'meow meow meow meow meow meow."

Meow meow meow meow meow meow meow meow meow, meow meow meow meow meow meow meow, meow meow meow meow meow meow meow meow.

"Meow. Meow meow meow meow," meow meow meow.

Meow meow meow meow meow meow meow Meow meow meow meow meow meow meow, meow meow meow meow meow meow meow. Meow meow meow meow. Meow meow meow meow meow meow meow meow, meow meow meow meow, meow meow, meow meow meow meow meow meow meow meow meow meow, meow meow meow meow meow meow meow meow meow. Meow meow meow meow meow meow meow meow meow meow meow meow meow meow, meow meow meow, meow meow meow meow meow meow meow meow Meow'meow meow.

Meow meow meow meow meow meow meow meow meow, meow meow meow meow meow meow meow meow.

Meow II

"Meow meow meow meow meow meow Meow Meow, meow Meow meow meow meow," meow meow meow meow meow meow meow meow meow.

Meow meow meow meow meow meow meow meow meow meow.

"Meow meow meow meow meow, meow meow meow," meow meow meow, "meow meow meow meow." Meow meow meow meow meow meow meow, meow meow meow meow—"Meow, meow! Meow meow meow meow meow, Meow meow meow meow meow meow meow meow Meow meow meow meow."—"Meow meow meow meow meow, meow meow meow."

Meow meow meow, meow meow meow meow meow meow meow meow, meow meow meow meow meow meow meow meow meow meow meow meow.

"Meow meow meow meow," meow meow Meow, "meow meow meow meow meow meow meow, meow meow meow meow meow meow meow meow meow meow meow meow, meow meow meow meow meow meow meow meow meow, meow meow meow meow meow meow

meow, meow, meow meow. Meow meow, meow meow meow, meow meow Meow meow meow meow meow Meow meow meow meow meow meow. Meow meow meow meow meow meow meow meow."

"Meow meow Meow meow meow meow meow meow meow," meow Meow, meow meow meow meow.

"Meow meow meow meow meow meow meow Meow meow meow meow," meow meow Meow, meow meow meow Meow meow meow meow meow meow meow meow. "Meow meow meow meow meow meow meow meow. Meow meow meow meow meow meow meow meow meow meow meow, meow meow meow meow meow meow meow meow Meow meow meow meow meow, meow meow meow meow meow meow meow meow meow meow meow meow meow meow Meow Meow," meow meow, meow meow meow meow.

"Meow meow meow meow meow meow Meow meow meow meow... meow meow meow meow Meow," meow Meow, meow meow meow meow meow, meow meow meow meow meow meow meow meow.

Meow Meow meow meow meow Meow meow meow meow meow meow meow meow meow meow meow meow meow meow meow meow meow meow meow meow meow meow, meow meow, meow meow meow meow meow meow meow meow meow meow.

"Meow, meow meow meow meow Meow, meow meow meow," meow meow Meow. "Meow meow meow Meow. Meow meow meow meow Meow meow meow meow meow meow meow."

"Meow, meow, Meow meow meow," meow Meow. "Meow meow meow Meow meow meow?"

"Meow meow Meow meow, meow meow meow, meow meow meow meow meow meow. Meow meow meow meow Meow, meow Meow meow meow, Meow meow meow meow, Meow meow meow meow meow, Meow meow meow meow, meow meow meow meow meow meow meow meow meow meow!" meow meow Meow meow meow meow meow meow meow.

Meow meow meow meow, meow meow meow meow meow.

"Meow Meow meow meow," meow meow meow, "meow meow Meow meow meow meow meow meow Meow, meow meow meow. Meow meow, meow meow, meow meow meow? Meow meow meow meow?" meow meow meow meow meow meow meow meow meow meow meow. "Meow meow Meow, meow Meow meow meow meow? Meow meow meow meow meow meow meow meow meow meow meow Meow? meow meow, meow meow meow meow meow meow, meow meow meow meow meow meow meow meow meow meow Meow, meow Meow meow-meow, meow, meow meow meow meow Meow meow?..."

Meow meow meow meow meow meow meow meow meow.

Meow meow meow meow meow meow meow meow meow meow meow.

"Meow meow, meow meow meow Meow meow meow," meow Meow meow meow, meow meow meow Meow meow meow meow meow, meow meow meow meow meow meow meow meow meow meow meow meow meow meow meow meow meow meow meow meow. "Meow meow meow meow meow meow meow meow meow meow Meow meow meow meow meow meow, meow meow meow meow meow meow meow meow meow meow meow. Meow meow meow Meow, meow meow meow, meow Meow meow, Meow meow, meow meow Meow meow meow meow meow meow meow, meow meow meow meow meow meow meow meow meow meow meow meow Meow meow meow meow meow meow meow meow meow meow meow meow?" Meow meow meow. "Meow meow meow? Meow meow meow meow meow meow meow meow meow meow meow meow," meow meow meow, meow meow meow meow meow meow. "Meow meow meow meow meow meow meow meow meow meow meow, meow, meow meow meow meow meow meow meow meow meow, meow meow meow meow, meow meow meow meow meow meow meow, meow meow meow meow meow meow meow meow meow meow.

Meow meow Meow meow meow.... Meow meow, meow meow meow Meow meow meow meow meow, meow meow meow meow meow meow meow meow meow meow meow meow meow meow; meow meow meow meow meow meow meow meow meow meow meow meow Meow meow...."

Meow meow meow meow meow, meow meow meow Meow'meow meow meow meow meow, meow meow meow meow meow, meow meow meow meow meow meow meow meow meow. Meow meow meow meow meow meow meow meow meow Meow'meow meow, meow meow meow meow meow meow, meow meow meow'meow meow meow meow meow meow, meow meow meow meow meow meow'meow meow—meow meow meow meow—meow meow meow meow meow meow meow meow meow meow, meow meow meow meow meow meow meow meow meow, meow meow meow meow meow meow (meow meow meow Meow meow meow meow meow meow meow meow meow meow)—meow meow meow, Meow meow meow meow meow meow meow meow meow meow meow meow, meow meow meow meow meow meow meow, meow, meow meow meow meow.

"Meow meow meow meow meow meow meow meow, meow meow meow," meow meow Meow.

"Meow meow meow meow," meow Meow, meow meow meow meow meow. Meow meow meow meow meow meow meow meow, meow meow, meow meow Meow'meow meow; meow meow meow meow meow meow meow meow meow meow. "Meow meow'meow meow," meow meow, "meow meow meow meow meow meow meow meow meow meow meow meow meow meow meow meow."

Meow Meow meow meow meow meow meow meow.

"Meow meow meow meow meow meow meow meow meow meow meow meow meow meow meow," meow meow. "Meow Meow meow meow meow meow meow meow meow meow meow meow meow meow meow? Meow meow meow meow meow meow meow meow Meow meow meow meow meow meow meow meow meow Meow meow."

"Meow, meow, meow meow meow," meow Meow meow.

"Meow meow meow meow meow meow meow meow meow, meow meow meow meow meow meow meow, meow, meow, meow meow meow, meow meow meow meow meow meow. Meow meow meow meow meow. Meow meow meow meow meow meow meow—meow meow meow meow meow—meow meow meow meow meow meow meow'meow meow meow meow. Meow meow meow meow meow meow meow meow meow meow meow meow'meow meow meow, meow meow meow meow meow meow, meow meow meow meow meow meow meow meow meow'meow meow. Meow meow meow meow meow, meow meow meow meow meow meow meow Meow meow meow meow meow meow."

"Meow, meow," meow Meow.

"Meow meow meow meow meow meow meow meow meow meow meow meow, meow meow meow meow meow meow meow meow meow. Meow meow meow meow meow meow meow meow? Meow meow meow? Meow meow meow, meow meow meow, meow meow meow, meow meow meow meow. Meow meow meow meow meow meow meow meow meow meow? Meow meow meow meow meow meow meow meow meow?"

"Meow, Meow meow meow meow," Meow meow, meow.

Meow meow meow, meow Meow, meow meow meow meow meow meow meow, meow meow meow meow meow meow meow meow meow meow meow meow meow meow. Meow meow meow meow meow, meow, meow, meow meow meow meow meow meow meow meow meow meow meow. Meow meow meow meow, "Meow, meow meow, meow, meow meow!" meow meow meow meow meow meow.

Meow Meow meow meow meow meow, meow meow meow meow, meow meow meow meow.

"Meow meow meow meow?" meow meow, meow meow meow Meow.

"Meow meow meow meow meow meow," meow meow meow. "Meow meow meow meow meow?"

"Meow, meow meow meow meow."

"Meow meow meow meow meow meow meow meow meow meow meow meow meow meow, meow meow meow meow meow meow?" meow Meow, meow meow meow meow; meow meow meow meow meow meow meow, meow meow meow meow Meow. "Meow, Meow meow meow meow meow, meow Meow meow meow meow meow meow meow, meow Meow meow meow meow meow meow meow meow meow meow," meow Meow. "Meow meow meow meow meow meow meow, meow meow meow meow, meow meow meow meow meow."

Meow meow meow meow meow meow meow Meow, meow meow meow meow meow. Meow meow, meow meow meow meow meow meow meow meow, meow meow meow meow. Meow meow meow meow, meow meow meow Meow, meow meow meow meow meow meow meow meow:

"Meow meow meow meow meow meow, meow meow meow?"

"Meow?... Meow'meow meow meow Meow," meow Meow, meow meow meow, meow meow. "Meow meow meow. Meow meow meow meow meow meow meow. Meow meow meow meow meow meow meow meow meow. Meow meow meow meow Meow meow meow meow meow meow meow meow meow meow, meow Meow meow meow meow meow meow meow.... Meow meow meow Meow, meow meow, meow meow meow meow meow meow. Meow meow, meow meow, meow meow Meow meow..."

Meow meow meow meow meow. Meow meow meow meow meow.

Meow Meow meow meow meow meow meow meow, meow meow.

"Meow meow meow Meow meow," meow meow, "meow meow meow meow meow meow meow Meow meow meow meow meow meow, meow meow meow. Meow meow meow Meow. Meow meow meow Meow Meow" (meow meow meow meow meow meow meow meow meow meow meow meow meow meow meow meow meow meow). "Meow meow meow meow meow meow meow meow meow. Meow meow meow meow meow, meow meow meow meow meow meow meow meow meow meow-meow meow meow meow meow meow meow meow meow. Meow meow Meow meow meow meow meow meow, meow meow meow," meow meow, meow meow meow meow meow meow... "meow meow."

Meow meow meow Meow Meow Meow, meow Meow meow meow meow meow'meow meow. Meow meow meow meow meow meow meow-meow Meow meow Meow, meow meow Meow'meow meow. Meow meow meow meow meow meow meow meow, Meow meow meow meow meow meow meow meow meow meow meow meow meow meow meow meow, meow meow meow meow meow, meow meow meow meow meow meow meow meow meow meow meow meow meow, meow, meow meow meow meow meow meow meow meow. Meow meow meow meow meow meow meow meow meow meow meow meow meow meow meow meow meow meow meow meow meow meow. Meow meow meow meow meow meow meow meow meow meow meow. Meow meow meow meow meow meow meow meow meow meow meow meow meow meow meow meow meow meow meow meow meow meow meow meow meow, meow meow meow meow Meow meow meow meow meow.

Meow III

Meow meow Meow Meow meow meow meow meow meow meow meow meow, meow meow meow meow meow meow meow meow meow Meow meow Meow, meow meow meow meow meow meow meow meow meow. Meow meow meow meow meow meow meow meow meow

meow: meow meow, meow meow meow meow, meow meow meow meow meow meow meow meow, meow meow meow meow meow meow meow meow meow meow, meow Meow Meow meow meow meow meow. Meow meow meow meow meow, meow meow Meow meow, Meow, meow Meow meow meow meow meow Meow meow, meow meow meow meow meow meow meow meow meow meow meow meow meow meow Meow’meow meow meow meow meow meow, meow, meow meow meow meow meow meow meow meow meow meow meow meow meow meow meow meow meow, meow Meow.

“Meow meow meow meow meow meow meow meow meow meow meow, Meow,” meow meow meow meow meow. “Meow meow meow meow meow meow meow meow Meow meow meow meow meow meow meow meow meow meow meow Meow meow meow meow meow meow meow meow meow meow meow meow meow meow. Meow meow meow meow meow meow meow meow meow meow’meow meow. Meow meow meow meow meow meow Meow meow Meow meow meow meow?”

Meow meow, meow meow meow meow meow, meow meow meow meow meow meow meow meow meow, meow meow meow meow meow meow meow meow meow meow, meow Meow.

“Meow, Meow meow meow meow,” meow meow.

Meow meow meow meow.

“Meow meow meow, Meow,” meow meow, “meow Meow meow meow meow meow meow meow meow—meow meow meow meow Meow meow meow meow meow meow: meow meow meow meow meow meow—meow meow meow meow Meow?”

Meow meow.

“Meow... meow, Meow meow meow Meow,” meow meow.

“Meow meow meow meow,” meow meow, “meow meow meow meow meow meow meow meow meow meow meow meow meow meow Meow.” (Meow meow meow.) “Meow meow meow meow meow meow meow meow, meow meow meow meow meow,” meow Meow. “Meow meow meow meow meow meow,” meow, meow Meow’meow meow, meow meow meow.

Meow meow, Meow meow meow meow meow meow meow meow. Meow meow meow meow meow meow meow meow meow meow meow meow meow, meow meow meow meow meow meow meow, meow meow meow meow meow. Meow meow meow meow meow meow meow meow meow meow meow meow meow. Meow meow meow meow, meow meow meow meow meow, meow meow meow meow meow meow meow meow meow. Meow meow meow meow meow meow meow meow. Meow meow meow meow meow meow meow meow meow meow meow meow meow meow meow meow meow. Meow meow meow meow meow meow meow meow meow meow meow meow meow meow meow meow meow meow; meow meow meow meow, meow meow meow meow meow meow meow meow meow meow meow meow meow meow meow meow meow meow meow meow meow meow meow meow meow meow meow meow meow meow meow meow meow meow meow meow meow Meow Meow. Meow meow meow meow meow meow meow. Meow meow meow meow meow meow meow meow meow meow meow. Meow meow meow meow meow meow, meow meow meow meow meow meow meow meow meow. Meow meow meow meow meow meow meow meow meow meow meow meow meow meow meow meow meow meow meow. Meow meow meow meow Meow, meow meow meow meow meow meow meow meow meow meow meow meow meow meow meow meow meow. Meow meow meow meow meow meow meow Meow: “Meow meow meow meow meow Meow meow meow Meow meow meow Meow,” Meow meow meow meow meow meow meow meow meow meow meow meow meow meow. Meow meow meow meow meow meow meow. Meow meow meow meow meow meow meow meow meow meow. Meow meow meow meow meow meow meow meow meow meow meow meow meow, meow meow meow meow meow meow, meow meow meow meow meow meow meow meow. Meow meow, meow meow, meow Meow—

meow meow meow meow meow meow meow meow meow meow meow meow meow. Meow meow meow meow meow meow meow meow. "Meow, meow, meow, meow meow meow meow," meow meow meow meow meow, meow meow meow meow meow meow meow meow. Meow meow meow meow meow meow meow.

"Meow meow meow meow meow meow?" meow meow meow, meow meow Meow'meow meow meow meow meow meow meow meow meow meow. "Meow meow meow, meow meow meow meow meow meow meow meow meow meow meow meow meow meow meow meow meow, meow meow? Meow meow meow meow meow meow? Meow, meow, meow?"

Meow meow meow meow meow meow meow meow meow meow meow, Meow meow meow meow meow meow meow meow meow meow meow meow meow meow meow meow meow meow; meow meow meow meow meow meow meow meow meow meow meow meow, meow meow meow meow meow meow meow meow meow. Meow meow meow meow meow meow meow meow meow meow Meow (meow meow meow meow meow meow meow meow meow meow meow meow meow Meow meow meow). Meow meow, meow meow meow meow Meow meow meow meow meow, Meow, meow meow meow meow meow meow meow meow meow meow meow meow—meow meow meow meow meow meow meow meow meow meow. Meow meow meow meow meow meow meow meow meow meow, meow meow meow Meow meow meow meow meow meow.

"Meow... Meow... Meow... meow meow," Meow meow meow meow.

"Meow meow," meow Meow, meow meow meow meow meow: "Meow meow meow meow meow meow meow meow meow meow meow Meow meow meow meow meow meow meow meow?" meow meow meow meow meow.

"Meow... meow... meow meow... meow... meow meow," meow Meow, meow meow meow meow meow meow meow meow meow meow meow meow meow meow meow meow meow meow meow meow meow meow meow meow Meow.

"Meow, meow," meow Meow.

Meow Meow meow meow meow, meow meow meow meow meow meow meow, meow meow meow meow.

"Meow Meow meow meow meow meow meow meow meow meow meow Meow," meow meow, "meow meow meow meow meow meow meow, meow meow meow meow Meow meow meow. Meow meow meow meow meow meow meow Meow, meow meow meow meow meow meow meow meow meow meow meow meow meow, meow meow meow meow meow meow meow meow meow meow meow meow meow meow... meow meow meow meow meow meow meow meow meow meow, meow meow meow meow meow—meow meow meow meow meow meow meow meow meow meow. Meow meow meow meow meow meow meow meow meow meow meow meow meow meow meow meow meow meow meow meow meow meow meow-meow, meow meow meow meow meow meow meow meow. Meow meow meow meow meow meow, meow meow meow meow meow meow meow meow meow meow meow meow meow, meow meow meow meow meow meow, meow meow meow meow meow meow meow meow meow meow meow meow meow meow meow meow, meow meow meow meow meow meow meow meow meow.

"Meow meow meow meow meow meow meow meow, meow, meow meow meow meow meow meow, meow meow meow meow meow meow meow meow meow meow meow, meow meow meow meow meow meow meow meow meow meow meow meow meow meow meow. Meow meow meow meow Meow meow meow meow meow meow."

"Meow meow meow meow meow meow meow meow..." Meow meow, meow meow meow meow meow meow meow meow meow meow meow meow meow meow meow. Meow meow meow meow meow meow meow meow meow meow meow meow, meow meow meow meow meow meow meow meow. Meow meow meow meow meow meow meow meow meow meow

meow meow meow meow meow meow, meow meow meow meow meow meow meow. Meow meow meow meow meow meow meow Meow, meow meow, meow meow meow meow, meow meow meow Meow. Meow meow meow meow meow meow Meow, meow meow meow meow meow, meow meow meow meow meow meow, meow meow meow meow, meow meow meow meow meow meow, meow meow meow meow meow meow meow meow meow meow meow meow meow meow meow meow meow meow meow meow meow meow meow meow meow meow meow meow meow meow meow.

Meow meow meow meow, meow Meow meow meow meow meow meow meow meow meow meow, meow meow meow meow meow meow Meow'meow meow, meow meow Meow meow meow meow meow. Meow meow meow: Meow, meow meow meow meow meow meow meow Meow. Meow meow meow meow meow meow meow meow Meow. Meow. Meow meow meow. Meow. Meow. Meow meow meow meow.

"Meow meow meow meow, meow, meow meow meow meow meow meow," meow Meow meow, "meow meow meow meow meow meow meow meow meow meow meow, meow meow meow meow meow meow meow meow meow meow meow meow meow meow meow meow meow meow meow meow, meow meow meow meow meow meow meow meow meow meow."

"Meow, meow meow meow meow," meow Meow, meow meow meow meow meow Meow meow meow, meow meow meow meow meow. "Meow meow meow meow, meow Meow meow meow meow meow meow Meow meow meow, meow meow meow meow meow meow meow meow meow meow meow." Meow meow meow meow meow meow meow Meow meow, meow meow meow meow meow, meow meow meow meow meow meow: meow, meow, meow, meow meow meow, meow meow meow—meow meow meow meow meow meow meow meow meow, meow meow meow. (Meow meow meow meow meow meow meow meow meow meow meow meow meow meow meow meow meow meow meow meow meow meow meow.) Meow meow meow meow meow meow meow meow meow meow meow meow.

Meow meow meow meow Meow meow meow meow meow meow meow Meow meow meow meow meow meow meow meow meow meow meow meow meow meow meow meow meow meow meow meow meow.

Meow meow meow meow meow meow meow meow, meow meow meow meow. Meow meow meow meow Meow meow meow, meow meow meow meow meow meow meow meow meow meow meow meow.

"Meow meow meow meow, Meow meow meow meow meow."

Meow meow meow meow meow, meow, meow meow meow meow meow meow Meow'meow meow. Meow Meow meow meow meow meow meow Meow'meow meow meow, meow meow meow meow meow meow meow meow meow meow meow meow meow meow meow. Meow meow meow meow meow meow meow meow meow meow meow meow meow meow meow meow meow meow meow meow meow meow meow meow meow, meow meow Meow meow meow meow meow meow meow meow meow meow meow meow meow meow meow meow. Meow meow meow meow meow meow, meow, meow meow-meow, meow meow meow meow meow meow meow meow, Meow meow meow meow meow meow meow meow meow meow, meow meow meow Meow, meow meow meow meow meow.

"Meow meow, meow meow meow meow, Meow meow meow meow meow meow meow meow meow meow," meow meow meow.

"Meow meow! Meow meow meow meow meow," meow Meow.

"Meow meow meow meow meow meow meow meow meow meow meow meow meow meow meow meow," meow meow Meow.

Meow meow, meow meow meow.

"Meow? Meow? Meow? Meow? Meow? Meow? Meow?" Meow meow meow meow meow meow meow meow, meow meow meow meow meow meow meow meow meow meow-meow.

"Meow," meow meow meow meow meow, meow meow meow.

Meow Meow meow meow meow meow meow meow meow meow meow meow meow meow meow. Meow meow meow meow meow meow Meow meow, meow meow meow meow meow meow meow meow, meow meow meow meow.

"Meow meow meow meow Meow meow meow meow—meow meow meow meow meow meow, meow meow meow meow meow meow, meow meow meow, meow meow meow meow meow meow meow meow. Meow meow meow meow meow meow meow meow meow meow...."

Meow meow meow meow meow meow meow meow meow meow meow meow meow meow meow meow meow meow meow meow meow.

Meow IV

Meow meow meow meow meow meow meow meow meow meow meow Meow, meow meow Meow meow Meow'meow meow, Meow, meow meow meow meow meow meow. Meow meow meow meow meow meow meow meow meow meow Meow meow: "Meow, meow, Meow meow," meow meow meow meow, meow meow, meow meow meow meow, meow meow meow meow meow meow meow meow meow meow meow, meow meow, meow Meow meow meow meow meow meow meow meow. Meow meow meow meow meow meow meow meow meow meow meow meow meow meow meow meow meow meow meow meow meow meow meow Meow. Meow meow, meow meow meow meow meow Meow meow meow meow, meow meow meow meow meow. Meow meow meow (Meow meow meow meow) meow meow meow meow meow meow meow, meow meow meow meow meow meow, meow meow meow. Meow meow meow meow meow meow meow meow, meow meow meow meow meow meow meow meow meow meow meow meow meow meow meow, meow meow meow, meow meow Meow Meow meow meow meow, meow meow meow meow meow meow meow meow meow meow meow meow. Meow meow meow, Meow meow meow meow meow meow meow meow meow meow "Meow," meow meow meow "Meow," meow meow meow meow "Meow," meow meow meow meow meow meow meow meow meow meow. Meow meow meow meow meow meow meow meow meow meow meow meow meow meow meow meow meow meow. Meow meow meow meow meow meow meow meow meow meow meow meow meow meow meow meow meow meow meow meow meow meow meow meow meow meow. Meow meow meow meow meow meow meow, meow meow meow meow, meow meow meow meow meow meow meow meow meow meow meow meow meow meow meow meow meow meow meow meow meow meow meow meow meow meow meow meow meow meow meow meow meow meow meow meow Meow. Meow meow meow meow meow meow meow meow meow, meow Meow meow meow meow meow, meow meow meow meow meow meow meow meow meow meow meow. Meow meow meow meow meow meow meow meow, meow meow meow meow meow meow meow meow, Meow, meow meow meow meow, meow meow meow meow meow meow, meow meow meow meow Meow'meow meow meow meow meow meow meow meow meow meow. Meow meow meow meow meow meow meow meow meow meow meow meow. Meow meow meow, Meow meow meow meow meow meow meow meow meow, meow meow meow meow meow. Meow meow meow meow meow meow meow meow meow meow meow meow meow meow meow.

Meow meow meow meow meow meow meow meow meow meow meow meow meow meow meow meow meow meow. Meow meow meow meow meow meow meow meow meow meow meow meow meow meow meow meow meow meow meow. Meow meow meow Meow meow meow meow Meow meow. Meow meow Meow'meow meow meow meow meow meow meow meow meow meow, meow meow meow meow meow meow meow meow. Meow meow meow meow meow Meow meow meow Meow meow meow meow Meow Meow'meow meow meow

meow. Meow meow meow meow meow meow meow meow meow meow Meow meow meow meow meow meow meow meow Meow'. Meow meow meow meow meow, meow meow meow meow meow meow Meow, meow meow meow meow meow meow meow. Meow meow meow meow meow meow meow-meow meow. Meow meow meow meow meow meow meow meow meow meow meow meow meow meow meow meow meow, meow meow meow meow meow meow meow meow meow meow meow meow Meow meow meow meow. Meow meow meow meow meow meow meow meow meow meow meow meow. Meow meow meow meow meow Meow meow meow meow meow, meow meow meow meow meow meow, meow meow meow meow meow, meow meow meow meow meow meow meow meow Meow meow meow Meow.

"Meow meow meow meow meow meow," meow meow meow meow meow.

"Meow, meow, meow!" meow meow.

"Meow meow meow meow meow meow meow meow," meow meow Meow Meow, "meow meow meow meow meow meow. Meow meow meow meow meow meow meow meow meow. Meow meow meow meow'meow meow meow meow meow meow, meow meow meow meow meow, meow meow meow meow, meow meow meow meow meow meow meow meow. Meow meow meow meow. Meow meow meow meow meow meow meow meow. Meow meow meow meow meow meow, meow meow meow meow meow meow meow meow meow meow. Meow meow meow, meow meow meow meow meow meow meow meow meow. Meow meow meow meow meow meow meow meow meow meow meow meow meow meow meow meow meow meow."

Meow meow meow, meow meow, meow meow meow Meow, meow, meow meow meow meow meow meow meow, meow meow meow, meow meow meow meow meow meow meow meow meow meow meow meow meow meow meow meow meow meow. Meow meow meow meow meow meow meow meow meow meow meow meow, meow meow meow meow meow meow meow meow meow meow.

Meow Meow Meow meow meow meow meow. Meow meow Meow meow meow meow meow meow, meow meow meow meow meow meow meow meow meow meow meow meow.

Meow Meow Meow meow meow meow meow meow meow meow, meow meow meow meow meow meow meow meow meow "Meow meow Meow" meow meow meow meow meow meow. Meow meow meow meow meow meow meow meow, meow meow meow meow meow meow meow meow meow meow meow meow meow meow meow meow.

Meow meow meow meow meow meow, meow meow meow Meow meow meow meow meow meow meow meow meow meow meow meow meow meow meow meow meow meow meow, meow meow meow meow, meow meow meow meow meow meow meow meow meow meow meow.

Meow V

Meow meow meow meow meow meow meow meow meow Meow, Meow meow meow meow meow meow meow meow meow meow meow meow meow meow meow Meow, meow meow meow meow meow Meow, meow meow meow, meow meow meow meow, meow meow meow meow meow meow meow. Meow meow meow meow meow meow meow meow meow meow Meow meow meow meow meow meow meow meow meow meow meow. Meow meow meow meow meow meow Meow, meow meow meow meow meow meow meow meow meow meow meow Meow meow meow meow meow meow meow meow meow meow Meow. Meow meow meow meow meow meow meow meow meow meow meow meow meow meow meow meow meow meow. Meow meow meow meow meow meow meow, meow Meow Meow meow meow meow meow.

"Meow meow meow, meow meow meow meow meow meow meow Meow? Meow meow meow meow meow Meow, meow meow? Meow meow meow meow meow," meow Meow Meow, meow meow meow. "Meow meow meow meow meow, meow Meow meow meow meow meow meow Meow meow meow meow meow meow meow Meow meow meow meow Meow."

Meow meow meow meow meow, meow Meow Meow meow meow.

"Meow meow meow'meow meow meow meow meow meow meow meow meow meow? Meow meow meow meow meow meow meow meow meow," meow meow. "Meow meow meow meow meow meow meow meow meow meow, meow meow meow, meow meow meow'meow meow meow meow. Meow meow meow meow meow meow meow meow meow meow meow meow meow meow meow meow meow, meow meow meow meow meow," meow meow, meow meow meow. "Meow meow meow meow Meow meow meow meow meow. Meow, meow meow," meow meow meow Meow'meow meow meow, "meow meow meow meow meow. Meow meow meow meow meow meow meow. Meow meow meow meow meow meow meow meow, meow meow'meow meow meow meow meow meow meow meow, meow meow, meow meow meow, meow meow meow meow meow'meow meow meow meow'meow meow meow meow meow meow."

Meow Meow meow Meow meow meow meow.

"Meow meow meow meow meow meow meow Meow Meow meow meow meow meow meow meow meow meow meow. Meow meow meow meow meow meow meow Meow."

Meow meow meow meow meow meow, meow, meow meow meow, Meow Meow meow meow meow meow meow, meow meow meow, Meow meow meow meow meow meow meow meow meow meow meow meow meow meow meow meow meow meow meow meow meow meow meow meow meow meow meow-meow-meow. Meow, meow meow meow meow Meow meow, "meow meow meow meow," meow meow meow. Meow meow, meow meow, meow meow meow meow meow meow, meow meow meow meow meow meow meow meow meow meow meow meow meow meow meow meow—meow meow meow meow meow meow meow meow'meow meow, meow meow meow meow meow, meow meow meow meow, meow meow meow. Meow meow meow meow meow meow meow Meow Meow'meow meow meow meow meow-meow meow meow meow meow meow meow meow meow meow meow meow, meow meow meow meow meow meow meow meow meow meow meow meow meow meow—meow meow meow meow meow meow meow meow, meow meow meow meow meow meow meow meow meow meow Meow, meow meow meow meow meow meow meow meow meow meow meow meow meow.

"Meow, meow meow," meow Meow Meow meow, "meow 'meow,' meow Meow'meow meow meow meow meow, meow meow meow meow meow meow meow."

Meow meow Meow Meow meow meow meow meow meow, Meow, meow meow meow meow, meow meow meow meow meow meow meow meow meow meow meow meow, meow meow meow meow:

"Meow, Meow meow meow meow meow meow. Meow, meow meow!" Meow meow meow meow meow meow meow meow meow.

"Meow!" meow meow, meow meow meow meow meow meow meow meow meow meow meow meow meow meow meow meow meow Meow Meow'meow meow.

"Meow'meow meow meow meow meow? Meow meow meow?"

"Meow!" meow meow meow meow. Meow Meow Meow meow meow meow meow meow meow meow.

Meow meow meow, Meow, meow meow meow meow meow meow meow, meow Meow, meow meow meow meow meow meow meow meow meow meow, meow meow meow meow meow. Meow meow meow meow meow meow meow meow Meow meow Meow Meow meow meow meow meow meow meow meow meow meow meow meow meow.

Meow VI

Meow meow meow Meow meow Meow meow meow meow meow, meow meow meow meow Meow'meow meow meow meow meow meow meow, meow meow meow meow meow meow meow meow meow. Meow meow meow meow meow meow, meow meow Meow'meow meow meow meow meow, meow meow meow meow meow. Meow meow meow meow meow meow meow meow meow meow meow meow meow meow, meow meow meow meow meow meow meow meow meow meow meow Meow, meow meow meow meow meow meow meow meow meow meow meow—meow meow meow meow meow meow meow meow meow meow meow meow meow—meow meow meow meow meow meow meow, meow meow meow meow, meow meow meow'meow meow. Meow meow meow meow meow meow meow meow meow, meow meow meow meow meow meow meow meow meow meow meow meow meow meow meow meow meow. Meow meow meow Meow'meow meow Meow meow meow Meow, meow meow meow meow meow meow meow meow meow meow, meow meow meow meow meow meow meow meow meow meow. Meow meow meow meow meow meow Meow meow meow meow meow, meow meow meow meow meow meow meow meow meow meow meow meow meow meow. Meow meow meow meow meow meow meow meow meow meow meow meow meow meow meow meow meow meow meow meow meow meow meow Meow. Meow Meow meow meow meow meow meow. Meow meow meow meow meow Meow meow meow meow, meow meow meow meow, meow:

"Meow meow meow—Meow meow meow meow."

"Meow meow meow meow meow," meow Meow Meow meow meow Meow, "Meow meow meow meow meow meow meow meow meow" (meow meow meow meow meow) "meow meow meow meow meow meow meow meow meow meow meow meow meow meow. Meow meow meow meow meow meow meow meow meow meow meow meow meow meow, meow meow meow meow meow meow meow, meow meow, meow meow meow, meow meow meow meow meow meow Meow meow meow meow meow meow. Meow meow meow meow meow? Meow meow meow meow meow meow meow meow meow meow meow meow meow."

Meow Meow meow meow meow meow meow meow meow meow meow meow meow meow meow—meow meow meow meow meow meow meow meow meow—meow meow meow meow meow meow "meow meow meow meow meow meow, meow meow meow meow meow meow meow Meow," meow meow meow meow meow. Meow meow meow meow meow meow Meow Meow'meow meow meow meow meow meow meow meow meow meow meow meow meow meow meow meow meow meow meow meow meow meow meow meow meow meow meow meow meow meow meow meow meow meow meow meow Meow meow meow meow meow meow meow meow.

Meow meow Meow Meow'meow meow, meow meow meow, meow meow meow meow meow meow meow, Meow meow meow meow meow meow meow meow meow meow meow. Meow meow meow-meow-meow meow meow meow meow meow, meow meow meow meow meow meow meow meow meow Meow, meow meow meow meow meow meow meow meow meow meow. Meow meow meow meow meow meow meow meow meow meow meow meow meow meow meow meow meow Meow meow meow meow meow meow meow meow meow meow meow meow meow meow, meow meow meow meow meow meow meow meow meow meow meow meow meow meow meow meow meow, meow meow, meow meow, meow meow meow meow meow meow meow meow meow meow meow meow meow meow meow, meow meow meow meow meow meow meow meow meow meow meow meow meow meow meow meow meow meow meow meow meow meow meow. Meow meow meow meow meow meow meow meow meow meow, meow meow meow meow meow meow, meow meow meow meow meow meow, meow meow meow. Meow meow meow meow, meow meow meow meow meow meow meow meow meow meow meow meow, meow meow meow meow meow meow meow meow

meow meow meow meow meow meow meow meow meow meow meow meow meow meow meow meow Meow meow meow meow meow. Meow meow meow meow meow meow meow meow meow meow meow meow meow meow meow meow meow meow meow meow meow meow meow meow. Meow meow Meow meow meow Meow. Meow meow meow meow Meow' meow meow meow meow meow meow meow Meow meow meow meow meow meow meow meow meow meow meow meow meow meow Meow meow meow meow meow meow meow meow meow meow. Meow meow meow Meow Meow'meow meow meow meow meow meow meow meow meow meow meow meow, meow meow meow meow meow meow, meow meow meow meow meow meow meow meow meow meow meow meow. Meow meow meow meow meow meow, meow meow meow meow meow meow meow meow meow meow meow, meow meow meow meow meow meow. Meow meow meow meow meow meow meow meow meow meow Meow meow meow meow meow meow meow.

"Meow meow meow meow meow meow meow meow meow meow meow meow meow meow meow meow meow meow meow meow meow meow, meow meow meow meow meow meow meow meow meow meow. Meow meow meow meow meow meow meow meow Meow meow," meow meow Meow meow meow'meow.

"Meow meow meow meow," meow "meow meow meow meow meow," meow meow meow meow.

"Meow meow meow meow meow Meow meow meow meow Meow meow Meow," meow Meow. "Meow Meow meow Meow meow meow meow meow meow meow meow meow, meow meow meow meow meow meow meow meow."

"Meow, meow meow meow," meow meow Meow Meow, "Meow'Meow" (meow meow meow meow meow meow Meow meow meow meow meow meow meow meow Meow meow meow meow meow meow meow meow meow meow meow Meow), "Meow'Meow meow meow meow meow meow meow."

Meow meow Meow Meow meow meow meow meow meow meow meow meow meow Meow meow Meow, meow meow meow meow Meow meow meow meow.

Meow meow meow meow meow meow meow meow, meow meow meow, meow meow meow meow meow meow meow meow meow meow, meow meow Meow, meow meow meow meow meow meow meow meow meow meow meow-meow-meow meow meow meow.

Meow meow meow meow meow Meow, Meow Meow meow meow meow Meow meow meow meow meow meow meow meow Meow meow meow meow meow meow meow Meow meow. Meow, meow meow meow, meow meow meow meow, meow Meow meow meow meow meow meow meow meow meow meow, meow meow meow meow meow meow meow meow meow meow meow meow meow meow meow. Meow meow meow meow meow meow meow, meow Meow Meow meow meow meow meow meow meow meow meow meow meow meow meow meow meow meow meow. Meow meow meow meow meow Meow' meow meow meow meow Meow. Meow meow meow meow meow meow meow meow meow meow meow meow meow meow meow meow meow Meow meow. Meow meow meow meow meow meow meow meow meow meow meow meow meow.

"Meow meow meow meow meow meow meow," meow meow meow meow meow meow meow meow, meow meow meow meow meow meow meow meow, meow meow meow meow.

"Meow Meow meow meow meow meow. Meow meow meow meow meow meow."

Meow meow meow meow meow meow meow meow meow meow meow meow meow meow meow, meow Meow Meow meow meow meow meow meow meow meow meow meow meow meow meow meow.

"Meow meow meow meow, meow meow?" meow Meow Meow, meow meow meow meow meow Meow meow meow meow meow. "Meow, meow meow meow meow meow meow meow

meow! Meow'meow meow meow meow meow—meow meow'meow! Meow meow meow meow meow meow!"

Meow VII

Meow Meow meow Meow Meow meow meow meow meow Meow Meow meow meow meow meow meow meow.

Meow meow meow meow meow meow meow: "Meow Meow meow Meow!" meow meow meow meow meow. Meow meow meow meow.

"Meow Meow meow Meow?" Meow meow meow, meow meow, meow meow meow meow meow meow meow meow meow meow. Meow Meow meow meow meow meow meow meow, meow meow meow meow meow meow meow meow meow meow meow meow meow meow meow meow meow Meow meow meow Meow meow meow meow meow meow Meow meow Meow.

"Meow meow meow meow meow Meow meow Meow meow Meow..." meow meow, meow Meow meow meow meow meow meow: "Meow Meow meow Meow..." meow meow, meow meow meow meow meow meow meow, meow meow meow meow meow meow.

Meow Meow meow. Meow, Meow'meow meow, meow meow meow.

"Meow meow, meow meow meow Meow meow Meow?"

Meow meow meow meow meow meow meow.

"Meow, meow'meow meow. Meow meow meow meow meow..." (meow meow meow meow meow meow meow meow meow meow Meow meow meow meow meow meow meow meow meow meow meow meow meow) "Meow meow meow meow meow meow meow meow meow meow meow meow meow Meow meow Meow!"

Meow meow meow, meow meow meow meow meow meow meow meow meow meow meow meow meow meow meow meow meow meow. Meow meow.

"Meow meow meow meow meow, meow'meow meow meow meow," meow Meow Meow, meow meow meow meow meow meow meow.

"Meow meow meow meow meow meow Meow meow Meow, meow meow meow meow. Meow, meow meow Meow Meow!" meow meow.

Meow meow meow meow meow meow meow meow meow meow meow meow meow meow. Meow meow meow meow meow meow meow meow meow meow meow meow meow meow meow meow Meow meow meow.

"Meow meow Meow— Meow— meow meow meow meow meow meow meow meow?" meow "meow meow meow meow meow." "Meow meow'meow Meow— Meow— meow meow meow meow?"

"Meow meow! Meow meow meow meow Meow'meow meow meow meow meow meow meow meow meow," meow meow meow—"meow meow, meow."

"Meow meow meow, Meow meow meow Meow."

"Meow'meow meow," meow meow.

"Meow meow meow? Meow meow meow meow meow meow meow meow meow...."

Meow meow meow meow meow, Meow meow meow meow meow meow meow meow meow meow meow meow Meow, meow meow meow meow meow meow meow meow meow meow meow meow meow meow Meow.

"Meow meow meow meow meow meow meow," meow meow, meow meow meow meow meow Meow Meow, meow Meow Meow, meow meow meow meow meow meow meow meow meow meow meow meow meow, meow Meow'meow meow.

Meow meow meow meow meow meow meow Meow meow meow meow meow meow meow Meow meow, Meow meow meow meow meow meow meow meow meow. Meow meow meow meow meow meow meow meow meow meow meow meow meow meow Meow.

Meow meow Meow meow, meow meow meow Meow'meow meow meow, Meow meow meow meow meow meow meow meow meow meow meow meow meow meow meow. Meow meow meow meow meow meow meow meow meow meow meow, meow meow meow meow meow meow meow meow meow meow meow meow meow meow meow meow, meow meow meow meow meow: "Meow meow meow meow... meow meow meow. Meow meow meow.... Meow!"

Meow meow meow meow Meow, Meow meow meow meow meow meow meow' meow.

Meow VIII

Meow meow meow meow meow meow meow meow Meow meow. Meow meow meow meow meow Meow, "meow meow meow meow." Meow meow meow meow meow meow meow meow meow, meow meow meow meow meow meow meow meow meow, meow meow meow meow meow meow meow. Meow meow meow meow Meow Meow, Meow Meow, meow Meow Meow meow meow meow meow.

Meow meow meow meow meow meow meow meow meow meow meow meow meow meow meow meow meow meow meow meow meow meow Meow. Meow meow meow meow meow, meow meow meow meow meow meow meow meow meow meow meow meow meow meow meow meow, meow meow meow meow meow meow meow meow meow meow meow meow meow meow meow meow meow meow Meow meow, meow meow meow meow meow meow meow meow meow meow meow meow. Meow meow meow meow meow meow meow meow meow meow, meow meow meow meow meow meow meow meow, meow meow meow meow meow meow, meow meow meow meow meow meow meow meow meow meow. Meow Meow meow meow meow meow meow meow meow meow meow, meow meow meow meow meow meow meow meow meow meow meow meow meow meow meow meow meow meow Meow Meow (meow meow meow meow meow). Meow meow Meow Meow meow meow meow meow meow meow meow Meow meow meow meow meow' meow meow Meow Meow meow meow meow meow meow meow meow meow, meow meow meow'meow meow meow meow meow meow meow meow meow meow. Meow Meow, meow, meow meow meow meow meow meow, meow Meow Meow meow meow meow meow meow meow meow meow meow meow meow meow meow—meow meow meow meow meow—meow meow meow meow.

Meow meow meow meow meow meow meow Meow Meow meow meow meow meow meow meow meow meow meow meow meow, meow meow meow meow meow meow meow meow meow meow Meow, meow meow meow meow meow meow meow meow meow meow. Meow meow'meow meow meow meow meow meow meow meow meow meow meow, meow meow meow meow meow meow meow meow Meow Meow meow Meow Meow meow meow meow meow meow meow meow'meow meow meow meow meow meow meow meow meow. Meow meow meow meow meow, meow meow meow Meow Meow meow meow meow meow meow, meow meow meow meow meow meow meow meow meow meow meow meow meow'meow meow, Meow Meow meow meow meow meow meow meow meow meow meow meow meow meow meow meow meow: "Meow, meow meow meow meow meow meow meow?"

Meow meow Meow Meow'meow meow meow meow meow meow meow meow meow meow meow meow, Meow, meow meow-meow meow meow Meow Meow. Meow meow meow meow meow meow meow meow Meow Meow, meow meow Meow Meow meow meow meow meow meow meow meow meow meow meow'meow meow, meow meow meow meow meow meow,

Meow Meow meow meow meow Meow, meow meow meow meow meow meow meow meow meow.

Meow meow Meow meow Meow Meow meow meow meow meow meow meow meow meow meow, meow meow meow meow meow meow meow meow meow meow, meow meow meow meow meow meow meow meow meow meow meow meow meow meow meow. Meow meow meow meow meow meow meow meow meow meow meow meow meow meow meow. Meow meow meow, meow meow meow, meow meow meow meow meow meow meow meow, meow Meow Meow meow meow meow, meow meow meow meow meow meow meow meow meow meow, meow meow meow meow meow.

Meow Meow meow meow meow meow meow meow meow meow meow meow meow, meow meow meow.

"Meow meow'meow meow meow meow meow meow," meow meow meow.

"Meow meow meow... meow... Meow meow meow... meow meow meow meow," meow Meow Meow, meow meow meow meow meow meow meow meow meow. Meow meow meow meow'meow meow meow meow meow meow meow meow meow meow meow meow.

"Meow meow meow meow meow meow meow meow," meow meow meow.

Meow Meow meow meow.

"Meow meow meow!" meow meow, meow meow meow meow meow meow meow meow meow meow meow meow meow meow meow meow meow meow'meow meow, meow meow meow meow meow.

"Meow?" meow meow.

"Meow meow meow. Meow, meow meow'meow meow. Meow Meow meow meow meow meow meow meow meow meow meow," meow Meow Meow meow meow meow.

Meow Meow meow meow meow meow meow meow meow meow. Meow meow meow meow.

"Meow meow meow meow Meow Meow!" Meow meow meow meow meow meow meow meow meow meow meow meow meow meow.

"Meow, meow'meow!" meow Meow Meow.

Meow meow meow meow meow meow meow meow meow meow meow meow meow, meow meow meow meow meow meow meow meow.

"Meow Meow meow meow," meow meow. "Meow meow meow—meow meow meow!"

Meow Meow meow meow meow meow meow meow meow meow meow meow meow meow meow meow meow meow. Meow meow meow meow. Meow Meow meow meow, meow meow meow, meow meow meow meow meow meow meow meow meow meow meow meow.

Meow meow meow meow meow meow meow meow meow. Meow meow meow meow meow meow. Meow meow meow, meow meow meow meow meow, meow meow meow meow meow meow meow meow meow meow meow:

Meow meow meow meow meow meow meow meow meow meow meow—meow meow'meow meow meow. Meow meow meow meow meow meow meow meow meow Meow meow Meow. Meow Meow meow meow meow, meow meow meow meow meow meow meow meow. Meow meow meow meow Meow—Meow meow meow! Meow meow'meow meow meow meow meow meow meow Meow—meow meow Meow—meow meow meow; meow meow meow meow meow meow meow meow meow meow. Meow meow meow meow meow meow meow Meow'meow meow meow meow meow meow meow meow meow meow meow meow. Meow meow meow meow meow meow Meow-Meow meow meow Meow—meow meow meow meow meow—meow meow'meow meow meow. Meow meow-meow meow'meow meow meow meow Meow meow Meow. Meow meow meow meow meow meow meow meow meow. Meow meow meow meow meow Meow meow meow meow meow meow meow!

Meow Meow meow meow meow meow meow meow meow meow. Meow meow meow meow meow meow meow meow meow meow Meow. Meow meow meow meow meow meow meow meow meow meow meow'meow meow, meow meow meow meow: "Meow meow meow Meow meow meow meow meow!"

"Meow, meow meow, Meow meow'meow meow meow meow meow meow meow meow," meow meow, meow meow meow meow meow meow meow meow meow.

Meow Meow meow meow meow meow meow meow, meow meow meow meow.

"Meow meow, meow meow meow meow meow meow meow'meow meow?" meow Meow Meow, meow meow meow'meow meow. "Meow, meow meow meow meow meow meow Meow, meow meow Meow'meow meow meow. Meow, meow, meow'meow meow meow meow meow meow.... Meow, meow! Meow meow!" Meow meow meow meow Meow'meow meow meow meow meow meow Meow. Meow meow meow meow meow meow meow, meow meow meow meow, meow meow meow meow meow, meow meow meow meow meow meow meow meow meow meow meow meow meow meow meow meow.

Meow VIII

Meow meow meow meow meow meow meow meow meow meow, meow meow meow meow meow Meow meow meow Meow meow meow Meow meow, meow meow meow meow meow meow meow meow meow-meow meow meow-meow meow Meow. Meow meow meow meow meow meow meow meow meow meow, meow meow meow meow meow meow meow Meow Meow meow meow meow meow meow meow meow meow meow meow meow meow meow meow meow meow meow meow meow meow meow meow meow meow meow meow meow. Meow meow meow meow, meow meow meow meow meow meow meow Meow-Meow.

"Meow meow meow meow meow meow meow meow Meow," meow Meow, "meow meow meow, meow meow meow, Meow meow meow meow. Meow meow meow meow meow meow meow, meow meow meow meow meow meow meow meow; meow Meow meow meow meow meow meow meow meow meow meow.

"Meow meow meow meow. 'Meow meow meow meow meow meow,' meow meow meow, meow meow Meow. Meow Meow meow meow meow meow meow meow meow meow meow meow meow meow meow meow. Meow meow meow meow meow, meow meow meow meow meow 'meow meow meow meow meow meow' meow meow meow meow meow meow meow meow meow meow meow meow meow meow meow meow meow meow Meow meow meow meow meow meow meow meow meow meow meow meow, meow meow meow meow meow meow meow meow meow meow meow meow meow meow meow meow meow meow meow meow meow Meow.

"'Meow meow meow meow,' meow meow Meow meow Meow meow Meow, 'meow Meow Meow meow meow meow meow meow meow meow meow meow meow meow meow meow meow, meow meow meow meow meow meow, Meow meow meow meow meow meow meow meow meow. Meow Meow meow meow!' Meow Meow meow meow meow meow meow meow meow meow Meow meow meow meow meow meow meow meow meow meow.

"Meow meow meow meow meow meow Meow, meow meow meow meow, meow meow Meow meow Meow meow meow meow meow meow meow meow meow meow meow meow.... Meow meow meow meow meow.

"'Meow meow meow meow,' meow meow meow meow Meow, 'Meow meow meow meow meow meow meow, meow meow meow meow meow meow, meow meow meow meow meow meow meow meow meow meow meow, meow Meow meow meow meow meow meow meow meow meow meow meow meow, Meow Meow, meow meow meow meow meow meow meow meow

meow meow meow meow, meow meow meow meow meow meow meow meow meow, meow meow meow meow meow meow meow Meow, meow meow meow meow'meow meow meow meow meow, meow meow meow meow meow meow meow, meow meow meow meow meow meow, Meow meow Meow, meow meow meow meow meow meow meow meow meow meow. Meow meow meow meow meow meow meow Meow meow Meow meow. Meow meow meow meow Meow meow meow meow meow, meow meow meow meow meow meow meow meow meow meow meow meow meow meow meow meow meow meow meow meow meow meow meow meow meow meow meow meow.

"'Meow meow meow meow meow meow meow meow meow meow meow meow meow meow meow meow meow meow meow meow meow meow meow meow meow meow meow meow meow meow meow meow meow meow meow. Meow meow meow meow meow meow meow meow meow meow, meow Meow meow meow meow meow meow meow meow meow meow meow meow meow meow meow meow meow. Meow meow meow meow meow meow meow meow meow meow meow—meow meow meow meow meow meow. Meow meow meow meow meow Meow meow Meow.'

"Meow meow meow meow meow meow meow Meow meow meow meow meow meow, meow'meow meow meow?

"Meow meow meow meow meow. Meow meow meow meow meow meow meow meow meow. Meow meow meow meow'meow meow meow meow meow meow meow meow meow meow meow meow meow meow meow meow. Meow meow meow meow meow meow meow, meow Meow Meow meow meow meow meow meow; meow meow meow meow meow meow meow meow meow meow meow meow meow meow meow meow meow meow meow meow meow meow meow meow meow meow meow meow meow meow meow meow 'meow meow meow meow' meow meow Meow meow. Meow meow meow. Meow meow meow meow meow Meow, meow meow meow meow meow meow meow meow meow meow meow meow meow meow meow. Meow meow, meow meow meow, meow meow meow meow meow meow meow meow meow meow meow meow meow meow. Meow meow meow meow meow meow meow meow meow meow meow meow; meow meow meow meow meow meow meow meow meow meow meow meow Meow. Meow meow, meow meow meow meow meow meow meow meow meow meow Meow meow meow meow meow meow, meow Meow Meow, meow meow meow meow Meow meow meow meow meow meow meow meow meow meow meow meow meow, meow meow meow meow meow meow meow meow meow meow Meow Meow. Meow meow meow meow meow meow meow meow meow meow meow meow meow meow. Meow meow meow meow meow, meow meow meow meow, meow meow meow meow meow meow, meow meow meow meow Meow Meow meow meow meow meow meow meow meow meow meow. Meow meow meow meow meow meow meow meow meow meow meow meow meow meow meow meow meow meow meow meow meow meow meow meow meow, meow meow meow meow meow meow Meow meow Meow. Meow Meow meow meow meow meow meow meow meow meow meow meow meow meow meow meow meow meow meow meow meow meow meow meow meow meow meow. Meow meow meow—meow meow. Meow meow meow meow meow meow meow meow meow meow meow meow meow meow. Meow meow meow meow, Meow, meow meow meow meow. Meow meow meow meow, meow meow meow meow meow meow meow Meow'meow meow meow meow meow meow meow Meow'meow. Meow meow meow meow meow meow meow meow meow meow meow meow meow meow meow Meow meow Meow meow meow meow meow meow meow meow meow, meow meow meow meow, Meow, meow meow; meow meow meow meow meow meow meow meow meow, Meow. Meow meow meow meow meow, meow meow meow meow meow meow meow meow meow meow—meow meow Meow Meow meow, meow meow meow, meow, meow, meow, meow meow! Meow meow meow meow, meow meow meow. Meow Meow meow meow, meow meow meow meow meow meow meow meow meow meow

meow meow meow meow. Meow meow meow meow meow meow meow meow meow meow meow meow meow meow meow meow. Meow meow meow meow meow, meow meow meow meow meow, meow meow meow meow. Meow meow meow meow meow meow meow, meow meow meow meow meow meow meow meow meow meow meow meow meow meow. Meow meow meow meow meow meow meow meow meow meow meow meow meow meow meow. Meow Meow meow meow meow meow meow meow meow meow meow meow meow meow, meow Meow meow meow meow meow meow meow meow meow meow meow meow meow meow."

Meow meow Meow Meow meow meow meow meow meow, meow meow meow meow, meow meow meow meow (meow meow meow meow meow meow meow meow meow meow Meow), meow meow meow meow meow meow meow meow meow meow meow. Meow meow meow meow meow meow, meow meow meow meow meow meow meow meow meow. Meow meow meow meow meow meow meow meow meow meow, meow meow meow meow meow meow meow meow meow meow meow meow meow meow meow meow meow meow. Meow meow meow meow, meow meow meow meow meow meow meow meow meow meow meow meow meow meow meow meow, meow meow meow meow meow meow meow meow meow. Meow meow meow meow meow meow meow meow meow meow meow. Meow meow meow meow meow meow meow meow meow meow meow meow meow meow meow meow meow meow. Meow meow meow meow meow meow meow meow meow meow meow.

"Meow meow," meow meow meow meow meow meow meow meow meow meow meow.

Meow meow meow meow meow meow meow meow meow, meow meow meow meow meow meow meow—meow meow meow meow meow meow meow meow meow. Meow meow meow meow meow meow meow meow meow meow meow.

"Meow meow meow," meow meow, meow meow meow meow meow meow meow meow meow. Meow meow meow meow meow meow meow, meow meow meow meow meow meow meow meow meow meow meow meow meow meow meow meow meow meow. Meow meow meow meow meow meow meow meow meow meow meow, meow meow meow meow meow meow meow. Meow meow meow meow meow: meow meow meow meow meow meow meow meow meow meow meow meow meow meow meow meow meow meow meow, meow meow meow meow meow meow meow meow meow meow meow.

Meow Meow meow meow meow meow meow meow meow meow meow, meow meow meow meow meow meow meow. Meow meow meow meow meow, meow meow meow meow meow meow, meow meow meow meow meow meow meow meow meow meow. Meow meow meow meow meow. Meow Meow meow meow meow meow meow meow; meow meow meow meow meow, meow meow meow meow meow meow. Meow meow meow meow, meow meow meow meow meow meow meow meow meow meow. Meow Meow meow meow meow meow, meow meow, meow meow meow meow meow, meow meow meow meow, meow meow meow meow meow. Meow meow meow meow, meow meow meow meow meow meow meow meow meow meow meow meow meow meow meow meow. Meow meow meow meow meow meow meow meow meow meow meow meow meow meow meow meow. Meow meow meow meow meow, meow meow meow meow meow meow’meow meow meow meow meow meow meow. Meow meow meow meow Meow Meow, meow meow meow meow meow meow meow meow meow meow, meow meow meow, meow meow meow meow meow meow. Meow Meow meow meow meow meow meow meow meow meow meow meow meow. Meow meow meow.

"Meow meow meow," meow Meow Meow.

"Meow meow meow meow meow meow meow."

Meow meow meow meow meow meow meow, meow, meow meow meow meow meow meow meow.

Meow Meow meow meow meow meow. Meow meow meow meow meow meow meow meow meow meow meow meow meow meow meow meow meow meow meow meow meow meow meow meow. Meow meow meow meow meow meow meow meow meow, meow meow meow meow meow meow meow. Meow meow meow meow meow meow meow meow meow meow meow meow meow meow meow meow meow meow meow meow meow meow meow meow meow meow meow meow meow meow meow meow meow meow meow meow. Meow Meow meow meow meow meow meow meow, meow meow meow meow meow meow meow meow meow.

"Meow, meow meow meow meow meow meow meow meow," meow meow meow meow meow.

Meow IX

Meow meow meow meow meow meow Meow Meow, Meow meow meow meow Meow meow, meow meow meow meow meow meow meow meow, meow meow meow meow meow meow meow meow meow meow meow meow meow meow meow meow meow meow meow meow meow meow meow.

Meow meow meow Meow meow meow meow meow meow meow meow meow meow meow meow meow meow meow meow meow meow meow. Meow meow meow meow meow meow meow meow meow meow meow meow meow—meow meow meow meow meow meow meow meow meow meow meow, meow meow meow meow meow meow meow meow meow meow meow meow, meow meow meow meow meow meow meow meow, meow meow meow meow meow meow meow meow, meow meow, meow, meow meow meow meow meow meow meow meow meow meow. Meow meow meow meow (meow meow meow meow meow meow) meow meow meow, meow meow meow meow meow meow meow meow meow meow meow meow meow meow meow meow meow meow meow, meow meow meow meow meow meow meow meow Meow'meow meow meow meow meow meow meow meow meow meow meow meow, meow meow meow meow meow meow meow meow, meow meow meow meow meow, meow meow meow meow, meow meow meow meow meow meow meow meow meow meow meow meow meow meow meow meow.

Meow meow meow meow meow meow meow Meow'meow meow, meow meow meow meow meow meow meow meow meow meow meow meow meow meow meow meow meow meow meow meow meow meow.

Meow Meow Meow'meow meow meow, meow meow meow meow meow meow meow meow meow meow meow meow meow meow meow meow meow meow meow meow, Meow meow meow meow meow meow meow meow meow meow meow meow meow meow meow meow meow meow meow. Meow meow meow meow meow meow meow meow meow:

Meow meow meow meow meow meow meow meow meow meow Meow Meow, meow meow meow meow meow meow meow meow meow Meow, meow meow meow, meow meow meow meow meow meow meow; meow meow meow meow meow meow meow meow meow meow meow; meow meow meow meow meow meow; meow meow meow meow meow meow. Meow meow meow meow meow meow, meow meow, meow meow meow meow meow meow meow meow meow meow, meow meow meow meow meow meow meow meow, meow meow, meow meow, meow meow meow meow meow meow meow meow meow. Meow meow meow meow meow meow meow meow meow meow meow meow meow meow meow, meow meow meow meow meow meow meow meow meow. Meow meow meow meow Meow meow meow meow meow meow meow meow meow meow meow meow meow meow meow—meow meow.

Meow Meow Meow meow meow meow meow meow, meow meow meow meow meow meow meow meow meow meow meow meow meow, meow meow meow meow meow. Meow meow Meow'meow meow meow—meow meow meow meow meow meow meow meow meow meow meow Meow—meow meow meow meow meow meow meow meow meow. Meow meow meow, meow, meow meow meow meow meow meow meow meow meow meow meow meow meow meow meow meow meow meow meow, meow, meow, meow meow, meow meow meow meow meow meow, meow meow Meow. Meow meow meow meow meow meow meow meow meow meow meow meow meow meow meow meow, meow meow meow meow.

Meow meow meow meow meow Meow Meow meow meow meow meow meow meow meow meow meow meow meow Meow meow meow meow meow meow meow meow, meow meow meow meow meow meow meow meow meow—meow meow meow meow meow meow. Meow meow meow meow meow meow meow meow meow meow meow meow meow—meow meow meow meow meow meow—meow meow meow meow—meow meow meow meow, meow meow meow.

Meow meow meow meow meow meow meow meow meow Meow. Meow meow meow meow meow meow meow meow meow meow meow meow meow meow meow meow meow meow meow meow meow meow meow meow meow meow meow meow meow meow Meow meow meow meow meow meow meow meow meow meow meow meow.

Meow meow meow, meow meow meow meow meow'meow meow meow meow—meow meow meow, meow meow meow, meow meow meow meow—meow meow meow. Meow meow meow meow meow meow meow meow meow meow, meow meow meow meow meow meow meow meow—meow, meow, meow meow—meow meow meow meow meow meow meow meow. Meow meow meow meow meow meow meow meow (meow meow meow Meow meow meow meow), meow meow meow meow meow meow meow, meow meow meow meow meow meow meow meow meow meow meow, meow, meow meow meow meow meow meow, meow meow meow meow meow.

Meow meow meow, meow meow meow meow meow meow Meow meow, meow meow meow meow meow meow, meow meow meow meow meow meow Meow. Meow meow meow meow meow meow meow meow meow meow meow meow meow meow; meow meow meow meow meow meow meow meow meow meow meow meow meow meow. Meow meow meow, meow meow meow meow Meow meow meow meow meow meow meow meow meow meow meow. Meow meow meow meow meow meow meow meow meow meow meow meow meow meow meow Meow Meow meow Meow Meow, meow meow, meow meow meow meow meow meow meow meow meow meow meow meow meow meow, meow meow meow meow meow meow meow meow meow meow meow meow meow meow meow Meow meow Meow, meow meow meow. Meow meow meow meow meow meow meow meow meow meow meow meow meow meow meow meow meow meow meow meow. Meow meow meow meow meow meow, meow meow meow, meow meow meow meow meow meow meow, meow meow meow'meow meow, meow meow meow meow meow, meow, meow meow. Meow meow meow meow Meow meow meow meow meow meow meow meow meow meow meow meow meow meow, meow meow meow meow, meow meow, meow, meow meow, meow meow meow meow meow meow. Meow meow meow meow meow' meow, meow meow meow meow' meow meow meow meow meow, meow meow meow meow meow meow meow meow meow meow meow meow-meow meow meow.

Meow meow meow meow meow meow meow meow, meow meow meow meow meow meow. Meow meow meow meow meow meow meow meow meow meow meow meow meow meow, meow meow.

Meow meow meow, meow meow meow meow meow meow meow meow meow meow meow meow meow meow meow meow meow meow meow meow meow meow meow, meow meow

meow meow meow meow meow meow Meow, meow meow meow meow meow meow meow meow meow meow meow meow meow meow meow meow meow meow, meow meow meow meow meow meow meow.

Meow meow meow meow meow meow meow meow meow meow meow meow meow meow meow meow meow meow, meow meow Meow meow meow meow meow meow meow meow meow meow meow meow, meow meow meow, meow meow, meow meow meow meow meow. Meow meow meow meow meow meow meow meow meow meow meow meow meow meow'meow meow, meow meow meow meow meow meow meow meow meow meow meow meow meow meow meow meow meow meow meow meow meow meow meow meow meow meow meow meow meow meow meow meow meow meow meow meow meow Meow Meow, meow meow meow meow meow meow meow meow meow meow meow meow meow meow meow meow meow meow meow meow meow meow meow meow meow meow meow meow meow meow meow meow meow meow'meow meow meow—meow meow meow meow, meow meow meow meow meow meow meow meow.

Meow X

Meow meow meow meow meow Meow Meow meow meow meow meow meow meow, Meow meow meow meow meow meow meow meow meow meow meow meow meow Meow, meow meow meow meow meow meow meow meow.

Meow meow meow meow meow meow meow meow meow meow meow meow meow meow meow meow meow meow, meow meow meow meow meow. Meow meow meow meow meow meow meow meow meow meow meow meow meow meow meow meow meow meow meow meow. Meow meow meow meow meow meow meow meow meow meow meow meow meow meow meow meow meow meow meow meow meow meow meow meow meow meow meow.

Meow meow meow meow meow meow meow, meow, meow, meow meow, meow meow, meow meow meow meow meow meow meow meow meow meow meow meow meow. Meow meow meow meow meow meow meow meow meow. Meow meow meow meow meow meow meow meow; meow meow meow meow meow meow meow, meow meow, meow meow meow meow; meow meow meow meow, meow meow meow meow meow meow meow. Meow meow meow meow meow meow meow meow meow. Meow meow meow Meow meow, meow meow meow meow meow meow meow meow meow meow, meow meow meow meow meow meow meow meow meow meow meow. Meow, meow meow meow meow meow meow Meow Meow meow meow meow, meow Meow meow meow meow meow, meow meow meow meow meow meow meow, meow meow meow meow meow meow meow meow.

Meow meow meow meow meow meow meow meow meow meow meow meow meow meow meow meow meow meow meow meow meow meow meow meow meow Meow.

Meow meow meow meow meow meow meow meow meow meow-meow meow meow meow meow meow, meow meow meow meow meow, meow Meow meow meow meow meow meow meow meow meow meow.

"Meow, meow meow meow?" meow meow meow, meow meow.

"Meow meow," meow Meow.

"Meow meow meow meow," meow meow meow meow meow meow meow meow meow meow meow.

Meow meow meow meow meow meow meow meow meow meow meow meow meow meow meow Meow Meow, meow meow meow meow meow meow meow. Meow meow meow meow meow meow meow meow meow meow meow meow meow meow meow meow meow.

“Meow, Meow meow meow meow meow, Meow meow meow meow,” meow Meow Meow.

Meow meow meow meow meow meow meow meow meow meow meow meow, meow meow meow meow meow meow meow meow meow meow. Meow meow meow meow meow meow meow meow meow meow meow meow meow meow meow meow meow meow. Meow meow meow meow meow meow meow meow meow meow meow meow meow meow meow meow: meow meow meow, meow meow meow meow, Meow’meow meow meow meow, meow meow, meow meow meow. Meow meow meow meow meow Meow meow meow meow meow meow’meow meow meow meow meow meow meow meow meow meow meow meow meow meow meow Meow, meow meow meow meow meow meow meow meow meow meow meow meow meow. Meow meow meow meow Meow Meow meow meow meow meow meow meow meow Meow meow meow, meow meow meow. Meow meow meow meow meow meow meow meow meow meow meow meow meow meow meow meow, meow, meow meow meow meow meow meow, meow Meow Meow’meow meow. Meow meow meow meow meow meow meow Meow meow, meow meow meow meow meow meow meow meow meow meow meow. Meow meow meow, meow meow meow meow, meow meow meow meow meow meow meow meow meow meow meow meow meow meow meow meow meow meow meow meow meow meow meow, meow meow, Meow meow meow meow meow meow Meow.

Meow meow meow meow meow meow meow meow, meow meow meow meow meow meow meow meow meow meow meow meow meow meow meow meow meow. Meow Meow meow meow meow meow meow meow meow meow meow meow meow meow meow meow meow meow meow, meow meow meow, meow meow meow meow, meow meow meow meow meow meow meow meow meow meow meow meow meow meow, meow meow meow:

“Meow, meow meow meow meow meow meow. Meow meow meow meow, meow meow meow’meow meow meow.”

Meow meow, meow meow meow Meow’meow meow.

“Meow meow meow meow meow meow Meow meow meow meow,” meow Meow Meow.

Meow meow, meow meow meow meow meow meow meow meow, meow meow meow: “Meow meow meow meow meow meow meow meow meow meow. Meow meow meow meow meow meow meow, meow meow.”

“Meow?” meow Meow Meow. “Meow’meow meow.”

“Meow meow meow meow meow meow meow, meow’meow meow? Meow meow meow meow meow?”

“Meow meow meow meow meow meow meow meow meow!”

“Meow meow Meow meow Meow meow meow meow Meow meow meow meow meow meow,” meow Meow.

“Meow meow?” meow Meow Meow. “Meow meow meow meow meow meow meow meow meow meow meow.”

“Meow, meow meow meow meow meow meow—meow.”

“Meow meow meow meow?” meow Meow Meow. “Meow meow meow meow meow meow meow meow meow meow meow meow meow meow meow. Meow meow meow meow meow meow, meow meow meow meow meow meow meow meow meow meow meow meow.”

“Meow meow meow meow meow meow meow,” meow Meow, meow meow meow meow meow meow meow meow meow meow meow Meow Meow meow meow, meow meow meow meow, meow meow meow meow meow meow meow meow meow meow meow meow.

“Meow meow meow meow meow meow meow meow meow meow meow?” meow meow.

“Meow! Meow!” meow Meow. “Meow meow meow meow meow meow meow meow.”

“Meow, meow meow meow, meow meow meow Meow meow meow meow meow meow meow meow Meow meow meow meow meow,” meow Meow Meow, meow meow meow meow meow meow meow meow meow meow meow meow meow meow Meow. Meow meow meow

Meow. "Meow meow meow meow meow meow meow meow meow: meow meow meow. Meow meow meow meow meow meow meow meow meow. Meow meow meow meow meow meow meow meow meow meow meow meow meow meow."

"Meow meow meow meow'meow meow, meow meow-meow?" meow Meow. "Meow, Meow meow'meow meow meow meow! Meow meow meow meow meow meow meow meow meow meow meow meow meow meow meow meow meow. Meow meow meow meow, Meow meow meow meow meow meow meow meow. Meow meow meow meow Meow meow meow, meow meow meow meow" (Meow'meow meow meow meow meow meow) "meow meow meow meow, meow meow meow Meow meow meow meow meow meow meow. Meow, Meow meow meow meow meow meow, meow meow meow meow meow meow meow meow meow meow." Meow Meow meow meow meow Meow meow meow meow meow.

"Meow meow meow meow meow, Meow Meow, meow'meow meow meow meow meow," meow meow. "Meow meow meow meow meow meow," meow meow meow meow meow meow, "meow meow meow meow meow meow meow. Meow meow meow meow meow meow meow meow meow meow meow meow meow meow meow meow meow meow meow meow meow. Meow meow meow meow meow. Meow meow meow meow.—Meow meow meow meow meow? Meow meow meow meow meow, meow meow meow meow meow meow meow, meow meow meow meow meow.—Meow Meow meow meow meow, meow meow meow, meow meow, meow meow meow. Meow Meow meow meow meow meow Meow meow meow meow meow meow meow."

"Meow meow meow meow meow meow meow meow meow meow?" meow Meow, meow meow. "Meow meow meow meow, meow meow, meow meow meow?"

"Meow meow'meow meow meow meow meow meow—meow meow meow meow," meow Meow Meow. "Meow meow, meow'meow meow, meow meow, meow meow meow Meow Meow meow meow, meow meow meow meow meow meow meow meow meow. Meow meow—meow Meow meow meow meow meow meow meow meow meow."

Meow meow meow meow Meow meow meow meow, meow meow. Meow meow meow meow meow meow meow.

"Meow meow meow," meow Meow, meow meow meow meow meow. "Meow meow meow meow meow meow meow meow meow meow meow meow meow, meow meow meow meow meow—meow Meow meow meow meow meow meow meow meow meow? Meow meow meow meow meow meow meow meow meow meow, meow meow, meow meow meow, meow meow meow meow meow meow meow meow meow Meow meow meow meow meow meow meow meow meow meow meow meow meow meow meow meow meow meow meow meow, meow, meow, meow meow? Meow meow meow meow meow meow meow meow, meow meow meow meow meow meow meow meow meow meow meow meow meow meow meow meow meow meow, meow Meow meow meow meow meow meow, meow meow, meow meow meow meow meow meow? Meow meow meow meow meow meow, meow meow meow meow meow, meow meow meow meow meow meow, meow meow meow meow meow meow meow meow Meow meow meow meow meow meow?" meow Meow, meow meow meow. "Meow Meow meow meow meow meow meow meow meow meow meow; meow Meow meow meow meow meow meow meow meow meow meow meow meow meow meow meow meow meow, meow meow meow meow, meow meow'meow meow meow meow meow meow meow meow meow meow meow. Meow meow meow meow meow," meow meow, "meow Meow meow, meow meow meow meow, meow meow meow meow meow meow meow meow meow meow meow meow meow meow."

"Meow, meow meow meow meow meow meow meow'meow meow meow meow meow," meow Meow Meow. "Meow meow meow meow meow meow meow meow meow, meow meow meow meow. Meow meow meow meow meow meow meow meow meow meow. Meow meow'meow meow meow meow'meow meow meow meow meow meow meow meow meow

meow, meow meow meow meow. Meow, meow meow meow meow," meow meow, "meow meow meow."

Meow Meow meow meow meow meow meow meow meow meow meow meow meow meow meow meow meow meow meow meow meow meow, meow meow meow meow meow meow meow meow meow meow meow meow meow meow meow meow meow. Meow meow meow meow meow meow meow meow meow meow meow.

"Meow, meow meow meow, meow!" meow Meow. "Meow meow'meow meow meow meow meow meow meow meow meow. Meow meow meow meow meow meow meow meow, meow Meow meow meow meow, meow meow meow meow Meow meow meow meow Meow meow'meow meow meow meow—meow meow meow meow meow... meow meow meow meow. Meow Meow meow'meow meow, meow'meow meow... meow meow meow meow meow meow?..."

"Meow meow meow? Meow meow meow meow," meow Meow Meow; "meow meow meow meow meow meow meow meow meow'meow meow meow meow meow meow. Meow'meow meow, meow meow meow meow meow, meow Meow meow meow meow meow meow meow meow Meow meow meow meow meow."

"Meow meow meow meow meow meow meow meow meow meow? Meow meow meow meow meow, meow meow...."

"Meow meow meow meow meow meow meow meow. Meow meow meow meow meow meow meow, meow meow meow meow meow meow meow meow meow meow meow meow meow meow meow meow meow meow meow meow meow; meow meow meow Meow meow meow meow meow meow meow meow. Meow meow meow meow meow Meow meow meow meow meow meow meow meow—meow meow meow meow-meow, meow meow meow meow meow meow. Meow meow'meow meow meow, meow meow meow meow meow meow meow meow meow meow meow meow'meow meow meow meow meow meow. Meow meow'meow meow meow."

"Meow meow'meow meow meow meow meow meow?"

"Meow Meow!" meow Meow Meow meow. "Meow, meow meow meow meow! Meow meow meow meow meow meow meow meow meow meow meow Meow meow. Meow Meow meow'meow—meow meow meow Meow meow meow meow Meow meow Meow Meow—meow meow Meow meow'meow meow meow meow Meow meow! Meow, meow Meow meow meow," meow meow, meow meow meow, "meow meow'meow meow meow. Meow meow meow meow meow meow meow meow Meow Meow, meow meow meow meow meow meow meow meow meow meow meow meow."

"Meow, meow meow meow! Meow meow meow meow meow meow meow meow meow meow meow meow. Meow meow meow meow meow, meow meow meow meow meow meow meow meow meow meow meow meow. Meow meow meow meow meow meow meow meow meow meow, meow meow meow meow meow meow meow meow meow meow meow meow meow, meow meow meow Meow. Meow Meow meow meow meow meow meow meow meow meow meow meow meow meow meow meow'meow meow meow Meow meow," meow Meow Meow meow meow meow. "Meow Meow meow meow meow Meow meow meow meow meow meow meow, meow meow meow meow meow meow meow meow meow meow meow meow meow meow."

"Meow, meow meow meow!"

"Meow, meow meow meow meow meow meow meow," Meow Meow meow. "Meow meow meow, meow meow meow, meow meow meow meow meow meow meow meow meow meow meow meow meow meow meow meow meow meow; Meow meow meow meow meow meow meow meow meow meow meow, meow Meow meow meow meow meow meow—meow meow meow meow meow."

Meow Meow meow meow meow meow meow. Meow meow meow meow meow meow meow meow meow meow Meow meow meow meow meow meow meow meow meow meow meow meow meow meow meow.

"Meow meow, meow meow meow meow meow meow," meow meow; "meow meow meow meow meow meow, meow meow meow meow—Meow meow'meow meow meow meow meow meow meow meow meow meow Meow—meow meow meow meow meow meow. Meow meow meow meow, meow, meow meow meow Meow, Meow meow'meow meow meow meow meow meow meow meow. Meow Meow meow meow meow meow meow meow, meow meow meow meow meow meow meow, meow meow meow meow meow meow. Meow meow meow meow meow meow meow meow meow meow meow, meow meow meow meow, meow meow meow meow meow meow, meow meow meow meow meow meow meow meow meow meow meow meow. Meow meow meow meow Meow meow, meow meow meow meow Meow meow meow meow meow meow meow. Meow meow meow meow meow, meow Meow meow meow, meow meow meow meow meow meow meow meow meow meow meow, meow meow meow meow meow meow meow, meow meow meow meow, meow meow meow meow, meow meow meow meow meow meow meow meow meow meow."

Meow Meow meow meow meow meow Meow meow meow meow meow meow meow meow meow meow meow meow Meow Meow meow meow meow'meow meow.

Meow meow meow meow.

"Meow meow'meow meow Meow'meow meow meow—meow meow, meow meow meow, meow, meow meow meow meow' meow meow meow, meow, meow meow meow meow meow meow, meow meow meow meow meow meow meow."

"Meow, meow! Meow meow meow meow! Meow meow meow meow meow meow," meow Meow.

Meow XI

Meow meow meow Meow meow Meow meow meow meow meow meow meow meow meow Meow Meow. Meow Meow, meow meow Meow, meow meow meow meow meow meow meow meow meow meow meow meow meow meow meow meow meow.

Meow meow meow meow, meow meow meow meow meow meow meow meow meow meow meow.

Meow meow meow meow, meow meow meow meow meow meow meow meow meow.

Meow meow meow meow Meow Meow meow meow, meow meow meow, meow meow meow meow meow meow, meow meow meow, Meow, meow meow meow, meow, meow meow meow. Meow meow meow meow meow meow meow meow meow meow meow, meow meow meow Meow Meow meow meow meow, meow meow, meow meow meow meow meow, meow meow meow meow meow, meow meow meow meow meow meow meow meow meow meow meow meow.

"Meow, meow meow meow meow meow meow?" Meow meow meow, meow meow meow meow meow meow meow meow meow meow meow, "meow meow meow meow meow? Meow meow meow meow meow."

"Meow? Meow meow?" meow Meow Meow meow meow.

"Meow meow, meow meow'meow meow. Meow meow'meow meow meow. Meow meow meow meow meow, meow meow meow meow meow meow meow? Meow! Meow, meow'meow meow. Meow meow meow meow meow meow meow, meow Meow meow meow meow: Meow meow meow meow meow meow meow meow, meow meow, meow meow meow."

Meow meow meow meow meow Meow meow meow meow meow meow Meow Meow. Meow meow meow Meow meow meow meow meow Meow meow meow meow meow meow Meow meow Meow, meow meow meow meow, meow, meow meow.

"Meow meow meow meow meow meow meow meow meow meow, meow meow meow meow meow meow," meow Meow. "Meow, meow meow meow, meow meow meow meow meow meow meow meow meow meow meow meow Meow meow meow meow meow meow meow meow meow meow meow meow meow meow meow meow meow meow meow, meow meow, meow meow meow meow meow meow. Meow meow meow meow meow meow meow, meow meow meow, meow meow meow meow meow, meow meow meow meow, meow meow meow meow meow meow meow, meow Meow meow meow meow, meow meow meow meow meow meow meow meow meow meow meow meow meow meow meow meow," meow Meow.

Meow Meow, meow meow meow meow meow meow, meow meow meow meow Meow'meow meow. Meow meow meow, meow meow meow meow meow meow meow meow meow meow Meow meow, meow meow meow meow meow meow, meow meow meow meow meow meow meow meow Meow Meow'meow meow meow meow meow meow, Meow meow meow meow meow meow meow meow meow meow meow Meow Meow meow meow meow meow meow meow meow meow meow meow.

Meow meow meow meow meow meow meow meow meow meow meow meow meow meow meow meow meow. Meow meow meow meow meow meow meow meow meow meow, meow meow meow meow meow meow.

Meow Meow, meow meow meow meow meow meow meow, meow meow meow meow meow meow meow meow meow meow meow.

"Meow meow meow meow meow meow meow?" meow meow.

"Meow meow meow?" Meow Meow meow, meow Meow, meow meow meow meow meow meow, meow meow meow meow meow meow, meow meow meow meow meow meow Meow Meow'meow meow meow meow.

"Meow meow meow meow'meow meow meow meow meow meow meow meow meow meow. Meow meow Meow, meow meow meow meow meow meow meow meow meow meow meow meow meow meow meow meow meow meow. Meow meow, meow meow meow meow" (Meow meow meow meow meow), "meow meow meow meow, meow meow meow meow meow; meow meow meow meow, meow meow meow meow meow meow meow meow meow meow, meow meow meow meow meow meow meow meow meow meow—meow—meow meow meow meow meow. Meow'meow Meow meow meow meow meow meow Meow meow meow meow meow meow meow meow? Meow'meow Meow meow meow Meow meow meow meow, meow meow, meow meow meow meow meow meow, meow meow meow meow meow meow meow meow meow meow Meow—meow Meow Meow meow meow meow meow meow—meow meow? Meow Meow meow, meow meow, meow meow meow meow meow meow meow, meow meow Meow meow meow meow meow meow meow meow meow meow meow meow meow meow? Meow meow meow Meow meow meow, meow meow meow meow meow meow, meow meow Meow meow meow meow meow meow meow meow. Meow meow meow meow meow meow meow meow meow meow, meow meow meow meow meow meow meow meow."

Meow Meow meow meow meow meow meow meow meow meow meow meow Meow, meow meow meow meow meow meow meow meow meow meow meow meow meow meow meow meow meow meow meow. Meow meow meow meow. Meow meow meow. Meow meow meow meow meow meow meow meow meow meow meow meow meow meow meow meow meow. Meow Meow meow meow meow meow meow meow meow meow meow meow meow meow meow Meow'meow meow, meow:

"Meow meow meow, meow meow."

Meow meow, meow meow meow meow meow, meow, meow meow meow Meow'meow meow, meow meow meow, meow meow meow meow meow meow meow.

"Meow, meow meow meow meow meow!" meow Meow Meow. "Meow, meow meow meow meow meow meow," meow meow, meow, meow meow meow meow, meow meow meow meow meow meow meow meow Meow meow meow, meow meow meow meow meow meow Meow meow meow meow, meow meow meow meow meow meow meow meow meow meow; meow meow meow meow meow meow meow, meow meow meow meow meow meow, meow meow, meow meow meow, meow meow meow. Meow meow meow meow meow meow meow meow meow meow meow meow meow meow, meow meow meow meow meow meow meow meow meow meow meow meow meow meow meow meow meow. Meow meow meow Meow meow meow meow meow Meow Meow'meow meow. Meow meow meow meow meow meow meow meow meow meow meow, meow meow meow meow meow meow.

Meow XII

Meow meow meow meow meow Meow Meow meow Meow meow meow meow meow meow meow meow meow meow meow Meow Meow. Meow meow meow meow meow, Meow Meow meow meow meow meow Meow'meow meow meow meow meow meow meow meow meow meow. Meow meow, meow meow meow, meow meow meow meow meow meow, meow meow meow, meow-meow, meow meow meow meow meow meow meow meow meow meow meow meow meow meow meow meow meow. Meow meow meow meow meow meow, meow meow meow, meow meow meow meow meow, meow meow meow meow meow meow meow meow meow.

"Meow meow Meow'meow 'Meow'meow meow,'" meow Meow Meow. "Meow meow meow meow meow meow meow. Meow meow meow meow meow meow meow meow meow meow. Meow meow meow meow meow meow meow meow, meow meow meow meow."

"Meow meow meow 'Meow'meow meow'?" meow Meow.

Meow Meow meow meow meow meow meow. Meow meow meow meow meow meow meow, meow meow meow meow meow meow meow meow meow meow meow meow meow meow meow.

Meow meow meow meow meow meow meow meow meow meow meow meow meow meow.

Meow Meow meow Meow meow meow meow meow, meow meow meow meow meow meow meow meow meow meow meow meow meow meow'meow meow; meow meow meow meow meow meow.

"Meow meow meow meow meow meow meow," meow meow meow Meow meow meow meow. "Meow meow meow meow meow meow, meow meow meow meow, meow meow meow 'Meow'meow meow.' Meow meow meow meow, meow meow meow meow, meow meow meow meow meow 'Meow'meow meow.' Meow'meow meow meow meow."

"Meow, meow Meow meow meow meow!" meow Meow Meow, meow meow meow meow meow meow meow meow.

"Meow!" meow Meow Meow, meow. "Meow meow meow meow meow meow meow'meow meow meow," meow Meow Meow meow Meow.

Meow meow meow meow Meow Meow'meow meow meow meow meow meow meow Meow Meow'meow meow meow meow meow meow meow meow meow meow-meow meow meow meow meow.

"Meow, meow meow meow," meow Meow Meow, "meow meow meow meow meow'meow meow meow meow meow meow'meow meow Meow meow meow meow meow meow meow."

"Meow?" meow Meow, meow meow meow meow meow meow meow meow (meow meow Meow Meow meow meow meow meow meow) meow Meow'meow meow, meow, meow meow meow meow meow meow meow, meow meow meow meow meow meow meow meow.

Meow Meow'meow meow meow meow meow'meow meow meow meow meow. Meow meow meow meow meow meow meow. Meow meow meow, meow meow meow meow meow meow meow meow meow meow, meow meow meow meow meow meow meow meow meow meow meow meow meow meow, meow meow meow meow meow meow, meow meow meow meow meow meow meow meow meow. Meow, meow meow meow meow meow, meow meow meow meow meow meow meow meow meow meow meow meow meow.

"Meow meow meow meow? Meow Meow?" Meow Meow meow meow meow meow.

"Meow meow, meow meow," meow meow meow. "Meow meow Meow Meow meow meow meow meow meow meow meow meow meow meow meow meow meow meow meow meow meow. Meow meow Meow'meow meow Meow, meow, meow meow meow meow meow meow meow meow meow."

"Meow meow Meow meow meow?"

"Meow meow meow meow, meow," meow Meow, meow meow meow meow meow meow meow. "Meow meow meow meow Meow meow Meow...."

Meow meow meow meow; meow meow meow meow meow meow meow meow meow.

"Meow Meow, meow, meow meow meow meow meow meow."

"Meow meow meow? Meow meow meow?" meow Meow Meow.

"Meow, meow meow meow," meow Meow Meow. "Meow'meow meow meow, Meow."

"Meow... meow meow, meow meow, meow meow'meow Meow? Meow meow meow. Meow meow meow, meow meow meow meow Meow'meow meow, meow'meow meow meow, meow meow meow meow meow meow, Meow meow. Meow Meow meow meow Meow, Meow Meow meow meow meow (meow'meow meow meow Meow'meow meow meow meow meow meow meow meow), meow meow, 'Meow meow meow meow meow meow meow meow meow? Meow meow Meow meow meow meow-meow meow meow meow Meow Meow meow Meow meow meow meow.' Meow meow meow meow Meow meow meow-meow meow meow meow meow meow meow."

Meow meow meow, meow meow meow meow meow meow meow meow meow, meow meow meow meow.

"Meow Meow meow, meow, meow meow meow meow meow meow: 'Meow meow meow meow meow meow, meow meow meow meow meow meow meow meow meow Meow, meow Meow Meow Meow meow Meow.'..."

"Meow meow, meow meow, meow meow meow meow meow," meow Meow Meow, meow.

"Meow meow meow meow," meow Meow. "Meow meow meow meow meow?" meow meow.

"Meow, meow, meow, Meow meow meow meow. Meow meow meow meow meow meow meow meow meow meow, meow meow meow meow Meow'meow meow meow meow meow meow...."

"Meow, meow meow, meow meow meow meow meow!" meow Meow, meow, meow meow meow meow meow meow meow.

"Meow, meow, meow meow meow meow?" meow meow meow Meow, meow meow Meow Meow meow meow.

"Meow meow meow meow meow," meow meow.

"Meow Meow Meow!" meow meow meow meow, meow meow. "Meow, meow'meow meow meow, meow! Meow meow meow meow meow meow meow meow, meow meow, 'Meow meow meow,' meow meow meow meow meow'meow meow meow meow meow meow. Meow meow meow meow meow Meow Meow Meow meow meow Meow meow meow meow meow meow

meow, 'Meow meow meow meow Meow meow meow meow meow.' Meow meow meow: 'Meow meow meow meow, meow meow meow meow.' Meow'meow meow meow meow Meow'meow meow meow, Meow meow meow meow. Meow meow meow meow, meow meow, meow meow meow, meow meow meow meow meow meow meow meow meow meow meow, 'Meow meow meow,' meow meow, 'meow Meow'meow meow meow meow meow Meow meow meow meow.' Meow meow meow meow, meow, meow meow meow meow meow meow meow. Meow, meow meow meow meow meow? Meow meow meow meow! Meow'meow meow meow meow meow meow. Meow meow meow meow," meow meow meow, meow meow Meow.

"Meow, meow, meow, meow meow meow! Meow meow meow meow meow meow!" meow meow, meow meow meow meow meow meow meow meow. "Meow, meow meow meow meow? Meow meow meow!" Meow meow meow meow. "Meow meow meow! Meow meow, meow meow meow meow?..." meow meow, meow meow Meow Meow. Meow meow meow meow, meow meow, meow meow meow meow meow. Meow meow meow meow meow meow meow meow meow meow meow meow meow meow meow meow meow meow meow, meow meow meow meow meow meow meow meow meow meow meow meow meow meow meow meow meow meow.

"Meow, meow meow meow meow meow?" meow Meow Meow. "Meow meow meow meow meow meow?..."

"Meow, Meow, Meow meow meow," meow Meow. "Meow, meow meow, meow meow'meow meow meow meow'meow. Meow meow meow meow meow, Meow meow meow meow," meow meow, meow meow meow meow meow meow meow meow. "Meow meow meow meow meow, meow Meow meow meow meow."

Meow meow meow, meow meow Meow'meow meow meow meow meow meow meow meow meow meow, meow Meow Meow meow meow meow meow meow meow meow meow Meow, meow meow meow meow meow.

Meow XIII

Meow meow meow meow meow meow, meow meow meow meow, meow meow meow meow meow Meow Meow, meow meow meow meow meow meow meow meow meow meow meow, meow meow meow meow meow meow meow Meow meow meow meow meow meow meow meow meow meow meow meow meow, meow meow meow, meow meow meow meow meow meow, meow meow meow meow meow meow meow meow meow meow meow. "Meow'meow meow meow meow meow, meow meow, meow meow meow meow meow. Meow'meow meow meow meow meow meow meow meow meow meow meow meow, meow meow meow meow meow meow meow, meow meow, meow meow meow'meow meow meow meow, meow meow meow meow meow meow meow."

Meow meow meow meow meow meow meow. Meow Meow meow meow meow meow meow, meow meow, meow "Meow'meow meow" meow meow meow meow, Meow Meow meow Meow meow meow meow meow.

"Meow meow meow meow," meow meow meow meow.

"Meow, Meow meow meow meow meow meow meow meow meow. Meow meow meow meow meow meow meow meow meow meow meow."

Meow Meow meow meow meow meow meow meow meow.

"Meow meow meow meow meow meow meow, meow meow, meow meow meow meow meow meow meow meow meow meow meow," meow meow. "Meow meow meow meow Meow?" meow meow meow, meow meow meow meow meow meow meow meow meow meow. "Meow meow meow meow meow meow. Meow meow meow meow meow meow meow, meow meow meow meow meow meow meow meow meow meow meow meow meow meow meow meow

meow. Meow Meow meow meow meow meow meow meow meow meow. Meow meow meow meow meow meow meow meow meow, meow meow meow, meow meow meow meow meow. Meow meow meow meow meow meow. Meow meow meow meow meow meow meow meow, meow meow meow meow meow meow meow meow—meow meow meow meow meow meow. Meow meow meow meow meow meow meow meow. Meow meow meow, meow meow meow meow meow meow meow meow meow meow. Meow meow'meow meow meow, meow Meow meow meow."

Meow meow meow'meow meow meow meow meow meow meow meow meow, meow meow meow meow meow meow meow'meow meow meow. Meow Meow meow Meow meow meow meow meow meow meow.

"Meow meow meow meow meow'meow meow meow meow meow meow meow, meow meow meow meow meow meow meow! Meow meow'meow meow—meow meow'meow meow!" meow meow, meow meow meow meow Meow meow meow meow meow, meow meow meow meow meow meow meow meow Meow Meow, meow meow meow meow meow meow meow meow, meow meow meow meow meow meow meow meow meow meow meow. Meow meow meow meow meow meow meow meow meow meow-meow meow.

"Meow meow, meow Meow Meow, meow'meow meow meow meow meow. Meow meow meow meow meow meow meow meow meow meow meow—Meow meow meow meow meow meow!... Meow meow, meow meow meow.... Meow, meow meow," meow meow meow meow, meow meow meow meow meow Meow meow meow meow. "Meow meow meow—meow meow—Meow meow meow! Meow meow meow meow. Meow meow meow meow meow meow meow'meow meow meow meow, meow meow meow meow meow meow meow meow meow meow meow. Meow, meow! Meow meow! Meow Meow'meow meow meow meow meow meow meow. Meow'meow meow meow meow. Meow meow meow meow meow meow, Meow Meow," meow meow meow Meow, meow meow meow.

Meow meow, meow meow meow meow Meow Meow, meow Meow meow meow meow meow meow meow meow meow meow meow Meow Meow. Meow meow meow meow meow meow meow meow meow meow meow meow meow meow meow meow meow meow meow meow. Meow meow meow meow meow meow meow meow, meow Meow Meow, meow meow meow meow meow meow, Meow meow meow meow meow meow meow meow. Meow meow meow meow meow meow meow. Meow meow Meow Meow, meow meow meow meow meow meow meow meow meow meow, meow meow meow meow meow meow, meow meow meow meow-meow-meow "Meow Meow" (meow meow meow meow meow) meow meow Meow meow meow meow meow meow meow meow meow, meow Meow Meow meow Meow Meow meow meow meow meow meow meow meow meow meow meow meow meow meow.

Meow meow meow meow meow meow meow; meow meow meow meow Meow'meow meow. Meow meow meow meow meow meow meow meow meow'meow meow meow meow meow meow meow meow meow meow meow meow meow meow meow.

Meow Meow meow meow meow meow meow meow meow meow meow meow, meow meow meow meow meow meow meow meow meow meow meow meow meow meow meow meow meow meow, meow meow meow meow, meow meow meow meow meow meow meow meow meow.

Meow XIV

Meow meow meow meow meow, Meow meow, meow meow meow meow, meow meow meow meow meow meow meow meow meow Meow meow meow meow meow.

Meow meow meow, Meow meow meow meow meow meow meow meow meow meow meow Meow. Meow meow meow meow meow meow meow meow meow meow meow meow meow, meow meow meow meow-meow Meow meow meow meow meow meow meow meow meow meow, meow Meow meow meow meow meow meow, "Meow meow meow meow!" meow Meow, meow meow meow meow meow meow meow, meow meow meow meow meow meow meow meow meow meow meow, meow meow meow meow meow meow meow meow meow meow, Meow meow meow meow meow meow meow meow meow, meow meow, meow meow meow meow meow meow, meow meow meow meow meow meow meow meow meow meow meow meow. Meow meow meow meow meow meow, meow meow meow meow meow meow meow meow meow′ meow.

Meow meow meow meow meow meow meow meow meow meow meow meow meow meow meow meow meow meow meow, meow meow meow meow meow meow meow meow meow, meow meow meow meow meow meow meow meow meow meow meow meow meow meow meow meow meow meow meow meow meow meow meow meow, meow meow, meow meow meow meow meow meow meow, meow meow meow, meow meow meow meow meow meow meow meow meow meow meow meow meow meow meow, meow meow meow meow meow meow meow meow. Meow meow meow meow meow meow meow meow meow meow meow meow, meow meow meow meow meow meow meow meow meow meow meow meow; meow meow meow Meow meow meow meow meow, meow meow meow, meow meow meow meow; meow meow meow meow meow meow meow meow meow meow meow; meow meow meow meow meow-meow meow meow meow meow meow meow meow meow meow meow meow meow meow meow; meow meow meow meow meow meow meow meow meow meow meow meow meow meow meow meow meow meow meow meow meow meow; meow meow meow meow meow meow meow meow meow meow meow meow meow meow, meow meow meow meow meow meow meow meow Meow. Meow, meow meow meow, meow meow meow meow meow. Meow meow meow meow meow meow meow meow meow: meow, meow Meow meow; meow meow, meow meow meow. Meow meow meow meow meow meow meow meow. Meow meow meow, meow meow meow: meow meow meow, meow meow, meow meow meow meow meow, meow meow meow meow, meow meow meow meow, meow meow meow meow. Meow meow meow meow meow, meow′meow meow meow meow meow meow, meow meow meow meow meow meow meow meow, meow meow meow meow meow meow meow meow meow meow meow meow Meow meow meow, meow meow meow meow, meow meow meow meow meow, meow, meow meow meow—meow meow meow meow meow.

Meow meow meow meow meow, meow meow meow meow meow, meow meow meow meow meow meow, meow meow meow meow meow. Meow meow meow meow meow meow meow meow meow meow meow meow meow meow meow. Meow meow meow meow meow, meow meow meow meow meow meow meow meow meow, meow meow meow, meow meow meow meow meow meow.

Meow meow meow meow meow meow meow meow meow meow meow—meow meow meow, meow meow meow meow meow meow meow meow meow meow meow meow meow; meow meow meow, meow meow meow, meow meow meow meow meow meow, meow meow meow meow meow meow meow meow.

Meow Meow meow meow meow meow meow meow meow meow meow, meow meow meow meow meow meow meow meow meow meow meow. Meow meow meow, meow meow meow meow meow meow meow meow meow, meow meow meow meow meow meow meow meow, meow meow meow meow meow, meow meow meow meow meow meow meow meow meow meow meow meow meow meow meow meow. Meow meow meow meow, meow meow meow meow meow meow meow meow meow meow meow meow meow meow meow, meow, meow meow meow, meow meow "Meow′meow meow meow." Meow meow meow meow, meow

meow meow meow meow meow meow meow meow meow meow meow meow meow meow meow meow meow, meow meow meow meow meow meow meow meow, meow meow meow meow meow meow. Meow meow meow meow meow meow meow meow meow meow, meow meow meow meow meow, meow, meow meow, meow meow meow meow meow meow meow meow. Meow meow meow meow meow meow, meow meow meow Meow’meow meow meow meow meow “Meow’meow meow meow,” meow meow meow meow meow meow meow meow meow meow meow meow meow meow meow meow meow meow meow meow meow meow meow meow meow meow meow meow meow meow meow meow meow meow meow meow.

Meow meow meow meow meow meow meow meow meow meow meow meow meow meow meow meow meow meow meow meow, meow meow meow meow meow meow meow meow meow.

Meow meow meow, meow meow meow meow meow meow meow meow meow. Meow meow meow meow meow meow meow meow, meow meow meow meow meow meow meow, meow meow meow meow, meow meow meow, meow meow meow, meow meow meow meow meow meow meow meow meow meow meow, meow meow meow meow meow meow meow meow meow meow meow meow meow meow, meow meow meow meow meow meow meow meow. Meow meow, meow meow meow meow, meow meow meow, meow meow meow meow meow; meow, meow meow meow meow meow meow, meow meow meow meow meow meow Meow’meow meow Meow’meow meow, meow meow meow meow Meow meow Meow, meow meow meow’meow meow Meow.

Meow meow, meow meow, meow meow meow meow meow meow meow meow, meow-meow meow. Meow meow meow meow meow meow meow meow meow, meow meow, meow meow meow meow. Meow meow meow meow meow meow meow, meow meow meow (meow meow meow meow meow, meow meow meow meow meow), meow meow meow meow meow, meow meow meow meow meow. Meow meow meow meow meow meow meow meow meow meow, meow meow meow meow meow meow meow meow, meow meow meow meow meow meow meow meow meow meow meow meow meow meow meow.

Meow meow, meow meow, meow Meow, meow meow meow meow meow meow meow meow meow meow meow. Meow meow meow meow Meow’meow meow, meow meow meow meow meow meow meow meow meow, Meow meow meow meow meow meow’meow meow meow meow Meow meow meow meow meow meow meow meow. Meow meow meow meow meow Meow meow meow meow meow meow meow, meow meow meow meow meow meow meow meow meow meow meow. Meow meow meow meow meow meow, meow meow meow meow meow meow meow meow meow meow meow meow meow meow meow, Meow meow meow meow meow meow meow meow Meow meow meow meow meow meow meow meow meow. Meow meow meow meow, meow, meow meow meow meow meow meow meow meow meow meow meow meow meow meow meow meow. Meow meow meow meow meow meow, meow meow meow meow meow meow, meow meow meow meow meow meow meow meow meow meow meow meow. Meow meow meow meow, meow meow meow, meow meow Meow, meow meow meow meow meow meow meow meow meow meow meow meow meow meow meow meow meow meow meow meow meow meow meow meow meow meow Meow meow meow meow meow. Meow meow meow meow meow meow meow, meow meow, meow meow meow meow meow meow meow meow meow meow meow meow Meow meow meow meow meow meow meow. Meow meow meow meow meow meow, Meow, meow meow meow meow meow meow Meow’meow meow meow meow Meow meow meow meow, meow meow meow meow meow meow meow meow meow, meow Meow meow:

“Meow meow meow meow.... Meow meow meow meow meow meow meow, meow Meow meow’meow meow meow meow meow meow meow... meow... meow, meow meow meow....”

Meow meow meow meow meow meow meow meow meow meow meow meow meow meow meow Meow, meow meow meow meow meow meow meow meow meow.

"Meow, meow meow meow meow meow Meow meow!" meow meow, meow Meow meow meow meow meow meow.

Meow XV

Meow Meow meow meow meow meow meow meow meow meow Meow'meow meow, meow Meow meow meow meow meow meow meow meow meow meow meow meow meow Meow, meow meow Meow meow meow meow meow meow meow meow meow.

Meow meow meow. Meow meow Meow meow meow meow meow meow meow, meow meow meow meow meow meow meow meow meow meow meow meow meow. Meow meow meow meow meow meow meow meow, meow meow meow meow meow meow. Meow meow meow meow meow meow meow meow meow meow, meow meow meow meow meow, meow meow meow meow. Meow meow meow meow meow meow, meow meow meow meow meow meow meow meow meow meow meow. Meow meow meow meow meow meow, meow meow meow meow meow, meow meow meow meow meow meow, meow meow meow, meow meow meow meow meow meow meow meow meow meow, meow meow meow meow meow. Meow meow meow meow meow meow, meow meow meow meow meow meow meow meow meow meow meow meow meow meow meow, meow meow meow meow meow meow meow meow. Meow meow meow meow meow meow meow meow meow meow meow meow meow meow meow meow meow meow meow meow meow meow meow meow meow meow meow meow meow meow. Meow, meow meow meow meow meow meow meow meow meow meow meow meow, meow meow meow meow meow meow meow meow meow meow meow, meow meow meow meow (meow meow meow) meow meow meow meow meow meow. Meow meow meow meow meow, meow meow meow meow' meow meow meow meow meow meow meow meow meow meow meow meow meow meow "meow meow"—meow Meow meow meow meow meow meow meow—meow meow meow meow meow meow meow meow meow, meow meow meow meow meow meow meow Meow meow Meow, meow meow meow meow meow.

Meow Meow, Meow meow meow meow meow. Meow meow, meow meow meow meow, meow meow meow meow meow, meow meow meow meow, meow meow meow-meow meow, meow meow meow, meow meow, meow meow, meow meow meow meow meow meow meow meow meow meow meow meow meow, meow, meow meow meow meow meow meow meow meow meow meow meow meow meow meow meow, meow meow meow meow meow, meow meow meow meow meow meow. Meow meow meow meow meow meow meow meow meow meow meow meow meow meow meow meow meow meow, meow meow meow Meow, meow meow meow meow meow meow meow meow meow meow meow meow.

Meow meow meow Meow meow meow meow meow meow meow meow meow, meow meow meow. Meow meow meow meow meow meow meow meow meow meow meow meow, meow meow meow meow, Meow.

"Meow meow, Meow meow meow meow," meow Meow, "meow meow meow meow meow."

"Meow meow meow!" meow meow meow. "Meow'meow meow meow meow meow!"

Meow meow meow meow meow meow Meow, meow meow meow meow meow meow meow meow meow meow.

Meow meow meow meow meow.

"Meow meow meow, Meow," meow meow meow meow, meow meow meow meow, meow meow meow, meow meow.

"Meow'meow Meow meow meow Meow meow'meow meow meow meow?" meow Meow.

"Meow meow meow meow meow, Meow. Meow meow meow—meow meow meow meow meow'meow meow meow. Meow meow meow meow meow meow meow meow meow meow."

"Meow meow meow meow meow meow meow meow," meow Meow.

"Meow meow meow! Meow'meow meow meow meow, meow!" meow meow meow meow, meow meow meow.

"Meow, meow meow meow meow meow meow?" meow Meow, meow meow meow meow. "Meow meow meow meow meow meow meow meow, meow meow'meow meow meow meow meow meow meow meow meow meow. Meow meow! Meow!" meow meow meow meow meow.

"Meow meow, meow!" meow meow meow meow, meow meow meow meow meow. "Meow meow meow meow meow meow, Meow'meow..."

"Meow meow meow meow! meow meow'meow, meow meow'meow meow meow meow!" meow Meow meow meow meow meow meow meow.

"Meow meow, meow meow!" meow meow meow, meow, meow meow meow meow meow meow meow, meow meow meow meow.

"Meow meow meow meow meow! Meow meow meow meow meow!" meow Meow meow meow (meow meow meow meow meow meow meow meow meow meow meow meow) meow meow meow meow Meow, meow meow meow meow.

"Meow'meow meow meow meow meow meow meow meow!" meow meow. "Meow meow, meow'meow meow meow meow meow."

Meow meow meow meow meow meow meow meow meow meow meow meow meow meow, meow meow meow Meow meow meow meow meow meow, Meow meow meow meow meow meow meow meow. Meow meow meow meow meow meow meow meow meow, meow meow meow meow meow meow meow meow meow.

Meow meow meow meow meow meow meow meow Meow, meow meow meow meow meow meow meow meow meow meow:

"Meow meow meow Meow meow meow meow meow: Meow meow meow meow meow meow meow'meow meow meow, meow Meow meow meow meow meow meow meow meow meow meow meow meow meow meow meow meow meow meow meow meow meow meow meow meow meow meow meow meow meow meow meow. Meow meow, meow meow meow meow meow meow meow meow meow, meow meow meow meow meow meow meow meow meow meow."

Meow meow meow meow'meow, Meow meow meow meow meow meow meow meow meow meow meow meow meow meow meow. Meow meow meow meow meow meow meow meow meow meow meow meow meow meow Meow meow meow meow meow meow meow. Meow meow meow meow meow meow meow meow. Meow Meow meow meow meow meow meow, meow meow meow meow meow meow meow meow meow meow meow, meow meow.

Meow meow Meow'meow meow, Meow meow meow meow meow meow, meow meow meow, meow meow meow meow meow.

"Meow meow meow meow... meow! Meow meow meow... Meow meow meow meow, meow Meow'meow meow meow meow... meow Meow'meow meow meow Meow'... Meow..." meow meow.

Meow meow meow, meow meow meow, meow meow meow meow meow meow meow Meow. Meow meow meow meow meow meow meow meow meow meow meow meow meow meow meow meow meow meow meow meow meow meow meow meow meow meow.

"Meow meow meow," meow Meow. "'Meow meow, meow'meow meow meow'meow meow?' Meow meow meow meow. 'Meow meow meow.' 'Meow'meow meow meow meow meow meow meow meow meow meow meow meow meow meow meow. Meow meow.' Meow meow, meow meow meow meow meow meow—meow meow meow meow meow meow meow meow meow: 'Meow'meow meow!'—'Meow,' Meow meow, 'meow meow meow meow meow meow

meow meow meow meow meow meow, meow meow meow meow meow meow meow meow meow meow meow!' 'Meow meow meow meow meow?' 'Meow meow!' Meow meow meow: 'Meow meow meow meow meow meow meow meow, meow meow meow meow meow meow meow meow meow.' Meow meow meow meow meow. Meow meow, meow meow meow meow... meow meow meow meow? Meow, meow meow meow meow!... Meow meow meow meow'meow meow meow?" meow Meow, meow meow meow meow meow meow meow meow meow meow meow meow meow meow meow meow meow meow meow meow meow meow meow meow meow meow. "Meow! 'Meow? Meow meow'meow meow meow'meow meow meow meow meow! Meow meow? Meow meow meow meow!' meow Meow meow meow meow meow, meow meow meow meow... 'Meow, meow meow... meow meow...!' meow Meow meow'meow meow meow... Meow, Meow'meow meow meow meow meow meow Meow meow meow meow!" meow Meow, meow meow meow meow, meow meow meow meow meow meow meow meow. "Meow'meow meow meow meow meow meow meow'meow meow meow meow!"

"Meow meow meow meow meow meow? Meow meow," meow Meow. "Meow'meow meow meow meow meow meow. Meow, meow meow meow meow meow meow."

Meow meow meow meow meow meow meow meow meow. Meow meow meow meow meow meow meow.

Meow meow meow meow meow meow meow meow meow meow Meow'meow meow Meow'meow meow meow meow meow meow meow meow meow meow meow meow meow meow meow Meow Meow meow meow meow meow meow meow meow meow meow meow meow'meow meow. Meow meow meow meow meow meow meow meow meow meow meow meow meow meow: meow meow meow-meow meow meow meow, meow meow meow meow meow meow meow meow meow meow meow meow meow meow meow, meow meow meow meow meow meow meow meow meow meow meow meow meow.

Meow meow meow meow meow meow meow, meow Meow meow meow meow meow meow meow meow meow (meow meow meow meow meow) meow meow meow meow meow meow-meow meow meow meow meow meow meow, meow meow meow meow meow meow meow. Meow meow, meow meow meow meow meow meow meow meow meow, meow meow meow meow meow Meow, Meow meow meow meow meow meow meow meow meow meow meow meow meow meow meow meow meow meow meow meow meow meow meow meow meow meow meow meow meow meow. Meow meow meow meow Meow meow meow meow Meow meow meow meow meow meow meow. Meow, meow meow meow meow, meow meow meow meow meow meow meow, meow meow meow. Meow meow meow meow meow Meow meow meow meow meow meow meow meow meow meow meow. Meow meow meow meow Meow meow meow meow meow meow meow meow meow meow meow meow, meow meow meow meow meow meow meow meow meow meow meow meow meow meow meow meow meow meow.

Meow XVI

Meow Meow meow meow meow Meow meow meow, meow meow meow Meow meow meow meow meow, meow meow meow meow meow meow meow. Meow, meow meow meow meow'meow meow meow meow, meow meow meow meow meow meow meow meow meow meow meow meow meow meow meow meow meow meow meow meow, meow meow meow meow meow meow meow meow meow meow meow Meow meow meow.

Meow meow meow meow meow meow Meow meow meow meow meow meow meow meow Meow meow Meow meow. Meow meow meow meow, meow meow meow meow meow meow meow meow meow, meow meow meow meow meow meow meow meow meow meow

meow meow meow, meow meow meow, meow meow, meow meow meow meow meow meow meow meow.

Meow meow meow meow meow meow meow meow meow meow meow meow meow meow meow meow meow meow meow meow meow meow meow meow meow meow meow meow meow meow meow meow meow. Meow meow meow, meow meow meow meow, meow meow meow meow meow meow meow meow meow meow meow.

Meow Meow meow meow meow meow meow meow meow meow meow meow meow meow meow meow. Meow meow meow meow meow meow Meow meow meow meow meow meow. Meow meow meow meow meow meow Meow meow.

"Meow meow'meow meow meow meow meow," meow meow meow meow. "Meow meow Meow Meow meow meow meow. Meow meow meow meow."

Meow meow meow meow meow meow.

"Meow, meow meow meow meow meow! Meow'meow meow meow meow meow?" Meow meow meow Meow meow meow.

"Meow meow meow meow, meow?" meow meow meow. "Meow meow meow meow? Meow meow meow meow meow, meow meow meow meow meow meow? Meow meow meow meow, meow."

"Meow meow?" meow Meow.

"Meow, meow. Meow'meow meow meow meow meow. Meow meow meow, Meow meow Meow" (meow meow meow meow meow), "meow meow meow. Meow meow meow meow meow meow meow meow meow meow.... Meow meow meow meow meow meow meow meow meow meow meow," meow meow meow meow meow meow. "Meow meow meow meow meow meow, meow meow meow meow'meow meow meow meow meow."

Meow meow meow meow meow meow meow Meow Meow meow meow meow, meow meow meow.

Meow meow meow meow meow. Meow meow meow meow meow meow meow meow meow meow meow meow.

Meow Meow meow meow meow meow meow meow meow meow meow meow meow meow meow meow meow.

"Meow meow'meow meow meow!" meow meow meow meow meow meow.

Meow meow meow meow meow meow meow meow meow. Meow meow meow meow meow meow meow Meow meow meow meow meow meow meow meow meow meow meow meow meow meow meow meow meow meow. Meow meow meow meow meow meow, meow meow meow meow meow meow meow, meow meow meow meow, meow meow meow, meow meow meow meow, meow meow meow meow meow meow meow meow meow meow. Meow meow meow meow meow, Meow meow meow meow meow meow meow meow meow meow meow meow meow meow meow meow.

"Meow Meow meow meow meow meow?"

"Meow meow meow meow meow?" meow meow meow.

Meow, meow meow meow meow meow meow meow meow meow meow meow meow, Meow meow meow meow' meow. Meow meow meow, meow meow meow meow meow meow meow meow meow meow meow meow, meow meow meow. Meow meow meow meow, meow meow, meow meow meow meow meow meow meow meow meow.

Meow meow meow meow, meow meow meow meow meow meow meow meow meow meow, meow meow meow meow meow meow meow meow meow meow meow meow meow meow, meow meow meow meow meow meow meow. Meow meow meow meow meow meow meow meow meow meow meow. Meow meow meow meow meow meow meow meow meow meow meow meow meow, meow meow meow meow meow Meow meow meow meow meow meow meow, meow meow, meow, meow meow meow meow'meow meow. Meow meow meow

meow meow meow meow meow meow meow meow meow meow meow meow meow meow meow meow meow meow meow meow meow. Meow meow meow, meow meow meow. Meow meow meow meow meow meow meow meow meow. Meow meow meow, meow meow meow meow meow meow meow meow meow meow meow, meow meow meow meow, meow meow Meow meow meow meow meow meow meow meow meow. Meow meow meow meow meow meow, meow meow meow meow meow meow. Meow meow meow meow, meow meow meow meow meow meow meow meow meow meow meow meow, meow meow meow meow meow meow meow meow meow meow meow meow, meow meow meow meow meow meow. Meow meow meow meow meow meow meow meow meow meow meow, meow meow meow meow meow meow meow meow. Meow meow meow meow meow meow meow. Meow meow "meow, meow, meow meow!" Meow meow meow, meow meow meow meow meow meow meow meow meow meow meow meow meow meow meow meow.

"Meow meow meow meow meow meow?" meow meow meow meow.

Meow meow meow meow meow, meow meow meow, meow meow meow meow meow meow, meow meow, meow meow meow meow meow meow Meow.

"Meow meow, meow meow!" meow meow, meow meow meow meow Meow meow meow meow meow meow meow meow meow meow meow.

"Meow meow meow meow meow meow meow meow meow meow," meow Meow, meow meow meow Meow.

"Meow, meow meow," meow meow meow meow, meow meow meow meow meow meow meow meow meow meow meow meow meow, meow meow meow meow.

"Meow, meow'meow meow meow meow meow meow," meow Meow, meow meow meow, meow meow meow meow meow, meow meow meow meow meow meow meow meow meow meow meow meow meow, meow meow meow. Meow meow meow meow, meow meow meow, meow meow meow, meow, meow-meow meow meow meow meow meow meow, meow meow meow meow meow meow meow meow meow meow Meow. Meow meow'meow meow meow meow meow meow meow meow meow, meow meow Meow, meow meow meow meow meow meow meow meow meow meow meow. Meow meow meow meow meow meow meow meow meow meow meow meow meow meow meow meow meow, meow meow meow meow meow meow meow meow. Meow meow meow meow meow meow, meow meow meow meow meow meow meow meow meow meow meow meow, meow meow meow meow meow meow meow meow. Meow meow meow meow meow meow meow meow meow meow meow meow meow. Meow meow meow meow meow meow meow meow meow meow meow meow meow meow.

"Meow, meow, meow meow meow," meow Meow meow, meow meow meow meow meow meow, meow meow meow meow meow meow meow meow meow meow meow meow meow meow meow meow, meow meow meow meow meow meow.

Meow XVII

Meow meow meow meow, meow meow meow Meow meow meow meow' meow, meow meow meow meow, meow meow meow meow meow meow. Meow meow meow meow meow meow meow meow meow meow meow meow meow meow meow meow meow. Meow meow meow meow meow meow meow meow meow meow. Meow meow meow Meow meow meow meow meow' meow meow meow meow meow meow meow meow meow, meow meow meow meow meow meow meow meow meow meow meow meow meow meow meow, meow meow meow meow meow meow. Meow meow meow meow, meow meow meow meow meow meow meow meow.

"Meow meow meow'meow meow meow!" meow meow meow meow. "Meow, Meow, meow'meow meow meow, meow meow meow meow meow meow Meow Meow? Meow Meow'meow meow meow meow meow meow, meow meow..." meow meow meow meow meow meow, meow meow meow meow meow meow meow meow meow. "Meow meow Meow Meow Meow? Meow meow," meow meow, meow meow meow meow Meow meow. "Meow, meow," meow Meow meow meow meow meow meow meow, meow meow meow meow meow meow meow.

"Meow meow meow meow, meow meow meow meow meow meow?" meow Meow, meow meow meow meow meow meow meow meow meow meow meow meow meow meow meow meow' meow, meow meow meow meow meow meow meow meow meow meow meow meow meow meow meow meow meow meow meow meow, meow meow meow meow meow meow meow meow meow meow meow.

Meow meow meow meow meow meow meow meow meow meow meow meow, meow meow meow meow meow.

"Meow, Meow? Meow meow meow, meow meow meow?" meow meow meow, meow meow meow meow meow meow meow meow meow, meow Meow meow meow meow meow meow meow meow meow meow meow meow, meow, meow meow meow meow meow meow meow Meow'meow meow meow meow meow meow meow meow.

Meow meow, meow meow meow meow, meow meow meow meow meow meow, meow meow meow meow meow meow meow. Meow meow meow meow meow meow meow meow meow meow meow meow meow meow meow, meow meow meow meow meow meow meow Meow. Meow meow meow meow meow Meow meow meow meow meow meow meow meow, meow meow meow meow meow. Meow meow meow meow meow meow meow, meow meow meow meow meow meow meow, meow meow Meow meow meow meow meow meow meow meow.

"Meow meow Meow meow meow," meow meow, meow meow Meow, "meow meow meow meow meow meow meow meow Meow meow meow. Meow meow meow meow meow meow meow meow, meow meow meow meow meow meow meow...."

"Meow meow meow Meow'!" meow Meow, meow meow meow meow meow meow meow meow meow meow meow meow meow meow meow, meow meow meow meow meow meow meow meow meow. "Meow meow? Meow Meow meow meow meow Meow meow meow meow, meow Meow'meow meow meow-meow meow meow meow meow meow. Meow meow meow meow, Meow'meow meow meow meow meow. Meow'meow meow meow Meow meow meow meow meow meow meow meow meow! Meow meow Meow meow meow meow?... Meow, Meow'meow meow'meow meow meow meow. Meow meow meow Meow meow: 'Meow Meow meow meow meow Meow...'"

"Meow'meow meow meow meow," meow Meow, "meow meow'meow meow meow meow, Meow Meow," meow meow meow meow meow Meow. "Meow meow meow meow, meow Meow Meow meow'meow meow meow. Meow meow meow meow meow meow meow meow meow meow meow."

"Meow, meow meow meow meow," meow Meow.

"Meow meow meow meow meow meow meow meow," meow Meow, "meow meow meow meow meow meow meow meow meow meow meow meow meow. Meow meow meow" (meow Meow) "meow meow meow meow meow. Meow meow'meow meow meow meow meow."

"Meow'meow Meow meow Meow'meow meow meow meow meow?" Meow meow meow, meow meow meow meow meow.

Meow meow meow meow meow meow meow Meow, meow meow meow meow meow meow meow meow meow Meow meow meow meow meow meow meow meow, meow meow

meow meow meow meow meow meow meow meow meow meow Meow. Meow meow meow meow meow meow meow meow meow.

Meow meow meow meow Meow'meow meow meow, meow meow meow meow meow meow, meow meow, Meow meow meow, meow meow meow meow meow meow meow meow meow meow meow meow meow meow meow Meow'meow meow meow, meow meow meow meow meow, meow meow meow meow meow meow meow meow meow meow. Meow meow meow meow meow meow meow.

Meow meow meow meow, meow Meow meow meow meow meow, meow meow Meow meow meow meow meow meow meow meow.

"Meow, meow meow meow," meow Meow, meow meow meow meow meow, meow meow meow meow meow meow meow meow meow meow meow meow meow, meow meow meow meow meow, meow meow meow meow meow.

"Meow meow meow'meow meow meow meow meow'meow meow meow meow meow!" meow meow, meow meow meow meow meow meow Meow meow meow meow. Meow meow meow meow meow meow meow Meow meow meow meow meow meow, meow meow Meow, meow meow meow meow meow meow meow meow meow, meow meow meow meow.

"Meow meow meow. Meow meow..."

Meow meow meow meow, meow meow meow meow meow meow.

Meow XVIII

Meow meow meow meow meow meow meow meow meow meow meow meow Meow'meow meow, Meow meow meow Meow meow meow meow meow meow Meow.

Meow meow meow meow Meow meow Meow meow Meow Meow meow meow Meow. Meow Meow meow meow meow meow meow meow meow meow meow meow meow, meow meow meow meow meow meow meow meow meow meow meow Meow.

"Meow meow meow meow meow meow meow meow," meow meow, meow meow Meow, meow meow meow, meow meow meow, meow meow meow Meow.

"Meow meow meow meow Meow?" meow meow meow, meow.

Meow meow meow meow meow meow meow meow meow meow meow meow meow meow.

"Meow meow meow, Meow, meow meow Meow Meow," meow meow. Meow meow meow meow meow meow meow, meow meow meow.

"Meow meow meow meow," meow meow, meow meow meow meow Meow meow meow.

Meow meow meow meow meow meow meow meow Meow meow meow meow meow meow Meow meow. Meow meow meow meow, meow meow meow, meow Meow meow meow meow Meow Meow meow meow meow meow meow meow meow, meow meow meow meow meow meow Meow Meow meow meow meow meow meow meow meow meow meow meow meow meow Meow meow Meow'meow meow, meow meow Meow meow meow meow, meow meow meow Meow—meow meow meow meow—meow meow meow meow Meow meow meow meow meow meow meow meow, meow meow meow meow meow meow meow meow. Meow meow meow meow meow meow meow meow meow meow Meow meow meow meow meow meow meow meow meow meow meow meow meow meow meow meow meow meow meow meow. Meow meow meow meow meow meow meow Meow meow meow meow meow meow meow meow meow meow meow meow Meow meow meow meow meow meow meow, meow meow meow meow meow meow meow meow meow. Meow meow meow meow Meow meow meow meow meow meow meow meow meow meow meow, meow meow meow meow meow meow meow meow meow meow meow Meow meow meow. Meow meow meow meow meow meow meow meow-meow meow. Meow meow meow meow meow meow meow, meow meow meow meow

meow meow meow meow meow meow. Meow meow Meow'meow meow meow meow meow meow meow, meow meow meow meow meow meow meow, meow meow meow meow meow meow meow meow meow meow, meow meow meow Meow meow meow meow meow meow meow meow meow meow Meow, meow meow meow meow meow, Meow meow meow meow meow meow meow meow meow. Meow meow meow meow meow meow, meow meow meow meow meow meow meow meow meow meow. Meow meow meow meow meow meow Meow meow, meow meow meow meow meow meow meow, meow meow meow meow meow, meow meow meow-meow meow meow meow meow meow meow meow meow meow meow, meow meow meow meow meow meow meow meow meow.

Meow meow meow meow meow, meow Meow Meow Meow. Meow, meow Meow meow meow meow Meow, meow meow, meow meow meow meow meow Meow, meow meow meow meow meow meow meow meow Meow, Meow meow meow meow Meow meow meow Meow meow meow meow meow meow meow meow meow Meow.

Meow meow meow meow meow meow-meow meow Meow, Meow Meow meow meow meow meow meow Meow meow. Meow meow meow meow meow meow meow-meow-meow meow Meow'meow, meow meow meow meow Meow meow meow meow Meow, meow meow meow meow Meow'meow, meow meow meow meow meow meow meow Meow meow. Meow meow meow, Meow, meow meow meow meow meow meow meow meow meow meow meow, meow meow Meow meow meow meow meow meow meow meow Meow meow Meow.

Meow, meow meow meow meow meow meow meow meow meow meow, meow meow meow meow meow meow meow meow meow meow Meow meow meow Meow—meow meow meow meow meow meow meow meow—meow meow meow meow meow meow meow meow Meow. Meow meow meow, Meow meow meow Meow meow meow meow meow meow meow meow, meow, meow meow. Meow meow, meow meow meow meow Meow'meow Meow meow, Meow meow meow meow meow Meow meow meow meow meow meow meow meow meow meow meow, meow meow meow meow. Meow meow, meow meow meow meow meow Meow meow meow meow meow, Meow meow meow meow meow meow meow meow meow meow meow meow meow meow meow Meow. Meow meow meow meow meow meow meow meow meow Meow meow meow Meow' meow, meow meow meow meow meow meow meow meow meow meow meow meow meow meow meow meow meow meow meow meow meow meow. Meow meow meow meow meow meow Meow meow, meow meow meow meow meow meow meow meow, meow meow meow meow meow meow meow meow meow meow meow meow meow meow meow meow meow meow meow. Meow meow meow meow meow meow meow Meow meow Meow meow meow. Meow, meow meow meow meow meow meow meow, meow meow meow meow meow. Meow meow meow meow meow meow meow meow meow meow meow meow meow meow Meow.

"Meow, meow'meow meow? Meow meow, meow meow meow meow meow," meow meow, meow, meow meow meow meow meow meow. Meow Meow meow meow meow meow meow.

"Meow'meow meow meow meow meow meow Meow meow. Meow meow meow meow meow, meow Meow meow meow," meow meow meow.

"Meow, Meow meow meow meow meow meow meow meow meow meow meow meow. Meow meow meow meow meow meow meow," meow meow, meow meow meow meow meow.

"Meow meow Meow'meow meow," Meow meow.

Meow meow meow meow meow meow meow meow Meow' meow: meow meow meow meow meow meow meow meow, meow meow meow meow meow Meow'meow meow meow meow meow meow meow meow meow. Meow meow, meow meow meow meow meow Meow, meow meow meow meow meow meow, meow meow meow meow meow meow meow meow. Meow meow meow meow Meow.

"Meow, meow meow! Meow meow meow meow meow meow meow meow meow!" meow Meow, meow meow meow meow meow meow meow meow meow meow meow meow meow meow meow meow meow meow meow, meow meow meow meow meow meow meow, meow meow meow meow, meow meow meow meow meow meow.

"Meow Meow—meow Meow Meow. Meow.—meow Meow Meow. Meow.," meow meow, meow meow meow. Meow meow meow meow meow Meow, meow meow, meow meow meow.

Meow meow meow meow meow meow meow Meow meow meow meow meow meow meow meow meow meow meow meow Meow. Meow meow meow meow meow meow meow meow meow meow meow, meow meow meow meow meow meow meow meow meow meow meow meow meow meow meow meow meow meow Meow, meow meow meow meow meow. Meow meow meow Meow, meow meow meow meow meow meow meow, meow meow meow meow Meow, meow meow meow meow meow meow meow meow Meow meow meow meow Meow.

"Meow, Meow meow meow meow," meow Meow, meow.

Meow meow meow meow meow meow meow meow meow meow meow meow meow meow meow meow Meow' meow, meow meow meow meow meow meow meow meow meow meow, meow meow meow meow meow meow meow meow meow meow meow meow meow meow meow meow'meow meow. Meow meow meow meow meow meow, meow meow meow meow meow meow meow meow meow meow meow meow meow. Meow meow meow meow meow meow meow meow meow meow: "Meow meow meow meow meow meow meow?" Meow meow meow meow meow meow Meow.

"Meow, Meow'meow meow meow meow," meow meow meow meow meow meow. "Meow meow meow meow meow meow meow Meow'meow meow meow."

"Meow, meow, meow meow meow," meow Meow. "Meow meow meow meow meow, meow meow meow meow meow meow meow meow meow meow meow."

"Meow, meow..."

Meow meow.

"Meow meow meow, Meow meow meow meow Meow meow. Meow Meow meow..."

Meow meow meow Meow'meow meow meow meow meow Meow.

"Meow meow, meow, meow, meow..." meow Meow, meow meow meow meow meow meow meow meow meow meow, meow meow meow meow meow meow meow meow meow, meow meow meow Meow meow meow meow meow meow.

Meow XIX

Meow meow meow meow Meow meow meow meow meow meow meow meow meow Meow'meow meow. Meow meow meow meow meow meow meow meow meow meow meow meow meow meow meow meow meow meow meow meow Meow meow meow meow meow meow, meow Meow, meow meow meow meow meow, meow meow meow meow meow meow meow meow meow. Meow meow meow, Meow meow, meow meow meow meow meow meow. Meow Meow meow meow: Meow meow meow Meow meow meow Meow meow Meow meow Meow meow Meow meow Meow. Meow meow meow Meow Meow, meow meow meow meow meow meow meow meow meow, meow meow meow meow meow meow Meow Meow meow meow Meow meow. Meow Meow meow meow meow meow meow meow meow.

Meow meow meow meow meow meow meow meow meow Meow meow, meow meow meow meow meow meow meow, meow meow meow meow meow, meow meow meow meow meow meow, meow Meow. Meow meow meow meow meow meow meow meow, meow meow meow meow meow, meow meow meow Meow meow meow meow meow meow meow meow

meow meow meow meow Meow meow Meow Meow meow meow. Meow meow meow meow meow meow meow meow meow meow meow meow meow meow meow; meow meow meow Meow meow Meow meow meow meow meow meow meow meow meow meow, meow meow meow Meow meow Meow. Meow meow meow meow meow meow meow meow meow meow meow meow.

"Meow meow'meow meow meow meow meow meow Meow meow'meow meow meow meow meow. Meow'meow meow," meow Meow. "Meow meow meow meow meow, meow Meow meow'meow meow meow meow meow meow meow Meow meow meow Meow meow meow meow meow meow meow meow meow meow Meow. Meow Meow!... Meow meow meow!" meow Meow, meow meow meow meow meow meow meow meow Meow meow.

Meow meow meow meow meow meow meow meow meow meow meow meow, meow meow meow meow Meow meow meow meow.

"Meow meow meow meow meow meow meow," meow Meow. "Meow meow Meow meow meow meow meow meow meow meow meow meow meow meow meow... meow meow meow meow meow meow meow meow meow? Meow meow! Meow meow meow meow meow meow meow meow. Meow meow meow, meow meow. Meow meow meow meow meow, meow meow meow meow? Meow meow meow meow meow meow meow meow meow meow, meow meow meow meow?" meow meow, meow meow meow meow meow meow meow meow meow meow Meow meow. "Meow meow, meow meow meow meow.... Meow'meow meow meow! Meow'meow meow meow meow meow meow meow meow meow Meow meow meow meow meow meow meow Meow meow meow meow meow meow!" Meow meow meow meow meow meow meow meow meow meow, Meow meow meow meow meow meow meow meow meow meow meow meow meow.

"Meow, Meow meow'meow meow meow meow meow, meow Meow meow meow Meow," meow meow, meow meow meow meow meow meow meow, meow meow meow meow meow meow meow meow meow meow meow meow meow. "Meow meow meow meow meow meow meow meow meow. Meow meow meow meow meow, meow meow, meow meow meow meow meow. 'Meow meow meow meow Meow meow meow meow, meow meow meow meow meow meow meow meow,'" Meow meow meow meow meow. Meow meow meow meow meow meow meow meow meow, meow meow meow meow meow meow Meow'meow meow.

Meow meow meow meow meow meow meow meow meow, meow meow meow meow meow meow meow meow meow. Meow, meow meow meow, meow meow meow meow meow meow meow meow.

Meow meow meow meow meow, Meow meow meow meow meow meow meow meow; meow meow meow meow meow Meow meow meow meow meow meow meow meow meow meow meow meow meow meow meow meow meow meow, meow meow meow meow meow meow meow meow meow meow, meow Meow meow.

Meow meow meow meow meow meow meow, meow meow meow meow meow meow meow meow meow meow meow meow meow meow meow meow meow meow, meow meow meow meow, meow meow meow meow meow meow meow meow meow meow meow meow meow meow meow meow meow meow-meow meow meow, meow meow meow, meow Meow'meow meow. Meow meow meow meow meow meow meow meow meow meow.

"Meow meow meow meow meow meow meow meow," meow meow meow, meow meow meow Meow, meow meow meow meow meow.

"Meow meow meow? Meow meow?"

"Meow meow meow?" meow meow meow meow meow meow meow.

"Meow meow! Meow meow meow meow meow meow. Meow meow meow meow meow... meow," meow meow meow meow meow meow meow meow meow meow meow meow.

Meow meow meow meow meow meow meow meow meow meow meow meow meow meow meow meow meow meow meow meow meow meow, meow meow meow meow meow.

Meow meow meow, meow meow meow meow meow meow meow meow meow meow meow meow meow meow meow meow meow Meow meow meow meow meow meow meow meow meow meow, meow meow meow meow meow meow meow meow meow meow meow meow meow, Meow, meow meow meow, meow meow meow meow meow meow meow meow meow meow meow meow meow meow meow meow meow meow meow meow meow meow.

"Meow meow meow meow meow, meow, meow meow meow?" meow meow meow meow.

Meow meow meow meow meow meow meow meow meow Meow'meow meow meow meow meow meow, meow meow meow meow meow meow meow meow meow Meow meow meow.

Meow, meow meow, meow meow meow, meow meow meow meow, meow meow meow meow meow, meow meow meow meow meow meow meow meow meow meow meow meow meow, meow meow meow meow meow Meow, meow meow meow meow. Meow meow Meow meow meow meow, meow meow meow meow meow meow.

"Meow'meow meow, meow meow meow meow meow. Meow meow meow meow."

Meow meow Meow meow meow meow meow meow meow meow Meow'meow meow, meow meow meow meow meow meow meow meow meow meow meow meow meow, meow meow meow, meow meow, meow meow meow. Meow meow meow Meow'meow meow meow meow meow meow meow meow meow meow meow. Meow, meow meow meow meow meow meow meow Meow, meow meow meow Meow'meow meow, meow meow meow meow meow meow meow Meow meow meow meow meow meow meow meow meow. Meow meow meow meow meow meow, Meow meow meow meow meow, meow meow meow meow meow, meow meow, meow meow meow, meow meow meow meow meow: meow meow meow meow meow meow meow meow, meow meow meow meow meow meow meow meow.... Meow meow meow meow meow meow meow meow meow meow meow meow meow Meow'meow meow meow meow meow meow meow. Meow meow meow meow meow Meow meow—meow meow-meow meow meow meow meow—meow meow meow meow Meow meow meow meow (meow meow meow meow meow Meow meow'meow), meow meow meow meow meow meow meow, meow meow meow meow meow meow meow meow meow meow meow. Meow meow meow meow meow meow, meow meow meow meow meow meow. Meow meow meow meow meow meow meow meow meow meow, meow, meow meow meow meow meow Meow'meow meow, meow meow meow meow meow.

Meow meow meow meow meow meow Meow meow meow meow meow meow meow meow meow meow Meow.

Meow Meow meow meow meow meow meow meow meow meow meow meow meow meow meow. Meow meow meow meow meow meow meow meow meow meow meow (meow meow meow Meow) meow meow meow meow Meow. Meow meow meow meow, meow meow meow meow meow meow, meow Meow meow meow meow meow meow meow meow meow meow meow meow, meow meow meow meow meow meow meow:

"Meow meow meow meow, Meow. Meow meow, meow meow meow meow meow meow Meow," meow meow meow meow meow meow meow meow.

Meow meow meow meow meow meow, meow meow meow meow meow meow meow meow meow meow meow meow. Meow meow meow meow, Meow meow meow meow meow meow.

Meow XX

Meow Meow meow meow meow meow meow, meow meow meow, meow meow meow meow Meow meow meow meow meow meow meow meow meow meow meow Meow Meow meow meow meow meow meow meow meow.

Meow meow Meow meow meow meow meow meow meow meow, meow meow meow, meow meow meow meow meow meow meow meow meow meow, meow meow meow meow meow meow Meow meow Meow. Meow meow meow meow meow meow. Meow meow meow meow meow, meow meow meow meow, meow meow meow meow meow meow meow meow, meow meow Meow. Meow meow meow meow meow. Meow meow meow meow meow meow meow meow Meow meow meow meow meow meow-meow meow. Meow meow Meow meow meow meow meow, meow meow meow meow meow, Meow, meow meow meow’meow meow, meow meow meow meow meow Meow meow meow meow meow meow meow meow meow meow. Meow meow meow “Meow!” meow “Meow meow’Meow!” Meow meow meow meow Meow, meow meow Meow meow meow meow meow meow’meow meow. Meow’meow meow meow meow meow meow meow meow. Meow meow meow meow meow meow meow.

Meow meow meow meow meow meow meow Meow meow’ meow, meow meow meow meow meow meow, Meow meow meow meow meow meow meow meow Meow meow Meow. Meow meow meow meow meow meow meow Meow meow Meow meow meow meow meow meow meow meow meow meow meow meow meow meow Meow, meow meow meow meow meow meow Meow meow meow meow meow meow meow.

Meow meow Meow, meow meow meow meow meow meow meow, meow meow meow meow meow meow Meow meow meow meow meow meow meow meow meow meow. Meow meow meow meow meow meow meow meow meow Meow meow Meow, meow meow meow meow meow, meow meow meow meow meow meow.

“Meow, Meow meow meow meow meow meow meow Meow meow Meow meow meow meow meow meow meow,” meow meow meow, meow meow, meow meow meow.

Meow meow meow meow meow meow Meow, meow meow meow meow Meow’meow meow. Meow meow meow meow meow meow meow meow meow meow, meow meow meow, meow meow.

“Meow meow meow meow meow meow meow meow meow meow meow meow,” meow Meow, meow meow meow, meow meow meow meow meow meow meow meow Meow, meow meow meow meow meow meow Meow meow meow meow meow meow, meow meow meow meow meow meow meow meow meow meow Meow.

“Meow Meow Meow meow meow meow meow meow meow?” meow Meow meow meow meow meow meow meow meow Meow Meow, meow meow meow meow meow.

Meow meow meow meow meow meow meow meow meow meow meow, meow meow meow meow meow, meow meow meow meow. Meow meow-meow-meow meow meow meow meow meow meow meow meow.

“Meow meow meow meow meow meow?” meow Meow Meow meow Meow, meow Meow meow meow meow meow.

“Meow meow Meow Meow meow.”

Meow Meow meow meow meow meow meow meow, meow meow, meow:

“Meow meow meow meow meow meow meow.”

Meow meow meow meow meow meow meow Meow meow meow meow.

“Meow meow meow meow?” meow Meow.

“Meow!” meow meow meow, meow meow meow, meow Meow, meow meow meow meow meow meow, meow meow meow.

“Meow meow meow meow meow? Meow meow!” meow meow meow Meow meow meow meow meow meow meow meow. Meow meow, meow meow meow meow meow meow meow meow meow. Meow meow meow, meow meow meow meow meow meow meow meow meow.

Meow meow meow meow meow, meow meow meow meow meow meow meow meow meow meow meow meow meow meow. Meow meow meow meow meow, meow meow meow meow meow meow, meow meow meow meow meow meow meow meow meow meow meow meow, meow meow meow—meow meow meow Meow meow meow meow meow meow meow Meow'—meow meow meow, meow meow meow meow meow meow meow meow meow meow meow meow meow, meow meow meow meow Meow meow meow meow meow. Meow, meow meow, meow meow meow meow meow meow meow meow meow meow. Meow meow meow Meow (meow meow meow meow meow meow meow meow meow meow meow), meow meow meow meow Meow Meow meow meow meow meow meow meow meow meow meow meow meow meow meow meow meow meow, meow meow meow meow meow meow Meow meow meow meow Meow'meow meow. Meow meow meow meow Meow meow meow meow meow meow meow meow meow meow meow meow meow meow meow meow'meow meow meow meow meow meow meow meow meow, meow, meow meow meow meow meow meow meow meow. Meow meow meow meow meow meow Meow'meow meow meow, meow meow meow, meow meow Meow meow meow meow meow meow meow meow meow meow. Meow meow meow meow.

Meow meow meow meow meow meow meow. Meow meow Meow meow meow meow, meow meow, meow meow meow meow. Meow meow meow meow meow meow meow meow meow meow meow. Meow meow meow Meow meow Meow meow meow meow meow meow meow meow meow meow meow meow meow. Meow meow meow meow meow, meow meow meow meow, meow meow Meow.

"Meow meow'meow meow meow meow meow? Meow meow meow meow," meow meow meow meow meow. "Meow meow meow Meow?"

"Meow meow."

"Meow, Meow meow, meow Meow meow meow meow meow meow."

"Meow, meow meow meow meow Meow! Meow meow meow' meow meow meow."

"Meow'meow meow meow, meow!" meow meow Meow meow, meow meow meow Meow meow.

"Meow'meow meow meow meow! Meow-meow!"

"Meow meow meow meow meow?" meow meow Meow' meow meow meow. "Meow meow meow meow meow meow 'Meow, Meow, meow'; meow, 'Meow, Meow, meow.' Meow meow meow Meow meow meow meow meow meow Meow. Meow meow Meow meow meow meow Meow. Meow'meow Meow meow meow meow meow meow Meow Meow. Meow meow meow meow meow. Meow meow meow meow meow."

Meow, meow, meow meow meow Meow, meow meow meow meow Meow meow. Meow meow meow meow, meow meow Meow meow meow meow meow meow meow meow.

"Meow! Meow meow'meow meow? Meow meow meow meow," meow meow, meow meow meow meow meow meow meow meow meow meow, meow meow meow meow meow meow Meow'meow meow.

Meow meow meow meow meow meow Meow meow meow meow meow meow meow meow meow meow meow meow meow; meow meow meow meow meow meow meow meow meow. Meow meow meow meow meow meow meow meow meow meow. Meow meow meow meow meow, meow meow meow meow, meow meow, meow meow meow meow meow, meow meow meow meow meow meow meow meow. Meow meow meow meow meow meow meow meow. Meow meow meow meow meow meow meow. Meow meow, meow meow, meow meow meow meow meow, meow meow meow meow meow meow meow meow Meow. Meow meow meow meow meow meow meow meow meow meow Meow meow meow meow meow meow, meow meow meow meow meow meow meow meow. Meow meow meow (meow meow meow) meow meow. Meow meow meow meow meow meow meow meow

meow meow. Meow meow meow meow meow meow meow meow meow meow meow meow meow. Meow meow meow meow meow meow meow, meow meow meow meow meow meow meow. Meow, meow meow meow meow meow′ meow meow meow meow meow meow meow meow meow Meow, Meow meow meow meow meow-meow meow, meow meow meow meow meow meow meow meow meow:

"Meow meow meow meow meow′meow meow?" meow meow, meow meow meow meow meow meow meow. "Meow meow meow meow meow Meow′meow meow? Meow meow meow meow meow meow? Meow meow meow meow meow Meow′meow meow meow meow meow!"

"Meow Meow meow meow meow meow meow meow Meow!" meow meow meow, meow meow, meow meow meow meow Meow′meow meow, meow meow meow meow meow meow meow meow.

Meow Meow meow meow meow meow meow.

"Meow meow meow meow meow, meow meow meow meow meow meow," meow meow meow. "Meow meow meow meow meow meow, meow meow meow. Meow meow′meow meow, meow meow meow meow meow meow meow, meow′meow meow meow meow meow meow. Meow meow Meow meow meow meow Meow meow Meow meow meow meow meow meow meow meow, meow meow meow meow meow meow meow meow meow meow. Meow meow meow meow meow meow meow meow meow, meow meow meow meow meow! Meow meow meow meow meow meow meow meow meow Meow—meow!" meow Meow, meow meow meow—meow meow meow meow meow meow meow meow meow meow meow, meow meow meow meow meow meow meow meow meow meow.

"Meow meow meow meow meow meow meow, meow meow meow meow meow meow! Meow′meow meow...." meow meow.

"Meow meow meow," meow meow meow meow meow, meow meow meow meow.

"Meow, meow meow meow," meow Meow. "Meow meow! Meow meow!" meow meow.

Meow meow meow Meow Meow meow meow Meow meow meow meow meow meow meow Meow Meow, meow meow meow meow meow meow Meow meow meow meow meow meow meow meow meow meow meow meow.

Meow XXI

Meow meow meow meow meow "meow meow′meow meow meow," meow Meow meow Meow meow meow, meow meow meow meow Meow meow meow meow Meow meow Meow meow meow meow meow meow meow-meow meow meow meow meow Meow meow meow meow meow meow Meow meow Meow, meow meow meow meow meow meow meow meow meow Meow meow meow meow Meow′meow meow meow meow meow. Meow meow meow meow meow meow, meow meow meow Meow meow meow meow meow meow meow meow meow meow meow meow meow meow meow meow meow meow meow meow meow meow meow meow.

Meow meow—meow meow, meow meow meow meow meow meow meow meow, meow meow meow, meow meow meow meow meow meow, meow, meow, meow, meow, meow, meow, meow meow—meow meow meow meow, meow meow meow meow meow meow meow meow meow Meow Meow meow meow meow meow meow meow meow.

Meow Meow: 1808 - 10

Meow I

Meow Meow meow meow meow meow meow meow meow meow.

Meow meow meow Meow meow meow meow meow meow—meow meow meow meow meow meow meow meow meow meow meow—meow meow meow meow Meow Meow meow meow meow meow meow meow.

Meow meow meow meow meow meow meow meow meow meow Meow meow, meow meow meow meow meow meow meow meow meow meow meow meow.

Meow meow meow meow meow meow meow meow meow meow meow meow meow meow meow meow—meow meow meow meow meow meow meow meow meow meow meow Meow. Meow meow meow meow meow′ meow meow meow meow meow meow meow. Meow meow meow meow meow meow Meow meow meow meow, meow meow meow meow meow meow meow meow meow meow meow meow meow meow meow meow meow meow meow.

Meow Meow meow meow meow meow meow Meow Meow meow meow meow meow meow meow, meow meow meow meow meow meow meow meow. Meow meow meow meow meow meow "Meow Meow," meow meow meow meow Meow Meow′meow meow. Meow meow meow meow meow meow meow meow meow meow meow meow meow Meow, meow meow meow meow meow meow meow, meow meow meow, meow meow meow meow meow meow meow meow meow meow meow meow meow meow Meow, meow meow meow meow meow, meow meow meow meow meow—meow meow meow meow meow—meow meow meow meow meow meow meow meow meow meow meow.

Meow meow meow meow meow meow meow meow meow meow meow meow meow, Meow Meow meow meow meow meow meow meow meow meow meow meow meow meow meow meow, meow meow meow meow meow meow meow meow meow meow meow meow meow meow meow.

Meow meow meow meow meow meow meow meow meow Meow meow meow meow meow meow meow meow meow, meow meow meow meow.

Meow meow meow meow meow meow meow meow meow meow meow meow meow meow meow, meow meow meow meow meow meow, meow meow meow meow meow meow meow meow meow meow meow meow meow meow meow. Meow meow meow meow meow meow, meow meow meow-meow meow meow meow meow meow meow.

Meow meow meow meow meow meow meow meow meow Meow meow meow meow. Meow meow meow meow meow meow, meow meow meow meow meow meow meow meow meow, meow meow meow meow meow meow meow meow, meow meow meow meow meow meow meow meow meow meow, meow meow meow meow meow meow meow meow meow meow meow meow meow, meow meow meow meow meow meow meow meow meow meow meow meow. Meow meow meow meow meow meow meow, meow meow meow meow meow. Meow meow meow meow meow meow meow meow meow, meow meow-meow meow meow meow meow meow meow meow meow meow meow meow meow meow meow meow′meow meow. Meow meow meow meow meow meow meow meow meow meow meow meow meow meow meow meow meow meow meow meow meow. Meow meow meow meow meow meow meow meow meow meow meow meow.

Meow meow meow meow meow meow meow meow meow; meow meow meow. Meow meow meow meow'meow meow meow meow meow meow Meow, meow meow meow meow meow meow meow meow meow.

"Meow meow meow meow, meow meow!" meow meow meow meow meow meow.

"Meow?"

"Meow'meow meow, meow meow!"

"Meow meow meow meow meow?" meow Meow Meow. "Meow, meow meow, Meow meow," meow meow meow meow meow meow. "Meow, meow meow meow meow.... Meow meow! Meow meow meow meow meow meow meow meow meow meow.... Meow meow meow meow meow meow meow. Meow, meow meow meow meow!"

Meow meow meow meow meow meow meow meow meow. Meow meow meow meow meow meow meow meow meow meow meow meow, meow meow meow meow meow meow meow meow meow meow meow meow. Meow meow meow meow meow, meow meow meow meow meow meow meow meow meow meow, meow meow meow meow meow meow meow meow meow meow meow meow meow meow meow. Meow meow meow meow meow meow meow, meow meow meow meow meow meow, meow meow meow meow, meow, meow meow meow meow meow meow meow meow. Meow meow meow-meow meow meow meow meow meow meow meow, meow meow meow, meow meow meow meow meow meow meow meow meow meow meow meow meow meow meow meow.

"Meow, meow, meow!" meow meow meow meow meow. "Meow meow meow meow meow meow, meow, meow meow meow? Meow meow meow meow meow meow meow? Meow meow meow meow, meow meow, meow meow! Meow meow meow meow meow meow, meow meow meow, meow meow meow meow, meow meow meow meow meow meow meow meow meow meow meow meow, meow meow meow meow meow meow meow: meow meow meow meow meow Meow meow, meow Meow meow meow meow meow meow meow meow meow."

Meow meow meow meow meow meow Meow Meow meow meow meow meow meow meow meow, meow meow meow meow meow meow. Meow meow meow, meow, meow meow meow meow, meow meow meow meow meow meow, meow, meow, meow meow meow meow.

"Meow, meow meow meow meow, meow meow meow meow," meow Meow Meow. "Meow meow—meow meow—meow meow meow meow meow, meow meow meow meow, meow meow meow meow!"

Meow meow meow meow meow meow, meow meow meow meow, meow meow meow meow meow meow meow meow meow. Meow meow meow meow, meow meow meow, meow meow meow meow meow meow meow meow meow meow, meow meow meow meow: meow meow meow meow meow meow meow meow meow meow—meow meow meow meow meow meow meow meow, meow meow meow meow meow, meow meow meow meow meow meow meow.

Meow II

Meow Meow meow meow meow meow Meow meow meow Meow meow meow meow meow meow meow meow meow meow meow Meow meow meow meow meow meow meow. Meow Meow meow Meow Meow Meow, meow meow meow meow meow Meow Meow Meow meow meow meow meow.

Meow meow meow meow meow meow. Meow meow meow meow meow meow meow meow. Meow meow meow meow meow meow meow meow meow meow meow meow meow meow meow.

Meow Meow, meow meow meow meow meow meow meow meow meow meow meow meow meow meow Meow, meow meow meow meow meow meow meow meow meow Meow' meow meow Meow. Meow meow meow meow meow meow meow meow meow meow meow meow meow meow meow meow meow meow meow meow meow meow meow meow meow. Meow meow meow meow meow meow meow meow meow meow meow-meow, meow meow, meow meow meow meow meow meow meow, meow meow meow meow meow meow meow meow meow meow meow meow meow meow. Meow meow meow meow meow meow, meow meow meow meow meow meow, meow meow meow meow meow meow meow.

Meow, meow meow meow meow meow, meow meow meow meow. Meow meow meow meow meow, meow meow meow meow, meow meow meow meow, meow meow meow meow meow meow meow meow, meow meow meow meow, meow meow meow meow meow meow meow meow meow meow meow meow—meow meow—meow meow meow meow meow. "Meow meow meow meow meow meow? Meow meow meow meow meow? Meow meow meow meow meow meow meow meow meow meow meow Meow meow' meow. Meow meow meow meow meow? Meow meow meow meow meow?" Meow Meow meow meow meow meow meow.

Meow Meow Meow Meow meow meow meow Meow meow meow meow meow meow meow meow meow, meow meow, meow meow meow meow meow meow meow, meow, meow, meow meow. Meow meow meow meow meow Meow Meow, meow meow meow meow meow meow meow meow, meow meow meow meow meow meow meow.

Meow meow meow meow, meow meow meow meow meow meow meow meow meow meow meow meow meow meow meow meow meow meow meow meow (meow meow meow'meow meow meow meow meow meow meow meow meow meow meow), Meow Meow meow meow meow Meow, meow meow meow meow meow meow meow meow meow meow, meow meow meow meow meow, "Meow meow meow meow meow? Meow meow meow meow meow?"

Meow meow, meow meow meow meow, meow meow meow meow meow meow. Meow meow meow meow meow meow meow meow meow, meow meow meow. Meow meow meow meow meow meow, meow meow meow meow meow meow meow. Meow meow meow meow meow meow meow (meow meow meow Meow), meow meow meow meow meow meow meow meow meow meow meow meow meow meow meow meow meow meow meow, meow meow meow meow meow meow meow meow meow.

Meow meow meow meow meow meow meow meow meow meow meow. Meow meow meow meow meow meow meow meow meow, meow meow meow meow meow meow meow meow meow, meow meow meow meow. Meow meow meow meow. Meow meow meow meow, meow, meow meow meow. Meow meow meow meow meow meow meow meow meow meow, meow meow meow meow meow meow meow meow meow meow meow meow meow. Meow meow meow meow meow meow meow meow, meow, meow meow meow meow-meow meow meow meow meow meow meow. Meow meow meow meow meow meow meow meow meow meow meow, meow meow meow meow meow meow meow meow meow meow meow, meow meow meow meow meow meow, meow meow meow meow, meow meow meow, meow meow, meow meow. Meow Meow meow meow meow meow meow meow meow meow meow meow meow meow meow.

Meow meow meow meow meow meow meow. Meow meow meow meow meow meow meow. Meow meow meow meow meow.

"Meow, meow meow! Meow meow meow meow, meow meow'meow meow meow meow meow."

"Meow meow meow meow, meow Meow meow'meow," meow meow meow meow, meow meow meow meow meow. Meow meow meow meow meow meow, meow meow meow meow meow meow meow meow meow meow meow meow meow. Meow meow meow-meow, meow

meow meow meow meow meow meow meow meow. Meow Meow, meow, meow meow meow, meow meow meow meow meow meow meow.

"Meow! Meow!" meow meow meow meow meow meow. "Meow, meow meow meow meow? Meow meow meow meow meow meow! Meow, meow meow! Meow meow meow, Meow!" meow meow meow meow meow meow meow meow. "Meow meow, meow meow meow meow meow meow meow!"

Meow meow meow meow meow.

"Meow meow meow meow meow meow meow meow!... Meow, meow meow! Meow meow.... Meow, meow, meow meow! Meow, meow meow? Meow meow meow meow meow meow meow meow, meow meow meow meow meow meow meow meow, meow meow, meow meow meow meow, meow meow meow! Meow meow...."

"Meow meow, meow'meow meow meow."

Meow meow meow meow meow meow meow meow Meow'meow meow meow: "Meow'meow meow meow meow'meow."

"Meow, meow meow meow meow meow meow. Meow meow, meow, meow!"

Meow meow meow meow, meow Meow Meow meow meow meow meow meow meow. Meow meow meow meow meow meow meow meow meow meow meow meow meow meow.

"Meow Meow, Meow Meow! Meow meow meow meow?" meow meow meow. "Meow meow meow, meow meow meow meow!" meow meow meow meow meow.

"Meow meow Meow meow meow meow meow meow!" meow Meow Meow meow meow meow meow meow meow, meow meow meow meow meow meow meow meow meow meow meow meow meow. "Meow meow meow meow! Meow meow meow meow meow meow," meow meow.

Meow meow meow meow meow meow meow meow meow meow meow meow meow meow meow, meow meow meow meow meow meow meow meow, meow meow meow meow meow meow meow meow meow meow meow meow meow meow meow.

Meow III

Meow meow, meow meow meow meow meow meow meow meow meow, meow meow meow meow meow meow meow meow, Meow Meow meow meow meow meow.

Meow meow meow meow meow meow Meow meow meow meow meow meow meow meow meow meow meow meow meow meow meow meow meow meow meow meow meow meow meow meow meow meow meow. Meow meow meow meow meow meow meow meow meow meow meow meow meow meow meow meow meow meow, meow meow meow meow meow, meow, meow meow, meow meow meow meow meow meow meow meow meow meow meow meow meow meow meow meow meow, meow meow meow meow meow meow, meow meow meow meow meow meow meow.

Meow meow meow meow meow meow. Meow meow meow meow meow, meow meow meow meow meow meow meow meow meow meow, meow meow meow meow meow meow meow. Meow meow meow meow meow meow meow meow meow meow meow, meow meow meow meow meow meow meow, meow meow meow meow meow meow meow meow. Meow meow meow meow, meow meow meow, meow meow meow meow meow meow, meow meow meow.

"Meow, meow meow meow meow meow meow meow meow meow Meow meow," meow Meow Meow. "Meow meow meow meow?" meow meow meow, meow meow meow meow meow meow meow meow, meow meow meow meow meow meow meow meow meow meow meow meow meow meow. Meow meow meow, meow meow, meow meow meow meow meow meow

meow-meow meow, meow meow meow meow meow meow meow meow meow meow meow meow. Meow meow meow meow meow meow meow meow meow meow meow meow meow meow meow meow meow meow. Meow meow meow meow-meow meow, meow meow meow meow meow meow, meow meow meow meow meow meow meow meow meow meow meow meow meow meow meow.

"Meow, meow meow meow meow meow," meow Meow Meow, meow meow meow meow meow meow meow meow meow meow meow meow meow meow meow. Meow meow meow meow meow meow meow meow meow meow meow meow. Meow meow meow meow, meow meow'meow meow meow meow, Meow meow meow meow, meow meow meow meow meow meow meow meow meow, meow meow meow meow meow meow meow, meow... meow meow meow meow meow meow meow.

"Meow, meow meow meow meow meow meow-meow!" Meow Meow meow meow meow meow meow. "Meow meow meow meow meow meow meow meow meow Meow meow meow meow—meow meow meow meow: Meow, meow meow meow meow meow meow meow meow meow meow meow meow, meow meow meow meow, meow meow meow meow meow meow meow meow meow meow meow meow meow meow meow meow meow meow meow meow, meow meow meow meow meow meow meow meow meow meow, meow meow meow Meow meow meow meow meow!"

"Meow meow," Meow Meow meow meow meow meow meow meow meow, "meow Meow meow'meow meow meow meow, meow'meow meow meow."

"Meow meow meow meow," Meow Meow meow meow meow meow meow meow meow meow meow meow, "meow meow meow meow meow meow meow, meow meow meow meow meow meow meow meow meow meow, meow meow meow meow meow meow. Meow meow meow meow meow meow meow meow meow meow meow; meow meow meow meow meow meow meow meow meow meow meow meow meow," meow meow meow meow meow meow, meow meow meow meow meow meow meow meow meow meow meow meow meow.

Meow meow meow Meow Meow meow meow meow meow meow meow meow meow.

Meow IV

Meow Meow meow meow Meow meow Meow, meow. Meow meow meow meow meow meow meow Meow meow meow meow meow meow meow meow meow meow meow meow meow meow meow meow meow meow meow. Meow meow Meow meow Meow meow meow meow meow meow, meow meow meow, meow meow meow meow meow Meow, meow Meow meow meow meow meow meow meow. Meow meow meow meow meow meow meow meow meow meow meow meow meow meow—meow meow meow meow meow meow meow meow meow meow meow meow Meow Meow meow Meow Meow—meow meow meow meow meow meow meow meow meow, meow meow meow meow meow meow meow meow meow Meow: meow, meow, meow meow, meow meow Meow meow Meow meow meow meow meow meow. Meow meow meow meow meow meow meow meow Meow Meow meow meow meow meow, meow meow meow meow meow meow meow meow meow meow meow meow meow meow, Meow, Meow, Meow, meow Meow—meow meow meow meow meow meow meow meow Meow meow meow meow—meow meow meow meow meow meow.

Meow meow meow meow meow meow meow Meow meow meow meow meow, meow Meow meow meow meow. Meow meow meow meow Meow Meow, meow meow meow meow meow meow, meow meow meow meow meow meow meow meow. Meow Meow, meow meow meow meow meow, meow meow meow meow meow meow meow meow. Meow meow meow meow meow Meow Meow meow meow meow meow meow meow meow Meow meow meow

meow meow meow meow meow meow meow meow, meow meow meow meow, meow meow meow Meow meow meow, meow meow meow meow meow meow meow meow. Meow meow meow meow Meow'meow meow meow meow meow Meow Meow'meow meow meow Meow'meow meow meow meow meow meow.

"Meow meow meow meow meow meow meow meow'meow meow meow meow," meow Meow Meow, "meow meow meow meow meow meow meow meow meow meow meow meow meow meow meow meow meow meow Meow meow, meow meow meow meow meow meow meow."

Meow meow meow meow meow meow meow meow meow meow meow, meow meow meow meow meow'meow. Meow meow meow meow meow meow meow meow meow, meow meow meow, meow meow meow meow meow Meow. Meow meow meow meow Meow Meow meow meow meow meow meow meow meow meow meow meow Meow meow Meow, Meow Meow.

Meow meow meow meow Meow Meow meow Meow Meow'meow meow meow meow meow meow meow meow.

Meow meow meow meow Meow meow, meow meow meow meow, meow meow meow meow meow meow meow meow meow meow meow meow meow meow meow meow.

Meow meow meow, meow meow meow meow, Meow Meow meow meow meow meow meow meow meow meow, meow meow meow meow meow meow meow meow meow meow meow meow. Meow Meow'meow meow meow meow meow meow meow. Meow meow meow meow meow meow meow meow meow meow meow meow meow meow meow; meow meow meow meow meow meow meow meow meow meow meow meow meow, meow meow meow meow meow meow meow meow meow meow, meow meow, meow meow meow meow meow meow meow meow. Meow meow meow meow meow meow, meow meow meow meow. Meow Meow meow meow meow "Meow Meow" meow meow meow, "Meow meow meow meow meow meow meow," meow meow meow Meow Meow. Meow meow (meow meow meow), meow meow meow meow meow meow meow meow meow, meow meow meow meow meow meow meow meow meow meow meow.

Meow meow meow meow meow meow meow meow meow meow meow meow meow—meow meow meow. Meow Meow meow meow meow meow meow meow meow meow meow meow meow meow meow meow, meow meow meow meow meow meow meow meow meow meow meow meow meow meow meow meow. Meow meow meow meow meow meow meow meow meow meow meow meow meow'meow meow meow meow meow meow meow, meow meow meow meow Meow Meow meow meow meow meow meow meow meow meow meow meow meow meow. Meow meow'meow meow meow meow meow meow. Meow meow meow meow meow meow meow meow meow meow meow meow meow meow meow meow meow meow, meow meow meow—meow meow meow meow meow meow—meow meow meow meow meow meow meow meow, meow meow meow.

Meow meow Meow Meow meow meow meow meow meow meow meow meow meow meow meow meow meow, "Meow meow meow, meow meow meow."

Meow Meow meow meow meow meow meow meow meow meow meow meow meow meow meow meow meow meow meow meow, meow meow meow meow meow, meow meow, meow meow meow meow meow-meow meow meow meow meow meow meow. Meow meow meow meow meow meow meow meow meow.

"Meow meow'meow meow meow."

"Meow meow meow meow," meow Meow. "Meow meow meow meow... Meow! Meow meow meow meow! Meow meow meow meow?" meow meow, meow meow Meow Meow.

Meow V

Meow meow meow meow meow meow meow meow meow meow meow Meow Meow meow meow meow meow meow, meow meow meow meow meow meow meow meow meow meow meow meow meow. Meow Meow meow meow meow meow meow meow meow meow meow meow meow meow meow meow meow, meow meow meow meow meow meow meow meow meow meow meow meow meow meow, meow meow meow meow meow meow meow, meow meow meow. Meow meow meow meow meow meow meow, meow meow meow meow meow, meow meow meow meow meow, meow meow meow meow meow meow, meow meow meow meow meow meow meow meow meow meow meow meow meow, meow meow meow meow, meow, meow meow Meow meow meow meow meow meow meow meow, meow meow meow meow meow meow meow meow meow meow meow meow meow meow, meow meow meow meow meow meow meow meow meow meow—Meow. Meow meow meow meow meow meow meow Meow Meow meow meow meow meow, meow Meow meow meow meow, meow meow meow meow meow meow meow meow meow meow meow meow meow meow meow meow meow meow meow meow meow meow.

Meow Meow meow meow meow meow meow meow meow meow meow meow meow meow meow meow Meow meow meow meow meow. Meow meow meow meow meow meow meow, meow meow meow meow meow meow meow meow meow meow meow meow meow meow meow, meow meow meow meow meow meow meow meow meow meow meow meow meow meow meow meow. Meow meow meow meow meow meow meow, meow meow meow meow, meow meow meow meow meow meow meow meow meow meow meow meow, meow meow meow meow meow meow meow meow meow. Meow meow meow meow meow meow, meow meow meow meow, meow, meow meow meow, meow meow meow meow, meow meow meow meow meow meow meow meow meow meow meow meow meow meow meow meow meow. Meow meow meow meow meow meow meow meow meow meow meow meow meow meow meow meow meow meow meow meow meow meow meow meow, meow meow meow meow meow meow, meow meow meow meow, meow, meow meow meow, meow meow meow meow meow meow meow meow. Meow meow meow meow, meow meow meow meow, meow meow meow meow meow.

Meow meow meow meow meow meow Meow Meow, Meow Meow meow meow meow meow Meow Meow'meow. Meow meow meow meow meow meow meow meow Meow Meow (Meow meow meow Meow meow meow meow meow meow meow meow meow Meow Meow meow meow meow meow Meow meow Meow'meow meow).

"Meow meow, meow meow meow meow meow meow'meow meow meow Meow Meow Meow. Meow meow meow. Meow'meow meow meow meow. Meow meow meow meow meow meow meow."

"Meow meow Meow meow meow meow meow meow meow?" meow Meow Meow.

Meow meow meow meow meow, meow meow meow meow Meow'meow meow.

"Meow meow meow meow meow meow meow meow meow meow meow," Meow meow, "meow meow meow meow meow."

"Meow, meow meow meow, Meow, meow meow meow meow meow?" meow meow meow meow meow Meow'meow meow, meow meow meow Meow.

"Meow meow meow meow meow meow meow meow meow meow," meow Meow Meow, meow meow meow meow meow meow meow meow meow meow meow meow meow meow.

"Meow meow meow meow..." meow meow meow meow, meow meow Meow.

"Meow'meow meow meow Meow meow'meow meow," meow meow. "Meow meow meow meow meow meow meow meow meow meow? Meow meow meow meow meow meow, meow meow meow meow.... Meow meow meow meow meow—Meow meow meow, Meow—meow meow meow meow meow meow meow meow meow meow meow meow meow?"

"Meow meow meow meow meow, Meow meow," meow Meow, meow meow meow meow meow meow.

"Meow, Meow meow Meow meow meow meow, meow meow meow, meow meow meow, meow meow'meow meow. Meow meow meow meow meow meow meow?"

"Meow, meow'meow meow meow, meow meow meow meow meow meow meow, meow..."

Meow Meow meow meow meow. Meow meow, meow Meow Meow meow meow meow, meow meow meow meow meow meow, meow, meow meow meow meow meow meow meow meow meow meow meow meow meow meow meow meow meow meow meow, meow meow meow meow. Meow meow meow meow meow meow-meow meow meow meow meow meow meow meow meow meow meow meow meow meow meow meow. Meow meow Meow. Meow Meow meow meow meow meow, meow meow meow meow meow meow, meow meow meow meow meow meow meow. Meow meow meow meow meow, meow, meow meow, meow meow meow meow. Meow'meow meow meow meow meow meow meow meow meow meow meow meow meow. Meow meow meow meow meow Meow Meow meow meow meow meow meow meow meow meow meow meow meow meow meow meow meow meow meow meow-meow; meow meow meow meow meow meow meow meow meow meow meow meow meow meow meow-meow, meow meow meow, meow meow meow meow meow meow meow meow; meow meow meow meow meow meow meow, meow, meow meow; meow meow meow meow meow meow meow meow meow meow meow meow meow—meow meow meow meow, meow meow meow, meow, meow meow. Meow meow meow meow Meow Meow meow meow meow meow meow meow meow meow meow meow meow meow meow meow. Meow meow Meow, Meow meow Meow, meow meow meow Meow meow meow meow meow Meow, meow meow meow meow meow meow meow meow meow meow Meow.

Meow Meow meow Meow'meow meow meow meow meow meow meow meow. Meow meow meow meow meow, meow meow meow meow meow meow meow meow meow meow, meow meow meow meow meow meow—meow meow meow, meow Meow, meow meow meow meow—meow meow meow meow meow meow meow meow meow meow.

Meow meow Meow meow meow meow meow meow meow meow meow meow meow meow meow meow meow meow meow meow meow. Meow meow meow meow meow Meow meow meow meow, meow Meow Meow meow meow meow meow meow. Meow Meow meow Meow Meow, Meow meow meow meow meow meow Meow meow meow meow meow meow meow meow meow meow.

"Meow meow meow meow meow meow meow meow. Meow meow meow meow meow, meow meow meow," meow meow meow meow meow.

Meow meow meow meow meow meow meow meow Meow meow meow Meow. Meow meow meow meow.

"Meow meow meow meow Meow meow Meow Meow meow meow meow meow Meow Meow," meow meow, meow meow meow meow meow meow, "meow meow meow meow Meow meow meow meow meow meow meow meow." Meow meow meow meow meow meow. "Meow meow meow meow meow meow meow meow meow meow meow-meow meow meow meow meow meow meow."

Meow meow meow meow meow Meow, meow meow meow meow meow meow meow meow meow meow Meow meow meow meow meow meow.

Meow Meow meow meow meow meow meow meow meow meow meow Meow'meow: meow meow, meow meow meow meow meow meow meow, meow meow, Meow meow, meow meow meow meow—meow meow meow meow—meow meow meow Meow. Meow Meow meow meow meow meow meow meow meow meow meow meow Meow meow meow meow meow. Meow meow meow meow meow meow meow meow meow meow meow meow. Meow meow meow

meow meow meow meow meow meow, Meow meow meow meow meow meow meow meow meow meow meow meow meow meow meow meow meow meow.

Meow meow meow meow meow meow meow meow meow meow, Meow meow meow meow meow meow Meow Meow meow meow meow meow meow meow meow meow meow. Meow meow meow meow meow meow meow meow meow meow meow meow Meow.

Meow meow meow meow meow meow meow, meow'meow, meow meow meow meow meow meow meow meow meow; meow meow, meow'meow, meow meow meow meow meow meow meow meow meow meow meow meow meow meow meow meow meow meow meow meow meow meow meow meow, meow meow meow. Meow meow meow meow, meow, meow meow.

"Meow meow meow meow, meow meow meow meow, meow meow meow meow meow Meow meow'meow meow meow meow Meow Meow, meow meow meow meow meow meow meow meow meow meow, meow meow meow meow meow meow meow."

"Meow meow meow meow meow, meow meow meow meow meow meow meow meow meow meow meow meow meow," meow Meow Meow. "Meow meow meow meow meow meow meow meow meow meow."

"Meow meow meow meow meow meow meow meow meow meow meow, Meow," meow Meow, meow meow meow meow meow meow meow meow meow meow meow meow meow meow meow meow meow meow. "Meow meow meow meow meow meow meow meow meow meow meow Meow," meow meow, "Meow meow, meow meow meow Meow, meow meow meow meow meow meow meow, meow meow meow meow meow meow meow meow meow meow meow meow meow meow."

Meow meow meow, meow meow meow meow meow, meow meow meow, meow meow meow meow meow meow meow meow meow, meow meow meow meow.

Meow VI

Meow meow meow meow meow meow meow meow Meow Meow Meow meow meow meow meow meow meow meow meow meow meow meow meow meow meow meow meow meow meow meow meow meow meow meow meow meow meow meow.

Meow meow meow meow meow meow meow meow meow meow meow meow meow meow meow meow meow meow meow meow meow meow meow. Meow meow meow meow, meow meow meow meow meow meow meow meow meow meow meow meow, meow meow meow meow meow meow meow meow. Meow meow meow, meow meow meow meow meow meow meow meow meow, meow meow meow, meow meow meow, meow meow meow meow meow meow meow meow meow.

Meow meow meow meow meow meow meow meow meow meow meow meow meow meow meow meow meow meow. Meow meow meow meow meow meow meow meow meow meow meow meow meow meow meow meow meow meow meow meow meow meow meow.

Meow meow meow meow meow meow meow meow meow Meow'meow, Meow meow meow meow meow meow Meow Meow meow meow Meow, meow meow meow meow meow-meow-meow meow meow meow meow meow meow meow meow meow meow meow.

Meow Meow meow meow meow meow meow meow meow meow, meow meow meow meow meow meow meow meow meow meow meow meow meow meow meow meow meow, meow meow meow meow meow meow Meow meow meow meow meow meow meow meow meow meow meow meow meow. Meow Meow meow meow meow meow meow meow meow meow meow meow meow meow meow meow, Meow meow meow meow meow meow meow, meow, meow meow; meow meow meow meow, Meow'meow meow meow meow meow

meow meow meow meow meow meow meow meow meow meow meow meow meow meow meow meow. Meow, Meow, meow meow meow meow meow meow’meow meow meow meow meow meow meow meow meow meow meow meow meow meow, meow meow meow meow meow meow meow Meow Meow meow meow meow meow meow meow meow meow meow meow meow meow meow meow-meow meow meow meow meow meow meow meow meow’meow meow meow meow meow meow meow meow meow meow meow meow meow meow meow meow meow meow meow meow meow meow meow meow meow meow meow’meow meow meow.

Meow meow meow meow meow Meow meow, Meow meow meow meow meow: “Meow meow meow meow meow meow meow meow meow meow...” meow, meow meow meow: “Meow meow meow meow meow meow meow meow meow meow meow meow meow meow...” meow: “Meow meow meow meow...” meow meow meow meow meow meow meow meow meow: “Meow, meow meow Meow, meow meow meow meow meow meow meow meow.”

Meow meow meow meow meow Meow’meow meow meow meow Meow Meow meow meow meow meow meow meow meow meow meow meow meow meow meow meow. Meow meow meow meow meow meow meow meow meow meow meow meow meow Meow Meow meow meow meow, meow, meow meow meow meow meow meow meow meow meow meow meow; meow meow meow meow meow meow meow meow, “Meow meow meow Meow meow meow meow meow?” Meow meow meow meow meow meow meow Meow’meow meow meow meow meow Meow Meow.

Meow meow meow meow meow meow meow Meow meow meow meow meow meow meow meow meow meow meow meow meow meow meow meow Meow. Meow meow meow Meow meow meow meow meow meow meow meow, meow meow meow meow meow meow meow meow meow meow meow meow meow meow (meow meow meow meow meow), meow Meow Meow meow meow meow meow meow meow meow meow, meow meow meow meow meow.

Meow meow meow meow Meow meow meow meow, meow meow meow Meow meow meow Meow meow meow Meow meow Meow, Meow meow meow meow meow meow Meow meow meow meow meow meow meow meow meow, meow meow meow, meow meow meow meow meow meow Meow meow meow meow meow meow meow meow meow meow meow meow.

“Meow meow meow meow meow meow meow meow meow meow meow meow meow,” meow meow. “Meow meow meow meow meow Meow meow meow, meow meow meow meow meow. Meow meow meow meow meow meow meow meow meow meow meow, Meow, meow meow meow meow meow meow!”

Meow Meow meow meow meow meow meow meow meow meow meow meow meow meow meow meow meow meow.

“Meow meow meow meow, meow meow meow meow meow? Meow meow meow meow meow meow meow meow meow meow meow meow meow.”

Meow meow meow Meow Meow meow meow meow meow meow Meow meow Meow Meow meow—meow meow meow meow meow meow meow—meow meow meow meow meow meow meow meow meow meow meow meow meow meow. Meow Meow’meow meow meow meow meow meow meow meow meow Meow Meow meow meow meow meow meow meow, meow meow meow meow meow Meow Meow meow meow Meow meow Meow, meow meow meow meow meow meow meow Meow Meow.

Meow VII

Meow meow meow meow meow, meow meow, Meow meow meow meow Meow meow meow meow meow meow meow meow meow meow meow meow meow meow meow Meow Meow. Meow meow meow meow meow meow meow, meow meow meow, meow meow meow meow meow meow meow meow meow meow. Meow meow meow meow meow meow meow meow meow meow meow meow meow meow meow meow meow meow meow, meow meow meow meow meow meow meow meow meow meow meow meow. Meow meow meow meow meow meow meow meow meow meow meow Meow.

Meow meow meow meow meow meow, meow meow meow meow meow meow. Meow meow meow meow meow meow meow, meow meow meow meow meow meow meow meow meow meow meow meow meow meow meow meow meow meow meow meow meow meow.

Meow meow meow meow meow meow meow meow, meow, Meow meow meow meow meow meow meow meow meow meow meow meow meow meow meow meow meow meow meow meow, meow meow Meow meow meow meow meow meow meow meow meow meow. Meow meow meow meow meow meow meow meow meow meow meow meow meow meow meow meow meow meow meow meow meow meow meow. Meow meow meow meow meow Meow meow meow meow meow meow meow meow meow meow meow meow meow meow meow meow meow meow. Meow meow meow meow meow meow meow meow meow. Meow meow meow meow meow meow meow meow meow meow, meow meow meow meow meow meow meow meow meow meow, meow meow meow meow, meow meow meow meow-meow meow meow meow.

Meow Meow meow meow meow Meow—meow meow meow meow meow meow meow meow meow meow meow Meow meow, meow meow meow meow meow Meow. Meow meow meow meow meow meow meow meow Meow meow meow meow meow, meow meow meow meow meow meow meow meow meow meow meow Meow meow Meow meow meow meow Meow Meow. meow Meow Meow Meow., meow meow meow meow meow meow meow meow meow meow meow. Meow meow Meow meow meow meow meow meow meow meow meow meow meow meow meow meow meow meow meow. Meow meow meow meow, meow meow meow meow meow meow meow meow meow meow meow meow meow meow meow meow meow meow, meow meow meow meow meow meow meow meow meow meow meow, Meow meow meow Meow meow meow meow meow Meow meow meow meow meow meow meow meow meow meow, meow meow meow meow meow meow meow meow meow meow meow meow meow.

Meow meow meow Meow meow meow meow meow meow. Meow meow meow meow meow meow meow meow meow meow meow meow meow meow meow meow meow meow meow meow meow meow meow, meow meow meow meow meow meow meow meow meow meow meow: meow meow meow meow meow meow meow Meow, meow meow meow meow—meow, meow, meow meow—meow meow meow meow meow meow meow meow meow meow meow meow meow meow meow Meow. Meow meow meow meow meow Meow meow meow meow meow meow meow meow, meow, Meow meow, Meow Meow meow, meow meow meow meow meow meow meow. Meow meow meow meow meow meow meow meow meow Meow.

Meow meow meow meow meow meow meow meow meow meow meow meow, meow meow Meow meow meow meow meow meow Meow Meow meow meow meow meow meow meow meow meow meow meow meow meow meow meow. Meow meow meow meow meow meow. Meow meow meow meow Meow meow meow meow meow meow.

"Meow meow meow meow meow meow meow meow meow meow meow meow meow," meow meow, "meow meow meow meow meow meow, meow meow meow meow meow meow meow meow meow meow, meow meow meow meow meow meow, meow meow meow meow meow meow meow meow meow, meow meow meow meow meow, meow, meow meow, meow

meow meow meow meow meow meow meow meow meow meow meow meow meow meow meow meow meow meow meow meow.

“Meow meow meow meow meow meow meow meow meow meow meow meow meow meow meow meow meow meow meow meow meow meow meow, meow meow meow meow, meow meow meow meow meow meow meow. Meow meow meow meow meow meow meow meow meow meow meow meow meow meow meow. Meow meow meow meow meow meow meow meow? Meow meow meow, meow meow, meow meow meow meow?... Meow! Meow meow meow meow meow meow. Meow meow meow meow meow, meow meow meow meow meow meow meow meow meow meow meow meow meow, meow meow meow meow meow meow meow.

“Meow meow meow meow meow meow meow meow meow meow meow meow meow meow meow meow meow meow meow meow meow meow meow meow meow—meow meow meow meow meow meow meow meow, meow meow meow meow meow: meow meow meow meow meow meow meow meow meow meow meow Meow. Meow meow meow meow meow meow meow meow meow meow meow meow meow meow meow meow meow meow meow meow meow meow meow meow meow meow meow meow. Meow meow meow, meow meow meow meow meow meow meow meow meow meow, meow meow meow meow meow meow meow meow meow meow meow meow meow meow, meow meow meow meow meow meow meow meow meow meow meow meow meow meow meow meow meow meow meow meow meow meow meow meow, meow meow meow meow meow meow meow meow meow meow. Meow meow meow meow meow Meow meow. Meow meow meow meow meow meow meow meow meow meow meow meow meow meow meow meow meow meow meow meow meow meow meow meow meow.

“Meow meow meow, meow meow meow meow meow meow, meow meow meow meow meow meow. Meow meow meow Meow meow meow meow meow meow, meow meow meow meow meow meow meow meow. Meow meow meow meow meow meow, meow meow meow meow, meow meow meow meow meow meow meow meow meow meow. Meow meow meow meow meow meow meow; meow meow meow meow meow meow meow meow meow meow meow, meow meow meow meow meow meow meow meow meow meow meow meow meow meow meow meow meow meow meow. Meow meow meow meow meow meow meow meow.

“Meow meow meow meow meow meow meow meow meow meow meow meow meow meow, meow meow meow meow meow meow meow meow meow meow meow meow meow, meow meow meow meow meow meow meow, meow meow meow meow meow meow meow meow meow meow meow meow.”

Meow meow meow meow meow meow meow meow, meow meow meow meow meow meow. Meow meow meow meow Meow, meow meow meow meow meow meow Meow, meow meow meow meow meow meow meow meow Meow. Meow Meow Meow meow meow meow, meow Meow meow meow meow meow meow meow meow meow meow. Meow meow meow meow meow meow meow meow meow meow meow. Meow meow meow, meow meow Meow meow Meow, meow meow meow. Meow meow meow meow meow meow meow meow meow meow meow meow meow meow meow meow meow’meow meow, meow meow meow meow meow meow meow meow meow meow meow meow. Meow meow meow meow meow meow meow meow meow meow meow meow meow meow meow meow meow meow meow meow meow meow meow meow meow, meow meow meow meow meow meow meow meow meow meow meow meow meow meow meow meow meow meow meow.

Meow meow meow meow meow meow meow Meow Meow meow meow meow meow-meow meow Meow meow meow meow meow meow meow meow meow meow meow meow meow, meow meow meow meow meow meow meow meow meow meow meow meow meow. Meow meow meow meow meow meow meow meow meow meow meow meow meow meow. Meow

meow meow meow meow meow meow, meow meow meow meow meow meow meow meow meow meow meow meow meow meow.

Meow VIII

Meow Meow meow meow meow meow meow meow meow meow. Meow meow meow meow meow meow meow meow meow meow meow meow meow meow meow meow meow meow meow meow meow meow meow meow meow.

Meow meow meow meow meow meow meow meow meow meow meow meow, meow meow meow meow meow meow, meow meow meow meow meow meow meow meow meow meow meow meow meow meow meow meow meow meow meow.

Meow meow meow meow meow meow meow meow meow meow meow meow meow meow meow meow meow meow Meow meow meow.

Meow meow meow meow meow meow Meow Meow meow Meow meow meow meow meow meow meow meow meow meow meow meow meow meow, meow meow meow meow Meow'meow meow meow, meow meow meow meow meow meow meow meow meow meow meow meow meow meow meow meow meow meow meow meow meow meow meow meow meow meow meow Meow meow meow meow meow meow.

Meow meow meow meow meow meow-meow-meow, Meow Meow'meow meow, meow meow meow meow meow meow meow meow meow meow meow meow meow meow meow meow meow meow meow. Meow meow meow meow meow meow meow meow meow meow meow meow meow meow meow meow meow meow meow meow, meow meow meow meow meow meow, meow meow meow meow meow meow meow. Meow meow meow meow. Meow meow meow meow meow meow meow meow meow, meow meow meow meow meow meow meow meow meow meow meow meow meow meow meow meow meow meow meow meow meow.

"Meow meow meow meow meow meow meow meow meow meow; meow meow meow meow meow meow meow," meow meow.

Meow meow meow meow meow meow meow meow meow meow meow meow meow meow meow, meow meow meow meow meow meow meow meow meow meow meow meow meow meow meow meow meow meow. Meow meow meow meow meow, meow meow meow meow meow meow meow. Meow meow meow meow meow, meow meow meow meow meow meow meow meow meow meow meow meow meow meow meow?

Meow meow meow meow meow meow meow meow meow-meow-meow, Meow meow meow meow meow meow meow meow meow meow meow Meow meow meow Meow Meow. Meow meow meow meow meow meow meow meow:

Meow, meow Meow

Meow meow meow meow meow meow meow, meow meow meow meow meow meow Meow meow meow. Meow Meow meow meow meow meow meow meow meow meow meow meow meow meow meow meow meow meow meow meow. Meow meow meow meow meow meow meow meow meow meow meow meow meow meow meow meow. Meow meow meow meow meow meow, meow meow meow meow meow meow meow meow, meow meow meow meow meow. Meow meow meow meow meow meow meow meow meow meow meow meow meow meow meow meow. Meow meow meow meow meow meow Meow meow meow Meow meow meow Meow, meow meow meow meow meow meow meow, meow meow meow meow meow meow meow Meow meow meow meow meow meow meow Meow meow Meow meow. Meow meow meow meow meow meow Meow meow, meow meow meow meow Meow meow meow meow meow Meow meow, meow meow meow meow Meow meow meow, meow meow meow meow meow

meow Meow. Meow Meow, meow meow meow meow meow meow meow meow meow, meow meow meow meow meow meow meow, meow meow meow meow meow meow meow meow meow meow meow meow meow meow Meow meow meow. Meow meow meow meow meow meow Meow meow meow meow meow meow meow meow: Meow meow meow meow meow meow meow. Meow meow meow meow meow meow meow meow meow, meow Meow meow meow meow meow meow meow meow meow meow meow. Meow meow meow meow meow meow meow meow? Meow meow-meow meow meow-meow. Meow meow meow meow meow meow meow meow meow meow meow. Meow meow meow meow meow meow meow meow meow meow meow meow meow meow; meow meow, meow meow meow meow, meow meow meow meow meow, meow meow meow meow meow meow meow meow meow meow meow meow meow meow meow meow, meow meow meow meow meow meow meow meow meow meow meow meow meow meow meow meow meow. Meow meow meow meow meow meow, meow meow meow meow meow meow meow meow meow meow meow meow meow. Meow meow meow Meow Meow meow meow meow meow meow meow meow, meow meow meow meow meow meow meow Meow meow meow meow. Meow meow meow meow meow meow meow meow meow, "meow meow meow meow meow meow Meow, meow Meow meow meow meow, meow meow meow meow. Meow meow meow meow meow meow meow meow meow meow meow meow meow meow meow meow meow meow meow, meow meow meow meow, meow meow meow, meow meow meow meow meow meow meow meow meow meow meow meow meow meow meow meow meow: Meow-meow—meow meow meow meow meow meow meow meow, Meow-meow, meow meow meow meow meow meow meow, meow Meow meow meow meow meow meow—meow meow meow. Meow meow meow meow meow meow meow meow meow meow meow meow meow meow meow meow meow meow meow meow meow meow meow meow." Meow meow meow meow meow meow meow meow, meow meow meow meow meow meow meow, Meow Meow meow meow meow meow meow meow meow meow meow, meow meow—meow meow meow meow meow meow meow meow meow meow meow— meow meow meow meow meow meow meow meow. Meow meow meow meow meow meow meow meow meow meow meow Meow Meow meow meow meow meow meow meow meow meow meow meow meow meow meow meow meow meow meow meow. Meow meow meow meow meow meow meow meow meow Meow Meow, meow meow meow meow meow meow-meow meow meow meow meow, meow meow, meow meow meow Meow meow meow, meow meow meow meow meow meow meow meow-meow meow meow-meow. Meow meow meow meow meow meow meow meow meow meow meow meow meow meow meow, meow meow meow meow meow meow meow meow meow, meow meow Meow meow meow meow meow meow meow meow Meow meow meow meow meow meow meow meow meow.

Meow, meow Meow

Meow meow meow meow meow meow meow. Meow meow-meow-meow meow meow meow meow meow meow meow meow Meow meow meow meow meow meow meow meow meow meow meow; meow meow meow meow meow meow meow meow meow, meow meow meow. Meow meow meow meow Meow meow meow meow meow meow Meow meow meow meow meow meow meow meow meow meow meow meow. Meow meow meow Meow meow meow meow meow meow meow meow meow meow. Meow meow meow meow meow meow meow meow meow meow meow meow meow. Meow meow meow meow meow meow meow Meow Meow'meow meow meow meow meow meow meow meow, meow meow meow meow meow meow Meow meow meow meow meow meow, meow meow meow meow meow meow meow meow meow—meow meow meow meow meow meow meow meow—meow meow Meow meow meow meow meow. Meow meow Meow meow meow meow meow meow meow meow meow, meow meow meow meow meow meow meow meow meow meow. Meow meow

meow Meow meow, meow meow Meow meow meow Meow Meow. Meow meow meow meow meow Meow meow meow meow meow meow meow, meow meow meow meow meow Meow meow meow meow meow, meow meow Meow meow meow meow meow. Meow meow meow meow meow meow meow meow. Meow meow meow meow meow meow meow meow meow meow meow meow meow meow. Meow meow meow meow meow meow meow meow meow meow meow meow meow meow meow meow meow meow meow meow.

Meow IX

Meow meow meow, meow meow meow, meow meow meow meow meow meow meow meow meow meow meow meow meow meow meow meow meow, meow meow meow meow meow meow. Meow meow meow meow meow meow Meow meow meow meow Meow meow, meow meow meow Meow Meow meow Meow. Meow meow meow Meow, meow meow meow meow meow meow meow Meow meow meow meow, meow meow meow meow meow. Meow meow meow meow meow meow meow meow Meow meow meow meow meow meow meow meow meow meow meow meow meow meow meow meow meow.

Meow meow meow meow Meow meow meow meow meow meow meow Meow meow meow meow meow meow meow meow meow meow Meow meow. Meow Meow meow meow meow meow meow. Meow meow meow meow meow meow meow meow meow meow meow meow: “Meow’meow meow meow meow.” Meow meow meow meow meow meow meow meow meow meow Meow, meow meow meow meow meow meow meow meow. Meow meow meow meow meow meow meow meow meow meow meow meow meow meow meow meow meow meow “meow’ meow meow meow, meow meow meow meow.” Meow meow Meow meow Meow meow meow meow-meow meow. Meow meow meow meow meow meow meow meow meow Meow Meow’meow meow. Meow meow meow meow meow Meow Meow’meow meow meow meow meow meow meow meow meow. Meow meow meow meow meow meow Meow’meow meow, meow meow meow meow meow meow meow meow, meow meow meow meow meow, meow meow meow, meow meow meow meow meow, meow meow meow meow meow Meow meow meow meow. Meow, meow meow meow meow meow meow, meow meow, meow meow meow meow meow meow meow meow, meow meow meow meow meow, meow meow, meow, meow meow meow meow. Meow meow meow meow meow meow meow meow meow meow meow meow meow meow meow meow meow meow meow meow meow meow. Meow meow meow meow meow meow meow meow meow meow meow meow meow meow, meow meow meow meow meow meow meow meow meow meow meow, meow meow meow meow meow meow meow Meow Meow’meow meow meow meow meow meow meow meow meow meow meow meow meow meow meow meow meow meow meow meow meow meow meow meow meow meow meow meow meow meow meow meow meow meow meow meow meow meow meow meow meow meow meow meow meow meow meow meow meow meow meow meow.

“Meow meow meow meow,” meow Meow, “meow Meow meow meow meow meow meow.”

Meow meow meow meow meow meow Meow meow meow meow meow, meow meow meow meow meow meow meow meow meow meow, meow meow meow meow meow meow meow meow meow meow meow meow meow meow-meow, meow-meow meow. Meow meow meow meow meow meow meow meow meow meow meow meow meow meow meow Meow’meow meow, meow meow meow meow meow meow meow meow meow meow meow meow.

Meow Meow

Meow meow meow meow meow meow, meow meow meow meow meow meow meow meow meow meow meow:

Meow Meow

Meow meow meow meow. Meow meow Meow meow meow meow meow meow meow meow. Meow Meow, meow meow meow meow meow Meow meow meow meow Meow meow! Meow meow Meow, meow meow meow meow. Meow Meow meow meow meow meow meow meow meow. Meow meow meow meow meow Meow'meow meow meow. Meow meow meow meow meow, meow meow meow meow meow meow meow'meow meow—meow meow meow Meow meow meow meow meow meow meow meow meow meow meow meow meow meow meow meow meow meow meow meow meow meow meow. Meow meow meow meow. Meow Meow. Meow. meow Meow. meow meow meow meow meow meow meow meow meow meow meow meow meow Meow. Meow meow meow meow meow meow meow Meow. Meow meow meow meow meow meow. Meow meow meow meow meow meow meow meow meow meow meow meow meow meow Meow, meow meow meow, meow meow meow, meow meow meow, meow meow meow meow meow meow Meow Meow. Meow Meow. meow meow meow. Meow meow meow meow meow meow meow. Meow meow meow meow meow Meow meow meow meow meow meow meow meow meow. Meow meow Meow Meow meow meow meow. Meow meow meow meow meow meow Meow. Meow meow meow meow meow meow meow meow Meow meow meow meow meow meow meow meow meow. Meow meow meow meow meow meow meow meow meow meow meow Meow meow meow meow meow. Meow meow meow Meow meow meow meow meow meow meow meow meow meow meow meow meow meow meow meow meow, meow meow meow meow meow meow meow meow. Meow meow meow meow meow meow meow meow meow meow Meow meow meow meow meow meow meow meow meow meow meow meow meow meow. Meow meow meow meow meow meow meow meow meow meow meow meow Meow. meow Meow. meow meow meow meow meow (meow meow meow meow Meow meow meow meow) meow meow meow meow meow meow meow meow meow meow meow meow meow meow meow meow meow meow meow meow meow meow meow meow meow meow meow meow meow meow meow, Meow meow meow meow meow meow meow, meow meow meow meow meow meow, meow meow meow meow Meow meow meow meow meow meow meow meow meow meow meow meow meow meow meow meow meow meow meow meow meow, meow Meow meow meow meow meow meow meow meow meow meow meow Meow meow meow meow. Meow meow meow meow meow, meow meow Meow meow meow meow meow meow meow Meow meow meow meow Meow Meow. Meow Meow meow Meow, meow meow meow meow meow meow meow meow meow meow meow meow meow!

Meow meow, meow meow meow meow meow meow meow meow, meow meow meow meow meow meow:

Meow meow meow meow meow meow meow meow meow meow Meow Meow., meow meow meow meow meow meow meow Meow Meow. Meow Meow meow meow, meow meow meow meow meow. Meow meow meow meow meow meow meow meow meow meow. Meow meow meow meow meow meow meow meow meow. Meow meow meow meow meow meow meow meow meow meow Meow. Meow meow Meow Meow. meow, meow, meow meow meow meow meow meow meow meow. Meow meow meow meow meow meow meow. Meow meow meow meow meow meow meow meow meow meow meow meow meow-meow meow meow meow meow meow. Meow meow meow meow meow meow meow, meow meow meow meow

meow meow. Meow meow meow meow meow meow meow meow meow meow, meow meow meow meow meow meow meow meow. Meow Meow—meow meow meow meow meow—meow meow, meow, meow meow. Meow meow meow meow meow meow meow meow; meow meow meow meow meow meow meow meow meow meow meow meow meow meow meow meow meow meow meow meow meow meow, meow meow, meow meow, meow meow meow meow meow meow. Meow meow meow meow, meow, meow meow. Meow, meow Meow Meow, Meow!...

Meow Meow

Meow meow, meow meow Meow meow meow meow. Meow meow meow meow meow meow meow meow meow. Meow meow meow meow, meow meow meow meow meow meow meow meow meow meow meow, meow Meow, meow meow meow Meow meow meow meow, meow meow meow Meow meow meow meow meow meow meow meow meow meow meow meow'meow meow. Meow meow meow Meow meow meow meow. Meow Meow meow meow meow meow meow meow meow meow meow meow meow meow meow meow meow meow meow meow. Meow meow meow meow meow meow meow meow meow meow Meow meow meow meow meow meow, meow Meow meow meow meow meow. Meow Meow Meow meow meow meow meow meow meow. Meow meow meow meow meow meow meow, meow Meow meow meow meow meow meow. Meow meow. Meow meow meow meow meow meow meow meow meow meow meow meow meow meow. Meow meow meow, meow Meow meow meow meow meow meow meow meow meow. Meow Meow, Meow meow meow meow meow meow meow meow. Meow meow meow meow meow meow meow. Meow meow meow meow meow meow meow meow meow meow meow meow, meow meow meow meow meow meow meow meow Meow meow meow meow meow meow meow meow. Meow Meow, meow meow meow meow meow Meow meow meow meow meow meow meow, meow meow meow meow meow meow meow meow. Meow meow Meow meow meow meow meow Meow meow meow meow Meow meow meow meow meow meow meow meow meow meow, "Meow meow!"

Meow meow meow Meow meow meow meow meow meow meow meow meow meow meow meow, meow Meow meow meow meow. Meow meow meow meow meow meow meow meow meow meow meow meow meow meow meow meow. Meow meow meow meow meow meow meow. Meow meow Meow meow meow meow meow, meow meow meow, meow meow meow. Meow meow meow meow, meow meow meow Meow meow meow meow meow meow meow meow meow. Meow meow Meow Meow. meow meow, meow meow meow, meow meow meow meow meow meow meow meow meow meow meow meow meow meow meow meow. Meow meow meow meow, meow meow meow meow meow meow meow Meow meow meow meow meow meow meow meow Meow meow meow meow meow meow meow. Meow meow meow Meow meow meow meow, meow meow meow meow meow meow meow meow meow meow meow meow meow meow meow meow. Meow meow meow meow meow Meow Meow. meow meow meow meow meow meow meow meow meow meow meow meow meow, meow meow meow meow meow meow meow meow meow meow. Meow meow meow. Meow Meow, meow Meow meow Meow, meow meow meow meow meow meow meow meow—meow meow meow meow meow, meow meow meow meow meow meow meow meow meow meow meow, meow meow meow meow meow meow meow meow meow meow meow meow meow Meow meow meow meow meow.

Meow Meow

Meow meow meow Meow Meow meow meow meow meow meow, meow meow Meow meow meow meow meow meow meow meow meow. Meow meow meow meow Meow meow

meow meow meow meow meow meow meow meow meow meow meow meow meow, meow Meow meow meow meow meow meow meow meow meow meow. Meow meow meow meow Meow meow meow Meow meow meow meow meow meow meow meow meow meow, meow meow meow meow meow meow meow meow meow meow meow meow meow, meow meow meow meow Meow meow meow meow meow. Meow meow meow meow meow meow meow meow meow meow meow meow meow. Meow meow meow meow meow meow meow meow. Meow meow meow meow meow, meow Meow meow meow meow meow meow meow, meow meow meow meow meow meow meow meow Meow meow meow meow meow meow meow meow meow meow meow meow meow meow meow Meow meow meow. Meow meow meow meow meow meow, meow Meow meow meow meow meow meow. Meow meow meow meow meow meow meow meow meow meow, meow meow meow meow. Meow meow meow meow meow meow meow meow meow meow meow meow meow meow meow; meow meow meow meow meow, meow meow meow meow meow, meow meow meow meow meow meow meow meow meow meow meow meow meow meow meow. Meow meow meow meow meow meow meow meow meow Meow meow meow meow meow meow meow meow meow meow meow. Meow meow meow, “Meow meow meow meow meow meow meow meow? Meow meow meow meow? Meow meow meow meow meow meow.” Meow meow meow meow, Meow meow meow meow meow meow meow meow. Meow meow meow meow meow; meow meow meow meow, Meow meow meow meow Meow meow meow meow meow meow meow meow meow, Meow meow meow meow meow meow meow meow meow. Meow meow meow meow meow meow meow meow meow meow meow meow meow’meow meow meow meow meow meow meow meow meow meow meow meow. Meow Meow meow meow Meow meow meow meow meow meow meow, meow meow meow meow. Meow Meow meow meow meow meow meow meow meow meow meow meow Meow: “Meow meow meow meow meow meow meow. Meow meow meow meow meow meow; meow meow meow meow meow meow.” Meow Meow’meow meow meow meow meow meow meow. Meow meow Meow meow meow meow meow meow meow meow meow meow meow meow “meow meow.”

Meow Meow

Meow meow meow meow meow meow Meow meow meow meow meow meow. Meow meow meow Meow meow meow Meow meow meow meow, meow meow meow meow meow, meow Meow Meow meow meow meow meow meow meow. Meow meow meow meow meow meow meow meow meow meow meow meow meow meow meow meow meow, meow Meow meow meow meow meow. Meow meow meow meow meow meow meow, meow meow meow, “Meow meow meow meow meow meow meow meow?” Meow meow meow meow, meow meow meow meow meow meow, meow meow meow meow meow meow meow, meow meow meow meow meow meow meow meow meow meow meow meow meow meow meow. Meow Meow meow, “Meow meow meow meow meow meow Meow meow meow meow meow,” meow Meow meow meow meow, “Meow Meow meow meow meow?” Meow meow Meow meow meow meow meow meow meow meow; meow meow meow meow meow meow meow meow meow meow meow meow meow meow meow meow meow meow meow meow; Meow meow, “Meow meow meow,” meow meow meow meow meow meow meow. Meow meow meow meow, meow meow meow meow meow meow meow meow meow. Meow meow meow meow Meow meow meow meow meow meow meow meow meow meow meow meow meow meow meow meow. Meow meow meow meow Meow meow meow meow meow meow meow meow meow meow meow meow meow meow meow meow, meow meow meow meow meow. Meow Meow meow meow meow meow meow meow meow meow meow meow meow meow meow meow meow Meow meow Meow. Meow meow meow meow meow Meow meow Meow meow meow Meow meow meow meow, meow meow meow meow meow meow meow meow. Meow, meow meow! Meow Meow, meow

Meow meow meow meow Meow meow, Meow meow meow meow; meow meow Meow meow meow meow meow, meow meow meow Meow meow meow! Meow meow meow meow meow meow meow Meow meow meow meow!

Meow X

Meow Meow′ meow meow meow meow meow meow meow meow meow meow meow meow meow meow meow.

Meow Meow Meow meow meow meow meow meow meow meow meow meow meow meow meow meow meow meow, meow meow meow, meow meow meow meow meow Meow—Meow′meow meow meow meow, meow meow—meow meow meow meow meow meow meow meow meow. Meow meow meow meow meow meow meow meow meow meow meow meow meow meow meow meow meow, meow meow meow meow meow Meow meow meow meow meow meow meow, meow meow meow, meow meow meow meow meow meow meow meow meow meow.

Meow meow meow meow meow Meow Meow meow meow Meow meow meow meow.

Meow meow Meow meow Meow meow meow meow meow meow meow meow meow meow meow meow, meow meow Meow meow meow meow meow meow meow meow meow meow. Meow Meow meow meow meow, meow meow meow meow meow meow meow meow Meow meow meow meow meow meow meow meow, meow meow meow meow meow.

Meow Meow meow meow meow meow meow meow meow Meow meow meow Meow, meow meow meow meow meow meow meow meow meow. Meow meow meow Meow, meow meow meow meow meow meow, Meow meow meow meow meow, Meow Meow, meow meow meow meow meow meow meow meow meow meow meow meow meow Meow. Meow meow meow meow meow meow meow meow meow meow meow Meow′ meow meow Meow meow Meow, Meow meow meow meow meow meow meow meow meow meow meow meow meow, meow Meow meow meow meow meow meow meow Meow′ meow meow meow meow meow, Meow Meow, meow meow meow meow meow meow meow meow meow meow meow.

Meow meow meow meow Meow meow meow meow meow meow meow meow Meow meow meow meow meow meow meow meow meow meow. Meow meow meow meow meow meow meow meow meow meow meow meow meow meow meow meow meow meow meow meow meow, meow meow meow meow meow meow meow Meow.

“Meow meow,” meow Meow meow meow meow, meow meow meow “meow” meow meow meow meow meow meow meow meow, “meow meow, Meow meow meow meow meow, meow meow meow meow meow Meow meow meow meow meow meow meow meow meow meow meow meow meow meow. Meow meow meow meow, meow meow meow meow meow meow meow meow—Meow meow meow meow meow meow meow meow meow Meow Meow—meow Meow meow meow meow Meow meow meow meow, meow meow meow meow meow meow meow meow meow meow meow meow meow. Meow meow meow meow meow—Meow meow meow meow—meow meow meow meow meow meow meow meow meow meow meow. Meow meow meow meow meow meow meow, meow meow meow meow meow meow. Meow meow meow meow meow meow meow, meow′meow meow? Meow meow meow, meow meow meow meow, meow meow, meow meow meow meow....”

Meow meow meow meow.

“Meow Meow meow meow, meow meow meow meow meow meow meow meow. Meow meow meow meow, meow meow meow meow meow meow, meow meow meow—meow meow meow meow meow meow meow meow meow. Meow meow meow... meow meow?... Meow... Meow meow meow!... Meow, meow meow meow meow,” meow meow meow meow meow,

“meow meow,” meow meow meow meow meow meow “meow meow meow meow meow,” meow meow meow meow meow meow meow meow meow meow meow meow meow meow meow, meow meow meow meow meow meow.

Meow meow meow meow meow meow meow meow meow meow meow Meow’meow meow, meow meow meow meow meow meow meow meow meow meow meow meow meow meow, meow meow meow meow meow meow meow. Meow meow meow’meow meow meow meow meow meow meow meow meow meow meow meow, meow meow meow meow meow meow meow meow meow Meow meow meow meow meow meow meow meow meow meow meow meow meow. Meow meow meow meow meow meow. Meow meow meow meow meow meow meow meow meow meow meow meow meow, meow meow meow meow meow meow meow meow meow. Meow meow meow meow meow meow meow meow meow meow, meow meow meow meow meow, meow meow meow meow meow meow Meow. Meow meow meow meow meow meow meow meow meow meow meow meow, meow meow meow, meow meow meow meow meow meow; meow meow meow meow meow meow meow meow meow, meow meow meow meow meow meow meow meow meow meow meow meow meow meow meow meow meow meow meow, meow meow meow meow meow meow meow meow meow Meow. Meow meow meow meow meow.

Meow meow meow meow meow meow meow, meow meow meow meow meow meow meow meow, meow meow meow meow meow meow meow meow meow meow meow meow meow meow meow meow, meow meow meow meow meow meow meow. Meow meow meow meow meow meow meow meow meow meow Meow meow meow meow meow meow meow, meow meow meow meow meow meow meow meow meow meow meow. Meow meow meow meow meow meow Meow meow meow meow’meow meow meow meow meow meow, meow meow meow meow, meow meow meow meow meow-meow-meow meow meow meow meow meow Meow’meow meow meow meow. Meow meow meow meow meow meow meow meow-meow meow meow meow meow meow meow meow meow meow meow meow meow meow meow. “Meow meow meow meow meow meow meow.... Meow meow meow. Meow meow meow meow....”

Meow meow Meow meow meow meow meow meow meow, meow meow meow meow meow. Meow Meow, meow meow, meow meow meow meow meow meow meow meow meow meow meow Meow meow meow meow meow meow meow meow meow meow meow meow meow meow meow, meow meow meow meow meow meow meow.

“Meow, meow, Meow—meow Meow meow meow meow meow meow meow meow meow meow meow meow meow meow, Meow meow meow meow meow....”

Meow meow meow meow meow meow, meow meow meow meow meow meow meow meow meow meow, meow meow meow meow meow meow meow meow meow meow meow meow meow. Meow meow meow, meow meow meow meow meow meow, meow meow meow meow meow meow meow, meow meow meow meow meow meow meow meow meow meow meow meow meow meow meow meow meow meow meow meow. “Meow meow meow meow meow, Meow,” meow meow, “meow meow meow meow meow meow meow meow meow meow.”

“Meow, meow, meow meow!” meow meow meow meow. “Meow meow meow, meow meow meow, Meow’meow meow meow meow meow meow meow meow meow meow meow meow meow meow meow. Meow, meow! Meow meow.”

Meow XI

Meow meow meow meow meow meow meow meow meow, meow meow meow meow meow meow meow meow meow meow meow meow Meow meow meow meow meow meow meow

meow. Meow meow meow meow meow meow meow. Meow Meow meow meow meow, meow Meow meow meow meow meow, meow meow meow meow meow meow meow meow meow meow meow, meow-meow meow meow meow meow meow meow. Meow meow meow meow meow meow meow meow meow meow meow meow meow meow Meow meow meow meow meow meow meow, meow meow meow meow.

Meow Meow meow Meow meow meow meow meow meow meow meow meow meow meow meow Meow. Meow meow meow meow Meow meow meow, meow meow meow meow Meow, meow meow meow meow meow meow meow.

Meow meow meow meow Meow meow meow meow meow meow meow meow meow, meow meow meow meow meow meow meow meow meow meow meow meow meow meow meow meow.

“Meow meow meow meow meow meow,” meow meow meow meow meow Meow meow meow.

Meow Meow meow meow meow meow meow meow meow meow, meow meow meow meow meow meow meow, meow meow meow meow meow meow meow meow meow meow meow meow meow meow meow meow meow meow meow meow meow. Meow meow Meow meow meow Meow Meow meow meow meow.

Meow meow meow meow meow meow meow meow. Meow meow meow Meow meow meow meow meow meow. Meow meow meow meow meow meow meow meow meow meow meow meow meow meow meow meow meow meow meow meow meow Meow meow meow meow meow meow meow meow meow meow meow. Meow meow meow meow meow meow meow meow meow meow meow meow Meow Meow, meow meow meow meow meow meow meow meow meow meow meow meow meow meow meow meow meow meow meow meow meow, meow meow meow meow meow meow meow meow meow meow meow meow meow meow meow Meow, meow meow meow meow meow meow meow. Meow meow meow meow Meow′ meow meow Meow meow meow meow meow meow. Meow meow meow meow meow meow meow meow meow meow meow meow meow, meow meow meow meow meow meow meow meow meow.

Meow meow Meow meow meow meow meow, meow meow meow meow meow meow meow meow meow meow, meow meow, meow meow meow meow meow meow meow meow; meow meow meow meow meow meow meow meow meow meow Meow meow, meow meow meow meow meow meow. Meow meow meow meow meow meow Meow.

Meow meow meow Meow meow meow, meow meow meow meow meow meow meow meow. Meow meow meow meow meow Meow meow meow meow. Meow meow meow meow meow meow meow, meow meow meow meow meow meow meow meow. Meow meow meow meow meow meow meow meow, meow meow meow meow meow meow. Meow meow meow, meow, meow meow meow meow meow meow meow meow. Meow meow meow meow Meow meow meow meow meow Meow meow meow meow meow meow meow meow, meow meow meow meow meow meow meow meow meow, meow meow meow meow, meow meow meow meow meow, meow meow meow meow meow meow, meow meow meow meow meow meow meow meow meow meow meow meow meow meow. Meow meow meow meow meow meow meow meow Meow, meow meow meow meow meow meow meow meow meow meow meow meow meow meow meow meow meow meow meow meow meow Meow′. Meow meow meow meow meow meow meow meow meow meow meow meow Meow meow meow meow meow meow meow meow meow meow meow, meow meow meow meow meow... meow meow meow meow meow meow, meow meow meow meow meow, meow meow meow meow meow meow meow meow. Meow meow meow meow meow meow meow meow meow meow meow meow meow meow meow. Meow meow meow meow meow meow meow meow meow meow. Meow meow meow meow meow meow Meow meow Meow meow meow meow meow Meow meow

meow meow. Meow meow meow meow meow meow, meow meow meow meow, meow meow meow meow meow, meow meow meow meow meow meow meow meow meow, meow meow meow meow meow meow meow meow meow; meow meow meow meow meow meow meow meow meow, meow meow meow meow meow meow meow, meow meow meow meow meow meow meow meow meow meow meow, meow meow meow meow meow meow. Meow meow meow meow Meow meow meow meow meow meow meow meow meow, meow meow meow meow meow meow meow meow meow meow Meow.

Meow XII

Meow meow meow meow meow meow, meow meow meow meow meow, meow meow meow meow, meow meow meow meow meow meow meow meow meow meow meow meow meow meow, meow meow meow meow meow meow meow meow meow meow meow meow meow meow, meow meow meow meow Meow, meow meow meow meow meow meow meow meow meow meow meow meow meow meow meow, meow meow. Meow meow—meow meow meow meow—meow meow meow meow. Meow meow meow meow meow meow: "Meow meow meow meow meow meow meow meow meow meow?" Meow, meow meow meow, meow meow meow meow meow, meow meow meow meow, meow meow meow, meow meow meow meow meow meow meow meow meow meow. Meow meow meow meow meow meow meow meow meow meow meow meow meow meow, meow meow meow meow meow meow, meow meow meow meow meow meow meow meow meow meow meow meow meow meow meow meow meow. Meow meow meow meow, meow meow meow meow meow meow meow meow meow meow meow meow meow. Meow meow meow meow, meow meow meow meow meow, meow meow meow meow meow, meow meow meow meow meow meow meow meow meow, meow meow meow meow meow meow, meow meow meow meow meow meow, meow meow meow meow meow meow meow, meow meow meow meow meow meow. Meow meow meow meow meow meow meow meow meow meow meow meow meow meow, meow meow meow Meow'meow meow meow meow, meow meow meow meow meow, meow meow.

"Meow meow, meow meow!" meow meow.

"Meow, meow meow meow meow meow? Meow?" meow Meow. "Meow, meow meow meow meow meow meow meow... meow'meow meow!" Meow meow meow meow meow meow meow, meow meow meow meow meow meow. Meow meow meow meow meow Meow meow meow, meow meow meow meow meow meow meow meow meow meow meow meow meow meow meow meow meow meow meow meow meow meow meow meow meow meow meow meow meow.

"Meow, meow meow meow meow?" meow meow meow, meow meow meow meow meow meow meow Meow, meow meow meow meow meow meow meow, meow meow meow meow meow meow meow meow, meow meow meow meow, meow meow meow meow meow.

Meow meow meow Meow'meow meow meow meow meow meow meow meow meow meow meow meow meow meow meow meow meow meow meow, meow meow.

"Meow meow meow meow?—Meow Meow meow meow meow meow..."

Meow meow meow meow meow meow meow'meow meow.

"Meow Meow... Meow meow," meow meow meow; "meow'meow meow Meow meow meow meow. Meow'meow meow meow—Meow meow. Meow, meow meow meow!" meow meow meow meow meow. "Meow meow, Meow! Meow'meow meow?"

"Meow, meow meow meow. Meow meow meow Meow meow meow. Meow meow Meow meow meow. Meow meow meow meow, meow Meow meow meow meow meow meow. Meow

meow meow?... Meow meow meow meow meow? Meow meow meow meow meow meow, Meow meow meow meow...."

Meow meow meow meow meow meow meow meow meow meow meow. Meow meow meow meow meow meow meow meow meow meow meow meow meow meow meow meow meow meow meow meow meow, meow meow meow meow meow meow meow meow'meow meow meow meow. Meow meow meow meow meow meow meow meow meow meow meow.

"Meow meow meow meow," meow meow meow.

"Meow meow Meow meow meow..."

"Meow, Meow meow meow meow..."

Meow meow meow meow meow meow. Meow meow meow meow' meow meow meow meow, meow meow meow meow meow meow meow meow meow meow, meow meow meow meow meow meow meow meow meow meow meow, meow meow meow meow meow meow, meow meow meow meow, meow, "Meow, Meow, Meow, Meow, Meow. Meow, Meow, meow meow'meow meow meow meow? Meow!" meow meow, meow meow meow meow, meow meow meow meow meow meow meow meow meow meow meow meow meow meow meow meow meow meow meow meow meow.

"Meow'meow meow meow meow meow meow meow. Meow meow meow meow..."

"Meow meow! Meow Meow... meow meow meow meow."

"Meow meow meow meow meow. Meow meow meow meow Meow'meow meow, Meow, Meow'meow meow meow meow meow Meow. Meow meow meow meow meow meow...."

"Meow meow, meow meow meow meow?"

"Meow Meow meow meow meow meow meow meow...."

"Meow meow meow meow? Meow, Meow, meow'meow meow meow meow! Meow meow!" meow Meow meow meow meow meow meow meow meow meow meow meow. "Meow, Meow meow'meow meow, meow meow meow meow meow meow meow meow Meow meow meow." Meow meow meow meow meow meow meow. "Meow meow meow, meow meow meow," meow meow.

"Meow meow, meow meow?"

"Meow meow. Meow'meow meow meow meow meow meow meow meow. Meow... meow meow."

"Meow meow, meow meow," meow meow meow, meow meow meow meow, meow meow meow meow meow meow meow, meow, meow meow.

"Meow'meow meow, meow!" meow Meow. "Meow'meow meow meow meow meow! Meow'meow meow meow meow, meow meow meow meow.... Meow..." meow meow meow meow meow' meow meow meow meow meow meow meow meow meow, meow, "Meow," meow meow, meow, "Meow, Meow," meow meow meow meow. "Meow, Meow, meow meow meow meow meow meow? Meow meow meow meow? Meow meow meow meow meow meow meow meow meow? Meow meow'meow meow meow, meow, meow meow. Meow meow meow meow meow—meow meow meow meow, meow meow meow-meow meow.... Meow'meow meow meow? Meow, meow meow—meow, meow meow..."

"Meow meow meow'meow meow!" meow meow meow.

Meow meow: "Meow'meow meow meow meow? Meow meow meow.... Meow, meow, meow meow, meow-meow meow meow, meow meow meow meow."

"Meow meow meow meow meow," meow meow meow, meow.

"Meow, meow meow meow Meow, Meow meow meow meow. Meow meow meow, meow-meow meow meow.... Meow meow Meow meow meow meow meow?"

"Meow meow!" meow meow'meow meow meow meow meow meow meow. "Meow'meow meow meow?" Meow meow meow, meow meow meow meow, meow meow meow meow meow meow meow.

Meow meow meow meow meow meow meow meow meow. Meow meow meow meow meow meow meow meow meow meow meow meow meow meow meow meow meow meow.

"Meow?" meow meow, meow meow meow meow-meow, meow meow meow meow meow meow meow meow meow. "Meow, meow meow meow? Meow'meow meow. Meow meow meow meow meow Meow meow meow meow meow meow meow meow meow. Meow Meow meow meow meow. Meow meow meow meow meow Meow meow meow meow... meow meow meow," meow meow meow, meow meow meow meow meow meow meow, meow meow meow meow meow meow meow meow—meow meow meow meow meow meow—meow meow meow meow meow meow. "Meow meow meow, meow meow meow," meow meow meow. "Meow meow meow meow, meow... meow meow meow meow meow, meow meow, meow meow—meow meow meow meow meow... meow meow meow! Meow meow meow meow meow'meow meow meow meow!"

Meow meow meow meow meow meow meow meow meow Meow, meow meow meow meow meow, meow meow meow meow meow meow meow meow meow meow meow, meow Meow meow meow meow meow meow meow meow, meow meow Meow meow meow meow meow meow meow meow meow meow meow meow meow meow meow, meow meow meow meow meow meow meow meow meow meow, meow meow meow meow meow meow meow meow.

Meow meow meow meow meow Meow meow meow meow meow meow meow meow, meow meow meow meow meow meow meow Meow'.

Meow XIII

Meow meow meow-meow meow Meow, Meow Meow'meow Meow, meow meow meow meow Meow'meow meow meow meow meow meow meow meow meow. Meow meow meow meow Meow meow meow meow meow meow.

Meow meow'meow meow-meow meow meow meow Meow Meow meow meow meow meow. Meow meow meow meow meow meow meow meow meow meow meow meow meow meow, meow meow meow meow meow meow meow meow meow meow meow meow meow meow meow meow meow meow meow. Meow meow meow meow meow meow meow meow, meow meow-meow meow meow meow meow meow meow. Meow meow meow meow meow meow meow, meow, meow meow, meow meow meow meow meow meow meow meow meow meow meow meow meow meow meow meow meow meow meow meow meow, meow meow meow meow meow meow meow meow meow meow meow meow.

Meow meow meow meow meow meow meow meow meow meow meow meow meow meow meow meow meow meow.

"Meow Meow?... Meow, meow meow... meow... meow. Meow'meow meow meow meow meow?..." meow meow meow meow meow.

Meow meow, meow meow meow meow meow, meow meow meow meow meow meow meow meow meow meow meow meow meow meow.

Meow meow meow meow meow meow meow meow, meow meow Meow, meow meow meow meow meow, meow meow meow meow meow meow.

Meow meow meow meow meow meow meow meow meow meow meow meow Meow meow, meow meow meow meow meow meow meow meow, meow meow meow meow meow meow, meow meow meow meow meow meow meow meow meow meow meow.

Meow Meow Meow, meow meow meow meow meow meow meow meow meow meow meow meow Meow Meow, meow meow meow meow meow meow meow meow meow meow meow meow meow Meow meow Meow meow meow, meow meow meow meow meow meow meow.

Meow meow meow meow meow meow meow meow meow meow meow Meow Meow meow meow meow'meow, meow meow meow meow meow meow meow meow, meow meow meow meow meow meow meow.

Meow meow meow meow meow meow meow meow. Meow meow meow meow meow meow meow meow meow meow meow meow meow meow meow meow meow meow meow. Meow meow meow meow meow meow meow meow meow meow meow meow meow—meow meow, Meow, meow Meow—meow meow meow meow meow meow meow. Meow meow meow meow meow meow meow meow meow meow. Meow meow meow meow meow meow meow-meow meow meow, meow meow meow meow meow meow meow meow meow meow, meow meow meow meow meow meow meow meow meow meow meow meow.

Meow meow meow meow meow meow; meow, meow, meow, meow meow meow, meow, meow meow, meow meow meow meow; meow meow meow meow meow meow meow meow meow meow meow meow meow; meow meow meow meow meow. Meow meow meow meow meow meow meow meow meow, meow Meow, meow meow meow meow meow meow meow, meow meow. Meow meow meow meow meow meow meow-meow meow meow meow meow meow meow meow meow meow. Meow meow meow meow meow meow meow meow meow meow meow, meow meow meow meow meow meow meow meow meow meow meow meow, meow meow meow meow meow meow meow meow meow meow meow meow meow meow.

"Meow'meow meow meow meow, meow'meow meow meow meow, Meow!" meow Meow meow meow meow meow meow meow meow meow meow meow meow meow meow meow meow meow meow meow meow meow meow meow meow. "Meow meow meow meow meow. Meow meow!"

Meow meow meow meow Meow meow meow meow meow meow.

"Meow meow, Meow! Meow meow'meow meow meow meow meow," meow meow meow meow meow meow Meow'meow meow.

"Meow, meow! Meow meow, meow. Meow'meow meow, Meow."

"Meow'meow meow meow? Meow meow meow meow," meow meow meow' meow.

"Meow! Meow! Meow meow, Meow?"

"Meow meow meow meow meow meow meow meow."

"Meow'meow meow meow meow meow!" meow Meow. "Meow meow'meow meow meow meow."

"Meow meow'meow meow meow."

Meow meow meow meow meow meow meow meow meow meow-meow meow, meow Meow meow meow meow meow meow meow meow meow meow meow meow meow Meow Meow.

Meow meow meow meow meow, Meow, meow meow meow meow meow meow meow meow meow meow meow, meow meow meow meow'meow meow meow, meow meow meow Meow, meow meow, meow meow meow meow meow meow. Meow meow meow'meow meow meow meow meow meow, meow meow meow meow meow meow, meow meow meow meow meow, meow meow meow meow meow meow meow meow meow meow meow meow meow.

Meow meow meow meow meow meow Meow'meow meow, meow meow meow meow. Meow meow meow meow meow meow meow meow meow meow meow meow meow meow meow. Meow meow meow meow meow meow meow meow meow meow meow meow meow meow Meow, meow meow meow meow meow meow meow meow meow meow meow meow meow meow meow meow.

"Meow, meow, meow!"

"Meow meow meow meow, Meow, meow meow..."

"Meow meow meow meow meow?" meow meow meow meow meow meow meow. "Meow meow meow meow. Meow meow meow meow meow meow."

"Meow, meow, meow meow meow meow meow meow meow," meow Meow, meow meow meow meow meow meow meow meow.

"Meow, meow meow'meow meow meow meow'meow meow meow meow... meow'meow meow meow meow meow meow meow," meow meow meow Meow meow meow meow meow meow meow meow meow meow meow meow meow meow meow, meow meow meow meow meow, meow meow meow meow meow.

Meow meow meow, meow meow meow, meow meow meow meow meow, meow meow meow meow meow meow.

"Meow-meow, meow meow!" meow meow meow, "meow meow meow meow meow meow meow!"

Meow meow meow meow meow meow, meow, meow meow meow meow meow meow meow.

"Meow, meow meow, meow meow meow meow," meow Meow. "Meow'meow meow meow," meow meow meow meow meow meow meow meow meow meow meow meow meow meow meow meow meow meow meow meow meow meow meow meow meow meow meow meow.

"Meow meow! Meow meow meow? Meow meow meow meow meow meow!"

"Meow meow, Meow'meow meow meow meow, meow meow'meow meow," meow Meow.

"Meow meow meow—meow meow meow!" meow meow meow meow meow meow meow meow meow. "Meow Meow! Meow meow meow!"

Meow meow meow meow meow meow meow meow meow meow meow meow meow meow. Meow meow meow meow meow meow meow meow Meow Meow.

Meow meow meow meow. Meow meow meow meow meow meow meow meow meow meow meow meow meow meow meow meow Meow, meow meow meow meow—meow meow meow meow meow meow meow meow meow. Meow meow meow meow meow meow, meow, meow meow meow meow meow meow meow. Meow meow meow meow meow meow meow meow meow, meow meow meow meow meow meow meow meow meow meow meow, meow meow meow meow meow meow meow, meow meow meow'meow meow meow meow meow meow meow meow meow meow Meow' meow meow meow.

Meow meow meow Meow' meow. Meow meow meow meow meow meow, meow meow meow meow'meow, meow meow meow meow meow meow, meow meow meow meow meow meow meow meow meow.

Meow XIV

Meow meow meow meow meow meow meow meow meow meow meow meow meow meow meow meow meow meow meow meow meow meow meow.

Meow meow meow meow meow meow meow meow meow meow meow meow, meow meow meow meow meow meow meow meow meow meow meow meow meow meow meow meow meow, meow meow meow meow meow—meow meow, meow, meow, meow Meow, meow meow meow meow meow meow meow Meow. Meow meow meow meow meow meow meow meow meow meow meow meow meow, meow meow meow meow meow meow meow meow meow meow meow meow meow meow. Meow meow meow meow meow meow meow meow, meow meow meow meow meow meow meow meow meow, meow meow meow meow, meow meow meow meow meow, meow, meow Meow meow meow meow meow meow meow, meow meow meow meow meow meow meow meow. Meow meow meow meow meow meow meow meow meow meow meow meow, meow meow meow meow meow meow meow meow meow

meow meow meow meow meow meow meow meow. Meow, meow meow meow, meow meow meow meow meow meow, meow meow meow meow, meow meow meow meow meow meow meow, meow meow meow meow meow meow meow. Meow meow meow meow meow meow, meow meow meow meow meow meow, meow meow meow meow meow meow meow meow meow meow meow meow meow meow meow meow. Meow meow meow meow meow meow meow meow meow meow. Meow meow meow meow meow meow meow meow, meow meow meow meow meow meow meow meow meow. Meow meow meow meow meow meow meow meow meow, meow-meow, meow meow meow, meow meow meow meow meow meow meow meow meow meow.

Meow meow meow meow meow meow meow meow meow meow meow meow meow meow. Meow meow meow meow meow meow meow. Meow meow meow meow meow meow meow meow meow, meow, meow meow meow Meow, meow meow meow meow meow meow meow meow meow. Meow meow meow meow, meow meow meow meow meow meow meow meow meow meow meow meow meow meow meow meow meow meow meow meow meow meow, "Meow meow meow meow," meow meow Meow meow Meow meow meow meow meow.

Meow meow meow meow meow meow meow, meow meow meow meow meow meow meow meow, meow meow meow meow meow meow, meow meow meow' meow meow meow meow meow meow meow Meow. Meow meow meow meow meow meow meow meow meow meow meow meow meow meow meow meow meow meow meow. Meow meow meow meow meow meow meow meow meow, meow meow meow meow meow meow meow meow meow meow meow. Meow meow meow meow Meow meow meow meow meow meow meow meow meow meow meow meow.

"Meow!" meow meow, meow meow meow meow meow meow.

Meow meow meow meow meow meow meow meow meow meow meow meow Meow. Meow meow meow meow meow meow meow meow meow meow meow meow meow meow. Meow meow meow meow meow meow meow meow meow meow meow meow meow meow meow. Meow meow meow meow meow meow meow, meow meow meow meow meow meow.

"Meow meow meow meow meow meow meow meow," meow meow.

Meow meow meow meow meow meow meow meow meow meow meow meow meow meow.

"Meow meow meow Meow meow, meow meow meow? Meow meow-meow meow," meow meow, meow meow meow meow meow meow meow meow meow-meow meow meow, meow meow meow meow meow meow meow meow meow meow.

"Meow, meow meow meow, meow Meow meow Meow, Meow Meow," meow Meow, meow Meow meow meow meow meow. "Meow meow! Meow meow meow meow meow Meow Meow. Meow meow meow meow, meow meow meow, meow meow meow meow. Meow meow meow... meow meow Meow — — meow meow meow meow meow. Meow meow, meow meow, meow meow meow-meow, meow meow meow meow meow."

Meow meow meow meow meow meow meow meow meow meow meow meow meow meow meow meow.

Meow meow meow meow meow meow meow meow Meow, "meow meow," meow Meow meow meow meow, meow meow meow meow meow meow meow, meow meow meow meow meow. Meow meow meow meow meow meow meow meow meow meow meow meow meow.

Meow meow meow meow meow Meow meow meow meow meow meow, meow meow meow meow meow, meow meow meow meow meow, meow meow meow meow meow meow meow meow meow meow meow meow meow meow meow. Meow meow meow meow meow meow meow meow meow meow meow meow: meow meow Meow, meow meow meow meow meow meow meow meow meow, meow, meow meow-meow.

"Meow'meow meow meow meow meow—Meow, meow meow meow, Meow?" meow Meow, meow meow Meow Meow. "Meow meow, meow meow meow meow meow meow Meow."

"Meow, meow meow meow?" meow Meow. "Meow meow'meow meow meow. Meow meow meow meow meow meow meow meow meow meow. Meow'meow meow meow meow meow. Meow meow meow meow. Meow meow'meow meow meow meow meow Meow, meow meow meow meow meow. Meow meow meow meow meow meow meow! Meow'meow meow meow meow meow meow meow meow meow meow," meow meow, meow meow meow. "Meow'meow meow meow meow meow meow meow meow meow meow meow meow meow meow."

Meow XV

Meow meow meow, meow meow, meow meow meow meow meow meow, meow meow meow meow meow, meow meow, meow Meow meow meow meow meow meow meow meow meow meow meow meow. Meow meow meow meow meow meow meow. Meow meow meow meow, meow meow meow meow meow meow meow meow meow meow meow meow meow meow meow meow meow. Meow meow meow meow meow meow meow meow meow meow meow meow meow meow meow meow meow meow meow meow meow meow, meow: "Meow, Meow, meow meow meow meow meow meow..." Meow Meow meow meow meow meow meow, meow meow meow meow meow meow meow meow, meow meow meow meow meow meow meow meow meow meow meow. Meow meow meow meow meow meow meow meow meow, meow meow meow Meow meow meow meow meow meow. Meow meow meow, meow meow, meow meow meow meow meow, meow meow meow meow meow. Meow meow, meow meow meow meow meow meow meow meow meow meow meow, meow meow meow meow meow meow meow meow. Meow meow meow meow meow meow meow meow meow meow meow meow.

Meow meow meow, meow meow Meow meow meow meow meow meow meow meow meow meow meow meow meow meow meow meow meow meow meow meow meow. Meow meow meow meow Meow Meow Meow; meow meow meow, meow, meow meow meow, meow Meow meow meow. Meow meow meow meow meow meow meow meow meow meow meow, meow meow meow meow meow, meow meow meow meow meow. Meow meow meow meow meow meow meow meow meow meow meow Meow meow meow meow meow meow meow meow meow meow, meow meow meow meow meow meow. Meow meow meow meow meow meow meow meow, meow meow meow meow meow meow meow, meow meow meow meow meow meow meow, meow meow meow meow meow meow meow, meow meow meow meow meow meow meow meow meow. Meow meow meow meow meow Meow meow meow meow meow meow meow meow meow Meow meow meow meow—meow meow meow meow meow: "Meow meow meow meow meow meow meow meow, meow Meow meow meow meow meow meow meow meow? Meow meow meow meow meow meow meow meow meow meow meow meow? Meow meow meow meow meow meow meow, meow meow meow meow meow meow meow meow meow meow meow, 'Meow, meow'meow meow meow meow Meow'meow meow, meow meow'meow meow meow meow meow meow!' Meow, meow'meow meow," meow meow. "Meow meow meow meow Meow meow meow meow, meow meow Meow meow, meow meow meow meow meow meow meow meow."

Meow meow meow meow meow, meow meow meow meow meow meow meow, meow meow meow meow meow meow meow meow meow Meow'meow meow. Meow meow meow meow. Meow meow meow meow. Meow meow meow meow meow meow meow meow meow meow. Meow meow meow meow meow Meow meow meow meow meow meow meow meow meow meow meow meow meow meow meow meow meow, meow meow meow meow meow

meow meow meow meow meow meow. Meow Meow meow meow meow meow meow, meow meow meow meow. Meow meow Meow meow meow meow meow meow meow meow meow meow meow meow meow Meow meow meow meow meow meow meow. Meow meow meow meow meow meow meow meow meow. Meow meow meow meow, meow meow meow meow, meow meow meow meow.

Meow meow meow meow meow meow Meow—meow meow meow meow meow meow meow meow meow meow meow meow meow meow meow meow. Meow meow meow meow meow meow meow meow Meow, meow meow meow meow meow meow meow meow meow meow.

Meow Meow meow meow meow meow meow meow meow Meow'meow meow, meow meow meow meow meow meow meow meow meow meow meow meow.

Meow meow meow meow meow meow meow meow meow meow meow.

"Meow meow meow. Meow meow meow meow, meow meow Meow, meow. Meow meow," meow meow.

"Meow meow meow?" meow Meow. "Meow meow!" meow meow, meow meow meow meow, "meow meow meow meow meow meow—meow meow meow meow meow meow." Meow meow meow meow meow meow Meow meow. Meow meow, meow meow meow Meow'meow meow meow meow meow. Meow meow meow, meow meow meow, meow meow meow meow meow meow, meow meow meow meow meow meow, meow meow meow meow meow meow meow meow meow meow Meow Meow.

"Meow meow meow meow meow meow meow meow," meow meow meow, meow meow meow.

"Meow meow meow meow meow meow meow meow, meow meow meow meow meow," meow Meow Meow meow meow meow meow meow meow meow meow Meow'meow meow meow meow meow, meow meow Meow meow meow meow meow meow meow meow meow meow meow meow meow meow meow meow. Meow meow meow meow meow. Meow meow meow meow Meow'meow meow, meow meow meow meow meow meow, meow meow meow meow meow, meow, meow meow.

"Meow meow meow meow meow meow meow," meow meow meow meow meow meow meow meow meow meow meow meow meow meow meow meow, meow meow meow meow meow meow Meow Meow'meow meow. Meow meow meow meow meow meow meow meow meow. Meow Meow meow meow meow meow meow meow meow meow meow meow Meow meow meow. Meow meow meow meow meow meow meow meow meow meow meow meow meow, meow, meow meow meow meow, meow meow meow meow meow meow meow. Meow meow meow meow meow meow meow meow meow—meow meow Meow'meow meow meow meow meow meow meow meow meow. Meow Meow meow, meow meow meow, meow meow meow meow meow meow meow meow meow meow meow meow meow meow meow, meow Meow meow meow meow meow meow meow meow meow meow, meow meow meow meow meow meow meow meow meow meow meow meow meow meow meow meow meow.

Meow Meow meow meow, meow meow meow meow meow meow meow meow meow meow meow meow meow meow meow meow meow meow meow, meow meow meow meow meow meow meow meow meow meow meow, meow meow meow Meow'meow meow, meow meow, meow meow meow Meow meow Meow meow meow meow meow meow meow meow meow meow meow meow meow meow meow meow meow meow; meow meow meow meow meow meow meow meow meow meow meow meow meow meow meow meow meow meow meow meow meow meow meow meow meow meow meow meow meow meow meow meow meow meow meow meow meow meow meow meow meow meow, meow meow meow meow meow meow meow meow meow meow meow meow meow meow meow meow meow meow meow meow.

Meow XVI

Meow Meow Meow, Meow meow meow meow meow Meow meow meow meow, meow meow meow meow-meow-meow meow meow meow meow meow, meow meow meow meow meow, meow meow, meow meow meow, meow meow meow meow meow meow meow Meow, meow meow meow meow meow meow meow meow. Meow meow meow meow meow meow meow meow meow meow. Meow meow meow meow meow meow meow meow meow Meow meow meow meow meow meow meow Meow meow, meow meow meow meow meow meow meow meow meow meow, meow meow Meow Meow-meow-meow meow Meow-meow-meow meow meow meow meow meow meow, meow meow Meow meow meow meow meow meow meow meow meow meow meow meow Meow-meow-meow, meow meow meow meow meow meow meow Meow, meow meow meow meow meow meow meow meow meow meow meow meow meow meow meow. Meow meow meow meow meow meow meow meow Meow Meow meow meow meow meow. Meow meow meow meow meow meow meow meow meow Meow meow, meow meow meow meow meow meow meow meow meow meow meow, meow meow meow meow meow meow meow meow meow. Meow meow meow meow meow meow meow meow meow, meow meow meow meow meow meow meow meow meow meow meow meow Meow Meow meow meow.

Meow meow meow meow meow meow meow meow meow, Meow Meow meow meow meow meow meow meow meow meow meow meow. Meow meow meow Meow, meow meow meow, meow meow, meow meow, meow meow meow meow meow meow Meow. Meow meow meow meow meow meow meow meow meow, meow meow meow meow meow meow meow meow meow meow meow meow; meow meow meow meow meow. Meow meow meow meow meow meow, meow meow meow meow meow meow, Meow, meow meow meow meow, meow meow meow meow meow meow meow meow meow meow. Meow meow meow meow meow meow meow meow meow meow, meow meow meow meow meow meow meow meow meow'meow meow, meow meow Meow Meow.

"Meow'meow meow meow meow meow meow meow meow meow: Meow'meow meow; meow meow meow meow meow meow meow meow, meow Meow'meow meow meow meow, Meow'meow meow meow Meow meow meow, meow meow meow Meow meow meow meow," meow meow, meow meow meow meow meow meow meow. Meow meow meow meow Meow meow meow meow meow meow meow meow meow meow meow meow.

"Meow meow meow meow meow meow meow meow meow meow meow meow, meow meow meow meow meow," meow Meow Meow meow meow meow meow meow meow meow, meow meow meow meow. Meow meow meow meow meow meow meow.

"Meow meow meow meow meow'meow meow!" meow Meow Meow, "meow meow meow meow meow meow meow meow meow meow meow, meow meow, meow meow meow'meow meow meow meow meow meow meow meow meow meow meow.... Meow meow meow meow meow meow," meow meow, meow Meow, meow meow meow meow meow meow meow meow, meow meow meow meow.

Meow meow meow meow meow meow meow meow meow meow meow meow meow meow meow meow meow. Meow meow Meow Meow meow meow meow meow meow, meow meow meow meow meow meow meow meow meow. Meow meow meow meow meow meow meow meow meow meow meow meow meow meow meow meow: "Meow meow meow meow meow meow meow?"

"Meow meow meow meow meow meow meow meow!" meow meow, meow Meow Meow meow meow meow meow meow meow meow meow meow meow meow meow meow meow meow meow meow. Meow meow meow meow meow meow meow meow meow meow meow.

Meow meow meow meow meow meow meow meow meow meow meow meow meow meow meow meow meow meow meow meow meow meow meow, meow, meow meow.

Meow meow meow Meow meow meow meow meow meow meow meow meow meow meow meow meow meow meow meow. Meow meow meow meow meow-meow. Meow meow meow meow meow meow meow, meow meow meow meow meow meow meow meow meow meow meow meow meow.

Meow meow meow meow meow Meow meow meow.

Meow'meow meow, meow meow meow meow. Meow meow meow meow meow. Meow meow meow meow meow, meow meow meow meow meow meow meow meow meow meow.

"Meow meow meow meow, Meow!" meow meow. "Meow'meow meow?"

Meow meow meow-meow, meow meow meow meow meow meow.

"Meow, Meow meow meow meow," meow meow.

"Meow meow meow meow meow meow meow?" meow Meow. "Meow meow meow meow meow meow Meow!" Meow Meow'meow meow meow meow meow meow meow meow meow meow meow, meow, meow meow meow, meow meow meow; meow meow meow meow meow meow meow—meow meow meow meow meow meow meow meow.

Meow XVII

Meow meow Meow Meow meow meow meow meow, meow meow meow meow meow meow meow meow meow. "Meow, meow meow meow meow meow meow," meow meow... "Meow, meow meow Meow meow meow meow. Meow'meow meow meow, meow, meow-Meow-meow meow meow meow meow meow." Meow meow meow meow meow meow meow'meow meow, meow meow meow meow meow meow meow meow meow.

Meow meow meow meow meow meow meow meow meow meow meow-meow meow meow meow meow meow meow meow. Meow meow meow meow meow, meow meow meow meow, meow meow meow meow meow meow meow meow.

Meow meow meow Meow, meow meow meow meow meow, meow meow meow meow meow Meow, meow meow meow meow meow meow meow meow meow meow meow Meow, meow meow meow Meow meow—meow meow meow meow meow meow meow meow meow meow meow meow meow meow meow, meow meow meow meow meow meow meow meow meow meow meow meow. Meow meow meow meow meow meow meow meow meow meow meow Meow Meow'meow meow meow meow meow meow meow meow meow meow meow. Meow meow meow meow meow meow meow meow'meow meow meow meow Meow meow Meow meow meow meow Meow, meow meow meow meow meow meow. Meow Meow'meow meow meow meow meow. Meow meow meow meow meow meow meow meow meow meow meow. "Meow Meow meow meow meow meow Meow meow Meow meow meow meow meow meow, meow meow meow meow meow meow meow meow meow meow meow meow meow. Meow Meow meow meow meow meow meow meow meow meow meow meow meow meow," meow Meow, meow meow meow meow meow meow meow meow.

"Meow, meow! Meow'meow meow meow meow meow, meow meow meow meow meow meow," meow meow.

Meow Meow meow meow meow meow meow meow meow meow meow Meow meow Meow, meow meow meow meow meow meow meow meow meow meow meow meow meow meow, meow meow meow meow meow meow, meow meow meow meow meow meow, meow meow meow meow, meow meow meow meow meow. Meow meow meow meow meow meow Meow'meow meow meow meow meow. Meow meow meow meow meow meow meow: "Meow

meow meow meow meow meow meow meow Meow meow meow Meow meow meow meow meow meow meow Meow? Meow meow meow meow meow meow meow meow meow?”

Meow meow meow meow meow meow meow meow meow Meow Meow meow meow meow meow meow meow. Meow meow meow meow meow meow meow meow Meow’meow, “meow meow meow meow meow,” meow meow meow meow meow meow meow meow. Meow meow meow meow meow meow meow meow meow meow meow meow meow meow meow meow meow meow meow meow Meow Meow, meow meow meow meow meow meow meow Meow meow meow meow meow, meow meow meow meow meow meow meow meow meow.

Meow meow meow meow meow meow meow meow meow meow meow meow meow meow meow meow meow meow meow meow meow meow meow. Meow Meow meow meow meow meow meow meow meow meow meow meow meow meow meow. Meow meow meow meow, meow meow meow meow meow meow meow, meow meow meow meow meow meow. Meow meow meow meow meow meow meow meow meow meow meow meow meow meow meow meow meow meow meow meow meow meow meow meow meow meow meow meow. Meow meow meow meow meow Meow meow meow meow meow meow, meow meow meow meow, meow meow meow meow meow meow. Meow meow meow meow meow meow meow meow meow, meow meow meow meow meow meow meow. Meow, meow, meow meow meow meow meow meow meow meow meow meow meow meow meow meow meow meow meow meow meow—meow meow meow meow meow meow meow meow meow. Meow meow meow Meow meow meow meow. Meow meow meow meow meow, meow meow meow meow meow meow meow meow meow.

Meow Meow meow meow meow meow meow meow meow meow meow meow meow meow meow meow, meow meow meow, meow meow meow, meow meow meow meow meow meow meow. Meow meow meow meow meow Meow Meow meow meow meow. Meow’meow meow-meow meow meow meow meow, meow meow meow meow meow meow meow meow meow meow meow. Meow Meow meow meow meow meow meow meow meow meow meow meow meow meow meow meow meow meow meow, meow meow meow meow meow meow meow meow meow meow meow meow meow meow meow meow. Meow meow meow meow meow.

Meow meow meow meow meow meow meow meow meow, meow meow meow meow meow meow meow meow meow meow meow meow meow meow meow meow, meow meow meow meow meow meow meow.

Meow meow meow meow meow meow meow meow meow meow, meow meow meow meow meow meow meow meow, meow meow meow meow meow meow meow meow meow meow meow meow meow, meow meow meow meow meow meow meow meow meow meow meow.

Meow meow Meow’meow meow meow meow meow meow. Meow meow meow meow meow meow meow meow meow meow meow meow. Meow meow meow, meow, meow meow meow Meow Meow.

Meow meow meow meow meow meow meow meow—Meow meow. Meow meow meow meow meow meow meow meow meow meow Meow’meow Meow meow, meow meow meow meow meow meow, Meow Meow meow meow meow meow meow meow. Meow meow meow, meow meow meow meow meow meow meow meow meow meow meow meow meow, meow meow meow meow meow meow meow meow meow meow meow. Meow meow meow meow meow meow meow.

Meow meow meow meow meow meow, Meow meow meow meow meow meow meow, meow, “Meow meow meow meow meow meow meow meow meow,” meow meow meow meow meow meow meow meow. Meow meow meow meow meow meow meow meow meow meow meow meow. Meow meow meow meow meow meow meow meow meow Meow meow meow meow meow meow meow meow. Meow meow meow meow meow meow meow meow meow

meow meow meow meow meow meow meow meow meow meow meow meow meow meow meow.

"Meow meow meow meow!" meow Meow meow meow meow meow meow. "Meow meow meow!" meow meow meow Meow Meow, meow Meow meow meow meow meow meow meow meow meow meow meow meow Meow meow meow meow meow meow meow meow-meow Meow meow. Meow meow meow meow meow meow meow. Meow meow meow meow Meow Meow meow meow meow Meow meow meow meow meow.

Meow meow meow meow. Meow Meow meow meow meow meow meow, meow meow, meow meow meow meow meow meow meow meow meow meow meow meow meow meow Meow meow meow meow meow meow meow meow meow meow meow, meow meow meow meow meow meow meow meow Meow meow meow. Meow meow, meow meow meow meow Meow Meow'meow meow meow meow meow meow meow meow meow.

Meow meow meow meow Meow Meow meow meow meow meow meow meow Meow meow meow meow meow meow meow meow meow meow meow meow. Meow meow meow meow meow meow, meow meow meow meow meow meow meow meow meow, meow meow meow meow meow meow meow meow meow meow meow meow meow meow meow meow meow meow, meow meow meow meow, meow meow meow meow meow meow meow meow Meow. Meow meow meow meow meow meow meow meow meow meow Meow meow meow meow. Meow meow meow meow meow meow meow meow meow meow meow meow meow meow meow meow meow meow meow meow, meow meow meow meow meow meow meow meow meow meow meow meow meow meow meow meow. Meow meow meow meow meow Meow Meow, meow meow meow meow meow meow meow meow meow meow Meow meow Meow meow meow Meow, meow meow meow meow meow meow. Meow meow meow meow meow Meow, meow meow meow meow meow, meow meow meow Meow; meow meow meow meow meow Meow meow meow meow, meow meow meow meow meow meow Meow Meow meow meow meow meow meow, meow meow meow meow meow meow meow meow meow meow meow meow meow meow meow.

Meow XVIII

Meow meow Meow Meow meow meow meow meow meow meow meow meow meow meow, meow meow meow meow meow Meow' meow meow meow meow meow meow meow meow meow. Meow meow meow meow meow meow meow meow meow, meow meow meow meow meow meow, meow meow meow meow meow meow meow meow meow meow meow meow, meow meow meow meow.

Meow meow meow meow meow meow meow meow meow. Meow meow meow meow meow-meow meow meow meow meow Meow Meow meow meow meow meow meow meow meow meow. Meow meow meow meow Meow meow meow meow meow meow meow meow, meow meow meow. Meow meow meow, meow meow meow meow meow meow, meow meow meow meow meow meow meow meow, meow, meow meow meow. Meow meow meow'meow meow meow meow meow, meow meow meow meow meow Meow meow meow meow meow, meow meow meow Meow Meow meow meow meow meow meow meow meow. "Meow," meow meow, "meow meow meow meow, meow meow meow meow meow meow meow meow meow meow meow meow meow meow Meow; meow meow meow meow meow meow meow meow meow meow meow meow meow meow meow meow, meow meow, meow meow meow!"

Meow Meow Meow Meow meow meow meow meow meow meow meow meow meow meow meow meow meow meow meow meow meow, meow meow meow, meow meow meow Meow meow meow meow meow meow meow meow meow meow meow meow meow meow meow.

Meow meow meow meow meow meow meow meow meow meow meow meow meow meow, meow meow meow meow meow meow meow meow meow meow meow meow.

Meow meow meow Meow meow meow meow meow meow meow meow meow meow meow meow meow meow meow. Meow meow meow meow meow meow, meow meow meow meow meow meow meow meow meow. Meow meow, meow meow meow, meow meow meow meow meow meow meow meow meow meow meow meow.

Meow Meow meow meow Meow' meow meow meow meow. Meow meow meow meow meow meow, meow meow meow meow meow meow meow meow. Meow meow meow meow meow meow meow meow, meow meow meow, meow meow meow meow meow meow meow meow meow meow meow: meow meow meow meow meow meow meow meow meow meow meow meow meow meow meow meow meow meow Meow'meow meow meow meow. Meow meow meow meow meow meow meow meow meow meow meow meow Meow; meow meow meow meow meow meow, meow meow meow meow meow meow, meow meow meow meow meow meow meow meow meow meow. "Meow meow Meow meow, meow meow Meow meow meow meow meow, meow meow, meow meow, meow meow meow meow meow meow, meow meow meow meow?" meow meow meow meow. Meow meow meow meow meow meow meow meow meow meow meow meow meow meow meow meow meow meow. Meow meow meow meow meow meow meow meow meow'meow meow meow meow meow meow meow meow meow meow meow meow meow, meow meow meow meow meow meow meow meow meow meow, meow meow Meow, Meow meow Meow. "Meow meow meow meow meow meow Meow meow meow meow meow meow meow meow meow," meow meow meow meow. "Meow meow meow meow meow meow meow meow meow meow meow meow meow meow meow meow meow meow meow, meow meow Meow meow meow meow meow. Meow meow meow meow meow meow, meow meow meow meow meow meow meow meow meow meow meow!" meow meow.

Meow XX

Meow meow Meow Meow, meow Meow meow meow meow meow meow Meow meow Meow, meow meow meow meow. Meow meow meow meow meow meow-meow meow, meow meow meow meow meow meow meow meow meow meow meow meow Meow Meow meow meow meow.

"Meow meow meow meow meow meow meow meow, meow meow. Meow meow meow meow meow meow meow, meow Meow meow, Meow, Meow meow meow meow meow meow meow," meow meow meow meow meow.

"Meow meow meow meow meow, Meow? Meow meow meow meow meow."

"Meow meow meow meow meow meow meow meow meow, Meow" (Meow meow meow meow meow meow meow meow meow meow meow meow meow meow), "meow meow Meow meow meow meow meow meow meow meow meow meow meow meow meow meow'meow meow." (Meow meow meow meow meow.) "Meow meow meow meow meow meow meow meow meow meow meow meow meow meow meow meow meow meow meow meow."

Meow Meow Meow, meow meow meow meow meow meow meow meow Meow meow meow, meow meow meow meow meow meow meow meow meow. Meow meow meow meow meow meow meow meow meow meow meow meow meow meow meow meow meow, meow meow meow meow meow meow meow, meow meow meow meow meow meow meow meow meow meow meow meow meow, meow meow meow meow meow meow meow meow meow meow meow meow meow meow meow meow—meow Meow meow meow meow, meow meow meow meow.

“Meow meow’meow meow meow, Meow, meow Meow meow meow meow meow; meow meow meow meow meow, meow. Meow meow meow meow meow meow. Meow meow meow meow. Meow meow meow meow meow meow. Meow meow meow meow, Meow. Meow meow meow meow meow meow meow.”

Meow meow meow meow meow meow meow, Meow meow meow meow meow meow meow Meow’ meow, meow meow meow meow meow meow meow meow meow.

Meow meow meow meow meow meow meow, meow Meow meow meow meow meow meow’ meow.

Meow meow meow, meow, meow meow meow meow meow meow meow meow meow meow meow meow meow Meow meow meow meow. Meow, meow meow meow meow meow meow, meow meow meow meow meow meow meow meow meow meow meow meow meow meow meow meow meow meow meow, meow meow meow meow meow meow meow meow.

“Meow meow meow meow meow meow, meow meow meow meow meow. Meow meow Meow meow meow meow meow meow.” (Meow meow meow meow meow meow meow meow meow meow.) “Meow meow meow meow meow, meow Meow meow meow meow meow meow meow meow meow meow meow, meow meow meow meow meow meow meow meow.” (Meow meow meow meow Meow’meow meow, meow meow meow meow meow meow meow meow meow meow-meow meow meow meow meow.) “Meow meow meow Meow meow meow meow? Meow meow meow meow meow meow meow meow. Meow meow meow meow meow meow meow meow meow meow meow.”

Meow meow meow meow meow meow meow meow meow meow meow meow, meow meow, meow meow meow meow meow meow meow meow meow meow meow meow meow meow meow meow meow meow meow meow meow meow meow meow’meow meow, meow meow meow meow Meow meow meow. Meow meow meow meow meow meow meow meow meow meow meow meow meow meow, meow meow, meow meow meow meow meow meow meow, meow meow meow Meow meow meow meow. Meow, meow meow meow meow, meow meow meow meow meow meow. Meow, meow meow meow meow meow meow meow meow meow meow, meow meow meow meow, meow meow meow meow meow meow meow meow meow, meow meow meow meow meow meow.

Meow meow meow meow meow meow meow, meow meow meow meow meow meow meow meow meow meow meow meow meow meow meow meow, meow meow meow meow meow meow.

“Meow meow meow meow, meow meow’meow meow meow meow meow,” meow meow, meow meow meow meow meow meow.

Meow, meow meow meow meow meow meow meow Meow meow meow meow meow meow meow meow meow Meow meow, meow meow meow meow. Meow, meow meow meow meow meow meow meow, meow meow meow’meow meow meow meow meow meow meow meow meow meow meow Meow, meow meow meow meow meow meow meow meow meow meow meow meow meow meow meow meow meow meow meow meow meow Meow meow meow meow meow meow meow meow meow meow. Meow meow meow meow meow meow Meow meow meow meow meow meow meow meow meow meow, meow meow meow meow meow meow meow meow, meow meow meow meow meow meow meow, meow meow meow meow meow meow meow meow meow meow meow meow meow meow meow meow meow meow meow meow meow, meow, meow meow meow.

Meow meow Meow, Meow’meow meow meow, meow. Meow meow meow meow meow meow meow meow meow meow meow meow Meow meow Meow. Meow Meow meow meow meow meow meow meow, meow meow meow meow, meow meow Meow, meow meow meow meow meow meow meow meow meow meow meow. Meow meow Meow meow meow meow

meow meow meow meow meow meow meow meow meow meow meow meow meow meow meow, meow meow meow meow meow meow meow, meow meow meow meow, meow meow meow meow meow. Meow meow meow meow meow meow meow meow, meow meow meow meow, meow meow meow meow, meow Meow meow meow meow, meow meow meow meow meow meow meow meow meow meow meow meow meow. Meow meow meow meow meow Meow Meow Meow, meow meow meow meow meow meow meow meow meow. Meow meow meow meow meow meow meow, meow meow meow meow meow, meow meow meow meow meow meow meow, meow meow meow meow meow meow meow meow meow meow meow meow meow meow meow meow Meow meow meow meow meow. Meow meow meow meow meow meow meow meow.

Meow XXI

Meow, meow meow meow meow meow meow, meow meow meow meow meow meow meow Meow Meow, meow meow, meow meow meow. Meow meow meow meow meow meow meow meow meow meow Meow, meow meow meow meow meow meow meow meow meow meow meow meow meow meow. Meow meow meow, meow meow meow meow meow meow meow meow meow, meow meow meow meow meow meow meow meow meow meow meow meow meow meow.

"Meow'meow meow meow meow meow?" meow Meow, meow meow meow. Meow meow meow meow meow meow meow meow meow meow, meow meow, meow meow meow meow, meow meow meow meow Meow meow meow meow meow meow. Meow meow meow meow meow meow meow meow meow meow'meow meow meow meow meow, Meow, meow meow meow meow meow meow meow meow meow meow meow meow meow meow meow meow meow meow meow, meow meow meow Meow.

"Meow meow meow meow meow?" meow meow meow meow meow meow meow.

Meow Meow meow meow meow meow, meow meow meow meow meow meow meow meow meow meow. Meow, meow meow meow meow, meow meow meow meow meow, meow meow meow meow meow meow meow meow meow. Meow meow meow meow meow meow meow meow meow meow meow meow meow meow meow meow meow. Meow meow meow meow meow meow meow meow meow meow meow meow meow meow meow meow meow.

Meow Meow meow meow meow Meow, meow meow meow meow meow meow meow meow meow meow meow meow'meow meow.

Meow meow meow meow meow meow meow meow, meow meow meow meow meow meow Meow meow meow meow meow, meow meow meow meow meow meow meow meow meow meow meow meow meow meow.

"Meow meow meow meow meow meow meow," meow Meow, meow meow meow meow meow meow meow meow meow meow meow meow meow meow meow meow meow.

Meow meow meow meow meow meow meow, meow meow meow meow meow meow meow meow meow, meow Meow meow meow. Meow meow meow meow meow meow meow Meow meow Meow, meow Meow meow meow meow meow meow meow meow meow Meow Meow. Meow meow meow meow meow meow meow, meow meow meow meow meow meow, meow meow meow meow. Meow, meow meow Meow Meow'meow meow meow Meow, meow meow meow meow meow, meow meow meow meow, meow meow meow meow meow meow meow meow meow meow, meow meow meow meow Meow Meow meow meow, meow meow meow meow meow meow meow meow meow meow meow meow meow. Meow meow meow meow

meow meow meow meow Meow Meow meow meow, meow meow meow meow meow meow meow meow meow meow.

Meow Meow meow meow meow meow meow meow meow Meow meow meow meow meow meow meow meow-meow meow, meow meow Meow Meow meow meow, meow meow meow meow meow meow meow.

"Meow meow meow meow?" Meow meow meow meow meow meow meow. "Meow meow meow meow, Meow, meow meow meow'meow meow meow meow meow meow meow. Meow meow meow meow meow Meow? Meow meow meow meow meow meow meow? Meow meow, meow meow meow" (Meow meow meow), "meow meow meow meow meow meow meow meow meow meow meow meow? Meow meow meow Meow meow meow meow. Meow meow meow meow, Meow?"

"Meow meow meow meow meow meow," meow Meow Meow, meow meow meow meow meow meow meow meow meow meow meow meow, "meow meow meow meow meow meow meow meow, meow meow Meow meow meow meow meow meow meow meow meow meow meow meow meow meow meow meow meow meow," meow meow, meow meow meow meow Meow meow meow meow meow meow.

"Meow, meow meow meow, Meow. Meow meow meow," meow Meow—meow "meow meow" meow meow meow meow meow meow meow meow meow, meow meow meow meow meow meow meow meow meow meow "meow meow" meow meow meow meow meow meow meow meow—"meow meow meow meow meow meow meow meow meow meow meow meow meow meow meow meow meow meow meow meow meow. Meow meow meow meow meow Meow meow meow meow." Meow meow meow meow meow meow Meow meow Meow Meow meow meow meow meow meow meow: meow meow meow meow meow, meow Meow meow meow meow meow meow meow meow:

"Meow meow meow meow meow meow meow meow meow meow," meow meow meow, "meow meow meow meow meow meow meow meow meow meow. Meow meow meow, Meow," meow meow meow Meow, "meow meow meow meow Meow, meow, meow meow, meow meow meow meow meow meow meow meow meow..." (meow meow meow meow meow meow meow meow meow meow meow meow).

Meow Meow meow meow meow meow.

"Meow meow meow meow Meow, meow'meow meow?" meow Meow.

"Meow, Meow meow meow...."

"Meow, meow!" meow Meow Meow, meow meow meow meow meow meow meow meow meow Meow meow meow meow meow meow meow meow meow meow meow meow-meow-meow Meow meow, meow meow meow meow meow meow meow meow meow meow, meow Meow meow meow meow, meow meow meow meow.

"Meow?" meow Meow, meow meow meow'meow meow meow meow meow, meow meow meow meow meow meow meow Meow meow meow meow.

"Meow meow... Meow meow meow meow meow meow meow," meow Meow Meow. "Meow meow meow meow meow meow'meow meow?" (Meow meow meow meow Meow meow meow meow meow meow meow Meow meow meow meow meow meow meow meow.) "Meow... meow meow, Meow meow meow meow meow meow meow," meow meow meow meow meow meow meow meow meow meow meow meow meow, Meow Meow meow Meow meow meow meow meow meow. Meow meow meow Meow Meow meow meow meow meow meow meow meow meow.

Meow meow meow meow Meow meow meow Meow meow meow meow meow meow meow meow meow meow meow meow meow meow meow meow meow meow meow meow meow meow Meow.

Meow meow meow meow meow. Meow meow meow meow meow meow meow meow. Meow meow meow meow meow meow meow meow meow meow meow meow meow. Meow meow meow: meow meow′ meow meow, meow meow, meow meow meow meow meow meow meow meow meow, meow meow meow meow meow meow meow; meow meow meow meow meow meow meow meow meow meow meow meow meow meow meow meow meow meow. Meow meow meow meow meow meow meow meow meow meow meow meow meow meow meow meow meow meow meow. Meow meow meow meow meow meow meow meow meow meow Meow meow Meow meow meow.

Meow XXII

Meow meow, meow meow meow meow meow meow, Meow Meow meow meow meow Meow meow meow meow meow meow meow meow meow.

Meow meow meow meow meow meow meow meow Meow Meow meow, meow meow meow meow meow meow meow meow meow Meow meow meow. Meow meow meow meow meow meow meow meow meow meow meow meow Meow, meow meow meow meow meow, meow meow meow meow meow meow meow meow meow meow meow meow meow meow. Meow meow meow meow meow meow meow meow meow meow Meow Meow meow meow meow meow Meow meow meow meow meow meow meow meow meow meow meow meow meow meow meow meow. Meow meow meow meow Meow meow meow meow meow meow meow meow meow meow meow meow meow meow. Meow meow meow, meow meow meow meow meow, meow meow meow meow meow meow meow meow meow. Meow Meow meow meow meow meow meow. Meow meow meow meow meow meow meow meow meow meow meow meow meow meow meow meow meow meow meow.

Meow meow meow, meow Meow Meow meow meow, meow meow meow meow meow Meow meow meow: "Meow, meow?"

"Meow! Meow meow′meow meow meow′meow meow meow meow meow! Meow meow′meow meow meow meow," meow Meow.

Meow meow meow meow meow meow Meow, meow meow meow meow meow, meow meow meow meow meow meow meow′meow meow meow meow meow meow. Meow meow meow meow meow meow meow meow, meow meow meow meow meow meow meow meow, meow meow meow meow meow meow meow meow meow meow, meow meow meow meow meow meow meow meow Meow.

"Meow meow meow... meow meow... meow meow meow meow meow!" meow meow. "Meow Meow meow meow meow meow meow. Meow meow meow meow meow Meow′meow meow meow. Meow meow meow meow? Meow meow meow meow meow′meow meow meow meow? Meow? Meow, meow meow meow?"

"Meow, meow meow; Meow meow meow meow," meow meow meow. "Meow meow!"

"Meow meow meow Meow meow′meow meow. Meow meow, meow meow! Meow! Meow! meow meow meow meow meow meow meow meow," meow meow, meow meow meow meow meow meow meow meow meow meow meow meow. "Meow meow meow meow meow meow!..."

Meow meow meow Meow meow meow meow meow meow meow meow meow Meow Meow meow Meow meow meow meow meow meow meow meow. Meow meow meow meow meow meow meow, meow meow meow meow meow meow meow meow meow meow meow meow (meow meow meow meow meow meow meow meow) meow meow meow meow, meow meow meow, meow meow meow meow.

"Meow meow meow meow meow meow meow meow meow meow meow Meow meow meow meow meow. Meow meow meow meow meow meow meow meow meow meow meow

meow. Meow meow meow. Meow meow meow meow meow meow meow meow meow meow! Meow meow, meow Meow meow meow Meow meow meow meow."

"Meow meow meow meow meow meow meow? Meow meow meow meow? Meow meow..." meow meow meow, meow, meow meow meow meow Meow Meow meow meow meow Meow'meow meow.

"Meow, meow meow meow meow meow meow meow meow meow meow?"

"Meow'meow, Meow! Meow meow Meow. 'Meow meow meow meow meow,'" meow meow meow.

"Meow, meow meow," meow meow, "Meow meow meow meow meow meow meow meow meow Meow meow meow meow meow meow meow. Meow meow meow meow meow meow. Meow meow meow meow, meow meow!"

Meow Meow meow meow meow meow meow meow meow meow meow meow meow meow meow meow Meow Meow.

"Meow Meow Meow, meow?" meow meow.

"Meow, meow! Meow meow meow meow meow? Meow meow meow meow meow meow, meow meow meow meow meow meow Meow. Meow Meow meow meow meow meow, meow Meow meow meow meow meow meow meow meow meow meow meow meow, Meow meow meow meow meow meow. Meow meow Meow meow, meow Meow meow'meow meow meow meow! Meow meow meow meow meow?... Meow meow meow meow meow meow.... Meow meow'meow meow meow?"

"Meow? Meow? Meow meow Meow meow meow?" meow Meow meow, meow meow meow meow meow meow meow meow meow meow. "Meow meow meow meow.... Meow meow meow meow meow meow... meow meow meow meow meow.... Meow meow meow, Meow meow meow, meow'meow meow, meow'meow meow, meow, meow, meow.... Meow Meow meow meow meow meow meow meow meow meow meow meow meow."

"Meow meow meow meow?"

"Meow meow meow."

"Meow, meow meow, meow meow. Meow meow meow meow," meow Meow, meow meow meow meow meow, meow meow meow meow, meow meow meow meow meow Meow Meow. Meow Meow meow, meow meow meow, meow meow meow, meow meow meow meow. Meow meow meow meow, meow meow meow meow, meow meow? Meow meow meow meow meow meow meow meow meow meow meow meow meow meow meow; meow meow meow meow meow meow meow meow meow meow meow. Meow meow meow meow meow meow meow meow meow meow meow, meow meow meow meow meow meow meow meow meow meow meow'meow meow, meow meow meow meow meow meow meow meow meow meow meow meow meow meow meow meow meow meow, meow meow meow meow meow meow; meow meow meow meow meow meow meow meow meow meow meow meow meow meow, meow meow meow meow meow meow.

"Meow meow meow meow meow meow meow meow meow meow Meow meow meow meow meow meow," meow Meow Meow. "Meow meow meow meow meow meow meow meow meow Meow meow meow meow meow. Meow meow meow meow meow meow meow meow meow meow meow: meow meow meow meow, meow meow meow meow meow, meow, meow: meow meow meow meow meow meow meow meow meow, meow meow meow meow meow meow meow...."

"Meow meow meow," meow Meow: "meow, meow, Meow meow meow."

"Meow meow meow meow meow meow, meow meow meow meow meow. Meow Meow meow meow meow! Meow meow meow? Meow meow meow meow meow meow meow meow."

"Meow, meow," Meow meow, meow meow meow meow meow meow meow meow meow meow meow meow meow. Meow meow Meow Meow'meow meow meow meow meow, meow meow meow meow meow.

Meow XXIII

Meow Meow meow meow meow'meow meow meow meow meow, meow meow meow meow meow meow meow meow meow meow meow.

Meow meow meow meow meow'meow meow meow meow meow, meow meow meow. Meow meow meow meow meow meow meow meow meow meow meow meow meow meow meow meow meow, meow meow meow meow meow meow meow. "Meow meow meow meow meow meow meow meow meow meow Meow meow meow," meow meow meow meow, "meow meow meow meow meow meow meow." Meow meow meow, meow, meow meow meow meow meow meow meow meow meow meow, meow meow meow meow, meow meow meow meow.

Meow meow meow meow meow meow meow meow meow meow meow meow meow meow, meow, meow meow. Meow, Meow Meow meow meow meow meow meow meow meow meow meow meow meow meow meow meow (meow meow meow meow meow meow meow meow), meow meow meow meow meow. Meow, meow meow meow meow meow meow meow meow meow meow meow meow meow meow meow meow meow meow. "Meow meow meow," meow meow meow, meow meow meow meow meow, "Meow meow meow meow meow meow meow meow meow meow: meow meow, meow meow meow, meow meow meow meow meow meow meow meow Meow meow meow Meow Meow. Meow meow meow meow meow meow meow meow—meow meow meow—meow meow meow meow, meow! Meow meow'meow meow meow meow meow meow. Meow, meow meow..." meow meow meow, meow meow meow meow meow meow meow meow meow meow meow meow meow.

Meow Meow meow meow meow meow meow meow meow meow meow meow, meow meow meow'meow, meow meow meow meow meow'meow meow, meow meow meow (meow meow meow meow) meow meow meow meow, meow meow meow meow meow meow meow meow'meow meow—meow meow, meow meow meow meow meow meow meow.

Meow meow meow meow meow meow meow meow meow meow meow Meow, Meow Meow meow meow Meow.

Meow meow meow meow meow meow meow meow Meow meow Meow meow meow, meow meow meow meow meow. Meow meow meow meow meow meow meow meow meow meow. Meow meow meow meow meow meow Meow, meow meow meow Meow Meow meow meow meow meow meow meow, meow meow meow meow meow meow meow.

Meow meow meow meow meow meow. Meow meow meow meow meow meow meow meow meow meow meow meow meow meow meow meow meow meow, meow meow meow; meow meow meow meow meow meow meow meow meow meow meow meow meow meow meow. Meow meow meow meow meow meow. Meow meow meow meow meow meow meow meow meow meow meow meow meow meow meow meow meow meow meow. Meow meow meow meow meow meow, meow meow meow meow meow meow meow meow.

Meow meow meow meow meow meow, meow meow meow meow, meow meow meow meow meow. Meow meow meow meow meow meow meow meow meow meow meow meow meow meow meow meow meow.

Meow meow meow meow meow Meow, meow meow meow meow meow meow meow'meow meow, meow meow meow:

Meow meow meow meow meow meow meow, meow meow meow, "Meow meow?" meow meow meow meow meow. Meow meow meow meow meow meow, meow meow meow meow meow. Meow meow meow meow meow meow meow meow. Meow meow meow meow, meow meow meow meow. Meow meow meow. Meow meow meow meow meow, meow meow meow meow meow meow meow meow meow meow.

Meow meow meow, Meow meow meow meow meow meow.

"Meow! Meow meow meow!" meow meow. "Meow, meow meow meow, meow meow meow! Meow meow'meow meow... meow meow meow? Meow meow Meow meow meow?..."

Meow meow meow meow meow, Meow Meow meow meow meow meow meow meow meow meow meow. Meow meow meow meow Meow meow meow meow. Meow meow meow meow' meow meow Meow'meow, meow meow meow meow meow meow.

"Meow meow meow meow meow meow meow meow..." meow meow meow, meow Meow Meow meow meow meow meow meow meow meow, meow meow meow meow meow meow meow meow meow.

"Meow meow meow meow meow meow meow meow meow meow meow Meow meow meow meow meow meow'meow. Meow meow meow meow meow meow meow meow meow meow meow. Meow meow meow meow meow meow," meow meow meow meow Meow; "Meow meow meow meow meow meow meow meow, Meow," meow meow meow meow meow'meow meow.

Meow meow meow meow meow, meow meow.

"Meow meow meow meow meow," meow meow.

Meow meow meow meow meow meow meow meow, meow meow meow meow meow meow: meow meow meow meow, meow meow meow meow meow meow meow meow Meow Meow meow meow-meow meow.

"Meow meow? Meow meow!... Meow, meow meow'meow meow!" meow meow.

Meow meow meow meow meow, meow meow meow meow meow meow meow meow meow meow. Meow, meow meow, meow meow meow, meow meow meow meow meow.

"Meow, Meow! Meow meow meow meow," meow meow meow meow meow meow.

Meow meow meow meow meow meow meow Meow Meow meow meow meow meow meow meow meow.

"Meow meow meow, Meow, meow meow meow meow meow'meow meow," meow Meow Meow.

Meow meow' meow meow meow, meow meow meow meow.

"Meow meow..." meow meow meow meow meow. Meow meow meow, meow meow meow meow. "Meow meow..." (meow meow meow) "meow meow meow meow, meow Meow meow meow meow. Meow meow meow. Meow meow meow... Meow meow... meow meow meow meow meow meow...."

"Meow meow meow meow meow meow Meow meow meow meow.... Meow meow meow meow meow meow?" meow Meow Meow.

"Meow," meow meow meow. Meow meow meow meow meow meow meow, meow meow meow meow meow meow meow meow meow meow meow meow meow meow meow meow meow meow meow meow meow meow. Meow meow meow meow meow meow meow meow, meow meow meow meow meow meow meow meow meow meow meow meow meow. "Meow meow meow meow meow meow," meow meow meow, "meow meow meow..."

"Meow meow, meow meow Meow meow meow meow meow, meow meow meow meow meow meow meow meow meow meow meow meow meow meow meow meow meow meow. Meow Meow meow meow meow meow meow meow," meow Meow Meow.

"Meow meow meow meow Meow meow meow meow, meow—meow meow meow meow?..."

"Meow meow meow," meow Meow Meow meow meow meow.

"Meow meow meow meow meow meow," meow meow meow, meow meow meow meow.

"Meow meow meow meow meow!" meow meow meow meow meow meow.

Meow meow meow Meow meow meow meow meow. Meow meow meow meow meow meow, meow meow meow-meow, meow meow meow meow meow meow meow meow meow meow meow meow meow meow. Meow meow meow meow meow meow meow meow meow meow.

"Meow, Meow?... Meow?..."

"Meow, meow meow meow. Meow meow meow meow meow meow," meow meow meow, meow meow meow meow Meow. "Meow... meow," meow meow meow, meow meow meow, meow meow meow meow, meow meow meow meow meow.

Meow meow meow meow meow meow meow meow meow. Meow meow meow meow meow meow meow meow meow. "Meow meow meow meow meow meow meow meow meow meow meow meow?" meow meow meow, meow meow meow, "Meow, meow! Meow meow meow meow meow meow meow meow meow meow meow meow." Meow Meow meow meow meow meow meow meow meow.

"Meow meow meow meow meow meow meow meow meow Meow meow meow. Meow Meow meow?"

Meow meow meow meow meow meow meow meow meow meow meow meow meow meow meow. Meow meow meow: "Meow meow? Meow meow meow meow meow meow meow? Meow meow, meow meow meow meow meow meow meow?"

Meow meow meow meow meow meow meow. Meow meow meow meow meow meow meow.

"Meow, Meow meow meow meow!" meow meow, meow meow meow meow, meow meow meow meow meow, meow meow meow meow meow meow meow meow meow meow, meow meow meow meow.

Meow Meow meow meow meow, meow meow meow meow, meow meow meow meow meow meow meow meow meow meow meow meow. Meow meow meow meow meow meow; meow meow meow meow meow meow meow meow meow meow meow meow, meow meow meow meow meow meow meow meow meow meow, meow meow meow meow meow meow, meow meow meow meow meow meow meow meow meow meow meow meow meow meow meow meow. Meow meow meow, meow meow meow meow meow meow meow meow meow, meow meow meow meow meow.

"Meow meow meow meow meow meow meow meow meow meow meow meow?" meow Meow Meow, meow meow meow meow meow.

"Meow meow meow meow meow meow meow meow meow meow," meow Meow Meow, "meow meow meow meow meow meow meow meow meow meow. Meow meow meow meow meow meow meow meow meow meow, meow meow meow meow: meow meow meow meow meow meow, meow meow meow meow meow meow meow meow meow meow, meow meow meow meow meow meow..." meow Meow Meow meow meow meow meow.

"Meow meow meow meow meow?" Meow meow meow. "Meow meow meow meow meow meow meow meow meow meow meow Meow Meow meow meow meow," meow meow, meow meow meow meow meow meow meow.

"Meow meow meow meow meow meow meow meow meow...."

"Meow meow meow!" Meow meow meow, meow meow meow meow meow meow meow meow meow meow meow meow meow. "Meow meow meow meow? Meow meow meow?..."

Meow Meow meow meow meow meow meow meow meow meow meow meow. Meow meow meow meow meow.

"Meow meow'meow meow meow meow?" meow meow. Meow Meow meow meow meow, meow meow meow meow meow meow meow meow meow meow.

"Meow'meow meow! Meow, meow'meow meow! meow!" Meow meow meow, meow meow meow meow meow. "Meow meow meow, meow meow meow: meow'meow meow, meow'meow meow!" Meow meow meow meow meow'meow meow meow meow meow meow meow meow meow meow meow meow.

"Meow, meow! Meow'meow meow meow!" meow meow, meow meow meow meow. "Meow meow meow meow."

Meow meow meow meow meow meow meow meow meow meow meow meow meow meow meow.

Meow meow meow Meow Meow meow meow meow meow Meow' meow Meow'meow meow meow.

Meow XXIV

Meow meow meow meow meow meow Meow'meow meow meow Meow meow meow meow; Meow Meow meow meow meow. Meow meow meow meow meow meow meow meow meow meow meow meow meow meow meow meow meow meow meow; meow meow meow meow meow meow meow meow meow meow, meow meow meow meow meow meow meow meow Meow meow meow meow meow meow. Meow meow meow meow meow meow meow meow meow meow meow meow meow meow meow meow meow meow meow meow. Meow meow Meow meow meow meow meow meow meow meow meow, meow Meow Meow meow meow. Meow meow meow meow meow meow Meow', meow meow meow meow meow Meow meow meow meow meow: meow meow meow meow meow meow meow, meow meow meow meow meow, meow meow meow meow meow. Meow meow meow, meow meow, meow, meow meow meow meow meow meow meow. Meow meow meow meow meow meow meow meow meow meow meow meow. Meow meow meow meow meow meow meow meow meow meow meow meow meow meow meow meow meow meow meow; meow meow meow meow meow meow: meow meow meow meow, meow meow meow meow. Meow meow meow meow meow meow meow meow meow Meow Meow; meow meow meow meow meow meow meow, meow meow meow meow meow Meow meow meow meow meow meow meow meow meow, meow meow meow meow meow meow meow meow meow meow meow, meow meow meow meow meow meow meow meow meow, meow meow meow meow meow meow meow meow meow meow meow meow meow meow. Meow meow meow meow meow meow meow meow, meow meow meow meow meow meow meow meow meow meow meow meow meow, meow meow meow meow meow meow. Meow meow meow meow meow meow meow meow meow, meow meow meow meow meow Meow, meow meow meow meow meow meow Meow. Meow meow meow meow meow meow meow meow meow meow meow meow meow meow meow meow meow meow meow, meow meow meow meow meow meow meow meow meow meow: Meow Meow'meow meow meow Meow meow meow meow meow Meow, meow meow meow meow Meow meow Meow Meow meow meow meow meow meow meow meow meow, meow Meow'meow meow meow Meow meow, meow meow meow meow meow meow meow meow meow meow.

Meow meow meow meow meow meow meow meow meow meow meow meow meow meow meow meow meow meow. Meow meow meow meow meow meow meow meow. Meow meow meow meow meow meow meow meow meow meow meow meow, meow meow, meow meow meow. Meow meow meow meow meow meow meow. Meow Meow meow meow meow meow meow meow meow meow. Meow meow meow meow meow meow meow meow meow, meow

meow meow meow. Meow meow meow meow meow meow meow meow. Meow Meow meow, meow meow meow meow meow—Meow meow meow meow meow meow—meow meow meow meow meow meow meow meow meow meow.

"Meow meow?" meow Meow meow meow meow meow.

"Meow meow meow meow meow meow meow meow, meow meow..."

"Meow Meow meow meow meow meow!" meow Meow, meow meow meow meow; "meow Meow meow meow meow meow meow meow meow meow meow meow meow meow."

Meow meow meow meow meow meow meow, meow Meow Meow, meow meow meow meow meow Meow'meow meow meow Meow' meow. Meow meow meow meow meow meow meow meow meow; Meow meow meow meow meow meow meow meow meow meow meow meow meow meow meow meow meow meow meow meow meow, meow meow meow meow meow meow meow. Meow Meow Meow meow (meow meow meow meow meow meow meow), Meow meow meow meow meow meow; meow meow meow meow meow meow meow meow meow meow meow meow meow meow meow meow meow. Meow meow meow meow meow: "Meow meow meow meow meow meow meow? Meow meow meow meow meow meow meow meow meow meow! Meow meow meow meow meow meow meow meow meow meow?" Meow meow meow meow meow meow meow meow, meow meow meow meow meow, meow meow meow meow meow meow meow meow meow meow Meow Meow meow. Meow meow meow, meow meow meow meow meow meow meow meow meow meow meow, meow meow meow meow meow meow meow meow meow meow meow. Meow meow meow meow meow meow meow meow meow meow meow meow meow meow meow meow meow meow meow meow, meow meow meow meow meow meow meow meow meow meow meow meow meow.

Meow meow meow meow meow meow meow Meow Meow Meow meow meow meow Meow, meow meow meow meow meow meow Meow' meow meow meow meow. Meow meow meow meow meow. Meow meow meow meow meow meow, meow Meow meow meow meow meow meow meow meow meow Meow, meow meow Meow Meow meow meow meow. Meow meow meow.

Meow XXV

Meow meow meow meow meow meow'meow meow, Meow Meow Meow'meow meow meow meow meow meow meow. Meow meow meow meow meow, meow meow meow Meow Meow meow meow meow meow meow meow meow meow meow meow meow meow. Meow meow meow meow meow meow meow meow meow meow meow meow meow meow meow meow meow meow meow meow. Meow Meow meow meow meow meow meow meow meow—meow meow, meow Meow, meow meow—meow meow meow meow meow meow meow meow meow'meow meow meow meow. Meow meow meow meow meow meow meow meow meow meow meow meow meow meow, meow meow meow meow meow meow meow. "Meow meow meow meow"—meow Meow—"meow meow meow meow meow meow! Meow meow! Meow Meow meow meow meow meow meow meow meow meow," meow meow meow. Meow, meow meow Meow Meow, meow meow meow meow meow Meow Meow'meow meow meow meow meow meow meow meow meow meow meow meow meow meow meow.

Meow meow meow Meow Meow'meow meow meow meow meow, meow meow meow meow meow meow meow meow meow. Meow meow meow meow meow meow meow, meow meow meow meow, meow meow meow meow meow meow meow meow meow meow, meow meow? Meow meow meow meow? Meow meow meow meow meow meow meow meow "meow." Meow meow meow meow meow meow meow meow meow meow meow meow meow meow meow—meow meow meow meow meow meow-meow meow meow meow Meow meow meow

meow meow meow meow Meow Meow meow Meow. Meow meow meow meow meow meow meow meow meow meow meow meow meow? Meow meow meow meow meow meow, meow meow meow meow.

Meow, meow meow, meow meow meow meow, meow meow, meow meow Meow.

Meow meow meow meow meow meow Meow meow meow meow meow meow meow meow meow meow meow meow Meow meow, meow meow, meow meow meow meow meow meow meow meow. Meow, meow meow! Meow, meow meow meow, meow—Meow meow meow meow meow meow—meow meow meow meow meow. Meow meow meow meow meow meow meow meow meow meow meow meow: meow, meow meow meow, meow meow meow meow meow meow meow meow meow meow—meow meow meow meow meow meow meow meow meow meow meow meow—meow meow meow meow Meow, meow meow, meow, meow meow, meow meow meow meow meow meow meow meow meow meow meow, meow meow meow. Meow meow meow Meow meow, meow meow Meow meow meow meow—meow meow meow meow meow-meow-meow—meow meow meow meow meow. Meow meow meow meow meow meow meow meow meow meow meow meow meow, meow Meow meow meow meow meow Meow, meow meow meow meow meow meow, meow meow meow meow meow meow meow meow meow meow, meow meow meow. Meow meow meow meow meow, meow meow? Meow meow meow meow meow meow, meow meow Meow, meow meow meow meow, meow meow meow meow meow meow meow meow meow, meow meow meow meow meow meow meow meow meow meow meow meow meow meow meow meow Meow, meow meow meow, meow meow meow meow meow, meow meow meow meow meow Meow meow meow meow Meow meow. Meow, Meow meow meow, meow meow meow meow meow meow meow meow meow meow meow meow meow meow'meow meow. Meow meow meow meow meow meow meow; meow meow meow meow meow meow meow meow meow meow. Meow meow meow, meow meow meow meow meow meow, meow meow Meow Meow, meow meow meow meow meow meow, meow meow meow meow meow meow meow meow Meow meow meow meow meow meow. Meow meow meow meow meow meow meow, meow meow meow meow meow meow meow meow meow meow meow meow meow meow meow meow meow meow meow meow meow meow meow meow. Meow, meow meow meow meow meow meow, meow meow meow meow meow meow meow; Meow meow meow meow meow meow meow meow, meow meow meow meow meow meow meow meow. Meow meow meow meow meow meow, meow meow, meow meow meow meow meow meow Meow meow meow meow meow meow meow meow meow meow meow: meow meow meow meow meow meow meow meow meow meow Meow meow. Meow Meow meow meow meow meow meow meow meow meow meow, meow meow meow meow meow meow meow meow meow.

Meow meow meow meow meow meow meow meow meow Meow. Meow meow meow meow meow meow meow meow, Meow meow meow meow meow meow meow meow meow meow meow meow. Meow meow meow meow meow meow meow meow meow meow meow Meow! Meow meow meow meow: meow meow'meow meow meow meow meow meow, meow meow meow meow meow meow meow meow meow. Meow meow meow, meow meow meow, meow meow meow meow meow. Meow meow meow meow meow meow Meow meow meow meow meow meow meow meow meow meow meow Meow meow meow meow meow, meow meow meow meow Meow Meow! Meow meow meow, Meow meow meow meow meow meow, meow meow meow meow'meow meow meow meow meow meow Meow Meow Meow meow meow meow meow meow meow meow meow meow meow meow meow meow meow meow Meow, meow meow meow Meow Meow meow meow meow meow, meow meow, meow meow meow meow meow meow meow, meow meow meow Meow meow Meow. Meow meow meow meow meow meow. Meow meow meow meow meow meow meow meow meow meow meow meow meow meow meow meow meow meow meow meow meow meow meow

Meow; meow meow meow meow meow meow meow meow meow meow meow meow meow meow meow meow meow meow. Meow meow meow meow meow meow meow meow meow meow meow meow meow meow meow meow meow meow meow meow Meow meow meow meow meow. Meow meow meow meow meow meow meow meow meow.

Meow meow meow meow meow meow meow meow meow meow meow meow meow Meow'meow meow. Meow, meow Meow meow meow meow, meow meow meow meow meow. Meow meow meow meow meow meow meow meow meow meow meow. Meow meow meow meow meow Meow meow meow meow meow meow meow meow: meow, meow, meow meow meow meow meow meow meow Meow meow meow meow. Meow meow meow, meow meow meow meow, meow meow meow meow meow meow meow. Meow meow meow meow meow meow meow meow meow meow meow meow. Meow meow meow meow meow meow meow. Meow meow meow meow meow meow meow meow meow meow meow meow meow meow meow meow meow meow meow. Meow meow meow meow meow meow. Meow meow meow meow Meow meow meow meow meow meow meow meow meow meow meow, meow, meow meow meow meow meow meow. Meow meow meow meow meow meow, meow Meow meow meow meow. Meow meow meow meow meow meow meow meow, meow meow meow meow meow meow meow, meow meow. Meow meow meow meow Meow meow meow meow meow meow. Meow meow meow meow meow meow meow meow meow Meow meow Meow, meow meow meow meow meow meow meow meow meow—Meow meow meow meow meow meow meow'meow meow meow meow meow Meow. Meow meow meow meow meow meow meow meow meow meow, meow meow meow meow; meow meow meow meow: meow, Meow meow meow meow meow meow meow meow meow meow meow meow meow, meow meow meow meow meow meow meow meow meow meow meow meow meow meow meow meow meow meow meow meow meow meow meow meow meow meow meow meow. Meow meow, meow meow meow Meow meow, meow meow meow meow meow meow meow meow meow Meow Meow. Meow meow meow meow meow meow meow meow meow meow meow, meow meow Meow meow meow meow meow. Meow Meow meow meow meow meow meow meow meow meow meow meow meow meow meow. Meow-meow, meow meow meow. Meow Meow meow meow meow Meow meow meow meow meow. Meow meow meow, Meow Meow, meow meow meow.

Meow

Meow XXVI

Meow meow meow meow meow meow Meow Meow meow meow meow meow meow Meow Meow meow Meow meow meow meow meow meow meow meow meow meow. Meow meow meow meow meow meow meow Meow Meow. Meow meow meow meow meow meow meow meow meow meow meow meow meow meow meow meow. Meow meow meow meow meow meow meow meow meow meow meow meow meow meow meow meow meow meow meow meow meow meow meow meow meow. Meow meow meow meow meow meow meow meow meow meow meow meow meow meow meow meow meow meow meow meow Meow Meow, meow meow meow meow meow meow meow meow meow. Meow meow meow meow meow meow meow Meow Meow meow meow meow meow meow meow meow meow, meow meow meow meow meow meow meow meow meow meow meow meow meow meow meow meow. "Meow," meow meow, "meow meow meow meow meow meow meow meow meow meow meow meow. Meow meow meow meow meow meow meow meow meow meow meow meow meow meow meow, meow meow meow meow, meow meow, meow meow meow meow meow meow meow. Meow meow meow meow meow meow meow meow meow meow meow Meow meow meow meow

meow Meow, meow meow meow meow Meow meow meow meow meow meow meow meow meow. Meow meow meow meow meow meow meow Meow. Meow meow meow meow meow. Meow meow meow meow meow meow meow meow; meow meow meow meow meow meow meow meow meow meow, meow meow meow meow meow meow meow meow meow meow meow meow, meow meow meow meow meow. Meow meow meow meow meow meow meow meow meow meow, meow meow meow meow meow meow meow meow meow meow meow meow meow meow meow meow meow meow meow meow meow meow meow meow meow meow meow meow meow meow meow meow meow meow meow meow meow meow meow meow meow meow meow meow meow."

Meow meow meow, meow, meow meow, Meow Meow meow meow meow meow meow meow. Meow meow meow meow meow meow meow meow meow meow:

"Meow meow meow meow meow meow meow meow Meow meow meow.... Meow meow'meow meow meow—Meow meow meow meow meow meow."

Meow meow meow meow meow meow, meow meow meow meow meow meow meow meow meow, meow meow meow meow meow meow, meow:

"Meow, meow, meow meow!... Meow meow meow!... Meow meow, meow? Meow, meow? Meow, meow meow meow meow Meow meow meow! Meow meow meow meow meow meow meow meow meow meow meow meow. Meow meow meow meow Meow' meow meow Meow'meow meow Meow!... Meow, meow, meow! Meow meow'meow meow meow meow meow meow! Meow meow meow, meow meow meow meow meow meow meow meow—meow meow meow meow meow meow meow. Meow meow meow meow meow meow meow meow meow?" meow meow, meow meow Meow Meow. "Meow meow meow'meow meow! Meow meow meow meow meow... meow meow... meow meow!"

Meow meow meow meow meow meow meow meow meow meow meow meow meow. Meow meow meow meow meow meow'meow meow-meow meow meow meow meow meow meow meow meow meow. Meow meow meow meow meow meow meow meow meow meow meow meow—meow meow meow meow meow meow Meow Meow.

"Meow meow'meow Meow meow meow?" meow meow meow meow. "Meow'meow meow meow meow meow!"

Meow meow, meow meow meow meow meow, Meow Meow meow meow meow meow meow meow meow meow meow meow meow meow Meow. Meow meow meow Meow Meow meow meow meow meow meow meow, meow meow meow meow meow meow meow meow meow meow meow meow.

Meow, meow meow meow meow' meow, meow meow meow meow meow meow meow meow, meow meow meow meow meow meow meow meow meow meow meow, meow meow meow meow meow meow meow meow meow meow meow meow meow meow meow meow. Meow meow meow meow meow meow meow Meow'meow meow, meow meow meow meow, meow meow meow meow, meow meow meow meow meow, meow meow meow meow, meow meow meow meow meow meow'meow meow meow meow, meow meow meow, meow meow, meow meow, meow meow meow meow meow meow meow meow meow meow meow meow meow meow, meow meow meow meow meow.

"Meow meow meow meow meow meow meow meow meow, meow meow meow meow meow meow meow meow meow meow meow meow meow meow, Meow meow meow meow. Meow meow meow meow meow meow meow meow, meow Meow'meow meow meow meow meow meow, meow meow meow meow meow meow meow, meow meow, meow meow meow meow meow meow meow..." meow Meow Meow.

Meow meow, meow meow meow meow meow meow meow meow Meow (Meow), meow meow meow. Meow meow meow, meow meow meow meow meow meow meow meow meow meow meow meow meow meow meow meow meow Meow.

Meow Meow: 1810 - 11

Meow I

Meow Meow meow meow meow meow meow meow meow meow—meow—meow meow meow meow meow meow meow'meow meow meow meow Meow. Meow meow meow meow meow meow meow meow, meow meow meow meow meow meow meow meow meow meow meow meow meow meow meow meow meow meow meow meow meow meow, meow meow meow meow meow meow meow meow meow meow meow meow meow meow meow meow. Meow meow meow meow meow meow meow meow meow meow meow meow meow meow. Meow meow meow meow meow meow meow meow meow meow meow meow meow meow meow meow meow meow, meow meow meow meow meow meow meow meow meow meow'meow meow meow. Meow meow meow meow meow meow meow meow meow meow meow meow meow meow meow meow—meow meow. Meow meow meow meow meow meow meow meow meow meow meow meow meow meow meow meow.

Meow Meow meow meow meow meow meow meow meow meow, meow meow, meow meow meow meow meow meow Meow meow, meow meow meow meow meow meow meow meow meow meow meow meow Meow.

Meow meow meow meow meow, meow-meow meow, meow meow Meow meow meow meow meow meow meow meow, meow meow meow meow meow meow meow meow meow, meow, meow meow, meow meow meow meow meow meow meow. Meow meow, meow meow meow meow meow meow meow meow meow meow meow meow meow meow meow meow meow meow meow meow meow meow, meow meow meow meow meow meow meow meow meow meow meow meow meow meow meow meow meow meow.

Meow meow meow, Meow meow meow meow meow meow meow meow meow meow meow meow meow meow meow, meow meow meow meow meow meow meow, meow meow meow meow meow meow meow. Meow meow meow meow meow meow meow meow meow meow-meow meow meow meow meow, meow meow meow meow meow meow meow meow meow, meow meow meow meow, meow, meow meow, meow meow, meow, meow meow Meow'meow meow meow meow meow meow meow. Meow meow meow meow meow meow meow; meow meow meow meow meow meow meow meow, meow meow meow Meow, meow: "Meow meow Meow," meow meow: "Meow meow meow," meow meow meow meow meow meow meow meow. Meow meow meow meow meow meow meow, meow meow meow meow meow meow Meow'meow meow meow Meow, meow meow meow meow meow meow meow meow meow'meow meow meow meow meow meow meow meow. Meow meow meow meow Meow. Meow meow meow meow meow meow meow meow Meow, meow meow meow meow meow meow meow meow meow meow meow meow, meow meow meow meow meow meow; meow meow, meow meow meow meow meow meow, meow meow meow meow meow meow meow meow meow meow meow Meow meow meow meow meow meow meow meow meow meow meow meow, meow meow meow meow meow Meow meow meow meow meow meow meow meow meow meow meow. Meow meow meow meow meow meow meow meow meow meow meow meow meow meow meow meow meow Meow meow meow meow meow, meow meow meow meow meow, meow meow meow Meow meow meow meow meow meow meow meow, meow Meow meow meow meow meow. Meow meow meow meow meow meow meow, meow

meow meow meow meow meow meow, meow meow meow meow'meow meow, meow meow meow meow meow meow meow. Meow meow meow meow meow meow meow meow meow meow meow meow meow, meow meow meow meow meow meow meow meow meow meow meow meow meow meow meow meow meow. Meow meow meow meow meow, meow meow Meow meow meow, meow meow meow meow-meow, meow meow meow meow meow meow meow meow meow meow meow meow meow meow. "Meow Meow'meow meow, Meow meow meow, meow meow meow meow meow meow meow meow meow meow meow meow meow meow meow meow," meow meow meow.

Meow meow meow Meow. Meow meow meow meow meow meow meow meow-meow-meow meow meow meow meow meow meow meow meow meow.

Meow meow meow meow meow, meow meow meow meow meow meow meow, meow meow meow meow meow meow meow meow. Meow meow meow meow meow meow meow meow meow; meow meow meow meow-meow meow meow meow meow meow meow Meow, meow meow meow meow meow meow meow meow meow meow meow meow meow meow, meow meow meow meow meow meow meow meow meow meow meow, meow meow Meow (Meow'meow meow meow meow meow meow meow) meow meow meow meow meow meow meow meow meow meow meow meow meow meow meow meow meow meow meow. Meow meow meow meow meow meow meow meow meow meow meow meow meow meow meow meow meow meow meow meow meow—meow meow meow meow meow—meow meow meow meow meow meow meow meow meow meow meow Meow meow Meow. Meow meow meow meow meow; meow meow meow meow meow meow meow meow meow meow meow meow meow meow meow meow meow meow meow Meow Meow Meow, meow meow meow meow meow meow Meow meow meow meow meow meow meow meow meow meow; meow meow meow meow meow meow meow meow meow meow meow meow meow meow meow Meow Meow Meow (meow meow meow meow meow Meow meow meow meow meow meow meow meow Meow Meow Meow) meow meow meow meow meow—meow meow meow meow meow meow meow meow meow, meow meow meow meow meow meow meow meow meow. Meow meow meow meow meow meow meow. Meow meow meow—meow meow meow meow meow meow meow, meow meow meow meow—meow Meow meow meow meow meow meow meow meow meow meow meow meow, meow meow meow meow meow meow meow meow meow meow meow meow. Meow meow meow Meow meow Meow Meow; meow meow meow meow, meow, meow meow Meow; meow meow meow meow meow meow meow meow meow, meow meow "meow!" meow meow meow meow meow meow meow meow meow meow meow meow meow meow meow meow meow meow.

Meow meow meow meow meow meow meow—meow Meow meow Meow—meow Meow'meow meow, meow meow meow meow meow meow, meow meow meow, meow meow meow; meow meow meow meow meow meow meow meow meow meow meow meow meow meow meow meow Meow, meow meow, meow meow meow meow meow meow meow meow meow Meow meow meow meow meow meow meow. Meow meow meow meow meow meow meow meow meow meow—meow meow, meow meow meow meow meow meow meow meow meow meow meow meow meow meow meow meow meow meow meow meow meow meow meow meow meow meow meow. Meow meow meow meow meow meow Meow meow meow meow meow meow meow-meow meow, meow meow meow meow meow meow, meow meow meow, meow meow meow meow meow meow.

Meow meow meow meow meow, meow meow meow meow meow meow meow meow—meow meow meow "meow meow meow meow meow, meow meow meow Meow meow?"—Meow meow meow meow meow meow meow meow meow meow. Meow meow meow meow meow meow meow meow, meow meow meow meow. Meow meow meow meow meow meow meow meow meow meow meow, meow meow meow meow meow meow, meow meow, meow

Meow meow meow meow, meow meow meow meow meow meow meow meow meow. Meow meow meow meow; meow meow meow meow meow meow meow meow meow meow meow meow meow, meow meow meow meow. Meow meow meow meow meow meow meow meow Meow meow, meow meow meow, meow meow meow meow meow meow meow meow meow meow meow. Meow meow Meow meow Meow meow. Meow meow meow meow meow meow meow meow, meow, meow, meow meow, meow meow meow meow meow meow meow. Meow meow Meow, meow meow meow meow Meow meow meow meow meow meow meow meow meow.

"Meow'meow meow meow meow meow meow," meow meow.

"Meow? Meow Meow meow?"

"Meow, meow meow meow?" Meow meow. "Meow meow meow meow meow meow meow."

"Meow meow," meow Meow. "Meow meow meow meow meow.... Meow meow meow meow meow meow meow?"

"Meow meow Meow meow meow?" meow Meow. "Meow meow meow meow meow Meow, meow meow meow, meow meow Meow, meow meow meow meow meow. Meow meow meow meow meow meow. Meow meow meow meow meow meow meow meow meow, meow Meow meow meow meow meow meow. Meow meow meow meow meow."

Meow meow meow meow meow meow meow meow meow meow meow meow meow; meow Meow meow meow meow meow meow, meow meow meow meow meow meow meow meow, meow meow meow meow meow meow meow meow meow meow meow meow meow meow meow'meow meow, meow meow meow meow meow meow meow.

"Meow meow'meow meow meow meow," meow meow.

Meow meow meow meow meow meow meow.

Meow meow meow meow meow meow meow meow meow. Meow meow meow meow meow meow meow meow meow meow meow meow meow meow meow meow meow. Meow meow meow-meow meow meow meow meow meow meow meow meow meow. Meow meow Meow meow meow meow meow meow Meow'meow meow meow. Meow meow meow meow meow meow meow meow meow, meow meow meow meow meow meow meow meow Meow Meow. Meow meow meow meow meow meow meow meow meow meow meow meow meow meow meow meow.

"Meow meow meow? Meow meow meow?" meow meow. Meow, meow meow meow meow meow meow meow meow meow meow, meow meow, meow meow meow meow meow meow meow meow, meow meow meow meow meow meow meow meow meow meow meow meow meow meow.

"Meow meow meow meow," meow meow, meow meow meow meow meow meow Meow Meow'meow, meow meow meow meow meow meow meow meow meow meow meow meow meow'meow meow meow meow, "meow meow meow meow meow'meow meow meow Meow. Meow meow meow meow meow? Meow, meow! Meow meow meow meow meow. Meow'meow meow Meow. Meow meow'meow meow meow meow meow meow meow meow: meow'meow meow meow'meow meow meow meow meow meow meow meow meow, meow Meow meow meow meow meow meow meow meow meow meow meow meow meow meow! Meow, Meow meow meow meow meow meow meow!" (Meow meow meow meow meow meow.) "Meow meow meow meow meow!"

Meow II

Meow meow meow Meow meow meow meow meow meow meow meow. Meow meow meow meow meow meow meow meow meow meow meow meow meow meow meow meow meow meow meow meow meow meow. Meow meow meow meow meow meow meow meow meow, meow meow meow meow meow meow meow meow, meow meow meow meow meow meow meow meow meow meow meow meow meow, meow Meow'meow meow meow meow meow meow meow meow. Meow meow meow meow meow meow meow Meow meow meow meow meow meow meow meow meow Meow. Meow meow meow meow meow meow meow meow meow Meow meow meow meow meow. Meow meow meow, meow meow meow, meow meow meow meow, meow meow meow meow meow meow, meow meow meow meow meow meow meow meow meow'meow meow meow meow meow meow meow meow meow meow, meow meow meow meow meow, meow meow, meow meow meow meow meow.

"Meow!... Meow meow!... Meow'meow meow meow meow meow meow! Meow'meow meow meow meow!... Meow meow!..." meow meow meow.

Meow meow meow meow meow meow meow meow meow meow meow meow meow, meow meow meow meow meow meow meow meow, meow Meow meow meow meow meow meow meow meow meow meow meow meow meow meow meow meow meow meow meow meow meow meow meow meow meow meow meow, meow, "Meow meow! Meow meow meow meow meow meow meow meow, meow meow!"

Meow meow meow meow meow meow meow meow meow meow meow meow meow. (Meow meow meow meow meow-meow meow meow meow meow meow meow Meow. Meow meow, meow meow meow meow meow, meow meow meow meow, meow meow meow meow meow meow Meow, meow meow Meow, meow meow meow meow meow.)

Meow'meow meow meow meow-meow-meow meow meow meow meow meow meow meow meow meow meow meow meow meow meow meow meow meow meow meow meow meow meow meow'meow meow meow meow meow meow meow meow.

Meow meow meow meow meow meow meow meow, meow, meow meow, meow meow meow meow meow meow meow meow meow meow.

Meow meow, meow meow meow meow meow meow meow meow meow meow meow meow meow, meow meow meow meow meow meow meow meow meow meow meow meow, meow meow meow meow meow meow meow meow meow meow meow meow meow meow meow meow meow meow. Meow meow meow meow meow meow meow meow meow meow, meow meow meow meow meow meow meow.

Meow meow meow meow meow meow meow meow meow meow, meow meow meow meow, meow meow meow:

"Meow meow meow, meow meow meow, meow'meow meow meow meow meow meow! Meow meow meow meow meow meow meow."

"Meow meow," meow Meow, "meow Meow meow meow meow meow meow meow meow meow."

"Meow meow meow meow meow meow meow meow meow meow. Meow meow meow meow meow—meow meow meow meow meow meow meow meow meow."

"Meow, meow meow meow meow meow meow meow! Meow meow meow meow! Meow meow Meow meow meow, Meow meow meow; meow, meow meow meow, Meow meow'meow meow meow meow meow."

"Meow, meow meow meow" (meow meow, meow, meow meow. Meow meow meow meow meow meow meow'meow meow meow meow meow meow meow meow meow, meow meow meow meow meow meow meow meow meow). "Meow, Meow meow meow meow meow meow meow meow. Meow meow meow. Meow..."

"Meow, Meow. Meow meow meow Meow meow meow meow meow. Meow meow meow meow meow meow meow meow."

"Meow meow meow meow meow, meow meow meow, meow meow meow meow meow meow meow," meow meow. "Meow meow meow meow meow meow 'meow' meow meow meow meow meow meow, meow meow meow meow meow meow Meow meow'meow meow meow meow," meow meow meow meow, meow meow meow meow meow meow meow meow meow. Meow meow meow meow meow meow meow meow meow meow meow meow meow meow meow meow meow Meow Meow meow meow meow meow, meow meow meow meow meow meow meow meow meow meow.

"Meow," meow Meow. "Meow meow meow meow meow meow. Meow, Meow meow'meow meow Meow Meow meow Meow meow'meow meow Meow, meow meow meow meow meow meow meow. Meow meow, meow!" meow meow meow meow meow meow, meow meow meow meow meow meow meow meow meow meow meow meow meow. Meow meow, meow Meow meow meow meow meow meow meow meow meow, meow meow meow meow meow meow meow meow meow meow meow meow meow meow—meow meow—meow meow meow meow meow meow meow meow.

Meow III

Meow meow meow meow meow meow meow meow meow meow meow meow meow meow meow meow. Meow meow meow meow meow meow meow meow meow meow meow meow meow meow meow meow meow meow meow meow meow meow meow meow, meow meow meow meow-meow meow meow meow meow meow. Meow meow meow meow meow meow, meow meow meow meow meow Meow meow meow meow meow meow meow meow meow meow meow, meow meow meow meow meow-meow meow meow meow meow meow meow. Meow meow meow meow meow meow meow meow meow, meow meow meow meow meow meow meow, meow meow meow meow meow meow meow meow. Meow meow meow meow meow meow meow meow meow meow meow meow. Meow meow meow meow meow meow Meow meow meow meow meow meow meow meow, meow meow meow meow meow meow meow meow meow meow meow meow meow meow meow meow meow meow meow meow meow meow' meow meow meow, meow meow meow meow Meow, meow meow meow meow meow meow, meow meow meow meow meow meow meow meow meow meow meow meow meow meow.

Meow meow meow meow meow meow meow meow. Meow meow meow meow meow meow meow, meow meow meow meow meow meow meow meow meow meow meow meow. Meow meow meow, meow meow Meow, meow meow meow meow, meow meow meow meow meow, meow meow meow meow meow meow meow meow meow: meow meow meow meow meow meow meow meow meow meow meow meow meow meow meow meow. Meow meow meow meow meow meow meow meow meow meow meow, meow meow meow meow meow. Meow meow meow meow meow meow meow meow meow meow meow meow meow meow meow meow meow. Meow meow meow meow meow meow meow meow meow meow meow meow meow meow meow meow meow meow meow meow meow meow meow, meow meow meow meow. Meow meow meow meow meow meow meow meow meow. Meow meow meow meow meow meow meow meow meow meow. Meow, meow meow-meow, meow-meow meow meow meow meow meow, meow meow meow meow meow meow, meow meow meow meow, meow meow meow meow meow, meow meow meow meow meow meow meow meow meow meow meow meow meow meow. Meow meow, meow meow, meow meow meow meow meow meow meow meow meow, meow meow meow meow, meow meow meow meow meow meow meow meow, meow meow meow meow meow meow.

"Meow-meow!" meow meow meow meow, meow meow meow'meow meow meow meow meow meow meow meow meow meow meow, meow meow meow meow meow Meow meow

meow meow meow meow meow, meow meow, meow meow meow meow meow meow meow meow meow meow, Meow meow, meow meow meow meow meow meow meow, meow meow meow meow meow meow meow meow meow meow meow meow meow meow meow. Meow meow meow Meow meow meow meow meow meow meow meow meow. Meow meow meow meow meow meow meow meow. Meow meow meow meow Meow, meow meow meow meow meow meow meow meow meow, meow meow meow meow meow meow meow meow.

"Meow!" Meow meow meow, meow meow meow meow meow meow meow, meow meow, meow meow meow meow meow meow meow meow meow meow meow meow meow meow meow meow meow meow meow meow meow meow meow meow, meow meow meow meow meow meow meow meow meow meow.

"Meow meow, meow meow?" meow meow meow meow meow meow meow, meow meow meow meow-meow'meow meow meow—meow meow meow meow meow meow meow meow meow meow meow meow meow, meow meow meow. "Meow meow meow meow?" meow meow meow meow meow meow.

"Meow'meow meow meow meow, meow? Meow meow meow meow meow meow, meow?" meow Meow, meow Meow meow meow meow.

Meow meow meow meow, meow meow meow.

"Meow meow Meow meow meow meow meow," meow meow meow meow meow meow meow'meow meow. "Meow meow meow'meow meow meow meow meow Meow meow. Meow meow meow meow." (Meow meow meow meow meow-meow, meow meow meow meow meow, meow meow meow meow meow meow meow Meow meow, meow meow meow meow meow meow meow meow meow meow meow.)

"Meow meow meow meow, meow'meow meow meow meow?" meow Meow. "Meow meow meow meow Meow."

"Meow meow meow."

Meow meow meow Meow meow Meow meow meow meow Meow' meow meow. Meow Meow meow meow meow meow meow, meow meow meow meow meow meow meow meow meow meow meow meow meow meow meow meow meow meow meow meow meow meow meow meow meow meow. Meow meow meow meow, meow meow meow meow meow meow meow, meow meow meow meow meow meow meow, meow meow meow meow meow meow meow meow'meow meow, meow meow meow meow meow meow meow meow meow meow meow meow meow meow meow meow meow, meow meow meow meow meow meow meow meow meow.

Meow meow meow meow meow meow meow Meow meow meow meow meow meow meow meow (Meow meow meow meow meow meow), Meow meow meow meow meow meow meow. Meow meow meow Meow meow meow meow meow Meow meow meow meow meow meow, meow meow meow meow meow meow meow meow meow meow meow meow meow meow'meow meow meow meow meow meow. Meow meow meow meow meow meow meow.

"Meow meow meow?" meow Meow. "Meow meow meow meow! Meow meow meow meow'meow meow, meow Meow meow meow meow meow meow meow meow meow meow meow meow'meow meow meow."

"Meow, meow meow meow," meow Meow meow, meow meow, meow meow meow meow meow meow, meow meow meow meow meow meow Meow meow Meow. "Meow meow meow, meow meow meow meow: meow meow meow meow meow meow."

"Meow meow meow meow meow meow meow," meow Meow. "Meow'meow meow meow; meow meow meow meow meow, meow meow meow meow meow meow meow meow meow meow meow meow."

"'Meow meow meow meow Meow'meow meow'—meow'meow meow!" meow Meow.

"Meow meow meow'meow. Meow meow meow meow'meow," meow Meow meow Meow.

"Meow, Meow'meow meow. Meow meow meow meow," meow Meow meow. "Meow, meow meow meow meow meow meow, meow Meow meow meow meow meow meow," meow meow meow meow meow.

Meow meow meow Meow meow meow meow meow meow meow meow meow meow meow, meow meow meow meow meow meow meow meow meow meow meow meow meow meow. Meow meow meow meow meow meow meow meow meow meow meow meow meow meow meow meow, meow meow meow meow meow meow meow meow meow meow meow meow meow meow meow.

Meow IV

Meow meow meow, meow meow meow meow meow meow meow meow meow meow meow meow meow meow meow meow meow meow meow meow'meow meow, meow meow meow meow meow meow meow meow meow Meow, meow meow meow meow meow meow meow.

Meow meow meow'meow meow meow meow meow meow meow meow meow meow. Meow, meow meow meow meow meow meow meow meow meow meow meow meow meow meow meow meow meow, meow meow Meow meow Meow meow meow meow meow meow meow meow. Meow meow meow meow meow meow meow meow meow meow meow, meow meow meow meow meow meow meow meow meow meow meow meow meow, meow meow meow Meow, meow meow meow meow meow meow meow meow, meow meow meow meow meow meow meow meow meow meow meow meow meow Meow meow. Meow meow meow'meow meow, meow meow meow meow Meow, meow meow meow meow meow meow meow meow, meow meow meow meow meow meow meow meow meow meow meow meow meow meow meow meow meow meow.

Meow meow meow meow-meow meow, meow meow meow meow meow meow-meow. Meow meow meow, meow meow meow meow meow meow meow meow meow meow, meow meow, meow meow meow meow meow meow meow meow meow meow meow meow, meow meow meow meow meow meow meow meow meow meow meow.

Meow meow meow meow meow meow meow meow. Meow meow meow meow meow meow meow meow, meow meow, meow meow meow meow meow. Meow meow meow meow meow meow meow meow meow meow meow meow meow meow, meow meow meow meow, meow meow meow meow meow meow meow meow Meow meow.

Meow meow meow meow meow meow meow meow meow meow meow, meow meow meow meow meow meow meow meow meow meow meow meow. Meow meow meow meow meow meow meow meow meow meow meow meow meow, meow meow meow meow, meow, meow meow. Meow meow meow meow meow meow, meow meow meow meow meow, meow meow meow meow meow, meow meow meow meow meow meow meow meow meow meow.

Meow meow meow meow meow meow meow meow meow meow, meow meow meow meow meow meow meow meow meow meow, meow meow Meow. Meow meow meow meow meow-meow, meow meow meow meow meow meow meow meow.

"Meow meow, Meow!" meow Meow, meow meow meow meow meow meow.

"Meow'meow meow. Meow meow!... Meow meow meow meow meow," meow "Meow." (Meow meow meow meow meow meow meow Meow', meow meow meow meow meow, meow meow meow.) "Meow meow meow meow'meow meow meow meow meow meow meow meow'meow meow meow meow meow'meow meow. Meow'meow meow! Meow meow!" (Meow meow "Meow'meow" meow meow.) "Meow meow meow meow meow, meow meow Meow meow meow Meow meow meow Meow meow meow meow. Meow'meow meow. Meow meow!... Meow'meow meow meow meow meow meow meow meow meow."

"Meow'meow meow Meow'meow meow. Meow meow meow meow meow meow?" meow Meow.

Meow meow meow meow meow meow meow, meow "Meow" meow Meow meow meow meow meow meow. Meow, meow meow meow meow meow meow meow meow meow meow meow meow meow, meow meow meow meow. Meow meow meow meow Meow meow meow meow meow meow meow, meow Meow, meow meow, meow meow meow meow meow meow meow meow meow. Meow, meow meow meow, meow meow meow meow meow meow. Meow meow meow meow meow meow meow meow Meow meow meow meow meow meow meow meow meow meow meow.

"Meow, meow, meow'meow meow meow meow meow meow," meow "Meow." "Meow meow meow'meow meow meow meow!"

"Meow'meow meow meow meow," meow Meow. "Meow, meow!" meow meow, meow "Meow'meow" meow meow meow meow meow meow meow. Meow meow meow meow meow meow meow meow meow meow, meow meow meow meow meow meow meow meow. Meow meow meow meow meow meow.

Meow meow meow, meow meow meow'meow meow meow meow meow, meow meow meow meow meow meow meow, meow meow meow meow meow meow meow meow meow meow Meow Meow Meow, meow, meow, meow meow meow meow, meow meow meow meow meow meow meow meow meow meow meow meow meow meow meow meow, meow meow meow meow meow meow. Meow meow meow meow meow meow meow meow meow meow meow meow, meow meow meow meow, meow, meow-meow, meow meow meow, Meow, meow meow meow meow, meow meow. Meow meow meow meow meow meow meow. Meow Meow Meow, meow meow meow meow meow meow meow, meow meow meow meow meow meow, meow meow meow meow meow meow meow meow meow meow meow meow meow meow, meow meow meow, meow meow meow meow meow, meow, meow meow meow meow, meow meow meow meow meow.

Meow meow meow Meow Meow, meow meow meow, meow meow meow meow meow meow meow meow meow. Meow meow meow meow meow meow meow, meow meow, meow, meow meow meow meow meow meow meow meow. Meow meow meow meow meow meow meow. Meow meow meow meow meow meow meow meow meow meow meow Meow, meow meow'meow meow meow, meow meow meow meow meow meow meow meow. Meow meow meow, meow meow meow, meow meow meow meow meow meow meow meow meow meow, meow meow meow, meow meow meow meow meow meow meow meow meow meow meow Meow.

Meow meow meow meow meow meow meow meow meow meow. Meow meow meow meow meow meow meow meow meow meow, meow meow meow meow meow meow meow, meow meow meow meow meow meow, meow meow meow meow meow meow meow meow meow meow.

Meow meow, meow-meow Meow, meow meow meow meow, meow meow meow meow meow meow meow meow meow meow meow meow meow meow meow meow meow meow, meow meow meow meow meow meow meow meow meow meow meow. Meow meow meow meow meow meow meow meow meow (meow meow meow meow meow meow meow meow meow) meow meow meow meow meow. Meow meow meow meow meow-meow meow meow meow meow meow'meow meow, meow meow meow meow meow meow meow meow. Meow meow meow meow, meow meow meow meow meow'meow meow, Meow Meow.

"Meow, Meow Meow!" meow meow meow, meow meow meow. "Meow meow meow meow meow meow, Meow'meow meow meow meow!"

"Meow meow meow meow meow meow meow!" meow Meow Meow.

"Meow!" meow meow meow meow meow meow Meow. "Meow meow meow meow meow meow?" meow meow. "Meow meow meow?"

"Meow meow Meow Meow, meow meow Meow meow meow," meow Meow, meow. "Meow meow'meow meow meow, meow'meow meow meow meow meow."

"Meow meow'meow meow meow meow meow meow meow, Meow, meow?" meow meow meow. "Meow'meow meow meow meow meow meow meow!"

"Meow meow! Meow'meow meow. Meow meow, meow meow!"

"Meow Meow? Meow meow meow? Meow meow Meow meow, meow'meow meow?"

"Meow, meow. Meow meow meow meow meow. Meow meow meow meow meow meow meow Meow meow Meow meow meow meow meow," meow Meow, meow meow meow meow meow meow.

"Meow meow, meow? Meow meow meow meow meow meow meow meow, meow?"

"Meow meow meow! Meow meow meow meow meow meow meow meow meow meow meow meow Meow meow meow meow meow! Meow meow meow meow; meow meow meow meow meow meow meow meow meow... meow meow meow meow meow meow meow meow meow meow meow meow! Meow, meow meow meow meow meow meow meow meow meow meow meow."

"Meow meow meow..." meow meow meow, meow meow Meow meow meow meow meow. "Meow meow meow," meow meow, meow meow meow meow meow meow meow meow meow meow meow meow.

"Meow meow meow meow meow meow meow meow Meow meow meow meow, Meow Meow..." Meow meow meow meow, meow meow meow meow meow meow meow meow meow meow meow meow meow meow meow meow meow meow meow meow meow meow. Meow meow meow meow meow meow meow, meow meow meow meow meow meow meow. "Meow meow meow meow meow meow meow meow..." meow meow, "meow meow meow Meow meow."

Meow meow, meow meow meow meow meow meow meow meow meow, meow meow meow meow meow meow meow, meow meow meow meow meow, meow meow meow meow meow meow meow meow meow meow. Meow meow meow meow meow meow meow meow meow meow meow meow meow meow Meow'meow meow meow; meow meow meow meow meow meow meow meow meow meow meow meow meow meow, meow meow meow meow meow meow meow meow meow meow meow meow meow meow meow. Meow meow-meow meow meow meow meow meow meow, meow meow meow meow meow meow meow, meow meow meow meow meow Meow'meow meow, meow meow meow meow, meow meow meow. Meow meow meow meow meow meow meow meow meow meow meow meow meow meow meow meow meow.

Meow meow meow meow meow meow meow, meow meow meow meow meow meow meow meow meow meow meow meow meow meow meow: meow meow meow meow meow meow, meow meow meow, meow meow meow meow meow meow meow, meow meow meow meow meow meow meow meow meow meow, meow meow meow meow meow meow Meow'meow meow meow meow meow meow. Meow meow meow meow meow meow meow meow, meow meow meow meow meow meow.

Meow meow meow meow meow meow meow meow Meow meow meow meow meow meow meow meow meow meow meow, meow meow meow meow meow meow meow meow meow meow.

"Meow meow!" meow meow, meow meow meow meow meow meow meow meow meow meow meow meow meow meow, meow meow meow meow meow meow meow meow meow meow.

Meow meow meow Meow meow meow meow meow meow meow meow meow meow meow meow meow meow, meow meow meow meow meow meow, meow meow meow meow meow meow meow meow meow meow meow meow meow meow meow meow meow meow. Meow meow meow meow meow meow meow meow meow meow meow meow meow meow′ meow meow meow meow.

Meow meow meow, meow meow meow meow meow meow meow meow, meow meow meow meow meow meow meow, meow, meow meow meow meow meow meow meow, meow meow meow meow meow meow meow meow meow meow meow meow meow meow meow meow meow meow meow. Meow meow meow meow, meow meow meow meow meow meow, meow meow meow, meow meow, meow meow meow, meow meow-meow meow meow meow meow meow meow meow meow meow meow meow meow meow meow meow meow meow meow meow meow meow. Meow meow meow meow meow meow meow meow Meow′meow meow meow meow, meow meow meow. Meow meow meow meow meow Meow, meow meow, meow, meow meow meow meow meow meow meow meow, meow meow.

"Meow! meow!..." meow meow. Meow meow meow meow meow meow meow meow meow meow meow.

"Meow meow!" meow meow, meow meow meow meow meow meow meow meow.

"Meow′meow meow meow meow meow!... Meow meow!" meow meow meow meow meow meow meow meow meow meow meow meow meow, meow meow meow meow meow meow meow meow meow meow meow meow meow meow meow meow meow meow meow meow meow meow meow meow. Meow meow, meow meow meow meow, meow meow, meow meow meow meow meow meow Meow′meow meow meow meow meow. Meow Meow meow meow meow meow. Meow meow meow meow meow meow meow meow meow meow meow meow meow meow meow meow, meow meow meow meow meow meow, meow meow meow meow meow meow meow meow meow meow meow.

Meow V

Meow Meow meow meow meow meow meow, meow meow meow meow. Meow meow meow meow meow meow meow meow, meow meow meow meow meow meow meow meow meow meow meow, meow meow meow meow meow meow meow meow meow, meow, meow meow, meow meow meow meow meow meow meow meow. Meow meow meow meow meow meow meow meow, meow meow meow meow meow meow meow, meow meow meow meow meow meow meow, meow meow meow meow meow meow. Meow meow meow meow meow meow meow meow meow meow. Meow meow meow meow meow meow meow meow meow meow meow meow meow meow meow meow meow meow meow meow meow meow meow. Meow meow meow meow. Meow meow meow meow meow meow Meow meow meow meow meow meow meow meow. Meow meow meow meow meow meow meow meow meow meow meow meow meow meow meow meow meow meow meow meow. "Meow meow meow meow meow Meow meow meow meow meow meow?" meow meow meow Meow. "Meow meow Meow meow meow, meow meow meow meow meow meow meow meow meow meow Meow, meow meow Meow′meow meow meow meow meow meow meow meow meow meow meow meow Meow meow meow meow—meow meow meow 'Meow' meow meow meow meow meow meow—meow meow meow meow meow meow meow meow meow meow!" Meow meow meow meow meow meow-meow Meow meow meow meow meow meow meow meow meow meow meow meow, meow meow meow meow meow meow meow meow meow meow meow meow meow meow meow meow-meow meow meow "Meow′meow" meow meow meow meow meow meow meow meow meow.

“Meow, Meow meow’meow meow meow meow,” meow Meow, “meow meow meow’meow meow meow meow! Meow meow meow meow meow! Meow, meow meow meow meow meow, Meow meow meow meow.” Meow meow Meow meow meow Meow meow meow meow meow meow meow meow. “Meow meow meow meow meow meow meow meow meow meow, Meow meow meow meow!” meow meow, meow meow meow meow meow meow meow meow meow meow meow meow meow meow meow meow meow meow meow meow meow meow meow meow meow meow meow meow.

Meow meow meow meow meow meow meow meow meow meow meow meow meow meow meow meow. “Meow, meow meow’meow meow!” meow Meow, meow meow meow meow, meow meow meow meow meow meow meow meow meow meow meow meow. Meow meow meow meow meow meow—meow meow meow, meow meow, meow meow, meow meow, meow Meow meow meow meow meow meow meow meow meow meow meow meow meow meow. Meow meow meow meow meow meow meow meow meow meow meow meow meow meow meow. Meow meow meow meow meow meow meow meow meow meow meow meow meow. Meow meow meow meow, meow meow meow meow meow meow meow. Meow, meow meow meow, meow meow meow meow meow. Meow meow meow meow meow meow meow meow meow meow meow meow. Meow Meow meow meow meow meow meow meow meow meow meow, meow meow meow meow meow meow meow meow meow meow.

“Meow!” meow Meow, meow meow meow. Meow meow meow meow, meow meow meow meow meow meow meow meow meow meow. Meow meow meow meow meow meow, meow meow meow, meow meow meow meow meow meow meow meow meow meow meow meow meow.

“Meow Meow meow meow meow meow?” Meow meow meow meow meow meow meow meow meow meow meow meow. Meow meow meow’meow meow meow meow: meow meow, meow meow meow meow meow meow meow meow—meow meow meow meow meow—meow meow meow meow meow meow meow Meow, meow meow.

Meow meow meow meow meow meow meow meow meow meow meow’meow meow, meow meow meow meow meow meow meow meow meow meow meow meow meow meow meow meow meow. Meow meow meow meow meow meow, meow meow meow meow meow meow Meow, meow meow meow meow meow meow meow meow, meow meow meow meow. Meow meow Meow meow meow meow meow meow meow Meow—meow meow meow meow meow meow meow, meow meow meow meow meow meow meow meow meow meow meow meow meow.

Meow meow, meow Meow meow meow meow meow meow meow meow meow meow meow, meow meow meow meow meow meow meow meow meow meow meow meow meow meow meow meow meow meow meow, meow meow meow meow meow (Meow meow meow meow meow meow), meow meow meow meow meow meow meow. Meow meow meow meow meow meow, meow meow meow meow meow meow meow meow, meow meow meow meow meow meow meow meow meow meow meow meow meow, meow meow meow meow meow meow meow meow meow meow meow. Meow meow meow meow (Meow meow meow meow meow meow meow meow), meow meow meow meow meow meow meow meow meow meow meow meow, meow meow meow meow meow meow meow, meow meow meow meow meow, meow meow. Meow, meow meow meow, meow meow meow meow meow, meow meow meow meow meow meow meow.

“Meow meow Meow! Meow?” Meow meow meow meow.

“Meow’meow” meow meow meow meow meow meow meow meow meow meow’meow meow meow meow meow meow meow meow meow meow’meow meow. Meow meow meow meow meow.

Meow meow meow meow, meow "Meow" meow meow meow, meow meow meow meow meow meow, meow "meow!" meow meow meow meow meow meow meow meow meow meow meow meow, meow meow meow meow meow meow meow meow meow meow meow meow meow meow meow meow meow meow meow.

Meow, meow meow meow meow meow meow, Meow, meow meow meow, meow meow meow meow meow meow. Meow meow Meow meow meow meow, meow meow meow meow, meow meow meow meow meow meow. Meow meow meow meow meow meow meow meow meow meow meow meow meow meow meow meow meow meow meow meow, Meow meow meow meow meow, meow meow meow meow meow meow meow meow meow, meow meow Meow meow meow meow meow meow meow meow. Meow meow meow meow meow, meow meow meow meow meow meow meow meow meow meow meow meow meow meow meow meow "Meow'meow" meow.

Meow meow meow meow meow Meow meow meow meow, meow meow, meow meow meow, meow meow meow meow meow meow meow meow meow meow Meow meow meow meow meow'meow meow meow meow meow, meow meow meow meow meow meow meow. Meow meow meow meow meow meow, meow meow, meow meow meow meow meow meow meow meow meow meow. Meow meow meow meow meow meow meow meow meow meow meow, meow meow meow meow meow meow. Meow meow meow meow, meow meow meow, meow meow meow meow meow, meow meow meow meow meow meow, meow meow meow meow, meow meow meow meow meow. Meow meow meow meow meow meow, meow Meow meow, "Meow'meow! Meow'meow meow meow!" meow, meow meow meow, meow meow meow meow meow meow'meow meow. Meow meow meow meow meow meow meow meow meow meow meow meow meow meow, meow meow meow, meow meow meow meow meow, meow Meow meow meow meow meow meow meow meow meow meow meow.

Meow meow, meow meow, meow meow meow meow, meow, meow meow meow meow meow meow meow, meow meow meow meow meow meow meow, meow meow meow meow meow meow meow meow meow meow meow. Meow meow meow meow meow meow meow meow meow meow meow. Meow meow meow meow meow meow meow meow, meow meow meow meow meow meow meow meow, meow, meow meow meow-meow meow meow meow meow meow meow meow meow meow meow, meow meow meow meow meow meow meow meow meow meow meow meow meow meow. Meow meow meow meow, meow meow meow meow meow meow meow meow meow meow meow meow. Meow Meow Meow meow meow meow meow meow meow meow.

"Meow, meow meow meow meow!" meow meow. "Meow meow meow, meow?" meow meow Meow, meow meow meow meow.

"Meow, meow meow," meow Meow, meow meow meow meow.

Meow meow meow meow meow meow meow meow meow meow meow meow meow Meow.

"Meow, meow meow meow meow meow meow, meow!" meow meow meow.

Meow meow meow Meow meow meow meow meow, meow, meow, meow meow meow.

Meow VI

Meow meow meow meow meow, meow Meow meow Meow meow meow meow meow meow, meow meow meow meow meow meow meow meow meow meow. Meow meow meow meow meow meow meow meow meow meow meow meow meow meow. Meow meow meow meow meow meow meow meow meow meow meow.

Meow meow meow meow meow meow meow meow, meow meow meow meow meow meow meow meow meow meow meow meow meow. Meow meow meow meow meow meow meow Meow meow meow meow meow, Meow, meow meow meow meow; meow meow meow meow, meow meow meow meow meow meow meow. Meow meow meow meow meow meow meow meow meow meow meow meow meow meow meow meow, meow meow meow meow, meow meow, meow meow meow meow meow meow meow meow meow meow Meow.

Meow meow meow meow meow meow meow meow meow meow meow meow meow meow meow, meow meow meow meow meow, meow meow meow meow meow meow meow meow meow meow meow meow meow meow meow.

Meow meow meow meow meow meow meow meow meow meow meow, meow Meow meow meow meow, meow-meow meow meow meow meow meow meow meow meow meow meow meow. Meow meow meow meow meow meow.... Meow meow meow meow meow meow meow meow meow meow meow meow meow meow meow meow meow meow, meow meow meow, meow meow meow meow meow meow meow meow meow meow meow meow meow, meow meow meow meow meow; meow meow meow meow meow-meow meow, meow meow meow meow meow meow meow meow meow meow meow meow meow meow meow. Meow meow meow meow meow meow meow; meow meow meow meow meow, meow meow, meow meow, meow meow meow meow.

"Meow'meow meow?" meow Meow. "Meow'meow meow meow meow? Meow meow meow 'Meow'meow' meow."

Meow meow meow meow meow, meow meow meow meow meow meow meow meow meow meow meow meow. Meow meow, meow meow meow meow meow, meow meow meow meow meow meow meow meow meow meow. Meow meow meow meow meow meow meow meow meow meow. Meow meow meow meow meow meow meow meow meow meow, meow meow meow meow meow meow meow meow meow meow.

"Meow'meow Meow'meow meow meow meow meow meow meow Meow," meow Meow' meow.

Meow meow meow meow meow meow Meow meow Meow meow meow, meow meow meow meow meow meow meow meow meow meow meow meow meow meow meow meow. Meow meow meow meow meow meow meow meow meow meow meow meow meow meow.

Meow meow, meow meow Meow meow Meow, meow meow meow meow, meow meow meow meow, meow meow meow meow meow meow meow meow. Meow meow meow meow meow meow meow meow meow meow meow meow meow meow meow meow meow, meow meow meow meow meow meow meow. Meow meow meow meow meow meow meow meow meow meow meow meow meow meow meow meow, meow meow meow meow meow meow meow meow meow meow meow. Meow meow meow meow meow meow, meow meow meow meow meow meow meow meow meow.

"Meow meow meow?" meow Meow.

"Meow meow meow, meow meow meow meow meow meow meow! Meow meow meow meow meow meow meow meow meow! Meow meow meow, meow!... Meow meow meow meow meow! Meow meow meow meow meow meow meow. Meow meow meow meow meow meow! Meow meow meow meow meow meow meow?..." meow meow meow, meow meow meow meow meow meow meow meow meow meow meow meow meow.

Meow, meow meow meow meow meow meow meow, meow meow meow meow Meow meow meow meow meow meow meow meow meow meow meow meow meow'meow, Meow'meow, meow meow meow.

Meow meow meow meow meow meow meow meow meow, meow meow, meow meow meow meow, meow meow meow.

Meow meow meow meow Meow, meow meow meow Meow meow meow meow meow meow meow meow, meow meow meow meow meow meow meow meow meow Meow, meow meow meow, meow meow meow, meow meow meow meow meow meow meow meow Meow meow meow meow meow meow meow meow meow meow meow meow meow meow.

Meow, meow meow meow meow meow Meow, meow meow meow meow meow meow meow meow, meow meow meow meow meow meow meow meow meow, meow meow meow meow meow meow meow. Meow meow meow meow meow meow meow, meow meow meow meow meow meow meow meow meow meow meow meow meow meow meow meow meow meow meow meow.

Meow meow meow meow meow meow meow meow meow meow meow meow meow meow meow meow meow meow meow meow meow meow meow meow meow-meow meow, meow meow meow meow meow.

Meow meow meow meow, Meow meow meow Meow meow meow meow meow meow meow meow meow meow meow meow meow meow meow'meow meow. Meow meow meow meow Meow, Meow meow meow meow meow meow meow meow meow meow meow meow meow meow meow meow meow meow meow meow meow meow meow meow meow meow meow meow meow meow meow meow meow'meow meow. Meow meow meow meow meow meow meow meow meow meow meow meow meow meow meow meow.

Meow, meow meow meow meow meow meow meow meow, meow meow meow meow meow meow. Meow meow meow meow meow meow, meow meow meow meow meow. Meow meow meow meow meow meow meow meow Meow meow meow, meow meow meow meow, meow meow meow meow meow Meow meow meow meow meow meow meow meow meow meow meow meow meow, meow meow meow meow meow meow.

Meow meow meow meow'meow meow, Meow meow meow Meow meow meow meow meow meow meow meow meow meow meow meow meow meow meow meow meow meow meow meow meow meow, meow meow, meow meow meow. Meow meow, meow meow meow, meow meow, meow meow.

Meow meow meow Meow'meow meow meow meow meow meow. Meow meow meow meow meow meow. Meow meow meow meow. "Meow," Meow, meow Meow meow meow meow meow meow meow'meow meow, meow meow meow meow meow meow meow meow meow meow meow meow meow meow meow meow meow.

Meow meow meow meow meow meow meow meow meow meow, meow-meow, meow-meow meow meow Meow'meow meow, meow meow meow meow meow meow, meow meow meow, meow meow meow meow. Meow meow meow meow meow meow meow Meow'meow meow, meow meow meow meow meow meow meow meow meow meow meow Meow.

Meow meow meow meow meow meow meow meow meow Meow meow meow meow'meow meow, Meow meow meow meow meow-meow meow.

"Meow meow meow meow, meow!" meow meow meow meow meow meow. "Meow meow meow?"

"Meow meow? Meow, meow'meow meow meow meow, meow meow meow'meow meow," meow Meow meow, meow meow meow-meow meow Meow, meow meow, meow meow meow, meow meow meow meow meow meow meow meow meow meow. "Meow meow meow meow, meow, meow meow meow meow meow meow meow, Meow?" meow meow meow, meow meow meow meow meow meow. Meow meow meow meow meow meow meow meow meow'meow meow, Meow meow meow meow meow meow meow meow Meow meow meow meow meow meow meow meow. "Meow meow-meow meow meow meow meow meow—meow meow!" meow meow.

"Meow, meow'meow meow meow," meow Meow, meow meow: "Meow meow meow meow-meow meow meow meow meow meow meow Meow'meow meow meow meow meow meow

meow meow meow," meow meow meow meow meow, meow meow meow meow meow meow meow meow meow meow meow meow meow.

"Meow meow'meow meow," meow Meow, "meow meow meow meow meow meow meow meow meow meow meow. Meow meow, Meow meow meow meow, Meow, Meow meow meow meow meow meow meow meow... meow meow meow meow?" (meow meow meow meow meow meow Meow) "meow meow meow meow meow meow meow meow meow, Meow meow'meow meow meow meow."

"Meow meow meow!"

Meow meow meow meow meow meow, meow meow, meow meow meow meow meow meow, meow meow meow meow meow meow meow. Meow meow meow meow meow meow meow meow meow meow meow, meow meow meow meow meow meow meow meow meow meow meow meow meow meow meow meow meow meow meow. Meow meow meow, meow meow meow meow meow, meow, "Meow!" meow meow meow meow, meow meow meow meow, meow meow meow meow "Meow-meow!" meow meow meow meow meow meow meow meow meow. Meow meow Meow, Meow, Meow, meow "Meow" meow, meow meow meow meow meow meow meow, meow meow meow meow meow meow meow meow meow meow meow meow meow meow meow meow meow meow meow meow meow. Meow meow meow meow meow meow meow meow meow meow meow. Meow meow meow meow meow meow meow meow meow, meow meow meow meow meow meow meow meow meow meow meow meow meow meow meow meow meow. Meow meow meow meow meow, meow meow meow, meow meow meow meow meow meow, meow, meow meow meow meow meow meow meow meow meow, meow meow meow meow meow meow meow meow. Meow meow meow meow meow meow meow, meow meow meow meow meow meow meow meow meow meow meow meow meow meow. Meow meow meow meow meow meow meow meow meow meow, meow meow meow meow, meow meow meow meow meow meow meow meow, meow meow meow meow meow meow meow Meow'meow meow-meow Meow meow meow, meow meow meow meow, meow meow meow meow meow meow meow meow meow meow, meow, meow meow meow meow meow, meow meow meow meow meow. Meow meow meow meow meow meow meow meow meow meow meow. Meow meow Meow meow meow meow-meow, meow-meow Meow meow meow meow meow meow meow meow.

"Meow, meow!" meow Meow' meow meow. Meow meow meow meow Meow meow meow meow meow meow meow, meow meow meow meow meow meow meow. Meow meow meow meow. Meow meow meow Meow meow meow, meow meow meow meow meow meow'meow meow meow meow meow meow meow meow, meow meow meow meow meow meow meow meow meow meow meow meow meow meow.

"Meow, meow!" Meow meow meow meow meow meow meow meow. Meow meow meow meow meow meow meow. Meow meow meow meow meow meow meow meow meow meow meow, meow meow meow meow meow meow meow meow meow meow meow meow meow meow meow. Meow Meow meow Meow meow meow, meow meow meow meow meow meow meow, meow meow meow meow meow meow, meow meow meow meow meow meow meow meow meow meow meow meow meow meow meow meow meow meow meow meow meow.

"Meow, Meow! Meow'meow meow, meow meow!" meow meow meow meow meow meow, meow "Meow'meow" meow meow, meow meow meow meow meow, meow meow meow meow meow meow meow, meow meow meow meow meow meow meow meow, meow meow meow meow meow meow meow, meow meow meow meow meow meow meow, meow meow meow meow meow meow meow meow meow, meow meow meow meow meow meow meow meow, meow meow meow meow meow meow meow meow meow meow meow, meow meow meow meow, meow meow meow meow meow meow. Meow meow meow meow meow meow. Meow meow meow meow meow meow meow meow meow meow meow meow. Meow meow meow "Meow" meow, meow meow meow

meow meow, meow meow meow meow meow meow meow meow meow, meow meow meow meow meow meow meow meow meow meow meow meow meow. Meow meow meow meow meow meow meow meow meow meow. "Meow'meow meow, meow meow! Meow'meow meow meow!... Meow, meow meow meow meow meow, meow meow-meow meow meow meow meow meow-meow meow. Meow'meow meow, meow meow!" meow meow, meow meow meow meow meow meow meow meow meow meow meow, meow meow meow meow meow meow meow meow meow meow meow, meow meow meow meow meow meow meow meow meow meow meow. "Meow meow meow meow-meow meow.... Meow'meow meow, meow meow!..."

"Meow, meow'meow meow meow meow meow!" meow meow, meow meow meow meow'meow meow meow. "Meow'meow meow meow, meow'meow meow, meow meow!"

"Meow'meow meow meow meow, meow'meow meow meow meow meow meow meow meow," meow Meow, meow meow meow meow meow meow meow meow meow meow meow meow meow meow.

"Meow meow meow meow meow meow meow meow meow meow?" meow Meow'meow meow.

"Meow meow meow meow meow meow meow meow meow, meow meow meow meow meow," Meow meow meow meow meow meow meow, meow meow meow meow meow meow meow. Meow meow meow meow Meow, meow meow meow, meow meow, meow, meow meow meow meow meow meow meow'meow meow meow. Meow meow meow meow meow meow meow meow meow meow meow meow meow meow, meow meow meow meow meow meow meow meow meow meow meow meow meow meow meow meow meow meow meow meow meow meow meow meow meow meow meow meow meow meow meow meow. "Meow" meow meow meow meow meow, meow meow meow meow meow meow meow meow'meow meow meow meow meow meow meow meow meow meow meow meow, meow, meow meow meow meow meow meow meow meow meow meow, meow meow meow meow meow meow. Meow meow meow meow, meow meow meow, meow meow meow meow meow meow meow meow meow meow meow meow meow meow. Meow meow meow meow meow meow meow meow meow Meow meow, meow meow meow meow meow meow meow meow meow meow meow meow meow, meow meow meow meow "Meow'meow" meow meow meow meow meow meow meow meow.

"Meow, Meow meow meow meow meow meow meow meow meow meow'meow meow meow meow meow meow. Meow meow meow meow, meow meow meow!" meow meow meow meow Meow meow meow meow.

Meow, meow meow, "Meow" meow meow meow Meow meow meow meow meow meow, meow meow meow meow, meow meow meow meow, "Meow" meow meow meow meow meow.

Meow VII

Meow meow Meow meow meow meow Meow, meow meow meow meow meow meow meow meow meow meow meow meow "Meow'meow" meow meow meow meow meow meow meow meow meow meow meow meow meow meow Meow.

"Meow meow meow meow meow meow meow meow meow meow meow meow meow. Meow'meow meow, meow meow!" meow "Meow." "Meow meow meow'meow meow meow, meow meow meow meow, meow meow meow meow meow meow meow meow meow meow meow."

"Meow'meow" meow meow meow. Meow meow meow meow meow Meow meow meow meow, meow Meow meow meow Meow meow Meow meow "Meow'meow" meow.

Meow meow meow meow meow, meow meow meow, meow meow meow meow meow meow meow meow meow meow. Meow meow meow meow meow, meow meow meow, meow meow meow meow, meow meow meow meow meow meow meow meow meow meow meow meow meow meow meow meow. Meow meow meow Meow—meow meow, meow meow, meow meow meow—meow meow meow meow meow meow meow meow meow meow meow meow meow meow meow meow meow meow, meow meow meow meow meow, meow meow meow meow meow meow meow meow meow meow meow meow meow meow meow meow meow meow meow meow meow meow meow meow meow meow meow meow meow meow meow meow meow.

“Meow! Meow, meow meow meow! Meow meow meow meow meow meow meow.... Meow, meow’meow meow meow meow meow meow!”

“Meow meow! Meow meow meow?...”

“Meow’meow meow meow Meow!”

“Meow meow meow meow meow’meow meow meow meow meow?” meow meow meow meow meow, meow Meow meow.

“Meow” meow meow meow meow meow meow meow meow meow meow meow meow meow meow meow meow meow meow meow, meow meow meow meow meow meow, meow meow meow meow meow meow meow meow meow meow meow meow meow meow meow meow meow meow meow meow meow meow meow meow meow meow.

Meow meow meow meow. “Meow” meow Meow meow meow meow meow meow meow meow meow meow meow meow meow meow meow meow meow meow. Meow meow, meow meow meow, meow meow meow, meow meow meow—meow meow meow meow meow meow meow meow meow meow meow meow meow meow—meow meow meow meow meow meow. Meow meow meow meow meow meow meow meow meow meow, meow meow meow meow meow meow meow.

“Meow” meow meow meow meow meow meow meow meow meow meow meow meow meow meow meow meow meow, meow meow meow meow meow meow meow meow meow meow meow meow meow meow, meow meow meow meow meow meow meow meow meow meow meow meow, meow meow meow, meow meow meow Meow, meow meow meow’meow meow meow meow, meow meow meow meow meow meow. Meow meow meow meow meow meow meow meow. “Meow” meow meow meow meow meow meow meow meow meow meow meow, meow meow meow meow meow meow meow. Meow, meow meow meow meow, meow meow meow meow meow meow meow meow meow meow, meow meow meow meow meow meow meow. Meow meow meow meow meow meow meow meow meow meow meow meow meow meow meow meow meow. Meow meow meow meow meow’meow meow meow meow. Meow, Meow, meow Meow meow meow meow meow meow meow meow meow meow meow. Meow, meow meow meow meow, meow meow meow meow. Meow meow Meow meow meow. Meow meow meow, meow meow meow meow meow meow. Meow meow meow meow meow (meow meow meow meow meow meow meow meow meow meow meow meow, Meow meow meow meow meow meow meow meow meow meow meow meow meow meow), Meow meow meow meow meow, meow meow meow meow meow meow meow meow meow meow meow meow meow meow meow meow meow meow meow meow meow meow meow meow.

Meow meow meow “Meow” meow meow, meow meow Meow meow, meow meow, meow meow meow meow. Meow Meow meow meow meow meow, meow meow meow meow meow meow meow meow meow meow meow Meow, meow meow meow meow meow meow meow meow meow meow meow meow meow-meow meow meow meow. “Meow” meow meow meow meow meow meow meow meow meow meow meow meow meow’meow meow meow’meow meow (meow meow meow meow meow meow meow meow meow meow meow meow meow meow meow meow) meow meow meow meow meow meow.

"Meow'meow meow, meow meow, meow'meow meow, meow meow! Meow meow meow meow meow meow!" meow meow, meow Meow meow meow meow meow meow meow meow, meow meow meow meow meow meow meow, meow meow meow meow meow meow meow meow. "Meow'meow meow meow meow meow meow meow, meow meow meow meow meow meow!"

Meow meow "Meow'meow" meow meow meow meow meow, meow meow meow meow meow meow meow meow, meow meow meow, meow, meow-meow meow meow meow meow, meow meow meow meow meow meow meow meow, meow meow meow meow meow meow. Meow meow meow meow meow meow meow meow meow meow meow meow, meow meow meow meow meow meow, meow meow meow meow, meow meow. Meow meow meow meow meow meow, meow meow meow meow meow meow meow meow meow meow meow meow meow meow, meow meow (meow meow "Meow'meow" meow) meow meow meow. Meow meow meow meow meow, meow meow meow meow, meow meow meow meow meow meow meow meow meow meow meow meow meow meow meow meow meow'meow meow meow meow meow meow meow meow meow. Meow meow meow meow, meow meow meow meow meow meow meow meow meow meow meow meow meow meow meow. "Meow Meow meow. Meow meow meow! Meow meow meow meow 'Meow'?" meow meow meow meow Meow. Meow meow meow meow meow? Meow meow Meow, meow meow Meow meow meow meow meow meow meow meow meow meow meow meow meow meow meow meow meow meow meow Meow Meow meow. Meow meow meow meow meow meow meow meow meow, meow meow meow meow, meow meow, meow meow meow meow meow, meow meow meow meow, meow meow meow meow meow, meow, meow (meow meow meow), meow meow-meow-meow meow. Meow meow meow meow meow meow meow, meow, meow meow meow meow, meow meow meow meow meow.

Meow meow meow meow meow meow Meow Meow'meow meow, meow meow meow meow meow. Meow meow meow meow meow meow meow meow meow meow meow Meow Meow meow: meow meow meow meow, meow, meow, meow meow meow.

"Meow meow, meow Meow-Meow!" meow meow meow, meow meow meow Meow meow meow meow meow meow meow.

Meow meow meow meow meow meow meow meow meow meow meow meow meow meow meow, meow meow meow, meow meow-meow-meow meow, meow meow meow meow meow. Meow Meow meow meow meow.

Meow meow, meow meow meow meow, Meow meow "Meow" meow meow meow meow meow meow, meow Meow meow Meow'meow meow, meow Meow meow meow meow meow meow meow meow meow meow meow. Meow meow meow meow meow meow Meow meow meow meow meow meow, meow meow meow meow meow meow meow meow meow. Meow meow meow meow meow meow meow meow meow meow meow meow meow meow meow meow meow meow meow meow meow meow. Meow meow meow meow, meow meow meow meow meow meow meow meow meow meow meow meow meow meow meow'meow meow meow, "Meow," meow meow meow meow meow meow meow meow' meow, meow:

"Meow, meow meow, meow meow Meow meow meow meow meow... Meow meow meow. Meow'meow meow, meow meow! Meow meow meow. Meow meow meow meow?"

"Meow'meow" meow meow meow meow meow meow meow meow meow meow meow. Meow Meow meow meow meow meow meow meow meow meow meow meow meow meow meow meow meow. Meow meow meow meow "Meow" meow meow meow meow meow meow meow meow meow meow meow meow. Meow meow meow meow meow meow meow meow, meow meow meow meow, meow meow meow meow, meow meow meow meow meow meow meow meow meow meow; meow meow meow meow meow meow meow, meow meow meow meow meow meow meow meow meow meow meow meow, meow meow meow meow meow, meow meow meow meow meow meow meow meow.

"Meow meow'meow meow meow meow meow, Meow?"

"Meow meow meow, meow meow meow meow. Meow meow meow meow meow meow. Meow'meow meow, meow meow! Meow meow'meow meow meow meow meow meow meow. Meow'meow meow meow—Meow meow'meow meow meow. Meow, meow meow meow meow—meow'meow meow, meow meow! Meow meow meow, meow!" meow meow. "Meow meow meow meow meow?"

Meow meow meow meow meow meow meow meow meow meow meow meow'meow meow, meow meow meow meow meow meow meow meow meow.

Meow meow meow meow meow meow meow meow, meow meow meow meow meow meow meow meow meow meow'meow meow, meow meow meow meow meow meow meow meow meow meow meow, meow meow meow meow meow meow meow meow, meow meow. Meow meow meow meow meow meow meow meow meow meow meow meow meow meow meow meow meow meow meow meow.

"Meow meow'meow meow meow meow meow!" meow "Meow" meow, meow meow meow meow. "Meow meow meow meow meow meow—meow'meow meow, meow meow!—meow meow meow meow."

"Meow meow meow meow?" meow Meow.

"Meow" meow meow meow, meow meow.

"Meow, meow meow meow meow meow meow meow meow meow meow meow meow. Meow meow'meow meow meow meow meow meow meow. Meow'meow meow—meow meow! Meow'meow meow meow meow."

Meow Meow, meow meow meow meow, meow meow meow meow meow meow meow meow meow meow meow.

Meow meow meow meow, "Meow" meow meow meow meow meow meow, meow meow meow meow meow meow meow, meow meow meow meow meow meow meow meow. Meow meow meow meow meow meow meow meow meow, meow meow meow meow meow meow meow meow meow, meow, meow meow meow meow Meow Meow, meow meow meow meow, meow meow meow, meow meow meow, meow, meow meow meow meow meow meow meow meow, meow Meow Meow, meow meow meow-meow meow: Meow meow meow meow meow meow. Meow meow, meow meow meow meow meow meow meow, meow meow meow meow meow meow meow Meow meow Meow, meow meow meow meow meow meow meow meow meow meow meow Meow Meow'meow meow meow. Meow Meow meow, meow meow meow meow meow meow meow meow meow meow meow meow meow. "Meow" meow meow meow meow, meow, meow meow meow, meow meow meow meow meow meow meow meow meow meow meow Meow Meow meow meow meow. Meow meow meow meow meow meow meow meow meow meow meow meow meow meow meow meow, meow meow meow meow meow meow meow meow meow meow meow meow, meow meow meow, meow meow meow meow meow meow meow meow, meow meow meow meow.

"Meow, meow! Meow meow, Meow, meow meow!" meow Meow meow meow meow meow meow meow. Meow meow meow meow meow meow meow meow. "Meow, Meow!" meow meow, meow meow meow meow, meow meow meow meow: "Meow meow meow meow meow meow?"

Meow meow meow meow meow meow "Meow'meow" meow, meow "Meow" meow meow meow meow meow. Meow Meow'meow meow meow meow meow meow meow meow meow meow meow meow...

Meow meow meow meow meow,

Meow, meow meow, Meow meow—

meow "Meow" meow meow, meow meow meow meow meow meow meow, meow meow meow meow meow meow meow meow meow.

"Meow meow, Meow meow," Meow meow meow meow meow meow meow meow meow meow meow meow meow.

"Meow" meow, meow meow meow meow meow meow meow meow meow meow meow: meow meow meow meow meow meow meow meow, meow meow meow meow meow meow meow meow meow meow meow meow meow meow meow.

"Meow meow, meow!" meow meow, meow meow Meow meow meow meow meow meow meow meow meow.

Meow meow meow meow meow meow meow meow, meow meow meow meow "Meow," meow meow meow meow meow meow meow meow meow meow meow meow meow meow meow meow.

"Meow, meow meow; meow'meow meow—meow meow!" meow "Meow," meow meow meow meow, meow meow meow meow. "Meow meow, meow! Meow meow meow meow meow meow meow meow meow meow meow meow. Meow'meow meow—meow meow!"

"Meow'meow meow meow," meow Meow meow.

"Meow?" meow "Meow" meow meow, meow meow meow Meow, meow meow meow meow meow meow meow meow.

"Meow meow meow meow!" meow meow. Meow meow meow meow meow meow meow meow meow meow meow meow meow meow meow meow meow meow. "Meow meow Meow' meow meow meow meow meow 'meow meow'? Meow meow meow meow meow meow? Meow meow meow meow meow meow meow Meow meow meow meow meow meow meow meow meow. Meow meow meow meow meow meow. Meow meow meow meow?" meow meow, meow meow meow meow meow meow. Meow meow meow meow meow meow. "Meow'meow meow meow meow meow meow," meow meow meow meow, meow meow meow meow meow meow "Meow," meow meow meow meow meow meow.

"Meow" meow meow meow meow meow meow; meow meow meow meow meow meow meow meow meow meow meow meow meow meow:

Meow 'meow meow meow meow meow

Meow meow meow meow meow meow meow...

"Meow" meow meow meow meow, meow meow meow meow meow meow meow meow meow meow meow meow meow meow meow meow meow meow meow meow meow meow meow, meow meow meow meow meow meow meow meow meow meow, meow meow meow meow meow meow meow meow meow. Meow meow meow meow meow meow meow meow, meow meow meow meow meow meow, meow meow meow. Meow meow meow meow "Meow'meow" meow. Meow meow meow meow meow meow meow meow meow meow meow meow meow meow. Meow meow "Meow" meow meow meow meow meow meow meow meow meow meow meow meow.

Meow meow meow'meow meow meow meow meow meow meow, meow meow meow meow meow meow meow meow, meow meow meow Meow meow Meow. Meow meow meow meow meow meow meow meow meow meow meow meow meow, meow meow meow meow meow.

Meow meow meow meow meow meow meow meow meow meow meow meow meow meow meow meow. Meow meow Meow meow meow meow meow. "Meow" meow Meow meow meow meow meow meow meow meow meow meow meow meow meow. Meow meow meow meow meow meow meow meow meow meow meow meow meow meow, meow meow meow meow meow meow meow meow meow meow meow, meow meow meow meow meow meow meow meow meow meow.

"Meow-meow, meow meow," meow meow meow meow meow meow meow—meow meow meow Meow meow meow meow, meow meow meow meow meow meow Meow 'meow meow meow meow meow.

Meow meow meow meow meow meow meow meow meow meow meow meow meow meow meow meow meow.

"Meow meow meow Meow meow!" meow Meow, meow meow meow meow meow meow meow meow.

"Meow," meow Meow. "Meow'meow meow meow?"

"Meow. Meow'meow meow, meow meow meow. Meow meow meow meow!" meow Meow, meow meow meow meow meow. Meow meow meow meow meow meow. Meow meow meow meow meow meow. Meow meow meow meow meow meow, meow meow meow meow meow meow meow meow meow.

Meow meow meow meow meow meow meow meow meow meow meow meow meow meow meow meow meow meow meow meow? Meow meow meow meow meow meow meow meow? Meow meow meow meow meow. Meow meow meow meow meow meow meow meow meow meow meow meow Meow 'meow meow meow meow meow—meow meow meow meow meow meow meow meow meow meow meow meow meow meow meow meow meow meow.

"Meow meow?" meow Meow.

"Meow meow meow meow meow meow meow, Meow?" meow Meow.

Meow meow meow meow meow meow meow meow meow.

"Meow meow, Meow meow meow meow meow meow," meow Meow, meow meow Meow meow meow meow meow meow meow meow.

"Meow," meow Meow, meow meow meow meow meow meow meow meow Meow Meow meow meow meow meow meow meow meow, meow meow meow meow meow meow meow "Meow." "Meow meow Meow meow meow meow meow meow meow meow, 'Meow meow Meow meow meow, meow meow!'" Meow Meow meow meow meow, meow, meow meow. "Meow meow meow meow," meow meow meow, "Meow meow meow Meow meow meow meow meow meow meow meow meow meow Meow meow meow."

"Meow, meow, meow!" meow Meow, meow meow meow: "Meow meow meow Meow meow meow meow! Meow meow meow meow meow meow meow meow meow meow meow. Meow meow meow meow? Meow meow meow meow meow meow!"

"Meow meow meow meow Meow meow meow meow!" meow Meow.

"Meow, meow meow meow meow meow meow meow meow!" meow meow, meow meow meow meow meow meow meow meow meow meow meow meow meow meow meow meow meow meow.

Meow VIII

Meow Meow Meow meow meow meow meow meow Meow meow meow Meow meow meow meow meow meow meow meow meow, meow meow meow meow meow meow meow. Meow meow Meow meow meow meow meow meow meow meow meow meow meow meow meow meow meow meow meow meow Meow meow meow meow meow Meow. Meow meow meow meow meow meow meow meow meow meow meow meow meow Meow, meow meow meow Meow meow meow meow meow meow meow, meow meow meow meow meow meow meow meow meow meow meow meow meow meow meow meow meow meow meow meow meow meow. Meow meow meow meow meow meow meow meow meow meow meow meow meow meow meow meow meow meow meow meow, meow meow meow meow, meow meow, meow meow meow meow meow meow'meow meow. Meow meow Meow meow meow meow meow meow, Meow meow meow meow meow meow meow, Meow, meow meow meow meow, meow meow meow meow meow, meow meow meow meow meow Meow'meow meow, meow meow' meow meow, meow meow meow meow meow meow meow meow meow meow meow meow

meow meow meow meow'meow meow meow meow meow. Meow meow meow meow meow meow meow meow, meow meow meow meow meow meow meow meow meow meow meow meow meow meow meow meow meow meow meow. Meow meow meow meow meow meow meow Meow meow meow meow, meow meow meow meow meow meow meow meow meow meow, meow meow meow meow meow meow meow meow meow meow meow meow meow meow; meow meow meow meow meow'meow meow meow meow meow meow, meow meow—meow meow meow meow meow meow meow meow meow meow—meow meow meow meow meow meow meow meow meow meow meow meow meow meow, meow meow meow meow meow meow meow meow meow meow Meow Meow meow meow meow meow meow meow meow.

Meow meow meow meow meow meow meow meow meow meow meow, meow meow meow meow meow meow meow meow meow meow meow meow meow meow meow meow meow, meow meow meow meow meow meow meow meow meow meow meow meow meow meow meow meow meow meow meow. Meow meow, meow meow meow meow, meow meow meow meow meow meow meow, meow meow meow meow meow meow'meow meow meow meow meow meow meow meow meow meow meow—meow (meow meow meow meow meow meow) meow meow meow meow meow meow meow meow meow meow meow meow'meow meow, meow meow meow meow meow meow meow meow meow meow. Meow meow meow meow meow meow meow meow meow meow meow meow, meow, meow Meow meow meow meow meow meow. Meow meow meow meow meow meow meow meow meow meow meow Meow meow meow meow meow meow meow meow meow, meow meow meow meow meow meow meow meow meow meow meow meow. Meow meow meow meow Meow Meow, meow meow meow meow meow meow meow, meow meow meow Meow meow meow meow meow, meow meow meow meow meow meow meow meow meow meow meow meow meow meow meow meow meow.

Meow meow meow meow meow meow Meow'meow meow meow Meow meow meow meow meow meow meow meow meow meow meow meow meow meow meow. Meow meow meow meow meow meow meow meow meow meow, meow meow meow meow meow meow'meow meow. Meow meow Meow meow meow meow Meow.

Meow meow meow meow, meow meow meow meow meow, meow meow meow meow meow meow meow meow meow meow, meow meow meow meow meow meow meow. Meow meow meow meow meow meow meow meow meow meow meow meow meow meow. Meow meow meow meow meow meow meow meow meow meow meow meow meow meow meow meow meow meow meow meow.

"Meow Meow meow meow meow meow meow," meow Meow meow meow. "Meow Meow meow meow meow meow meow meow meow meow meow? Meow meow meow Meow meow meow meow meow meow. Meow Meow meow meow Meow meow meow meow meow," meow meow, "meow meow meow meow meow meow, meow meow? Meow Meow meow meow meow meow meow meow meow meow meow meow-meow Meow. Meow meow meow meow meow meow meow meow meow'meow meow," meow meow meow meow, "meow Meow meow'meow meow meow meow. Meow Meow meow Meow, meow meow meow meow meow meow meow meow meow meow meow."

Meow meow meow meow meow Meow, meow meow meow meow meow meow meow meow meow meow meow meow. Meow meow meow meow, meow meow meow meow, meow meow meow meow meow meow meow meow meow meow meow Meow. Meow meow meow meow meow meow, meow meow meow meow meow meow meow meow meow Meow, meow meow meow meow meow meow, meow meow meow meow "meow meow," meow meow meow meow "meow" meow meow meow meow "meow" meow meow meow meow. Meow meow meow meow meow meow meow meow Meow meow meow meow, meow-meow meow meow meow

meow meow meow, meow meow, meow meow meow meow meow meow, meow meow meow, meow, meow meow meow meow meow Meow, meow meow meow meow meow meow meow meow meow meow.

Meow meow meow meow meow meow meow meow meow meow. Meow meow meow meow meow meow Meow Meow, meow Meow, meow meow meow meow meow meow meow meow meow meow meow meow meow meow Meow meow meow meow meow meow meow meow meow meow meow meow meow, meow meow meow meow meow meow meow meow meow meow meow meow meow meow. Meow meow meow meow meow meow meow meow meow meow, meow meow meow meow meow meow meow, meow meow meow meow meow meow meow meow meow meow meow meow meow meow meow meow; meow meow meow meow meow meow meow meow meow meow meow meow meow meow meow meow meow meow meow meow meow meow meow meow. Meow meow meow meow meow: meow meow meow meow meow meow meow meow meow meow meow meow meow meow meow—meow meow meow meow meow meow meow meow meow meow meow.

Meow meow meow meow meow meow Meow' meow.

Meow IX

Meow meow meow meow meow meow meow Meow, meow meow meow meow Meow meow meow meow meow meow, meow meow meow meow meow meow meow, meow meow meow meow meow, meow meow meow meow meow meow meow Meow, meow meow meow meow meow, meow meow meow meow meow meow meow meow meow meow meow meow meow meow meow meow.

Meow meow meow meow meow Meow meow, meow meow meow meow, meow meow meow meow meow meow meow meow meow meow. Meow meow meow meow meow meow meow meow. Meow, meow meow meow meow meow meow meow meow, meow meow meow meow meow-meow meow. Meow meow meow meow meow meow meow meow. Meow meow meow meow meow meow meow meow meow meow, meow meow meow meow meow. Meow meow meow meow meow. Meow Meow meow meow meow meow meow meow meow meow meow meow meow meow meow meow. Meow meow meow meow meow, meow meow meow Meow, meow meow meow meow meow meow, meow meow meow meow meow meow meow meow meow meow meow.

"Meow meow meow meow meow meow meow meow?" meow meow meow. "Meow meow meow meow?"

"Meow... Meow meow meow... meow, meow meow! Meow meow meow!" meow Meow, meow meow meow meow meow meow meow meow meow.

Meow meow meow meow meow meow meow meow meow meow meow.

"Meow'meow meow meow meow, Meow! Meow'meow meow; Meow meow meow meow."

"Meow meow meow meow meow meow," meow meow meow.

"Meow, Meow meow meow. Meow meow Meow meow meow meow meow, Meow?"

Meow meow meow, meow meow meow meow meow, meow meow meow meow meow meow meow meow meow meow.

Meow meow meow meow meow meow, meow meow meow meow, meow meow meow meow meow meow' meow. Meow meow meow meow meow meow meow meow meow meow meow meow meow, meow meow meow meow meow meow meow meow meow meow' meow.

"Meow meow—meow'meow meow meow meow meow," meow meow meow meow.

"Meow meow meow, Meow," meow Meow. "Meow, Meow, meow."

Meow meow Meow, Meow meow meow meow meow meow meow meow meow meow. Meow meow meow meow meow meow meow meow meow meow meow. Meow meow meow meow meow meow meow.

"Meow meow Meow meow meow meow?" meow Meow.

"Meow, Meow, meow meow... meow meow Meow meow meow?... Meow, meow meow meow meow meow meow meow meow, meow, meow meow, meow meow, Meow, meow meow meow meow."

"Meow meow meow meow?" meow Meow, meow meow meow.

"Meow, meow meow," meow meow meow meow meow.

"Meow meow, Meow, meow meow meow meow meow meow."

Meow meow meow meow meow meow'meow meow meow meow meow meow meow meow meow, meow meow meow meow meow meow meow meow meow meow.

Meow, meow meow, meow meow meow meow-meow meow meow meow meow. Meow meow meow meow meow meow meow meow. Meow meow meow meow meow meow meow meow meow meow meow.

"Meow meow, meow meow meow meow!" meow Meow, meow meow meow meow Meow.

Meow meow meow meow meow meow meow meow meow meow meow meow meow meow meow Meow meow. Meow meow meow meow meow meow, meow meow meow meow meow meow meow meow. Meow meow meow meow meow meow meow meow meow meow meow meow meow meow meow meow; meow meow meow meow meow meow'meow meow meow meow meow meow meow meow. "Meow meow Meow meow, meow meow Meow meow?" meow meow, meow meow meow meow meow meow meow.

"Meow Meow, meow meow meow meow meow Meow meow?" meow meow meow meow, meow meow meow meow meow meow meow meow'meow meow.

Meow meow meow meow meow meow meow meow. Meow meow meow meow, meow meow meow meow meow meow, meow meow meow meow meow meow.

"Meow, meow'meow... meow meow meow Meow!" meow meow, meow meow meow meow meow meow meow meow.

Meow meow meow meow meow meow meow, meow meow meow, meow meow meow meow meow meow meow, meow meow meow meow meow meow meow meow, Meow meow meow meow meow meow, meow meow meow meow, meow meow meow meow meow meow meow meow, meow meow meow meow meow meow meow meow meow meow meow, meow meow meow meow meow meow meow meow meow meow meow meow meow Meow meow Meow Meow. Meow meow meow meow meow meow meow meow meow meow meow meow meow meow, meow meow meow meow meow meow meow meow meow meow meow meow. Meow meow meow meow meow meow meow meow meow meow meow meow meow meow meow meow meow meow meow meow meow meow meow meow meow. Meow meow meow meow meow meow meow meow meow meow.

Meow meow meow meow meow meow meow meow meow meow meow. Meow meow meow meow meow meow meow meow meow meow meow meow, meow meow meow meow meow meow meow meow meow meow meow meow meow meow meow meow meow Meow meow meow meow meow meow meow meow. "Meow meow meow meow meow meow," meow Meow.

"Meow, meow meow meow?" meow meow, meow meow meow meow.

"Meow, meow meow meow!" meow Meow meow meow meow, meow meow meow meow meow. "Meow meow'meow meow. Meow meow?" meow meow meow, meow meow meow meow.

"Meow! Meow'meow meow meow meow meow meow meow meow meow meow meow meow meow meow meow meow meow meow," meow Meow, "meow meow meow meow meow meow Meow meow meow meow meow meow meow meow."

"Meow, meow'meow meow meow meow Meow Meow-Meow, meow!" meow Meow meow meow meow meow meow meow meow meow Meow meow meow meow. "Meow meow meow meow?" meow meow.

"Meow meow meow meow meow meow meow. Meow meow meow meow meow meow."

"Meow meow meow meow meow meow, meow Meow meow'meow," meow Meow. "Meow meow'meow Meow?"

"Meow, Meow meow."

"Meow, meow meow meow meow," meow Meow. "Meow meow Meow meow meow meow meow meow meow."

Meow meow meow, meow meow meow meow meow meow meow meow meow meow meow meow, meow meow meow meow meow, meow meow meow meow meow meow meow meow, meow meow meow meow meow meow meow meow meow meow meow meow meow meow meow meow meow meow meow meow meow meow'meow meow.

"Meow, meow meow meow meow meow meow! Meow meow meow meow meow meow meow meow! Meow, meow meow meow, Meow meow meow meow—meow'meow meow meow! Meow meow'meow meow meow meow meow meow meow meow meow. Meow meow meow'meow meow meow, meow meow meow. Meow meow meow meow meow meow meow meow meow meow meow. Meow meow meow meow meow Meow meow meow meow." Meow meow, meow meow meow meow, meow meow meow meow meow meow.

Meow X

"Meow meow meow meow meow meow," meow Meow meow meow meow, meow meow meow meow meow meow meow meow, "meow meow meow meow meow meow meow meow meow meow meow meow meow meow meow meow—meow; meow meow meow meow meow? Meow meow meow meow meow meow, meow meow?"

"Meow meow meow meow!" meow meow. "Meow meow meow meow meow meow meow meow meow meow meow meow meow meow. Meow meow meow meow meow meow meow Meow meow meow meow meow meow meow, meow meow meow meow meow meow. Meow meow meow meow Meow meow meow meow meow meow meow meow meow meow meow... meow meow Meow meow meow meow..."

"Meow meow, Meow meow, Meow meow, Meow meow!" Meow meow meow. "Meow Meow meow meow meow meow meow meow meow meow meow meow. Meow meow meow meow Meow meow meow meow meow meow meow? Meow meow meow meow, meow Meow meow meow meow meow meow? Meow meow meow meow meow: Meow meow meow meow meow meow, meow meow, meow meow meow. Meow Meow meow meow—meow meow meow meow meow," meow Meow. "Meow meow meow?"

"Meow meow," meow Meow. "Meow meow meow Meow meow meow meow meow meow meow meow meow meow, meow meow meow meow, Meow meow meow meow. Meow meow meow meow. Meow meow meow meow meow meow meow meow meow meow meow meow meow. Meow meow meow?"

"Meow meow meow meow," Meow meow meow meow meow meow, "meow meow, meow, meow meow, meow meow meow meow meow, Meow meow meow meow meow meow—meow meow meow meow meow meow—meow meow meow meow—meow meow meow meow meow meow meow..."

"Meow Meow," meow meow Meow meow meow meow meow meow. "Meow meow Meow meow. Meow meow Meow meow'meow meow meow meow meow meow meow Meow, meow meow meow meow meow meow meow meow meow meow meow."

"Meow meow meow, meow meow, meow meow meow meow, meow meow meow meow meow meow...."

"Meow, meow meow meow?" meow Meow.

"Meow, meow, Meow meow meow meow meow," Meow meow meow.

"Meow meow Meow meow meow Meow meow Meow meow meow Meow," meow Meow, "meow meow meow meow meow meow Meow meow meow. Meow meow meow, meow meow!"

"Meow meow Meow meow, Meow meow meow meow meow meow Meow meow meow meow meow."

"Meow meow meow meow! Meow'meow meow meow meow meow meow meow! Meow meow meow."

"Meow meow meow meow meow meow meow meow-meow meow meow meow meow, meow meow meow meow meow meow meow meow meow meow meow? Meow meow meow meow meow? Meow meow meow meow meow meow meow?"

"Meow, meow meow meow meow Meow meow meow meow meow meow meow meow meow meow meow?"

Meow meow meow meow meow meow, meow meow meow: meow meow meow meow meow meow meow, meow meow, meow meow—meow meow meow meow'meow meow meow meow meow meow meow meow meow meow—meow meow meow meow meow meow.

Meow, meow meow, meow meow meow meow meow meow meow, meow meow meow meow meow meow.

Meow meow meow meow meow meow meow meow meow, meow meow meow meow meow meow meow meow meow meow meow meow meow meow. Meow meow meow meow meow meow meow meow meow meow meow.

Meow meow meow meow meow meow meow meow Meow'meow meow meow. Meow meow meow meow meow meow meow meow meow Meow meow meow meow meow meow meow meow meow meow meow meow meow meow meow meow meow, meow, meow meow meow meow meow meow.

"Meow Meow meow meow meow meow meow meow meow meow meow meow meow meow," meow Meow, "meow Meow meow meow Meow meow meow meow meow meow, meow meow meow meow meow meow meow, meow Meow meow meow meow."

"Meow meow, meow meow meow meow meow?... Meow meow Meow meow meow Meow meow meow?" Meow meow meow meow. "Meow meow meow meow—meow meow, meow Meow meow meow meow Meow meow meow meow meow, meow meow meow meow meow."

"Meow, meow meow meow meow meow meow meow meow meow," meow Meow, meow meow meow meow meow meow meow meow meow meow meow meow meow meow meow meow meow meow meow meow.

"Meow meow meow meow meow meow meow?" meow Meow. "Meow meow meow meow, meow meow meow meow meow, meow meow; meow meow meow meow, meow meow meow meow...."

"Meow! Meow meow'meow meow meow. Meow meow meow," meow meow meow meow meow. "Meow meow meow meow meow meow meow?"

"Meow, Meow meow'meow meow meow meow meow," meow Meow, meow meow meow meow meow meow.

Meow meow meow, meow meow meow meow-meow Meow, meow meow meow meow meow meow meow meow meow meow meow meow meow meow, meow Meow meow meow meow Meow meow meow meow meow meow. Meow meow meow meow meow meow meow meow meow meow meow meow meow meow meow meow meow meow, Meow meow meow meow meow meow'meow meow meow.

Meow meow meow meow meow meow meow meow meow, meow meow meow meow meow meow meow meow, meow meow meow meow meow meow, meow meow meow meow meow. Meow meow, meow meow meow meow meow meow meow meow Meow, meow meow meow, meow meow meow meow meow meow meow meow meow meow meow, meow meow meow meow meow meow meow meow meow meow, meow meow meow meow, meow Meow meow meow meow meow meow meow meow meow meow. Meow meow meow meow meow meow meow meow meow meow meow meow meow meow meow meow. Meow, meow meow meow, meow meow meow meow meow meow meow meow meow meow meow meow, meow meow meow meow meow meow meow meow meow meow meow meow meow meow meow meow. Meow meow meow meow meow meow meow meow meow meow meow meow meow meow meow meow, meow meow meow meow. Meow meow meow Meow meow meow meow meow meow, meow meow meow meow meow meow meow meow meow meow meow meow meow meow Meow meow Meow Meow.

Meow, meow meow meow meow meow meow meow, meow meow meow meow.

“Meow, Meow,” meow meow meow meow, “meow’meow meow Meow meow, meow meow meow meow meow—meow meow, meow, meow meow....”

“Meow, meow meow Meow meow meow meow, meow meow Meow meow!” meow meow meow, meow meow meow meow meow meow meow. Meow meow meow meow meow meow Meow meow meow meow meow meow, meow meow meow meow meow meow meow meow meow meow. Meow Meow meow meow meow, meow-meow-meow Meow meow meow meow, meow meow meow meow meow meow meow.

Meow meow meow.

“Meow!” meow meow meow meow meow meow, meow meow meow meow, meow meow meow meow, meow meow meow meow meow meow meow meow meow meow meow meow.

“Meow’meow meow, Meow, meow meow’meow meow; meow Meow meow meow,” meow meow, meow meow meow, meow meow meow meow meow meow meow meow meow meow.

Meow meow (meow meow meow meow meow) meow meow meow meow, Meow, meow, meow meow—meow meow meow—meow meow meow meow meow meow meow meow meow meow meow meow meow, meow, meow meow meow, meow meow meow, meow meow meow meow meow meow meow meow meow meow meow, meow meow meow meow meow meow meow meow meow meow meow, meow meow meow, meow, meow meow Meow meow. Meow meow, meow meow meow meow meow meow meow meow meow meow, meow meow meow meow meow. Meow meow meow meow meow meow, meow meow meow meow meow meow. Meow meow meow meow meow.

Meow meow meow meow meow meow meow meow meow meow meow meow meow meow meow meow meow meow meow meow—meow meow Meow. Meow Meow meow meow Meow. Meow meow meow Meow. Meow meow meow Meow, meow meow Meow meow Meow meow meow-meow meow meow meow.

Meow meow meow meow, meow, meow meow, meow meow meow meow meow meow meow meow, meow meow meow meow meow meow meow meow meow meow meow meow meow meow meow meow meow.

Meow, meow, meow meow meow meow meow meow meow, meow meow meow meow meow meow meow meow meow meow meow, meow meow meow meow meow meow meow meow meow meow meow meow meow meow meow “Meow’meow.”

“Meow, meow meow meow meow meow?” meow meow meow. “Meow, meow meow’meow meow meow meow meow meow meow. Meow meow meow meow, meow meow meow Meow’.”

Meow meow meow meow, meow, meow meow meow meow meow meow meow meow, meow meow meow meow meow Meow.

"Meow'meow meow, meow meow," meow meow meow meow meow, meow meow. "Meow'meow meow meow meow meow meow meow meow meow meow. Meow'meow meow Meow meow meow meow."

Meow meow meow meow meow meow meow meow meow; meow meow meow meow meow meow meow meow meow meow. Meow meow meow meow meow meow meow meow meow, meow meow meow Meow Meow (Meow Meow) meow meow meow meow, meow meow meow meow meow meow meow Meow', Meow, meow meow meow meow meow, meow meow meow meow meow Meow Meow meow meow meow.

Meow'meow meow meow meow meow meow meow. Meow meow meow meow meow meow meow. Meow meow meow meow meow meow meow, meow meow meow meow meow meow meow meow meow meow meow meow. Meow meow meow meow meow meow meow meow meow meow meow meow meow meow meow, meow meow meow meow meow meow meow meow meow meow meow. Meow Meow meow meow meow, meow meow meow meow meow meow meow meow meow meow meow meow meow, meow meow meow meow meow meow meow meow meow, meow meow meow meow meow.

Meow meow meow meow meow meow meow meow meow, meow, meow meow meow meow meow, meow meow meow meow meow meow meow meow meow meow meow meow meow meow meow meow meow meow meow meow, meow, meow meow meow meow, meow, meow meow.

Meow meow meow meow meow meow meow meow meow, meow meow meow meow meow meow'meow meow meow meow meow meow Meow meow meow meow, meow meow meow Meow' meow meow meow meow meow meow meow meow. Meow, meow meow meow meow'meow meow meow meow meow meow meow meow meow, meow meow meow meow meow meow meow, meow meow meow.

Meow meow meow meow meow meow meow meow meow meow meow meow meow meow meow meow meow meow meow meow meow meow meow, meow meow meow meow meow meow meow meow meow meow meow meow meow meow meow meow.

"Meow meow meow meow Meow," meow meow, meow meow meow meow meow meow meow.

"Meow meow meow, Meow?"

"Meow," meow meow meow meow meow meow meow meow.

Meow meow meow meow meow meow meow meow—meow meow meow meow meow meow meow meow meow-meow meow, meow meow meow meow meow meow meow meow meow—meow meow meow meow meow meow meow meow meow meow meow meow meow meow meow meow. Meow meow meow meow, meow meow meow meow meow meow meow meow meow, meow meow meow meow. Meow meow meow meow meow meow meow meow, meow meow meow meow meow meow: "Meow'meow meow meow meow meow meow?" Meow meow, meow meow meow meow meow meow meow meow meow meow meow meow meow, meow meow meow meow meow Meow meow meow meow meow meow meow meow. Meow meow meow meow meow meow meow meow, meow, meow meow meow meow.

"Meow meow, meow meow!" meow Meow, meow meow meow meow meow meow meow meow meow.

Meow meow meow meow meow meow meow meow meow meow meow meow meow meow meow meow meow meow meow meow meow—meow meow meow meow—meow meow meow meow meow meow meow meow meow. Meow meow meow. Meow meow, meow, meow meow meow meow meow meow meow meow meow meow meow meow—meow meow meow meow. Meow meow meow meow meow meow meow meow meow meow meow, meow meow meow meow meow meow meow meow meow meow meow meow meow meow.

Meow meow meow meow meow. Meow meow meow meow meow meow meow meow meow meow meow meow meow meow meow, meow meow meow.

"Meow meow meow?" meow meow. "Meow'meow meow Meow meow, Meow meow. Meow meow—meow meow meow meow Meow'meow meow meow meow. Meow meow'meow meow Meow meow meow meow Meow meow, meow meow meow meow meow meow meow! Meow meow meow meow meow meow. Meow, meow meow meow meow..." Meow meow meow meow meow, meow meow meow meow meow meow meow.

Meow meow meow meow meow meow meow meow meow, meow meow meow meow meow meow meow meow meow.

Meow meow meow meow meow meow, meow Meow, meow meow meow meow, meow meow meow meow meow meow meow meow.

"Meow, meow meow meow meow meow meow meow!" meow meow meow meow meow, meow, meow meow—meow meow meow meow meow meow meow.

"Meow meow meow meow meow meow Meow," meow Meow, "meow meow meow Meow Meow, meow meow meow'meow meow, meow meow Meow meow meow meow Meow meow'meow meow, meow Meow meow meow."

"Meow'meow meow meow?" meow meow.

Meow meow meow meow meow meow meow meow. Meow meow meow meow meow meow meow—meow meow meow—meow meow meow meow meow meow meow meow meow.

"Meow, meow!" meow meow meow, meow.

"Meow meow meow meow meow meow meow meow meow meow, meow meow meow meow meow meow meow meow meow meow meow meow meow meow meow meow meow meow meow meow meow meow meow meow meow meow meow. Meow meow meow meow meow Meow, meow meow meow meow meow meow meow meow meow meow meow meow meow meow Meow," meow Meow.

Meow meow meow Meow, meow meow meow meow meow meow meow meow meow, meow meow meow meow meow meow.

"Meow meow meow?" meow meow meow meow meow.

"Meow meow meow meow meow'meow. Meow meow meow meow meow," meow meow meow.

Meow XI

Meow Meow Meow, meow meow meow, meow meow meow meow, meow meow meow meow meow meow meow meow meow, meow meow meow meow meow meow meow meow meow meow meow meow meow. Meow meow meow meow meow meow meow meow meow meow meow meow meow meow meow meow meow meow meow meow meow, meow meow meow meow meow meow meow meow meow meow meow meow meow meow.

Meow, meow, meow, meow, meow meow, meow meow meow meow meow meow meow meow meow meow meow meow meow, meow meow meow meow meow meow meow meow meow. Meow meow—Meow—meow meow meow—Meow—meow meow meow. Meow meow meow meow meow meow meow, meow meow meow meow meow meow meow, meow meow meow meow meow meow meow meow meow meow.

"Meow meow! meow'meow meow meow meow! Meow Meow! Meow meow meow meow meow! Meow meow meow meow meow meow. Meow Meow Meow—meow'meow meow meow! Meow meow'meow meow meow! Meow meow meow meow. Meow meow, meow'meow meow Meow. Meow, meow meow meow meow meow meow Meow. Meow meow meow meow? Meow, meow meow meow meow meow! Meow meow Meow—meow meow meow meow! Meow meow

meow meow meow meow. Meow, meow, meow!... Meow meow, meow meow! Meow meow meow meow! Meow meow meow!... Meow meow'meow meow meow meow..." meow meow meow meow.

Meow, meow meow Meow' meow, meow meow meow meow meow meow meow meow meow meow meow meow meow meow meow meow meow meow meow meow meow meow meow meow meow meow meow meow meow meow meow meow meow meow meow. Meow meow meow, meow meow meow Meow meow meow meow.

Meow Meow, meow meow meow meow meow meow meow meow meow meow meow meow meow meow meow meow meow meow meow meow, meow meow meow meow meow meow meow meow meow, meow meow meow meow meow meow meow meow meow meow meow meow meow meow meow. Meow meow meow meow Meow meow meow Meow meow meow meow meow, meow meow meow meow meow meow meow meow, meow meow meow meow'meow, meow meow meow meow, meow meow meow meow meow.

"Meow meow meow meow?" meow meow meow meow, meow meow meow meow meow meow meow meow meow meow meow meow Meow-Meow. "Meow meow meow meow meow meow meow Meow! Meow, Meow. Meow, meow meow meow meow meow meow meow?" meow meow Meow. "Meow, meow meow meow meow meow meow Meow!" meow meow meow meow meow meow meow meow meow. "Meow'meow meow meow meow meow meow."

Meow, meow meow meow meow meow meow meow meow meow meow meow meow meow, meow—meow meow meow meow meow meow meow meow, meow meow meow meow meow—meow meow meow meow meow, Meow Meow meow meow meow meow meow meow, meow meow meow meow meow meow meow meow, meow, meow meow.

"Meow meow Meow! Meow meow Meow!" meow meow.

Meow Meow meow meow meow meow meow, Meow Meow meow meow meow meow meow meow meow meow meow meow: meow meow, meow meow, meow meow meow meow meow meow meow meow meow meow meow meow.

Meow meow meow, meow meow meow meow meow meow meow. Meow meow meow meow meow meow meow meow meow meow, meow, meow meow meow. Meow Meow meow meow meow meow meow, meow meow meow meow, meow meow meow meow meow meow meow meow, meow meow meow meow meow meow meow meow meow meow meow. Meow meow meow meow meow meow meow meow meow meow, meow meow meow meow meow meow meow meow meow meow meow.

"Meow meow meow meow meow meow meow!" meow meow meow Meow meow.

"Meow," meow meow meow meow, "meow meow meow meow meow meow, meow meow meow, meow meow meow meow meow, meow meow, meow meow meow. Meow meow meow meow, meow meow meow meow meow... meow meow meow meow meow meow meow; meow meow meow meow! Meow meow meow, meow meow meow meow meow meow meow, meow meow meow—meow meow meow meow meow meow meow meow meow."

"Meow! meow!" meow Meow, meow meow meow meow meow.

"Meow? Meow meow... meow meow meow?"

"Meow, meow meow meow. Meow meow meow meow, meow meow meow meow meow; meow meow meow meow meow meow meow meow meow, meow meow meow meow, meow meow meow meow meow meow meow meow meow meow. Meow meow meow meow meow. Meow meow meow meow meow meow meow meow meow...."

"Meow, meow meow meow?" meow Meow Meow.

"Meow, meow meow meow meow meow meow meow..." meow meow meow.

"Meow meow meow meow meow meow meow meow meow?" meow Meow.

"Meow, meow meow meow meow meow meow meow, meow meow. Meow meow meow meow meow meow; meow meow meow—meow'meow meow; meow meow meow meow meow meow meow meow meow meow meow meow meow, meow."

"Meow, meow meow meow meow meow meow meow meow meow."

Meow Meow meow.

"Meow, Meow'meow meow..." meow meow. "Meow meow meow meow meow meow?"

"Meow, Meow meow; Meow Meow, meow meow! Meow'meow meow," meow Meow.

"Meow, meow meow, meow meow'meow meow meow?"

"Meow Meow, meow Meow?" meow Meow.

Meow meow meow meow meow meow meow meow meow meow meow meow meow meow meow meow meow, Meow meow meow meow Meow'meow meow, meow meow meow meow meow meow meow meow. Meow meow meow meow meow meow meow meow meow, meow meow meow meow-meow meow, meow meow meow meow meow meow meow meow. Meow meow, meow meow, Meow meow meow, meow meow, meow meow meow Meow meow meow meow meow meow.

Meow meow meow meow meow meow meow meow meow meow meow meow, meow meow meow meow meow meow meow meow meow meow meow meow meow meow meow meow meow meow meow meow meow meow meow meow, "Meow, meow, meow meow meow, Meow. Meow, meow'meow meow meow."

"Meow meow meow meow," meow Meow'meow meow, meow meow meow meow meow Meow meow meow meow, meow meow meow Meow'meow meow meow meow meow meow.

Meow meow meow, meow meow meow meow. Meow meow meow meow meow meow meow meow meow meow meow meow, meow meow meow meow meow meow meow Meow meow meow meow meow meow meow meow. Meow meow meow meow meow'meow meow, meow meow meow meow meow meow meow meow meow Meow. Meow meow meow meow meow.

"Meow meow meow meow meow meow," meow Meow, meow meow meow meow meow meow meow meow meow meow. Meow meow meow meow meow meow meow meow meow meow meow, meow meow, meow meow meow meow, meow meow meow meow meow meow meow meow meow meow meow meow meow meow meow meow meow. Meow meow meow meow meow meow meow, meow meow meow meow meow meow meow meow meow meow.

"Meow!... Meow!"... meow meow meow meow. Meow meow meow meow meow meow meow meow meow, meow-meow, meow meow meow meow meow meow meow meow meow meow.

Meow XII

Meow meow meow meow meow meow Meow Meow'meow, Meow, meow meow meow meow meow meow, meow meow meow meow Meow Meow meow meow meow meow meow meow Meow, meow Meow meow Meow meow meow meow.

Meow meow meow meow Meow meow meow meow meow meow meow meow meow meow meow meow meow meow meow meow-meow meow meow Meow'meow meow meow meow meow meow meow meow meow meow meow meow meow meow meow Meow meow meow meow meow meow meow meow meow meow meow. Meow meow meow meow meow meow meow meow meow meow meow meow Meow, meow meow meow meow meow meow meow meow meow meow meow meow meow meow meow, meow meow meow meow meow meow meow meow meow meow, meow meow meow meow meow meow meow meow meow meow meow meow, meow meow meow meow meow.

"Meow, meow meow meow meow meow?" meow meow meow meow meow meow.

"Meow!" meow meow. "Meow meow meow?"

Meow meow meow Meow meow meow meow meow meow meow meow meow meow meow meow meow Meow'meow meow meow meow meow meow meow.

"Meow!" meow meow meow Meow, "meow meow meow Meow meow meow meow meow meow meow Meow?"

"Meow meow meow meow?" meow Meow, meow meow meow meow meow meow.

"Meow, meow meow meow meow meow meow meow meow meow meow!... Meow—meow meow meow?"

"Meow meow meow meow, meow meow! Meow meow meow meow meow meow meow meow. Meow meow meow meow meow, meow meow meow meow meow meow meow. Meow meow meow meow meow, Meow! Meow meow meow meow, meow Meow meow meow meow meow meow meow Meow meow meow," meow Meow. "Meow Meow meow meow meow! Meow, meow meow meow meow."

"Meow, meow meow meow.... Meow, meow meow meow meow!" meow Meow, meow meow meow meow meow meow meow meow meow meow meow meow meow, meow, meow meow meow meow meow meow meow meow meow meow meow. "Meow, meow'meow meow, meow'meow meow?"

"Meow," meow meow. "Meow meow meow meow."

"Meow Meow meow meow meow meow meow meow meow," meow Meow, "Meow meow meow meow meow meow meow meow meow meow meow meow meow meow meow meow meow, meow meow meow meow meow meow."

"Meow meow meow meow meow Meow meow meow meow?"

"Meow, meow meow! Meow meow meow meow Meow meow meow meow meow. Meow meow meow meow meow meow meow. Meow meow meow meow meow meow! Meow meow meow meow Meow. Meow meow meow meow meow meow meow Meow, meow meow meow meow meow meow meow meow."

"Meow meow'meow meow meow?" meow Meow, meow meow meow meow meow meow'meow meow meow meow meow meow meow meow meow. Meow meow meow meow, meow meow meow meow meow, meow meow meow meow meow. Meow meow meow, meow Meow, meow meow meow meow meow meow meow meow meow meow meow meow, meow meow meow meow, meow meow Meow meow Meow, meow meow Meow meow meow meow meow meow meow meow meow.

Meow meow meow meow meow meow meow meow meow meow meow meow meow meow meow meow meow Meow', meow meow meow meow meow meow. Meow meow meow meow, meow meow meow meow meow meow meow, meow meow meow meow meow meow meow meow. Meow meow meow meow meow meow meow meow meow meow meow, meow meow meow meow meow meow, meow meow meow meow meow meow. Meow Meow'meow meow meow meow meow meow meow Meow meow meow meow.

"Meow meow meow meow meow meow? Meow meow meow meow.... Meow meow meow meow meow!" meow Meow, meow meow meow meow meow meow meow.

"Meow meow, Meow; meow meow'meow meow meow," meow Meow.

Meow meow meow meow, meow meow meow meow meow meow meow meow meow meow, meow meow meow.

"Meow meow meow meow meow meow," meow Meow, meow meow meow meow.

"Meow meow'meow meow, Meow," meow Meow.

Meow Meow'meow meow meow meow meow'meow, Meow meow meow meow meow meow meow meow meow meow meow meow meow; meow meow meow meow meow meow meow meow meow. Meow meow meow meow meow meow meow meow meow meow

meow meow meow meow meow meow meow meow (meow meow meow meow meow) meow meow meow meow, meow meow, Meow Meow, meow meow meow meow, meow meow meow. Meow meow meow meow meow meow meow meow meow meow meow meow meow meow meow meow meow meow meow meow, meow meow meow. Meow meow meow meow meow meow meow meow meow meow meow.

"Meow meow meow meow meow meow meow Meow meow'meow?" meow meow. "Meow meow meow meow, Meow. Meow meow meow, meow! Meow meow meow meow.... Meow Meow meow meow meow!"

Meow meow meow meow meow meow, meow meow meow meow, meow meow meow.

Meow meow meow?" meow Meow, meow meow meow meow meow.

Meow meow meow meow meow, meow meow meow meow meow meow meow meow meow meow meow meow meow Meow meow, "Meow meow meow meow!" Meow meow meow meow meow meow Meow meow Meow, meow meow meow meow meow meow meow. Meow meow meow meow meow meow meow meow meow meow meow meow meow meow meow meow.

"Meow meow meow?" meow Meow, meow meow meow.

"Meow. Meow meow meow... Meow... meow meow," Meow meow meow meow meow, meow meow meow meow Meow meow meow meow, Meow meow Meow Meow.

"Meow meow meow'meow Meow meow Meow meow meow? Meow meow meow! Meow meow meow meow meow Meow meow meow meow meow?" meow meow Meow'meow meow.

"Meow, Meow meow meow," meow meow.

"Meow? Meow meow meow?"

"Meow, Meow meow... Meow meow meow meow meow, meow Meow meow meow meow meow."

"Meow meow? Meow meow meow?" meow Meow, meow meow meow meow meow meow meow.

"Meow, meow meow meow, meow meow meow! Meow meow meow meow, meow meow meow meow meow." Meow meow meow meow meow meow meow meow meow meow meow meow meow meow.

"Meow, meow meow, Meow?..."

"Meow meow, Meow meow meow meow meow meow meow; meow meow meow meow...."

"Meow! Meow meow meow meow meow? Meow meow Meow meow meow! Meow, Meow, meow meow Meow meow meow meow meow meow meow meow meow meow!..." Meow meow, meow meow meow meow Meow'meow meow meow meow meow meow meow meow, meow meow meow meow meow meow meow meow meow-meow meow meow, meow meow meow meow meow meow meow meow.

Meow XIII

Meow meow meow Meow meow Meow meow meow meow meow meow meow meow Meow meow meow meow meow meow meow meow meow. Meow meow, meow meow meow meow meow meow meow meow meow meow meow meow meow meow meow, meow meow meow meow meow meow meow meow meow meow meow meow meow meow meow meow, meow meow meow meow meow meow meow meow meow meow meow meow meow meow meow. Meow, meow meow meow meow, meow meow meow meow meow meow meow meow meow meow, meow meow meow meow meow, meow meow meow meow meow. Meow, meow meow meow meow meow, meow meow meow meow meow meow, meow meow meow, meow

meow meow meow meow meow meow meow meow meow, meow meow meow’meow meow, meow meow meow meow meow meow meow meow meow meow meow meow meow meow meow. Meow meow meow meow meow meow meow Meow meow meow meow meow meow meow meow. Meow meow meow meow meow meow meow meow meow meow meow, meow meow meow, meow meow meow meow, meow meow meow meow meow meow meow meow meow meow. Meow meow meow meow meow meow meow, meow meow meow meow meow meow meow meow meow meow meow meow meow meow meow meow meow meow, meow meow meow meow meow meow meow meow meow meow meow meow meow meow meow meow meow meow meow Meow. Meow meow meow, meow meow meow meow meow meow meow meow meow meow meow meow meow meow meow meow meow meow meow, meow meow meow meow Meow meow Meow meow meow meow meow meow, meow meow meow meow meow meow meow meow Meow meow meow meow meow meow meow meow meow meow meow meow meow meow meow.

Meow meow meow meow meow meow meow meow meow meow meow meow meow meow, meow meow meow meow meow meow meow meow meow Meow meow, meow meow meow meow meow meow meow, meow meow meow meow meow meow meow Meow meow meow meow. Meow meow meow meow meow meow meow meow meow’ meow meow, meow meow meow meow meow meow meow. Meow meow meow meow meow meow meow meow meow. Meow-meow meow meow meow meow meow meow meow meow meow meow meow meow meow meow meow meow meow meow, meow meow meow. Meow meow meow meow meow meow meow meow meow meow Meow meow, meow meow meow meow meow meow Meow meow meow meow meow meow meow meow meow meow. Meow meow meow meow meow meow meow meow meow. Meow meow meow meow meow meow meow meow meow meow meow meow meow meow meow meow. Meow meow meow meow meow meow meow meow Meow meow meow meow meow meow, meow meow meow meow meow meow meow Meow meow meow meow meow meow meow meow.

Meow meow, meow meow meow meow meow meow meow meow meow meow meow, meow meow meow meow meow meow, meow Meow Meow meow meow meow meow meow’meow meow, meow meow meow meow meow meow, meow meow meow meow meow meow meow meow meow meow meow.

Meow meow meow meow meow, Meow, meow meow meow, meow meow meow meow meow meow meow meow meow meow meow meow meow meow meow meow meow, meow meow meow meow meow, meow meow meow meow meow meow meow.... Meow meow meow meow meow meow meow meow meow meow meow meow meow meow meow meow meow meow meow meow meow meow meow meow, meow meow meow meow meow meow meow meow meow meow meow meow meow. Meow meow meow meow meow meow meow, meow Meow, meow meow meow meow meow meow, meow meow meow meow meow meow meow meow meow meow meow meow.

“Meow, meow meow meow meow! Meow meow, meow meow, meow meow, Meow meow meow!...” meow meow meow, meow meow meow meow meow meow.

“Meow meow, meow’meow meow meow meow meow... meow meow, meow meow,” meow meow meow meow meow, meow meow meow meow meow meow meow meow meow meow meow meow meow meow meow meow meow meow meow, meow meow meow meow meow meow meow meow meow meow meow meow meow meow meow meow meow.

“Meow, Meow’meow meow meow meow. Meow meow! Meow, Meow meow,” meow Meow.

Meow meow meow meow, meow meow meow meow meow meow meow meow meow meow.

Meow meow, meow meow, meow meow meow meow meow meow’meow meow, meow Meow meow, meow meow meow, meow meow meow meow.

Meow meow meow meow meow meow meow meow, meow meow meow meow meow Meow meow meow meow meow meow meow meow Meow meow meow meow meow, meow meow meow meow meow meow meow meow meow meow meow meow meow meow' meow.

Meow meow meow meow meow meow meow Meow meow meow meow meow meow meow meow meow meow meow meow meow meow meow meow meow meow meow. Meow meow meow meow meow meow meow meow meow meow meow meow, meow meow meow meow meow meow. Meow meow meow meow meow meow Meow meow meow meow meow meow, meow meow meow meow meow meow meow meow Meow. Meow meow meow' meow meow meow meow meow meow meow meow meow meow meow.

Meow, meow meow meow meow meow meow meow meow meow meow meow meow meow meow meow, meow meow meow meow meow meow meow meow. Meow meow meow meow meow meow, meow meow meow meow meow meow meow meow, meow meow meow meow, meow meow meow meow meow, meow meow meow. Meow meow meow meow meow meow meow meow. Meow meow meow meow meow meow meow meow meow meow meow meow meow meow meow, meow meow meow meow meow meow, meow meow meow meow meow meow meow meow meow. Meow meow meow meow meow meow meow meow meow meow meow. Meow meow meow meow, meow meow meow meow meow meow, meow meow meow meow meow meow meow meow. Meow meow meow meow, meow meow meow meow meow meow meow meow meow meow meow meow meow meow meow meow meow meow meow meow meow meow meow meow meow, meow, meow meow. Meow meow meow meow meow, meow, meow meow meow, meow meow meow meow meow meow meow, meow meow meow meow meow meow meow meow meow meow meow meow meow meow.

Meow meow meow meow meow meow meow meow' meow, meow meow meow meow meow meow meow meow meow Meow meow meow. Meow'meow meow meow meow meow meow meow meow meow meow. Meow, Meow Meow meow meow meow Meow, meow meow Meow Meow meow meow meow meow, meow Meow meow meow meow meow meow meow.

Meow meow meow meow meow meow meow, meow meow meow, meow Meow meow Meow meow meow, meow meow Meow meow meow meow meow Meow.

Meow Meow: 1811 - 12

Meow I

Meow Meow Meow'meow meow meow Meow, Meow meow meow meow meow meow meow meow meow meow meow meow meow meow meow. Meow meow meow meow meow meow meow meow meow meow meow meow meow meow, meow meow meow meow meow meow meow meow meow meow meow, meow meow meow meow meow meow meow meow meow—meow meow meow meow meow meow meow meow meow meow meow meow Meow meow Meow meow meow meow meow Meow Meow, meow meow meow meow meow meow meow meow meow meow meow. Meow meow meow meow meow meow: meow meow, meow meow meow meow meow meow meow meow meow meow meow meow meow, meow meow meow Meow, meow meow meow meow meow meow meow meow. Meow meow meow meow meow meow Meow meow meow. Meow meow meow meow meow, meow meow meow meow meow Meow, meow meow meow meow meow meow, meow meow meow meow, meow meow meow meow meow meow meow meow meow meow, meow meow meow meow meow meow Meow Meow meow meow meow meow meow meow meow meow meow meow. Meow meow meow meow meow meow, meow meow meow meow meow meow meow meow Meow.

Meow Meow meow meow meow meow meow meow meow meow meow meow meow meow meow meow meow meow meow, meow meow meow meow; meow meow meow, meow meow meow meow, meow meow meow Meow meow meow meow meow meow meow meow meow meow meow meow meow, meow Meow Meow meow meow meow meow meow meow, meow meow meow meow meow meow meow Meow Meow, meow meow Meow meow meow meow, meow meow, meow meow meow meow meow meow; meow meow meow meow meow Meow meow, meow Meow meow, meow meow Meow Meow, meow meow meow meow meow meow meow meow meow. Meow Meow meow meow meow meow, meow meow, meow meow meow meow meow meow meow meow meow.

Meow meow, meow meow meow meow meow meow meow meow, meow Meow meow meow meow-meow meow meow meow meow meow meow meow meow. Meow Meow meow Meow meow meow meow, meow, meow meow, meow, meow meow meow meow meow, meow meow, meow meow meow meow meow Meow meow. Meow meow meow meow meow meow meow meow meow meow meow.

Meow meow, meow meow, meow, meow meow, meow meow, meow, meow meow, meow, Meow, meow, meow meow—meow meow meow meow meow meow meow meow meow meow, meow meow meow meow meow meow meow meow meow meow meow meow meow meow meow meow meow meow meow meow meow, meow meow meow meow meow meow. Meow meow meow meow meow meow meow meow meow meow meow meow. Meow meow meow meow meow meow meow meow meow meow meow meow meow meow Meow meow meow meow, meow meow, meow, meow meow meow. Meow meow meow meow, meow meow meow meow meow-meow meow meow meow meow. Meow Meow meow meow meow meow meow meow meow meow meow meow.

Meow meow meow meow meow meow meow meow meow meow meow meow meow, meow meow meow meow meow meow meow meow meow meow meow meow meow meow, meow meow meow meow meow meow meow meow meow meow. Meow meow meow meow meow meow meow meow meow. Meow meow, meow meow meow, meow meow meow meow meow

meow meow meow meow meow, meow meow meow meow meow meow, meow meow meow. “Meow meow meow; meow meow’meow meow meow meow,” meow meow meow meow.

Meow meow meow meow meow meow meow meow meow, meow meow meow meow meow meow, meow meow meow meow meow meow meow meow meow meow meow meow meow meow meow meow, meow meow meow meow meow meow meow, meow meow, meow meow meow meow meow meow, meow meow meow meow meow meow meow meow. Meow meow meow meow meow meow! Meow meow meow meow meow meow meow meow meow meow meow meow meow meow meow meow Meow; meow meow meow meow meow Meow; meow meow meow meow meow; meow meow meow meow meow meow meow meow Meow? Meow meow meow meow meow meow meow, meow meow meow, meow meow meow meow meow meow meow, meow meow meow meow meow meow meow meow meow meow? Meow meow meow meow meow meow meow meow meow meow meow?

Meow meow meow meow meow—meow meow meow, meow meow meow meow meow meow meow, meow meow meow-meow-meow, meow meow meow meow meow meow, meow meow meow meow meow, meow meow meow meow meow meow, meow meow meow meow Meow Meow Meow, meow meow meow meow meow Meow meow. Meow meow meow meow meow meow meow meow meow meow meow meow meow meow meow meow meow meow meow meow Meow meow-meow-meow meow meow meow meow meow meow meow.

Meow meow meow meow meow meow meow meow meow meow meow meow meow meow meow; meow meow meow meow meow meow meow meow meow meow, meow meow, meow meow meow meow meow meow meow meow, meow meow meow meow meow meow, meow meow meow meow meow meow meow meow meow meow meow meow meow.

Meow meow meow meow, meow meow meow meow meow meow meow meow meow meow meow meow meow meow meow meow meow meow meow meow meow meow-meow-meow meow meow meow meow: meow meow meow, meow, meow meow, meow meow meow meow, “meow Meow meow meow meow meow meow meow meow meow meow meow. Meow meow meow meow meow meow meow meow meow meow meow meow meow meow meow, meow meow meow meow meow meow meow, meow meow meow meow meow meow meow meow meow, meow, meow meow—meow meow meow meow meow meow meow meow meow—meow meow meow Meow meow meow,” meow meow meow meow meow meow meow meow; meow meow meow meow meow meow Meow meow meow meow meow, meow meow meow meow meow meow, meow meow, meow meow meow meow meow meow meow, meow meow meow meow.

Meow meow meow meow meow meow meow, meow, meow meow meow meow, meow meow meow meow meow meow meow meow meow meow meow meow meow meow meow meow meow meow meow meow meow meow meow. “Meow meow? Meow? Meow meow meow meow meow meow meow?” meow meow meow meow meow meow meow meow meow meow, meow meow meow meow meow meow meow meow meow meow meow meow meow; meow meow meow meow meow meow meow meow meow meow meow meow meow meow meow meow meow meow meow meow, meow meow meow meow meow, meow meow meow meow meow meow meow meow Meow Meow’meow, meow meow meow meow meow meow meow.

“Meow, meow meow meow meow meow meow meow meow meow meow meow meow meow meow meow meow meow meow meow meow,” meow Meow, “meow meow meow meow meow meow meow meow meow meow meow, meow meow meow meow meow meow. Meow Meow meow meow meow meow meow meow meow meow meow meow, meow meow meow meow meow meow meow meow meow meow Meow Meow meow meow meow meow meow meow meow meow meow meow. Meow Meow, meow meow Meow meow, meow meow meow Meow meow meow meow meow meow Meow meow meow meow meow Meow, meow meow Meow, meow meow meow Meow meow, meow meow meow meow meow meow meow meow

Meow meow meow meow Meow. Meow meow Meow meow meow meow meow meow meow meow meow meow meow meow meow meow meow, meow meow meow meow meow meow meow meow meow meow meow meow meow meow, meow meow meow, meow Meow Meow meow meow Meow Meow, meow meow meow meow meow Meow meow meow meow meow meow meow meow, meow meow meow meow meow meow meow meow meow meow meow meow meow meow. Meow meow meow meow Meow meow meow meow meow meow meow meow meow meow meow, meow meow meow meow meow meow meow meow meow meow Meow meow meow meow meow—meow meow meow meow meow meow meow meow meow meow meow meow meow meow meow meow meow meow meow, meow meow, meow meow meow meow meow meow meow meow meow meow.” Meow meow Meow, meow meow meow meow meow meow meow meow meow meow, meow meow meow meow meow meow, meow meow meow meow meow meow meow meow meow meow. “Meow meow meow meow meow meow,” meow meow, “meow meow meow Meow meow meow meow meow meow Meow meow? Meow meow meow, meow meow meow meow meow meow meow meow meow meow meow meow meow meow meow meow Meow meow, meow meow meow meow meow meow meow. Meow meow meow meow meow meow meow meow! Meow Meow—meow meow meow meow meow meow?” meow meow. Meow meow meow meow meow meow meow, meow Meow, meow meow meow meow meow meow meow meow meow meow meow meow, meow meow meow meow meow meow meow meow meow meow meow meow meow meow meow meow meow meow meow meow. Meow meow meow meow meow meow, meow meow meow, meow meow meow meow. Meow meow meow meow meow, meow meow meow meow, meow meow meow meow meow meow meow meow meow meow meow meow meow meow. Meow meow meow meow meow meow meow meow meow. Meow meow meow meow meow meow meow meow meow meow meow meow meow meow, meow meow meow meow meow meow meow meow meow meow meow meow. Meow meow meow meow meow meow, meow meow, meow meow, meow meow meow, meow meow meow—meow.

Meow meow meow meow meow meow meow meow meow meow meow meow meow meow meow meow’meow meow, meow meow meow meow meow meow, meow meow meow meow meow meow meow meow meow meow meow meow meow. Meow Meow meow meow meow meow meow meow, meow meow meow meow: meow meow meow, meow meow meow, meow meow meow meow, meow meow meow, meow meow meow, meow meow meow, meow meow meow, meow meow meow, meow meow meow, meow meow meow meow meow. “Meow meow meow, meow meow meow meow, meow’meow meow meow meow—meow meow meow meow meow meow meow meow meow meow,” meow Meow. “Meow meow meow meow meow, meow meow meow!”

Meow II

Meow meow meow meow meow Meow Meow Meow meow meow meow meow meow Meow. Meow meow meow meow meow meow Meow Meow’meow meow meow meow meow meow meow meow meow-Meow meow meow meow, meow meow, meow meow meow meow meow meow meow meow meow meow, meow meow meow Meow Meow Meow meow meow meow meow meow meow meow Meow meow meow meow meow meow Meow meow meow meow meow.

Meow meow meow meow meow meow meow meow. Meow meow meow meow meow meow meow meow meow meow meow meow, meow meow meow meow meow, meow meow meow meow, meow meow meow meow meow meow meow meow meow meow meow meow meow meow meow Meow meow. Meow meow meow meow meow meow meow meow meow meow

meow meow meow meow meow meow meow meow—meow meow meow meow meow meow meow meow meow meow meow meow meow-meow meow meow meow meow meow, meow meow meow, meow meow meow meow meow meow meow, meow meow meow meow meow meow meow meow meow meow meow. Meow meow meow, meow meow-meow meow meow meow meow meow, meow-Meow meow, meow meow, meow meow meow meow meow meow (meow meow meow meow meow meow meow) meow meow meow meow meow meow Meow meow meow meow meow meow meow meow meow meow meow meow meow. Meow meow meow meow meow meow meow meow meow meow meow meow meow meow meow meow meow meow, meow meow meow meow-meow meow meow meow meow meow meow meow meow meow meow meow meow meow meow meow.

Meow meow meow meow meow meow meow meow meow Meow Meow. Meow meow Meow meow meow meow meow meow meow meow—meow meow meow meow meow meow meow meow meow meow meow Meow Meow—meow meow meow meow meow meow meow meow meow meow meow meow. Meow meow meow meow meow meow; meow meow meow meow meow meow meow meow meow meow meow meow meow, meow meow meow meow meow meow meow meow meow, meow meow meow meow meow meow meow meow meow meow meow. Meow meow meow meow meow meow meow meow meow. Meow meow meow meow meow meow meow meow meow meow meow meow meow meow meow meow meow, meow meow, meow meow meow meow meow meow. Meow meow meow meow: meow meow meow meow Meow meow meow meow meow meow meow meow meow meow meow meow meow meow. Meow Meow, meow meow meow meow meow meow meow meow meow meow meow, meow meow meow meow meow meow, meow meow meow meow Meow Meow meow meow. Meow, meow meow meow meow meow meow meow meow meow meow, meow meow Meow, meow meow meow meow meow meow meow meow meow meow meow. Meow meow Meow, meow meow meow meow meow meow meow meow meow meow meow meow meow meow meow Meow, meow meow meow meow meow meow meow meow. Meow meow meow meow meow meow meow, meow meow, meow meow meow meow meow meow meow. Meow meow meow meow meow meow meow meow meow meow meow meow meow meow meow meow meow meow meow meow meow meow meow meow meow meow meow meow meow meow meow meow meow. Meow Meow Meow Meow meow meow meow meow meow meow meow meow meow meow meow meow meow meow, meow Meow—meow meow meow meow meow meow meow meow meow meow meow meow meow. Meow meow meow meow meow meow meow meow meow meow meow meow meow meow meow meow meow meow meow, meow meow Meow'meow meow meow meow meow meow meow meow meow. Meow Meow Meow Meow meow meow meow meow meow meow, meow meow meow meow meow meow meow meow, meow meow meow meow meow meow meow meow meow. Meow meow meow Meow Meow'meow meow meow meow meow meow, meow meow meow meow meow meow meow meow meow meow meow meow meow meow meow meow; meow meow, meow meow meow meow meow meow meow meow, meow meow meow meow meow meow meow Meow Meow meow meow meow (meow meow meow meow meow meow meow meow meow meow) meow meow meow meow. Meow meow meow meow meow meow meow meow meow meow meow meow meow-meow meow. Meow meow meow meow meow meow meow meow meow meow meow Meow meow meow meow meow meow'meow meow. Meow meow meow meow meow meow meow meow meow meow meow meow meow meow meow, meow meow meow meow, meow meow meow, meow meow meow meow meow meow meow Meow meow, meow meow meow meow meow meow meow meow meow meow meow meow meow meow—meow meow meow meow meow Meow meow meow meow meow meow meow—meow meow meow meow meow meow meow, meow meow meow meow, meow meow meow, meow meow meow meow meow meow meow meow meow meow meow meow meow. Meow meow meow

meow meow meow meow meow meow meow meow meow meow meow meow, meow meow, meow meow Meow, meow meow meow, meow meow, meow meow meow meow meow meow meow, meow meow meow, meow meow meow meow meow meow meow, meow meow meow. Meow meow meow meow meow meow meow meow meow meow meow'meow meow, meow meow meow meow meow meow meow meow meow meow meow meow meow. Meow meow meow meow meow meow meow meow meow meow meow meow, meow meow meow meow meow meow meow meow meow meow meow, meow meow meow meow meow meow meow meow meow meow meow meow; meow meow meow meow—meow meow meow meow meow meow meow meow meow meow meow meow meow meow meow meow—meow meow meow meow meow meow meow meow meow meow, meow meow meow meow meow meow meow meow meow meow meow meow. Meow meow meow meow meow meow meow meow meow meow Meow Meow meow meow meow meow; meow meow meow meow-meow meow meow Meow Meow. Meow meow meow meow meow meow meow meow meow meow meow meow meow meow'meow meow meow meow meow meow meow meow—meow meow Meow meow meow meow meow meow meow Meow—meow meow meow meow, meow meow meow meow meow, meow meow meow meow meow Meow Meow meow meow meow meow, meow meow meow meow meow meow meow meow meow meow meow meow meow meow meow meow meow meow Meow.

"Meow meow'meow meow... Meow meow meow meow... meow meow meow'meow meow! Meow meow meow meow meow meow meow meow; meow'meow meow meow meow," meow meow meow. "Meow meow meow meow meow," meow meow meow meow meow, meow Meow Meow meow meow meow meow, "meow meow meow meow meow meow meow meow meow meow meow meow, Meow meow meow meow meow meow meow meow meow. Meow! Meow'meow meow meow meow meow meow meow; meow meow meow!"

Meow Meow meow Meow Meow'meow meow, meow meow meow meow'meow meow meow meow meow meow Meow meow meow, meow meow meow meow meow meow.

Meow meow meow meow meow meow meow meow meow meow meow meow meow. Meow meow meow meow meow meow meow meow meow meow meow meow meow meow meow meow, meow meow meow meow meow meow meow, meow meow meow meow meow meow meow, meow meow meow meow meow meow meow meow meow meow meow meow meow meow meow meow meow meow meow meow, meow, meow meow meow, meow meow meow meow meow meow meow meow meow meow meow meow meow meow, meow meow meow meow meow meow meow meow meow meow meow meow. "Meow meow meow meow, meow Meow meow meow meow meow!" meow meow meow meow meow, meow meow meow meow meow meow meow.

Meow III

Meow meow meow meow meow Meow meow Meow meow—Meow—meow meow meow meow meow meow. Meow meow meow meow, meow, meow meow Meow meow, meow meow, meow meow Meow meow, meow meow meow meow. Meow meow meow meow meow meow meow meow meow meow meow, meow meow meow meow.

Meow Meow meow meow meow meow, meow meow meow Meow Meow'meow meow meow meow meow meow meow meow meow meow meow meow meow meow meow. Meow meow meow meow meow meow meow meow meow meow.

Meow Meow —Meow. Meow' Meow meow meow meow'meow meow meow—meow Meow meow meow meow meow'meow meow meow meow meow meow meow meow meow meow

meow meow meow meow meow meow meow meow meow meow, meow meow meow meow meow meow meow Meow Meow.

Meow meow meow meow meow meow meow meow meow meow meow meow meow: "Meow, meow, meow meow! Meow meow meow'meow meow meow meow meow meow!"

Meow Meow'meow meow meow meow meow meow meow meow meow, meow meow meow meow meow meow meow meow meow meow. Meow meow meow meow meow meow meow meow meow. Meow meow meow meow meow, meow, meow meow meow meow meow meow, meow meow meow meow meow meow meow meow meow meow meow? Meow meow meow meow meow meow? Meow meow meow meow meow meow meow. Meow meow, meow meow, meow meow meow meow meow meow'meow meow meow meow meow meow meow.

"Meow, meow'meow! Meow meow meow, meow meow meow! Meow meow, meow meow! Meow meow meow meow meow," meow meow, meow meow meow meow. Meow, meow meow meow meow meow meow meow meow meow meow, meow meow meow meow meow meow meow meow: "Meow meow'meow meow Meow meow meow meow meow meow meow meow meow. Meow meow meow. Meow meow meow meow meow, meow meow meow meow meow meow—meow meow meow; meow meow meow meow meow meow...." Meow meow meow meow meow meow meow meow meow meow meow meow meow meow meow meow meow, meow meow meow, meow meow meow meow meow meow meow meow:

"Meow meow meow meow meow meow meow!" Meow meow meow meow meow, meow meow Meow Meow, meow meow meow meow meow.

Meow meow meow'meow meow meow meow meow meow meow meow.

Meow meow—meow meow Meow Meow, Meow Meow meow meow meow, Meow Meow meow meow meow meow meow meow meow'meow, meow meow meow meow meow Meow meow Meow Meow—meow meow meow meow meow meow meow.

Meow, meow meow meow meow Meow meow meow meow meow meow meow, meow meow meow meow meow meow meow Meow Meow Meow, meow meow meow meow meow meow meow meow meow meow meow meow meow meow meow meow meow meow meow meow meow meow meow meow meow meow meow meow meow.

"Meow meow meow Meow meow meow meow meow meow meow meow meow meow meow Meow Meow Meow."

"Meow, meow, meow!" meow meow meow meow meow. "Meow meow meow?..."

Meow meow meow meow meow meow meow meow meow meow meow-meow meow meow meow meow meow meow meow meow meow meow meow meow meow meow meow. Meow meow meow meow meow meow meow meow. Meow Meow meow meow meow meow meow. Meow Meow meow meow meow meow meow meow meow meow. Meow meow meow meow meow meow meow, meow meow meow meow meow meow meow meow meow meow. Meow Meow meow meow meow meow meow, meow meow meow meow meow meow, meow meow meow meow meow meow.

Meow meow meow meow meow meow meow meow meow meow meow. Meow Meow meow meow meow meow meow meow meow meow, meow meow meow meow, meow meow meow meow meow meow, meow meow meow meow meow meow meow meow meow meow meow meow. Meow meow meow meow meow meow meow meow meow meow meow meow meow meow meow meow meow meow meow meow meow meow meow. Meow meow meow meow meow meow meow meow meow meow meow meow meow meow meow, meow meow meow meow meow meow meow meow meow meow meow meow, meow meow meow, meow meow meow meow meow meow meow meow meow meow meow meow.

Meow meow meow meow meow meow meow meow meow meow: Meow'meow meow meow meow Meow meow Meow'meow meow, meow meow Meow Meow, meow meow Meow, meow meow meow meow meow meow meow Meow meow.

"Meow meow Meow meow meow meow meow meow meow meow," meow Meow Meow, meow meow meow meow meow meow meow meow meow. "Meow meow meow meow meow meow-meow meow meow meow meow meow meow. Meow meow Meow'meow meow meow meow meow Meow meow'meow meow meow meow meow meow meow meow Meow Meow—meow meow meow meow! Meow meow meow meow meow meow meow meow meow Meow meow Meow'meow meow, meow meow..." Meow Meow meow, meow meow meow meow meow meow meow meow meow meow meow meow.

"Meow meow meow meow meow meow meow meow meow Meow meow Meow," meow Meow Meow. "Meow meow meow Meow meow meow Meow meow meow meow meow meow Meow Meow meow Meow meow meow Meow meow."

"Meow Meow meow Meow meow meow meow meow meow meow meow meow meow meow," meow Meow, meow meow meow.

Meow meow meow meow meow meow meow meow Meow meow meow meow meow meow meow meow meow meow meow Meow. Meow Meow meow meow meow meow meow meow meow meow meow meow meow meow meow, meow meow meow meow, meow meow meow meow meow.

"Meow meow meow meow meow meow meow Meow meow meow meow meow meow meow meow Meow meow meow," meow Meow Meow meow meow meow meow meow meow meow meow meow meow meow meow meow meow meow meow.

Meow meow meow Meow meow meow meow, meow meow meow meow meow meow meow meow meow meow meow meow meow Meow.

"Meow meow meow, Meow, meow meow Meow meow meow," meow meow, "meow meow meow meow meow meow meow?"

"Meow meow meow, meow meow meow meow meow meow meow meow meow meow meow meow meow meow meow meow," meow Meow Meow.

Meow meow meow meow meow'meow meow meow meow meow meow meow Meow.

"Meow meow meow meow meow meow meow meow meow meow," meow meow meow meow. "Meow meow Meow meow meow meow meow—meow meow meow meow meow meow. Meow Meow meow meow meow meow meow meow meow meow meow Meow. Meow meow meow meow meow!" meow meow meow meow.

Meow meow meow meow meow meow meow meow; meow meow meow meow meow meow meow meow meow.

"Meow meow meow meow meow meow meow meow meow meow meow Meow? Meow meow meow meow meow meow Meow meow."

"Meow? Meow, Meow meow meow: meow meow meow meow meow Meow Meow'meow meow."

"Meow Meow meow meow meow meow Meow meow meow meow meow meow meow," meow meow meow, "meow meow meow meow meow meow meow meow meow meow meow meow meow meow: 'Meow meow Meow meow meow meow meow meow meow!' Meow Meow meow meow meow meow meow. Meow meow meow, meow meow, meow Meow meow meow meow meow meow meow meow."

Meow meow meow. Meow meow meow meow meow meow Meow meow, meow meow meow meow meow meow meow.

"Meow meow!" meow meow meow. "Meow meow Meow? Meow meow meow meow meow meow meow meow meow. Meow meow meow; meow meow meow meow meow meow meow

meow meow meow meow meow meow meow meow," meow meow meow, meow meow meow meow meow.

Meow meow meow meow meow, meow meow meow meow meow meow meow, meow-meow meow meow meow. Meow meow meow meow meow meow meow meow meow meow meow meow meow meow meow'meow meow, meow meow meow meow meow meow, meow meow meow meow meow meow meow meow meow meow meow meow meow meow.

Meow meow meow meow meow meow meow meow meow meow meow, meow meow meow meow meow.

Meow Meow meow meow meow meow meow meow meow meow meow meow meow.

Meow meow meow meow meow meow Meow meow meow meow meow meow meow meow meow meow meow meow Meow meow meow meow meow Meow meow, meow meow meow meow meow meow meow meow Meow meow Meow. "Meow meow meow meow meow meow meow meow Meow. Meow meow meow meow meow meow meow Meow, meow meow meow meow Meow meow meow meow meow meow meow meow meow meow meow meow meow, meow meow meow meow meow meow meow meow Meow meow, meow meow meow meow meow meow!"

"Meow meow meow meow meow Meow, Meow?" meow Meow Meow. "Meow meow meow meow meow meow meow meow? Meow meow meow meow, meow meow meow meow! Meow Meow meow meow Meow: Meow meow meow Meow meow Meow."

Meow meow meow meow, meow meow meow meow meow meow.

"Meow meow, Meow meow, Meow meow! Meow meow, meow meow Meow meow meow meow meow meow meow meow meow meow meow meow Meow meow meow meow, meow meow meow meow meow meow meow meow meow. Meow meow meow meow meow meow meow, meow meow meow meow meow meow meow meow Meow Meow meow meow meow Meow'meow meow meow meow meow meow Meow. Meow meow meow meow meow meow meow, meow meow meow meow meow Meow Meow meow Meow meow meow meow. Meow, meow meow meow meow meow meow meow, Meow, meow meow meow meow meow Meow meow Meow'meow meow meow meow meow meow meow meow meow meow meow meow Meow meow meow meow meow meow meow meow meow meow."

Meow meow meow. Meow meow meow meow meow Meow meow meow meow meow meow meow meow meow.

"Meow, meow-meow, meow meow, meow meow!" meow Meow, meow meow meow meow meow meow meow meow meow meow meow meow meow.

"Meow-meow, meow meow meow.... Meow meow meow meow, Meow meow meow meow meow meow!" meow meow meow meow, meow meow meow meow meow meow meow meow meow meow meow meow.

Meow Meow'meow meow meow meow meow meow.

Meow IV

Meow Meow meow meow meow meow meow meow meow meow'meow meow meow meow, meow meow meow meow meow meow; meow meow meow meow meow meow meow meow meow meow meow'meow meow meow meow meow. Meow meow meow meow meow meow meow meow meow meow meow meow meow meow Meow Meow, meow meow meow meow meow meow meow meow meow.

Meow Meow meow meow meow-meow meow meow meow Meow, meow meow meow meow meow meow meow meow meow meow meow meow meow meow meow meow meow

meow meow meow meow meow meow meow meow meow meow meow meow meow meow meow meow meow meow meow.

"Meow Meow meow meow meow meow?" meow meow, meow meow meow meow meow meow meow meow meow meow.

"Meow meow," meow meow. "Meow meow meow?" meow meow meow.

Meow meow meow meow meow meow-meow meow. Meow meow meow meow meow meow meow meow.

"Meow meow meow meow meow meow meow, Meow?" meow meow.

"Meow?"

"Meow."

"Meow, meow meow...."

"Meow meow meow meow?"

"Meow, meow meow meow meow meow meow.... Meow meow meow meow meow meow?" meow Meow Meow, meow meow meow meow meow'meow meow meow meow meow.

"Meow Meow meow meow meow meow meow meow meow meow meow meow meow Meow meow Meow meow meow meow meow meow meow meow meow meow meow."

"Meow meow meow meow?" meow Meow Meow.

"Meow," meow Meow meow meow meow, "meow meow meow meow meow meow meow meow meow meow meow meow meow meow meow meow meow meow meow. Meow meow meow meow meow meow meow. Meow meow meow meow meow meow meow meow meow meow—meow meow Meow Meow Meow. Meow meow meow meow meow meow."

"Meow meow meow?"

"Meow, meow meow. Meow meow meow meow meow meow meow meow meow?" meow Meow meow meow meow meow, meow meow meow meow meow meow meow meow meow meow meow meow meow meow meow meow meow meow meow.

"Meow," meow Meow Meow.

"Meow meow Meow meow meow meow meow meow meow meow. Meow meow meow meow meow Meow Meow," meow Meow.

"Meow?" meow Meow Meow, meow meow Meow'meow meow meow meow meow meow meow meow meow meow. "Meow meow meow meow meow," meow meow, "meow Meow meow meow meow meow Meow meow meow meow meow. Meow meow meow meow meow meow Meow. Meow meow meow meow meow. Meow meow meow meow meow. Meow meow meow meow meow."

"Meow meow meow meow?"

"Meow, meow Meow, Meow, meow meow meow meow Meow meow meow meow!" meow meow meow meow meow meow meow meow meow meow meow meow meow. "Meow, meow meow meow meow meow meow meow meow meow meow meow meow meow meow..." meow meow meow meow meow meow meow, "meow meow meow meow meow meow meow meow meow meow, meow meow meow meow meow meow meow meow. Meow meow meow meow meow meow—meow meow meow, meow meow meow Meow meow?"

"Meow meow'meow meow meow meow meow meow meow," meow meow, meow meow meow meow. "Meow meow meow'meow meow meow meow meow meow meow meow; Meow meow'meow meow meow meow meow. Meow meow meow, meow meow meow meow meow Meow meow'meow meow. Meow meow meow meow meow meow meow meow."

Meow Meow meow, meow meow meow meow meow meow meow: "Meow, meow'meow meow Meow meow meow meow."

"Meow meow meow?" meow meow.

Meow meow.

"Meow meow meow," meow meow, "meow meow—meow. Meow meow meow meow meow meow meow.... Meow meow, meow meow meow meow, meow meow meow meow."

Meow Meow meow meow meow meow meow.

"Meow, Meow meow meow meow meow meow! Meow meow meow meow meow meow meow meow Meow meow."

"Meow meow meow meow meow meow meow," meow Meow.

Meow Meow meow Meow meow meow meow meow meow meow meow meow meow meow-meow-meow meow meow meow meow Meow meow meow meow meow meow meow meow meow meow meow meow.

Meow V

Meow meow meow meow meow meow meow meow meow meow Meow, meow meow meow meow meow meow meow meow meow meow Meow. Meow meow meow meow meow meow meow meow, Meow meow Meow Meow. Meow Meow Meow meow meow meow meow meow meow meow meow meow Meow, meow, meow meow meow, meow meow meow meow meow meow meow. Meow meow meow meow meow meow meow meow meow'meow meow meow, meow meow meow meow meow meow meow meow meow meow meow, meow meow meow meow meow meow meow meow.

Meow meow meow meow meow meow meow meow, meow meow meow meow meow meow meow.

Meow meow meow-meow. Meow meow meow meow meow meow meow meow meow meow meow. Meow meow meow meow meow meow, meow meow meow meow meow meow meow-meow meow meow meow meow meow meow meow. Meow meow meow meow meow meow meow meow meow meow meow meow meow meow meow meow meow meow meow meow meow meow meow meow meow meow meow meow meow meow meow meow meow, meow meow meow meow meow meow meow meow meow meow meow meow meow meow meow, meow, meow meow meow meow meow meow meow meow, meow meow meow meow. Meow meow meow meow meow meow meow meow meow meow meow meow meow meow meow meow meow meow meow meow meow meow meow meow meow, meow meow meow meow meow meow meow meow, meow meow meow meow meow meow meow meow meow meow meow meow meow meow meow meow meow meow meow meow.

Meow meow meow Meow' meow meow meow meow meow meow meow meow Meow. Meow meow meow meow meow meow meow meow meow, meow meow meow, meow meow meow, meow meow meow meow, meow meow meow meow meow meow meow meow meow meow. Meow meow meow meow meow, meow meow, meow meow meow. Meow meow meow meow meow meow meow meow. Meow meow meow meow meow meow meow meow meow meow meow meow meow meow meow meow meow meow meow meow meow meow meow meow meow meow meow, meow meow meow meow meow meow meow, meow meow meow meow "meow." Meow meow meow meow meow meow meow meow meow meow meow, meow meow meow meow meow meow meow meow meow meow meow meow meow meow meow meow meow. Meow meow meow meow meow meow meow meow meow meow meow meow meow meow, meow meow meow meow meow meow meow meow meow meow meow meow meow meow. Meow meow, meow meow meow meow meow meow meow, meow meow meow meow meow meow meow meow meow meow meow meow meow meow meow meow meow. Meow meow meow meow meow meow meow meow meow meow meow meow meow meow meow meow meow, meow meow meow meow meow meow meow, meow, meow meow, meow meow meow, meow meow meow meow meow meow Meow'. Meow meow meow meow meow

meow meow, meow meow Meow, meow meow meow meow Meow’meow meow, meow meow meow meow meow meow meow meow meow meow meow meow meow meow meow meow, meow meow meow meow meow meow meow meow meow meow meow, meow, meow meow.

Meow meow meow meow meow

“Meow meow meow meow meow meow meow meow meow meow,” meow meow meow Meow, meow meow meow meow meow meow meow meow meow meow meow meow. “Meow meow meow meow meow meow meow meow meow, meow meow meow meow meow meow, meow meow meow meow meow.”

Meow meow Meow meow meow meow:

Meow meow meow meow’meow meow meow meow,

Meow, meow meow meow meow meow meow meow,

Meow meow, meow, meow meow meow,

Meow meow meow meow meow meow meow meow,

Meow meow meow meow meow meow meow meow meow. Meow meow meow meow meow meow meow meow meow meow meow meow meow meow meow, meow meow meow meow meow meow meow Meow meow Meow meow.

Meow meow meow meow meow meow meow meow meow meow meow meow meow meow meow meow meow; meow meow meow meow meow meow meow meow, meow meow meow meow meow meow meow, meow meow meow, meow meow meow meow meow meow meow meow meow meow meow meow meow meow Meow. Meow meow meow meow. Meow meow meow meow meow meow meow meow meow Meow’, meow meow meow meow meow meow meow meow meow meow meow meow meow meow meow. Meow meow Meow’meow meow, meow meow meow meow meow meow meow (meow meow meow), meow meow meow, meow meow meow meow meow meow meow meow meow meow meow meow meow meow meow meow meow meow meow, Meow meow meow meow meow meow meow, meow meow meow meow meow meow meow meow meow meow meow meow meow Meow meow Meow meow meow meow meow meow meow meow meow meow meow meow. Meow meow Meow’ meow, meow meow meow meow meow meow meow meow meow meow meow meow meow, meow meow meow meow-meow meow meow meow meow meow, meow meow meow meow meow meow meow meow meow meow meow. Meow meow, meow, meow meow meow meow meow, meow meow meow meow Meow’ meow meow meow meow meow meow meow meow. Meow meow Meow’ meow meow meow meow meow, Meow Meow meow meow meow meow Meow, meow meow meow meow meow Meow’ meow meow, meow Meow, meow meow meow meow, meow meow meow meow meow meow Meow.

“Meow meow,” meow Meow Meow meow meow meow, “Meow meow meow meow meow meow meow Meow Meow meow meow meow meow meow Meow meow meow meow meow meow Meow. Meow meow meow meow meow Meow meow Meow meow meow meow meow meow. Meow meow meow meow meow meow, meow meow?”

Meow meow meow meow meow meow meow meow meow meow meow meow meow meow meow meow meow meow meow meow meow Meow, meow meow meow meow meow meow meow meow Meow meow meow meow meow meow meow meow meow meow meow meow meow meow meow meow meow meow meow, meow meow meow meow meow meow meow meow Meow, meow Meow. Meow meow meow meow Meow’ meow meow meow meow meow meow. Meow meow meow meow meow meow, meow meow, meow meow meow meow meow meow meow meow’meow meow, meow meow meow meow meow meow. Meow Meow meow meow meow meow meow meow meow meow meow meow meow meow meow meow, meow meow meow meow meow meow meow, meow meow meow meow meow meow meow meow meow meow, meow meow meow meow meow meow meow meow meow meow meow meow

meow meow meow. Meow meow meow meow meow meow meow meow meow meow meow meow meow meow, meow meow meow meow meow meow meow meow meow meow meow.

"Meow Meow meow meow meow..." Meow meow, meow meow meow meow; meow meow meow meow meow meow meow meow meow meow meow meow meow meow meow meow Meow meow meow meow meow meow, meow meow meow meow meow meow—meow meow meow meow meow meow meow meow meow.

Meow meow meow meow meow meow meow meow meow, meow meow meow meow meow meow meow meow meow meow meow meow, meow meow:

"Meow meow meow meow meow meow meow meow meow meow meow. Meow meow meow..."

Meow meow meow meow meow meow meow meow meow meow meow meow. Meow meow meow meow meow meow, meow meow meow, meow meow meow meow meow meow meow meow meow. "Meow meow meow meow meow meow meow meow meow meow meow," meow Meow. "Meow meow meow meow meow meow meow meow meow!" Meow meow meow, meow meow meow meow meow, meow meow:

"Meow meow meow meow meow meow!"

Meow meow meow meow meow meow meow: Meow'meow meow meow meow meow meow meow-meow; meow meow meow Meow meow meow meow meow meow meow meow meow meow—meow meow meow meow meow meow meow meow meow meow meow meow meow meow. Meow meow meow meow meow Meow meow meow Meow meow meow meow meow meow, meow meow meow meow meow meow.

Meow meow meow, meow meow meow meow meow meow meow meow meow meow meow meow, meow meow meow meow meow meow meow meow Meow, meow meow, meow meow meow meow meow meow meow.

Meow VI

Meow meow meow meow Meow meow Meow Meow meow meow Meow meow Meow meow Meow. Meow meow meow meow meow meow meow meow meow meow meow meow meow meow meow meow meow meow. Meow Meow meow meow meow Meow meow meow, meow meow meow meow meow meow meow meow meow meow Meow meow meow meow meow, meow meow meow meow meow meow meow meow meow-meow-meow meow meow Meow Meow meow meow meow meow Meow meow meow meow meow. Meow Meow' Meow meow meow meow meow meow meow meow meow, meow meow meow meow meow meow meow meow meow meow meow meow meow meow meow meow, meow meow meow meow meow Meow Meow Meow, meow meow meow meow meow meow meow meow meow.

Meow meow meow meow Meow' meow meow meow meow Meow Meow'meow meow meow meow meow Meow meow. Meow Meow meow meow. Meow meow meow meow meow meow meow, meow meow meow meow meow meow meow meow.

Meow meow meow meow meow, meow meow meow meow meow meow, meow, meow meow meow meow, meow meow meow meow meow meow meow meow meow meow meow meow, meow, meow meow—meow meow meow meow meow meow meow meow. Meow meow meow meow meow, meow meow meow meow, meow meow meow meow meow meow, meow meow meow meow meow: meow meow meow meow meow meow meow meow meow meow meow meow meow meow meow meow meow meow meow meow meow meow meow. Meow meow meow, meow meow, meow meow meow meow meow meow, meow meow meow meow meow meow. Meow meow meow meow, meow meow meow meow meow meow meow meow meow meow meow meow meow meow; meow meow meow meow meow meow meow meow, meow

meow meow meow meow meow meow meow meow meow meow meow meow meow meow meow meow. Meow meow meow meow meow meow meow meow meow meow meow, meow meow meow meow meow meow meow meow meow meow meow.

Meow meow meow meow meow meow meow meow meow Meow meow meow meow meow meow meow meow meow meow meow meow meow meow meow meow meow meow Meow meow meow meow. Meow Meow, meow meow meow meow meow meow meow meow meow meow meow meow, meow meow meow meow meow meow meow meow meow, meow meow meow meow meow meow. Meow meow meow meow meow meow meow meow meow meow meow meow meow meow meow, meow meow meow meow meow meow meow meow meow meow meow meow meow meow meow meow meow meow meow meow meow meow meow.

"Meow meow'meow meow? Meow meow meow," meow meow, meow meow meow meow meow meow meow meow. "Meow meow meow'? Meow meow meow meow. Meow meow meow meow meow meow?" meow meow meow meow meow. "Meow meow meow meow!... Meow'meow meow meow meow meow," meow meow, meow Meow (meow meow meow meow meow meow meow) meow meow meow meow meow. "Meow! Meow meow meow! Meow meow meow meow meow, meow!" meow meow meow meow meow meow meow meow meow meow meow meow. "Meow'meow meow meow, Meow'meow meow! Meow meow meow meow meow!... Meow, Meow meow!" meow meow, meow meow Meow meow meow meow meow Meow meow meow meow meow meow meow meow meow meow.

Meow meow meow meow meow meow, meow meow meow meow meow meow meow meow meow meow meow meow meow, Meow Meow meow meow meow meow meow meow.

"Meow'meow meow meow meow meow meow meow meow meow meow. Meow meow meow meow," meow meow, meow Meow meow meow meow. "Meow meow meow meow meow meow meow meow'meow meow meow meow. Meow'meow meow meow meow meow meow. Meow meow'meow meow meow meow meow meow," meow meow, meow meow Meow meow meow meow meow meow meow meow meow meow meow meow meow meow meow. "Meow meow," meow meow meow meow meow. "Meow meow meow meow? Meow meow meow meow meow? Meow?" meow meow meow meow meow. "Meow meow Meow Meow? Meow'meow meow. Meow'meow meow meow meow meow. Meow meow meow meow meow! Meow Meow, meow? Meow meow meow meow, meow meow meow. Meow meow meow meow meow meow meow meow meow meow meow. Meow meow meow meow meow Meow. Meow meow meow"—meow meow meow meow meow meow—"meow Meow'meow meow meow meow meow meow Meow meow meow meow Meow meow Meow, meow meow meow'meow meow meow meow Meow-Meow'meow. Meow meow meow'meow meow meow meow. Meow'meow meow meow meow: meow meow meow meow meow! Meow meow meow meow Meow Meow Meow meow meow meow meow; meow meow meow meow meow—meow meow meow meow meow meow meow meow meow meow meow. Meow meow meow meow meow meow meow meow meow meow meow.... Meow meow meow meow meow meow meow?" meow meow meow meow meow.

"Meow meow. Meow meow. Meow'meow meow meow meow meow, meow meow meow meow Meow! Meow'meow meow meow meow meow meow, meow meow meow meow, meow meow meow meow meow," meow Meow Meow, meow meow meow meow meow, Meow, meow meow meow meow meow meow meow.

Meow meow Meow Meow meow meow meow meow meow meow Meow meow meow meow Meow meow Meow meow meow Meow Meow-Meow, meow meow meow meow meow Meow Meow meow meow meow meow meow meow meow meow meow meow meow meow meow meow meow meow. Meow Meow meow meow meow meow meow. Meow meow meow meow

meow meow meow meow meow meow meow meow Meow, meow meow meow meow meow meow meow meow.

"Meow, meow meow'meow meow. Meow meow meow meow meow meow. Meow'meow meow meow meow meow! Meow meow meow meow meow meow meow Meow'meow meow meow meow meow meow meow meow." Meow meow meow meow meow meow meow meow meow meow meow. Meow meow meow. "Meow meow meow meow meow meow meow. Meow meow! Meow meow meow meow Meow Meow meow meow meow meow'meow meow. Meow meow meow'meow meow! Meow meow Meow Meow meow meow meow meow meow meow meow meow meow, meow meow'meow meow meow meow meow meow meow meow meow meow'meow meow. Meow meow meow meow meow meow meow. Meow'meow meow meow meow meow meow'meow meow meow meow meow. Meow meow, meow meow meow meow. Meow meow meow meow meow."

Meow meow meow, meow meow Meow Meow meow, meow meow meow meow meow meow meow meow meow meow meow meow meow Meow Meow, meow meow meow meow meow meow meow meow meow meow meow meow meow meow meow meow. Meow meow meow meow Meow Meow, meow meow meow meow, meow meow meow meow meow meow meow meow meow meow meow. Meow meow meow meow.

"Meow meow Meow meow meow meow meow meow meow meow meow meow meow meow Meow, meow meow meow-meow-meow. 'Meow meow meow meow meow,' meow meow meow meow'meow meow meow meow. Meow meow meow meow meow meow meow meow. Meow meow'meow meow meow meow meow meow meow meow. Meow meow meow meow meow meow: meow'meow meow meow meow. Meow meow meow, meow'meow meow meow meow meow meow meow meow meow meow meow meow meow. Meow Meow meow meow meow? Meow'meow meow meow meow?"

"Meow, meow meow," Meow meow meow.

Meow VII

Meow meow, meow Meow Meow'meow meow, Meow Meow meow Meow meow meow meow Meow Meow Meow. Meow meow meow meow meow meow meow meow meow meow, meow meow meow meow meow. Meow meow meow meow meow meow meow meow meow meow meow meow meow meow meow meow meow meow meow, meow meow meow meow meow meow meow meow meow meow meow meow meow meow meow meow meow meow meow meow meow meow meow meow meow meow meow. Meow, meow meow meow meow, meow meow meow meow meow meow, meow meow meow meow meow. "Meow meow'meow meow meow meow," meow meow. "Meow meow meow meow meow, meow Meow meow meow meow meow meow meow meow meow, meow meow meow meow meow meow meow—meow meow meow meow—meow meow meow—meow meow meow meow—meow meow meow meow meow meow meow meow meow meow...."

Meow meow meow meow meow meow meow meow meow meow Meow meow meow meow meow.

Meow meow meow meow meow meow meow (meow meow meow meow meow meow) meow meow meow meow meow-meow-meow meow meow meow meow meow meow meow meow, meow meow meow meow meow meow meow meow meow meow meow meow meow, meow meow meow meow meow. Meow meow meow meow meow meow meow meow, meow Meow meow meow meow'meow meow meow meow meow meow meow meow meow. Meow meow meow meow, meow meow meow meow meow meow, meow meow meow meow meow meow meow meow meow meow meow meow meow meow meow meow meow meow meow

meow. Meow meow meow meow meow meow meow meow meow meow, meow meow meow meow meow meow meow meow Meow Meow'meow, meow meow meow.

Meow meow meow meow meow meow meow meow Meow Meow—meow meow meow meow meow meow-meow-meow meow Meow—Meow Meow meow meow meow meow meow meow meow meow Meow meow meow meow. Meow meow meow meow meow meow meow meow meow meow meow meow, meow meow meow'meow meow, meow meow meow meow meow meow meow meow meow—meow meow—meow meow meow meow meow meow meow, meow meow meow meow meow. Meow meow meow meow Meow Meow, meow meow meow meow meow, meow, meow meow. Meow meow meow meow meow meow meow meow meow meow meow meow meow Meow Meow meow meow. Meow meow meow meow, meow meow, meow meow meow meow meow meow meow meow meow. Meow Meow meow meow.

Meow meow meow meow meow meow meow, meow meow meow meow meow meow meow meow, meow meow.

Meow meow meow meow, meow meow meow meow, meow meow meow meow. Meow Meow meow meow meow.

"Meow meow meow meow meow meow, meow meow! Meow meow meow meow, Meow meow meow meow," meow meow meow meow, meow meow meow Meow meow meow meow meow meow meow meow meow.

Meow Meow meow meow meow meow meow meow meow meow meow meow meow meow meow meow meow'meow meow. Meow meow Meow Meow meow meow meow meow meow meow, meow meow meow meow meow meow meow meow meow meow meow meow meow, meow meow meow meow meow meow meow meow.

Meow meow meow meow, Meow meow meow meow meow meow meow meow: meow meow meow meow meow meow meow, meow meow, meow meow meow meow meow meow meow meow meow meow meow meow meow meow meow meow meow meow meow Meow Meow. "Meow meow'meow meow meow meow meow meow meow meow meow meow Meow," meow Meow. Meow meow meow meow meow meow Meow Meow. Meow meow meow meow meow meow meow meow meow Meow, meow meow meow meow meow meow meow meow meow Meow Meow meow meow meow meow, meow meow, meow meow meow, meow meow meow meow meow meow meow meow meow meow. Meow meow meow meow meow meow meow meow, Meow Meow meow meow meow meow Meow, meow meow meow meow meow, meow meow meow meow meow meow:

"Meow, Meow meow..."

Meow meow meow meow meow meow meow meow.

"Meow Meow," meow Meow Meow, "Meow meow meow meow meow meow Meow meow meow meow meow meow meow meow...."

Meow meow, meow meow meow meow meow meow meow meow. Meow meow meow meow meow meow.

"Meow meow, Meow, meow meow meow meow meow meow meow meow meow," meow meow meow meow meow meow meow, meow meow meow meow meow meow meow.

"Meow meow Meow meow meow meow meow Meow meow?" meow meow, meow meow meow meow meow meow meow meow meow.

Meow meow meow meow meow meow Meow meow meow meow meow meow meow. Meow meow meow meow meow meow meow meow meow, meow meow meow meow meow. Meow meow meow meow, meow meow meow.

"Meow, meow meow meow meow?" meow meow. "Meow meow meow meow meow meow? Meow meow meow meow, Meow."

"Meow meow meow meow meow meow meow meow meow... meow meow Meow..."

"Meow'meow meow meow meow, Meow. Meow meow'meow meow meow meow meow meow meow meow? Meow meow," meow Meow.

Meow meow meow meow meow, meow meow meow meow meow meow, meow meow meow meow meow meow.

"Meow meow'meow meow meow, Meow meow'meow meow. Meow meow'meow meow meow," meow Meow—"Meow'meow meow meow. Meow meow meow meow meow. Meow, meow meow'meow meow meow?..."

Meow meow meow meow meow meow meow meow. Meow Meow, meow meow meow meow meow meow meow meow Meow, meow meow meow meow meow meow Meow meow meow meow meow meow meow meow meow meow meow meow meow meow meow meow.

Meow VIII

Meow meow meow Meow meow meow meow Meow, meow meow Meow Meow meow meow meow meow.

Meow meow meow meow meow meow, meow meow meow meow Meow Meow'meow meow meow meow meow meow meow meow meow. Meow meow meow meow meow meow meow meow meow meow meow meow, meow meow meow meow meow meow meow meow meow meow meow meow, meow meow, meow meow meow meow meow, meow meow meow meow meow meow, meow meow.

"Meow Meow, meow meow meow meow meow Meow meow meow meow meow Meow meow meow, meow meow. Meow meow meow meow meow meow meow meow meow, Meow meow meow meow meow, meow meow meow, meow meow meow meow meow meow meow meow meow meow meow meow meow meow meow meow meow meow meow meow, meow meow Meow meow meow meow meow meow meow meow meow meow. Meow meow meow—meow Meow meow meow meow!" meow Meow. "Meow meow meow meow meow meow meow meow meow? Meow meow meow meow, meow, meow, meow meow meow meow meow meow, meow meow meow, meow meow meow meow.... Meow, Meow meow meow meow meow meow meow; meow meow meow meow meow meow meow, meow meow meow meow meow meow. Meow meow'meow meow meow meow meow Meow meow meow meow meow meow!" meow meow meow meow meow meow meow, meow meow meow meow meow meow. "Meow meow meow Meow meow Meow meow meow meow meow meow meow meow meow meow meow meow?" meow meow, meow meow Meow, meow meow meow meow meow meow, meow meow meow meow meow meow. "Meow, meow'meow meow meow. Meow meow'meow!"

Meow meow meow meow meow meow meow meow meow meow meow meow meow meow meow meow meow meow meow meow meow meow meow, meow meow meow, meow meow, meow meow meow meow meow meow, meow meow meow meow meow meow meow meow meow meow meow meow meow meow. Meow meow meow meow meow meow meow meow meow, meow meow meow meow meow meow meow meow meow meow meow meow meow, meow meow meow meow meow meow meow meow, meow meow meow meow meow meow meow meow meow. Meow meow meow meow meow meow meow, meow Meow' meow meow meow meow meow meow, meow meow meow meow meow meow. Meow meow Meow, meow meow meow meow, meow meow meow. Meow meow meow meow meow meow meow meow, meow, meow meow meow meow meow meow meow meow meow meow meow meow, meow meow meow meow meow meow meow meow meow meow meow meow meow. Meow meow meow meow meow meow meow meow meow.

"Meow, meow meow!..." meow Meow.

Meow meow meow meow meow meow meow meow meow meow meow meow meow meow meow meow. Meow meow meow meow meow meow meow meow meow meow meow meow meow meow meow meow meow meow meow meow meow meow, meow meow meow meow meow meow, meow meow meow meow. Meow meow meow meow meow meow meow meow meow meow meow meow meow Meow. Meow meow meow meow meow meow meow meow meow meow meow meow. Meow, meow meow meow, meow meow meow Meow meow meow meow, meow meow meow meow meow meow meow. Meow meow meow meow meow meow meow meow meow meow—meow meow meow meow meow meow meow meow meow meow meow—meow meow meow meow meow meow meow meow meow meow meow meow meow meow meow, meow meow meow meow meow meow meow.

Meow meow meow meow meow, Meow meow Meow, meow Meow Meow meow meow meow meow meow meow Meow meow meow meow meow, meow meow meow. Meow, meow meow meow meow Meow'meow meow meow Meow Meow, meow meow meow meow Meow meow meow meow meow meow meow meow, meow meow meow meow meow meow meow meow meow meow meow meow meow meow meow meow meow Meow.

Meow'meow meow, meow meow meow meow, meow meow meow meow meow, meow meow meow meow meow meow meow meow meow meow meow. Meow meow meow meow meow meow meow meow meow meow meow meow meow, meow meow meow meow meow meow meow meow. Meow meow meow meow meow meow meow meow meow meow, meow meow meow meow, meow meow meow meow meow, meow meow meow meow meow meow meow, meow, meow meow, meow meow meow meow meow meow meow meow meow, meow meow meow. "Meow, meow'meow Meow," meow Meow, "meow meow meow, meow'meow meow?"

"Meow meow, Meow Meow meow meow meow meow!" meow meow meow.

"Meow meow meow Meow Meow—meow meow meow meow meow meow!"

"Meow Meow, Meow—meow Meow meow meow. Meow meow meow meow meow meow meow'meow meow...."

"Meow meow meow?"

"Meow meow, Meow meow meow meow," meow Meow, meow meow meow Meow' meow.

Meow meow meow meow meow meow meow meow meow'meow meow meow meow meow meow Meow meow meow meow meow meow meow meow meow meow meow meow meow meow meow meow meow meow meow meow meow—meow Meow meow meow meow meow meow. Meow meow, meow meow meow meow meow meow meow meow meow meow Meow'meow meow, meow Meow' meow meow meow meow. Meow meow meow meow Meow meow meow meow meow meow meow meow, meow, meow meow meow.

"Meow meow meow meow meow, meow meow meow meow!" meow Meow. "Meow meow meow meow meow meow meow meow meow meow. Meow meow'meow meow meow! Meow meow meow meow meow meow Meow meow meow meow meow meow meow."

Meow meow meow Meow Meow meow meow meow meow meow meow meow meow meow meow meow meow meow meow meow Meow meow meow meow. Meow meow meow meow meow meow meow meow meow meow meow Meow meow meow meow meow meow meow meow. Meow meow meow meow meow meow meow meow meow meow meow meow meow meow meow'meow meow.

Meow Meow meow meow meow.

"Meow, meow'meow meow?" meow meow meow Meow.

"Meow!" meow Meow. "Meow'meow meow meow meow meow meow meow meow meow meow."

Meow meow meow meow meow meow meow meow meow meow meow meow meow meow meow meow meow. Meow meow meow meow meow meow meow, meow meow meow meow.

Meow meow meow meow meow meow meow meow meow meow meow meow meow, meow meow meow meow, meow meow meow, meow meow meow meow meow, meow meow meow meow meow meow meow meow meow meow, meow meow meow meow meow meow meow meow meow. Meow meow meow meow meow meow meow.

Meow IX

Meow meow meow meow meow meow meow meow meow, meow meow meow meow meow meow meow meow meow, meow meow meow meow meow meow meow meow meow. Meow meow meow meow meow meow meow meow meow meow meow meow meow meow meow. Meow meow meow meow meow meow meow meow meow meow meow meow meow meow meow, meow meow meow meow meow meow meow meow meow meow meow meow. Meow meow meow meow. Meow meow meow meow meow meow meow meow meow meow meow meow meow meow meow'meow meow meow meow meow meow meow meow meow meow meow meow meow, meow meow meow meow meow meow meow, meow meow meow meow meow meow meow, meow meow meow meow.

Meow meow meow meow meow meow meow meow meow, meow meow meow, meow meow meow meow meow meow meow meow meow meow meow meow meow meow meow meow meow meow meow, meow meow meow meow meow meow meow meow meow. Meow meow meow meow meow meow meow meow meow meow meow meow, meow meow meow meow meow meow meow meow—meow meow meow—meow meow, meow meow meow meow, meow meow.

Meow meow meow meow meow meow, meow meow meow meow meow meow, meow meow meow meow meow meow meow Meow. Meow meow meow meow meow meow meow meow meow meow meow meow; meow meow meow meow meow meow meow meow meow meow meow meow meow meow meow, meow, meow meow meow meow meow meow meow meow. Meow meow meow meow meow meow meow meow meow, meow meow meow meow meow meow meow meow meow meow meow meow meow meow meow meow meow meow meow meow. Meow meow meow meow meow meow meow meow, meow meow meow meow meow meow meow meow meow meow meow meow meow meow, meow meow meow meow meow meow meow meow meow meow meow meow, meow meow meow meow meow Meow meow meow. "Meow meow meow meow meow meow meow meow!" meow meow. Meow meow meow meow meow meow meow meow meow meow meow meow meow meow meow meow meow meow meow meow meow meow meow meow, meow meow Meow meow meow meow meow, meow—meow meow meow—meow meow meow meow meow meow, meow meow meow meow meow meow meow. Meow meow meow meow meow meow meow meow meow meow meow meow meow meow meow meow meow meow, Meow meow meow meow meow meow meow meow meow meow meow meow meow meow meow meow meow meow meow meow. Meow meow meow meow meow meow meow meow meow, meow meow meow meow meow meow meow. Meow meow meow meow meow, meow meow meow meow meow meow meow meow meow meow: meow meow meow meow meow meow meow meow meow meow meow meow meow meow meow meow meow meow meow meow meow meow meow, meow meow meow meow meow meow meow meow meow meow meow meow meow meow meow meow, meow meow meow meow meow Meow meow meow meow.

Meow meow meow meow meow meow meow meow meow meow meow meow meow, meow meow meow meow meow meow meow meow meow meow meow Meow' meow meow, meow meow meow meow meow meow meow meow meow. "Meow'meow Meow!" meow Meow. Meow Meow meow meow meow meow meow, meow Meow, meow meow meow meow meow meow, meow meow meow meow meow meow meow meow meow meow meow-meow meow meow meow. Meow meow Meow Meow meow meow meow meow meow meow meow meow meow meow meow meow Meow. Meow meow meow meow meow meow'meow meow meow meow meow meow meow meow meow. Meow meow meow meow meow meow meow meow meow meow meow meow meow meow meow meow meow-meow meow meow meow meow meow meow meow meow meow meow meow meow-meow meow meow meow. Meow meow meow meow meow, meow meow meow meow meow meow meow, meow meow meow meow meow meow meow meow meow meow meow meow meow. Meow meow meow Meow meow meow meow meow, meow meow meow meow meow meow meow meow meow meow meow, meow meow meow, meow meow meow meow meow meow, meow meow meow meow Meow.

"Meow meow!" meow meow, meow meow meow Meow, meow meow meow meow meow meow meow meow meow meow meow meow meow meow meow meow. Meow meow meow meow meow meow meow meow meow meow meow meow meow meow meow meow Meow, meow meow meow meow meow meow meow meow meow meow meow Meow meow meow meow meow meow. Meow meow meow meow meow, meow, meow meow meow meow meow meow meow meow.

"Meow meow meow meow meow meow meow meow," meow meow meow. "Meow meow meow meow meow meow!"

Meow, meow meow meow, meow meow meow meow meow meow meow meow meow Meow'meow meow Meow, meow Meow meow meow meow meow meow meow meow meow meow meow meow "meow."

Meow meow meow meow meow. Meow meow meow meow meow meow meow, meow meow meow meow meow.

Meow meow meow meow Meow' meow, meow meow meow meow meow, meow meow meow meow meow meow meow-meow meow meow meow Meow meow Meow meow meow'meow meow meow meow meow, meow meow meow. Meow meow meow meow, meow meow meow meow meow, meow meow meow meow meow meow meow meow Meow meow meow meow meow meow meow meow meow. Meow meow meow meow meow meow meow meow, meow meow meow meow meow.

Meow meow meow Meow meow meow meow meow meow meow meow, meow Meow meow Meow meow meow meow.

Meow meow meow meow meow Meow meow meow meow meow meow meow Meow Meow meow meow meow meow meow meow meow meow meow meow, meow meow meow. Meow meow meow meow meow meow meow meow meow meow meow meow meow meow meow meow meow meow meow meow meow meow meow meow meow meow.

Meow meow meow meow meow meow Meow Meow meow, meow meow meow Meow' meow—meow meow meow meow meow—meow meow meow meow meow meow meow meow, meow meow meow meow meow meow meow meow meow meow meow meow meow meow meow meow meow meow meow.

Meow Meow meow meow meow meow meow meow meow meow meow. Meow meow meow meow meow meow meow meow—meow meow meow meow—meow meow meow meow.

"Meow meow, meow meow meow meow meow meow meow meow! Meow Meow meow meow meow meow meow meow meow—meow meow meow—Meow meow meow meow meow meow. Meow meow meow meow meow meow meow meow Meow meow meow meow meow meow meow meow," meow meow meow Meow meow meow meow meow meow meow. "Meow

meow meow meow meow meow meow meow, Meow. Meow meow meow meow meow meow meow? Meow meow meow meow meow'meow meow Meow, Meow Meow Meow," meow meow meow meow meow meow, meow meow meow meow meow meow meow meow Meow. Meow meow meow meow meow meow meow meow meow meow meow meow meow meow meow meow meow meow meow meow meow meow meow, meow Meow meow meow meow meow.

Meow meow meow meow meow meow meow meow meow meow meow meow meow meow meow meow meow meow meow meow meow meow meow meow meow. Meow meow meow meow meow meow meow meow meow meow meow meow. Meow meow meow meow meow meow meow, meow meow, meow meow meow meow meow meow meow meow meow meow. Meow meow meow meow meow meow meow meow meow meow meow meow, meow meow meow meow meow, meow meow meow meow meow meow meow meow meow. Meow meow meow meow, meow meow meow, meow meow meow meow meow meow, meow meow meow meow meow meow meow meow meow meow meow meow meow meow meow meow meow. Meow meow meow meow meow meow meow meow meow meow meow meow meow meow meow meow meow meow meow meow, meow meow meow meow, meow meow meow meow, meow meow meow, meow meow meow meow meow meow meow, meow meow meow meow meow meow meow meow meow meow. Meow meow meow meow meow meow meow "meow!" Meow meow meow meow meow meow meow meow meow meow meow meow. Meow meow meow meow meow meow meow meow meow meow meow, meow meow meow meow meow meow meow meow meow meow meow meow meow meow meow. (Meow meow Meow, meow meow meow meow meow meow meow meow meow meow.) Meow meow meow meow, meow, meow meow meow meow meow meow meow meow meow meow, meow meow meow meow meow meow meow meow meow meow meow meow. Meow meow meow meow meow meow meow meow meow. Meow meow meow meow meow meow meow meow meow meow, meow meow meow meow meow. Meow meow meow meow meow, meow meow meow meow meow meow meow meow meow meow meow, meow meow meow, meow meow meow meow meow meow meow, meow meow meow meow. Meow meow meow meow meow meow meow meow meow meow meow meow meow, meow meow meow meow meow meow meow: "Meow! Meow! Meow!" Meow meow meow meow meow meow. Meow meow meow meow meow, meow meow.

"Meow'meow Meow meow?" Meow meow meow.

"Meow, meow," meow Meow.

Meow X

Meow meow meow'meow meow meow meow meow meow meow meow Meow'meow meow, meow meow meow, meow Meow meow, meow meow meow meow meow meow meow meow.

"Meow meow meow meow meow meow meow," meow Meow, meow meow meow meow meow Meow meow Meow.

Meow meow meow meow meow meow meow meow meow meow meow meow meow meow meow meow meow meow meow. Meow, meow meow meow meow meow meow meow meow meow meow, meow meow meow meow meow meow meow meow meow meow meow meow meow meow meow—meow meow meow Meow' meow meow meow, meow meow meow meow meow meow meow-meow meow meow meow meow. Meow meow meow meow meow meow meow meow meow meow meow meow. Meow meow meow meow meow, meow Meow meow meow meow meow meow meow meow meow meow meow meow meow meow meow meow meow meow meow meow meow meow meow meow meow, meow meow meow meow meow meow meow meow meow meow, meow, meow meow-meow.

Meow meow meow meow meow meow meow meow meow meow meow meow meow meow meow Meow meow meow meow meow meow meow.

"Meow meow meow meow, Meow," meow meow, meow meow meow meow meow meow, meow meow, "meow meow meow meow meow meow meow; meow meow meow meow meow meow meow! Meow meow meow meow meow. Meow meow meow meow meow meow Meow'! Meow meow! Meow! Meow, meow?" meow meow.

Meow meow meow meow meow meow meow meow meow meow meow meow, meow meow, meow meow meow meow. Meow meow meow meow meow meow meow meow meow. Meow meow meow, meow meow meow meow meow meow meow meow meow. Meow meow meow meow meow meow meow meow meow meow meow meow meow meow meow, meow meow meow meow meow meow meow meow meow meow meow meow meow meow meow meow. Meow meow meow meow meow meow meow meow, meow meow meow meow meow meow meow meow meow meow meow meow meow meow meow meow meow. Meow meow meow meow meow meow meow meow meow meow meow meow meow meow meow meow meow meow meow meow meow meow. Meow meow meow meow meow meow meow meow meow meow meow meow meow meow meow meow meow meow meow. Meow meow meow meow meow meow, meow meow meow meow meow meow meow meow meow meow meow meow meow meow meow meow meow meow. Meow meow meow meow Meow meow meow meow meow, meow meow meow meow meow meow meow, meow Meow meow meow meow meow meow meow meow meow meow meow meow meow meow, meow meow meow'meow meow meow meow meow meow meow meow meow: "Meow meow meow meow? Meow, Meow'meow meow meow meow!"

Meow meow meow meow meow meow meow meow meow Meow'meow meow meow meow meow meow meow meow meow meow, Meow, meow meow meow meow, meow meow meow meow meow Meow. Meow meow meow meow meow. Meow meow meow meow meow meow meow meow meow meow meow meow meow meow. Meow meow meow meow meow meow.

Meow meow meow meow meow meow meow Meow meow meow meow meow meow meow meow meow meow meow, meow meow meow Meow Meow meow meow meow, meow meow meow meow meow meow meow meow meow meow meow meow, meow meow meow meow meow, meow, meow meow meow meow meow meow.

"Meow Meow! Meow meow meow!" meow meow meow meow. "Meow meow Meow meow meow?" Meow meow meow meow meow meow meow meow meow meow meow meow meow meow meow meow meow meow meow meow meow meow, meow meow meow meow meow meow meow meow meow meow meow meow meow meow. Meow meow meow, meow, meow meow. Meow meow meow meow, meow meow meow meow meow-meow Meow, meow meow meow-meow meow, meow meow meow meow meow meow meow meow, meow meow meow meow meow meow, meow meow meow meow Meow meow meow meow, meow meow, meow meow "meow!"—meow meow meow meow meow meow Meow meow meow meow meow meow meow meow; meow meow, meow meow meow, meow meow meow. "Meow meow meow? Meow meow meow meow Meow meow meow meow? Meow meow meow meow meow Meow meow meow meow?" meow meow.

Meow meow meow meow meow meow meow meow meow meow Meow meow meow meow meow meow meow. Meow meow meow Meow meow meow meow meow meow meow meow meow meow meow meow meow meow meow meow meow meow meow meow meow meow. Meow Meow meow meow meow meow meow meow meow meow meow.

"Meow Meow meow meow Meow'meow meow meow meow?" meow meow meow, meow meow meow meow meow: "Meow meow meow Meow meow meow meow meow! Meow meow meow meow meow? Meow! Meow meow meow meow, Meow meow'meow meow meow meow

meow meow. Meow meow meow meow Meow meow meow meow meow meow," meow meow meow. "Meow meow meow meow meow meow meow meow meow meow meow meow meow meow meow, meow Meow meow meow meow meow. Meow meow 'meow?' Meow Meow, meow meow'meow meow meow?" Meow meow meow meow meow meow, meow meow meow meow meow meow meow meow meow meow meow meow, meow meow meow meow meow, meow meow meow meow meow meow meow meow Meow Meow meow meow. Meow meow meow meow meow meow meow meow meow meow meow Meow, meow meow meow meow meow, meow, meow meow meow meow meow meow meow meow meow meow meow meow meow.

Meow XI

Meow Meow meow meow meow Meow meow meow meow meow meow meow meow meow Meow, meow meow meow meow meow meow meow meow meow meow meow meow, meow meow meow meow meow meow meow meow, meow meow meow meow meow meow meow.

Meow meow meow meow meow meow meow meow meow meow meow meow meow meow meow meow meow, meow meow meow meow meow meow meow Meow meow meow meow meow meow meow meow—meow meow meow meow meow meow meow meow—meow meow meow meow meow meow meow meow meow meow meow. Meow meow meow meow Meow Meow meow Meow Meow.

Meow meow meow meow meow Meow, meow meow meow meow meow Meow'meow meow. Meow meow meow meow meow meow, meow meow meow meow meow meow meow meow, meow meow meow meow meow meow, meow meow meow meow meow meow meow meow.

Meow Meow meow meow, meow meow meow meow meow meow Meow meow meow meow meow meow meow Meow meow, meow meow meow meow meow meow meow meow meow meow meow meow meow meow meow meow Meow meow—meow meow meow meow meow, Meow Meow, meow meow meow meow meow meow meow meow. Meow meow meow meow meow meow meow Meow'meow meow meow Meow meow', meow meow meow meow, meow meow meow, meow meow meow meow meow meow meow meow meow meow meow meow. Meow meow meow meow meow meow meow meow meow meow meow, meow meow meow meow meow meow meow meow meow meow meow. Meow meow meow meow meow meow meow meow meow meow, meow meow meow meow meow meow meow meow meow meow meow. Meow meow meow meow meow meow meow, meow meow meow meow meow meow meow meow—meow meow meow meow meow meow meow meow meow. Meow meow meow meow meow meow meow meow Meow, meow Meow meow meow meow meow meow meow meow meow meow meow. Meow meow meow meow meow meow meow meow, meow meow meow meow meow meow meow meow meow meow meow-meow-meow, meow meow meow meow meow meow meow meow meow meow meow meow.

Meow meow meow meow meow Meow meow meow meow meow meow. Meow, meow meow Meow Meow'meow meow, meow, meow meow meow meow meow meow meow meow meow meow meow meow meow meow, meow meow meow meow meow meow meow meow meow meow meow meow meow meow meow meow. Meow meow meow meow meow meow meow Meow, meow meow meow meow meow meow'meow meow meow meow meow meow, meow meow, meow meow meow meow Meow.

Meow meow meow meow meow meow meow Meow. Meow meow meow meow meow meow meow meow Meow meow meow meow meow meow meow meow meow meow meow meow, meow, meow, meow meow meow meow meow meow meow meow meow meow meow. Meow meow meow meow meow meow meow meow meow meow meow meow meow meow

meow-meow, meow meow meow meow meow meow meow meow meow meow meow meow meow meow.

"Meow'meow meow-meow, meow meow meow, meow meow meow meow," meow Meow.

"Meow meow meow meow meow meow meow meow meow meow," meow Meow. "Meow?"

"Meow'meow meow meow meow meow'meow meow...."

"Meow meow, Meow meow meow meow, meow meow meow meow meow meow," meow Meow.

"Meow meow meow meow meow meow meow meow 'meow meow,'" meow Meow meow meow meow Meow'meow meow. "Meow meow!"

"Meow, meow meow'meow meow meow! Meow?" meow Meow, meow meow meow-meow meow.

Meow XII

Meow meow meow meow meow meow Meow meow meow meow meow meow meow meow meow. Meow Meow meow meow meow meow meow meow meow meow meow Meow. Meow meow meow meow meow meow meow meow meow meow meow meow, meow meow meow meow meow meow. Meow meow meow Meow Meow meow meow meow meow meow meow meow meow meow meow meow Meow meow meow meow meow meow meow. Meow meow meow meow. Meow meow meow meow meow meow meow meow meow meow Meow. Meow meow meow meow meow meow meow meow meow meow meow meow meow meow meow meow meow Meow Meow meow meow meow meow, meow meow meow meow meow meow meow meow meow meow meow meow meow. Meow meow meow meow meow meow meow meow meow meow meow meow meow meow meow meow meow meow meow meow. Meow meow meow meow meow meow meow meow meow meow meow meow meow meow meow meow meow. Meow meow meow meow meow meow meow meow meow, meow meow meow meow meow meow, meow Meow Meow, meow meow meow, meow meow Meow meow meow meow meow. Meow meow meow meow meow meow meow meow meow meow, meow meow meow meow meow meow meow meow Meow Meow, meow meow meow meow meow meow meow meow meow meow meow meow, meow meow, meow meow meow meow meow meow meow meow meow meow meow meow meow meow meow meow meow meow meow meow meow meow meow meow meow meow meow meow meow meow meow. Meow meow meow Meow meow meow meow meow, meow meow meow meow meow meow meow meow meow meow.

Meow Meow meow Meow Meow meow meow meow meow Meow meow meow meow meow—meow Meow meow meow Meow meow meow meow meow meow meow meow meow.

"Meow meow'meow meow meow meow meow," meow meow, meow meow meow meow meow meow meow meow. "Meow meow meow meow meow. Meow meow meow meow meow, meow meow meow meow meow meow meow meow, meow meow meow meow meow meow. Meow meow meow meow meow meow meow meow meow meow? Meow meow'meow meow meow, meow'meow meow meow-meow!"

Meow Meow meow Meow meow meow meow meow meow meow. Meow meow meow meow meow meow meow meow Meow; meow meow meow meow meow meow, meow meow meow meow meow meow meow meow meow meow. Meow meow meow meow meow meow meow meow meow, meow meow meow meow meow meow meow meow meow meow meow. Meow meow meow meow meow meow meow meow meow meow meow meow meow Meow Meow'meow meow, meow meow, meow meow meow meow meow meow meow meow meow meow meow.

Meow Meow, meow meow meow meow meow meow meow meow meow meow meow meow meow meow meow meow meow meow meow meow, meow meow meow meow meow meow meow meow, meow Meow Meow meow meow meow meow meow. Meow meow meow meow meow, meow meow meow meow meow, meow meow meow meow meow meow meow meow Meow Meow Meow meow meow meow meow meow meow meow Meow.

Meow meow meow meow, meow meow meow Meow Meow-Meow meow meow meow Meow, meow Meow, meow meow meow meow meow, meow meow meow meow meow meow meow meow meow meow, meow meow meow meow meow meow. Meow meow meow meow meow meow meow meow meow meow meow meow meow meow, meow meow meow meow meow meow meow meow meow meow meow meow meow meow, meow meow meow meow meow meow meow meow meow meow meow meow'meow meow meow meow'meow—meow meow'meow—meow meow meow meow. Meow meow Meow. Meow meow meow meow meow meow meow meow meow meow meow meow meow Meow Meow, meow meow meow meow meow meow meow meow meow meow, meow meow meow meow meow meow meow-meow meow meow.

"Meow, meow meow!" meow meow meow meow meow Meow. "Meow! Meow, meow meow meow meow meow, meow meow meow," meow meow meow Meow Meow meow meow meow meow meow. "Meow meow meow meow meow Meow meow meow meow? Meow, Meow meow'meow meow meow meow! Meow Meow meow meow meow meow meow meow meow meow'meow meow meow meow, meow meow meow meow'meow meow meow meow meow—meow meow meow meow Meow Meow—Meow meow'meow meow meow! Meow meow meow meow meow Meow meow Meow meow meow meow meow meow meow. Meow meow meow. Meow meow meow! Meow meow meow meow."

Meow meow meow meow meow, meow meow meow meow meow meow meow meow meow meow, meow meow meow meow meow meow meow meow meow meow, meow meow meow meow meow meow meow meow. Meow meow meow meow meow meow-meow meow meow, meow meow Meow'meow meow. Meow meow meow Meow'meow meow meow meow meow, meow meow meow meow meow meow meow meow meow meow meow "meow meow," meow meow meow meow meow Meow, meow meow Meow meow meow meow meow meow.

Meow Meow meow meow meow meow meow meow meow, meow meow meow meow meow meow meow meow meow'meow. Meow meow meow meow meow meow meow meow meow meow meow meow meow meow meow meow meow. Meow meow meow meow meow'meow meow meow meow meow meow meow meow meow meow meow meow meow meow meow meow meow meow meow. Meow meow meow Meow Meow'meow meow meow meow meow meow meow meow, Meow Meow meow:

"Meow meow'meow meow meow meow meow meow meow meow Meow meow meow'meow meow meow meow; meow, meow meow'meow meow—meow. Meow meow meow meow meow," meow meow, meow Meow.

Meow XIII

Meow Meow meow meow meow meow Meow Meow'meow. Meow meow meow meow meow meow meow, meow meow meow meow meow Meow. Meow Meow meow meow meow meow meow meow meow meow meow meow meow meow meow meow meow meow meow meow meow meow meow meow. Meow Meow meow meow meow meow meow meow meow meow meow meow meow meow meow. Meow meow meow Meow meow, meow meow Meow meow meow meow meow Meow meow Meow meow meow meow meow meow meow meow. Meow meow

meow meow meow meow meow meow meow meow meow meow meow meow meow meow meow meow meow meow meow meow meow meow Meow Meow’meow meow meow meow.

Meow meow meow meow meow, meow meow meow meow meow meow Meow. Meow meow meow meow meow meow meow meow meow Meow meow meow meow. Meow meow meow meow meow meow meow meow meow meow meow meow meow meow meow meow meow meow meow—meow meow meow meow meow meow meow meow meow meow meow meow meow meow meow meow meow meow meow.

Meow meow Meow meow meow meow meow meow meow meow meow meow meow meow meow. Meow meow meow meow Meow Meow meow meow meow meow meow meow meow meow meow. Meow meow meow meow meow meow meow meow meow meow meow meow. Meow meow meow meow meow Meow meow meow meow meow meow meow meow meow, meow meow meow, meow meow meow meow meow meow, meow meow meow meow. Meow meow meow meow meow.

Meow Meow, meow meow meow, meow, meow meow, meow meow meow meow meow meow meow meow, meow meow meow meow meow meow meow meow, meow meow meow meow meow. Meow meow meow meow.

Meow Meow meow meow meow meow meow meow meow meow meow meow meow Meow meow meow meow meow meow meow meow meow. Meow meow meow meow meow meow meow, meow meow meow meow, meow meow meow meow; meow meow meow meow meow meow, meow meow meow.

“Meow! meow! meow!” meow meow meow meow meow.

Meow meow meow meow meow meow, meow meow meow meow meow meow meow meow meow meow meow meow meow meow. Meow meow meow meow meow meow meow meow meow meow meow meow meow—meow meow meow meow meow meow—meow meow meow meow meow meow meow meow meow meow meow meow meow meow, meow meow meow. Meow meow meow Meow, meow meow meow meow meow meow meow meow meow meow meow meow.

Meow meow meow meow meow meow meow meow meow meow Meow Meow, meow meow meow.

“Meow meow meow meow!” Meow meow meow meow meow meow meow meow meow meow meow meow meow meow meow meow meow.

“Meow meow’meow meow meow meow Meow meow meow meow!” meow Meow, meow Meow. Meow meow meow meow meow meow meow meow meow meow meow meow. “Meow meow meow... meow meow meow Meow meow meow Meow meow meow meow...”

“Meow, meow, Meow!” meow meow meow, meow meow meow meow meow meow meow. “Meow meow meow meow!” Meow meow meow meow meow meow meow meow meow meow meow meow meow meow meow meow.

Meow meow meow meow, Meow Meow meow, meow Meow Meow meow meow meow meow meow meow.

Meow meow meow meow meow meow, meow Meow meow meow meow meow meow meow meow meow, meow meow Meow meow meow. Meow meow Meow meow meow meow meow meow meow meow meow meow meow meow meow meow meow meow meow meow meow meow meow meow meow meow meow meow. Meow meow meow, meow meow meow meow meow meow, Meow meow meow meow meow meow meow meow meow, meow meow meow meow meow. Meow meow meow meow meow meow meow, meow meow meow meow meow meow meow meow meow meow meow meow meow meow meow meow, meow meow meow meow, meow meow meow meow meow meow. Meow meow meow meow.

“Meow’meow meow meow meow meow meow. Meow meow meow meow meow meow,” meow meow meow.... Meow meow meow meow.

Meow meow meow meow meow meow meow meow meow meow meow.

"Meow'meow meow meow meow meow meow! Meow meow Meow meow?" meow meow. "Meow meow meow Meow meow meow, meow, meow meow meow meow! Meow meow meow meow meow meow meow meow?... Meow'meow meow meow meow meow."

Meow, meow meow meow, meow meow meow meow meow-meow meow meow meow meow meow meow meow. Meow meow meow meow meow meow meow meow meow. Meow meow meow meow meow meow Meow. Meow meow meow meow meow meow meow, meow meow meow meow meow. Meow meow meow meow meow meow meow meow, meow meow meow meow meow meow. Meow meow meow meow meow meow meow meow meow meow meow meow meow meow meow meow meow meow meow meow meow meow, meow Meow meow meow meow meow meow meow meow meow meow'meow meow, meow meow meow meow meow Meow meow meow meow meow meow. Meow meow meow meow meow meow, meow Meow meow meow meow meow meow meow meow meow meow meow:

"Meow meow meow meow meow meow meow meow meow meow meow Meow meow meow meow meow? Meow meow meow meow. Meow Meow meow...?" meow, meow meow meow, meow meow meow meow meow meow meow.

Meow meow, meow, meow meow meow meow meow meow meow meow meow meow meow meow meow.

"Meow?" meow meow meow meow meow meow meow meow meow meow meow. "Meow?"

"Meow meow'meow meow. Meow meow meow meow meow," meow meow meow.

Meow meow meow meow meow meow, meow meow meow meow meow meow meow meow meow, meow Meow'meow meow meow meow meow meow meow meow meow meow meow meow meow. Meow meow meow meow meow, meow meow, meow meow meow, meow meow meow meow meow meow meow meow Meow meow meow meow meow meow.

"Meow meow, meow meow, meow Meow'meow meow!" meow Meow.

Meow meow. Meow meow meow meow meow meow meow meow meow meow meow meow meow meow meow meow meow meow meow meow meow meow meow meow.

"Meow, meow meow meow, meow meow!" meow meow meow, meow meow meow meow meow meow meow meow meow meow meow Meow meow meow meow meow.

Meow meow meow Meow meow meow meow meow. Meow Meow meow meow meow meow meow meow.

Meow meow meow Meow meow meow meow meow meow. Meow meow meow meow meow meow meow meow meow meow Meow meow Meow Meow. Meow meow Meow Meow—meow meow meow meow meow meow meow meow. Meow meow meow meow Meow, meow meow meow meow meow meow. "Meow meow meow meow meow meow meow?" meow meow. "Meow, meow meow, Meow meow meow meow meow meow meow meow-meow, meow Meow meow meow meow meow meow meow meow meow, meow meow meow Meow meow meow meow meow meow. Meow meow meow meow meow meow, meow, meow meow, meow Meow meow meow meow meow meow. Meow meow Meow meow meow meow Meow meow meow meow meow meow meow meow?" meow meow meow, meow meow meow meow meow meow meow meow meow.

Meow XIV

Meow meow meow meow meow meow meow. Meow meow meow meow meow meow meow meow meow meow, meow meow meow. Meow Meow meow, meow meow meow meow meow meow. Meow meow meow meow meow meow meow meow-meow meow, meow meow meow

meow meow meow meow meow meow meow, meow meow meow meow meow meow meow meow.

Meow meow, meow meow meow meow meow, Meow Meow meow meow meow meow meow meow meow Meow meow meow meow meow meow.

"Meow, meow, Meow meow meow meow meow meow meow meow meow meow meow meow meow," meow meow. "Meow, meow meow meow, Meow meow meow meow Meow Meow. Meow, Meow meow meow meow meow meow.... Meow meow meow meow meow meow meow meow meow, meow Meow meow meow meow meow meow meow meow. Meow meow meow Meow meow meow meow!"

"Meow, meow meow?" meow meow meow.

"Meow? Meow'meow meow... meow meow meow meow meow meow. Meow meow'meow meow meow meow meow? Meow meow meow meow meow meow meow meow meow meow," meow Meow Meow. "Meow meow meow meow meow meow meow meow meow meow meow meow meow Meow... meow meow meow."

"Meow, meow!" meow Meow.

"Meow, meow meow," meow Meow Meow, "meow meow meow. Meow meow meow meow meow meow—meow meow meow meow meow meow meow; meow meow meow meow meow meow meow meow meow meow meow meow meow meow meow meow meow."

Meow Meow meow meow meow meow, meow meow meow. Meow meow meow meow meow meow meow meow meow meow meow meow meow meow meow meow Meow meow meow Meow Meow meow meow; meow meow meow, meow meow, meow meow meow, meow meow meow meow meow Meow.

"Meow meow meow meow. Meow Meow meow meow Meow meow meow meow meow meow meow meow," meow meow meow meow.

"Meow, meow meow meow? Meow meow, meow meow meow meow meow meow. Meow meow meow meow'meow—meow'meow meow meow," meow Meow Meow, meow meow meow meow meow meow. "Meow, meow meow meow meow, meow meow meow meow meow meow meow; meow meow meow meow meow Meow'meow meow meow meow. Meow Meow meow'meow meow meow meow meow, meow meow meow meow meow. Meow meow, meow Meow'meow meow!"

Meow meow meow meow meow meow meow meow meow meow meow meow meow meow Meow. Meow meow meow meow meow Meow Meow.

"Meow meow meow meow meow. Meow meow meow meow, meow meow! Meow'meow meow meow meow meow meow meow meow meow meow meow."

"Meow meow meow'meow meow meow," meow Meow.

"Meow'meow meow meow!" meow Meow Meow.

"Meow meow'meow meow meow, Meow meow meow meow'meow meow meow," meow Meow meow meow meow meow meow meow, meow meow meow meow meow meow meow meow meow meow meow Meow Meow meow meow meow meow meow meow meow meow meow.

"Meow'meow meow meow meow, meow meow meow!" meow meow. "Meow Meow meow meow meow! Meow meow meow!"

Meow meow meow meow meow meow meow meow meow meow meow meow Meow Meow'meow meow.

"Meow, Meow!" meow meow meow meow meow meow meow meow meow meow. "Meow meow meow meow meow meow meow meow—" meow meow meow Meow meow meow.

"Meow, meow Meow'meow meow..." meow meow meow meow, meow Meow, meow meow, meow meow meow meow meow meow meow meow meow meow Meow, meow meow, meow meow meow meow meow, meow meow meow meow meow meow meow meow meow meow—

meow meow meow meow meow. Meow, meow meow meow, meow meow meow meow meow meow meow meow meow meow? Meow meow meow meow meow meow meow meow meow meow meow meow meow?

Meow meow meow Meow meow meow meow meow meow meow Meow meow meow meow Meow, meow meow meow meow meow meow meow meow meow meow meow meow meow meow meow meow meow meow meow meow.

"Meow meow meow meow meow meow meow meow; meow meow meow meow meow meow meow meow. Meow meow meow meow meow meow meow," meow meow meow. Meow meow meow meow meow meow meow meow meow meow meow meow meow meow meow meow meow—meow meow meow meow meow meow meow meow meow meow meow meow—meow meow meow meow meow meow meow meow meow meow meow meow meow, meow meow meow meow meow meow meow meow. Meow meow meow meow. Meow meow meow meow meow meow meow meow meow meow meow meow meow meow meow.

"Meow, meow! Meow meow meow!" meow Meow, meow meow meow meow meow meow meow meow meow meow meow meow meow meow meow meow meow meow.

Meow meow Meow Meow meow meow meow meow Meow' meow meow meow meow meow meow meow meow. Meow, meow meow meow, meow meow meow.

Meow XV

Meow meow meow meow meow meow Meow meow meow Meow'meow meow, meow meow meow meow meow meow meow meow meow meow meow meow meow. Meow meow meow meow, meow meow meow Meow'meow meow. Meow meow meow meow meow meow meow.

Meow meow meow meow meow meow meow meow Meow, meow meow meow meow meow meow meow meow meow meow meow meow meow, meow meow meow meow meow. Meow meow meow meow, meow, meow meow. Meow meow meow meow meow meow meow, Meow, meow meow meow meow meow meow meow, meow meow meow meow meow meow meow meow meow.

"Meow meow meow Meow meow meow? Meow meow meow meow meow meow? Meow meow meow meow meow meow Meow Meow? Meow meow meow meow Meow meow meow meow meow? Meow meow meow meow meow meow meow, meow'meow meow! Meow meow Meow, meow meow Meow, meow meow meow meow meow meow? Meow meow meow meow meow meow meow meow, meow, meow meow meow meow meow meow, meow, meow meow," meow Meow. "Meow meow meow'meow meow meow meow meow meow! Meow meow meow meow meow meow meow meow meow meow meow. Meow meow meow meow meow meow. Meow meow meow meow meow meow meow!"

Meow meow meow meow meow meow meow meow meow Meow, meow meow meow meow.

"Meow!" meow meow, meow meow.

Meow meow meow meow Meow.

"Meow, meow meow'meow meow meow! Meow'meow meow meow, meow meow!" meow Meow, meow meow meow.

"Meow Meow meow'meow meow meow," meow Meow. "Meow meow'meow meow. Meow meow meow meow meow meow meow meow meow meow meow meow meow meow... Meow, meow meow meow meow meow meow meow! Meow, Meow meow'meow meow meow, meow'meow meow! Meow meow meow meow meow meow meow meow..."

"Meow meow?" meow Meow. "Meow meow meow meow Meow'meow meow meow meow meow meow. Meow meow meow meow meow Meow meow meow meow meow meow. Meow

meow'meow meow meow.... Meow, meow meow meow, meow meow," meow Meow meow meow meow meow.

"Meow meow meow meow meow meow meow meow, meow meow meow meow meow meow meow, meow meow'meow meow meow meow Meow meow meow meow. Meow'meow meow meow meow meow meow. Meow meow meow Meow meow meow Meow meow meow meow meow meow meow Meow meow meow, meow meow Meow meow meow meow meow meow. Meow, meow meow! Meow meow meow Meow meow meow. Meow meow'meow meow meow. Meow meow Meow meow? Meow meow Meow meow, Meow?" meow Meow meow meow meow meow meow meow.

"Meow meow meow meow meow meow," meow Meow. "Meow meow'meow meow meow meow meow. Meow meow meow... Meow meow meow meow meow meow meow meow?" meow meow meow, meow meow meow meow meow meow meow meow meow.

"Meow meow meow meow Meow meow meow meow," Meow meow. "Meow meow'meow meow meow? Meow meow meow!"

"Meow Meow meow'meow meow meow meow meow meow... Meow meow meow!" meow Meow, meow meow meow.

"Meow meow meow meow? Meow Meow'meow meow... Meow meow meow, meow meow meow meow!" meow Meow. "Meow meow meow meow meow meow, meow meow meow meow meow meow...."

Meow meow meow Meow'meow meow, Meow meow meow meow meow meow meow meow meow meow.

"Meow meow meow meow meow meow?" meow meow. "Meow meow meow meow meow meow? Meow meow'meow meow meow meow meow meow?"

Meow meow meow meow meow meow.

"Meow Meow'meow meow, Meow, meow'meow meow meow, meow'meow meow meow," Meow meow. "Meow meow meow meow meow meow meow meow meow! Meow meow meow meow meow...."

"Meow meow meow meow? Meow meow'meow meow meow meow meow meow?" meow Meow. "Meow meow'meow meow meow meow meow meow meow? Meow meow Meow Meow meow meow meow meow—meow meow meow meow meow; meow Meow meow'meow meow meow! Meow, meow meow meow meow meow meow meow meow meow?"

"Meow Meow meow'meow meow meow meow!" meow Meow.

"Meow, Meow meow'meow meow meow. Meow meow meow meow meow! Meow meow meow meow meow meow Meow."

"Meow meow'meow meow meow, Meow meow'meow meow meow meow meow. Meow meow meow meow meow meow meow? Meow'meow meow meow meow Meow meow meow?" meow Meow. "Meow meow, Meow! Meow meow'meow meow meow meow meow meow, meow meow, meow Meow'meow meow meow! Meow meow meow Meow meow meow!" Meow meow meow, meow meow meow meow meow meow meow meow. Meow meow meow meow meow meow meow meow meow.

Meow meow meow meow meow meow meow meow meow'meow meow meow meow meow meow Meow Meow meow meow meow meow meow meow meow meow meow meow. Meow meow meow meow meow meow meow meow meow meow meow meow meow meow; meow meow meow meow meow meow meow Meow Meow meow meow meow meow meow meow meow meow meow, meow meow Meow Meow meow meow meow meow meow meow meow meow meow meow meow meow meow, meow meow meow meow meow meow meow. Meow meow meow meow meow meow meow meow, meow, meow meow meow Meow.

Meow Meow meow Meow meow meow meow meow meow meow, meow meow Meow meow meow meow meow meow meow meow meow meow meow meow Meow.

"Meow, Meow, meow meow meow meow meow Meow meow! Meow meow... Meow meow meow meow Meow meow meow Meow. Meow meow meow Meow meow meow meow meow meow."

Meow meow meow.

"Meow meow meow'meow meow Meow?" meow meow.

"Meow Meow meow. Meow meow meow meow meow meow meow Meow. Meow meow meow meow meow meow meow meow?"

"Meow meow'meow meow meow, meow Meow meow'meow meow meow..."

"Meow meow meow, Meow, meow'meow meow meow. Meow'meow meow meow meow meow meow meow! Meow meow'meow meow meow meow meow meow meow meow. Meow meow'meow meow meow meow meow: Meow meow meow meow meow. Meow meow meow Meow meow meow?"

Meow meow meow meow meow meow meow meow Meow meow meow meow. Meow meow meow meow meow meow meow meow Meow'meow meow meow, meow meow meow meow meow meow Meow'meow.

"Meow," meow meow, "meow meow meow meow meow meow meow meow, meow Meow meow'meow meow, meow meow meow meow meow meow. Meow meow'meow meow meow, Meow. Meow meow meow?"

Meow meow meow meow meow meow meow meow, Meow meow meow Meow meow meow meow meow meow meow meow meow meow meow meow meow meow meow meow meow meow meow meow meow meow meow meow meow meow, meow Meow meow meow meow Meow.

Meow meow meow meow meow meow meow meow meow meow meow meow meow meow meow meow meow Meow meow meow meow meow meow meow meow. Meow meow meow meow meow, meow meow meow meow meow meow, meow meow meow meow.

Meow meow Meow meow meow meow meow Meow'meow meow meow meow meow meow meow meow. Meow meow meow meow meow meow, meow meow meow meow meow meow meow meow meow meow meow meow.

Meow meow meow meow meow meow Meow meow Meow meow meow meow meow meow meow meow. Meow meow meow meow meow. Meow meow meow meow meow meow.

"Meow meow meow meow meow meow!" meow Meow. "Meow meow meow meow meow. Meow meow meow meow meow meow meow meow meow meow meow. Meow meow meow meow meow meow-meow meow Meow," Meow meow. "Meow, meow'meow meow, meow meow meow meow meow meow, meow meow meow Meow meow meow?" meow meow, meow meow meow meow meow meow meow meow Meow meow meow meow meow. "Meow meow meow meow. Meow meow Meow meow meow? Meow meow Meow meow meow meow? Meow meow meow meow meow meow meow meow meow? Meow meow Meow, meow Meow Meow meow meow meow meow meow meow meow meow?... Meow meow meow meow meow meow Meow—meow meow meow meow meow Meow Meow meow. Meow Meow meow meow...." Meow meow Meow Meow meow meow meow meow meow Meow meow meow Meow meow. "Meow, meow," meow Meow meow meow meow meow meow meow meow, "meow meow meow Meow meow meow meow Meow meow meow'meow meow meow meow meow meow Meow meow Meow. Meow! Meow Meow meow'meow meow meow meow meow Meow'meow meow meow meow meow meow meow meow meow meow meow meow meow meow meow meow meow meow meow meow meow meow," meow meow.

Meow XVI

Meow meow meow meow meow Meow’meow. Meow meow meow Meow Meow’meow meow meow meow meow meow meow meow meow meow Meow meow meow meow meow, meow meow meow meow meow Meow, meow meow meow Meow’meow meow, meow meow meow meow, meow meow meow meow meow meow meow meow. Meow meow meow meow meow meow meow Meow meow meow meow meow meow meow meow meow. Meow meow meow meow meow meow meow meow meow meow meow meow meow meow meow meow meow meow meow meow meow meow meow meow Meow, meow meow meow meow meow meow meow meow meow meow meow meow meow meow. Meow Meow meow meow meow meow meow meow meow meow meow meow meow meow meow Meow meow, meow meow meow meow meow meow meow meow meow meow.

Meow meow meow meow, meow meow meow meow meow, meow meow meow meow meow meow meow meow meow meow meow meow meow meow meow Meow’meow meow.

Meow meow meow meow meow meow—Meow, meow meow meow meow meow Meow meow meow meow meow meow meow meow, meow Meow, meow meow meow, meow meow, meow meow meow meow meow meow meow meow Meow—meow meow meow meow meow Meow’meow meow meow.

Meow meow meow meow, meow meow meow meow meow meow meow meow meow meow Meow meow, meow, meow meow, meow Meow meow meow meow meow meow meow meow, meow meow meow meow meow meow meow meow meow meow meow meow meow meow meow. Meow, meow meow meow, meow meow meow meow meow meow meow meow meow meow meow meow, meow meow meow meow meow meow meow, meow meow Meow meow meow meow meow meow meow meow meow meow meow. Meow meow meow meow meow meow meow meow.

“Meow meow meow meow,” meow meow meow meow. “Meow’meow meow meow, Meow’meow meow meow. Meow meow, meow meow!”

Meow meow meow meow meow Meow, meow meow meow meow meow meow meow meow meow meow meow meow.

“Meow meow meow meow. Meow’meow meow meow meow meow meow meow meow. Meow meow Meow meow meow meow? Meow Meow meow meow? Meow meow meow meow? Meow meow meow meow meow meow meow meow? Meow meow meow meow? Meow meow meow meow.”

“Meow, meow meow meow meow. Meow meow meow Meow meow meow meow?” Meow Meow meow meow meow Meow.

“Meow meow meow, meow meow meow meow Meow meow meow meow meow meow; meow meow meow meow meow, meow meow meow meow meow meow—meow meow meow. Meow, meow’meow meow meow meow—meow meow! Meow meow meow meow meow meow meow? Meow meow meow meow meow meow’meow meow meow. Meow, meow’meow meow meow meow meow meow meow....”

“Meow, meow, meow!” Meow meow meow meow meow meow meow. “Meow’meow Meow meow meow meow? Meow?” Meow Meow, meow meow meow meow-meow meow meow meow meow meow meow meow meow meow meow meow meow, meow meow meow meow meow meow meow Meow meow meow meow. “Meow’meow Meow meow meow meow meow Meow meow meow meow meow meow: meow meow meow meow meow,” meow meow meow, meow meow meow, “meow Meow meow meow meow meow meow; meow meow meow meow meow, meow meow! Meow meow meow meow meow meow meow meow. Meow’meow meow meow? Meow meow’meow meow meow meow, meow’meow, meow’meow.”

“Meow, meow’meow meow meow meow! Meow’meow meow meow meow meow meow meow!”

"Meow meow meow meow!" meow Meow meow, meow meow meow, meow meow meow, meow meow meow meow meow meow meow meow meow meow meow meow Meow meow meow meow meow meow meow. "Meow'meow meow meow meow! Meow? Meow meow meow meow!" Meow meow Meow'meow meow meow meow meow meow meow meow. "Meow meow meow, meow meow meow! Meow meow meow! Meow meow!" meow meow meow Meow. "Meow?"

Meow meow meow meow meow meow meow meow meow meow meow meow meow meow meow meow—meow meow meow meow meow meow meow meow meow meow.

"Meow meow meow meow meow'meow meow, meow meow?"

"Meow meow? Meow?" meow Meow, meow meow meow meow meow meow meow meow. "Meow meow?... Meow, Meow meow'meow meow.... Meow meow meow meow!" Meow meow meow meow meow. "Meow'meow meow!"

Meow meow meow meow meow meow.

"Meow meow! Meow meow? Meow'meow meow!" meow meow meow meow meow.

Meow meow meow meow meow, meow meow meow meow meow meow meow meow meow meow meow meow meow meow meow meow meow meow, meow meow meow meow meow meow Meow meow Meow meow meow.

Meow meow meow meow meow meow meow meow meow meow meow meow meow meow meow, meow meow meow meow meow meow meow meow.

"Meow meow meow meow. Meow meow meow!" Meow meow meow meow meow meow meow meow.

"Meow meow'meow meow meow," meow Meow meow meow meow.

"Meow! Meow meow meow."

Meow meow Meow meow Meow meow meow meow meow meow meow meow meow meow meow meow meow meow. Meow meow Meow meow, meow meow-meow meow meow meow meow meow' meow, meow meow meow meow, meow meow meow meow meow meow meow. Meow meow "meow meow" meow meow meow meow meow meow meow meow meow meow. Meow meow meow meow meow meow meow—meow meow meow meow meow meow meow meow meow meow meow meow—meow meow meow meow meow meow meow meow meow meow meow meow meow meow meow meow meow meow meow meow. Meow meow meow meow meow meow meow.

"Meow meow meow meow, Meow Meow, meow," meow "meow meow," meow meow meow. "Meow meow meow meow meow meow. Meow meow meow meow meow meow meow meow meow meow meow."

Meow Meow meow Meow, meow meow meow meow, meow meow meow meow meow meow meow meow meow meow meow.

Meow meow meow meow-meow, meow, meow meow-meow meow meow meow meow-meow; meow-meow, meow meow meow meow meow meow, meow meow meow, meow meow meow meow. Meow meow meow meow, meow-meow, meow-meow meow meow meow meow meow.

Meow meow meow meow meow meow meow meow, meow meow meow meow meow meow meow meow, meow meow meow meow Meow, meow meow meow meow, meow meow.

"Meow Meow!" meow meow, meow.

"Meow meow'meow meow, meow? Meow, meow meow meow!"

"Meow meow, meow meow!" meow meow, meow meow meow meow meow meow Meow meow meow meow meow meow.

"Meow meow, Meow," meow Meow, meow meow meow meow meow meow'meow meow, "meow meow meow meow meow meow meow? Meow? Meow, meow meow meow meow.... Meow meow meow meow meow meow? Meow?"

"Meow meow meow meow meow meow meow, meow meow meow'meow meow meow meow meow meow?" meow Meow. "Meow'meow meow meow meow meow Meow meow meow meow? Meow meow meow meow meow, meow meow?"

"Meow meow meow, meow Meow Meow meow meow Meow," meow Meow, meow meow meow meow meow meow meow Meow meow meow meow meow meow meow meow-meow meow. "Meow meow meow meow, Meow, meow meow meow'meow meow meow, meow meow meow meow. Meow meow meow meow meow meow meow meow meow meow meow meow meow meow meow. Meow?"

"Meow meow meow!" Meow meow meow meow. "Meow meow Meow'meow meow meow meow meow meow meow meow meow meow meow meow," meow meow meow, meow meow Meow. "Meow meow meow meow, Meow Meow, meow meow meow meow meow? Meow meow'meow meow meow meow, meow meow meow meow meow meow meow meow meow meow Meow meow meow meow meow—'Meow meow meow, meow meow!' meow Meow, meow Meow meow meow meow meow meow meow meow meow meow meow meow. Meow meow'meow meow meow meow meow meow meow, meow meow meow meow meow meow meow meow meow meow meow. Meow meow meow meow meow meow meow meow! Meow meow meow meow meow meow meow."

Meow XVII

Meow meow meow meow meow meow meow meow meow meow meow meow meow meow meow meow meow meow meow meow meow, meow meow meow meow meow meow meow meow meow meow meow meow meow meow meow meow. Meow meow meow meow meow, meow meow meow Meow meow meow meow meow meow meow meow meow meow, meow meow meow meow meow meow.

"Meow, meow-meow, Meow. Meow meow meow meow meow meow!" meow Meow. "Meow, meow meow meow..." meow meow meow meow meow "... meow meow meow, meow!" meow meow, meow meow Meow meow meow meow.

Meow meow meow meow meow meow meow, Meow meow meow meow meow meow meow meow meow meow meow meow meow meow meow meow. Meow meow meow meow meow meow meow meow meow meow meow meow meow meow meow meow meow meow.

"Meow meow meow; meow meow, Meow. Meow, meow meow meow meow meow meow, meow'meow meow meow meow meow meow meow meow. Meow? Meow meow, meow meow meow meow meow? Meow meow meow meow. Meow meow meow meow meow meow—meow meow, meow! Meow meow meow! Meow!..." meow meow, meow meow meow meow meow meow meow meow meow.

"Meow meow meow!" meow Meow meow meow meow meow, meow meow meow meow meow meow meow.

Meow meow Meow meow meow meow meow meow.

"Meow, Meow, meow meow Meow meow meow meow meow meow!

"Meow'meow meow. Meow'meow meow!" meow Meow.

Meow meow meow meow meow meow meow.

"Meow, meow!" meow Meow. "Meow meow meow; meow meow meow meow meow meow. Meow'meow meow meow."

Meow meow meow meow meow meow meow meow.

"Meow, meow meow, meow!" meow Meow, meow.

Meow, meow meow, meow meow meow meow meow meow, meow meow meow meow meow meow meow meow.

"Meow meow'meow meow meow meow?" meow Meow. "Meow, Meow! Meow meow Meow Meow meow meow meow meow meow meow meow. Meow meow meow meow meow meow meow," meow Meow meow meow meow. "Meow, meow'meow meow meow meow meow meow meow meow meow meow meow meow meow meow; meow meow meow meow meow meow'meow meow meow meow 'Meow' meow 'Meow,' meow meow'meow meow meow meow meow meow meow meow meow—meow meow meow meow meow meow meow meow meow meow meow meow meow meow meow meow."

Meow meow meow meow meow'meow meow-meow meow.

"Meow, Meow meow meow meow meow meow! Meow, Meow, meow meow!" meow meow meow meow meow meow meow meow meow meow meow.

Meow meow, meow, meow meow-meow meow meow meow meow meow meow meow meow meow-meow meow, meow meow meow meow, meow meow meow meow meow meow meow meow meow.

"Meow, Meow meow'meow meow meow—meow meow!" meow meow, meow meow meow meow meow meow meow meow meow meow meow.

Meow, meow meow, meow meow meow, meow meow meow Meow, meow meow meow meow meow meow.

Meow meow meow meow meow. Meow meow meow meow meow meow meow, meow meow meow, meow meow meow meow meow meow.

Meow meow meow meow Meow, Meow Meow'meow meow meow.

"Meow meow meow meow, meow," meow meow meow meow meow meow meow, meow meow meow.

"Meow meow Meow? Meow meow meow?" meow Meow meow meow meow meow.

"Meow meow meow, meow meow meow meow meow meow meow."

"Meow! Meow meow!" meow Meow. "Meow! Meow!"

Meow, meow Meow meow, meow meow meow meow meow meow meow meow meow meow meow meow meow meow meow meow meow meow meow. Meow meow meow meow meow Meow meow meow meow meow, meow meow Meow meow meow meow meow meow meow meow, meow meow meow meow meow, meow meow meow meow meow meow meow meow.

Meow XVIII

Meow Meow, meow meow Meow meow meow meow meow, meow meow meow meow, meow meow meow meow meow Meow meow meow meow meow meow meow Meow'meow meow meow meow meow meow meow.

"Meow meow meow-meow-meow!" meow meow. "Meow meow'meow meow meow meow."

Meow meow Meow meow meow meow meow meow meow meow meow meow, meow meow meow meow; meow meow meow meow meow meow meow meow meow meow meow meow meow meow meow meow meow meow, meow meow meow meow meow meow meow, meow meow meow meow meow meow meow meow meow meow meow, meow meow meow meow meow meow meow meow meow meow meow.

Meow Meow meow meow meow meow meow meow meow meow meow meow meow meow meow meow, meow meow meow, meow meow meow meow meow meow meow meow meow meow meow meow meow meow meow meow meow meow. Meow meow meow meow meow Meow'meow meow meow meow meow meow meow meow. Meow meow meow meow meow meow meow. "Meow Meow, meow Meow'meow meow meow meow meow meow meow!" meow meow, meow Meow Meow meow meow meow meow meow meow meow meow meow meow

meow.... "Meow, meow... Meow meow meow... meow meow, meow! Meow'meow meow meow meow meow meow!" meow meow, meow meow meow meow meow. "Meow meow meow meow meow, Meow'meow meow meow meow meow meow meow meow meow meow meow meow meow meow meow." Meow meow meow meow meow meow meow. Meow meow meow meow meow, meow meow meow meow meow meow, meow meow meow meow meow. Meow meow meow meow meow meow meow meow meow Meow Meow meow meow meow.

"Meow meow meow! Meow meow!" meow Meow Meow. "Meow meow meow meow meow meow meow! Meow'meow meow meow meow: meow meow meow Meow meow meow meow!" Meow Meow Meow meow meow meow. "Meow meow Meow meow! Meow'meow meow meow meow meow meow meow meow. Meow'meow meow meow meow, meow Meow'meow meow meow meow meow, meow Meow meow meow meow."

Meow meow meow meow meow meow, meow meow meow meow meow meow meow, meow meow meow meow meow. Meow Meow meow meow meow Meow meow meow meow meow meow meow meow Meow.

"Meow'meow meow meow meow meow meow meow meow; meow Meow'meow meow meow!" meow meow meow meow meow meow. "Meow meow meow meow Meow meow meow meow meow?" meow meow.

Meow meow meow meow meow meow Meow'meow meow meow meow meow meow meow. Meow Meow Meow meow Meow meow meow meow meow meow meow Meow meow. Meow meow meow meow meow meow, meow meow meow, meow meow meow.

"Meow meow meow!... Meow meow meow meow meow?... Meow meow meow!" meow meow, meow meow meow Meow Meow'meow meow meow meow meow meow meow meow meow meow meow meow meow meow.

"Meow!" meow Meow Meow. "Meow meow meow meow meow. Meow meow, meow meow meow meow, Meow meow'meow meow meow. Meow meow. Meow meow'meow meow meow meow meow meow meow. Meow meow meow meow. Meow meow meow meow meow meow meow meow meow Meow meow meow meow? Meow?"

Meow Meow meow meow meow meow meow meow meow, meow meow meow meow meow meow meow meow meow meow meow meow meow meow meow meow meow meow meow meow meow meow meow meow meow Meow meow meow meow meow meow meow meow meow meow meow meow meow meow meow meow meow. Meow meow meow meow, meow meow meow meow meow meow, meow meow meow meow meow meow meow meow meow. Meow Meow meow meow meow meow meow meow, meow meow meow meow meow, meow meow meow meow meow meow-meow meow, meow Meow meow meow meow meow meow.

"Meow, meow meow meow," meow Meow Meow meow meow meow meow meow meow meow meow Meow meow meow meow.

Meow Meow meow meow meow; meow meow meow meow meow meow-meow meow meow meow meow meow meow. Meow meow meow meow meow meow meow meow meow meow meow meow meow Meow meow meow meow meow meow meow meow meow.

Meow meow Meow Meow meow meow meow meow meow Meow meow meow meow meow meow meow meow meow. Meow meow meow meow meow meow; meow meow meow meow meow meow meow meow, meow meow meow meow meow meow meow meow meow Meow, meow meow meow meow meow meow meow. Meow Meow meow meow meow meow meow meow Meow meow meow meow meow meow meow meow meow meow meow meow meow meow meow, meow meow meow meow meow meow. Meow meow meow meow meow meow meow. Meow meow meow meow meow meow meow meow meow, meow meow meow meow meow, meow meow meow meow meow meow meow meow meow

meow meow meow meow meow meow meow meow. Meow meow meow meow meow meow meow meow meow meow meow meow meow meow meow meow meow.

Meow meow meow meow meow meow meow meow meow meow meow meow meow meow meow meow meow'meow meow, meow meow meow meow meow meow meow meow meow. Meow meow meow meow meow meow meow meow meow. "Meow meow meow meow meow meow, meow meow? Meow meow meow?" meow meow meow.

Meow meow meow'meow meow Meow meow: "Meow, meow."

Meow meow meow meow meow'meow meow meow meow meow meow meow meow meow meow meow meow meow meow meow meow meow meow meow, meow meow meow meow meow meow meow meow meow meow meow meow meow. Meow Meow meow Meow'meow meow meow meow meow meow. Meow meow meow meow meow, meow meow meow'meow meow, meow meow meow meow meow meow Meow meow Meow Meow, meow meow meow meow meow meow meow meow meow meow meow meow, meow meow meow meow meow meow meow meow meow meow meow meow meow meow meow meow meow meow meow meow, meow meow meow meow meow meow meow meow, meow meow meow meow meow meow meow meow meow meow meow meow meow meow; meow meow meow meow meow meow meow meow meow meow meow meow meow meow.

Meow XIX

Meow meow meow meow meow meow meow Meow Meow meow meow meow meow meow meow meow, meow meow meow meow meow meow meow. Meow meow meow Meow meow meow Meow meow meow Meow meow meow meow meow meow meow meow meow meow meow meow. Meow meow meow Meow meow meow Meow Meow'meow meow, meow meow meow meow meow meow meow meow meow meow meow meow meow meow meow meow'meow.

Meow meow meow meow Meow Meow meow meow meow meow meow Meow Meow meow meow meow meow meow meow meow meow meow meow meow meow meow meow meow Meow Meow meow meow meow. Meow meow meow meow Meow meow meow meow meow meow meow meow meow meow meow meow meow meow meow meow meow meow'meow meow meow meow meow meow'meow meow. Meow meow meow meow meow meow.

"Meow meow meow meow? Meow meow meow meow meow meow meow?" meow meow meow meow meow meow meow meow meow Meow Meow'meow. "Meow meow Meow Meow meow meow meow meow meow meow meow meow!" meow meow meow meow meow meow meow meow.

Meow meow Meow Meow meow meow meow meow meow meow.

"Meow! Meow meow meow?" meow meow. Meow meow meow meow. Meow meow meow meow meow meow meow meow-meow meow meow meow meow meow meow meow, Meow meow meow meow meow Meow meow meow. Meow meow meow meow meow meow meow meow meow meow meow, meow meow meow meow meow meow meow meow meow meow meow meow meow meow meow meow. Meow meow meow meow meow meow, meow meow-meow meow, meow meow meow meow, meow meow meow meow meow meow meow meow meow meow.

"Meow, meow, meow'meow meow meow meow," meow Meow. "Meow meow meow meow meow meow meow meow meow, meow meow meow meow meow meow meow meow meow, meow, meow meow. Meow meow'meow Meow meow meow meow meow meow!" meow meow meow.

Meow Meow Meow'meow meow meow meow meow meow meow meow meow meow meow meow meow meow meow meow meow meow meow meow meow meow meow.

Meow meow meow meow meow meow Meow meow Meow meow meow meow meow, meow meow meow, meow, meow meow meow. Meow meow meow meow meow, meow, meow meow meow meow meow meow meow meow meow meow.

"Meow meow meow?" meow Meow, meow Meow Meow'meow meow.

"Meow meow!" meow Meow. "Meow meow-meow meow meow Meow meow meow meow meow meow meow meow meow meow meow!"

Meow meow meow meow meow meow meow meow meow meow meow meow meow meow, Meow Meow meow meow meow Meow meow meow Meow Meow meow meow meow' meow meow meow meow meow meow meow meow Meow Meow meow meow meow Meow'meow meow meow meow meow meow meow meow Meow meow meow meow meow meow meow meow'meow meow, meow meow meow meow meow meow.

Meow meow meow meow meow meow meow-meow meow meow meow meow meow, meow meow meow meow meow meow meow. Meow Meow Meow'meow meow meow meow meow—meow meow Meow Meow meow meow meow meow meow meow—meow meow meow Meow meow meow meow Meow meow meow meow meow meow (meow Meow meow), meow meow meow meow meow meow meow meow meow meow meow meow meow meow meow meow, meow meow Meow meow meow meow meow meow meow meow.

Meow meow meow meow meow meow meow meow meow meow Meow, meow meow meow meow meow meow meow, meow meow meow meow meow meow meow, meow, meow meow. Meow meow meow meow meow. "Meow meow meow meow!" meow meow meow meow, meow meow meow meow meow meow meow meow meow meow meow meow meow meow meow meow meow. Meow meow meow meow Meow Meow meow meow meow meow meow meow meow meow meow meow meow, meow meow meow meow meow meow meow meow meow meow meow meow meow meow meow meow meow meow meow meow meow meow Meow meow meow meow meow meow meow meow meow meow meow meow meow meow meow meow. Meow meow meow meow meow Meow'meow meow meow meow meow meow, meow, meow meow, meow meow meow meow meow meow meow meow meow meow meow meow meow meow meow meow meow meow meow meow.

"Meow meow meow meow?" meow Meow, meow meow meow Meow Meow. "Meow meow meow meow—meow meow meow!"

"Meow, meow, meow meow meow!" meow meow meow Meow. "Meow meow meow meow meow meow meow meow meow meow! Meow meow meow meow meow meow meow.... Meow meow meow meow meow meow. Meow meow meow meow meow meow meow meow meow meow meow meow? Meow'meow meow meow meow meow meow meow meow meow meow. Meow meow meow meow meow meow meow, meow meow, meow meow meow'meow meow meow meow'meow meow meow meow, meow Meow meow'meow meow meow. Meow, meow meow meow meow meow meow meow, meow meow meow meow meow meow meow meow'meow meow meow'meow meow! Meow meow meow'meow meow, meow Meow meow meow! Meow'meow meow, Meow, meow meow meow meow meow meow meow'meow meow...."

Meow meow meow meow meow meow meow meow meow meow meow meow meow meow, meow meow meow meow meow meow meow.

Meow meow meow meow meow meow meow meow.

"Meow meow meow meow meow; meow'meow meow meow meow meow meow meow meow meow meow. Meow Meow meow meow meow meow meow meow meow meow meow."

"Meow, meow meow meow meow meow meow Meow'meow, meow meow meow meow meow meow meow meow meow," meow meow meow. "Meow meow! Meow meow! Meow meow meow meow meow!"

Meow meow meow meow meow meow meow meow meow meow meow meow meow meow.

"Meow meow meow meow meow?" meow meow. "Meow meow meow?..."

Meow meow meow meow meow meow.

"Meow meow meow meow?" meow meow, meow.

"Meow, Meow meow meow meow meow."

Meow meow meow meow meow meow meow meow meow meow meow meow meow meow meow meow meow meow meow.

Meow XX

Meow meow meow meow meow meow, meow meow meow meow meow meow meow meow. Meow meow meow meow meow meow Meow Meow, meow meow meow meow meow meow meow meow meow meow meow meow meow meow meow meow meow meow. Meow meow meow meow meow meow meow, meow meow meow meow', meow meow Meow'meow. Meow meow meow meow Meow. Meow meow Meow meow meow meow meow meow meow. Meow meow meow meow meow meow meow meow meow meow meow meow; meow meow Meow meow meow meow meow meow meow. Meow meow meow meow meow, meow meow meow meow meow meow, meow meow meow meow meow meow meow meow meow meow meow meow meow meow meow meow Meow Meow Meow meow meow meow meow, meow Meow Meow meow meow meow meow. Meow meow Meow'meow meow, meow meow meow meow meow meow meow, meow meow meow meow meow meow Meow'meow meow meow Meow meow meow meow meow meow meow meow, meow meow meow meow? Meow meow meow meow meow meow meow meow meow meow meow meow meow meow Meow'. Meow meow meow meow Meow. Meow meow meow meow meow meow meow meow meow, meow meow meow meow meow meow meow meow. Meow meow meow meow meow meow meow, meow meow meow meow meow meow meow meow meow meow meow meow meow. Meow meow meow meow meow, meow meow meow meow meow, meow meow Meow meow meow meow meow meow meow meow meow meow meow meow meow.

Meow, meow meow Meow meow meow, meow meow meow meow Meow, meow meow meow meow meow meow meow meow meow meow. Meow meow meow meow meow meow Meow. Meow meow meow meow meow meow meow meow'meow meow meow meow meow meow meow meow meow meow. Meow Meow meow meow meow meow meow Meow, meow meow meow meow meow Meow Meow meow meow meow meow. Meow meow' meow meow meow meow meow meow.

Meow meow meow meow meow meow meow meow meow meow meow meow meow—meow meow meow meow meow meow meow meow meow meow meow—meow meow meow meow meow meow Meow meow meow meow meow.

Meow meow meow meow meow meow meow meow meow, meow meow meow meow meow meow meow meow meow.

"Meow meow meow meow meow meow?"

"Meow... Meow meow'meow meow meow meow. Meow meow meow, meow..."

Meow meow meow.

"Meow meow meow meow meow meow? Meow meow?" meow meow, meow meow Meow.

Meow meow meow meow meow meow meow meow meow meow meow meow meow meow meow meow meow.

Meow meow meow meow Meow meow meow meow, meow meow meow meow meow meow meow meow meow, meow meow meow meow meow.

"Meow meow'meow meow meow, meow'meow meow meow!" meow Meow meow meow meow meow meow meow meow Meow'meow. "Meow, meow meow," meow meow, meow meow meow meow meow meow meow. "Meow," meow meow meow meow meow meow, meow meow meow meow meow meow meow, "meow meow meow meow meow meow Meow."

"Meow meow meow Meow?..."

"Meow," Meow meow meow meow meow meow, "meow meow meow meow meow meow meow meow meow meow meow meow meow Meow Meow. Meow meow Meow meow'meow meow meow meow meow, meow meow meow meow meow meow meow meow..." Meow meow meow meow meow meow meow meow.

Meow meow meow meow meow meow meow meow meow meow.

"Meow meow, meow meow meow meow meow meow meow meow meow meow meow meow meow meow meow'meow meow meow meow, meow meow meow meow meow meow meow meow meow meow meow meow meow meow! Meow meow meow meow meow meow meow—meow meow meow meow meow meow meow, meow meow meow meow meow meow meow meow. Meow meow meow meow meow meow meow meow meow meow meow; meow meow meow meow meow meow meow meow... meow meow, meow meow.... Meow'meow meow meow meow meow meow meow meow meow meow meow meow meow meow meow meow?..."

Meow meow meow meow meow Meow meow meow meow meow meow meow meow meow meow meow.

"Meow meow'meow meow meow meow, meow?" meow Meow, meow meow meow meow Meow meow meow meow. "Meow meow'meow meow meow meow meow'meow meow meow," meow meow, meow meow meow Meow meow meow meow meow meow meow meow meow meow, "meow meow meow meow meow meow meow meow—'meow' meow meow meow—meow meow meow meow meow meow Meow meow'meow meow meow meow meow."

Meow meow meow meow meow meow, meow meow meow meow meow meow.

"Meow meow meow meow-meow-meow," Meow meow, "meow Meow meow'meow..."

"Meow meow meow meow meow?" meow Meow meow.

"Meow meow meow meow meow meow meow meow. Meow? Meow meow meow meow meow meow meow meow meow, meow?"

"Meow meow meow meow, Meow meow meow meow!" meow Meow, "meow Meow meow meow meow meow meow." Meow meow meow meow meow meow meow. "Meow meow meow meow meow meow meow..."

Meow meow. Meow meow meow meow meow meow meow meow, meow Meow meow meow meow meow meow meow, meow meow.

"Meow, meow meow meow meow!" meow meow, meow meow meow meow.

Meow meow Meow meow meow Meow.

Meow XXI

Meow meow meow Meow Meow'meow meow meow meow meow meow meow meow meow meow meow Meow meow meow meow meow Meow. Meow meow meow meow meow meow meow meow meow meow meow. Meow meow meow meow, meow, meow Meow Meow meow meow meow meow, meow meow meow meow meow meow meow meow meow meow Meow meow meow, meow meow meow meow meow meow meow. Meow meow meow meow meow meow meow meow meow meow meow meow Meow meow meow meow meow meow meow. Meow meow meow meow meow meow meow meow meow meow meow meow meow

meow meow, meow meow meow meow meow meow meow meow meow meow meow meow meow meow meow meow meow, meow meow meow meow meow meow meow meow. Meow meow meow meow meow, meow Meow, meow meow meow meow-meow meow, meow meow meow meow meow Meow.

Meow meow meow meow meow meow meow meow meow meow meow meow meow meow meow meow meow meow Meow. Meow meow meow meow meow, meow meow meow meow meow meow meow meow meow meow-meow-meow meow meow meow meow meow meow meow. Meow meow meow Meow meow meow meow meow meow meow meow meow meow meow meow meow-meow Meow'meow meow.

Meow meow meow Meow Meow'meow meow meow meow meow meow meow meow meow meow meow meow'meow meow meow meow meow.

Meow Meow Meow meow meow meow meow meow meow meow meow meow Meow Meow meow meow meow meow meow meow Meow Meow meow meow Meow meow meow meow meow meow. Meow meow meow meow meow meow meow meow meow meow meow meow meow meow.

Meow meow meow Meow'meow meow Meow meow meow meow meow Meow Meow, meow meow meow meow meow meow meow meow meow meow meow meow meow.

Meow meow meow meow meow Meow, Meow Meow meow meow meow meow meow Meow'meow meow meow Meow Meow meow meow meow meow (Meow Meow meow meow meow meow Meow Meow meow meow meow meow meow meow meow), meow meow meow meow meow meow meow meow Meow'meow meow, meow meow.

"Meow, meow meow meow? Meow meow meow?" meow meow meow meow, meow meow meow meow meow meow meow meow. "Meow, Meow meow meow," meow meow meow meow meow Meow'meow meow, meow meow.

Meow Meow meow meow meow meow: "Meow meow meow, meow meow meow meow meow meow meow meow meow meow."

Meow meow meow meow meow Meow meow meow meow meow meow meow Meow meow, meow meow meow meow meow meow Meow meow meow Meow, meow meow Meow. Meow, meow meow meow meow meow meow meow meow meow meow'meow meow, Meow Meow meow meow meow meow meow meow meow Meow meow meow meow meow meow meow meow meow meow meow.

"Meow meow meow meow, meow meow meow meow meow meow Meow, meow meow meow meow meow meow," meow meow meow meow meow meow. "Meow meow meow, meow meow meow, meow Meow meow, meow Meow meow meow!"

Meow meow meow meow meow meow meow meow meow meow meow meow meow meow meow, meow meow meow meow meow meow meow meow meow meow meow meow meow meow meow meow meow meow meow meow meow meow meow. Meow Meow Meow meow meow, Meow Meow meow Meow'meow meow meow meow meow meow meow meow meow meow meow meow meow. Meow meow meow meow meow meow, meow meow meow meow meow meow meow meow. Meow Meow meow meow meow meow meow meow meow meow meow, meow meow meow meow meow meow meow meow meow. Meow meow meow meow meow meow meow meow. Meow meow meow meow meow. Meow meow meow meow meow meow meow meow.

"Meow meow meow meow meow...."

Meow meow meow Meow Meow meow meow meow meow meow Meow, meow meow meow meow meow meow meow meow. Meow meow meow Meow Meow, meow meow meow meow, meow, meow meow meow meow meow:

"Meow meow meow meow meow meow Meow Meow meow meow meow meow meow meow meow-meow-meow meow meow meow meow, meow meow meow meow meow. Meow meow meow?"

"Meow meow meow meow," Meow meow; meow Meow Meow meow meow.

"Meow meow meow meow meow meow meow," meow meow.

Meow meow meow meow meow meow meow meow meow meow meow Meow.

"Meow meow meow meow meow... meow meow meow meow."

"Meow meow meow meow," meow Meow.

"Meow meow meow meow meow?" meow Meow Meow. "Meow Meow Meow?" meow meow meow.

"Meow meow meow meow. Meow meow meow meow meow'meow meow."

"Meow meow meow meow meow," meow Meow Meow; meow meow meow meow meow meow, meow, meow, meow meow.

Meow meow meow meow meow meow meow meow meow meow meow Meow Meow.

Meow meow meow meow meow meow meow. Meow Meow meow meow meow meow meow, meow meow meow meow meow meow meow, Meow meow meow meow meow meow meow meow meow meow meow. Meow meow meow Meow meow meow meow meow meow meow meow meow meow meow Meow, meow meow meow meow meow meow meow meow meow meow meow meow meow meow meow meow meow meow meow Meow Meow meow meow meow.

Meow meow meow meow meow meow meow meow, meow meow meow meow meow meow meow. Meow Meow meow meow, meow meow meow meow meow, meow meow meow Meow meow Meow, meow meow meow meow meow, meow meow meow meow Meow meow meow meow.

Meow XXII

Meow meow meow Meow meow meow meow Meow' meow meow meow meow meow meow meow. Meow meow meow meow, meow meow meow meow meow, meow Meow, meow meow meow meow meow Meow, meow meow Meow Meow meow meow meow meow meow meow Meow Meow meow meow meow meow. Meow meow meow Meow meow meow Meow Meow.

"Meow meow meow meow Meow Meow Meow," meow meow.

"Meow meow? Meow meow meow meow meow meow meow meow? Meow meow meow meow meow meow meow meow."

"Meow, meow meow meow meow meow meow meow meow meow," meow Meow.

Meow Meow meow meow meow meow.

"Meow meow meow meow meow? Meow meow meow meow meow meow! Meow meow, meow'meow meow meow meow!" meow meow meow Meow. "Meow meow'meow meow meow meow meow meow, meow meow meow meow meow meow meow, meow meow meow meow."

Meow meow meow meow meow meow meow meow meow meow, meow, meow meow meow meow meow, meow meow meow meow meow meow Meow meow meow meow meow. Meow meow meow meow meow meow meow meow, meow meow meow meow meow meow meow meow meow meow meow meow meow meow.

Meow meow meow meow. Meow meow meow meow meow meow meow meow meow meow; meow meow, meow meow meow meow, meow, meow meow, meow meow meow meow meow meow meow meow meow meow meow meow meow meow meow meow meow meow meow meow meow meow meow meow meow meow, meow meow meow meow meow meow meow meow.

"Meow Meow," meow meow meow, "Meow Meow meow meow meow—meow meow meow," meow meow meow. (Meow meow meow meow meow meow meow meow meow meow meow meow meow meow.) "Meow meow meow meow meow meow meow meow..."

Meow meow meow meow meow meow meow, meow meow meow meow. Meow meow meow meow meow meow meow meow meow meow meow meow meow meow, meow meow meow meow meow meow meow meow meow meow meow meow meow meow meow meow meow meow.

"Meow meow meow meow: meow meow... meow meow... meow meow!" Meow meow meow meow meow meow meow, meow meow meow meow meow.

"Meow... Meow meow meow meow," meow Meow; "meow..."

Meow meow meow meow meow meow meow.

Meow meow meow meow meow meow meow meow meow meow meow meow meow meow meow.

"Meow, Meow meow meow meow meow," meow meow meow. "Meow, meow meow meow meow. Meow'meow meow meow meow meow meow Meow meow meow meow. Meow meow meow meow Meow meow meow meow meow, meow, meow meow meow meow...."

Meow meow meow meow meow meow meow meow meow meow.

Meow meow meow meow meow meow meow meow meow meow Meow'meow meow.

"Meow meow meow meow, Meow meow meow meow meow meow meow," meow Meow. "Meow... Meow meow meow meow meow meow meow...."

"Meow meow?" Meow'meow meow meow.

"Meow meow meow meow meow, meow meow meow..." Meow meow meow meow meow meow meow meow Meow meow meow meow meow meow meow meow—"meow meow meow meow meow meow?"

"Meow'meow meow meow meow!" meow Meow. "Meow Meow meow'meow meow, meow'meow meow meow meow...."

Meow meow meow meow meow meow meow meow meow meow meow, meow, meow meow meow meow meow Meow. Meow meow meow meow meow meow meow meow meow meow meow meow meow meow meow.

"Meow meow'meow meow meow meow meow meow, meow meow," meow Meow, meow meow meow, meow meow meow meow meow meow meow Meow.

"Meow meow'meow meow meow meow, meow meow—Meow'meow meow meow meow; meow meow meow Meow meow meow meow, meow meow meow meow meow meow meow meow meow, meow, meow meow meow meow meow meow meow meow—meow meow, meow meow meow meow meow meow—meow meow meow!" Meow meow meow meow meow meow meow. "Meow meow meow meow meow meow'meow meow meow meow..."

Meow meow meow.

Meow meow meow meow meow. Meow meow meow, meow-meow meow, meow meow meow meow, meow meow meow meow meow. Meow meow meow meow meow meow meow Meow meow meow meow meow meow meow meow meow meow meow meow meow meow meow meow meow meow meow meow meow meow meow meow meow. Meow meow meow meow Meow Meow meow meow meow meow meow meow meow meow meow meow meow meow. Meow meow meow meow meow meow, meow meow Meow Meow, meow meow meow meow meow meow meow meow meow meow meow meow meow meow meow meow meow meow meow, meow meow meow, meow meow meow meow meow, meow meow meow meow meow meow meow—meow meow meow meow meow meow meow meow meow meow meow meow meow meow meow meow. Meow Meow, meow, meow meow meow meow meow meow meow meow meow meow meow meow. Meow meow meow meow meow, meow meow meow meow meow, meow meow meow meow meow, meow meow meow meow meow

meow meow meow meow meow meow, meow meow—meow meow meow meow meow meow—meow meow meow meow meow meow meow, meow meow meow meow meow, meow meow meow meow meow meow meow meow meow meow meow. Meow meow meow Meow meow meow meow meow meow meow meow meow meow meow meow meow meow meow meow meow, meow meow meow meow meow meow.

Meow Meow: 1812

Meow I

Meow meow meow meow meow meow meow meow meow meow meow meow meow meow meow Meow Meow meow, meow meow meow meow—meow meow meow, meow meow meow meow meow meow meow—meow meow meow meow meow meow meow Meow meow, meow meow meow Meow meow meow meow meow meow. Meow meow meow meow Meow, meow, meow meow meow Meow Meow meow meow Meow meow meow meow meow, meow meow, meow meow meow meow meow meow meow meow meow meow meow meow. Meow meow meow meow meow meow meow meow meow meow, meow, meow, meow, meow, meow meow meow meow, meow, meow, meow meow meow meow meow meow meow meow meow meow meow meow meow meow meow meow meow meow meow meow, meow meow meow meow meow meow meow meow meow meow meow meow meow meow meow.

Meow meow meow meow meow? Meow meow meow meow? Meow meow meow meow meow meow meow meow meow meow meow meow meow meow meow meow Meow meow Meow, meow meow meow meow Meow Meow, meow meow meow Meow, meow meow meow Meow, meow meow meow meow meow, meow meow meow.

Meow, meow meow meow meow meow meow meow Meow, Meow, meow Meow, meow meow meow meow meow meow meow, meow meow meow meow meow meow meow meow meow meow meow, meow meow Meow meow meow meow meow Meow: "Meow meow Meow, Meow meow meow meow meow meow meow meow Meow meow Meow"—meow meow meow meow meow meow meow.

Meow meow meow meow meow meow meow meow meow meow meow. Meow meow meow meow Meow meow meow meow meow meow meow Meow'meow meow (meow meow meow meow meow meow meow meow meow Meow. Meow). Meow meow meow meow meow meow meow Meow Meow meow meow meow meow meow meow meow Meow'meow meow; meow meow Meow meow Meow, meow meow meow meow meow meow meow meow meow meow meow meow; meow meow meow meow meow meow meow meow meow meow Meow Meow meow meow meow Meow; meow meow meow meow meow meow meow meow meow meow meow meow meow meow meow meow meow meow meow meow meow; meow meow meow meow meow meow meow meow meow meow meow meow meow-meow meow meow meow, meow meow meow meow meow meow meow meow meow meow meow meow meow meow meow meow meow meow Meow meow Meow meow meow meow meow meow meow meow meow meow Meow, meow meow meow meow meow meow Meow Meow. Meow meow meow meow meow meow meow meow meow meow meow meow meow meow, meow meow meow meow meow meow meow meow meow meow meow meow, meow meow meow meow meow meow meow meow; meow meow meow, meow meow meow meow meow meow meow meow meow meow meow meow meow meow meow meow meow meow meow, meow meow meow meow. Meow meow meow meow meow meow meow meow Meow meow meow meow meow meow meow meow Meow meow meow meow Meow meow meow, meow meow Meow'meow meow meow meow meow meow Meow meow Meow meow. Meow meow meow meow meow meow meow meow meow meow meow meow meow meow meow: meow meow meow Meow meow meow, meow meow meow meow meow meow meow meow Meow meow meow meow meow meow meow Meow meow Meow meow meow meow meow meow.

Meow meow, meow meow, meow meow meow meow meow meow meow meow meow meow meow meow meow meow meow meow meow meow meow meow meow meow meow meow, meow meow meow meow meow meow meow meow. Meow meow meow meow meow meow meow meow meow meow meow meow meow meow meow meow; meow meow meow meow meow meow meow meow meow meow meow meow meow meow meow meow meow meow meow meow meow meow meow meow meow meow meow meow meow meow meow meow meow, meow meow meow meow—meow meow meow meow meow meow meow meow meow meow—meow meow meow meow. Meow meow, meow meow meow meow meow meow meow meow Meow meow meow meow meow meow meow meow meow meow meow meow meow Meow’meow meow meow meow meow meow meow meow Meow meow meow meow meow meow meow Meow; meow meow meow meow meow meow meow, meow meow meow meow, meow meow, meow meow meow meow meow meow meow meow, meow meow meow meow meow meow meow meow meow Meow’meow meow meow meow meow meow meow meow meow.

Meow meow meow Meow meow Meow, meow meow meow meow meow meow meow meow, meow meow meow meow meow meow meow meow meow meow meow meow meow meow meow meow meow meow meow meow meow meow. Meow meow meow meow meow, meow meow meow meow meow meow meow Meow meow Meow (meow meow meow meow meow meow meow) meow meow meow meow, meow meow meow meow meow meow meow meow meow meow meow meow meow meow meow meow meow meow meow meow. Meow meow meow meow meow meow meow meow meow meow meow meow meow meow—meow meow meow meow, meow meow meow meow meow—meow meow meow meow meow meow meow meow meow meow meow, meow meow meow meow meow meow meow meow meow meow meow meow meow meow meow meow meow meow.

Meow meow meow meow meow meow meow meow meow meow meow meow meow meow (meow meow meow meow, meow meow meow meow meow meow meow meow meow). Meow meow meow meow meow meow meow meow meow meow meow, meow meow meow meow meow meow meow meow meow meow.

Meow meow meow meow meow, meow meow meow meow meow meow meow meow, meow meow meow meow meow meow meow meow meow meow meow meow meow meow meow meow meow meow meow; meow meow meow meow meow meow meow meow, meow meow meow meow meow meow meow meow meow meow meow meow meow meow, meow meow meow meow meow meow meow meow meow meow meow.

Meow meow meow meow meow meow meow meow meow meow, meow meow meow, meow meow meow meow meow meow meow meow meow meow, meow meow meow meow meow meow meow meow meow meow meow meow meow meow meow.

Meow meow meow meow meow, meow meow meow meow meow meow meow meow meow meow meow, meow, meow meow meow. Meow meow meow meow meow, meow meow meow meow meow meow meow meow meow meow meow meow meow meow meow meow meow meow. Meow meow meow meow meow meow meow meow meow, meow meow meow meow meow meow meow meow meow meow meow meow meow meow meow, meow meow meow meow meow meow meow meow meow meow meow meow.

“Meow meow’meow meow meow meow meow meow meow meow Meow.”

Meow meow meow meow’meow meow.

Meow meow meow meow meow meow meow meow meow meow meow meow, meow meow meow meow meow meow meow meow meow meow meow meow meow meow-meow meow meow meow meow meow meow: meow meow meow meow meow meow Meow Meow, meow Meow meow Meow’meow meow, meow meow meow meow meow Meow—meow (meow meow meow meow Meow) meow meow meow meow meow meow meow meow meow, meow Meow Meow’meow meow meow meow meow meow meow meow meow meow’meow meow, meow

meow meow meow meow meow meow, meow meow meow meow meow meow meow meow meow meow meow meow meow meow meow meow meow, meow meow meow meow meow meow Meow, meow meow meow meow, meow meow meow meow meow, meow meow meow meow meow meow meow meow meow meow, meow meow meow meow meow meow-meow meow meow meow, meow meow meow meow meow meow meow meow meow meow meow meow meow meow meow meow meow meow.

Meow meow meow meow meow meow meow, meow meow meow meow? Meow meow meow meow meow meow meow, meow meow meow meow, meow meow meow meow meow meow meow, meow meow meow meow, meow meow meow meow meow, meow meow meow meow meow meow meow meow meow meow?

Meow meow meow meow. Meow meow meow meow meow meow meow meow meow meow meow meow meow meow meow meow meow. Meow meow meow meow meow meow meow meow meow meow meow meow meow meow meow meow meow meow meow meow meow meow meow meow meow meow meow meow meow meow meow meow meow meow meow meow meow meow meow meow meow meow meow meow meow meow meow. Meow meow meow meow meow meow meow meow meow Meow meow meow Meow meow meow meow meow, meow meow meow Meow meow meow meow, meow meow meow meow meow meow meow meow meow meow meow meow meow meow meow meow meow meow meow meow meow meow meow meow meow meow meow meow. Meow meow meow meow meow-meow meow meow meow meow meow meow meow meow, meow meow meow meow meow meow meow meow meow meow meow meow meow.

Meow meow meow meow, meow meow meow meow meow meow meow meow meow meow, meow meow meow meow meow meow meow meow meow meow meow meow meow meow meow meow meow meow meow.

Meow II

Meow meow meow-meow meow Meow Meow meow Meow, meow meow meow meow meow meow meow meow meow meow meow meow meow, meow, meow, meow meow meow meow. Meow meow, Meow meow meow meow meow meow, meow, meow meow meow meow meow meow, meow meow meow meow meow meow meow meow meow meow, meow meow meow meow meow meow meow—meow meow, meow meow meow meow meow meow meow—meow meow Meow meow Meow, meow meow, meow meow meow meow meow, meow meow meow Meow Meow Meow—meow meow meow meow meow meow, meow meow meow meow meow meow meow Meow—meow meow meow meow meow meow meow meow meow meow meow meow meow. Meow meow meow meow meow meow meow meow meow meow meow meow meow meow meow meow meow, meow meow meow Meow Meow meow meow meow meow meow Meow, meow meow Meow meow meow, meow meow meow meow meow meow meow meow meow meow meow meow meow meow meow meow meow meow—meow meow meow meow meow meow meow meow, meow meow meow meow meow meow meow meow meow meow meow meow meow meow meow meow meow meow. Meow meow meow meow meow meow meow meow meow, meow meow meow, meow-meow-meow, meow meow meow, meow meow meow meow Meow, Meow, Meow, meow Meow. Meow meow meow meow meow meow meow meow meow meow meow meow meow.

Meow meow meow meow meow meow meow meow, meow meow meow meow meow meow meow meow meow meow meow. Meow meow meow meow Meow, meow meow meow meow meow, meow meow meow meow meow meow meow meow meow meow meow meow meow meow Meow meow meow meow Meow meow.

Meow meow, meow meow meow, meow meow meow meow meow meow meow Meow, meow, meow meow meow Meow meow, meow meow meow meow meow meow meow meow meow meow meow meow meow meow.

Meow, meow meow meow meow, meow Meow (meow Meow) meow meow meow-meow meow meow meow meow meow meow meow meow meow meow meow Meow (Meow, meow meow meow), meow meow meow meow meow meow meow meow Meow meow meow Meow meow Meow meow meow—Meow meow, meow meow meow meow meow meow meow meow, meow meow meow, meow meow meow meow meow meow meow meow meow meow Meow.

Meow meow meow meow meow meow meow meow Meow meow meow meow meow meow meow, meow meow meow meow meow meow meow meow meow meow meow meow Meow, meow meow meow meow meow meow meow meow meow meow meow meow meow meow meow Meow meow meow meow meow meow meow meow meow meow meow meow. Meow meow, meow meow meow Meow'meow meow, meow meow meow meow meow meow, meow meow meow meow meow meow meow meow meow meow meow meow meow meow meow meow meow meow meow meow meow meow meow meow meow meow meow meow meow, meow meow meow meow meow meow meow: "Meow meow'Meow!" meow meow meow meow meow meow meow meow meow meow meow meow meow meow meow meow meow meow meow, meow, meow meow meow meow meow meow meow meow meow meow meow meow.

"Meow meow'meow meow meow meow. Meow, meow meow meow meow meow meow meow, meow meow meow... meow meow!... Meow meow meow!... Meow meow'Meow! Meow meow meow meow meow meow Meow! Meow'meow meow meow meow meow meow meow. Meow meow, Meow; Meow'meow meow meow meow meow meow Meow meow meow! Meow meow. Meow meow!... Meow meow meow meow Meow? Meow meow'Meow!... meow!—Meow meow meow meow Meow meow Meow, Meow, Meow'meow meow meow Meow meow Meow—meow'meow meow. Meow meow'Meow! Meow! meow! meow! Meow Meow—meow meow—meow meow meow meow! Meow meow'Meow! Meow meow meow, meow meow meow meow? Meow'meow meow meow meow, meow Meow meow meow meow. Meow meow meow... Meow meow meow meow meow meow meow meow meow meow meow.... Meow meow'Meow!" meow meow meow meow meow, meow meow meow, meow meow meow meow meow meow meow. Meow meow meow meow meow meow meow meow meow meow meow meow meow meow meow meow meow-meow meow meow meow meow meow meow meow meow meow meow meow meow meow meow meow meow meow meow meow meow.

Meow meow meow meow meow meow meow meow meow meow meow meow. Meow meow meow meow Meow Meow, meow meow meow meow, meow meow, meow meow meow meow meow meow, meow meow meow-meow-meow meow meow meow meow meow meow meow meow meow meow meow Meow meow meow meow meow meow. Meow meow meow meow meow, meow meow meow meow meow meow meow meow meow meow meow, meow meow meow meow meow meow meow meow meow meow meow meow Meow'meow meow. Meow meow-meow-meow meow meow meow meow Meow meow meow meow meow meow meow meow meow meow.

Meow meow meow meow meow-meow-meow meow meow meow, meow meow meow meow, meow meow meow meow meow meow, meow meow meow, meow "Meow!" meow, meow meow Meow meow meow meow, meow meow meow meow meow meow meow meow. Meow meow meow meow meow meow meow meow, meow meow meow meow meow meow, meow meow meow meow meow, meow meow meow meow meow meow meow meow meow meow. Meow meow Meow meow meow meow meow. Meow meow meow meow meow meow meow meow meow meow meow meow meow meow meow, meow meow Meow meow meow meow meow meow meow meow meow meow meow meow. Meow meow meow meow meow meow meow meow meow meow meow; meow meow meow meow meow meow, meow meow meow

meow meow meow meow meow meow meow' meow. Meow meow meow meow meow meow meow meow meow meow meow meow, meow meow meow meow meow meow meow meow meow meow meow, meow meow meow meow meow meow meow meow meow meow meow meow meow meow meow meow meow meow meow meow meow meow meow meow meow meow meow meow meow meow meow meow meow. Meow meow meow-meow-meow, meow meow meow meow meow meow meow, meow meow meow meow Meow'meow meow meow meow meow meow meow Meow meow meow meow, meow meow meow meow meow meow meow meow meow meow, meow meow Meow, meow meow meow meow meow meow meow meow, meow meow meow meow meow meow meow meow meow meow meow Meow meow meow meow meow.

Meow meow meow meow meow meow meow meow meow meow meow meow meow meow meow meow, meow Meow meow meow meow meow Meow meow, meow meow meow meow meow meow meow meow meow meow meow-meow. Meow meow meow meow meow meow meow meow meow meow.

Meow meow Meow meow meow meow meow meow, meow meow meow meow meow meow meow. Meow meow meow meow meow meow meow meow meow meow meow meow. Meow meow meow meow meow meow meow meow meow meow meow meow meow meow meow meow meow meow. Meow meow meow meow meow meow meow meow, meow meow meow meow meow meow, meow meow "Meow!" meow meow meow meow meow meow meow Meow meow meow meow meow meow meow meow meow meow meow meow meow meow meow meow.

Meow III

Meow Meow meow Meow meow, meow, meow meow Meow meow meow meow meow meow, meow meow meow meow meow. Meow meow meow meow meow meow meow meow meow meow meow meow meow meow meow Meow meow meow meow Meow. Meow meow meow meow meow meow meow. Meow meow meow meow meow meow meow meow meow meow meow meow meow meow Meow meow meow meow meow meow meow meow. Meow meow meow meow meow meow meow meow meow meow meow, meow meow meow meow meow meow meow meow meow meow, meow meow Meow meow meow meow meow meow meow.

Meow meow meow Meow meow meow Meow meow meow meow meow—meow meow meow—meow meow meow meow. Meow meow meow meow meow meow meow meow meow meow meow meow meow meow meow meow meow meow meow meow meow meow meow meow.

Meow Meow, meow meow meow meow meow meow meow meow Meow meow, meow meow meow, meow meow meow Meow meow, meow meow meow meow meow Meow meow-meow-meow meow meow meow meow meow meow meow meow meow meow meow meow Meow meow meow meow-meow-meow. Meow meow meow meow meow. Meow Meow meow meow meow. Meow meow-meow-meow meow meow meow meow. Meow meow meow meow meow meow meow meow meow meow Meow meow meow meow meow meow meow. Meow Meow, meow meow meow meow meow Meow meow, meow meow meow meow meow meow meow, meow meow meow meow Meow meow meow meow meow meow, meow, meow, meow meow meow Meow, Meow Meow'meow meow meow.

Meow meow meow meow Meow meow meow meow meow meow meow Meow, meow meow meow, meow meow meow Meow, meow meow Meow meow, Meow meow meow meow meow meow meow meow meow meow meow-meow-meow meow Meow'meow meow meow.

Meow meow meow meow meow meow meow. Meow meow meow meow meow meow meow meow meow meow meow meow meow meow meow meow meow. Meow Meow meow meow meow meow Meow meow meow meow meow meow meow meow Meow meow Meow meow meow meow meow Meow meow meow meow meow, meow-meow Meow meow meow meow. Meow Meow meow meow meow meow meow meow meow meow.

Meow Meow, meow meow meow meow meow Meow meow meow meow meow meow meow meow (meow meow meow meow), meow meow meow meow, meow meow meow meow-meow-meow, meow meow meow meow meow meow meow meow. Meow meow meow meow meow meow meow meow meow meow meow meow meow meow meow meow meow meow meow meow meow meow meow meow meow meow meow meow meow meow meow meow. Meow meow meow Meow meow Meow meow meow meow meow meow meow meow meow meow meow meow meow meow meow meow, meow meow Meow meow meow meow meow meow meow meow meow meow meow Meow meow meow meow meow, meow meow meow meow meow meow meow meow.

Meow meow meow meow meow meow meow. Meow, meow meow meow meow meow, meow meow meow meow meow meow meow Meow. Meow meow meow meow meow. Meow, meow meow meow Meow'meow meow meow meow meow meow meow meow meow, meow-meow, meow meow, meow meow meow meow meow meow meow meow meow meow meow, meow meow meow meow meow meow meow meow, meow meow meow meow meow meow meow meow Meow meow meow meow meow meow meow. Meow Meow meow meow meow, meow meow meow meow meow, meow meow meow meow meow meow meow meow meow meow meow meow meow meow meow meow meow.

Meow meow meow meow, Meow meow meow Meow Meow Meow, meow meow meow meow meow meow meow meow Meow, meow meow meow meow meow meow meow meow meow meow meow meow meow meow meow meow meow meow Meow meow. Meow meow meow meow meow, meow Meow meow meow meow Meow meow, meow meow meow meow meow meow meow meow meow meow meow meow meow meow, meow meow meow meow meow meow meow meow meow. Meow meow Meow meow meow meow meow meow meow meow meow meow meow meow Meow'meow meow. Meow meow Meow meow meow meow meow meow meow meow meow meow, meow meow meow meow meow meow meow meow meow meow meow meow meow meow meow meow meow. Meow meow Meow'meow meow meow meow meow meow meow meow meow Meow. Meow meow meow meow Meow meow meow meow meow meow, meow meow meow meow meow, meow meow meow meow meow meow meow meow meow Meow meow meow meow. (Meow meow meow Meow meow Meow meow meow meow meow meow meow meow meow meow meow Meow meow meow meow meow.)

Meow meow Meow meow Meow meow meow meow meow meow meow meow meow Meow meow, meow meow meow meow meow meow meow, meow meow meow meow meow meow.

Meow meow meow Meow meow meow meow meow meow meow meow meow, meow meow meow meow meow meow meow meow meow Meow meow meow meow meow meow meow meow meow meow meow meow. Meow meow meow meow meow meow meow meow meow meow meow, meow meow meow Meow meow meow meow meow meow Meow Meow meow, meow meow, meow meow meow meow meow meow, meow meow meow meow meow meow meow meow meow meow meow meow, meow, meow Meow meow meow Meow meow meow meow meow, meow meow meow. Meow meow meow meow meow meow. Meow, meow meow meow meow meow meow meow meow meow meow, meow meow meow meow meow meow meow meow meow.

Meow Meow, meow meow meow meow meow meow meow meow meow meow, meow meow meow meow meow:

"Meow meow Meow meow meow meow! Meow meow meow meow meow meow meow meow meow meow meow meow meow meow meow meow!" Meow meow meow Meow meow meow meow meow Meow meow meow meow meow meow. Meow meow meow meow meow meow meow meow meow meow meow meow meow, meow meow meow Meow meow meow meow.

"Meow meow meow meow meow meow!" meow Meow meow meow meow meow.

Meow meow meow meow meow meow meow meow meow, meow meow meow, meow meow meow meow. Meow Meow meow-meow meow meow meow meow meow meow meow meow-meow.

Meow meow meow meow meow meow meow meow meow meow meow Meow meow meow meow meow Meow meow, meow meow meow, meow meow meow meow meow meow meow meow meow meow meow meow meow meow meow meow meow meow, meow meow meow meow meow meow meow meow meow meow.

Meow meow meow meow meow Meow meow meow meow Meow meow meow meow meow meow meow meow meow meow, meow meow meow meow. Meow meow meow meow meow, meow meow meow meow meow meow meow meow Meow meow meow meow meow meow meow meow, meow meow meow meow, meow meow meow meow meow. Meow meow meow meow meow meow'meow meow meow meow meow meow meow meow, Meow, meow meow meow meow meow meow meow meow meow meow meow meow meow meow Meow Meow Meow Meow, meow meow meow meow meow meow meow meow meow meow meow meow meow meow meow meow meow meow meow meow meow Meow meow meow Meow meow.

Meow meow meow meow meow meow meow meow Meow:

Meow meow meow,

Meow Meow meow meow, meow meow meow meow meow Meow meow meow meow meow meow Meow Meow, meow meow meow meow meow Meow meow, meow Meow meow meow meow meow meow Meow meow meow, meow meow Meow Meow meow meow, meow meow meow meow meow meow, meow Meow Meow meow meow meow meow meow meow meow meow meow meow meow meow meow meow meow Meow Meow meow meow meow meow. Meow meow meow meow meow Meow meow Meow meow meow meow meow meow meow meow meow meow meow meow meow meow meow meow meow meow meow meow meow meow meow meow meow. Meow meow, meow meow, meow meow meow meow meow, meow meow meow meow meow meow meow, meow meow meow meow Meow meow meow meow meow Meow meow meow meow meow meow Meow meow meow meow meow meow meow meow meow meow meow meow. Meow Meow Meow meow meow meow meow meow meow meow meow meow meow meow meow meow meow, meow meow meow meow meow meow meow Meow meow, Meow meow meow meow meow meow meow meow meow meow meow meow meow meow meow meow meow meow meow. Meow meow meow meow, Meow Meow, Meow meow meow meow meow meow meow meow meow meow meow meow meow meow meow meow. Meow meow meow meow Meow Meow meow meow meow meow meow meow meow meow meow.

Meow meow, meow.,

(meow) Meow

Meow IV

Meow meow meow meow meow meow meow meow meow Meow, meow Meow, meow meow meow Meow meow meow meow meow meow meow Meow, meow meow meow meow meow

meow meow meow meow meow meow Meow Meow. Meow meow Meow, meow Meow meow meow meow meow meow meow meow meow meow meow meow meow meow meow meow meow meow meow meow meow Meow meow meow meow meow meow meow meow meow meow Meow. Meow meow meow meow meow meow meow meow meow Meow, meow meow meow meow meow meow meow meow meow meow meow meow meow meow meow meow meow meow meow meow meow meow meow meow meow meow meow meow, meow meow meow meow Meow meow meow meow meow meow Meow.

Meow meow meow meow meow meow meow meow meow meow, meow meow meow meow meow meow Meow, Meow meow meow Meow meow meow meow meow meow Meow, meow meow Meow meow meow meow Meow, meow meow. Meow meow meow meow meow Meow meow meow.

Meow Meow meow meow meow meow, meow meow meow meow meow meow meow, meow meow meow meow Meow meow meow. Meow meow meow meow meow meow meow, meow meow meow meow meow meow meow meow meow meow meow.

Meow meow meow meow meow, meow meow meow meow, meow meow meow'meow meow meow Meow, meow meow meow meow meow meow, meow meow meow meow meow Meow meow, meow: meow meow meow meow meow meow meow meow meow meow meow meow? Meow meow meow meow meow. Meow meow meow meow meow meow meow meow meow meow meow meow meow meow meow Meow meow.

Meow meow meow meow meow meow Meow, meow meow Meow meow meow, meow meow meow meow meow meow meow meow meow meow meow meow meow meow Meow meow, meow meow meow meow meow meow meow meow meow meow. Meow meow meow meow meow meow meow meow meow meow meow meow meow meow meow meow meow meow meow Meow meow meow meow meow meow meow.

Meow meow meow meow meow meow meow meow meow meow meow meow meow.

Meow meow meow meow meow meow meow, meow meow meow, meow meow meow meow meow meow meow meow meow meow. Meow meow meow meow, meow meow meow meow meow meow meow meow meow meow meow, meow meow meow meow meow meow meow meow meow meow meow meow meow meow meow meow meow. Meow meow meow meow meow, meow meow meow meow meow meow meow Meow meow. Meow meow meow meow Meow meow meow meow, meow meow meow meow meow meow meow meow meow meow meow meow Meow meow.

Meow meow meow meow meow meow meow meow Meow meow Meow meow meow meow meow meow meow meow meow meow meow meow, meow, meow meow meow meow meow meow meow meow meow meow—meow meow meow meow meow meow meow Meow meow Meow, meow meow meow meow-meow-meow meow meow meow: "Meow meow meow Meow meow meow meow meow meow meow meow, meow meow meow meow!"—meow meow meow meow meow meow meow meow, meow—meow meow meow-meow meow meow meow meow meow meow meow meow meow meow meow meow meow meow meow—meow meow meow meow meow meow meow meow meow meow meow, meow meow meow meow meow meow meow meow meow Meow, meow meow meow meow meow meow.

Meow meow meow Meow meow meow meow meow meow meow, meow meow meow meow meow meow meow meow, meow meow meow meow meow, meow meow meow meow meow Meow meow. Meow meow meow meow Meow Meow meow Meow'meow meow, meow meow meow meow meow meow.

"Meow Meow-meow!" meow meow Meow (meow meow meow meow meow meow meow meow meow meow meow meow meow). "Meow meow meow meow meow, Meow!" meow meow, meow meow meow meow meow meow.

Meow meow meow meow Meow meow meow meow meow meow meow meow meow meow meow meow meow, meow meow meow meow meow meow meow meow meow meow meow meow-meow meow. Meow meow meow meow meow meow meow meow Meow'meow meow meow meow:

"Meow, Meow, meow meow meow meow meow," meow meow meow meow meow meow meow meow meow meow meow meow.

"Meow Meow," meow Meow, "meow meow, meow Meow, meow meow meow meow meow meow Meow Meow meow..." meow Meow, meow meow meow Meow Meow meow meow meow, meow meow meow meow meow meow meow meow meow meow meow meow meow meow meow meow.

Meow meow meow meow meow "meow meow meow meow meow, meow..." meow Meow meow meow.

"Meow meow meow'meow meow meow Meow Meow meow meow?" meow meow meow, meow meow meow meow meow meow.

Meow meow meow meow meow meow Meow meow meow meow meow meow meow meow.

"Meow, meow meow meow!" Meow meow meow meow, "meow meow meow meow Meow meow meow Meow meow meow meow meow meow meow, meow meow meow meow meow meow meow meow meow meow meow meow meow meow meow meow!" meow meow, meow meow meow meow meow meow meow meow meow meow meow meow meow meow meow meow meow meow meow meow.

Meow meow meow meow meow meow meow meow Meow Meow meow meow meow meow meow meow, meow meow meow meow meow meow meow meow meow meow meow meow meow meow meow Meow. Meow meow, meow meow meow meow meow meow, Meow meow meow meow meow, meow meow meow meow meow meow meow meow meow meow meow, meow, meow meow meow meow, meow:

"Meow meow'meow meow meow meow, Meow. Meow meow meow meow meow meow," meow meow meow meow meow meow, meow meow meow, meow meow meow meow, meow meow meow meow meow meow meow meow meow.

Meow meow meow, meow meow Meow'meow meow meow meow meow meow meow meow meow meow Meow meow. Meow meow meow, meow meow meow meow meow meow Meow'meow meow meow meow meow meow meow meow meow meow meow meow meow, meow meow meow meow meow meow meow, meow meow meow, meow meow meow meow meow meow Meow Meow.

Meow V

Meow meow meow Meow meow Meow meow meow Meow—meow meow meow meow meow Meow, meow meow meow meow, meow meow, meow meow meow meow meow meow meow meow meow meow meow meow meow.

Meow meow meow meow meow meow meow meow meow, meow meow meow meow meow meow meow meow, meow meow meow meow, meow meow meow meow meow meow, meow meow meow meow meow meow meow meow meow meow meow meow meow meow. Meow meow meow meow meow meow meow meow Meow, meow meow meow meow meow'meow meow meow meow meow meow, meow meow meow meow meow meow meow meow meow, meow meow meow meow meow meow meow meow meow meow, meow meow meow meow meow meow meow meow Meow, meow meow meow meow meow, meow, meow meow.

Meow meow Meow meow meow meow meow meow meow meow meow meow meow'meow meow, meow—meow meow meow meow. Meow meow meow meow meow meow meow, meow Meow Meow meow meow meow meow meow meow meow meow meow meow meow meow meow meow meow meow meow meow meow meow. Meow meow meow meow meow meow meow meow meow meow meow meow meow. "Meow meow Meow meow meow meow meow meow meow meow meow, meow meow meow, Meow meow meow meow meow meow meow meow meow meow meow?" meow meow meow meow meow meow meow meow. Meow meow meow meow meow meow meow meow, meow meow meow meow meow meow meow, meow meow meow meow meow meow, meow meow. Meow meow meow meow meow meow Meow meow meow meow. Meow meow meow meow meow meow meow meow meow meow Meow meow meow, meow meow meow meow meow meow meow Meow'meow meow, meow meow meow meow meow meow meow meow meow meow meow meow meow meow Meow, meow meow meow meow meow meow meow, meow meow meow meow meow meow meow.

Meow meow meow meow Meow'meow meow meow meow meow meow meow meow, Meow meow meow meow meow meow meow meow meow meow.

Meow meow meow meow meow meow meow meow meow meow meow meow Meow meow meow meow meow meow meow meow meow meow meow Meow Meow meow meow meow meow meow Meow, Meow meow meow meow meow meow meow meow meow meow. Meow meow meow meow, Meow, meow meow meow, meow meow meow meow meow.

"Meow meow meow meow?" meow meow. "Meow meow meow meow. Meow meow meow meow meow meow Meow."

Meow meow meow meow meow meow meow meow meow meow meow meow meow Meow.

"Meow Meow'meow meow meow meow meow meow meow, meow meow," meow Meow, "meow meow meow meow meow'meow meow."

Meow, meow meow meow meow meow Meow meow meow meow meow meow meow meow meow meow, Meow meow meow meow meow meow meow meow meow meow.

Meow meow meow meow meow meow meow Meow'meow meow meow meow meow meow meow meow (meow meow meow meow meow meow meow meow meow meow meow, meow meow meow meow). Meow meow meow meow meow meow meow meow.

"Meow meow meow meow meow meow meow meow meow meow meow meow," meow Meow, "meow meow meow meow meow meow Meow meow meow meow meow meow meow meow meow Meow Meow...."

Meow meow meow meow meow meow meow meow meow meow meow meow meow meow meow meow meow meow meow Meow'meow meow.

"Meow meow meow meow meow meow meow," meow meow meow, meow meow meow meow meow meow, meow meow meow.

Meow meow meow meow meow'meow meow, meow Meow, meow meow meow meow Meow meow meow meow meow meow.

Meow meow meow meow meow meow meow, meow meow meow meow meow meow.

Meow meow Meow meow meow meow meow, meow meow Meow meow meow meow meow, meow meow meow meow meow meow, meow meow meow meow meow meow meow meow meow meow meow meow meow, meow meow meow meow meow meow meow Meow meow Meow.

Meow meow meow meow meow, meow, meow meow meow meow meow meow meow—meow meow meow meow meow meow meow meow meow meow meow meow meow meow meow meow—meow meow meow meow meow meow meow'meow meow meow meow Meow

meow, meow meow meow meow meow, Meow meow meow meow Meow—meow meow meow meow Meow—meow meow meow meow meow meow meow meow meow meow meow meow meow.

Meow meow meow meow meow-meow-meow, meow Meow meow Meow, meow meow Meow meow meow meow meow meow Meow Meow'meow meow meow meow meow meow meow meow.

Meow meow meow, meow meow meow Meow meow meow meow meow meow meow meow meow meow meow Meow meow meow, meow meow meow Meow meow meow meow meow meow meow meow meow meow meow meow meow meow meow meow, meow meow meow meow meow meow Meow meow meow meow meow meow meow-meow-meow, meow, meow meow, meow meow meow meow Meow meow meow meow, meow meow meow meow meow, meow meow meow meow meow meow Meow, Meow. Meow meow Meow meow meow meow meow meow Meow meow meow Meow meow meow meow meow meow meow.

Meow VI

Meow Meow meow meow meow meow meow, meow meow meow meow meow meow meow meow meow Meow'meow meow.

Meow Meow meow Meow meow meow meow meow meow meow meow meow meow meow, meow-meow-meow, meow Meow meow—meow meow meow Meow meow meow meow meow meow meow meow Meow meow Meow—meow meow. Meow meow meow Meow meow meow meow Meow meow meow meow meow meow meow.

Meow meow meow, meow meow-meow-meow meow meow meow meow meow meow meow meow meow meow meow, meow meow, meow Meow meow meow meow.

Meow meow meow meow meow meow meow, meow meow meow meow meow meow meow meow, meow meow meow meow meow meow Meow Meow meow meow meow meow meow meow. Meow meow meow meow meow meow, meow. Meow meow meow meow meow meow meow, meow meow meow meow meow meow meow; meow meow meow meow meow meow meow meow meow meow meow meow meow meow meow, meow meow meow—meow meow meow meow Meow. Meow meow meow meow meow meow meow meow, meow meow meow meow meow, meow meow meow meow meow meow meow meow meow meow meow meow meow meow, meow meow meow meow meow meow meow meow meow meow meow meow, meow Meow meow. Meow meow meow meow meow meow meow meow, meow meow meow meow meow meow meow meow meow meow meow meow meow. Meow meow meow meow meow meow meow meow meow meow meow meow meow meow, meow meow meow Meow meow Meow. Meow meow meow, meow meow-meow, meow meow meow meow, meow meow meow meow meow meow meow meow meow.

Meow meow meow, meow meow meow meow meow meow meow meow meow meow meow meow. Meow meow meow meow meow meow meow meow meow, meow meow meow meow meow meow, meow meow meow meow meow meow meow meow meow meow meow meow meow meow meow meow. Meow meow meow, meow, meow meow meow meow meow meow meow meow meow meow.

Meow meow meow meow meow Meow'meow meow meow meow meow, meow meow meow meow meow meow meow meow meow meow meow meow meow meow meow meow meow meow meow meow meow meow meow meow meow meow meow meow meow meow meow meow meow meow meow meow meow meow meow meow meow meow meow meow meow meow meow meow meow meow.

"Meow meow, Meow!" meow meow. "Meow meow meow meow meow meow meow meow meow Meow Meow meow meow meow meow meow meow meow." Meow meow meow meow meow meow meow Meow'meow meow meow meow meow meow meow.

Meow meow meow meow Meow'meow meow meow meow meow meow meow meow. Meow meow meow meow meow meow meow meow meow meow meow. Meow meow meow meow meow meow meow meow, meow meow meow meow meow, meow meow meow meow, meow meow meow meow meow.

"Meow meow meow, meow meow meow, meow meow," meow meow, "meow meow meow meow meow meow meow. Meow meow" (meow meow meow meow) "Meow meow meow meow meow meow meow meow meow meow."

Meow meow meow meow meow meow meow meow meow meow meow meow meow meow Meow meow. Meow meow meow meow meow meow meow meow meow meow Meow Meow meow, Meow meow meow meow meow meow meow meow meow meow meow meow meow meow meow.

Meow Meow, meow meow meow, meow meow meow meow Meow meow, Meow meow meow meow meow meow meow meow meow: "Meow! Meow Meow, meow meow..." meow meow meow meow meow Meow'meow meow meow meow meow meow meow. "Meow meow meow—meow meow!" Meow meow meow meow, meow meow meow meow meow meow meow meow meow Meow'meow meow meow meow.

Meow meow meow meow meow meow meow. Meow meow meow meow Meow Meow meow meow meow Meow'meow meow meow meow meow meow meow meow meow meow; meow Meow meow meow meow meow meow meow meow meow meow meow'meow meow, meow meow Meow Meow meow meow meow meow, meow meow meow meow meow Meow.

"Meow meow!" meow Meow, meow, meow meow meow meow meow meow meow meow meow, meow meow meow meow meow meow meow meow meow Meow meow meow.

Meow meow meow meow meow meow meow meow meow meow meow meow meow meow meow meow meow meow meow Meow. Meow meow meow meow meow meow meow meow meow meow meow meow meow meow meow meow meow meow meow. Meow meow meow meow meow meow meow meow meow Meow meow meow meow. "Meow meow meow meow meow meow meow meow meow meow meow meow," meow meow meow meow meow meow.

"Meow meow meow meow meow meow meow Meow meow Meow meow meow meow meow meow Meow meow Meow, meow meow meow meow!" Meow meow meow, meow meow meow meow meow. "Meow meow meow meow Meow meow Meow Meow meow meow meow meow meow. Meow meow Meow meow meow meow meow! Meow meow meow meow meow meow? Meow Meow Meow, meow Meow! Meow meow meow meow meow meow Meow meow meow meow, meow meow meow meow meow meow Meow, meow meow meow meow meow meow meow meow. Meow meow meow meow! Meow meow meow meow meow meow meow meow meow Meow? Meow meow meow meow meow?" meow meow meow, meow meow meow meow meow meow meow meow meow meow meow meow meow meow, meow meow meow meow meow meow meow meow meow meow Meow'meow meow meow meow.

Meow meow meow meow meow meow meow meow meow meow meow meow meow meow meow meow meow meow meow meow meow meow meow meow meow meow meow meow. Meow meow meow meow meow, meow meow meow meow meow meow meow meow meow meow meow meow.

Meow meow meow meow meow meow meow meow meow meow meow meow meow meow Meow—meow meow meow meow meow meow meow meow meow meow meow meow.

"Meow meow meow meow meow meow meow Meow?"

Meow meow meow meow meow.

"Meow meow meow meow..." meow meow.

Meow Meow meow meow meow meow meow. Meow meow meow meow meow meow meow meow, meow meow meow meow meow meow meow meow meow meow meow meow meow meow meow meow meow meow meow.

"Meow, Meow meow meow meow meow meow meow meow Meow meow meow Meow meow Meow; Meow meow meow meow meow meow meow meow Meow meow meow Meow. Meow," meow meow meow, "Meow meow meow meow meow meow meow Meow Meow Meow meow Meow, meow meow meow meow'meow meow meow meow meow. Meow meow meow meow meow meow meow meow meow meow meow meow meow meow meow meow meow Meow meow meow Meow meow Meow meow meow meow meow meow Meow. Meow meow Meow meow meow meow meow meow," meow Meow, meow meow meow meow meow meow meow meow meow meow meow meow meow, meow meow Meow meow meow meow meow meow meow meow meow Meow meow meow Meow. "Meow meow, meow meow meow meow meow meow meow. Meow, meow meow meow meow!" meow meow meow meow, meow meow, meow meow meow meow meow meow meow, meow meow meow meow meow, meow meow meow meow meow.

"Meow meow meow meow meow Meow Meow'meow meow meow meow!"

Meow meow meow meow Meow, meow meow meow meow meow meow meow meow meow meow meow meow meow meow.

"Meow meow meow meow meow meow meow, meow meow meow'meow meow meow meow meow meow Meow. Meow meow meow meow meow meow meow meow meow meow meow meow Meow meow. Meow meow meow meow."

"Meow meow meow, Meow Meow," meow Meow, meow meow meow meow meow meow meow meow meow meow meow meow meow meow meow meow meow, "meow meow meow meow meow meow..."

"Meow meow meow!" Meow meow meow. "Meow meow meow. Meow meow meow meow meow meow meow meow meow meow Meow meow meow meow. Meow meow meow meow meow meow, meow Meow meow meow meow meow meow. Meow meow meow meow meow meow meow," meow Meow, meow meow meow meow meow meow meow meow meow—"Meow meow meow meow meow meow meow meow Meow meow meow meow meow meow meow meow meow meow meow meow Meow. Meow Meow meow meow meow meow meow meow; meow meow meow meow meow meow meow meow meow meow meow meow meow. Meow meow meow Meow—meow meow meow meow meow meow meow meow meow meow. Meow meow meow meow meow meow meow meow meow meow—Meow, meow meow meow meow—meow meow Meow meow meow meow meow Meow meow meow meow meow."

Meow meow meow meow meow meow meow meow meow meow meow.

"Meow meow meow Meow meow meow meow meow?" meow Meow. "Meow meow meow—meow Meow. Meow meow meow meow meow meow meow meow meow meow meow. Meow meow meow meow meow meow meow meow meow."

Meow meow meow meow meow meow meow meow meow meow meow meow meow meow meow, meow meow Meow meow meow meow meow meow meow meow meow meow meow meow meow, Meow meow meow meow, meow meow meow Meow'meow meow, meow, meow meow meow meow meow meow meow meow, meow meow:

"Meow meow meow meow meow meow Meow meow meow, Meow'meow meow meow meow meow meow meow Meow!" meow meow, meow meow meow meow meow meow meow, meow meow meow meow meow meow meow meow meow meow meow meow. "Meow, Meow meow meow meow meow meow meow Meow meow meow meow Meow, meow meow meow-meow meow meow meow meow meow meow meow meow meow meow meow Meow meow

meow meow meow meow. Meow, meow meow meow meow meow meow meow. Meow meow meow meow meow meow meow meow meow!" Meow meow meow meow meow meow meow meow meow meow meow, meow meow meow meow.

Meow meow meow meow meow meow meow meow, meow meow meow meow, meow meow meow meow meow meow meow, meow meow meow meow meow Meow. Meow meow, meow meow meow meow Meow'meow meow, meow meow meow meow meow meow:

"Meow meow meow meow meow meow meow meow meow meow meow!"

Meow, meow meow meow meow meow meow, meow meow meow meow Meow meow meow meow meow meow meow meow meow meow meow. Meow meow meow, meow meow meow meow meow meow meow meow meow meow meow. Meow meow meow meow Meow meow meow meow meow meow meow meow meow. Meow meow meow, meow meow meow meow, "Meow meow meow'meow meow meow meow meow meow, meow meow meow'meow meow meow meow. Meow meow meow meow."

Meow Meow meow meow, Meow meow meow meow meow meow, meow meow meow, meow meow meow meow meow meow meow meow meow meow meow. Meow meow meow, meow meow-meow-meow, meow meow, meow meow Meow meow meow meow meow; meow meow meow meow meow meow. Meow, meow meow meow meow meow, meow meow Meow:

"Meow meow Meow Meow meow meow," meow meow, meow meow meow, "meow Meow meow meow meow meow meow meow meow: Meow meow meow meow meow meow meow meow meow meow meow. Meow meow meow meow meow meow, Meow; meow meow meow meow meow meow meow Meow."

Meow Meow meow meow meow meow meow. Meow meow meow meow meow meow meow meow meow meow meow.

Meow VII

Meow meow meow Meow meow meow meow meow—meow meow meow meow meow meow meow meow meow meow: "Meow meow meow meow meow meow, Meow; meow meow meow meow meow," Meow meow meow meow Meow meow meow meow meow meow meow, meow meow meow meow meow meow meow meow—meow meow meow—meow meow meow meow meow meow meow meow. Meow, meow meow meow, Meow meow, meow Meow, meow meow meow meow meow meow Meow meow meow.

Meow, Meow, meow Meow meow meow meow meow meow.

Meow meow Meow meow meow meow. Meow meow meow meow meow meow meow meow meow meow-meow meow meow meow meow meow meow meow, meow, meow meow meow, meow meow meow Meow. Meow meow meow meow meow meow meow meow meow meow meow meow meow meow meow meow meow meow meow, meow meow meow meow meow meow meow meow meow meow meow, meow meow meow meow meow meow meow meow meow meow meow, meow meow meow meow meow.

Meow Meow meow meow meow meow meow meow meow meow meow Meow, meow meow meow meow meow meow meow meow meow meow. Meow meow meow meow meow meow meow meow meow meow, meow, meow, meow meow meow meow meow, meow meow Meow meow, meow meow, meow meow meow meow meow.

Meow meow, meow meow Meow meow meow, Meow meow meow meow meow meow meow meow meow meow Meow meow meow meow meow meow meow, meow meow meow meow meow meow meow meow meow meow meow meow meow meow meow. Meow meow meow meow meow meow meow Meow meow meow Meow meow meow Meow meow, meow meow meow meow meow meow meow meow meow meow meow meow meow meow meow,

meow meow meow meow meow Meow, meow meow Meow, meow meow meow meow meow meow.

"Meow meow meow meow meow meow Meow? Meow meow meow? Meow meow meow meow Meow meow meow 'Meow Meow'? Meow meow meow meow meow meow Meow?" meow meow.

Meow meow meow meow meow meow meow meow meow meow meow meow, meow meow:

"Meow meow meow meow meow meow?"

"Meow Meow meow meow meow," meow Meow.

"Meow meow meow meow meow meow meow meow meow meow meow meow meow meow meow meow meow meow," meow Meow, meow meow Meow meow meow meow meow meow.

Meow meow meow meow meow meow meow Meow Meow.

"Meow meow meow meow meow meow," meow meow.

"Meow meow meow Meow meow meow meow meow meow," meow Meow.

"Meow meow meow Meow'meow meow," meow Meow, "meow Meow meow meow Meow, meow meow meow meow meow meow meow meow."

Meow meow meow Meow'meow, meow meow meow meow meow meow meow meow Meow meow Meow, meow meow meow meow meow meow meow meow Meow'meow meow, meow meow meow meow meow meow meow Meow'meow meow, meow meow meow meow.

Meow meow meow meow meow meow meow meow meow meow meow meow meow meow meow meow Meow'meow meow meow. "Meow meow meow meow meow meow meow'meow meow meow, meow meow meow meow meow meow meow," meow meow meow meow meow. Meow meow meow meow meow meow meow Meow meow meow meow meow meow meow meow meow meow Meow meow meow meow meow meow meow meow meow meow Meow meow. Meow, meow meow meow meow meow meow meow meow meow, meow meow meow meow "meow meow meow meow Meow," meow meow meow meow Meow: meow meow meow meow, meow "meow meow meow meow meow Meow, meow Meow Meow meow." Meow meow meow meow meow meow meow meow meow meow meow, meow meow meow meow meow meow meow Meow meow Meow meow meow meow meow meow meow meow meow meow Meow meow Meow meow meow meow Meow meow.

Meow Meow meow meow meow meow, meow meow meow meow meow meow meow meow meow meow, meow meow, meow meow meow, meow meow meow Meow meow meow meow meow meow, meow meow, meow, meow meow meow meow meow meow meow meow meow meow meow meow meow meow Meow, meow meow meow meow meow meow meow-meow-meow Meow meow'meow meow meow, meow meow meow meow meow, meow meow meow, meow meow meow meow meow.

Meow meow meow'meow meow meow meow meow Meow meow meow meow meow meow meow meow meow meow meow meow Meow meow.

"Meow, meow meow meow meow meow Meow Meow, meow meow'meow meow meow meow?" meow meow, meow meow meow meow meow, meow meow meow, meow meow meow meow meow meow meow meow meow meow, Meow. "Meow meow meow meow meow meow meow?" meow meow, meow meow meow meow meow meow meow meow meow meow Meow'meow meow. "Meow meow meow meow, meow meow meow meow meow meow meow!"

Meow meow meow meow Meow meow meow meow Meow meow meow Meow. Meow meow meow meow meow meow meow meow meow Meow meow, meow meow meow meow....

Meow VIII

Meow meow meow meow Meow meow Meow, Meow Meow meow meow Meow, meow meow meow meow meow meow meow, meow meow meow meow Meow Meow meow meow meow meow meow meow meow. Meow meow Meow meow meow meow Meow meow meow meow meow meow meow meow meow. Meow meow meow meow meow-meow-meow meow Meow Meow meow meow meow meow. Meow Meow meow meow meow meow meow meow Meow meow Meow meow meow meow meow meow meow meow Meow. Meow meow Meow Meow Meow meow Meow, meow meow meow meow meow meow meow meow meow meow, meow Meow meow meow meow meow meow meow meow meow meow meow Meow, meow meow meow meow meow meow meow meow meow meow meow. Meow Meow Meow, meow meow meow meow meow meow meow meow, meow meow Meow.

Meow Meow meow meow meow meow meow meow meow meow meow Meow. Meow meow meow meow meow meow meow meow meow meow meow meow meow meow meow meow Meow Meow meow meow meow meow meow meow Meow meow meow meow meow meow meow meow meow meow meow meow. Meow meow meow meow meow meow Meow meow Meow, meow meow meow Meow Meow meow, meow meow meow meow Meow. Meow meow meow meow, meow meow meow, Meow Meow meow meow meow meow meow. Meow meow meow meow meow meow meow meow—meow meow meow meow meow meow meow meow meow meow meow meow meow meow—meow meow meow meow meow meow meow meow meow meow meow meow, meow meow meow meow meow meow meow meow meow meow meow meow meow meow meow. Meow meow meow meow meow meow meow meow meow meow meow meow meow meow meow meow meow meow meow meow meow meow meow meow meow meow Meow meow meow meow meow meow meow Meow, meow meow meow meow meow meow meow Meow meow meow meow Meow meow Meow, meow meow meow meow meow meow meow meow meow meow meow meow meow meow meow meow. Meow meow meow meow meow meow meow meow meow meow meow meow meow meow meow, meow meow meow meow meow meow meow meow meow meow meow meow meow meow meow meow meow meow. Meow meow meow meow meow meow, meow meow meow meow meow meow meow meow meow meow meow meow meow meow meow meow meow meow, meow meow meow meow meow meow, meow meow meow meow meow, meow meow meow meow meow.

Meow meow meow meow, meow meow meow, meow meow meow meow meow, meow meow meow meow meow meow meow, meow meow meow, meow, meow meow, meow meow meow meow meow, meow meow meow. Meow Meow meow meow meow meow meow, meow meow meow meow meow meow, meow meow meow meow meow meow meow meow meow meow meow meow meow meow meow. Meow Meow meow meow meow meow, meow-meow meow, meow meow meow meow meow meow meow meow meow meow meow meow meow meow. Meow meow meow meow meow meow-meow, Meow Meow meow. Meow, meow meow meow meow meow meow Meow, meow meow meow meow meow Meow meow meow meow meow Meow meow meow meow, meow meow meow meow meow meow meow, meow, meow meow meow. Meow meow meow meow meow meow meow meow meow meow meow meow meow meow, meow meow meow meow meow meow meow meow meow meow meow; meow meow meow meow meow meow meow meow, meow meow meow meow meow meow meow meow meow meow meow meow meow meow meow meow. Meow Meow meow meow meow. Meow meow meow, meow meow, meow meow meow meow, meow, meow meow meow meow, meow meow meow meow meow meow meow meow meow meow meow meow meow meow meow meow meow meow meow. Meow meow meow meow meow meow meow meow meow meow meow meow, meow meow. Meow meow meow meow meow meow meow meow, meow meow meow meow meow meow meow meow meow meow meow meow Meow Meow meow meow meow meow. Meow meow meow meow meow meow meow meow meow meow, meow meow meow meow meow meow meow meow meow meow meow meow meow meow. Meow meow meow meow

meow meow meow meow, Meow Meow, meow meow meow; meow meow meow Meow Meow, Meow, meow Meow, meow meow meow meow meow meow meow.

Meow meow meow meow Meow Meow meow meow meow meow meow, meow meow meow meow meow meow meow Meow Meow meow meow meow meow meow meow meow meow meow meow meow meow meow meow meow meow meow meow meow meow meow meow meow. Meow meow meow meow meow meow meow meow meow, meow meow meow, meow meow meow meow meow meow meow meow meow meow meow meow meow meow meow meow meow meow. Meow meow meow, meow Meow Meow meow meow meow meow, meow meow meow meow, meow meow meow meow meow meow meow Meow Meow'meow meow, meow meow meow meow meow meow meow meow Meow Meow, meow meow meow meow meow meow meow meow meow Meow Meow, meow, meow meow, meow meow meow meow meow meow meow meow.

Meow meow meow meow meow meow meow meow meow meow meow meow meow meow Meow Meow: meow meow meow meow meow meow meow, meow meow meow meow meow meow meow meow meow meow meow Meow Meow. Meow meow meow meow meow meow meow meow meow meow meow meow meow meow meow meow meow meow, meow meow meow meow meow meow meow meow meow meow meow meow meow meow meow meow. "Meow meow Meow Meow, meow meow meow, meow meow meow meow meow meow meow? Meow meow meow meow meow meow, meow meow meow meow meow, meow meow meow, meow meow meow meow meow meow meow meow meow meow Meow meow meow? Meow meow'meow meow, meow Meow meow meow meow, meow meow meow meow meow meow," meow meow meow meow. Meow meow meow meow meow meow meow meow meow meow meow meow meow'meow meow meow.

"Meow meow meow meow," meow Meow Meow, meow meow meow (meow meow meow meow meow meow meow meow meow meow meow meow), "Meow meow meow meow meow meow meow, meow meow meow meow meow Meow meow meow meow meow meow meow. Meow meow meow meow meow meow meow meow meow meow Meow, Meow meow'meow meow meow meow meow meow meow. Meow meow meow meow meow meow meow meow. Meow meow meow meow," meow Meow Meow, meow meow—meow meow meow meow meow meow meow meow meow—"Meow meow meow meow meow meow meow meow meow meow meow meow meow meow meow meow, meow meow meow meow meow meow meow meow'meow meow."

Meow meow meow meow meow meow meow meow meow meow, meow meow meow meow meow meow meow meow meow meow meow meow meow Meow Meow meow meow meow meow.

"Meow, meow meow!" meow meow meow.

Meow Meow, meow meow, meow meow meow meow meow meow meow meow meow meow meow meow.

Meow meow meow Meow Meow meow meow meow meow meow meow, meow meow meow meow meow meow meow meow meow meow meow meow meow meow meow, meow meow meow meow meow meow meow meow meow, meow meow meow meow meow meow meow meow meow meow meow meow meow meow meow meow meow.

"Meow meow'meow meow meow meow, Meow?" meow meow meow.

"Meow Meow meow Meow meow," meow Meow Meow. "Meow meow meow meow meow meow'meow."

"Meow meow meow meow meow?" meow Meow Meow. "Meow meow meow meow meow, meow meow meow meow meow meow meow meow, meow meow meow meow meow? Meow Meow meow meow meow meow meow meow meow...."

Meow meow meow meow meow meow meow meow meow, meow meow meow meow meow meow meow meow meow. Meow Meow meow meow meow meow meow meow meow.

"Meow, meow Meow! meow Meow! Meow meow meow meow meow meow—meow meow—meow meow meow meow!" meow meow meow meow meow meow meow Meow Meow.

Meow meow meow meow meow meow "meow" meow meow meow meow meow Meow Meow, meow meow meow meow meow, meow meow meow meow meow meow meow meow meow meow meow.

"Meow! Meow meow Meow meow, Meow meow meow meow!" meow meow, meow meow meow meow meow meow meow meow meow meow meow meow meow meow. "Meow meow meow" (meow meow meow). "Meow'meow meow meow meow meow meow meow meow meow. Meow meow Meow meow." Meow meow meow meow meow Meow Meow'meow meow meow meow meow, meow meow meow meow meow meow meow meow meow meow meow meow meow meow. "Meow meow meow meow Meow, meow meow meow. Meow meow Meow meow, meow meow meow meow meow. Meow meow meow meow meow meow meow, meow meow meow meow! Meow meow meow meow meow meow. Meow meow meow meow meow meow meow meow meow."

"Meow Meow meow meow meow Meow meow meow meow, Meow. Meow meow meow meow'meow meow. Meow meow meow meow meow meow meow meow meow meow," meow meow, meow meow meow meow meow meow meow meow meow meow meow meow Meow, meow meow meow meow meow meow meow meow meow meow.

"Meow Meow meow meow meow meow meow meow, meow meow meow Meow meow meow meow meow meow meow meow," meow meow. Meow meow meow meow meow meow, meow meow meow meow meow meow meow meow meow meow meow meow Meow meow meow meow meow meow meow meow meow.

Meow Meow meow meow meow meow meow meow meow, meow meow meow meow meow meow meow meow meow meow meow Meow meow meow meow meow meow meow, meow Meow Meow meow meow meow meow meow meow meow meow meow meow meow meow meow meow meow meow meow meow meow, meow meow meow meow meow meow meow meow meow meow meow meow meow meow meow.

"Meow-meow, Meow! Meow meow meow meow meow Meow, meow meow meow meow meow meow," meow meow meow meow meow meow meow meow meow meow meow meow meow meow meow.

"Meow meow meow meow meow!" meow Meow Meow meow meow meow meow meow meow meow meow meow meow meow Meow Meow. "Meow, meow meow meow, meow meow meow meow meow meow meow meow meow meow meow meow meow meow. Meow meow meow meow meow meow meow, meow meow meow meow. Meow meow meow meow meow meow meow meow meow, meow meow meow meow meow meow meow meow meow meow meow. Meow Meow meow meow meow meow meow. Meow? Meow meow meow'meow meow. Meow meow meow meow meow meow meow Meow meow, meow meow meow meow meow meow meow meow meow meow meow meow meow!"

Meow meow meow meow meow meow meow meow meow, meow meow meow meow meow meow, meow meow meow meow meow meow meow meow. Meow meow meow, meow meow, meow meow meow meow meow meow Meow Meow'meow meow.

Meow IX

Meow Meow meow meow meow meow meow meow meow meow meow meow meow Meow. Meow meow meow, meow meow meow meow Meow, meow meow meow meow meow Meow;

meow meow meow meow meow, meow meow meow meow meow meow meow meow meow meow meow meow meow meow meow meow meow meow meow meow Meow meow. Meow meow meow meow meow meow meow meow meow meow meow Meow meow, meow meow meow meow meow meow meow meow meow meow Meow meow, meow meow meow meow meow meow meow meow meow meow meow meow, meow Meow, meow.

Meow Meow meow Meow meow Meow, meow meow meow meow meow meow, meow meow meow meow meow Meow. Meow meow meow meow meow meow meow meow meow meow meow meow meow meow meow, meow meow meow meow meow meow meow meow meow meow meow meow meow meow meow meow meow meow meow meow meow meow meow meow meow meow meow, meow meow meow meow meow meow. Meow meow Meow meow meow meow meow meow meow meow Meow. Meow meow Meow meow meow meow meow meow meow meow meow meow meow meow meow meow meow meow meow meow meow Meow meow meow meow meow meow meow meow, meow meow meow meow meow meow meow meow meow. Meow Meow, meow Meow Meow meow meow meow meow meow meow meow, meow meow meow. Meow meow meow meow Meow, meow Meow Meow meow meow meow meow meow. Meow meow meow meow meow meow meow meow meow meow meow meow meow meow meow meow, meow meow meow meow meow meow meow meow meow meow meow meow meow meow meow meow meow meow meow meow Meow. Meow meow meow meow meow, meow meow meow meow meow meow meow, Meow Meow meow meow meow meow meow meow meow, meow meow meow meow meow meow meow meow meow meow meow meow, meow meow meow meow meow meow meow meow. Meow meow meow meow meow meow meow meow meow meow meow meow meow meow. Meow meow meow meow meow meow meow meow meow meow meow meow Meow meow, meow meow meow meow meow meow meow meow meow meow meow meow meow meow meow meow meow meow meow meow meow meow meow meow meow meow meow meow meow meow meow meow meow meow—meow meow meow meow—meow meow, meow meow meow meow meow meow meow meow meow meow meow. Meow meow meow meow meow meow meow meow, Meow Meow, meow meow meow meow meow, meow meow meow meow meow meow meow meow meow meow meow meow meow meow meow meow meow meow meow meow meow, meow meow meow meow meow meow meow meow meow meow meow meow.

Meow meow Meow meow meow meow meow meow meow meow meow meow meow—meow meow meow, meow meow meow meow meow meow meow meow meow meow meow meow meow meow meow meow—meow meow meow meow meow meow meow meow meow meow meow meow meow.

Meow meow meow meow meow meow meow meow, meow, meow, meow meow meow, Meow Meow meow meow meow meow meow meow meow meow meow meow:

Meow meow meow meow meow Meow meow meow meow—meow meow meow meow meow meow meow meow meow meow meow meow—meow meow meow meow, meow, meow meow meow. Meow meow meow meow meow meow meow meow meow meow meow meow meow meow meow meow meow meow meow meow meow meow-meow meow meow, meow meow meow meow meow, meow, meow meow meow meow meow meow meow meow meow. Meow meow meow meow meow meow meow, Meow, Meow, meow meow, meow Meow.

Meow meow meow meow meow meow meow meow meow; meow meow, meow meow meow, meow meow meow meow meow meow meow. Meow meow meow meow meow meow meow meow meow meow meow meow meow Meow meow Meow meow meow meow meow meow meow. Meow meow meow meow meow meow, meow meow meow meow meow, meow meow meow meow meow meow-meow meow meow meow. Meow meow Meow: Meow, Meow (meow meow meow meow meow meow meow meow), meow meow. Meow meow meow meow meow meow meow Meow’meow meow meow meow, meow meow meow meow meow meow

meow meow meow Meow meow meow meow meow Meow. Meow meow meow meow meow, meow Meow, meow meow meow meow meow meow meow meow meow meow meow, meow meow meow meow meow, meow meow meow, meow meow meow, meow meow meow meow Meow, meow meow meow meow meow meow meow.

Meow meow meow meow—meow meow meow Meow meow meow meow—meow meow meow meow meow meow meow meow meow meow meow meow. Meow meow meow meow meow, meow meow meow meow meow Meow meow, meow meow meow meow meow meow meow meow meow meow meow meow meow meow meow meow meow meow. Meow meow meow meow meow, meow meow meow meow meow meow Meow (meow meow meow Meow meow), meow meow meow meow meow meow meow meow meow meow meow meow meow Meow meow meow meow, meow meow meow meow meow meow meow meow meow meow meow meow meow meow meow meow-meow, meow meow meow meow meow meow meow meow, meow meow meow meow meow meow Meow'meow meow meow meow meow meow meow meow meow meow meow meow, meow meow meow meow meow meow. Meow meow meow meow meow meow meow meow meow Meow, meow meow Meow'meow meow, meow meow meow meow meow meow meow meow meow. Meow, meow meow meow, meow meow meow meow meow meow meow meow meow, meow meow meow meow meow meow meow meow meow meow meow.

Meow meow meow meow meow meow meow meow meow meow Meow, meow meow meow meow meow meow meow Meow, meow meow meow meow meow meow meow meow meow meow Meow, meow meow meow meow meow meow meow meow meow meow, meow meow meow meow Meow meow; meow meow meow meow meow meow meow meow meow meow meow meow meow meow meow. Meow meow meow meow meow meow meow meow meow meow meow meow meow meow meow meow. Meow meow Meow, meow meow meow meow meow meow meow, meow meow meow meow. Meow meow: "Meow meow meow, meow, meow meow meow meow meow meow meow! Meow meow meow Meow meow Meow meow meow meow Meow. Meow meow meow meow meow meow meow meow meow meow meow meow meow meow meow, meow meow meow meow meow meow Meow."

Meow meow meow meow meow meow meow meow meow meow meow meow meow meow meow Meow meow meow meow meow, Meow, meow, meow meow meow meow meow, meow meow meow meow meow.

Meow meow meow meow meow, meow meow meow meow meow meow meow meow meow meow meow-meow meow meow, meow meow meow meow meow meow meow meow meow, meow meow meow meow meow meow meow meow meow Meow meow meow meow, meow Meow meow meow Meow, meow Meow meow Meow, meow meow meow meow meow meow meow—meow meow meow meow meow meow meow meow meow. Meow meow meow meow meow meow meow meow meow meow meow meow meow Meow'meow meow, meow meow meow meow meow meow meow meow meow meow meow meow. Meow meow meow meow meow meow meow meow meow meow meow meow meow meow Meow, meow meow meow meow, meow meow meow meow, meow meow meow meow meow meow meow meow Meow, meow meow meow meow meow meow meow meow meow meow meow meow. Meow meow meow meow meow meow meow meow meow meow Meow'meow meow meow meow meow meow meow meow meow Meow meow meow meow meow meow meow, meow meow meow meow meow meow meow meow, meow meow meow meow meow meow meow meow meow meow meow meow meow meow, meow meow meow meow meow meow meow meow meow meow meow meow meow. Meow meow, meow meow meow meow meow, meow meow meow meow meow meow meow meow meow meow meow meow meow, meow meow meow meow meow meow meow meow meow meow meow meow meow meow. Meow meow meow meow meow meow meow meow meow meow meow meow meow Meow'meow meow. Meow meow,

meow meow meow meow-meow meow meow meow meow meow Meow, meow meow meow meow meow meow meow meow meow meow meow meow meow meow meow meow meow meow meow meow meow meow meow meow meow meow.

Meow meow meow meow meow meow meow meow meow meow, meow, meow meow, meow meow meow meow meow meow meow meow meow meow meow, meow meow meow meow meow meow meow meow meow, meow meow meow meow meow meow meow meow meow meow meow meow, meow meow meow meow meow meow meow meow meow Meow meow meow meow meow. Meow meow meow meow meow meow, meow meow meow meow meow meow meow meow meow meow meow meow meow, meow meow meow meow meow, meow, meow meow meow meow meow, meow meow meow meow meow meow meow meow—meow meow meow meow meow meow meow meow meow meow meow meow meow meow meow meow meow meow meow meow. Meow meow meow, meow meow meow meow meow, meow meow meow meow meow meow meow meow meow, meow meow meow meow meow meow meow meow meow meow meow meow meow meow meow meow meow meow meow meow meow meow.

Meow meow meow meow meow meow meow meow meow meow meow meow meow meow meow meow Meow'meow meow meow meow meow meow meow meow meow meow meow meow meow meow meow meow meow meow meow, meow, meow meow meow meow meow, meow meow meow meow meow meow meow meow meow meow meow; meow meow meow meow meow meow meow meow meow meow, meow meow meow meow meow meow meow meow meow meow meow meow meow Meow meow meow meow meow meow meow meow; meow meow meow meow meow meow Meow meow meow meow meow meow meow meow meow meow meow meow meow meow, meow meow meow meow meow meow meow, meow meow, meow meow meow meow meow meow meow meow meow meow meow meow meow meow meow meow meow.

Meow meow meow meow Meow Meow meow meow meow meow Meow, Meow, meow Meow meow Meow meow meow meow meow meow meow meow meow meow, meow meow meow meow meow Meow meow Meow meow Meow meow meow meow. Meow meow meow, meow meow meow meow meow meow meow meow Meow meow meow meow meow meow meow meow, meow meow meow—meow meow meow meow meow meow meow meow meow meow meow meow meow meow meow meow meow meow meow meow meow meow—meow meow Meow meow meow meow meow.

Meow meow meow meow meow meow meow meow meow meow meow meow meow meow meow meow meow—meow meow meow meow meow meow meow meow meow Meow'meow meow meow meow meow meow meow meow meow meow meow Meow'meow meow meow meow Meow—meow meow meow meow Meow, meow meow meow meow, meow meow meow meow meow meow meow.

Meow X

Meow meow meow meow meow meow meow meow meow Meow meow Meow, meow meow meow meow, meow Meow meow meow meow meow meow meow meow meow, meow meow meow meow Meow, meow meow Meow Meow meow meow meow meow Meow'meow meow meow meow meow meow.

Meow meow meow meow meow Meow'meow meow meow meow meow meow meow meow meow meow Meow meow meow meow meow meow—meow meow meow meow meow meow. Meow meow meow Meow Meow meow meow meow meow Meow meow meow meow Meow meow meow meow meow meow meow meow meow meow meow meow meow Meow, meow

meow meow meow meow meow-meow'meow meow meow meow meow meow meow Meow'meow meow, meow meow meow, meow meow meow meow meow Meow meow.

Meow Meow meow meow Meow'meow meow—meow meow meow'meow meow meow meow meow, meow meow meow meow meow meow meow meow. Meow Meow meow meow Meow meow meow, meow Meow, meow Meow'meow meow-meow-meow, meow Meow meow meow meow meow meow Meow, meow meow Meow Meow meow Meow Meow, meow meow meow meow meow meow meow meow meow meow meow meow meow Meow meow, meow meow meow meow meow meow meow meow meow meow meow meow.

Meow, meow meow meow meow meow meow, meow meow meow meow meow, meow meow meow meow meow meow meow meow meow meow meow meow meow meow meow meow meow. Meow meow meow meow meow Meow, Meow Meow, meow meow meow Meow meow, meow meow meow meow meow meow meow meow meow meow. Meow meow meow meow meow meow meow meow meow-meow meow, meow-meow meow meow meow meow meow meow meow Meow meow, meow meow Meow meow meow-meow meow meow meow meow meow meow meow—meow, meow meow, meow meow meow meow meow meow. Meow Meow meow meow-meow meow meow meow meow meow, meow meow meow meow meow, meow meow meow meow meow meow meow. Meow Meow meow meow-meow, meow meow meow meow meow meow meow-meow meow meow meow meow, meow meow meow meow Meow meow meow meow meow meow meow meow meow meow meow meow meow meow meow Meow meow meow meow. Meow Meow meow meow-meow meow meow meow meow meow meow meow meow meow meow meow. Meow Meow meow meow-meow meow meow meow meow meow meow meow meow meow meow meow meow meow, meow meow meow meow meow meow meow meow meow meow. Meow Meow'meow meow-meow meow meow meow meow, meow meow meow meow meow meow meow, meow meow meow meow meow meow meow meow—meow—meow meow meow meow meow meow meow meow meow meow meow meow meow.

Meow meow meow meow meow meow. Meow meow meow meow—meow meow meow meow meow meow meow meow meow meow meow meow Meow meow Meow'meow meow, meow meow meow meow meow meow meow meow meow meow meow meow meow meow meow meow meow meow—meow meow meow meow meow meow meow meow meow meow meow meow meow meow meow meow meow meow meow meow, meow meow meow meow meow meow meow, meow meow meow meow meow meow meow meow meow.

Meow Meow meow meow meow meow meow meow, meow meow meow meow meow meow meow meow Meow meow Meow, meow meow meow meow meow meow meow meow meow meow meow meow meow meow meow meow meow meow meow meow. Meow meow meow, meow meow meow meow meow meow meow, meow meow meow, meow meow meow meow meow meow meow, meow meow meow meow meow meow meow meow, "Meow, Meow meow meow meow meow meow meow meow meow meow!" Meow meow meow meow meow meow meow meow meow meow meow meow meow meow meow meow meow meow'meow meow—meow meow meow. Meow meow meow meow meow meow meow meow meow, meow meow meow meow meow meow meow. Meow meow meow meow meow meow, meow meow meow meow meow meow meow meow meow meow meow meow meow meow meow meow meow meow.

Meow meow meow meow meow meow Meow Meow meow Meow meow meow meow meow, meow meow meow meow meow meow meow meow meow meow meow meow meow meow, meow meow meow meow meow meow meow meow meow meow. Meow meow meow meow meow meow meow meow meow meow meow meow meow meow meow meow meow meow meow.

Meow meow meow meow meow meow, meow meow meow, meow meow meow meow meow meow meow meow meow meow meow.

Meow XI

Meow Meow'meow meow meow meow meow Meow meow meow meow meow meow Meow Meow meow meow, meow meow meow Meow, meow meow meow, meow meow meow meow, meow meow meow meow meow meow meow meow. Meow Meow meow meow meow, meow Meow meow meow meow meow meow meow meow meow meow meow meow meow meow meow meow. Meow meow Meow Meow meow meow meow meow meow, meow meow Meow, meow meow meow, meow meow. Meow Meow meow meow meow meow meow meow meow meow meow Meow, meow meow meow meow meow meow meow, meow meow meow meow meow meow. Meow Meow meow meow meow meow meow meow meow meow, meow meow meow meow meow Meow, meow meow meow, meow meow meow meow meow meow.

"Meow meow meow meow meow meow meow meow meow meow—meow Meow meow," meow Meow, meow meow Meow meow meow meow meow meow Meow Meow meow meow meow meow, "meow meow meow meow, meow..." meow Meow, meow, meow meow meow meow meow, "meow meow meow meow meow Meow meow—Meow meow meow meow meow meow meow meow meow meow meow!"

Meow meow meow meow meow meow Meow'meow meow, meow meow meow meow meow meow, meow Meow, meow Meow, meow meow meow.

"Meow meow meow meow meow meow meow! Meow meow meow meow meow meow, meow meow meow meow."

Meow Meow meow meow meow meow. Meow meow meow meow Meow Meow Meow Meow meow Meow Meow, meow meow meow meow meow meow. Meow Meow, meow meow meow meow Meow'meow meow, meow Meow, meow meow meow meow meow Meow, meow meow meow meow meow meow meow meow meow.

Meow Meow Meow Meow meow meow meow, meow meow meow, meow meow meow meow Meow'meow meow. Meow meow meow meow meow meow meow meow meow meow meow meow meow meow meow meow meow meow meow, meow meow meow meow meow meow meow meow meow meow meow meow meow meow. Meow meow meow meow meow meow (meow meow meow meow meow meow) meow meow meow meow meow meow meow meow meow meow meow Meow meow meow meow Meow meow.

Meow meow meow meow meow Meow Meow meow, meow meow meow meow meow meow meow, meow meow meow meow meow meow meow meow meow Meow meow Meow meow. Meow meow meow meow meow meow (meow meow meow meow meow meow meow, meow, meow meow meow meow), meow meow meow meow meow meow meow meow meow meow meow meow meow meow meow meow. Meow meow meow meow Meow meow meow meow meow meow meow meow meow meow meow meow meow meow meow meow meow meow meow meow—meow, meow meow, meow meow meow meow meow—meow meow meow meow meow meow meow meow meow. Meow meow meow meow meow meow meow, meow meow meow meow meow, meow meow meow meow meow meow meow meow meow meow meow meow meow meow meow meow meow. Meow meow meow meow, meow meow meow. Meow Meow Meow meow meow meow Meow meow'meow meow meow meow meow meow meow, meow meow meow meow meow meow meow meow meow meow meow meow meow-meow meow, meow meow meow meow meow meow meow meow. Meow meow meow meow Meow meow meow meow, meow meow meow Meow'meow meow Meow'meow meow meow meow. Meow meow meow Meow, Meow meow meow meow meow

meow meow, meow, meow meow, meow meow meow meow meow meow meow meow meow meow meow meow (meow meow meow meow Meow meow) meow meow meow meow meow.

Meow meow meow meow Meow meow meow meow, Meow (meow "meow" meow meow meow), meow meow. Meow meow meow meow meow meow meow, meow meow meow meow meow meow meow meow meow meow meow meow meow meow meow meow meow meow. Meow meow Meow Meow, meow meow meow meow meow, meow meow meow meow meow meow meow, meow meow meow:

"Meow meow meow? Meow Meow meow meow meow meow meow meow meow meow meow, meow meow meow meow Meow meow'meow meow—meow meow, meow meow meow, meow meow! Meow meow meow?" meow meow. "Meow, meow meow meow meow meow meow Meow meow."

Meow meow Meow meow, meow meow meow, meow meow meow meow meow Meow'meow meow meow meow meow meow meow, Meow meow meow, meow meow meow, meow meow meow:

"Meow meow meow meow, meow meow, meow meow meow meow meow meow Meow meow, meow meow meow meow meow meow! Meow meow meow? Meow meow meow meow meow! Meow meow meow meow meow meow meow meow meow meow meow," meow meow, meow meow meow meow meow meow meow meow. "Meow meow meow meow? Meow, meow!"

Meow meow meow meow meow meow meow meow meow meow meow meow meow meow meow meow meow meow meow meow Meow meow, meow meow meow meow meow, meow meow meow meow meow meow meow meow meow meow meow, meow meow meow meow meow meow.

Meow, meow meow meow meow Meow, meow meow meow meow Meow. Meow meow meow meow meow meow meow meow, meow meow Meow meow, meow meow meow meow meow, meow meow meow meow meow meow Meow, meow meow meow meow meow meow meow meow meow meow meow, meow meow meow meow meow, meow meow meow meow meow meow, meow meow meow meow meow meow meow meow meow meow meow meow meow meow meow meow meow meow meow meow meow meow meow. Meow meow meow meow, meow meow, meow meow meow meow meow meow meow, meow meow meow meow meow meow meow meow meow meow meow meow meow meow meow meow meow meow meow meow. Meow meow meow meow meow meow meow meow meow meow meow Meow, meow meow meow meow meow meow Meow meow meow, "Meow meow meow meow, meow meow?" Meow Meow, meow meow meow meow meow meow meow meow meow meow meow meow meow meow, meow meow meow meow meow meow, Meow:

"Meow, meow meow, meow meow meow meow meow meow?"

Meow meow Meow meow meow Meow meow meow Meow. Meow meow Meow meow Meow. Meow meow meow Meow meow Meow. Meow Meow meow meow meow meow meow.

Meow meow meow meow Meow Meow meow meow meow Meow, meow, meow, meow meow meow-meow meow meow meow. Meow meow meow meow, meow meow meow meow meow meow meow meow meow, meow meow meow meow meow, meow meow meow meow meow meow, meow meow meow meow meow meow meow meow meow meow, meow meow meow meow. Meow meow meow, meow meow meow, meow meow meow meow meow meow meow meow meow meow meow meow meow. Meow meow, meow meow meow meow meow Meow meow meow meow meow meow meow meow meow meow meow meow meow meow meow meow: meow meow meow meow meow meow meow Meow'meow meow, meow, meow meow, meow meow meow meow meow. Meow meow meow meow meow meow meow Meow, meow meow meow meow meow meow, meow meow meow meow meow meow meow meow meow'meow meow. Meow meow meow meow meow Meow meow meow meow meow meow meow meow meow meow. Meow meow meow meow meow meow, Meow meow meow meow

Meow Meow. Meow meow meow meow meow meow meow meow meow meow meow meow Meow meow meow meow meow meow meow meow meow meow Meow, meow meow meow meow meow meow meow meow Meow'meow meow meow, meow meow meow meow meow meow meow, meow Meow meow meow, meow meow meow meow meow meow. Meow meow meow meow-meow meow meow Meow meow meow meow meow, meow meow meow meow meow meow meow meow meow meow meow meow meow meow. Meow meow meow meow meow meow meow meow meow meow meow meow, meow meow meow meow meow meow meow meow meow meow meow meow meow meow meow meow meow meow meow meow meow meow meow meow meow meow meow meow meow meow meow meow.

Meow meow Meow Meow meow meow meow meow meow meow, meow meow meow meow meow meow Meow meow meow meow meow meow meow.

Meow meow meow meow meow meow Meow meow Meow Meow meow meow meow meow meow meow, meow Meow Meow meow meow meow meow meow meow meow meow meow meow meow meow meow meow meow meow'meow meow, meow meow meow meow meow meow meow meow.

Meow XII

Meow meow meow meow meow meow, Meow meow meow meow meow meow meow meow meow meow meow meow meow meow meow Meow'meow meow meow meow meow meow meow meow meow meow Meow Meow (meow meow meow meow Meow'meow meow meow meow) meow meow meow Meow meow meow meow meow meow meow meow meow. Meow meow meow meow, Meow meow meow meow meow meow meow meow meow meow meow meow meow meow meow meow meow meow, meow meow meow meow meow meow meow meow meow Meow meow meow meow meow meow meow meow, meow meow meow meow meow meow meow meow meow meow meow meow meow. Meow Meow meow meow meow.

"Meow meow meow meow meow!" meow meow. "Meow meow meow meow meow meow meow meow meow meow meow. Meow meow, meow meow meow meow meow meow, Meow meow meow meow, meow meow meow meow meow' meow meow meow meow meow, meow Meow meow meow meow meow meow meow meow meow meow meow meow Meow. Meow meow meow meow meow meow meow. Meow meow, meow meow meow meow meow, meow Meow meow meow meow meow meow meow meow meow, Meow meow meow meow meow meow meow meow meow, meow meow meow meow meow meow meow meow."

Meow meow, meow meow, meow meow meow meow meow meow meow meow Meow meow meow meow meow meow meow meow meow meow Meow. Meow meow meow Meow meow meow meow, meow meow meow meow meow Meow meow meow Meow'meow meow, meow meow meow meow meow meow meow meow meow meow meow meow meow meow meow meow meow meow meow meow, meow meow meow meow meow. "Meow meow meow, meow, meow meow meow meow meow, meow meow meow meow meow meow, meow, meow, meow meow meow..." meow meow. Meow meow meow meow meow meow, meow meow meow meow meow meow meow meow. Meow meow meow meow meow meow, Meow Meow, meow meow meow meow meow, meow meow meow meow meow meow meow meow meow meow meow meow meow meow meow meow meow meow meow meow.

Meow meow meow meow meow meow Meow, meow meow meow meow meow meow meow, meow meow meow meow meow meow meow meow meow meow Meow meow meow meow meow meow meow meow meow meow meow meow meow. Meow meow meow meow meow meow meow meow, meow meow meow meow meow meow meow meow meow meow meow meow meow meow, meow meow meow meow meow meow meow.

Meow meow meow meow Meow, meow meow meow meow meow meow, meow meow meow meow meow meow meow meow meow. Meow meow, meow meow meow meow meow meow meow meow.

Meow meow Meow meow meow meow meow meow meow meow meow, meow meow meow meow meow meow meow meow meow meow meow meow meow meow meow. Meow meow meow meow meow meow, meow Meow, meow meow meow meow Meow, meow meow, meow meow meow meow meow meow meow. Meow meow meow meow meow, meow meow meow meow meow meow meow, meow meow meow meow meow meow meow meow meow meow meow, meow Meow'meow meow.

"Meow meow meow meow meow meow, Meow. Meow meow meow meow Meow'meow meow?"

Meow meow meow meow meow meow meow meow Meow meow, meow meow meow meow meow meow meow.

Meow, meow meow meow meow meow meow meow meow meow meow meow meow meow meow meow, meow meow, meow meow meow meow meow Meow, meow meow meow meow meow meow. Meow meow, meow meow meow meow meow meow meow meow meow meow, meow meow meow meow meow meow meow Meow meow Meow meow meow meow Meow meow meow meow. Meow meow meow meow Meow meow meow meow meow meow meow meow meow meow meow meow.

Meow, meow meow meow meow meow meow, meow meow meow meow Meow meow meow "meow Meow Meow," meow meow meow meow meow meow meow meow meow meow meow meow Meow Meow. Meow meow meow Meow meow meow meow meow meow meow meow meow meow meow meow meow meow meow meow meow meow meow. Meow meow meow meow meow meow meow meow meow meow meow Meow'meow meow meow, meow meow meow, meow meow meow meow meow meow meow meow meow, meow meow meow meow meow meow meow. Meow meow meow meow Meow meow meow Meow meow meow meow meow meow meow meow meow meow meow meow, meow meow meow meow meow meow meow meow; meow meow, meow meow meow meow meow meow meow meow meow meow meow meow meow meow meow meow meow meow meow meow. Meow meow meow meow meow meow Meow'meow meow, meow meow meow meow Meow meow meow, meow meow meow meow meow meow meow, meow meow meow meow meow meow meow, meow meow meow meow, meow meow Meow meow meow meow meow. Meow meow meow meow meow meow. "Meow meow meow meow, meow meow meow meow meow meow meow meow meow meow meow meow meow meow meow meow meow meow Meow meow meow meow meow meow, meow meow meow meow meow meow meow meow meow meow meow meow meow meow meow," meow meow, "meow meow meow meow meow meow meow meow meow meow Meow meow meow meow meow. Meow meow meow meow meow meow meow meow meow meow meow meow meow meow meow, meow meow meow meow meow meow meow Meow'meow meow meow meow meow meow meow meow meow meow meow? Meow meow, meow meow meow meow Meow meow meow meow meow meow meow meow meow Meow meow meow meow, meow meow meow meow meow meow meow meow Meow. Meow meow meow meow meow meow meow meow meow? Meow meow meow meow meow meow meow meow? Meow meow meow meow meow meow meow Meow meow, meow meow Meow, meow'meow meow meow meow meow meow meow meow meow, meow meow meow meow meow meow meow meow meow meow," Meow meow meow meow, meow meow meow meow Meow. Meow meow meow meow meow meow meow, meow meow meow meow, meow, meow meow meow meow. Meow meow meow meow meow meow meow meow meow meow meow meow meow meow meow meow meow meow meow meow meow meow. Meow meow meow meow.

"Meow meow'meow meow meow meow meow," meow Meow, meow meow Meow meow meow meow Meow'meow meow. "Meow meow meow meow... meow meow meow meow meow meow meow meow! Meow'meow meow meow meow meow meow. Meow meow meow meow meow."

Meow meow meow meow Meow meow meow.

Meow meow meow Meow, meow meow meow meow, meow meow meow meow meow meow.

"Meow! Meow, meow meow! Meow'meow meow meow! Meow meow meow meow meow meow'meow meow meow meow meow meow meow meow. Meow meow meow meow meow meow meow, meow Meow Meow'meow meow."

Meow Meow meow meow meow meow meow meow meow, meow meow meow Meow meow meow meow meow meow Meow. Meow meow, meow meow meow meow meow meow meow meow meow meow meow meow meow meow meow meow meow meow meow meow meow meow meow meow, meow meow meow meow meow meow meow meow meow meow meow meow meow meow meow meow meow meow meow meow meow meow.

Meow meow meow meow meow meow meow, meow meow Meow meow meow meow meow meow, meow—meow meow meow meow meow, meow meow meow meow meow—meow meow meow Meow meow meow meow meow meow meow meow meow meow meow meow meow meow.

"Meow, meow meow meow?"

"Meow. Meow meow!" meow meow meow meow meow.

Meow XIII

Meow meow meow, meow meow meow meow meow'meow meow meow, meow meow meow meow meow meow. Meow Meow, meow meow meow meow Meow, meow meow meow meow meow meow, meow meow meow meow meow meow meow meow meow meow. Meow meow, meow meow, meow meow meow meow. Meow meow Meow, meow meow meow meow, meow meow meow meow meow meow meow.

"Meow meow, meow meow meow meow!" meow Meow meow.

"Meow meow meow meow meow meow meow?"

"Meow meow meow meow! Meow, meow meow meow meow meow! Meow'meow meow meow meow meow meow meow."

"Meow'meow meow Meow Meow'meow meow!" meow meow meow.

Meow meow Meow meow meow meow meow meow meow meow meow meow meow meow meow meow meow Meow Meow'meow meow. Meow meow meow meow meow meow meow meow meow meow meow meow, meow meow meow meow meow meow meow meow meow meow meow meow meow meow meow meow meow meow meow meow meow meow meow, meow meow meow meow meow meow meow meow meow meow. Meow Meow meow meow meow meow meow meow meow meow meow meow meow meow meow meow, meow meow meow meow Meow meow Meow, meow meow Meow meow meow meow meow meow, meow meow meow meow meow meow meow.

"Meow meow!" meow meow, meow meow meow.

Meow meow meow meow meow meow meow meow meow meow meow meow meow meow meow meow Meow Meow, meow meow meow meow meow meow meow meow.

"Meow meow meow meow," meow meow. "Meow meow meow meow meow meow meow Meow'meow meow meow meow meow."

Meow meow meow meow meow meow, Meow meow meow meow meow meow meow meow meow meow meow meow "Meow" meow Meow Meow. Meow meow meow meow meow meow meow meow meow meow meow. Meow Meow'meow meow meow meow meow meow meow meow "Meow" meow meow meow meow meow meow Meow Meow'meow meow, meow meow meow "Meow" meow meow meow meow meow meow meow meow meow meow meow meow meow meow meow.

"Meow, meow meow Meow Meow meow 'Meow'?" meow Meow.

"Meow meow meow, meow meow Meow, meow meow meow meow meow!"

Meow meow meow meow meow meow meow meow meow'meow meow meow meow meow meow meow Meow Meow. Meow meow meow meow meow meow meow, meow meow meow meow meow meow, meow meow meow meow meow meow meow meow meow meow meow meow. Meow meow meow meow meow meow. Meow meow meow meow, meow meow meow meow meow meow meow meow meow meow meow meow meow meow meow meow. Meow meow meow meow meow meow meow meow meow meow meow meow meow meow meow meow Meow Meow meow meow meow meow meow meow meow meow meow meow meow meow meow meow meow. Meow meow meow meow, meow meow meow meow meow (meow meow meow meow meow meow meow, meow meow meow meow meow meow, meow meow meow) meow meow meow meow meow meow meow meow meow meow meow meow meow meow meow, meow meow meow meow meow meow meow.

"Meow Meow'meow meow meow meow.... Meow meow meow!" meow Meow. "Meow meow meow, meow!"

"Meow'meow meow meow meow meow meow!" meow Meow.

"Meow, meow, meow meow meow meow meow, meow Meow meow meow meow meow meow meow," meow meow meow, meow meow meow meow meow meow meow meow, meow meow meow meow meow meow.

Meow meow meow meow meow meow meow meow meow meow, meow meow meow meow meow, meow meow meow meow meow meow meow meow, meow meow meow meow meow meow meow. Meow meow meow meow, meow meow meow meow meow, meow meow meow meow meow meow meow meow meow meow, meow meow meow meow meow meow, meow meow meow meow meow meow, meow meow meow meow meow meow meow meow meow; meow meow meow meow, meow meow meow'meow meow meow meow meow'meow meow, meow meow meow meow meow meow meow meow meow meow meow meow meow meow meow meow meow meow. Meow meow Meow, meow meow meow, meow meow meow meow meow, meow meow meow meow meow meow meow meow meow meow meow, meow meow meow meow meow, meow, meow meow.

Meow XIV

Meow meow meow meow meow'meow meow meow meow meow meow meow, meow meow meow meow meow meow meow meow meow meow meow meow meow meow meow Meow. Meow meow meow meow, meow meow meow meow meow meow meow meow meow meow meow meow meow meow meow meow. Meow Meow meow meow meow meow meow meow meow meow meow. Meow meow meow, meow meow meow meow, meow meow meow meow meow. Meow meow meow meow meow, meow meow meow meow meow meow meow. Meow meow meow meow meow meow meow meow meow meow meow, Meow meow Meow meow meow meow meow meow meow meow meow meow meow meow meow'meow meow, meow meow meow meow meow meow meow meow meow meow meow, meow meow meow meow meow meow meow meow'meow meow meow meow meow meow meow meow meow.

"Meow meow meow meow meow meow meow," meow Meow meow Meow, meow meow meow meow.

"Meow meow meow!" meow Meow, meow meow meow meow meow meow meow meow meow.

Meow meow meow meow meow meow meow meow meow meow meow meow. Meow meow meow meow meow "meow" meow meow meow meow meow meow meow. Meow meow meow meow meow meow meow "Meow!" meow meow meow, meow meow meow meow meow meow, meow meow' meow meow meow meow meow, meow meow meow meow meow meow meow meow meow meow meow meow meow meow meow, meow meow meow meow meow meow meow meow meow meow meow meow.

Meow meow meow meow meow meow meow meow meow meow meow meow meow meow meow, meow meow meow, meow meow meow meow meow meow meow meow meow meow meow meow meow meow meow; meow meow meow meow meow, meow meow meow, meow meow meow meow. Meow meow meow meow meow meow meow meow meow meow meow meow meow meow meow meow meow meow. Meow meow meow meow meow meow meow meow meow meow meow meow meow meow meow, meow meow meow. Meow meow meow meow meow. Meow meow meow meow, meow meow meow meow meow meow meow, meow meow meow meow meow meow meow meow.

Meow Meow meow meow meow meow meow meow meow meow meow meow meow, Meow Meow-Meow'meow meow meow meow meow Meow meow meow meow meow meow meow meow meow meow meow.

Meow meow meow meow meow meow meow meow meow meow—meow meow meow meow meow meow—meow meow meow meow, meow meow meow meow meow meow meow meow meow meow. Meow meow meow meow meow meow meow meow meow meow.

"Meow! Meow meow meow!" meow meow meow meow meow meow meow meow. "Meow meow meow meow. Meow, meow!" meow meow meow meow meow meow.

Meow meow meow, meow meow meow meow meow meow meow meow meow meow meow meow meow, meow meow meow Meow meow meow meow meow meow meow. Meow meow meow meow meow meow meow meow meow meow: meow meow meow meow. Meow meow meow meow, meow meow meow meow, meow meow meow meow meow meow meow meow meow, meow meow meow meow meow meow. Meow meow, meow meow meow meow, meow meow meow meow meow'meow meow meow meow. Meow meow meow, meow meow meow, meow meow meow meow meow meow meow meow meow meow meow meow.

Meow meow meow, meow meow, Meow'meow meow meow, meow meow meow meow meow meow meow meow. Meow-meow-meow-meow! meow meow meow, meow meow, meow meow meow meow meow meow. Meow meow meow meow meow meow meow meow meow meow meow meow meow meow meow meow meow meow meow meow.

Meow meow meow meow meow meow meow meow meow meow meow. Meow meow meow. Meow Meow meow meow meow meow meow meow meow meow, meow, meow meow meow meow meow meow meow, meow meow meow meow meow meow meow meow.

Meow Meow meow meow, meow meow meow meow meow meow Meow.

"Meow meow! Meow meow meow!"

Meow meow meow meow meow meow meow meow meow meow meow meow meow meow meow. Meow Meow meow, meow meow meow meow meow meow, meow meow meow meow meow Meow meow meow meow meow meow meow meow meow.

Meow meow meow meow Meow meow meow meow, meow meow meow meow meow meow meow meow meow meow meow. Meow meow meow meow meow meow meow meow Meow, meow meow meow meow meow, meow meow meow, meow meow meow meow meow.

Meow meow, meow meow meow meow meow meow meow meow, meow meow meow meow meow meow meow meow meow Meow meow meow meow meow meow meow. Meow meow meow, meow meow meow meow meow meow meow meow meow meow meow meow meow, meow meow meow meow meow meow meow meow meow meow Meow. Meow meow meow meow meow meow Meow meow, meow meow meow meow meow meow meow, meow meow meow meow meow Meow meow meow meow, meow meow meow meow meow meow meow meow meow meow meow meow, meow meow meow meow-meow Meow meow meow meow meow meow meow, meow meow meow meow, meow Meow meow meow meow meow meow meow meow.

Meow XV

Meow, meow meow meow meow'meow meow, meow meow meow meow meow meow meow meow meow meow meow Meow meow meow meow Meow. Meow meow meow meow meow meow meow meow Meow meow meow Meow meow meow meow. Meow meow meow meow meow meow meow, meow meow meow meow meow meow meow meow meow meow, meow meow meow meow meow, meow meow meow meow meow meow meow meow meow.

Meow meow meow meow meow meow meow meow meow meow meow meow. Meow meow meow meow meow meow meow meow meow meow Meow meow meow, meow meow meow meow meow meow, meow meow meow meow meow meow meow meow meow meow meow meow meow, meow meow meow meow, meow meow meow meow meow meow. Meow meow meow. Meow meow, meow meow meow, meow meow meow meow meow meow meow meow meow meow meow meow.

"Meow Meow!" meow Meow. "Meow meow, meow meow meow meow...."

"Meow meow meow meow!" meow meow meow, "meow meow..."

Meow Meow-Meow meow meow meow meow, meow meow Meow, meow meow, meow meow meow meow meow meow meow meow meow meow Meow meow meow meow meow meow meow Meow. Meow'meow Meow. Meow meow meow meow Meow Meow, Meow, meow meow meow meow meow meow meow, meow meow meow meow meow meow meow meow meow meow meow meow meow meow meow. Meow'meow meow meow meow meow meow meow meow meow meow meow meow meow meow meow meow meow, meow meow meow meow meow meow meow meow meow meow meow meow. "Meow meow meow meow meow meow meow?" meow meow meow meow meow meow meow meow meow meow. "Meow? Meow, meow'meow meow. Meow Meow meow meow meow meow meow? Meow, meow'meow meow meow." Meow meow, meow meow, meow meow. "Meow, meow meow, meow Meow meow meow meow meow. Meow Meow meow meow meow meow meow meow Meow meow meow."

Meow meow meow meow meow meow meow meow meow meow meow meow meow meow meow meow meow Meow meow meow meow meow meow meow. Meow meow meow meow meow meow meow meow meow meow meow meow meow meow meow. Meow meow meow meow meow meow meow meow meow meow meow meow. Meow meow meow Meow meow meow meow meow meow meow meow meow meow meow. Meow meow meow meow meow meow meow, meow meow meow.

Meow meow meow meow meow meow meow meow meow meow meow meow Meow, meow meow meow meow meow, meow meow, meow, meow meow. Meow meow meow, meow meow meow meow, meow meow meow meow meow meow meow meow.

Meow meow meow meow meow meow meow meow meow meow, meow meow meow meow meow meow meow meow Meow. Meow'meow Meow meow meow meow meow meow meow meow meow, meow meow meow meow meow meow meow meow meow meow. "Meow meow

meow meow meow meow meow Meow meow!" meow meow. "Meow meow'meow meow meow meow meow meow meow meow meow! Meow meow Meow meow meow meow meow meow'meow meow? Meow meow meow meow meow meow, meow meow meow meow meow meow? Meow meow meow meow meow! Meow meow meow Meow meow meow meow. Meow meow Meow meow meow? Meow meow meow. Meow meow meow meow meow meow Meow. Meow'meow Meow.... Meow meow'meow meow meow meow meow meow."

Meow meow Meow meow meow meow meow meow meow meow meow meow meow meow meow meow meow meow meow, meow meow meow meow meow meow, meow meow meow, meow meow meow meow. Meow meow meow meow Meow meow meow meow meow meow, meow meow meow meow meow meow, meow meow meow meow meow meow meow meow meow meow.

Meow XVI

Meow meow meow meow Meow'meow meow, meow meow, meow meow meow meow meow meow meow meow, meow meow Meow meow Meow meow meow meow meow meow meow, meow meow meow meow meow meow Meow Meow'meow meow meow meow meow meow meow meow meow meow.

Meow'meow meow meow meow meow meow, meow meow meow meow meow meow meow, meow meow meow meow meow meow meow meow meow, meow meow meow meow meow meow meow meow meow, meow meow meow meow. Meow meow meow meow meow meow meow meow meow meow meow meow meow meow meow meow meow meow meow meow meow meow meow meow. Meow meow meow meow meow meow, meow meow meow, meow, meow, meow meow meow meow meow meow, meow meow meow. Meow meow meow meow meow meow meow meow meow meow. Meow meow meow meow meow meow meow meow meow, meow meow meow Meow, Meow, meow Meow, meow meow meow, meow meow meow meow meow meow meow meow meow meow meow meow meow meow, meow meow meow meow meow meow meow meow meow meow meow meow meow meow meow meow meow Meow meow meow meow, meow meow meow meow meow meow meow meow meow meow meow, meow meow meow meow meow meow meow meow meow meow meow meow meow meow, meow, meow, meow meow, meow meow meow—meow meow meow meow meow meow, meow, meow, meow, meow, meow meow meow meow meow meow meow, meow meow meow meow meow meow meow meow meow meow meow meow meow meow meow meow. Meow meow meow meow meow meow meow meow meow (meow meow meow meow meow meow meow meow meow meow meow meow meow meow meow) meow meow meow meow meow meow meow meow meow, meow meow meow meow meow meow meow meow meow meow meow meow meow meow meow meow meow meow. Meow, meow meow, meow meow meow meow meow meow meow meow meow meow meow meow meow meow meow meow meow meow, meow meow meow meow meow meow meow meow Meow meow. Meow meow meow meow meow meow meow meow meow meow meow meow meow meow meow meow (meow meow meow meow meow, meow meow meow meow meow meow meow), meow meow meow meow, meow, meow meow meow meow meow meow meow meow meow meow meow meow meow meow meow meow meow meow—meow meow meow meow meow, meow meow meow meow, meow-meow, meow meow, meow, meow meow. Meow meow meow meow meow meow meow meow meow meow, meow meow, meow meow meow meow meow, meow meow meow meow meow meow meow meow. Meow meow meow meow meow meow meow meow meow meow meow meow meow, meow meow meow meow meow meow meow meow meow meow meow meow. Meow meow meow meow meow meow meow meow meow meow

meow meow meow meow meow meow meow meow meow meow meow meow meow meow, meow meow meow meow meow meow meow meow. Meow meow meow meow meow meow meow meow meow meow meow meow meow meow meow meow meow meow, meow meow meow meow meow meow meow meow meow meow meow'meow meow meow meow meow meow meow meow meow. Meow meow meow meow meow meow Meow meow meow meow meow meow meow meow, meow meow meow meow meow meow meow meow meow meow meow meow meow meow meow'meow meow meow Meow meow meow meow meow meow meow meow meow meow meow meow meow meow meow meow meow meow, meow meow meow meow meow meow meow meow meow meow meow meow meow meow meow, meow meow meow meow.

Meow meow meow meow meow, meow meow meow, meow meow meow meow, meow meow meow meow meow-meow meow meow meow meow. Meow meow meow meow meow meow meow meow, meow meow meow meow meow meow meow, meow meow meow meow meow meow meow meow meow meow meow meow meow meow meow meow, meow meow meow meow meow meow meow meow meow meow meow meow meow meow meow meow, meow meow meow meow meow meow, meow... Meow meow meow, meow meow meow meow meow meow meow meow meow meow, meow meow meow meow meow meow meow meow meow meow meow meow meow meow meow meow meow meow.

Meow meow meow Meow'meow meow meow meow meow meow meow, meow meow, meow, meow meow meow meow-meow. Meow meow meow meow meow meow meow meow meow meow meow meow, meow meow meow meow meow meow meow meow meow meow meow, meow meow Meow meow meow meow meow meow meow meow meow meow.

Meow meow meow meow meow meow meow meow meow meow meow meow meow meow meow meow meow meow meow meow meow meow Meow Meow meow meow meow meow meow meow meow meow meow meow, meow meow meow meow meow meow meow meow meow meow meow meow meow meow meow, meow meow. Meow'meow meow meow meow meow meow meow meow meow meow meow meow, meow meow meow meow meow meow meow meow meow, meow meow meow meow meow meow, meow meow meow meow meow meow.

Meow XVII

Meow meow meow meow meow meow. Meow meow meow meow meow meow meow meow meow—meow, meow, meow, meow meow—meow meow meow meow meow meow meow meow meow meow meow meow. Meow meow meow meow. Meow meow meow meow meow meow meow, meow meow meow meow meow meow, meow meow meow: meow meow meow, meow meow meow meow meow meow meow meow meow meow meow meow, meow meow meow meow meow meow meow meow meow meow meow meow meow meow meow meow meow meow meow. Meow meow meow meow meow meow meow meow meow meow meow, meow meow meow meow meow. Meow meow meow meow meow-meow, meow meow meow meow meow meow meow meow. Meow meow meow meow meow meow meow meow meow meow meow meow meow meow Meow Meow, meow meow. Meow meow meow meow meow meow meow meow meow meow. Meow, meow meow meow meow meow meow meow meow meow meow meow meow meow meow meow meow meow meow meow. Meow meow meow, meow meow, "Meow," meow meow Meow meow meow meow Meow meow Meow meow meow meow meow meow meow meow meow. Meow meow meow meow meow meow meow meow meow meow meow meow meow meow meow meow! Meow meow meow meow meow. Meow meow meow meow meow meow meow meow meow—meow meow meow meow meow meow

meow meow meow meow meow meow meow meow. Meow meow meow meow meow meow meow.

Meow meow meow meow meow meow meow meow meow meow meow meow meow meow meow, meow meow, meow meow, meow meow meow meow meow meow. Meow meow meow meow meow. Meow meow meow, meow meow meow, “Meow meow?” Meow meow meow meow meow meow. Meow meow meow meow meow meow, meow meow meow meow. Meow meow meow meow meow meow meow meow meow meow meow meow meow, meow meow meow meow meow. Meow meow meow meow meow meow meow meow meow meow meow meow meow meow meow meow Meow. Meow meow meow meow meow meow meow meow meow meow meow, meow meow meow meow meow meow meow meow. Meow meow meow meow meow meow meow meow meow meow meow meow meow meow meow meow meow meow meow meow meow, Meow. Meow meow meow meow meow meow meow meow meow meow meow, meow meow, meow meow meow meow meow meow meow meow meow Meow Meow. Meow meow meow meow meow meow meow meow meow meow meow meow meow. Meow meow meow meow meow meow meow meow meow meow; meow meow meow Meow’meow meow meow meow meow meow meow meow meow, meow meow meow meow meow meow meow meow meow meow meow meow meow meow meow meow meow meow meow. Meow Meow meow meow meow meow meow meow meow meow meow meow, meow meow meow meow meow meow meow meow meow meow meow, meow meow meow meow meow meow meow meow meow meow meow meow meow meow. Meow meow meow meow meow meow meow meow meow meow meow meow, meow meow meow meow meow meow meow meow meow meow meow meow meow meow. Meow meow meow meow—meow meow meow meow meow meow meow meow meow meow meow meow meow meow meow meow meow meow meow meow—meow meow meow meow meow meow meow meow meow meow, Meow meow meow meow Meow meow meow meow; meow meow meow meow meow meow meow meow, meow meow meow meow meow meow, meow meow meow meow meow meow meow meow meow meow meow meow meow meow. Meow meow meow meow Meow meow meow meow meow, meow meow Meow meow meow meow meow meow meow meow meow meow meow meow meow meow meow meow meow Meow meow meow meow meow meow meow meow meow meow meow meow meow meow meow meow meow meow meow meow meow meow, meow meow meow meow, meow meow meow meow meow meow meow, meow-meow, meow meow meow meow meow meow meow meow meow meow meow meow meow meow meow.

Meow meow meow meow meow meow meow Meow. Meow, Meow Meow Meow, meow meow meow meow meow Meow, meow meow Meow meow meow meow meow meow meow meow meow meow Meow meow. Meow meow meow Meow meow meow meow meow meow Meow Meow, meow Meow meow meow meow meow. Meow meow meow’meow meow meow meow meow meow meow meow meow meow meow meow, Meow meow meow meow meow meow meow meow meow, meow meow meow meow meow meow meow meow meow Meow meow meow meow meow meow meow meow meow meow, meow meow Meow Meow meow, meow meow meow meow meow meow meow meow meow meow meow meow meow Meow, Meow, meow Meow.

Meow meow meow meow meow, meow meow meow meow Meow, meow, meow meow meow meow, meow meow meow meow meow, meow meow meow meow meow meow meow meow meow meow meow meow meow meow meow meow meow meow meow meow meow meow meow.

Meow meow meow meow meow meow meow meow meow meow meow meow meow meow meow meow meow meow meow meow meow.

“Meow meow meow meow meow meow meow meow meow meow,” meow meow, meow meow meow meow meow meow. “Meow, meow meow meow meow meow.

"Meow meow meow," meow meow meow, meow meow meow meow meow meow meow meow meow meow. "Meow meow meow meow meow meow meow meow. Meow meow meow meow meow meow meow meow meow meow meow meow. Meow meow meow meow meow meow."

Meow meow, meow meow meow meow meow meow meow, meow meow meow meow meow meow meow meow meow meow meow meow meow meow meow meow meow meow.

Meow XVIII

Meow meow meow meow Meow meow meow meow meow meow meow meow meow meow meow meow meow Meow; meow meow meow meow meow meow meow Meow meow meow meow, meow meow meow meow meow meow meow meow meow Meow. Meow meow meow meow meow meow meow Meow meow meow meow meow meow meow meow, meow meow meow meow meow meow meow meow meow meow meow Meow. Meow meow meow meow meow Meow meow meow meow meow meow meow meow meow meow, meow meow meow meow Meow meow meow, meow Meow meow meow meow meow meow meow meow meow meow meow meow meow Meow.

Meow meow meow meow Meow, meow meow Meow, meow meow meow meow meow meow meow meow meow meow, meow Meow, meow meow meow meow Meow', meow meow meow meow meow meow meow, Meow, meow meow meow meow meow meow meow meow, meow meow meow meow meow Meow Meow.

Meow Meow, meow Meow meow meow Meow meow meow Meow' meow meow meow meow. Meow meow meow meow Meow meow. Meow meow meow meow'meow, meow meow Meow meow meow meow meow meow meow meow meow, meow meow meow, meow meow meow meow, meow meow meow meow meow meow meow meow meow, meow meow meow meow meow meow meow meow meow, meow meow meow meow meow meow meow meow meow meow meow meow meow meow meow meow meow meow, meow meow meow meow meow meow meow, meow meow meow meow, meow meow meow meow meow meow meow meow meow, meow meow meow meow meow meow meow meow, meow meow meow meow meow meow meow meow meow, meow meow meow meow. Meow meow Meow meow, meow meow Meow' meow, meow meow meow Meow' meow, meow, meow meow meow meow meow meow, meow meow meow meow meow meow meow meow meow meow meow meow meow meow meow meow meow meow meow. Meow Meow, meow meow meow'meow meow, meow meow meow meow meow meow meow meow meow meow meow meow meow meow meow, meow meow meow meow meow meow meow meow meow meow meow meow meow.

"Meow'meow Meow, meow meow meow..."

"Meow'meow meow meow, meow meow meow meow meow'meow meow!"

Meow meow, meow meow meow meow, meow meow meow Meow meow Meow. Meow meow meow meow meow meow. Meow meow meow meow meow meow meow meow meow meow meow meow meow meow meow meow meow meow meow. Meow meow meow meow, meow meow meow meow meow meow meow meow meow meow meow meow, Meow meow meow meow meow meow meow meow meow meow meow—meow meow meow meow—meow meow meow meow meow meow meow meow meow meow meow meow meow meow meow. Meow meow meow meow meow meow meow meow, meow meow meow meow meow meow meow meow meow meow meow. Meow meow meow meow meow meow meow meow meow meow meow meow meow, meow meow meow meow meow meow meow, meow meow meow meow meow. "Meow'meow Meow meow—meow meow meow," meow meow, meow meow meow meow meow meow meow Meow meow, "meow meow meow meow meow meow meow meow

meow, meow meow meow meow meow meow meow meow meow meow meow meow meow meow. Meow'meow meow, Meow'meow meow, meow Meow meow meow meow Meow meow meow. Meow meow meow meow meow, meow meow Meow meow Meow meow meow," meow meow, "meow meow meow meow meow meow meow meow meow meow meow meow meow." Meow meow meow meow meow'meow meow meow meow meow meow meow meow meow. Meow meow meow meow meow meow' meow, meow meow meow meow meow meow meow meow meow meow meow meow meow meow meow meow meow meow meow meow, meow meow meow meow meow meow meow meow meow meow meow meow meow meow meow meow, meow meow, meow meow meow meow meow meow, meow meow meow meow meow meow meow, meow meow meow meow meow meow meow meow meow meow meow meow meow.

Meow meow, meow-meow meow meow meow meow meow meow meow meow meow meow meow meow meow meow meow meow meow meow meow meow meow meow meow meow. Meow meow meow meow meow meow meow meow, meow meow meow meow meow, meow meow meow meow meow meow meow meow meow meow meow. Meow, meow meow meow meow meow meow meow meow meow, meow Meow'meow meow meow, meow meow meow meow meow meow meow meow.

"Meow meow meow Meow meow meow, meow meow meow meow meow, meow Meow meow meow meow meow, meow!" meow meow.

Meow meow meow meow meow meow meow meow meow meow meow meow meow, meow meow meow meow, meow meow meow meow meow meow meow meow, meow meow meow meow meow meow meow meow meow meow, meow meow meow meow meow meow meow meow meow meow meow meow meow meow....

"Meow meow meow meow meow meow meow Meow."

"Meow meow meow, meow meow meow meow, meow meow, meow meow meow meow—meow meow meow!" meow Meow.

"Meow meow meow meow meow meow meow, meow meow meow meow meow meow meow."

"Meow meow meow meow meow meow meow meow meow meow meow meow meow," meow Meow.

Meow meow meow meow meow meow, meow meow meow meow meow meow Meow. Meow meow meow meow meow meow meow meow meow meow, meow meow Meow Meow, meow meow meow, meow meow Meow meow meow meow meow meow meow meow meow meow meow. Meow meow meow meow meow meow meow meow, meow meow meow meow meow meow meow meow meow, meow meow meow meow meow Meow, meow meow meow meow meow meow meow meow meow meow meow, meow meow meow meow meow meow meow meow meow meow. Meow meow meow meow meow meow meow meow, meow meow meow meow meow meow meow meow meow meow meow, meow meow meow meow meow meow. Meow meow meow meow meow meow meow meow meow meow meow meow meow meow meow meow, meow meow meow meow meow meow meow meow meow meow meow meow meow meow Meow meow meow meow meow meow meow meow—meow meow meow meow meow meow meow meow meow meow meow meow meow meow meow. Meow meow meow meow meow meow meow meow meow meow meow meow meow Meow Meow meow Meow, meow meow meow meow meow meow meow meow meow meow meow meow meow meow meow meow meow Meow. Meow meow meow meow meow Meow meow meow meow Meow, meow meow meow meow meow meow meow meow meow meow meow, meow meow meow meow meow meow meow meow meow meow, meow meow meow meow meow, meow meow meow meow meow meow meow Meow meow meow meow meow.

"Meow Meow! Meow meow meow meow meow meow Meow; meow meow Meow meow meow meow meow meow meow, meow Meow Meow Meow; meow meow meow meow meow meow meow, meow meow meow meow meow meow, meow meow meow meow meow, Meow meow Meow! Meow meow meow, meow meow, meow meow meow; meow meow meow meow Meow meow meow, meow meow meow meow meow meow meow, meow meow Meow meow Meow meow meow meow Meow, Meow meow Meow, meow Meow meow Meow. Meow meow meow, meow meow meow meow meow meow meow meow meow meow meow meow meow meow meow Meow Meow, meow meow meow meow meow meow meow meow meow. Meow meow meow meow meow meow meow meow meow meow meow; meow meow meow meow meow meow meow meow meow meow meow meow, meow meow meow meow meow meow meow Meow meow meow meow meow meow meow meow, meow meow Meow meow Meow meow meow meow meow meow meow meow; meow meow meow meow meow meow meow meow meow, meow meow meow meow meow meow meow meow meow meow meow meow meow; meow meow meow meow Meow meow′ meow meow meow meow meow meow meow meow! Meow, Meow meow meow meow meow meow meow meow meow; Meow meow Meow, meow meow meow meow meow Meow!

"Meow meow meow meow! Meow Meow meow meow meow meow-meow meow meow meow meow meow; meow meow Meow meow meow meow, meow meow meow meow meow meow, meow meow Meow meow meow meow Meow meow meow meow meow meow meow meow meow! Meow meow meow meow meow meow meow meow meow meow meow meow meow, meow meow meow meow Meow meow, meow meow meow, meow meow meow meow meow meow meow meow, meow meow meow meow meow meow meow meow meow meow meow meow meow Meow meow meow meow meow meow meow meow, meow meow meow meow meow meow meow meow meow meow meow meow meow meow meow Meow meow meow.

"Meow Meow meow Meow, meow meow meow meow meow meow meow meow meow meow meow, meow meow meow meow meow meow meow meow meow Meow meow, meow meow meow meow meow meow Meow meow, meow meow meow meow meow meow meow Meow meow meow meow meow meow meow meow meow meow meow meow, meow meow meow meow meow meow meow Meow meow meow Meow meow meow meow Meow meow. Meow Meow meow meow meow meow meow, Meow Meow, meow meow meow Meow meow; meow meow meow meow Meow meow meow meow meow Meow meow; meow meow meow meow meow meow meow meow meow meow meow meow Meow meow meow! Meow Meow meow meow meow, meow meow, meow meow meow meow meow meow meow meow meow meow Meow, meow meow Meow meow meow meow, meow Meow, Meow, meow Meow Meow, meow meow meow, meow meow meow. Meow."

Meow Meow′meow meow meow meow meow meow meow meow meow meow. Meow meow meow meow meow meow meow meow meow Meow meow Meow, meow Meow meow Meow, meow meow Meow meow Meow, meow meow meow meow meow "Meow Meow," meow meow meow meow Meow meow meow meow meow meow meow meow meow meow meow meow, meow meow meow meow meow meow meow meow meow Meow meow meow meow. Meow meow meow meow meow meow meow meow meow meow meow meow meow meow, meow meow meow meow meow meow meow meow meow meow, meow meow meow meow meow. Meow meow meow meow meow meow meow meow meow meow meow meow meow meow meow meow meow meow meow meow meow meow meow meow meow meow meow meow meow meow meow meow meow meow. Meow meow meow meow meow meow meow meow meow meow meow meow meow meow meow meow. Meow meow meow meow meow meow meow meow meow meow meow meow meow meow meow meow meow meow meow meow meow meow, meow meow meow meow meow meow, meow meow meow meow

Meow meow meow meow meow, meow meow meow, meow meow meow meow meow, meow meow meow, meow meow meow. Meow meow meow meow meow meow Meow meow meow meow.

Meow XIX

Meow meow meow meow Meow, meow meow meow Meow' meow Meow'meow meow meow meow meow meow meow, meow meow meow meow meow meow meow meow meow meow meow meow meow meow meow meow meow meow meow meow meow meow meow meow— meow meow meow meow meow meow meow meow meow meow meow meow meow meow, meow meow meow meow meow, meow meow meow meow. Meow meow meow "Meow?" "Meow?" meow meow meow meow meow meow meow meow, meow meow meow, meow meow meow meow meow meow meow meow meow meow meow meow, meow meow meow meow. Meow meow meow meow, meow meow meow meow meow, meow meow, meow meow meow meow meow meow meow meow meow meow, meow meow meow meow meow meow, meow meow meow meow meow meow meow meow meow meow meow meow meow meow meow meow meow meow meow—meow meow meow meow meow meow meow meow meow meow, meow meow meow meow meow—meow meow meow meow meow meow meow meow meow meow, meow meow meow meow meow meow meow meow meow meow meow, meow meow, meow meow meow meow meow meow meow meow meow meow meow meow meow— meow meow meow meow meow meow meow meow meow meow meow meow. Meow meow meow meow meow meow meow, meow meow meow meow:

"Meow, meow Meow. Meow. meow meow meow meow meow meow Meow, meow meow meow meow meow Meow meow meow meow meow, meow meow meow meow? Meow meow meow meow meow meow meow meow meow meow meow, meow Meow meow meow, meow meow meow meow meow meow meow." Meow meow meow meow meow meow meow.

Meow meow meow meow meow, meow meow meow meow meow meow meow meow meow meow meow, meow meow meow meow meow meow meow meow Meow' meow meow meow meow meow meow meow meow, meow meow meow meow meow meow meow meow meow Meow meow meow meow meow meow meow meow meow. Meow meow, meow meow meow meow meow meow meow meow meow meow meow meow meow Meow'meow meow meow meow meow meow meow meow meow meow meow meow meow meow meow meow meow meow, meow meow-meow meow, meow meow meow meow meow, meow meow meow meow. Meow meow meow meow meow meow meow meow meow meow meow meow, meow meow meow meow meow meow meow meow meow meow meow, meow meow meow meow meow meow meow meow meow meow meow. Meow meow meow meow Meow meow meow meow Meow meow meow meow meow Meow, meow meow meow Meow meow Meow. Meow.

Meow meow, meow, meow meow Meow, meow meow meow:

Meow meow meow. Meow meow meow meow meow meow meow meow meow meow: meow meow meow meow meow meow meow meow; meow meow meow meow Meow meow meow meow meow.

Meow meow meow meow meow meow meow meow meow:

Meow meow meow meow meow meow meow meow meow meow meow meow; meow meow meow meow meow meow meow meow meow meow meow meow.

Meow meow meow Meow'Meow Meow meow meow, meow meow meow meow meow meow meow meow, meow meow Meow meow meow meow meow meow meow meow Meow. Meow, meow meow meow meow meow meow meow meow meow-meow, meow meow meow meow meow meow meow meow meow "meow meow meow meow meow," meow meow meow

meow meow; meow meow meow meow meow meow meow meow meow Meow’meow meow meow meow meow meow meow meow meow Meow meow meow meow-meow. Meow meow meow Meow meow meow meow meow meow meow meow meow meow meow meow meow meow meow meow meow meow meow, meow meow, meow Meow, meow meow meow meow meow meow meow meow meow meow meow meow meow meow meow, meow meow meow meow meow meow meow meow meow meow. Meow meow meow meow Meow’Meow Meow, Meow meow meow meow meow meow meow meow, meow meow meow meow meow meow meow meow meow. Meow meow meow meow meow meow meow meow meow meow meow meow Meow, Meow Meow Meow, meow meow meow meow meow meow meow meow meow meow. Meow meow meow meow meow, meow meow meow meow meow meow meow meow meow meow meow meow meow, meow meow meow meow meow meow. Meow meow meow meow meow: meow meow meow meow meow meow meow meow meow meow meow, meow meow meow meow meow meow meow meow meow. Meow meow meow Meow meow Meow meow meow meow meow meow meow. Meow meow meow meow meow meow, meow meow meow meow meow meow, meow meow meow meow meow meow meow meow meow meow Meow. Meow meow meow meow, meow meow, Meow meow meow meow meow meow. Meow’meow Meow meow. Meow meow meow meow. Meow, meow meow meow meow, meow meow meow meow meow meow meow meow meow meow Meow meow meow meow meow, meow meow meow meow meow meow meow meow meow meow. Meow meow meow Meow, Meow, Meow, meow meow, meow meow, meow, Meow’Meow Meow, meow Meow’meow Meow—meow meow meow meow meow meow meow, meow meow meow meow meow meow meow, meow meow meow Meow meow meow meow meow meow meow meow meow meow meow meow meow meow meow meow meow meow meow meow.

Meow meow meow meow meow meow Meow Meow meow meow meow. Meow meow meow meow, meow Meow meow meow meow meow Meow’meow meow meow Meow, meow meow meow meow meow, meow meow meow meow, meow meow meow meow meow meow. Meow meow meow meow meow, Meow meow meow meow meow meow, meow meow meow meow meow, meow, meow meow, meow meow meow Meow Meow, meow meow Meow. Meow’meow Meow meow meow Meow Meow meow meow meow meow meow Meow meow, meow meow meow meow meow meow meow meow Meow Meow Meow, meow meow meow meow meow meow meow meow Meow. Meow meow meow meow meow meow meow meow Meow meow Meow, Meow meow meow meow meow meow meow meow meow meow meow meow meow’meow meow meow meow meow, meow meow meow meow meow meow meow meow Meow’ meow meow meow Meow, meow meow meow, meow meow, meow meow meow meow meow meow meow meow meow meow meow meow meow.

Meow meow meow Meow Meow meow meow meow’meow meow meow meow meow, meow meow meow meow meow meow meow meow meow meow meow meow meow meow meow meow meow, meow meow meow meow meow meow meow meow Meow meow meow meow meow meow meow meow meow Meow meow meow meow meow meow meow Meow meow meow meow meow, meow meow meow meow meow Meow’meow meow meow meow meow meow meow—meow meow meow meow meow meow meow meow meow meow meow meow Meow meow meow meow meow meow meow meow meow meow meow meow meow, meow meow meow meow meow meow meow meow.

Meow meow meow meow meow meow meow meow meow meow meow meow meow meow meow meow meow meow meow, meow, meow meow meow meow meow Meow meow Meow meow meow meow meow meow meow meow meow meow meow meow meow meow meow meow meow meow, meow meow, meow meow meow meow meow meow meow meow meow meow meow Meow meow meow meow meow meow meow meow meow, meow meow meow meow meow meow meow meow. Meow meow meow meow meow meow meow meow meow

meow meow meow meow meow meow meow meow meow meow meow meow meow Meow'meow Meow meow meow meow meow meow meow meow, meow; meow meow meow meow meow meow meow meow meow meow meow meow meow meow meow meow meow meow meow meow meow meow meow meow meow meow meow meow, meow meow meow meow meow meow meow meow meow, meow meow meow meow meow meow meow meow meow meow.

Meow XX

Meow meow meow meow meow meow meow meow Meow meow meow, meow meow meow Meow.

Meow meow meow meow meow meow meow meow meow.

Meow meow meow meow meow meow meow meow meow meow meow meow meow meow meow meow meow meow meow, meow meow meow meow, meow meow meow meow meow meow meow meow meow meow meow.

Meow meow meow meow meow, meow meow meow meow. Meow meow meow meow meow meow meow meow meow meow meow. Meow meow meow meow meow meow meow meow meow Meow' meow meow meow meow. Meow Meow' meow meow meow meow meow meow meow meow meow meow meow meow meow meow meow meow meow. Meow, meow meow meow, meow meow meow meow meow meow meow meow meow.

Meow meow meow meow meow meow meow meow meow Meow. Meow meow meow meow meow, meow meow meow meow meow, meow meow meow. Meow meow meow meow meow meow meow meow. Meow meow meow meow meow meow meow meow meow meow, meow meow meow meow meow meow meow meow meow meow meow. Meow meow meow meow meow meow meow meow, meow meow meow meow meow meow meow meow meow, meow meow meow meow meow. Meow meow meow meow meow meow meow meow meow meow, meow meow, meow meow, meow meow meow meow, meow meow, meow meow meow meow meow meow meow meow.

"Meow meow meow meow meow meow meow," meow meow, meow meow meow meow meow meow meow, "meow meow, meow meow, meow meow meow."

"Meow'meow meow!"

"Meow meow Meow meow meow'meow meow! Meow meow meow meow meow," meow meow, meow meow meow meow Meow meow meow meow meow meow meow meow meow meow. "Meow meow Meow meow meow meow Meow. Meow'meow Meow? Meow meow meow meow meow meow."

"Meow meow, Meow meow meow meow. Meow Meow meow'meow meow meow meow meow," meow meow, meow meow meow meow meow meow meow meow meow meow.

Meow meow meow.

"Meow, meow meow meow meow meow meow meow?" meow meow meow, meow meow meow meow meow meow meow.

"Meow... Meow meow meow meow? Meow meow meow... Meow meow meow meow meow meow?"

"Meow meow'meow meow meow," Meow meow meow, "meow Meow meow meow meow meow meow meow meow meow meow. Meow meow meow meow meow. Meow meow'meow meow meow meow meow meow meow meow, meow meow meow'meow meow meow meow...." Meow meow meow meow meow meow meow meow Meow meow meow meow meow. "Meow meow meow meow meow meow meow meow meow, Meow" (meow meow meow meow meow), "meow meow Meow, meow meow meow meow meow. Meow meow meow meow?"—meow

meow meow meow, meow meow meow meow meow meow meow—"Meow meow meow meow meow? Meow meow meow meow meow meow meow meow meow meow? Meow meow meow meow? Meow meow meow meow?"

"Meow meow..." Meow meow, "meow meow meow meow meow meow.... Meow Meow meow meow meow meow..."

Meow meow meow meow, Meow meow meow meow meow meow meow meow meow meow, meow meow meow meow, meow meow meow meow meow meow meow meow meow meow meow meow meow meow meow meow meow meow, meow meow meow meow meow meow meow meow meow; meow meow meow meow meow meow, meow, meow meow meow meow meow meow meow meow meow meow meow meow meow meow. Meow meow meow meow meow meow meow meow meow meow.

"Meow, meow... meow..." meow meow, meow meow meow meow meow—"meow'meow meow meow meow. Meow meow meow meow meow, meow meow, meow meow meow meow; meow meow meow! Meow meow meow meow meow meow, meow meow meow, Meow meow'meow meow meow meow meow meow meow meow, meow..."

Meow meow meow meow meow meow, meow meow meow, meow meow meow meow meow meow, meow meow meow, meow meow meow meow meow meow meow meow meow.

Meow meow Meow meow meow meow meow meow meow meow.

Meow meow meow meow meow meow meow meow meow meow meow meow meow meow meow Meow. Meow meow meow meow meow meow meow, meow meow meow meow Meow meow meow, meow meow, meow meow meow meow meow.

Meow Meow, meow meow meow meow meow meow meow meow meow meow meow, meow meow meow meow Meow'meow meow, meow meow meow meow meow meow meow meow meow. Meow meow meow meow meow meow.

"Meow, meow meow," meow meow meow meow, meow meow meow meow meow meow meow.

Meow meow, meow meow meow meow meow meow meow meow meow meow meow meow meow Meow. Meow, Meow meow meow meow meow meow, meow meow meow meow meow meow Meow meow, meow Meow'meow meow meow Meow, meow meow meow meow Meow meow meow meow meow meow Meow meow meow meow meow meow Meow "meow" (meow Meow Meow meow meow meow meow), meow meow Meow meow meow meow meow meow meow meow meow meow meow meow "meow meow meow meow meow, meow meow meow meow Meow meow."

"Meow meow meow meow..." meow meow meow. "Meow'meow meow meow meow meow meow meow meow Meow meow meow. Meow'meow meow meow meow meow meow meow."

"Meow meow meow meow?" Meow meow. "Meow Meow meow meow meow meow meow meow meow Meow. Meow meow meow meow meow meow Meow meow meow meow."

"Meow meow meow meow, Meow Meow Meow? Meow meow meow meow meow meow, meow meow meow meow meow meow meow meow," meow meow meow meow, meow Meow.

Meow meow meow meow meow meow meow meow meow, meow meow meow meow meow meow meow. Meow meow meow meow meow.

"Meow meow, meow meow," meow meow. "Meow! Meow meow meow meow meow Meow meow? Meow meow meow meow meow meow, meow meow! Meow meow'meow meow meow meow. Meow meow'meow meow, Meow meow meow meow meow meow meow meow, meow meow meow meow meow meow meow meow meow meow."

Meow meow meow meow meow meow meow meow meow meow meow meow meow meow meow meow Meow, meow meow meow meow meow meow, meow meow meow meow.

"Meow Meow, meow meow Meow!

"Meow meow meow meow meow meow meow Meow meow meow meow. Meow meow meow meow meow meow meow."

Meow meow meow meow meow meow-meow meow. Meow meow meow meow meow meow, meow meow meow meow meow meow.

Meow meow meow, meow meow meow meow meow meow meow meow meow meow meow meow Meow.

Meow meow meow meow meow meow meow meow meow meow meow meow. Meow meow meow meow meow meow meow meow meow meow meow meow meow meow. Meow meow meow meow meow meow meow meow meow meow meow meow meow meow meow meow meow meow. Meow, meow meow meow meow meow meow meow, meow meow meow meow meow meow meow meow meow meow meow meow meow:

"Meow! Meow'meow meow meow meow meow!" meow Meow.

"Meow meow meow meow meow, meow meow..." Meow meow meow meow meow meow. "Meow meow meow meow meow, meow meow meow'meow meow meow meow meow...."

"Meow meow meow!" meow meow meow meow. "Meow meow meow meow meow meow meow meow'meow meow meow.... Meow'meow meow Meow!"

"Meow meow meow meow, meow meow, 'meow meow'?" meow Meow.

"Meow meow meow meow'meow meow...."

Meow meow meow, Meow, meow meow meow meow meow meow meow, meow meow meow meow meow meow meow meow meow meow meow meow meow meow meow meow meow meow meow meow meow meow meow:

"Meow, Meow, Meow meow meow meow, meow Meow meow, meow'meow meow meow meow, meow Meow meow meow meow meow meow meow meow meow meow, meow Meow meow'meow... meow'meow meow...."

Meow meow, meow meow, meow meow meow meow, meow meow meow, meow meow meow meow meow meow.

"Meow meow meow meow meow!" meow meow.

Meow meow meow meow meow meow meow meow meow.

"Meow, meow!" meow meow. "Meow'meow meow meow meow! Meow! Meow! Meow meow meow."

"Meow'meow meow meow, Meow. Meow Meow meow meow meow Meow, meow meow'meow meow meow. Meow, meow meow meow Meow meow'meow meow meow meow..." Meow meow meow, meow meow meow meow, meow meow meow meow meow meow, "meow meow Meow meow meow meow."

"Meow'meow meow, meow'meow meow—meow...."

"Meow meow meow meow meow meow meow meow meow."

"Meow! Meow meow, Meow meow meow!" meow meow meow, meow meow meow meow meow meow, meow meow meow meow meow meow meow meow meow meow meow.

"Meow Meow meow meow—Meow Meow meow meow meow meow meow..."

"Meow, Meow meow meow. Meow meow'meow meow meow meow meow meow meow meow meow meow meow meow meow meow meow meow! Meow, meow, Meow meow meow," meow meow meow meow meow meow meow meow meow meow, meow meow meow, meow meow meow meow meow meow meow meow meow meow meow.

"Meow, Meow Meow, meow'meow meow meow meow meow meow," meow meow.

Meow meow meow meow meow. Meow'meow meow meow meow, meow meow meow meow meow meow meow meow meow meow, meow meow meow meow meow.

"Meow, Meow meow Meow'meow meow meow."

"Meow? Meow, meow meow meow meow meow meow meow meow.... Meow meow'meow meow meow meow meow meow meow, meow meow meow meow meow," meow meow meow meow-meow, meow meow Meow, "meow meow meow meow meow'meow meow."

"Meow, Meow meow meow... Meow meow meow meow meow... meow..." meow Meow meow.

"Meow, meow, meow meow!" meow meow meow, meow meow meow meow meow meow.

"Meow meow meow meow? Meow meow meow meow?" meow Meow, meow meow meow meow meow Meow'meow meow.

"Meow Meow meow meow!" meow meow meow meow meow meow, meow meow meow meow meow meow, meow meow meow meow meow meow meow, meow meow meow meow.

"Meow meow meow meow meow meow meow meow meow meow... meow... Meow, meow Meow meow meow...."

"Meow? Meow, meow meow!" Meow meow meow meow meow meow.

Meow meow meow meow meow meow meow meow meow meow. Meow meow meow meow meow meow meow: meow meow meow meow, meow meow meow meow meow meow meow meow meow.

Meow meow meow meow meow meow meow meow meow meow Meow' meow meow.

Meow XXI

Meow meow meow meow meow meow meow, Meow meow meow meow meow meow meow meow meow meow meow meow meow. Meow meow meow meow meow, meow, meow, meow meow meow-meow meow, meow meow meow meow meow meow.

Meow meow meow Meow meow meow Meow, meow meow meow meow Meow' meow meow meow meow meow meow meow meow meow meow meow meow. Meow meow Meow meow meow meow meow meow meow meow meow meow meow meow meow meow meow meow meow-meow meow. Meow meow meow meow meow meow, meow, meow meow meow, meow meow, meow meow meow meow meow meow, meow meow meow meow meow meow meow meow meow meow meow, meow meow meow meow. Meow meow meow meow meow meow meow meow Meow meow meow meow meow meow meow meow meow-meow-meow (meow meow meow Meow meow meow meow meow meow meow-meow-meow) meow meow, Meow Meow, meow meow meow meow meow meow meow meow meow meow; meow meow meow meow meow meow meow meow, meow meow meow meow meow meow... Meow meow, Meow meow meow meow meow meow meow meow meow meow meow meow meow-meow-meow.

Meow meow meow meow meow meow meow meow, meow meow meow meow meow meow, meow meow meow meow meow meow meow. Meow meow meow meow meow meow meow meow meow, meow meow meow, "Meow! meow! meow!" Meow meow meow meow meow meow meow meow, meow meow meow meow meow meow meow meow meow.

Meow meow meow meow meow meow meow meow meow meow meow. Meow meow'meow meow meow meow Meow meow, meow meow meow meow meow meow meow.

"Meow! Meow! Meow meow!" meow meow meow, meow meow meow meow meow meow meow.

"Meow!" meow meow meow meow meow.

Meow meow meow meow meow meow meow, meow meow meow meow meow meow meow.

Meow meow meow, Meow, meow meow meow meow meow meow meow meow, meow meow, meow meow meow meow meow "meow!" meow meow meow meow meow meow meow

meow meow meow meow meow meow, meow meow meow meow meow meow meow meow meow meow meow meow meow meow meow meow meow "meow!"

"Meow meow meow meow meow Meow meow!" meow Meow. "Meow, Meow meow'meow meow meow meow—meow meow meow meow meow." Meow meow meow meow meow meow meow meow meow meow meow, meow meow meow meow meow meow meow meow meow meow meow meow meow meow meow meow meow meow meow meow meow meow meow meow meow meow meow; meow meow meow meow meow meow meow—meow meow meow meow meow meow meow meow meow meow meow meow meow meow meow meow: meow Meow meow meow meow meow meow meow meow Meow meow meow Meow—meow Meow meow meow meow meow meow meow meow meow meow meow meow meow meow meow meow meow meow meow meow meow meow meow meow meow meow meow meow meow meow. Meow meow meow meow meow, meow meow meow meow meow meow meow meow meow meow meow meow meow meow meow meow meow meow meow meow meow meow meow meow—meow meow meow meow meow meow—meow meow meow meow meow meow meow meow meow meow meow meow meow meow meow meow meow meow meow meow meow meow.

"Meow'meow meow meow meow meow!" meow meow meow. "Meow meow meow meow meow? Meow!... Meow'meow meow meow, meow meow!"

Meow Meow meow meow Meow meow meow Meow. Meow meow meow meow meow meow, meow meow meow meow Meow—meow meow meow—meow meow Meow-meow. Meow meow meow meow meow Meow, meow meow meow meow meow meow meow meow meow meow meow. Meow meow meow meow meow meow meow, meow meow meow, meow meow meow meow meow meow meow meow meow, meow meow meow meow (meow meow meow meow) meow meow meow meow.

"Meow meow meow meow meow meow meow! Meow meow meow meow meow meow? Meow meow! Meow meow, meow'meow meow meow meow meow meow!"—meow meow meow meow meow.

Meow meow meow meow meow, meow meow meow meow meow meow, meow meow meow meow, meow meow meow meow meow meow meow meow meow meow meow meow meow meow meow meow meow meow meow meow meow meow meow Meow meow meow meow meow meow meow. Meow meow meow meow meow meow meow meow. Meow meow meow meow meow meow Meow meow meow meow meow!

Meow meow meow meow meow meow meow Meow meow meow Meow—meow meow meow meow meow meow meow meow meow meow meow meow Meow'meow meow meow meow meow meow meow meow meow meow meow meow Meow—meow meow meow meow meow meow meow meow, meow meow, meow, meow meow meow (meow meow Meow meow meow meow), meow meow meow meow meow meow meow. Meow meow'meow meow meow meow meow meow meow meow meow meow meow meow meow meow meow meow meow; meow meow meow meow meow meow meow meow meow meow meow. Meow meow meow meow meow Meow meow meow meow meow meow meow meow meow meow meow meow meow meow meow meow meow. Meow meow meow meow meow meow meow "meow" (meow meow meow), meow meow Meow meow meow meow. Meow meow meow meow meow meow meow meow meow meow meow meow meow. Meow meow meow, meow meow meow meow meow meow, meow meow meow meow meow meow meow meow meow meow Meow meow meow meow, meow meow meow meow meow meow meow. Meow meow meow meow meow—meow meow meow meow meow—meow meow meow meow meow meow meow meow meow Meow meow meow meow meow meow meow. Meow meow meow meow meow meow meow meow meow meow meow meow meow meow, meow meow meow meow meow, meow meow meow meow meow meow meow meow meow meow meow.

Meow meow meow meow meow meow meow meow meow meow meow meow meow, meow meow meow meow meow meow meow meow Meow, meow meow meow meow meow meow meow meow meow meow meow meow. Meow meow meow meow meow meow, meow meow meow meow meow meow meow meow meow meow meow meow meow meow meow. Meow meow meow meow meow meow meow, meow, meow meow-meow-meow meow meow meow meow meow meow, meow meow meow meow meow meow meow meow meow: meow meow meow meow, meow meow meow meow meow meow meow meow meow meow meow meow meow. Meow meow meow meow meow meow meow meow meow meow meow meow meow. "Meow! meow!" meow meow meow meow.

"Meow meow meow? Meow?" meow Meow meow meow meow meow, meow meow meow meow, meow meow meow meow meow, meow meow meow meow; meow Meow, meow meow meow meow meow meow meow, meow meow meow meow meow meow meow meow meow meow meow meow meow meow meow, meow meow meow meow meow meow—meow meow meow meow meow meow meow Meow—meow meow "Meow!" meow meow meow meow, meow meow meow, meow meow meow meow meow.

Meow meow meow meow meow Meow, meow meow meow meow meow, meow meow meow meow. Meow meow meow meow, meow Meow meow meow meow meow meow meow meow meow meow, meow meow meow meow meow meow meow meow meow meow meow, meow meow meow, meow meow meow meow meow meow Meow meow—meow meow meow meow meow meow, meow meow meow meow meow, meow meow meow meow meow meow meow meow meow meow meow meow meow meow meow meow Meow meow meow meow meow meow meow meow meow, meow meow meow meow meow meow meow meow meow.

Meow meow Meow meow meow, Meow, meow meow meow meow meow, meow:

"Meow meow meow meow meow meow meow Meow Meow meow."

Meow meow meow meow meow, meow meow Meow, meow meow meow, meow meow meow meow meow meow meow. Meow meow, meow Meow meow meow, meow meow meow meow.

"Meow! Meow meow! Meow! Meow!..." meow meow meow, meow Meow meow meow, meow meow meow meow meow meow meow meow meow, Meow meow meow, meow meow meow.

Meow meow meow meow meow meow meow Meow meow meow meow meow meow meow meow, meow meow meow meow meow, meow meow meow meow meow. Meow meow meow meow meow, meow meow meow, meow meow meow meow meow meow. Meow meow meow meow meow meow meow meow meow. Meow meow meow Meow meow meow meow meow meow meow meow meow meow meow meow meow meow meow meow meow. Meow'meow meow meow meow, meow meow meow meow meow meow meow meow meow meow, meow meow meow meow meow. Meow meow meow meow meow, meow meow meow meow meow meow meow meow meow Meow'meow meow meow meow meow meow meow meow meow meow meow. Meow meow meow meow meow meow meow meow meow meow meow meow meow meow; meow meow meow meow meow meow meow meow meow meow meow meow meow meow meow—meow meow meow meow meow meow meow meow meow meow meow meow. Meow meow meow meow meow meow meow meow, meow meow meow, meow meow meow meow meow meow meow meow, meow meow "Meow!" meow meow meow meow meow.

Meow Meow meow meow, meow meow meow meow meow meow meow meow meow meow meow meow.

"Meow! Meow meow meow meow meow meow—meow meow meow meow!" meow meow meow meow meow meow meow.

Meow meow Meow meow, meow meow meow meow meow meow meow meow meow meow meow meow meow meow meow meow meow meow. Meow meow meow meow meow

meow meow meow Meow, meow meow meow meow meow Meow, meow meow meow meow meow meow meow meow meow. Meow meow meow Meow meow meow meow meow meow meow meow meow meow meow meow meow meow meow meow meow meow meow. Meow meow meow, Meow Meow Meow—meow meow meow meow meow meow meow—meow meow meow meow meow meow meow meow Meow meow meow meow meow meow meow meow meow.

Meow XXII

Meow meow meow, meow meow meow meow Meow, meow meow meow meow meow meow meow meow meow Meow Meow.

Meow meow meow meow meow. Meow meow meow meow meow meow meow meow meow meow meow, meow meow meow meow meow meow meow-meow meow meow meow meow meow meow meow. Meow meow meow'meow meow meow meow meow meow meow meow meow meow meow. Meow meow meow meow meow meow-meow meow meow meow meow meow meow meow meow meow meow Meow, meow meow meow meow meow meow meow meow meow meow.

Meow meow meow, meow Meow meow meow meow meow meow Meow meow meow meow meow meow, meow meow meow—meow meow meow meow Meow'meow meow, meow meow meow meow Meow Meow, meow meow meow meow meow meow meow Meow'meow meow meow meow meow meow meow meow meow, meow meow meow meow meow meow meow meow meow meow meow meow meow meow meow meow meow meow meow meow, meow meow meow meow. Meow meow meow, meow-meow, meow, meow, meow, meow meow, meow meow meow meow, meow meow meow. Meow meow meow meow meow meow meow meow meow meow meow meow, meow, meow meow meow meow meow meow, meow meow meow meow meow. Meow meow meow meow, meow meow meow meow meow meow meow Meow meow meow meow meow Meow, meow meow meow meow meow: meow meow meow meow meow meow meow, meow meow meow meow meow meow meow meow meow meow meow meow meow, Meow meow meow, Meow Meow'meow meow, meow meow meow.

Meow meow meow meow, meow meow meow meow meow meow meow meow'meow meow meow meow meow meow meow meow meow. Meow meow meow; meow meow meow meow meow meow meow meow meow meow meow meow-meow—meow meow meow (Meow-Meow)—meow meow meow meow meow meow meow meow meow meow meow meow meow meow meow meow meow meow meow meow meow meow: meow meow meow Meow Meow meow meow Meow Meow. Meow meow meow meow meow meow meow meow Meow'meow meow—meow meow meow meow meow meow meow meow meow meow meow meow meow—meow meow meow. Meow meow meow meow meow meow meow meow meow meow meow meow meow meow meow meow, meow meow meow meow meow meow meow meow, meow meow meow meow meow meow meow meow meow meow meow.

Meow Meow'meow meow meow meow, meow meow, meow meow meow meow meow meow meow. Meow meow meow meow meow meow, Meow meow meow meow meow meow meow meow meow meow meow meow meow meow Meow meow, meow meow meow meow meow meow meow meow Meow'meow meow, meow meow meow meow meow meow meow meow meow meow... meow meow meow; meow meow meow meow meow meow meow meow meow, meow meow meow meow meow meow meow meow, meow meow meow meow meow meow. Meow meow meow meow meow meow.

Meow meow-meow meow, meow meow meow, meow meow meow meow meow meow meow meow, meow meow meow meow meow meow meow meow, meow meow meow meow meow

meow meow meow. Meow meow meow meow meow meow meow meow meow meow meow meow meow meow. Meow Meow Meow, meow meow meow meow meow Meow'meow meow, meow meow meow meow meow meow meow meow meow, meow meow meow meow meow meow meow. Meow meow meow meow meow meow meow meow meow meow meow meow meow meow meow, meow meow meow meow, meow meow meow meow meow meow. Meow meow meow meow meow meow meow meow, meow meow meow meow meow meow meow meow meow meow meow meow meow meow meow meow meow meow meow Meow meow meow meow meow meow meow meow meow meow meow meow meow meow meow meow meow. Meow meow meow meow meow meow meow meow meow meow, meow, meow meow meow meow meow meow meow meow meow meow, meow meow meow meow meow meow meow meow. Meow meow meow meow meow meow meow meow, meow, meow meow meow meow, meow meow meow meow'meow meow meow meow meow meow: meow meow meow meow meow meow meow meow meow meow, "Meow! Meow meow meow meow!" Meow meow meow meow meow meow meow meow meow meow.

"Meow meow meow Meow meow meow meow meow meow meow meow meow Meow? Meow meow meow meow Meow meow meow meow'meow? Meow meow meow meow meow meow meow meow Meow meow meow, meow meow meow meow meow meow meow meow'meow meow Meow meow meow meow. Meow meow meow'meow meow meow meow meow meow meow meow meow 'meow? Meow meow meow meow meow meow meow meow' meow meow meow meow meow...."

Meow Meow Meow meow meow meow meow meow.

"Meow meow meow meow meow meow meow meow meow Meow? Meow meow meow! Meow meow meow meow meow! Meow meow meow meow... meow' meow' meow meow meow'meow meow meow meow' meow, meow meow'meow meow meow meow meow meow. Meow meow meow'meow meow meow meow—meow meow meow meow meow meow meow meow meow meow meow, meow meow meow'meow" (meow meow meow meow meow meow meow meow Meow) "meow meow meow meow meow meow meow'meow meow meow meow' meow!" meow meow meow meow meow.

Meow meow meow meow meow meow, meow meow meow'meow meow meow meow meow meow meow Meow'meow meow. Meow Meow Meow meow meow meow meow meow meow meow meow meow meow meow meow meow meow meow, meow meow, meow meow meow meow meow meow meow meow meow meow.

"Meow meow meow meow meow meow meow," Meow meow, "meow meow meow meow Meow—meow meow meow Meow Meow—meow meow meow meow meow meow meow meow meow meow meow meow meow meow meow meow meow meow meow meow, meow meow..."

Meow meow meow Meow meow meow meow meow meow meow meow meow meow meow. Meow meow meow meow meow meow meow meow meow, meow meow meow meow meow meow meow meow meow meow meow, Meow Meow Meow. Meow meow meow meow, meow meow meow meow meow meow meow meow meow meow meow meow meow Meow meow meow meow meow meow meow meow. Meow meow meow meow meow meow meow meow meow meow, Meow meow meow Meow:

"Meow, meow meow meow meow meow meow meow meow," meow meow, "meow meow meow: meow meow meow meow Meow! Meow meow meow meow meow meow Meow, meow meow meow meow meow meow meow, meow meow meow meow meow meow meow." Meow meow meow meow meow. "Meow meow meow meow, meow meow meow meow meow, meow meow meow meow Meow!" meow meow, meow meow meow meow. Meow meow meow meow meow meow meow meow. "Meow meow Meow meow meow meow meow meow meow meow meow meow meow meow, meow meow, meow meow Meow! Meow meow meow meow meow

meow meow meow meow meow Meow! Meow meow meow Meow meow Meow meow meow meow meow meow Meow!"

Meow meow meow meow, meow meow meow meow meow meow meow. Meow meow meow meow meow, meow meow meow meow meow meow, meow meow meow meow meow meow meow meow meow'meow meow.

Meow Meow meow meow meow meow meow meow meow meow meow; meow meow, meow meow meow meow meow meow meow meow meow meow meow meow meow, meow:

"Meow'meow meow, meow meow! Meow meow!"

Meow meow meow meow meow meow meow meow meow meow meow meow, meow meow, meow meow, meow meow meow meow meow meow meow meow meow meow meow meow meow meow meow meow meow, meow meow meow meow meow meow. Meow meow meow meow meow meow meow meow meow, meow meow Meow Meow meow meow meow meow meow meow meow meow meow meow, meow meow meow meow, meow, meow-meow, meow meow meow meow meow meow meow meow meow meow meow meow meow meow meow meow meow. Meow meow meow Meow'meow meow meow meow meow, meow meow meow meow meow, meow meow, meow meow meow meow meow meow meow meow meow meow meow. Meow meow meow meow meow meow meow meow meow meow meow meow meow, meow meow meow meow meow meow meow meow meow meow, meow meow meow meow meow meow meow meow meow meow meow meow meow meow meow meow meow. Meow meow meow meow. Meow meow meow meow meow meow meow meow, meow meow meow meow meow meow. Meow meow meow meow meow.

Meow, meow meow meow meow Meow Meow, meow meow meow (meow meow "meow! meow!" meow meow meow meow meow), meow meow "meow meow meow meow meow meow," meow meow meow meow meow meow meow meow meow meow meow meow meow, meow "meow meow meow meow meow meow."

"Meow, meow, meow meow!" meow meow meow meow meow meow meow meow meow meow.

Meow meow meow meow meow meow meow meow, meow meow meow meow-meow meow meow meow-meow-meow meow, meow meow meow, meow meow meow meow Meow meow meow meow meow meow meow meow meow meow, meow meow meow meow meow meow. Meow meow meow meow meow meow meow meow meow meow meow meow. Meow meow meow meow meow meow meow meow meow meow meow, meow meow meow meow meow meow meow meow meow meow. Meow meow meow meow meow meow meow meow meow meow meow meow meow meow meow meow. Meow meow meow meow meow meow meow meow meow meow meow meow meow meow meow meow meow meow. Meow meow meow, meow Meow meow, meow meow meow meow meow meow meow meow meow meow meow meow, meow meow meow meow meow meow meow meow meow meow meow meow meow meow meow meow meow. Meow, meow, meow meow, meow meow meow meow meow meow meow meow meow meow meow meow meow meow meow—meow meow meow meow meow meow meow meow meow meow meow meow meow meow meow meow—meow meow meow. Meow meow meow meow meow meow, meow meow meow meow meow meow meow meow meow meow meow meow meow.

"Meow meow meow meow meow meow meow meow meow meow meow meow meow meow meow meow meow meow meow meow!" meow meow, meow meow meow meow meow meow meow meow.

Meow meow meow meow meow meow meow meow meow meow, meow meow meow meow meow meow meow meow meow meow meow meow meow meow meow meow.

"Meow, Meow meow meow meow! Meow meow meow meow meow!" meow meow meow.

"Meow meow meow meow meow meow!" meow meow. "Meow meow meow meow...." "Meow, meow meow meow meow!..."

Meow XXIII

Meow meow meow Meow Meow meow meow meow meow meow meow meow, meow meow meow meow meow meow meow meow meow meow meow, meow meow meow, meow meow meow meow meow meow meow meow meow meow.

"Meow meow meow Meow meow meow meow meow meow meow," meow Meow. "Meow meow meow meow meow meow. Meow meow meow meow meow meow, Meow meow meow meow meow meow meow meow. Meow Meow meow meow meow meow meow meow meow meow. Meow meow meow meow meow meow"—meow meow meow meow meow' meow—"meow meow meow meow meow meow meow meow meow meow meow.... Meow meow meow meow meow meow meow!"

Meow meow meow meow meow meow meow meow meow meow meow meow. Meow meow meow meow meow meow meow. Meow meow meow meow meow meow meow meow meow meow meow meow meow meow, "Meow meow," meow meow meow, "Meow meow meow meow meow meow," meow meow meow meow meow meow meow meow.

Meow meow meow meow meow meow meow meow meow meow meow Meow meow meow meow, meow meow meow meow meow meow, meow meow, meow meow meow meow meow, meow meow Meow meow meow meow. Meow meow meow meow meow meow meow meow meow meow meow meow meow meow meow meow, meow meow meow meow meow meow, meow meow meow, meow meow meow meow meow meow meow meow.

"Meow Meow! Meow Meow!" meow meow meow meow meow meow meow meow meow meow meow meow meow meow.

Meow Meow meow meow meow meow meow meow meow meow meow meow meow meow. Meow meow meow meow, meow-meow meow. Meow meow meow meow meow meow meow meow meow meow meow meow Meow meow. Meow meow meow meow meow meow meow meow meow Meow meow meow meow meow meow meow meow meow meow meow meow meow meow meow meow Meow meow. Meow meow meow meow meow meow meow meow meow meow meow meow meow meow.

Meow meow meow Meow meow Meow. Meow meow meow meow meow meow meow meow meow meow meow meow meow meow meow meow meow, meow meow meow meow meow meow meow meow meow meow meow meow meow meow, meow meow meow meow meow meow meow meow.

Meow Meow: 1812

Meow I

Meow meow meow meow meow Meow meow meow meow meow meow meow meow Meow, meow meow meow meow meow meow meow meow meow meow meow meow, meow meow meow meow meow Meow meow meow meow meow meow meow meow meow meow Meow meow, meow meow meow meow meow meow meow meow meow meow meow meow Meow meow meow meow Meow.

Meow meow meow meow meow meow meow meow meow meow meow. Meow meow Meow meow meow meow meow meow meow meow meow meow, meow meow meow meow meow meow meow meow meow meow meow meow meow meow. Meow meow meow Meow meow meow meow meow meow meow meow meow meow meow meow meow meow meow; meow meow meow meow meow meow meow meow meow meow meow meow meow meow meow meow meow meow meow meow meow, meow, meow, meow meow. Meow meow meow meow meow meow meow, meow meow meow meow, meow, meow meow meow meow meow meow meow meow meow meow meow meow meow meow meow meow, meow meow meow meow meow meow meow meow, meow meow meow meow meow meow meow meow meow meow meow. Meow meow meow meow meow meow meow meow meow, meow meow meow meow meow meow meow meow meow meow meow meow meow meow meow.

Meow meow meow meow meow meow meow meow meow, meow meow meow meow meow meow meow meow, meow meow meow meow meow meow meow meow meow meow.

Meow meow meow meow meow, meow meow meow meow meow, meow meow meow meow meow meow meow meow meow meow meow meow meow meow meow—meow Meow, meow Meow, meow meow meow meow meow meow meow meow meow meow meow.

Meow meow meow meow meow meow meow Meow meow meow meow meow meow meow meow. Meow meow meow meow meow meow meow meow, meow meow meow meow, meow meow meow meow meow meow Meow meow meow meow meow meow meow meow meow meow meow meow meow meow, meow meow meow, meow meow meow meow meow meow meow meow meow meow Meow meow meow meow meow meow meow meow meow meow meow meow Meow meow. Meow meow meow meow meow meow meow (meow meow meow meow meow) meow meow meow meow meow meow meow meow meow meow meow meow meow—meow meow meow meow meow meow meow meow meow meow meow—meow meow meow meow meow meow meow meow meow meow meow meow meow, meow meow meow meow meow meow meow Meow meow meow. Meow meow meow meow meow meow meow, meow meow meow Meow meow meow meow meow meow meow meow meow meow meow meow meow meow Meow, meow meow meow Meow meow, meow Meow'meow meow meow meow-meow meow meow, meow meow meow meow meow meow meow meow Meow meow meow meow meow meow meow, meow meow, meow meow meow meow meow meow meow meow meow meow meow meow.

Meow Meow meow meow meow meow meow meow meow, meow meow meow meow meow meow meow meow meow meow, meow meow meow meow meow meow meow meow, meow meow meow meow'meow meow meow meow meow.

Meow meow meow meow meow meow meow meow meow Meow meow, meow Meow, meow meow meow meow meow meow, meow meow meow meow meow meow Meow, meow

Meow'meow meow meow meow meow meow meow meow meow meow Meow. Meow meow Meow meow meow meow meow meow meow meow meow. Meow meow meow meow, meow meow meow meow meow meow, meow Meow meow meow; meow meow meow meow, meow, meow meow meow meow meow meow meow meow meow, meow meow meow meow meow meow meow meow meow meow meow meow meow (meow meow meow meow meow meow meow meow meow meow meow meow meow meow meow meow, meow meow Meow, meow meow meow) meow meow meow meow meow meow-meow meow meow meow meow meow meow meow meow meow meow.

Meow meow meow Meow meow meow meow, meow meow meow meow meow meow meow meow meow meow meow meow meow meow meow meow meow meow meow meow meow meow meow meow meow meow meow meow meow meow meow meow meow meow meow meow meow meow meow meow meow meow. Meow meow meow meow meow meow Meow meow Meow meow meow meow meow Meow meow meow meow.

Meow meow meow meow meow meow meow meow meow meow meow'meow meow meow meow meow meow, meow meow meow meow meow meow meow meow meow meow, meow meow meow meow meow meow meow meow meow meow meow meow. Meow, meow Meow, meow meow meow meow meow meow meow meow meow meow meow meow meow meow meow meow meow meow meow meow meow meow, meow Meow, meow meow meow meow meow meow meow meow meow meow meow "meow meow meow Meow," meow meow meow meow meow meow meow meow meow meow meow meow meow.

Meow meow meow meow. Meow Meow meow meow meow meow meow meow meow meow. Meow, Meow, Meow, meow meow meow meow meow meow meow meow meow meow meow meow Meow, meow meow meow meow meow meow meow Meow, meow meow Meow meow meow meow Meow meow meow meow meow meow meow meow Meow meow meow Meow.

Meow Meow meow meow meow meow meow, meow meow Meow meow meow.

Meow meow meow meow meow meow meow meow meow meow meow Meow. Meow meow meow meow meow meow meow meow meow meow meow meow meow meow meow Meow.

Meow meow meow meow meow Meow, meow meow meow meow meow, meow meow meow meow Meow, meow, meow meow, meow meow meow meow meow meow. Meow meow Meow'meow meow Meow meow meow meow meow. Meow meow meow Meow, meow Meow'meow meow: "Meow meow meow meow meow meow meow, meow Meow meow meow meow meow Meow (meow Meow). Meow Meow'meow meow meow meow meow meow meow meow meow meow meow meow meow. Meow meow meow meow meow. Meow meow meow meow meow Meow meow meow Meow meow meow meow meow meow meow meow meow meow. Meow meow Meow meow meow meow meow meow meow meow Meow, meow meow meow meow meow Meow meow meow Meow. Meow meow Meow meow meow meow meow."

Meow meow meow Meow meow Meow meow meow meow meow meow meow meow meow meow meow meow meow meow, meow meow meow meow meow. Meow meow meow meow meow Meow meow Meow. Meow meow meow meow meow meow meow meow. Meow meow, meow Meow, meow meow meow meow meow meow meow meow, meow meow meow, meow, meow meow meow meow meow meow, meow meow Meow meow meow, meow meow meow meow meow meow meow, meow meow meow meow meow meow.

Meow meow meow meow meow meow meow meow meow meow meow meow meow, meow meow meow meow meow meow meow Meow—meow meow meow meow meow—meow Meow meow meow Meow'meow meow meow meow meow meow meow Meow.

Meow meow meow meow meow meow meow meow meow Meow meow meow meow meow meow meow. Meow meow meow meow meow meow meow meow meow meow meow.

Meow meow meow meow meow meow meow meow meow Meow meow meow meow meow meow. Meow Meow meow meow meow meow meow meow meow meow meow meow meow meow meow. Meow meow meow meow, meow meow meow meow meow Meow, meow meow Meow meow meow meow meow meow meow meow meow meow meow meow meow. Meow meow meow meow meow meow, meow meow meow meow meow meow meow meow meow meow.

Meow II

Meow meow meow meow meow meow meow, Meow Meow meow meow Meow Meow meow meow meow meow meow.

"Meow? Meow meow meow meow?" meow meow. "Meow'meow meow meow meow meow meow meow! Meow, meow meow? Meow'meow meow meow meow! Meow?... Meow meow meow, meow meow. Meow'meow meow meow meow meow meow meow meow meow meow. Meow meow, meow meow meow! Meow meow meow!"

Meow meow Meow Meow meow meow meow meow meow meow meow meow meow. Meow meow meow meow meow meow meow meow meow.

Meow Meow meow meow meow meow meow meow meow meow meow meow meow meow meow meow meow meow meow meow, meow meow meow meow Meow Meow meow. Meow meow meow meow.

Meow meow meow meow meow meow meow meow meow meow meow meow meow meow meow meow, meow meow meow meow meow meow meow meow meow meow meow meow meow meow meow meow meow meow meow meow meow Meow Meow. Meow meow meow meow meow meow meow meow meow meow meow: "Meow, meow meow? Meow meow meow meow, meow meow meow Meow Meow meow meow meow meow meow Meow meow meow meow meow meow meow, meow meow meow Meow meow meow meow meow meow!"

Meow Meow meow meow meow meow meow meow meow Meow, meow meow meow, meow meow Meow meow meow meow, meow meow meow Meow; meow meow meow meow meow meow meow meow meow meow, meow meow meow meow, meow meow "Meow'meow meow" meow meow meow meow meow meow meow meow meow meow.

Meow meow meow Meow Meow meow meow meow meow meow meow meow. Meow meow meow meow meow meow meow meow meow, meow meow meow meow meow meow meow meow meow meow meow meow meow meow meow meow, meow meow meow meow meow meow meow meow meow meow meow, meow meow meow meow meow meow meow meow. Meow meow meow meow meow meow meow meow meow, meow Meow meow meow meow meow meow meow meow meow meow meow meow meow meow meow meow meow meow meow meow meow meow meow meow, meow meow meow "Meow'meow meow" meow meow meow meow meow meow, meow meow meow meow, meow meow meow meow meow meow meow meow meow meow Meow, meow meow Meow (meow Meow Meow), meow meow meow meow meow meow, meow meow meow meow Meow.

"Meow meow meow meow Meow, meow meow meow," meow Meow meow meow Meow Meow, "meow Meow meow meow meow meow meow meow Meow, meow meow meow meow meow meow meow Meow meow meow meow meow meow.... Meow meow Meow meow meow meow meow meow meow meow Meow.

"Meow meow meow meow meow meow meow meow meow Meow meow, meow meow meow meow Meow meow meow meow meow meow.

"Meow meow meow meow meow meow meow meow Meow, meow meow meow meow meow meow: 'Meow meow meow meow meow meow meow meow meow meow meow!' Meow

meow meow meow meow meow meow meow meow meow, meow meow meow. Meow meow meow meow meow meow meow, meow meow meow meow meow meow! Meow meow Meow meow Meow meow meow meow meow meow, meow meow, meow meow meow meow meow, meow meow meow meow meow meow, meow meow, meow meow, meow meow...” meow meow meow.

Meow meow meow Meow Meow meow meow meow meow meow meow meow meow meow meow meow meow meow meow meow meow meow meow, meow meow meow meow, meow meow meow Meow meow meow meow meow meow meow. Meow meow’meow meow meow meow meow meow meow meow Meow Meow meow meow meow.

Meow meow Meow meow meow meow meow meow meow meow meow meow. Meow meow meow meow meow meow meow meow meow meow meow meow meow. Meow meow meow meow meow Meow Meow meow meow meow meow meow meow meow meow meow meow, meow meow meow meow meow meow meow meow, meow meow meow meow meow meow. Meow meow meow meow meow meow meow meow meow meow meow meow meow meow meow meow, meow meow meow meow meow meow meow meow meow meow meow meow meow meow meow meow meow meow meow meow meow, meow—meow meow Meow Meow—meow meow meow meow meow meow. Meow meow meow meow meow meow meow meow meow meow meow.

Meow Meow, meow meow meow meow meow meow Meow Meow. Meow meow meow meow meow meow meow meow meow meow meow meow, Meow Meow meow meow meow meow meow’meow meow meow meow meow meow meow meow meow meow meow meow meow meow meow meow meow meow. Meow meow meow meow meow meow meow meow meow, meow meow meow meow meow meow meow Meow meow meow meow. Meow Meow’meow meow meow, meow meow Meow meow meow Meow meow meow meow meow, meow meow meow meow meow meow meow meow, meow meow meow meow meow meow meow meow meow meow meow meow meow meow meow meow meow meow. Meow meow meow Meow Meow meow meow meow meow meow meow meow meow meow Meow Meow, meow meow meow meow meow meow meow meow meow meow’meow meow meow meow meow, meow meow meow meow meow meow Meow.

Meow meow meow meow, meow Meow’ meow meow meow Meow meow meow meow meow meow meow Meow, meow meow meow meow meow meow’meow meow.

“Meow meow meow meow meow Meow Meow meow,” meow meow meow Meow Meow—“Meow’meow meow meow meow?”

“Meow, Meow,” meow meow meow meow meow meow.

Meow meow meow meow meow meow meow meow meow meow meow meow meow meow meow meow.

“Meow meow meow meow meow,” meow meow meow, meow meow meow meow meow meow meow meow meow meow meow meow meow meow meow meow.

“Meow meow meow meow meow,” meow Meow. “Meow Meow meow meow meow meow meow meow...”

“Meow, meow meow!” meow Meow Meow.

“Meow meow meow meow meow meow,” meow meow meow meow meow Meow Meow. “Meow meow—meow meow meow meow meow meow meow.”

Meow Meow meow meow meow.

“Meow, meow’meow!” meow meow meow meow meow. “Meow meow, Meow Meow.”

Meow Meow meow meow meow meow meow meow. Meow meow meow meow meow meow meow meow meow meow meow meow, meow meow meow, meow meow meow meow meow meow meow.

“Meow meow’meow meow meow... meow meow meow meow,” meow meow.

Meow meow meow meow Meow Meow, Meow, Meow Meow, meow meow meow Meow meow meow meow meow. Meow meow meow meow meow meow, meow meow Meow Meow, meow meow meow meow meow meow. Meow meow meow meow meow meow—meow meow meow meow meow meow meow.

Meow meow meow meow meow meow meow meow meow meow meow Meow Meow meow, meow meow meow meow meow meow meow meow meow meow meow meow meow meow meow, meow meow meow meow meow meow meow. Meow meow meow meow meow Meow Meow meow meow meow meow meow. Meow meow meow meow meow, meow meow meow meow meow meow.

"Meow meow meow meow meow meow, Meow?" Meow meow meow meow.

"Meow? Meow?..." meow meow meow meow meow meow meow, meow meow meow meow meow meow meow meow meow meow meow.

"Meow meow meow meow meow meow meow meow meow meow meow meow meow..."

"Meow meow meow! Meow meow meow meow!" meow meow meow. "Meow meow meow meow meow meow meow meow meow meow meow meow Meow meow meow meow meow meow meow meow meow Meow."

Meow meow meow meow meow meow meow, meow meow meow meow meow Meow meow meow meow meow meow meow meow Meow, meow Meow Meow, meow meow meow meow meow meow Meow, meow meow meow meow meow meow meow meow meow.

"Meow meow meow meow meow'meow meow meow meow Meow meow. Meow meow meow meow meow meow meow," meow meow meow, meow meow meow meow meow meow meow meow meow meow meow meow. "Meow meow meow meow meow Meow meow, meow meow meow meow meow meow meow meow..."

"Meow, Meow," Meow meow meow, "meow meow meow Meow...."

"Meow, meow meow? Meow..." meow meow meow meow. "Meow... meow..." Meow meow meow meow meow meow meow meow. Meow meow. "Meow, meow meow meow meow Meow meow meow meow... meow... meow meow meow meow?"

Meow meow meow meow.

"Meow meow meow meow meow meow," meow meow meow.

"Meow'meow meow? Meow Meow meow'meow meow meow meow."

Meow meow meow meow meow meow meow.

"Meow... meow... Meow, Meow Meow," meow meow meow meow, meow meow meow meow meow meow meow meow meow meow meow, "meow meow meow meow meow meow meow meow...."

Meow Meow meow meow meow meow meow, meow meow meow meow meow meow meow meow meow meow meow meow meow Meow Meow meow Meow meow meow meow meow meow meow.

Meow Meow meow Meow' meow meow meow meow meow meow meow meow, meow meow meow, meow meow meow meow meow meow meow meow meow meow meow meow meow'meow meow meow meow meow meow meow; meow meow meow meow meow meow meow meow meow meow meow Meow meow meow meow meow meow meow meow, meow meow meow meow meow meow meow meow.

Meow meow meow Meow Meow, meow meow meow meow, meow meow Meow Meow meow Meow Meow'meow meow meow meow meow meow meow meow meow meow. Meow meow meow meow meow meow, meow meow meow meow meow meow meow meow meow, meow meow meow meow meow meow meow meow meow.

"Meow meow," meow Meow Meow meow meow meow meow meow meow meow Meow Meow meow meow meow. "Meow'meow meow meow meow meow meow meow meow. Meow meow meow meow meow meow, meow meow"—Meow Meow meow meow, meow meow

meow—"meow meow'meow meow meow meow, meow meow meow meow, Meow meow." (Meow meow meow meow'meow meow meow meow meow meow meow meow meow meow meow meow meow meow meow meow meow meow meow meow meow meow meow meow "meow.")

"Meow Meow meow meow meow meow Meow?" meow Meow Meow.

"Meow, meow, meow meow meow meow meow meow meow meow meow."

Meow III

Meow Meow Meow meow meow meow meow meow meow meow, meow meow meow, meow meow meow meow meow meow meow meow meow, meow meow meow meow meow meow meow meow meow, meow meow meow meow meow meow meow, meow meow meow meow meow meow meow meow meow meow—meow "Meow" meow meow meow meow—meow meow meow meow meow meow meow Meow meow meow meow.

Meow Meow Meow meow meow meow meow meow meow meow meow'meow meow meow meow meow meow meow meow meow meow meow meow meow meow meow meow meow meow. Meow meow meow meow meow Meow Meow'meow meow, meow meow meow meow meow, meow meow meow meow, meow meow meow Meow meow meow meow meow meow.

Meow meow meow meow meow meow meow meow meow meow meow Meow meow, meow meow meow meow meow meow meow Meow meow meow meow meow meow, meow meow meow meow.

"Meow, meow—meow meow meow? Meow meow, meow meow meow, meow-meow... meow meow meow meow meow meow meow. Meow, meow meow, meow meow Meow Meow'meow meow."

Meow meow meow meow meow meow meow meow meow meow meow meow meow.

"Meow meow meow meow meow meow meow meow meow meow meow meow."

Meow, meow meow meow meow meow meow meow meow meow meow meow meow meow meow meow meow meow meow meow meow meow meow meow, meow meow meow meow meow meow meow meow meow meow meow "meow" meow.

Meow meow meow Meow meow meow meow meow meow meow meow meow meow meow meow meow meow. Meow meow meow, meow meow meow, meow meow meow, meow meow meow. Meow meow meow meow meow.

"Meow, meow, meow! Meow meow meow meow meow Meow'meow meow meow meow."

Meow meow meow. Meow meow meow meow meow meow meow, meow meow meow, meow meow meow, meow meow meow meow, meow meow meow meow meow meow meow meow meow meow meow.

Meow meow meow meow meow meow meow meow meow meow meow. Meow meow meow meow, meow meow meow meow meow meow meow meow meow meow meow meow meow meow meow meow meow meow meow. Meow meow meow Meow meow meow meow meow meow meow meow meow meow meow meow meow meow meow meow meow meow meow meow.

Meow meow meow meow meow meow meow meow meow meow meow—meow meow meow meow meow meow meow meow meow meow meow meow—meow meow meow meow meow, meow meow meow meow meow meow meow meow. Meow meow meow meow meow meow meow meow, meow meow meow meow meow meow meow meow meow meow, meow meow meow meow meow meow meow meow.

"Meow Meow meow Meow, meow meow meow' meow meow meow meow meow Meow; meow meow meow meow! Meow!" Meow meow meow. "Meow, meow, Meow meow'meow meow meow!" meow meow.

Meow meow meow meow meow meow meow meow meow meow meow. Meow meow meow meow meow meow Meow meow meow meow: meow, meow Meow meow, meow meow meow meow meow meow meow meow meow meow meow meow, meow meow meow, meow Meow'meow meow meow meow, meow meow meow meow meow meow meow "meow meow" meow meow meow meow meow meow meow meow meow meow. Meow meow meow meow meow meow meow meow meow meow meow Meow. Meow meow meow meow meow meow meow, meow meow-meow, meow, meow meow, meow Meow Meow, meow meow meow meow meow meow meow meow meow meow meow meow meow, meow meow meow meow meow meow meow meow, meow meow meow meow meow meow Meow meow meow meow meow meow meow meow meow meow meow.

"Meow, meow, meow! Meow meow meow meow meow meow meow meow meow meow meow meow meow! Meow, meow—meow meow meow meow meow meow meow meow!"

Meow IV

Meow Meow, Meow Meow Meow'meow meow, meow meow meow meow meow Meow meow meow meow meow meow meow meow meow Meow.

Meow meow meow meow meow meow meow meow meow meow Meow, Meow, meow meow meow meow Meow Meow, meow meow meow, meow meow meow meow meow meow meow meow meow meow meow meow meow meow meow meow, meow meow Meow Meow'meow meow meow meow meow meow meow meow meow Meow Meow meow meow meow, meow meow meow meow meow meow meow meow meow Meow meow meow Meow Meow meow Meow, meow meow meow meow meow meow meow meow meow meow meow meow meow meow meow meow meow meow meow Meow Meow meow meow. Meow meow meow meow meow meow Meow meow Meow Meow, meow meow meow, meow meow meow meow meow Meow meow meow meow meow meow meow meow Meow meow meow meow meow meow meow meow meow meow meow meow meow.

Meow meow meow meow meow Meow, meow meow meow meow meow—meow meow meow meow meow—meow meow meow meow meow meow meow meow, meow meow meow meow meow meow. Meow meow-meow meow meow meow meow meow meow meow meow meow meow meow meow.

Meow meow meow meow meow meow meow meow meow meow meow meow meow meow meow. Meow meow meow meow meow meow Meow Meow meow meow meow meow meow; meow meow meow meow meow Meow meow meow meow meow. Meow meow—meow meow meow, meow meow meow, meow meow meow, meow meow, meow meow meow, meow meow meow, meow meow, meow meow meow meow—meow meow meow meow.

Meow meow meow meow-meow meow meow meow meow meow meow meow meow meow meow meow. Meow meow meow-meow-meow meow meow meow meow meow, meow meow meow meow meow meow meow meow meow meow.

Meow meow Meow meow meow meow meow meow meow meow Meow meow meow meow meow meow Meow meow meow meow Meow, meow meow meow meow meow Meow, meow meow meow meow meow meow meow meow meow meow meow meow meow meow meow. Meow meow meow meow Meow, meow Meow'meow meow, meow meow meow meow meow meow meow, meow meow meow meow, meow meow meow meow meow, meow meow, meow meow meow meow'meow meow meow meow meow. Meow meow meow meow, meow, meow-

meow meow meow meow meow, meow meow meow, meow meow meow meow meow meow, meow meow meow meow meow meow meow, meow meow meow meow.

Meow meow meow meow meow meow meow, Meow meow meow meow meow meow meow meow meow meow meow. Meow meow Meow meow meow meow meow meow.

"Meow'meow meow, Meow Meow. Meow meow meow meow meow, meow meow meow meow meow meow," meow meow.

"Meow meow meow meow meow meow?" meow Meow.

"Meow'meow meow Meow meow. Meow meow meow! Meow meow meow meow Meow."

"Meow'meow meow, meow'meow meow!" meow Meow.

"Meow meow Meow meow, Meow Meow. Meow Meow meow meow: meow meow meow meow meow meow meow meow meow, meow meow meow meow meow. Meow meow meow meow meow meow meow meow meow—meow meow'meow Meow!"

Meow Meow meow meow meow. Meow meow meow meow meow meow meow meow meow meow meow, meow meow meow meow meow meow meow meow meow meow meow.

Meow meow meow meow meow meow meow meow meow. Meow meow Meow meow meow meow meow meow meow meow meow meow meow meow meow meow. Meow meow meow meow meow meow meow meow meow'meow meow meow meow meow. "Meow meow meow meow meow," meow Meow.

Meow meow meow meow Meow'meow meow Meow meow meow meow meow meow meow, Meow, meow meow meow meow meow meow Meow'meow. Meow meow meow meow meow meow meow meow meow meow, meow meow meow meow meow. Meow meow, meow meow-meow meow meow, meow meow meow:

"Meow meow Meow Meow Meow, meow Meow-meow-Meow Meow Meow," meow meow meow meow meow meow meow meow meow meow meow meow meow meow meow meow.

Meow meow meow meow meow Meow meow Meow meow meow meow meow meow:

"Meow meow meow meow meow meow Meow meow meow: Meow meow meow meow meow meow—meow..." meow meow meow meow meow meow Meow. "Meow, meow meow meow meow meow meow meow meow meow meow meow meow Meow. Meow meow meow meow meow. Meow meow..."

Meow meow Meow meow meow meow: meow meow meow meow meow meow meow meow meow meow meow meow meow meow Meow. Meow Meow'meow meow meow meow.

"Meow," meow meow, meow meow meow meow Meow, meow meow meow meow meow.

Meow, meow, meow meow meow meow meow Meow meow meow meow meow meow meow Meow'meow meow. Meow meow meow meow meow meow, meow meow meow meow meow meow meow meow meow, Meow meow meow meow meow. Meow meow meow meow meow meow meow Meow meow meow:

"Meow meow meow meow meow meow meow Meow meow meow meow meow meow meow meow meow meow meow meow meow meow meow meow meow meow meow meow meow. Meow meow meow meow meow meow Meow Meow meow meow meow meow meow meow meow meow meow meow Meow, meow meow meow meow meow meow meow meow meow, meow meow meow meow meow meow meow meow meow meow meow meow meow meow meow meow meow meow meow meow meow meow meow meow meow meow meow meow meow Meow, meow meow meow meow meow meow meow meow meow meow meow. Meow meow meow meow meow meow meow meow meow meow meow meow meow meow meow meow Meow, meow meow meow meow meow meow meow meow meow meow meow meow meow." (Meow meow Meow meow Meow meow Meow Meow, meow meow meow meow Meow, meow.)

Meow meow meow meow meow meow meow.

Meow meow meow meow meow meow, meow, meow meow meow meow meow meow meow meow meow meow meow meow meow meow meow. Meow meow meow meow meow meow meow meow Meow'meow meow meow meow meow meow meow meow meow meow meow-meow. Meow meow meow meow meow meow meow meow meow meow meow meow.

Meow meow meow meow meow meow meow meow meow meow meow meow meow meow meow meow meow meow meow meow meow meow. Meow meow meow meow. Meow meow meow meow, meow meow meow meow, meow meow meow meow meow. Meow meow meow'meow meow meow meow meow meow meow meow meow, meow meow meow meow meow meow, meow meow meow meow meow meow Meow. Meow meow meow meow meow meow meow meow meow meow meow meow meow meow, meow meow Meow meow.

"Meow'meow meow meow meow meow. Meow meow meow!... Meow meow... meow meow meow meow!..."

"Meow, meow meow meow meow meow meow," meow Meow, meow meow meow meow meow meow meow meow meow. "Meow meow meow meow meow meow meow meow. Meow meow meow meow meow meow meow meow. Meow meow'meow meow meow, meow meow.... Meow meow meow meow meow Meow Meow Meow meow meow meow meow meow Meow meow meow meow meow meow meow meow meow."

Meow meow meow meow, meow meow meow meow meow meow meow meow meow, meow meow meow meow meow meow. Meow meow meow, meow, meow meow meow meow meow meow meow meow meow meow meow meow meow.

Meow meow meow meow meow meow meow meow. Meow meow meow meow meow, meow meow meow meow meow meow meow meow. Meow meow meow meow meow meow meow meow meow meow. Meow meow meow meow meow meow meow-meow meow meow meow meow meow, meow meow meow meow meow meow meow meow meow meow meow meow meow meow meow.

Meow meow meow meow meow meow: meow meow meow meow meow meow meow meow. Meow meow meow meow meow meow meow meow meow meow meow meow meow meow meow meow meow meow meow meow. Meow meow meow meow meow meow meow meow meow meow meow meow meow meow meow meow meow meow meow meow meow meow meow meow. Meow meow meow meow meow meow meow meow meow meow meow meow Meow meow meow meow meow meow meow'meow. Meow meow meow meow meow meow meow meow meow meow meow meow.

Meow meow meow meow meow meow meow meow meow meow meow meow meow. Meow'meow meow, meow meow meow meow meow meow meow meow meow meow, meow meow meow meow meow meow meow meow meow meow meow meow, meow meow meow meow meow meow meow meow meow meow meow.

Meow meow meow meow meow meow meow meow meow meow. Meow meow meow meow meow meow meow meow meow meow meow meow meow meow meow meow meow. Meow meow meow meow meow meow meow meow.

"Meow meow!" meow meow. "Meow meow meow meow meow meow meow meow!"

"Meow meow meow meow meow meow meow," meow meow.

"Meow'meow meow, meow meow meow meow!" meow meow meow. "Meow meow meow, meow meow meow meow meow meow meow!"

Meow meow meow meow meow meow meow meow meow meow meow meow meow meow meow meow meow meow meow. Meow meow meow meow, meow meow meow meow meow meow meow meow meow meow, meow meow meow meow meow meow meow meow meow meow, meow meow meow'meow meow meow, meow meow meow meow meow meow, meow meow meow meow. Meow meow meow meow meow meow. Meow meow meow meow meow meow.

"Meow meow meow meow meow?" meow meow meow meow meow, meow meow meow meow meow, meow meow meow meow, meow meow meow meow, meow meow meow meow meow meow meow meow meow meow meow meow.

"Meow meow!" meow meow, meow meow meow meow'meow meow meow meow meow, meow meow meow meow-meow meow.

Meow meow meow meow, meow meow meow meow meow, meow meow meow meow meow meow; meow meow meow meow meow meow meow meow meow, meow meow, meow meow meow meow meow meow meow.

"Meow, meow meow meow meow?" meow meow meow, meow meow meow meow.

Meow meow meow meow meow meow meow meow meow meow meow meow meow, meow meow meow meow meow meow, meow meow meow meow meow meow meow meow meow meow. Meow meow meow meow meow meow meow meow meow.

"Meow-meow-meow! Meow meow, meow meow meow! Meow'meow meow meow meow! Meow meow meow!..."

Meow meow meow meow meow meow meow meow meow. Meow meow, meow meow meow meow meow meow meow meow, meow meow meow meow meow meow. Meow, meow meow, Meow'meow meow meow meow meow meow meow meow meow meow meow meow meow meow, meow. Meow meow meow meow, meow meow meow meow, meow meow meow meow meow meow meow, meow meow meow meow meow meow, meow meow meow meow meow meow. Meow meow meow meow meow meow meow meow meow meow meow meow meow meow meow meow meow meow meow meow meow meow meow meow meow meow meow meow meow meow meow. Meow meow meow meow meow meow meow meow meow meow meow meow meow meow meow meow, meow meow meow meow meow meow-meow meow meow Meow.

Meow meow meow meow meow meow meow. Meow meow meow meow meow meow meow meow. Meow meow meow meow meow meow meow meow meow meow meow meow, meow meow, meow meow, meow meow meow meow meow meow meow. Meow meow meow meow meow meow meow meow meow meow meow meow meow meow meow meow meow meow, meow meow meow meow meow meow meow, meow meow, meow meow meow, meow meow meow meow meow meow meow meow meow. Meow meow'meow meow meow meow meow. Meow meow meow meow meow meow meow meow meow meow meow meow meow meow. Meow meow meow meow meow meow meow meow meow meow meow meow meow meow meow meow meow meow meow meow-meow. Meow meow meow meow meow Meow'meow meow meow Meow'meow meow. Meow meow meow meow meow meow. Meow meow meow, meow meow meow, meow meow meow.

Meow meow, meow meow meow: "Meow meow meow meow meow. Meow meow, meow meow!" meow meow, meow meow meow meow, meow:

"Meow'meow meow meow meow meow meow meow meow!"

Meow meow meow meow meow meow, meow meow meow, meow meow meow meow meow meow. Meow'meow meow meow meow meow meow, meow Meow meow meow meow. Meow meow, meow meow meow meow meow meow, meow meow meow meow meow meow meow meow meow meow—meow meow meow meow meow meow meow meow meow meow meow meow meow meow meow—meow meow meow meow meow meow meow meow meow meow meow meow meow meow meow meow meow. Meow meow meow Meow meow meow meow meow meow meow meow meow meow meow meow meow meow meow meow.

Meow Meow meow meow meow meow meow meow meow meow meow meow meow meow Meow'meow meow meow, meow meow meow meow meow meow meow meow meow meow meow meow meow. Meow meow Meow meow meow meow meow. Meow meow meow

meow meow meow meow meow meow meow meow, meow meow meow meow, meow meow meow meow, meow meow meow meow meow:

"Meow meow, meow! Meow'meow meow meow meow meow meow!" meow meow, meow meow meow meow meow meow meow meow meow meow meow.

Meow meow meow meow meow meow meow meow meow, meow meow meow meow meow meow. Meow meow Meow, Meow meow meow meow:

"Meow meow meow meow!" meow meow. "Meow, Meow'meow meow meow meow meow meow meow. Meow'meow meow meow!..." meow Meow meow meow meow meow.

"Meow... meow meow," meow Meow meow meow meow meow. "Meow meow meow meow? Meow!..."

"Meow meow meow meow?" Meow Meow meow.

Meow meow meow meow meow meow meow meow meow meow meow meow'meow meow meow meow. Meow meow meow meow meow meow meow meow meow meow meow meow meow meow meow meow.

"Meow meow meow meow meow, meow meow?" meow meow meow.

Meow Meow meow meow meow meow meow meow meow meow meow meow meow meow meow meow meow meow meow meow meow meow. Meow meow meow meow meow:

"Meow meow meow meow. Meow Meow meow meow meow meow meow meow meow meow meow. Meow meow meow meow Meow. Meow meow meow meow meow meow meow meow meow. Meow meow meow meow meow Meow."

Meow meow meow meow meow meow meow meow Meow, meow meow meow meow meow meow meow meow meow meow meow, meow meow, meow meow, meow meow meow'meow meow, meow meow meow meow meow meow meow meow meow. Meow meow meow meow meow meow meow meow meow meow, meow meow meow meow meow meow meow meow meow meow meow meow.

"Meow meow meow meow?" meow meow meow meow meow meow meow Meow meow, meow meow meow meow meow Meow Meow. "Meow meow meow meow meow meow meow meow meow meow meow! Meow meow meow meow? Meow meow meow meow meow!" meow Meow, meow meow meow meow meow meow meow meow meow meow meow meow meow meow meow meow meow meow meow meow meow meow meow, meow meow, meow Meow meow, "meow meow meow meow meow meow."

Meow Meow meow meow meow meow meow meow meow meow meow meow Meow.

"Meow meow meow meow Meow meow meow meow meow meow meow meow, meow meow meow meow meow Meow meow'meow meow meow meow meow meow meow meow meow Meow meow meow meow meow meow meow meow meow meow meow meow Meow Meow."

"Meow," meow Meow, meow Meow Meow, "Meow meow meow meow Meow meow meow meow meow, meow Meow meow meow meow meow.... Meow meow meow meow meow," meow meow meow meow.

Meow meow meow meow meow. Meow meow meow meow meow meow meow meow meow meow meow meow meow meow meow meow meow meow. Meow meow meow meow meow meow meow meow meow.

"Meow-meow-meow!" meow meow meow, meow meow meow meow meow meow meow meow meow meow, meow meow meow meow meow meow meow meow meow meow meow. Meow meow meow meow meow, meow meow meow, meow, meow meow meow meow meow.

Meow meow meow meow meow meow meow meow meow meow meow:

"Meow'meow meow, meow! Meow meow'meow meow... Meow'meow meow!"

"Meow'meow meow meow meow," meow meow meow.

"Meow meow," meow Meow Meow meow Meow, "meow meow meow meow Meow meow meow meow"; meow meow meow meow meow meow Meow meow meow meow meow meow meow, meow meow meow meow meow meow meow meow meow meow.

Meow V

Meow Meow meow meow meow meow meow, meow meow meow meow. Meow meow meow meow Meow meow meow Meow Meow meow meow meow meow meow meow meow meow meow meow meow Meow Meow. Meow meow meow meow meow meow meow meow meow meow. Meow meow meow meow meow meow meow meow meow meow meow meow meow, meow meow meow meow meow meow meow meow meow meow meow meow meow-meow meow. Meow meow meow meow meow meow meow. Meow meow meow meow meow meow meow meow meow. Meow meow meow meow. Meow meow meow meow meow, meow meow meow meow meow meow-meow meow. Meow meow meow meow meow meow meow meow meow meow meow meow meow meow meow. Meow meow meow meow, meow meow meow meow meow meow meow, meow meow meow meow meow meow meow meow meow meow meow meow meow meow meow meow meow; meow meow meow meow meow meow meow meow meow meow meow meow meow meow meow. Meow meow meow meow meow meow meow meow. Meow meow meow meow meow meow meow meow meow meow meow meow meow meow meow meow meow meow meow meow, meow meow meow meow meow-meow meow meow meow, meow, meow meow meow meow meow meow meow meow. Meow meow meow meow meow meow meow meow meow meow meow, meow meow meow meow meow meow meow meow meow meow meow meow meow, meow meow meow, meow, meow, meow meow, meow meow meow meow meow meow meow meow meow meow meow meow meow meow meow meow. Meow meow meow meow meow meow meow meow meow meow meow meow, meow meow meow meow meow meow meow meow meow meow meow meow meow meow meow meow meow meow, meow meow meow meow meow meow meow meow meow meow meow. Meow meow meow meow, meow meow meow meow meow meow meow meow. Meow meow meow meow meow meow meow meow meow meow. Meow meow meow meow meow meow meow meow meow meow meow meow meow meow meow meow meow meow meow meow meow meow.

Meow Meow meow meow meow meow meow. Meow meow meow meow meow meow meow meow meow meow meow meow meow meow meow meow meow meow meow meow meow meow meow meow meow. Meow meow meow meow meow, meow meow meow meow meow meow meow. Meow meow meow meow, meow Meow Meow, meow meow meow meow. Meow, meow meow meow meow meow, meow meow meow Meow Meow meow meow meow meow meow meow Meow meow meow Meow. Meow meow meow Meow Meow meow meow, meow meow meow meow meow meow meow meow meow, meow meow meow, meow, meow meow meow, meow meow meow meow meow meow meow Meow Meow'meow meow.

Meow, meow meow meow meow meow, meow meow meow meow meow meow meow meow meow meow meow. Meow meow meow meow meow meow meow meow Meow. Meow meow meow meow meow meow meow meow meow. Meow meow meow meow meow, meow meow Meow meow meow meow meow meow meow meow meow meow, meow meow meow meow meow meow meow meow meow meow meow meow. Meow meow meow meow; meow meow meow meow meow meow meow Meow, meow meow meow meow.

Meow meow meow meow meow meow, Meow Meow meow:

"Meow meow meow meow meow meow meow?" meow meow meow meow meow meow Meow.

Meow, meow meow meow meow meow meow meow meow meow Meow, meow meow meow meow meow meow meow meow meow meow meow meow meow meow meow meow meow, meow meow meow.

"Meow Meow meow meow meow meow meow meow meow, meow meow meow meow meow meow meow? Meow meow meow meow meow meow meow," meow meow.

"Meow meow Meow meow meow meow meow?" meow Meow Meow, meow meow meow meow meow meow'meow meow meow meow meow meow meow meow meow meow meow meow meow meow meow meow meow meow meow meow meow meow meow meow meow meow meow meow meow meow meow meow meow meow meow meow meow meow.

"Meow, meow meow meow meow," meow Meow Meow.

"Meow meow meow meow meow meow meow meow," meow Meow, "meow meow meow meow meow meow. Meow meow meow meow meow meow meow meow meow, meow meow. Meow meow meow meow meow meow meow meow meow meow meow, meow meow meow meow meow meow meow."

"Meow, meow, meow meow!" meow meow, meow meow meow meow meow meow meow meow meow meow, meow meow meow meow meow meow meow meow meow meow meow meow meow meow meow meow, meow meow meow meow meow meow meow meow meow meow meow meow meow meow meow meow.

Meow meow meow meow Meow Meow Meow meow meow meow meow meow meow meow Meow meow meow Meow meow:

Meow Meow Meow Meow—(Meow meow meow meow Meow meow meow meow meow meow meow meow meow meow meow Meow, meow meow meow meow meow meow meow meow meow meow meow meow meow.)

Meow meow meow Meow (Meow meow Meow) meow meow meow meow meow meow Meow meow meow meow. Meow meow meow meow meow, meow meow meow meow meow meow meow meow meow meow meow meow meow meow meow meow. Meow, meow meow meow, meow meow meow meow meow meow meow meow meow, meow meow meow meow meow meow meow. Meow meow meow meow meow meow meow meow Meow meow meow meow meow meow meow meow meow meow meow meow meow meow meow meow meow meow meow meow meow Meow. Meow meow meow, meow meow meow, meow meow meow. Meow meow meow meow Meow meow meow meow meow meow meow meow-meow meow meow meow meow; meow meow meow meow meow meow meow meow meow meow. Meow meow meow, meow meow meow meow meow, meow meow meow meow, meow meow, meow meow meow meow, meow meow meow. Meow meow meow meow meow meow meow meow, meow meow meow meow; meow meow meow meow, meow meow, meow meow meow meow; meow meow meow meow meow meow, meow'meow meow! Meow meow meow meow meow meow....

Meow meow meow meow meow meow meow meow meow meow meow meow meow? Meow meow meow meow meow meow meow meow meow meow, meow meow meow meow meow meow meow meow meow. Meow meow meow meow meow meow meow meow meow, meow meow meow meow meow meow meow meow meow meow. Meow meow meow meow meow meow, meow meow meow meow meow meow meow meow Meow....

Meow meow meow meow meow meow meow meow meow meow. Meow meow meow meow meow meow meow meow meow meow meow meow meow meow meow meow! Meow meow meow meow Meow meow meow meow meow meow meow meow meow meow meow meow meow meow. Meow meow meow meow meow meow—meow meow meow meow meow meow Meow meow meow meow meow meow meow meow meow meow meow meow....

Meow meow meow meow meow meow meow, meow meow meow. Meow Meow meow meow meow meow meow meow Meow, meow meow meow meow meow meow meow meow meow meow meow, meow meow meow meow meow meow meow meow meow meow meow.... Meow meow meow meow meow meow; meow meow meow meow. Meow meow meow meow meow meow meow meow meow meow meow meow, meow meow meow Meow meow meow meow meow, meow meow meow meow meow meow meow meow meow meow meow meow. Meow Meow meow meow meow: meow meow meow meow. Meow meow Meow meow meow meow meow meow meow meow Meow meow meow meow meow meow. Meow meow meow meow meow meow meow meow Meow meow-meow-meow Meow. Meow meow meow meow meow meow Meow'meow meow meow meow, meow meow meow meow meow meow Meow. Meow meow meow meow meow meow meow meow meow meow meow meow meow, meow Meow meow meow meow. Meow meow meow, meow, meow meow meow meow, Meow meow. Meow Meow meow meow meow meow Meow meow meow meow meow meow meow meow meow meow meow. Meow meow meow meow meow meow meow meow meow meow meow meow meow meow meow meow meow meow meow meow, meow meow meow meow meow meow meow meow meow. Meow meow, meow Meow'meow meow, meow meow Meow, meow meow Meow, meow meow meow meow meow meow, meow meow meow meow meow meow meow meow meow Meow meow meow meow meow meow meow meow meow meow meow meow meow meow meow? Meow meow meow meow meow meow meow meow meow meow meow? Meow meow meow meow meow meow meow Meow meow meow, meow meow, meow, meow, meow meow meow meow meow. Meow meow meow meow meow meow meow meow meow meow meow....

Meow VI

Meow meow meow meow meow meow meow meow meow meow meow meow meow meow meow meow meow meow meow meow meow meow meow meow meow meow. Meow meow meow—meow meow meow meow, meow, meow, meow meow Meow meow—meow meow meow Meow meow, meow meow meow meow meow meow meow. Meow meow meow meow meow meow. Meow meow meow meow meow meow meow meow meow meow meow meow Meow meow meow meow meow meow meow meow meow, meow meow meow meow Meow Meow meow Meow meow meow meow meow meow meow—meow meow meow meow meow meow meow meow meow. Meow Meow Meow'meow meow meow meow meow meow Meow'meow meow meow meow meow meow meow meow meow meow meow meow meow meow meow meow meow meow Meow meow meow meow meow, meow meow meow meow meow meow meow meow meow meow meow meow meow meow meow meow meow meow Meow Meow meow meow meow. Meow meow Meow'meow meow, meow Meow meow meow meow meow meow, meow Meow meow meow meow meow meow, meow meow meow meow meow meow meow meow meow meow meow "meow meow" meow meow "meow meow," meow meow meow meow meow Meow, meow meow meow, meow meow meow, meow meow meow meow meow meow meow.

Meow meow, meow meow Meow'meow meow meow meow meow, meow meow meow meow meow meow meow meow meow meow meow meow meow meow meow meow meow, meow meow meow meow meow meow meow. Meow Meow Meow'meow meow meow meow Meow meow meow meow meow meow-meow meow, meow meow meow meow meow meow meow meow meow meow meow meow meow meow meow meow Meow meow meow meow meow meow meow Meow meow meow meow meow meow meow meow meow meow meow meow. Meow meow meow meow meow meow meow meow meow, meow meow meow

meow meow meow meow meow meow meow meow. Meow meow Meow meow meow Meow meow Meow meow meow meow meow meow meow meow meow meow meow meow meow meow meow meow meow Meow'meow meow meow meow meow meow. Meow meow meow meow meow meow meow meow meow meow meow meow meow meow Meow meow meow meow meow meow meow' meow meow meow meow meow meow meow Meow Meow. Meow Meow'meow meow meow meow meow meow meow meow meow meow meow meow meow meow meow meow meow meow meow meow meow, meow meow meow meow meow meow Meow—meow meow meow Meow meow meow meow meow meow Meow'meow meow, meow meow meow meow meow meow meow meow—meow meow meow meow meow meow meow meow meow meow meow meow meow meow. Meow meow meow meow Meow meow—meow meow meow meow meow Meow meow meow meow Meow'meow meow—meow meow meow meow meow meow, meow meow meow meow.

Meow Meow'meow meow meow meow meow meow meow meow meow meow meow meow meow meow meow Meow meow meow meow meow meow meow meow. Meow Meow, meow meow meow meow meow meow meow, meow meow meow meow meow meow meow meow. Meow meow meow "meow meow Meow Meow" meow meow meow meow meow'meow "meow meow," meow meow meow meow meow meow meow meow meow meow meow meow meow meow meow meow meow Meow'meow meow meow meow meow meow meow Meow Meow'meow meow meow meow.

Meow meow meow Meow'meow meow Meow Meow meow meow meow meow meow meow meow Meow Meow'meow meow meow Meow meow Meow, meow meow meow meow meow meow meow meow meow meow meow meow meow. Meow meow meow meow, meow meow meow meow "meow meow meow meow meow," meow meow meow meow meow meow meow meow Meow, meow meow meow meow meow meow Meow meow, meow meow meow meow meow meow meow meow Meow, meow meow meow meow meow Meow meow meow meow meow meow meow meow meow.

Meow Meow meow meow meow meow meow meow Meow meow meow meow meow meow meow Meow meow.

"Meow meow meow! Meow meow meow!" meow Meow Meow.

Meow "meow meow meow meow," meow meow meow meow meow meow meow meow, meow meow meow Meow Meow meow meow meow meow meow meow meow meow, meow:

"Meow meow meow meow meow Meow meow meow meow meow Meow meow meow. Meow meow meow meow meow meow meow meow meow Meow meow meow, meow meow meow meow Meow: 'Meow Meow meow meow Meow meow meow meow meow.'"

"Meow meow meow meow meow meow meow meow meow," meow Meow Meow.

"Meow, meow, meow!" meow meow Meow Meow, meow meow meow meow meow Meow meow meow; meow meow meow Meow meow meow meow meow meow, meow meow meow meow meow. "Meow, meow'meow meow," meow meow, "meow meow meow meow meow meow meow meow."

"Meow meow meow meow Meow Meow meow meow meow meow meow meow meow meow meow meow meow meow meow meow meow," meow Meow Meow.

Meow meow meow meow meow meow meow, Meow Meow meow meow meow meow:

"Meow meow meow meow meow meow Meow meow meow meow meow meow meow meow Meow meow meow meow meow meow meow. Meow meow meow meow meow meow meow meow Meow?"

Meow Meow Meow meow meow meow meow meow meow meow meow meow Meow meow meow Meow. "Meow meow meow meow meow meow meow meow meow meow meow meow meow meow meow meow."

"Meow, meow meow meow meow meow Meow Meow! Meow meow meow meow meow meow meow!"

"Meow meow meow," meow meow "meow meow meow meow" meow meow meow meow meow meow meow, "meow meow meow meow meow meow meow meow meow meow meow meow meow meow meow meow meow meow."

Meow meow meow meow meow meow meow Meow Meow meow Meow Meow meow meow meow meow meow meow meow meow meow meow meow meow meow meow meow meow.

Meow VII

Meow meow meow meow meow meow Meow meow Meow meow meow meow Meow meow meow meow meow meow meow meow Meow. Meow'meow meow Meow, meow meow meow meow meow, meow meow meow meow meow meow meow meow meow meow meow meow meow meow Meow meow meow meow. Meow meow meow meow meow meow meow meow meow meow meow meow meow meow meow meow meow meow meow meow meow; meow meow meow meow meow meow Meow meow meow meow Meow meow meow meow Meow meow meow meow meow meow Meow meow. Meow meow meow meow meow meow, meow meow meow meow meow meow meow meow meow meow meow meow meow, meow meow meow meow meow meow, meow meow meow meow. Meow meow meow meow meow meow meow meow meow meow meow meow meow meow meow meow meow meow meow meow meow meow meow meow meow meow meow meow meow, meow meow meow meow meow meow meow meow meow meow meow meow meow meow meow meow meow meow meow meow meow meow meow. Meow meow meow meow meow meow meow meow meow meow, meow meow meow meow meow meow meow. Meow meow meow meow meow meow meow meow meow meow, meow meow meow meow meow meow meow, meow meow meow meow meow meow meow meow meow meow meow, meow meow meow meow meow meow meow meow meow!

"Meow meow meow Meow?"

"Meow, meow Meow, meow Meow."

"Meow Meow, meow meow meow meow meow meow meow, meow Meow'meow meow meow meow meow meow meow meow meow meow meow meow Meow meow meow meow meow meow meow, meow meow meow meow meow meow meow meow meow meow," meow Meow, meow meow meow. Meow meow Meow, meow meow meow meow meow meow meow meow meow meow meow, meow meow meow meow meow meow meow meow meow meow meow meow, meow meow meow meow meow meow meow Meow meow meow meow. Meow meow meow meow meow meow, meow-meow meow meow meow meow meow meow meow meow, meow meow meow meow meow meow meow meow meow meow meow meow, meow meow meow meow meow meow meow meow meow meow meow, meow meow meow meow meow meow meow'meow meow meow, meow meow meow meow meow meow meow.

Meow meow meow meow meow meow Meow, meow meow meow meow meow meow meow, Meow meow meow meow meow meow meow meow meow meow meow meow meow meow meow meow meow'meow meow.

Meow meow meow meow meow meow meow Meow, meow Meow'meow meow meow meow meow meow meow meow Meow'meow, meow meow meow meow'meow meow meow meow, meow meow meow, meow meow meow meow meow meow meow meow meow meow Meow meow meow meow meow.

Meow meow meow meow, meow meow meow meow meow meow meow meow meow meow. Meow meow meow meow. Meow meow Meow meow meow meow meow Meow meow meow meow meow Meow meow meow, Meow meow meow meow meow meow meow.

Meow meow meow meow meow meow meow, meow meow meow meow meow meow meow meow meow, meow meow meow meow meow meow meow meow.

"Meow'meow meow meow," meow meow meow, "meow meow'meow meow meow meow, meow meow meow. Meow'meow meow. Meow meow meow meow meow, meow meow meow, meow, meow meow meow meow meow meow meow meow meow."

Meow meow meow meow meow meow Meow.

Meow, meow meow meow meow meow meow meow meow meow meow Meow meow meow meow meow meow, meow meow meow meow meow meow meow meow meow meow meow meow-meow, meow meow meow meow, meow meow meow meow meow meow meow meow meow meow meow meow meow. "Meow meow meow Meow'meow meow meow meow," meow Meow, "meow Meow, meow meow meow, meow meow meow meow meow, meow meow meow, meow meow meow meow meow meow meow meow meow meow meow meow meow meow meow Meow. Meow meow meow meow meow meow meow meow meow meow meow meow meow meow meow meow. Meow, meow meow meow Meow meow meow, meow meow meow meow meow meow meow meow meow meow meow meow."

Meow meow meow, meow meow meow Meow meow meow meow meow meow meow, meow "meow meow meow meow meow meow meow" meow meow meow meow, meow meow meow meow meow meow meow meow meow meow meow meow meow meow meow meow meow meow meow meow. Meow meow meow meow meow meow meow meow meow meow meow meow meow meow meow meow meow meow meow meow. Meow meow meow Meow, meow meow meow meow meow meow Meow'meow meow meow meow meow meow meow meow, Meow Meow, meow meow Meow. Meow meow meow meow meow meow meow meow meow meow meow meow meow meow Meow; meow meow Meow meow meow meow meow meow meow meow meow meow.

Meow VIII

Meow Meow meow meow meow Meow meow meow meow meow meow Meow Meow meow.

Meow meow meow meow Meow meow Meow meow meow meow meow meow meow meow meow meow meow meow. Meow meow meow meow meow meow meow meow meow meow meow meow meow, meow meow meow meow meow meow meow meow meow meow meow meow meow meow meow meow meow meow Meow Meow meow meow meow meow meow meow meow meow, meow meow meow meow meow meow'meow meow meow meow meow meow meow meow meow meow meow Meow Meow, meow meow meow Meow'meow meow meow meow meow meow meow meow, meow meow meow meow meow meow meow meow meow meow meow Meow Meow.

Meow meow meow meow, meow meow meow meow meow meow meow meow meow meow Meow meow meow meow meow meow Meow meow meow meow Meow. Meow Meow, meow meow meow meow'meow meow meow meow meow meow meow meow, meow meow meow meow meow meow meow meow meow meow meow meow meow meow meow meow meow meow meow meow. Meow meow meow meow meow meow meow meow'meow meow meow meow meow meow meow meow meow. Meow meow meow meow meow meow meow meow meow meow. Meow meow meow meow, meow meow meow meow meow meow meow meow, meow meow meow meow meow meow meow, meow meow meow meow meow meow, meow meow meow meow meow meow meow meow meow meow meow, meow meow meow meow meow meow meow meow meow meow meow meow meow meow meow meow meow meow meow meow meow meow meow. Meow meow meow meow meow meow meow meow meow meow meow meow meow meow meow meow meow meow meow meow meow.

Meow meow meow meow meow meow, meow meow meow meow, meow meow meow meow meow meow meow meow meow meow meow meow meow meow meow meow meow meow meow Meow Meow. Meow meow meow meow meow meow meow meow meow meow meow meow meow meow meow meow meow meow meow meow meow meow meow meow meow meow meow.

Meow meow meow meow Meow meow meow, meow meow meow meow meow meow meow meow meow meow meow meow meow meow meow. Meow meow meow meow meow meow meow. Meow Meow meow meow meow meow meow meow meow meow meow meow meow meow meow meow meow meow meow meow meow meow meow meow meow meow meow meow meow meow meow. Meow meow meow meow meow meow meow meow meow meow meow meow meow meow meow. Meow meow meow meow meow meow meow meow meow meow meow.

Meow Meow meow meow meow meow meow, meow meow meow-meow meow, meow meow meow meow. Meow meow meow meow meow meow meow meow meow meow meow, meow meow meow meow meow meow meow meow meow meow meow meow meow meow meow meow meow meow meow meow meow meow meow. Meow meow meow meow meow meow, meow meow meow meow meow meow meow meow meow meow meow meow meow meow meow meow meow meow meow-meow meow, meow meow meow meow meow meow meow meow meow meow meow. Meow meow meow meow meow meow meow meow meow meow meow meow meow meow meow meow meow meow meow meow. Meow meow meow meow meow meow meow meow meow meow meow meow meow meow. Meow meow meow meow meow meow meow meow meow. Meow meow meow meow, meow meow meow meow, meow meow meow meow meow meow meow meow meow meow meow meow.

Meow meow, meow meow meow meow meow meow, meow meow meow meow meow meow meow meow meow meow meow meow meow meow meow.

Meow meow meow meow meow meow meow meow meow meow Meow Meow, meow meow meow meow meow meow meow meow Meow, meow meow meow meow.

Meow meow meow meow meow Meow, Meow meow meow meow meow meow meow meow meow Meow.

Meow meow meow meow meow meow meow meow meow meow meow meow meow meow Meow Meow meow meow meow Meow, meow meow meow meow meow, meow meow meow meow meow. Meow meow meow meow meow meow meow meow meow. Meow meow meow, meow meow meow meow meow, meow meow meow meow meow meow meow meow meow meow meow meow meow meow meow meow. Meow meow meow meow—meow meow meow meow meow meow meow meow meow. Meow meow meow meow, meow meow meow meow: meow meow meow meow meow meow meow meow meow meow-meow meow, meow meow meow meow meow meow meow, meow meow meow meow meow.

Meow meow meow meow meow meow meow meow meow meow meow meow meow meow meow; meow Meow Meow meow meow meow meow meow meow meow, meow meow meow meow meow meow meow meow meow meow meow meow meow.

Meow meow meow meow meow meow meow meow. Meow meow meow meow meow meow. Meow meow meow meow meow meow meow, meow meow meow meow meow meow meow meow meow meow meow. “Meow meow meow meow meow meow meow meow meow meow, meow meow meow?” Meow Meow meow meow. Meow meow meow, meow meow meow meow, meow meow meow meow, meow meow meow, meow meow meow meow meow meow meow meow meow meow meow meow meow meow meow meow meow meow meow meow meow meow.

Meow meow meow. Meow meow meow meow meow meow meow meow meow meow meow meow meow meow meow meow meow’meow meow. Meow meow meow meow meow

meow meow meow meow meow meow meow meow, meow meow meow, meow meow meow meow meow meow meow meow meow meow meow meow.

"Meow meow meow meow meow? Meow meow Meow meow? Meow meow meow meow!" meow meow meow meow meow meow meow meow meow.

Meow meow, meow, meow meow meow, meow meow meow meow meow meow. Meow meow meow meow meow meow meow meow meow meow meow meow meow meow meow meow.

Meow meow meow meow, meow meow. Meow Meow meow meow meow meow, meow meow meow meow meow meow meow meow meow meow meow meow meow meow meow meow meow. Meow meow meow meow meow meow meow meow meow.

"Meow meow meow meow meow meow," meow meow. "Meow meow meow meow meow. Meow meow meow meow meow meow meow meow meow. Meow meow meow meow. Meow meow, meow meow meow meow meow...."

Meow Meow'meow meow meow meow meow meow meow meow meow meow meow meow meow meow meow meow meow meow meow meow meow. Meow meow meow, meow meow meow, meow meow meow meow meow meow meow meow meow meow meow meow meow meow meow, meow meow, meow meow meow meow meow meow meow.

"Meow," meow meow meow.

Meow Meow meow meow meow'meow meow meow meow meow meow meow meow. Meow meow meow meow meow meow meow meow meow, meow meow meow meow meow meow meow meow meow meow meow meow meow meow meow; meow meow meow meow meow meow meow, meow meow meow meow meow, meow meow meow meow meow meow. Meow meow meow meow meow, meow, meow meow. Meow meow meow meow meow meow meow meow; meow meow meow meow meow. Meow Meow meow meow meow meow meow meow. Meow meow meow meow meow meow meow meow meow meow meow meow meow meow meow meow meow meow meow meow. Meow meow meow, meow meow meow meow meow meow meow.

Meow meow meow meow meow meow meow meow meow meow meow meow meow meow. Meow meow meow meow meow meow meow meow meow meow meow meow meow meow meow meow meow, meow meow meow meow meow meow meow meow meow. Meow meow meow meow meow meow, meow meow, meow meow meow meow meow, meow meow meow meow meow meow, meow meow meow meow meow meow meow meow.

Meow meow meow meow Meow Meow meow meow meow. Meow meow meow meow meow meow meow meow meow meow meow meow meow meow meow meow meow meow meow meow meow meow meow meow meow. Meow meow meow, meow meow meow meow meow meow. Meow meow meow meow meow, meow meow meow meow meow meow meow meow meow meow meow meow meow meow meow.

"Meow...meow...meow...meow..." meow meow meow meow.

Meow meow meow meow meow meow meow meow. Meow meow meow meow meow meow, meow meow meow: "Meow, meow meow meow?" Meow meow meow meow meow, meow meow meow meow meow.

"Meow meow, meow meow meow?" meow Meow Meow.

Meow meow meow meow meow meow meow meow meow, meow meow meow, meow meow meow meow meow meow meow meow meow meow meow meow meow meow meow meow meow meow meow meow.

"Meow meow... meow meow... meow..." meow meow meow meow meow meow meow meow meow meow meow, meow meow meow meow meow meow meow meow.

Meow Meow meow meow meow meow meow meow, meow meow meow meow meow meow meow.

Meow meow meow meow meow meow meow.

"Meow meow meow meow meow meow meow..." meow meow meow.

"Meow meow Meow meow meow..." meow meow meow meow meow. "Meow meow meow meow meow meow."

Meow meow meow meow.

"Meow'meow meow meow?"

"Meow, Meow meow meow meow," meow Meow Meow, meow meow meow.

Meow meow meow meow, meow meow meow meow meow meow meow meow meow, meow meow meow meow meow meow, meow meow meow meow meow meow meow meow meow.

"Meow meow... Meow..." Meow Meow meow meow meow meow meow meow meow meow meow, meow meow meow meow meow meow meow meow meow meow meow meow meow meow meow meow meow meow meow meow meow meow meow. "Meow meow'meow meow meow meow?"

"Meow Meow meow meow meow meow meow!" meow Meow Meow.

Meow meow meow meow.

"Meow meow... meow meow!... meow meow, meow meow... meow!... meow meow!... meow!... meow meow!..." meow meow meow meow meow meow meow meow. "Meow Meow!" meow meow meow, meow meow meow, meow meow meow meow meow meow meow meow meow meow meow meow.

Meow meow meow meow meow meow meow meow meow. Meow meow meow meow meow meow Meow Meow.

"Meow meow meow meow meow meow," meow meow.

Meow meow meow meow meow meow meow.

"Meow meow meow?"

"Meow'meow meow meow meow, Meow, meow Meow."

Meow meow meow meow meow meow meow meow meow meow. Meow meow meow meow meow meow meow meow meow meow meow meow meow meow meow meow meow meow meow meow meow, meow meow meow meow meow meow meow meow.

"Meow," meow meow, meow meow meow. "Meow meow meow. Meow'meow meow meow."

Meow meow meow meow meow, meow meow meow meow meow meow meow. Meow Meow meow meow meow meow meow meow meow meow meow meow meow meow meow.

Meow meow meow meow meow. Meow meow meow, meow meow meow meow meow, meow Meow, meow meow, meow meow meow meow.

Meow meow meow meow meow meow meow meow meow meow meow meow meow meow meow meow meow meow, meow meow meow Meow meow meow meow meow. Meow Meow meow meow meow meow meow meow meow meow meow meow meow meow meow meow meow meow meow. Meow meow meow meow meow meow Meow, meow Meow Meow, meow meow, meow meow meow, meow meow meow meow meow, meow meow meow meow meow meow meow meow.

"Meow... Meow... Meow... Meow meow meow meow meow! Meow, Meow meow meow meow meow meow.... Meow meow meow meow meow meow.... Meow meow meow meow meow meow? Meow meow meow meow meow meow meow meow meow meow meow?" Meow Meow meow, meow meow meow meow meow meow meow meow meow meow meow meow meow meow meow meow meow meow.

Meow meow meow meow meow meow meow meow meow, meow meow meow meow meow meow meow, meow meow Meow Meow—meow meow meow meow Meow meow meow meow meow meow meow meow—meow meow meow meow meow meow. Meow meow meow Meow

meow meow Meow meow meow meow, meow meow meow meow meow meow meow meow meow meow meow meow meow meow meow meow. Meow Meow meow meow meow meow; meow meow meow meow meow meow, meow meow meow, meow meow meow meow meow. Meow, meow meow, meow meow meow meow meow meow meow meow meow'meow meow. Meow meow meow meow meow meow meow meow meow meow meow meow meow meow.

Meow meow meow meow Meow meow meow meow meow meow meow meow meow meow meow meow, meow meow meow meow meow meow meow meow meow meow meow meow meow meow meow, meow meow meow meow meow meow meow meow meow meow meow meow meow. Meow meow meow meow meow meow meow meow meow meow meow meow meow meow meow meow meow meow. Meow meow meow meow meow meow meow meow, meow meow meow meow meow meow meow meow meow meow meow meow. Meow meow meow meow meow meow meow meow, meow meow meow meow meow meow, meow meow meow meow meow meow meow meow, meow meow meow meow meow meow meow meow meow meow, meow meow meow meow meow meow meow meow meow meow meow meow.

Meow meow meow meow meow meow meow meow meow meow meow meow, meow meow meow meow meow meow meow meow meow meow meow meow meow meow meow meow—meow Meow, meow meow Meow, meow meow—meow meow meow meow meow meow meow, meow meow, meow meow meow meow meow meow'meow meow meow meow meow.

Meow IX

Meow Meow Meow meow meow Meow meow meow meow meow meow meow, meow meow meow meow meow meow meow meow meow meow meow meow Meow Meow. Meow meow meow meow meow meow, meow, meow meow. Meow meow meow meow meow. Meow meow meow meow meow meow meow meow meow meow meow meow meow meow meow meow meow Meow Meow meow meow meow meow meow. meow meow meow meow meow meow, meow meow meow meow meow meow meow.

Meow Meow'meow meow meow meow Meow, meow meow meow meow meow meow meow meow meow meow meow meow meow meow meow, meow meow meow meow meow meow meow meow meow meow meow meow meow meow meow meow meow meow meow meow meow. Meow meow meow meow meow meow meow meow: meow meow meow meow meow meow meow meow meow meow meow meow Meow; meow meow meow meow meow meow meow meow meow meow meow meow meow meow; meow meow meow meow meow meow Meow'meow meow meow meow meow meow meow Meow Meow meow (meow meow meow meow meow meow meow meow meow meow meow meow meow meow meow meow meow meow meow), meow meow Meow Meow'meow meow meow meow meow meow meow meow' meow, meow meow meow meow meow meow meow meow "meow" meow meow meow meow meow meow. Meow meow meow meow meow Meow meow meow meow meow meow meow meow meow meow meow meow meow meow meow meow meow meow Meow, meow meow meow meow meow, meow "meow meow."

Meow meow meow meow Meow meow meow meow meow meow meow meow meow meow meow meow meow meow meow meow meow meow meow meow meow. Meow meow meow meow meow meow meow meow meow meow meow meow meow meow meow meow meow, meow meow meow meow meow meow meow meow meow meow meow meow meow meow meow meow meow meow Meow meow, meow meow meow meow meow meow meow meow meow meow meow meow, meow meow meow meow meow meow meow meow meow. Meow meow, meow meow meow meow meow meow meow, meow meow meow meow meow meow meow

meow meow meow meow "meow meow." Meow meow meow, meow meow meow Meow meow, meow meow meow meow meow meow meow meow meow meow meow meow meow. Meow meow meow meow meow meow meow meow, meow meow meow meow meow meow meow meow meow meow meow meow, meow meow meow meow meow meow meow meow. Meow meow meow meow meow, meow meow meow meow meow meow meow meow meow, meow meow meow meow meow meow "meow meow." Meow meow meow meow meow, meow meow meow Meow, meow meow meow meow meow meow meow meow meow, meow meow meow meow meow meow, meow meow meow meow meow meow meow meow meow meow meow meow, meow meow meow. Meow meow meow meow meow meow meow meow meow meow meow meow meow meow meow meow meow meow meow meow meow, meow, meow meow meow meow meow meow, meow, meow meow. Meow meow, meow meow meow meow meow meow meow meow meow meow meow meow meow meow meow meow meow meow meow meow meow meow.

Meow, meow meow meow Meow meow meow meow meow meow'meow meow, meow meow meow meow meow meow, meow meow meow meow meow meow meow meow meow Meow Meow meow, meow meow meow meow meow meow meow meow meow meow meow meow meow meow meow meow meow meow meow meow meow meow Meow, meow meow meow meow meow meow meow Meow meow, meow meow meow, meow meow meow meow Meow, meow meow meow meow meow meow meow meow meow meow, meow meow meow meow. Meow meow meow meow meow meow meow meow meow meow meow Meow, meow meow meow meow meow meow meow meow meow meow meow meow meow meow meow meow meow, meow meow meow meow meow meow Meow meow meow meow meow, meow meow meow Meow meow meow meow meow. Meow meow meow meow meow meow meow meow meow meow meow meow meow meow meow meow meow meow Meow, meow meow meow meow meow Meow, meow meow meow meow Meow meow meow meow meow meow meow meow meow meow meow, meow meow meow meow meow meow meow meow meow meow meow meow meow. Meow meow meow meow meow meow meow meow Meow meow meow meow meow meow (meow meow meow meow meow meow meow meow) meow meow meow meow meow meow meow.

Meow meow meow, Meow meow meow meow meow meow meow meow meow meow meow meow meow meow Meow meow meow meow meow meow meow meow' meow meow Meow, meow meow meow meow meow meow meow meow meow meow meow meow meow meow meow meow meow meow. Meow meow meow meow meow meow meow. Meow meow meow, meow meow meow meow meow meow'meow meow, meow Meow meow meow meow Meow Meow'meow meow meow meow, meow meow meow meow meow. Meow meow meow meow meow meow meow meow meow meow meow meow meow meow meow meow meow. Meow meow meow meow meow meow meow meow meow meow meow Meow meow meow, meow meow meow meow meow meow meow meow. Meow meow meow meow meow meow meow, meow meow meow meow meow meow Meow meow meow meow, meow meow meow meow meow meow meow meow meow meow meow meow meow meow meow.

Meow meow meow meow Meow meow meow meow meow meow meow Meow, Meow, meow meow meow meow meow meow meow meow "Meow."

Meow meow meow meow meow meow meow meow meow meow meow meow meow meow meow meow meow meow meow meow meow meow meow meow meow meow meow meow meow meow meow, meow meow meow meow meow meow meow meow meow meow, meow meow meow meow meow meow meow meow meow.

Meow meow meow meow meow meow "meow meow," meow meow meow meow meow meow meow meow meow, Meow meow meow meow Meow meow meow meow Meow, meow meow meow meow meow meow meow meow meow-meow meow. Meow meow meow meow

meow meow meow meow meow meow. Meow meow, meow meow meow meow meow meow meow, meow meow meow meow meow meow meow meow meow "meow Meow." Meow meow meow meow meow meow meow Meow meow meow meow meow meow meow, meow meow meow meow meow meow meow meow meow meow meow meow meow meow, meow meow meow meow meow meow meow meow meow meow meow meow meow meow meow meow meow meow meow meow meow meow meow meow meow meow meow meow meow meow meow meow meow meow, meow meow meow meow meow meow meow meow meow meow meow meow meow meow meow Meow meow.

"Meow meow meow meow meow meow meow meow meow meow meow meow meow meow meow meow meow meow Meow meow meow meow meow meow meow meow meow meow meow meow' meow. Meow meow'meow meow meow meow meow meow, meow meow meow?"

Meow meow meow meow meow meow.

"Meow Meow, meow meow! Meow meow meow meow meow meow meow meow, meow Meow'meow meow!"

"Meow meow!" meow Meow meow. "Meow meow meow meow meow meow meow meow meow," meow meow, meow meow meow meow meow meow, meow meow meow meow meow meow meow meow meow meow, meow meow meow meow meow meow meow meow meow meow meow meow meow'meow meow meow meow meow meow meow meow meow meow meow meow meow meow meow meow, meow meow meow meow meow meow meow meow meow meow meow meow meow meow meow meow meow meow.

Meow meow meow meow meow meow meow meow meow, meow Meow meow meow.

"Meow meow meow meow meow meow meow meow meow, meow?... Meow meow meow meow meow, meow?"

"Meow meow Meow meow meow meow meow meow?" meow Meow. "Meow'meow meow meow meow; Meow meow meow meow meow..."

"'Meow meow,' Meow meow meow!" meow Meow. "Meow meow meow?" meow meow meow.

"Meow meow meow, Meow Meow; meow'meow meow meow meow."

"Meow, meow, meow! Meow'meow meow meow meow meow meow, meow meow meow meow meow, meow meow meow meow meow meow meow meow meow meow meow meow."

"Meow meow."

Meow meow meow meow meow. Meow meow meow meow meow meow meow meow meow meow meow meow meow meow meow meow meow meow meow meow meow meow meow meow meow meow meow meow meow meow. Meow meow meow meow "Meow meow" meow Meow, Meow meow meow meow meow, meow meow meow meow meow meow meow meow meow meow meow meow meow meow meow meow meow meow meow meow meow meow meow.

Meow meow meow meow, meow meow meow meow meow meow meow meow meow. Meow meow meow, meow meow meow meow, meow meow meow meow meow, meow meow meow meow meow meow meow meow meow meow meow meow meow meow meow meow meow meow meow meow. Meow meow meow meow meow meow meow meow, Meow meow meow meow meow meow meow meow meow meow meow meow meow meow meow Meow Meow meow meow meow meow meow meow meow meow meow' meow. Meow meow meow meow meow meow meow.

Meow X

Meow meow meow'meow meow Meow Meow meow meow meow meow meow meow meow meow meow meow meow. Meow meow meow meow meow meow meow meow meow Meow meow meow meow meow meow meow meow. (Meow meow meow meow meow meow Meow.) Meow Meow meow meow meow meow meow meow meow meow meow meow meow meow meow meow meow meow meow meow meow meow meow meow meow meow meow meow meow meow meow meow meow meow.

"Meow meow meow meow meow, meow meow," meow Meow Meow meow meow meow. "Meow meow meow meow meow meow, meow meow, meow meow meow, meow meow meow meow meow meow Meow meow meow meow.... Meow Meow meow meow meow? Meow meow meow meow meow meow meow meow?" meow meow.

Meow Meow meow meow meow. Meow meow meow meow meow meow meow meow meow meow meow. "Meow meow meow meow meow meow meow meow meow meow? Meow meow meow meow meow meow?" meow meow, meow meow meow meow.

"Meow meow, meow Meow," meow Meow Meow, "meow meow meow meow meow—meow meow meow meow Meow. Meow meow meow meow meow meow meow. Meow meow meow meow meow meow meow meow meow meow meow, meow Meow meow..."

Meow Meow meow meow meow meow meow meow meow meow meow meow meow.

"Meow, meow meow meow meow meow meow meow meow meow meow," meow meow. "Meow meow Meow meow meow meow meow meow meow meow meow meow meow.... Meow meow meow meow meow meow.... Meow meow meow; Meow meow meow meow, meow, meow meow'meow meow meow...."

"Meow'meow meow meow meow. Meow meow meow meow meow meow meow meow meow meow meow, meow Meow meow meow meow meow meow meow meow meow meow," meow Meow Meow. "Meow, meow meow meow, meow Meow, meow meow meow meow meow meow meow meow meow meow meow meow meow meow meow."

Meow Meow meow meow meow meow meow meow (meow meow meow meow Meow meow) meow Meow Meow'meow, meow meow meow meow meow meow meow meow meow Meow meow meow meow meow meow meow. Meow meow meow meow meow meow.

"Meow meow meow meow meow meow meow meow meow meow meow," meow meow, "meow Meow meow meow meow meow meow meow meow meow meow meow."

Meow Meow meow meow meow, meow meow meow meow meow meow meow meow.

"Meow meow meow meow meow meow?" meow meow.

"Meow meow meow meow Meow meow Meow, meow meow meow," meow Meow Meow meow.

Meow Meow, meow meow meow meow meow meow, meow meow meow meow meow meow meow meow meow meow meow meow meow meow meow meow meow meow meow Meow Meow'meow meow.

"Meow, meow Meow, meow Meow, meow meow meow meow!" meow meow, "meow meow Meow Meow meow meow meow meow meow," meow meow, meow Meow Meow'meow meow. "Meow meow meow meow meow, meow meow!" meow meow, meow meow meow meow meow meow meow meow meow meow meow meow Meow.

Meow meow meow meow meow meow meow, meow meow meow Meow Meow meow meow meow Meow meow Meow. Meow, meow meow, meow meow meow meow meow meow meow meow meow meow Meow Meow'meow meow meow meow. Meow meow meow meow meow, meow meow meow meow meow meow. Meow meow meow meow Meow Meow, meow meow meow meow meow meow meow meow meow meow, meow Meow Meow meow. Meow meow meow meow meow meow meow meow meow meow meow meow meow meow meow meow meow meow meow meow meow meow meow meow meow meow meow meow, meow meow

meow meow Meow Meow, meow meow meow meow meow meow meow meow meow meow. Meow meow meow Meow, meow meow, meow meow meow meow meow meow meow meow meow, meow: "Meow, Meow" meow meow Meow Meow'meow meow meow meow meow meow meow meow meow meow meow meow.

Meow meow Meow, meow meow Meow, meow meow meow meow meow meow meow meow meow Meow Meow meow meow meow meow meow meow meow.

Meow Meow meow meow meow meow meow meow meow meow meow meow meow meow.

"Meow," meow meow, meow meow meow meow meow meow Meow meow meow meow meow meow meow meow meow meow meow meow meow meow meow meow meow meow Meow meow meow meow meow meow meow meow meow, "Meow, meow meow meow meow..." meow meow, meow meow meow meow meow.

"Meow meow meow meow Meow'meow meow," meow meow, meow meow meow.

Meow meow meow meow meow meow.

"Meow, Meow meow meow meow meow meow Meow meow meow meow meow meow meow. Meow meow meow, meow meow meow meow, meow Meow meow'meow meow meow meow?"

"Meow meow'meow meow meow meow, meow meow? Meow meow meow," meow Meow.

"Meow meow meow meow meow meow meow meow meow meow meow. Meow meow, Meow meow meow meow. Meow meow meow. Meow meow meow! Meow meow meow meow meow meow meow meow meow meow."

Meow meow. Meow meow meow meow Meow Meow meow meow: "Meow meow meow meow; Meow meow Meow Meow meow."

"Meow meow meow meow?" meow meow meow.

"Meow'meow meow Meow'meow meow," meow Meow. "Meow meow meow meow meow meow meow meow meow meow meow meow—meow meow meow meow meow! Meow'meow meow meow meow meow meow meow—meow meow meow meow meow meow! Meow meow meow, meow meow meow meow meow meow. Meow'meow meow, meow'meow meow meow."

Meow Meow meow meow meow meow meow meow meow.

"Meow meow meow meow? Meow meow meow meow?" meow meow.

"Meow'meow meow meow meow," meow Meow. "Meow'meow meow meow meow meow meow."

"Meow meow meow'meow meow meow meow, Meow? Meow'meow meow meow meow meow meow? Meow'meow meow meow Meow meow...."

Meow Meow Meow meow meow meow meow meow, meow meow meow meow meow meow meow meow meow meow, meow meow meow meow meow meow meow, meow meow meow meow meow meow meow meow meow. Meow meow meow meow meow meow meow meow meow meow meow "meow'meow meow" meow meow meow meow meow meow meow. Meow meow meow meow meow meow meow meow meow meow meow meow meow meow meow meow meow meow, meow meow meow meow meow meow meow meow meow meow meow meow meow meow meow meow meow meow meow. Meow meow meow meow meow meow, meow meow meow meow meow meow meow meow meow. Meow meow meow Meow meow meow meow' meow meow meow meow meow meow Meow meow meow meow meow meow.

"Meow meow meow meow meow meow meow meow?" meow meow.

"Meow meow'meow meow meow meow meow," meow Meow meow. "Meow meow meow meow meow meow meow meow meow."

"Meow meow meow meow meow, meow meow meow meow meow meow; Meow meow meow meow meow meow meow'meow meow," meow meow.

Meow meow meow meow meow meow meow.

"Meow meow meow meow meow meow meow meow meow meow. Meow meow meow. Meow meow meow meow meow meow meow'meow meow; meow meow meow meow meow meow meow meow meow. Meow meow meow meow meow meow. Meow meow meow."

Meow meow meow meow meow meow meow meow meow meow.

"Meow meow, meow meow, meow Meow'meow meow! Meow meow meow meow meow meow meow meow," meow meow. "Meow meow meow meow-meow meow meow meow meow meow meow. Meow meow, meow Meow'meow meow!"

Meow Meow meow meow meow meow meow meow meow meow meow meow meow meow meow meow meow meow. Meow meow meow meow meow meow meow meow meow meow meow meow meow meow meow meow meow meow meow meow meow meow meow.

Meow XI

Meow meow meow Meow meow meow meow meow meow meow Meow meow meow, meow meow meow meow meow meow meow meow meow meow meow meow' meow meow meow meow meow meow meow meow meow.

"Meow Meow meow meow meow meow meow," meow Meow Meow. "Meow meow meow Meow meow meow meow meow meow meow."

"Meow, meow Meow'meow meow, Meow meow, meow meow meow meow meow meow'meow meow meow meow meow. Meow'meow meow meow meow," meow Meow, "meow meow Meow Meow meow meow meow meow meow... meow meow meow'meow..."

"Meow meow meow meow?" meow Meow Meow meow meow.

"Meow meow meow meow, meow meow meow meow meow Meow'meow meow! Meow meow meow. Meow meow meow meow'meow meow meow meow Meow meow meow meow."

"Meow'meow meow meow meow. Meow meow meow meow meow meow meow," meow Meow Meow. "Meow Meow."

Meow meow meow meow Meow'meow meow; meow meow meow meow meow meow meow' meow.

"Meow Meow meow meow meow meow," meow meow meow. "Meow meow meow meow meow meow meow. Meow meow meow meow meow meow meow meow meow meow meow."

Meow meow meow meow meow.

"Meow meow meow meow meow meow meow meow," meow meow.

"Meow, meow. Meow'meow meow meow meow meow," meow Meow Meow, meow meow meow meow meow meow'meow meow Meow'meow meow meow meow meow meow meow meow; Meow, Meow, meow meow, meow Meow Meow meow meow.

"Meow meow meow meow meow meow meow meow meow," meow meow, "Meow meow meow meow meow meow meow meow meow meow, meow meow meow meow meow meow, meow meow meow meow meow meow meow."

Meow meow meow. Meow meow meow meow meow.

"Meow meow meow meow meow meow meow meow meow meow meow. Meow meow meow meow meow meow," meow meow, meow meow meow meow meow.

Meow meow meow meow meow meow meow meow meow meow meow. Meow meow meow meow meow meow meow meow, meow, meow, meow meow meow meow—meow meow meow meow meow meow meow meow meow.

"Meow meow meow meow meow meow meow meow, meow meow meow'meow meow meow meow meow meow meow meow'meow meow," meow meow meow meow meow meow meow meow meow.

"Meow meow meow?" meow meow meow.

Meow meow meow meow Meow Meow, meow meow meow meow meow, meow meow meow meow meow meow meow meow meow meow.

"Meow meow meow'meow meow meow meow meow meow?" meow meow meow.

Meow meow meow.

Meow meow meow meow meow meow meow meow meow meow meow meow meow'meow meow.

"Meow meow'meow meow meow?" meow meow meow meow meow meow meow meow meow meow meow meow meow meow meow meow meow meow. "Meow meow meow meow meow meow meow, meow meow! Meow meow meow meow," meow meow, meow meow meow.

Meow meow meow meow meow meow, meow meow meow meow meow meow meow:

"Meow meow meow meow? Meow meow'meow meow meow meow."

"Meow meow meow meow meow meow? Meow meow'meow meow. Meow'meow meow.... Meow meow meow meow meow, meow meow'meow meow meow. Meow meow meow, meow..." meow meow meow meow meow meow meow.

Meow meow meow meow meow meow meow meow meow meow meow meow, meow meow meow meow meow meow meow meow meow meow meow meow, meow meow meow meow.

"Meow meow meow'meow meow meow meow," meow Meow Meow meow meow meow meow. "Meow meow'meow meow meow meow meow? Meow meow meow meow meow meow meow, meow meow meow meow meow meow meow...."

Meow meow meow meow meow meow meow meow meow meow meow.

"Meow'meow meow meow. Meow meow meow meow! Meow meow'meow meow meow meow. Meow meow'meow meow."

Meow Meow Meow meow meow meow meow'meow meow, meow meow meow meow meow meow meow meow meow meow meow meow; meow meow meow meow meow meow meow meow meow. Meow meow meow meow meow.

"Meow meow, meow meow meow! Meow meow meow meow! Meow meow meow meow meow meow meow meow! Meow meow meow! 'Meow'meow meow meow meow, meow!' meow meow," meow meow meow meow meow meow meow.

Meow meow meow Meow Meow meow meow meow meow meow meow meow meow meow. Meow meow meow meow meow Meow meow meow meow meow meow meow meow meow, meow meow meow meow meow meow meow meow meow meow meow meow.

Meow XII

Meow meow meow meow meow meow Meow Meow meow meow meow meow meow meow meow meow meow meow meow meow meow meow' meow meow meow meow meow meow meow, meow meow meow meow meow meow meow meow meow. Meow meow meow meow meow meow meow meow meow meow meow meow meow meow meow. Meow meow meow meow meow meow, meow meow, meow, meow meow meow meow meow meow meow meow meow, meow meow meow meow meow meow meow. Meow meow meow meow meow meow meow meow meow.

Meow meow meow meow meow meow. Meow meow meow meow meow meow. Meow meow meow meow meow meow meow, meow meow meow, meow meow meow meow meow

meow meow meow meow meow meow, meow meow meow meow meow meow meow meow, meow meow meow meow meow meow meow meow meow.

Meow meow meow meow meow—meow meow'meow meow meow meow meow—meow meow meow meow meow meow meow. Meow meow meow meow meow meow meow meow meow, meow meow meow meow meow meow meow, meow meow meow meow meow, meow meow meow meow meow meow meow meow meow meow meow meow meow meow meow meow meow meow. Meow meow meow meow meow meow meow meow meow meow meow meow meow meow meow meow meow meow meow, meow meow, meow meow meow.

Meow meow meow meow meow meow meow meow meow meow meow meow meow meow meow meow meow meow meow meow meow meow meow Meow Meow, meow meow meow meow meow meow, meow meow meow meow meow meow meow meow meow meow meow.

Meow XIII

Meow meow meow meow Meow Meow meow Meow, meow meow Meow meow meow meow meow meow meow meow meow meow meow meow, meow meow meow meow Meow, meow meow meow Meow, meow meow meow meow meow—meow meow meow meow meow Meow meow meow meow meow meow meow meow meow meow meow meow meow meow meow meow meow meow.

Meow meow meow meow meow Meow meow meow meow meow meow meow meow, meow meow meow meow meow meow meow meow Meow meow meow meow meow meow meow meow meow Meow meow; Meow, meow meow meow meow meow, meow meow meow meow meow meow meow meow Meow meow meow Meow meow meow meow.

Meow meow Meow meow meow meow meow meow meow. Meow meow meow meow Meow, meow meow meow meow meow meow meow meow meow meow meow meow meow meow meow meow meow meow meow meow, meow meow Meow meow Meow meow meow meow meow meow, meow meow meow meow meow meow Meow'meow meow.

Meow meow meow meow meow meow meow meow meow meow meow meow meow meow meow meow Meow meow meow meow meow meow meow meow.

Meow meow Meow meow meow meow meow meow meow meow meow meow meow meow meow meow meow Meow, meow Meow, meow Meow, meow meow meow meow meow meow meow meow meow.

"Meow'meow meow!" meow Meow, meow.

"Meow, meow meow meow meow meow meow meow meow," meow Meow, meow meow meow Meow meow.

"Meow Meow'meow meow meow meow meow Meow, meow meow," meow Meow meow meow, meow meow meow meow meow meow, "meow Meow meow'meow meow meow meow meow."

Meow meow meow meow meow meow meow meow, meow meow meow meow meow meow meow meow.

Meow meow meow meow meow meow meow, meow meow meow meow meow meow meow meow meow meow. Meow meow meow meow meow meow meow meow meow meow meow meow meow meow, meow, meow, meow meow meow meow meow, meow meow meow meow.

"Meow meow!" meow Meow meow. "Meow meow meow meow meow?"

"Meow meow meow meow meow," meow Meow.

"Meow meow-meow-meow meow-meow-meow-meow meow-meow-meow-meow...!" meow meow meow meow meow meow meow meow meow.

Meow meow meow meow meow meow meow meow meow meow meow meow meow Meow.

"Meow meow meow meow meow?" meow meow.

"Meow Meow," meow Meow meow, "meow meow meow Meow meow"—meow meow meow meow Meow.

"Meow meow meow Meow?" meow meow meow meow.

"Meow meow meow meow meow meow meow meow meow?" meow meow, meow meow meow, meow meow.

"Meow meow," meow Meow. "Meow meow meow meow meow meow?" meow meow. "Meow meow meow meow?"

"Meow meow meow meow meow meow meow meow meow meow meow meow meow," meow meow meow, meow meow.

Meow meow meow, meow meow meow meow meow meow meow meow, meow meow meow meow meow meow meow meow meow meow meow meow meow meow meow.

"Meow meow meow meow meow meow, meow meow meow!" meow Meow meow meow Meow meow meow meow meow.

"Meow'meow meow meow!" meow Meow meow Meow, meow.

"Meow meow meow meow, meow meow?" meow Meow meow meow meow.

"Meow meow meow meow meow meow meow meow meow meow meow."

"Meow meow Meow Meow, meow meow, meow Meow meow meow meow meow."

"Meow-meow-meow-meow-meow!" meow meow meow meow meow meow meow meow meow meow meow meow Meow meow meow meow meow. Meow Meow, Meow meow meow Meow, meow meow meow meow meow meow meow meow meow.

"Meow Meow meow meow meow meow meow meow?" meow meow meow, meow meow meow meow meow meow meow meow meow meow meow meow meow meow meow meow meow meow meow meow meow. "Meow meow, meow meow Meow meow Meow Meow Meow Meow meow meow meow meow meow meow meow meow, meow meow meow meow meow meow meow meow meow meow meow"—meow meow meow meow meow—"meow meow meow meow meow meow meow meow.... Meow'meow meow, meow, meow meow meow meow meow," meow Meow meow meow meow meow, "meow meow meow meow meow meow meow meow meow...?" Meow meow meow meow meow meow meow meow meow meow meow meow meow meow meow meow.

"Meow!... Meow... Meow, Meow Meow... Meow! Meow meow meow Meow'meow meow, meow?" meow meow meow, meow meow meow meow.

Meow meow meow meow meow meow meow meow.

"Meow meow meow meow meow meow?" meow Meow meow meow meow meow, meow meow meow meow meow meow meow meow meow meow meow.

"Meow, meow'meow meow meow meow meow meow meow meow," meow Meow, meow meow meow meow meow meow. "Meow'meow meow meow?" meow meow.

"Meow meow meow meow meow meow meow meow meow meow meow meow meow'meow meow meow meow meow meow meow meow meow, meow meow meow meow meow meow, meow meow meow meow meow meow meow meow meow meow, meow meow meow meow meow."

"Meow!" meow Meow.

Meow meow meow meow meow meow meow meow meow meow meow meow meow meow meow meow'meow meow, meow meow meow. Meow meow meow, meow meow, meow meow meow meow meow meow meow meow meow meow meow meow meow meow, meow meow meow meow meow meow meow meow meow. Meow meow meow meow Meow'meow

meow. Meow Meow meow meow meow meow meow meow meow meow meow meow meow meow meow meow meow meow meow meow meow meow meow.

"Meow meow meow, Meow, meow meow Meow meow meow Meow meow meow meow meow meow meow meow meow meow meow meow meow meow meow," meow Meow, meow. "Meow meow meow meow, meow Meow meow meow meow meow meow meow meow meow meow meow meow meow meow meow meow meow meow meow meow meow meow meow meow meow meow meow." Meow meow meow, meow meow meow meow meow meow meow meow, meow meow meow meow meow.

Meow'meow meow meow meow meow meow meow meow meow meow meow meow meow meow meow meow meow meow, meow meow meow meow meow meow meow meow meow meow meow meow meow meow.

Meow Meow meow meow meow meow meow meow.

"Meow meow meow, meow meow meow meow," meow meow meow Meow, "meow Meow meow meow meow meow meow meow meow meow meow meow meow meow meow meow." Meow meow meow meow meow.

"Meow meow!" meow meow.

Meow, meow meow meow, meow meow meow meow meow meow meow.

Meow XIV

"Meow, meow meow meow? Meow, meow—meow meow meow meow meow; meow meow meow Meow...."

Meow meow meow meow Meow'meow meow Meow meow meow. Meow meow meow meow meow meow meow meow meow meow meow meow meow meow meow.

Meow meow meow meow Meow meow meow meow meow meow meow meow meow meow meow meow.

"Meow'meow meow meow; Meow'meow meow meow meow meow, meow meow!" meow meow meow meow.

Meow meow meow meow meow, meow meow meow meow meow meow, meow meow meow meow meow meow.

"Meow meow meow meow meow meow meow meow meow?" meow meow.

Meow meow meow, meow meow meow, meow meow meow meow meow Meow.

"Meow? Meow meow? Meow meow!..." meow meow. "Meow meow meow meow meow? Meow? Meow meow meow meow, meow meow meow'meow meow meow? Meow'meow meow meow meow! Meow meow meow. Meow'meow meow meow meow meow!..." Meow meow meow meow meow meow meow meow meow meow, meow meow Meow meow meow meow meow. Meow, meow meow meow meow, meow meow meow Meow meow meow meow meow meow meow meow meow meow meow. Meow meow meow meow meow meow meow meow meow meow meow meow meow meow meow meow meow meow "meow" meow meow meow meow meow, meow meow meow meow meow meow meow meow meow meow meow meow?

"Meow'meow meow meow meow meow... Meow'meow 'meow' meow!" meow Meow meow, meow meow meow meow meow meow meow meow meow meow meow.

Meow meow meow meow meow meow meow meow meow meow meow meow, meow meow meow meow meow. Meow meow meow meow meow meow meow meow meow Meow meow meow meow meow meow meow meow meow meow. Meow meow meow meow meow meow meow meow meow meow meow meow Meow'meow meow, meow meow meow meow, meow meow.

Meow meow meow meow meow meow meow meow meow Meow meow meow meow meow meow meow, meow meow meow meow meow meow meow meow meow meow. Meow meow

meow meow meow meow meow meow meow meow Meow meow meow meow meow meow meow meow meow meow meow meow. Meow meow meow meow meow, meow meow meow meow meow meow meow Meow meow meow meow meow meow-Meow.

"Meow meow meow meow meow meow meow meow meow meow?" Meow meow meow meow. "Meow'meow meow meow meow meow! Meow'meow meow meow meow meow meow meow meow meow meow meow meow meow.... Meow meow meow meow meow meow meow meow meow meow meow meow meow?"

"Meow'meow meow meow meow meow meow, meow meow meow meow meow meow meow meow meow meow meow meow meow meow meow, meow meow'meow meow meow meow!" meow meow.

"Meow meow meow meow'meow meow meow meow meow, meow meow meow! Meow meow meow meow meow meow meow meow," meow meow meow meow meow meow Meow—"meow meow meow meow meow Meow meow meow meow meow meow meow! Meow meow meow meow meow meow."

"Meow meow meow, meow meow meow meow meow. Meow'meow meow meow meow meow," meow Meow.

"Meow'meow meow—meow meow meow! Meow'meow meow meow meow...."

Meow meow meow meow meow meow meow. Meow meow meow Meow, meow meow Meow, Meow, meow Meow, meow meow meow meow meow, Meow, meow meow meow meow meow meow meow meow meow meow, meow meow meow meow. Meow meow meow meow meow meow meow meow meow meow meow meow meow meow.

"Meow, meow'meow meow meow meow meow! Meow meow meow meow meow meow meow. Meow'meow meow meow.... Meow meow meow meow meow meow meow meow meow," meow meow meow meow meow meow meow.

"Meow! Meow meow Meow meow?" meow Meow, meow meow meow meow meow. "Meow'meow meow, meow!"

"Meow meow meow, Meow Meow," meow meow meow, meow meow meow meow meow meow meow meow meow meow meow.

Meow meow meow meow meow meow meow meow meow meow'meow meow. Meow meow meow meow meow meow.

"Meow, meow Meow meow meow meow!..." meow meow meow meow meow Meow.

"Meow meow meow meow meow meow meow meow meow? Meow meow meow meow meow, meow meow?" meow meow meow—"Meow meow meow!"

Meow meow meow meow meow meow meow meow meow meow meow meow Meow meow. Meow meow meow meow meow meow meow meow'meow meow meow meow meow meow meow meow, meow Meow, meow meow Meow Meow'meow meow meow meow meow meow meow meow meow meow, meow meow meow meow meow meow meow meow.

"Meow'meow meow meow meow meow meow," meow meow meow meow meow, meow meow meow meow meow meow meow, meow meow meow meow meow meow. "Meow meow meow meow meow meow! Meow meow meow meow meow meow meow meow meow meow meow meow meow meow meow meow meow'meow meow meow? Meow meow'meow meow meow meow meow meow meow. Meow meow meow meow meow meow, meow meow meow. Meow meow, meow meow meow meow meow meow meow meow meow meow meow—meow'meow meow meow!"

"Meow, meow, meow!" meow meow meow, meow meow Meow Meow'meow meow meow. "Meow'meow meow meow meow meow! Meow'meow meow, meow—meow meow."

"Meow, meow meow meow meow meow meow'meow meow!" meow meow meow, meow-meow meow meow, meow meow meow meow meow meow meow meow meow meow meow meow meow meow.

Meow meow meow meow meow meow meow, Meow meow meow meow meow meow meow meow meow meow meow meow meow meow meow meow. Meow meow meow meow meow meow meow meow, meow meow meow meow meow meow meow meow Meow meow meow meow meow meow meow meow meow meow. Meow meow meow meow Meow meow meow meow meow meow meow, meow meow meow meow meow meow meow meow meow meow.

"Meow meow meow meow meow!" meow meow meow meow Meow Meow'meow meow meow meow meow meow meow, meow meow meow meow meow meow. "Meow meow meow meow meow meow meow meow! Meow meow meow meow meow meow meow meow, meow meow meow meow meow meow meow meow meow meow," meow meow meow meow meow meow meow meow meow meow meow meow meow. "Meow meow meow meow meow meow meow meow meow meow meow meow meow. Meow-meow, Meow. Meow meow meow meow meow meow meow meow meow meow meow meow meow meow meow. Meow meow meow'meow meow meow meow meow meow, meow meow'meow meow meow!"

Meow meow meow, meow meow meow meow meow meow meow meow meow, meow meow meow meow meow meow meow meow meow, meow meow meow meow meow. Meow meow meow meow meow meow meow meow meow meow meow meow. Meow meow meow, meow meow meow meow meow meow meow meow meow meow meow meow meow meow meow meow meow meow meow meow meow meow meow meow Meow, meow meow meow meow meow meow meow meow meow meow meow meow meow meow, meow meow meow meow meow meow meow meow meow meow meow meow meow meow meow, meow meow meow meow meow meow meow meow. Meow meow, meow meow, meow meow meow meow meow meow meow meow meow meow meow meow meow meow meow meow meow meow meow, meow meow meow meow meow.

Meow meow meow meow meow meow meow meow meow meow meow meow meow meow meow meow meow meow, meow meow meow meow meow meow meow meow meow meow meow meow meow meow: meow meow meow meow?

Meow meow meow meow meow meow meow Meow, meow meow meow' meow meow meow meow meow meow, Meow, meow meow meow meow meow meow meow, meow meow meow meow meow meow meow meow meow meow meow meow meow meow meow meow meow meow meow meow meow meow meow meow meow meow.

"Meow, meow Meow meow meow meow?" meow Meow Meow.

Meow meow meow meow meow meow Meow meow meow meow meow meow. Meow meow meow meow meow meow, meow meow meow meow, meow meow meow meow meow Meow, meow meow meow meow meow meow meow meow meow meow meow meow meow meow meow meow meow meow meow Meow, meow meow meow. Meow meow meow meow meow meow meow meow meow meow meow Meow Meow, meow meow meow meow meow meow meow meow meow meow, meow meow meow meow meow meow meow meow meow meow. Meow meow meow Meow meow meow meow meow meow meow meow: meow meow meow meow meow meow meow meow meow meow meow, meow meow meow meow meow meow meow'meow meow meow meow, meow meow meow—meow meow meow—meow Meow Meow'meow meow.

Meow Meow? Meow meow meow meow? Meow meow meow Meow meow meow meow meow meow meow meow Meow Meow.

Meow XV

Meow meow meow meow meow meow Meow meow Meow Meow meow meow meow meow meow meow meow meow meow meow.

Meow Meow meow meow Meow-Meow meow meow meow meow meow meow meow meow meow meow Meow meow meow meow meow meow meow meow meow. Meow meow meow meow meow meow meow meow'meow meow meow meow meow meow meow meow meow meow meow'meow meow, meow meow meow meow meow meow meow meow meow meow meow meow Meow Meow, meow meow meow meow Meow. Meow meow meow meow meow meow meow meow meow meow meow meow meow meow meow meow meow meow meow "Meow!" meow meow meow meow meow meow. Meow meow, meow meow meow meow meow-meow, meow meow meow, meow meow meow meow Meow Meow, meow meow meow Meow'meow meow meow meow meow meow meow. Meow meow, meow meow meow meow meow meow meow meow meow meow meow meow meow meow meow meow, meow meow Meow Meow, meow meow meow Meow Meow meow meow meow meow meow meow meow meow meow meow meow.

Meow Meow meow meow meow meow meow meow meow Meow Meow' meow meow meow meow meow meow meow. Meow meow meow meow meow meow meow meow, meow, meow meow meow meow meow meow meow meow meow meow'meow meow meow meow meow, meow:

"Meow? Meow Meow Meow? Meow meow meow'meow meow meow meow. Meow meow meow meow?"

Meow meow meow meow meow meow meow meow meow meow meow meow'meow meow, meow, meow meow meow meow meow meow meow, meow meow Meow meow meow meow meow. Meow meow meow meow meow meow meow meow meow meow meow meow meow meow meow meow.

"Meow'meow meow meow meow meow meow meow meow?" meow meow. "Meow meow meow meow meow, meow Meow!... Meow'meow meow meow meow meow meow! Meow meow meow meow meow meow meow meow meow meow meow Meow! Meow meow'meow Meow meow meow meow meow meow. Meow meow meow, meow meow meow meow meow meow. Meow meow meow meow meow. Meow meow meow meow meow meow meow?" meow meow.

"Meow meow meow meow," meow Meow Meow, "meow meow meow meow meow meow meow meow meow meow meow meow meow meow meow Meow meow meow—meow meow meow meow meow meow meow meow meow meow—meow meow, meow meow meow meow. Meow meow meow meow meow meow Meow."

"Meow? Meow'meow Meow Meow? Meow meow meow meow meow meow! Meow'meow Meow Meow Meow, meow meow meow 'Meow,'" meow Meow, meow Meow Meow'meow meow meow meow meow meow meow meow meow meow meow meow. "Meow, Meow meow," meow meow meow, meow meow meow meow meow meow: "Meow, meow'meow Meow meow. Meow'meow meow meow meow—meow meow meow meow meow meow meow meow meow meow. Meow meow meow Meow Meow Meow?" Meow meow meow meow. "Meow meow, Meow, meow meow meow meow!" meow meow meow, meow meow, meow meow meow meow Meow Meow'meow meow.

Meow Meow meow Meow meow meow Meow meow meow meow meow meow meow meow. Meow meow meow meow meow meow meow meow meow meow meow meow meow meow meow meow meow meow meow, meow meow meow meow meow meow meow meow. Meow meow meow meow meow meow meow meow meow meow meow meow—meow meow meow meow meow Meow, meow meow meow Meow Meow, meow meow meow meow meow meow meow'meow meow—meow meow meow meow meow meow, meow meow meow meow meow meow meow meow meow meow meow meow meow, meow meow meow meow meow, meow meow meow meow meow meow meow meow meow meow meow. Meow Meow, meow,

meow meow meow meow meow meow meow Meow meow meow meow meow, meow meow, meow meow meow meow meow Meow’meow meow meow meow meow meow meow meow meow meow meow meow meow meow meow meow meow. Meow meow meow meow meow meow meow meow meow meow meow meow meow Meow, meow meow meow meow meow meow meow meow meow meow meow meow. Meow meow meow meow meow meow meow meow meow meow meow meow meow meow meow meow meow. Meow meow meow meow meow meow Meow meow Meow meow meow meow meow meow meow meow Meow. Meow meow meow meow meow meow meow meow meow Meow meow meow meow meow meow meow, meow meow meow meow meow meow, meow meow meow, meow meow meow meow meow meow meow meow meow meow Meow, meow meow meow meow meow meow meow. Meow meow meow meow meow meow Meow Meow.

“Meow meow’meow meow meow meow meow. Meow’meow meow. Meow meow meow meow meow meow. Meow meow meow meow meow meow Meow meow meow meow meow, meow’meow meow! Meow’meow meow meow meow—meow meow!”

“Meow?” meow Meow, meow meow meow meow Meow’meow meow, “meow meow meow meow meow?”

“Meow, meow Meow Meow,” meow meow meow.

Meow meow meow meow, meow meow meow meow meow: “Meow meow meow meow meow meow meow meow meow?” meow meow meow meow Meow.

“Meow meow meow meow meow meow meow meow Meow meow,” meow Meow, “meow Meow meow meow Meow’meow meow meow meow!”

“Meow meow meow meow meow Meow Meow Meow Meow Meow?” meow Meow, meow meow.

“Meow meow meow meow, meow Meow Meow.”

“Meow, meow meow meow,” meow Meow meow. “Meow meow, meow meow, meow, meow meow meow meow meow meow meow meow’meow meow meow meow.”

Meow meow meow meow Meow meow meow meow meow meow meow meow meow meow meow meow Meow meow meow meow.

Meow meow meow meow meow meow’meow meow meow meow meow meow meow meow meow meow meow meow. Meow meow meow meow meow meow meow meow meow meow meow meow meow, meow, meow meow meow meow meow meow meow meow meow meow meow meow meow meow, meow meow meow meow meow meow meow meow meow meow meow meow. Meow’meow meow meow meow Meow Meow meow meow meow meow meow meow meow meow meow meow meow meow, meow meow meow meow meow meow meow Meow Meow meow meow meow. “Meow meow meow meow meow Meow Meow meow meow meow meow meow meow, meow meow meow meow meow meow meow meow meow.... Meow’meow meow meow,” meow meow meow meow meow meow. Meow meow meow Meow meow meow. Meow meow meow meow meow meow’meow meow—meow meow meow meow meow meow meow meow meow meow Meow-Meow—meow meow meow meow meow Meow, meow meow meow meow meow meow meow meow meow meow meow Meow meow meow meow. Meow meow meow meow meow meow meow meow meow, meow meow meow meow meow meow meow meow meow meow meow, meow meow meow meow; meow meow meow meow meow meow meow meow meow meow meow meow meow meow, meow meow meow meow meow meow meow meow meow, meow meow meow meow meow meow meow meow meow, meow meow meow meow meow meow meow meow meow meow meow meow. Meow meow Meow meow meow meow meow meow meow meow meow. Meow meow meow meow meow meow meow meow meow meow meow meow meow, meow meow meow meow meow Meow meow meow meow meow, meow meow meow meow meow meow meow meow meow meow—meow meow meow meow meow meow. Meow Meow meow meow

meow meow meow'meow meow meow, meow meow meow meow meow meow meow meow meow meow meow meow, meow meow meow meow meow meow meow meow meow meow meow, meow meow meow meow meow meow. Meow meow meow meow Meow meow meow meow meow meow meow meow meow meow meow meow Meow, meow meow meow meow meow meow meow meow meow, meow, meow meow—meow meow meow meow meow meow meow meow meow—meow meow meow meow meow. Meow meow meow meow meow meow meow meow meow meow meow meow. Meow meow meow Meow meow meow meow meow meow meow meow meow meow meow meow meow meow Meow meow. Meow meow meow meow meow meow meow meow meow meow meow meow meow meow meow meow meow meow meow meow meow meow meow meow meow meow meow meow meow meow meow meow meow meow, meow meow meow meow meow meow.

Meow meow meow meow, Meow meow meow meow meow meow meow meow meow.

"Meow meow meow... meow meow meow meow meow! Meow meow meow meow meow meow, meow meow meow," meow meow, "meow meow meow meow meow meow meow! Meow meow meow meow meow meow meow meow meow meow meow' meow. Meow meow'meow meow meow meow meow meow, meow Meow meow'meow meow meow meow. Meow meow'meow meow meow meow meow. 'Meow meow meow meow meow meow meow meow.'" Meow meow meow meow meow meow. "Meow, meow Meow meow!" meow meow, meow meow meow.

Meow XVI

"Meow, meow'meow meow!" meow Meow meow meow meow meow meow meow meow meow, meow meow meow meow meow meow meow meow meow meow meow meow meow meow meow meow meow meow meow meow meow meow.

Meow meow'meow meow, meow meow meow, meow meow meow meow meow meow meow meow meow meow meow meow meow meow meow meow, meow meow meow meow meow meow meow meow meow, meow meow meow meow meow meow meow meow Meow.

Meow meow meow meow meow, meow, meow meow meow meow meow meow, meow meow:

"Meow, meow meow meow! Meow meow, meow!"

Meow meow meow meow meow meow meow meow meow meow meow meow meow meow meow meow meow. "Meow, meow meow, meow meow meow meow meow meow?" meow meow, meow meow meow meow meow meow meow meow meow meow. Meow meow'meow meow meow, meow meow meow meow meow meow meow meow meow meow meow meow. Meow meow meow meow meow meow meow meow meow Meow Meow meow meow meow meow. Meow meow meow meow Meow Meow meow meow meow meow Meow. Meow meow meow meow meow meow meow, meow meow meow meow meow meow. Meow meow meow meow meow Meow meow meow meow meow meow Meow Meow meow, meow meow meow meow meow meow. Meow Meow meow meow meow meow meow meow meow Meow Meow meow Meow meow Meow meow Meow.

"Meow, meow meow, meow meow meow. Meow'meow meow meow meow," meow Meow. "Meow'meow meow, meow meow. Meow meow, meow meow meow, meow Meow meow meow meow meow meow, meow meow meow...."

Meow Meow meow Meow meow meow meow meow meow meow'meow meow, meow meow meow meow meow meow Meow Meow meow meow meow meow meow.

"Meow... meow meow meow meow meow meow!" Meow meow meow meow meow meow meow, meow meow meow meow meow meow Meow Meow'meow meow meow meow Meow

meow meow. "Meow meow meow meow, meow meow meow!" meow meow meow meow meow meow, meow meow meow meow meow meow meow meow, meow meow: "Meow meow meow meow meow meow meow meow meow."

"Meow meow meow Meow Meow, meow Meow meow Meow meow meow meow meow meow meow meow," meow Meow Meow meow meow meow meow Meow meow.

Meow meow meow meow meow.

"Meow meow meow," meow Meow Meow, "Meow meow meow meow meow meow meow, meow meow meow meow meow, meow Meow meow meow meow meow meow. Meow meow meow meow meow meow meow meow. Meow Meow meow meow meow meow meow meow meow, meow meow..."

Meow meow, meow, meow meow meow meow meow meow Meow'meow meow meow. Meow meow Meow meow.

"Meow meow meow, meow Meow meow meow. Meow meow'meow meow, meow'meow meow! Meow'meow meow meow meow meow meow meow. Meow meow meow meow, meow meow meow meow. Meow meow meow meow meow meow meow meow meow meow meow-meow meow meow meow meow meow meow. Meow meow meow meow Meow.... Meow meow, meow, Meow meow meow meow meow meow!" meow Meow, meow meow meow meow meow meow Meow Meow'meow meow meow meow meow.

Meow meow meow meow meow meow meow, Meow meow meow meow meow meow meow, meow meow Meow Meow meow meow meow meow meow meow'meow meow. Meow Meow Meow meow meow Meow'meow meow meow meow, meow meow meow meow meow meow meow meow meow meow meow meow meow meow meow meow meow meow meow meow, meow meow meow meow Meow meow meow meow meow meow meow meow.

"Meow meow meow meow Meow meow meow meow. Meow meow meow meow meow meow meow meow meow!" Meow meow. "Meow meow meow meow Meow, meow Meow meow meow meow meow." Meow meow meow meow, Meow meow meow meow meow meow Meow meow meow meow meow meow meow meow meow. "Meow, Meow meow meow meow meow," meow meow, "meow meow meow meow meow meow meow... meow meow meow meow meow meow meow. Meow meow meow meow meow meow meow meow. Meow meow meow meow meow meow meow meow meow..." meow meow meow, meow meow meow meow meow "meow" meow meow meow meow. "Meow, meow meow!" meow meow. "Meow meow meow meow meow meow meow meow meow meow meow meow meow Meow meow meow meow meow meow meow meow meow meow. Meow meow meow, meow meow meow, meow meow. Meow meow meow meow meow meow meow meow meow meow. Meow meow meow meow meow meow. Meow meow meow meow meow meow meow meow meow meow meow meow meow meow meow meow. Meow meow, meow meow meow meow meow meow meow meow meow meow. Meow meow meow meow Meow, meow Meow meow meow meow meow meow meow meow meow meow meow Meow meow meow meow Meow meow meow!" Meow meow meow meow. "Meow meow Meow meow meow, meow meow," meow meow meow, meow meow meow meow meow meow, "Meow'meow meow meow meow meow!" Meow meow meow meow meow meow.

"Meow, meow-meow, meow meow meow; meow meow meow meow meow meow Meow meow meow meow, meow meow meow meow Meow meow meow meow Meow Meow, meow meow meow, meow meow meow meow meow, meow meow meow! Meow meow meow meow meow meow meow meow. Meow-meow, meow meow meow."

Meow meow meow meow meow Meow Meow, meow meow meow meow meow meow meow meow Meow meow meow meow meow meow meow meow meow meow meow meow meow, Meow Meow meow Meow meow Meow meow Meow.

Meow Meow meow meow meow meow meow meow meow meow meow, meow meow meow meow meow Meow meow meow meow meow meow meow meow meow meow meow meow meow meow meow meow meow meow meow meow meow meow meow meow meow meow meow. Meow meow meow meow meow meow meow meow meow meow meow meow meow meow—meow meow meow meow meow meow meow meow meow meow meow, meow meow meow meow meow meow (meow meow meow meow meow) meow meow meow meow meow meow meow meow meow meow—meow meow meow meow meow meow meow meow meow meow meow meow. "Meow meow meow meow meow meow meow meow meow meow. Meow meow meow meow meow meow meow," meow Meow Meow, "meow meow meow meow meow, meow meow, meow meow meow meow meow meow. Meow meow meow meow meow meow meow meow meow meow. Meow meow meow meow meow meow meow meow meow meow meow meow meow meow—meow meow meow meow meow, meow meow meow meow meow meow meow meow meow, meow meow meow meow meow meow meow meow meow meow meow meow meow meow meow meow meow meow. Meow meow meow," meow Meow Meow, "meow meow meow meow meow meow'meow Meow, meow meow meow meow Meow meow meow Meow meow, meow meow meow meow meow meow meow meow: 'Meow meow meow meow meow!' meow meow meow meow meow meow meow meow meow meow meow 'meow meow meow meow!'"

Meow meow meow, meow meow meow meow meow meow meow, meow meow meow meow meow meow meow meow meow, meow meow meow, meow meow meow meow Meow meow meow meow meow meow meow.

Meow XVII

Meow meow Meow meow meow Meow, meow meow meow meow meow meow meow meow, meow meow meow meow meow meow meow meow meow meow meow meow meow meow meow meow meow meow meow meow, meow meow meow meow Meow meow meow meow meow meow meow meow meow meow meow Meow Meow meow meow meow meow meow Meow meow meow meow meow meow meow. Meow meow meow meow meow meow meow meow meow meow meow meow Meow'meow meow meow meow meow meow meow meow meow meow meow, meow meow meow meow meow meow meow meow meow meow meow meow meow meow meow, meow meow meow meow meow.

Meow meow meow'meow meow meow Meow, meow Meow' meow meow meow meow meow meow meow meow meow meow meow meow meow meow meow meow meow, meow meow meow meow meow meow meow meow meow meow meow. Meow meow meow meow meow meow meow meow meow meow meow meow meow meow meow meow meow meow meow: meow meow meow meow meow meow meow meow meow meow meow meow meow meow meow meow meow meow meow meow; meow meow, meow meow meow, meow meow meow meow meow meow meow meow meow meow meow meow meow meow, meow meow meow meow meow meow'meow meow meow meow meow meow meow meow meow meow meow meow, meow meow meow meow meow meow meow meow meow meow meow meow meow, meow meow meow meow meow meow meow. Meow meow meow meow meow meow meow meow meow meow, meow meow meow meow meow meow. Meow meow meow meow meow meow meow Meow. Meow meow meow meow meow meow meow meow meow meow Meow meow meow meow.

Meow'meow meow, meow meow meow meow meow meow meow, meow meow, meow meow Meow meow meow Meow Meow, "meow—meow meow meow meow meow meow meow meow meow meow meow meow meow—meow meow Meow meow meow meow meow Meow,

meow meow, meow meow Meow meow meow meow meow, meow meow meow meow meow meow, meow, meow meow meow meow meow meow, meow meow meow meow meow meow," meow meow meow meow, meow meow meow meow meow Meow Meow Meow'meow meow meow.

Meow meow meow meow meow meow Meow, meow meow meow meow meow meow, meow meow meow meow meow Meow meow meow meow Meow, meow: "Meow meow meow meow meow Meow meow, meow meow meow meow meow, meow meow meow meow meow meow. Meow meow meow meow meow meow meow meow meow meow meow meow meow meow meow meow." Meow meow meow meow meow meow meow meow meow meow meow meow meow. Meow meow meow meow Meow meow meow meow Meow meow meow meow meow meow Meow, meow meow meow meow meow meow meow meow meow meow Meow meow meow; meow meow meow meow meow meow meow Meow'meow meow meow meow meow meow. Meow meow meow meow meow Meow meow meow, meow Meow meow meow meow meow meow Meow: "Meow meow meow-meow; meow meow meow meow, meow meow'meow meow meow meow meow meow Meow." Meow meow meow meow meow meow meow meow meow meow meow meow meow Meow, meow meow meow Meow'meow meow meow meow—meow meow meow meow Meow meow meow meow meow meow Meow. Meow meow meow meow Meow'meow meow meow meow meow meow meow meow meow, meow meow Meow meow meow meow meow meow meow, meow meow meow meow meow meow Meow'meow meow meow meow meow meow meow meow meow meow meow meow meow meow meow meow meow meow meow meow meow meow meow meow meow meow.

"Meow, meow meow meow!" meow meow. "Meow meow... Meow, meow," meow meow meow meow meow meow, "meow meow'meow meow meow. Meow meow meow meow meow meow meow meow meow!" meow meow meow meow meow Meow. "Meow meow meow meow meow meow," meow meow meow meow meow meow meow meow meow meow meow meow. "Meow meow meow meow meow meow meow meow meow meow meow meow meow Meow'meow."

"Meow, meow'meow meow meow meow meow meow meow," meow Meow, meow meow meow' meow meow meow meow meow meow meow. "Meow meow meow meow meow meow."

"Meow meow, meow meow, meow meow meow?" meow Meow, meow meow meow, meow meow meow meow meow meow.

Meow meow meow Meow'meow meow meow meow meow meow meow, meow meow meow meow meow meow meow meow Meow'meow meow meow meow. Meow meow meow meow-meow meow meow meow, Meow'meow meow meow meow meow meow meow meow meow meow meow meow.

"Meow," meow Meow, meow meow meow meow meow meow meow, meow meow. "Meow meow meow meow meow meow meow meow Meow, meow Meow meow meow Meow meow meow meow meow meow meow meow meow meow."

Meow meow meow Meow'meow meow meow meow meow meow meow meow meow meow Meow.

"Meow meow meow meow meow meow meow meow meow meow meow," meow Meow. "Meow meow meow meow meow, meow meow meow Meow meow. Meow Meow meow meow meow meow meow meow meow meow meow Meow, meow meow meow meow meow meow. Meow meow meow meow."

"Meow, Meow meow meow meow meow meow meow meow meow meow meow," meow meow. "Meow meow meow meow meow meow meow meow Meow meow."

"Meow?" meow Meow. "Meow meow'meow meow Meow meow meow meow?"

"Meow meow meow meow meow?"

"Meow? Meow meow meow! Meow meow meow meow... meow, meow meow meow meow: meow meow—Meow meow meow Meow meow Meow meow meow Meow."

"Meow, meow meow, meow meow! Meow meow meow meow meow meow meow meow."

"Meow meow meow meow meow meow meow meow meow meow meow meow meow meow meow meow," meow meow meow meow, meow meow Meow.

"Meow meow meow meow meow meow meow meow meow. Meow meow meow meow meow meow meow meow meow Meow? Meow meow meow meow meow meow meow meow meow. Meow meow meow meow meow meow, meow'meow meow?" Meow meow Meow meow meow meow meow.

"Meow meow meow meow meow meow meow," Meow meow. "Meow meow Meow'meow Meow meow meow meow Meow Meow meow meow meow meow meow meow. Meow meow meow meow meow meow meow meow meow meow meow meow meow meow. Meow meow meow meow meow meow meow, meow meow meow meow'meow meow meow meow meow Meow meow meow meow meow."

"Meow meow meow meow meow meow meow meow meow Meow'. Meow meow meow meow meow meow meow meow. Meow meow meow meow. Meow meow meow meow meow meow meow!"

"Meow meow meow?" meow Meow, meow meow.

Meow meow.

"Meow meow, Meow, meow meow meow meow meow meow meow meow Meow meow Meow'meow meow."

"Meow? Meow meow meow? Meow meow meow meow meow meow meow meow," meow Meow.

"Meow meow meow meow meow meow meow. Meow meow meow meow meow meow Meow meow meow meow meow meow, meow meow meow."

"Meow, meow meow meow meow?" meow Meow.

"Meow meow meow, meow meow. Meow meow meow meow meow meow meow? Meow meow meow meow meow. Meow Meow! Meow meow meow, meow meow meow meow meow meow meow meow meow meow meow meow meow. Meow meow meow meow meow meow...."

"Meow meow," meow meow meow meow. "Meow, meow meow meow meow meow meow meow meow meow meow meow meow meow. Meow meow meow meow Meow Meow meow."

"Meow meow meow, Meow meow meow meow meow meow meow meow meow meow meow meow."

"Meow, meow, meow!"

"Meow meow meow meow meow meow meow Meow?"

Meow XVIII

Meow Meow meow meow meow meow meow meow meow Meow'meow meow meow meow meow meow meow meow.

Meow meow meow meow meow meow meow Meow Meow meow meow meow meow meow Meow meow meow; meow meow meow meow meow meow meow meow meow'meow meow meow meow meow meow. "Meow meow meow meow meow meow meow meow," meow meow meow "meow Meow meow meow meow meow meow meow meow meow meow meow meow meow Meow." Meow meow meow Meow meow meow meow meow meow meow meow Meow meow meow Meow. Meow meow meow meow meow meow meow meow meow Meow, meow Meow Meow meow meow meow Meow, meow meow meow meow meow meow meow

meow Meow meow meow meow meow, meow meow meow meow meow meow meow meow: meow, meow, meow meow meow meow meow meow meow meow meow meow. Meow meow meow meow meow meow meow meow meow meow meow meow meow Meow meow. Meow meow meow meow meow. Meow meow meow meow meow meow meow meow meow meow meow meow meow meow meow meow meow meow meow meow meow meow meow meow meow.

"Meow Meow meow meow meow meow meow meow meow, meow meow?" meow meow meow meow meow meow meow. Meow meow meow meow meow meow meow meow meow meow meow meow meow meow meow meow meow meow meow meow meow meow meow.

"Meow meow meow meow meow," meow meow meow meow meow meow meow meow, meow meow meow meow meow, meow meow meow meow, "meow meow meow meow, meow meow... meow meow meow meow?"

Meow meow meow meow meow meow meow meow meow meow meow meow meow meow meow meow meow meow meow meow meow meow meow meow meow meow.

"Meow meow meow meow meow Meow meow meow meow meow meow," meow Meow meow meow. "Meow meow, meow meow!" meow meow meow meow meow.

Meow meow meow meow, meow meow meow meow meow meow meow meow meow, meow meow meow meow Meow'meow meow. Meow meow meow meow meow meow meow.

"Meow meow meow meow meow, meow," meow meow meow meow meow meow meow meow. "Meow meow meow meow meow meow meow meow. Meow meow meow meow meow? Meow meow meow Meow meow meow meow meow meow. Meow meow meow meow meow meow meow meow?"

"Meow meow meow, meow meow meow, meow meow," meow Meow meow meow meow meow meow meow meow meow meow, meow meow meow meow meow meow meow meow meow.

"Meow, meow! Meow meow! Meow Meow meow meow meow meow meow meow meow meow meow. Meow meow meow meow meow! Meow meow meow meow meow meow meow—meow meow meow meow, meow meow meow meow meow meow meow meow. Meow meow meow meow meow meow meow meow meow. Meow meow'meow meow meow meow meow. Meow, meow meow, meow Meow meow meow meow meow meow meow, meow meow meow meow meow meow? Meow meow meow meow meow meow meow, meow," meow meow meow, "meow meow meow meow meow meow meow Meow. Meow Meow meow meow, Meow meow'meow meow meow Meow'meow meow."

"Meow, meow, meow meow! Meow meow meow meow meow meow meow? Meow meow meow..."

"Meow meow'meow meow meow meow Meow! Meow meow meow meow meow.... Meow meow meow'meow meow meow meow meow..."

"Meow Meow meow, Meow'meow meow meow meow meow meow."

Meow meow meow meow meow meow meow meow meow meow meow meow meow. Meow meow meow, meow meow meow meow meow meow.

"Meow meow meow meow meow," meow Meow. "Meow meow meow meow meow meow meow meow meow meow meow meow meow. Meow! Meow'meow meow meow meow..." Meow meow meow meow meow. "Meow Meow meow meow meow meow meow meow meow meow meow meow meow meow meow meow meow Meow."

"Meow, meow meow meow meow!" meow meow meow meow. "Meow meow meow meow, meow meow meow meow meow meow meow meow meow meow. Meow'meow meow meow meow meow meow meow meow meow, 'meow meow meow meow, meow meow meow meow meow meow meow meow meow'? (Meow meow!) 'Meow meow meow meow meow meow meow

meow,' meow meow. Meow meow meow meow meow meow meow meow meow! Meow Meow meow meow meow meow meow meow meow meow meow meow meow meow Meow."

Meow meow meow meow meow Meow, meow meow meow meow meow Meow Meow Meow, meow meow meow meow meow Meow Meow, meow meow meow meow meow meow meow. Meow Meow meow meow meow meow meow meow meow meow meow. Meow meow meow meow meow meow, meow meow meow meow meow meow meow meow meow meow meow meow meow meow meow, meow meow meow meow meow meow meow, meow meow meow meow. Meow meow, meow meow meow, meow meow. Meow meow meow meow meow meow Meow. Meow meow meow meow meow meow meow meow meow meow meow Meow'meow meow, Meow meow meow meow meow meow meow meow.

"Meow meow meow? Meow meow meow? Meow meow meow meow?" meow meow meow.

Meow meow meow meow meow meow—meow, meow, meow, meow, meow meow meow meow meow meow meow—meow meow meow meow meow meow meow meow meow Meow Meow meow meow meow meow meow. Meow meow meow meow, meow, meow meow meow, meow meow meow meow meow meow meow meow meow meow meow meow meow meow meow meow, meow meow meow meow meow meow meow meow meow meow, meow meow meow meow-meow meow-meow meow meow, meow meow meow meow meow meow meow. Meow meow meow meow meow meow meow, meow meow meow meow meow meow meow meow meow meow Meow.

"Meow'meow meow meow meow meow."

"Meow, meow, Meow meow meow meow meow meow meow meow Meow... meow meow meow meow meow!" meow meow meow meow meow meow meow meow Meow, meow meow Meow meow meow meow.

Meow meow meow meow, meow meow meow meow meow meow meow meow. Meow meow meow meow meow, meow meow meow meow meow meow meow meow meow meow meow meow meow meow.

Meow meow, meow meow meow, meow meow meow meow meow, meow meow meow meow meow meow meow meow meow meow meow meow meow, meow meow meow meow. Meow meow meow meow meow meow meow meow meow meow meow meow meow meow meow meow:

"Meow meow meow meow?"

"Meow meow meow meow?" meow Meow meow meow meow, meow meow meow meow Meow Meow.

"Meow meow Meow'meow, meow meow meow," meow meow meow.

"Meow! Meow!" meow Meow, meow meow meow—meow meow meow meow meow. "Meow, Meow meow meow! Meow meow meow, meow!" "Meow meow meow meow meow meow meow," meow meow meow meow.

Meow meow meow meow meow meow Meow meow meow meow meow meow Meow Meow, Meow meow meow meow meow meow meow meow meow meow meow meow meow meow meow Meow meow meow meow meow meow meow meow meow meow meow meow meow meow meow meow meow meow meow meow meow meow meow meow meow meow meow meow meow meow meow meow meow meow meow meow.

Meow meow meow Meow meow meow meow Meow—meow meow meow meow meow meow, meow meow meow, meow meow meow meow meow Meow—meow meow meow meow meow meow meow meow meow meow Meow, meow meow meow meow meow meow meow meow meow. Meow meow meow meow meow meow meow meow, meow meow Meow'meow meow Meow meow meow meow meow meow meow meow meow meow meow meow meow meow meow meow meow meow meow meow meow meow meow meow.

Meow meow meow-meow meow meow meow meow meow meow meow meow meow, meow meow meow Meow meow Meow. Meow meow meow meow meow meow Meow, meow meow meow meow meow meow meow meow meow meow meow. (Meow meow meow meow meow Meow.) Meow meow meow meow meow meow Meow meow meow meow meow meow meow, meow meow meow meow meow meow meow meow meow meow meow. Meow meow meow meow Meow meow meow Meow.

Meow meow meow Meow meow meow meow meow meow, meow meow meow meow meow Meow meow meow meow meow meow meow meow meow meow meow meow meow meow meow. Meow meow meow meow meow.

Meow meow Meow meow meow meow, meow meow meow meow meow meow meow. Meow, meow meow meow meow, meow, meow, meow meow meow meow. Meow meow meow meow meow meow meow meow, meow meow meow meow Meow meow meow meow meow meow meow meow meow meow meow meow meow meow meow meow meow meow meow meow meow meow meow meow meow meow meow meow meow meow meow meow. Meow meow meow meow meow meow meow meow meow meow meow meow Meow Meow meow meow Meow'meow meow—meow meow meow meow meow meow meow meow meow meow meow. Meow meow meow meow meow meow meow meow meow meow meow'meow meow—meow meow meow meow, meow, meow meow meow—meow meow meow meow meow meow meow meow, meow meow meow... Meow meow? Meow meow meow meow, meow meow meow meow meow meow meow meow meow meow meow meow meow meow meow meow meow meow meow meow meow. Meow meow meow meow meow meow meow meow meow meow meow meow; meow meow meow meow meow meow meow meow meow meow meow meow meow.

Meow XIX

Meow meow meow-meow meow Meow meow meow meow meow Meow Meow meow meow, meow meow meow-meow meow meow meow meow meow meow meow meow, meow meow meow meow-meow meow meow meow Meow meow meow meow.

Meow meow meow meow meow meow meow Meow meow Meow meow meow meow? Meow meow meow meow meow Meow meow? Meow meow meow meow meow meow meow meow meow meow Meow meow meow Meow. Meow meow meow meow meow Meow meow, meow meow meow meow meow, meow meow meow meow meow meow meow meow Meow—meow meow meow meow meow meow meow meow meow; meow meow meow Meow meow meow meow meow meow meow meow meow meow meow meow meow meow meow meow meow—meow meow meow meow meow meow meow meow meow. Meow meow meow meow meow meow meow meow, meow meow Meow meow meow Meow meow meow meow.

Meow meow meow meow meow meow meow meow, meow meow meow meow meow meow meow meow meow meow Meow meow meow meow meow meow meow meow meow meow meow meow meow meow meow meow meow meow meow meow, meow meow meow meow meow meow, meow meow meow meow meow meow meow meow Meow meow meow meow meow meow meow meow meow meow meow meow meow meow meow meow meow meow meow Meow. Meow Meow meow meow meow meow, meow meow meow meow meow meow meow Meow meow meow meow meow meow meow meow meow, Meow meow meow meow, meow meow meow meow meow. Meow meow meow meow meow meow meow Meow meow meow, Meow meow meow meow meow meow meow meow, meow meow Meow meow meow meow meow meow meow meow meow meow meow meow meow meow Meow meow.

Meow meow meow meow Meow meow meow meow meow meow meow Meow meow meow meow meow meow meow, meow meow meow meow meow meow meow meow meow meow meow meow: meow meow meow meow meow meow meow meow meow meow meow meow; meow meow meow meow meow meow meow meow meow meow. Meow meow meow meow meow Meow meow meow meow, meow Meow, meow meow meow meow meow meow meow meow meow, meow meow, meow meow meow meow meow meow meow meow meow meow meow meow meow meow. Meow meow meow meow meow meow meow meow meow meow meow meow meow Meow meow meow meow meow meow meow meow meow meow Meow, meow meow meow meow meow meow meow. Meow’meow meow meow meow meow meow meow Meow meow meow meow meow meow, meow meow meow meow meow meow meow, meow meow meow meow meow meow Meow meow meow meow meow meow meow meow meow, meow meow meow meow meow Meow meow meow meow meow Meow meow meow meow meow meow, meow meow meow meow meow meow meow meow meow meow meow meow meow meow meow meow.

Meow meow meow meow meow meow Meow, Meow meow meow meow meow. Meow meow meow, meow meow meow meow meow, meow meow meow meow meow meow meow meow meow meow meow meow meow meow meow, meow meow meow meow meow meow meow meow meow meow meow meow meow.

Meow meow meow meow meow meow meow meow meow meow meow meow meow meow meow meow meow meow meow, meow meow meow meow meow meow meow meow meow meow meow meow meow meow meow meow meow meow meow meow meow meow.

Meow meow meow meow, meow meow meow meow Meow meow meow meow meow meow Meow meow meow, meow meow meow meow meow meow meow-meow, meow meow meow, meow. Meow meow meow meow meow meow meow meow:

Meow Meow meow, meow meow, meow meow meow meow Meow meow meow meow meow meow meow meow meow meow meow meow meow meow meow meow meow meow Meow.

Meow Meow, meow meow, meow meow meow meow meow meow meow meow meow meow meow (meow Meow meow Meow) meow meow meow meow meow meow meow meow, meow Meow meow Meow, meow meow meow meow meow meow meow meow meow.

Meow meow meow meow meow, meow meow, meow meow meow meow meow meow meow meow Meow meow meow meow meow meow. Meow meow meow-meow, meow meow meow, Meow meow meow meow meow meow meow meow, meow, meow meow meow-meow, meow meow meow Meow meow, meow meow meow meow meow meow meow meow Meow.

Meow meow meow meow, meow meow meow meow meow meow, meow meow meow meow meow meow meow meow meow meow meow meow meow.

Meow Meow meow meow meow meow meow meow meow meow, meow meow meow, meow meow meow meow meow meow meow meow Meow. Meow meow meow meow meow meow meow meow meow meow meow Meow meow meow meow meow meow meow meow meow meow meow meow meow, meow meow meow meow meow meow meow meow meow meow meow meow meow meow, meow meow Meow meow meow meow meow meow meow meow, meow meow meow meow meow. Meow meow meow meow meow meow meow meow meow meow meow, meow meow meow meow meow Meow (meow meow meow meow meow meow meow), meow meow meow meow, meow meow meow meow meow meow meow meow meow meow meow meow meow meow Meow Meow meow meow meow meow meow meow meow meow meow.

Meow meow meow meow Meow meow meow meow meow-meow meow meow meow, meow meow, meow meow meow meow meow meow meow meow meow meow meow meow meow Meow meow—meow meow meow meow meow meow meow, meow meow meow meow

meow meow meow meow meow meow meow meow meow meow meow meow meow meow meow meow meow meow meow meow meow—meow meow meow meow meow meow meow meow Meow meow Meow, meow meow meow meow meow meow meow meow meow meow meow meow meow meow. Meow meow meow meow meow meow meow meow meow Meow meow meow meow Meow meow meow meow meow meow meow meow meow meow meow meow meow. (Meow'meow meow meow Meow, meow Meow'meow meow meow meow meow meow meow Meow, meow meow meow meow meow meow meow meow meow meow.) Meow meow meow meow Meow meow meow meow meow meow meow meow (meow meow meow meow meow meow meow' meow meow meow meow meow meow meow meow meow meow meow meow Meow meow meow meow) meow meow meow meow. Meow meow meow Meow meow meow meow meow meow meow meow meow meow meow meow meow meow meow meow meow meow meow meow, meow, meow meow meow meow meow meow meow meow Meow Meow, meow Meow meow meow meow meow Meow meow meow meow meow meow meow meow, meow meow meow meow meow meow meow meow Meow; meow meow meow meow, meow meow meow meow meow meow meow meow meow meow meow meow meow meow meow meow meow meow meow meow, meow meow meow meow meow meow meow meow meow meow meow meow.

Meow XX

Meow meow meow meow meow meow-meow Meow meow meow Meow. Meow meow meow meow meow meow meow meow, meow meow meow meow meow meow meow meow meow meow meow meow meow meow meow meow, meow meow meow meow meow meow meow meow meow meow meow, Meow meow meow meow meow meow meow meow meow meow. Meow meow meow meow meow meow meow meow meow meow meow meow meow meow. Meow meow meow meow meow meow meow meow meow meow meow meow meow meow meow meow meow meow meow meow meow. Meow meow meow, meow meow meow meow meow, meow meow meow meow meow meow. Meow meow, meow meow meow meow meow meow meow meow meow meow meow meow, meow meow meow meow meow meow meow meow meow meow meow meow meow meow meow meow meow meow meow. Meow meow, meow meow meow, meow meow meow, meow meow, meow meow meow, meow meow meow meow meow meow meow meow meow meow meow meow meow meow meow. Meow meow meow meow meow meow meow, meow meow meow Meow'meow meow meow meow meow meow-meow meow.

Meow'meow meow meow meow meow meow meow meow meow meow meow meow meow meow meow meow meow. Meow meow meow, meow meow meow meow meow meow meow meow, meow Meow'meow meow meow meow meow meow. Meow meow, meow meow meow meow meow meow meow meow meow meow meow meow meow. Meow meow meow meow meow meow meow meow meow meow meow meow meow meow meow meow meow, meow meow Meow'meow meow meow meow meow Meow meow meow meow meow meow meow. Meow meow meow meow meow meow meow meow meow meow meow meow meow meow Meow. Meow meow meow meow meow meow meow meow meow meow meow, meow meow meow meow meow meow meow meow meow, meow meow meow meow meow-meow meow meow meow meow.

Meow meow meow meow, meow meow meow meow meow meow meow meow meow meow meow meow meow meow, meow meow meow meow meow meow meow meow meow meow meow meow Meow.

"Meow meow, meow meow! Meow meow meow meow meow meow meow meow meow meow meow Meow?" meow meow.

Meow meow meow meow meow meow meow meow meow meow meow meow meow. Meow meow meow meow meow meow meow meow meow meow meow meow meow meow meow, meow meow meow meow meow meow meow meow meow, meow meow meow meow meow meow meow meow meow meow meow. Meow meow meow meow meow meow meow meow meow meow meow meow meow meow meow. Meow meow meow meow meow meow meow meow meow meow meow meow meow meow meow meow meow meow meow meow'meow meow. Meow meow meow meow meow meow meow meow meow. Meow meow meow meow meow meow meow meow meow meow. Meow, meow meow meow, meow meow-meow meow meow meow meow meow meow meow meow meow meow meow meow meow, meow meow Meow meow, meow meow meow meow. Meow meow meow meow meow meow meow meow meow meow meow. Meow meow meow meow meow meow meow:

Meow meow, meow meow... meow meow meow meow meow,

Meow meow meow meow meow...

meow meow meow meow' meow meow.

Meow meow meow meow meow meow meow meow meow meow meow meow, meow meow meow meow meow meow meow meow meow meow meow meow meow meow meow meow meow meow meow meow meow meow meow meow meow meow meow meow meow meow meow. Meow meow meow meow, meow meow meow meow meow meow meow meow meow meow meow meow Meow meow, meow meow meow, meow, meow meow.

Meow meow meow meow meow meow meow meow meow meow meow meow.

"Meow, meow meow!" meow meow meow.

"Meow'meow meow meow meow meow, meow Meow'meow meow meow meow, meow.... Meow meow—meow meow meow meow meow," meow meow meow meow meow meow, meow Meow meow meow meow meow. "Meow meow meow meow.... Meow meow meow meow meow meow meow meow—meow meow meow, meow'meow Meow! Meow meow meow meow meow meow meow meow."

Meow meow meow meow meow meow meow meow'meow meow Meow meow meow meow meow meow meow meow meow meow.

Meow meow meow meow meow; Meow meow meow meow meow meow meow.

"Meow meow meow meow meow meow meow meow meow Meow'meow meow meow meow"—meow meow meow meow meow meow. "Meow'meow meow meow meow meow meow meow meow. Meow meow meow meow?... Meow meow, Meow, meow'meow meow meow meow meow. Meow meow meow meow meow meow meow meow meow meow meow meow meow meow meow meow, meow meow meow'meow meow, meow meow, meow meow, meow meow meow meow meow meow. Meow meow meow meow, meow meow meow meow meow meow meow—meow meow meow meow meow meow meow!"

Meow meow meow meow meow meow meow meow meow, meow meow meow, meow meow meow meow meow meow meow meow meow (meow meow meow meow meow meow meow), meow meow meow meow meow meow meow meow meow meow Meow.

"Meow meow meow meow; meow meow meow meow meow meow meow meow?" Meow meow meow meow meow meow meow meow meow meow meow Meow meow, meow meow meow meow meow, meow meow meow, meow meow meow meow meow meow, meow meow meow meow meow meow meow meow meow meow meow.

"Meow meow meow meow meow meow meow meow meow meow meow meow meow meow meow meow meow meow meow meow, meow meow meow, meow meow meow meow. Meow meow meow meow meow meow meow meow meow meow meow, meow meow meow meow meow meow! Meow!" meow Meow, meow meow meow meow Meow.

Meow meow meow meow meow'meow meow meow meow meow meow meow meow meow meow, meow, meow meow meow meow meow meow. Meow meow meow meow meow meow meow meow, meow meow meow Meow meow meow meow meow meow meow meow meow meow meow meow meow meow—meow meow meow meow meow meow meow. Meow meow meow meow Meow.

Meow meow meow meow meow meow meow meow meow meow meow meow, meow meow meow meow meow meow meow meow meow meow meow meow meow meow meow meow meow meow, meow, meow meow meow meow, meow meow meow, meow meow meow meow meow meow meow meow meow meow meow meow meow meow meow meow.

Meow meow meow meow meow, meow meow meow meow meow meow meow meow, meow meow meow meow meow meow.

Meow meow meow meow meow meow meow, meow meow meow. Meow meow meow meow, meow meow meow meow meow meow meow meow meow meow meow meow meow, Meow meow meow meow meow meow meow meow meow Meow meow meow meow meow meow meow meow meow meow meow: "Meow meow meow meow meow meow meow meow meow." Meow meow meow meow meow meow meow meow meow meow meow, meow meow meow, meow meow meow meow meow, meow meow meow meow meow meow meow meow meow meow, meow, meow meow meow meow, meow Meow meow meow meow meow meow meow meow meow meow meow meow meow meow meow meow meow meow meow.

Meow XXI

Meow meow meow meow meow meow meow, meow meow meow meow, meow meow meow meow meow, meow meow meow meow, meow meow meow meow meow.

Meow meow meow meow meow'meow. Meow meow meow meow meow meow meow meow meow meow meow meow meow meow meow meow meow meow, meow meow meow meow, meow meow meow meow meow meow meow meow.

Meow meow meow meow meow, meow meow meow, meow meow Meow meow, meow meow meow meow meow meow meow meow meow meow meow meow meow meow meow meow meow meow meow meow. Meow meow Meow. Meow meow meow meow meow meow meow meow meow meow meow, meow meow meow meow, meow meow meow meow meow meow meow meow Meow meow meow meow meow meow, meow Meow meow meow meow. Meow Meow meow meow meow meow meow meow meow meow meow meow. Meow meow meow meow meow meow meow meow meow meow meow meow meow meow meow meow, meow meow meow meow meow meow Meow Meow meow meow meow meow. Meow meow meow meow meow meow meow meow meow meow, meow meow meow meow meow meow meow meow meow meow, meow meow meow meow meow meow meow meow meow—meow meow meow meow'meow. Meow meow meow meow meow—meow meow meow meow meow Meow meow Meow meow—meow meow meow meow. Meow meow meow meow meow meow Meow meow Meow meow meow meow meow. Meow meow meow meow meow meow meow; meow meow meow meow meow, meow meow meow meow Meow, meow meow meow meow meow, meow meow meow.

Meow meow Meow meow meow meow meow meow meow meow meow meow meow meow meow meow meow meow meow meow meow meow. Meow meow meow meow meow meow meow meow meow meow meow, meow meow meow, meow, meow, meow, meow meow meow meow, meow, meow, meow meow; meow meow meow meow meow meow meow meow meow meow "meow" meow meow meow meow meow meow meow, meow meow meow meow meow meow meow meow meow meow'meow.

"Meow meow meow meow meow meow," meow meow, meow meow meow meow meow meow meow meow meow meow meow meow meow meow.

"Meow Meow meow meow," meow Meow, "meow meow meow meow meow meow?"

"Meow, meow'meow meow?" meow meow meow, meow meow meow meow.

"Meow," meow meow meow meow.

Meow meow, meow meow meow meow meow meow meow meow, meow meow meow Meow.

"Meow meow meow meow meow?" Meow meow.

"Meow, meow meow, meow meow, meow meow Meow," meow meow meow. "Meow meow meow, meow... meow meow meow meow."

"Meow? Meow?" meow Meow.

"Meow meow meow meow meow meow meow meow... Meow, meow!"

Meow meow meow meow meow meow meow meow meow meow meow meow meow meow meow meow, meow meow meow meow meow meow meow meow Meow meow meow meow meow meow meow meow meow meow meow meow meow meow meow.

"Meow, meow meow meow Meow! Meow meow meow?..." Meow meow meow meow meow meow meow meow, meow meow meow meow meow meow meow.

"Meow meow meow."

"Meow, meow! Meow meow?..." Meow meow meow meow meow meow meow meow meow meow meow meow meow meow, meow meow meow meow meow meow meow meow meow meow meow meow meow meow meow meow meow meow meow.

"Meow'meow meow meow," meow meow meow. (Meow meow meow Meow Meow.) "Meow meow meow meow, meow meow meow meow meow."

"Meow meow meow meow meow?"

"Meow meow?" meow meow meow meow meow meow meow meow. "Meow meow meow meow meow meow, meow Meow meow meow meow meow meow. Meow, meow meow? Meow'meow meow meow, meow Meow, meow meow," meow meow meow meow meow meow meow meow meow meow meow meow meow meow. "Meow'meow meow meow meow meow Meow. Meow meow meow meow meow meow meow meow meow meow meow meow meow meow, meow'meow meow meow. Meow'meow meow meow. Meow meow meow meow meow meow"—meow meow meow meow meow meow, meow meow meow meow meow meow—"Meow'meow meow meow Meow Meow meow, meow meow meow meow meow meow meow meow, meow meow meow. Meow meow meow..." meow meow meow meow. "Meow, meow meow, meow'meow meow meow meow.... Meow meow meow meow meow meow meow Meow, meow meow, meow meow meow meow, meow meow meow meow meow meow meow meow—meow meow meow meow meow, meow meow meow meow meow meow meow meow? Meow'meow Meow, meow, meow," meow meow meow Meow'meow meow. "Meow meow meow meow meow meow. Meow meow meow meow meow meow meow meow meow meow; meow meow meow meow meow meow meow meow meow meow Meow. Meow meow meow meow meow, meow meow meow meow meow meow meow!" meow meow.

Meow meow meow meow meow meow meow meow meow meow meow meow meow meow meow meow meow meow meow meow meow meow meow, meow meow meow meow, meow meow meow meow meow'meow meow, meow meow.

"Meow meow meow meow meow," meow meow meow.

Meow meow meow meow, meow meow meow meow meow meow meow meow meow meow meow meow meow meow meow meow meow meow meow meow meow meow meow meow.

Meow meow, meow meow meow meow meow meow meow meow meow meow meow meow meow meow meow meow meow meow, meow meow meow meow meow meow meow meow meow meow. Meow meow meow meow meow meow meow meow meow meow meow

meow meow meow—meow meow meow meow meow meow meow meow meow meow meow. Meow meow meow meow meow meow meow meow, meow-meow meow meow meow meow meow meow. Meow meow meow meow meow meow meow meow meow Meow meow meow meow meow meow meow. Meow, meow, meow meow meow meow, meow meow meow meow meow meow meow, meow, meow meow meow meow meow.

Meow meow meow meow meow meow meow meow meow meow meow; meow meow meow meow meow meow meow meow meow meow meow meow meow meow meow meow meow meow meow, meow meow meow meow meow, meow meow meow. Meow meow meow meow meow meow meow meow meow meow meow meow meow meow meow meow meow meow meow meow meow meow meow meow meow meow meow meow meow. Meow meow meow meow meow meow meow meow meow meow. Meow meow meow meow meow meow, meow, meow meow meow meow meow. Meow meow meow meow meow meow meow meow meow meow meow meow meow meow meow. Meow meow meow meow meow Meow. Meow'meow Meow meow meow meow meow meow meow meow meow'meow meow, meow meow meow meow (meow meow meow meow Meow) meow meow meow meow meow meow meow, meow meow meow meow meow meow meow meow meow meow, meow meow meow meow meow meow meow Meow meow. Meow meow meow meow meow meow meow, meow meow meow meow meow meow meow meow meow meow meow meow meow meow meow. Meow meow meow meow meow meow, Meow meow meow meow meow meow meow, meow meow meow meow meow meow—meow meow meow meow meow meow meow meow meow meow meow meow meow meow meow meow meow meow meow meow meow meow meow meow meow meow meow meow. Meow meow meow meow meow meow, meow meow meow meow meow meow meow meow meow meow meow, meow meow meow meow meow meow: "Meow meow meow Meow meow, Meow Meow meow Meow," meow meow meow meow meow meow meow: "Meow meow Meow meow Meow meow meow meow meow meow meow meow meow meow meow," meow meow meow meow meow meow meow meow meow meow meow meow meow meow meow meow meow meow meow meow Meow meow meow meow meow meow meow meow meow meow meow meow meow Meow meow meow meow meow meow meow meow meow meow meow meow meow; meow meow meow meow meow meow meow meow meow, meow meow meow meow meow meow meow meow meow meow meow meow meow.

Meow meow meow meow meow meow meow meow meow meow Meow. Meow, meow meow meow meow meow meow meow meow meow meow meow meow meow meow meow, meow meow meow meow.

Meow meow meow meow meow meow meow meow, meow-meow meow, meow meow meow meow meow meow meow meow meow meow meow meow meow meow meow meow meow, Meow meow meow meow, meow meow meow meow meow meow meow meow meow meow. Meow meow meow meow meow meow meow, meow meow meow meow meow meow meow meow meow, meow meow meow meow meow meow meow meow meow. Meow Meow meow Meow meow meow meow. Meow meow meow meow meow meow meow meow, meow meow meow meow meow meow meow meow meow, meow meow meow meow meow meow meow meow meow meow meow.

Meow meow meow meow meow, Meow meow meow meow meow meow, meow meow meow meow meow, meow meow meow meow, meow meow meow meow meow meow meow meow meow, meow meow meow meow meow meow meow meow meow meow meow meow. Meow meow meow meow meow meow meow. Meow meow meow meow, meow meow meow meow meow meow meow meow meow meow meow, meow meow meow meow meow meow meow meow meow meow. Meow meow meow meow meow meow, meow meow meow, meow meow meow meow meow meow, meow meow meow meow, meow, meow, meow meow, meow meow meow meow meow.

Meow XXII

Meow meow meow meow, Meow meow meow meow.

"Meow Meow Meow! Meow meow meow meow meow?" meow meow meow.

Meow meow meow. Meow Meow, meow meow meow meow meow meow (meow meow meow meow meow meow meow, meow, meow meow meow meow meow), meow meow meow meow meow. Meow meow meow meow, meow meow meow meow meow meow meow meow meow. Meow meow meow meow meow meow meow Meow meow meow meow meow meow meow meow.

Meow Meow meow meow meow meow meow meow meow meow meow meow meow meow meow meow, meow meow meow meow meow Meow meow meow meow meow meow meow meow meow meow meow meow meow. Meow meow meow meow meow meow meow.

Meow meow meow meow meow, meow meow meow meow. Meow meow meow meow meow meow Meow, meow meow Meow.

Meow meow meow meow meow meow meow meow meow meow meow meow meow meow meow.

"Meow meow meow meow meow meow," meow Meow. "Meow meow meow meow meow meow meow meow meow meow. Meow meow meow meow meow meow meow Meow Meow meow meow. Meow meow meow meow meow meow, meow meow; Meow'meow meow meow meow meow. Meow meow meow meow meow meow meow meow meow, meow meow meow meow. Meow meow meow meow meow meow meow meow. Meow meow meow meow meow, meow meow meow meow meow meow meow meow'meow meow meow meow meow meow. Meow meow meow meow Meow Meow? Meow meow meow meow," meow meow meow meow meow meow meow meow meow meow meow Meow.

"Meow Meow meow meow meow meow meow meow meow. Meow meow meow'meow meow meow," meow Meow. "Meow meow meow meow meow meow meow Meow Meow meow meow meow meow meow meow."

"Meow, meow meow meow meow meow, meow meow meow meow meow meow meow meow."

"Meow, meow. Meow meow meow Meow Meow'meow meow? Meow meow meow meow meow meow meow?"

"Meow Meow'meow? Meow meow meow meow meow Meow'meow meow meow meow meow."

"Meow meow meow meow meow?" meow Meow

"Meow meow meow meow meow, meow meow, Meow meow meow meow meow meow meow meow meow meow," meow Meow meow meow meow meow. "Meow meow meow meow meow meow Meow Meow meow. Meow meow meow meow meow meow meow meow, meow..." Meow meow meow meow, "meow Meow Meow meow meow meow meow, meow meow meow meow. Meow meow..." meow Meow meow meow meow, meow meow meow meow Meow, Meow'meow meow, meow meow meow Meow. "Meow, Meow!" meow Meow, meow meow meow meow meow meow, "Meow meow meow meow meow meow meow meow meow meow meow. Meow meow meow meow meow Meow Meow meow meow meow meow meow meow meow Meow!"

Meow meow meow meow meow meow meow meow meow Meow.

"Meow meow meow meow Meow meow meow meow Meow Meow meow meow meow meow meow meow meow meow meow meow meow Meow meow meow, meow meow Meow meow'meow meow meow..." Meow meow meow.

"Meow, meow."

"Meow meow Meow meow meow, Meow meow meow meow meow meow meow meow Meow meow meow Meow meow meow meow meow."

"Meow, meow."

"Meow meow meow Meow Meow meow meow meow meow meow meow meow meow meow, meow meow meow meow.... Meow Meow meow meow meow meow meow Meow Meow."

"Meow... Meow..." Meow meow, meow meow meow meow meow meow meow meow meow meow meow Meow.

Meow meow Meow, meow meow meow meow, meow meow meow Meow'meow meow meow Meow meow meow meow meow meow meow, meow meow meow meow, meow meow Meow, meow meow meow meow meow meow:

"Meow meow meow meow meow meow meow meow meow meow meow meow meow. Meow meow, Meow!"

Meow meow meow meow meow Meow meow meow meow meow meow meow meow Meow Meow. Meow meow Meow'meow meow meow meow meow meow meow meow, meow meow meow meow.

"Meow meow meow meow meow meow meow?" meow meow Meow.

"Meow meow meow, meow Meow Meow—meow meow—meow meow meow meow meow meow."

"Meow... meow meow, meow meow meow!" meow Meow; meow meow meow meow meow meow meow meow meow. "Meow meow meow!" meow meow meow meow meow.

"Meow meow meow meow meow meow?" meow meow meow Meow. "Meow, meow'meow meow meow meow. Meow meow meow meow meow meow meow meow meow meow'meow meow. Meow meow meow? Meow meow meow meow meow meow."

Meow meow meow meow meow meow meow, Meow meow meow meow meow-meow meow meow meow meow meow meow meow meow meow meow.

Meow, meow meow meow meow meow, meow meow meow Meow Meow, meow meow'meow meow.

"Meow meow... meow meow meow Meow'meow... meow meow meow meow, meow? Meow meow meow meow Meow: 'Meow meow meow meow meow'... Meow meow, meow meow!" meow meow, meow meow meow meow.

Meow meow.... Meow meow meow meow meow meow meow meow meow meow meow.

Meow Meow meow meow Meow, Meow meow meow meow meow meow meow meow meow.

"Meow meow meow meow meow meow meow meow, Meow," meow meow meow, meow meow meow meow meow meow meow meow meow meow meow meow meow meow. "Meow meow meow meow meow meow meow Meow meow meow meow meow meow meow meow meow meow, Meow meow meow meow meow meow meow meow meow meow Meow meow meow meow meow meow meow meow meow meow meow meow meow meow meow meow meow meow meow meow. Meow meow meow meow meow meow."

Meow meow meow Meow meow meow meow, meow meow meow meow meow meow meow. Meow meow meow meow meow Meow meow Meow meow meow meow.

Meow meow meow meow meow meow meow meow, meow Meow Meow meow meow Meow meow meow meow meow meow meow meow meow meow meow meow.

"Meow meow meow meow," meow meow.

"Meow, meow meow," meow Meow.

Meow meow meow meow Meow meow meow Meow, meow Meow meow meow meow, meow Meow meow meow, meow meow meow meow meow meow meow meow.

Meow XXIII

Meow Meow, Meow meow meow meow meow meow meow meow, meow meow meow meow meow meow meow meow meow, meow meow meow meow meow meow meow meow meow meow meow meow meow meow meow meow meow meow meow-meow meow meow meow meow meow. Meow meow meow meow meow meow meow meow meow Meow meow meow meow meow meow meow, meow meow meow meow meow meow meow meow, meow meow meow meow meow meow meow meow meow meow. Meow meow meow meow, meow meow meow, meow meow meow meow meow meow Meow Meow, meow meow Meow Meow, meow Meow meow meow meow meow meow meow. Meow meow meow meow meow meow meow meow meow meow meow meow meow meow meow meow meow meow meow meow meow meow Meow.

Meow meow meow meow meow meow Meow, meow meow meow meow meow meow meow meow meow meow meow meow meow meow. Meow meow meow meow meow meow, meow meow meow meow meow meow meow meow meow meow meow, meow meow meow meow meow meow meow meow meow meow meow meow meow meow meow meow, meow meow meow meow meow meow meow meow meow.

Meow meow meow Meow meow meow meow meow meow meow Meow Meow meow, meow meow meow meow meow meow meow meow meow meow meow meow meow meow. Meow meow meow meow meow Meow meow Meow meow meow, meow meow meow meow meow meow meow meow meow meow meow. Meow meow meow meow meow, meow meow meow meow meow meow meow meow meow meow meow Meow. Meow meow meow meow meow meow meow meow meow meow meow meow.

Meow meow meow meow meow meow meow meow, meow meow meow meow meow meow meow meow meow. Meow meow meow meow, meow meow meow meow meow meow meow meow meow meow meow meow, meow meow meow meow meow meow meow meow meow meow meow meow meow meow. Meow meow meow meow meow meow. Meow meow meow meow, meow meow Meow meow meow, meow meow meow meow:

“Meow meow’meow meow meow meow meow?”

“Meow meow meow meow’meow meow meow!” meow Meow meow meow meow.

Meow meow meow meow meow meow meow meow meow meow, meow meow meow meow meow meow meow, meow-meow meow meow. Meow meow meow meow meow meow meow meow meow meow meow meow meow meow meow, meow meow meow meow meow meow meow meow, meow meow meow meow meow meow meow meow meow meow meow meow meow meow meow meow, meow meow meow meow meow, meow meow meow meow meow meow meow meow meow meow meow meow meow meow meow meow meow meow meow. Meow meow meow meow meow meow meow meow meow meow meow meow meow meow meow meow meow meow meow meow meow Meow’meow meow meow meow meow meow meow meow meow.

Meow, meow meow meow meow meow, Meow meow meow meow meow meow meow meow meow, meow, meow meow meow meow Meow, meow meow meow meow meow meow. Meow meow meow Meow’meow meow meow meow meow meow meow meow meow. Meow meow meow meow meow, meow meow meow meow meow meow meow meow meow meow meow meow meow meow meow meow meow meow meow meow meow. Meow meow meow meow meow meow meow meow. Meow meow meow meow meow meow meow meow meow meow meow meow meow meow. Meow meow meow meow meow meow meow meow meow meow meow meow. Meow meow meow meow meow meow meow Meow’meow meow meow meow meow meow meow meow meow meow. Meow meow Meow meow meow meow meow meow meow meow meow meow meow meow meow, meow meow meow meow meow meow meow meow, meow meow meow meow meow meow meow meow meow meow meow meow meow meow meow meow meow meow meow meow meow meow meow meow meow meow meow meow.

Meow meow meow meow meow meow meow meow meow, meow Meow meow, meow meow meow meow meow meow, meow meow meow meow meow meow meow meow, meow meow meow meow meow meow meow meow meow meow meow meow meow meow meow meow. Meow meow meow meow meow meow meow meow meow meow meow meow meow meow meow meow meow meow meow meow meow meow meow meow.

Meow XXIV

Meow meow meow meow meow Meow, Meow Meow meow meow meow meow meow meow meow meow-meow meow meow meow meow meow Meow meow meow meow meow meow meow meow'meow meow. Meow meow meow meow meow meow meow meow meow meow, meow meow meow meow, meow meow meow meow-meow-meow meow meow meow meow meow meow meow, meow meow meow meow meow meow meow meow meow, meow meow meow meow meow meow meow meow meow meow meow—meow meow' meow.

Meow meow meow meow meow meow meow meow meow meow meow meow meow meow, Meow Meow meow meow meow meow meow meow meow meow meow meow meow meow meow meow meow meow meow Meow.

Meow meow meow meow meow meow meow meow meow meow'meow meow meow meow meow meow meow meow. Meow meow meow—meow meow, meow, meow meow meow meow meow—meow meow meow meow meow. Meow meow meow meow'meow meow meow meow meow meow meow meow meow meow meow meow meow meow, meow meow meow meow meow meow meow meow meow meow meow meow meow meow meow meow—meow meow meow meow meow meow meow meow meow meow meow meow meow meow meow, meow meow meow meow meow meow, meow meow meow meow—meow, meow, meow, meow meow meow meow meow. Meow meow meow meow meow meow meow meow meow meow meow meow meow meow meow meow meow meow meow meow meow meow meow meow meow, meow meow, meow meow meow meow. Meow meow meow meow meow meow meow-meow meow meow meow meow meow meow meow meow meow meow meow meow meow meow. Meow meow meow meow meow meow meow meow meow meow meow meow meow meow meow. "Meow, meow! Meow meow meow, meow meow meow meow meow, meow, meow meow meow," meow meow meow meow, meow meow meow meow meow meow meow meow meow meow meow meow meow meow meow meow meow meow meow meow meow meow meow meow meow meow meow meow. "Meow meow meow, meow meow meow meow meow meow meow meow meow meow. Meow, meow meow meow meow, meow meow meow meow, meow Meow meow—meow meow meow meow meow meow meow, meow meow meow meow meow meow meow meow meow! Meow meow meow meow meow meow, meow, meow meow meow meow meow meow meow meow meow meow meow Meow meow meow meow meow meow." Meow meow meow meow meow meow meow meow meow meow meow meow: meow meow meow meow meow, meow meow'meow meow, meow meow Meow meow meow meow meow meow Meow. "Meow... meow meow meow meow meow meow meow meow meow meow meow meow! Meow, meow, Meow meow meow. Meow meow meow meow meow meow meow meow meow! Meow, meow meow meow Meow meow!" meow meow meow meow. "Meow meow! Meow meow meow meow meow meow meow meow meow meow meow meow meow meow meow meow meow meow meow meow meow! Meow meow meow meow meow meow meow meow meow meow meow meow meow meow meow.... Meow meow meow meow meow meow.... Meow meow meow meow meow meow meow."

"Meow meow meow meow Meow Meow meow meow meow meow meow meow: meow meow, meow meow, meow meow. Meow Meow meow meow meow meow meow, meow meow

meow meow, meow meow meow meow meow meow meow meow meow, meow meow Meow Meow meow meow meow meow meow meow meow. Meow Meow meow meow meow meow meow meow meow meow. Meow meow meow meow meow, meow meow meow meow meow meow meow meow meow? Meow meow meow meow! Meow meow meow meow meow meow? Meow Meow, meow meow meow Meow! Meow meow Meow meow meow meow, meow meow meow meow meow Meow meow meow meow meow meow meow meow, meow meow meow meow meow meow meow meow meow meow meow meow meow meow meow meow, meow meow Meow meow meow meow meow meow meow meow meow meow meow meow meow meow meow meow meow Meow meow meow meow meow meow meow, meow meow meow meow meow meow meow, meow meow meow meow meow meow meow meow meow meow Meow meow meow meow. Meow meow meow meow...."

Meow meow meow meow meow meow meow meow meow meow meow, meow meow meow meow meow meow meow meow meow meow. "Meow meow... meow meow meow meow... Meow Meow meow meow meow... Meow meow meow meow meow meow, meow meow meow...."

Meow meow meow meow meow meow meow meow, meow meow meow, meow meow meow meow meow, meow meow meow meow meow meow meow meow meow meow meow. Meow meow meow meow meow meow meow. Meow meow meow, meow meow meow meow meow, meow meow meow meow meow.

Meow meow meow meow, meow meow meow meow meow meow. "Meow'meow meow?" meow meow.

Meow meow-meow Meow Meow, meow Meow'meow meow meow, meow meow meow meow meow meow meow meow meow, meow meow meow meow meow meow meow meow meow meow meow meow.

Meow Meow meow meow, meow meow meow meow meow meow meow meow, meow meow meow meow meow, meow meow meow meow meow meow meow meow meow meow, meow, meow meow meow meow.

"Meow meow meow!" meow meow meow meow meow meow meow meow meow.

Meow Meow meow meow meow meow meow meow meow Meow, meow meow meow meow meow meow meow meow meow meow meow meow meow, meow meow meow. Meow meow meow meow Meow Meow meow meow meow meow meow meow meow meow meow, meow Meow meow, meow meow meow meow meow meow meow meow meow meow meow meow meow meow Meow.

"Meow? Meow meow meow!" meow meow. "Meow meow meow meow? Meow meow meow!"

Meow meow meow meow meow meow meow meow meow meow meow meow—meow meow meow, meow Meow meow meow meow. Meow meow meow meow meow meow meow meow, meow meow meow Meow Meow'meow meow meow meow meow meow meow meow meow.

"Meow meow meow... meow... meow meow... meow... meow meow meow," meow Meow, meow meow meow meow meow meow meow meow meow meow "meow." "Meow meow meow meow meow meow."

"Meow meow, meow meow meow meow Meow meow meow meow meow? Meow meow meow meow meow?" meow Meow Meow meow. "Meow, meow meow'meow Meow? Meow meow meow? Meow meow meow Meow meow meow?" meow meow meow.

"Meow, meow meow. Meow Meow meow meow meow. Meow meow meow meow meow, meow meow meow. Meow meow meow meow meow meow meow Meow."

Meow XXV

Meow meow meow meow meow meow meow, meow Meow Meow, meow meow meow meow meow meow meow meow meow, meow meow meow meow meow meow meow. Meow meow meow meow meow meow meow meow meow. Meow meow meow meow meow meow Meow’meow meow meow meow meow meow meow meow meow meow Meow meow meow meow meow meow meow, meow meow meow meow meow. Meow Meow meow meow, meow meow meow meow meow meow meow Meow meow meow meow meow meow meow meow-meow meow meow.

“Meow meow meow meow meow meow meow meow meow?” Meow Meow meow meow.

“Meow—meow meow, meow meow meow meow?” meow Meow. “Meow meow meow meow meow Meow meow’meow meow Meow meow meow meow meow, meow Meow meow meow meow meow.”

“Meow, meow, meow meow meow meow meow meow, meow meow meow meow meow,” meow Meow Meow.

“Meow!” meow Meow, meow meow meow meow meow meow meow Meow Meow. “Meow, meow meow meow meow meow meow Meow’meow meow?” meow meow.

“Meow meow meow meow meow meow meow, meow’meow meow Meow meow,” meow Meow Meow.

“Meow, meow meow meow meow meow meow meow meow meow meow meow meow meow meow,” meow Meow Meow meow meow meow. “Meow meow meow meow: meow meow’meow meow meow meow meow meow meow meow meow meow meow meow meow. Meow Meow meow meow meow meow meow meow Meow meow meow meow, meow meow meow meow meow. Meow meow meow meow meow meow,” meow Meow Meow meow meow meow meow meow meow meow meow meow meow: “meow meow meow meow meow meow, meow meow meow meow, meow meow meow meow Meow meow, meow meow meow meow meow meow meow meow meow meow meow Meow meow meow meow meow, meow meow meow meow meow Meow meow meow meow, meow meow meow meow meow meow meow meow meow. Meow meow meow meow meow, meow meow meow meow meow meow meow meow meow. Meow meow meow meow meow meow meow, meow meow meow meow meow meow meow meow, meow meow meow meow, meow meow meow meow meow meow meow. Meow meow meow meow, meow meow meow meow meow meow meow meow meow meow meow meow Meow meow meow. Meow meow Meow meow?... Meow, meow meow meow meow Meow meow, meow meow meow meow meow meow meow meow meow meow’meow meow meow meow meow meow, meow meow’meow meow meow meow meow meow meow. Meow meow meow meow meow meow meow meow’meow meow meow meow meow meow meow meow meow meow meow meow meow meow, meow meow, meow meow meow meow meow meow meow meow meow meow meow meow meow meow. Meow meow meow meow meow Meow. Meow Meow meow meow, meow meow meow meow meow meow meow meow meow meow; meow meow meow meow meow meow meow meow meow meow meow meow meow meow meow. Meow meow meow Meow meow meow meow meow meow meow meow meow! Meow meow meow meow meow meow, meow meow meow meow meow meow meow meow, meow meow meow meow meow, meow meow meow meow meow meow meow meow meow meow meow meow meow, meow meow meow meow meow meow meow. Meow meow meow meow meow meow meow Meow.”

“Meow meow meow meow’meow meow meow meow,” meow Meow.

“Meow meow’meow meow meow meow meow meow ‘meow meow meow,’” meow Meow Meow meow.

“Meow meow meow?” meow Meow. “Meow, meow meow meow meow meow... meow meow meow meow’meow meow.”

"Meow meow'meow meow," meow Meow Meow meow meow meow meow meow meow meow meow meow.

Meow meow meow meow meow meow.

"Meow meow meow meow meow meow meow meow meow meow meow meow?" meow meow.

"Meow meow meow meow meow meow meow meow meow meow meow meow! Meow meow meow meow meow meow meow Meow? Meow Meow meow meow meow meow meow meow, meow meow meow meow meow meow meow meow meow meow meow meow meow, meow meow meow meow meow. Meow meow meow meow meow meow meow meow meow meow meow meow, meow meow meow meow meow meow meow meow meow meow meow meow meow. 'Meow'meow meow, meow meow meow meow,' meow meow meow. Meow meow meow meow meow meow meow meow meow, meow meow meow meow meow meow meow. Meow meow meow meow'meow meow meow! Meow meow meow meow meow, meow meow meow meow meow meow meow meow meow meow," meow meow meow. "Meow'meow meow meow, meow'meow meow meow meow meow. Meow meow meow meow meow? Meow meow meow meow meow meow meow meow meow meow meow meow meow meow meow meow meow meow meow meow meow meow meow meow meow meow meow meow, meow meow meow meow meow meow meow meow meow, meow meow meow meow meow meow meow meow meow meow meow. Meow meow meow meow meow meow meow meow meow meow meow meow meow meow meow meow meow meow meow meow, meow meow. Meow meow meow meow meow meow meow meow meow."

"Meow meow meow meow?" meow Meow meow.

"Meow meow meow meow!" Meow Meow meow. "Meow meow meow meow meow meow meow meow meow meow meow meow meow meow meow meow meow meow meow meow. Meow meow meow meow meow: meow Meow meow meow meow meow meow meow meow Meow meow meow meow meow meow meow meow meow meow, meow meow meow meow meow meow meow meow meow meow meow meow meow meow meow meow meow meow meow meow meow meow meow meow meow meow. Meow meow meow meow Meow meow meow meow meow meow meow meow meow meow meow meow meow meow meow meow, meow meow meow meow'meow meow. Meow, meow meow meow, meow meow meow!"

"Meow meow, meow meow! Meow'meow meow meow, meow meow meow," meow Meow. "Meow meow meow meow meow? Meow meow meow meow meow, meow meow, meow'meow meow meow meow! 'Meow'meow meow meow meow meow meow!' meow meow."

Meow meow meow. Meow meow meow. Meow Meow meow meow meow meow meow meow meow, meow meow meow meow meow meow. Meow meow meow meow Meow meow Meow Meow meow meow meow meow meow meow meow meow meow meow meow meow meow meow meow' meow meow meow meow meow meow meow meow meow, meow meow meow meow meow Meow Meow meow Meow meow Meow meow meow meow Meow. Meow meow meow meow meow meow meow, meow Meow Meow meow meow meow meow:

"Meow Meow meow meow Meow meow meow. Meow Meow meow meow meow meow Meow meow," meow meow meow meow.

Meow meow meow meow meow Meow meow meow Meow meow meow meow meow meow meow meow meow meow meow meow meow meow meow. Meow meow meow meow meow meow meow meow meow meow meow meow meow meow meow meow. Meow meow meow meow meow meow, meow meow meow meow meow meow meow meow meow meow meow meow meow meow, meow meow meow meow meow meow meow meow meow. Meow meow meow meow meow (meow meow meow meow meow) meow meow meow meow meow meow meow meow meow meow meow meow, meow meow meow meow meow meow meow meow meow meow meow meow, meow meow meow meow meow.

"Meow meow meow," Meow Meow meow: "Meow meow meow meow meow meow meow meow meow meow meow meow meow meow. Meow meow meow meow meow meow meow meow—meow'meow meow'meow meow! Meow meow meow meow meow meow meow meow. Meow meow meow meow meow meow meow meow meow meow meow meow meow meow meow meow meow meow meow meow meow meow: meow meow meow meow meow meow meow'meow meow meow meow, meow meow meow meow meow meow meow meow meow. Meow meow meow meow meow meow meow meow meow, meow meow, meow meow meow meow, meow meow meow meow meow meow meow meow. Meow'meow meow meow! Meow meow meow meow meow meow meow meow; meow meow meow meow meow meow meow. Meow meow meow meow'meow meow, meow meow meow meow, meow meow meow meow meow meow meow meow meow meow meow, meow meow meow meow meow meow meow meow meow meow meow! Meow meow meow, meow meow meow meow meow! Meow meow meow meow meow meow meow Meow meow meow meow meow meow..."

Meow Meow, meow meow meow meow meow meow meow meow meow meow meow meow meow Meow meow meow meow Meow meow meow, meow meow meow meow meow meow meow meow meow meow meow meow meow. Meow meow meow meow meow meow meow meow meow meow, meow meow meow meow meow meow meow meow meow meow meow meow meow.

"Meow meow meow meow meow meow meow meow meow, meow meow meow meow meow meow meow meow meow meow meow meow meow meow meow, meow meow. Meow meow meow meow meow meow meow Meow Meow meow meow Meow Meow. Meow meow meow meow meow meow, meow meow meow, meow meow meow meow! Meow meow meow meow meow meow meow meow meow meow meow. Meow meow meow Meow meow Meow meow Meow meow meow meow meow meow meow meow Meow, meow meow meow meow meow meow meow meow Meow meow Meow meow meow meow. Meow meow meow meow meow meow meow meow meow meow meow; meow meow meow meow meow meow meow meow meow meow. Meow meow meow meow meow meow meow meow meow meow. Meow meow meow meow meow: meow meow meow meow meow meow meow meow meow meow meow meow meow. Meow meow meow meow, meow meow meow meow meow meow meow meow meow meow. Meow meow meow meow meow meow meow meow.

"Meow meow meow meow? Meow meow meow meow meow meow meow? Meow meow meow meow meow meow meow? Meow meow meow meow meow meow; meow meow meow meow meow meow, meow, meow meow meow, meow meow meow meow meow'meow meow, meow meow meow meow meow meow meow meow, meow meow meow meow meow meow meow. Meow meow meow meow meow meow meow meow meow meow meow, meow meow, meow, meow, meow, meow, meow, meow meow. Meow meow meow meow meow meow meow meow meow meow meow, meow meow meow. Meow meow meow, meow meow Meow, meow meow meow, meow meow meow meow meow meow meow meow meow meow.

"Meow meow, meow meow meow meow meow, meow meow meow meow; meow meow meow meow meow meow meow, meow meow meow meow meow meow meow meow meow meow meow (meow meow meow meow meow), meow meow meow meow meow, meow meow meow meow meow meow meow meow meow meow meow meow. Meow meow Meow meow meow meow meow meow meow meow?" meow Meow Meow meow meow meow, meow meow. "Meow, meow meow, meow meow meow meow meow meow meow meow meow meow. Meow meow meow Meow meow meow meow meow meow meow. Meow meow meow'meow meow meow meow meow meow meow meow meow meow meow meow meow meow meow.... Meow, meow, meow'meow meow meow meow!" meow meow.

"Meow, meow'meow meow, meow meow'meow meow meow meow meow meow. Meow meow meow Meow!" meow Meow Meow meow.

"Meow meow!" Meow meow, meow meow Meow Meow meow meow, meow meow.

"Meow, meow! Meow meow meow meow meow meow meow'meow meow meow," meow Meow Meow.

Meow meow meow meow meow Meow meow meow meow meow meow. "Meow-meow, meow meow!" meow meow. "Meow meow meow meow meow meow..." meow meow meow meow meow meow meow meow.

Meow meow meow meow, meow Meow meow meow meow meow meow meow meow meow Meow Meow'meow meow meow meow meow meow.

Meow meow meow meow meow meow meow meow meow meow meow meow meow meow meow meow. "Meow, meow meow meow meow meow!" Meow meow. "Meow Meow meow meow meow meow meow meow meow!" Meow meow meow meow meow meow meow Meow.

Meow meow-meow meow meow Meow Meow meow meow meow meow meow, meow meow meow meow meow.

Meow meow meow meow. Meow meow meow meow meow meow meow. Meow meow meow meow meow meow meow meow meow. Meow meow meow meow meow meow Meow. Meow meow meow meow meow meow meow meow meow meow meow meow meow meow meow meow meow meow meow meow meow meow meow meow meow meow meow meow meow. Meow meow meow meow meow meow meow meow, meow meow, meow meow meow meow meow meow meow meow, meow meow meow meow meow meow meow: "Meow, Meow meow'meow! Meow'meow meow meow meow meow; meow, meow meow'meow meow," meow meow meow meow meow meow meow meow meow meow, meow meow meow meow meow meow meow meow meow meow. Meow Meow meow meow meow meow meow meow: meow meow meow meow meow meow meow meow meow meow meow meow meow meow meow meow meow meow meow meow. "Meow meow meow meow meow meow meow, meow meow meow meow meow meow meow meow... meow meow meow meow meow... Meow, Meow meow'meow meow meow," meow meow meow, meow meow meow. Meow Meow meow meow meow meow meow meow meow meow meow meow meow meow meow meow meow. "Meow meow meow," meow meow. "Meow meow meow meow meow, meow meow meow meow meow meow, meow meow, meow meow, meow meow meow meow—meow meow meow meow meow meow meow meow meow meow meow meow meow—meow meow meow meow Meow meow meow meow... meow meow meow meow meow..." meow meow meow meow meow meow meow meow meow. "Meow meow meow meow meow meow meow meow. Meow meow meow meow meow meow meow meow meow. Meow meow meow meow meow meow meow meow meow meow meow, meow meow meow meow meow meow meow meow meow meow. Meow Meow?... meow meow meow meow meow meow meow!"

Meow Meow meow meow meow meow meow meow meow meow, meow meow meow meow meow meow meow meow meow meow meow meow.

Meow XXVI

Meow Meow, meow meow meow meow meow meow Meow, Meow. meow Meow, meow meow meow Meow Meow'meow meow, meow meow Meow'meow meow meow Meow meow Meow Meow, meow meow meow Meow meow meow meow meow Meow.

Meow meow meow meow, Meow. meow Meow meow meow meow meow meow meow meow meow Meow meow meow meow meow meow meow meow meow meow meow meow Meow'meow meow, meow meow meow meow meow meow meow meow meow Meow'meow meow-meow-meow meow meow meow.

Meow, meow meow meow meow, meow meow meow meow meow meow meow meow meow meow meow.

Meow Meow Meow meow meow meow meow meow meow meow meow meow meow meow. Meow meow meow meow, meow meow meow meow meow meow meow meow meow meow meow meow meow meow meow meow meow meow meow meow meow. Meow meow, meow meow meow meow meow meow meow meow meow, meow meow Meow meow Meow meow meow Meow'meow meow meow meow meow meow meow meow meow meow meow meow meow meow meow meow meow meow Meow meow Meow meow meow meow. Meow'meow meow meow meow meow meow meow meow meow meow, meow meow meow, meow meow meow meow, meow meow meow. "Meow meow, meow, meow meow!" meow meow meow meow meow meow meow meow meow, meow meow meow meow. Meow meow-meow-meow, meow meow meow meow meow meow meow meow meow Meow meow meow meow meow meow meow meow'meow meow, meow meow meow meow meow meow meow meow meow, meow meow meow meow. Meow, meow, meow meow meow meow meow meow meow.

Meow Meow meow meow, meow meow meow Meow meow meow meow meow meow meow meow meow Meow meow meow meow meow, meow meow meow, meow meow meow.

Meow meow meow meow meow meow meow meow meow.

"Meow meow meow meow. Meow meow meow meow. Meow, meow meow Meow meow?" meow meow, meow meow meow meow meow meow meow meow meow meow meow.

"Meow, meow Meow meow meow meow," meow meow Meow meow meow meow.

Meow meow Meow meow meow meow Meow meow meow meow meow meow meow meow, meow meow meow meow meow meow meow meow meow meow meow, meow meow meow meow meow meow meow meow. Meow meow meow meow meow meow meow meow.

"Meow meow meow meow meow meow meow meow meow meow meow," meow meow.

"Meow, Meow meow meow meow meow meow meow meow meow meow meow meow Meow," meow meow Meow.

Meow meow meow, meow meow meow meow-meow, meow meow meow meow. Meow meow-meow-meow meow meow meow meow meow meow meow meow meow meow, meow meow meow.

"Meow, meow meow meow meow meow meow," meow meow, meow meow meow meow meow meow meow. "Meow meow meow meow meow, meow meow meow meow meow meow Meow. Meow meow meow meow meow meow meow meow Meow meow. Meow meow meow meow meow meow."

Meow Meow meow meow meow meow meow meow meow meow meow meow (meow meow meow meow meow meow meow meow meow).

"Meow, meow'meow meow?" meow Meow, meow meow meow meow meow meow meow meow meow meow meow meow meow.

Meow meow meow meow Meow meow meow meow meow meow meow meow meow meow Meow meow meow meow, meow meow meow meow meow meow meow meow, meow meow:

"Meow meow meow Meow Meow meow meow Meow."

"Meow Meow meow Meow!" meow meow, meow meow meow meow meow meow meow meow. "Meow!"

Meow meow meow meow meow meow Meow meow meow meow meow meow meow meow meow meow, meow meow meow meow meow meow meow meow meow meow meow meow meow. Meow meow meow meow meow meow meow meow meow meow meow meow, meow meow meow meow meow meow meow meow meow meow meow meow meow—meow meow meow meow meow meow meow meow meow meow meow meow meow meow—meow meow, meow meow meow meow meow, meow meow meow meow. Meow meow meow meow, meow meow meow, meow meow meow meow meow (meow meow meow meow meow meow meow),

meow meow meow meow meow meow meow meow. Meow meow meow meow meow meow meow meow meow meow meow, meow meow meow meow meow meow meow meow meow.

Meow meow meow meow meow meow meow meow—meow meow meow meow—meow meow meow meow meow meow meow meow meow meow meow meow, meow, meow meow meow Meow meow meow meow meow meow. Meow meow meow meow meow meow meow meow meow meow, meow meow Meow Meow, meow meow meow, meow meow meow meow meow meow meow meow meow meow Meow meow Meow, meow meow meow meow meow meow meow meow.

Meow meow meow meow meow Meow. meow Meow meow meow meow meow meow meow, meow meow, meow Meow meow meow, meow meow meow meow meow meow meow meow meow Meow Meow meow meow meow meow meow meow meow meow.

"Meow meow'Meow! Meow meow meow meow Meow! Meow meow'Meow!" meow meow meow meow.

Meow meow Meow meow meow Meow'meow meow meow meow meow meow meow meow meow meow meow.

"Meow meow meow!" meow meow meow meow meow meow meow meow meow meow meow meow meow meow meow meow meow. Meow meow:

Meow! Meow meow meow meow meow meow meow meow meow. Meow meow meow meow. Meow meow meow meow meow; meow meow meow meow meow meow meow: meow meow meow meow meow meow meow meow meow. Meow meow meow meow meow Meow, Meow, Meow, meow Meow. Meow meow meow meow meow meow meow meow meow meow meow. Meow meow meow meow meow meow meow meow: "Meow meow meow meow meow meow Meow!"

"Meow Meow!" meow Meow, meow meow Meow. meow Meow, meow meow meow meow meow meow, meow meow meow meow meow meow, meow meow meow meow meow meow meow meow meow meow meow meow.

"Meow Meow meow meow meow!" meow meow Meow meow meow meow meow meow meow Meow; meow meow meow meow, meow meow meow meow meow meow meow meow meow meow meow meow.

Meow Meow meow meow meow meow, meow meow Meow meow meow meow. Meow Meow meow meow meow meow meow meow meow meow meow Meow meow meow meow'meow meow meow meow meow. Meow meow.

"Meow meow meow!" meow meow, meow meow meow meow meow meow meow meow meow. "Meow meow meow meow meow meow meow meow meow meow meow meow."

Meow Meow meow meow meow, meow meow meow, meow meow meow, meow meow meow meow meow meow meow meow meow Meow'meow meow.

Meow XXVII

Meow meow meow-meow meow Meow, meow meow meow meow meow, Meow meow meow meow meow meow meow meow meow meow, meow meow meow meow meow meow meow, meow meow meow meow meow meow meow.

Meow meow meow meow meow Meow meow meow meow meow Meow meow meow meow meow meow meow meow meow Meow Meow meow meow meow-meow, meow meow meow meow meow—meow meow meow—meow meow meow meow. Meow meow meow meow meow meow meow meow meow meow meow meow meow meow meow meow meow meow meow meow meow meow meow. Meow meow meow meow meow, meow meow meow, meow meow meow meow meow Meow meow meow. Meow meow meow meow meow meow meow meow meow

meow meow meow meow, meow meow meow meow meow meow meow meow meow meow meow Meow meow meow meow, meow meow meow meow meow meow meow meow meow meow meow meow meow meow meow meow meow meow meow meow meow Meow; meow meow meow meow meow meow meow meow meow meow meow meow meow meow Meow, meow meow meow, meow meow.

Meow Meow meow meow meow meow meow meow meow meow meow meow meow meow meow meow meow Meow'meow meow meow meow meow meow meow meow meow meow.

Meow meow meow Meow Meow meow meow meow meow meow meow meow meow meow meow meow meow meow'meow meow.

Meow Meow meow meow meow meow meow meow meow meow meow meow.

Meow meow meow meow meow meow meow meow, meow meow meow meow meow meow meow meow meow'meow meow.

Meow meow meow meow meow meow meow meow meow meow meow meow meow meow meow meow meow meow meow. Meow meow meow Meow'meow meow meow meow meow meow-Meow'meow meow meow meow meow meow meow meow meow meow meow meow meow meow meow meow.

Meow meow-Meow meow meow meow meow meow meow meow meow meow meow, meow meow meow meow meow meow Meow'meow meow Meow'meow meow, meow meow meow meow meow meow meow meow meow meow meow meow meow meow meow meow meow meow meow meow meow.

Meow meow meow meow meow meow meow meow (meow meow meow meow meow meow meow meow) meow meow meow meow meow meow meow meow.

Meow meow, meow meow meow meow meow meow meow meow meow meow meow meow meow meow meow meow meow meow meow meow meow, meow meow Meow'meow meow meow meow meow meow meow—meow meow meow. Meow meow meow meow meow, meow meow meow, meow meow.

Meow meow meow meow meow meow meow meow meow meow meow meow meow meow meow meow Meow, meow meow meow meow Meow meow Meow; meow meow meow meow meow meow meow meow, meow meow meow, meow meow meow meow meow meow meow meow Meow meow meow meow. Meow meow meow meow meow, meow meow meow meow meow meow Meow meow meow meow meow meow meow Meow meow, meow meow meow meow meow meow meow meow meow meow meow, meow meow Meow'meow meow, meow meow meow.

Meow meow meow meow meow Meow, meow meow meow meow meow meow meow, meow meow meow Meow meow meow. Meow meow meow meow meow meow meow meow meow, meow Meow, meow meow meow meow meow meow meow, meow Meow meow meow meow meow, meow meow meow meow meow meow meow meow Meow meow.

Meow meow meow meow: Meow Meow meow meow meow meow meow meow meow meow meow meow. Meow Meow'meow meow meow meow meow meow meow meow meow meow meow meow, meow meow meow meow meow meow meow meow meow meow meow meow, meow meow Meow meow meow.

Meow meow meow meow: Meow meow-Meow meow meow meow meow (Meow) meow meow meow meow meow meow, meow meow meow meow meow meow Meow'meow meow Meow'meow meow (meow meow meow meow meow meow meow), meow meow meow meow meow meow meow meow meow meow meow meow meow meow meow meow meow meow meow.

Meow meow meow meow meow meow meow, meow meow meow meow meow meow meow meow meow meow meow meow meow-Meow meow meow meow meow meow meow meow,

meow meow meow meow meow meow meow meow Meow meow meow meow meow meow meow meow Meow meow Meow meow meow meow meow meow meow meow.

Meow meow, meow meow meow meow meow meow meow, meow meow meow meow meow meow meow. Meow meow meow Meow meow meow-Meow meow meow meow meow meow Meow meow meow meow meow meow; meow meow meow meow Meow meow Meow meow meow meow meow meow meow meow meow meow, meow meow meow meow meow meow meow meow meow meow meow meow meow meow meow (meow meow meow meow meow meow meow meow meow Meow). Meow meow meow meow meow meow meow meow meow, meow meow meow, meow. Meow meow meow meow meow meow meow meow, meow meow meow meow meow meow meow meow, meow meow meow meow meow meow meow meow meow'meow meow, meow meow meow meow meow meow meow meow meow meow meow meow meow meow Meow meow meow meow. Meow meow meow meow meow meow meow meow meow, meow meow meow meow meow Meow meow meow meow meow meow, meow meow meow, meow meow meow meow meow meow meow meow meow meow meow meow meow meow meow meow meow meow meow meow meow.

Meow XXVIII

Meow meow meow meow meow Meow meow meow meow meow meow meow Meow meow Meow meow meow meow, meow meow meow meow meow meow meow meow meow meow meow meow meow meow meow meow meow meow meow meow meow meow meow meow meow meow meow Meow meow meow meow meow meow meow meow meow meow meow meow meow meow. Meow meow meow meow meow Meow meow meow meow meow meow meow meow meow—Meow meow Meow—meow meow Meow meow meow meow meow meow meow meow Meow meow meow meow Meow meow meow meow meow meow meow—Meow—meow meow meow Meow meow meow meow meow Meow meow meow meow meow meow meow meow-meow meow Meow meow meow meow meow meow.

Meow meow meow meow meow Meow'meow meow meow meow meow meow meow meow meow meow meow Meow, meow meow meow meow meow meow meow meow meow meow meow, meow meow meow meow meow meow meow meow meow meow meow meow meow Meow, meow meow meow meow meow meow meow meow Meow meow meow meow meow meow meow-meow meow meow meow meow meow meow Meow. Meow meow meow meow meow meow meow meow meow meow, meow meow meow meow meow Meow meow meow meow (meow meow meow meow meow meow meow) meow meow meow meow meow Meow meow Meow. Meow meow meow meow Meow Meow'meow meow meow meow. Meow meow meow meow meow meow meow meow Meow meow meow meow meow meow meow meow meow, Meow Meow, meow meow meow Meow Meow meow meow meow meow meow meow Meow meow meow meow meow meow meow meow, Meow, meow meow meow meow meow meow meow meow, meow meow meow meow meow meow. Meow meow meow meow meow meow meow meow meow meow meow meow, meow, meow meow meow meow meow meow meow meow meow meow meow—meow meow meow meow meow meow meow meow meow meow meow meow meow meow meow, meow meow meow Meow'meow meow meow meow meow meow meow meow meow meow meow meow meow.

Meow meow meow meow meow meow meow meow meow meow meow meow Meow meow Meow. Meow meow meow meow meow Meow Meow'meow meow, meow meow meow meow meow meow meow meow meow meow meow meow meow meow meow meow meow meow; meow meow meow meow meow meow meow meow meow meow meow meow meow meow meow meow Meow meow meow meow meow Meow'meow meow, meow meow meow meow

meow meow meow meow meow meow meow meow meow meow meow meow meow meow meow; meow meow meow meow meow, meow meow meow—meow meow meow meow meow meow meow meow, meow meow meow meow meow meow meow meow meow meow meow meow Meow—meow meow meow meow meow meow meow meow meow, meow meow meow meow meow meow.

Meow meow meow meow Meow Meow meow meow meow meow meow meow meow meow. Meow meow meow meow meow meow meow. Meow meow meow meow meow meow meow meow.

Meow Meow meow meow meow meow meow meow meow meow meow meow meow Meow meow meow meow Meow'meow meow meow meow meow meow meow. Meow meow meow—Meow, Meow, Meow, Meow, meow Meow—meow, meow, meow meow meow meow meow, meow meow meow meow meow meow meow meow meow meow meow Meow meow meow meow meow meow meow meow meow meow. Meow Meow meow meow meow meow meow meow Meow, meow meow meow meow meow meow meow meow meow meow meow Meow meow meow meow meow.

Meow meow meow Meow'meow meow meow meow, meow meow meow meow meow meow, meow meow meow meow meow meow meow meow meow meow meow meow Meow, meow meow "Meow meow'Meow!" meow meow meow meow meow "Meow meow'Meow!" meow meow meow meow meow meow meow meow meow meow meow meow meow meow meow meow meow, meow meow meow meow meow meow meow "Meow meow'Meow!" meow meow meow meow meow meow meow meow. Meow meow meow meow meow meow meow meow meow meow "Meow meow'Meow!" meow meow meow meow, meow meow meow meow meow meow meow meow meow meow Meow. Meow meow meow meow meow Meow'meow meow meow meow meow meow meow meow.

Meow meow meow meow Meow meow meow meow meow meow meow meow, meow meow meow meow meow meow meow meow meow meow meow meow meow meow meow meow meow meow meow meow meow. Meow meow meow meow meow meow meow meow meow meow meow meow meow Meow'meow meow meow meow meow meow meow, meow meow meow meow meow meow meow meow meow meow meow meow meow meow meow meow meow meow. Meow meow meow meow Meow meow meow meow meow meow meow meow meow. Meow meow meow meow meow meow meow meow meow meow meow meow meow meow meow meow meow meow meow meow meow meow meow meow meow meow.

Meow, meow meow meow meow meow meow meow meow meow meow meow meow meow meow meow meow meow meow meow-meow meow meow meow meow, meow meow meow meow meow meow meow meow meow meow meow meow meow meow, meow meow meow, meow meow meow meow Meow'meow meow meow meow meow-meow meow Meow meow meow.

Meow meow meow meow meow meow meow meow meow, meow meow meow meow, meow meow meow meow meow meow meow meow meow. Meow meow-meow meow meow meow meow meow meow meow meow meow, meow meow meow meow meow meow. Meow meow meow meow meow meow meow meow meow meow meow meow meow Meow meow meow meow Meow meow meow meow. Meow meow meow meow meow meow meow meow meow meow meow, meow meow meow meow meow meow meow meow meow meow, meow meow meow meow meow meow meow meow meow meow, meow meow meow meow meow meow meow meow meow meow meow, meow meow meow meow meow meow meow meow meow meow, meow meow meow meow meow meow meow meow meow meow.

Meow meow meow meow meow Meow meow meow meow meow Meow meow meow meow meow meow meow meow meow meow meow, meow meow meow meow meow—meow meow meow meow meow, meow meow meow meow.

Meow meow meow meow meow Meow meow meow meow meow meow meow meow meow meow meow, meow meow meow meow, meow meow meow. Meow meow meow meow meow meow meow meow meow meow; meow meow meow meow meow meow meow, meow meow meow meow, meow meow meow meow, meow meow meow meow meow meow meow meow meow meow meow meow, meow meow meow meow meow meow meow meow meow meow meow meow meow meow meow meow, meow meow meow meow.

Meow XXIX

Meow meow meow meow meow meow meow meow meow, Meow meow:

"Meow meow meow meow meow, meow meow meow meow meow!"

Meow meow meow meow meow meow Meow, meow meow meow meow meow meow meow Meow meow meow meow meow meow meow meow meow meow meow Meow' meow, meow meow meow meow meow meow meow meow meow meow meow meow meow.

Meow meow meow meow meow meow, meow meow meow Meow'meow meow meow meow, meow meow meow, meow meow meow, meow-meow meow meow meow meow meow meow meow meow meow meow meow meow meow meow meow meow meow meow meow meow meow meow meow meow meow meow meow. "Meow meow meow meow meow meow meow meow meow meow meow meow meow meow. Meow meow meow meow meow meow meow meow Meow meow meow meow meow meow meow meow meow, meow meow Meow meow meow, meow meow meow Meow meow meow meow meow Meow meow meow meow meow meow meow meow meow meow meow, meow meow meow meow meow meow meow."

Meow meow meow meow meow meow meow, Meow meow meow meow meow meow meow meow meow, meow meow, meow meow meow. Meow meow meow meow meow meow meow meow meow meow meow meow meow, meow meow meow meow meow meow meow meow meow meow meow meow meow meow meow meow, meow meow meow meow meow meow meow meow meow meow meow meow'meow meow meow meow, meow meow meow meow. Meow meow meow meow Meow meow meow meow, meow meow meow meow meow meow'meow meow meow meow meow meow meow meow meow. Meow meow meow.

Meow meow meow meow meow meow meow meow.

"Meow, Meow, meow meow meow meow meow meow meow meow meow?" Meow meow meow.

"Meow meow, meow," meow Meow.

Meow meow meow meow.

"Meow meow meow, meow, meow meow meow meow meow meow meow meow meow Meow?" meow Meow. "Meow meow meow meow meow meow meow meow."

Meow meow meow meow meow meow meow meow meow meow meow meow meow meow meow.

"Meow meow meow!" meow meow meow. "Meow meow meow meow meow Meow. Meow meow meow meow meow, Meow. Meow meow meow meow meow meow Meow meow meow meow meow meow. Meow meow Meow, Meow, meow Meow meow meow?" meow meow meow.

Meow meow meow meow meow meow meow meow, meow meow meow meow meow meow meow meow meow, meow meow meow meow meow meow meow meow meow meow meow meow meow, meow meow meow meow meow meow meow meow meow meow meow meow meow meow meow meow meow meow meow meow meow Meow, Meow meow meow meow meow meow.

"Meow meow meow meow meow meow meow?" meow meow meow meow meow meow meow meow meow meow meow meow meow meow meow meow meow.

Meow meow meow meow meow.

"Meow! Meow meow meow meow meow! Meow meow meow meow meow meow?"

"Meow meow, Meow Meow."

Meow meow meow meow meow.

Meow meow-meow meow Meow meow meow meow meow meow Meow.

Meow meow meow meow, meow meow meow meow, meow meow meow meow meow meow meow meow. Meow meow meow meow meow meow meow meow meow meow meow meow.

Meow meow meow meow meow meow meow meow meow meow meow meow meow meow meow meow meow. Meow meow meow. Meow meow meow meow meow meow meow meow meow, meow meow meow meow meow meow meow meow meow meow meow meow.

Meow meow meow meow meow meow meow meow meow meow meow meow meow meow meow meow meow meow meow meow meow meow meow.

Meow meow meow meow meow meow meow meow Meow Meow meow meow meow. Meow meow meow meow.

Meow XXX

Meow meow meow Meow meow meow meow Meow Meow, Meow meow meow meow meow meow meow meow meow meow meow meow meow meow meow meow meow, meow meow meow meow meow meow meow meow meow meow meow Meow meow meow meow meow meow.

Meow meow meow meow meow meow meow meow meow meow meow meow meow. Meow meow meow meow meow meow meow meow meow meow meow meow meow meow.

"Meow meow! Meow meow! Meow meow!" meow meow meow meow meow meow meow Meow meow meow meow meow meow meow, meow meow meow meow meow meow meow meow meow meow.

"Meow? Meow meow meow? Meow meow meow?" Meow meow, meow meow.

"Meow meow meow," meow meow meow, meow meow meow. "Meow meow meow meow meow meow, meow meow Meow Meow meow meow meow meow meow."

Meow meow meow meow meow meow meow meow meow. Meow meow meow meow, meow, meow, meow meow. Meow meow, meow meow meow meow meow meow meow meow meow meow meow, meow meow, meow meow meow meow meow meow meow meow, meow meow meow meow meow meow meow, meow meow meow-meow meow meow meow meow, meow meow meow meow meow meow, meow meow meow, meow meow, meow meow Meow'meow meow meow meow meow meow. Meow meow meow meow meow meow meow meow. Meow meow meow meow meow Meow meow meow meow meow meow meow.

"Meow'meow meow, Meow; meow'meow meow!" meow meow meow.

Meow meow meow meow meow (meow meow meow) meow meow meow meow meow meow meow meow meow meow meow meow.

"Meow!" — meow meow meow meow meow meow meow meow meow meow meow meow meow meow meow meow meow, meow "meow!" meow meow meow meow meow meow.

"Meow! meow!" — meow meow meow meow meow meow meow meow meow meow; meow "meow, meow!" meow meow meow meow meow meow meow meow meow.

Meow meow meow meow meow meow meow, meow meow meow meow meow meow meow meow meow, meow meow meow meow meow meow meow meow meow meow meow meow meow, meow — "meow" (meow meow meow) — "meow, meow!" meow meow meow meow meow meow meow meow meow meow, meow meow meow meow — "meow — meow, meow!" meow

meow meow, meow, meow meow meow meow. Meow meow meow meow meow meow meow meow meow meow meow meow meow meow meow, meow, meow meow meow meow meow meow. Meow meow meow, meow meow meow meow, meow meow meow meow meow meow meow meow meow meow meow meow meow, meow meow meow, meow meow meow meow meow, meow meow meow meow meow meow meow meow meow meow meow meow meow meow, meow meow meow meow meow meow meow meow meow meow. "Meow-meow-meow-meow!" meow meow meow meow meow meow, meow meow meow meow meow meow meow meow meow meow meow meow meow meow.

Meow meow meow meow meow meow meow meow, meow meow meow, meow meow, meow meow meow. Meow meow meow meow meow Meow meow meow meow, meow meow meow meow meow meow meow meow. Meow meow meow meow meow meow meow meow meow meow meow meow, meow, meow meow meow meow meow, meow meow meow meow. Meow meow meow meow meow meow meow meow meow meow meow meow Meow meow meow meow meow meow meow meow meow meow meow meow meow meow Meow Meow.

"Meow, meow meow meow, meow... meow Meow meow meow meow!" Meow meow meow meow meow meow meow meow meow meow, meow meow meow meow meow meow meow.

Meow meow meow meow meow meow meow meow Meow meow meow meow meow meow meow.

"Meow meow meow!" meow meow meow meow meow meow meow meow meow meow meow meow meow meow meow meow meow meow meow.

"Meow'meow meow meow meow, Meow meow!" meow Meow, meow meow meow meow.

Meow meow meow meow meow meow Meow meow meow meow. Meow meow meow meow meow meow meow meow meow meow meow, meow meow meow meow meow, meow meow meow, meow meow meow meow meow, meow meow meow meow meow meow meow meow meow meow meow meow, meow meow meow meow meow meow meow meow meow meow meow meow meow meow meow meow meow meow meow, meow meow meow meow meow, meow meow meow meow meow meow meow meow meow meow meow meow meow.

Meow XXXI

Meow meow meow meow meow meow meow meow Meow meow meow meow meow meow meow meow, meow Meow, meow meow meow meow, meow meow meow meow meow meow meow meow meow meow meow. Meow meow meow meow meow meow meow meow meow meow meow meow meow meow meow, meow meow meow meow meow, meow meow meow meow meow meow meow meow meow meow meow meow meow meow meow meow. Meow meow meow meow meow meow meow meow meow meow meow meow meow meow meow meow meow meow meow, meow meow meow meow meow meow meow meow meow meow meow'meow meow.

"Meow meow meow meow meow meow meow meow?" meow meow meow meow meow meow.

Meow meow meow meow meow meow meow meow meow meow meow, meow Meow, meow meow meow meow meow meow meow meow meow meow meow meow, meow meow meow meow meow meow meow meow meow meow meow.

Meow meow meow meow meow meow meow, meow meow meow meow meow. Meow meow meow meow meow. Meow meow meow meow meow meow meow meow meow meow meow meow meow Meow meow Meow meow Meow, meow meow Meow (meow meow Meow) meow meow meow meow meow meow meow meow meow. Meow meow meow meow meow meow meow meow meow meow meow meow meow meow meow meow meow meow

meow meow meow meow meow meow meow, meow meow meow meow meow-meow meow meow meow meow meow meow meow meow meow meow meow meow meow meow meow meow meow; meow meow meow meow meow meow meow meow meow meow meow meow meow meow meow meow meow meow meow. Meow meow meow meow meow meow meow meow meow meow meow meow meow, meow meow meow meow meow meow meow, meow meow meow meow meow meow meow meow meow meow meow meow, meow meow meow meow meow meow meow meow meow meow meow meow, meow meow meow meow meow. Meow meow meow meow meow meow meow meow meow meow meow meow meow.

"Meow'meow meow meow meow meow meow meow meow?" meow meow meow meow meow.

"Meow meow meow!... Meow meow meow meow!" meow meow meow meow meow.

Meow meow meow meow meow, meow meow meow meow meow Meow'meow meow meow meow meow. Meow meow meow meow meow meow, meow meow meow meow meow meow meow, meow meow meow meow meow meow.

"Meow meow'meow meow meow, meow meow meow meow meow meow," meow Meow meow meow meow meow.

"Meow... meow'meow meow!" meow meow meow. "Meow meow meow meow meow meow meow. Meow meow, meow meow. Meow meow meow, Meow, meow meow meow meow meow!"

Meow meow meow meow meow meow meow Meow Meow, meow meow meow meow meow meow meow meow meow meow meow meow, meow meow meow meow meow meow meow, meow meow meow meow meow meow. Meow meow meow meow meow meow, meow meow meow meow meow. Meow meow meow meow meow meow meow meow meow meow meow.

"Meow meow meow meow?" meow meow meow meow meow meow meow.

"Meow meow meow meow meow meow meow meow meow meow meow meow," meow meow meow, meow meow meow meow.

Meow meow meow meow Meow meow meow meow meow meow meow meow meow meow.

"Meow'meow meow meow meow," meow Meow. "Meow'meow meow meow meow meow meow meow Meow meow?"

"Meow, meow. Meow'meow meow meow meow meow meow meow'meow meow meow, meow Meow'meow meow meow meow."

Meow meow meow meow meow meow meow meow meow meow. Meow meow meow meow meow, meow meow meow meow meow Meow meow meow meow meow meow meow meow meow.

Meow meow meow meow Meow meow meow meow meow meow meow meow meow meow Meow meow meow Meow Meow meow Meow'meow Meow, meow meow meow Meow meow meow meow meow, meow meow meow, meow meow meow meow, meow meow meow meow meow meow, meow meow meow Meow meow meow meow meow meow meow meow meow.

Meow meow meow meow meow meow, meow meow meow meow meow meow meow meow meow. Meow meow meow meow meow meow meow meow meow meow meow meow meow meow.

Meow meow meow meow meow meow meow meow meow meow meow meow meow meow meow. Meow meow meow meow meow meow meow. Meow meow meow meow Meow meow meow meow meow meow meow, meow meow meow meow meow meow meow meow meow meow meow meow meow meow meow meow, meow meow meow meow meow meow meow meow.

Meow meow meow, meow meow meow meow meow meow meow meow meow meow meow meow meow meow meow meow meow meow meow.

Meow meow meow meow, Meow meow meow meow meow meow meow meow meow meow meow meow meow meow meow meow meow meow meow meow meow meow meow meow meow meow. Meow meow meow meow meow meow meow meow meow meow meow meow meow, meow meow meow meow meow meow meow meow, meow meow meow, meow meow meow meow meow meow meow meow meow. Meow meow meow meow meow meow meow meow meow meow meow meow meow meow meow meow meow, meow meow meow meow meow meow meow.

"Meow meow meow!" meow meow meow meow meow meow meow meow meow Meow.

Meow meow meow meow meow meow meow meow meow meow meow meow meow meow meow meow meow meow meow meow meow meow meow meow meow meow meow meow.

Meow meow meow meow meow meow meow meow meow meow meow meow meow meow meow meow, meow meow meow meow meow Meow'meow meow meow, meow meow Meow meow meow meow meow meow meow meow meow meow meow meow meow meow. Meow, meow meow meow meow meow meow meow meow meow meow—meow meow meow meow—meow meow meow meow meow meow meow. Meow meow meow meow meow meow meow meow meow meow meow meow meow meow meow meow meow meow meow meow meow, meow meow meow meow meow meow meow meow meow meow meow meow. Meow, meow meow meow meow meow meow meow, meow meow meow meow meow meow meow meow.

Meow meow meow'meow meow meow meow meow meow meow meow meow meow meow meow; meow meow meow meow meow meow meow meow meow meow meow meow meow meow meow meow meow meow meow meow meow meow. Meow meow meow meow meow meow meow meow meow meow meow, meow meow meow meow meow meow meow meow meow meow.

"Meow meow meow!" meow meow meow meow meow meow meow meow.

"Meow meow meow! Meow meow meow!" meow meow meow meow meow, meow meow meow meow meow meow meow meow meow meow meow meow meow.

"Meow meow meow meow meow meow, meow?" meow meow, meow meow meow meow meow meow meow meow meow meow meow meow.

Meow meow meow meow meow meow meow meow meow, meow meow meow meow meow meow meow meow meow.

"Meow'meow meow meow meow meow, meow meow meow," meow meow, meow meow meow meow.

"Meow meow meow meow," meow meow meow meow meow meow. "Meow meow'meow meow meow'meow meow meow'meow meow meow meow meow meow meow meow."

Meow meow meow, meow meow meow meow meow meow meow meow, meow meow meow meow meow meow meow. Meow meow meow meow meow meow meow meow.

"Meow meow meow meow, meow meow meow!" meow meow meow meow meow.

"Meow meow, meow meow, meow meow!" meow meow meow meow meow meow meow meow meow meow meow.

"Meow, meow meow meow meow meow'meow meow meow!" meow meow meow-meow meow, meow meow meow meow Meow. "Meow meow!" meow meow meow meow meow meow meow meow meow meow meow meow meow meow'meow meow.

"Meow meow, meow meow!" meow meow, meow meow meow meow meow, meow meow, meow meow meow meow meow meow meow meow meow.

"Meow meow meow meow'meow meow meow meow? Meow, meow meow! Meow'meow meow!" meow meow meow meow meow meow meow meow meow meow meow meow meow meow meow meow meow.

"Meow, meow... meow, meow!" meow meow meow meow, "meow meow'meow meow meow meow meow!"

Meow meow meow meow meow meow meow meow meow meow, meow meow meow meow, meow meow meow meow meow meow.

Meow meow meow meow meow meow meow meow meow meow meow meow meow meow meow meow meow meow, meow meow meow meow meow, meow meow meow meow meow meow meow meow.

Meow meow meow meow meow meow meow meow meow meow meow meow-meow meow meow meow meow meow meow meow meow meow. Meow meow meow meow meow meow meow meow meow meow-meow meow meow meow meow meow. Meow meow meow meow meow meow meow meow meow meow. Meow meow meow meow meow meow meow meow meow. Meow meow meow meow meow meow meow meow meow meow. Meow meow meow meow meow meow meow Meow. Meow meow meow meow meow meow meow meow meow meow meow. Meow meow meow meow meow, meow meow meow meow meow meow meow meow meow meow meow. Meow meow meow, meow meow meow meow meow meow, meow meow meow meow meow meow meow. Meow meow meow meow meow, meow, meow, meow meow meow meow meow meow meow. Meow meow meow meow meow meow meow, meow meow meow meow meow meow.

Meow meow meow meow meow meow, meow meow meow meow meow meow meow Meow meow meow meow meow meow meow. Meow meow meow meow meow. Meow meow meow, meow meow meow meow meow, meow meow meow meow meow.

"Meow meow meow meow meow meow, meow, meow meow meow meow meow meow. Meow meow meow meow meow?" meow meow.

Meow meow meow meow meow meow meow meow meow meow meow meow meow meow (meow meow meow meow meow meow meow meow meow meow meow meow meow meow meow meow meow meow) meow meow meow meow meow meow.

"Meow meow! Meow meow meow meow?" meow meow meow, meow meow Meow.

Meow meow'meow meow meow meow meow meow meow meow meow meow meow meow meow meow.

"Meow meow meow meow meow meow meow meow meow meow!" meow meow, meow meow Meow meow meow meow meow meow meow meow meow.

"Meow'meow meow," meow Meow.

Meow meow, meow meow meow, meow meow meow meow meow meow.

"Meow'meow meow.... Meow!" meow meow.

Meow meow meow meow meow meow meow meow meow meow meow meow Meow.

"Meow, meow, meow meow meow meow meow meow," meow meow, meow meow meow meow meow.

Meow meow meow meow, meow meow meow meow meow meow meow meow meow.

Meow meow meow, meow, meow meow meow meow meow meow, meow meow meow, meow, meow meow meow. Meow meow meow meow meow. "Meow meow Meow meow?" meow meow meow meow meow meow meow meow meow meow meow meow meow. Meow meow meow, meow meow meow meow meow meow meow meow. Meow meow meow meow meow meow meow meow meow. Meow meow meow meow meow meow meow meow meow meow meow meow, meow meow meow meow meow, meow, meow meow meow meow meow meow.

Meow meow meow meow meow meow meow meow meow meow meow meow meow meow meow; meow meow meow meow meow meow meow meow meow meow, meow meow meow meow meow meow meow meow meow meow, meow meow meow, meow meow meow meow meow meow meow, meow meow, meow meow meow meow, meow Meow, meow meow meow, meow meow meow meow meow.

Meow XXXIII

Meow meow meow meow Meow meow meow meow meow meow meow meow meow, meow meow meow meow meow meow meow meow meow meow meow.

Meow meow meow meow meow meow meow meow meow meow meow meow meow meow meow meow meow meow meow meow meow meow meow. Meow meow meow meow meow meow meow meow meow meow. Meow meow meow meow meow meow meow meow meow meow meow meow meow meow meow meow meow meow meow meow meow meow meow meow meow meow meow meow meow meow meow meow meow meow meow meow meow meow meow meow meow “Meow!” meow meow meow meow meow meow meow meow meow meow meow meow meow meow meow. Meow meow meow meow meow meow meow meow.

Meow Meow meow meow meow meow meow meow, meow meow meow meow “Meow!” meow meow meow meow meow meow meow meow meow meow meow meow meow meow meow.

Meow meow meow meow meow meow meow meow meow meow meow meow meow meow Meow meow, meow meow meow meow. Meow meow meow—meow meow meow Meow meow meow meow—Meow meow Meow, meow meow meow meow meow, meow, meow, meow meow meow meow meow meow meow meow. Meow meow meow meow meow meow meow meow meow meow meow meow meow meow, meow meow meow meow meow meow meow meow meow meow meow meow meow meow meow meow meow meow meow meow. Meow meow meow meow meow meow meow meow meow meow, meow meow meow meow. Meow meow meow meow meow meow meow meow meow, meow meow, meow meow meow meow meow meow meow meow meow meow meow meow. Meow meow-meow meow meow meow meow, meow meow meow meow meow meow meow.

Meow meow meow meow meow meow meow.

“Meow meow meow meow meow, meow meow meow meow meow meow meow meow meow meow!” meow meow, meow meow meow meow meow meow meow meow meow meow meow meow.

Meow meow meow meow meow meow meow meow meow meow meow, meow meow meow meow meow meow meow meow, meow Meow, meow meow meow meow meow meow meow meow, meow meow meow meow meow meow meow meow meow meow, meow meow meow meow meow meow meow meow meow, meow meow, meow meow meow meow meow meow.

Meow meow,

Meow meow meow meow meow meow meow Meow meow meow meow meow meow meow meow meow Meow meow Meow’meow meow. Meow meow meow meow meow, meow meow meow meow, meow meow meow meow meow Meow meow Meow’meow meow meow meow, meow meow meow meow meow, meow Meow, Meow’meow meow meow Meow; meow meow meow meow meow meow meow meow meow meow meow meow meow meow meow meow meow meow meow meow. Meow meow meow meow Meow meow meow meow, meow meow meow, meow meow meow meow meow meow meow meow meow meow meow meow meow meow meow meow meow meow meow meow meow meow meow meow meow meow.

Meow meow meow meow meow meow meow meow meow meow meow meow meow.

Meow meow meow meow meow meow meow meow meow, meow meow, Meow’meow meow Meow’meow, meow meow meow Meow meow, meow Meow’meow meow meow meow Meow meow meow meow.

Meow meow Meow Meow meow Meow meow meow meow meow meow meow meow meow meow meow meow, meow meow meow meow meow meow meow meow meow meow meow meow Meow, meow meow Meow meow meow meow meow meow meow meow, meow meow meow meow meow meow meow meow meow meow meow meow. Meow meow meow

Meow'meow meow meow meow meow meow meow meow meow meow meow meow meow meow meow meow meow meow meow meow meow meow meow. Meow meow meow meow meow meow meow meow meow, meow meow meow meow meow meow meow meow meow meow meow meow meow meow meow meow meow meow meow meow meow meow meow meow. Meow meow meow meow meow meow meow meow meow—meow meow—meow meow meow meow meow meow meow. Meow meow meow meow meow meow meow, meow meow meow Meow meow Meow, meow meow meow meow meow meow Meow Meow.

Meow meow meow meow meow meow meow meow meow meow meow meow Meow'meow meow meow, meow meow meow meow meow meow, meow meow meow meow meow. Meow meow meow meow meow meow, meow meow meow meow meow meow meow meow meow meow meow, meow meow meow meow meow meow meow. Meow meow meow meow meow meow meow, meow meow meow meow meow meow meow meow meow meow meow.

Meow, meow meow meow meow, meow meow meow meow meow, meow meow meow meow meow meow meow meow meow, meow meow meow meow meow Meow, meow meow meow meow meow meow meow meow meow, meow meow meow meow meow meow meow meow meow meow.

Meow meow meow meow meow meow meow meow meow meow meow meow.

Meow meow meow, meow meow meow meow, meow meow meow meow meow meow.

Meow meow meow meow meow meow meow meow meow meow meow meow meow meow meow meow Meow meow meow meow meow meow meow, Meow meow, meow Meow meow; meow meow meow meow meow meow meow meow meow meow meow meow Meow meow meow meow, meow meow meow meow meow meow meow meow meow Meow meow, meow Meow meow meow meow meow meow meow. Meow meow meow meow meow meow meow Meow meow meow meow, meow meow meow meow meow meow meow meow meow meow meow meow meow meow meow meow meow.

Meow meow meow meow, meow meow meow meow meow meow meow meow meow, meow Meow, meow meow meow meow meow meow meow meow meow meow meow meow meow meow meow, meow meow meow meow meow meow Meow meow meow meow meow meow meow meow meow meow meow meow meow meow meow meow meow meow meow meow. Meow meow meow meow, meow Meow'meow, meow meow meow meow, meow meow meow meow. Meow meow meow meow meow meow meow meow meow meow. Meow meow meow meow meow meow meow meow meow; meow meow meow meow meow meow meow, meow, meow Meow meow meow meow, meow meow meow meow meow meow, meow meow meow meow meow meow meow meow meow meow meow Meow. Meow meow meow meow meow meow meow meow meow Meow meow meow meow meow meow meow meow meow meow meow meow meow meow meow meow meow meow meow meow meow. Meow meow meow meow meow meow meow, meow meow meow meow meow meow meow meow meow meow meow meow meow meow. Meow meow meow meow meow meow meow meow meow meow meow, meow meow meow meow meow meow meow meow meow meow meow meow Meow meow—meow meow meow meow meow meow meow meow meow meow meow meow meow meow meow meow, meow meow meow Meow, Meow, meow Meow, meow meow Meow. Meow meow meow meow meow meow meow meow meow meow meow meow meow meow meow meow meow meow, meow meow meow meow meow meow meow meow meow meow meow meow meow meow—meow meow meow—meow meow meow meow meow meow meow meow meow meow, meow meow meow meow; meow meow meow meow meow meow meow meow meow meow meow meow meow meow meow meow meow meow meow meow. Meow meow, meow, meow meow meow meow meow meow meow meow meow meow meow meow meow meow meow meow. Meow meow meow meow meow meow meow meow meow meow meow,

meow meow meow meow meow meow meow meow meow meow meow meow meow meow meow meow meow meow meow meow meow meow meow meow meow. Meow meow meow meow meow meow meow meow meow meow meow meow meow meow meow, meow meow, meow meow meow meow, meow-meow meow meow meow meow meow meow meow meow meow meow meow meow meow meow meow meow meow meow meow meow meow, meow meow meow meow meow meow meow meow meow meow meow meow meow meow meow meow meow meow meow meow meow meow meow meow.

Meow XXXIV

Meow'meow meow—Meow, Meow, meow Meow, meow meow meow meow meow meow meow meow meow meow meow meow—meow meow meow meow meow meow meow meow-meow meow. Meow meow meow meow meow meow meow meow meow meow meow, meow meow meow meow meow meow meow meow meow'meow meow, meow meow meow meow meow meow meow meow meow meow. Meow meow meow-meow meow, meow meow meow meow meow. Meow meow meow meow meow meow Meow meow meow meow meow Meow meow meow meow.

Meow meow meow meow meow meow meow meow, meow meow, meow Meow'meow meow meow meow meow meow meow meow meow Meow meow meow meow meow Meow Meow meow meow meow meow meow meow.

"Meow?" meow Meow meow meow meow meow meow meow, meow meow meow meow—meow meow meow meow meow meow meow meow meow Meow'meow meow—meow meow meow meow meow meow meow meow.

"Meow!" meow Meow meow meow. "Meow meow meow meow meow meow meow meow meow meow meow meow meow meow meow meow, meow Meow meow?"

"Meow meow Meow meow Meow," meow meow meow, "meow meow meow meow meow meow, meow Meow meow'meow meow meow meow meow meow. Meow!..."

Meow meow meow meow meow meow meow meow meow meow meow meow meow meow meow meow meow meow meow meow meow meow meow meow meow.

Meow meow meow meow meow Meow meow Meow meow meow meow meow meow meow meow meow meow meow.

Meow meow meow meow meow meow, meow meow meow meow meow Meow, Meow'meow meow meow meow meow meow meow meow meow meow meow, meow meow meow meow meow meow meow meow meow meow. Meow meow Meow. Meow meow meow meow meow meow meow Meow meow meow meow meow meow meow meow meow meow meow meow meow meow meow meow meow. Meow meow meow meow meow meow meow Meow meow meow meow meow Meow meow meow meow meow.

Meow meow meow meow meow meow meow meow meow meow meow meow meow. Meow meow meow meow meow meow meow meow meow meow meow meow meow meow.

Meow meow meow meow meow, meow meow meow.

Meow. meow Meow, meow meow meow meow meow meow, meow meow meow meow, meow meow meow meow Meow meow meow meow meow meow meow meow Meow Meow.

"Meow meow Meow meow meow meow Meow Meow meow meow meow?" meow meow.

Meow meow meow meow meow meow meow. Meow meow meow meow meow meow meow meow meow meow meow meow meow meow, Meow. meow Meow meow meow meow meow meow meow meow meow meow meow meow meow meow meow meow meow meow meow meow meow.

"Meow meow..." meow Meow meow meow meow, meow meow meow.

Meow meow meow meow meow, meow, meow meow meow meow Meow. meow Meow’meow meow meow meow meow meow meow meow meow meow.

Meow meow meow meow meow meow meow meow meow meow meow meow-meow meow meow, meow meow meow meow meow meow meow meow, meow meow meow meow meow meow meow meow meow meow meow meow, meow meow meow meow meow meow meow meow meow meow meow meow meow.

Meow meow meow meow meow, meow meow meow meow, meow meow meow meow meow meow, meow meow meow, meow meow meow meow meow meow meow, meow meow meow meow meow meow: meow meow meow meow meow meow meow meow meow meow meow meow meow meow meow meow. Meow meow meow meow meow meow meow meow Meow meow Meow—meow meow meow meow meow meow meow meow meow meow meow.

Meow meow meow meow meow meow meow meow meow meow meow: meow meow meow meow meow meow meow, meow meow meow meow meow meow meow meow’meow meow, meow meow meow meow meow “meow meow meow meow,” meow meow meow meow meow meow, meow meow meow meow meow meow meow, meow meow meow meow meow meow meow meow meow meow meow meow meow, meow meow meow, meow meow meow meow meow meow meow Meow, meow meow meow meow meow meow meow.

Meow, meow meow meow meow meow meow meow meow meow meow meow meow meow, meow meow meow meow meow meow meow meow meow meow meow meow, meow meow meow meow, meow meow meow meow, meow meow meow meow meow meow, meow meow meow, meow Meow meow meow meow meow meow meow meow meow meow meow meow meow meow meow. Meow meow meow meow meow Meow, Meow, Meow, Meow, Meow, Meow, meow meow meow. Meow meow meow meow meow meow meow meow meow.

Meow meow meow meow meow meow meow meow, Meow meow meow meow meow meow meow meow, meow meow meow meow meow, meow meow meow meow meow meow meow. Meow meow meow meow meow meow meow meow meow meow meow meow meow meow meow meow meow meow meow meow meow. Meow meow meow meow meow, meow meow meow meow meow meow’meow meow—meow meow meow Meow meow meow meow meow meow meow meow meow meow meow.

Meow Meow meow meow meow meow meow meow meow meow meow meow meow meow meow meow meow meow meow meow meow meow meow, meow meow meow meow meow meow. Meow meow meow meow meow meow meow meow meow meow meow meow meow meow meow—meow meow meow meow meow meow meow meow—meow meow meow meow meow.

Meow meow meow meow meow meow meow meow meow meow meow Meow meow meow meow meow meow meow meow meow meow, meow meow meow meow meow meow, meow meow, meow meow meow meow meow meow meow meow meow, meow meow meow meow meow meow meow meow meow meow meow meow meow meow meow meow meow Meow meow meow meow meow—meow meow meow meow meow meow meow meow meow meow, meow meow meow meow meow meow meow meow meow meow meow meow meow. Meow Meow meow meow meow meow meow meow, meow meow meow meow meow, meow meow meow meow meow meow meow meow meow meow. Meow meow meow meow. Meow meow meow meow meow meow meow meow meow meow meow, meow meow meow meow meow meow meow, meow meow meow meow meow.

Meow meow meow meow Meow meow meow meow meow meow meow meow Meow meow meow meow meow meow Meow. Meow meow meow meow meow meow meow meow meow, meow meow meow meow meow meow meow meow. Meow meow meow meow meow meow meow meow meow meow meow meow meow meow meow meow meow.

"Meow? Meow meow meow meow?" meow Meow. "Meow, meow meow meow meow meow meow meow."

Meow meow meow meow meow Meow.

Meow meow meow meow, meow meow meow meow meow meow meow meow Meow meow, meow meow meow meow meow meow meow meow meow, meow meow meow meow. Meow Meow meow meow meow meow meow meow meow meow meow meow meow meow meow meow meow meow meow meow meow meow. Meow meow meow meow, meow meow meow meow meow meow meow, meow meow meow meow meow meow meow meow meow meow meow, meow meow meow meow meow meow. Meow meow meow meow meow meow meow Meow, meow meow meow meow meow meow meow meow meow meow meow meow meow meow meow meow. Meow meow Meow.

Meow Meow meow meow meow meow meow Meow meow meow meow, meow meow meow meow meow meow meow meow meow meow meow meow meow meow. Meow meow meow meow meow meow: meow meow meow meow meow meow meow meow meow meow meow meow meow meow Meow meow meow Meow. Meow meow meow meow meow meow meow meow meow meow meow meow Meow meow meow meow. Meow meow meow meow meow meow meow meow meow meow meow meow meow meow meow meow meow meow meow meow meow meow meow meow meow meow meow, meow meow meow meow meow meow meow meow meow, meow meow meow meow, meow meow meow meow meow meow.

Meow meow meow meow meow meow meow Meow meow meow meow meow meow meow Meow Meow meow meow. Meow meow Meow, meow meow Meow, meow meow meow meow meow meow meow meow'meow meow meow.

Meow meow meow meow meow meow meow meow meow meow.

"Meow meow meow meow meow Meow, Meow meow meow meow meow Meow meow!" meow meow, meow meow meow meow meow meow meow Meow.

Meow XXXV

Meow meow meow-meow meow meow Meow meow meow meow meow meow meow meow Meow, meow meow meow meow, meow meow meow meow. Meow meow meow meow, meow meow meow meow meow meow meow meow meow meow.

"Meow, meow, meow meow," meow meow meow meow meow. "Meow, meow: meow, meow meow, meow meow meow meow," meow meow meow meow meow meow meow meow meow meow meow; meow, "Meow, meow'meow, meow'meow meow meow!" Meow meow meow meow meow meow meow meow meow meow meow meow meow meow meow meow meow meow meow; meow meow meow meow meow meow meow meow meow meow meow meow meow meow meow meow meow meow meow meow meow meow meow, meow meow meow meow meow—meow meow meow meow meow meow meow meow meow meow meow meow meow meow. Meow meow meow meow meow meow meow meow, meow meow meow meow meow meow meow, meow meow meow meow meow meow meow meow meow meow meow meow meow meow meow meow meow, meow meow meow meow meow meow meow meow meow meow meow meow meow meow meow meow meow meow meow meow meow meow, meow meow meow meow meow meow meow meow, meow meow meow meow meow meow meow meow meow, meow meow meow meow meow meow meow meow meow meow meow meow meow meow, meow meow meow meow meow meow meow meow meow meow meow meow meow meow meow meow meow meow meow meow meow meow meow.

Meow'meow meow meow meow meow meow meow meow meow, meow meow meow meow meow meow meow meow meow meow meow meow meow meow meow meow meow meow meow meow meow meow meow.

Meow meow meow'meow meow meow meow meow meow meow meow meow meow meow Meow meow meow meow, meow meow Meow Meow meow meow. Meow meow meow meow meow meow.

"Meow meow meow Meow Meow Meow meow meow meow meow meow meow," meow meow meow meow meow meow meow, meow meow meow meow meow Meow meow Meow meow meow meow meow meow.

"Meow Meow Meow meow meow meow meow meow meow meow?"

Meow meow meow meow'meow meow—meow meow meow meow meow meow Meow—meow meow meow meow meow meow meow meow Meow meow meow meow meow meow meow meow.

Meow meow meow meow meow meow meow meow meow Meow meow meow meow meow meow meow meow meow meow, meow meow meow meow meow meow—meow meow meow meow meow meow meow meow meow meow meow meow—meow meow meow meow. Meow meow meow meow meow meow Meow meow meow meow meow, meow meow meow meow meow meow, Meow meow.

"Meow meow meow, meow," meow meow. "Meow meow meow meow, meow meow meow meow meow meow meow meow meow Meow. Meow, meow meow meow meow meow meow meow meow."

Meow meow meow meow meow meow meow meow meow meow meow meow.

Meow Meow meow meow meow meow meow meow meow meow meow meow Meow meow meow meow meow meow meow meow meow Meow, Meow, meow meow meow meow meow meow meow meow meow Meow'meow meow meow meow meow meow meow, meow meow meow meow meow meow meow meow, meow Meow'meow meow, meow meow meow.

"Meow, meow meow meow," meow meow meow Meow, "meow meow meow meow meow'meow meow meow."

Meow meow meow Meow, meow meow meow meow meow Meow meow. Meow meow meow meow Meow meow meow meow meow meow meow meow meow meow. Meow meow meow meow Meow meow meow meow meow Meow, meow meow meow meow meow Meow'meow meow meow meow meow meow Meow meow meow.

Meow meow meow'meow meow Meow meow meow. Meow meow meow meow meow meow meow meow meow meow meow meow, meow meow meow meow meow meow meow, Meow meow meow meow meow meow meow. Meow meow meow meow meow meow'meow meow—meow meow meow meow meow, meow meow meow meow'meow meow meow meow meow. Meow meow meow meow meow meow meow meow meow meow meow meow meow meow meow. Meow meow meow meow.

Meow Meow Meow, meow meow meow meow meow meow Meow Meow meow meow, "meow meow meow meow meow meow," meow meow Meow meow meow, meow meow meow Meow meow meow meow. Meow meow meow meow Meow meow Meow meow meow meow meow meow meow meow meow meow meow meow. Meow meow Meow meow Meow, meow meow meow meow meow meow meow meow meow meow meow meow meow meow, meow meow meow meow, meow meow meow meow meow meow, meow meow meow meow meow meow meow meow meow meow meow meow meow.

Meow meow meow meow meow meow meow meow meow meow meow meow meow Meow meow meow meow meow meow meow meow meow.

Meow, meow meow meow meow, meow Meow meow meow meow-meow meow meow meow meow, meow meow meow meow meow meow meow.

Meow meow meow Meow Meow meow meow meow meow meow meow meow meow meow, meow meow meow meow meow meow, meow meow meow meow Meow meow meow meow meow meow meow meow meow meow, meow meow meow meow meow meow meow

meow meow. "Meow meow Meow" (meow meow meow meow meow meow Meow meow Meow) "meow meow meow meow meow," meow Meow, meow meow meow meow meow meow meow meow meow Meow meow meow meow meow meow "meow meow meow" meow meow meow meow meow meow meow meow meow Meow meow meow meow meow meow meow meow meow meow meow meow meow meow.

"Meow meow meow meow meow meow meow meow meow meow'meow meow meow meow meow meow meow meow meow meow meow, meow meow meow meow meow meow meow meow meow meow meow meow," meow meow.

Meow meow meow meow meow meow meow meow meow Meow, meow meow meow meow meow meow meow meow meow. Meow, meow "meow meow meow'meow" meow, meow meow meow meow:

"Meow!" Meow meow meow meow meow. "Meow meow meow meow meow meow meow meow meow meow meow. Meow meow," meow meow, meow meow, "meow meow meow meow meow meow meow meow meow meow."

Meow Meow meow meow meow Meow meow meow meow meow meow meow meow, Meow meow meow Meow meow meow meow Meow Meow meow meow meow meow meow meow meow meow meow meow meow meow meow.

Meow, meow meow meow Meow, meow meow meow meow meow meow meow meow meow meow meow meow meow meow meow, meow meow meow meow, meow meow meow meow meow.

Meow meow meow meow meow meow meow meow meow meow meow meow meow meow meow meow meow meow, meow meow "meow meow meow meow meow," meow meow meow meow meow meow meow, Meow'meow meow, meow meow meow meow meow meow meow, meow meow meow meow meow meow meow meow meow meow meow meow.

Meow meow meow meow meow meow meow meow meow meow meow meow meow meow meow meow meow meow meow meow. Meow meow meow meow meow meow meow meow meow meow meow meow meow meow meow meow meow meow Meow meow meow, meow meow meow meow meow meow meow meow meow meow meow meow meow meow meow meow meow meow meow, meow meow meow meow meow meow meow meow meow meow meow'meow meow meow meow meow meow meow Meow.

Meow meow meow meow meow meow meow meow meow meow meow, meow meow meow meow meow meow meow meow meow meow meow meow meow meow, meow meow, meow meow meow meow meow meow.

Meow XXXVI

Meow Meow'meow meow meow meow meow meow meow meow meow meow meow'meow meow meow meow meow Meow, meow meow meow meow. Meow meow meow'meow meow meow, meow meow meow meow meow meow meow meow, meow meow meow meow meow meow meow meow meow meow meow Meow meow meow Meow Meow, meow meow meow meow meow meow meow meow meow meow meow meow, meow meow meow meow meow meow meow meow meow meow meow meow meow meow meow'meow.

Meow meow meow meow meow meow meow meow meow meow meow meow meow meow meow meow meow meow meow. Meow meow meow meow meow meow meow meow, meow meow meow meow meow meow meow, meow meow meow meow meow meow meow meow meow meow meow meow meow meow meow meow, meow meow meow meow meow meow meow meow meow meow meow. Meow meow, meow meow meow meow meow meow meow, meow meow meow meow meow meow meow meow meow meow meow meow meow meow meow,

meow meow meow meow meow meow meow meow meow meow meow meow meow meow meow meow meow meow meow meow meow meow meow meow meow.

Meow meow meow meow meow meow meow meow meow meow meow meow meow meow meow meow. Meow meow meow meow meow meow meow, meow meow meow meow, meow meow meow meow meow meow meow meow meow meow meow meow. Meow meow meow meow meow meow. Meow meow meow meow meow meow meow, meow meow meow meow meow meow meow meow meow meow meow meow meow meow meow meow "meow!" meow meow. Meow meow meow meow, meow meow meow' meow, meow meow meow meow meow meow. Meow, meow meow meow meow meow, meow meow meow meow meow meow meow meow meow meow meow meow; meow, meow meow meow meow meow meow, meow meow meow; meow meow meow meow meow meow meow meow meow meow meow, meow meow meow meow meow meow meow meow meow meow meow meow meow meow. Meow meow meow meow meow meow meow meow meow meow meow, meow meow meow meow meow meow meow meow meow. Meow meow meow meow meow meow meow. Meow meow meow meow meow meow, meow meow meow meow meow meow, meow meow meow meow, meow meow meow meow meow meow meow meow meow meow meow meow meow, meow meow meow meow meow meow meow meow. Meow meow meow meow meow meow meow meow meow meow meow meow meow meow meow meow meow meow, meow meow meow meow meow meow meow meow. Meow meow meow meow meow meow meow meow meow meow meow, meow meow meow, meow meow. Meow meow meow meow meow meow meow meow meow meow meow meow meow meow, meow meow. Meow meow meow meow meow meow meow meow meow meow meow. Meow meow meow meow meow meow meow meow meow meow meow. "Meow, meow meow meow meow meow!... Meow meow meow meow! Meow'meow meow.... Meow, meow meow'meow meow meow!" meow meow meow meow meow meow meow meow meow meow. Meow meow, meow meow meow meow meow meow meow meow, meow meow meow meow, meow meow meow meow meow meow meow meow meow meow meow meow meow meow meow meow meow meow meow meow meow meow, meow meow meow, meow meow meow meow meow meow, meow meow meow. Meow meow meow meow meow meow meow meow meow. Meow meow meow meow meow meow, meow meow meow meow meow meow meow meow meow, meow meow, meow meow meow meow meow, meow meow meow meow meow meow meow meow meow meow meow.

Meow Meow meow meow meow meow meow meow meow meow meow meow meow meow meow meow meow meow meow meow meow meow meow meow meow meow.

Meow meow meow Meow Meow meow meow meow meow meow meow meow, meow meow meow meow. Meow meow meow meow meow meow meow meow meow meow meow, meow meow meow meow meow meow meow meow. Meow meow meow, meow meow meow meow meow. Meow meow meow meow meow meow meow meow meow meow meow meow meow meow meow meow meow meow meow. Meow meow, meow meow, meow meow meow meow meow meow meow. Meow meow meow, meow meow meow meow meow, meow meow meow meow meow meow, meow, meow meow. Meow meow meow meow meow meow meow meow-meow meow meow meow meow meow, meow meow meow meow meow meow meow meow meow meow meow meow meow. Meow meow meow' meow, meow meow meow meow meow meow meow meow meow meow meow, meow meow meow meow meow meow meow meow meow meow meow meow meow meow. Meow meow meow meow meow meow meow meow meow meow meow meow. Meow meow meow meow meow meow meow, meow meow meow meow meow meow meow meow meow meow meow meow meow. Meow meow meow meow meow meow meow meow meow meow meow, meow, meow, meow, meow, meow meow meow meow. Meow meow meow. Meow Meow'meow meow, meow meow meow meow meow meow meow meow meow meow, meow meow, meow meow meow meow, meow meow meow meow meow

meow meow meow meow meow, meow meow. Meow Meow meow meow meow meow meow meow meow meow meow meow meow meow meow meow meow meow meow meow. Meow meow meow meow, meow meow, meow meow, meow meow meow meow, meow meow meow meow meow meow meow meow meow. Meow meow meow meow, meow meow meow meow meow meow meow meow meow meow meow, meow meow meow, meow, meow-meow meow meow meow meow meow meow. Meow meow meow meow meow meow meow meow meow meow meow. Meow meow, meow meow meow meow meow, meow meow meow meow meow meow-meow meow meow.

"Meow meow meow meow meow meow meow meow meow meow meow, meow meow meow Meow meow!" meow meow, meow meow meow meow meow meow meow meow meow. "Meow meow meow meow meow meow meow meow, meow, meow meow'meow meow meow meow meow meow meow! Meow meow meow meow...."

Meow meow meow meow meow meow meow, Meow Meow meow meow meow meow meow meow meow meow meow meow meow meow. "Meow meow'meow meow meow meow meow meow?" meow meow. "Meow meow meow meow meow, meow meow meow meow meow meow? Meow meow Meow meow meow meow meow meow meow? Meow meow meow meow meow meow Meow meow meow meow meow meow meow."

Meow XXXVII

Meow meow meow meow meow meow meow meow meow meow meow meow meow, meow meow meow meow meow meow meow meow meow meow meow meow meow meow meow, meow meow meow meow meow meow. Meow meow meow meow meow meow meow meow, meow meow meow meow meow meow meow meow. Meow meow meow meow meow. Meow meow meow meow meow meow meow meow meow meow meow, meow meow meow meow meow.

"Meow meow, meow," meow meow meow meow meow meow meow Meow Meow meow meow meow, meow meow meow meow meow meow meow meow meow meow.

Meow meow meow meow meow meow meow meow.

"Meow meow meow meow meow meow meow meow meow meow meow meow meow meow meow meow!" meow meow.

"Meow Meow! Meow meow meow? Meow meow meow meow?" meow Meow Meow meow meow.

Meow meow meow, meow, meow meow meow meow meow meow meow meow, meow meow Meow Meow. Meow meow meow meow meow meow meow meow meow meow meow meow meow meow, meow meow meow, meow meow meow meow meow meow meow. Meow meow meow meow. "Meow, meow meow meow! Meow, meow meow meow meow meow meow meow meow meow meow," meow Meow Meow, meow meow meow meow meow meow meow meow meow. "Meow meow meow meow meow meow meow meow meow meow meow meow?" meow meow meow meow meow meow meow. Meow meow meow meow meow meow meow meow meow meow meow meow meow meow meow meow meow meow. Meow meow Meow meow meow meow meow meow meow meow meow meow meow meow meow meow, meow meow meow meow meow meow meow meow meow meow meow meow meow meow meow, meow meow meow meow meow meow, meow meow meow meow meow meow, meow meow meow meow. Meow meow meow meow meow meow meow meow meow meow meow meow meow meow meow meow meow meow meow meow meow meow meow meow meow. Meow meow meow, meow meow meow meow meow meow meow meow meow meow meow meow.

Meow Meow meow meow meow meow meow meow meow meow meow meow meow meow meow meow, meow meow, meow meow meow meow meow meow meow.

"Meow, meow meow meow meow, meow meow meow meow meow meow meow meow meow meow meow, meow meow meow meow; meow, meow meow meow Meow meow meow meow meow meow Meow Meow meow meow meow Meow meow meow meow—meow meow meow meow meow meow meow meow meow meow, meow meow meow meow meow meow meow Meow meow. Meow meow meow meow meow meow. Meow meow meow!"

Meow XXXVIII

Meow meow meow meow meow meow meow meow meow meow meow, meow meow meow meow meow meow meow meow meow meow meow meow meow meow meow meow meow meow meow meow meow meow meow, meow meow meow meow meow meow meow meow meow meow meow, meow meow meow meow meow Meow meow meow meow meow meow meow meow meow meow, meow, meow meow, meow meow meow meow meow. Meow meow meow meow meow meow meow meow meow meow meow meow meow meow meow meow meow meow meow meow meow meow. Meow meow meow meow meow meow meow meow meow meow Meow meow, meow meow meow meow meow meow, meow meow meow meow meow, meow meow meow, meow meow meow, meow meow meow meow, meow meow, meow meow meow, meow meow meow meow meow. Meow meow meow meow meow meow meow meow meow, meow meow meow meow meow meow meow meow meow meow meow meow meow meow meow. Meow meow, meow meow meow meow meow meow meow meow meow meow meow meow meow meow meow meow meow meow meow meow. Meow meow meow meow meow meow meow meow meow meow meow meow meow meow meow. Meow meow meow meow meow meow meow meow meow meow meow meow meow meow meow meow meow meow meow. Meow meow meow meow meow meow meow Meow, meow meow, meow meow (meow meow meow meow meow meow meow meow?). Meow meow meow meow meow meow meow meow, meow, meow meow. Meow meow meow meow meow meow Meow meow meow meow meow meow meow meow meow meow meow meow meow meow meow meow meow meow meow meow meow meow meow meow meow Meow meow meow meow meow meow Meow. Meow meow meow meow meow meow meow meow meow meow meow meow meow meow meow meow meow meow meow meow meow.

Meow meow meow meow meow meow meow meow meow meow meow meow meow meow meow meow meow meow meow Meow, meow meow meow meow, meow meow meow meow meow meow meow.

"Meow meow meow meow meow meow meow meow, meow meow meow meow meow," meow meow meow.

"Meow meow meow!..." meow Meow meow meow meow meow.

"Meow?" meow meow meow meow meow meow meow meow meow.

"Meow meow meow!" meow Meow meow. "Meow meow meow meow!"

Meow meow meow meow meow meow meow meow meow meow meow meow, meow meow meow meow meow meow meow meow meow meow meow meow meow meow meow meow, meow meow meow. Meow meow meow meow meow meow meow meow meow meow meow, meow meow—meow meow meow meow meow meow meow meow meow meow meow meow meow—meow meow meow meow meow, meow, meow, meow meow meow meow meow meow.

Meow meow meow meow meow meow meow meow meow meow meow meow meow meow meow meow meow meow meow meow meow meow meow meow meow meow meow meow meow meow meow meow meow meow meow meow meow. Meow meow meow meow meow

meow meow meow meow meow meow, meow, meow meow, meow meow meow meow meow meow meow meow meow meow meow meow meow meow, meow meow meow meow meow, meow meow meow meow meow meow meow meow meow meow. Meow meow meow meow meow meow, meow meow meow meow meow meow meow meow, meow meow meow meow meow meow meow, meow, meow meow meow.

Meow meow meow meow meow, meow meow meow meow meow meow meow meow meow meow meow meow (meow meow meow meow meow meow), meow meow meow meow meow meow meow meow meow meow Meow meow meow meow meow Meow meow, meow meow, meow meow meow meow meow meow meow meow meow meow meow Meow meow meow Meow. Meow meow meow meow meow meow meow meow meow meow meow meow Meow meow "meow meow meow meow meow," meow meow meow meow meow meow, meow meow meow meow meow meow Meow. Meow meow meow meow meow meow meow meow meow meow meow meow meow meow meow meow meow meow meow meow meow meow meow, meow meow:

Meow Meow meow meow meow meow meow meow meow meow meow meow meow: meow meow meow meow meow meow meow, meow meow meow, meow meow meow meow meow meow meow; meow meow meow meow meow meow.

Meow meow meow meow meow meow meow meow, meow meow meow meow meow meow meow meow meow. Meow meow meow meow meow meow meow meow meow, meow meow meow-meow meow meow meow meow. Meow Meow meow meow meow meow; meow meow meow meow meow meow meow.

Meow meow meow meow meow meow meow meow meow, Meow meow meow meow meow meow Meow meow meow Meow Meow. Meow meow meow meow meow meow. Meow meow meow meow meow meow meow meow meow meow meow meow meow meow meow, meow meow meow meow meow meow meow meow meow meow meow.

Meow meow meow meow meow meow Meow meow meow meow meow meow, meow meow meow meow meow meow meow meow meow meow. Meow meow meow meow meow meow meow meow meow, meow meow meow meow meow meow meow meow meow meow meow meow meow meow meow meow meow meow meow meow meow Meow meow Meow meow Meow.

Meow XXXIX

Meow meow meow meow meow meow meow meow meow meow meow meow meow meow meow meow meow meow meow meow meow meow Meow meow meow meow meow meow meow—meow meow meow meow meow meow meow meow meow meow meow meow meow Meow, Meow, Meow, meow Meow meow meow meow meow meow meow meow meow. Meow meow meow meow meow meow meow meow meow meow meow meow meow meow meow meow meow meow meow. Meow meow meow meow meow meow, meow meow meow, meow meow meow, meow meow meow meow Meow meow meow meow meow meow meow meow Meow meow meow meow. Meow meow, meow meow meow, meow meow meow meow meow meow. Meow meow meow meow meow meow meow meow.

Meow meow meow meow meow meow meow meow Meow meow meow meow meow meow, meow meow meow Meow meow meow meow meow meow, meow meow meow; meow meow meow meow meow meow meow meow Meow meow meow meow meow meow Meow meow meow meow meow meow meow meow meow meow Meow meow meow meow. Meow meow meow Meow meow meow Meow meow meow meow, meow meow meow meow meow meow meow meow.

Meow Meow meow meow meow meow meow meow meow meow meow meow meow Meow. Meow meow meow meow meow meow meow meow meow meow meow meow Meow meow meow meow meow meow meow meow meow meow meow meow meow meow meow meow. Meow meow meow meow meow meow meow Meow meow meow meow meow Meow meow meow meow, meow meow meow meow meow meow meow meow, meow meow meow Meow meow meow meow meow meow, meow meow meow meow meow meow Meow meow meow meow meow meow meow meow meow, meow meow meow meow meow meow meow meow meow Meow Meow meow meow meow.

Meow Meow, meow meow meow meow meow meow meow meow meow meow meow, meow meow meow meow Meow'meow meow, meow meow meow meow meow meow meow meow meow meow meow meow meow meow meow meow meow meow meow meow meow meow meow meow Meow meow, meow meow meow, meow meow meow meow meow meow. Meow Meow meow meow meow meow Meow meow meow meow meow meow meow meow meow meow meow meow meow meow meow meow, meow meow meow meow meow Meow meow meow meow meow meow meow Meow meow meow, meow meow meow meow Meow meow meow meow meow meow meow meow meow meow meow meow meow meow. Meow meow Meow meow meow meow meow meow. Meow meow meow meow Meow meow meow meow meow meow Meow Meow, meow meow meow, meow meow meow meow meow meow meow. Meow meow meow meow meow meow meow meow Meow meow meow Meow meow meow meow meow meow meow meow meow meow meow meow. Meow meow meow meow. Meow meow meow meow meow Meow, meow meow meow meow meow meow meow, meow meow meow meow meow meow meow. Meow meow meow, meow, meow meow meow meow Meow meow meow meow meow meow meow meow, meow meow meow meow meow meow meow meow meow meow meow.

Meow meow meow Meow meow meow meow meow meow meow meow meow meow meow meow meow meow meow, meow meow meow meow meow meow meow meow meow meow meow meow meow meow meow meow meow meow meow meow, meow meow meow meow meow meow meow—meow meow meow meow meow meow meow meow meow meow meow—meow meow meow meow meow meow meow meow meow meow, meow meow Meow meow meow, meow meow meow meow meow meow meow meow meow meow meow meow meow. Meow meow meow meow meow meow Meow meow meow meow. Meow meow meow meow meow meow meow meow meow meow meow meow meow meow meow meow meow, meow meow, meow meow meow meow meow meow meow meow meow meow meow meow meow, meow meow meow meow meow meow meow meow meow meow meow meow meow meow meow meow meow meow meow meow meow meow meow meow meow meow Meow meow Meow. Meow Meow meow, meow meow meow meow meow meow meow meow meow meow meow meow meow, meow meow meow meow meow, meow meow meow meow, meow meow meow meow Meow meow, meow meow meow meow, meow meow meow. Meow meow meow, meow Meow meow meow meow meow meow meow meow meow Meow, meow meow, meow meow meow meow meow meow meow meow Meow, meow meow meow meow, meow meow meow meow meow meow meow meow meow Meow. Meow meow meow meow meow meow meow Meow meow Meow'meow meow meow meow Meow, meow meow meow meow meow Meow meow, meow meow meow meow meow meow meow meow meow meow meow, meow meow meow meow Meow Meow, meow meow meow Meow meow meow meow meow meow meow meow meow meow meow meow meow meow meow meow meow.

Meow Meow: 1812

Meow I

Meow meow meow meow meow meow meow meow meow meow meow. Meow meow meow meow meow meow meow meow meow meow meow meow meow meow meow meow meow meow meow meow; meow meow meow meow meow, meow meow meow meow meow meow meow meow meow meow meow meow meow meow meow meow meow. Meow meow meow meow-meow, meow-meow meow meow meow meow meow meow meow, meow Meow meow meow meow meow meow meow meow meow meow meow, meow meow meow meow meow meow meow meow meow meow meow meow meow meow meow. Meow meow meow Meow meow meow meow meow meow meow meow meow meow meow, meow meow meow meow meow meow meow meow meow meow meow meow: meow Meow meow meow meow meow, meow meow meow meow meow meow meow, meow meow meow meow. Meow meow meow meow meow meow meow. Meow meow meow (meow Meow meow meow meow meow meow) meow meow meow: meow meow meow meow meow meow meow meow, meow meow meow meow meow Meow meow meow meow meow meow meow.

Meow meow meow meow meow meow meow meow meow meow meow meow meow meow meow meow, meow meow meow meow. Meow meow meow meow meow meow meow meow meow meow meow, meow meow meow meow meow meow meow meow meow meow meow meow, meow meow meow meow meow meow meow meow meow meow, meow meow meow meow meow meow meow meow.

Meow meow meow meow meow meow meow meow meow meow meow meow meow meow meow meow meow meow meow meow meow meow meow meow meow meow meow meow meow meow meow.

Meow meow meow meow meow, meow meow meow meow, meow meow meow meow meow meow meow meow meow meow meow meow meow, meow meow meow meow meow meow meow meow (meow meow) meow meow meow meow meow meow meow meow meow meow meow meow meow meow meow meow meow meow meow meow meow meow meow meow.

Meow meow meow meow meow meow meow meow meow meow meow meow. Meow meow meow meow, meow meow meow meow meow meow meow meow meow, meow meow.

Meow meow meow meow meow meow meow meow meow meow meow meow meow. Meow meow meow meow meow meow, meow meow meow meow meow meow meow meow meow, meow'meow meow meow meow meow meow meow. Meow meow meow meow meow meow meow meow meow meow meow meow meow meow meow meow meow meow, meow meow meow meow meow meow meow meow meow meow meow, meow meow meow meow meow meow meow meow.

Meow meow meow meow meow meow meow meow meow meow meow meow—meow meow meow meow meow—meow meow meow meow meow meow meow meow meow; meow meow meow meow meow meow meow meow meow meow meow meow meow meow meow meow.

Meow meow meow meow meow meow meow meow meow meow meow meow meow meow meow meow meow meow. Meow meow meow meow meow meow meow, meow meow meow meow meow meow meow meow meow meow meow meow meow, meow meow meow meow meow meow meow

meow, meow meow meow meow meow meow meow meow meow meow meow meow meow meow meow meow meow meow meow, meow meow meow meow.

Meow meow meow meow meow meow meow meow meow meow meow meow meow meow meow. Meow meow meow meow meow meow meow meow meow meow meow meow meow meow meow meow—meow meow meow meow meow meow meow, meow meow meow meow meow meow meow meow meow meow meow.

Meow meow meow meow meow meow meow meow meow meow meow meow, meow meow meow meow meow meow meow meow meow meow, meow meow meow meow meow meow meow meow meow meow meow meow meow. Meow meow meow meow meow meow Meow meow Meow, meow meow meow meow meow meow meow meow meow meow meow meow.

"Meow meow meow meow meow meow meow meow meow meow meow; meow meow meow meow meow meow meow meow meow meow meow meow meow meow meow," meow meow. Meow, meow, meow meow meow: meow meow meow meow meow meow meow meow, meow meow meow meow meow meow meow meow meow meow meow meow meow meow meow meow meow meow meow meow meow meow meow meow meow meow meow meow meow meow meow. Meow Meow meow meow meow meow meow meow meow meow meow meow, Meow meow meow meow meow meow meow meow; meow meow meow meow meow meow meow meow meow meow meow meow meow meow, Meow meow meow meow meow meow meow meow meow meow meow meow meow meow meow meow meow meow meow meow meow meow meow meow.

Meow Meow meow meow meow meow meow meow Meow meow meow meow meow meow meow meow meow meow meow meow; meow Meow meow meow meow meow meow meow meow meow meow meow meow meow meow meow meow meow meow meow meow meow meow.

Meow meow meow meow meow meow meow meow meow meow meow meow meow meow meow meow, meow meow meow meow meow meow meow meow meow meow meow. Meow meow Meow meow meow meow meow meow meow meow meow meow meow meow meow meow meow meow, Meow meow meow meow meow meow meow meow meow meow meow meow meow meow meow meow meow meow meow meow meow, meow meow meow meow meow meow meow meow meow meow meow meow meow. Meow meow meow meow meow meow meow meow meow meow meow meow meow meow meow meow, meow Meow meow meow meow meow meow meow meow Meow meow meow meow meow meow meow, meow meow meow meow meow meow meow meow, meow meow meow, Meow meow meow meow meow meow meow meow meow meow, meow meow meow, meow meow meow meow meow meow. Meow meow Meow meow meow meow meow meow meow meow meow meow meow meow meow meow meow meow meow meow, meow meow meow, meow meow meow meow. Meow meow meow meow meow. Meow meow meow meow meow meow meow meow.

Meow meow meow meow meow meow meow meow meow meow meow meow meow meow meow, meow meow meow meow, meow, meow meow, meow meow meow meow, meow meow meow meow meow meow meow meow meow. Meow meow meow meow meow meow meow meow meow meow meow meow meow meow meow meow meow meow meow meow meow meow meow meow meow meow; meow meow meow meow meow meow meow meow meow meow meow meow meow meow meow meow meow meow meow, meow meow meow meow meow meow meow meow meow meow meow meow meow meow meow meow meow meow meow meow meow meow meow meow meow meow meow meow meow meow meow meow meow meow, meow, meow meow meow meow meow meow' meow meow meow meow meow.

Meow II

Meow meow meow meow meow Meow meow meow meow Meow. Meow Meow meow meow meow meow meow meow meow Meow meow meow, meow meow meow Meow meow Meow. Meow Meow meow meow meow meow Meow, meow meow, meow meow meow meow meow meow meow meow meow, meow meow meow meow meow meow meow meow meow meow meow meow meow meow. Meow meow meow meow meow meow meow meow-meow, meow meow; meow meow meow meow meow meow meow meow meow meow meow. Meow meow meow Meow'meow meow meow meow meow meow meow meow meow meow meow meow meow.

Meow meow meow Meow meow meow meow meow meow meow meow meow meow meow meow meow meow meow, meow meow meow meow meow meow meow meow meow. Meow Meow meow meow meow meow. Meow meow meow meow meow, meow meow Meow meow meow meow meow meow meow meow meow meow meow meow meow meow meow meow meow meow meow meow meow, meow meow meow meow meow meow meow meow meow meow meow meow meow meow meow meow meow meow meow meow, meow meow meow meow meow meow meow meow meow meow.

Meow Meow meow meow meow—meow meow Meow—meow meow Meow meow Meow meow meow meow meow meow meow. Meow meow meow meow meow meow meow meow meow meow meow. Meow Meow meow meow meow. Meow meow meow, meow meow meow meow meow meow, meow meow meow meow Meow meow meow meow, meow meow meow, meow meow meow meow, meow meow: meow meow meow meow meow meow Meow meow, meow (meow meow meow—meow meow Meow-Meow meow meow meow meow meow meow meow) meow meow meow meow meow meow, meow meow meow meow meow meow meow Meow, meow Meow, meow meow Meow, meow Meow, meow meow meow.

Meow meow meow meow meow meow-meow meow Meow, Meow meow meow meow Meow meow meow meow meow meow meow Meow meow meow meow. Meow meow meow meow meow Meow. Meow meow meow meow meow meow meow meow meow meow meow meow meow meow meow meow meow meow meow meow, meow meow meow meow meow meow meow meow meow, meow meow meow meow meow meow meow meow meow meow meow.

Meow meow meow meow meow meow meow meow meow meow meow meow meow meow meow-meow meow, meow meow meow meow meow meow meow, meow meow meow meow meow meow meow.

Meow meow meow meow meow meow meow meow Meow meow meow meow meow meow meow meow Meow meow meow meow meow Meow, meow meow meow meow meow meow meow meow meow meow. Meow meow meow meow meow, meow meow meow meow meow, meow meow meow meow meow meow meow meow meow meow. Meow meow meow meow, meow meow meow meow meow, meow meow meow.

Meow meow meow meow'meow meow, meow meow meow, meow meow meow meow meow meow meow meow. Meow meow meow meow meow meow. Meow meow meow meow meow. Meow meow, meow meow meow-meow meow meow meow meow meow meow meow meow Meow meow, meow meow meow meow meow meow meow meow Meow meow meow meow meow meow meow meow Meow meow meow. Meow meow meow meow meow meow meow, meow meow. Meow meow meow meow meow meow meow meow meow meow meow meow Meow meow. Meow meow meow meow meow meow meow meow meow meow meow meow meow meow meow meow, meow meow meow meow meow meow meow meow meow meow meow meow meow meow, meow meow meow meow Meow meow meow meow meow meow meow meow meow meow meow meow meow meow meow meow Meow, meow meow meow meow meow'meow meow, meow meow meow meow meow meow (meow meow meow meow meow meow meow meow meow meow), meow meow meow meow meow

meow meow meow meow meow meow meow Meow meow, meow meow meow meow meow meow meow meow meow meow meow meow meow meow meow meow meow meow meow meow meow meow meow meow meow meow meow meow meow meow meow meow, meow meow meow meow meow meow meow meow meow meow, meow meow meow meow meow meow meow meow meow meow meow meow meow meow meow meow meow meow meow meow meow meow meow meow meow meow meow; meow meow meow, meow meow, meow meow meow meow meow meow meow meow, meow meow meow meow meow meow meow'meow meow meow. Meow meow meow meow meow meow meow meow meow meow meow meow meow meow meow'meow meow meow meow meow, meow meow, meow meow meow meow meow meow Meow meow meow meow meow meow meow meow meow, meow meow meow meow Meow, meow meow meow meow meow meow Meow meow meow meow; meow, meow meow Meow meow meow meow meow meow meow Meow, meow meow meow meow. Meow meow meow meow meow meow? Meow Meow meow meow Meow meow meow meow meow meow meow meow meow-meow meow Meow meow Meow meow meow meow meow-meow meow Meow, meow meow meow meow meow meow meow meow meow meow meow Meow meow Meow.

Meow III

Meow Meow, meow meow meow meow Meow meow meow meow meow, meow meow meow meow meow meow meow meow meow meow meow meow Meow meow meow meow meow meow, Meow meow meow meow meow meow.

"Meow meow meow meow," meow meow meow, meow meow meow meow meow meow meow meow meow, meow: "Meow meow meow meow, meow meow meow. Meow meow meow meow meow!"

Meow meow meow meow meow meow meow meow meow meow Meow meow meow meow.

Meow meow Meow Meow, meow meow meow meow Meow meow meow Meow, Meow meow meow meow meow meow meow meow meow meow meow meow meow meow meow. Meow meow meow meow meow meow meow meow, meow Meow Meow, meow meow meow meow meow Meow, meow meow. Meow meow meow meow meow meow meow meow meow meow meow meow meow meow meow meow meow meow, meow meow meow meow meow, meow meow meow, meow meow meow Meow, meow meow meow meow. Meow meow meow meow meow meow meow meow meow, meow meow meow meow meow meow meow, meow meow meow meow meow meow meow meow meow meow meow. Meow meow meow meow meow meow meow. Meow meow meow meow meow meow meow meow, meow meow meow meow meow meow meow meow meow meow meow meow meow meow. Meow meow, meow meow, meow meow meow, meow meow meow meow meow meow. Meow meow meow meow meow meow meow meow meow meow meow meow meow meow meow. Meow meow meow meow, meow meow meow meow, meow meow meow meow meow meow meow meow (meow meow meow meow meow meow meow meow) meow meow meow meow meow meow meow meow meow. Meow meow meow meow meow meow meow meow meow meow meow meow meow meow meow meow meow meow, meow meow meow meow meow meow meow meow meow meow meow meow meow. Meow meow meow meow meow meow meow meow meow meow meow meow meow meow meow meow meow meow meow meow meow meow, meow meow meow meow meow meow meow meow meow meow meow meow meow. Meow meow meow meow meow meow meow meow, meow meow meow meow meow meow meow meow meow meow meow meow meow meow meow meow meow. Meow meow meow meow meow meow meow meow meow meow meow meow meow meow meow meow meow meow meow. Meow meow

meow meow meow meow meow Meow, meow meow meow meow Meow, meow meow meow Meow meow meow Meow meow. (Meow Meow meow meow meow meow Meow meow meow meow meow Meow meow meow meow meow meow meow Meow meow meow meow meow meow meow Meow meow meow meow meow.) Meow Meow meow meow meow meow meow meow meow meow meow meow meow meow meow meow meow meow meow meow meow meow meow meow, meow meow meow meow meow meow meow meow meow meow meow meow meow meow meow meow meow meow, meow meow meow meow meow meow meow meow meow meow meow meow.... Meow meow meow, meow meow meow meow meow meow meow, meow meow meow meow meow meow meow meow meow meow. Meow meow meow meow meow meow meow. Meow’meow meow meow meow meow meow meow meow meow. Meow meow meow meow meow meow meow meow meow: meow meow meow Meow meow meow meow meow meow meow meow meow meow meow meow, meow meow meow meow, meow meow meow meow meow meow meow meow meow meow meow meow meow meow, meow meow meow meow meow meow meow meow meow meow meow. Meow meow meow meow meow meow meow meow meow meow meow meow meow meow meow meow meow meow, meow meow meow meow meow meow meow meow meow meow meow meow meow meow. Meow meow meow meow meow meow meow meow meow meow meow meow meow meow meow meow meow? Meow meow-meow meow meow meow meow meow (meow meow meow) meow meow meow meow meow meow meow meow meow meow meow meow, meow meow meow meow meow meow meow. Meow Meow meow meow meow meow meow meow meow meow meow meow meow, meow meow meow meow meow meow meow meow meow meow meow meow meow meow meow meow meow. Meow Meow meow meow.

Meow, meow meow meow meow meow, meow meow meow Meow meow (Meow meow meow meow meow meow meow meow) meow meow meow Meow meow meow meow. Meow meow meow meow meow meow meow meow Meow: meow meow meow meow, meow meow meow meow meow Meow meow meow meow meow meow meow meow meow meow Meow Meow meow meow meow; meow meow meow, meow meow meow meow meow meow meow; meow meow meow meow meow meow, meow meow meow meow meow meow meow meow Meow. Meow meow meow meow meow meow meow meow meow’meow meow. Meow meow meow meow meow meow meow meow meow meow meow meow meow meow meow. Meow meow meow meow meow meow: “Meow Meow meow meow Meow meow meow Meow, meow meow meow Meow meow meow? Meow meow meow meow? Meow meow meow meow meow meow Meow meow Meow meow meow, meow meow meow meow meow meow, meow Meow meow meow meow meow meow Meow meow meow meow? Meow meow meow meow meow?... Meow, meow meow meow meow meow meow? Meow meow meow meow. Meow meow meow meow meow meow meow meow meow meow meow meow meow.” Meow meow meow meow meow meow meow meow meow meow meow meow meow meow meow meow. Meow meow meow meow meow meow meow meow meow meow meow meow (meow meow meow meow Meow Meow, meow meow meow meow meow meow Meow, meow meow), meow meow meow meow meow meow meow meow meow meow Meow meow meow meow meow meow, meow meow Meow’meow meow meow meow meow meow meow meow meow, meow meow meow meow meow meow meow. Meow meow meow meow meow meow meow meow meow meow meow meow meow meow meow meow, meow meow meow meow meow meow meow meow meow meow meow meow Meow meow meow, meow meow meow meow meow meow meow meow meow meow meow meow meow meow. Meow meow meow meow meow meow, meow meow meow meow meow meow meow meow meow meow meow meow meow meow meow.

Meow meow meow meow meow meow meow meow.

“Meow meow, meow meow meow meow meow, meow meow meow meow,” meow meow, meow meow meow meow, meow meow meow meow Meow meow meow meow meow meow.

Meow IV

Meow Meow meow Meow meow meow meow meow meow meow meow meow meow meow meow meow meow meow meow Meow Meow’meow meow. Meow meow, meow, meow meow meow meow meow meow meow meow meow meow meow meow meow meow meow. Meow Meow, Meow’meow meow-meow-meow meow meow meow Meow Meow meow meow meow meow meow meow meow meow meow meow meow meow meow meow meow meow, meow meow meow meow meow meow meow meow meow meow meow meow. Meow meow meow meow meow meow meow meow meow meow meow meow, meow, meow meow meow meow meow, meow meow meow meow meow meow meow meow meow meow meow meow meow meow meow meow meow meow meow meow meow meow. “Meow” meow, meow Meow meow meow meow meow meow Meow, meow meow meow meow meow meow meow meow meow. Meow meow, meow meow meow meow meow meow, meow meow meow meow meow meow meow meow meow meow meow meow meow meow, meow meow meow meow, meow meow meow meow meow meow. Meow meow meow meow meow meow meow meow meow meow meow meow; meow meow meow meow meow meow meow meow meow meow. Meow meow Meow meow meow meow meow meow meow meow meow meow meow meow Meow, meow meow meow meow meow meow meow meow Meow meow meow meow Meow Meow meow meow meow meow meow meow meow meow.

Meow meow meow’meow meow meow, meow meow meow meow, meow, meow, meow meow, meow meow meow meow meow meow meow meow meow meow meow meow meow meow meow meow meow. Meow, Meow, meow Meow, meow meow meow meow, meow meow meow meow meow. Meow meow meow meow, meow meow meow meow, meow Meow meow Meow, meow meow meow meow meow meow meow meow. Meow meow meow Meow. Meow’meow Meow meow meow meow meow meow meow meow meow. Meow meow meow meow meow meow meow meow meow meow meow meow meow meow. Meow meow meow Meow, meow meow meow meow meow meow meow meow meow, meow meow meow meow meow meow meow meow. Meow meow Meow meow meow meow meow meow meow meow meow meow meow meow meow. Meow meow meow meow meow Meow Meow-Meow, meow meow meow meow meow meow. Meow meow meow meow meow meow meow meow meow meow meow meow meow meow meow. Meow, meow meow meow meow meow meow meow meow meow meow meow meow, meow meow meow Meow meow meow meow meow meow meow meow meow meow meow. Meow’meow meow, meow, meow meow meow meow meow meow meow meow meow, meow meow. Meow meow meow Meow’meow, meow meow meow meow meow meow meow meow meow meow

Meow meow meow. Meow meow meow meow meow meow meow meow. Meow meow meow meow Meow meow meow meow meow meow meow meow Meow meow meow, meow meow meow Meow meow meow meow meow meow Meow, meow meow meow meow meow meow meow meow meow meow meow meow meow meow meow meow meow meow meow Meow meow meow meow meow meow. Meow meow meow, meow meow meow meow meow meow meow meow meow. Meow, Meow, meow Meow meow meow Meow. Meow meow meow meow meow meow meow meow meow meow meow meow meow meow meow meow, meow meow, meow meow meow meow meow meow meow meow meow meow meow meow meow meow meow meow meow meow meow Meow meow meow meow meow meow. Meow meow meow, meow, meow meow meow, meow meow meow meow meow Meow, meow meow meow meow

meow meow meow meow meow meow meow. Meow, meow meow meow meow meow meow meow meow meow meow meow meow, meow meow meow meow meow meow meow. Meow meow meow meow meow meow meow meow meow meow meow meow "Meow" meow "Meow-meow" meow meow meow Meow. Meow meow meow meow meow meow meow meow meow meow meow meow, meow meow meow meow meow meow meow "Meow." Meow meow meow meow meow meow meow meow "Meow" meow Meow meow meow, meow meow, meow meow meow meow meow meow meow meow "Meow" meow meow meow "Meow-meow" meow meow meow. Meow meow meow meow meow meow meow meow meow meow. Meow meow meow meow meow Meow'meow meow meow meow meow meow meow meow meow meow meow Meow'meow meow meow meow meow meow meow meow meow meow meow meow meow meow meow meow Meow meow meow.

"Meow," meow Meow, "Meow meow meow meow meow meow'meow meow. Meow meow meow meow meow meow meow meow meow meow meow, meow meow meow meow meow meow. Meow meow..." Meow meow meow meow, meow meow meow meow, meow meow meow meow, meow meow meow Meow meow meow: "Meow meow; meow meow meow meow Meow, meow Meow meow meow meow meow meow, meow meow meow... meow meow meow, meow meow meow meow meow meow meow meow meow meow...."

Meow meow meow meow meow, meow meow meow meow meow meow meow.

Meow meow meow, meow meow meow meow meow meow meow meow meow meow meow meow meow meow meow meow.

Meow meow meow meow meow Meow meow meow meow meow meow meow meow meow meow. Meow meow meow meow meow.

Meow meow meow meow, meow meow meow meow meow meow meow meow meow meow meow meow meow meow meow meow meow meow meow, meow meow meow meow meow meow meow.

Meow, meow meow meow meow meow meow meow, meow meow meow meow meow meow meow, meow meow meow meow meow meow meow meow, meow meow meow meow meow meow meow meow meow meow meow meow meow meow meow.

Meow meow meow meow meow meow Meow meow meow meow meow meow meow meow meow meow, meow meow meow meow meow meow meow: "Meow, meow meow meow meow meow Meow meow meow? Meow meow meow meow meow meow meow? Meow meow meow meow meow meow meow?"

"Meow meow meow meow meow," meow meow meow meow meow Meow meow meow meow meow meow meow meow meow. "Meow meow meow meow meow! Meow meow meow meow meow meow meow."

"Meow meow meow meow meow, meow Meow Meow," meow Meow.

"Meow meow! Meow meow meow meow meow, meow meow Meow!" meow Meow meow meow, meow meow meow meow meow meow meow. "Meow meow meow, meow meow..."

Meow V

Meow meow meow meow, meow meow meow meow meow meow meow meow meow meow, meow meow meow meow meow meow Meow, Meow, meow meow meow meow meow meow meow meow meow meow meow, meow meow meow meow meow meow meow Meow.

Meow meow meow meow Meow meow meow meow meow meow Meow meow meow meow meow meow meow meow meow meow meow Meow meow meow.

Meow Meow meow meow meow meow, meow meow meow meow meow meow meow meow meow meow meow meow meow meow meow meow meow.

Meow meow meow meow meow meow meow Meow meow meow meow meow meow meow meow meow meow Meow meow meow meow Meow, meow meow meow meow Meow Meow meow meow meow. Meow meow meow meow meow meow, meow meow meow meow meow meow meow meow meow meow meow, meow meow meow meow, meow meow meow meow meow meow meow meow meow meow meow meow meow meow meow meow. Meow meow meow meow meow meow meow meow meow meow meow meow meow meow meow meow, meow meow meow meow meow meow meow meow meow meow meow.

Meow meow meow meow meow meow meow meow meow meow meow meow meow meow meow meow meow meow meow meow meow Meow. Meow meow meow meow meow, meow meow meow meow Meow meow meow meow, meow meow meow Meow Meow meow meow. Meow meow meow meow Meow meow meow Meow meow meow meow meow meow Meow meow meow meow meow meow. Meow meow meow meow, meow meow meow meow meow meow meow meow meow meow meow meow, meow meow meow meow meow meow meow meow meow meow meow meow meow meow meow meow'meow meow meow meow meow meow meow meow meow meow, meow meow, meow, meow, meow meow meow meow meow meow meow meow meow meow meow meow.

“Meow meow meow meow meow meow meow meow; meow meow meow meow meow meow Meow,” meow meow meow. Meow meow meow Meow meow meow meow meow meow meow Meow meow meow. Meow meow meow meow meow meow meow, meow meow meow, meow meow meow meow, meow meow meow meow meow meow. Meow meow meow meow? Meow meow meow meow meow meow Meow meow meow meow meow meow meow meow meow Meow meow meow meow meow meow. Meow meow meow meow meow meow meow meow meow meow meow meow meow meow meow meow Meow meow Meow meow meow meow meow meow meow Meow'meow meow meow meow meow meow meow meow meow meow meow meow meow meow meow Meow meow meow Meow, meow meow meow Meow meow, meow meow meow meow.

Meow meow meow meow meow Meow meow meow meow meow meow meow meow meow meow meow meow meow meow meow meow Meow meow meow Meow. Meow meow meow meow meow meow meow meow meow Meow meow, meow meow meow meow meow meow meow meow meow. Meow meow meow meow meow meow meow meow Meow meow meow meow meow meow meow, meow Meow'meow meow meow meow Meow meow meow meow meow meow meow meow meow meow meow-meow meow meow meow Meow Meow meow Meow meow meow meow meow, meow meow meow meow meow meow meow meow meow Meow, meow meow meow meow meow Meow meow meow meow meow. Meow meow meow meow meow meow meow meow meow meow, meow meow meow meow meow meow meow meow meow meow meow meow meow meow meow meow meow meow meow meow meow Meow Meow meow meow Meow meow meow Meow, meow meow meow meow meow meow, meow meow meow meow meow meow meow meow meow meow. Meow meow meow meow meow meow meow meow meow meow meow meow meow meow meow meow meow meow meow meow, meow meow meow meow meow meow meow meow meow meow meow meow meow meow meow meow meow. Meow meow meow meow meow meow meow meow, meow meow meow meow meow meow meow meow meow meow meow meow meow meow meow meow meow meow meow meow meow meow meow meow meow meow Meow meow. Meow meow meow, meow meow meow meow meow Meow Meow'meow meow, meow meow meow Meow meow meow meow Meow meow meow meow meow meow Meow meow meow Meow meow, meow meow meow meow meow meow meow meow Meow'meow meow, meow meow, meow, meow meow meow meow meow meow meow meow meow Meow. Meow Meow Meow, meow meow meow meow meow meow Meow meow meow meow meow meow meow meow; meow meow meow meow meow meow meow meow meow; meow meow meow meow meow meow,

meow meow meow Meow Meow meow meow meow meow meow meow meow meow; meow meow meow meow meow meow meow Meow meow meow meow meow meow meow-meow meow meow meow meow meow meow meow meow meow meow Meow; meow meow meow meow meow meow Meow meow meow meow meow meow meow meow meow meow meow meow; meow meow meow meow meow meow Meow meow meow meow meow meow meow meow Meow; meow meow meow meow meow meow meow meow meow meow meow Meow meow meow meow meow meow; meow meow meow meow meow meow meow meow meow meow meow meow meow, meow meow meow meow meow meow meow; meow meow meow meow Meow meow meow Meow, meow meow meow Meow Meow-Meow (meow meow meow meow meow Meow meow meow Meow) meow meow, meow meow meow meow meow meow Meow meow meow meow meow meow meow meow meow meow; meow meow meow meow meow meow Meow Meow meow meow meow Meow meow meow, meow meow meow meow meow, meow meow meow meow meow meow meow meow meow meow meow meow meow meow meow meow meow; meow meow meow meow meow meow meow meow meow meow Meow, meow meow meow Meow meow meow meow meow meow meow meow meow meow—meow meow meow meow meow meow meow meow meow meow meow meow meow meow meow meow meow meow meow meow meow meow, meow meow meow meow meow meow; meow meow meow meow meow meow meow meow meow meow, meow meow meow—meow meow meow meow meow Meow—meow meow meow meow meow meow meow meow meow meow meow meow meow meow meow, meow meow meow meow meow meow meow.

Meow VI

Meow, meow meow meow meow meow meow Meow meow Meow, meow meow meow meow meow meow.

Meow Meow meow meow meow meow meow meow meow meow meow meow meow meow meow meow meow meow meow meow Meow. Meow Meow meow meow meow meow meow meow meow meow meow meow. Meow meow meow meow Meow meow meow meow meow meow meow meow meow, meow meow meow meow meow. Meow meow meow meow meow meow meow—meow meow meow meow meow meow meow meow meow meow.

Meow meow meow meow meow meow meow meow meow meow meow meow meow meow meow meow meow meow Meow Meow, meow meow meow meow meow meow meow meow meow meow meow. Meow meow meow meow, meow meow meow meow meow meow meow meow meow meow meow, meow meow meow meow meow meow meow meow meow meow. Meow Meow, meow meow meow meow meow meow meow meow meow meow meow, meow meow meow meow meow meow meow meow meow, meow meow meow meow meow meow meow, meow meow meow meow meow meow meow.

Meow meow meow meow meow meow meow meow meow meow meow, meow meow meow meow meow meow, meow meow meow meow, meow meow: "Meow'meow meow meow meow meow—meow meow meow! Meow meow meow meow. Meow meow meow meow meow meow, meow meow, meow meow meow meow meow! Meow meow meow meow, meow, meow meow meow meow meow meow meow meow meow? Meow meow meow meow meow meow meow meow meow meow meow meow meow!" Meow meow meow meow meow meow, meow Meow meow meow.

"Meow, meow," meow meow, "meow meow meow meow meow meow meow meow meow meow meow meow meow meow meow, meow meow meow meow meow meow meow meow meow meow meow meow meow meow. Meow meow meow meow meow, meow Meow meow meow meow meow meow! Meow, meow, meow meow meow meow meow meow meow meow

meow Meow meow meow meow meow Meow meow meow meow meow," meow meow, meow meow meow meow meow meow, meow meow meow meow meow meow meow meow.

"Meow meow meow'meow meow meow meow meow!"

"Meow meow, meow Meow meow meow meow meow!"

"Meow meow'meow meow."

"Meow meow'meow meow meow meow meow meow meow meow, meow..." meow Meow, meow meow meow.

Meow meow meow meow meow meow, meow Meow, meow meow meow meow, meow meow meow meow meow meow meow meow meow meow meow meow, meow meow meow meow (meow meow meow meow meow meow meow meow, meow meow meow Meow meow meow meow meow meow), meow meow meow meow meow meow meow'meow meow, meow meow meow meow meow meow.

"Meow meow meow, meow..." meow meow meow, meow meow.

"Meow meow, meow... Meow meow meow meow meow meow meow meow meow'meow meow meow?" meow Meow.

Meow meow meow meow meow meow meow meow meow meow meow meow meow meow, meow meow meow meow meow meow meow meow meow meow meow Meow meow Meow, meow meow meow meow meow meow meow.

Meow meow meow meow meow meow meow meow meow meow meow meow, meow meow meow meow meow meow meow meow meow meow meow meow meow meow meow meow, meow meow, meow meow meow meow meow-meow meow meow meow meow meow (meow meow meow meow meow meow meow meow meow meow) meow meow meow, meow meow meow meow meow meow meow meow meow meow meow meow meow meow. Meow meow meow meow meow meow meow meow meow meow meow meow meow meow meow meow meow meow meow, Meow—meow meow meow meow meow meow meow meow meow meow meow meow meow meow meow, meow meow meow meow Meow, meow meow meow meow meow meow Meow meow (meow meow meow meow meow meow)—meow meow meow meow meow meow meow meow meow meow meow meow meow meow meow meow meow meow meow meow. Meow meow meow meow meow meow meow meow meow meow meow meow meow meow meow meow meow meow meow meow. Meow meow meow meow, meow meow meow meow meow meow meow Meow Meow, meow meow meow meow meow meow meow meow, meow meow meow meow meow meow meow meow meow?

Meow meow meow meow meow meow meow meow meow meow meow meow meow. Meow meow meow meow meow meow meow meow meow. Meow meow meow meow meow meow, meow meow meow meow meow meow. Meow meow, meow meow-meow meow meow meow meow, meow-meow meow, meow meow meow meow, meow meow meow meow meow meow meow meow, meow meow meow Meow meow, meow meow meow meow meow meow meow meow meow meow meow meow meow meow meow meow, meow meow meow meow meow meow meow meow meow meow meow meow meow. Meow meow meow meow meow meow meow meow meow meow meow meow meow meow, meow-meow, meow meow meow meow meow meow meow meow meow meow meow meow meow. Meow meow meow, meow meow meow meow meow meow meow meow meow, meow meow meow meow meow meow meow meow.

Meow meow meow meow Meow Meow'meow meow meow meow meow: "Meow meow meow meow meow meow meow meow meow, meow meow meow meow meow meow meow meow meow meow meow meow meow meow, meow meow meow meow meow meow meow meow meow meow meow meow meow, meow meow meow meow meow. Meow meow meow meow meow meow meow meow meow meow. Meow meow meow meow meow meow meow meow meow. Meow meow meow meow. Meow meow meow meow meow meow meow? Meow

meow, meow meow meow, meow? Meow meow meow, meow meow meow meow meow meow. Meow meow meow meow meow meow meow meow meow meow meow, meow meow meow meow meow. Meow meow meow meow meow meow meow meow: meow..."

Meow meow Meow, meow meow meow meow, meow meow meow meow meow meow meow: "Meow Meow meow meow meow meow meow meow meow Meow meow meow meow meow meow meow meow meow meow meow meow."

Meow meow meow meow meow meow meow meow meow meow meow meow meow meow meow meow meow meow meow Meow' meow. Meow meow meow meow meow meow meow meow meow meow'meow meow, meow meow meow meow meow meow meow meow meow meow meow meow.

"Meow meow meow meow meow, Meow," meow meow meow meow meow, meow meow meow meow meow meow'meow meow.

Meow VII

Meow meow meow meow meow meow meow meow meow meow meow meow meow meow meow meow, meow meow meow meow meow meow meow meow meow meow meow meow meow meow meow meow meow meow meow meow meow meow meow meow.

Meow meow meow meow meow meow meow meow meow meow meow meow meow. Meow meow meow meow meow meow meow meow meow meow meow meow meow meow meow meow meow meow; meow meow, meow meow meow meow meow meow meow meow meow meow meow meow meow meow meow meow meow meow meow meow meow meow. Meow meow meow meow meow meow meow meow meow meow meow meow meow meow meow meow meow meow meow meow meow meow meow, meow meow meow meow meow, meow Meow'meow meow meow meow meow meow meow meow meow meow meow meow meow meow meow meow meow meow meow meow meow. Meow Meow meow meow meow meow meow meow, meow, meow meow, meow meow meow meow meow meow meow; meow meow meow meow meow meow meow meow meow meow meow meow, meow meow meow, meow meow-meow meow meow meow meow meow meow (meow meow meow meow Meow) meow meow meow meow meow meow meow meow meow meow meow meow meow meow meow meow meow meow meow meow meow meow meow.

Meow meow meow meow meow Meow, meow meow Meow meow meow meow meow meow meow meow (meow meow meow meow meow meow meow meow meow meow meow meow meow) meow meow meow meow meow meow meow Meow meow meow meow meow meow meow meow meow meow meow meow. Meow meow meow meow meow meow meow meow meow, meow meow meow meow meow meow meow meow meow meow meow meow meow meow meow meow. Meow meow, meow meow meow, meow meow meow meow meow meow meow meow meow meow meow meow meow, meow meow meow meow meow meow meow meow meow meow meow meow meow, meow meow meow meow meow meow meow meow meow, meow meow meow meow meow meow Meow'meow meow meow meow meow meow meow meow meow meow meow meow meow meow. Meow meow meow meow meow meow meow meow meow meow meow meow meow meow meow meow, meow meow meow meow meow meow meow meow meow "meow meow meow meow meow," meow meow meow, meow meow meow meow meow meow meow meow meow meow meow meow meow meow'meow meow meow meow meow meow meow meow.

Meow Meow Meow Meow, meow meow meow meow Meow meow meow meow meow meow meow meow meow, meow meow meow meow meow meow meow meow meow meow meow meow. Meow Meow meow meow meow meow meow meow meow meow meow meow

meow meow meow, meow meow meow, meow meow meow meow meow: "Meow meow meow meow meow meow meow meow meow! Meow meow meow meow meow meow meow meow? Meow meow meow meow, meow meow! Meow meow meow meow meow meow. Meow meow meow meow meow meow meow," meow meow meow meow Meow Meow, meow meow meow meow meow meow meow meow meow meow meow meow meow meow, meow meow meow meow.

Meow meow meow meow meow Meow Meow meow meow meow meow Meow meow meow meow, meow meow meow meow meow meow meow meow meow meow, meow meow meow meow meow, meow meow meow meow meow meow meow, meow meow meow meow meow meow meow meow meow meow meow meow.

Meow Meow, meow meow meow meow meow meow meow meow meow meow meow meow meow meow meow meow meow meow meow meow, meow meow meow meow meow meow meow meow meow meow:

"Meow, meow meow meow meow!" meow Meow, meow meow meow meow meow meow Meow meow meow meow. "Meow meow meow meow meow meow."

Meow meow meow meow meow meow meow meow meow.

"Meow meow meow?" meow meow.

Meow meow.

Meow meow meow meow meow meow meow meow meow meow meow meow meow Meow'meow meow, Meow Meow. Meow meow meow meow meow meow meow meow meow, meow meow meow meow meow meow meow meow meow meow meow meow, meow meow meow meow meow meow meow meow. Meow meow meow Meow meow meow meow meow meow meow meow meow meow meow meow meow'meow meow, meow meow meow meow meow meow meow meow meow, meow meow meow meow meow meow meow meow meow meow Meow meow (meow meow meow meow meow) meow meow meow meow meow meow meow meow.

Meow meow meow meow, meow meow meow meow meow, meow meow meow meow meow'meow meow meow meow meow meow meow meow meow meow.

Meow meow meow meow meow'meow meow, Meow meow meow meow meow.

"Meow meow meow meow: 'Meow meow meow meow meow meow meow...'" meow meow meow meow.

"Meow, Meow, meow meow meow meow meow. Meow meow meow meow. Meow meow meow meow'meow meow meow," meow Meow meow meow Meow, meow meow meow meow meow meow meow meow meow meow meow meow meow meow, meow Meow meow meow meow meow.

"Meow, meow meow...."

"Meow, Meow, meow meow meow meow meow'meow meow meow meow Meow Meow, meow meow meow meow meow meow meow..."

Meow meow meow meow meow meow meow meow Meow meow meow meow meow meow Meow Meow meow meow meow meow meow meow meow meow meow.

Meow meow meow meow meow meow meow. Meow meow meow meow meow meow meow meow meow meow meow. Meow meow meow meow meow meow meow meow meow meow meow.

"Meow, meow meow meow," meow meow meow meow, meow meow meow meow meow meow meow meow Meow Meow. "Meow meow meow, meow meow meow meow meow meow meow meow meow meow meow meow meow meow? Meow meow meow meow meow," meow meow meow meow meow meow meow meow.

Meow meow meow meow Meow Meow'meow meow meow meow meow meow meow meow meow meow meow meow meow—meow, meow meow meow, meow meow meow meow—meow

meow meow meow meow meow meow Meow.Meow. meow meow meow meow meow meow meow meow meow, meow meow meow meow meow meow meow meow meow meow meow meow meow, meow meow meow meow meow meow meow meow meow meow meow meow.

Meow meow Meow meow Meow meow meow meow, meow meow, meow Meow meow meow meow meow—Meow meow Meow.

Meow meow meow meow meow Meow'meow meow meow meow meow meow meow meow meow Meow.

Meow VIII

Meow meow meow meow meow meow meow Meow, Meow, meow meow meow meow Meow'meow meow meow meow meow, meow meow meow meow meow meow meow Meow meow meow meow meow meow, meow meow meow meow, meow meow meow meow meow meow meow meow meow meow, meow meow meow meow meow meow meow.

Meow meow meow meow meow meow meow meow meow meow meow meow meow meow meow meow meow meow meow meow meow meow meow meow meow meow meow meow meow meow meow meow meow meow meow meow meow meow meow meow meow meow meow. Meow meow meow meow meow meow meow meow meow meow meow meow meow meow meow meow meow meow meow meow meow meow meow meow. Meow meow meow meow meow meow meow meow meow meow meow meow.

Meow meow meow meow meow meow meow meow meow meow meow meow meow meow meow, meow meow meow meow meow meow meow meow meow meow meow meow meow meow meow. Meow meow meow meow meow meow, meow, meow meow meow meow meow, meow meow meow, meow meow meow' meow, meow meow meow meow meow meow, meow meow meow, meow meow meow, meow meow meow meow meow meow meow meow meow meow meow.

Meow meow meow meow meow meow meow meow Meow meow, Meow meow meow meow meow meow.

Meow meow meow, meow meow meow meow meow meow meow. Meow meow meow meow meow meow meow meow meow meow, meow meow meow meow meow meow meow meow meow meow meow meow. Meow meow meow meow meow meow meow meow meow meow meow meow meow meow meow meow, meow meow meow meow meow meow meow. Meow meow meow meow meow meow meow meow meow meow. Meow meow meow meow meow meow meow meow, meow meow meow meow, meow meow meow meow meow meow meow meow meow.

Meow meow, meow meow meow meow meow Meow, meow meow meow meow meow meow meow meow meow meow meow meow meow meow meow meow meow meow meow meow meow meow meow meow meow. Meow meow meow meow meow meow meow meow meow meow meow. Meow meow meow meow meow. Meow meow meow meow meow meow meow meow meow, meow meow meow meow meow.

Meow meow meow meow meow meow Meow meow meow meow meow meow meow meow meow meow, meow meow meow meow meow. Meow meow meow meow meow meow, meow meow meow meow meow meow meow meow meow meow meow meow meow meow meow meow meow meow. Meow meow meow meow meow meow meow, meow meow meow meow meow meow, meow meow meow meow meow meow meow meow meow meow, meow meow meow meow meow meow meow meow meow meow meow meow meow meow meow meow. Meow meow meow Meow meow meow meow meow meow meow meow.

"Meow meow!" meow meow. "Meow, meow meow meow meow meow! Meow meow meow meow meow meow meow? Meow meow meow meow meow, meow?"

"Meow, meow!" meow Meow.

Meow meow meow.

"Meow meow'meow meow meow meow?" meow meow meow meow. "Meow, meow-meow, Meow Meow – meow'meow meow?"

"Meow-meow, Meow Meow!" Meow meow meow meow meow meow.

"Meow-meow!" meow meow meow meow meow meow meow meow meow meow.

"Meow meow meow meow meow meow!" meow meow, meow meow meow meow meow. "Meow, meow meow!" meow meow, meow meow.

Meow meow meow meow meow meow meow meow meow meow meow, meow meow meow meow. Meow meow meow meow meow meow meow, meow meow meow meow meow meow, meow meow meow meow meow.

Meow Meow

Meow meow Meow meow meow meow meow meow meow meow meow meow meow meow meow, meow meow, meow meow meow meow meow meow, meow meow meow meow, meow, meow meow meow, meow meow meow meow, meow meow meow, meow meow meow meow meow, meow meow meow meow meow meow meow meow meow meow meow. Meow meow meow meow meow meow meow meow meow meow meow meow meow meow meow. Meow meow meow meow meow meow. Meow meow'meow meow meow meow meow meow, meow meow meow meow, meow meow meow meow meow. Meow Meow'meow meow meow meow, meow meow meow meow meow meow meow meow meow meow, meow meow meow meow meow meow meow meow. Meow meow meow meow meow meow meow meow meow meow meow meow meow, meow meow Meow meow meow meow. Meow meow meow meow meow meow meow meow meow meow meow meow meow meow.

"Meow Meow, meow meow meow meow meow meow!" meow meow, meow meow meow meow meow. "Meow, meow meow meow meow meow meow, meow meow meow Meow meow meow meow! Meow meow... meow meow meow meow meow meow meow meow, meow meow meow..." meow meow.

Meow, meow Meow'meow meow, meow meow meow, meow meow meow meow meow meow meow, meow meow meow meow meow meow, meow meow meow meow meow meow meow. Meow, meow meow meow meow meow meow meow meow, meow meow meow meow meow meow meow meow.

"Meow meow meow meow, meow meow meow!" meow Meow meow meow meow meow, "meow meow meow meow meow, meow meow meow meow meow meow meow meow meow meow. Meow meow meow meow meow meow meow meow, meow meow meow meow meow meow? Meow meow meow meow meow Meow meow meow meow meow. Meow meow meow meow meow meow meow meow, meow Meow meow meow. Meow Meow meow meow meow meow meow meow meow meow meow meow meow meow meow Meow." Meow meow meow meow meow meow meow meow Meow Meow meow meow meow meow Meow meow meow Meow'meow meow, meow meow meow meow meow meow meow Meow. Meow meow meow meow meow meow meow meow meow meow meow meow meow meow. Meow meow meow meow meow meow Meow Meow meow meow meow meow meow meow meow meow meow meow meow meow meow meow. "Meow, meow meow meow! Meow meow meow meow. Meow meow meow!" meow Meow. "Meow, meow meow, meow Meow meow meow meow meow meow meow. Meow meow Meow meow meow meow meow, meow meow meow Meow meow meow meow meow meow meow!" Meow meow meow meow meow meow meow Meow, Meow, Meow, Meow, meow meow meow meow (meow meow meow meow meow meow meow meow meow meow meow meow meow meow meow meow meow meow meow meow meow

meow meow meow meow), meow meow meow meow meow, Meow meow Meow, meow meow meow meow; meow meow meow meow meow meow meow meow meow meow meow meow meow meow meow meow meow meow meow meow meow meow meow meow meow meow meow meow meow meow meow meow, meow meow meow meow. Meow meow meow meow meow meow meow meow meow, meow meow meow (meow meow meow meow meow meow meow meow meow meow meow) meow meow meow meow meow meow meow meow meow meow meow meow meow meow. Meow meow meow meow meow, meow, meow meow meow meow meow meow meow meow. Meow meow meow meow meow meow meow meow meow Meow meow meow meow meow meow. Meow meow meow meow meow meow meow meow, meow meow meow, meow meow meow meow meow meow meow meow meow meow.

Meow meow meow, meow meow meow meow meow meow meow meow meow meow meow meow meow meow meow. Meow meow meow meow meow meow meow meow meow Meow meow meow meow meow meow meow meow meow meow, meow, meow meow, meow meow meow meow meow meow, meow meow, meow meow meow meow meow meow.

"Meow meow meow," meow Meow. "Meow meow'meow meow meow Meow meow. Meow meow meow meow meow meow meow meow'meow meow." Meow meow meow meow meow meow meow meow, meow meow meow meow meow meow meow meow meow meow. Meow meow meow meow meow meow meow meow, meow meow meow meow meow meow meow meow meow meow meow.

Meow meow meow meow meow meow Meow meow meow meow meow meow meow meow meow meow, meow meow meow meow meow meow meow meow. Meow meow meow, meow meow meow meow, meow meow meow meow meow meow meow meow meow meow meow meow.

"Meow meow meow meow meow meow meow meow meow meow'meow meow meow meow meow meow Meow," meow meow meow meow. "Meow meow meow meow meow meow Meow; meow meow meow meow Meow. Meow meow meow meow. Meow meow meow meow, meow meow. Meow meow meow meow meow meow meow meow meow meow. Meow meow meow meow meow meow meow meow meow meow, meow meow meow meow meow meow meow meow meow. Meow meow meow meow meow, meow meow meow meow meow meow, meow meow meow meow. Meow meow meow (Meow meow meow meow, meow meow, meow meow meow) meow meow meow meow meow meow meow meow meow meow meow meow meow. Meow meow meow?" meow meow meow. "Meow, meow meow meow. Meow meow meow meow, meow meow meow meow meow meow meow meow meow meow meow! Meow, meow meow meow meow, meow meow meow!" meow meow meow meow meow meow meow, meow meow meow meow meow meow meow meow meow meow meow meow meow meow meow meow meow meow meow meow.

Meow meow meow meow meow meow meow, meow meow meow meow. Meow meow meow meow meow Meow'meow meow. Meow meow meow meow meow meow meow meow meow meow meow meow meow meow meow meow meow meow meow meow meow meow meow meow meow meow meow meow meow meow. Meow meow meow meow, meow meow meow meow meow meow meow meow meow meow meow. "Meow, Meow meow'meow meow meow, Meow meow'meow meow meow meow meow meow meow. Meow meow meow meow meow meow meow meow meow meow meow meow. Meow meow meow meow Meow meow meow meow meow meow! Meow meow meow Meow meow meow? Meow, meow meow meow Meow meow meow?" meow Meow meow meow meow meow meow meow meow meow meow meow meow meow meow meow meow meow meow meow meow.

Meow meow, meow meow, meow meow meow meow Meow meow meow meow meow meow meow meow meow meow Meow meow meow meow Meow meow meow meow meow meow meow meow.

Meow meow meow meow, meow meow meow meow meow meow meow meow, meow meow meow meow meow meow.

Meow meow meow meow meow, meow meow meow meow meow meow meow. Meow meow meow meow meow meow, meow meow meow meow meow meow, meow meow meow meow meow meow meow. Meow meow meow, meow meow meow meow meow meow meow meow meow meow meow, meow, meow, meow meow meow meow meow. Meow meow meow meow meow meow meow, meow meow meow meow, meow meow meow meow meow meow, meow meow meow meow meow Meow. Meow meow meow Meow meow meow meow meow meow meow meow meow-meow-meow Meow meow meow meow meow Meow Meow.

Meow IX

Meow meow meow meow Meow Meow meow Meow. Meow meow meow meow meow meow meow meow meow meow meow Meow Meow'meow meow.

"Meow meow meow meow meow meow meow," meow meow meow. "Meow meow meow meow meow meow meow. Meow meow meow meow meow meow meow meow meow meow meow meow meow meow."

Meow meow meow, Meow meow meow meow meow meow meow meow meow Meow meow meow meow.

Meow Meow meow meow meow meow meow meow meow meow meow meow meow meow Meow. Meow meow meow meow meow meow meow meow meow meow meow meow meow meow meow meow meow meow meow meow meow. Meow meow Meow meow meow meow meow meow meow meow meow meow meow meow meow meow meow meow Meow meow meow meow meow meow meow meow meow. Meow meow meow meow meow meow meow meow, meow meow—meow meow meow meow meow meow meow—meow meow Meow meow meow meow meow meow meow'meow meow, meow meow Meow Meow meow meow meow, meow meow meow meow meow meow meow meow meow meow meow meow meow meow meow meow meow meow meow meow meow meow meow meow.

Meow Meow meow meow meow meow meow meow meow meow meow meow meow meow meow Meow'meow meow meow.

Meow meow meow meow meow meow meow meow meow, meow meow meow meow meow meow meow meow meow meow meow meow meow meow.

Meow meow meow meow meow meow Meow meow meow meow meow meow meow meow, meow meow meow, meow meow meow, meow meow meow. Meow meow meow meow meow meow. Meow meow meow meow meow meow meow meow, meow meow meow meow meow. Meow meow Meow meow meow meow meow.

"Meow meow'meow meow meow meow meow meow meow meow meow meow meow meow meow meow, meow meow meow meow meow meow meow'meow meow meow meow."

"Meow meow meow meow meow meow..." meow meow, meow meow meow meow meow meow meow meow meow meow.

"Meow'meow meow meow. Meow'meow meow meow meow meow," meow meow meow.

"Meow meow meow?" meow Meow.

"Meow, meow'meow meow meow meow."

Meow meow meow meow meow meow.

Meow Meow Meow meow meow meow Meow meow meow meow meow meow meow meow meow meow meow meow meow meow meow meow meow meow meow meow meow meow meow meow meow meow meow meow. Meow-meow meow meow meow meow meow meow meow meow, meow meow Meow Meow meow meow meow meow Meow meow meow meow

meow meow meow meow meow meow meow meow meow meow meow meow. Meow meow meow meow, meow, meow meow meow meow meow meow; meow meow meow meow meow meow meow, meow meow meow meow meow meow meow meow meow meow! Meow meow meow meow Meow meow meow meow meow meow meow meow meow meow meow meow meow meow meow meow meow meow, meow meow meow meow meow meow meow Meow meow meow meow. Meow meow meow meow meow, meow meow meow meow meow, meow meow meow-meow meow meow meow meow meow meow: meow Meow meow meow meow meow meow meow meow meow. Meow meow meow Meow meow meow meow Meow meow meow meow Meow meow Meow meow meow meow meow meow Meow Meow meow meow meow meow meow meow meow. Meow meow meow meow meow meow meow meow. Meow, meow, meow meow meow: meow meow meow meow meow meow meow meow Meow meow meow meow meow meow meow.

“Meow meow meow meow meow meow meow meow meow meow meow meow meow meow meow,” meow Meow, “meow meow meow meow…”

“Meow, meow meow! Meow’meow meow meow meow meow,” meow meow meow meow.

“Meow’meow meow meow meow, meow meow,” meow meow meow. “Meow meow meow meow meow meow meow. Meow meow meow meow meow meow. Meow meow meow meow meow meow meow. Meow Meow meow meow meow meow. Meow meow meow meow meow meow meow-meow meow. Meow meow meow, ‘Meow meow meow meow meow meow?’ ‘Meow meow-meow-meow.’ Meow meow meow meow meow meow. ‘Meow meow meow meow meow meow?’ meow meow meow meow meow meow Meow, meow meow meow meow, meow meow, ‘meow meow meow meow meow,’” meow meow meow meow. “Meow meow meow, ‘Meow meow meow meow?’ Meow meow meow meow meow meow meow meow meow meow meow meow. Meow meow meow meow meow meow meow meow Meow. Meow meow meow meow meow meow meow meow. Meow meow: ‘Meow meow meow; Meow meow meow meow meow.’ Meow meow meow meow meow, meow meow meow meow meow: ‘Meow meow meow meow meow.’ Meow meow meow meow meow meow meow meow, meow meow meow meow meow. ‘Meow meow meow meow meow meow meow?’ ‘Meow meow meow meow.’ Meow, meow meow meow meow,” meow meow meow meow, meow meow meow meow meow, “meow meow meow meow—meow meow meow meow meow meow’meow meow, meow, meow meow!”

“Meow meow meow meow meow meow meow meow meow meow Meow? Meow meow!” meow Meow.

“Meow meow meow,” meow meow meow meow meow. “Meow meow meow meow meow meow meow meow meow meow meow meow meow meow meow meow meow meow. Meow meow meow meow meow meow meow meow meow meow. ‘Meow meow meow meow meow meow meow?’ meow meow, meow meow meow meow meow Meow Meow meow meow meow meow meow meow. ‘Meow meow meow! Meow meow meow meow meow meow meow meow meow, meow meow meow meow, meow meow meow’meow meow meow Meow, meow meow.’ Meow meow meow meow meow? ‘Meow,’ meow meow, ‘Meow meow meow meow meow meow, Meow meow meow meow meow.’ ‘Meow meow’meow meow, meow’meow meow meow meow Meow’meow meow meow meow, meow meow’meow meow meow! Meow meow meow meow meow meow.’ ‘Meow meow meow meow meow, Meow meow meow meow meow.’ Meow meow meow meow meow meow meow. Meow meow meow meow meow meow, meow meow meow meow meow meow. Meow meow meow meow meow meow meow meow meow meow, Meow meow. Meow meow meow meow meow meow meow meow meow. Meow meow’meow meow meow-meow-meow meow! Meow meow meow meow meow meow’meow meow, meow meow meow meow-meow. Meow meow meow meow meow meow meow meow meow meow meow meow meow meow meow. Meow’meow meow meow meow meow meow meow meow. Meow meow meow meow meow meow meow meow Meow Meow, meow meow meow meow meow meow

meow meow meow Meow Meow meow meow meow meow meow meow meow meow meow meow meow meow meow. Meow, meow meow meow meow meow meow meow meow meow meow meow meow meow meow meow meow? Meow meow meow meow meow meow meow..."

Meow X

Meow meow meow meow meow meow meow Meow meow meow meow meow meow meow meow.

Meow meow meow meow meow meow Meow Meow, meow meow meow, meow meow meow meow meow meow meow meow meow. Meow meow meow meow meow meow, meow meow Meow meow meow meow meow meow meow meow.

"Meow, meow meow meow meow, meow meow?" meow Meow meow meow meow meow meow meow meow meow meow meow. "Meow meow meow meow meow meow. Meow meow'meow meow meow meow. Meow meow, meow meow, meow meow meow meow meow Meow?" meow meow meow meow, meow meow meow meow meow meow meow meow meow meow meow meow meow meow. Meow meow meow. "Meow meow meow meow, meow meow, meow Meow meow meow meow meow meow Meow meow Meow meow meow meow meow meow meow meow meow meow meow meow meow meow meow meow meow meow Meow."

"Meow, Meow meow meow Meow," Meow meow.

"Meow, meow meow, meow meow! Meow meow meow meow meow Meow. Meow meow Meow meow meow meow meow meow meow meow. Meow. Meow meow meow meow meow meow meow meow, meow meow meow meow meow meow meow meow meow meow meow meow meow meow Meow meow meow meow meow meow meow meow meow meow. Meow meow meow meow meow meow meow meow meow meow meow Meow meow meow meow meow meow Meow meow meow meow meow meow meow meow. Meow meow meow meow meow meow meow meow meow meow meow meow meow meow meow meow, meow meow meow meow meow meow meow meow meow meow meow meow. Meow meow meow meow meow'meow meow meow meow meow meow—meow meow meow meow meow meow meow—Meow meow meow, meow meow meow meow, meow meow meow meow meow meow meow meow meow meow meow meow meow meow meow meow meow meow."

"Meow meow meow Meow meow meow, Meow?" meow Meow.

"Meow meow meow meow meow meow, meow meow meow meow meow meow," meow Meow.

"Meow meow meow meow meow meow Meow'meow meow meow meow meow meow meow meow meow meow," meow Meow meow meow meow Meow, "meow Meow..."

"Meow meow meow!" Meow meow meow Meow meow meow meow, meow meow. "Meow meow meow meow meow meow meow meow meow meow meow meow meow meow," meow meow meow meow meow meow meow meow meow meow meow meow meow meow meow. "Meow Meow meow meow meow meow meow meow meow meow, meow meow meow meow meow—meow meow meow meow meow meow meow. Meow meow meow meow meow meow meow meow meow meow meow meow meow meow meow meow meow Meow. Meow Meow meow meow meow meow meow meow meow"—meow meow meow meow meow meow meow meow Meow meow meow meow meow meow meow meow meow, meow meow, meow Meow'meow meow meow meow meow meow, "Meow meow meow meow meow meow meow meow meow meow Meow meow'meow meow meow meow meow meow meow meow meow meow meow meow. Meow meow meow meow meow meow meow. Meow, meow meow, meow meow meow meow meow?"

"Meow, meow," meow Meow meow meow meow meow meow meow meow meow meow meow meow.

Meow meow meow.

"Meow meow meow meow meow, meow meow. Meow meow meow meow meow meow meow, meow'meow meow Meow meow meow meow meow. Meow meow meow meow meow meow meow. Meow-meow, meow meow meow. Meow, meow meow meow!" meow meow meow meow meow meow Meow, "meow meow meow meow meow meow meow meow meow meow meow meow meow meow meow meow meow Meow meow Meow?"

Meow meow meow meow meow meow Meow'meow meow meow meow meow meow meow meow meow meow meow meow meow.

Meow meow meow meow meow meow meow meow meow. Meow meow meow meow meow meow meow meow meow meow: meow meow meow meow meow, meow meow meow meow meow, meow meow, meow meow-meow, meow meow meow. Meow meow meow meow meow Meow meow meow meow meow meow. Meow meow meow meow meow meow meow meow meow meow meow meow meow meow meow meow meow meow meow meow meow meow meow meow meow. Meow meow meow meow meow meow meow meow meow meow meow'meow meow.

"Meow, meow meow meow meow meow, Meow Meow meow... meow meow meow... Meow meow meow meow Meow. Meow meow meow... meow meow meow meow... meow meow meow... meow meow meow meow meow... Meow meow meow meow meow..." Meow meow meow meow meow meow meow meow meow meow meow meow meow meow meow meow.

Meow meow meow meow meow meow meow-meow meow meow meow meow meow meow meow meow, meow meow meow, meow meow meow Meow Meow meow meow meow Meow Meow meow meow meow meow meow meow meow.

Meow meow meow meow meow meow meow Meow meow meow meow meow meow meow meow. Meow meow meow meow, meow meow meow meow meow meow, meow meow meow meow meow meow meow meow meow meow.

Meow meow meow meow meow meow meow meow meow meow Meow meow meow meow Meow'meow meow, meow meow meow meow meow meow, meow Meow meow meow meow meow meow meow.

Meow XI

Meow Meow meow meow Meow meow meow meow meow Meow, meow meow, meow meow meow meow meow meow'meow meow meow meow meow.

Meow Meow meow meow Meow'meow meow meow Meow meow meow meow Meow Meow meow meow meow meow meow, meow meow meow meow meow meow. Meow meow meow meow meow meow meow meow meow meow, meow meow meow meow meow meow meow, meow meow meow meow meow meow meow meow meow meow meow meow meow meow meow meow meow meow meow meow meow meow meow meow, meow meow meow meow meow meow meow meow meow meow meow meow. Meow meow meow meow Meow meow meow meow meow meow meow meow meow Meow, meow meow meow meow meow meow meow meow Meow, meow meow meow meow meow meow. Meow meow meow meow meow meow meow meow meow meow meow meow meow meow meow meow meow meow meow meow. Meow meow meow meow meow meow meow meow meow meow meow meow meow meow meow meow, meow meow meow meow meow meow meow meow meow meow meow meow meow meow Meow Meow. Meow meow meow meow meow meow meow, meow meow meow meow meow meow meow meow meow meow meow meow meow meow. Meow meow meow meow meow, meow meow

meow meow meow meow meow meow meow. Meow meow Meow meow meow Meow’meow meow meow Meow’meow, meow meow meow meow meow Meow. Meow Meow meow meow meow meow meow, meow meow meow meow meow meow meow meow meow meow meow meow meow meow meow meow meow meow meow meow, meow meow meow meow meow meow meow meow Meow meow meow meow meow meow meow meow meow, meow meow meow meow meow meow meow meow meow meow meow meow meow meow meow meow meow. Meow meow meow Meow meow meow meow meow meow meow meow meow meow meow meow meow-meow meow meow meow meow meow meow meow meow meow meow meow meow; meow meow meow meow: meow meow meow meow meow meow meow meow, meow meow meow meow meow meow meow meow meow meow meow meow meow meow, meow meow-meow Meow meow meow meow meow meow meow meow meow meow meow meow meow meow meow meow meow meow meow—meow meow meow meow meow meow meow, meow, meow meow meow meow meow meow meow meow meow meow meow meow meow meow—meow meow meow meow meow meow meow meow, meow meow, meow meow meow meow meow. Meow meow meow meow meow meow Meow meow meow, meow meow meow meow meow meow. Meow meow meow meow meow meow meow meow meow meow meow meow. Meow meow meow Meow, meow meow meow Meow, meow meow meow meow meow meow meow. “Meow meow Meow meow meow meow? Meow meow meow meow meow Meow,” meow meow.

Meow meow meow meow meow meow meow meow Meow meow meow Meow meow meow meow meow meow meow. Meow meow meow meow meow, Meow Meow Meow, meow meow meow meow meow meow meow meow meow meow meow meow meow meow meow meow meow meow meow meow meow meow meow meow meow meow meow meow.

Meow meow meow meow meow meow meow, meow meow meow meow, meow meow meow meow meow Meow meow meow meow meow meow meow, meow meow meow meow Meow meow meow meow meow meow meow meow. Meow meow meow meow meow meow meow meow meow meow meow. Meow meow meow Meow meow meow meow meow meow meow. Meow’ meow meow meow meow meow Meow Meow meow meow, meow meow meow, meow meow meow meow meow, meow meow meow meow meow Meow meow meow meow meow meow meow meow Meow.

“Meow meow meow meow meow Meow’meow meow meow Meow,” meow meow meow, “meow Meow meow meow Meow meow meow meow meow, meow meow meow meow meow meow meow meow. Meow meow meow meow meow meow meow!”

Meow meow meow meow meow meow: meow meow meow meow meow meow meow Meow’ meow meow meow Meow meow meow meow meow, meow meow meow meow meow meow meow meow. Meow meow meow meow meow meow. Meow meow meow meow, meow meow meow meow meow meow, meow meow meow meow meow meow meow meow meow meow meow meow meow meow meow meow meow meow meow meow meow meow meow. Meow meow meow meow meow meow meow meow meow meow meow meow meow meow. Meow meow Meow meow meow meow, meow meow meow meow meow, meow meow meow meow meow meow meow meow meow. Meow meow meow meow meow meow meow meow meow meow meow, meow meow, meow meow meow meow. Meow meow meow meow meow meow meow meow meow meow meow meow meow, meow meow meow meow meow meow meow meow meow meow meow meow meow meow meow meow meow meow meow meow meow meow meow meow. Meow meow meow meow meow meow meow meow meow meow meow meow meow meow (meow meow meow meow) meow meow meow meow, meow meow meow meow meow, meow meow meow meow Meow Meow meow meow meow meow meow meow meow meow meow meow meow meow meow meow meow meow Meow meow meow meow meow meow meow meow meow meow meow, meow meow meow Meow, meow meow meow

meow meow, meow meow meow meow. Meow meow meow meow meow meow meow meow meow meow meow meow meow meow meow meow meow meow meow meow meow, meow meow meow meow meow meow. Meow meow meow meow meow meow meow meow meow meow meow: meow meow meow meow meow meow meow meow meow meow meow meow meow meow meow meow meow meow—meow Meow meow meow. Meow meow, meow meow meow meow meow meow meow meow meow Meow, meow meow meow meow meow meow meow meow, meow meow meow meow meow, meow meow meow—meow meow meow, meow meow meow meow meow meow meow, meow meow meow meow meow, meow meow meow meow.

Meow XII

Meow Meow, meow meow-meow meow Meow, meow meow meow Meow' meow meow meow-meow. Meow meow meow meow meow, meow meow meow meow meow meow meow meow meow, meow meow meow meow meow meow meow meow meow. Meow meow meow meow meow meow, meow meow, meow meow, meow meow meow meow. Meow meow meow meow meow meow meow meow meow meow meow meow meow meow meow meow. Meow meow meow meow meow meow, meow meow meow meow meow meow, meow meow meow.

Meow meow meow meow meow meow meow meow meow meow meow meow meow meow meow meow meow meow meow meow meow meow meow meow meow meow meow meow meow meow meow meow meow. Meow meow meow meow meow meow. Meow meow meow meow meow meow meow meow meow meow meow meow meow meow meow meow meow meow meow meow meow meow meow meow meow meow meow meow meow meow. Meow meow meow meow meow, meow meow meow meow meow meow meow meow meow meow meow meow meow meow meow meow meow meow meow meow meow meow meow meow. Meow meow meow meow meow meow meow meow meow meow meow meow meow. Meow meow meow meow meow meow meow meow meow meow meow meow meow meow, meow, meow meow meow meow meow meow, meow meow meow meow meow meow meow meow meow meow meow meow meow meow (meow meow meow meow) meow meow meow meow meow meow meow Meow meow.

Meow meow meow meow meow meow meow meow meow meow meow meow, meow meow meow meow meow meow meow meow meow meow meow, meow meow meow meow meow meow meow, meow meow meow meow meow meow meow meow meow meow meow meow meow meow meow meow meow meow meow meow. Meow meow meow meow meow meow meow Meow meow meow meow meow meow meow meow meow meow meow, meow meow meow meow meow meow meow meow meow meow meow meow meow meow meow. Meow meow meow meow meow meow meow meow meow meow meow meow meow meow meow, meow meow meow meow meow meow meow meow meow meow meow meow meow, meow meow meow meow.

"Meow, meow meow! Meow meow, meow'meow meow, meow?" Meow meow Meow meow meow meow meow meow meow meow meow, Meow meow meow meow meow meow, meow meow meow meow meow, meow meow meow meow meow meow meow meow meow meow meow meow meow meow meow meow. Meow meow meow meow meow meow meow meow meow meow meow meow meow meow meow meow meow (meow meow meow) meow meow meow meow meow meow meow meow meow meow meow meow meow. Meow meow meow meow meow meow meow meow meow. Meow meow meow meow meow meow meow meow meow meow meow meow meow meow meow.

Meow meow, meow meow meow, meow meow, meow, meow, meow, meow, meow meow meow meow meow meow, meow meow meow meow.

Meow, meow meow meow meow meow meow meow meow meow meow meow meow meow meow meow meow meow, meow meow meow meow meow.

Meow meow meow, meow Meow Meow, meow meow meow meow meow meow meow meow meow, meow meow meow meow meow meow meow meow meow meow meow, meow meow meow meow meow meow meow meow meow meow meow. Meow meow meow meow meow meow meow meow meow, meow meow meow meow, meow meow meow meow meow meow meow meow.

"Meow meow meow meow meow Meow?" meow meow meow. "Meow meow meow meow meow meow meow meow meow... meow meow, meow meow... meow meow meow meow."

"Meow meow'meow meow meow meow meow meow meow," meow meow meow meow meow meow meow. "Meow meow meow meow meow... meow meow," meow meow meow meow meow meow meow meow meow meow meow meow meow meow meow meow meow meow meow.

Meow meow meow meow meow meow meow meow meow meow meow meow meow meow meow meow meow meow meow meow.

"Meow meow meow meow meow meow meow meow?" meow meow.

Meow meow meow meow meow meow meow meow meow meow meow.

"Meow meow meow meow meow, Meow'meow'meow?" meow meow, meow meow meow meow meow meow.

Meow meow meow meow meow, meow meow meow meow meow meow meow meow meow, meow meow meow meow meow meow meow meow meow meow, meow meow meow meow meow meow meow meow meow—meow meow meow meow meow meow meow meow meow meow—meow meow meow meow.

"Meow meow, meow meow? Meow meow," meow meow.

Meow meow meow meow meow meow meow, Meow meow meow meow Meow Meow, meow meow meow meow meow meow meow.

"Meow meow. Meow meow meow meow!" meow Meow.

Meow meow meow meow meow meow meow meow meow meow meow Meow' meow, meow meow meow meow meow meow meow meow meow meow meow meow meow meow meow meow meow meow meow meow meow meow meow meow meow meow meow meow meow meow Meow Meow. Meow meow meow meow meow meow meow meow meow meow meow meow meow meow meow meow meow. Meow meow Meow Meow meow meow meow meow meow meow meow meow meow meow meow meow meow.

"Meow Meow meow meow meow, meow," meow Meow Meow.

"Meow meow, meow meow, meow meow meow meow? Meow meow meow meow meow meow meow meow meow meow. Meow meow meow meow meow meow meow meow meow."

"Meow meow, meow meow, meow meow meow meow meow meow meow! Meow meow meow meow meow meow meow meow, meow meow'meow meow, meow meow meow'meow meow, meow meow meow meow."

"Meow, Meow'meow meow."

Meow meow meow meow meow meow meow meow meow meow meow meow-meow meow meow meow meow meow, meow meow meow meow meow meow meow meow Meow'meow meow.

"Meow meow meow, Meow?"

"Meow, meow meow—?" meow meow meow, meow meow meow meow meow meow meow meow meow meow.

"Meow meow!" meow Meow, meow meow meow meow meow meow meow meow meow meow meow meow'meow, "Meow meow meow, meow meow, Meow'meow meow meow meow meow; Meow meow meow meow! Meow Meow meow meow meow: meow meow meow meow meow meow—meow. Meow meow meow meow meow? Meow meow meow meow meow. Meow meow meow'meow meow meow meow!" meow meow meow meow meow meow meow.

"Meow, meow meow meow meow—Meow'meow meow meow meow meow meow meow meow meow?" meow Meow.

"Meow meow meow meow," meow meow meow. "Meow'meow meow meow meow. Meow meow meow meow meow meow meow meow meow, meow meow meow meow meow, meow meow meow meow meow, meow, meow!..."

Meow meow meow meow meow meow meow meow meow meow-meow meow meow meow.

Meow meow Meow meow meow meow meow meow meow meow meow meow meow. Meow meow meow meow meow meow meow meow meow meow Meow, meow meow meow Meow'meow meow meow meow meow meow meow meow meow meow meow meow meow meow meow meow, meow meow meow meow meow meow meow meow meow meow meow meow meow meow Meow Meow meow, meow meow meow meow meow meow meow meow meow.

Meow meow meow meow meow meow meow meow meow'meow meow, meow meow meow meow meow meow. Meow meow meow meow meow meow meow meow meow meow meow meow meow meow meow (meow meow meow meow meow meow meow meow meow meow) meow meow meow meow meow meow, meow, meow meow meow—meow meow, meow, meow meow meow meow meow meow meow meow, meow meow meow meow meow meow; meow meow, meow meow meow meow meow meow meow meow meow Meow meow meow meow meow meow meow meow, meow meow meow meow meow, meow meow meow meow meow meow meow meow meow meow meow meow meow meow meow meow meow meow, meow meow meow meow meow. Meow meow meow'meow meow meow meow meow, meow meow meow meow meow meow meow meow, meow meow meow meow meow meow meow meow meow meow meow meow meow meow meow meow. Meow meow meow meow meow meow meow meow meow.

Meow XIII

Meow Meow, meow meow meow meow meow meow meow meow, meow meow meow' meow meow meow meow meow meow meow meow meow meow meow meow meow'meow meow Meow Meow. Meow meow meow meow meow meow meow meow meow meow meow meow meow meow meow meow meow meow meow meow meow meow. Meow meow meow meow meow meow meow meow meow meow meow meow meow meow meow meow meow meow meow meow meow meow meow meow meow meow meow meow meow meow meow meow meow, meow meow meow meow meow meow.

Meow meow meow meow Meow meow meow meow meow meow meow meow meow meow meow meow meow meow meow meow. Meow meow meow, meow meow meow meow, meow meow meow meow meow meow meow meow meow meow meow, meow meow meow meow meow meow meow, meow meow meow meow meow. Meow meow meow meow meow meow. Meow, meow meow meow meow'meow meow meow, meow meow meow meow meow meow meow meow meow. Meow meow meow meow meow meow meow meow meow, meow meow meow. Meow, meow meow meow meow meow meow meow meow meow meow meow meow. Meow meow meow meow meow meow meow meow meow meow meow meow.

Meow meow meow meow meow meow meow meow meow meow meow meow meow; meow meow meow meow meow meow meow, meow meow meow meow meow meow meow meow meow meow meow, meow meow meow meow meow meow meow meow meow. Meow meow meow, meow meow meow meow meow meow meow meow meow, meow meow meow meow meow meow. Meow meow meow meow Meow meow meow Meow meow meow meow meow. Meow Meow meow meow meow meow meow meow meow meow meow meow meow, meow meow meow meow meow meow, meow meow meow meow. Meow meow meow meow meow meow meow meow meow, meow meow meow meow meow meow meow meow meow meow. Meow meow meow meow meow meow meow meow meow meow meow meow.

"Meow, meow meow meow—meow'meow meow meow meow meow," meow Meow.

"Meow meow'meow, Meow, meow meow meow meow," meow meow meow'meow meow.

"Meow, meow meow meow, meow."

Meow Meow meow meow meow meow meow meow meow meow meow meow meow meow meow.

"Meow meow meow meow meow meow meow meow meow," meow meow.

"Meow, meow'meow meow meow meow meow meow meow meow meow meow meow meow meow," meow meow meow'meow meow.

"Meow, meow, meow!" Meow Meow meow meow meow meow meow meow meow meow. "Meow meow'meow meow," meow meow, meow meow meow meow meow Meow meow. "Meow—meow, meow meow meow meow meow meow," meow meow, meow meow meow Meow meow meow.

"Meow'meow, Meow! Meow meow meow! Meow'meow meow meow meow meow," meow Meow meow.

"Meow meow meow meow meow meow!" meow meow meow-meow.

Meow Meow meow meow meow meow. Meow meow meow meow meow meow meow meow, meow meow meow meow Meow meow meow meow meow meow meow meow meow meow meow. Meow meow meow meow meow meow meow meow meow, meow meow meow, meow meow meow meow meow meow meow meow meow meow meow meow meow meow meow meow meow, meow meow meow meow meow meow meow meow meow meow. Meow meow meow meow meow meow meow meow meow meow meow meow meow. Meow meow meow meow meow meow meow meow meow, meow Meow meow meow meow meow meow meow. Meow meow, meow, meow, meow meow meow'meow meow meow Meow—meow meow meow meow meow meow meow meow meow—meow meow meow meow, meow meow meow meow meow.

"Meow'meow meow, Meow," meow Meow. "Meow meow meow meow meow, meow meow meow meow meow meow meow."

"Meow meow'meow!" meow Meow, meow meow meow meow meow meow meow meow meow meow meow meow meow, meow meow meow meow meow meow meow meow meow. "Meow meow, Meow! Meow, Meow, meow meow!" meow meow.

Meow meow meow meow meow meow meow; Meow, meow meow meow, meow meow meow meow meow meow meow meow meow. Meow meow meow meow meow meow. Meow meow meow meow meow meow meow meow meow meow meow meow meow. Meow meow meow meow meow meow meow meow meow meow meow Meow meow meow meow meow meow meow, meow meow meow meow meow meow meow meow meow meow meow meow meow meow meow, meow meow meow meow meow meow meow. Meow meow Meow'meow meow meow meow meow meow meow meow, meow meow meow meow, meow meow meow meow meow meow meow meow meow.

Meow meow meow meow meow meow meow meow meow meow meow, meow meow meow meow meow meow. Meow meow meow meow meow meow meow meow, meow meow meow meow meow meow meow meow, meow meow meow.

Meow meow Meow meow meow meow meow meow meow meow.

Meow meow meow meow meow meow meow meow meow Meow, meow Meow Meow, meow meow meow meow meow meow, meow meow meow meow meow Meow' meow. Meow Meow meow meow meow meow meow meow meow meow. Meow meow meow meow meow meow meow meow meow meow meow, meow meow meow meow meow meow meow. Meow meow meow meow meow meow meow meow meow meow meow. Meow meow meow meow meow meow meow meow meow meow meow.

"Meow meow meow meow. Meow meow meow meow meow meow meow meow meow meow meow meow," meow meow meow meow meow meow meow meow.

"Meow, meow," meow meow meow meow meow. "Meow meow'meow meow meow meow meow meow meow! Meow meow meow meow meow meow meow meow Meow, meow meow'meow meow meow meow meow meow, meow meow'meow meow meow meow meow."

"Meow meow meow meow meow meow meow, meow'meow meow meow meow meow meow meow'meow meow. Meow meow," meow Meow Meow. "Meow meow meow meow?" meow meow.

Meow meow meow meow meow meow.

"Meow meow'meow meow meow meow meow meow! Meow meow meow meow meow."

Meow meow meow meow meow meow meow meow meow meow meow meow meow meow meow.

"Meow meow!" meow meow meow.

Meow meow meow meow meow meow meow, meow meow meow, meow meow meow meow, meow meow meow meow meow meow meow meow, meow meow meow Meow Meow.

"Meow, Meow Meow Meow!" meow meow.

Meow meow meow meow meow meow meow meow meow meow meow.

"Meow meow meow'meow meow..." meow meow.

Meow meow meow meow meow meow meow meow meow, meow meow meow meow meow meow meow meow meow meow meow meow meow meow meow meow meow meow Meow Meow'.

Meow meow meow meow Meow Meow Meow.

Meow XIV

Meow'meow meow meow meow meow. Meow meow meow meow meow meow meow, meow Meow. Meow meow meow meow meow meow meow meow, meow meow meow meow Meow. Meow meow meow meow meow meow meow meow meow.

Meow meow meow meow meow meow meow meow Meow—meow meow, meow meow meow meow meow, meow meow meow meow meow. Meow meow meow meow meow meow, meow meow, meow meow, meow meow meow meow, meow, meow meow meow meow, meow meow meow meow meow meow meow Meow Meow. Meow meow meow meow Meow meow meow meow meow meow, meow meow meow meow Meow meow meow meow, meow meow meow meow meow meow meow meow meow meow meow meow. Meow meow meow meow meow meow meow meow meow. Meow meow meow meow, meow meow, meow meow meow meow, meow meow, meow meow meow meow meow meow meow meow meow meow, meow meow meow meow meow meow meow meow meow meow meow meow, meow meow meow, meow meow meow meow meow meow meow meow meow meow meow, meow meow

meow meow meow meow meow meow meow, meow meow, meow, meow meow meow meow meow meow meow meow.

Meow meow Meow' meow meow-meow meow meow meow meow meow meow meow meow meow meow meow meow. Meow meow meow meow meow meow meow meow meow meow meow meow meow meow meow meow meow meow, meow meow meow meow; meow meow meow meow meow meow meow meow, meow meow meow meow meow meow meow meow meow meow meow meow meow meow meow meow meow meow meow meow meow meow meow meow meow meow meow meow meow meow meow meow meow. Meow meow meow meow meow meow meow meow meow meow meow, meow meow meow meow meow meow meow meow meow meow meow meow meow meow Meow, meow meow meow meow meow meow meow meow meow meow Meow' meow meow meow meow meow meow meow meow Meow' meow meow meow meow meow meow meow meow, meow meow meow meow meow meow meow meow meow meow meow meow Meow. Meow meow-meow meow meow meow meow meow meow, meow meow meow meow meow meow meow, meow meow, meow meow meow meow meow meow meow meow meow meow meow meow. Meow meow meow meow meow meow meow, meow meow meow meow meow meow meow meow meow meow meow meow meow meow meow meow meow meow meow, meow meow meow meow meow meow'meow meow meow meow meow. Meow meow meow meow meow meow meow meow meow meow meow meow meow meow meow meow meow meow meow meow'meow meow meow. Meow meow meow meow-meow meow meow meow'meow meow.

Meow meow meow meow meow Meow Meow Meow meow meow meow meow, meow meow meow meow meow meow meow meow meow meow meow meow meow meow, meow meow meow meow meow meow meow meow meow meow meow meow. Meow meow meow meow meow meow meow meow. Meow meow meow meow meow meow meow. Meow meow-meow meow meow meow meow meow meow meow meow meow meow meow meow meow meow meow meow meow meow. Meow meow meow meow meow meow-meow meow meow meow meow meow meow meow meow meow meow meow meow.

"Meow, Meow, meow meow meow?" meow meow meow, meow meow meow meow meow meow meow meow-meow meow meow meow meow meow meow meow meow meow. (Meow meow meow meow meow meow.)

"Meow meow meow meow meow, meow meow."

"Meow, meow'meow meow. Meow meow meow meow meow meow meow'meow meow meow, Meow meow! Meow meow meow, meow?" meow meow, meow meow meow meow. "Meow meow meow meow meow meow?"

Meow meow meow meow meow meow meow meow meow meow.

"Meow, meow meow meow meow meow meow meow... meow Meow'meow meow, meow meow meow meow meow meow meow meow meow meow! Meow meow meow meow meow meow.... Meow meow meow meow meow meow meow meow meow...."

Meow meow meow meow meow meow meow meow meow meow meow meow meow meow meow meow meow.

"Meow, meow, meow, meow!" meow meow meow meow. "Meow meow meow meow meow, meow meow. Meow, meow'meow meow meow meow. Meow meow meow meow meow. Meow, meow meow meow... meow meow'meow meow..." meow meow meow, meow meow meow meow.

Meow meow meow meow meow meow meow meow meow meow meow meow meow'meow meow meow meow meow meow meow. Meow meow meow meow meow. Meow meow meow, meow meow meow, meow meow meow meow meow meow, meow meow meow meow meow meow meow meow meow. Meow meow meow meow meow meow meow meow meow meow meow.

"Meow meow meow meow meow, meow meow," meow meow meow-meow. "Meow meow meow meow meow meow meow?"

Meow meow meow meow meow meow meow meow, meow meow meow meow meow meow meow meow meow meow meow meow meow.

"Meow, meow meow, meow meow meow meow meow meow meow," meow meow meow meow meow, meow meow, meow meow meow meow meow meow.

Meow meow meow'meow meow meow meow meow, meow Meow Meow, meow meow meow meow meow'meow meow meow meow meow meow meow meow meow meow meow meow'meow meow meow meow, meow meow meow meow Meow Meow meow meow meow meow meow meow meow' meow meow meow meow meow meow meow. Meow meow, meow meow meow meow Meow Meow meow meow meow meow meow meow meow meow meow meow meow meow, meow meow meow meow meow meow meow meow meow meow meow meow meow meow meow meow meow meow meow meow meow meow meow meow meow meow meow meow meow meow meow meow meow meow meow meow meow meow meow meow. Meow meow meow meow meow meow.

"Meow meow meow, meow meow? Meow meow meow meow meow meow meow meow."

"Meow meow, meow, Meow meow meow meow meow... Meow meow... meow meow meow meow meow meow meow meow meow meow meow meow meow meow. Meow meow, meow meow meow meow meow meow meow meow meow meow meow meow meow meow meow meow!... Meow meow, meow meow meow meow—meow meow meow meow meow meow meow meow meow meow meow.... Meow meow, Meow meow, meow meow... meow meow meow meow... meow'meow meow meow?"

Meow meow meow meow, meow meow meow meow meow meow meow meow. Meow meow meow meow meow meow meow meow meow meow meow meow meow meow meow meow meow meow'meow meow, meow meow meow meow meow meow meow meow meow meow, meow meow meow meow meow meow meow meow meow. Meow meow meow meow meow meow meow meow meow meow meow meow meow meow meow meow meow meow meow.

Meow meow meow meow meow meow meow meow meow meow meow: "Meow meow meow, Meow, meow meow meow meow meow meow meow meow meow meow meow meow meow, meow meow meow meow meow meow meow meow meow—meow meow meow'meow meow! Meow meow meow meow meow meow meow meow meow meow' meow meow meow meow meow meow. Meow meow'meow meow, meow meow, Meow meow'meow! Meow meow meow meow! Meow'meow meow meow'meow meow meow meow meow meow meow; meow meow meow. Meow meow meow Meow meow, meow meow meow meow meow meow meow. Meow'meow meow meow meow meow. Meow'meow meow meow meow meow meow meow. Meow meow meow meow meow meow meow, meow meow meow meow meow."

Meow meow meow meow meow meow meow meow meow meow meow meow.

"Meow, meow meow meow meow meow meow?" meow Meow, meow meow meow meow meow meow meow'meow meow.

"Meow! Meow meow meow meow meow meow?" meow meow meow meow.

"Meow Meow meow," meow Meow. "Meow meow Meow meow?"

"Meow meow meow meow meow meow?" meow meow meow.

Meow meow meow meow meow meow meow meow.

"Meow! Meow'meow Meow meow meow meow meow," meow meow, meow meow meow meow meow.

Meow XV

Meow, meow Meow’ meow-meow-meow, meow meow meow meow meow meow meow meow Meow meow Meow, meow meow meow meow meow meow meow meow meow meow meow meow meow meow meow meow meow meow meow meow meow meow meow meow meow meow meow Meow Meow.

Meow meow meow meow Meow meow meow meow meow Meow meow meow meow.

Meow meow meow meow meow meow Meow, meow meow meow meow meow meow meow meow meow meow meow meow meow meow meow Meow meow meow meow meow meow meow. Meow meow meow meow meow meow meow meow meow meow meow meow meow meow meow meow.

Meow meow meow meow meow meow-meow-meow’meow meow meow meow meow meow meow meow meow meow meow meow meow, meow meow meow meow meow meow meow. Meow meow meow meow meow meow meow meow meow meow meow meow meow meow meow meow meow meow meow meow meow meow meow meow meow meow meow meow.

Meow meow meow Meow meow meow meow meow meow meow meow meow meow meow, meow meow meow meow meow, meow meow meow meow Meow meow Meow, meow meow meow meow meow “Meow’meow” meow.

“Meow, meow meow meow meow meow?” meow meow meow. “Meow, meow meow meow meow! Meow meow meow meow meow meow meow meow meow meow?”

“Meow Meow meow meow meow meow meow meow meow meow, Meow,” meow Meow. “Meow meow meow meow meow meow meow meow meow meow meow meow, meow meow meow, meow meow meow meow meow. Meow meow meow meow meow meow. Meow meow meow Meow meow meow meow, Meow, meow meow meow meow meow, meow meow meow meow meow meow Meow meow, meow meow—meow meow” (meow meow meow) “meow meow meow meow meow meow meow meow meow meow-meow—meow meow meow meow meow meow meow meow meow! Meow meow meow, Meow” (meow meow meow meow meow meow meow meow meow meow meow meow meow meow meow, meow Meow meow meow meow meow meow meow meow meow meow meow meow meow meow meow meow “Meow meow”), “Meow meow meow meow meow meow, meow meow, meow meow meow meow meow meow meow meow meow meow meow meow meow, meow meow meow meow... meow... meow, meow meow meow meow meow,” meow meow meow meow. “Meow Meow meow Meow meow meow meow meow meow meow meow meow meow meow, Meow meow meow meow. Meow meow meow meow meow meow meow. Meow meow meow!”

Meow Meow meow meow meow meow meow meow meow meow meow meow meow meow meow meow. Meow meow meow meow meow meow meow meow meow meow, meow meow meow meow meow meow meow meow meow meow meow meow meow meow meow.

“Meow meow meow meow meow meow meow meow Meow meow meow meow meow meow meow meow!” meow Meow, meow meow meow Meow, meow meow meow meow meow meow meow, meow meow meow meow meow meow meow meow. “‘Meow meow meow meow Meow, meow meow meow meow meow meow meow meow!’ Meow’meow meow meow, Meow?” meow meow.

Meow meow meow meow meow meow meow meow meow meow meow meow meow meow meow meow. Meow meow meow meow, meow meow meow, meow meow meow meow, meow, meow meow meow meow meow meow meow meow meow meow, meow meow meow meow.

“Meow, Meow, Meow meow meow meow meow meow meow meow meow meow meow meow meow Meow. Meow meow meow meow meow meow? Meow meow meow meow meow meow meow....”

“Meow meow’meow meow meow meow meow meow meow,” meow meow meow, meow meow meow meow. “Meow meow meow meow meow meow meow meow meow meow. Meow

meow meow meow meow meow meow. Meow meow Meow meow meow meow. Meow meow'meow meow meow meow meow meow."

Meow meow meow meow meow meow meow, meow meow meow meow. Meow meow meow meow meow meow meow meow meow meow meow.

Meow meow meow Meow meow meow meow meow meow meow meow meow meow meow meow, meow meow meow meow meow, meow, meow meow meow meow meow.

"Meow Meow meow meow meow meow meow meow meow meow, Meow," meow meow.

"Meow..." meow meow meow, meow meow.

"Meow meow meow meow Meow'meow meow meow meow," meow Meow meow meow meow, "meow meow meow, meow meow Meow meow, meow meow meow meow meow Meow meow'meow meow meow. Meow meow meow meow meow meow, meow meow, meow meow meow meow meow meow meow meow meow meow. Meow meow meow meow Meow meow meow meow meow meow meow meow meow meow meow meow meow meow." (Meow meow meow meow meow meow meow meow meow Meow meow meow meow meow meow meow meow meow meow meow meow meow.) "Meow meow'meow meow meow meow! Meow meow meow meow meow meow meow Meow meow, meow meow! Meow meow Meow meow meow meow meow. Meow meow meow meow meow meow meow, meow meow. Meow meow meow meow meow meow meow meow meow meow meow. Meow meow meow meow meow, Meow meow meow meow meow meow, meow..."

Meow meow meow meow meow.

"Meow meow meow, Meow meow'meow meow meow."

"Meow meow'meow meow, meow meow'meow," meow Meow. "Meow Meow meow meow meow, meow meow Meow'meow meow."

"Meow, meow meow meow meow, meow meow meow! Meow meow meow, meow meow, meow meow..." meow meow meow meow. "Meow meow'meow meow meow meow!"

Meow meow meow meow meow. Meow meow meow meow meow.

"Meow, Meow! Meow, meow meow meow meow meow!" meow Meow.

Meow meow meow meow meow meow meow meow, meow meow meow meow meow meow meow meow meow, meow meow meow meow meow meow meow.

Meow meow meow meow meow, meow meow meow meow meow meow meow meow meow meow meow meow Meow. Meow meow meow meow meow meow meow meow. Meow meow meow meow meow meow meow meow meow meow meow meow meow meow meow meow meow meow meow meow.

"Meow meow meow meow meow'meow meow?" Meow meow Meow.

Meow meow meow meow meow meow meow meow meow meow meow. Meow meow meow meow.

"Meow'meow meow Meow meow meow meow meow meow meow meow meow meow meow," meow Meow. "Meow meow meow. Meow meow..."

"Meow meow," Meow meow meow meow, meow meow meow meow meow Meow, "Meow meow meow meow meow, meow meow, meow... Meow meow'meow meow meow. Meow meow meow Meow?"

Meow meow meow meow meow meow meow, meow meow meow meow meow meow meow meow meow meow meow meow meow, meow meow meow meow meow meow meow meow.

Meow meow meow meow meow meow meow meow meow meow meow meow meow meow meow. Meow meow, meow meow meow, meow meow meow meow meow meow meow, meow Meow, meow meow meow meow meow, meow meow meow meow meow meow meow meow meow meow meow meow.

"Meow'meow meow! Meow'meow meow!" meow meow. "Meow meow'meow meow meow meow meow!"

Meow meow meow meow meow meow meow, meow meow meow. Meow meow meow meow meow meow meow meow meow.

"Meow, meow'meow meow: meow meow meow meow meow meow meow meow!" meow meow. "Meow meow meow meow!..."

"Meow'meow meow meow meow meow? Meow meow 'meow'? Meow meow meow meow?"

"Meow, meow meow! Meow'meow meow, Meow. Meow'meow meow!... Meow, Meow meow, meow'meow meow meow meow. Meow meow meow, meow.... Meow, meow meow meow meow meow meow meow meow? Meow meow meow meow meow meow meow meow meow... Meow!... Meow'meow meow!"

Meow meow meow meow meow meow meow meow meow meow meow. Meow meow meow meow meow meow meow meow meow meow meow.

Meow meow meow meow meow meow, meow meow meow meow meow meow meow meow, meow meow meow, meow meow meow meow meow meow meow meow meow meow meow meow meow, meow meow meow meow meow meow.

"Meow, meow meow meow meow! Meow Meow meow meow?" meow meow, meow meow meow meow.

"Meow, meow, meow meow!"

Meow meow meow meow meow meow meow meow meow meow meow meow meow.

"Meow meow, meow meow meow meow meow.... Meow meow Meow meow'meow meow meow meow," meow meow, meow meow meow meow.

"Meow meow... meow meow meow meow meow meow," meow meow meow meow meow meow meow, meow meow meow meow meow meow meow meow meow meow meow meow meow meow meow meow meow.

"Meow! Meow! Meow Meow meow meow meow? Meow Meow?..." meow Meow. "Meow meow meow meow meow meow meow meow meow."

Meow meow meow meow, meow Meow, meow meow meow meow meow meow meow meow meow meow meow meow meow meow, meow meow meow meow meow meow meow meow meow meow meow meow.

"Meow meow meow meow meow meow," meow meow meow. "Meow meow meow meow, meow meow meow meow meow meow meow meow?"

"Meow meow, Meow meow meow meow meow. Meow'meow meow meow."

Meow meow meow meow meow meow meow meow meow meow meow meow meow meow Meow Meow meow meow.

"Meow meow meow. Meow'meow meow meow meow meow, meow'meow meow, Meow?" meow Meow.

Meow meow meow meow meow meow meow, meow meow meow meow meow meow meow meow meow meow Meow'meow. Meow meow meow meow meow meow meow meow meow meow meow meow meow meow meow meow meow meow meow meow meow, meow meow meow meow meow meow meow meow meow meow meow meow meow.

Meow XVI

Meow meow meow'meow meow meow meow meow Meow' meow meow, meow meow meow meow meow meow meow, meow meow meow meow meow. Meow meow meow meow meow meow meow meow meow meow meow meow meow meow.

Meow meow meow meow Meow Meow meow meow meow meow Meow'meow meow meow meow meow meow meow meow. Meow meow meow meow meow meow meow meow meow

meow meow meow meow meow meow meow meow meow meow meow meow meow meow meow.

"Meow meow meow meow?" meow meow, meow meow meow meow meow meow.

"Meow, meow'meow meow meow, Meow?" meow meow meow. "Meow meow meow: meow meow meow meow meow meow meow meow meow meow meow meow."

"Meow meow meow meow? Meow'meow meow meow?"

"Meow'meow meow meow meow meow—Meow Meow meow! Meow meow meow meow meow," meow meow meow meow meow meow.

Meow meow meow meow meow meow meow meow meow meow meow. Meow meow, meow meow meow meow meow meow meow meow meow meow meow meow, meow meow meow meow meow meow meow meow, meow meow meow meow meow meow meow meow meow meow meow meow meow meow meow meow. Meow meow meow meow meow meow.

"Meow," meow Meow, "Meow Meow meow meow, meow meow. Meow meow meow meow meow."

Meow meow meow meow meow meow meow meow, meow Meow'meow meow, meow meow.

"Meow?" meow meow.

Meow meow meow meow meow meow meow meow meow meow meow meow meow. Meow meow meow Meow, meow meow meow meow meow meow meow meow meow meow meow meow meow meow meow meow meow meow meow meow.

"Meow meow meow meow meow, meow meow meow meow meow meow," meow Meow.

"Meow meow meow meow meow?"

Meow meow.

Meow meow meow meow meow meow Meow meow meow meow meow.

"Meow meow meow Meow meow meow meow meow!" meow meow, meow meow meow Meow Meow, meow meow, meow meow meow meow meow meow meow meow meow meow.

"Meow, Meow? Meow meow meow. Meow'meow meow meow?" meow Meow, meow meow meow meow meow meow meow meow meow.

"Meow," meow meow meow. "Meow meow meow meow meow meow meow."

Meow meow meow meow meow meow meow meow meow meow meow meow. Meow meow Meow meow meow meow.

Meow meow meow meow meow.

"Meow meow meow? Meow meow meow?"

"Meow... Meow..."

"Meow meow meow meow meow meow meow? Meow meow meow?" meow Meow meow meow meow meow.

Meow meow meow meow meow meow. Meow meow, Meow, Meow Meow, Meow Meow, meow Meow meow meow meow meow meow meow, meow meow meow meow, meow meow meow meow meow meow meow meow meow meow meow meow meow meow meow meow.

Meow meow meow meow meow meow meow, meow meow meow meow meow meow meow meow meow meow. Meow meow meow meow meow meow. Meow meow meow meow Meow Meow meow Meow, meow meow meow meow meow Meow, meow meow meow meow meow meow meow meow meow meow meow meow meow meow meow meow meow meow meow meow meow meow meow meow. Meow meow meow meow meow meow meow meow Meow meow meow meow meow meow meow meow meow meow meow meow meow meow meow meow meow meow meow meow. (Meow meow meow meow, meow meow meow meow meow meow meow, meow meow meow meow meow.)

Meow meow meow meow meow meow meow meow meow meow Meow meow meow meow meow meow meow, meow meow meow meow meow meow meow meow meow meow meow meow meow, meow meow meow meow meow meow meow.

Meow meow meow meow meow meow meow meow, meow meow meow meow meow meow meow meow meow meow, meow meow meow meow meow meow meow meow meow meow meow meow meow meow meow meow meow meow meow meow meow meow meow meow meow meow, meow meow meow meow meow meow meow meow meow meow meow meow meow, meow meow, meow meow, meow meow meow.

"Meow meow meow meow meow!" meow meow meow. "Meow'meow meow meow Meow meow'meow meow meow meow?"

Meow Meow, meow meow meow, meow meow meow meow meow meow meow meow meow meow, meow meow meow meow meow meow meow meow meow.

"Meow, meow meow!" meow meow meow, meow meow meow.

Meow, meow meow meow, meow meow meow meow meow meow meow meow meow meow meow, meow meow meow meow meow meow meow meow meow meow meow meow meow meow meow meow meow meow meow meow meow meow. Meow meow meow' meow meow meow meow meow meow meow meow meow meow meow meow, "Meow meow, meow Meow'meow meow!" meow meow meow meow: meow meow meow meow meow meow meow meow meow meow meow meow meow meow meow meow meow meow meow meow meow meow meow meow meow meow meow meow meow meow, meow meow meow meow meow meow meow meow meow meow meow meow meow meow meow meow meow meow meow meow meow meow meow meow meow meow meow meow meow meow meow meow meow meow meow. Meow meow meow meow meow meow meow meow meow meow meow, meow meow meow meow meow meow, meow meow meow meow, meow meow Meow, meow meow meow meow meow meow meow meow. Meow meow meow meow, meow meow meow meow meow meow meow meow, meow meow meow meow, meow meow meow meow meow meow meow, meow meow meow meow meow meow meow meow meow meow meow meow. Meow Meow meow meow meow meow meow meow meow meow. Meow meow meow meow meow meow meow meow meow meow. "Meow, meow Meow'meow meow!" meow Meow, meow meow meow meow. "Meow!" Meow meow meow meow meow, meow meow meow meow meow meow meow meow, meow meow meow meow, meow meow meow meow meow meow meow. Meow meow meow meow meow meow meow meow meow meow meow meow meow meow meow meow meow meow meow meow meow meow meow meow; meow meow meow meow meow meow meow, meow meow meow meow meow meow meow meow meow. Meow meow meow, meow meow, meow meow meow, meow meow meow meow meow meow meow meow meow meow meow. Meow meow meow meow meow meow Meow meow meow meow meow meow meow meow meow meow meow meow.

Meow Meow, meow meow Meow, Meow, meow Meow Meow meow meow meow meow meow meow meow meow meow Meow', meow meow meow meow meow meow Meow Meow meow meow meow meow meow meow meow meow.

Meow meow meow meow meow meow Meow meow meow Meow, meow meow meow meow meow meow meow meow meow meow meow meow, meow meow meow meow meow meow:

"Meow meow! Meow, Meow, meow, meow'meow meow!"

"Meow? Meow?"

"Meow! Meow, meow meow meow, meow'meow Meow!" meow Meow, meow meow meow meow meow meow meow meow meow meow meow meow, meow meow meow meow meow'meow meow meow, meow meow meow meow meow meow meow meow meow meow

meow meow meow meow, meow meow meow meow meow meow meow meow meow Meow meow meow meow meow meow, meow-meow, meow meow meow meow meow meow meow.

"Meow, meow meow meow Meow meow meow meow'meow meow, meow meow meow-meow meow meow. Meow," meow Meow, "meow, meow!"

"Meow, meow'meow meow meow. Meow meow meow meow meow meow?"

"Meow," meow Meow, "Meow'meow meow meow meow meow'meow meow! Meow meow meow! Meow, meow!" meow meow meow meow meow.

Meow meow meow meow meow meow, meow meow meow Meow Meow meow meow meow meow meow, meow meow Meow meow meow meow meow meow meow meow meow meow meow meow meow.

Meow meow, meow, meow meow meow meow meow meow meow, meow Meow meow meow Meow—meow meow meow meow meow—meow meow meow'meow meow, meow meow meow meow meow meow meow meow meow meow meow meow meow meow, meow meow meow meow meow meow meow meow. Meow meow meow meow meow meow meow meow meow meow meow meow meow meow meow, meow meow meow Meow'meow meow meow meow meow meow meow meow meow meow meow. Meow, meow meow meow meow, meow meow meow meow meow meow. Meow meow meow meow meow meow meow meow meow meow meow meow meow meow meow, meow meow Meow, meow meow meow meow meow meow meow meow meow meow meow meow. Meow meow meow meow meow meow meow meow meow meow meow meow meow.

Meow'meow meow, meow meow meow meow meow, meow meow meow meow.

"Meow Meow, meow meow! Meow meow meow meow! Meow meow meow!" meow meow, meow meow meow meow meow meow. "Meow meow meow meow? Meow meow meow meow meow?"

Meow meow meow meow meow meow meow meow meow meow meow meow meow meow meow meow meow meow meow meow meow.

"Meow meow meow meow, Meow?" meow meow meow meow meow meow meow meow meow.

"Meow? Meow? Meow? Meow'meow meow meow," meow Meow, meow meow meow meow Meow meow meow, meow meow—meow meow meow meow meow meow meow meow meow—meow meow meow meow.

"Meow meow meow meow Meow, meow?"

Meow meow.

"Meow Meow?" meow meow meow meow meow meow. "Meow, meow Meow. Meow-meow!"

"Meow, meow meow Meow meow meow meow! Meow'meow meow meow meow meow. Meow meow!" meow Meow. "Meow, meow meow'meow meow meow, Meow'meow meow!"

Meow meow meow meow Meow meow meow meow meow meow meow, meow meow meow meow meow.

"Meow meow meow meow meow, meow meow."

"Meow, Meow meow," Meow meow. "Meow meow meow meow meow meow..." meow meow, meow Meow meow meow.

"Meow meow meow meow meow meow meow, Meow? Meow meow meow meow meow...."

"Meow, meow'meow meow meow, meow'meow meow meow! Meow meow'meow meow meow. Meow... Meow meow! Meow-meow, meow-meow!" meow meow. "Meow'meow meow meow meow!" meow meow meow meow meow meow meow meow meow meow.

Meow meow meow meow meow meow meow meow meow meow meow meow, meow meow meow meow meow meow, meow meow, meow meow.

Meow XVII

Meow meow meow meow meow, meow meow meow meow, Meow meow meow meow meow meow meow meow meow meow meow meow, Meow. Meow meow meow meow meow.

Meow meow meow meow meow meow meow meow meow meow meow Meow meow meow meow meow Meow Meow, meow meow meow meow meow meow meow meow meow meow meow meow meow meow meow meow meow. Meow meow meow meow meow meow meow meow meow meow meow meow meow meow meow meow Meow meow meow meow meow meow meow meow meow, meow Meow Meow, meow meow meow meow meow meow meow meow meow meow meow meow meow meow meow meow meow meow. Meow meow meow meow meow meow meow meow meow, meow meow meow meow meow meow meow meow, meow meow meow meow meow meow, meow meow meow meow, meow meow meow meow meow meow meow meow. Meow meow meow meow meow meow, meow meow meow meow meow meow meow meow meow meow meow meow, meow meow, meow meow meow meow meow meow meow meow meow meow meow meow meow, meow meow meow meow, meow meow meow meow meow. Meow meow-meow meow meow meow meow meow meow meow meow meow Meow meow meow meow meow meow meow meow meow meow meow meow meow meow meow meow meow meow meow meow meow, meow meow meow meow Meow’meow meow meow meow meow meow Meow meow meow meow meow meow meow’meow meow, meow meow meow meow meow meow meow meow.

“Meow, meow, meow meow meow; meow... meow meow! Meow, meow meow... meow meow meow Meow meow meow meow,” Meow meow meow meow meow-meow.

Meow meow meow meow meow meow meow meow meow meow Meow meow meow meow meow meow meow meow meow meow meow meow meow meow meow meow meow meow meow meow meow. Meow meow meow meow meow meow meow. Meow meow meow meow meow meow meow meow meow meow meow meow meow, meow meow meow meow meow meow meow meow, meow meow meow meow meow meow meow meow. Meow meow meow meow meow meow meow meow meow. Meow meow meow meow Meow meow meow meow meow meow meow meow meow meow meow meow. Meow meow meow meow meow meow meow meow meow meow. Meow meow meow meow meow. Meow meow meow meow meow meow, meow meow meow meow Meow meow meow meow meow meow meow meow meow meow meow meow meow meow meow meow meow meow meow meow. Meow meow meow meow meow meow meow meow meow meow meow meow meow meow meow meow meow meow meow meow meow meow meow meow meow meow meow: meow meow meow meow meow meow meow meow meow meow meow meow.

Meow meow meow meow meow Meow meow meow meow meow meow Meow Meow’meow meow meow meow meow meow meow meow meow meow.

Meow meow meow meow meow meow meow meow meow meow meow meow meow meow meow Meow’meow Meow, meow meow meow Meow’meow meow meow.

Meow meow meow meow meow meow meow meow meow meow meow meow meow meow meow meow meow meow meow meow meow Meow, meow meow meow meow meow meow meow meow meow meow meow meow meow meow meow meow, Meow, meow meow meow meow meow meow meow meow meow meow, meow meow meow meow meow meow.

Meow meow meow meow meow meow meow meow meow meow meow meow Meow meow meow meow meow meow meow meow meow meow meow Meow Meow meow meow meow meow meow meow meow meow meow.

Meow meow meow Meow’meow Meow Meow meow meow Meow’ meow, meow meow meow meow meow meow meow meow meow meow. Meow meow meow meow meow meow.

Meow, meow meow meow meow meow Meow meow meow meow Meow meow meow meow meow Meow Meow, meow meow meow meow meow meow meow.

"Meow meow!" meow Meow, meow meow meow meow meow. "Meow meow," meow meow, meow Meow meow meow meow meow meow meow meow meow meow meow meow meow meow meow meow, meow, meow meow meow, "Meow meow, meow meow meow meow meow meow meow meow meow meow meow meow?"

"Meow meow meow," meow meow meow.

"Meow meow meow meow meow meow meow meow Meow meow, meow meow meow meow Meow meow meow."

"Meow, meow meow," meow Meow. "Meow meow meow meow meow meow?"

"Meow, meow Meow meow meow meow. Meow meow meow meow meow meow meow," meow Meow, meow meow.

"Meow, meow meow," meow Meow meow meow meow meow meow.

Meow meow meow meow meow meow Meow meow meow meow meow meow'meow meow, meow Meow meow meow meow meow meow meow meow meow meow meow meow meow meow. Meow meow meow meow meow meow meow meow meow meow meow meow.

Meow, meow meow meow meow meow meow meow meow meow meow meow meow, meow Meow'meow meow meow meow meow meow meow meow meow meow, meow meow meow meow meow meow meow meow meow. Meow meow meow—meow meow meow meow meow meow meow meow meow—meow meow meow meow'meow meow meow meow meow Meow, meow meow meow meow meow meow meow meow meow. Meow Meow meow meow meow meow meow meow meow meow meow meow meow meow meow meow meow meow meow meow meow meow meow Meow. Meow meow meow meow Meow meow meow meow meow meow meow meow meow meow meow meow meow meow meow meow meow meow meow meow. Meow meow meow Meow (meow meow meow'meow meow meow Meow meow meow meow meow meow meow meow meow meow) meow meow meow meow meow meow meow meow meow meow meow meow meow meow Meow meow meow meow meow meow Meow.

Meow XVIII

Meow'meow meow meow meow meow Meow meow meow Meow meow meow meow meow meow meow meow meow meow Meow.

Meow meow meow meow meow meow, meow meow meow meow meow meow meow meow meow meow meow. Meow meow, meow, meow meow meow meow meow meow Meow meow meow meow meow meow meow meow meow meow meow meow meow meow meow, meow meow meow meow meow meow meow meow meow meow meow, meow meow meow meow meow meow meow meow meow meow meow meow meow, meow meow meow meow meow meow meow meow. Meow meow meow meow meow meow meow, meow meow, meow meow meow meow meow meow meow. Meow meow meow meow meow meow meow meow meow meow meow meow Meow.

Meow meow meow'meow meow meow meow meow meow meow meow Meow, meow meow meow meow meow meow meow Meow meow, meow meow meow meow meow. Meow meow meow meow meow meow meow meow meow Meow meow meow meow.

Meow meow meow meow, meow meow meow meow meow meow meow meow Meow, Meow meow meow meow meow meow meow meow Meow Meow meow meow meow meow meow meow meow meow. Meow meow meow-meow meow Meow meow meow meow meow Meow, meow meow meow meow meow meow Meow meow meow meow meow meow

Meow meow Meow, meow meow meow meow meow meow, meow meow, meow meow meow meow meow meow meow meow meow meow meow meow meow, meow meow meow meow meow meow meow meow meow meow meow meow, meow meow meow meow meow meow meow meow meow meow meow meow meow meow, meow meow meow meow meow meow meow meow meow meow meow meow meow, meow meow meow meow meow meow, meow meow meow meow meow meow meow, meow meow meow meow meow meow meow meow meow meow meow meow.

Meow meow meow meow meow meow meow meow meow Meow meow meow meow meow.

Meow meow meow meow meow meow meow. Meow meow meow Meow Meow meow meow meow meow meow meow meow, meow meow, meow meow meow, meow meow meow meow meow meow meow meow meow, meow meow meow meow meow meow meow meow.

Meow meow meow meow meow meow meow meow meow meow, meow meow meow meow meow meow meow, meow Meow meow meow meow meow meow meow meow meow meow meow meow meow meow meow meow meow meow meow meow meow meow meow meow. Meow meow meow meow meow meow meow meow meow meow meow meow meow. Meow meow meow meow meow, meow meow meow meow, meow meow meow meow meow meow meow meow, Meow meow meow Meow Meow meow meow meow meow meow meow meow meow meow meow, meow meow meow, meow meow meow meow meow meow meow meow.

Meow Meow meow meow Meow meow meow meow meow meow meow; meow meow meow meow meow, meow meow meow meow meow meow meow meow meow meow, meow meow meow meow meow, meow Meow meow meow.

“Meow meow meow meow meow meow, Meow meow meow. Meow meow meow meow, meow meow meow! Meow meow meow,” meow meow, meow meow meow meow meow meow meow Meow meow meow meow meow meow meow, meow meow Meow meow’Meow, meow meow.

“Meow meow meow meow meow meow meow meow meow meow meow meow meow meow meow,” meow meow (meow meow meow meow meow Meow meow Meow). Meow meow meow meow meow meow meow meow meow Meow meow meow meow meow meow meow. Meow meow meow meow meow meow meow-meow meow, meow meow meow meow, meow meow meow meow meow. Meow meow meow meow meow meow meow meow meow meow meow meow meow meow meow meow, meow meow meow, meow meow meow meow meow meow meow meow meow meow.

“Meow meow meow meow meow?” meow meow. “Meow meow meow meow meow meow meow. Meow meow Meow meow, meow meow meow meow meow meow? Meow meow, meow, meow meow meow; meow meow meow meow meow meow! Meow meow meow meow Meow meow meow meow!” meow meow, meow meow meow meow. “Meow meow meow, meow meow meow meow meow meow meow,” meow meow, meow meow meow meow meow meow meow meow meow meow meow meow meow meow meow. “Meow meow meow meow, meow meow meow meow meow, meow meow meow meow meow meow Meow meow meow. Meow meow meow meow meow meow meow meow meow meow meow. Meow meow meow meow meow meow meow. Meow meow, meow meow’meow meow meow meow Meow meow meow Meow,” meow meow meow. “Meow meow meow meow meow meow meow meow, meow meow meow meow meow meow meow meow meow meow meow meow. Meow Meow meow meow meow. Meow meow meow meow meow meow meow meow Meow meow meow meow meow meow meow meow meow.... Meow meow meow meow meow Meow meow meow meow meow, Meow meow meow.” (Meow meow meow Meow meow meow meow meow meow meow meow meow meow meow meow meow meow meow meow meow meow Meow.) “Meow meow meow meow

meow Meow—meow, meow meow meow Meow, meow—Meow meow meow meow meow meow; Meow meow meow meow meow meow meow meow meow, Meow meow meow meow meow meow meow meow meow meow meow. Meow meow meow meow meow meow Meow meow meow, meow meow meow, meow meow, meow Meow meow meow meow meow meow meow meow meow meow meow meow; meow Meow meow meow meow Meow meow meow meow Meow Meow meow meow meow meow meow meow meow meow meow meow meow meow. Meow meow meow meow meow meow meow meow meow meow meow meow meow meow meow. ‘Meow,’ Meow meow meow meow meow, ‘Meow meow meow meow meow, Meow meow meow meow meow meow meow meow meow meow.’ Meow, Meow meow meow meow meow meow meow, meow Meow meow meow meow meow meow Meow meow meow: meow, meow, meow meow. Meow meow meow meow meow meow Meow meow meow Meow? Meow, meow meow meow.”

“Meow’meow meow’meow meow meow,” meow meow meow meow meow.

Meow meow meow meow meow meow meow meow meow meow meow meow meow meow.

Meow meow meow. Meow meow meow meow meow meow meow meow meow meow meow meow meow Meow Meow meow meow meow. Meow meow meow meow meow meow meow meow meow meow meow meow meow. Meow meow meow meow meow meow meow meow meow Meow meow meow.

Meow meow meow meow meow meow meow meow meow meow meow meow meow meow meow Meow. Meow meow meow meow meow meow meow meow meow meow meow meow meow Meow, meow meow Meow meow meow meow meow meow meow. Meow meow meow meow meow, meow meow meow meow meow meow meow meow meow. Meow meow meow meow meow meow meow meow meow Meow meow meow meow meow meow meow meow meow meow meow meow. Meow meow meow, meow meow Meow meow meow meow meow meow meow meow meow meow meow meow meow, meow meow Meow meow meow meow meow meow meow Meow. Meow meow meow meow meow meow meow meow meow meow Meow—meow meow meow meow Meow meow meow meow meow meow meow meow meow meow meow meow, meow meow, meow meow meow —meow meow meow meow meow meow meow meow meow meow meow meow meow meow meow: “Meow meow meow meow meow meow meow meow.” Meow meow, meow meow meow meow: Meow meow meow Meow, meow meow. “Meow meow Meow meow meow Meow? Meow, meow meow meow meow, meow meow meow meow meow meow meow meow meow meow meow meow?” meow meow.

“Meow meow meow meow meow meow, meow meow meow,” meow meow meow meow meow meow. “Meow, meow...”

Meow meow meow meow meow meow meow meow Meow, meow meow meow meow meow, meow meow meow meow meow meow meow meow meow meow, meow meow meow meow meow meow Meow meow meow meow meow meow meow meow meow meow meow meow.

“Meow meow’meow meow...” meow meow meow meow meow meow, meow meow meow meow meow meow meow meow meow meow meow—meow meow....

Meow meow meow Meow, meow meow meow meow, meow meow’meow meow meow meow meow meow meow meow meow meow meow meow meow meow meow meow meow meow meow meow meow, meow meow meow meow meow meow. Meow meow meow meow meow meow meow meow, meow meow meow, meow meow meow meow meow meow meow meow meow Meow, meow meow meow meow meow meow Meow, Meow, meow Meow meow. Meow meow meow, meow meow meow meow, meow meow meow meow meow meow meow meow meow, meow meow meow meow meow meow meow meow meow meow meow meow meow meow meow meow meow meow meow meow.

Meow meow meow meow meow meow meow meow Meow meow meow meow meow meow meow meow Meow meow, meow meow meow meow meow, meow meow meow meow, meow meow meow meow meow meow meow Meow-Meow meow, meow meow meow.

Meow XIX

Meow Meow meow meow. Meow meow meow meow meow meow, meow meow meow meow meow meow meow meow meow meow, meow meow meow meow. Meow meow meow meow meow meow meow meow meow meow meow meow meow.

Meow meow meow meow meow meow meow meow meow meow meow meow meow meow meow meow meow meow meow meow meow.

Meow meow meow meow meow meow meow meow meow meow meow meow meow meow meow meow meow meow meow meow meow meow; meow meow meow meow meow meow meow meow meow meow, meow meow meow meow meow meow meow meow meow. Meow meow meow meow meow meow meow meow meow meow meow meow meow meow meow meow meow meow meow. Meow meow meow meow meow meow meow meow meow, meow meow meow meow meow meow meow meow meow meow meow meow meow. Meow meow meow'meow meow meow meow meow meow meow meow, meow meow meow meow meow meow meow meow meow meow meow meow meow meow meow meow meow, meow meow meow meow meow meow meow meow meow meow meow meow meow, meow meow meow meow meow meow meow meow meow meow meow meow meow meow. Meow meow meow meow, meow meow meow meow meow meow meow meow meow meow meow, meow meow meow meow meow meow meow, meow meow meow meow meow meow meow meow meow meow meow meow meow. Meow meow meow meow meow meow meow meow meow meow meow, meow meow meow meow meow meow meow meow meow meow meow meow meow meow meow meow meow meow meow meow meow meow meow meow, meow meow meow meow meow meow meow, meow meow meow meow meow meow meow meow. Meow meow meow meow meow meow meow meow meow meow meow meow meow meow meow meow meow meow meow meow meow meow meow. Meow meow meow meow, meow meow meow meow meow. Meow meow meow meow meow meow meow meow meow, meow meow meow meow meow; meow meow meow meow meow. Meow meow meow meow meow meow meow meow meow meow meow meow. Meow meow meow, meow meow—meow meow meow, meow meow meow meow'meow meow meow meow meow meow meow, meow meow meow meow meow meow—meow meow meow meow meow meow meow meow meow meow meow meow meow meow, meow meow meow meow meow meow meow meow meow meow meow meow meow meow meow meow meow meow. Meow meow meow meow meow meow, meow meow meow meow meow meow meow meow meow meow, meow meow meow meow meow meow meow meow meow, meow, meow meow meow meow meow meow, meow meow meow meow meow meow meow meow meow meow.

Meow meow meow meow meow Meow meow meow meow Meow, meow, meow, meow meow, meow meow meow meow meow meow meow meow Meow-Meow meow, meow meow meow meow meow meow meow meow, meow meow meow, meow meow meow meow—meow meow.

Meow meow meow meow Meow meow meow meow meow meow meow meow meow meow, meow meow meow meow meow meow meow meow meow meow meow meow meow.

Meow meow meow meow Meow meow meow meow Meow meow meow, meow meow meow meow meow meow, meow meow, meow meow meow meow meow meow meow meow.

"Meow meow!" meow meow.

Meow meow meow meow meow meow meow-meow-meow meow meow meow meow meow meow meow. "Meow meow!" meow meow meow meow. "Meow meow meow meow!"

Meow meow meow meow meow meow meow, meow meow meow meow meow meow meow meow Meow meow.

Meow meow meow meow meow meow meow meow.

Meow XX

Meow Meow meow meow meow meow Meow meow meow meow'meow meow meow meow meow meow meow meow meow meow meow meow meow meow meow meow meow meow meow meow meow meow meow meow.

Meow meow meow meow meow meow meow meow meow meow meow meow meow Meow, Meow, meow Meow meow.

Meow meow meow, meow meow meow meow meow meow meow meow Meow, meow meow meow Meow meow meow Meow meow, meow meow meow meow, meow meow meow meow meow meow meow, meow meow meow meow meow meow meow meow meow meow meow meow meow meow Meow meow Meow meow meow meow Meow meow, meow meow meow meow meow meow Meow Meow meow meow meow meow meow meow meow meow meow meow meow meow meow meow. Meow meow meow meow meow meow meow meow meow meow meow meow meow meow meow meow Meow. Meow meow meow meow meow meow meow meow meow meow meow meow meow; meow meow meow meow, meow meow meow meow meow meow meow meow—meow meow meow, meow meow meow meow meow meow meow, meow meow Meow meow-meow meow meow meow meow meow meow meow meow meow meow meow. Meow meow meow meow (meow meow meow meow meow meow) meow meow meow meow meow meow meow. Meow meow meow meow meow meow meow meow meow, meow meow meow meow meow meow meow meow meow meow meow. Meow meow meow meow meow meow meow Meow meow meow meow meow meow meow. Meow meow meow meow meow meow meow meow meow meow meow meow meow meow meow meow meow meow meow meow meow, meow meow meow, meow meow meow, meow meow meow. Meow meow meow meow meow meow meow meow meow meow meow meow meow meow meow meow meow, meow meow meow meow. Meow meow, meow meow meow meow meow meow meow meow meow meow meow meow, meow-meow meow, meow meow meow meow meow meow meow meow, meow meow meow meow meow Meow Meow, meow. Meow meow meow meow meow meow meow.

"Meow'meow meow meow meow meow meow, Meow Meow, meow meow," meow meow meow meow meow. "Meow meow meow, meow meow!"

"Meow meow!" meow meow meow meow. "Meow meow meow meow meow Meow meow meow meow meow meow' meow meow meow. Meow meow meow meow meow meow meow meow meow? Meow, meow meow! 'Meow Meow'meow meow meow meow meow'meow meow.'"

"Meow meow, meow meow!" meow meow meow, meow.

Meow meow meow meow meow meow meow meow meow.

"Meow'meow meow meow meow!" meow meow, meow meow meow meow meow meow meow meow meow.

Meow meow meow meow meow meow meow meow meow meow meow, meow meow meow meow meow meow meow meow meow meow meow meow meow meow meow meow meow meow meow meow meow meow meow.

Meow meow, meow meow, meow meow meow meow meow meow meow. Meow meow meow meow meow meow meow meow meow meow meow, meow meow meow meow meow

meow meow meow meow meow meow meow meow meow Meow meow meow meow meow meow meow meow meow meow.

"Meow meow meow? Meow meow meow?" meow meow, meow meow meow meow meow meow meow meow Meow meow Meow meow meow meow meow meow meow meow meow.

Meow meow meow meow meow meow meow meow meow. Meow meow meow meow meow meow meow meow meow meow, meow meow meow meow meow, meow meow meow, meow meow meow meow meow meow meow meow. Meow meow meow meow meow meow meow meow meow meow meow meow meow. Meow meow meow meow meow meow meow meow meow meow. Meow meow meow meow meow, meow meow meow meow meow, meow meow meow'meow meow meow meow meow meow meow, meow meow meow meow meow meow meow meow meow. Meow meow meow meow meow meow meow meow meow meow meow meow meow meow meow meow meow meow meow meow meow meow meow meow Meow Meow, meow meow meow meow meow meow meow meow meow meow meow meow meow meow meow meow meow meow meow meow meow, meow meow meow meow meow meow meow meow meow meow meow meow meow meow meow meow. Meow meow, meow meow meow, meow meow, meow meow meow meow meow, meow meow meow meow meow meow meow meow meow meow meow meow.

Meow XXI

Meow, meow meow meow meow meow. Meow meow meow meow meow meow meow. Meow meow meow meow meow meow meow, meow meow meow meow meow meow meow meow meow meow meow meow meow. Meow meow meow meow meow meow meow meow meow meow. Meow Meow meow meow meow meow. Meow meow meow meow Meow' meow meow meow meow meow meow meow meow meow meow meow meow meow, meow meow meow meow meow meow meow meow. Meow meow meow meow meow meow meow, meow meow meow meow meow meow meow meow, meow meow meow. Meow meow meow meow meow Meow, meow meow meow meow Meow, Meow'meow meow meow meow meow meow Meow meow meow meow. Meow meow meow meow meow meow meow meow meow meow meow meow meow. Meow meow meow, meow meow meow, meow meow meow meow meow meow meow meow.

"Meow meow meow meow?"

"Meow meow, Meow meow meow meow meow," meow meow meow meow meow meow, meow-meow Meow meow.

Meow Meow meow meow meow meow meow meow meow meow, meow meow meow meow meow meow Meow, meow meow meow.

"Meow meow meow meow, meow. Meow meow meow meow meow," meow Meow Meow meow.

Meow meow meow meow meow meow meow, meow meow meow meow meow meow meow meow, meow meow meow.

"Meow, meow meow!" meow meow. "Meow meow meow meow meow.... Meow, meow meow meow."

Meow, Meow Meow meow meow meow meow meow meow meow Meow meow meow meow meow meow'meow meow, meow meow meow meow meow-meow meow.

"Meow meow meow meow meow meow meow meow meow?" meow meow.

"Meow meow... meow meow'meow meow meow!" meow meow meow meow meow meow meow meow meow meow meow meow meow meow meow meow meow meow.

Meow meow meow meow meow.

"Meow meow," meow meow meow, "Meow meow meow meow meow meow meow'meow meow meow meow meow meow meow meow meow. Meow meow meow" (meow meow meow meow meow meow meow meow-meow meow meow meow meow meow meow) "meow meow meow meow meow meow Meow meow meow meow, meow Meow meow meow meow meow meow meow..."

Meow Meow meow meow meow meow meow.

"Meow meow meow meow, meow. Meow meow meow," meow meow.

Meow meow meow meow meow meow meow meow meow meow meow meow meow meow meow, meow meow meow meow meow meow, meow meow meow meow meow meow meow meow' meow.

Meow Meow Meow meow meow meow meow meow meow meow meow meow meow meow meow meow meow meow-meow meow meow meow meow meow meow meow meow meow meow meow. "Meow meow meow Meow'meow meow Meow! Meow meow meow meow meow! Meow meow meow meow meow meow? Meow meow meow Meow meow meow meow meow meow meow meow meow meow, meow meow meow meow meow meow meow meow Meow meow?" meow meow. Meow meow Meow Meow meow meow meow meow meow meow meow meow meow meow meow meow meow meow, meow meow meow-meow meow meow meow meow meow. Meow meow meow meow meow meow meow meow meow meow meow meow meow meow meow meow meow meow meow meow-meow-meow meow meow meow meow meow meow meow.

"Meow meow meow meow meow meow meow, meow meow meow meow meow meow meow... meow meow meow meow..."

Meow Meow meow meow meow meow. Meow meow meow meow meow, meow meow meow meow meow meow meow meow.

"Meow meow meow meow meow meow meow..." Meow Meow meow meow meow. "Meow meow meow meow, meow! Meow Meow meow meow!" meow meow, meow meow meow meow meow meow.

Meow meow meow meow meow meow meow meow meow meow, meow meow meow meow meow meow meow meow meow meow meow meow meow Meow meow meow meow meow meow.

Meow Meow Meow meow meow meow meow meow meow meow meow meow meow meow, meow meow meow meow meow meow meow meow meow meow meow meow meow meow meow meow meow meow meow.

Meow XXII

Meow meow meow meow meow meow Meow, meow meow meow meow meow meow meow meow, meow meow meow meow meow. Meow meow meow meow meow meow meow meow meow meow meow meow meow meow meow. Meow meow meow, meow meow meow meow meow-meow meow, meow meow meow meow meow meow meow meow meow. Meow meow meow meow, meow, meow meow meow meow, meow meow meow meow meow meow meow, meow meow meow meow meow meow meow meow meow meow meow meow meow. Meow, meow meow, meow-meow meow meow meow meow meow meow, meow meow meow meow meow. Meow meow meow meow meow meow meow meow meow meow meow meow meow meow meow meow meow meow, meow, meow meow meow meow, meow, meow meow. Meow meow meow meow meow, meow meow meow meow meow meow meow, meow meow meow meow meow meow meow meow meow meow meow meow meow meow meow meow meow meow meow meow, meow meow meow meow meow meow meow meow meow. Meow meow meow meow

meow meow meow meow meow meow meow meow meow meow meow meow meow meow meow meow, meow meow meow meow meow meow meow meow meow meow meow meow meow meow meow meow meow.

"Meow meow meow! Meow meow meow!" meow meow meow meow meow meow meow meow meow meow meow meow, meow meow meow meow meow meow meow.

Meow meow meow meow meow meow. Meow meow meow meow meow meow meow, meow meow meow.

Meow meow meow meow meow Meow, meow meow meow meow meow meow meow meow meow meow'meow meow, meow meow meow meow meow, meow-meow, meow-meow meow, meow meow meow meow meow meow.

"Meow meow meow meow meow meow," meow meow meow, meow meow meow meow meow meow meow, meow meow.

"Meow meow'meow meow meow meow meow meow meow meow meow'meow meow meow meow. Meow'meow meow meow meow meow meow meow meow meow meow meow'meow meow meow meow meow meow meow'meow meow meow."

Meow meow meow meow meow meow meow meow meow meow meow meow, meow meow meow meow meow meow meow meow meow meow meow.

"Meow meow meow meow meow meow?"

"Meow, meow meow meow, meow meow!"

"Meow meow, meow meow meow meow meow meow meow meow?" "Meow meow meow meow meow? Meow meow meow meow meow."

Meow meow meow meow meow. Meow meow, meow meow meow meow meow meow, meow meow meow meow meow meow meow.

"Meow meow meow meow, meow meow meow, meow'meow meow meow meow meow meow meow. Meow Meow meow meow, meow Meow?" meow meow meow meow, meow meow meow meow meow. "Meow meow meow'meow meow meow! Meow meow meow meow meow meow? Meow meow meow meow meow meow meow'meow meow meow."

"Meow meow meow?" meow meow meow meow meow. "Meow meow meow meow Meow meow meow? Meow meow meow meow meow meow, meow meow meow meow! Meow'meow meow meow meow meow meow meow meow? Meow meow meow, meow! Meow'meow meow meow meow meow meow. Meow'meow meow meow meow meow meow meow meow," meow meow meow meow meow meow meow meow meow meow.

Meow meow meow meow Meow-Meow meow meow meow meow meow meow meow meow meow meow meow meow meow meow meow meow meow meow meow meow meow meow.

"Meow meow, meow meow meow meow meow! Meow meow meow!" meow meow meow meow meow, meow meow meow meow meow meow meow.

Meow meow meow meow meow meow meow meow meow meow meow Meow. Meow meow meow meow meow meow meow meow meow, meow meow meow meow meow meow meow meow meow meow meow meow meow meow meow meow, meow meow meow meow meow meow meow meow meow meow meow meow meow meow.

"Meow meow Meow meow meow meow meow Meow Meow," meow meow ("Meow Meow," meow meow meow meow meow meow meow meow meow meow meow meow meow meow meow meow meow), "meow meow meow meow meow meow, meow meow meow meow meow meow meow meow meow. Meow meow meow meow meow..." meow meow meow meow, meow meow meow ("Meow meow meow," meow meow meow meow, "meow'meow meow meow meow meow meow meow meow meow meow...."), "meow meow meow, meow meow meow meow meow meow meow meow. Meow meow meow meow meow meow, meow meow'meow meow meow meow. Meow meow meow, meow meow, meow meow meow meow."

Meow meow meow meow meow meow meow meow meow meow meow meow. Meow meow meow meow meow meow meow. Meow meow meow meow meow meow meow meow meow meow meow. Meow meow, meow meow "Meow meow meow meow meow meow," meow meow meow meow meow meow. Meow meow'meow meow meow meow meow meow meow meow meow meow meow meow meow meow meow meow—meow meow meow meow meow meow meow meow meow meow meow meow meow meow meow meow meow meow meow meow meow meow meow meow meow.

Meow meow meow meow meow meow. Meow meow meow meow meow meow meow meow meow meow meow meow.

"Meow meow meow meow... meow'meow meow meow?"... "Meow, meow meow meow!... Meow meow? Meow'meow meow"... meow meow meow meow meow meow meow meow meow meow meow, meow meow meow meow meow meow meow meow meow'meow meow meow meow meow meow meow meow meow meow meow meow.

Meow meow meow meow, meow meow meow meow meow meow Meow Meow'meow meow meow meow meow meow meow meow meow meow meow meow meow meow meow meow meow meow meow meow meow meow meow meow meow meow meow meow, meow meow meow meow meow meow meow meow meow meow meow meow meow.

"Meow meow meow meow?" meow meow meow meow meow, meow meow meow meow meow meow meow meow meow meow meow meow.

"Meow meow meow meow?" meow meow meow, meow meow meow.

"Meow meow..." meow meow meow meow meow meow meow, "meow meow, meow meow meow meow meow meow meow meow meow meow meow, meow meow meow meow, meow meow meow meow, meow meow meow meow meow meow meow meow, meow meow meow meow meow meow..."

"Meow meow meow meow meow, meow meow meow, meow meow meow meow meow meow meow meow," meow meow meow meow meow. "Meow meow!" meow meow meow meow.

Meow meow meow, meow meow meow meow meow meow meow meow meow meow meow, meow meow meow meow meow meow.

Meow meow meow meow meow meow meow meow meow meow meow meow meow, meow meow meow meow meow, meow meow meow meow meow meow.

"Meow'meow meow meow, meow! Meow meow meow meow meow, meow!" meow meow meow meow. "Meow'meow meow meow meow, meow! Meow meow meow meow! Meow meow!" meow meow meow meow meow meow meow meow meow meow meow meow.

Meow meow meow meow meow meow meow meow meow meow meow meow meow meow meow meow Meow Meow.

"Meow meow, meow meow meow meow meow meow meow meow meow meow meow meow. Meow meow meow meow'meow meow?" meow meow meow meow meow meow meow meow meow meow meow.

Meow XXIII

Meow meow meow meow meow meow meow Meow, meow meow meow meow Meow, Meow Meow meow meow meow Meow meow meow meow meow meow meow meow meow meow meow meow meow meow meow meow, meow meow Meow meow meow meow meow meow meow meow meow meow meow meow meow meow meow meow meow; meow meow meow meow meow meow meow meow meow meow meow meow, meow meow meow meow meow meow meow meow meow meow meow meow meow meow meow meow meow meow meow meow meow. Meow, meow, meow meow meow meow meow, Meow meow meow meow Meow.

Meow meow meow meow meow meow meow meow meow meow, meow meow meow meow meow meow meow meow meow meow meow meow meow meow Meow. Meow meow meow meow meow meow meow meow meow meow meow meow meow meow meow, meow meow meow meow meow meow meow Meow meow meow Meow. Meow meow meow meow meow Meow. Meow meow meow meow Meow meow meow meow meow meow meow meow meow meow meow meow meow Meow meow meow Meow Meow meow meow meow meow meow meow Meow, meow meow meow meow meow meow meow Meow meow meow meow meow meow meow meow meow meow meow meow meow meow meow, meow meow meow meow meow meow meow meow meow meow meow, meow meow meow meow meow meow meow meow meow meow Meow’meow meow meow. Meow meow meow meow meow meow meow meow meow meow meow, meow meow meow meow meow meow meow meow meow meow meow meow meow meow meow Meow, meow meow meow meow, meow meow meow meow meow meow.

Meow meow meow meow meow meow Meow Meow meow meow meow meow meow meow, meow meow meow meow meow meow meow meow meow meow meow meow: meow meow meow meow Meow meow meow meow meow meow meow meow. Meow meow meow meow meow meow meow Meow’meow meow meow meow. “Meow meow meow meow meow, meow meow, meow, meow, meow meow meow meow meow meow? Meow meow meow meow meow meow meow meow meow Meow meow meow meow meow meow—meow meow meow?” “Meow meow meow meow meow meow meow,” meow Meow Meow. “Meow meow meow meow meow meow meow meow meow meow, meow Meow’meow meow meow meow meow meow?” “Meow meow meow meow meow,” meow Meow Meow. Meow meow meow meow meow meow meow meow meow meow meow meow meow meow meow meow.

Meow meow meow meow meow meow meow meow meow meow meow meow meow meow meow meow.

Meow meow, meow, meow Meow Meow’meow meow meow meow meow meow Meow meow meow? Meow meow meow meow meow meow meow meow meow meow meow meow meow meow? Meow meow meow meow meow meow meow meow meow meow meow. Meow meow meow meow meow meow meow meow?

Meow meow Meow meow meow meow Meow meow meow meow meow meow meow meow meow meow meow meow meow meow. Meow meow meow meow meow meow meow meow Meow meow meow meow meow meow meow Meow, meow meow meow meow meow meow meow meow’meow meow, meow meow meow meow meow, meow meow. Meow meow meow meow meow meow meow meow meow meow meow meow meow meow meow meow meow meow meow meow meow meow meow meow Meow, meow meow meow meow Meow meow meow meow meow meow meow, Meow meow meow meow meow meow meow meow meow meow meow meow meow meow meow meow meow meow meow meow, meow meow, meow, meow meow, meow meow meow meow meow meow meow meow meow meow meow meow.

Meow, meow meow meow meow, meow meow meow meow, meow meow meow Meow, meow meow meow meow meow meow meow meow meow meow meow meow. Meow meow meow meow meow meow meow meow meow meow, meow meow meow meow meow meow meow meow, meow meow meow Meow meow meow meow meow meow meow meow meow meow meow meow meow meow.

“Meow meow meow meow meow meow? Meow meow meow meow meow meow meow meow meow?” meow meow. “Meow Meow, meow meow. Meow meow meow meow. Meow meow Meow meow meow meow. Meow meow meow meow meow meow meow meow meow meow! Meow! Meow!” meow meow, meow meow meow meow meow meow meow meow meow, meow meow meow meow meow meow meow meow meow meow meow meow meow meow meow meow meow meow meow meow meow meow meow meow meow meow meow.

Meow meow meow Meow Meow meow meow, meow meow meow meow meow meow meow meow meow meow Meow. Meow meow meow meow meow meow meow meow meow meow meow meow.

"Meow meow, meow Meow meow meow Meow'meow Meow meow meow meow meow.... Meow meow Meow, meow meow Meow, meow meow Meow, meow meow Meow Meow, meow Meow meow meow... meow meow meow.... Meow meow meow meow meow Meow Meow? Meow meow meow meow meow meow... meow meow meow meow meow meow meow..." Meow meow meow meow meow meow meow meow meow meow meow meow.

Meow meow meow meow meow meow meow meow meow meow meow meow meow meow meow meow meow meow meow, meow meow meow meow, meow meow meow meow, meow meow meow meow meow meow, meow meow meow meow meow meow meow meow meow meow meow meow meow meow meow meow.

"Meow, meow meow meow," meow meow meow meow meow meow meow meow meow Meow'meow Meow, "meow meow meow meow meow meow meow meow. Meow meow meow meow meow meow meow meow meow Meow Meow? Meow meow meow, meow meow meow meow meow Meow, meow meow meow meow meow meow Meow."

"Meow meow, meow meow meow meow meow meow meow meow: meow meow meow meow?"

"Meow meow? Meow meow meow meow, meow'meow meow.... Meow meow meow meow meow meow meow meow. Meow meow meow meow meow Meow meow meow meow meow meow meow meow meow."

Meow meow meow meow meow meow meow meow meow meow meow, Meow Meow meow meow meow meow meow:

"Meow meow meow meow meow meow meow meow meow—meow meow meow meow meow—meow meow meow? Meow meow, meow'meow meow meow meow!"

"Meow meow, meow meow meow meow meow, Meow, Meow..."

"Meow! Meow'meow meow meow meow meow?" meow Meow. "Meow meow meow meow!"

Meow XXIV

Meow meow meow'meow meow meow meow, meow meow meow meow meow meow meow Meow, meow meow meow meow meow meow meow meow meow. Meow meow meow meow meow meow meow meow meow meow meow meow meow, meow meow meow meow meow meow meow meow meow meow meow.

Meow meow meow meow meow meow meow meow meow meow Meow, meow meow meow meow meow meow meow meow, meow, meow, meow meow.

"Meow meow meow meow?" meow Meow, meow meow meow meow meow.

"Meow meow, meow meow," meow meow meow.

Meow meow meow meow meow meow meow.

"Meow meow meow meow meow?" meow meow meow meow meow meow.

"Meow meow, meow meow meow meow meow meow, meow meow meow meow, meow meow meow meow Meow, meow meow meow meow meow meow. Meow meow meow meow meow meow, meow meow—Meow meow meow meow meow meow meow meow. Meow meow, Meow meow meow meow..."

"Meow meow meow. Meow meow'meow meow meow meow meow meow meow meow meow!" meow Meow meow.

Meow meow meow meow meow meow meow meow meow meow.

"Meow meow meow meow meow meow meow Meow! Meow meow meow meow meow meow meow meow!" meow meow, meow meow meow meow meow meow meow meow meow meow meow meow meow meow meow meow meow meow meow meow meow. Meow meow meow meow meow meow, meow meow meow meow meow meow meow meow meow meow meow meow meow meow meow meow. "Meow meow meow meow, meow meow meow meow meow," meow meow meow meow meow meow meow meow: "meow meow meow meow meow meow meow meow! Meow meow meow meow," meow meow meow meow meow meow meow meow meow meow meow meow. Meow meow meow meow meow meow meow meow meow meow meow meow meow, meow meow meow meow meow meow meow.

"Meow meow meow meow?" meow meow meow.

"Meow, meow meow. Meow meow meow meow meow Meow? Meow meow meow meow meow meow," meow meow meow.

"Meow!" meow Meow, meow meow meow meow meow meow meow.

Meow meow meow meow meow meow meow meow meow meow meow meow. Meow meow meow meow, meow meow meow meow meow, meow meow meow meow meow meow meow meow.

"Meow meow, meow!" meow meow meow meow meow meow. "Meow meow meow meow. Meow'meow meow meow meow meow meow meow meow, meow meow meow meow meow meow meow meow. Meow meow meow meow meow meow meow meow meow meow meow Meow. Meow meow meow!"

Meow meow meow meow meow meow meow meow meow meow meow meow meow meow meow meow.

Meow meow meow meow meow meow meow meow meow meow. "Meow'meow meow meow meow meow meow, meow'meow meow! Meow meow meow meow Meow... Meow'meow meow meow meow meow meow!" meow meow meow meow meow meow meow meow meow meow meow meow meow meow.

Meow meow meow meow meow meow meow meow meow meow meow meow meow, meow meow meow, meow meow meow meow meow meow meow. Meow meow meow meow meow meow meow meow meow. Meow, meow meow meow meow meow meow meow, meow meow meow meow meow meow meow.

"Meow meow meow?" meow meow. Meow meow meow meow meow meow meow meow meow meow meow meow meow meow meow meow meow meow. Meow meow meow meow meow meow, meow meow meow, meow meow meow meow, meow meow meow meow meow meow. Meow meow meow meow meow meow meow meow meow meow meow meow meow meow, meow meow meow meow meow, meow meow meow meow meow, meow meow meow meow meow meow, meow, meow-meow meow. Meow meow meow, meow meow meow meow meow meow meow meow meow.

"Meow!" meow Meow, meow meow meow meow meow meow meow meow meow meow meow meow-meow meow meow meow meow meow meow meow meow meow. "Meow meow meow."

Meow meow meow meow meow meow meow meow meow meow meow meow meow, meow meow meow meow meow meow meow meow meow meow meow meow, meow meow meow meow meow meow meow meow meow, meow, meow meow meow meow meow meow meow, meow meow meow.

Meow meow meow meow meow meow meow meow meow meow meow meow meow meow meow meow meow. Meow meow meow meow meow meow meow, meow meow meow meow meow meow meow meow meow, meow meow, meow, meow meow meow meow meow meow meow.

Meow meow meow meow meow meow meow meow meow meow meow meow meow Meow meow meow meow meow meow meow meow meow meow.

"Meow!" meow meow, meow meow meow meow meow meow meow. "Meow meow, Meow, meow meow meow meow meow meow Meow meow meow."

Meow meow meow meow meow meow-meow meow, meow meow meow, meow meow meow meow meow, meow meow meow meow meow. Meow meow meow meow, meow meow meow meow-meow meow, meow meow meow. Meow meow meow'meow meow meow meow meow meow meow meow meow meow meow meow meow meow meow meow meow meow meow meow meow meow meow meow meow meow. Meow Meow meow meow meow meow meow. Meow meow meow meow meow meow'meow meow meow meow meow meow meow meow meow meow meow meow meow meow, meow meow meow meow meow.

Meow meow meow meow meow meow meow meow meow meow meow Meow'meow meow, meow meow meow meow meow meow, meow meow meow.

"Meow!" meow meow meow meow meow meow meow Meow meow meow meow meow meow meow meow meow meow, "Meow! Meow Meow meow meow meow meow...." Meow meow meow meow meow meow meow meow meow meow meow meow meow meow meow meow meow meow meow meow meow meow meow meow meow meow meow.

Meow meow meow meow meow meow meow meow meow.

"Meow meow meow! Meow meow meow..." meow Meow, meow meow meow meow Meow.

"Meow meow!" meow meow meow meow, meow meow meow.

Meow meow meow meow meow meow meow meow meow meow meow meow meow meow meow meow meow meow meow meow meow meow meow. Meow meow meow, meow meow meow meow meow meow meow, meow meow meow meow meow, meow meow Meow.

"Meow meow!" meow meow meow meow meow.

Meow meow meow meow meow, meow meow meow meow meow meow meow meow, meow Meow meow meow meow meow meow meow meow meow meow meow.

"Meow!" meow Meow meow meow meow, meow meow meow meow meow meow meow meow meow meow meow meow meow meow meow meow. Meow meow meow meow meow meow meow meow meow meow meow. "Meow Meow!" meow meow meow meow.

Meow meow meow meow meow meow meow meow meow meow Meow meow meow meow meow meow meow meow, meow meow meow meow meow. Meow meow meow meow meow, meow meow meow meow, meow meow meow meow meow meow meow meow meow. Meow meow meow meow meow meow meow meow meow. Meow meow meow meow meow meow meow meow meow meow meow meow meow meow meow meow. Meow meow meow meow meow meow meow meow meow meow, meow meow meow meow meow meow meow meow meow meow meow meow meow, meow meow meow meow meow meow meow meow meow. Meow meow meow meow meow meow meow meow. Meow meow meow meow meow meow, meow meow meow meow meow meow, meow meow meow meow. Meow meow meow, meow meow meow meow, meow meow meow meow meow meow meow meow, meow meow, meow meow meow meow meow meow meow meow meow, meow meow.

Meow meow meow meow meow Meow, meow meow meow meow meow. Meow meow meow meow meow meow meow meow meow meow meow meow meow meow meow meow meow meow meow meow meow meow meow meow meow. Meow meow meow meow meow meow meow meow meow meow meow meow meow, meow meow meow meow. Meow meow meow meow meow, meow meow meow meow meow meow meow meow meow meow meow meow meow meow meow meow meow, meow meow meow meow, meow, meow meow meow Meow meow meow meow meow meow, meow meow meow meow meow meow meow, meow meow meow meow meow meow meow meow meow meow meow meow meow meow meow meow meow meow meow meow meow meow meow.

“Meow meow meow meow meow, meow!... Meow?... Meow, meow meow Meow.... Meow meow... meow... meow meow meow! Meow meow meow meow meow. Meow meow meow!... Meow—meow meow?”

Meow meow meow meow meow meow meow meow meow meow meow meow meow meow-meow, meow meow meow meow meow meow meow meow meow, meow meow meow meow meow meow meow. Meow meow meow meow, meow meow meow meow meow meow, meow meow meow, meow, meow meow meow meow meow.

“Meow meow, meow meow... Meow meow meow meow?... Meow meow, meow...” meow meow meow, meow meow meow meow.

Meow Meow meow meow meow meow meow, meow meow, meow meow meow meow meow. Meow meow meow meow meow meow meow. Meow meow meow meow meow meow meow meow meow meow meow. Meow meow meow meow meow meow meow meow meow meow meow meow meow meow meow meow meow Meow.

Meow meow meow meow Meow Meow meow meow meow meow meow meow meow meow meow meow, meow meow meow meow meow. Meow meow meow meow meow meow meow meow meow meow meow meow meow meow. “Meow meow meow meow—meow,” meow meow meow meow meow Meow. “Meow meow meow meow meow meow meow meow meow meow.” “Meow! Meow Meow meow meow meow meow!”—Meow’meow meow meow meow meow meow, meow meow meow meow meow meow meow meow. Meow meow meow meow meow meow meow Meow Meow meow meow meow meow. “Meow meow meow meow,” meow meow. “Meow meow meow meow meow meow. Meow meow meow meow meow meow meow meow meow meow meow meow”—meow meow meow meow meow meow meow meow meow meow meow meow meow meow meow meow meow meow, meow meow meow—meow meow meow Meow Meow Meow (meow meow meow Meow Meow Meow meow meow meow meow meow meow meow) meow meow meow meow, meow meow meow meow meow meow meow Meow. “Meow Meow meow meow Meow Meow meow meow meow meow meow meow meow meow, meow meow meow meow meow meow meow meow meow meow meow meow meow meow meow.”

Meow meow meow meow meow meow meow meow meow meow meow meow meow meow meow meow meow meow meow, Meow meow meow meow meow, meow meow meow, meow meow meow meow meow meow meow meow meow meow meow meow meow meow meow meow meow meow meow. Meow meow meow meow Meow meow meow meow meow meow. Meow meow meow meow meow meow meow meow meow meow meow meow meow meow meow meow meow meow meow meow meow meow meow meow meow meow meow meow meow. Meow meow meow meow meow meow, meow meow meow meow meow meow.

“Meow meow meow meow meow, meow meow Meow meow meow meow meow. Meow meow meow, meow meow... Meow meow meow... meow meow... meow meow. Meow meow meow meow meow. Meow meow meow Meow meow meow meow... Meow meow Meow meow meow meow meow meow-meow meow!” meow meow, meow meow meow meow meow meow.

Meow Meow meow meow meow meow meow meow meow meow meow meow meow meow meow Meow. Meow meow meow. “Meow meow... meow!” meow meow meow meow meow meow meow meow meow. Meow meow meow meow meow meow meow meow meow meow meow meow meow meow, meow meow meow meow meow Meow Meow meow meow meow meow meow meow meow meow meow meow meow, meow meow meow meow meow meow meow meow, meow, meow meow meow “meow meow” meow meow meow-meow meow.

Meow meow meow meow meow meow, Meow meow meow meow meow meow meow meow meow meow meow meow meow meow. Meow meow meow meow meow meow meow meow meow meow meow meow meow meow meow meow meow, meow meow meow meow meow meow, meow meow meow, meow meow meow meow meow meow meow meow meow

meow meow meow meow meow meow. Meow meow meow meow meow meow meow meow meow meow meow: "Meow meow meow! Meow meow meow...."

"Meow meow Meow meow meow meow? Meow meow meow meow meow Meow meow meow.... Meow meow meow meow meow meow," meow meow. "Meow meow meow meow meow meow." Meow meow meow meow meow meow meow meow meow meow meow meow meow meow meow, meow meow meow meow, meow meow meow meow meow meow meow-meow meow meow meow meow meow. "Meow Meow meow meow meow meow meow meow meow meow. Meow meow meow meow meow meow meow.... Meow meow, meow meow... meow meow meow," meow meow.

Meow meow meow meow meow meow Meow meow. Meow meow meow. Meow, meow meow meow, meow meow meow meow meow meow meow meow meow meow meow meow meow meow meow meow meow meow meow meow. Meow meow meow meow meow'meow meow meow meow meow meow meow meow meow meow Meow meow meow meow meow Meow. Meow meow Meow Meow. Meow meow Meow meow meow meow meow meow Meow, meow meow, meow meow meow meow meow meow meow meow.

"Meow meow meow meow meow meow meow Meow Meow meow meow meow meow meow meow meow meow meow Meow meow meow meow; meow meow meow meow meow meow," meow meow.

Meow meow meow Meow meow meow, meow meow meow meow meow meow meow, meow meow meow meow meow meow meow meow meow meow meow meow meow meow meow meow meow meow. Meow meow meow meow meow meow. Meow meow meow meow meow meow meow meow meow meow meow meow Meow'meow meow meow meow:

"Meow! Meow meow meow meow meow Meow meow meow meow!"

Meow Meow meow meow meow meow meow meow meow meow meow meow meow, meow meow meow meow, meow meow meow meow meow, meow meow meow Meow meow meow meow meow meow meow meow. Meow meow meow meow, meow Meow meow Meow, meow meow Meow Meow, meow meow meow Meow meow meow meow meow meow meow meow meow meow meow meow meow meow meow meow meow meow meow meow meow.

Meow XXV

Meow meow meow'meow meow meow meow Meow'meow meow meow meow Meow. Meow meow meow meow meow meow Meow meow meow meow meow meow meow Meow meow Meow meow meow meow meow meow meow.

Meow meow meow meow meow Meow Meow, meow meow Meow meow meow Meow Meow meow Meow. Meow, Meow meow meow meow meow meow meow meow meow meow meow meow meow meow meow meow meow meow meow meow, meow Meow.

Meow Meow meow meow meow meow meow meow meow meow meow Meow. Meow meow meow meow meow meow meow meow meow, meow-meow meow meow meow meow meow meow meow.

"Meow meow meow Meow meow? Meow'meow meow meow!" meow meow meow meow meow meow.

Meow meow meow meow meow meow meow.

"Meow meow meow meow... meow meow!" Meow meow meow meow meow meow meow meow meow meow. Meow meow meow meow meow meow meow meow meow meow meow meow meow meow Meow. Meow meow, meow meow meow meow meow meow Meow meow meow meow meow meow meow meow meow meow Meow, meow meow meow meow meow meow meow meow meow meow meow meow meow meow.

Meow meow meow meow meow meow meow meow meow meow meow Meow meow meow. Meow meow meow Meow meow meow meow meow meow meow meow meow meow meow meow meow meow. Meow Meow meow, meow meow meow meow meow, meow meow meow Meow meow meow meow meow meow meow meow meow meow meow meow meow meow meow meow meow meow meow meow.

"Meow!" meow Meow meow, meow meow meow meow meow meow meow meow meow, meow meow meow meow meow meow meow meow meow meow meow meow meow.

Meow meow meow meow meow meow meow meow meow meow Meow meow meow meow meow Meow. Meow meow meow meow meow meow meow Meow Meow meow meow meow meow meow meow Meow. Meow Meow meow meow meow meow meow meow meow meow meow meow Meow meow meow meow.

Meow meow meow meow Meow meow meow meow meow, meow meow meow meow meow Meow. Meow meow meow meow meow meow meow meow meow. Meow meow meow meow meow meow Meow Meow. Meow meow meow meow meow meow meow, meow meow meow meow meow meow meow meow meow meow meow meow meow meow meow meow meow meow meow meow meow meow meow. Meow meow meow meow meow meow meow meow meow meow meow meow meow meow meow meow, meow meow meow meow meow meow meow meow meow.

Meow meow meow meow meow meow meow meow meow meow.

Meow meow meow meow Meow meow'meow meow, meow meow meow meow meow meow meow meow meow meow meow meow meow meow. Meow meow meow meow meow meow meow meow meow meow meow meow meow meow meow meow meow Meow meow, meow, meow meow meow meow meow meow meow meow meow meow meow meow meow. Meow meow meow meow meow meow meow meow meow meow meow, meow meow meow meow meow Meow, Meow, meow Meow Meow, meow meow Meow Meow (meow meow meow Meow), meow meow meow meow meow meow meow meow meow. Meow meow meow meow meow meow. Meow meow meow meow meow meow. Meow meow meow meow, meow meow meow meow meow meow meow meow, meow meow meow meow meow meow "Meow!" Meow meow meow meow meow meow meow meow meow meow, meow meow meow. Meow meow meow meow meow meow meow meow meow meow meow meow meow meow meow, meow meow meow meow meow meow meow meow meow Meow.

Meow meow meow meow meow meow meow meow meow meow meow meow meow-meow Meow meow meow meow meow Meow meow meow meow meow meow meow meow. Meow meow meow meow meow meow meow meow meow meow meow meow, meow meow meow meow meow meow. Meow meow meow meow meow meow meow meow meow meow meow meow meow meow meow meow meow meow meow meow meow meow meow meow meow'meow meow. Meow meow meow meow meow meow meow meow meow Meow. "Meow!" meow meow meow meow meow, meow meow meow meow meow meow meow meow meow meow meow meow meow meow. Meow meow meow meow meow meow meow.

"Meow meow meow!" meow meow meow, meow meow meow meow meow meow meow, meow meow Meow meow, meow meow meow meow, meow meow meow meow meow meow.

Meow meow meow meow meow meow. "Meow meow meow!" meow meow meow meow meow meow meow, meow meow meow meow meow meow meow meow meow meow meow meow meow meow meow meow. Meow meow meow meow meow meow meow meow meow meow: "Meow meow meow meow meow meow meow, meow meow meow meow meow meow meow meow, meow meow" (meow meow) "meow meow Meow. Meow meow meow meow meow meow meow Meow meow meow meow meow meow."

Meow meow meow meow meow meow meow meow meow. Meow Meow meow meow meow meow meow meow meow meow meow meow Meow Meow. Meow meow meow meow

meow meow Meow Meow meow meow meow meow meow meow Meow meow meow meow meow meow meow.

Meow meow meow meow meow Meow, meow meow meow—meow meow meow meow meow—meow meow meow meow meow meow meow meow meow meow Meow meow meow meow meow meow meow. Meow meow, meow meow meow meow’meow meow meow meow meow meow meow meow meow meow meow meow meow meow meow meow, meow meow, meow meow meow, meow meow meow meow meow meow meow meow meow. Meow meow meow meow meow meow, meow meow meow meow meow, meow meow meow meow meow meow meow meow meow meow. Meow meow meow meow meow meow meow meow meow meow meow meow meow meow meow meow meow meow meow meow, meow meow meow meow meow meow, meow meow meow meow meow meow meow meow meow meow meow meow. Meow meow meow meow meow meow meow meow meow meow meow meow meow meow meow. Meow Meow Meow meow meow meow meow meow meow meow, meow meow meow meow meow meow meow meow meow meow meow. Meow meow meow meow meow meow meow meow meow meow meow meow, meow meow meow meow meow meow meow meow. Meow meow meow meow meow meow meow meow meow meow meow meow. Meow meow meow meow meow meow meow Meow meow meow meow meow meow meow meow meow, meow meow, meow meow meow meow meow meow. Meow Meow meow meow meow meow meow meow meow. Meow meow meow meow meow meow meow meow meow meow meow meow meow meow meow meow meow meow; meow meow meow meow meow meow meow meow meow meow meow meow meow meow meow meow meow meow meow meow meow meow meow meow meow meow meow meow meow meow meow meow meow.

Meow meow meow meow meow meow meow Meow meow meow Meow’meow meow meow meow Meow meow meow meow meow Meow, meow meow meow meow meow meow meow meow meow meow meow meow meow meow meow, meow meow meow meow meow meow meow meow meow meow meow meow meow meow meow meow meow, meow Meow meow meow meow meow meow meow, meow, meow meow meow meow meow meow meow meow meow meow meow meow meow meow meow meow meow meow meow meow meow meow. Meow meow meow meow meow meow, meow meow meow, meow meow meow meow meow meow meow meow meow meow meow meow meow meow meow. Meow meow meow meow meow meow meow meow meow meow meow Meow, Meow, meow meow meow, meow meow meow meow meow meow meow meow meow meow meow Meow meow meow meow meow, meow meow meow meow meow meow meow meow.

Meow XXVI

Meow meow meow meow Meow meow Meow, meow meow meow meow meow, meow meow meow meow meow Meow meow meow meow meow meow meow meow meow meow Meow.

Meow meow meow meow meow meow meow meow meow meow meow, Meow meow meow meow meow meow meow meow. Meow meow meow meow meow meow meow meow. Meow meow meow meow meow meow meow meow meow meow meow meow meow meow meow, meow meow meow meow meow meow meow, meow meow meow meow meow, meow meow meow meow meow meow meow meow meow meow meow meow.

Meow meow meow meow meow meow meow meow meow meow meow meow’meow meow meow meow meow, meow meow meow meow meow meow meow meow meow meow meow. Meow meow meow meow Meow Meow’meow meow, meow meow meow meow meow meow meow’meow meow meow meow, meow meow meow meow meow meow meow’meow meow, meow meow meow meow meow meow meow Meow Meow meow meow meow meow meow

meow meow, meow, meow meow meow, meow meow meow meow meow meow meow meow meow meow meow meow meow. Meow meow meow meow meow, meow meow Meow Meow’meow meow meow meow meow meow. Meow meow meow meow meow meow meow meow meow meow meow meow meow meow meow meow meow meow, meow meow meow meow meow meow meow meow meow meow meow meow meow meow meow meow, meow meow meow meow meow Meow meow meow meow meow meow meow meow meow meow meow meow meow meow meow meow, meow, meow meow meow meow meow meow meow meow meow meow meow meow. Meow Meow meow meow meow meow meow meow meow meow meow meow meow meow meow meow meow meow meow meow meow Meow meow meow meow meow meow. Meow meow meow meow meow meow meow Meow meow meow meow meow meow’meow meow meow meow meow, meow meow meow meow meow meow meow meow Meow Meow’meow meow meow meow meow meow meow. Meow meow meow meow meow meow meow meow meow meow meow (meow meow meow meow meow meow meow meow meow meow Meow meow, meow meow meow meow meow meow) meow meow meow meow meow meow meow meow meow meow meow meow meow meow meow meow meow meow Meow’meow meow meow meow meow meow meow. Meow meow meow meow, Meow’meow Meow, meow meow meow meow meow meow meow meow meow meow meow Meow meow meow meow meow meow meow meow meow meow meow meow meow meow meow meow meow meow meow meow.

Meow, meow meow meow meow meow meow meow meow meow meow meow meow meow meow meow meow meow meow Meow, Meow meow meow meow Meow meow Meow meow meow meow meow: “Meow meow meow meow Meow?... Meow meow!” meow meow meow meow meow meow meow meow meow meow meow meow meow meow, meow meow Meow meow meow, meow meow meow meow meow meow meow meow meow meow meow meow meow.

Meow meow, meow meow meow meow meow meow meow meow meow meow meow meow meow meow meow meow, Meow meow meow meow Meow Meow meow. Meow meow meow meow meow meow meow meow meow Meow meow meow meow meow, meow meow meow meow meow meow meow meow meow meow meow meow meow meow meow meow meow meow meow meow meow. Meow meow meow meow Meow, meow meow meow, meow meow meow Meow meow meow meow, meow meow meow meow meow meow meow meow meow meow meow meow Meow—meow meow meow meow meow meow meow meow meow Meow.

Meow meow meow meow meow meow meow meow meow Meow’meow meow meow meow meow Meow meow meow Meow, meow meow meow meow meow meow meow meow. Meow meow meow meow meow meow meow meow meow meow meow meow meow meow meow meow meow meow meow.

Meow meow meow meow meow Meow meow meow meow meow. Meow meow meow meow meow meow meow meow meow meow meow meow meow meow meow meow meow meow, meow meow meow meow meow meow meow meow meow meow Meow meow meow meow-meow meow meow meow meow meow meow meow meow meow meow meow meow meow meow meow meow meow meow meow meow meow meow meow meow meow, meow meow meow meow meow meow meow meow meow meow meow meow, meow meow meow meow meow meow meow meow meow meow meow meow meow meow Meow. Meow meow meow meow meow meow meow Meow meow meow meow meow meow meow, meow, meow meow—meow meow meow meow meow meow meow meow meow meow meow meow meow meow. Meow meow meow meow meow meow meow meow meow meow meow Meow Meow, meow meow meow meow meow meow meow, meow, meow meow—meow meow meow meow meow meow meow meow—meow meow meow meow meow meow meow meow meow meow meow meow meow meow meow meow meow meow meow meow.

Meow meow meow meow meow meow meow meow meow meow meow meow meow meow meow meow, meow meow meow meow meow meow meow meow meow meow meow meow meow meow meow meow meow meow meow meow meow meow meow meow meow meow meow: meow meow meow meow meow meow meow meow meow meow meow meow meow meow meow meow meow meow, meow meow, meow meow meow, meow meow meow meow meow, meow meow meow meow meow meow, meow meow meow meow.

Meow meow meow meow Meow meow meow meow meow meow meow meow meow meow meow Meow Meow meow meow meow meow meow meow meow, meow meow meow meow meow meow meow meow. Meow, meow meow meow Meow meow meow meow meow meow meow meow meow meow meow meow meow meow meow meow meow meow meow. Meow meow meow meow meow meow Meow meow meow meow, meow meow meow meow, meow meow meow, meow meow, meow meow meow meow meow Meow meow meow meow meow meow Meow meow meow meow meow meow meow meow meow meow meow, meow meow meow Meow meow meow meow.

Meow'meow meow meow, meow meow meow meow meow, meow meow meow meow meow. Meow meow meow meow, meow meow meow meow meow meow meow, meow meow meow meow meow meow, meow meow meow meow, meow meow meow meow meow meow meow meow meow meow meow—meow meow meow meow meow meow meow meow meow meow meow meow.

Meow meow meow meow'meow meow meow meow. Meow Meow meow meow meow Meow. Meow meow meow, meow meow meow meow meow meow meow meow meow meow, meow meow meow meow meow meow meow meow. Meow meow meow meow meow meow meow meow meow meow meow meow meow meow meow meow meow meow Meow, meow meow meow meow meow meow meow meow meow meow meow meow meow meow.

"Meow, meow, meow meow meow meow meow, Meow meow meow meow meow meow!" meow meow. "Meow, Meow meow meow... meow meow meow... meow meow meow meow? Meow meow meow meow meow meow! 'Meow meow meow Meow meow meow meow meow Meow meow meow meow,' Meow meow meow," meow meow, meow meow meow meow meow meow meow Meow. "Meow meow, meow meow meow meow meow!" meow meow meow, meow meow meow meow meow meow meow meow meow meow meow meow meow.

"Meow'meow meow," meow meow meow meow meow meow meow. "Meow meow Meow meow'meow meow, Meow meow... Meow Meow meow meow, meow?"

"Meow meow!" meow Meow meow meow meow.

Meow meow Meow Meow meow meow meow meow meow meow meow meow meow.

Meow meow meow meow meow meow meow meow meow meow meow meow meow meow meow, meow meow.

Meow meow meow meow, meow meow meow meow, meow meow meow meow meow meow meow meow meow meow meow meow.

"Meow'meow meow! Meow meow! Meow Meow, meow meow meow, meow!" meow meow.

Meow meow meow meow meow Meow Meow meow, meow meow meow meow meow meow meow meow meow meow meow meow meow meow meow meow meow meow meow.

Meow XXVII

Meow, meow meow meow meow meow meow meow meow meow meow meow meow meow meow meow meow meow meow meow meow Meow, meow meow meow meow-meow meow meow meow meow, meow meow meow meow meow meow meow meow meow Meow meow. Meow

meow Meow meow meow meow Meow meow meow meow—meow meow meow meow meow meow.

Meow meow meow meow meow. Meow meow meow meow—meow meow, meow, meow meow—meow meow meow meow meow meow meow meow, meow, meow, meow meow, meow meow meow meow meow meow meow. Meow meow meow meow meow, meow meow meow meow meow meow meow. Meow meow meow meow meow meow meow meow meow, meow meow meow meow meow meow meow meow, meow meow meow meow meow meow meow meow meow, meow meow meow meow meow meow meow meow meow meow meow meow meow meow meow. Meow meow meow, meow meow, meow meow meow meow meow meow meow, meow meow meow meow meow meow meow meow.

"Meow, Meow meow meow meow meow meow meow meow meow," meow Meow meow, meow meow meow meow meow meow meow meow meow. "Meow meow meow meow meow meow meow meow meow meow meow meow."

Meow meow meow meow meow Meow Meow meow meow meow meow meow meow.

Meow Meow meow meow meow meow meow, meow, meow meow meow meow meow meow, meow meow meow meow meow meow.

"Meow! Meow meow meow meow meow," meow meow Meow, meow meow meow meow. "Meow Meow meow meow meow meow, meow meow meow meow meow meow," meow meow, meow meow meow meow meow meow meow meow meow meow meow.

Meow meow, meow Meow, meow meow meow meow meow meow meow meow meow meow meow meow. Meow Meow meow meow meow meow meow meow meow meow, meow meow meow meow Meow meow meow meow. Meow meow meow meow meow meow meow meow meow. Meow meow meow meow meow meow meow meow meow meow meow meow meow.

"Meow meow meow meow meow. Meow meow Meow," meow meow.

Meow meow Meow meow meow meow meow. Meow meow Meow meow meow meow meow meow, meow meow meow meow meow—meow meow meow Meow. Meow, meow meow meow meow Meow Meow—meow meow meow meow meow meow.

Meow meow meow meow meow meow meow meow'meow meow meow meow meow, Meow meow meow meow meow meow meow.

"Meow meow meow meow meow meow meow meow meow," meow meow.

Meow meow meow meow meow, meow meow meow, meow meow meow meow meow meow meow meow meow, meow meow meow meow meow.

"Meow, meow meow meow meow meow meow meow meow meow meow meow," meow meow. "Meow Meow meow meow meow?"

"Meow, meow meow meow," meow meow meow.

Meow XXVIII

Meow meow Meow meow meow meow meow meow meow Meow meow meow meow meow meow meow meow meow meow meow meow meow meow meow meow Meow meow meow meow meow, meow meow meow meow meow meow meow meow. Meow meow meow meow, meow, meow-meow, meow meow meow meow Meow meow meow meow meow meow Meow meow meow meow meow meow meow, meow meow meow meow meow meow meow meow—meow meow meow meow meow. Meow Meow'meow meow meow meow meow meow meow Meow, meow meow, meow meow meow meow meow meow meow meow meow meow meow, meow meow meow meow meow meow meow Meow meow meow meow meow meow

meow Meow meow meow meow meow, meow meow meow meow meow meow meow meow meow meow Meow meow meow meow meow meow meow.

Meow meow meow meow meow meow meow meow meow meow meow meow meow meow meow, meow meow meow meow meow meow meow Meow'meow meow meow, meow meow meow meow meow meow meow, meow meow meow'meow meow meow meow meow meow meow meow meow Meow.

"Meow Meow meow meow Meow meow meow," meow meow meow, meow meow Meow'meow meow meow meow meow meow meow meow meow meow meow meow. "Meow meow meow meow meow meow meow meow meow meow meow. Meow Meow meow meow meow meow meow meow meow meow. Meow meow meow meow meow. Meow meow meow Meow meow meow."

Meow meow meow meow meow meow meow meow (meow meow Meow meow meow meow meow) meow meow meow'meow meow, meow meow meow meow meow meow meow meow meow meow, meow Meow, meow meow meow meow meow meow Meow'meow meow, meow meow meow meow meow meow meow.

"Meow Meow, meow meow meow Meow Meow, Meow meow meow Meow meow Meow meow meow meow meow meow meow meow Meow," meow meow meow, meow meow-meow meow meow meow meow meow meow meow meow. "Meow meow meow meow meow meow meow meow meow meow meow meow Meow meow meow meow meow meow meow meow, meow meow meow meow meow meow meow meow meow'meow meow meow meow meow?"

Meow meow meow meow meow meow meow meow meow meow meow, meow, meow meow meow meow meow meow meow meow meow meow meow meow meow meow meow meow meow, meow meow Meow meow meow meow.

"Meow, meow!" meow meow. "Meow meow meow meow. Meow meow meow meow... meow meow meow meow. Meow meow meow meow meow meow. Meow'meow meow meow meow. Meow meow meow meow meow. Meow meow meow meow meow. Meow meow meow meow meow meow. Meow meow meow meow meow?" meow meow meow meow meow meow meow meow meow meow. Meow meow meow meow. "Meow meow meow, meow meow meow. Meow meow meow Meow meow. Meow Meow, meow meow.... Meow'meow meow Meow meow meow meow."

"Meow, meow? Meow meow meow meow! Meow meow meow meow meow. Meow meow meow meow meow meow, meow meow meow!" meow meow Meow. "Meow meow meow meow meow meow meow meow. Meow meow meow meow meow meow—meow meow Meow meow meow. Meow meow meow meow meow meow meow meow meow meow meow meow meow meow meow meow. Meow, meow meow meow, Meow Meow! Meow meow meow meow, meow meow! Meow meow meow meow meow meow meow meow meow meow meow meow meow meow meow meow meow. Meow meow! Meow Meow meow Meow, meow meow meow'meow meow, meow 'Meow!' Meow, meow! Meow meow meow meow meow meow meow!" meow meow, meow, meow meow meow meow. "Meow meow meow meow, meow meow meow meow, Meow Meow! Meow meow meow... meow... meow meow meow" (meow meow meow meow), "meow'meow meow meow Meow meow, Meow Meow, meow'meow meow?"

Meow meow meow meow meow meow meow-meow meow, meow meow, meow meow meow meow meow meow Meow meow meow meow meow meow meow meow meow meow. Meow meow meow "meow" meow meow meow'meow meow meow meow meow meow Meow.

"Meow, meow meow meow, meow meow meow meow meow meow meow meow meow Meow? Meow meow meow meow! Meow meow meow meow meow meow meow?"

"Meow meow meow Meow meow meow Meow meow meow Meow meow meow?" meow Meow.

“Meow, meow, meow!” Meow Meow meow meow meow, meow meow, meow Meow meow meow meow. “Meow meow meow meow meow!” meow meow. “Meow?... Meow Meow, Meow...”

“Meow—meow meow meow meow meow,” Meow meow meow meow meow meow.

Meow meow meow meow Meow. Meow meow meow meow meow meow meow meow meow meow meow meow meow meow meow meow meow meow meow, meow meow.

“Meow, meow meow meow’meow meow meow meow meow Meow, Meow meow meow meow meow meow meow Meow! Meow meow meow... Meow meow’meow meow meow, meow...” meow meow meow meow meow, meow meow meow meow meow meow meow.

“Meow meow meow meow Meow. Meow meow meow meow,” meow Meow.

“Meow meow, meow meow meow meow. Meow!... Meow meow meow meow’meow meow Meow meow meow meow. Meow meow meow meow Meow meow meow meow. Meow meow Meow, meow Meow, Meow, meow Meow, meow meow,” meow meow meow meow meow meow meow meow meow meow meow meow, meow meow meow: “Meow meow meow meow Meow meow meow meow. Meow meow meow meow Meow meow meow meow Meow. Meow, Meow meow’meow meow meow meow meow meow meow.”

Meow meow meow meow meow meow meow meow meow, meow meow meow meow meow meow meow meow meow meow meow meow, Meow meow meow meow meow meow meow meow meow-meow meow.

“Meow meow meow meow meow—Meow meow meow meow meow. Meow meow meow meow meow meow meow meow meow meow meow meow meow meow Meow meow meow meow Meow. Meow meow meow meow meow meow meow! Meow meow, meow—meow’meow meow meow; meow meow meow meow, meow meow meow meow meow meow meow meow. Meow meow Meow, Meow, Meow, Meow, Meow, Meow, meow meow meow’meow meow.... Meow meow meow, meow meow meow meow. Meow meow meow meow meow. Meow meow meow Meow...” meow meow, meow Meow meow meow.

“Meow Meow,” Meow meow, meow meow meow meow meow meow meow meow, “meow meow Meow...?”

“Meow Meow? Meow meow meow, meow, meow, meow, meow—meow’meow meow meow Meow meow! Meow meow Meow, Meow, meow meow meow meow.... Meow meow meow Meow meow meow meow meow meow meow. Meow meow meow meow meow meow.... Meow meow meow meow meow meow. Meow meow meow meow meow meow. Meow meow meow meow meow meow meow meow meow meow meow meow meow meow meow meow Meow. Meow Meow meow meow meow meow—meow Meow meow meow meow meow meow meow meow meow meow meow meow, meow meow, Meow meow meow meow: ‘Meow meow meow meow,’ meow Meow meow meow meow meow! Meow meow! Meow meow, meow meow, meow meow meow meow meow meow meow meow meow meow meow.”

“Meow meow meow Meow?” Meow meow meow meow meow meow.

Meow Meow meow meow meow meow meow meow meow.

“Meow, meow meow meow meow meow meow,” meow meow, meow meow meow meow.

Meow meow meow meow meow meow meow meow meow meow meow meow meow meow meow Meow, meow meow meow meow meow meow Meow meow meow meow meow meow meow meow meow meow meow meow meow meow meow meow meow’meow meow meow. Meow meow meow meow meow meow meow meow meow meow meow meow meow meow meow meow meow Meow.

Meow meow meow meow meow meow meow meow, meow meow meow meow meow meow meow meow meow meow meow meow, meow meow meow meow meow, meow meow meow meow meow meow meow meow meow meow meow meow meow meow. Meow Meow meow meow meow Meow, meow meow meow meow meow meow meow meow meow meow meow meow meow meow meow meow meow, meow meow meow meow meow meow meow meow

meow meow meow meow meow, meow meow Meow meow meow meow Meow, meow meow meow meow meow meow meow meow meow meow meow meow meow meow meow meow meow meow meow meow meow meow. Meow, meow meow Meow, meow meow meow Meow meow meow meow meow meow meow meow meow'meow meow meow meow Meow meow meow Meow. Meow meow meow meow meow meow meow meow meow, meow Meow meow meow meow meow meow meow. Meow meow meow meow meow meow meow meow meow meow meow meow meow meow meow.

"Meow meow meow meow Meow meow meow," meow meow meow. "Meow'meow meow Meow, meow meow meow meow meow meow meow.... Meow meow'meow meow Meow." Meow meow meow meow Meow. "Meow meow meow, meow meow Meow, meow?"

Meow meow meow meow meow meow.

"Meow," meow meow meow meow meow meow Meow meow meow meow meow meow meow. "Meow Meow meow meow-meow meow, meow'meow meow meow meow, Meow Meow?" meow meow.

"Meow, meow'meow meow meow meow meow meow Meow Meow, meow meow? Meow meow meow meow meow meow meow meow. Meow!" meow meow meow meow.

Meow meow meow meow meow meow meow meow. Meow meow meow meow Meow meow meow meow meow meow meow meow meow meow meow meow meow meow meow'meow meow. Meow, meow meow meow meow meow meow meow meow, meow meow meow Meow meow meow meow meow.

"Meow meow, meow'meow meow," meow meow, meow Meow'meow meow. "Meow Meow meow meow? Meow, meow, meow meow meow meow meow?" meow meow Meow. "Meow meow'meow meow meow meow meow?"

Meow meow meow meow, meow meow meow meow meow Meow'meow meow meow meow meow meow meow meow meow meow.

"Meow, meow meow meow meow Meow meow meow, Meow meow meow meow meow. Meow Meow meow meow meow meow? Meow meow meow. Meow meow meow meow meow meow. Meow meow meow meow meow meow meow meow meow!" meow meow, meow meow meow.

"Meow meow," meow Meow.

Meow meow meow meow meow meow meow meow meow meow meow meow meow meow "meow" meow Meow meow Meow, meow meow meow meow meow.

"Meow, meow meow meow, Meow meow meow meow meow!" meow meow meow, meow meow meow meow meow.

Meow meow meow meow meow meow meow meow meow. Meow meow meow meow, meow meow Meow'meow meow, meow meow meow meow meow meow meow meow meow meow meow.

"Meow, meow meow meow," meow meow, "meow meow meow'meow meow. Meow meow meow meow meow Meow meow meow meow meow meow meow meow meow meow meow meow meow meow Meow, meow meow meow meow meow meow? Meow meow Meow meow meow Meow meow meow. Meow meow meow meow, meow meow," meow meow meow meow meow meow meow meow meow meow meow meow meow meow meow meow meow meow, "meow meow meow meow meow meow meow meow meow meow Meow."

Meow meow meow Meow'meow meow meow meow meow meow meow meow Meow meow meow meow meow meow, meow meow, meow, meow meow, meow meow meow meow meow meow meow meow meow meow meow meow, "meow meow meow" meow meow meow meow meow meow meow meow meow.

"Meow meow meow meow meow meow'meow meow, meow meow meow meow meow—meow! Meow Meow meow meow, Meow Meow?" meow meow, meow meow. "Meow meow?"

Meow meow meow meow meow meow meow meow meow meow meow.

"Meow, meow, meow!" meow meow meow, meow meow meow meow meow Meow, meow meow meow meow meow meow meow meow meow.

Meow, meow meow meow meow Meow meow meow meow meow meow'meow meow, meow meow meow meow meow meow meow meow meow meow, meow meow meow meow meow meow meow meow meow meow Meow (meow meow, meow meow meow meow meow meow meow meow meow'meow meow) meow meow Meow meow meow meow meow meow meow meow (meow meow meow) meow meow meow meow Meow meow. Meow meow meow meow, meow meow Meow meow meow meow meow meow meow, meow, meow meow meow, meow meow meow meow meow meow meow meow, meow meow meow meow meow: "Meow meow meow meow meow, meow Meow meow meow meow!" Meow meow meow meow meow meow meow meow meow meow meow meow meow meow, meow meow meow meow meow meow meow meow meow meow meow meow meow.

"Meow Meow, meow meow! Meow meow meow meow," meow meow meow meow meow meow meow meow meow meow meow meow meow meow meow meow meow, meow meow, meow meow meow, meow meow meow meow meow meow meow... meow meow meow meow meow meow meow meow meow meow meow meow.

Meow meow meow meow meow meow meow Meow meow, meow meow meow Meow meow meow meow meow meow meow meow meow meow meow meow meow meow meow meow meow meow meow meow meow meow meow.

Meow meow meow meow Meow meow meow meow meow meow meow meow meow meow meow meow meow meow meow meow. Meow meow meow meow meow meow meow meow meow meow meow meow. Meow meow meow meow meow meow meow meow meow meow meow meow meow meow meow meow, meow meow meow meow meow meow meow.

Meow meow meow meow meow meow meow meow meow meow meow meow meow. Meow meow meow meow meow meow. Meow meow meow meow meow meow meow meow Meow meow meow meow—meow meow meow meow meow meow meow meow Meow. Meow meow meow meow meow meow meow meow meow meow meow meow meow meow meow meow meow meow meow meow meow meow meow meow meow meow meow meow Meow'meow meow meow meow meow. Meow meow meow meow Meow, meow meow, meow meow Meow. Meow meow meow meow meow meow meow meow meow meow meow meow meow. Meow meow meow meow meow meow meow meow meow meow.

Meow meow meow meow meow meow meow meow, meow meow meow meow meow meow.

Meow meow meow meow meow meow, meow meow meow, meow meow meow, meow meow meow meow meow meow meow, Meow meow meow meow meow. "Meow meow, meow meow meow meow, meow meow meow meow meow?" meow meow. Meow meow meow meow meow meow meow meow meow meow meow meow meow meow meow meow meow meow meow meow meow meow meow.

Meow meow meow meow meow meow meow, Meow meow meow meow meow meow meow meow meow meow meow meow meow meow meow meow meow meow meow meow meow.

Meow XXIX

Meow meow meow meow meow meow meow meow meow meow meow meow Meow meow meow meow meow meow meow meow meow meow Meow meow meow meow meow meow, meow meow meow meow.

Meow Meow meow meow meow meow meow Meow, meow meow meow Meow. Meow meow meow meow meow meow meow meow meow Meow, meow meow meow meow meow meow meow meow meow meow, meow meow meow meow meow meow meow meow meow meow meow meow, meow meow meow meow meow meow meow meow meow meow meow meow meow meow meow Meow. Meow meow meow meow meow meow meow meow meow meow meow meow meow meow meow meow meow meow meow meow Meow Meow. Meow meow meow'meow meow meow meow Meow meow meow meow meow meow meow meow meow meow meow meow meow meow meow meow meow meow meow meow meow. Meow Meow' meow meow meow meow meow meow meow meow meow meow, meow meow meow meow meow, meow meow, meow meow meow, meow meow meow meow meow meow.

Meow meow meow meow meow Meow'meow meow meow meow meow meow. Meow meow meow meow meow meow meow meow meow meow meow, meow meow meow meow meow meow meow meow meow meow meow meow. Meow meow meow meow meow meow meow meow meow meow meow meow Meow. Meow meow meow meow meow meow meow meow meow meow meow meow meow meow meow, meow meow Meow meow meow meow meow meow meow meow meow meow meow meow meow meow meow meow.

Meow meow meow meow meow meow meow meow meow meow meow, meow meow meow meow meow meow meow meow meow meow meow, meow meow meow meow meow. Meow meow meow meow meow meow meow meow meow meow meow meow Meow Meow meow – meow meow meow meow Meow'meow Meow.

"Meow meow meow, meow, meow'meow meow meow!" meow meow meow.

Meow meow meow meow meow meow meow.

"Meow meow meow meow Meow Meow meow meow meow meow meow meow Meow'meow Meow."

"Meow meow'meow meow Meow, meow'meow meow meow."

"Meow, meow meow meow meow Meow!"

Meow meow meow meow meow meow meow meow meow meow meow meow meow meow meow meow meow meow meow.

"Meow'meow meow meow meow meow, meow, Meow Meow meow meow meow, meow meow meow meow meow meow meow meow."

Meow meow meow meow meow meow.

"Meow meow meow'meow meow," meow meow. "Meow'meow meow meow meow Meow: meow meow meow Meow meow meow Meow meow."

Meow meow meow meow meow meow meow meow meow meow meow meow meow meow meow meow meow meow meow meow meow meow meow meow meow.

Meow Meow Meow, meow meow'meow meow (meow meow meow meow), meow meow meow meow meow meow meow meow Meow.

"Meow meow meow meow meow, meow meow-meow-meow?... Meow meow meow meow meow meow meow'meow meow meow; meow meow meow meow meow meow."

"Meow meow meow meow meow meow meow meow," meow Meow.

"Meow meow meow meow meow, Meow Meow? Meow'meow meow meow meow meow meow meow meow meow Meow?" meow meow meow meow meow.

Meow Meow meow meow meow, meow meow meow meow meow meow meow meow meow meow. Meow meow meow, meow meow meow, meow meow meow meow.

"Meow meow meow.... Meow'meow meow meow meow..." meow meow meow.

"Meow meow! Meow meow meow'meow meow meow. Meow Meow! Meow meow meow meow meow meow meow. Meow meow meow meow meow meow!"

"Meow'meow meow meow meow, meow meow!"

“Meow’meow meow meow meow meow?” Meow Meow, meow meow meow meow meow, meow meow meow meow. Meow meow meow meow meow meow. “Meow meow meow, meow,” meow meow. “Meow Meow, meow meow...” meow meow meow, meow meow meow meow meow meow meow meow’meow meow.

Meow meow meow meow meow meow meow meow meow meow meow meow meow meow meow meow meow meow meow meow meow meow meow meow. Meow meow meow, meow meow meow, meow meow meow meow meow meow’meow meow meow.

Meow XXX

Meow meow, meow meow meow meow, meow meow meow meow Meow meow meow. Meow meow meow meow meow meow meow meow meow meow meow. Meow meow Meow Meow, meow meow meow meow meow, meow meow meow meow. Meow Meow meow meow meow meow meow meow meow. Meow meow meow meow meow meow meow, meow meow meow meow meow meow meow meow meow meow meow Meow.

Meow meow, meow meow meow Meow meow meow meow, meow meow meow. Meow, meow, meow meow meow meow, meow meow meow meow meow meow meow meow meow meow meow meow meow meow meow meow meow meow meow meow meow meow meow’meow meow. Meow meow meow meow meow meow meow meow meow meow, meow meow meow.

“Meow, meow meow,” meow Meow meow meow meow meow meow meow meow. “Meow meow meow meow meow Meow meow meow, meow’meow meow meow meow! Meow, meow meow! Meow meow meow meow meow meow meow,” meow meow meow meow meow, meow meow meow meow meow meow.

Meow Meow meow meow meow meow meow meow meow meow meow meow meow meow meow meow meow meow meow meow meow meow meow meow meow. Meow meow meow meow meow meow meow meow meow meow meow, meow Meow, meow meow meow meow meow meow meow meow, meow meow meow meow meow meow meow meow meow meow Meow meow Meow Meow’meow meow meow meow meow meow meow meow meow. Meow meow meow meow meow meow meow meow meow meow meow meow meow Meow. Meow meow meow meow meow meow meow meow meow meow, meow meow meow meow meow meow meow meow, meow meow meow meow meow meow.

“Meow meow meow. Meow meow meow meow meow. Meow’meow meow meow meow,” meow meow meow.

“Meow meow? Meow meow, Meow meow. Meow’meow meow meow meow meow,” meow Meow.

Meow Meow meow meow meow meow meow meow Meow Meow meow meow meow meow meow meow meow meow meow, meow meow meow meow meow meow meow: Meow meow meow meow? Meow meow meow meow? Meow meow meow? Meow meow meow meow meow? Meow meow meow meow meow meow meow meow meow meow meow meow, meow meow meow meow meow meow meow meow meow meow meow meow meow, meow meow meow meow meow meow meow meow meow meow meow, meow meow meow meow meow meow, meow meow meow meow meow meow meow meow meow meow meow meow meow meow. Meow meow meow meow meow meow meow meow meow meow meow meow meow meow meow meow meow, meow meow meow meow meow meow meow meow meow meow meow meow meow meow meow, meow meow meow meow meow meow meow meow meow meow meow meow meow meow meow meow meow meow. Meow meow meow meow meow meow meow

meow meow meow meow meow meow meow meow. Meow meow meow meow, meow meow meow meow meow meow meow meow meow, meow meow meow meow meow meow.

"Meow, meow, meow; meow meow meow meow meow."

Meow meow meow meow meow meow meow meow meow meow meow meow. Meow Meow meow meow meow meow meow meow meow meow meow meow meow meow meow.

"Meow, Meow, Meow meow meow meow meow meow meow meow," Meow meow meow meow meow meow meow meow meow meow meow meow. Meow meow meow meow meow meow meow meow meow meow meow meow meow meow. Meow meow meow meow meow meow meow meow meow meow, meow meow meow meow meow meow meow meow meow meow meow meow meow meow meow meow. Meow meow meow meow meow Meow Meow meow meow meow. Meow meow Meow Meow meow meow meow meow meow meow meow meow meow meow meow meow meow meow meow meow meow; meow meow meow meow meow meow meow meow. Meow meow meow meow meow meow Meow.

"Meow meow, meow; meow meow, meow meow," meow meow meow, meow meow Meow'meow meow. "Meow, meow meow."

"Meow, meow... Meow'meow meow meow meow meow," meow Meow, meow meow meow meow, meow meow meow meow meow meow meow.

Meow meow meow meow meow meow meow meow meow meow meow meow meow, meow meow meow meow meow meow meow meow meow meow meow meow meow meow meow meow meow meow meow, meow meow meow meow meow meow meow meow meow meow meow meow, meow meow meow meow. Meow meow, meow, meow meow meow meow, meow, meow meow meow meow meow. Meow meow meow meow meow meow meow meow, meow meow meow, meow meow, meow meow meow meow. Meow meow meow meow meow meow meow meow meow meow meow meow meow meow meow meow meow meow meow meow meow meow meow meow.

Meow meow meow meow meow meow meow meow meow meow meow meow meow meow.

Meow meow meow Meow meow meow meow'meow meow meow. Meow meow meow meow, meow meow meow meow meow, meow meow meow meow meow meow, meow meow meow meow meow meow meow.

Meow meow meow meow meow meow meow meow, meow meow meow meow meow meow meow meow meow. Meow meow meow meow meow meow meow meow meow meow. Meow meow meow meow meow meow meow meow; meow meow meow meow meow meow meow meow. Meow meow meow.

"Meow, meow meow meow? Meow?" meow meow.

Meow meow meow. Meow meow meow meow meow, meow meow, meow meow meow meow meow meow meow meow meow meow meow meow, meow, meow meow. Meow meow meow meow meow meow. Meow meow meow meow meow meow meow meow meow meow meow meow meow meow meow meow meow meow meow meow meow meow meow meow.

Meow meow meow meow meow meow meow meow meow meow meow meow meow meow meow meow meow: meow meow meow meow meow, meow meow meow meow meow meow meow meow meow.

Meow meow meow meow meow meow meow meow meow meow Meow Meow'meow meow meow meow meow meow, Meow meow meow meow meow meow. Meow meow meow meow meow meow meow meow, meow meow meow meow meow meow meow, meow meow meow meow meow meow meow meow meow.

Meow meow meow meow meow meow meow meow meow meow meow meow meow. Meow meow meow meow meow meow meow meow meow meow meow meow meow meow meow meow meow. Meow meow meow meow? Meow meow meow meow meow? Meow meow

meow meow meow meow meow meow meow'meow? Meow, meow meow meow meow meow. Meow meow meow meow meow meow meow meow meow. Meow meow meow meow meow meow meow meow meow, meow meow meow meow meow meow meow meow meow meow meow, meow meow meow meow meow meow, meow meow meow meow meow. Meow meow meow meow meow meow meow. Meow meow meow meow meow meow meow meow, meow meow meow meow meow meow meow meow meow meow meow meow. Meow meow—Meow—meow meow meow meow meow meow meow meow meow meow meow, meow meow meow—meow meow meow meow meow—meow meow meow meow.

Meow meow meow meow meow meow meow. Meow, meow meow meow meow meow meow meow meow meow, meow meow meow-meow meow meow meow meow meow meow meow meow meow meow meow meow, meow meow, meow meow. Meow meow'meow meow, meow meow, "Meow meow meow meow? Meow'meow meow meow?" meow Meow meow meow meow meow meow meow meow meow meow meow. Meow meow meow meow meow meow meow meow, meow meow meow meow. Meow meow meow meow, meow meow meow meow meow meow meow, meow meow meow Meow Meow meow meow meow meow meow meow meow, meow meow meow meow meow meow meow meow.

Meow meow meow meow meow meow, meow meow meow meow meow meow meow, meow meow meow meow meow meow meow, meow meow meow meow, meow meow meow meow'meow, meow meow meow meow-meow meow meow meow meow, meow meow meow meow meow, meow meow, meow meow meow meow meow meow meow meow meow. Meow meow meow meow meow meow meow meow meow, meow, meow meow meow meow meow meow.

Meow meow meow meow meow meow meow meow meow.

Meow XXXI

Meow meow meow meow meow Meow Meow meow meow meow meow meow meow meow meow meow meow Meow. Meow meow meow meow meow meow meow meow meow, meow meow meow, meow meow meow meow'meow meow meow meow meow meow meow. Meow meow meow meow meow meow meow meow meow meow meow meow meow meow meow meow, meow meow meow meow meow meow meow meow meow. Meow meow meow meow meow meow. Meow meow meow meow meow meow Meow meow meow meow meow meow meow meow meow meow meow meow, meow meow Meow meow meow meow meow meow meow meow meow meow meow meow meow meow. Meow meow meow meow meow meow meow meow meow meow meow meow meow meow meow meow meow meow. Meow meow meow meow meow meow meow meow meow meow meow meow meow meow meow meow meow meow meow. Meow meow meow meow meow meow meow: "Meow meow meow?" Meow meow meow meow meow meow meow meow meow meow meow meow. Meow meow Meow Meow'meow meow, meow meow meow meow meow meow meow meow meow meow. Meow meow meow meow meow meow meow meow meow meow meow meow meow meow meow, meow meow meow meow meow meow meow meow meow meow. Meow, meow meow-meow meow meow Meow Meow'meow meow, meow meow meow meow Meow meow meow meow meow meow meow meow, meow meow meow meow meow meow meow meow meow meow Meow. Meow meow meow meow meow meow, Meow Meow'meow meow, meow meow, meow meow meow.

Meow meow Meow Meow meow meow. Meow meow meow meow, meow meow meow meow meow meow meow meow meow meow meow meow meow meow meow meow meow.

"Meow meow Meow Meow Meow, Meow meow meow meow meow meow meow meow!" meow meow meow.

Meow meow meow Meow Meow meow meow meow meow meow meow meow meow meow meow meow meow meow meow meow meow meow meow meow meow meow meow meow meow meow meow meow meow meow meow meow meow meow meow meow Meow. Meow meow meow meow meow meow meow meow meow meow meow meow meow meow meow, meow meow meow meow meow meow meow meow meow meow meow meow meow, meow meow meow meow meow meow meow meow meow meow meow meow, meow meow meow meow meow meow meow meow meow meow meow meow meow, meow meow meow meow meow meow meow meow meow meow meow meow. Meow meow meow, meow meow meow meow meow, meow meow meow meow. Meow meow meow meow meow meow meow meow meow meow meow meow meow meow meow meow meow meow meow meow meow meow Meow. Meow meow meow meow meow meow meow meow meow meow. Meow meow meow meow meow meow meow meow meow meow meow meow meow meow meow meow, meow meow meow meow meow meow meow meow meow meow meow meow meow meow meow meow meow meow meow meow. Meow meow meow meow meow. Meow meow meow meow meow meow meow; meow meow meow meow meow meow meow meow; meow meow meow meow meow, meow meow meow, meow meow meow meow, meow meow meow meow meow meow meow meow meow meow meow meow meow meow meow meow meow meow, meow meow meow meow meow meow meow meow meow meow meow meow meow.

Meow meow meow meow meow meow meow meow. Meow meow meow meow meow meow, meow, meow meow meow meow meow, meow meow meow meow meow meow meow meow meow meow meow meow meow meow meow meow meow meow meow meow meow meow. Meow meow meow meow meow meow meow meow meow meow meow meow meow meow meow meow meow meow meow meow meow meow meow meow meow meow meow meow meow meow. Meow Meow Meow'meow meow meow meow meow meow meow meow meow meow meow. Meow meow meow meow meow meow meow meow meow meow meow meow meow, meow meow meow meow meow meow meow. Meow meow meow meow meow meow meow meow. Meow meow meow meow meow meow meow meow meow meow, meow, meow meow meow meow meow meow meow meow meow meow meow, meow meow meow meow meow meow meow meow meow meow meow meow meow meow meow meow meow meow meow meow meow meow meow meow meow meow.

"Meow, meow meow meow meow meow meow meow meow meow meow meow meow meow," meow meow meow meow meow meow meow meow meow meow meow meow, meow meow meow meow meow meow meow meow meow. "Meow meow meow meow meow meow, meow meow meow meow meow meow meow meow—meow meow meow meow meow meow, meow meow meow meow. Meow meow meow meow meow, meow meow meow meow meow meow meow meow meow meow meow Meow. Meow meow meow Meow meow meow meow? Meow meow meow meow Meow...?"

Meow meow meow meow meow meow meow meow meow, meow Meow Meow meow (meow meow meow meow meow meow meow meow meow) meow meow meow meow meow meow meow meow "meow-meow-meow," meow meow "meow," meow meow meow "meow-meow-meow," meow "meow-meow" meow meow. Meow meow meow meow meow meow meow meow meow meow, meow meow meow meow meow meow, meow meow meow meow meow meow meow meow meow meow meow meow meow meow, meow meow meow meow meow meow meow. Meow meow meow meow meow meow meow meow (meow meow meow meow) meow meow meow meow meow meow meow meow; meow meow meow meow meow meow meow meow meow meow meow meow meow meow meow meow meow—"meow meow, meow, meow meow meow meow," meow Meow Meow meow meow. Meow meow meow meow meow meow meow

meow meow meow meow meow meow meow meow meow meow meow meow meow meow, meow meow meow meow meow meow meow meow meow meow meow, meow meow meow meow meow meow meow meow meow meow meow meow meow meow meow meow meow meow meow meow meow meow. Meow meow meow meow meow meow meow meow meow meow meow meow meow meow meow meow meow meow meow meow meow meow meow meow meow meow meow, meow meow meow meow meow meow meow meow meow meow meow meow meow meow. Meow meow meow meow meow meow meow meow meow. Meow meow meow meow meow meow meow—meow meow meow meow meow, meow meow meow meow.

“Meow meow meow’meow meow meow meow meow meow,” meow meow, “meow meow’meow meow meow, meow meow meow meow meow, meow meow meow meow meow meow meow meow meow meow, meow ‘meow-meow-meow’ meow ‘meow-meow’ meow ‘meow-meow-meow’...? Meow’meow meow, meow meow meow!” Meow Meow meow meow meow. Meow meow meow meow meow meow meow meow meow meow meow meow meow meow meow meow meow meow.

“Meow—meow,” meow meow meow meow meow. “Meow meow meow meow meow meow meow, meow meow meow, meow meow meow, meow meow meow meow, meow meow meow meow Meow—meow meow—meow meow meow Meow meow meow meow meow meow meow meow. Meow meow meow meow meow meow meow meow meow meow meow meow meow meow meow meow meow meow meow meow. Meow meow Meow meow meow meow. Meow meow meow’meow meow, meow meow meow’meow meow, meow meow meow, meow meow Meow meow meow Meow meow. Meow meow meow meow meow meow meow meow meow meow meow meow, meow meow meow meow meow meow meow meow meow meow. Meow meow meow Meow meow meow meow meow Meow meow meow Meow meow meow meow. Meow meow meow meow meow? Meow meow meow?...

“Meow meow meow meow meow meow meow meow meow meow meow meow, meow meow meow meow meow. Meow, meow meow meow meow meow meow meow meow. Meow meow meow meow meow meow meow meow. Meow meow meow meow meow Meow meow meow meow meow? Meow meow meow meow, Meow meow meow meow meow meow Meow meow meow.” Meow meow meow meow meow meow Meow, meow meow meow meow meow meow meow meow meow meow meow meow meow meow meow meow meow, meow meow meow meow meow meow meow meow meow meow. Meow meow meow meow meow, meow meow, meow, meow meow. Meow meow meow meow meow meow meow meow meow meow meow meow meow meow meow, meow meow meow meow meow meow meow. “Meow meow meow meow meow meow meow meow meow meow meow! Meow meow, meow meow meow meow meow meow...”

“Meow-meow-meow meow meow-meow meow meow-meow-meow meow!” meow meow meow.... Meow meow meow meow meow meow meow meow meow, meow meow meow meow meow meow meow meow meow meow meow meow. Meow meow meow meow meow meow meow meow meow meow meow meow meow meow, meow meow meow meow meow meow, meow meow meow meow meow meow meow meow meow meow, meow meow meow meow meow meow meow meow meow meow; meow meow meow meow meow meow, meow meow meow meow meow meow meow, meow meow meow meow meow meow, meow meow meow meow. Meow meow meow meow meow meow meow meow meow meow meow meow meow Meow meow meow meow meow meow meow meow.

Meow meow, meow meow meow meow, meow meow meow meow, meow, meow meow meow meow. Meow’meow meow meow meow, meow meow meow meow, meow meow meow meow—meow meow meow. Meow Meow Meow meow meow meow meow, meow meow meow meow meow meow meow meow. Meow meow meow meow meow meow meow meow.

Meow meow meow, meow meow meow meow meow, meow meow meow meow. Meow, meow meow meow meow meow meow meow meow meow meow meow meow meow, meow meow meow meow meow meow meow meow meow, meow meow meow meow meow meow meow meow meow meow meow meow meow meow meow.

"Meow'meow meow?" meow meow meow, meow meow meow meow. "Meow meow meow, meow!"

Meow meow meow meow meow meow meow meow meow, meow meow meow meow meow'meow meow, meow meow meow meow.

Meow meow meow meow meow meow meow Meow meow meow meow meow meow meow, meow meow meow meow, meow meow meow meow meow.

Meow meow meow, meow meow meow meow meow meow Meow' meow, meow meow meow meow meow meow meow meow meow meow, Meow meow meow meow meow Meow, meow meow meow meow meow meow meow meow meow meow meow meow meow meow meow meow meow meow meow meow meow meow meow meow meow meow.

Meow meow meow meow meow meow meow meow meow Meow Meow meow meow meow meow'meow meow meow meow meow—meow, meow meow meow meow meow meow, meow meow meow meow meow—meow meow meow meow Meow. Meow meow meow meow meow meow meow meow meow meow meow Meow meow meow meow meow meow meow meow meow meow meow meow meow meow, meow meow—meow meow meow Meow meow Meow Meow—meow meow meow: meow meow meow meow meow meow meow, meow meow meow meow meow Meow meow meow meow Meow, meow meow meow meow meow.

Meow XXXII

Meow meow meow meow meow Meow. Meow meow, meow meow meow, meow meow meow meow meow Meow, meow meow, meow meow, meow meow meow meow meow meow. Meow meow meow meow meow meow meow meow Meow Meow meow meow meow meow meow meow meow; meow meow meow meow meow, meow meow meow meow meow meow meow meow meow. Meow meow Meow meow meow meow.

Meow meow Meow meow meow meow'meow meow meow meow meow meow Meow Meow. Meow meow meow meow meow meow meow meow meow "Meow meow meow" meow meow, meow meow meow meow meow Meow meow meow meow meow meow meow meow meow meow meow meow meow meow.

Meow meow meow meow meow Meow Meow meow meow meow meow meow Meow, meow meow meow meow meow meow meow meow meow meow.

Meow XXXIII

Meow meow meow meow Meow Meow meow meow. Meow meow meow meow, meow meow meow meow meow meow meow meow meow meow meow meow meow meow, meow meow meow meow meow meow meow meow meow meow meow meow meow meow meow meow. Meow meow meow meow meow meow'meow meow meow Meow Meow.

Meow meow meow meow meow meow, meow meow meow meow meow meow meow meow. Meow meow, meow meow meow, meow meow meow meow meow meow meow meow meow Meow meow meow meow meow meow meow, meow meow meow meow meow meow meow meow meow meow meow meow meow.

"Meow Meow meow meow meow?" meow meow. "Meow, meow meow meow'meow meow meow meow meow Meow meow meow."

Meow meow meow meow meow meow meow meow meow meow meow meow, meow meow meow meow.

Meow meow meow meow, meow meow meow meow meow meow meow meow meow meow. Meow meow meow meow meow meow meow meow meow meow meow meow meow meow meow meow meow meow meow meow meow meow meow. Meow meow meow meow meow meow meow meow meow meow meow meow meow meow. Meow meow meow meow meow meow meow meow meow meow meow meow. Meow, meow meow meow meow, meow meow meow meow meow meow meow meow meow. "Meow meow, meow meow meow meow," meow meow meow meow, meow meow meow meow meow meow meow meow meow meow meow meow meow meow meow meow meow meow meow meow meow meow meow meow meow meow meow meow meow Meow meow meow meow. Meow meow meow meow meow meow meow meow meow meow meow meow, meow meow meow meow meow meow meow meow meow meow meow meow meow meow meow meow meow meow meow meow meow, Meow meow meow meow meow meow meow meow meow meow meow meow meow meow meow meow meow Meow meow meow meow meow, meow meow meow meow meow meow.

Meow meow meow meow meow meow meow meow meow meow meow meow meow meow meow, Meow meow meow meow meow, meow meow meow meow meow meow meow meow meow meow, meow meow meow meow meow meow.

Meow meow, meow meow meow meow meow meow meow meow meow meow meow meow, meow meow meow meow meow meow. Meow meow meow meow meow meow meow. Meow meow meow Meow Meow, meow meow meow, meow meow Meow meow meow Meow, meow meow meow meow meow meow meow Meow Meow meow meow meow meow meow meow Meow Meow, meow meow meow.

Meow meow meow meow meow meow meow meow meow meow meow meow meow meow meow meow meow meow meow meow meow meow meow meow meow meow meow Meow.

Meow Meow meow meow meow meow meow meow meow meow meow—meow meow meow meow meow meow meow meow. Meow meow meow meow meow meow meow meow meow meow meow meow meow meow. Meow meow meow meow meow meow meow meow meow meow meow meow. Meow Meow, meow meow meow meow meow meow meow meow meow meow, meow meow meow meow meow meow meow meow meow. Meow meow meow meow meow meow meow meow meow meow-meow meow meow meow Meow meow meow meow meow meow meow meow Meow Meow'meow meow meow meow meow, Meow meow meow meow meow meow meow meow meow meow meow meow. Meow meow meow meow meow meow meow meow meow meow meow meow.

Meow meow meow meow meow meow, meow meow meow meow meow, meow meow meow meow meow meow meow meow meow: meow, meow meow, meow, meow meow. Meow meow meow, meow meow meow, meow meow meow meow meow meow meow, meow meow, meow meow meow, meow meow meow meow meow meow meow. Meow meow, meow meow meow meow meow meow meow, meow meow meow meow. Meow meow meow meow meow meow meow, meow meow meow meow meow meow meow, meow meow meow meow meow meow meow meow meow meow meow meow meow meow meow. Meow meow meow, meow meow meow meow meow, meow meow meow meow meow meow meow meow meow meow meow meow, meow meow meow meow meow meow'meow meow. Meow meow, meow meow meow meow meow meow meow, meow, meow meow meow meow-meow meow, meow meow meow meow meow meow meow meow meow meow. Meow meow'meow meow, meow meow, meow-meow meow meow meow meow meow meow meow meow meow, meow meow-meow meow meow meow meow meow meow-meow meow meow meow meow meow meow meow

meow meow, meow meow meow meow meow meow meow, meow meow meow meow meow meow, meow meow meow meow meow meow meow meow.

Meow meow meow meow meow Meow, meow meow meow meow meow meow meow meow.

"Meow meow, meow Meow, meow meow, meow meow, meow meow... meow meow, meow," meow meow meow meow meow. "Meow meow... Meow meow! Meow meow meow meow meow meow. Meow'meow meow! Meow! Meow meow meow meow Meow meow meow.... Meow!"

"Meow'meow, Meow Meow!" meow meow meow meow meow meow meow meow meow, meow meow meow meow meow meow meow meow. "Meow meow meow meow meow, meow meow meow meow meow meow?" meow meow.

"Meow meow, meow," meow meow meow. "Meow'meow meow meow meow meow meow, meow meow Meow'!"

Meow meow meow, meow meow meow meow meow meow meow meow meow meow meow. Meow meow meow meow meow, meow meow meow meow meow meow meow meow, meow, meow meow meow, meow meow meow meow meow meow meow.

"Meow'meow meow, meow meow," meow meow meow, meow meow meow meow, meow meow meow meow meow meow meow meow, meow, meow meow meow meow meow meow meow meow meow meow, meow meow meow meow meow meow. Meow meow meow meow meow meow meow, meow meow meow meow, meow meow meow meow meow meow meow meow meow meow meow meow meow meow meow.

Meow Meow meow meow meow meow meow, meow meow meow meow meow meow meow meow meow.

"Meow meow meow? Meow meow meow meow?" meow meow.

"Meow!" meow meow meow, meow meow meow meow. "Meow'meow meow, meow meow meow meow. Meow'meow meow meow meow, meow meow, Meow, meow meow meow meow! Meow!" meow Meow, meow meow meow meow meow meow meow meow meow meow meow meow meow meow meow meow meow.

Meow meow meow meow meow, meow meow meow meow meow meow meow meow meow meow meow meow meow meow meow meow meow meow meow meow meow meow meow meow meow meow meow meow meow meow meow meow, meow meow meow meow, meow meow meow meow meow meow meow Meow. Meow meow Meow meow meow meow meow meow meow, meow meow meow meow meow, meow meow; meow meow meow meow Meow meow meow meow meow meow meow meow meow meow meow meow meow meow meow meow-meow meow, meow meow meow meow meow meow meow meow meow, meow meow meow meow meow meow meow meow meow meow.

Meow meow meow meow meow meow meow meow meow meow meow meow, meow meow meow meow meow meow meow, meow meow meow meow meow meow, meow meow meow meow meow meow meow, meow meow meow meow meow meow meow meow meow meow meow meow, meow meow meow meow meow meow meow meow (meow meow meow meow meow meow meow meow meow meow meow), meow meow meow meow meow meow meow meow, meow meow Meow meow meow meow meow meow meow meow. Meow meow meow meow meow meow meow meow meow meow meow meow meow meow meow meow meow meow meow meow meow meow meow meow meow meow meow meow. Meow meow meow, meow, meow, meow meow. Meow meow meow meow meow meow meow meow meow meow meow meow meow meow meow meow meow meow meow meow meow meow meow meow meow, meow meow meow meow meow meow meow meow meow meow meow meow meow meow meow meow meow meow meow meow meow meow meow meow meow.

Meow meow meow meow meow meow meow meow meow meow meow meow meow Meow meow meow meow meow meow meow meow meow meow meow, meow meow meow meow. Meow Meow meow meow meow meow meow meow meow meow.

"Meow meow meow meow meow?" meow meow meow meow meow meow Meow.

"Meow'meow meow meow meow meow meow. Meow'meow meow meow meow meow?" meow Meow.

"Meow'meow meow meow meow? Meow meow!" meow meow meow, meow meow meow meow meow, meow meow meow Meow meow meow meow meow meow meow meow meow meow meow meow meow meow meow meow meow meow, meow meow meow meow.

"Meow meow?" meow meow Meow meow meow. "Meow meow meow meow meow meow meow meow. Meow meow'meow meow meow meow meow meow meow meow meow. Meow meow, meow meow meow meow, meow meow...."

"Meow meow meow? Meow?" meow Meow.

"Meow! Meow!" meow meow Meow meow meow meow, meow meow meow meow meow meow meow meow meow meow. "Meow meow meow—Meow'meow meow meow."

Meow meow meow meow meow meow meow Meow, meow meow-meow meow meow meow meow meow meow meow, meow meow meow, meow meow meow meow meow meow meow meow meow meow meow, meow meow Meow meow meow meow meow meow meow meow meow meow.

"Meow meow, meow meow!" meow meow meow meow meow meow. "Meow'meow meow meow."

Meow meow meow meow meow meow meow meow meow meow Meow meow Meow meow meow meow meow meow meow meow meow, meow meow meow meow meow-meow-meow meow meow meow meow meow meow meow meow meow meow.

"Meow meow meow meow! Meow, meow meow, meow meow meow meow!" meow meow Meow. "Meow-meow, Meow. Meow meow meow meow, meow meow meow meow meow meow!" meow meow Meow meow meow meow meow meow meow meow meow meow meow meow.

Meow meow meow, Meow meow meow meow meow meow meow meow meow meow meow meow meow meow meow. Meow meow meow meow meow meow, meow-meow meow, meow meow meow meow, meow meow meow meow meow meow. Meow, meow, meow meow meow meow meow meow meow meow. Meow meow meow meow meow meow meow meow meow meow meow meow meow meow Meow'meow meow meow meow meow meow meow meow meow meow meow. Meow meow meow meow meow meow meow meow meow meow meow meow meow meow meow meow meow meow meow meow meow meow. Meow meow meow meow meow meow meow meow meow meow meow meow meow meow meow meow meow meow meow. Meow meow meow, meow, meow meow meow meow meow meow meow meow meow; meow meow, Meow, meow meow meow meow, meow Meow meow meow meow meow meow meow meow meow meow meow, meow meow meow meow meow meow meow meow meow meow meow meow meow meow meow meow meow meow meow meow meow meow meow meow.

Meow XXXIV

Meow meow meow meow meow meow meow meow, Meow meow meow meow meow meow meow meow meow Meow meow meow meow meow meow meow Meow. Meow meow meow meow meow meow meow meow meow meow meow meow meow meow meow meow meow meow meow, meow meow meow meow meow meow meow meow meow meow meow meow meow meow meow meow meow. Meow Meow meow meow meow meow meow meow meow meow meow meow meow meow meow, meow meow meow Meow meow meow meow meow meow

meow. Meow meow meow meow meow meow. Meow meow meow meow meow meow meow meow meow meow meow meow meow meow meow meow meow meow meow meow meow meow meow meow meow. Meow meow meow meow meow meow meow meow meow meow meow meow meow. Meow meow meow meow meow meow meow, meow meow meow meow meow meow meow meow meow meow meow meow meow, meow, meow meow meow meow meow meow meow meow meow meow meow meow meow meow. Meow meow meow meow meow meow, meow meow meow meow meow meow Meow'meow meow, meow meow meow meow meow meow meow meow meow meow meow meow. Meow meow meow meow meow meow meow meow. Meow meow meow meow meow meow meow meow meow meow, meow meow meow.

Meow meow meow meow meow meow meow meow meow meow meow meow meow meow meow. Meow meow meow meow meow meow meow meow, meow meow meow meow meow meow. Meow meow meow meow Meow meow Meow meow meow meow meow meow meow meow meow meow Meow meow, meow meow meow, meow-meow, meow meow meow meow meow, meow meow meow meow meow meow, meow meow meow meow. Meow meow meow meow meow meow Meow meow meow meow Meow meow, meow meow meow meow, meow, meow meow meow meow meow meow, meow meow meow meow meow, meow, meow meow. Meow meow meow meow meow meow meow meow meow meow meow, meow, meow meow meow meow meow meow meow meow meow meow meow meow meow, meow meow meow meow meow meow meow meow meow meow. Meow meow meow meow meow meow meow meow meow meow meow meow meow meow meow meow meow meow meow meow meow, meow, meow-meow meow meow meow meow meow meow. Meow meow meow meow meow meow meow meow meow meow meow. Meow meow meow Meow meow, meow meow meow meow meow, meow meow meow meow meow meow meow meow. Meow meow meow meow meow, meow meow meow meow meow meow, meow meow meow meow meow meow.

Meow meow meow meow meow meow meow meow meow meow meow meow meow meow, meow meow meow meow Meow, meow meow meow meow, meow meow meow.

"Meow meow meow meow, meow meow meow? Meow'meow meow meow meow meow, meow'meow meow? Meow meow meow meow?" meow meow meow.

Meow meow meow meow meow meow meow meow meow meow meow meow meow meow meow meow meow meow meow meow meow meow, meow meow meow meow meow meow meow meow meow meow.

"Meow, meow meow meow meow Meow," meow meow meow meow, meow meow meow meow meow. "Meow meow meow, Meow meow meow!" meow meow meow meow meow meow.

Meow meow meow, meow meow, meow meow meow. Meow meow meow, meow meow meow meow meow meow meow meow, meow meow meow Meow.

"Meow, meow meow meow!" meow meow.

Meow meow meow meow meow meow meow meow meow meow meow meow meow meow meow meow meow. Meow meow meow meow Meow meow, meow meow meow meow meow meow meow meow meow, meow meow meow meow meow meow meow meow meow meow meow. Meow meow meow meow meow meow meow meow meow, meow meow meow meow meow meow meow meow meow Meow Meow meow meow meow meow meow. Meow Meow meow meow meow meow meow meow Meow meow meow Meow meow meow meow. Meow meow meow meow meow meow meow meow. Meow meow meow meow meow meow meow meow meow meow meow meow meow meow meow meow meow meow Meow meow meow meow meow meow meow meow meow.

"Meow, meow meow meow meow," meow meow meow meow Meow meow.

"Meow, meow meow?" meow meow meow meow meow meow meow meow meow meow meow meow meow meow Meow. "Meow meow, meow meow meow meow meow meow meow meow meow-meow." Meow meow meow meow Meow. "Meow meow meow Meow?"

Meow meow meow meow meow meow meow meow meow meow meow. Meow meow meow meow meow meow, meow meow meow meow meow meow meow meow meow meow meow Meow meow meow meow meow meow meow meow meow meow meow Meow.

"Meow meow meow Meow?" meow meow meow meow, meow meow meow meow meow Meow. "Meow meow meow."

Meow meow meow meow Meow meow meow meow meow meow meow meow, meow meow meow meow meow meow meow meow Meow meow meow meow meow meow meow Meow meow meow meow meow meow Meow meow.

"Meow meow meow meow meow meow meow meow," meow meow meow, meow meow meow meow meow Meow.

"Meow, meow meow meow meow meow meow meow," meow meow meow. "Meow meow meow meow meow meow," meow meow.

"Meow meow meow?" meow meow meow meow meow Meow. "Meow meow meow meow meow."

"Meow meow meow meow meow meow Meow meow. Meow meow meow meow—meow meow!" Meow meow meow meow Meow.

"Meow, meow!" meow meow meow meow meow meow. "Meow meow, meow!"

Meow meow meow meow meow meow Meow. Meow meow Meow meow meow meow meow meow meow meow meow meow, meow meow meow meow meow meow meow meow.

"Meow meow meow meow meow meow, meow meow meow?" meow meow. "Meow meow meow meow, meow meow meow, meow meow Meow meow meow meow meow meow meow'meow meow meow?" meow meow meow.

"Meow meow meow meow meow?" meow meow meow.

Meow meow meow meow meow. Meow meow meow meow meow meow meow meow meow meow meow meow meow.

"Meow meow meow meow?" meow meow. "Meow meow meow meow meow meow meow Meow meow meow meow meow meow meow," meow meow. "Meow-meow!" Meow meow meow meow meow meow meow meow meow meow, meow meow meow meow meow meow meow meow meow meow Meow meow.

Meow Meow meow meow meow meow meow meow meow meow meow meow meow meow Meow meow Meow'meow meow meow meow meow meow meow meow meow, meow meow meow meow meow meow meow, meow meow meow meow meow meow meow meow meow meow meow meow Meow meow, meow meow meow meow meow meow. Meow meow meow meow meow meow meow meow meow meow meow meow Meow meow: meow meow meow, meow meow meow, meow meow, meow meow meow meow, meow meow meow. Meow meow meow meow meow meow meow, Meow meow meow meow meow meow meow meow meow. Meow meow meow meow meow meow meow meow meow meow meow meow meow meow meow Meow Meow meow meow meow meow meow meow meow, Meow meow meow meow meow meow meow.

Meow Meow: 1812

Meow I

Meow Meow meow meow meow meow meow meow meow meow meow meow meow meow meow meow meow meow meow meow meow, meow meow meow meow Meow, meow Meow, Meow Meow, meow Meow, meow meow, meow meow meow meow meow meow meow meow meow meow. Meow meow meow, meow meow meow Meow, meow meow meow meow meow meow meow meow meow, meow meow meow meow meow meow meow meow meow meow, meow meow meow meow meow, meow meow meow meow meow meow meow meow meow meow Meow meow. Meow meow meow meow meow meow meow, meow meow Meow meow, meow meow meow meow meow meow meow meow meow meow meow. Meow meow meow meow meow meow meow meow meow meow meow meow meow meow meow meow meow meow. Meow meow meow meow meow meow meow meow Meow meow meow meow meow meow. Meow Meow Meow, meow meow meow meow meow meow meow meow meow meow meow meow meow, meow meow meow meow meow meow meow meow Meow, meow meow meow meow meow meow meow meow meow meow meow meow. Meow Meow Meow, meow, meow meow meow meow meow meow meow meow meow meow—meow meow meow Meow meow meow meow meow meow meow meow meow meow meow meow meow meow meow meow meow meow meow meow meow, meow meow meow meow meow meow meow meow meow meow meow meow meow meow meow meow Meow.

“Meow meow meow meow meow meow meow,” Meow Meow meow meow meow meow meow meow meow meow meow, “meow Meow meow meow meow meow meow meow meow meow meow meow meow meow meow meow. Meow meow meow meow meow meow Meow meow Meow.”

Meow meow meow meow meow meow meow, Meow Meow meow meow meow meow meow Meow meow meow meow meow Meow: meow meow meow meow meow meow meow meow meow meow meow meow meow meow meow meow meow meow meow meow.

“Meow meow meow meow meow,” meow meow, meow meow meow meow meow meow meow meow meow meow Meow meow meow Meow meow meow meow meow Meow meow Meow, “meow meow meow Meow” meow meow meow meow meow meow Meow.

“Meow? Meow’meow meow?” meow Meow Meow, meow meow meow meow meow, meow meow meow meow meow.

Meow Meow meow meow meow meow meow meow meow meow, meow meow meow meow meow.

“Meow Meow meow meow Meow meow,” meow Meow, “meow meow meow meow meow meow meow meow meow meow,” meow meow meow meow meow meow.

“Meow, meow!” meow Meow Meow.

“Meow meow meow Meow, meow,” Meow Meow meow meow meow meow. Meow meow meow meow, meow meow meow meow. Meow Meow meow meow meow meow meow meow. Meow meow meow meow meow meow meow meow meow meow meow. Meow meow meow meow meow meow meow meow meow meow meow meow meow meow meow meow meow, meow meow meow meow meow meow meow meow meow meow meow meow meow meow meow meow. “Meow meow meow meow meow meow,” meow meow, “meow meow meow, meow’meow meow meow meow meow meow.” Meow meow, meow meow meow meow meow

meow, meow meow meow meow meow meow Meow Meow meow meow meow meow meow meow meow meow, meow meow, meow meow meow meow meow meow Meow, meow Meow Meow meow meow meow meow meow meow meow meow meow meow meow meow meow meow meow. Meow meow meow.

"Meow Meow Meow meow Meow!" Meow Meow meow meow, meow meow meow meow meow meow meow meow meow meow meow meow meow meow meow meow meow meow. Meow meow meow meow meow. "Meow, meow meow meow, meow Meow Meow, meow meow Meow" – meow meow meow meow meow meow meow meow meow – "meow meow meow meow meow meow meow meow meow meow, meow meow meow meow meow, meow meow meow meow meow meow meow, meow meow meow, 'Meow, meow meow meow meow meow!'"

Meow Meow meow meow meow meow meow meow meow meow.

Meow meow meow meow meow, meow meow meow meow meow meow meow, meow meow meow meow meow meow meow meow meow. Meow Meow meow meow meow meow meow meow, meow meow meow meow meow meow meow meow Meow: "Meow meow meow meow meow Meow..." meow meow.

Meow Meow meow.

"Meow meow meow meow meow Meow meow meow meow meow Meow meow meow meow meow Meow meow meow-meow meow; meow Meow, meow meow meow meow Meow Meow, meow meow meow meow meow meow meow meow meow. Meow meow meow meow Meow Meow, meow meow meow Meow meow meow meow meow meow meow meow meow'meow meow, meow meow meow Meow Meow Meow. Meow meow meow meow meow meow meow meow meow meow meow meow meow meow meow meow. Meow meow meow meow meow Meow meow meow Meow meow meow meow meow meow meow meow, meow meow meow meow meow meow Meow Meow."

"Meow meow! Meow meow meow!" meow meow meow meow meow meow meow meow meow meow.

Meow meow meow meow Meow Meow'meow meow meow meow meow meow meow meow meow meow meow meow meow meow meow meow meow meow meow meow meow meow meow meow meow meow meow meow meow meow meow meow meow.

"Meow meow meow," meow Meow Meow, "meow meow, meow meow Meow'meow meow, meow meow meow meow. Meow meow meow meow meow!"

Meow II

Meow Meow'meow meow meow meow meow meow. Meow meow meow meow meow meow meow meow meow meow meow meow meow Meow'meow meow, Meow Meow meow meow meow meow meow meow meow meow meow meow meow Meow Meow. Meow meow Meow'meow meow, meow meow Meow meow meow meow meow meow meow. Meow meow meow meow Meow meow meow meow meow meow, meow meow Meow meow meow meow meow meow meow, meow meow meow meow meow meow meow meow meow meow meow meow meow meow meow meow. Meow meow meow meow meow meow meow meow meow. Meow meow meow, meow meow meow meow, meow meow meow meow meow Meow meow Meow meow meow meow meow meow.

Meow Meow'meow meow meow meow, meow meow meow meow meow meow meow meow meow meow meow meow. Meow meow meow meow meow meow meow meow, meow meow meow meow meow Meow'meow meow meow meow, meow meow meow, meow meow meow meow meow meow meow meow meow Meow.

Meow meow meow meow meow meow meow meow meow meow meow meow meow meow meow meow meow meow meow meow meow meow meow meow meow meow meow meow. Meow meow meow meow meow meow meow meow meow. Meow meow meow meow′ meow meow meow meow meow meow meow meow meow meow meow meow meow meow meow Meow′meow meow meow meow meow meow meow meow meow meow. Meow meow meow meow meow meow meow. Meow meow meow meow Meow′meow meow meow meow Meow meow, meow meow meow meow meow meow Meow, Meow, meow Meow. Meow meow Meow meow meow meow meow meow meow meow meow meow meow meow meow meow meow: Meow′meow meow. Meow meow meow, meow Meow meow meow, meow meow meow meow meow meow. Meow meow meow meow meow meow meow:

“Meow meow meow meow! Meow meow meow meow. Meow meow meow meow Meow meow! Meow meow Meow meow!”

“Meow meow Meow meow meow Meow?” Meow Meow meow meow meow meow meow′meow meow. “Meow meow meow meow meow meow meow meow meow meow meow Meow.”

Meow meow meow meow meow meow meow meow meow meow meow meow meow meow meow. Meow meow meow meow meow meow meow meow meow meow meow Meow.

“Meow meow Meow′meow meow!” meow meow, meow meow meow meow Meow meow meow meow meow meow meow meow, meow meow meow meow meow meow meow meow Meow′meow meow. Meow meow Meow Meow meow meow meow meow meow meow Meow, meow meow meow meow meow meow meow meow meow meow. Meow, meow meow, meow meow meow meow meow meow Meow meow meow meow meow, meow meow meow meow meow meow meow. Meow Meow Meow meow meow meow meow meow meow meow meow meow meow meow meow meow meow. Meow, meow meow meow, meow meow meow Meow Meow meow meow meow meow meow meow meow meow meow, meow meow meow meow meow meow meow meow meow meow meow meow meow meow Meow meow Meow meow meow meow meow meow meow meow meow meow meow meow meow meow; meow Meow, meow meow meow meow meow meow meow meow meow meow meow meow meow meow meow meow meow meow meow (meow meow, meow Meow) meow meow meow, meow meow meow meow meow meow meow meow meow meow, meow meow meow meow meow meow meow meow meow meow meow. Meow meow meow meow Meow Meow meow meow meow meow meow meow meow meow Meow, meow meow meow meow meow meow meow meow meow meow meow meow meow meow meow meow meow meow meow.

Meow meow meow meow meow meow meow meow: meow Meow′meow meow meow meow, meow meow meow Meow, meow meow meow meow Meow.

Meow meow meow meow meow Meow′meow meow meow meow meow meow meow Meow, meow meow meow meow meow meow Meow meow meow Meow meow meow meow meow meow. Meow meow meow! Meow meow meow meow meow Meow meow meow meow! Meow meow meow meow, meow Meow Meow meow meow meow meow meow meow meow meow meow meow meow meow meow′meow meow meow meow Meow, meow meow meow meow meow (meow meow meow meow meow meow meow meow meow meow meow meow meow meow), meow meow meow meow meow meow meow meow meow meow meow meow meow meow meow.

“Meow meow meow meow meow meow meow Meow meow meow meow meow meow meow meow meow.”

Meow meow meow meow meow meow meow meow meow meow meow meow meow, meow meow meow meow meow meow meow meow meow meow Meow Meow:

Meow Meow′meow meow meow meow meow meow meow meow meow meow meow meow meow meow meow meow meow meow meow Meow meow. Meow meow meow meow meow

meow meow Meow. Meow! Meow’meow meow meow meow meow meow meow meow meow meow meow meow! Meow meow meow meow meow meow meow meow meow meow meow meow meow meow meow meow meow meow meow meow meow meow meow meow meow meow! Meow meow meow meow meow. Meow meow meow meow meow, meow meow meow meow meow meow meow meow meow meow meow meow meow meow.

Meow meow meow meow meow Meow meow Meow Meow meow Meow meow meow meow meow:

Meow Meow Meow! Meow meow meow-meow meow Meow Meow meow meow meow meow meow meow, meow meow meow meow meow Meow Meow meow meow meow meow meow meow meow Meow, meow Meow, meow meow meow meow meow, meow meow meow, meow meow meow meow Meow. Meow meow meow meow meow meow meow meow meow meow meow meow, meow meow meow meow meow meow. Meow meow meow meow meow Meow-Meow Meow Meow, meow meow meow meow meow meow meow meow meow meow meow meow meow meow meow meow meow meow meow meow meow.

Meow III

Meow meow meow meow meow meow Meow, meow meow meow Meow meow Meow meow meow meow meow meow meow meow. Meow meow meow Meow, meow Meow meow meow meow meow Meow, meow meow meow meow meow, meow meow meow meow meow’meow, meow meow meow meow meow.

Meow meow meow meow meow meow meow meow meow meow meow meow meow meow.

“Meow,” meow meow, meow meow meow, “meow meow meow meow meow Meow Meow, meow meow meow meow meow meow, meow meow meow meow meow meow meow meow meow. Meow meow meow meow meow meow,” meow meow meow meow meow Meow meow, “meow meow meow meow Meow Meow meow meow meow meow meow meow meow meow meow meow....”

“Meow!” meow meow Meow meow, meow meow meow meow meow meow meow meow, meow meow Meow meow meow meow. “Meow meow meow meow meow, Meow.”

Meow meow meow meow meow meow meow meow meow meow.

“Meow, meow, meow meow meow meow meow,” meow meow, meow meow meow meow meow meow meow meow meow Meow meow meow meow meow meow meow, “meow meow meow meow meow meow meow meow meow meow meow meow meow meow meow Meow meow meow meow meow meow Meow meow meow meow meow meow meow meow meow meow meow meow meow meow meow meow meow meow meow meow meow meow meow meow. Meow meow meow meow meow meow meow meow meow,” meow meow Meow meow meow meow meow meow; “meow meow meow meow meow meow meow Meow Meow,” meow meow, meow meow meow meow meow meow meow meow meow, “meow meow meow meow meow meow meow meow meow meow meow meow meow, meow meow meow meow meow meow meow meow meow, Meow meow meow meow meow meow meow meow” (meow meow meow meow meow meow) “meow meow meow meow meow meow meow meow meow meow meow, meow meow meow meow meow meow meow meow meow meow meow meow meow meow meow Meow meow meow meow meow.”

Meow meow meow meow meow meow meow meow meow Meow meow meow meow meow meow meow meow meow Meow meow meow meow meow meow meow meow, meow meow meow meow meow meow meow meow meow. Meow meow meow meow meow meow, meow meow meow meow Meow meow meow meow meow meow meow meow meow meow meow

meow. Meow Meow'meow meow meow meow meow meow meow meow meow meow meow meow meow meow.

"Meow Meow, meow meow meow meow Meow meow meow meow meow, meow meow meow meow meow meow meow meow... Meow meow Meow," meow meow Meow, meow meow meow. "Meow meow meow meow meow meow meow. Meow meow meow meow meow, meow meow meow meow meow meow meow meow...."

Meow meow Meow meow, meow meow meow.

Meow meow meow meow meow meow meow meow meow meow meow meow meow meow Meow'meow meow, Meow—meow meow, meow meow meow meow meow'meow,—meow meow meow meow meow meow meow meow meow meow meow meow meow (meow meow meow meow meow meow), meow meow meow meow meow meow meow meow meow meow Meow meow meow meow meow meow meow meow meow, meow meow meow meow:

"Meow!" meow meow, "Meow Meow meow meow meow meow meow meow meow meow meow meow meow meow meow meow Meow!"

Meow meow meow meow meow meow meow Meow meow meow.

Meow IV

Meow meow meow meow meow meow meow meow meow meow meow meow meow meow meow meow meow Meow meow meow meow meow meow meow meow meow meow meow meow, meow meow meow meow meow meow meow meow meow meow meow meow meow meow, meow Meow meow meow meow meow meow meow meow meow meow meow meow meow, meow meow meow, meow meow meow meow meow. Meow meow meow meow meow meow meow meow meow meow meow meow meow meow-meow, meow meow, meow, meow, meow meow meow meow meow Meow. Meow meow meow meow meow meow. Meow meow meow meow meow meow meow meow meow meow meow meow meow meow meow meow meow meow meow meow meow meow meow meow meow meow meow meow meow meow meow meow meow meow. Meow meow meow meow meow meow meow meow meow meow meow meow meow meow meow meow meow meow meow meow meow meow meow meow meow meow meow meow meow meow meow meow meow meow. Meow meow meow meow meow meow meow meow meow meow meow meow meow meow meow meow meow meow meow meow meow meow meow meow, meow meow meow meow meow meow meow meow meow meow meow meow meow meow.

Meow meow meow meow meow meow meow meow meow meow meow meow meow meow meow meow meow meow-meow meow meow meow meow meow meow meow meow meow, meow meow meow meow meow, meow meow meow meow meow meow meow meow meow meow meow meow meow meow meow—meow Meow'meow meow Meow'meow meow meow meow Meow meow, meow meow meow meow meow meow meow meow meow meow meow meow meow, meow meow meow. Meow meow, meow meow meow meow meow meow meow meow meow, meow meow Meow'meow meow meow meow meow meow meow meow meow meow meow meow meow meow meow meow meow meow meow meow meow meow meow meow meow meow meow meow meow meow meow meow meow meow meow meow meow. Meow meow meow meow meow meow meow meow meow meow meow meow meow meow Meow meow Meow meow meow meow. Meow meow meow meow meow, meow meow meow meow meow meow meow meow meow meow meow meow meow meow. Meow meow meow meow meow meow meow meow meow meow.

Meow meow meow meow meow meow meow meow meow meow meow meow meow meow Meow meow meow meow meow meow meow meow. Meow Meow meow meow meow meow meow meow meow meow Meow, meow, meow meow meow meow meow, meow meow Meow

meow meow meow meow meow meow meow meow-meow meow meow meow; meow meow meow meow meow meow meow Meow meow meow meow meow meow meow meow Meow, meow meow meow meow meow meow meow meow meow meow meow meow meow meow meow meow meow Meow, meow meow meow meow meow meow meow, meow meow meow, meow Meow meow meow, meow meow meow.

Meow meow meow meow meow meow meow meow meow, Meow Meow meow meow meow meow meow meow meow meow meow meow meow meow, meow meow meow meow, meow meow meow meow meow-meow, meow meow meow meow meow meow meow meow meow meow Meow meow meow meow meow meow meow meow meow meow meow. Meow meow meow meow meow meow meow meow meow meow meow Meow, meow meow meow meow meow meow meow meow meow meow meow meow meow meow, meow Meow meow meow meow meow meow meow meow, meow meow meow meow meow meow meow meow meow meow meow meow meow meow meow meow meow meow, meow meow meow meow meow meow meow meow meow meow meow meow, meow meow meow meow meow meow meow meow meow meow meow meow meow meow meow meow meow meow meow meow meow meow meow' meow.

Meow meow meow meow meow meow meow meow meow, meow meow meow meow meow meow meow meow Meow meow meow meow meow meow meow, meow meow meow meow meow meow meow meow meow meow meow meow meow meow, meow meow meow meow meow—meow meow meow meow meow meow meow meow meow meow meow.

Meow meow meow meow meow meow meow Meow, Meow meow meow meow meow meow meow, meow meow meow meow meow meow meow meow, meow meow meow meow meow meow meow Meow.

Meow meow meow meow meow meow meow—meow meow, meow meow meow meow meow meow meow meow meow meow meow meow—meow meow meow Meow meow meow meow meow meow meow meow meow meow meow meow'meow meow meow, meow meow, meow meow. Meow—meow meow meow, meow, meow meow meow meow meow meow—meow meow meow meow meow meow meow meow, meow'meow meow meow, meow meow meow meow meow, meow meow meow meow meow, meow meow meow meow meow meow meow meow meow meow meow. Meow meow meow meow meow meow meow meow meow meow meow meow meow, meow meow meow, meow meow meow meow meow meow meow meow meow; meow, meow, meow meow meow meow meow meow meow meow meow meow meow meow meow.

"Meow meow Meow Meow Meow'meow meow? Meow meow meow meow meow meow meow meow meow'meow. Meow meow meow meow meow Meow—meow meow Meow, meow meow meow meow meow meow meow meow," meow meow meow, meow meow meow meow.

Meow meow meow meow meow'meow, Meow meow meow meow meow, meow meow meow meow meow meow, meow meow meow meow meow meow meow, meow meow meow, meow meow meow meow. Meow meow meow meow meow meow meow meow meow meow meow meow meow meow meow Meow meow, meow meow meow meow meow meow meow meow meow meow meow meow meow, meow meow meow meow meow.

Meow Meow meow meow meow meow meow meow, meow meow meow meow meow Meow meow meow meow meow meow meow meow meow meow. Meow meow meow meow meow meow meow meow meow. Meow meow meow meow meow meow meow meow meow meow meow meow. Meow meow meow meow meow meow meow Meow meow meow meow meow meow meow meow meow meow meow meow meow meow meow meow meow, meow meow meow meow meow meow meow meow meow meow meow meow meow meow meow, meow meow meow meow meow meow meow meow meow meow meow meow meow meow meow meow meow meow meow meow meow.

Meow meow meow Meow meow meow meow meow meow-meow, meow meow meow meow meow, meow meow meow meow meow meow meow meow. Meow meow meow meow meow meow meow meow meow meow meow meow meow meow'meow meow meow meow meow meow, Meow meow meow meow meow meow'meow meow meow meow meow meow meow meow meow meow meow meow, meow meow, meow meow meow meow, meow meow meow meow Meow meow meow meow meow meow meow meow. Meow meow, meow, meow meow meow meow meow meow meow meow meow meow meow meow meow Meow. Meow meow meow'meow meow-meow meow meow meow meow meow meow meow meow meow meow Meow' meow meow. Meow meow meow meow meow meow, meow, meow meow meow'meow meow meow meow meow meow meow, meow meow'meow meow meow meow meow meow meow meow, meow meow meow meow meow meow meow meow meow meow meow meow meow meow meow meow'meow meow meow meow meow'meow meow.

Meow V

Meow meow meow meow meow meow meow meow, meow meow meow meow meow meow meow meow meow meow meow meow meow meow meow meow meow meow meow. Meow meow meow meow meow meow meow meow meow meow meow, meow meow meow meow meow, meow meow meow meow, meow, meow meow meow meow meow meow meow meow meow meow-meow Meow meow, Meow meow meow meow meow meow meow meow meow meow meow meow meow meow meow meow meow Meow.

"Meow meow?"

"Meow meow meow, meow meow meow. Meow meow" (Meow meow meow meow meow) "meow meow, meow meow meow meow meow; meow meow" (meow meow meow meow meow) "meow Meow'meow...."

Meow meow meow meow meow meow meow meow meow meow meow meow meow meow.

"Meow, Meow Meow!" meow Meow, meow meow, meow meow meow meow Meow Meow meow meow meow meow, meow meow meow meow meow meow meow meow meow meow meow meow meow.

Meow meow meow meow, meow meow meow. Meow meow'meow meow-meow meow meow meow meow meow meow meow meow.

"Meow Meow meow meow meow meow, Meow," meow meow, meow meow meow meow meow Meow meow meow meow meow Meow Meow meow meow meow meow meow. "Meow, Meow! Meow meow meow meow meow meow meow meow?"

"Meow, meow, Meow. Meow meow meow?"

"Meow Meow Meow. Meow meow meow meow meow meow meow meow meow meow.... Meow meow meow?"

"Meow meow meow meow meow meow meow!" meow Meow.

"Meow meow, Meow Meow. Meow meow meow meow Meow meow meow meow. Meow! Meow meow meow. Meow, meow...?"

"Meow meow meow! Meow meow'meow, Meow!"

"Meow meow, meow meow!... Meow, meow meow meow meow meow!"

Meow meow'meow meow meow meow meow meow meow meow meow meow meow meow meow meow meow meow meow, meow meow meow meow meow meow meow meow meow meow meow meow meow meow meow meow. Meow meow Meow, Meow Meow'meow meow meow meow meow'meow meow, meow meow, meow meow meow meow meow meow Meow. Meow Meow meow meow meow meow meow meow meow meow meow meow. Meow meow

meow meow meow, meow meow meow meow meow, meow meow meow meow meow meow meow meow meow meow.

"Meow meow, meow meow," meow meow meow, meow meow meow meow meow Meow. "Meow meow meow meow meow."

Meow meow meow meow meow Meow Meow meow meow meow meow, meow Meow meow meow meow meow, meow meow meow meow Meow meow meow Meow Meow, meow meow meow meow meow meow meow meow, meow meow meow meow meow Meow meow meow meow meow meow meow meow meow meow.

Meow meow meow meow meow meow meow meow meow meow. Meow meow meow meow Meow Meow meow meow meow meow meow meow meow meow meow, meow meow meow meow meow meow.

Meow meow meow meow meow Meow Meow meow meow meow meow meow meow, meow meow meow'meow meow meow meow meow meow meow meow meow meow meow, meow meow meow meow meow meow meow meow meow meow, meow meow meow meow meow meow, meow meow meow meow meow meow meow meow meow meow meow meow meow meow meow meow.

"Meow meow meow, meow meow," meow meow meow'meow meow meow meow meow meow meow meow meow meow meow, "meow meow meow meow meow meow meow meow: meow meow meow meow meow meow meow?"

"Meow meow meow meow, Meow?" meow Meow.

"Meow meow meow meow meow meow meow meow meow meow. Meow Meow meow meow Meow, meow Meow meow, meow—meow meow! Meow meow meow meow meow meow meow? Meow meow meow meow meow meow meow meow meow. Meow meow meow meow meow meow, meow! Meow meow meow meow meow meow meow meow, meow."

"Meow meow meow," meow Meow meow meow meow meow meow. "Meow meow meow meow, Meow, Meow meow'meow meow meow meow meow meow meow meow," meow meow meow meow meow meow meow meow meow meow meow meow.

"Meow meow, meow, meow meow meow meow meow!"

"Meow meow meow!"

"Meow, meow," meow meow'meow meow meow meow meow meow meow meow. "Meow, meow meow meow, meow meow meow meow meow meow meow meow meow, meow meow. Meow meow meow meow meow meow, meow...."

"Meow meow, meow meow meow meow meow meow," meow Meow meow meow meow meow meow meow; meow meow meow meow meow meow meow meow meow meow meow meow meow meow meow meow meow meow meow meow meow.

"Meow meow meow Meow meow meow meow meow meow meow'meow meow!" meow Meow meow meow meow. "Meow meow meow meow meow meow meow meow... meow Meow...?" Meow meow meow meow meow meow meow'meow meow, meow meow meow meow meow meow meow, "Meow meow, meow!" meow meow meow meow.

"Meow meow meow, meow meow meow meow, Meow..."

"Meow meow meow, meow meow? Meow, meow'meow meow meow meow," meow meow.

Meow meow meow meow meow meow meow meow meow meow meow meow meow (meow meow meow meow meow meow meow meow meow, meow meow, meow meow meow) meow meow meow meow meow meow meow meow. Meow meow meow meow meow meow meow meow meow meow meow meow meow meow meow meow meow meow, meow meow meow meow—meow meow meow meow meow meow meow meow—meow meow meow meow meow meow meow meow meow meow: meow meow meow meow meow, meow meow meow meow meow, meow meow meow meow meow meow meow meow meow meow.

"Meow meow, Meow, Meow meow meow meow meow meow meow meow meow, meow meow meow meow meow meow meow meow meow meow meow meow."

"Meow meow, Meow meow," meow meow meow'meow meow.

"Meow Meow Meow—meow'meow meow meow. Meow meow meow meow meow meow. Meow meow meow meow Meow meow meow meow meow, Meow meow meow meow meow; meow meow, meow Meow meow meow meow meow meow—meow meow, meow meow meow meow meow meow: 'Meow meow meow.' Meow meow meow meow meow Meow meow meow meow meow meow meow; meow Meow meow meow meow meow meow meow meow, meow meow meow meow meow meow meow meow meow meow. Meow meow meow meow meow meow Meow meow meow meow meow meow meow meow meow meow meow meow meow meow meow meow meow meow meow meow meow meow. Meow meow meow meow meow meow Meow meow meow meow meow meow Meow'meow meow meow meow meow meow... meow meow meow... Meow meow meow... Meow meow meow meow meow meow meow meow meow, meow meow meow."

"Meow meow meow'meow meow Meow'meow meow meow meow meow meow meow meow? Meow meow meow meow meow meow meow meow meow," meow meow meow'meow meow.

"Meow meow meow meow meow, Meow..." meow Meow, meow meow meow meow meow.

Meow VI

Meow meow Meow meow meow meow meow Meow, Meow Meow meow meow meow meow meow meow meow meow, meow meow meow meow Meow Meow meow meow meow meow meow meow meow meow Meow Meow meow Meow. Meow meow meow meow meow meow meow meow meow meow meow meow'meow meow, meow meow meow, meow meow meow meow meow meow Meow meow meow meow meow meow meow meow, meow meow meow meow, meow meow meow meow meow, meow meow meow, meow meow meow meow meow'meow meow. Meow meow meow. Meow, meow meow meow meow meow meow meow, meow meow meow meow meow meow meow meow meow meow meow meow meow meow meow meow meow meow meow meow meow Meow. Meow meow meow meow meow meow meow meow meow meow meow meow meow meow meow, meow meow meow meow meow meow meow meow, meow meow. Meow meow meow meow meow meow meow'meow meow meow meow meow meow meow meow meow meow, meow meow meow meow meow meow meow meow meow meow meow—meow meow meow meow meow meow meow meow meow meow meow meow meow meow meow meow meow meow meow meow meow meow meow meow meow meow meow meow meow meow meow meow Meow.

Meow meow meow meow meow meow meow'meow meow meow meow meow Meow meow, meow meow meow meow meow meow meow, meow meow meow meow meow meow meow meow meow meow, meow meow, meow meow meow meow meow, meow meow meow meow meow meow meow meow meow meow meow meow meow meow meow meow meow. Meow meow meow, meow meow meow'meow meow meow meow meow meow Meow meow Meow'meow meow, meow meow meow meow meow meow meow meow meow Meow Meow'meow meow meow meow. Meow Meow Meow meow meow meow meow meow meow meow meow—meow meow meow meow meow, meow meow, meow, meow-meow, meow meow meow.

Meow meow meow meow meow meow meow Meow meow, Meow Meow meow meow meow meow meow meow meow meow meow meow. Meow meow meow meow meow meow meow meow meow meow meow meow meow meow meow meow meow—meow meow meow

meow meow meow meow meow, meow meow meow meow, meow meow meow; meow meow meow meow meow meow meow meow meow meow meow meow meow meow; meow meow meow meow meow meow meow meow meow meow meow'meow meow meow meow meow meow meow Meow—meow meow meow meow meow meow meow meow meow meow— meow meow meow meow meow meow meow, meow meow meow meow, meow meow meow meow meow: meow meow meow meow meow meow meow meow meow, meow meow meow meow meow, meow meow meow meow meow meow meow meow meow meow meow meow'meow meow. Meow meow meow meow meow meow meow meow meow, Meow Meow meow meow meow meow meow meow meow meow meow meow meow meow meow meow meow, meow meow meow meow meow meow meow meow meow meow meow meow meow. Meow meow meow meow meow meow meow meow meow meow meow meow meow meow meow meow meow meow meow meow meow meow.

Meow meow meow meow meow meow meow meow meow meow meow meow meow meow. Meow meow meow meow meow meow meow meow meow meow meow, meow meow meow, meow meow meow meow meow, meow meow meow meow meow meow.

Meow meow meow meow meow meow meow. Meow meow meow meow, meow meow meow meow meow meow meow meow meow meow; meow meow meow meow meow meow—Meow meow meow meow meow meow—meow meow meow meow meow'meow meow meow, meow Meow' meow, meow meow Meow Meow'meow.

Meow meow meow meow meow meow meow, meow meow meow meow meow meow meow meow meow Meow. Meow meow meow meow meow Meow'meow meow meow meow meow meow, meow meow meow meow meow meow meow meow meow meow meow meow meow meow meow meow meow meow. Meow meow meow, meow meow meow meow meow Meow Meow'meow meow meow meow meow meow meow meow, meow meow meow meow meow meow meow meow meow meow meow meow meow meow. Meow meow meow meow meow meow meow meow meow meow meow meow meow (meow meow meow meow meow meow meow) meow meow meow meow meow meow meow, meow meow meow meow meow meow meow meow meow, meow meow meow meow meow meow meow meow meow, meow meow, meow meow, meow meow meow meow meow meow.

Meow meow meow meow meow meow meow meow, Meow, meow meow meow meow meow meow meow, meow meow Meow Meow'meow meow meow, meow meow meow meow meow meow meow meow meow meow meow meow. Meow meow meow meow meow meow meow, meow meow meow, meow meow meow meow Meow Meow. Meow meow meow, meow, meow meow meow meow meow meow meow meow meow meow meow meow meow meow meow meow. Meow meow meow meow meow meow, meow meow meow meow, meow meow meow meow meow meow meow meow meow meow meow meow meow.

Meow meow meow meow meow Meow Meow meow meow meow meow meow meow, meow Meow meow meow meow meow meow meow meow meow meow meow meow; meow meow meow meow meow meow'meow meow meow meow meow meow meow, meow meow meow Meow meow meow meow Meow Meow meow meow meow meow meow meow, meow meow meow meow meow meow meow Meow Meow. Meow meow meow meow meow meow meow meow meow meow meow meow meow meow'meow meow meow Meow.

Meow Meow meow meow meow'meow meow meow meow meow meow meow meow meow meow Meow Meow, meow meow meow meow.

Meow meow Meow Meow meow meow meow meow meow meow meow meow meow meow meow meow meow, meow meow, meow meow meow meow meow meow meow meow meow meow meow meow meow meow meow meow meow meow meow, meow meow meow meow meow meow, meow meow meow meow meow meow meow meow meow meow meow meow meow meow meow meow meow meow meow. Meow meow meow meow meow meow meow Meow

meow meow meow meow meow meow meow meow meow meow meow meow Meow Meow. Meow meow meow meow meow meow meow meow meow. Meow meow meow meow (meow meow meow meow meow meow meow meow meow) meow meow meow meow meow meow meow meow meow meow meow meow meow meow meow meow meow, meow meow meow meow meow meow meow, meow meow meow meow meow meow—meow meow meow meow meow meow meow meow meow meow meow.

Meow meow Meow Meow, meow meow meow meow meow meow meow meow meow meow meow, meow meow meow meow meow meow meow meow meow meow meow meow meow meow meow. Meow meow meow meow meow meow meow meow meow meow meow meow meow meow meow meow meow meow meow meow meow meow, meow meow meow meow meow meow meow meow, meow meow meow meow meow, meow meow Meow. Meow meow meow meow meow meow meow meow meow meow meow meow-meow meow meow meow, meow meow, meow meow meow meow, meow meow meow meow meow meow meow meow meow meow meow meow: meow meow meow meow, meow meow meow meow meow meow, meow meow'meow meow, meow meow, Meow meow Meow, meow meow meow meow, meow meow meow—meow meow meow meow meow meow meow meow meow meow. Meow meow Meow Meow, meow meow meow meow meow meow meow meow meow, meow meow meow meow meow meow meow meow meow. Meow meow meow, meow meow meow meow meow meow. Meow meow meow meow.

Meow VII

Meow meow meow meow meow meow meow Meow, meow meow meow meow meow meow meow, meow meow meow meow meow meow meow meow meow meow Meow meow Meow meow meow meow meow Meow. Meow Meow, meow meow meow meow meow'meow meow meow meow meow Meow meow meow meow meow meow meow meow, meow (meow Meow meow, meow meow meow meow meow meow meow) meow meow meow meow meow meow Meow Meow.

Meow meow meow meow meow meow meow meow meow Meow meow meow meow meow Meow, Meow meow meow meow meow meow, meow, meow meow meow meow, meow meow meow meow meow meow, meow meow meow Meow meow meow meow meow meow meow meow, meow meow meow meow meow meow meow meow meow meow. Meow meow meow meow meow meow meow meow; meow meow meow meow meow meow meow meow meow meow meow meow meow meow meow meow meow meow meow meow meow meow meow meow. Meow meow meow meow meow meow meow meow, meow meow meow meow meow meow meow meow meow meow meow.

Meow meow meow meow meow meow meow meow meow, meow meow Meow meow meow, meow meow meow meow meow meow meow Meow meow. Meow meow meow meow meow meow meow meow meow meow meow meow meow meow meow meow, meow meow meow meow meow meow meow. Meow meow meow meow meow meow meow'meow meow meow meow meow meow.

“Meow meow meow meow meow?” meow meow, meow meow meow meow meow meow meow meow meow meow meow meow meow meow, meow meow meow.

Meow meow meow Meow Meow meow meow meow meow meow meow meow meow meow meow meow meow meow meow meow meow meow, meow, meow meow meow meow meow meow. Meow Meow, meow meow meow meow meow, meow meow meow meow meow meow meow meow meow meow meow.

Meow meow meow meow meow meow meow. Meow meow meow meow meow meow meow meow meow, meow meow meow meow meow meow meow meow, meow, meow meow, meow meow meow meow meow meow meow meow. Meow meow meow meow meow meow meow, meow, meow meow meow meow. Meow meow meow meow meow meow meow meow, Meow meow meow meow meow meow meow meow meow meow meow meow meow’meow meow meow meow meow meow meow meow meow meow meow meow meow meow meow meow meow meow meow meow, meow meow meow meow meow meow meow meow meow meow meow meow meow meow meow. Meow meow meow meow meow meow meow meow meow meow meow meow meow meow, meow meow meow meow meow meow meow meow.

Meow Meow meow meow meow meow meow meow meow meow meow meow meow meow meow Meow meow. Meow meow meow meow meow meow meow meow, meow meow meow meow meow meow meow meow meow meow meow meow meow meow meow, meow meow meow meow meow meow meow. Meow meow meow meow meow meow Meow meow meow meow meow meow meow meow meow meow meow meow meow. Meow meow meow meow meow meow meow meow meow meow meow meow meow meow meow meow. Meow meow, meow, meow meow meow meow meow meow meow meow meow meow meow meow meow meow meow meow meow meow meow meow meow meow meow meow meow. Meow meow meow’meow meow meow meow meow, meow meow, meow meow meow meow meow meow meow meow meow meow. Meow meow, meow, meow meow, meow meow meow, meow meow meow meow, meow meow meow meow meow meow meow meow meow meow meow meow meow meow meow meow meow meow meow. Meow meow Meow meow meow meow meow meow meow meow meow meow meow meow meow (meow meow meow meow meow meow meow Meow Meow) meow meow meow meow meow meow meow meow meow meow, meow meow Meow Meow meow meow meow meow meow meow meow meow meow meow meow meow meow meow meow meow meow meow meow.

“Meow meow meow meow meow meow. Meow meow meow!” meow meow meow meow. “Meow meow Meow meow meow? Meow meow Meow meow meow meow meow meow Meow?” Meow meow meow meow meow meow: meow meow meow meow meow meow meow meow meow meow meow meow meow meow meow—meow meow meow meow meow meow meow meow meow meow. Meow meow meow meow meow meow meow meow meow meow. Meow meow meow meow meow meow meow meow meow meow meow meow meow. Meow meow, meow meow meow meow meow. Meow meow meow, meow meow meow meow meow meow meow meow meow. Meow meow meow meow meow meow meow meow meow Meow, meow meow meow meow meow meow meow meow meow meow meow meow meow meow meow meow meow meow meow meow meow meow Meow, meow meow meow meow meow meow meow meow meow Meow Meow, meow meow meow meow meow meow meow meow meow meow.

Meow meow Meow meow meow meow meow meow meow meow meow, meow meow meow meow Meow Meow meow meow meow meow meow meow meow.

“Meow meow meow!” meow meow. “Meow meow meow meow meow meow meow meow meow meow meow. Meow, meow meow meow meow meow meow meow, meow Meow meow meow meow meow meow meow meow. Meow meow’meow Meow meow meow meow Meow meow?” meow meow meow. “Meow meow Meow meow? Meow meow meow, meow meow Meow... Meow meow meow,” meow meow, meow meow meow meow’meow meow meow meow: “Meow meow meow meow meow meow meow Meow. Meow, meow meow Meow... meow meow... meow, meow meow! Meow, Meow meow’meow meow meow—meow meow Meow meow. Meow, Meow! meow meow meow meow meow, meow meow!” meow meow meow meow meow. “Meow, meow meow meow meow, meow meow meow meow meow meow meow meow meow Meow meow Meow meow meow meow meow, meow meow meow meow meow meow

meow—meow meow meow meow meow meow meow meow meow meow meow meow meow meow. Meow, meow Meow meow meow meow meow meow meow," meow meow meow meow meow meow meow meow meow meow meow, meow meow meow meow meow meow meow meow meow. Meow meow meow meow Meow Meow meow meow meow meow meow meow meow meow meow meow meow meow meow. Meow meow meow meow meow meow meow meow meow meow meow meow meow meow Meow meow meow meow meow meow.

"Meow! Meow meow meow meow meow meow meow meow?" meow Meow, meow meow meow meow.

"Meow meow meow," meow Meow meow meow meow meow. "Meow meow meow meow meow meow'meow meow meow meow meow."

Meow meow meow meow meow meow meow meow meow meow meow meow meow meow meow meow meow. Meow meow meow meow, meow meow meow meow, meow meow meow, meow meow meow meow meow meow meow meow meow meow meow meow meow, meow meow meow meow, meow meow meow meow meow meow meow meow meow. Meow meow meow meow meow meow meow meow meow meow Meow meow meow meow meow meow meow meow; meow Meow meow meow meow meow meow meow meow meow meow meow meow meow, meow meow meow meow meow meow meow meow meow meow meow meow meow meow meow meow meow meow meow meow Meow meow meow meow meow meow, meow meow meow meow meow.

Meow meow meow, meow meow meow meow Meow, meow meow meow meow Meow meow meow meow meow meow meow meow meow meow meow meow meow meow meow meow meow. Meow meow meow meow meow meow meow—meow meow meow meow meow meow meow meow Meow' Meow meow—meow meow meow' meow meow meow meow Meow meow meow Meow Meow, meow meow meow meow meow meow meow meow, meow meow meow meow meow meow meow meow meow meow meow meow meow meow meow meow meow meow.

Meow meow meow meow meow meow meow meow meow meow Meow meow meow meow meow meow meow meow meow meow meow meow meow meow meow meow meow meow meow (meow meow), meow meow meow meow meow meow meow meow meow meow Meow meow; meow, Meow, Meow meow meow meow meow meow meow, meow meow meow meow meow, meow meow meow meow, meow meow meow meow meow meow meow meow.

Meow VIII

Meow'meow meow meow meow Meow, meow meow meow meow meow meow meow Meow' meow, meow meow meow meow: meow meow meow meow Meow meow meow meow meow meow meow meow meow' meow meow meow meow. Meow meow meow Meow meow meow meow meow meow meow meow, meow Meow'meow meow meow meow meow' meow meow meow meow meow meow, meow meow meow meow meow meow meow meow Meow meow meow meow meow meow Meow Meow meow Meow. Meow meow meow meow meow meow meow meow meow meow meow meow meow Meow.

Meow meow meow meow meow meow meow Meow, meow meow meow meow meow meow meow meow meow, meow meow Meow meow meow, meow meow meow meow meow meow meow meow, meow meow meow meow meow meow meow meow meow meow meow meow meow meow meow meow meow meow meow meow meow meow meow meow Meow.

"Meow meow meow meow meow meow meow meow meow meow meow."

Meow meow meow meow meow meow meow meow meow meow meow meow meow meow meow meow meow meow meow meow, meow meow meow meow meow meow meow meow

meow meow meow meow meow meow meow meow meow meow meow. Meow meow meow meow meow meow meow meow meow meow meow meow meow meow. Meow meow meow meow meow meow Meow'meow meow. Meow meow meow meow meow meow meow meow meow meow meow meow meow meow meow meow, meow meow meow meow meow meow meow meow meow. Meow meow meow meow meow meow meow meow-meow meow meow meow meow meow meow meow meow meow meow meow meow meow meow meow meow meow meow, meow meow meow meow meow meow meow Meow meow meow meow meow meow meow meow meow meow. Meow meow meow meow meow meow meow meow meow meow meow meow meow meow meow meow meow meow-meow meow meow meow meow meow meow meow. Meow meow meow meow meow meow meow meow meow meow meow meow meow meow meow meow meow meow meow meow meow meow; meow meow meow meow Meow meow meow meow meow meow meow meow meow, meow meow meow meow meow meow, meow meow meow meow meow meow meow meow meow meow meow meow meow. Meow meow meow meow meow Meow meow meow meow meow meow meow, meow meow meow Meow meow meow meow meow meow meow meow meow meow meow meow meow meow, meow, meow meow. Meow meow meow meow meow meow Meow, meow meow meow meow meow meow meow meow meow meow meow, meow meow meow meow meow meow meow meow, meow meow meow meow meow meow meow meow meow meow meow meow Meow, meow meow meow meow meow meow meow meow meow meow meow meow meow meow meow meow meow meow meow meow.

Meow meow meow meow meow meow Meow' meow meow meow Meow meow meow meow meow meow meow Meow. Meow meow meow meow meow meow meow meow meow meow meow. Meow meow meow meow meow Meow Meow'meow meow meow meow meow, meow meow meow meow meow meow meow meow Meow, meow meow meow meow meow meow meow meow meow meow Meow meow meow meow meow meow meow meow Meow. Meow meow meow Meow meow meow meow meow Meow Meow meow meow meow meow meow meow meow. Meow meow meow meow meow meow meow meow meow meow meow meow meow meow meow meow meow meow meow, meow meow Meow meow meow meow meow meow meow meow Meow Meow meow meow meow meow meow meow meow meow meow meow. Meow meow meow meow meow meow meow meow meow meow meow meow meow meow meow meow meow meow meow meow, meow meow meow Meow meow meow meow meow meow meow meow Meow.

Meow meow Meow meow meow Meow meow meow meow meow meow meow meow meow.

Meow meow meow meow meow meow meow meow meow meow meow, meow meow meow meow meow meow Meow Meow. Meow meow meow meow meow meow meow meow meow Meow meow meow meow meow. Meow meow meow meow meow meow meow meow meow meow meow meow meow meow, meow meow meow meow meow meow meow meow meow meow meow meow meow. Meow meow meow meow, meow meow meow meow meow meow Meow Meow meow Meow meow meow meow. Meow meow meow meow meow meow meow meow meow meow. Meow meow meow meow Meow meow meow, meow meow. Meow meow meow meow, meow meow meow meow meow meow meow meow meow meow meow meow meow meow meow meow meow, meow meow meow meow Meow meow meow meow meow.

"Meow, meow, meow meow meow meow!" meow Meow, meow meow meow meow meow meow meow meow meow meow meow, meow meow meow meow meow meow meow meow meow meow meow meow meow.

"Meow meow meow meow meow?" meow meow meow.

"Meow, Meow meow'meow meow, meow meow meow meow meow," meow Meow, meow meow meow meow.

Meow meow meow meow Meow Meow meow meow Meow meow meow meow, meow Meow, meow meow meow meow meow, meow meow meow meow meow meow meow meow meow meow meow meow.

Meow meow meow meow meow meow meow meow meow meow meow meow, meow meow meow meow meow meow meow meow.

"Meow!" meow meow meow, meow meow meow meow meow meow meow meow meow meow, "Meow, meow'meow meow meow meow Meow?" Meow meow meow meow meow, meow meow, meow meow meow meow meow meow meow meow meow meow Meow meow meow meow meow meow meow meow meow meow meow meow. Meow meow meow meow, meow meow meow meow meow, meow meow meow meow, meow meow meow meow meow meow meow meow meow meow.

Meow meow meow meow meow meow meow, meow meow, meow meow meow.

"Meow, Meow, Meow meow meow," meow meow.

Meow meow meow, meow, meow meow meow meow meow meow meow meow, meow meow meow meow meow meow meow meow meow meow meow meow. Meow meow meow meow meow meow meow meow Meow'meow meow meow Meow Meow meow meow Meow meow meow Meow Meow, meow meow meow meow meow meow meow meow meow meow-meow meow meow meow meow meow meow meow meow meow meow meow meow. Meow meow meow meow meow meow meow meow meow meow—meow meow meow meow meow meow meow meow meow meow meow meow—meow meow meow meow meow meow meow meow meow meow meow meow Meow.

Meow IX

Meow meow meow meow meow meow meow Meow meow meow meow meow meow meow meow meow, meow meow meow meow meow meow meow meow. Meow meow meow meow meow meow meow meow meow meow meow meow meow meow meow meow meow—meow meow meow meow meow—meow meow meow meow meow meow meow meow meow meow meow.

Meow meow meow meow meow meow meow meow, Meow meow meow meow meow meow meow—meow meow meow meow—meow meow meow meow meow meow meow meow meow meow meow meow; meow meow meow meow meow meow meow meow meow meow meow meow meow meow meow, meow meow meow meow meow meow meow meow meow meow meow meow meow meow meow meow meow meow meow meow meow meow meow meow meow meow meow meow meow meow meow meow meow; meow meow meow meow meow Meow. 17 meow meow meow Meow, meow meow meow meow meow meow meow meow meow meow Meow Meow. Meow meow meow meow meow meow Meow, meow meow meow meow meow, meow meow meow meow, meow meow meow meow meow Meow, meow meow meow meow meow meow. Meow meow meow meow meow meow meow meow meow meow meow meow meow meow, meow meow meow meow meow meow meow meow meow meow meow meow.

Meow meow Meow meow meow Meow meow meow meow meow meow meow meow, meow meow meow meow meow, meow meow meow meow, meow meow meow meow meow Meow. Meow meow meow meow meow meow meow meow meow meow.

Meow meow meow meow meow meow meow meow (meow, meow, meow meow) meow meow meow meow meow meow. Meow meow meow meow meow meow meow meow meow meow meow meow meow meow meow Meow meow meow meow meow meow meow meow meow meow meow Meow meow meow meow meow. Meow meow meow meow meow meow meow meow meow, meow meow meow meow meow meow meow meow, Meow

meow meow meow meow meow meow meow meow meow meow, meow meow meow meow, meow meow meow, meow meow meow.

Meow meow meow meow meow meow meow meow meow Meow meow.

Meow meow meow meow meow meow meow meow meow meow meow meow meow'meow meow meow meow Meow meow. Meow meow meow meow meow meow Meow meow meow meow meow meow meow meow meow meow meow meow meow meow. Meow meow meow meow meow meow. Meow meow meow meow meow meow meow meow meow meow meow Meow, meow meow meow meow meow meow meow.

Meow meow meow meow meow meow meow meow meow meow Meow meow meow meow meow meow meow, meow meow meow meow meow Meow meow, meow meow meow meow meow meow meow meow meow meow meow meow meow meow meow meow meow. Meow meow meow meow, Meow meow meow meow meow meow meow. Meow meow meow "meow meow" meow meow meow meow meow meow meow meow.

Meow meow meow, meow meow meow meow Meow meow meow meow meow meow meow meow meow meow meow, meow meow meow meow meow meow Meow.

Meow X

Meow meow meow meow Meow meow meow—meow meow meow meow meow meow meow meow meow meow meow meow—meow meow meow meow meow meow meow. Meow meow, meow meow meow meow meow, meow meow meow meow meow meow meow, meow meow meow meow meow Meow meow, meow Meow meow "meow meow meow meow meow meow meow." Meow meow meow meow meow meow meow meow, meow meow meow meow meow meow meow meow meow meow meow meow meow meow meow meow meow meow meow. Meow meow meow meow meow meow meow meow meow Meow meow meow meow meow meow meow meow Meow'meow Meow. Meow meow meow meow, meow meow meow, meow meow meow meow meow meow. Meow meow meow meow meow meow meow meow meow meow Meow meow meow meow meow meow meow meow Meow meow, meow meow meow meow meow meow meow meow. Meow meow meow meow, meow meow meow meow meow meow meow meow, meow meow Meow meow meow meow Meow meow meow meow meow meow meow meow. Meow meow meow meow meow meow meow meow meow meow meow meow meow meow, meow meow meow meow meow meow meow meow meow meow meow. Meow meow meow meow meow meow meow meow meow meow meow meow meow meow. Meow meow meow meow meow meow meow meow meow meow meow meow. Meow Meow, meow meow meow meow, meow meow meow meow meow meow meow meow meow meow meow meow Meow meow Meow. Meow meow meow meow Meow Meow meow meow Meow meow meow meow meow meow meow meow meow meow. Meow meow meow Meow meow meow meow Meow meow meow meow meow Meow meow meow Meow. Meow meow meow meow meow meow meow meow meow meow: meow meow meow meow, meow meow meow Meow meow meow meow meow meow meow meow meow meow meow meow meow meow meow meow meow meow Meow.

Meow, meow meow meow, meow meow meow meow meow meow meow meow meow meow meow meow. Meow meow meow meow meow meow, meow Meow, meow meow meow meow meow meow meow meow, meow meow meow meow. Meow meow meow meow, meow meow meow meow meow meow:

"Meow meow meow?"

Meow meow meow meow meow meow meow meow meow meow meow. Meow meow Meow meow meow meow meow Meow meow, meow meow meow meow meow meow meow.

Meow meow meow meow meow, meow meow meow meow meow meow meow meow meow meow meow meow meow meow meow meow, Meow meow meow meow meow meow meow meow meow meow meow; meow meow meow meow meow meow meow meow. Meow meow meow meow meow meow meow meow meow meow meow meow meow, meow meow meow meow meow meow meow meow meow meow meow. Meow meow meow meow. Meow meow meow meow meow meow meow meow, Meow meow meow meow, meow meow meow meow meow meow meow, meow meow meow meow, meow meow meow meow meow.

"Meow meow meow meow," meow meow meow meow meow, meow meow, meow meow meow meow Meow.

Meow meow meow meow meow meow meow Meow'meow meow meow meow meow meow meow meow meow meow.

"Meow meow meow meow, Meow, Meow meow meow meow meow..."

"Meow meow meow Meow meow," Meow meow, meow meow meow meow meow meow, meow meow Meow meow meow meow.

Meow meow meow. Meow meow meow meow meow meow meow Meow meow meow:

"Meow, meow," meow meow, meow meow meow Meow meow meow meow. "Meow, meow, meow meow meow meow meow. Meow meow meow meow meow meow meow meow meow Meow."

"Meow meow?" meow Meow.

"Meow."

"Meow meow meow Meow meow meow meow meow meow?"

"Meow!" meow Meow, meow meow meow meow meow meow meow meow meow.

Meow meow meow meow meow meow meow meow. Meow meow meow meow meow meow meow meow, meow meow meow meow Meow. Meow meow meow meow meow meow meow, meow meow meow meow meow meow meow meow meow. Meow meow meow meow meow meow meow meow meow meow meow meow meow meow, meow meow meow meow meow meow meow meow meow meow meow meow meow.

Meow meow meow meow, meow Meow meow meow meow meow meow meow meow meow meow meow meow meow meow meow meow meow meow, Meow meow meow meow, meow Meow meow meow meow meow meow meow meow meow meow meow meow meow, meow meow meow meow meow meow meow meow meow. Meow meow meow meow.

"Meow meow meow meow meow meow meow meow meow meow meow?" meow Meow meow.

Meow meow Meow, meow meow meow meow meow meow meow meow meow meow meow meow meow.

"Meow meow meow meow meow meow," meow Meow.

Meow meow meow, meow meow Meow meow meow meow meow meow meow meow meow meow.

Meow meow meow meow meow meow meow meow meow meow meow Meow.

Meow meow meow meow meow meow meow meow meow, meow meow meow meow meow meow. Meow meow meow meow meow meow meow Meow.

Meow meow meow meow meow meow meow meow, meow meow meow meow meow Meow'meow meow meow meow meow meow meow meow meow meow meow meow. Meow meow meow meow meow meow meow Meow meow meow meow: meow meow meow meow meow meow meow meow meow meow meow meow meow meow meow meow meow meow meow meow meow meow Meow'meow Meow.

Meow meow meow meow meow meow meow meow meow meow meow meow meow meow Meow.

"Meow, meow meow!" meow Meow, meow meow meow "meow" meow, Meow meow meow meow.

Meow meow meow meow meow meow meow meow, meow meow meow meow, meow meow meow meow. Meow meow meow meow meow, meow meow meow, meow meow meow meow meow meow meow meow meow meow meow meow meow meow meow meow meow meow meow meow meow meow. Meow meow meow meow meow meow meow meow meow: meow meow meow meow meow meow meow meow meow meow? Meow meow meow meow meow meow meow meow meow meow meow—meow meow meow meow meow meow, meow, meow meow meow meow. Meow meow meow Meow, meow meow meow meow meow meow meow meow meow meow. Meow meow meow Meow meow meow meow meow meow meow meow meow, meow meow meow meow meow meow meow meow meow meow. Meow meow, meow, meow meow meow meow meow meow meow meow meow meow meow meow meow meow. Meow meow meow meow meow, meow meow, meow meow meow meow—meow, Meow, meow meow meow meow, meow, meow, meow meow? Meow meow meow meow? Meow Meow meow meow meow meow meow meow.

Meow meow meow meow—meow meow meow meow.

Meow meow meow meow meow meow meow meow—Meow—meow meow meow meow, meow meow, meow meow.

Meow XI

Meow Meow Meow'meow meow meow meow meow meow meow meow meow Meow'meow Meow, meow meow meow meow meow meow, meow meow meow meow meow meow meow meow meow meow meow meow meow meow. Meow meow meow meow meow meow meow meow meow meow meow meow, meow meow meow meow meow meow meow meow meow meow meow meow meow meow. Meow meow meow meow meow meow Meow meow meow meow Meow'meow meow meow meow meow meow meow—Meow, Meow, meow Meow, meow meow meow meow meow. Meow meow meow meow meow meow meow meow meow meow Meow meow meow meow meow meow meow meow meow meow meow meow meow.

Meow meow meow meow meow meow meow meow, meow meow meow meow (Meow meow meow), meow meow meow meow meow meow. Meow meow meow meow meow meow meow meow meow meow meow, meow meow meow meow Meow meow meow meow meow meow meow meow meow meow meow meow. Meow meow meow meow meow meow meow meow. Meow meow meow meow meow meow. Meow meow meow meow meow meow—meow meow meow meow meow meow meow meow meow meow meow. Meow meow meow meow meow meow meow meow meow meow.

Meow meow meow meow meow meow meow meow. Meow meow meow meow meow, meow meow meow, meow, meow meow, meow meow meow meow. Meow meow meow meow meow meow, meow meow-meow meow meow, meow meow meow meow meow meow, meow-meow meow. Meow meow meow meow meow, meow meow meow meow meow meow meow, meow-meow meow meow meow meow. Meow meow meow meow meow meow, meow meow, meow-meow meow meow meow meow meow meow meow.

Meow meow meow Meow meow meow meow meow meow meow meow meow meow meow meow. "Meow meow," meow meow meow meow meow meow meow meow meow. Meow meow meow meow meow meow meow meow meow meow meow meow meow meow meow meow meow meow meow—meow meow meow meow meow meow meow meow meow, meow meow meow meow meow meow meow meow meow meow meow meow meow.

Meow Meow meow meow meow meow meow meow meow meow meow meow meow meow meow meow meow meow meow meow meow meow Meow meow meow Meow.

Meow meow meow meow Meow meow meow meow meow meow meow meow'meow meow meow meow meow meow meow meow meow meow meow meow. Meow meow meow meow meow meow meow meow meow, meow meow meow meow meow, meow meow meow meow meow meow meow meow meow meow meow meow. Meow meow meow meow, meow meow meow meow meow meow meow meow meow meow meow meow meow meow meow. Meow meow meow meow meow meow meow meow, meow meow meow meow meow meow, meow meow meow meow meow meow meow.

Meow meow meow meow meow meow meow meow meow meow meow meow meow meow meow meow meow meow meow meow meow. Meow meow meow meow meow meow meow meow meow meow meow. Meow meow meow, meow meow meow meow meow meow meow meow meow meow meow meow meow, meow meow meow meow. Meow meow meow meow, meow meow Meow meow meow meow meow meow meow, meow meow meow meow meow meow. Meow meow meow meow meow meow. Meow meow meow meow meow meow meow meow, meow meow meow meow meow meow meow meow meow meow meow meow meow meow meow meow meow, meow meow meow meow meow meow meow meow meow meow meow meow meow. Meow meow meow meow meow meow meow meow meow meow meow meow meow meow, meow meow meow meow meow meow meow meow meow meow meow meow meow meow.

Meow meow meow meow meow meow meow meow meow meow meow meow. Meow meow meow meow, meow meow meow meow meow meow, meow meow meow meow meow meow meow meow. Meow meow meow meow meow meow meow meow; meow meow meow meow meow meow meow meow meow meow meow meow meow meow.

Meow meow meow meow meow meow meow meow meow meow meow meow meow meow meow meow meow meow; meow meow meow meow meow meow meow meow meow, meow meow meow meow, meow meow meow meow meow meow, meow meow, meow meow meow, meow meow meow meow meow meow. Meow meow meow meow meow meow meow meow meow meow meow meow meow meow.

Meow meow meow meow meow meow meow meow meow meow meow meow meow meow meow meow; meow meow meow meow meow Meow meow meow meow meow meow meow meow meow meow meow meow meow. Meow meow meow meow meow meow meow meow meow meow meow meow meow meow meow, meow meow meow meow meow meow meow, meow meow meow meow meow meow meow meow meow meow meow, meow meow meow meow meow meow, meow meow meow meow meow meow meow meow meow. Meow meow meow meow meow meow. Meow meow meow meow. Meow, meow meow meow meow meow meow meow meow. Meow meow meow meow meow Meow meow meow meow meow meow meow meow meow meow meow. Meow meow meow. Meow meow meow meow meow meow meow meow meow meow meow meow meow meow meow.

Meow meow meow meow meow meow meow meow meow meow meow meow meow meow meow meow meow meow meow meow meow meow.

Meow meow meow meow meow meow meow meow meow meow meow meow meow meow meow meow meow meow meow meow meow meow meow meow meow meow meow meow. Meow meow meow meow meow meow meow meow, meow meow meow meow meow meow meow meow meow meow meow meow. Meow meow meow meow, meow meow, meow meow meow meow meow Meow meow meow meow. Meow Meow meow meow meow meow meow meow meow meow meow, meow meow meow meow meow meow.

Meow meow meow meow meow meow meow meow meow meow meow. Meow meow meow meow meow meow meow, meow meow meow meow meow meow meow meow meow

meow meow meow meow meow meow meow meow meow meow meow meow meow meow. Meow meow-meow meow meow meow meow, meow meow meow meow meow meow meow, meow meow meow meow meow meow meow meow meow meow.

Meow meow meow meow meow meow meow meow meow meow meow meow meow meow meow meow meow. Meow meow meow meow meow meow. Meow meow, meow meow meow, meow meow meow meow, meow meow meow meow, meow meow meow meow meow meow meow, meow meow meow meow meow meow meow meow meow meow meow meow meow. Meow meow meow meow meow meow, meow meow meow meow meow meow meow meow meow meow meow. Meow meow, meow meow meow meow meow meow meow meow meow meow meow meow meow meow meow meow meow meow. Meow meow meow Meow meow Meow meow meow meow. Meow meow meow meow meow meow meow meow meow.

“Meow meow meow meow meow meow meow,” meow meow meow meow Meow.

Meow meow meow meow meow meow meow meow meow meow meow meow meow meow meow meow meow meow meow meow meow meow meow meow meow, meow meow meow meow meow meow meow. Meow meow meow meow meow meow meow meow meow meow meow meow meow meow meow meow meow meow meow.

Meow XII

Meow meow meow Meow meow meow meow meow meow meow meow meow meow meow meow meow meow meow, meow, meow meow meow.

Meow meow meow meow meow meow meow meow meow meow meow meow meow meow meow meow meow meow meow meow meow meow meow meow meow meow meow meow meow. Meow meow meow meow meow meow meow, Meow meow meow meow meow meow meow. Meow meow meow meow meow meow meow meow meow meow, meow meow meow meow meow meow meow meow meow, meow, meow meow, meow meow meow meow meow meow meow. Meow meow meow meow meow meow meow meow Meow. Meow meow meow meow meow meow meow meow meow, meow meow meow meow, meow meow meow meow meow meow. Meow meow meow meow meow, meow meow meow meow meow meow meow meow meow meow meow meow meow meow meow meow meow meow meow meow. Meow meow meow meow meow meow meow, meow meow meow meow meow meow meow meow meow meow, meow meow meow meow meow meow. Meow meow meow meow meow meow meow, meow meow meow meow meow meow meow meow.

Meow meow meow meow meow meow meow meow meow meow meow meow, Meow meow meow meow meow meow meow meow. Meow meow meow meow meow meow meow meow meow meow meow meow meow meow meow meow meow—meow meow meow meow meow meow—meow meow meow meow meow meow, meow meow meow meow meow meow meow. Meow meow meow meow meow meow meow meow meow meow meow meow meow meow.

Meow meow meow meow meow meow meow meow meow meow meow meow meow meow meow meow meow meow meow meow meow meow meow meow meow meow meow meow meow meow meow meow. Meow meow meow meow meow meow meow meow meow meow meow, meow meow Meow meow meow meow meow meow meow meow meow meow meow meow meow meow meow. Meow meow meow meow meow meow Meow meow meow meow meow meow meow meow meow meow meow, meow meow meow meow meow meow meow Meow’meow meow.

Meow meow meow meow meow meow meow meow meow meow meow, meow meow meow meow meow meow meow meow meow meow meow meow meow meow, meow meow meow

Meow. Meow meow meow meow meow meow meow meow meow meow meow meow meow meow meow meow meow meow meow. Meow meow meow, meow meow meow meow meow meow meow meow meow meow meow meow meow meow meow meow meow meow, meow meow meow meow meow meow meow meow meow meow meow meow meow meow meow. Meow meow meow meow meow meow, meow meow, meow meow meow, meow meow meow meow meow meow meow meow, meow, meow meow meow, meow meow meow meow meow meow meow meow meow meow meow meow Meow. Meow meow meow meow meow meow meow, meow, meow meow-meow meow meow meow meow, meow meow meow'meow meow-meow meow meow meow meow, meow meow meow meow meow meow, meow meow meow meow meow meow meow meow meow meow meow meow.

"Meow'meow meow meow meow meow meow, meow, meow?" meow meow meow meow meow.

Meow meow meow meow meow meow meow meow meow meow meow meow meow Meow meow meow meow, meow meow meow meow meow meow meow meow meow meow meow meow. Meow meow meow, meow Meow meow meow meow meow meow meow, meow meow meow meow meow meow meow:

"Meow, meow, meow'meow meow!" meow meow, meow meow meow meow meow meow meow Meow meow meow meow. "Meow'meow meow, meow—'meow meow meow, meow meow meow meow!' meow'meow meow meow meow, meow meow meow. Meow meow meow meow, meow meow, meow meow. Meow meow meow, meow, meow meow meow meow meow meow meow meow," meow meow, meow meow meow, meow meow meow meow meow meow meow meow meow, meow meow, meow, meow meow meow meow meow meow meow meow meow.

"Meow, meow meow!" Meow meow meow meow meow meow meow meow meow meow meow meow meow meow. "Meow meow'meow meow, meow meow? Meow meow... Meow, meow, meow'meow meow!"

Meow meow meow, meow meow meow meow meow meow meow meow meow meow meow, meow meow meow meow meow meow meow. Meow meow meow meow meow meow meow meow meow meow.

"Meow, meow meow meow, meow," meow meow, meow meow meow meow meow meow meow meow meow meow Meow meow meow meow. "Meow meow meow meow meow meow meow meow meow meow!"

Meow meow meow meow meow meow meow meow meow meow meow meow meow meow meow meow meow. Meow meow meow meow meow meow meow meow.

"Meow, meow meow meow meow?" meow meow meow meow meow meow. "Meow meow meow meow meow."

Meow meow meow meow, meow meow meow meow meow, meow meow meow meow meow meow meow meow meow meow meow meow meow, meow meow meow meow meow meow meow meow, meow meow meow meow Meow.

"Meow meow meow meow!" meow meow meow meow. "Meow meow meow meow!"

Meow meow meow meow meow meow meow meow meow meow.

"Meow, Meow'meow meow meow," meow meow, "meow meow meow meow meow meow meow meow? Meow meow meow meow meow meow."

"Meow, meow...!" meow meow meow meow. "Meow, meow meow meow... meow meow meow!" meow meow meow, meow meow meow meow meow meow meow meow meow meow meow meow meow meow meow meow meow meow meow: "Meow meow meow, meow, meow meow meow meow Meow?"

Meow meow meow meow meow meow meow Meow meow meow, meow meow meow meow meow meow meow meow meow meow meow'meow meow meow meow meow meow

meow. Meow meow meow meow Meow meow meow meow, meow meow meow meow meow meow.

“Meow meow meow meow, meow meow-meow-meow meow meow, meow meow’meow meow meow meow meow meow’meow meow meow!” meow meow. “Meow, meow meow meow meow meow?” meow meow meow meow.

Meow Meow’meow meow meow meow meow meow meow, meow meow meow meow meow:

“Meow meow! Meow’meow meow meow meow, meow meow Meow meow meow meow meow. Meow meow meow meow meow meow meow meow....”

“Meow meow’meow meow meow meow meow,” Meow meow meow meow meow.

“Meow, meow meow meow!” meow Meow, “meow meow meow meow meow meow meow’meow meow!”

Meow meow meow meow meow meow meow, meow meow meow meow meow meow meow.

“Meow, meow meow meow, Meow meow meow meow meow meow,” meow meow. “Meow meow meow meow-meow-meow meow, meow meow meow, meow meow meow meow meow meow meow meow meow meow meow Meow meow. Meow Meow meow meow meow meow meow meow meow meow meow meow. Meow meow meow. Meow meow meow meow. Meow meow meow...”

Meow Meow Meow meow meow meow meow meow meow meow meow meow meow meow’meow meow meow meow meow, meow meow meow meow meow meow meow meow, meow meow meow, meow, meow meow meow meow meow meow meow.

“Meow, meow,” meow meow meow meow meow meow meow meow meow, “meow meow meow meow meow meow meow meow meow meow meow meow! Meow meow meow meow meow meow meow meow, meow meow meow meow meow meow meow meow meow. Meow meow, meow meow meow, meow meow meow meow, meow Meow, meow meow, meow meow meow meow meow. Meow meow meow meow meow, meow Meow meow meow meow Meow meow meow meow meow. Meow meow meow meow meow meow Meow’meow meow meow meow meow meow, Meow meow meow meow meow meow meow meow meow meow. Meow meow meow meow meow, meow meow meow meow, meow meow meow meow meow, meow meow Meow meow meow, meow meow. Meow, meow meow, ‘Meow meow meow meow meow meow meow meow: meow meow meow meow meow meow meow meow. Meow meow Meow meow’meow meow meow meow meow meow, Meow meow meow meow meow meow.’ meow meow meow meow meow meow, meow meow meow meow, meow meow meow meow meow meow meow. ‘Meow,’ meow meow, ‘meow meow meow meow meow meow meow meow; meow meow, meow meow, meow meow meow meow; meow meow, meow, meow meow meow meow meow! Meow meow meow?’ meow meow. Meow’meow meow meow meow, meow meow. Meow meow meow meow meow. Meow meow meow meow meow, ‘meow’meow meow meow—meow’meow meow meow!’ Meow meow meow meow meow meow meow meow: meow meow meow meow meow meow meow, meow meow meow’meow meow meow meow meow’meow meow! Meow’meow meow meow meow.”

“Meow, Meow meow meow meow meow meow,” meow meow, meow meow meow meow meow meow meow:

“Meow Meow Meow, meow Meow Meow, Meow meow Meow! Meow Meow Meow, meow Meow Meow, Meow meow Meow! Meow Meow Meow, meow meow meow meow meow meow meow!” meow meow, meow meow meow meow meow, meow meow, meow, meow meow meow meow meow meow meow meow meow. “Meow’meow meow meow. Meow meow meow meow meow meow, Meow Meow, meow meow meow meow meow meow meow,” meow meow meow meow meow meow, meow meow meow meow meow.

"Meow meow meow meow meow meow meow?" meow Meow.

"Meow?" meow Meow, meow meow meow meow meow. "Meow meow Meow meow? Meow meow meow. Meow'meow meow meow?"

"Meow, Meow meow," meow Meow. "Meow meow meow meow meow meow: Meow meow Meow?"

"Meow, meow meow," meow Meow meow, "meow meow' meow. Meow meow meow meow meow meow. Meow, meow meow! Meow meow'meow meow meow meow meow meow, meow meow meow meow meow!" meow Meow, meow meow meow meow meow meow meow, meow meow meow meow meow meow meow meow.

Meow meow meow meow meow meow meow meow meow meow meow meow, meow meow meow meow meow meow meow meow meow meow, meow meow meow meow meow meow meow. Meow meow meow meow Meow meow meow meow, meow meow meow meow meow meow meow, meow meow meow meow meow meow Meow meow meow meow meow, meow meow meow meow meow meow meow meow meow meow meow meow meow meow meow meow meow meow meow meow meow meow meow meow meow meow meow.

Meow XIII

Meow-meow meow, meow meow, meow meow meow meow meow meow meow meow meow meow Meow meow meow meow meow meow meow meow meow meow meow.

Meow Meow meow meow meow meow meow meow meow meow meow meow meow Meow Meow, meow meow meow meow meow meow meow meow meow meow meow meow meow meow meow meow meow Meow, meow, meow meow. Meow Meow meow meow meow meow meow meow meow meow meow meow meow meow, meow meow meow meow, meow meow meow: Meow'meow meow meow—meow meow Meow meow meow meow meow meow, meow meow'meow meow, meow meow meow—meow meow. Meow meow meow meow meow, meow meow, meow, meow, meow meow meow meow, meow meow meow meow meow meow meow meow meow meow, meow meow, meow meow meow meow meow meow, meow meow meow meow meow meow.

Meow Meow meow meow meow meow, meow meow meow meow meow meow meow meow meow meow, meow meow meow meow meow meow. Meow meow meow meow meow meow meow meow meow meow meow meow meow meow. Meow meow meow meow, meow meow meow meow meow meow meow meow meow meow meow meow—meow meow meow meow—meow meow meow meow meow, meow meow meow meow meow meow meow meow meow meow meow meow meow, meow meow meow meow meow meow meow meow meow meow meow meow meow meow meow meow meow.

Meow meow, meow meow meow, meow meow, meow meow meow meow meow meow meow, meow meow meow meow meow meow. Meow meow meow meow meow meow meow meow meow meow meow meow. Meow meow meow meow meow meow meow meow meow meow meow meow meow meow meow, meow meow meow meow meow meow meow meow meow meow meow meow meow.

Meow meow meow meow meow meow meow meow meow meow meow meow meow meow meow meow meow meow meow meow meow meow meow meow meow. Meow meow meow meow, meow meow: "Meow, meow meow meow meow meow meow meow meow meow meow meow meow meow!" meow meow meow meow meow meow, meow meow: "Meow meow meow meow meow meow, Meow meow meow meow meow meow." Meow meow meow meow meow meow meow meow, meow meow meow meow meow meow, meow meow meow meow meow meow meow, meow meow meow meow meow meow'meow meow meow meow meow,

meow meow meow meow meow meow meow meow meow meow. Meow meow meow meow, meow meow meow meow meow meow. Meow meow, meow, meow, meow, meow meow meow. Meow meow meow meow, meow meow meow meow meow meow meow—meow meow meow meow meow—meow meow. Meow meow meow meow meow meow meow meow meow meow meow meow meow meow, meow meow meow meow, meow meow meow meow meow meow meow meow meow meow meow meow meow meow meow meow meow meow meow meow meow meow, meow meow meow meow meow meow-meow, meow, meow, meow meow meow, meow meow meow meow meow meow meow meow meow.

Meow meow meow meow meow meow meow meow meow meow, meow meow meow meow meow meow meow meow meow meow meow meow meow—meow meow meow meow meow meow—meow meow meow meow meow meow meow meow.

“Meow meow meow meow—meow meow meow meow,” meow meow meow.

Meow meow meow meow meow meow meow meow meow meow meow, meow meow meow meow meow, meow meow meow meow meow meow meow meow meow meow meow meow meow meow meow meow meow. Meow meow meow meow meow meow meow meow meow meow meow meow meow meow meow “Meow” meow, meow meow meow meow meow meow. Meow meow, meow meow meow meow meow meow, meow meow meow meow meow meow meow meow meow meow meow meow meow, meow meow meow meow meow meow meow meow meow meow meow, meow meow meow meow meow meow meow meow meow meow meow.

Meow Meow, meow meow meow meow meow meow meow, meow meow meow meow meow meow, meow Meow meow meow meow meow meow meow meow meow meow meow, meow meow meow meow meow meow meow Meow meow meow meow meow meow meow: meow meow meow meow meow meow meow meow meow meow meow meow, meow meow meow meow meow meow, meow meow meow meow meow meow meow meow. Meow meow meow, meow meow meow, meow meow meow meow meow meow meow meow meow. Meow meow meow meow meow meow meow meow meow meow meow meow meow meow meow, meow meow meow meow. Meow meow meow, meow meow meow meow, meow meow meow meow meow meow meow. Meow meow meow meow meow meow meow meow meow meow meow meow meow meow meow. Meow meow meow meow meow meow meow meow meow, meow, meow meow meow meow meow meow meow meow. Meow meow meow meow meow meow meow meow meow meow meow meow meow meow meow.

Meow XIV

Meow Meow Meow meow meow Meow meow meow meow meow meow meow Meow meow Meow meow meow meow meow meow meow meow, meow meow meow meow meow’meow meow meow meow meow—meow meow meow meow meow meow meow meow meow meow meow meow meow. Meow meow meow meow meow meow, meow meow meow, meow meow meow meow meow meow meow meow meow meow: meow meow meow meow, meow meow meow meow, meow meow meow meow meow meow meow meow meow, meow meow meow meow meow meow meow meow meow meow meow, meow meow meow meow meow meow meow. Meow meow meow meow meow meow Meow Meow meow, Meow Meow meow meow meow meow meow meow meow meow meow meow meow meow meow meow meow meow meow meow meow meow meow meow meow meow meow.

Meow meow meow meow Meow Meow meow meow meow meow. Meow meow meow meow meow meow meow meow meow meow meow meow meow Meow, meow meow meow, meow meow meow meow. Meow meow meow Meow Meow, meow Meow meow meow meow,

meow meow meow, meow meow, Meow, meow meow meow meow meow meow meow meow meow meow meow meow meow.

Meow meow meow meow Meow meow meow meow meow meow, meow meow meow meow Meow Meow meow meow meow meow meow Meow, Meow, Meow, meow Meow meow meow meow meow, meow meow meow meow meow meow meow, meow meow, meow meow Meow meow meow Meow meow meow meow meow meow meow meow meow meow.

Meow meow meow meow Meow Meow, Meow, meow Meow Meow'meow meow meow meow meow meow meow meow meow meow meow. Meow meow meow meow meow meow meow meow meow meow meow meow, meow meow meow meow meow. Meow meow meow meow meow meow, meow meow meow meow meow, meow meow Meow meow meow meow meow meow meow meow.

Meow meow meow meow meow meow meow Meow meow meow meow meow meow meow. Meow meow meow Meow meow meow meow meow meow meow. Meow meow meow meow meow, meow meow meow meow meow meow meow, meow meow meow meow meow meow meow. Meow meow meow meow meow meow meow meow meow meow meow, meow meow meow meow meow meow meow meow meow meow. Meow meow meow meow meow meow meow meow meow meow meow Meow, meow meow meow meow meow meow meow meow meow meow meow meow meow Meow. Meow meow meow meow meow meow Meow meow meow meow meow meow Meow Meow'meow meow meow Meow meow, meow meow meow, meow meow, meow Meow Meow meow meow meow meow meow meow meow meow meow meow.

Meow meow meow meow meow, meow meow meow meow—meow, meow, meow meow—meow meow meow meow, meow meow meow meow meow Meow Meow meow meow meow meow meow meow meow meow meow meow meow meow meow meow meow meow meow meow meow. Meow meow meow meow meow meow meow meow meow meow meow meow meow meow meow meow meow meow meow meow, meow meow meow meow meow meow meow.

Meow meow meow meow meow meow meow meow meow meow meow meow meow meow meow meow meow meow meow meow meow meow; meow meow meow, meow meow meow meow meow meow meow meow meow meow meow meow meow meow meow meow meow meow meow meow meow meow meow meow meow meow. Meow meow meow meow meow meow meow meow meow Meow meow meow meow meow meow meow, meow meow meow meow meow meow, meow meow, meow meow meow meow meow meow meow meow meow. Meow meow meow meow meow meow meow meow meow, meow meow meow meow meow meow meow, meow meow meow meow meow meow meow meow meow meow meow meow.

Meow meow meow meow meow, Meow Meow meow meow meow meow meow meow, meow meow meow. Meow meow meow Meow meow meow meow meow meow meow meow—meow meow meow meow, meow meow meow meow—meow meow meow meow meow meow meow meow meow meow meow meow meow.

Meow meow meow meow meow meow meow meow meow meow meow meow meow meow Meow meow meow meow Meow, meow meow meow meow Meow Meow meow, meow meow meow meow meow meow meow meow meow meow meow meow meow meow meow meow meow meow meow meow meow meow meow meow meow meow meow meow meow meow meow meow meow meow meow meow meow meow meow meow meow meow meow meow meow meow meow meow meow meow meow meow meow meow meow meow meow meow meow meow meow meow meow meow meow meow meow meow meow meow meow meow meow meow meow meow meow meow meow meow meow meow meow meow meow meow meow meow meow meow meow meow meow meow meow meow meow meow meow

"Meow meow meow meow meow, meow meow: meow Meow meow meow meow meow meow Meow'meow meow, meow meow Meow meow meow meow meow, meow meow meow Meow," meow meow meow.

Meow Meow meow meow meow meow meow meow, meow meow meow meow meow meow meow meow meow meow meow meow meow meow: meow meow meow meow? Meow Meow meow meow meow meow meow.

“Meow meow meow meow?” meow meow.

“Meow meow meow meow meow meow meow meow meow meow.”

“Meow meow meow meow,” meow Meow Meow, meow meow meow meow meow meow: “Meow meow meow?”

“Meow meow meow meow meow meow meow meow.”

Meow “meow meow meow” meow meow Meow Meow meow meow meow, meow meow meow meow meow meow meow meow-meow-meow Meow, meow meow meow meow meow meow meow meow meow meow meow meow meow, meow meow meow meow meow meow meow meow meow meow meow meow meow meow meow, meow, meow meow meow, meow meow meow meow. Meow meow meow meow meow meow meow meow meow.

Meow meow meow meow meow. Meow meow meow meow meow meow—meow meow meow—meow meow meow meow meow meow. Meow meow meow meow meow meow: meow, meow meow meow meow meow meow meow meow meow meow meow, meow meow meow meow meow Meow Meow meow meow meow meow meow. (Meow meow Meow.) Meow Meow meow meow meow meow. “Meow meow, meow meow!” meow meow meow, meow meow meow meow meow, meow meow meow meow meow meow meow meow meow meow meow meow meow Meow meow, meow meow meow meow meow meow meow meow meow meow meow. Meow meow meow meow. Meow meow Meow Meow meow meow meow.

“Meow meow!” meow meow, “meow meow meow meow meow meow meow meow.”

Meow meow meow, Meow Meow meow meow meow meow meow meow meow meow meow meow meow meow meow meow meow meow. Meow meow meow meow meow meow, meow meow meow meow meow meow meow meow meow Meow meow meow meow meow meow meow meow meow meow meow meow meow, meow meow: “Meow meow meow?”

“Meow meow meow meow meow meow meow meow meow,” meow meow meow, meow meow meow meow meow meow meow meow meow meow meow, meow meow meow meow meow meow meow meow meow.

“Meow meow meow? Meow Meow meow meow—meow Meow?” meow meow meow.

“Meow meow, Meow, meow meow, meow meow! Meow meow meow meow?” meow meow meow, meow meow meow Meow meow meow meow meow meow Meow. “Meow meow meow meow meow meow, meow meow meow meow meow. Meow, meow meow meow meow!”

Meow meow meow Meow Meow meow meow meow meow, meow Meow meow meow meow Meow Meow. Meow meow meow meow meow, meow meow meow meow meow meow meow meow meow meow. Meow meow meow meow meow meow Meow Meow meow meow meow meow. Meow meow meow meow meow meow, meow, meow-meow meow meow; meow meow meow meow meow, meow meow. Meow meow meow Meow Meow meow meow meow meow meow meow meow meow meow meow meow meow meow meow meow. Meow meow meow meow Meow meow meow meow meow, meow meow meow meow meow meow meow meow meow meow meow meow meow meow meow meow meow meow meow meow meow meow meow meow meow meow meow meow meow meow meow meow meow meow meow.

Meow meow meow meow meow meow meow meow meow meow meow meow meow meow, meow meow meow meow meow meow meow meow meow meow meow meow meow meow meow meow meow meow meow meow meow meow meow meow meow meow meow meow, meow meow meow meow meow meow meow meow meow meow meow meow meow meow meow meow, meow meow meow, meow meow meow meow meow meow meow meow meow meow. Meow meow meow meow meow meow, meow meow meow meow meow meow meow meow meow meow meow meow meow meow.

“Meow meow meow meow,” meow meow meow, meow Meow—“Meow meow’meow meow meow, Meow?”

Meow Meow meow meow Meow meow, meow meow meow meow meow meow meow meow meow meow meow meow meow, meow meow meow. Meow meow meow meow meow meow meow meow meow meow meow meow meow meow meow meow meow meow meow meow meow meow meow meow.

Meow meow meow meow meow meow Meow Meow'meow meow. Meow meow meow meow meow meow meow meow meow meow meow meow meow meow meow meow, meow meow, meow, meow meow meow meow meow meow meow meow meow. Meow meow meow meow meow meow Meow meow meow, meow meow—meow Meow meow meow meow meow meow meow meow meow meow meow Meow meow meow.

Meow meow meow meow meow meow meow Meow'meow meow meow meow meow meow meow meow meow meow meow meow meow, meow meow meow meow. Meow meow meow meow meow, meow meow, meow meow meow meow meow meow meow.

Meow meow meow meow meow meow meow meow meow meow meow meow meow meow meow meow meow meow meow, meow meow Meow meow meow meow meow meow meow meow meow meow meow meow. Meow meow meow meow meow. Meow meow meow Meow meow meow meow meow meow meow (Meow meow meow meow meow meow meow) meow meow meow meow meow meow meow meow meow meow meow meow meow. Meow meow meow meow, meow meow meow meow meow meow meow meow meow meow.

"Meow meow meow meow meow meow meow," meow Meow, meow meow meow meow. "Meow meow'meow meow meow, meow meow meow meow meow meow meow meow."

"Meow meow meow? Meow?" meow meow meow.

"Meow, meow'meow meow meow, meow meow. Meow meow meow. Meow, Meow, meow meow meow meow, meow meow, meow meow, meow..."

Meow XV

Meow Meow meow Meow Meow'meow meow meow meow meow meow meow meow Meow Meow meow meow meow meow meow meow, meow meow meow meow meow meow meow meow. Meow meow meow meow meow meow meow meow, meow meow meow meow meow meow, meow meow meow meow meow meow meow meow meow meow meow meow meow.

Meow meow meow meow Meow meow meow meow meow meow: "meow meow meow meow meow meow." Meow meow meow meow meow meow meow meow meow meow meow meow meow meow meow meow meow meow meow meow meow meow meow. Meow meow meow meow meow meow meow meow meow meow meow Meow'meow meow meow meow meow meow meow meow, meow meow, meow, meow meow meow meow meow meow meow, meow meow meow meow meow meow meow. Meow meow meow meow meow meow meow, meow meow meow meow meow meow meow meow meow meow meow meow meow, meow meow meow meow meow meow meow meow meow meow meow meow meow meow meow meow meow. Meow meow meow meow meow meow meow meow, meow meow meow meow. Meow meow meow meow meow meow meow meow meow meow meow meow meow meow meow meow meow meow meow meow meow meow meow meow meow meow meow meow, meow meow meow meow meow meow meow meow meow meow.

Meow meow meow meow meow meow-meow meow meow meow meow meow, meow meow meow. Meow meow meow meow meow. Meow meow meow, meow meow meow meow meow meow meow, meow meow meow meow meow meow meow meow meow meow meow, meow meow meow meow. Meow meow meow meow meow meow meow meow.

Meow meow meow meow meow meow meow meow Meow Meow'meow meow meow meow, meow meow meow meow meow meow meow meow meow meow. Meow meow meow meow meow meow meow meow meow meow meow meow meow meow meow meow.

"Meow meow meow meow Meow meow meow?" meow meow meow. Meow meow meow, meow meow meow: "Meow meow meow meow meow meow meow meow meow, meow Meow..."

Meow meow meow meow meow meow meow meow meow meow meow meow meow meow meow meow meow meow meow meow meow meow meow meow meow Meow.

Meow meow meow meow, meow meow meow meow meow meow meow meow meow.

Meow Meow meow meow meow. Meow meow meow meow meow meow meow. Meow meow meow, meow meow meow meow meow meow meow meow. Meow meow meow meow meow meow meow meow meow meow. Meow meow meow, meow meow, meow meow meow meow meow, meow meow meow meow meow meow meow meow meow meow meow meow meow, meow meow meow meow meow meow. Meow meow meow meow meow meow meow meow meow meow; meow meow meow meow meow meow meow meow meow, meow meow meow meow meow meow meow meow meow meow meow meow meow meow meow—meow meow meow meow meow meow meow meow meow—meow meow meow meow meow meow.

"Meow, meow meow meow meow meow meow meow meow meow," meow meow, meow meow meow meow meow meow Meow. "Meow meow meow meow meow meow meow."

Meow Meow meow meow meow meow meow meow meow meow meow meow meow meow meow. Meow, meow meow, meow Meow Meow, meow meow meow meow meow, meow meow meow meow meow meow meow meow meow? Meow meow meow meow meow meow meow meow meow meow meow meow meow meow meow meow. Meow meow meow meow meow meow meow meow, meow meow meow meow meow meow meow meow meow meow meow meow meow meow meow meow meow meow? Meow meow meow meow meow meow meow meow, meow meow meow, meow meow meow, meow meow meow meow meow.

Meow meow meow meow meow meow meow meow meow meow.

"Meow meow meow meow meow Meow," meow Meow.

Meow Meow meow meow meow meow meow meow meow meow Meow, meow meow meow meow meow meow meow meow meow meow Meow meow meow meow.

"Meow?" meow meow.

"Meow meow meow meow meow Meow meow meow meow meow, meow meow..."

Meow meow. Meow meow meow meow meow. Meow meow meow meow meow meow meow meow meow meow, meow meow meow meow meow.

"Meow, meow meow meow'meow meow," meow meow. "Meow'meow meow meow meow," meow meow meow meow meow meow, meow meow meow meow meow meow meow.

"Meow meow meow meow meow Meow Meow, Meow?" Meow Meow meow meow, meow meow meow meow meow meow meow. "Meow meow meow meow meow meow meow meow meow meow meow," meow meow meow meow meow meow, meow meow meow meow meow meow meow meow meow meow meow meow meow meow. "Meow meow meow meow meow, meow meow meow meow meow meow meow meow meow meow meow," meow meow meow meow meow, meow meow meow meow meow meow meow meow meow meow meow meow.

Meow Meow meow meow meow meow meow meow meow meow meow meow, meow meow meow meow meow meow meow meow meow meow meow meow meow meow.

"Meow meow meow meow?" meow meow meow meow meow meow Meow.

Meow, meow meow meow meow, meow meow meow meow meow. Meow meow meow meow meow.

"Meow, meow meow meow..." Meow Meow meow meow meow meow meow meow, "meow meow meow meow meow meow Meow? Meow meow meow meow meow meow!"

Meow Meow meow meow meow meow meow meow meow meow, meow Meow Meow, meow meow meow meow meow meow, meow meow meow meow meow meow meow meow meow meow meow meow meow meow meow, meow meow meow, meow meow meow meow meow meow meow meow meow meow meow meow meow meow meow meow meow meow meow.

“Meow, Meow meow meow meow meow meow meow meow. Meow meow meow meow?”

Meow meow Meow meow meow meow Meow Meow’meow meow meow meow meow meow meow meow meow meow, meow meow meow meow, meow meow meow meow meow meow. Meow Meow meow meow meow meow meow meow meow meow meow meow meow meow.

Meow Meow meow meow meow meow, Meow Meow meow meow meow meow meow meow, meow meow, meow meow meow meow meow meow meow meow meow meow meow.

Meow meow meow meow meow.

“Meow meow meow Meow?” meow meow.

Meow Meow meow meow meow, meow.

“Meow, meow meow meow Meow...” meow meow meow meow.

“Meow meow meow meow?”

“Meow. Meow meow’meow meow meow,” meow meow, meow meow meow meow meow meow meow meow.

Meow Meow Meow meow meow meow, meow meow meow meow meow meow meow meow meow meow meow Meow meow meow meow meow meow meow. Meow meow meow meow meow meow meow meow meow meow meow meow meow meow meow meow meow meow meow.

“Meow, meow meow meow meow meow meow!” meow meow. “Meow meow meow meow meow.

“Meow meow meow meow meow meow meow, meow meow meow meow, meow meow Meow meow meow,” meow meow meow meow meow meow meow meow meow Meow Meow; “meow meow, meow meow meow meow meow meow meow, meow meow’meow meow! Meow meow’meow meow meow meow meow meow meow meow meow—meow meow meow, meow meow meow meow meow meow meow meow meow, meow meow. Meow meow meow meow meow,” meow meow meow meow.

Meow Meow’meow meow meow meow meow. Meow meow meow meow, meow meow meow. Meow meow meow meow meow meow meow meow, meow meow, meow, meow meow, meow meow meow meow meow meow meow meow meow meow, meow meow meow meow meow meow meow meow meow meow meow meow meow meow meow meow meow meow meow meow meow meow meow meow meow, Meow, meow Meow, meow meow meow meow. Meow meow meow meow, meow, meow meow meow meow meow, meow meow meow meow Meow meow meow meow meow meow meow meow meow meow meow meow meow meow meow, meow meow, meow meow meow, meow meow meow meow meow meow meow meow meow meow meow meow meow meow.

Meow meow meow meow Meow meow meow meow meow meow meow meow meow meow meow meow meow meow meow Meow Meow, meow meow Meow meow meow meow meow meow meow meow meow meow meow, meow meow meow meow meow meow meow.

Meow Meow Meow meow meow Meow Meow meow meow meow meow Meow’meow meow meow meow meow. Meow meow meow meow meow meow meow Meow meow meow meow meow meow meow. Meow meow meow meow meow meow meow meow, meow meow meow meow meow meow, meow meow meow, meow meow meow meow meow Meow meow Meow, meow meow meow meow meow meow meow meow meow meow.

Meow XVI

Meow meow meow Meow Meow meow meow meow meow, meow meow meow meow meow meow meow meow meow meow meow meow. Meow meow meow meow meow meow meow meow meow meow meow meow meow meow meow meow. Meow meow meow meow meow meow meow meow meow. Meow meow, meow, meow, meow meow meow meow meow meow meow meow meow meow meow meow—meow meow meow meow meow meow, meow meow meow meow meow meow, meow meow meow meow....

Meow meow meow meow meow meow. Meow meow meow meow meow meow meow meow meow meow—meow meow—meow meow meow meow meow meow meow meow.

Meow meow meow meow meow meow meow meow meow meow meow meow meow meow meow meow meow, meow meow meow meow meow meow meow, meow meow, meow meow meow, meow meow meow meow meow meow meow meow meow meow. Meow meow meow meow meow meow meow meow meow meow meow meow, meow meow meow meow meow meow meow meow meow meow meow meow meow meow meow meow meow meow meow meow meow, meow meow meow meow meow meow meow meow meow meow meow.

Meow meow meow meow meow, meow, meow meow meow meow meow meow meow meow meow, meow meow meow meow meow meow meow meow meow meow meow meow meow meow, meow meow meow meow meow meow meow meow meow meow. Meow meow meow meow meow meow meow meow meow meow meow meow meow meow meow meow, meow meow meow meow meow meow. Meow meow meow meow meow meow meow meow meow meow meow, meow meow meow meow meow meow meow meow meow meow meow meow meow meow meow meow—meow meow meow meow meow meow—meow meow meow meow meow. Meow meow meow meow meow meow meow meow meow meow meow meow meow, meow meow meow meow: "Meow, meow meow meow? Meow meow meow meow!"

Meow meow meow meow meow Meow meow, meow meow, meow meow meow meow meow meow meow meow meow meow meow meow, meow meow meow meow meow meow, meow meow meow, meow meow, meow meow meow meow meow meow meow meow meow meow meow meow meow meow meow meow meow meow. Meow meow meow meow meow meow meow meow meow meow. Meow meow meow meow meow meow meow meow meow meow meow Meow, meow meow meow meow meow meow meow meow meow, meow meow meow meow meow meow meow Meow meow meow. Meow meow meow meow meow.

"Meow meow meow meow meow," meow meow, meow meow meow. "Meow meow meow... meow!"

Meow meow meow meow meow meow meow, meow meow meow meow meow meow meow meow meow meow meow meow meow meow meow. Meow meow meow meow meow meow, meow meow meow meow meow meow meow meow. Meow meow meow meow meow meow meow meow meow meow meow meow meow meow meow meow meow.

Meow meow meow meow meow meow meow meow meow. Meow meow meow meow meow meow meow meow meow meow meow meow meow meow meow meow.

Meow meow meow meow meow meow meow meow meow meow meow meow meow meow meow meow meow meow—meow meow meow meow, meow meow meow meow. Meow meow meow meow meow meow.

"Meow? Meow meow meow?" meow meow.

"Meow meow meow. Meow meow meow. Meow, meow meow Meow meow, Meow meow meow meow Meow meow. Meow meow, meow meow, meow meow Meow meow. Meow meow meow meow meow meow. Meow meow Meow, meow meow meow meow meow Meow, meow meow meow meow, meow meow meow meow meow meow meow meow." Meow meow meow meow meow meow. Meow meow meow meow meow. Meow meow meow meow meow, meow

meow meow meow, meow meow meow meow-meow meow meow meow-meow. Meow meow meow meow meow meow meow meow. Meow meow meow.

Meow meow meow meow meow meow meow meow meow meow meow meow meow, meow meow meow meow meow meow meow meow. Meow meow, meow, meow meow meow meow meow meow. Meow meow meow meow meow meow meow meow. Meow meow meow meow meow meow meow. Meow Meow meow meow meow meow meow meow meow meow meow meow meow meow meow meow, meow meow meow meow meow, meow meow meow meow meow. Meow, meow, meow meow meow meow meow meow meow meow meow meow, meow meow meow meow meow, meow meow meow. Meow meow meow meow meow meow meow meow meow meow meow meow. Meow meow meow meow meow meow, meow meow meow, meow meow meow meow meow. Meow meow, meow meow meow meow, meow meow meow meow meow meow meow meow meow meow meow meow meow meow meow meow meow meow meow meow meow meow meow meow meow meow meow meow meow meow. Meow meow meow meow meow meow meow. Meow meow meow meow meow meow meow meow. Meow meow meow meow meow. Meow meow meow meow meow meow meow meow meow meow, meow meow meow meow meow meow meow meow meow meow meow meow meow meow meow meow meow. Meow meow meow—meow—meow meow meow meow meow meow, meow meow meow meow meow meow. Meow meow meow meow, meow meow meow meow meow meow meow meow—meow meow meow meow meow meow meow—meow meow meow meow meow meow meow meow meow meow, meow meow meow meow meow meow, meow meow meow meow.

Meow meow meow meow meow meow. Meow meow meow meow meow meow meow meow meow meow meow meow meow meow. Meow meow, meow meow meow meow, meow Meow Meow meow.

Meow meow meow meow meow meow, Meow Meow meow meow meow meow meow, meow meow meow meow meow meow meow, meow meow meow meow, meow meow.

"Meow, meow meow meow! Meow meow—meow meow meow. Meow, meow meow meow meow!" Meow meow meow meow meow meow meow meow meow meow meow meow meow meow meow meow meow meow meow meow meow meow meow meow meow meow. Meow meow meow meow meow meow meow meow meow meow meow meow meow, meow meow meow meow meow meow meow meow meow meow.

Meow, meow meow meow meow meow, meow meow meow meow meow, Meow meow meow meow meow meow meow meow meow meow. Meow meow meow meow meow meow meow meow meow, meow meow.

Meow meow meow meow meow meow meow meow meow meow Meow Meow'meow meow. Meow meow meow, meow meow meow meow meow, meow meow meow meow meow meow meow, meow meow meow meow meow meow meow meow Meow, meow meow meow meow meow meow meow meow meow meow meow meow.

Meow meow meow meow meow meow meow meow meow Meow Meow meow meow meow meow meow meow. Meow meow meow meow meow meow meow meow meow meow meow meow meow meow meow meow meow meow meow meow meow meow meow meow meow.

Meow meow meow meow meow meow meow meow meow meow meow.

Meow meow meow meow meow meow meow, meow meow meow meow meow, meow, Meow Meow meow Meow meow meow.

"Meow meow meow?" meow Meow Meow meow meow meow meow meow meow meow meow meow meow, meow meow meow meow. Meow meow meow, meow meow meow meow meow, meow meow meow meow meow. Meow meow meow meow meow meow meow meow, meow meow meow meow meow meow meow meow meow meow meow—meow meow.

"Meow meow meow meow? Meow meow meow meow?..."

Meow meow meow, meow meow meow, meow meow meow meow meow meow meow, meow meow meow meow meow meow meow meow meow meow meow.

Meow Meow meow meow meow meow meow meow meow meow meow. Meow meow meow Meow meow meow meow meow Meow meow meow meow meow meow meow. Meow meow meow meow meow meow meow meow meow meow, meow, meow, meow meow meow meow meow meow.

Meow meow Meow Meow meow meow meow, meow meow meow meow meow meow meow meow; meow meow meow meow meow meow meow meow meow meow meow meow meow meow meow meow meow meow meow meow meow meow meow meow meow meow meow meow meow meow meow meow meow meow.

Meow Meow: 1812

Meow I

Meow'meow meow meow meow meow meow meow meow meow meow meow, meow meow meow meow meow meow meow meow meow meow meow'meow meow. Meow meow meow meow meow meow meow meow meow meow meow meow meow meow meow meow meow meow meow meow meow meow meow, meow meow meow meow meow meow meow meow meow meow meow meow meow meow meow meow: "Meow meow meow meow!" Meow meow meow (meow meow meow meow meow meow meow meow meow meow) meow meow meow meow meow meow meow meow meow meow meow meow meow meow meow meow, meow meow, meow meow meow meow meow meow meow meow meow meow meow—meow meow meow meow. Meow meow meow meow meow meow meow meow meow meow meow meow—meow meow meow meow meow meow meow meow meow meow meow meow meow meow meow meow—meow meow meow meow meow meow meow meow meow meow meow meow meow meow meow meow meow meow meow meow meow meow meow meow. Meow meow meow meow meow meow meow meow meow meow meow meow meow meow meow meow meow meow meow; meow meow meow meow meow meow meow meow meow meow meow meow meow meow meow meow Meow meow meow meow Meow meow Meow meow meow meow meow meow meow meow meow meow meow meow meow meow meow meow, meow meow meow meow meow meow meow meow meow meow meow meow meow meow meow meow meow meow meow meow meow meow meow meow meow meow meow meow meow meow meow meow, meow meow meow meow meow meow meow meow meow meow meow meow meow meow. Meow meow, meow meow meow, meow meow meow meow meow meow meow meow meow meow meow meow meow meow. Meow meow meow meow meow meow, meow meow meow meow meow meow meow meow meow meow meow meow meow meow meow meow meow meow meow. Meow meow meow meow meow meow meow meow meow meow meow meow meow meow meow meow meow meow meow meow meow meow meow meow meow, meow meow meow meow meow meow meow meow meow meow meow meow meow meow meow meow meow meow meow meow meow meow meow meow meow meow meow.

Meow meow meow meow, meow meow meow meow meow Meow meow meow meow meow Meow meow meow meow meow meow meow meow meow, meow meow meow meow meow meow meow meow meow meow meow meow meow Meow meow meow meow Meow meow meow Meow meow meow meow meow Meow meow—meow meow-meow meow meow meow meow Meow Meow Meow. Meow meow meow meow meow meow meow meow meow meow meow meow meow meow meow meow meow meow meow meow meow meow. Meow meow meow, meow meow Meow, meow meow meow meow meow Meow meow meow meow meow meow meow meow. Meow meow meow meow meow meow meow meow meow, meow meow meow meow, meow meow meow meow meow meow meow meow meow meow meow meow meow meow meow meow Meow meow meow Meow. Meow meow meow meow meow meow meow meow meow meow meow meow meow meow meow meow meow meow meow, meow meow meow meow meow meow meow meow meow meow meow meow meow meow meow meow meow meow meow meow meow meow meow meow meow meow meow meow meow meow meow; meow meow meow meow meow meow meow meow meow meow meow meow meow meow meow meow meow meow meow meow meow Meow meow meow meow meow Meow meow. Meow meow

meow meow meow meow meow meow meow meow meow meow meow meow meow meow meow meow meow meow meow. Meow meow meow meow meow meow meow meow meow meow meow meow meow meow meow meow meow meow Meow meow meow meow Meow; meow meow meow meow, meow meow meow meow, meow, meow meow meow meow meow, meow meow meow meow meow meow Meow meow meow meow meow Meow. Meow meow meow meow meow Meow meow meow meow meow meow meow meow meow meow meow meow, meow meow meow meow meow meow meow meow meow meow meow meow meow meow.

Meow meow meow meow meow meow meow meow meow meow meow meow meow meow Meow meow, meow meow meow meow meow meow meow meow meow meow. Meow meow meow meow meow Meow meow meow meow? Meow Meow meow meow meow meow meow meow Meow? Meow Meow meow meow meow meow? Meow meow Meow meow meow Meow Meow meow meow meow meow Meow meow Meow meow? Meow meow meow meow meow meow Meow meow meow Meow meow meow meow meow meow meow Meow? Meow meow meow meow meow meow meow meow Meow, Meow meow meow meow Meow meow meow meow meow meow meow meow meow meow meow meow meow meow meow meow Meow? Meow meow meow meow meow meow Meow meow meow Meow?... Meow meow meow meow meow meow meow meow meow meow meow meow meow meow meow.

Meow meow meow meow Meow meow meow meow meow meow meow meow meow Meow meow meow meow meow meow meow meow, meow, meow meow meow meow meow Meow meow. Meow meow meow meow meow meow meow meow meow meow meow meow meow meow meow meow meow meow meow, meow meow meow meow meow meow meow-meow meow meow meow meow, meow meow meow meow meow meow Meow, meow meow meow meow meow meow meow meow. Meow meow meow meow meow meow meow meow meow meow meow meow meow meow meow meow meow meow Meow meow meow Meow meow Meow meow, meow meow meow meow meow Meow meow meow meow meow meow meow meow meow meow meow meow meow meow Meow, meow meow meow meow meow meow meow. Meow meow meow meow meow meow meow meow meow meow meow meow meow meow meow meow meow meow meow—meow meow meow meow Meow-Meow. Meow meow meow meow meow meow meow, meow meow Meow meow meow meow meow meow meow. Meow meow meow meow meow Meow (meow meow meow meow meow meow Meow meow), meow meow meow meow meow meow meow meow Meow, meow meow meow meow meow meow meow meow meow meow meow meow meow meow meow meow meow meow meow meow Meow meow. Meow meow meow, meow meow meow meow, meow meow Meow meow meow meow Meow, meow Meow meow meow meow meow meow Meow meow meow meow meow meow meow Meow meow; meow meow meow meow meow meow meow Meow meow meow meow meow meow meow meow meow meow meow Meow, meow meow meow meow meow, meow meow meow meow meow meow meow Meow meow, meow meow meow meow meow meow meow meow meow meow meow meow meow meow meow Meow meow meow Meow meow meow meow meow Meow, meow meow meow meow meow meow meow meow meow meow. Meow meow meow meow meow meow meow meow meow meow meow meow meow Meow, meow meow meow meow meow meow meow, meow meow meow, meow meow meow meow meow meow Meow. Meow meow meow meow meow meow, meow meow meow meow meow meow meow meow, meow meow meow meow meow meow meow meow meow meow meow meow meow meow meow meow meow meow.

Meow II

Meow meow meow meow meow meow meow meow: meow meow meow meow meow Meow meow meow, meow Meow meow, meow meow meow meow meow meow meow meow meow meow, meow meow meow meow meow meow, meow meow meow meow, meow meow meow meow meow meow meow meow meow meow.

Meow meow meow meow meow meow meow meow meow meow meow Meow meow, meow meow meow meow meow meow meow, meow meow meow meow meow meow meow meow meow meow meow meow Meow, meow meow meow meow meow meow meow meow meow meow meow meow meow meow meow meow meow meow meow meow.

Meow meow meow meow Meow meow meow Meow, Meow, meow Meow meow meow meow meow meow meow meow Meow meow meow meow meow meow, meow meow meow meow meow Meow meow:

Meow Meow Meow Meow: Meow meow meow meow meow meow meow-meow meow meow meow meow meow meow meow. Meow meow meow Meow meow meow meow meow meow meow meow, meow meow meow meow meow meow meow meow meow meow meow Meow meow meow meow meow meow meow. Meow meow meow meow meow meow, Meow meow Meow, meow meow meow Meow, meow meow meow meow Meow meow meow meow meow!

Meow

Meow, Meow meow, Meow

Meow meow meow meow meow Meow meow meow meow meow Meow meow meow Meow meow meow meow meow meow Meow, meow meow meow meow meow meow meow meow meow meow meow meow meow—meow meow meow meow meow meow—meow meow meow meow meow meow meow meow meow meow meow Meow meow. Meow meow meow meow meow meow meow Meow meow meow meow meow meow Meow, meow meow meow meow meow meow meow meow meow meow meow meow meow meow meow meow meow. Meow meow meow: Meow'meow meow; meow meow meow meow meow Meow; meow meow meow meow meow meow meow meow meow meow meow meow meow meow Meow; meow meow meow meow meow meow meow; meow meow meow; meow meow meow meow Meow meow meow meow, meow meow meow meow meow meow meow meow meow meow meow, meow meow meow meow meow meow meow meow meow meow meow; meow meow meow meow meow Meow meow, meow meow meow meow meow, meow meow; meow meow meow meow meow meow meow meow meow meow meow meow meow Meow meow meow Meow; meow meow meow meow meow meow meow meow meow meow meow meow meow Meow, meow meow meow meow meow; meow meow meow meow meow meow meow meow meow meow meow Meow meow meow meow meow Meow meow meow Meow, meow (meow meow) meow meow meow meow meow meow'meow meow meow meow meow meow meow meow meow meow meow meow meow meow meow meow meow meow meow meow meow. Meow meow meow meow meow meow meow meow, meow meow meow meow meow meow. Meow meow meow, meow meow meow meow meow meow meow meow meow meow meow meow meow meow meow meow meow meow meow, meow meow meow meow meow meow meow meow, meow, meow meow meow meow meow meow.

Meow III

Meow Meow meow meow meow meow Meow meow meow meow, meow meow meow meow Meow meow Meow. Meow meow meow meow meow meow meow Meow meow meow meow

meow Meow, meow meow meow meow meow meow meow meow meow meow meow meow meow meow Meow meow meow meow. Meow meow meow meow meow meow meow meow meow meow meow Meow meow meow meow meow meow, meow meow meow meow meow meow meow meow meow meow meow meow meow. Meow meow meow meow meow meow meow meow meow meow meow meow meow meow. Meow meow meow meow meow meow meow meow meow meow meow meow meow meow, meow meow meow meow meow meow meow meow meow Meow’meow meow meow meow meow meow.

Meow meow, meow meow meow meow meow Meow meow meow meow meow. Meow meow meow meow meow Meow, meow meow meow meow, meow meow Meow, meow meow meow meow meow meow, meow meow meow meow. Meow meow meow meow meow meow meow meow meow meow meow meow meow meow meow Meow meow Meow’meow meow meow Meow meow Meow’meow, meow meow meow meow meow meow Meow meow Meow’meow meow, meow meow meow—meow meow meow meow meow Meow’meow meow Meow’meow meow meow meow meow.

Meow meow meow meow meow meow meow Meow meow Meow, meow Meow meow Meow, meow meow meow meow meow meow Meow, meow meow meow, meow meow meow meow meow meow meow meow meow meow meow meow meow meow meow meow meow. Meow meow meow Meow, Meow meow meow Meow, meow meow meow meow meow meow meow meow meow. Meow meow meow meow meow meow meow meow meow meow meow meow meow meow meow, meow meow meow meow meow meow meow; meow meow meow meow meow meow meow meow meow meow meow, meow meow meow meow meow: meow meow, meow meow meow meow meow meow, meow meow meow meow meow meow meow meow meow meow. Meow meow meow meow meow meow meow meow meow, meow, meow meow meow meow meow meow meow meow meow meow meow meow meow.

Meow Meow’meow meow, meow meow meow meow meow meow meow meow, meow meow meow meow meow meow meow meow. Meow meow meow meow meow meow, meow meow meow meow meow meow meow meow meow meow. Meow meow meow meow meow, meow meow, meow meow, meow meow meow meow meow, Meow—meow meow meow meow meow Meow’meow meow, meow meow meow Meow meow meow meow meow meow meow Meow, meow meow meow meow meow Meow meow meow, meow meow meow meow meow meow meow meow meow meow meow—meow meow meow meow meow meow meow, meow meow meow meow meow meow meow meow meow meow meow meow meow—meow meow meow, meow meow, meow meow meow meow.

Meow IV

Meow’meow meow meow meow Meow’meow meow meow meow meow meow meow meow Meow meow meow meow meow meow meow meow meow meow meow meow meow meow meow, meow meow meow meow meow meow meow meow Meow.

Meow meow meow meow meow meow meow Meow Meow meow meow meow. Meow meow meow meow Meow, meow meow meow meow meow meow meow meow.

“Meow meow—meow meow. Meow meow’meow meow meow meow,” meow Meow, meow meow meow meow.

Meow meow meow meow meow Meow meow meow meow. Meow meow meow Meow meow, meow meow meow—meow meow meow Meow meow meow:

“Meow Meow Meow meow meow meow meow meow,” “meow Meow Meow meow meow meow meow meow,” meow meow meow; meow meow meow, meow meow meow meow meow meow meow meow meow meow meow meow meow meow meow. Meow meow meow meow

meow meow meow meow meow meow meow, meow meow meow meow meow meow, meow meow meow meow meow meow meow meow meow meow meow.

Meow meow meow meow meow meow meow meow meow meow meow meow, meow meow meow meow meow meow meow meow meow meow Meow meow meow meow. Meow meow meow meow meow Meow Meow, Meow'meow meow, meow meow meow meow meow meow meow meow meow meow, meow meow Meow'meow meow.

"Meow meow," meow Meow'meow meow.

Meow meow meow meow Meow Meow meow meow meow meow meow meow Meow meow meow meow meow meow.

"Meow, meow meow meow'meow meow meow."

Meow meow, meow meow meow, meow meow meow meow meow.

"Meow, meow'meow meow meow."

"Meow meow meow meow'meow meow meow meow meow meow meow! Meow meow meow meow meow!" meow meow meow, meow meow meow meow meow meow meow. Meow meow meow meow meow meow Meow meow meow meow meow meow meow, meow meow meow meow meow meow meow. Meow meow meow meow meow meow'meow meow meow meow meow meow meow meow meow. Meow meow meow meow meow meow meow meow meow meow meow meow meow. Meow meow meow meow meow meow meow meow'meow, meow meow meow meow meow meow meow meow Meow. Meow meow meow meow, meow meow meow meow meow meow meow meow meow meow meow meow meow Meow Meow'meow meow meow Meow meow meow meow meow.

"Meow meow meow meow?"

"Meow, meow, meow meow Meow," meow meow Meow meow, meow meow meow meow meow meow meow meow meow.

"Meow, meow meow meow?"

"Meow'meow meow meow meow meow meow, meow meow'meow meow meow meow meow meow, meow'meow meow! Meow meow meow meow meow meow meow!"

Meow meow meow meow meow meow meow meow Meow. Meow meow meow meow meow meow meow meow meow meow meow meow meow meow meow meow'meow meow meow meow meow meow meow.

"Meow meow meow... meow meow meow!" meow meow, meow meow meow meow meow meow meow meow meow, meow meow meow meow meow meow meow. Meow meow meow meow meow meow, meow meow meow meow meow meow meow meow meow meow meow meow meow meow meow meow meow meow meow meow meow meow meow meow meow. Meow meow meow meow meow meow'meow. Meow meow meow meow meow meow meow meow meow meow meow meow meow meow meow meow meow meow meow Meow meow Meow meow. Meow meow meow meow meow meow meow, meow meow meow meow meow meow meow meow. Meow meow meow meow meow meow meow. Meow meow meow meow meow meow meow meow meow meow meow meow meow meow meow, meow meow meow Meow'meow meow meow meow. Meow meow meow meow meow meow meow meow meow meow meow meow meow meow meow meow meow meow, meow meow. Meow meow meow meow meow meow meow meow meow meow meow meow meow meow meow meow meow meow meow meow meow.

"Meow, meow, meow! Meow, Meow Meow! Meow, meow, meow!"

Meow meow meow meow meow meow meow meow meow meow meow meow meow meow meow meow meow meow, meow meow meow meow meow meow meow; meow meow meow meow meow meow meow meow, meow meow meow meow meow meow, meow Meow.

Meow meow meow meow meow meow meow meow meow meow, meow meow meow meow meow meow meow, meow meow meow meow meow meow meow meow.

"Meow meow meow meow meow meow meow meow?" meow meow meow, meow meow meow meow meow meow meow, meow meow meow meow meow Meow Meow, meow meow Meow. "Meow meow meow meow. Meow meow meow meow meow meow meow Meow meow meow. Meow'meow meow meow meow meow meow'meow meow meow."

Meow V

Meow meow meow meow Meow, meow meow meow meow meow meow meow, meow meow meow, meow, meow, meow meow meow meow meow meow meow meow meow meow meow meow meow meow meow, meow meow meow meow meow meow meow Meow (meow meow meow meow meow meow meow meow Meow) meow meow meow meow meow meow meow meow meow meow. Meow meow meow meow meow, meow meow meow meow meow meow, meow meow meow meow meow meow meow meow meow meow meow meow meow meow meow meow meow meow. Meow meow meow meow meow. Meow meow meow meow meow meow meow meow. Meow meow Meow Meow meow meow meow meow meow meow meow meow meow meow meow meow meow meow meow. Meow meow meow meow meow, meow meow meow, meow meow meow meow meow meow meow. Meow meow meow meow meow meow meow meow meow meow meow meow meow meow meow meow meow meow. "Meow meow meow meow meow," meow meow meow meow meow meow. Meow meow meow meow meow meow meow meow meow meow meow meow meow meow meow, meow meow meow, meow meow meow meow meow meow meow. Meow meow meow meow meow. Meow meow meow meow meow meow meow meow meow meow meow.

"Meow! Meow meow..." Meow meow, meow meow meow meow meow meow meow meow meow meow. Meow meow meow meow meow, meow meow meow meow meow meow meow, meow meow meow meow meow. Meow Meow, meow meow meow meow meow meow meow meow meow meow, meow, Meow meow meow meow meow meow, meow meow meow meow meow meow meow meow meow meow meow, meow meow meow meow meow meow meow meow meow meow meow meow meow meow meow meow meow. Meow meow meow meow meow meow meow meow meow meow meow meow meow meow meow meow meow meow meow meow meow meow meow, meow meow meow meow Meow, meow meow meow meow meow, meow meow meow meow meow meow meow. Meow meow, Meow Meow, meow meow meow meow meow meow meow meow meow meow meow meow meow meow, meow meow meow meow.

"Meow meow meow meow meow meow meow? Meow'meow meow meow meow! Meow!" meow Meow meow meow meow meow, meow meow meow meow meow.

Meow meow meow meow. Meow, meow meow meow meow, meow Meow Meow meow meow meow meow meow meow meow meow meow meow meow meow meow Meow, meow meow meow meow meow meow—meow meow meow meow meow meow meow! "Meow meow'meow meow meow meow meow meow meow meow meow meow meow, meow meow meow meow meow meow meow meow meow," meow meow meow meow. "Meow Meow meow meow meow meow meow meow meow meow meow meow meow meow meow meow meow... meow meow!" Meow meow meow meow meow meow meow meow meow meow meow meow, meow meow meow meow meow meow meow meow meow meow meow meow. Meow meow meow meow meow meow meow meow, meow meow meow meow, meow meow meow meow meow meow meow meow, meow meow meow meow meow meow meow meow meow meow.

Meow meow, meow meow, meow meow meow, meow meow meow meow meow meow meow meow meow-meow (Meow meow meow meow meow meow meow meow meow meow

meow) meow meow meow meow meow Meow, Meow, meow Meow meow meow meow meow meow meow meow meow meow meow meow. Meow meow meow Meow meow meow meow.

Meow VI

Meow meow meow meow meow meow meow meow meow meow meow meow meow meow meow meow meow. Meow meow meow meow meow meow meow meow meow, meow meow meow. Meow meow meow meow meow meow meow, meow meow meow meow meow, meow meow meow meow meow meow meow meow meow meow meow. Meow meow meow meow meow meow meow meow, meow meow meow meow, meow meow meow meow meow, meow meow meow meow meow meow meow meow. Meow meow meow meow meow meow meow meow meow meow meow meow. Meow meow, meow meow meow meow meow meow, meow, meow meow, meow meow meow meow meow meow meow, meow meow meow meow meow meow meow meow meow meow meow meow meow meow meow meow.

Meow Meow Meow-Meow meow meow Meow (meow meow meow meow meow meow) meow meow meow meow meow meow meow meow meow. Meow meow meow meow meow meow meow meow meow, meow meow meow meow meow meow meow meow Meow meow Meow.

Meow meow, Meow Meow-Meow, meow meow meow meow, meow meow meow meow meow meow meow Meow meow meow meow meow meow. Meow meow meow Meow meow meow Meow'meow meow, meow meow meow Meow meow meow meow meow meow meow meow meow meow meow meow meow meow: meow meow meow meow meow meow meow meow meow meow meow, meow meow meow meow meow meow meow meow, meow meow meow meow meow meow meow meow meow meow meow meow. Meow meow meow Meow meow meow meow meow meow meow meow meow meow meow meow meow, meow meow meow meow meow meow meow meow meow meow meow meow meow meow meow meow meow meow meow. Meow Meow-Meow meow meow meow meow.

Meow meow meow meow meow meow meow meow. Meow meow meow meow meow meow meow meow meow meow. Meow meow meow meow meow, Meow-Meow Meow meow meow Meow meow meow meow meow meow meow Meow meow.

"Meow, meow," meow Meow Meow-Meow meow meow meow meow meow, "meow meow meow meow meow Meow'meow meow meow meow meow meow meow; meow meow meow'meow meow meow meow meow meow meow meow meow!"

Meow meow, meow meow, meow meow meow meow, meow meow meow meow meow Meow meow meow meow meow meow. Meow meow meow meow meow, meow Meow Meow-Meow, meow meow Meow meow, meow, meow meow meow meow meow meow meow meow meow meow meow meow meow meow meow meow meow meow meow, meow meow meow meow meow meow meow, meow meow meow meow meow meow meow meow meow meow meow meow. Meow meow meow meow meow meow meow meow meow meow meow meow meow meow meow. Meow meow meow meow meow, meow meow meow meow meow meow meow meow meow meow meow, meow meow meow meow meow meow. Meow meow meow meow meow meow meow meow meow meow meow meow Meow meow, meow meow meow-meow meow meow meow.

Meow meow Meow meow meow Meow, meow meow meow meow meow meow meow meow, meow meow meow meow Meow meow meow meow. Meow meow meow meow meow meow. Meow meow meow meow meow meow meow Meow meow meow meow meow meow meow meow meow meow. Meow meow meow meow meow meow. Meow meow meow meow meow-meow meow meow meow meow meow meow, meow meow meow (meow meow meow

meow meow meow Meow) meow, meow, meow, meow meow meow. Meow meow meow meow meow meow meow, meow meow meow meow meow, meow meow meow—meow meow meow meow meow meow meow meow meow meow meow—meow meow meow meow meow meow meow Meow meow meow meow.

Meow Meow, meow meow meow meow, meow meow meow meow: meow meow meow meow meow meow meow. Meow-Meow, meow meow meow meow meow meow meow meow, meow meow meow.

Meow, meow meow meow meow meow meow meow "meow Meow Meow meow meow" meow meow meow, meow meow meow meow meow meow, meow meow Meow meow meow meow Meow, meow meow meow meow meow meow, meow meow meow, meow meow meow, meow meow meow meow meow meow. Meow meow meow meow meow, meow meow, meow meow meow; meow meow meow, meow meow meow meow meow meow, meow meow meow meow meow. Meow meow meow meow meow, meow, meow meow, meow, meow meow meow meow meow meow meow meow meow, meow meow meow meow meow meow, meow meow meow meow meow meow meow meow meow meow, meow meow meow meow. "Meow meow meow meow meow meow!" Meow meow meow meow meow meow, meow meow meow meow meow meow; meow meow meow meow meow meow meow meow meow, meow meow meow meow meow meow meow meow meow meow meow meow meow meow meow meow. Meow, meow meow meow meow meow meow meow meow Meow meow Meow, meow meow meow meow meow meow, meow meow meow meow meow. Meow meow meow meow Meow'meow meow meow meow meow meow meow meow meow meow meow, meow meow meow meow meow meow meow meow Meow-Meow. Meow meow meow meow meow meow meow meow meow meow meow meow meow meow meow, Meow meow meow meow meow meow meow meow meow meow meow meow meow meow, meow meow meow meow meow meow meow. Meow Meow, meow meow meow meow meow meow meow, meow meow meow meow meow meow meow, meow, meow meow-meow, meow meow meow meow meow meow'meow meow meow meow meow meow meow meow meow meow meow meow meow meow Meow.

"Meow meow meow meow meow meow meow meow, meow Meow meow meow meow meow meow meow meow meow meow," meow meow, meow meow meow meow meow meow.

Meow meow meow meow meow meow meow meow'meow meow, meow meow meow meow meow meow, meow meow meow meow meow, meow meow meow meow meow meow meow meow meow meow, meow meow meow meow, meow meow meow meow meow meow meow. Meow, meow meow, meow meow meow meow meow meow meow meow meow meow. Meow meow meow meow meow meow meow, meow meow meow meow meow meow meow meow. Meow meow meow meow meow meow meow meow meow meow meow.

Meow VII

Meow meow meow meow meow meow meow meow Meow meow meow meow, meow Meow meow meow meow. Meow meow meow meow meow meow meow meow meow meow meow meow meow meow meow meow, meow meow meow meow meow meow meow meow meow meow meow meow meow. Meow meow meow meow.

Meow meow meow meow meow meow meow meow, meow meow meow meow meow meow meow.

"Meow meow meow meow meow meow meow meow, meow meow meow'meow meow meow meow meow meow meow meow meow meow," meow meow meow Meow meow meow meow meow meow.

"Meow meow'meow meow Meow meow meow meow meow meow meow meow meow meow meow, meow meow meow meow meow meow!" meow meow meow meow meow.

Meow Meow meow meow meow meow meow Meow meow—meow meow meow meow meow meow meow Meow meow meow meow meow meow—meow meow meow meow meow meow Meow, meow meow meow meow meow meow Meow meow meow meow meow meow meow meow meow meow meow meow meow meow meow meow meow.

"Meow meow! Meow meow meow meow meow meow meow meow meow meow meow, meow meow meow meow meow meow meow meow meow meow, meow meow meow, meow, meow meow meow."

Meow meow meow meow meow meow meow meow meow meow meow meow. Meow meow meow meow meow meow meow meow meow meow, meow meow Meow meow meow meow meow meow meow.

"Meow'meow meow meow meow meow meow meow meow," meow Meow meow, meow meow meow meow Meow meow meow meow meow meow.

Meow meow meow, Meow meow meow meow Meow meow meow meow:

"Meow meow meow meow meow meow, meow Meow—meow meow meow meow meow meow—meow meow meow meow meow meow meow! Meow meow, meow Meow meow meow meow meow meow meow meow meow meow."

Meow meow meow meow, meow meow meow meow meow meow meow Meow'meow meow meow meow meow meow meow meow meow, meow meow meow meow meow meow meow meow meow meow meow meow meow.

Meow meow meow meow meow meow Meow-Meow'meow Meow meow meow: meow meow meow meow meow meow meow meow meow meow meow meow.

Meow meow meow meow meow Meow meow meow meow meow, meow Meow meow meow meow meow meow meow meow, meow meow meow meow meow meow meow meow meow meow, meow meow meow meow meow meow meow meow meow meow meow.

"Meow'meow meow meow meow meow meow meow, meow meow-meow!" meow meow Meow meow meow meow meow meow Meow meow, meow meow meow meow meow meow meow meow meow meow meow meow meow meow meow meow meow meow meow meow meow meow, meow meow meow meow meow. Meow meow meow meow meow meow meow meow meow meow meow meow meow meow meow meow meow meow meow. Meow meow—Meow, Meow, meow Meow—meow meow meow meow meow meow meow meow. Meow meow meow meow meow.

Meow meow meow meow meow meow (meow meow meow meow meow meow meow meow meow, meow meow meow meow meow meow meow meow meow) meow meow meow meow meow meow meow, meow meow meow meow meow meow meow meow meow meow meow meow meow meow meow meow meow meow meow.

Meow meow meow meow meow meow meow meow meow meow meow meow, meow meow meow meow meow meow meow meow meow meow meow meow meow, meow meow meow meow meow meow—meow meow meow meow meow meow meow meow meow meow meow meow meow.

Meow meow meow meow meow meow meow, meow Meow meow, meow meow meow meow meow meow meow meow meow meow meow meow meow meow, meow meow meow meow meow meow meow meow meow meow meow meow.

Meow meow meow Meow meow meow meow meow meow meow Meow meow meow meow—meow meow meow meow meow meow meow meow meow meow meow meow meow; meow meow meow Meow Meow-Meow meow meow meow meow meow—meow meow Meow meow; meow meow meow meow meow meow meow meow meow meow, meow Meow meow meow meow meow meow meow meow meow; meow meow meow meow meow meow meow meow meow

meow meow meow meow meow meow; meow meow meow meow Meow meow meow meow meow meow meow meow, meow meow meow. Meow meow meow meow meow meow meow meow meow meow meow meow meow meow meow Meow meow meow meow meow—meow meow meow Meow meow meow Meow meow meow meow meow—meow meow meow meow meow meow meow meow Meow, meow meow meow meow meow, meow meow meow meow meow meow meow meow meow meow meow. Meow meow meow meow meow meow meow meow meow meow meow meow meow meow meow meow meow meow meow meow. Meow meow meow meow meow meow meow meow, meow meow meow meow, meow meow meow meow meow meow meow meow meow meow: meow meow meow meow meow meow, meow meow meow meow meow meow meow Meow, meow meow meow meow meow meow meow Meow'meow meow meow meow meow meow meow meow meow.

Meow VIII

Meow meow Meow meow meow meow meow meow meow Meow; meow meow meow meow meow meow meow meow meow meow meow meow meow meow meow meow meow Meow. Meow Meow meow meow meow meow meow meow. Meow, meow meow meow, meow, meow, meow meow meow, meow meow Meow'meow meow. Meow Meow meow, meow meow meow meow meow meow Meow, meow meow meow meow meow meow meow meow meow meow meow meow. Meow'meow meow meow meow meow. Meow meow meow meow meow meow Meow meow meow meow meow meow meow meow meow; meow meow meow meow, meow meow meow meow meow meow meow meow meow meow meow Meow, meow meow, meow meow meow meow meow meow, meow meow Meow meow Meow; meow meow meow Meow; meow meow, meow meow meow meow meow meow meow meow meow meow meow meow meow meow Meow meow meow meow meow. Meow meow, meow meow meow meow meow meow meow meow: meow meow meow meow meow meow meow, meow meow meow meow—meow meow meow meow meow meow Meow meow meow meow meow—meow meow meow meow meow meow, meow meow (meow meow meow Meow meow) meow meow meow meow Meow meow meow meow meow meow meow meow meow. Meow Meow, meow meow meow meow meow, meow meow meow meow meow meow meow meow meow, meow meow meow meow meow.

Meow meow meow meow meow meow meow meow, meow meow meow meow meow meow meow meow meow meow meow meow meow meow meow meow meow meow meow meow meow meow. Meow meow meow Meow meow meow meow: meow meow Meow, meow meow Meow meow meow Meow-Meow, meow meow meow meow meow meow meow meow meow meow (meow meow meow meow Meow meow meow), meow meow meow meow meow meow meow meow meow meow meow meow meow. Meow meow meow Meow meow Meow, meow meow meow meow meow meow; meow, meow meow meow meow meow meow meow meow, meow meow Meow, meow Meow meow meow meow, meow meow meow meow meow meow Meow-Meow, meow meow meow meow meow meow meow meow meow meow Meow meow, meow meow meow meow Meow meow meow meow Meow meow. Meow meow meow meow meow meow meow meow meow, meow meow meow meow meow meow, meow meow meow meow. Meow Meow'meow meow meow meow meow meow meow, meow meow meow meow meow meow meow meow meow meow meow meow meow meow meow meow meow meow meow meow, meow meow meow meow Meow meow meow meow.

Meow, meow meow meow meow, meow meow! Meow meow meow meow meow meow meow meow meow meow meow meow, meow meow meow meow meow meow, meow meow

meow meow meow meow meow meow meow meow meow meow meow meow Meow meow meow meow meow meow meow meow meow meow meow meow meow meow.

Meow meow meow meow meow meow, meow meow meow meow meow meow meow meow meow meow meow, meow meow meow meow meow meow meow meow meow.

Meow meow meow meow meow Meow'meow meow meow meow meow meow Meow, meow meow meow meow meow meow meow meow meow meow meow meow. Meow meow meow meow meow meow meow meow meow meow meow meow meow meow meow meow meow meow, meow meow meow meow meow meow meow meow meow meow meow. Meow meow meow meow meow meow meow meow meow meow meow meow meow Meow, meow Meow, meow Meow, meow meow Meow. Meow meow meow meow meow meow meow meow meow meow meow meow meow meow Meow—meow meow meow meow meow meow meow meow—meow meow meow meow meow meow meow meow meow meow Meow. Meow meow meow meow meow meow meow Meow meow Meow, meow meow meow meow meow meow meow meow Meow meow Meow meow, meow meow meow meow meow meow meow meow meow meow meow meow meow meow meow meow meow Meow meow meow meow meow meow meow meow meow meow meow meow meow meow meow Meow. Meow meow, meow Meow, meow meow meow meow meow meow meow meow meow meow meow meow meow. Meow meow meow meow meow meow meow meow meow meow meow meow meow meow, meow meow meow meow meow meow meow.

Meow meow meow Meow meow meow meow meow meow meow meow meow meow meow. Meow meow meow meow meow meow meow meow meow meow meow meow meow meow meow meow Meow meow meow meow meow meow meow. Meow meow meow meow meow meow meow meow, meow meow meow meow meow Meow, meow meow meow meow. Meow meow meow meow meow meow meow meow meow meow meow meow meow meow meow meow meow meow meow, meow meow meow meow meow meow meow meow Meow, meow meow meow meow meow meow meow Meow, meow meow meow meow meow meow meow meow meow meow meow.

Meow IX

Meow meow meow meow meow, Meow meow meow meow meow meow Meow meow Meow Meow meow meow meow meow meow meow meow meow Meow meow, meow meow meow meow meow meow meow meow, meow meow Meow meow meow Meow. Meow meow meow meow meow meow meow meow meow meow Meow, meow meow meow meow meow meow meow meow meow meow meow meow meow meow meow meow Meow.

Meow meow meow meow meow, Meow meow Meow Meow, meow meow meow meow meow meow meow meow meow meow meow meow meow meow meow meow meow Meow, meow meow meow meow meow meow meow meow meow meow, meow meow meow meow meow meow meow Meow Meow meow meow meow meow meow meow meow meow meow meow Meow meow Meow meow Meow meow meow meow meow meow Meow, meow meow Meow meow Meow.

Meow

Meow, meow meow meow Meow, meow meow meow meow meow meow meow meow meow meow, meow meow meow meow meow meow meow, meow meow meow meow meow meow meow meow meow, meow! Meow meow meow meow meow meow meow meow meow meow meow meow meow. Meow meow meow meow meow meow meow meow meow meow meow meow meow meow meow meow. Meow meow meow meow meow meow meow meow

meow meow meow. Meow Meow meow Meow meow Meow meow meow, meow meow meow meow meow meow meow meow meow meow meow meow meow meow. Meow meow meow meow meow meow meow meow meow meow meow meow meow meow. Meow, meow, meow meow meow meow meow meow meow meow meow meow. Meow, meow meow meow meow meow meow! Meow meow meow meow meow meow meow meow meow. Meow meow meow meow, meow meow meow meow, meow meow, meow meow, meow meow meow meow meow meow meow! Meow meow meow meow meow meow meow meow. Meow meow meow meow, meow, meow meow meow meow meow meow meow meow meow meow, meow meow meow meow meow meow, meow meow meow meow meow meow meow meow! Meow meow meow meow meow meow meow meow meow meow meow meow meow meow meow meow meow meow meow. Meow meow meow meow meow meow meow meow meow meow meow meow meow meow: Meow meow, meow, meow, meow meow meow meow meow meow Meow meow meow meow meow meow meow meow meow meow meow meow meow meow meow, meow meow meow meow meow meow Meow Meow meow meow meow meow meow Meow Meow. Meow meow meow meow meow meow meow meow meow meow meow meow meow meow meow meow meow, meow meow meow meow meow meow meow meow meow meow meow meow meow meow meow meow meow meow meow meow meow meow meow meow meow meow meow meow meow meow meow meow meow meow. Meow meow Meow meow meow meow meow meow meow meow meow meow meow meow meow meow meow meow meow meow meow meow meow meow meow meow meow meow meow Meow meow Meow meow meow meow meow meow meow meow meow meow meow meow. Meow meow meow meow meow meow meow meow meow meow meow meow meow meow meow meow meow meow meow meow meow meow meow. Meow meow meow meow meow meow meow-meow meow meow.

Meow meow meow meow meow meow, meow meow, meow meow meow, meow meow meow meow meow, meow meow meow meow meow meow meow meow meow meow meow Meow Meow meow Meow meow Meow meow meow meow-meow meow meow meow meow meow meow! Meow meow meow meow meow meow meow meow meow meow meow meow meow meow meow meow!

Meow meow meow meow meow meow meow meow meow meow meow meow meow meow, meow meow meow meow meow meow meow. Meow Meow meow meow meow meow meow meow meow meow, meow, meow meow meow meow meow meow, meow meow meow meow meow meow meow meow meow meow.

Meow meow meow meow, meow meow meow meow meow meow, Meow meow meow meow meow meow meow. Meow meow meow meow Meow meow meow Meow meow meow meow meow meow meow meow, meow meow meow meow meow meow meow meow meow meow meow meow. Meow meow meow Meow Meow meow, meow meow meow meow meow meow meow meow meow meow meow, meow meow meow Meow. Meow, meow Meow meow meow, meow meow meow meow meow meow meow meow meow Meow meow meow meow meow meow: “Meow meow meow meow meow meow meow meow meow meow meow meow meow meow meow Meow meow, meow meow meow meow meow meow meow meow meow meow meow meow. Meow meow meow meow meow meow meow meow meow meow meow, meow meow meow meow meow meow meow, Meow meow meow meow meow meow meow meow meow meow meow meow meow, meow meow meow meow meow meow meow.”

Meow meow meow meow meow, meow meow meow meow meow meow meow meow meow meow meow meow meow meow meow meow meow meow meow.

Meow X

Meow meow meow meow, meow meow meow, meow, meow meow—meow meow meow meow meow meow meow meow meow meow meow meow—meow meow meow meow meow meow meow meow meow, meow meow meow meow meow meow meow meow meow meow, meow meow meow meow meow meow meow meow meow meow meow meow.

Meow meow meow meow meow meow—meow meow meow meow—meow meow meow meow meow meow Meow meow meow, "Meow meow meow meow meow meow meow, meow meow, meow meow meow," meow meow meow meow meow meow Meow. Meow meow meow meow meow meow meow meow meow meow meow meow meow meow meow meow meow meow meow meow Meow—meow meow meow meow meow meow meow meow, meow meow meow meow meow meow meow meow meow meow meow meow meow. Meow meow meow meow Meow, meow meow meow Meow (meow Meow meow meow meow meow Meow meow Meow) meow meow meow meow meow meow meow meow, meow meow meow. Meow meow meow meow Meow meow meow meow meow Meow'meow meow meow meow meow meow meow meow meow meow meow Meow—meow meow meow meow meow meow meow meow meow meow meow meow meow meow meow. Meow meow meow meow Meow meow, meow meow Meow meow meow meow, meow meow meow-meow meow. Meow Meow meow meow meow meow meow Meow meow meow meow meow meow, meow meow meow Meow meow meow meow meow meow, meow meow meow meow, meow meow meow—meow meow meow meow—meow Meow.

Meow meow meow meow, meow Meow'meow meow meow meow meow meow meow meow, meow meow Meow meow meow Meow (meow meow meow meow meow meow meow meow meow meow meow), meow meow; Meow meow meow meow meow meow meow meow meow meow meow meow.

Meow meow meow meow meow, meow meow meow meow meow meow meow meow meow meow Meow meow meow.

"Meow meow meow meow meow meow meow meow meow meow. Meow meow meow meow meow meow meow meow meow meow meow meow meow meow meow meow meow. Meow meow meow meow meow meow, meow meow meow meow meow."

"Meow meow meow meow meow meow meow meow meow meow meow meow meow meow Meow meow, meow meow meow meow meow meow meow meow meow meow meow meow meow meow meow meow meow, meow meow meow meow meow meow meow meow meow meow, meow Meow meow meow meow."

"Meow meow, meow meow meow meow meow meow meow meow—Meow meow."

"Meow meow meow meow. Meow meow meow meow meow meow meow meow meow meow meow meow meow meow meow meow meow meow—Meow 11."

"Meow Meow meow meow meow meow meow meow meow meow meow meow meow, meow meow meow Meow meow meow meow meow meow meow Meow. Meow meow Meow Meow meow meow meow meow meow meow meow meow meow meow meow, meow meow, meow meow. Meow Meow meow meow meow meow meow meow meow meow meow meow meow meow, meow meow meow meow meow meow meow, meow meow meow meow meow meow meow meow meow meow meow meow meow meow meow meow. Meow meow meow meow meow meow meow meow meow meow meow meow, meow meow meow meow meow meow."

"Meow Meow Meow meow meow meow," meow meow meow, "meow meow meow meow meow meow meow meow, meow meow meow meow meow meow meow meow meow meow meow meow meow meow meow meow Meow."

Meow meow, meow meow meow meow meow meow meow meow meow meow meow meow meow meow meow meow meow meow meow meow, meow meow meow meow meow meow meow meow meow meow Meow. Meow meow meow meow meow meow.

Meow meow meow meow meow meow meow meow meow meow meow meow meow meow meow meow meow meow meow meow meow Meow meow, meow meow meow meow meow Meow. Meow meow meow meow meow meow Meow, meow meow meow Meow meow meow meow, meow meow meow meow meow meow meow meow Meow (Meow meow), meow meow meow meow meow meow meow meow meow meow meow meow meow.

Meow meow Meow meow meow meow meow meow meow meow meow meow. Meow, meow, meow meow meow meow meow meow, meow meow meow meow meow meow meow meow meow meow, meow meow (Meow meow) meow-meow. Meow meow meow meow meow meow meow meow meow meow meow meow meow meow meow meow meow meow, meow meow meow meow meow meow meow meow meow meow meow meow Meow. Meow meow meow meow meow meow meow meow meow meow meow meow meow meow meow meow meow meow meow meow meow meow, meow meow meow meow meow meow meow meow, meow meow, meow meow meow.

Meow meow meow meow meow meow meow meow meow meow meow meow meow meow meow meow meow meow meow meow meow meow meow meow meow. Meow meow meow meow meow meow meow meow Meow meow meow meow meow meow meow meow meow Meow meow meow meow meow meow meow meow meow meow meow meow meow meow meow meow meow meow meow. Meow meow meow meow meow, meow meow meow, meow meow meow meow meow'meow meow, meow meow meow meow meow, meow meow meow meow meow. Meow, meow meow meow meow meow meow, meow meow meow meow. Meow meow meow meow meow meow Meow meow meow meow, meow meow meow meow meow meow meow'meow meow, meow meow, meow meow, meow meow—meow meow meow meow—meow meow meow meow meow meow meow meow meow, meow meow meow meow meow meow.

Meow meow meow meow meow meow Meow, meow meow meow meow meow meow meow meow meow meow meow meow meow—meow meow meow meow meow meow meow meow meow meow meow meow meow meow meow—meow meow meow meow meow, meow meow meow meow meow meow meow meow, meow meow meow meow meow.

Meow XI

Meow meow meow meow meow meow meow meow Meow Meow meow meow meow meow meow, meow meow meow meow meow meow meow meow meow meow meow meow meow-meow meow, meow meow meow meow meow meow meow meow, meow meow meow meow. Meow meow meow meow meow meow meow, meow meow Meow meow meow; meow meow meow meow meow meow meow meow meow meow meow. Meow meow meow meow meow meow meow meow meow meow meow meow meow meow meow meow meow meow. Meow Meow meow meow Meow; meow meow meow meow meow meow meow Meow; Meow meow meow meow meow Meow, meow meow Meow. Meow meow meow meow meow, meow meow, meow meow meow meow meow meow meow meow meow meow meow meow meow meow meow-meow meow meow meow meow. Meow meow meow meow meow meow meow meow meow meow meow, meow meow meow meow meow meow meow meow meow meow meow meow meow meow meow meow meow meow meow meow meow meow meow meow meow meow, meow meow meow meow meow meow meow. Meow meow meow. Meow meow meow meow meow meow, meow meow meow, meow meow meow meow meow meow meow meow meow meow meow, meow meow meow meow meow meow meow meow meow meow meow meow meow.

Meow'meow meow meow meow meow meow meow meow meow meow (meow meow meow meow meow meow meow), meow meow meow meow'meow meow meow meow

Meow'meow meow meow meow meow meow meow meow meow meow meow, meow meow meow meow meow meow. Meow meow meow meow meow meow meow meow. Meow meow meow meow meow, meow meow meow meow meow meow meow meow meow meow meow meow meow meow. Meow meow meow meow meow meow meow meow meow meow meow, meow meow meow meow meow, meow meow meow, meow meow meow meow meow meow meow. Meow meow meow meow meow meow meow, meow, meow meow meow, meow meow meow. Meow meow meow meow meow meow meow meow meow meow meow meow meow meow meow meow meow meow meow meow meow meow. Meow meow meow meow.

Meow meow meow meow meow meow meow meow meow meow meow meow meow meow meow, meow meow meow meow meow meow meow, meow meow meow meow meow meow meow meow meow meow meow meow meow meow, meow meow meow meow meow meow meow meow meow meow meow meow meow meow meow, meow meow meow meow meow meow. Meow meow meow meow meow meow meow meow meow meow meow meow meow-meow meow meow meow meow. Meow meow meow meow meow meow meow meow meow meow meow meow meow meow meow meow meow meow meow meow meow meow meow meow.

Meow meow meow meow meow meow meow meow meow meow meow meow meow meow meow meow—meow meow meow meow "meow meow' meow."

Meow meow meow meow meow meow meow, meow meow meow meow meow meow meow meow meow meow meow meow meow meow meow meow meow meow.

Meow meow—meow meow meow—meow meow meow meow meow meow meow meow meow meow meow meow. Meow Meow Meow meow meow meow meow meow, meow meow meow, meow meow, meow meow meow meow meow. Meow meow meow, meow meow, meow meow meow meow meow meow meow, meow meow meow meow, meow meow meow meow meow meow meow meow meow meow, meow meow meow meow meow meow meow meow meow meow meow meow meow meow meow. Meow meow meow meow meow meow meow meow meow meow meow meow-meow meow meow meow meow Meow, meow meow meow meow meow meow meow meow meow meow. Meow meow meow meow meow meow meow—meow meow meow meow meow meow meow—meow meow meow meow, meow meow meow, meow meow.

Meow Meow meow, meow meow meow meow meow meow meow, meow meow meow meow meow, meow meow meow meow meow meow meow, meow meow meow meow meow meow meow meow meow meow Meow meow meow meow meow.

Meow meow meow meow meow meow, meow meow meow meow. (Meow meow meow meow meow meow meow meow meow meow meow meow—meow meow meow meow meow meow meow Meow meow, meow meow Meow meow meow meow meow meow meow.) Meow meow meow meow meow meow meow Meow meow meow meow meow meow meow meow meow Meow meow meow. Meow Meow meow meow meow meow meow meow meow meow meow meow meow Meow, meow meow, meow, meow Meow meow meow meow meow meow meow meow meow meow. Meow meow meow meow meow meow meow meow meow meow meow meow, meow meow Meow meow meow meow Meow meow meow meow meow meow meow meow meow meow meow meow meow meow.

Meow meow meow meow Meow meow meow meow meow meow meow meow meow meow, meow meow meow meow meow meow meow meow meow meow meow meow meow meow meow meow.

"Meow, meow, meow meow!" meow Meow, meow meow meow meow meow meow meow.

Meow, meow meow meow meow meow meow meow meow meow meow, meow meow meow meow meow meow meow meow meow meow meow meow. Meow meow meow meow, meow meow, meow meow meow meow meow-meow meow, meow meow meow meow meow meow meow meow meow meow.

"Meow meow meow meow meow meow meow! Meow meow Meow meow meow meow meow, meow," meow Meow, meow meow meow meow meow meow meow meow.

Meow Meow meow meow meow meow meow, meow meow meow meow meow, meow meow meow meow meow meow meow meow meow meow. Meow meow meow meow, meow, meow meow meow meow meow meow meow, meow meow meow, meow meow meow. Meow meow meow meow meow meow meow meow meow meow meow meow, meow meow meow meow meow meow meow meow. Meow meow meow meow meow meow meow.

"Meow, meow meow meow!" Meow meow meow, meow meow meow meow.

Meow Meow, meow meow meow meow meow meow meow, meow meow meow meow, meow meow meow meow meow meow meow meow meow.

"Meow meow, meow meow, meow meow meow meow meow meow, meow Meow meow meow meow meow; meow, meow meow meow, meow meow meow meow meow meow meow meow meow," meow Meow meow meow meow meow meow meow, meow meow meow meow meow.

"Meow'meow meow, meow meow, meow meow," meow meow Meow, meow Meow, "meow meow meow meow meow meow meow meow."

"Meow meow meow meow meow meow meow meow meow meow meow," meow Meow, meow meow meow meow. "Meow'meow meow meow meow meow...."

"Meow, meow, meow meow.... Meow meow meow meow meow?" meow meow Meow meow meow meow. Meow meow meow meow meow meow meow meow meow meow meow Meow. "Meow meow meow meow meow meow meow meow."

Meow meow meow Meow meow meow meow meow meow meow meow Meow meow meow, meow meow meow meow meow meow. Meow meow meow Meow meow meow meow meow meow meow meow meow meow meow. Meow Meow meow meow meow meow meow meow meow meow meow meow meow meow Meow meow meow meow meow meow.

"Meow meow meow meow meow meow meow?" meow Meow. "Meow'meow meow meow meow meow meow meow. Meow, meow meow."

Meow Meow, meow meow meow meow meow meow meow, meow meow meow meow meow meow meow meow meow meow meow meow meow meow meow Meow meow meow meow meow. "Meow meow!" meow Meow meow meow meow. Meow Meow meow meow meow meow, meow meow meow meow, meow meow meow meow Meow meow, meow meow Meow'meow meow meow meow meow meow, meow meow meow meow meow meow meow meow:

"Meow! Meow, Meow! Meow meow meow!" Meow meow meow meow meow meow meow meow meow meow meow.

"Meow, meow meow meow," meow Meow, meow meow meow. "Meow meow meow meow meow Meow, meow meow meow meow meow. Meow'meow meow meow meow meow meow meow meow: 'Meow meow meow'meow meow meow meow, meow meow meow'meow meow.' Meow'meow meow, meow meow meow'meow meow meow meow."

Meow meow meow meow meow meow meow meow meow meow meow.

"Meow meow'meow meow meow meow meow, meow meow," meow meow, meow meow meow meow meow meow.

Meow XII

Meow meow meow meow meow Meow meow meow meow meow meow meow meow Meow meow meow meow meow meow meow meow meow'meow meow meow meow' meow, meow meow meow meow meow meow meow meow meow meow meow.

Meow meow meow meow Meow Meow meow meow meow meow meow meow meow meow meow meow meow; meow meow meow meow meow meow meow meow, meow meow meow meow meow meow meow meow, meow meow meow meow meow meow meow meow meow meow meow meow meow meow meow meow meow meow meow meow meow meow, meow meow meow meow meow meow meow meow meow. Meow meow meow meow meow meow meow meow meow meow meow meow meow meow meow meow meow meow meow meow meow. Meow meow meow meow meow meow meow meow meow meow meow, meow meow meow meow meow meow meow meow meow meow meow meow meow meow meow Meow. Meow meow meow meow meow meow, meow Meow, meow meow meow meow meow meow, meow meow, meow meow meow meow meow-meow, meow meow meow meow meow Meow; meow meow meow meow meow meow—meow meow meow meow meow meow meow meow meow. Meow meow meow meow meow meow meow meow meow meow meow meow meow meow meow meow meow meow meow meow, meow meow, meow meow meow meow meow meow Meow.

Meow Meow'meow meow meow meow meow meow meow meow meow meow meow meow. Meow meow, meow meow meow meow meow meow meow, meow meow meow meow meow meow meow meow meow meow meow, meow meow meow, meow, meow meow, meow meow meow meow meow meow meow meow meow meow meow meow meow meow meow meow meow meow.

Meow meow meow meow meow meow meow meow meow, meow meow meow meow meow meow meow, meow meow meow meow meow meow meow meow Meow Meow meow meow Meow meow meow meow meow, meow meow meow meow meow meow, meow Meow Meow, meow meow meow meow meow meow meow meow meow meow meow meow meow, meow meow meow meow meow meow meow meow meow meow meow meow meow meow meow meow meow meow Meow meow meow meow, meow meow meow meow meow meow meow meow meow meow meow'meow meow meow meow meow meow meow meow, meow meow meow meow meow, meow meow, meow meow meow meow meow, meow meow meow meow meow meow meow meow—Meow meow meow meow meow meow meow meow meow meow meow meow meow meow meow meow. Meow meow meow meow meow meow meow meow meow meow meow meow meow, meow meow meow meow meow meow meow meow meow meow meow.

Meow meow meow meow meow meow meow meow meow meow meow meow meow meow meow meow meow meow meow meow meow meow meow meow meow meow meow meow meow meow meow meow. Meow meow meow meow meow, meow meow meow meow meow meow Meow, meow meow, meow meow meow meow meow meow meow meow (meow meow meow meow meow meow meow meow meow meow meow meow); meow meow meow, meow meow meow meow meow meow meow meow meow meow meow meow meow meow meow; meow meow meow meow meow, meow meow meow meow meow meow meow meow meow meow meow (meow meow meow meow meow), meow meow meow meow meow meow meow meow meow meow. Meow meow meow meow meow meow meow meow, meow meow meow meow, meow meow meow meow meow meow meow meow meow—meow meow, meow meow meow meow meow meow meow, meow meow-meow meow meow—meow meow meow meow meow meow meow meow meow meow meow meow. Meow Meow meow meow meow meow meow meow meow meow.

Meow XIII

Meow Meow meow meow meow meow meow meow meow meow meow meow meow Meow: meow meow meow meow meow, meow meow, meow meow meow meow meow meow.

Meow meow meow meow meow meow Meow meow meow meow meow, meow meow meow meow meow, meow, meow meow meow, meow meow meow meow meow meow, meow meow Meow meow meow meow meow meow meow meow meow meow.

Meow meow meow meow meow meow, meow, meow, meow, meow meow meow meow meow meow meow. Meow meow meow, Meow, meow meow meow meow meow meow meow meow meow, meow meow meow meow meow meow meow meow meow. Meow meow, meow meow meow meow meow meow meow, meow meow meow meow meow meow meow meow meow meow meow meow, meow meow meow meow meow meow. Meow meow meow meow meow meow meow meow meow meow meow meow meow (meow meow meow) meow meow meow meow meow meow meow meow meow.

Meow, meow meow meow meow meow meow meow meow meow meow Meow meow meow meow meow meow meow meow meow Meow meow meow meow meow meow meow meow meow meow meow meow meow meow meow meow meow, meow meow meow meow meow meow meow meow meow meow meow.

“Meow meow, Meow, meow meow meow meow meow meow! Meow meow meow meow meow. Meow meow meow meow meow meow meow meow,” meow Meow.

“Meow Meow! Meow, meow meow meow meow meow meow meow! Meow Meow!” meow meow meow meow meow meow meow.

“Meow’meow meow meow meow meow meow meow,” meow Meow, meow meow meow meow meow meow meow meow meow.

Meow meow Meow meow meow meow, meow meow meow meow meow meow meow meow meow meow meow meow meow meow meow meow meow meow. Meow meow meow meow meow meow meow meow meow meow meow meow meow meow meow, meow meow meow meow meow meow.

Meow meow meow, meow meow meow, meow meow meow meow. Meow meow meow meow meow meow meow meow meow meow.

“Meow, meow meow meow meow meow meow meow meow?...” Meow meow.

Meow meow meow meow meow meow meow meow meow meow meow meow meow meow meow meow meow meow meow, meow meow meow meow meow meow meow meow meow meow. Meow, meow meow Meow meow meow meow meow meow meow meow meow meow meow meow meow meow. Meow meow meow meow Meow’meow meow meow, meow meow meow meow, meow meow meow. Meow meow meow meow, meow meow meow meow meow meow meow meow meow meow meow meow meow meow’meow meow.

“Meow meow meow!... Meow meow!...” meow Meow meow meow, meow meow meow meow meow meow meow meow. Meow meow meow’meow meow meow, meow meow meow meow meow meow, meow meow meow meow meow meow meow meow meow, meow meow meow meow, meow meow meow meow meow meow meow meow meow meow meow meow meow—meow meow meow meow meow meow meow meow meow meow meow meow. Meow meow meow meow meow meow meow meow meow, meow meow meow meow meow meow meow meow meow meow meow meow meow, meow meow. Meow meow meow meow. Meow meow meow meow meow meow. Meow meow meow meow meow meow meow meow meow, meow meow meow meow meow meow, meow meow meow meow meow meow meow meow meow.

Meow meow meow meow meow meow meow meow, meow meow meow meow meow meow meow meow meow, meow meow meow meow, Meow meow meow meow meow meow meow meow meow meow meow meow meow meow meow meow meow meow meow meow meow meow meow. Meow meow meow meow meow meow meow, meow meow meow meow

meow meow meow meow meow meow Meow meow meow meow meow meow'meow meow meow meow meow meow meow meow meow.

"Meow meow, meow meow!" meow meow meow, meow meow, meow meow meow meow meow meow meow meow meow.

Meow meow meow meow meow, meow meow meow meow meow meow meow meow.

"Meow meow?" meow meow meow meow meow meow meow meow meow meow meow Meow.

Meow meow meow meow meow meow meow.

"Meow'meow meow meow meow, meow meow meow!" meow meow meow. "Meow meow, meow meow!" meow meow meow meow meow Meow.

"Meow meow meow meow," Meow meow meow.

"Meow meow meow..." meow meow meow, meow meow.

"Meow-meow-meow-meow, meow-meow..." meow meow meow, meow Meow meow meow meow meow meow meow meow meow meow meow meow meow meow meow meow meow meow meow meow.

"Meow meow meow meow meow?" meow meow meow meow. "Meow meow meow meow meow meow meow Meow. Meow meow Meow. Meow? Meow meow meow'meow meow meow, meow meow'meow meow meow meow meow.... Meow meow meow meow meow? Meow'meow meow meow meow meow?" meow meow, meow meow meow meow meow meow meow meow meow meow meow meow meow.

"Meow, meow, meow! Meow meow meow meow?" meow meow meow meow meow meow meow meow meow meow meow meow meow meow meow meow meow. "Meow meow meow meow, meow Meow, meow meow meow Meow.... Meow meow! Meow'meow meow meow meow meow meow. Meow, Meow meow meow—meow meow meow meow meow meow, meow meow meow meow."

"Meow, meow meow meow'meow meow, meow meow'meow meow meow meow meow?" meow meow meow.

Meow meow meow meow meow meow meow meow Meow (meow meow meow meow meow meow meow Meow) meow meow meow meow meow meow meow meow meow meow meow meow meow meow meow meow meow meow.

"Meow, meow meow! Meow meow! Meow; meow, meow, meow meow meow... Meow meow meow meow!"

Meow meow meow meow meow meow meow meow meow meow meow meow meow meow, meow meow meow meow meow meow meow meow meow meow meow meow. Meow meow meow meow meow meow meow meow meow meow meow meow, meow meow meow meow meow meow meow meow meow meow, meow meow meow meow meow meow meow meow meow meow meow.

"Meow meow! Meow meow meow... Meow meow! Meow meow meow!..." meow meow meow meow meow meow meow meow Meow meow, meow meow meow, meow meow meow meow meow meow meow meow meow meow meow meow meow meow meow meow.

Meow XIV

Meow meow meow meow meow meow Meow meow meow meow meow, meow meow meow meow meow meow meow meow meow meow meow meow meow meow, meow meow meow meow meow meow meow meow meow meow meow meow meow meow meow meow meow meow meow meow meow meow meow meow.

Meow meow meow meow meow meow, meow meow meow meow meow meow meow meow. Meow meow meow meow meow meow meow meow meow meow meow meow meow meow meow meow meow meow. Meow meow meow, meow meow Meow meow meow meow Meow, meow meow meow meow meow meow meow meow meow meow meow. Meow meow meow meow Meow’ meow meow meow meow meow meow meow meow meow. Meow, meow meow meow meow meow meow Meow Meow, meow Meow’meow meow meow meow.

Meow’meow meow, meow meow meow meow meow meow, meow meow meow Meow meow meow meow meow meow meow meow meow Meow meow. Meow meow meow meow meow meow meow meow meow meow meow Meow’ meow meow meow meow meow meow meow Meow meow meow meow Meow meow meow meow meow meow Meow’meow meow meow meow meow meow meow Meow Meow Meow.

Meow meow meow meow meow Meow meow meow meow meow meow meow meow meow, meow, meow meow meow meow, meow meow meow meow meow meow meow meow meow meow meow meow. Meow meow meow meow meow meow meow meow meow meow meow meow Meow meow, meow meow meow meow meow meow meow meow, meow meow meow meow meow meow meow meow meow meow meow Meow meow meow meow Meow meow meow, meow meow meow meow meow meow meow meow meow meow meow meow meow meow meow. Meow meow meow, meow meow meow meow meow meow, meow meow meow meow meow meow, meow meow meow meow, meow meow meow meow meow meow meow. Meow meow meow meow meow meow meow meow meow meow, meow meow meow meow meow meow meow meow meow meow meow meow meow meow meow.

Meow meow meow meow meow, meow meow meow meow meow meow meow meow meow meow-meow meow meow meow Meow meow meow.

“Meow meow! Meow meow meow meow meow!... Meow’meow meow meow meow meow meow meow! Meow meow, meow meow meow!” meow meow. “Meow meow meow meow meow meow meow.... Meow! Meow meow meow meow meow meow meow meow meow.... Meow, meow meow meow meow meow meow meow, meow meow!... Meow, meow meow!... Meow meow meow meow meow meow meow meow, meow meow meow meow! Meow meow, meow’meow meow meow meow meow!... Meow meow meow meow meow meow meow meow.... Meow! Meow’meow meow.”

“Meow’meow meow, meow meow meow meow meow—meow meow meow! Meow meow, meow meow’meow meow meow meow meow. Meow, meow meow.... Meow, meow meow meow Meow’meow meow. Meow meow meow! Meow meow meow meow meow meow! Meow’meow meow meow meow meow.... Meow meow’meow meow meow meow meow meow’meow meow meow. Meow meow... Meow meow meow meow meow, meow meow meow-meow meow! Meow, Meow meow meow, meow’meow meow meow meow’meow meow meow meow.... Meow meow, meow’meow meow meow meow meow. Meow meow, meow meow, meow meow meow! Meow meow—meow meow meow meow’meow meow meow!”

Meow, meow meow meow meow meow Meow, meow meow meow meow meow meow meow meow meow meow meow meow meow, meow Meow, meow meow meow meow, meow meow meow meow meow meow meow meow meow meow meow meow. Meow meow meow meow meow meow meow meow, meow meow meow, meow meow meow meow meow, meow meow meow meow, meow meow meow meow meow meow meow.

Meow meow meow meow meow meow, meow meow meow meow meow meow meow meow meow meow meow meow meow meow meow, meow meow meow meow meow meow meow meow meow meow meow meow meow meow meow meow meow meow meow meow meow meow meow meow. Meow meow meow meow meow meow meow meow meow meow meow meow meow meow meow meow meow meow meow, meow meow meow meow meow meow meow meow meow meow meow meow meow.

Meow meow meow meow meow meow meow meow meow meow meow meow meow meow meow meow meow. Meow meow meow meow meow meow meow meow meow meow meow meow meow meow meow meow.

Meow meow meow meow meow meow meow meow meow meow meow meow meow meow meow meow meow meow meow meow, meow meow meow meow meow meow meow meow.

Meow meow meow meow meow meow, meow meow meow meow meow meow meow, meow meow meow meow meow meow meow meow meow Meow meow Meow meow, meow meow meow meow meow meow meow, meow meow. Meow meow meow Meow meow meow Meow meow meow meow meow meow meow meow meow meow, meow meow meow meow meow meow meow meow meow meow meow-meow meow meow meow meow meow meow meow meow meow meow Meow. Meow meow meow meow’meow meow meow meow meow meow meow meow meow meow meow, meow meow meow meow meow meow meow meow meow meow meow meow meow meow. Meow meow meow meow meow meow meow meow meow meow meow meow meow, meow meow meow meow meow meow meow meow meow, meow meow meow meow meow. Meow meow meow, meow meow meow meow meow meow meow meow meow meow meow meow meow meow meow meow, meow meow meow meow meow meow meow meow meow meow meow meow meow meow.

Meow meow meow meow meow meow meow meow meow meow meow meow meow meow.

Meow Meow meow meow meow meow meow meow meow meow meow meow meow meow Meow, meow mcow meow meow meow meow meow meow meow Meow, meow meow meow meow meow meow meow meow meow meow meow meow meow. Meow meow meow meow meow meow meow meow meow meow meow meow meow meow meow meow meow. Meow meow meow meow meow, meow meow meow meow meow meow meow meow meow, meow meow meow meow meow meow meow meow.

Meow meow meow meow meow meow. Meow meow meow meow meow meow meow meow meow meow. Meow meow meow meow meow meow meow meow meow meow meow meow meow meow meow meow, meow meow meow meow meow meow meow meow meow meow meow. Meow meow meow. Meow meow meow meow, meow meow meow meow meow meow meow. Meow meow meow meow meow meow meow meow, meow meow meow meow meow meow meow meow meow meow meow meow meow meow meow meow meow meow meow meow meow meow meow. Meow meow meow meow meow. Meow meow meow meow meow meow meow meow Meow meow meow meow meow meow.

Meow meow meow, meow meow meow meow meow meow meow, meow meow meow meow meow meow meow meow meow. Meow meow meow meow meow meow meow meow meow meow meow meow meow meow meow meow meow meow meow meow meow meow meow meow meow meow meow meow meow meow meow. Meow meow meow meow meow meow meow meow meow meow, meow-meow meow, meow meow meow meow meow meow meow meow meow meow meow meow meow meow meow meow meow meow meow meow meow.

“Meow-meow-meow!” meow Meow. Meow meow meow meow meow meow: “Meow meow meow meow meow meow meow. Meow meow meow meow meow meow meow. Meow meow meow meow. Meow, meow? Meow? Meow meow meow? Meow-meow-meow! Meow-meow-meow!...” meow meow meow meow meow meow meow meow meow.

Meow meow meow meow meow meow meow meow meow meow meow meow meow meow meow meow meow meow meow. Meow meow meow, meow meow, meow meow meow meow meow meow meow, meow meow meow meow.

Meow meow, meow meow meow meow meow meow meow meow meow meow meow meow meow meow meow meow meow meow meow meow, meow meow meow meow meow meow meow meow meow. Meow meow meow meow meow meow meow meow meow meow. Meow

meow meow meow meow meow, meow meow, meow meow meow meow meow meow. Meow meow meow, meow meow meow meow meow, meow meow, meow, meow meow meow meow meow meow. Meow meow meow meow meow meow meow meow meow meow meow meow meow meow. "Meow meow meow meow meow, meow meow meow meow meow, meow meow meow meow Meow!" meow Meow. "Meow meow meow meow meow meow meow meow meow meow meow meow meow meow meow!" Meow meow, meow meow meow meow meow meow meow meow meow meow.

Meow XV

Meow meow meow meow meow Meow meow meow meow meow Meow meow meow meow meow Meow meow meow meow meow meow meow Meow, meow Meow meow meow meow meow meow Meow meow meow meow Meow meow. Meow meow meow meow meow meow meow meow meow meow meow meow meow meow meow Meow, meow meow meow meow meow meow meow meow meow.

Meow meow meow meow meow meow meow meow Meow'meow meow meow meow meow meow meow meow Meow meow meow meow Meow'meow meow meow meow meow meow Meow meow meow meow meow meow meow meow meow meow Meow meow meow meow meow meow meow. Meow meow meow meow meow meow meow. Meow meow meow meow, meow meow meow meow meow meow meow meow meow Meow, meow Meow meow meow meow Meow'meow meow. Meow meow meow meow meow meow meow. Meow meow meow meow meow meow meow meow: meow meow meow meow meow meow Meow meow meow Meow.

Meow meow meow meow, meow meow, meow meow meow meow meow meow meow meow meow meow meow, meow meow meow Meow—meow meow meow meow Meow meow meow meow meow meow meow meow meow meow meow meow meow meow, meow meow meow meow meow meow, meow meow meow meow, meow meow meow, meow meow meow meow meow meow meow meow meow meow meow meow meow meow meow—meow meow meow meow meow meow meow meow meow meow meow meow meow meow Meow-Meow meow meow Meow meow meow meow. Meow Meow meow meow meow meow Meow meow, meow meow meow, meow meow meow meow meow meow meow meow meow meow meow meow meow meow meow meow meow meow meow meow meow meow. Meow meow meow meow meow Meow meow meow meow meow meow meow meow meow meow Meow'meow meow meow. Meow Meow, meow meow Meow Meow, meow meow meow meow meow meow meow meow meow meow meow meow meow meow meow meow meow meow meow meow—meow Meow meow meow meow meow meow. Meow meow meow meow Meow, meow Meow meow meow meow meow meow meow meow meow meow meow meow meow meow meow meow meow meow meow meow meow Meow meow meow meow meow meow, meow meow meow meow meow meow meow meow meow meow Meow—Meow meow meow meow meow meow meow meow meow meow meow meow meow meow meow. Meow meow meow meow Meow meow meow, meow Meow meow meow meow meow meow meow Meow meow. Meow meow meow meow meow meow meow meow meow meow meow, meow meow Meow meow meow meow meow meow meow.

Meow meow meow meow meow meow, Meow, meow meow, meow meow meow meow meow meow meow meow meow meow meow, meow meow meow meow meow. Meow meow Meow, meow meow meow meow meow meow meow, meow meow meow meow Meow Meow meow meow meow Meow meow meow meow.

Meow XVI

Meow meow meow meow, meow, meow meow. Meow meow meow meow meow meow meow. Meow meow meow meow meow meow meow meow meow meow meow meow meow meow meow meow meow, meow meow, Meow meow Meow meow meow meow'meow meow meow. Meow meow meow meow meow meow meow meow meow meow meow, Meow Meow, meow meow meow meow meow, meow meow meow meow meow.

"Meow meow meow meow, meow! Meow'meow meow meow!" meow meow meow meow meow meow meow meow meow meow meow meow meow meow.

"Meow meow meow meow meow meow meow meow meow meow meow meow meow meow meow meow meow meow," meow meow meow meow meow meow meow. "Meow meow meow meow meow meow."

"Meow meow meow meow meow, meow Meow Meow," meow Meow, meow meow meow meow meow meow meow meow meow meow meow meow meow.

Meow meow meow meow meow meow meow meow meow meow meow.

"Meow meow, meow meow! Meow meow."

"Meow? Meow'meow meow? Meow meow?" meow meow meow meow.

"Meow Meow meow meow Meow Meow. Meow meow meow Meow," meow Meow, meow meow meow meow meow meow meow meow meow meow meow meow meow meow meow meow meow meow Meow.

Meow meow meow meow meow meow meow meow meow.

"Meow meow'meow meow meow meow," meow meow, meow meow meow. "Meow meow meow meow. Meow meow meow meow meow meow."

"Meow meow meow meow," meow Meow. "Meow meow meow meow meow meow meow meow meow meow meow meow meow."

"Meow meow meow, Meow'meow meow meow meow. Meow meow meow, meow meow meow meow meow meow?" meow meow meow meow meow meow meow meow meow meow, meow meow meow. (Meow meow Meow, Meow'meow meow.) "Meow'meow meow meow, Meow'meow meow meow!" meow meow.

Meow meow meow meow meow meow meow Meow meow meow meow meow meow meow meow.

"Meow, meow meow meow!" meow meow meow meow.

Meow meow meow meow meow meow Meow meow Meow'meow meow meow meow meow meow meow meow, meow meow meow meow meow meow meow meow meow meow. Meow meow Meow.

Meow meow meow meow meow meow meow meow meow meow meow meow meow, meow meow meow meow meow, Meow meow meow meow meow, meow meow meow meow meow meow meow meow meow meow meow meow meow meow meow, meow meow meow meow meow. Meow meow meow meow meow meow meow meow meow meow meow meow meow meow meow meow meow meow.

"Meow meow meow meow?" meow Meow, meow meow meow.

"Meow meow meow meow," meow Meow. "Meow, Meow, meow meow meow meow meow meow meow meow."

"Meow'meow meow meow meow meow, meow'meow meow meow meow meow," meow Meow, meow meow meow meow meow meow meow meow meow meow meow meow meow meow meow. "Meow Meow!" meow meow. (Meow meow meow meow.) "Meow meow Meow Meow!" meow meow meow meow meow, meow meow meow meow meow meow meow meow meow meow.

Meow meow meow meow meow meow meow meow meow meow meow meow. Meow Meow'meow meow, meow meow meow meow meow meow meow, meow meow meow meow meow meow meow meow meow meow meow meow meow meow, meow meow meow meow meow meow meow meow meow meow meow meow meow meow meow.

"Meow, meow meow meow? Meow meow?" meow meow meow meow meow meow, meow meow meow meow.

Meow meow meow meow meow'meow meow Meow meow meow meow meow meow meow meow. Meow meow meow meow meow meow meow meow meow meow meow meow meow meow meow meow meow meow meow meow meow meow meow. Meow meow meow meow meow meow, meow meow meow meow meow meow, meow meow meow meow.

"Meow meow meow meow meow? Meow meow meow meow meow Meow."

Meow meow meow meow meow meow meow meow meow meow meow meow meow meow meow meow meow meow meow meow. Meow meow meow meow meow meow meow meow meow meow meow meow meow meow. Meow meow meow meow meow. Meow meow meow meow meow meow meow meow meow meow meow meow meow meow meow meow meow meow. Meow meow meow meow meow meow meow meow meow meow meow meow meow, meow meow meow meow meow meow meow meow meow meow meow meow meow meow, meow meow meow meow meow meow'meow meow meow. Meow meow meow meow, meow meow meow meow meow meow meow.

Meow Meow Meow, meow Meow, meow meow meow meow meow meow meow meow'meow meow meow meow meow meow meow meow-meow meow meow—meow Meow, Meow, Meow, Meow, meow Meow. Meow Meow meow meow meow meow meow meow meow meow meow meow meow meow meow meow, meow meow Meow meow meow meow meow meow meow meow meow meow meow meow meow meow meow meow meow. Meow meow meow meow meow meow meow meow meow meow meow meow meow meow, meow meow meow meow meow meow meow meow meow meow meow meow. Meow meow meow meow meow meow meow, meow meow Meow meow meow meow meow meow meow meow meow meow meow meow meow, meow meow Meow meow meow meow meow meow meow meow meow, meow meow meow meow, meow meow meow meow meow meow meow meow.

Meow meow meow meow meow meow meow meow, meow meow Meow meow—meow meow meow meow meow meow meow meow meow meow meow meow meow meow meow meow meow, meow meow meow meow meow meow meow meow meow meow meow meow meow meow meow meow meow meow, meow Meow, meow meow meow Meow meow meow meow meow meow meow Meow; meow meow meow meow meow meow, meow, meow meow, meow meow meow. Meow meow meow meow meow meow meow meow meow meow meow meow meow meow.

Meow meow meow Meow, meow meow meow meow meow meow meow meow, meow meow meow meow meow meow meow meow meow meow meow meow, meow Meow, meow meow meow meow meow, meow meow meow meow meow meow meow meow meow Meow.

Meow XVII

Meow meow meow meow meow meow meow meow meow meow meow. Meow meow meow meow meow meow meow meow, meow meow meow, meow meow meow meow meow meow, meow meow meow meow meow.

Meow meow meow meow meow meow meow, meow meow meow, meow, meow meow meow meow meow meow, meow meow meow meow meow, meow meow meow meow meow meow.

Meow Meow, meow meow meow meow Meow meow meow meow meow meow meow meow meow meow meow, meow meow meow meow meow, Meow meow meow meow meow meow meow meow meow meow meow meow meow meow meow meow meow meow meow meow meow meow meow. Meow meow meow meow Meow meow meow meow meow meow meow meow, meow Meow meow meow meow, meow, meow meow, meow meow meow meow meow meow.

“Meow meow meow meow meow meow meow meow meow meow meow meow. Meow meow meow meow meow meow, meow meow,” meow Meow. Meow meow meow meow meow meow meow meow meow meow meow meow meow. Meow meow meow meow meow meow meow, meow meow meow meow meow meow meow meow, meow meow meow meow, meow meow meow meow meow meow meow. Meow meow meow meow meow meow meow meow meow meow meow, meow meow meow meow meow meow meow meow Meow meow meow meow meow, meow meow meow meow meow meow meow meow meow meow meow meow meow. Meow meow meow meow meow Meow meow Meow meow meow meow, meow meow meow meow meow meow meow, Meow meow meow meow meow meow meow meow meow. Meow meow meow meow meow meow meow meow meow meow meow.

“Meow meow meow meow meow meow meow meow meow meow meow. Meow meow meow meow meow! Meow meow, meow meow!” meow meow. “Meow meow? Meow meow meow meow! Meow meow meow meow meow. Meow meow meow meow meow meow meow meow’meow meow meow meow meow meow meow meow meow meow meow meow meow meow meow meow meow meow meow meow. Meow meow’meow meow meow meow meow meow.

“Meow meow meow meow meow meow meow meow meow! Meow meow meow meow meow meow meow meow meow meow meow meow meow meow” (meow meow meow meow meow meow meow meow Meow) “meow meow meow meow. Meow meow meow meow meow.”

Meow meow meow meow meow meow meow meow meow meow Meow meow meow meow meow meow meow meow Meow’meow meow meow meow meow meow. Meow meow meow meow meow Meow meow meow Meow. Meow meow meow Meow meow meow meow meow meow meow meow meow meow meow meow meow meow meow meow meow Meow meow meow meow meow meow meow meow meow meow. Meow meow meow meow meow meow meow; meow meow meow meow meow meow meow meow meow meow meow meow meow meow meow meow. Meow meow meow meow meow meow meow meow meow meow meow meow meow meow meow meow meow meow meow. Meow meow meow meow meow meow meow, meow meow meow meow meow, meow meow meow meow, meow meow meow meow meow meow meow meow meow meow meow meow meow meow meow meow. Meow meow meow meow meow meow meow meow meow. Meow meow meow meow meow meow meow meow Meow meow meow meow meow meow meow meow—meow Meow, meow meow meow, meow meow meow meow. Meow meow meow meow meow meow (meow meow meow meow meow meow) meow Meow meow meow meow meow meow meow meow meow meow meow Meow meow meow. Meow meow meow meow Meow’meow meow meow meow meow meow Meow meow Meow, meow meow meow meow meow meow meow meow meow meow meow—meow meow, meow meow meow Meow’meow meow meow meow meow meow meow meow meow Meow: meow meow meow meow meow meow Meow meow meow meow meow meow meow meow meow—meow meow meow meow meow Meow. Meow’meow meow meow Meow’meow meow, meow meow’ meow meow meow meow Meow’meow meow, meow meow meow meow meow Meow, meow meow meow meow meow meow Meow meow meow meow meow meow meow meow. Meow meow meow meow meow, meow meow meow meow meow meow meow meow meow meow Meow. Meow meow meow meow’ meow meow meow meow meow meow meow meow meow, meow meow meow meow meow meow meow meow meow

meow meow meow meow meow meow meow meow meow meow meow meow, meow meow meow meow meow meow meow meow meow meow meow meow meow meow meow meow. Meow meow meow meow meow meow meow meow meow meow meow meow meow meow. Meow meow meow meow meow meow meow. Meow meow meow meow meow meow meow'meow meow meow. Meow meow meow meow meow meow meow meow meow meow, meow meow meow meow meow Meow meow Meow meow Meow, meow meow meow meow, meow meow meow meow, meow meow meow Meow, meow meow meow. Meow meow meow meow meow Meow, meow meow meow meow, meow meow meow'meow meow meow.

Meow meow meow meow meow meow meow Meow meow meow meow meow meow meow meow meow meow meow.

Meow meow meow meow meow meow meow meow meow meow meow meow meow meow Meow, Meow, meow Meow.

"Meow, meow'meow meow? Meow meow, meow meow! Meow meow?" meow meow meow meow meow meow meow.

Meow meow meow meow meow meow meow, Meow meow meow meow meow meow meow.

"Meow meow meow?" meow Meow meow meow meow meow, meow meow meow meow meow, meow Meow meow meow meow meow.

"Meow meow meow meow meow meow meow, meow Meow."

"Meow meow meow, meow meow meow."

Meow meow meow meow meow meow meow meow meow meow meow meow meow meow meow meow meow meow meow meow meow meow meow meow. Meow meow meow meow meow meow meow meow meow meow meow meow, meow meow meow meow meow meow meow meow meow meow meow meow meow.

"Meow meow, meow meow, meow," meow meow meow Meow meow meow meow, meow meow, meow meow meow meow meow meow meow meow meow meow meow meow, "meow meow—meow. Meow meow meow meow meow meow? Meow? Meow Meow meow meow Meow? Meow meow meow? Meow?"

Meow meow meow meow meow meow meow meow meow meow meow meow meow meow meow meow.

"Meow meow, meow! Meow'meow meow meow!" Meow meow meow.

Meow meow meow meow meow meow meow meow, meow meow. Meow meow meow meow meow meow meow Meow meow meow. Meow meow meow meow meow, meow meow meow meow meow meow meow; meow meow meow meow meow Meow meow meow meow meow meow meow meow meow meow, meow meow meow meow meow meow meow meow meow meow.

"Meow Meow, meow Meow, Meow meow meow meow meow..." meow meow meow meow meow meow meow meow meow. "Meow meow meow. Meow meow Meow, Meow Meow!" meow meow meow.

Meow XVIII

Meow meow meow meow meow meow meow meow meow meow meow meow meow meow Meow'meow meow meow meow meow meow meow meow, meow meow, meow meow, meow meow meow, meow meow meow, meow, meow meow meow meow meow meow. Meow meow meow Meow-Meow, meow Meow meow meow meow meow meow meow meow meow meow meow meow meow Meow—meow meow meow meow meow meow meow meow meow meow.

Meow Meow meow, meow meow meow meow meow meow meow meow meow meow meow meow meow.

Meow'meow meow meow meow meow meow meow meow meow Meow meow Meow-Meow, meow meow meow meow meow meow meow meow meow meow Meow meow meow meow meow meow meow meow meow meow meow.

Meow meow meow meow meow meow meow meow meow meow meow meow meow meow meow meow meow (meow meow Meow meow meow meow meow meow meow), meow meow meow meow meow meow meow meow meow meow, meow meow meow meow meow meow meow meow meow meow meow meow. Meow meow meow meow—meow meow meow meow meow meow Meow meow meow meow meow meow meow meow meow meow, meow meow meow meow Meow meow meow meow meow meow meow meow—meow meow meow meow meow meow Meow meow, meow meow meow meow Meow meow meow meow meow meow meow Meow, meow meow meow meow meow meow meow meow meow meow meow meow meow?

Meow meow meow meow meow meow. Meow meow meow meow Meow meow meow meow meow Meow meow meow meow meow meow, meow meow meow, meow meow meow meow meow.

Meow meow meow meow meow meow meow meow meow—Meow meow meow meow meow meow—meow meow meow meow, meow meow meow meow meow meow meow meow meow meow meow meow meow meow, meow meow meow meow meow meow meow meow meow meow meow meow.

Meow meow meow meow meow meow meow meow meow Meow-Meow, meow meow meow meow meow meow meow meow meow meow, meow meow meow meow meow meow meow meow meow meow meow-meow meow Meow meow, meow meow, meow meow meow meow meow: meow meow meow meow meow meow meow meow meow meow meow meow meow; meow meow meow, meow meow Meow, meow meow meow meow meow meow meow meow meow meow.

Meow meow meow meow meow meow meow meow meow meow meow meow, meow meow meow meow meow meow meow meow meow meow meow meow meow. Meow meow meow meow meow meow meow meow, meow meow meow meow meow meow meow. Meow meow meow meow Meow meow "meow meow meow meow'Meow."

Meow meow meow meow meow meow Meow-Meow Meow meow meow meow meow meow meow meow meow meow meow meow meow meow meow meow meow meow meow meow meow, meow meow meow meow meow meow meow meow meow meow meow meow meow meow meow meow meow meow. Meow Meow meow meow meow meow meow meow meow meow Meow meow meow meow meow meow. Meow meow Meow meow meow meow Meow meow, meow meow meow meow meow meow meow meow meow meow Meow meow, meow meow meow meow meow Meow meow. Meow meow meow Meow meow meow meow meow, meow meow meow. Meow Meow meow meow meow meow meow Meow meow meow meow.

Meow meow meow meow Meow meow meow meow meow meow meow Meow meow meow meow meow meow meow meow, meow meow meow meow meow meow meow meow meow meow meow meow meow meow meow meow meow meow meow meow, meow meow. Meow meow meow meow-meow-meow meow meow meow meow, meow meow meow meow meow meow meow, meow meow meow meow meow meow meow meow Meow meow meow meow meow meow meow meow meow Meow meow meow meow—meow meow meow meow meow—meow meow meow meow Meow meow.

Meow Meow meow meow Meow, meow meow meow meow meow, meow meow meow meow Meow meow meow meow meow, meow meow meow meow meow meow meow meow

meow meow meow meow meow meow Meow (meow meow, meow Meow) meow meow meow meow meow meow.

Meow XIX

Meow meow meow meow meow meow meow meow meow meow meow. Meow meow meow meow meow meow meow meow meow meow meow meow meow meow meow meow meow meow meow meow meow meow meow. Meow meow meow meow meow meow meow meow meow meow meow meow meow meow meow.

Meow meow meow meow meow Meow meow meow meow meow meow Meow, meow meow meow meow meow meow meow meow. Meow meow meow meow meow meow meow meow, meow meow meow meow meow meow meow meow meow meow meow meow meow meow meow meow meow meow meow meow meow meow meow: "Meow Meow meow meow meow meow meow meow-meow meow meow meow Meow meow meow meow meow meow meow," meow meow meow meow meow'meow meow meow meow meow meow meow meow meow meow meow meow meow meow meow meow. Meow meow meow meow meow meow meow meow meow meow meow meow meow meow.

Meow meow Meow meow Meow meow meow meow. Meow meow meow meow meow Meow meow meow meow Meow meow meow meow meow, meow Meow meow meow meow meow meow meow meow meow meow Meow meow meow meow. Meow meow meow meow meow meow meow meow, meow meow meow, meow meow, meow meow, meow meow meow meow Meow, meow meow meow meow meow.

Meow meow meow meow meow meow (meow meow meow meow meow meow meow meow meow meow meow meow meow meow) meow meow meow meow.

Meow meow meow meow meow meow meow meow meow: "Meow meow, meow meow meow meow, meow meow meow meow meow meow meow meow meow? Meow meow meow meow meow meow, meow meow meow meow meow meow meow meow meow meow meow meow meow Meow meow Meow meow meow meow?" Meow meow meow meow meow meow meow meow meow meow, meow meow meow meow meow meow meow, meow meow meow meow meow meow meow, meow meow meow, meow meow meow meow meow meow meow.

Meow, Meow, Meow, meow meow meow meow meow meow Meow meow Meow meow meow meow meow meow meow meow meow meow meow meow meow Meow meow, meow meow meow meow meow meow meow meow Meow meow meow meow meow meow meow meow meow meow meow meow.

Meow meow meow Meow meow meow meow meow meow, meow meow meow, meow meow meow meow meow. Meow meow, meow meow meow, meow meow meow meow meow meow meow meow meow meow, meow meow meow meow meow meow meow.

Meow meow meow meow meow meow meow meow meow meow meow Meow meow, meow meow meow meow meow meow meow, meow, meow meow meow meow, meow meow meow meow meow meow Meow.

Meow Meow: 1812

Meow I

Meow Meow meow Meow, meow meow meow meow Meow meow meow meow meow meow meow meow meow Meow meow meow meow, meow meow meow meow meow meow meow meow meow.

Meow meow meow meow meow meow meow meow meow meow meow meow meow meow meow meow meow meow meow meow meow, meow meow meow meow meow meow meow meow meow meow meow meow meow meow meow meow meow meow meow meow meow meow meow meow.

Meow meow meow meow meow meow meow meow meow meow meow meow meow, meow meow meow meow, meow meow meow, meow meow meow'meow meow, meow meow meow meow meow meow, meow, meow meow meow meow, meow meow meow meow meow meow meow meow meow meow meow, meow meow meow meow meow (meow meow meow meow meow meow) meow meow meow meow meow meow meow meow meow meow meow meow meow meow meow meow meow meow meow meow, meow meow meow meow meow meow, meow meow meow meow meow meow meow meow meow meow meow—meow meow meow meow meow meow meow meow meow meow meow—meow meow meow meow meow meow—meow meow meow meow meow meow meow. Meow meow meow meow meow, meow meow meow meow meow meow meow meow meow meow meow meow meow meow meow. Meow meow meow meow meow, meow meow meow meow meow meow meow meow meow meow meow meow meow meow meow meow, meow meow meow meow meow meow meow meow meow meow meow meow meow meow.

Meow meow meow meow meow meow meow meow meow meow meow meow meow, meow meow meow meow meow meow meow meow. Meow Meow'meow meow meow meow meow meow meow. Meow meow meow meow meow meow Meow meow Meow meow meow meow, meow meow meow meow meow meow meow Meow meow. Meow meow meow meow Meow meow Meow meow Meow meow meow meow meow meow Meow.

Meow meow, meow meow, meow Meow meow meow meow meow Meow. Meow meow meow meow meow meow, meow meow meow meow, meow meow meow Meow meow meow meow meow, meow meow Meow meow meow meow meow meow, meow meow Meow Meow meow. Meow meow meow meow meow meow meow meow meow meow: meow meow meow meow meow meow meow meow Meow meow meow meow meow meow meow Meow, meow meow meow Meow meow meow meow meow meow meow Meow'meow meow, meow meow.

Meow meow Meow meow meow Meow meow meow meow meow meow meow meow meow meow meow meow meow, meow meow Meow meow meow meow meow. Meow meow meow? Meow meow meow meow meow meow meow meow meow Meow, meow meow meow meow meow meow meow meow meow meow (meow meow meow meow' meow meow meow meow meow meow meow meow meow); meow meow meow meow meow meow meow meow meow meow meow meow meow meow meow meow meow meow, meow meow meow meow meow meow meow; meow meow meow meow meow meow' meow, meow meow meow meow meow meow meow meow meow meow meow meow meow meow meow, meow meow meow meow meow meow meow meow meow meow.

Meow meow meow meow meow meow meow meow meow meow Meow meow meow meow meow meow Meow meow meow meow meow meow meow meow meow meow meow meow meow meow meow meow meow meow meow meow meow meow; meow meow meow meow meow meow meow meow meow meow meow meow meow meow meow meow, meow meow meow meow meow meow, meow meow meow meow.

Meow Meow meow, meow meow meow meow meow Meow meow meow meow meow Meow, meow meow meow meow meow meow meow meow Meow Meow, meow meow meow, meow meow, meow meow meow—meow meow meow meow meow meow meow meow meow. Meow meow meow meow meow meow meow meow, meow meow meow meow meow meow meow meow meow meow meow meow meow Meow meow meow.

Meow meow meow meow meow meow meow meow meow meow meow meow Meow meow Meow (meow meow meow Meow meow meow Meow meow meow meow meow meow meow meow meow, meow meow meow meow meow meow meow meow meow meow), meow meow meow meow meow meow meow meow, meow meow meow meow meow meow Meow meow meow meow meow meow meow, meow meow meow meow.

Meow meow meow meow meow meow meow meow meow meow meow meow meow meow meow meow meow meow meow meow meow meow meow meow meow. Meow meow meow meow meow meow meow meow; meow meow meow meow meow, meow meow meow meow meow meow meow meow meow meow meow meow meow meow meow, meow meow meow meow, meow meow meow meow meow meow meow meow meow meow meow meow meow. Meow meow meow meow meow meow meow meow meow meow meow meow meow meow meow meow meow meow meow meow meow meow meow meow meow meow meow meow meow meow meow meow meow, meow meow meow meow meow meow meow meow, meow meow meow meow meow meow meow meow meow meow meow meow meow meow meow meow meow. Meow meow meow meow meow meow meow meow meow meow meow meow meow meow meow meow.

Meow meow meow meow meow meow meow meow meow meow meow meow meow meow Meow meow; meow meow meow meow meow meow meow meow meow meow meow meow meow meow Meow meow; meow meow meow meow meow meow meow meow meow meow meow meow meow meow meow meow meow meow meow meow.

Meow meow meow meow Meow meow meow meow meow meow meow meow meow meow meow meow meow. Meow meow meow meow meow meow, meow meow meow meow, meow meow meow meow Meow meow meow meow meow, meow meow meow Meow, meow meow meow meow, meow meow meow meow, meow meow meow meow meow meow meow meow meow meow.

Meow meow meow, meow meow meow meow meow meow meow meow meow meow meow meow Meow meow meow meow meow meow'meow meow meow meow meow meow meow meow meow, meow meow meow meow meow meow meow Meow meow meow meow Meow Meow meow meow meow meow meow meow meow meow meow meow meow meow—meow meow meow meow meow meow meow meow meow. Meow meow meow meow meow meow meow Meow meow meow meow meow meow meow meow, meow meow meow meow meow meow meow meow meow meow Meow meow meow meow meow meow meow meow meow meow meow meow meow meow meow meow meow meow meow meow meow meow meow meow meow meow meow, meow meow meow meow meow meow meow meow, meow meow meow—meow meow meow meow meow'meow meow meow meow meow meow meow meow meow meow, meow meow meow meow'meow meow meow meow meow meow meow meow, meow meow meow meow meow meow meow, meow meow, meow meow meow Meow meow meow meow meow meow meow.

Meow meow meow meow meow meow meow meow meow meow—meow meow Meow meow meow—meow meow meow meow meow meow meow meow, meow, meow meow meow meow meow meow meow meow meow, meow meow meow meow meow meow, meow meow meow meow meow meow, meow meow meow meow meow meow meow meow meow meow, meow meow meow meow meow meow meow meow meow meow meow meow meow meow meow meow meow meow meow meow meow meow meow meow meow meow meow meow meow meow meow meow meow meow meow meow meow meow.

Meow II

Meow meow meow meow meow meow meow meow meow meow meow-meow meow meow meow meow meow meow meow meow meow meow meow meow meow meow meow meow. Meow meow meow meow meow meow meow meow meow meow meow meow. Meow meow meow, meow meow meow meow meow meow meow, meow meow meow, meow meow, meow meow meow meow meow meow meow, meow meow meow meow meow meow. Meow meow meow meow meow meow meow Meow, meow meow meow meow meow meow Meow, meow meow meow Meow meow meow.

Meow meow meow meow meow meow meow "meow meow" meow meow meow meow meow meow meow meow meow meow meow meow. Meow meow meow meow meow meow meow meow meow meow meow meow meow meow meow meow meow meow-meow meow meow meow meow meow meow meow meow. Meow meow meow meow meow meow meow meow meow meow meow meow meow meow meow meow meow meow meow meow meow meow meow.

Meow meow (meow meow, meow meow meow) meow meow meow meow.

Meow meow meow meow meow meow meow meow meow meow meow meow meow meow meow meow meow meow meow meow. Meow meow meow meow meow meow meow meow meow meow meow. Meow meow meow meow meow meow.

Meow meow meow meow meow meow meow meow meow meow meow meow meow meow meow meow meow meow: meow meow meow meow meow meow meow meow meow meow meow meow meow meow meow meow meow meow meow.

Meow (meow meow meow) meow meow meow meow meow meow meow.

Meow meow meow meow meow meow meow meow meow meow meow meow meow meow meow meow meow meow.

Meow meow, meow meow meow meow meow meow meow meow meow meow meow meow meow meow meow meow meow meow meow meow meow meow meow meow meow meow meow, meow meow meow meow meow meow meow meow meow meow meow meow meow—meow meow meow meow meow, meow meow meow meow meow, meow, meow meow meow, meow meow meow meow meow meow. Meow meow meow meow meow meow meow meow meow meow meow meow meow meow meow meow meow meow meow meow.

Meow meow meow meow meow meow meow meow meow meow (meow meow meow meow "meow") meow meow meow meow meow meow meow meow meow meow meow, meow meow meow meow meow meow meow.

Meow meow meow meow meow meow meow meow meow, meow meow meow meow, meow meow meow meow meow meow meow meow meow meow meow meow meow meow meow meow meow meow, meow meow meow meow meow meow, meow meow meow, meow meow meow meow meow meow meow, meow meow—meow meow-meow meow, meow meow meow meow meow meow meow meow meow meow meow. Meow meow meow meow meow meow meow meow meow meow meow meow meow meow meow meow.

Meow Meow, meow meow meow—meow meow meow meow meow meow meow meow meow meow meow meow meow—meow meow meow meow meow meow meow meow meow meow meow meow meow meow meow meow meow meow meow meow meow meow. Meow Meow, meow meow meow, meow meow meow meow meow meow meow meow meow, meow meow meow meow meow meow meow meow meow, meow meow meow meow meow meow meow meow meow, meow meow, meow meow meow meow Meow meow meow meow meow meow meow meow meow meow meow meow meow meow meow.

Meow III

Meow meow-meow meow meow meow meow meow meow meow meow Meow meow Meow.

Meow meow meow meow meow meow meow meow meow meow, meow meow meow meow, meow, meow meow meow meow meow meow meow Meow meow meow meow, meow meow meow meow meow meow meow meow meow meow meow meow meow meow meow. Meow Meow, meow meow Meow meow, meow meow meow meow meow meow meow meow meow meow meow meow meow meow meow meow meow meow meow meow meow Meow, meow meow meow meow meow meow meow meow meow meow meow meow meow meow meow meow meow.

Meow Meow Meow'meow meow meow meow meow meow meow meow meow meow meow. Meow meow meow meow meow meow meow meow meow meow meow.

Meow meow meow meow meow meow meow. Meow meow meow meow meow meow meow meow meow meow meow meow meow—meow Meow meow—meow meow meow meow meow meow. Meow Meow, meow meow Meow meow meow meow Meow, meow meow meow meow meow meow, meow meow meow meow meow. Meow meow meow meow meow meow meow meow meow meow meow, meow, meow, meow meow meow meow meow. Meow meow meow meow Meow meow. Meow meow meow meow meow meow meow meow meow, meow meow meow meow meow meow meow meow meow. Meow meow meow meow meow meow meow meow meow meow meow meow meow meow; meow meow meow Meow, meow meow meow meow meow meow, meow meow meow meow meow Meow.

Meow meow meow meow meow meow meow meow meow meow meow meow Meow. Meow meow meow meow meow: meow meow meow meow, meow meow meow meow meow, meow meow meow meow meow meow meow meow meow meow Meow, meow meow meow meow meow meow meow, meow meow meow meow meow meow meow meow meow meow. Meow meow meow meow Meow meow meow meow meow meow meow meow meow: meow meow meow meow meow meow meow meow meow meow meow meow Meow meow meow meow meow. Meow meow meow meow meow meow meow meow, meow meow meow meow meow meow meow meow meow meow meow Meow, meow meow meow meow meow meow. Meow meow meow meow meow meow meow meow meow meow meow meow meow meow Meow meow meow meow meow meow meow meow meow meow meow meow meow meow meow meow meow. Meow Meow meow meow meow meow meow meow meow Meow meow meow meow meow.

Meow Meow Meow (meow meow meow meow meow meow) meow meow meow meow meow meow meow meow meow meow meow. Meow meow meow meow meow meow meow meow meow meow meow meow. Meow meow meow meow meow meow meow meow meow meow meow meow meow meow meow meow Meow meow meow meow meow meow Meow meow meow meow meow meow meow meow meow, meow—meow meow meow meow meow meow meow—meow meow meow meow meow meow meow Meow. Meow Meow meow Meow (meow meow meow meow meow meow meow meow meow Meow'meow meow), meow meow

meow meow meow meow meow meow meow meow meow meow meow meow, meow Meow meow meow, meow meow meow meow meow meow. Meow meow meow meow meow meow meow—meow meow Meow meow meow meow meow Meow—meow meow meow Meow meow meow, meow meow meow meow meow meow meow meow meow meow meow meow.

“Meow, meow, Meow meow meow meow meow,” meow Meow meow meow meow meow, meow meow meow meow meow Meow meow, meow meow meow meow meow meow meow meow meow meow meow meow meow, meow meow meow meow meow meow meow meow meow meow meow meow meow meow meow meow Meow meow. Meow meow Meow meow meow meow meow meow meow meow, meow meow meow meow meow meow meow meow meow meow meow Meow.

Meow meow meow, meow meow meow meow meow Meow meow meow meow meow meow meow meow meow meow, meow Meow meow meow meow meow meow meow meow meow Meow meow meow meow.

Meow Meow, Meow meow meow meow meow meow meow meow meow meow, meow meow meow meow meow meow meow meow meow Meow meow. Meow meow meow meow meow meow meow meow meow. Meow meow meow meow, meow Meow meow meow meow meow meow, meow meow meow meow meow meow meow meow Meow. Meow meow meow meow meow meow meow meow meow meow meow meow meow meow meow meow meow meow meow meow meow meow “meow”—meow meow, meow meow meow meow meow meow. Meow meow’meow meow meow meow meow meow meow meow meow meow meow meow Meow meow meow meow meow meow meow meow; meow meow meow meow meow meow meow meow meow, meow meow meow meow meow meow meow meow meow meow meow meow meow meow meow meow meow meow.

Meow meow meow meow meow meow meow meow meow meow meow meow meow meow meow meow meow meow meow, meow meow meow Meow Meow, meow meow meow meow meow, meow Meow meow meow meow meow meow meow meow meow Meow meow meow meow meow meow meow meow meow.

Meow IV

Meow meow meow meow meow meow meow. Meow meow meow meow meow meow meow meow meow meow meow meow. Meow meow meow meow meow meow meow, meow meow meow meow meow meow meow meow.

Meow meow meow meow meow meow meow meow meow meow meow meow meow meow meow meow meow meow meow meow meow meow meow meow. Meow meow meow, meow meow meow meow meow meow meow meow meow, meow meow meow meow meow meow meow meow meow meow meow meow. Meow meow meow meow meow meow, meow meow meow meow meow.

Meow Meow meow meow meow, Meow’meow meow meow, meow meow meow meow meow meow meow, meow meow meow meow meow Meow meow.

Meow Meow meow Meow meow meow meow meow meow meow meow meow meow, meow-meow, meow-meow, meow meow meow meow meow meow meow meow-meow meow meow meow meow meow. Meow meow meow meow meow meow meow meow meow meow meow meow meow meow meow meow, meow meow meow meow meow meow meow meow Meow meow meow meow meow meow meow meow meow meow meow meow meow meow meow meow meow meow, meow meow meow meow meow meow meow meow meow meow meow meow meow meow meow meow meow meow meow meow meow meow meow meow

meow meow meow meow meow meow meow, meow meow meow meow meow meow meow meow meow, meow meow meow meow meow meow meow.

Meow meow meow meow meow meow meow meow meow, meow meow meow meow meow meow meow meow meow meow meow meow meow meow meow.

Meow meow meow, meow meow meow, meow, meow Meow meow meow meow meow meow meow meow meow meow meow meow, meow meow meow meow meow meow meow Meow meow.

Meow meow meow meow meow, meow meow meow meow meow meow Meow meow meow meow meow meow meow meow meow meow meow meow meow. Meow meow meow meow meow meow meow meow meow, meow meow, meow meow meow meow meow meow meow meow meow. Meow meow meow Meow meow meow meow meow meow.

Meow meow meow meow meow, meow, meow meow meow meow meow meow meow meow meow meow, meow meow Meow: meow meow meow meow, meow meow Meow meow, meow meow meow meow meow meow meow. Meow meow, meow meow meow meow meow, meow meow meow meow meow meow meow. Meow meow, meow meow meow, meow-meow meow, meow meow meow. Meow meow meow meow. Meow, meow, meow, meow meow meow, meow, meow meow, meow meow meow meow meow meow meow meow meow meow meow. Meow meow meow meow meow meow meow meow meow, meow meow meow meow meow meow meow meow meow meow meow meow meow meow meow meow meow meow meow meow meow meow meow meow meow meow meow meow, meow meow, meow meow meow meow meow meow meow. Meow meow meow meow meow meow meow meow Meow meow meow, meow meow Meow meow meow meow meow Meow meow meow meow meow meow meow meow meow, meow meow meow meow meow meow meow meow meow meow meow meow meow meow meow meow meow.

Meow'meow meow meow meow meow meow meow meow meow meow meow meow meow meow meow'meow meow meow meow meow.

"Meow, meow meow!" meow Meow meow, meow meow meow meow meow meow meow meow meow meow meow meow meow, meow meow meow meow meow meow meow.

Meow meow meow meow meow meow meow meow meow meow meow meow meow meow (meow meow meow meow meow meow meow meow), meow meow meow meow meow meow meow meow meow meow Meow meow meow meow meow meow meow meow "meow" meow meow meow.

"Meow'meow meow meow meow meow meow meow meow meow meow meow meow. Meow'meow meow meow meow meow meow meow meow, meow meow meow meow meow meow meow meow meow meow meow meow meow meow meow meow meow meow meow meow meow meow meow meow," meow Meow, meow meow meow, meow meow meow meow meow meow Meow.

Meow meow meow meow meow meow meow meow meow meow meow meow meow meow meow meow meow, Meow meow.

"Meow'meow meow meow," meow meow.

Meow meow meow meow meow meow Meow meow.

"Meow meow meow, meow meow meow meow Meow. Meow meow meow meow meow meow meow meow meow meow meow meow," meow meow meow, meow meow meow meow meow meow meow Meow meow meow meow.

Meow meow meow meow meow meow meow meow meow meow meow, meow meow meow meow meow meow meow. Meow meow, meow meow meow meow meow meow meow meow meow, meow meow meow, meow meow meow, meow meow meow meow meow meow meow meow meow. Meow meow, meow meow meow meow, meow meow Meow. Meow meow, meow

meow meow meow meow meow meow meow meow meow meow meow meow, meow meow meow Meow meow meow meow meow meow meow.

"Meow meow meow," meow meow meow. "Meow meow meow meow meow meow meow."

Meow, meow, meow meow meow meow meow meow.

"Meow, meow meow meow meow: 'Meow'meow meow, meow'meow meow,'" meow meow meow, meow meow meow meow Meow meow meow meow meow. "Meow Meow meow Meow"—meow meow meow meow Meow—"meow meow. Meow meow meow meow meow meow meow.... Meow meow'meow meow?" meow meow, meow meow Meow meow meow. "Meow meow? Meow'meow meow meow meow meow? Meow Meow meow meow meow?"

"Meow! Meow!" meow Meow, meow meow meow meow meow. "Meow meow'meow meow meow meow meow meow?" meow meow meow meow meow meow meow meow meow meow meow meow.

Meow meow meow Meow Meow.

Meow meow meow Meow meow meow meow meow meow meow meow Meow meow meow meow meow-meow meow meow meow meow—meow meow meow meow meow meow. Meow meow meow meow Meow meow meow meow Meow meow meow, meow meow meow, meow meow meow meow meow meow meow meow, meow meow meow meow meow meow meow meow meow meow meow meow meow Meow meow meow meow meow meow meow meow meow meow.

"Meow, Meow meow meow meow meow meow," Meow meow meow, meow meow meow meow meow meow meow meow.

"Meow Meow," meow meow meow meow meow, "meow meow meow meow meow Meow, meow meow. Meow"—meow meow Meow—"meow meow meow meow."

Meow Meow meow meow meow meow meow meow meow meow meow meow meow meow meow Meow meow'meow meow meow meow meow meow meow meow meow meow meow meow meow meow meow.

"Meow meow meow'meow meow meow meow, meow'meow meow meow meow meow meow meow," meow meow.

Meow Meow meow meow meow meow meow, Meow—meow meow Meow'meow meow meow meow meow meow meow meow meow meow meow meow meow meow meow—meow meow meow meow meow meow meow meow meow meow meow meow meow meow meow meow, meow meow meow meow meow meow meow meow.

"Meow meow meow meow meow, meow meow?" meow meow Meow, meow meow meow meow meow meow meow meow meow meow meow meow meow meow meow meow meow meow meow meow, "meow meow Meow meow meow meow meow?"

"Meow?" Meow meow meow. "Meow meow meow meow meow meow?"

"Meow, meow... Meow Meow meow meow meow?" meow Meow.

"Meow, meow meow meow meow meow meow meow? Meow meow meow meow?" meow Meow.

Meow meow.

"Meow meow meow meow meow. Meow meow Meow meow?" meow meow, meow.

"Meow, meow meow," meow Meow.

Meow meow meow meow meow meow meow meow meow meow meow meow meow meow meow meow meow meow meow'meow meow meow meow meow, meow meow meow meow meow meow Meow meow (meow meow meow meow meow meow meow) meow meow meow meow meow meow Meow meow meow meow meow meow meow meow meow. Meow meow meow meow meow meow meow meow Meow meow meow meow meow meow meow meow meow meow meow meow Meow, meow meow meow meow meow meow meow meow meow Meow meow meow meow meow meow meow meow.

"Meow, meow meow," meow meow meow meow meow meow, "meow meow meow Meow."

Meow, Meow, meow meow meow, meow meow meow Meow meow meow meow meow meow meow meow, meow meow meow meow meow meow meow meow meow meow meow meow meow.

Meow V

Meow meow meow meow, meow meow meow meow meow meow meow meow meow meow meow. Meow, meow meow, meow Meow meow meow, meow meow meow meow meow meow meow, meow meow meow meow meow meow meow meow meow meow meow meow meow meow meow meow meow meow, meow meow meow meow meow meow meow meow.

Meow meow meow meow, meow, meow meow meow, meow meow meow meow meow meow meow meow meow meow meow. Meow meow meow meow meow meow meow meow meow meow meow meow meow, meow meow meow meow meow meow meow meow meow.

Meow meow Meow meow meow meow meow. Meow meow meow meow meow meow meow meow meow meow meow meow Meow. Meow meow meow meow, meow meow meow meow, meow meow meow meow meow meow. Meow meow meow, meow meow meow meow, meow meow meow meow meow meow meow'meow meow meow meow meow meow. Meow meow meow, meow meow meow, meow meow meow, meow meow meow, meow meow meow, meow meow meow meow meow, meow meow meow meow meow meow meow meow meow meow meow meow meow, meow meow meow meow meow meow, meow meow meow meow meow meow meow meow meow meow meow meow. Meow meow-Meow meow meow meow meow meow meow meow meow meow meow, meow meow meow meow meow meow, meow meow meow meow.

"Meow meow meow meow," meow Meow meow meow meow meow, meow meow meow meow meow meow Meow.

Meow Meow meow, meow meow meow meow, meow meow meow meow Meow. Meow meow meow Meow meow, Meow meow meow meow meow meow meow meow meow meow. Meow meow, meow meow meow meow meow meow meow meow meow meow meow, meow meow Meow meow meow, meow meow meow meow meow meow meow meow meow meow meow meow meow meow meow, meow meow meow meow Meow meow meow. Meow meow meow meow meow meow meow meow meow meow, meow meow meow meow meow meow.

Meow, meow meow meow meow, meow meow meow meow meow meow, meow meow Meow, meow meow meow meow, meow meow meow meow Meow meow meow meow meow meow meow meow, meow meow meow meow meow meow meow.

Meow meow meow meow meow Meow, meow meow meow meow meow, meow meow meow meow meow meow meow meow meow meow, meow, meow meow meow meow meow, meow meow meow meow meow, meow meow meow meow meow, meow meow meow. Meow Meow meow meow meow meow meow meow.

"Meow, meow!" meow meow meow.

"Meow meow meow!" meow Meow meow meow meow meow meow meow. "Meow meow meow meow meow meow meow meow?"

"Meow meow meow?" meow Meow.

"Meow'meow meow meow. Meow meow meow meow meow meow 'meow.'"

"Meow, meow," meow Meow, meow meow meow meow meow Meow meow meow meow meow meow meow meow, meow meow meow meow meow meow meow meow meow.

Meow Meow meow meow meow meow meow meow meow meow meow meow. Meow meow meow meow meow Meow, meow meow meow Meow. Meow Meow meow meow meow Meow meow meow meow meow meow meow meow meow meow meow meow meow meow meow meow meow meow meow meow meow meow meow Meow, meow meow, meow meow meow meow, meow meow, meow meow meow meow meow, meow meow meow meow meow meow meow meow meow meow. Meow meow Meow meow meow meow meow meow meow meow meow Meow, meow meow meow meow Meow meow meow meow meow, meow meow meow meow meow "meow-meow" meow meow meow meow meow meow, meow meow Meow Meow meow meow meow meow meow meow meow meow meow. Meow meow Meow meow meow, meow meow meow meow meow meow, meow meow meow meow meow meow meow'meow meow meow meow meow meow Meow meow meow meow meow meow meow meow meow Meow meow meow meow meow meow meow meow meow.

"Meow meow'meow meow meow Meow meow meow," meow Meow, meow meow meow Meow'meow meow. "Meow meow meow meow meow meow meow meow meow, meow meow! Meow meow meow meow meow meow meow 'meow-meow,' meow meow meow meow meow meow...."

Meow meow meow Meow meow meow Meow, meow meow meow meow meow meow, meow meow meow meow meow meow Meow meow meow meow meow meow meow meow meow meow meow meow meow meow meow. Meow meow meow meow meow meow meow meow.

Meow, meow meow meow meow meow meow, meow meow, meow meow, meow meow meow, meow meow meow, meow meow meow meow meow meow meow meow meow meow. Meow meow meow meow meow meow meow meow meow meow meow meow Meow meow meow meow, meow meow meow meow meow meow meow Meow meow meow. Meow meow meow meow meow meow meow meow meow meow meow meow meow meow meow meow meow meow meow meow meow meow meow meow meow meow meow Meow.

Meow meow meow meow meow, meow meow meow meow meow, meow meow meow meow meow. Meow meow meow meow meow meow (meow meow meow meow meow meow meow), meow meow meow meow meow, meow meow meow meow meow meow meow meow meow meow, meow meow meow meow meow meow meow meow meow meow meow meow meow. Meow meow meow meow meow meow meow meow meow meow meow'meow meow, meow meow meow meow meow meow meow meow meow meow meow meow meow meow meow. Meow Meow'meow meow meow meow meow meow meow meow meow. Meow meow meow meow meow meow meow meow meow meow—meow meow meow meow meow meow meow meow meow meow'meow meow, meow meow meow meow meow meow meow meow meow, meow meow, meow meow meow meow Meow, meow meow meow meow meow meow meow meow meow—meow meow meow meow Meow.

"Meow meow'meow meow meow meow—meow'meow meow meow meow meow meow!" meow meow meow meow.

Meow meow Meow Meow meow meow meow meow meow meow meow meow meow meow meow meow meow meow meow meow meow meow meow. Meow meow (meow Meow meow meow meow meow meow meow meow meow meow) meow meow meow meow meow meow meow meow meow meow meow—meow meow meow Meow meow meow.

"Meow, meow! Meow meow? Meow meow meow meow?" meow Meow meow meow meow. Meow Meow, meow meow meow meow meow, meow meow meow meow meow meow meow meow Meow meow meow meow meow. Meow meow meow meow meow meow meow Meow meow meow meow meow meow meow meow meow meow meow.

Meow meow meow meow meow meow meow meow meow meow meow. Meow meow meow meow meow meow meow, meow meow meow meow meow meow Meow, meow meow

meow meow meow meow meow meow meow meow Meow meow meow meow meow meow meow meow. Meow meow meow meow meow meow Meow meow meow Meow meow meow meow "meow." Meow meow meow meow meow meow meow meow meow meow meow meow Meow meow meow meow meow meow meow meow meow, meow meow meow meow meow meow meow meow meow meow meow Meow meow, meow Meow meow meow meow meow, meow meow meow meow meow.

Meow VI

Meow meow meow meow meow meow meow meow meow meow meow'meow meow, meow meow, meow meow meow meow meow meow meow Meow, meow meow meow meow meow meow meow, Meow meow meow meow meow meow meow.

"Meow, meow meow, meow'meow meow meow meow meow," meow meow meow Meow.

Meow meow meow meow meow Meow meow, meow meow meow meow. Meow meow meow meow meow meow meow meow meow meow, meow meow, meow meow meow meow, meow meow, meow meow Meow meow, meow meow meow meow, meow meow. Meow meow meow meow meow meow meow meow meow meow meow meow meow meow. Meow meow meow Meow meow meow meow meow meow meow meow, meow meow meow meow meow meow meow meow, meow meow meow meow. Meow meow Meow. Meow meow meow meow meow meow meow meow meow meow meow meow-meow meow. Meow meow meow meow meow meow meow meow Meow meow meow meow meow meow.

"Meow, meow meow meow meow meow meow meow meow meow meow meow meow meow!" meow meow meow, meow meow meow meow meow.

Meow meow meow meow meow, meow meow meow meow meow meow meow. Meow meow meow meow meow meow Meow'meow meow meow meow meow'meow meow Meow'meow, meow meow meow meow meow meow meow meow.

"Meow'meow meow meow meow!" meow Meow, meow meow. "Meow meow'meow meow meow meow meow meow?"

Meow meow meow meow meow meow meow meow meow meow meow meow meow, meow meow meow meow meow meow meow meow meow, meow meow, meow meow meow meow meow meow meow meow meow (meow meow meow meow meow meow Meow—meow meow-meow). Meow meow, meow Meow meow meow meow meow meow meow meow meow Meow meow meow.

"Meow, meow meow meow meow meow meow-meow-meow," meow Meow. "Meow meow meow meow—meow meow! Meow meow Meow meow meow? Meow meow meow, meow meow! Meow, meow meow: 'Meow'meow meow meow'meow meow meow, Meow meow'meow meow!' meow meow."

"Meow meow meow meow!" meow Meow. "Meow meow meow meow..."

"Meow Meow meow meow," meow Meow. "Meow meow meow meow'meow meow meow. 'Meow meow meow meow meow meow,' meow meow, 'meow meow meow meow—meow meow meow meow,' meow meow. 'Meow meow meow meow,' meow meow, 'meow meow'meow meow meow meow,'" Meow meow, meow meow meow meow meow Meow'meow meow.

"Meow'meow meow meow meow meow meow—meow'meow meow meow meow meow meow meow!" meow Meow meow.

"Meow meow meow meow meow?" meow Meow, "meow meow meow Meow'meow meow meow meow Meow! Meow meow meow meow meow meow meow Meow'meow meow meow meow meow meow meow meow—meow meow meow meow."

"Meow, meow'meow meow," meow Meow, meow meow meow meow meow meow meow meow meow meow meow meow meow.

Meow meow meow meow Meow meow meow Meow meow meow meow meow meow meow, meow meow meow meow meow meow meow meow meow meow meow.

Meow meow meow meow meow meow meow meow meow meow Meow'meow meow meow meow meow meow meow Meow meow meow meow meow meow Meow meow meow meow meow, meow meow meow. Meow meow meow meow meow meow meow meow meow meow meow meow meow meow meow. Meow meow meow meow meow meow. Meow meow meow meow meow meow meow meow meow, meow meow meow, meow meow meow meow meow meow meow meow meow meow meow meow'meow meow, meow meow meow meow meow meow meow meow meow meow meow meow meow meow.

Meow meow meow meow meow meow meow meow meow Meow meow meow meow meow meow meow meow Meow meow meow meow meow meow meow meow meow meow meow.

Meow meow meow meow meow meow, meow Meow meow meow, meow: "Meow, meow meow meow meow."

Meow VII

Meow, meow meow meow meow meow meow meow meow Meow, meow meow meow meow meow meow meow meow meow meow meow meow meow meow meow meow meow. Meow meow meow meow meow meow meow, meow meow meow meow meow meow meow meow meow meow meow meow meow meow meow meow Meow, Meow meow meow meow meow meow meow meow meow meow meow meow-meow meow meow meow meow meow meow meow meow meow meow meow meow meow meow meow meow. Meow meow meow meow meow meow meow meow meow meow meow meow meow, meow meow meow meow meow meow meow meow meow meow meow meow meow meow meow meow meow meow meow meow meow meow meow meow meow meow meow. Meow meow meow meow meow meow meow meow meow meow meow meow meow.

Meow meow meow meow-meow meow Meow meow meow meow meow meow meow meow meow meow Meow'meow meow, Meow meow meow meow meow meow meow meow meow meow meow meow meow. Meow meow meow meow meow meow Meow'meow meow meow meow meow meow meow Meow, meow meow meow meow meow meow meow meow meow meow meow meow meow meow meow meow, meow meow meow meow meow meow meow meow meow meow meow meow meow Meow meow meow meow meow meow meow meow. Meow meow meow meow meow meow meow meow meow meow meow meow meow Meow'meow. Meow meow meow Meow meow meow meow meow meow meow Meow meow meow meow meow meow meow. Meow meow meow meow meow meow meow meow meow meow Meow meow meow meow meow meow meow meow meow meow meow meow meow meow. Meow meow meow meow Meow meow meow Meow meow meow meow meow meow meow meow meow meow meow meow, meow meow, meow meow meow meow meow meow meow meow meow meow, meow meow meow, meow meow meow meow meow meow, meow meow meow Meow, meow Meow meow meow meow, meow meow meow meow, meow Meow meow meow meow, meow meow meow meow meow meow meow meow meow meow meow meow meow meow meow.

Meow meow meow meow meow meow Meow, Meow, meow meow meow meow meow meow meow meow. Meow meow meow meow meow meow meow meow, meow Meow meow meow meow meow meow meow meow meow meow meow meow meow meow meow meow meow meow meow meow meow meow meow meow meow meow meow Meow meow meow meow meow

meow. Meow meow meow meow meow meow meow meow Meow meow meow meow meow meow meow meow meow. Meow meow meow meow meow meow Meow'meow meow meow meow meow meow meow meow meow. Meow meow meow meow meow meow, meow meow meow meow meow, meow meow meow meow meow meow meow meow meow meow meow meow meow.

Meow meow meow meow meow meow meow meow meow meow meow meow meow. Meow meow meow meow meow, meow meow meow meow, meow meow, meow meow, meow meow.

Meow meow meow meow meow meow meow meow meow meow meow meow meow meow. Meow meow meow meow meow meow meow meow meow meow meow Meow meow meow. "Meow'meow meow meow meow meow, meow meow meow meow? Meow meow meow meow meow? Meow meow meow meow? Meow'meow meow meow meow meow?" meow meow. Meow meow meow meow meow meow meow meow meow meow, meow meow meow meow meow meow meow.

"Meow meow meow," meow meow, "meow meow'meow meow: 'Meow'meow meow meow meow meow meow meow meow meow meow.' Meow'meow meow meow meow meow Meow'meow meow meow. Meow meow meow meow meow Meow meow?" Meow meow. "Meow, meow meow!" meow meow, meow meow meow meow meow meow meow meow meow meow meow, meow meow:

"Meow Meow meow meow meow meow meow meow meow meow meow meow meow meow meow meow?... Meow..."

"Meow, meow'meow meow meow meow meow," meow Meow, meow meow meow meow meow meow meow meow. "Meow meow meow. Meow meow meow Meow Meow. Meow meow meow."

"Meow'meow meow meow," meow Meow.

"Meow, meow, meow meow. Meow meow meow meow," Meow meow.

Meow meow meow meow meow meow meow Meow meow meow. Meow meow meow meow meow meow, meow meow meow Meow, meow meow:

"Meow meow meow meow, meow meow meow! Meow, meow meow, meow meow!"

Meow meow meow Meow meow meow meow meow meow meow.

"Meow! Meow!" Meow meow, meow meow meow meow.

"Meow meow meow meow, meow?" meow meow meow meow meow meow.

Meow meow meow meow meow meow Meow meow meow meow meow meow meow meow.

"Meow, Meow?" meow meow Meow.

Meow, meow meow'meow meow, meow meow meow meow meow meow Meow meow Meow (meow) meow meow Meow meow meow meow meow meow. Meow meow meow meow meow meow meow meow (meow) meow meow meow meow meow meow meow meow.

"Meow meow meow meow meow meow meow meow. Meow, Meow! Meow!—Meow!" meow meow meow meow meow meow meow meow meow meow meow.

"Meow meow, meow meow!" meow meow meow meow meow meow. "Meow, meow meow Meow meow meow meow?" meow meow, meow meow meow meow meow meow meow meow meow meow meow.

Meow meow meow meow meow meow meow, Meow meow meow meow meow meow meow meow, meow meow meow meow meow meow meow meow meow meow. Meow meow meow meow meow meow meow meow meow meow meow meow meow meow meow meow meow meow meow meow meow meow meow meow.

Meow VIII

Meow meow meow Meow meow Meow'meow meow meow meow meow meow, meow meow Meow meow meow meow meow meow meow meow, meow meow meow meow meow meow meow meow Meow meow meow meow meow meow meow meow meow meow meow meow meow meow meow meow meow meow meow. Meow meow meow meow meow meow meow meow meow Meow'meow meow meow meow meow meow meow meow meow Meow, meow meow meow meow meow meow meow meow Meow meow meow meow meow meow meow meow, meow meow meow meow meow meow meow meow meow meow meow meow, meow meow meow meow meow meow meow meow meow meow.

Meow'meow meow meow Meow meow meow meow.

Meow meow meow Meow meow, meow meow meow, meow meow meow meow Meow meow Meow-Meow meow meow meow, meow meow meow meow meow meow meow meow meow meow meow meow meow. Meow Meow, meow meow Meow meow meow meow Meow meow, meow meow meow meow meow meow meow meow meow meow meow Meow. Meow meow meow-meow meow meow meow Meow'meow meow meow meow meow Meow meow Meow. Meow meow meow meow meow meow meow meow meow meow meow meow meow meow. Meow meow meow meow meow meow meow meow meow meow meow meow meow, meow meow meow meow meow meow meow Meow meow meow meow meow meow meow meow meow meow. Meow meow meow meow meow meow meow meow meow meow meow meow meow, meow meow meow Meow meow meow, meow meow meow meow meow meow meow. Meow meow meow meow meow meow meow meow meow Meow meow.

"Meow'meow meow. Meow meow meow meow meow meow meow meow meow meow meow," meow Meow. "Meow meow meow meow meow meow meow. Meow meow'meow meow meow meow meow meow meow meow meow meow meow meow. Meow meow meow meow. Meow meow—meow'meow meow meow meow meow meow meow meow meow meow meow Meow meow meow meow? Meow meow meow meow meow meow."

"Meow, Meow... Meow'meow meow meow meow!" meow Meow.

"Meow'meow meow meow meow meow meow meow meow meow," meow Meow, meow Meow, "meow meow meow meow, Meow meow'meow meow meow meow meow meow meow."

"Meow meow meow!" meow Meow. "Meow meow'meow Meow meow?"

"Meow meow'meow meow."

"Meow meow meow meow meow meow meow meow meow meow meow meow? Meow meow meow meow meow meow meow'meow meow meow meow meow meow meow meow, meow meow meow meow meow meow meow meow." Meow meow. "Meow, meow meow meow meow meow. Meow meow Meow meow meow meow meow. Meow meow meow Meow meow meow meow. Meow, meow meow meow meow meow?" meow meow Meow.

"Meow? Meow, meow, meow!" meow Meow, meow meow meow meow meow meow meow Meow.

Meow Meow meow meow meow meow Meow meow meow meow meow meow meow, Meow meow meow meow meow meow meow meow; meow meow meow meow meow meow meow meow meow meow meow meow meow meow. "Meow meow-meow, meow meow meow meow, meow meow meow meow meow meow," meow meow. "Meow meow meow Meow meow meow meow meow meow meow Meow'meow meow meow meow meow meow meow meow meow meow. Meow meow meow meow meow meow Meow meow meow Meow. Meow meow meow, meow meow Meow!"

Meow meow meow Meow'meow meow, Meow meow meow meow meow meow meow meow meow meow meow meow meow meow meow, meow meow meow meow meow meow meow.

"Meow meow'meow meow meow meow meow meow'meow meow meow meow meow meow meow meow meow meow... meow meow meow meow meow meow meow, meow meow

meow meow meow meow meow. Meow, Meow meow meow meow meow meow meow meow meow meow, meow meow'meow meow meow," meow meow. "Meow meow meow meow meow meow...."

Meow IX

Meow meow meow Meow meow meow meow, Meow meow Meow meow meow meow meow meow meow Meow meow meow meow Meow meow, meow meow meow meow meow meow meow meow meow meow meow meow meow. Meow meow meow meow, Meow meow meow Meow meow meow meow meow meow meow meow meow meow meow meow meow meow meow meow meow meow meow meow. Meow, meow meow meow meow meow meow meow, meow meow meow meow.

Meow meow meow meow meow meow meow meow meow meow, Meow meow meow meow meow meow meow meow meow meow meow. Meow meow, meow meow meow meow meow meow meow meow, meow, meow meow meow meow Meow'meow meow, meow meow meow meow meow, meow meow meow meow meow meow meow meow meow meow meow meow meow meow meow meow meow meow meow meow meow meow meow meow meow meow meow meow meow meow, meow meow meow meow meow'meow meow.

Meow meow meow meow meow, meow meow meow meow meow Meow meow meow meow meow meow meow meow, Meow meow meow meow meow meow meow meow'meow meow. Meow meow meow, meow meow meow meow meow meow meow meow, meow meow meow meow meow meow meow. Meow meow meow meow meow meow meow meow meow meow meow meow meow meow meow meow meow meow meow meow meow meow meow meow, meow meow meow meow meow, meow meow meow meow meow meow meow meow meow.

"Meow, meow'meow meow meow meow meow meow," meow meow meow meow meow meow meow meow meow meow meow meow meow meow meow meow meow meow.

"Meow'meow meow meow meow meow meow meow, meow meow!" meow meow, meow.

Meow meow meow, meow meow meow meow meow meow meow meow meow Meow'meow meow Meow'meow meow meow meow meow meow meow meow meow meow.

"Meow, meow!"

"Meow meow, meow."

Meow meow meow meow meow meow meow meow meow meow meow meow meow, meow meow meow, meow-meow meow, meow meow meow meow, meow meow meow Meow.

"Meow meow meow, Meow?" meow meow. "Meow meow meow...?" Meow, meow meow meow, meow meow meow meow meow, meow meow meow, meow Meow meow meow meow, meow meow meow meow meow meow meow.

Meow meow meow meow meow meow meow meow meow meow meow meow meow, meow meow meow meow meow meow meow meow meow meow meow meow meow meow Meow. Meow meow meow meow meow, meow Meow meow meow meow meow meow meow meow meow meow Meow meow meow meow meow. Meow meow meow meow meow meow.

"Meow meow meow meow meow meow meow, meow meow meow meow meow," meow meow meow meow meow meow meow meow meow meow meow.

Meow meow meow meow meow meow meow meow meow meow meow meow meow meow.

Meow meow meow meow meow meow meow meow meow meow meow meow meow meow meow meow meow meow meow meow meow meow meow meow meow meow meow meow meow. Meow meow meow meow meow meow meow meow Meow meow meow meow meow

meow meow meow meow. Meow, meow meow meow meow meow meow meow meow, meow meow meow, meow meow meow meow Meow meow meow meow meow meow meow meow meow meow meow meow meow meow meow meow meow meow meow meow meow meow Meow.

"Meow meow meow meow," meow meow meow meow meow meow meow.

Meow meow meow meow Meow meow meow meow meow meow meow meow meow meow meow meow meow, "meow meow meow meow meow meow meow meow meow meow?" meow meow meow. Meow meow meow.

"Meow, meow meow'meow meow meow," Meow meow meow meow meow meow meow meow meow meow meow meow meow meow.

Meow Meow meow meow meow meow meow meow meow meow meow meow meow meow meow meow meow meow meow meow meow meow meow, meow meow meow, meow meow meow meow. Meow meow meow Meow meow meow meow meow, Meow meow:

"Meow meow meow meow meow meow meow meow meow! Meow meow meow meow meow meow meow meow," meow meow meow meow meow, meow meow meow Meow meow meow Meow meow meow meow meow meow, meow meow meow meow meow meow meow meow.

Meow meow meow meow meow meow Meow'meow meow, meow meow Meow meow meow meow meow meow meow (meow meow meow meow meow meow) meow meow meow meow meow meow meow. Meow meow meow meow meow meow meow meow meow meow meow meow.

"Meow meow meow meow meow meow meow?" meow Meow, meow meow meow meow Meow.

Meow meow meow meow.

"Meow meow, meow," meow Meow.

Meow meow meow meow "Meow meow" meow meow meow meow meow meow. Meow meow meow meow meow. Meow meow meow meow meow meow meow meow meow meow meow meow meow, meow meow meow meow meow meow meow meow meow meow. Meow meow meow meow, meow meow meow meow meow meow meow meow meow meow Meow meow meow meow meow, meow meow meow meow.

Meow meow meow meow meow Meow meow meow meow meow meow meow meow, meow meow meow meow. Meow meow meow meow meow meow meow. "Meow meow meow?" meow meow. Meow meow meow meow meow Meow meow meow meow meow meow meow meow Meow meow meow meow meow. Meow meow meow meow meow meow meow Meow meow Meow meow meow meow meow, meow meow meow meow meow meow meow meow meow meow meow, meow meow meow meow meow meow meow meow Meow meow meow.

"Meow meow, meow-meow. Meow Meow, 'meow meow meow meow meow meow,'" meow Meow meow meow meow meow meow meow, meow Meow meow meow meow meow.

"Meow!" meow meow, "meow meow meow meow meow! Meow, meow meow, meow meow! Meow Meow meow meow!"

"Meow meow, meow meow!" meow Meow. Meow Meow meow meow meow meow meow meow meow Meow meow meow meow meow Meow meow meow meow meow meow meow meow meow. Meow meow meow, meow, meow meow meow, meow meow meow meow meow.

Meow X

Meow meow meow meow meow'meow meow, Meow meow Meow meow meow meow. Meow meow meow Meow'meow meow meow meow meow meow meow, meow, meow meow-meow meow meow meow meow meow.

"Meow Meow!" meow meow. "Meow, meow Meow!" meow meow, meow meow Meow'meow meow meow. "Meow, meow meow meow, Meow meow'meow meow meow meow meow! Meow, meow Meow. Meow meow meow. Meow meow meow meow meow meow meow meow."

"Meow... meow," meow Meow, "Meow meow'meow meow meow meow meow. Meow Meow meow meow, meow Meow meow meow meow'meow meow. Meow meow Meow meow meow meow meow meow meow meow meow."

Meow meow meow meow meow meow meow meow meow meow meow meow meow meow meow meow meow meow meow meow meow meow meow.

Meow, meow meow Meow meow meow, meow meow meow meow meow meow meow.

Meow meow meow meow meow meow. Meow meow meow meow, meow meow meow meow meow meow meow meow. Meow meow meow'meow meow meow meow meow meow meow Meow' meow meow meow meow meow meow meow meow meow. Meow meow meow meow meow meow meow meow meow meow meow meow meow meow meow meow meow, meow meow meow meow meow meow meow meow meow. Meow meow meow Meow meow meow meow meow; meow meow meow, meow meow meow meow meow meow meow meow meow meow meow meow meow meow meow, meow meow meow meow meow meow meow meow meow meow.

Meow meow meow, meow meow meow meow, meow meow meow meow meow meow. Meow meow meow meow meow, meow meow meow meow meow meow meow meow. Meow meow meow Meow meow meow meow meow, meow meow meow "Meow" meow meow meow meow Meow meow, meow meow meow meow meow.

"Meow, Meow! Meow'meow meow meow meow meow," meow meow, meow meow meow meow meow meow.

"Meow meow'meow meow meow, meow?" meow meow Meow meow meow meow meow meow meow.

"Meow, meow... Meow—meow'meow meow meow meow? Meow meow meow Meow meow meow meow meow meow! Meow'meow meow meow meow Meow meow."

Meow Meow meow meow Meow meow meow meow meow meow meow meow meow meow meow meow meow meow, meow meow meow meow meow meow meow meow meow meow meow meow "meow meow."

"Meow, meow meow meow meow meow meow," meow meow Meow.

"Meow, Meow meow meow meow meow," meow Meow. "Meow meow, meow'meow meow meow meow meow meow meow meow? Meow meow meow meow meow. Meow'meow meow meow meow? Meow meow meow meow."

Meow Meow meow meow meow meow meow meow meow meow meow meow meow meow Meow.

"Meow Meow meow meow meow meow meow meow," meow Meow. "Meow meow meow meow meow meow, meow meow, meow meow meow'meow meow meow meow meow. Meow meow'meow meow meow."

"Meow meow," meow meow Meow.

"Meow meow, meow meow! Meow, meow meow meow, meow meow meow meow meow meow meow? Meow'meow meow meow..." (Meow meow meow meow meow meow, meow meow meow meow meow meow meow.) "Meow meow meow meow?"

"Meow meow Meow meow."

Meow meow meow, meow meow meow meow, meow meow Meow meow meow meow meow meow meow meow meow. Meow meow meow meow meow meow meow meow meow. Meow Meow meow meow meow meow meow meow meow.

“Meow meow! Meow meow meow meow?” meow Meow.

Meow meow meow meow meow meow meow meow meow meow meow meow Meow’meow meow meow, meow meow meow meow meow meow meow, meow meow meow meow meow meow meow Meow meow meow meow meow meow, meow meow meow Meow meow meow meow meow meow meow meow, meow meow meow meow meow meow meow meow meow meow meow’meow meow, meow meow meow meow meow meow meow meow meow meow meow meow meow meow meow, meow meow meow meow meow meow meow meow meow meow meow meow meow meow meow meow; meow meow meow meow meow meow meow meow meow meow meow meow. Meow meow meow meow meow meow meow meow meow. Meow meow meow meow meow meow meow meow meow’meow meow meow meow meow meow meow meow meow meow meow meow meow meow meow meow. Meow meow meow meow meow meow meow, meow meow meow meow meow meow meow meow meow meow. Meow meow meow meow meow meow meow meow, meow meow meow meow meow meow meow meow meow meow meow meow meow meow meow meow meow meow meow meow meow meow, meow meow meow, meow meow meow meow meow meow meow meow meow meow meow meow meow, meow meow meow meow meow meow meow meow meow. Meow meow meow meow meow Meow, Meow, meow meow meow meow meow meow, meow meow meow meow meow meow, meow, meow meow, meow meow meow meow meow meow, meow meow meow meow meow. Meow meow meow meow meow meow meow meow meow meow meow meow meow meow meow meow, meow meow meow meow meow meow—meow meow meow meow meow meow.

Meow Meow meow meow meow meow meow meow meow meow. Meow meow meow meow meow meow meow meow meow meow.

Meow meow meow meow meow meow. Meow meow meow meow meow meow meow meow meow meow. Meow meow meow, meow meow meow meow meow meow meow meow meow meow meow meow meow meow meow meow. Meow meow meow meow meow meow meow meow meow, meow meow meow meow meow meow. Meow meow meow meow meow meow meow meow meow meow. Meow meow meow meow meow meow meow, meow meow, meow meow meow meow meow meow meow meow meow meow meow meow meow meow meow’meow meow.

Meow’meow meow meow meow meow meow meow meow meow meow.

Meow meow meow meow. Meow meow meow meow. Meow meow meow meow meow meow meow. Meow meow.

“Meow-meow, Meow-meow...” meow meow meow meow meow meow, meow meow Meow meow meow meow meow meow meow meow, meow meow meow. Meow meow meow meow meow Meow meow meow meow meow Meow, meow meow meow meow meow meow meow meow meow, meow meow meow meow meow meow meow meow meow meow meow meow meow meow meow meow meow meow. Meow meow meow meow meow meow meow. Meow meow meow meow meow meow meow meow meow meow. Meow meow meow meow meow meow meow—meow Meow meow meow meow meow meow meow meow meow meow meow. Meow meow—meow meow meow meow meow meow meow meow, meow meow meow meow meow meow meow meow—meow meow meow meow, meow meow meow meow meow meow meow meow meow meow meow meow meow meow meow meow meow meow, meow meow meow meow meow meow meow meow; meow meow meow meow meow meow meow meow meow meow meow meow meow, meow meow meow meow meow, meow meow meow meow meow meow meow.

"Meow – meow, meow meow meow meow meow!" Meow meow meow meow, meow meow meow meow. "Meow'meow meow meow meow. Meow meow meow'meow meow meow meow meow. Meow, meow meow, meow meow! Meow!..."

Meow meow meow meow, meow, meow meow meow meow meow meow meow meow, meow meow, meow meow meow, meow, meow, meow meow meow meow meow meow meow meow meow meow meow. "Meow, meow meow meow! Meow meow meow Meow meow meow meow Meow meow!" meow Meow meow meow. Meow meow meow meow meow meow meow.

"Meow meow, meow meow meow!" meow meow meow meow meow. "Meow meow, meow meow. Meow meow meow meow meow!" Meow meow meow meow meow meow meow meow meow. "Meow meow meow meow!" meow Meow. Meow meow meow meow meow meow meow meow'meow meow meow meow meow'meow. Meow meow meow meow meow meow meow, meow Meow meow meow meow meow meow meow meow meow meow.

Meow meow meow meow meow meow meow meow meow, meow meow meow meow meow, meow meow meow meow meow meow, "Meow-meow-meow..." meow meow meow meow meow meow meow meow meow, meow meow meow meow meow meow meow meow.

Meow meow meow meow meow meow meow meow: meow meow meow meow meow meow, meow meow meow meow meow meow meow meow meow meow meow meow meow meow. Meow meow meow meow Meow'meow meow meow.

"Meow'meow meow, meow meow; meow meow meow meow Meow meow meow meow meow!"

Meow meow meow.

"Meow'meow meow meow, meow'meow meow meow meow!" meow meow.

Meow meow meow meow meow meow meow meow meow meow meow meow meow meow meow, meow meow meow meow meow meow meow meow meow meow. Meow meow meow, meow meow, meow meow meow meow meow meow meow meow meow meow Meow; meow meow meow meow meow, meow meow, meow meow meow. Meow Meow meow meow meow meow meow meow meow meow meow.

"Meow meow'meow meow meow," meow Meow.

Meow meow meow meow meow meow'meow meow meow, meow meow Meow, meow meow meow meow meow.

Meow XI

Meow meow meow meow meow meow meow meow meow meow, meow meow meow meow, meow meow meow. Meow meow meow meow meow'meow meow meow meow meow. Meow meow meow meow meow meow meow meow meow meow meow meow meow meow meow meow meow meow meow meow meow, meow meow meow meow meow meow meow. Meow meow meow meow meow meow meow meow. Meow meow meow meow meow meow meow, meow meow meow meow meow meow. Meow meow, meow meow meow meow meow meow, meow meow meow, meow meow meow meow meow meow. Meow meow meow meow meow meow meow meow meow meow meow.

"Meow, meow meow'meow meow?" meow Meow. "Meow meow meow."

Meow meow meow meow. Meow meow meow meow meow Meow meow meow meow meow meow meow meow, meow meow, meow meow. Meow meow meow meow meow meow. Meow meow meow meow meow meow meow meow meow meow meow, meow Meow meow meow meow meow meow meow meow meow meow meow meow, meow meow meow meow meow meow meow meow meow meow meow meow meow, meow meow meow Meow.

"Meow Meow, meow meow meow meow meow! Meow... meow Meow'meow meow...!" meow meow.

Meow meow meow meow meow Meow'meow meow meow. Meow meow meow meow meow meow.

"Meow meow meow meow meow meow," meow meow meow, "meow meow meow meow meow meow meow meow meow."

Meow meow meow meow meow meow meow Meow meow meow meow meow meow meow meow. Meow meow meow meow meow meow meow meow meow meow meow meow meow meow meow meow meow. Meow meow meow meow meow meow meow meow meow Meow meow meow Meow meow Meow. Meow meow meow meow meow meow, Meow meow meow meow meow meow meow meow meow. Meow meow meow meow meow meow, meow meow meow meow meow meow meow meow meow. Meow meow meow Meow, meow meow meow meow meow meow meow. Meow meow meow meow meow meow, meow meow meow meow meow meow meow. Meow meow meow meow, Meow meow meow meow meow meow meow Meow meow meow.

"Meow meow!" meow meow.

Meow Meow meow meow meow meow meow meow meow meow. Meow meow meow meow meow meow meow meow meow meow meow, meow meow meow meow meow, meow meow meow meow.

Meow meow meow meow meow meow meow meow meow, Meow meow meow meow meow meow meow meow meow meow, meow meow Meow meow meow meow meow. Meow meow meow Meow meow meow meow meow meow meow meow meow meow meow meow meow meow meow meow. Meow meow meow meow. Meow meow meow meow meow meow meow meow meow meow. Meow meow meow meow meow meow meow Meow meow meow meow meow, meow meow meow meow. Meow meow meow meow meow, meow Meow, meow meow meow meow meow meow meow meow meow. Meow meow meow meow meow meow meow meow meow meow'meow meow.

Meow meow meow meow meow meow, meow meow meow. Meow meow meow meow meow meow meow meow meow. Meow meow meow, meow meow meow meow meow meow meow meow meow meow meow meow meow meow meow Meow, meow meow meow meow meow meow meow meow meow meow meow meow.

"Meow!... Meow!... meow!" meow Meow, meow meow meow meow meow meow meow meow meow meow meow meow meow meow.

Meow meow meow meow meow meow meow. Meow, meow, meow meow Meow meow, meow meow meow meow meow meow meow meow meow meow, meow meow meow meow meow meow. Meow meow-meow Meow, meow meow meow meow, meow, meow meow meow meow meow meow, meow meow meow meow meow meow meow. Meow Meow meow meow meow Meow meow meow meow. "Meow meow meow!" meow meow Meow'meow meow meow meow meow meow meow meow meow meow meow meow meow meow meow meow meow. Meow meow meow meow meow meow meow meow meow'meow meow meow meow meow meow meow meow meow Meow. Meow Meow meow meow meow meow meow meow meow meow meow meow meow meow meow meow meow meow meow meow meow meow meow Meow meow meow meow meow meow. Meow meow meow, meow meow meow meow meow, Meow meow Meow, meow meow meow meow meow meow-meow meow, meow meow meow meow. "Meow meow! Meow meow meow meow!" meow meow meow Meow meow meow meow meow.

Meow XII

Meow meow meow meow meow meow meow Meow meow meow meow meow meow meow meow meow Meow meow meow meow meow meow meow meow meow meow Meow. Meow meow meow-meow meow Meow meow meow meow meow meow meow meow meow meow meow meow meow meow meow meow meow meow Meow. Meow meow meow meow meow meow meow meow meow meow meow meow meow meow meow meow meow meow meow Meow, meow meow meow meow meow meow meow. Meow meow meow meow meow meow meow meow meow meow meow meow meow meow meow meow; meow meow meow meow. Meow meow meow meow meow meow meow meow meow meow meow meow meow meow meow meow meow meow Meow Meow'meow meow meow meow, meow meow Meow. Meow meow meow meow meow meow meow meow.

Meow Meow meow meow Meow meow, meow meow meow meow meow meow meow meow, meow meow meow meow meow meow. Meow meow meow meow Meow meow meow meow meow meow meow meow meow meow Meow meow meow meow meow meow meow.

Meow meow meow meow meow meow meow meow meow meow meow meow meow meow; meow meow meow meow meow meow meow meow meow meow meow meow, meow meow meow meow meow, meow meow meow meow meow.

Meow meow meow meow meow meow meow meow meow meow meow meow meow meow meow meow meow meow meow meow, meow, meow meow meow, meow meow meow, meow meow meow meow meow meow meow meow meow meow meow meow.

Meow meow meow meow meow—meow meow meow, meow meow meow meow, meow Meow'meow meow meow—meow meow meow meow meow meow meow, meow meow meow meow meow meow meow meow meow.

Meow meow meow meow meow meow meow meow meow meow meow meow meow meow, meow meow meow meow meow meow; meow meow meow meow meow meow meow meow. Meow meow Meow'meow meow meow meow meow meow meow meow. Meow meow meow meow meow meow meow meow meow meow Meow'meow meow. Meow meow meow meow meow Meow Meow meow meow meow meow meow meow meow meow meow meow meow meow meow meow meow meow, meow meow meow meow meow meow, meow Meow meow, meow meow meow meow meow meow'meow meow meow meow meow meow meow meow meow meow meow meow meow meow meow meow meow.

Meow meow meow meow meow meow meow meow meow meow. Meow meow meow meow meow meow meow meow meow meow meow meow Meow meow meow meow meow meow meow. Meow meow meow meow meow meow meow meow meow meow meow meow meow meow Meow'meow meow. Meow meow meow meow meow Meow'meow meow meow meow meow meow meow, meow meow meow meow meow meow meow meow meow meow meow meow meow meow meow meow Meow meow meow meow meow meow meow meow (meow meow meow meow meow meow meow meow meow) meow meow meow meow meow meow. Meow meow meow, meow meow meow, meow meow meow meow meow meow meow meow, meow meow meow meow meow meow meow meow meow meow meow meow meow meow meow meow meow meow, meow meow meow meow meow meow.

Meow Meow meow meow meow meow meow meow, meow meow meow meow meow meow meow, meow meow meow meow meow meow meow meow, meow meow meow meow meow meow meow meow meow meow meow meow, meow meow meow meow Meow meow meow.

Meow meow meow meow meow meow, meow meow meow meow meow meow meow meow meow meow meow, meow meow meow meow meow. Meow meow meow meow meow meow,

meow meow meow meow meow Meow meow meow Meow meow meow meow-meow meow-meow meow meow meow meow Meow meow meow meow.

Meow meow meow meow'meow meow Meow, meow meow meow meow meow meow meow, meow meow meow meow meow meow meow meow meow; meow meow meow meow meow meow meow meow, meow, meow, meow meow meow meow meow, meow meow meow meow meow, meow meow meow meow meow meow meow meow meow meow meow meow meow. Meow, meow meow meow meow meow meow meow, meow meow meow meow meow.

Meow meow meow Meow meow meow meow meow meow meow meow meow meow meow meow meow meow meow meow meow meow meow meow meow meow meow meow, meow meow meow meow meow meow meow meow meow meow meow meow meow meow meow meow meow meow meow meow meow meow meow meow.

Meow meow meow meow meow meow meow meow meow meow meow meow meow meow meow meow, meow meow meow meow meow meow meow meow meow. Meow meow meow meow meow Meow meow meow meow meow meow meow meow meow meow meow meow meow meow meow. Meow meow meow Meow meow meow meow. Meow meow meow meow meow meow meow meow meow meow meow, meow meow meow meow meow meow meow meow meow meow meow meow meow meow meow meow meow meow, meow, meow meow meow meow meow meow.

Meow XIII

Meow meow meow meow meow-meow meow Meow Meow meow meow meow meow meow meow, meow meow, meow meow meow meow meow meow meow meow meow meow meow. Meow meow meow meow meow meow meow meow meow meow meow meow meow meow. Meow meow meow meow meow meow meow meow meow meow meow. Meow meow-meow meow meow meow meow meow meow meow meow meow meow, meow meow meow meow meow meow meow meow-meow meow meow meow meow meow meow meow meow meow, meow meow meow meow meow meow meow meow meow meow meow meow meow meow meow meow meow meow meow. Meow meow meow meow meow meow meow meow meow meow Meow. Meow meow meow meow meow meow meow—meow meow meow meow—meow meow meow meow meow; meow meow meow meow meow meow meow meow meow meow meow meow meow meow meow meow meow meow meow.

Meow meow meow meow meow meow meow meow meow meow meow meow meow meow meow meow meow meow meow meow meow, meow meow meow meow meow meow meow meow meow meow. Meow meow meow meow meow meow meow meow, meow meow meow meow meow meow meow.

Meow meow meow, meow meow meow meow meow, meow meow meow meow meow, meow meow meow meow meow meow meow. Meow meow meow meow, meow meow: "Meow meow, meow meow, meow meow! Meow meow!"

Meow meow meow meow meow meow meow meow meow meow, meow meow meow meow meow meow meow meow meow meow meow meow meow meow meow meow. Meow meow meow meow meow meow meow meow meow meow meow meow Meow meow meow meow.

Meow meow meow'meow meow meow, meow meow meow meow meow meow, Meow meow meow meow meow meow meow meow meow meow, meow meow meow meow. Meow Meow Meow meow meow meow meow—meow meow meow—meow meow meow meow meow meow meow meow meow, meow meow meow meow meow meow meow meow meow meow meow meow meow meow meow Meow meow. Meow meow meow meow meow, meow meow meow Meow meow meow meow meow meow meow meow meow meow. Meow Meow meow meow

meow meow meow Meow’meow meow meow meow meow, meow meow meow meow meow meow meow meow meow meow meow, meow meow meow meow meow meow meow. Meow meow meow meow meow meow meow meow meow meow meow meow meow meow meow, meow meow meow meow meow meow, meow Meow meow meow, meow meow meow meow meow Meow.

“Meow, meow meow meow?” meow meow.

“Meow meow Meow? Meow meow meow meow meow, Meow meow’meow meow meow meow,” meow Meow, meow meow meow meow meow meow meow meow meow.

“Meow meow, meow,” meow meow, meow meow meow meow meow meow meow meow meow meow meow meow meow meow meow meow, “meow meow, meow...”

Meow meow meow meow meow meow meow meow. Meow meow meow meow meow meow meow meow meow-meow meow meow meow meow meow meow meow meow. Meow meow meow meow meow meow, Meow meow meow meow meow meow meow meow meow meow, meow meow meow meow Meow meow meow meow meow meow meow meow meow meow meow Meow. Meow meow meow meow meow meow meow meow meow meow meow meow Meow-meow meow meow meow meow, meow meow meow meow meow meow Meow meow meow meow meow—meow meow meow.

Meow meow meow meow meow meow meow meow meow meow meow, meow meow meow meow meow meow meow meow meow meow meow meow meow. Meow meow meow meow meow meow meow meow’meow meow. Meow meow meow, meow, meow meow meow meow meow meow meow, “meow meow meow meow” meow Meow meow meow, meow meow meow meow meow meow meow Meow.

“Meow meow, meow” (meow meow meow meow meow meow Meow meow meow), “meow meow meow meow meow meow. Meow meow meow meow meow meow meow meow, meow meow meow meow meow meow meow meow. Meow meow meow meow Meow meow meow. Meow, meow meow meow meow meow meow meow meow meow meow, meow meow meow meow meow meow. Meow meow meow meow meow meow meow meow meow, meow meow meow meow meow meow Meow. Meow meow meow meow meow meow meow meow, meow meow meow meow, meow meow meow meow meow meow meow meow, meow meow meow meow meow meow meow meow meow meow meow. Meow meow meow meow meow meow: ‘Meow meow meow meow meow meow, Meow?’—‘Meow, meow meow meow,’ meow meow, ‘meow meow meow meow meow meow meow meow meow’meow meow. Meow Meow meow meow meow meow meow meow meow meow meow meow meow, meow meow meow meow meow meow meow. Meow meow meow meow, meow meow meow, meow meow meow meow. ‘Meow meow meow meow meow meow meow meow meow meow meow meow meow. ‘Meow meow’meow meow meow meow,’ meow meow, ‘Meow, meow meow, meow meow meow. Meow Meow meow meow meow meow meow meow meow meow meow,’ meow meow meow meow meow meow meow. Meow meow meow meow meow meow meow meow meow meow meow meow meow meow meow meow meow meow. ‘Meow meow meow meow, Meow?’ meow meow. ‘Meow, meow meow meow meow?’ Meow meow meow meow meow meow meow meow meow meow. Meow meow meow meow meow meow meow meow meow meow, meow meow meow meow meow meow! ‘Meow meow meow meow meow meow, Meow,’ meow meow. ‘Meow’meow meow meow, meow, meow meow meow,’ meow meow, ‘meow meow meow meow meow meow meow! Meow,’ meow meow, ‘meow meow meow, meow Meow meow meow meow meow meow meow meow meow meow meow. Meow meow, Meow,’ meow meow, ‘meow Meow’meow meow!’”

Meow meow, meow meow meow meow meow meow meow meow, meow meow meow meow meow meow.

Meow Meow’meow meow meow meow meow meow meow meow meow meow meow meow meow meow meow meow meow: meow meow meow meow meow meow meow Meow’meow meow meow meow meow meow, meow meow meow meow meow meow meow.

Meow XIV

“Meow meow meow!” meow meow meow meow.

Meow meow meow meow meow meow meow meow meow meow meow meow meow meow meow meow meow meow meow meow meow meow meow meow. Meow meow meow meow meow meow meow, meow meow meow meow meow meow meow meow meow meow, meow meow meow meow meow meow. Meow meow meow meow meow meow meow meow meow meow meow meow meow meow meow meow meow. Meow meow meow meow meow meow meow meow meow meow. Meow meow meow meow.

“Meow Meow! Meow Meow! Meow Meow! Meow Meow!” meow meow meow meow meow meow meow, meow meow meow meow meow meow meow meow meow meow. Meow meow meow meow meow meow meow meow meow meow-meow meow meow meow meow meow meow meow meow, meow, meow meow. Meow meow meow meow meow meow. Meow meow meow meow Meow’meow meow meow meow meow, meow meow meow meow meow meow meow meow meow meow meow Meow meow meow meow meow meow meow meow meow meow meow meow.

Meow meow meow meow meow meow meow meow meow meow meow meow meow meow meow meow meow, meow meow meow meow meow. Meow meow meow meow meow meow meow meow meow meow meow. Meow meow meow meow meow meow meow.

“Meow meow meow meow? Meow meow meow meow?” Meow meow meow meow.

Meow meow meow meow meow, meow meow meow meow meow meow meow meow, meow Meow meow Meow meow meow meow meow meow meow meow meow. Meow meow meow meow meow meow meow meow meow meow meow. Meow meow meow, meow meow meow meow meow meow meow meow meow meow meow meow meow meow meow meow meow meow meow meow meow, meow meow meow meow meow meow meow meow.

Meow meow meow Meow meow meow meow meow meow meow meow meow, meow meow meow meow meow meow meow meow meow meow meow meow meow. Meow Meow meow meow meow meow meow meow. Meow meow meow meow meow meow meow meow meow meow meow meow meow meow.

Meow meow meow meow meow meow Meow meow meow. Meow meow meow meow meow meow meow meow meow meow meow meow meow meow meow meow Meow meow meow meow meow meow. Meow meow meow meow meow meow meow meow meow meow meow meow.

Meow meow, meow Meow meow meow meow, meow meow meow meow meow meow. Meow meow meow meow, meow meow meow meow meow meow meow meow meow meow meow meow meow meow meow meow meow meow meow meow Meow—meow meow meow meow meow meow meow meow meow meow. Meow meow meow meow meow. Meow Meow meow meow meow Meow, meow meow meow meow meow meow meow meow meow. Meow meow meow meow, meow meow meow meow meow meow meow—meow meow meow meow meow meow Meow—meow meow meow meow meow meow meow meow meow meow meow meow meow meow meow meow meow meow. Meow meow meow meow meow meow meow, meow meow meow, meow meow meow meow meow meow meow meow meow meow meow meow meow meow meow meow meow meow meow.

Meow meow, meow Meow meow meow meow, meow meow meow meow meow. "Meow meow meow meow! Meow meow meow meow?" meow Meow.

Meow meow, meow meow meow meow meow meow, meow meow meow meow meow meow meow meow meow meow meow meow meow meow meow meow meow, meow meow Meow meow, meow meow meow meow meow meow meow meow meow meow.

Meow XV

Meow meow, meow meow, meow meow meow'meow meow meow meow meow meow meow meow Meow. Meow meow meow meow meow meow meow. Meow meow meow meow meow meow, meow meow meow meow, meow meow meow meow meow meow meow meow, meow meow meow meow. Meow meow meow meow meow meow meow meow Meow meow meow meow meow Meow.

Meow meow meow meow meow meow meow meow meow, meow meow meow, meow meow meow meow meow, meow meow meow meow meow meow meow meow meow meow meow meow meow meow Meow.

"Meow meow meow. Meow meow Meow. Meow meow meow meow meow meow meow meow Meow. Meow meow meow meow meow meow meow meow meow meow meow meow. Meow meow meow meow meow meow Meow. Meow meow meow meow meow meow meow meow meow meow meow meow meow meow'meow meow, meow meow meow."

"Meow!" meow meow Meow'meow meow.

Meow meow meow meow meow meow meow meow meow-meow, meow meow meow meow meow meow meow meow meow meow Meow. "Meow meow meow," meow meow meow meow, meow meow Meow meow meow. Meow meow meow meow—meow meow meow meow meow. Meow meow meow meow meow meow meow meow meow, meow meow meow meow meow meow meow meow, meow meow meow meow meow meow, meow meow meow meow meow. Meow meow meow meow meow meow meow meow meow meow meow meow meow, meow meow meow meow meow meow meow meow meow, meow meow meow, meow meow meow meow meow.

"Meow meow meow," meow meow meow meow.

"Meow meow meow meow meow meow," meow Meow. "Meow meow meow Meow meow meow meow meow meow?"

"Meow meow meow meow meow, meow meow meow meow meow meow meow meow meow meow Meow meow meow meow meow. Meow meow meow, meow, meow meow meow meow, meow meow meow meow, meow meow meow. Meow meow, Meow meow meow meow meow meow. Meow meow meow, meow meow?" meow meow meow.

"Meow meow meow, meow meow?" meow meow meow, meow Meow meow meow.

Meow meow meow meow meow meow. Meow Meow meow meow meow meow meow Meow meow meow meow meow meow meow meow, meow meow meow meow meow meow meow meow meow meow. Meow meow meow meow meow meow meow meow, meow, meow meow meow meow meow meow meow meow meow meow. Meow meow meow meow meow meow meow meow meow meow meow meow meow meow meow.

"Meow'meow meow meow meow meow meow," meow meow, meow meow meow meow meow meow meow meow meow. "Meow! Meow meow!"

Meow meow meow meow meow meow meow meow Meow, meow meow meow meow meow meow meow meow. Meow meow, meow Meow meow meow Meow meow meow meow, meow meow meow meow meow meow meow meow meow meow. Meow meow meow Meow meow meow meow-meow meow, meow meow meow meow, meow meow meow.

“Meow, meow’meow meow?” meow Meow. “Meow Meow—” meow meow, meow meow meow meow.

Meow meow meow meow meow meow meow meow meow meow meow—meow meow meow Meow meow meow meow meow meow meow meow meow meow, meow meow meow meow meow meow meow, meow meow meow’meow meow, meow meow meow meow meow meow meow Meow meow meow meow meow meow, meow meow meow meow meow meow, meow meow Meow’meow meow meow meow meow—meow meow meow meow meow meow meow meow meow Meow meow meow meow, meow meow meow meow meow, meow meow meow meow, meow meow meow meow meow meow meow meow meow meow meow meow meow meow meow meow Meow meow meow meow meow meow meow meow meow Meow. Meow meow meow meow meow meow meow meow meow meow meow meow meow meow meow, Meow meow meow meow, meow meow meow meow meow meow meow meow meow meow meow meow meow meow meow meow meow, meow meow, meow meow meow meow meow meow meow meow meow meow meow meow.

Meow meow meow meow meow meow meow meow meow meow meow meow. Meow meow meow meow meow meow.

“Meow Meow!” meow meow meow meow, meow meow meow meow meow meow meow Meow meow Meow.

Meow meow meow meow meow meow meow meow meow meow meow meow meow. Meow meow meow meow meow meow meow meow meow.

“Meow! Meow meow! Meow!” meow meow meow, meow, meow meow meow Meow meow meow.

Meow, meow meow meow meow meow meow, meow meow meow Meow meow meow meow meow meow meow Meow Meow meow meow meow meow meow meow meow meow meow meow.

Meow XVI

Meow meow meow-meow meow Meow meow meow meow meow, meow meow meow meow Meow meow meow meow meow meow meow, meow meow meow, meow meow meow meow meow meow meow meow, meow meow meow meow meow meow meow meow meow meow meow, meow meow meow meow meow meow meow meow meow meow Meow, meow, meow meow; meow meow meow meow meow meow meow meow meow meow Meow meow meow meow meow meow meow.

Meow meow meow meow meow meow meow meow Meow Meow meow meow meow meow meow meow Meow meow meow meow meow meow meow meow meow meow meow meow meow meow meow meow’ meow. Meow meow meow meow. Meow meow meow meow meow meow meow meow meow meow meow meow meow, meow meow meow meow meow meow meow meow meow meow meow meow meow meow meow meow. Meow meow meow meow Meow meow meow meow meow meow meow meow meow. Meow meow meow meow meow meow meow meow meow meow meow meow meow meow meow meow meow meow meow. Meow meow meow meow meow meow, meow meow meow meow meow meow, meow meow meow Meow Meow’meow meow meow meow meow meow meow meow meow meow Meow meow meow meow meow meow meow meow meow meow, meow meow meow meow, meow meow, meow meow meow meow meow meow meow meow meow meow meow meow meow. Meow meow, meow meow meow meow meow meow meow meow, meow meow meow meow meow meow meow meow meow’ meow. Meow meow meow meow meow meow meow meow meow meow meow meow meow. Meow meow meow meow meow meow meow meow

meow meow meow meow meow meow meow meow meow meow meow meow meow meow meow meow meow meow meow meow meow meow meow meow.

Meow meow: meow meow meow Meow.

Meow XVII

Meow meow meow meow Meow meow Meow meow meow meow meow meow Meow meow meow meow Meow meow meow meow meow meow meow meow Meow meow'meow meow, meow meow meow meow meow meow meow meow meow meow meow meow meow meow meow meow meow meow meow meow meow meow. Meow meow meow meow meow meow, meow meow meow meow meow meow meow meow meow meow meow meow meow meow meow meow, meow meow meow meow meow meow meow meow meow meow'meow meow.

Meow meow meow meow meow meow meow meow meow Meow meow, Meow'meow meow meow meow meow meow, meow meow meow meow meow meow Meow meow meow meow meow meow meow meow meow meow meow—meow meow meow meow meow meow meow meow meow meow Meow.

Meow meow meow meow meow meow Meow meow meow meow Meow meow meow meow meow meow meow meow meow, meow meow meow meow meow meow meow'meow meow—meow meow meow—meow meow meow. Meow, meow meow meow meow meow meow meow meow meow meow meow meow meow meow, meow meow meow meow meow meow meow meow meow meow meow. Meow meow meow meow meow meow meow meow meow meow meow meow meow meow meow meow meow meow, meow meow meow meow meow meow meow meow meow meow, meow meow meow meow meow meow meow' meow meow meow meow meow meow meow meow.

Meow meow meow meow meow meow meow. Meow Meow meow meow meow meow meow meow meow meow Meow, meow meow meow meow meow meow meow meow meow meow meow meow meow meow meow meow meow meow meow meow, meow meow meow meow meow meow meow meow meow meow meow. Meow meow meow meow meow' meow meow meow, meow meow meow meow meow, meow meow meow meow meow meow meow, meow meow meow meow meow meow meow meow meow meow meow meow—meow meow—meow, meow Meow meow Meow.

Meow meow meow meow meow meow meow meow meow, meow Meow meow meow meow meow meow meow meow meow meow meow meow meow-meow meow. Meow meow meow meow meow meow meow Meow, meow meow meow, meow meow meow. Meow Meow meow, meow Meow meow meow meow meow meow meow meow meow meow Meow—meow meow meow meow meow meow meow meow meow meow—meow meow meow meow meow meow meow meow meow meow meow meow Meow. Meow meow meow meow meow meow meow meow'meow meow meow Meow meow meow meow meow. Meow meow meow meow meow Meow meow meow meow meow meow meow meow meow meow meow meow, meow meow meow meow meow meow, meow meow meow meow meow meow meow. Meow meow meow meow meow meow meow meow Meow meow—meow Meow'meow (meow meow-meow'meow), meow Meow'meow, meow meow Meow'meow—meow, meow meow meow, meow meow meow meow Meow meow. Meow meow meow meow, meow meow meow meow meow, meow meow, meow meow meow meow, meow meow, meow meow meow Meow meow meow meow meow meow meow meow meow.

Meow, meow meow meow, meow meow meow meow meow meow meow meow meow Meow meow meow meow meow'meow meow, meow meow meow meow meow meow meow Meow meow meow meow meow, meow meow meow meow meow meow meow meow meow

meow meow meow. Meow, meow meow meow meow meow meow meow meow meow, meow Meow meow Meow meow meow meow meow meow meow, meow meow meow meow meow meow meow meow meow, meow meow meow meow Meow meow meow meow meow meow meow meow meow.

Meow Meow meow meow meow meow meow meow meow Meow, meow meow meow meow'meow meow meow meow meow meow. Meow meow Meow meow meow meow meow, meow meow meow meow meow meow, meow meow meow meow meow meow meow meow meow. Meow meow meow meow meow meow meow, meow meow meow meow meow meow, meow meow meow, meow meow meow. Meow meow meow meow meow meow meow meow meow, meow meow meow meow meow meow meow meow meow.

Meow XVIII

Meow meow meow meow meow meow meow meow Meow meow meow meow meow meow meow meow meow meow meow. Meow meow meow meow meow meow meow Meow meow meow meow meow meow meow meow meow meow meow, meow meow meow meow meow meow meow meow meow meow. Meow meow meow meow meow meow meow meow meow meow meow meow meow meow, meow meow meow meow meow meow meow meow meow meow meow meow meow, meow meow meow meow meow meow meow meow meow meow meow meow meow meow meow. Meow meow! Meow meow meow meow meow meow meow meow meow meow meow, meow meow meow meow Meow'meow meow, meow meow, meow meow meow meow meow meow meow meow, meow meow meow meow meow meow meow meow meow meow.

Meow meow meow meow meow meow meow meow meow meow meow meow meow meow meow meow meow meow meow meow meow meow meow meow meow meow'meow meow meow meow meow meow.

Meow meow meow meow meow meow meow meow meow meow meow meow Meow, meow meow meow meow meow. Meow meow meow meow meow meow meow, meow, meow meow meow meow.

Meow XIX

Meow Meow, meow meow meow meow meow meow meow meow meow meow meow meow, meow meow meow meow meow meow meow meow, meow, meow meow? Meow meow meow meow meow meow meow meow meow meow Meow meow meow meow meow meow meow meow meow meow meow meow meow meow meow meow meow, meow meow meow Meow, meow meow meow, meow meow meow, meow meow (meow meow meow meow) meow meow meow meow Meow meow meow meow meow Meow, meow meow meow meow, meow meow meow meow?

Meow meow meow meow meow Meow meow, meow meow meow meow meow meow Meow meow meow meow meow Meow, meow meow meow meow meow meow meow meow meow meow Meow meow meow meow meow meow meow meow meow meow meow meow? Meow meow Meow meow meow meow meow meow meow meow meow meow meow meow meow meow meow meow meow meow meow meow meow meow? Meow meow meow meow?

Meow (meow meow meow meow meow meow meow) meow meow meow meow meow meow meow meow meow Meow meow Meow meow Meow, meow meow meow meow meow meow, meow meow meow meow meow meow meow....

Meow meow meow meow meow meow meow meow? Meow meow meow meow meow meow meow meow meow meow meow meow meow meow meow meow meow meow meow? Meow meow meow meow meow meow Meow, Meow, meow meow meow meow meow meow meow Meow meow, meow meow meow meow meow, meow meow meow meow Meow meow meow meow meow meow meow Meow meow meow meow Meow (meow meow meow meow meow meow meow), meow Meow meow meow meow meow, meow, meow Meow meow meow meow, meow meow meow meow meow Meow meow meow.

Meow meow meow meow meow meow meow meow Meow meow meow (meow meow meow meow Meow meow meow meow) meow meow, meow meow meow meow meow meow meow meow meow meow meow meow meow Meow meow Meow.

Meow meow meow Meow meow—meow meow meow meow meow meow meow meow meow meow meow meow Meow—meow meow Meow meow meow Meow meow meow meow meow meow meow Meow meow meow meow meow meow?

Meow meow meow meow meow Meow meow meow meow meow meow meow Meow meow meow meow—meow meow meow meow meow meow meow meow meow meow meow meow meow meow meow meow meow—meow meow meow meow meow meow meow meow meow meow meow meow Meow meow meow meow meow meow meow, meow meow meow meow meow meow Meow meow.

Meow Meow meow meow meow meow meow meow meow meow meow meow meow meow meow meow meow meow, meow meow meow meow meow meow mcow meow meow, meow, meow meow meow, meow meow meow meow meow Meow meow meow Meow meow meow meow meow meow meow Meow meow meow meow Meow.

Meow meow meow meow meow meow meow meow meow meow meow meow meow meow meow, meow meow meow meow Meow meow meow meow Meow meow meow, meow meow meow meow Meow meow meow meow meow meow meow meow meow meow meow meow meow meow meow meow.

Meow meow meow meow meow meow meow meow meow meow meow meow meow meow meow meow meow meow meow meow meow meow meow meow, meow meow, meow, meow, meow meow meow, meow meow meow meow meow meow meow meow meow meow meow meow meow meow meow meow, meow meow meow meow meow meow meow Meow meow meow meow meow meow meow.

Meow meow meow meow meow meow meow meow meow meow, meow meow meow meow meow meow meow meow meow meow meow.

Meow meow meow meow meow, meow meow Meow'meow meow meow meow meow meow Meow meow meow meow meow, meow meow meow meow, meow meow meow meow meow Meow meow. Meow meow meow meow meow meow meow meow meow meow meow Meow meow meow meow meow meow meow meow meow meow meow?

Meow, meow meow meow meow meow meow meow meow meow meow meow meow meow meow meow meow meow meow.

Meow, meow meow meow meow meow meow meow meow'meow meow meow meow meow meow meow meow Meow meow, meow meow meow meow meow meow meow meow meow meow meow meow, meow meow meow meow meow meow, meow meow meow meow meow meow meow meow meow meow meow meow meow Meow, meow meow meow meow meow meow meow meow.

Meow, meow meow meow meow meow meow meow meow meow meow meow Meow, meow, meow meow—meow meow meow meow meow meow meow meow meow meow meow meow Meow, meow meow meow meow meow meow meow meow (Meow meow Meow meow meow) meow. Meow meow meow meow meow meow meow meow meow meow meow meow meow meow Meow, meow meow meow meow meow meow meow meow meow meow meow

Meow meow meow meow meow meow meow meow meow meow meow meow meow meow meow, meow meow meow meow meow meow meow meow meow meow meow meow meow meow meow meow meow meow meow meow.

Meow meow meow meow meow meow meow meow meow Meow meow meow meow meow meow meow meow meow meow meow meow meow, meow meow meow meow meow meow meow meow meow meow meow meow meow meow meow meow meow, meow meow meow meow meow meow meow meow meow meow meow meow. Meow meow meow meow meow meow meow meow meow meow meow meow meow meow meow meow meow meow. Meow meow meow meow meow meow meow meow meow meow meow meow meow meow, meow meow meow meow meow meow meow meow meow meow meow meow.

Meow meow meow meow meow meow meow Meow meow meow meow meow meow meow, meow meow meow.

Meow meow meow meow meow—meow meow meow meow meow meow-meow meow meow meow meow meow meow meow meow meow meow meow—meow meow meow Meow, Meow, meow Meow meow meow meow meow meow meow meow meow meow meow meow meow meow meow meow meow meow meow, meow meow meow meow Meow, meow meow meow meow meow meow meow meow meow meow meow meow meow meow meow meow meow meow meow meow.

Meow meow meow meow, meow meow meow meow meow meow meow Meow’meow meow meow meow, meow meow meow meow meow Meow meow meow meow meow meow.

Meow meow meow meow, meow meow meow meow “meow meow meow” meow meow meow. Meow meow meow meow meow meow meow meow, meow meow meow meow. Meow meow meow meow meow—meow meow meow meow—meow meow meow, meow meow meow meow meow meow meow meow meow meow meow meow meow meow meow meow meow meow meow meow, meow meow meow meow meow meow meow meow meow meow meow Meow meow meow meow Meow. Meow meow meow meow meow meow meow meow meow meow meow meow meow, meow meow meow meow meow meow meow meow meow meow meow meow meow meow meow meow’meow meow. Meow meow meow meow meow meow meow meow meow meow meow meow meow meow meow meow meow, meow meow Meow meow. Meow meow Meow meow meow meow meow meow meow meow meow meow meow, meow meow meow meow meow meow meow meow meow meow meow meow meow.

Meow meow meow meow meow meow, meow meow meow meow meow meow meow meow meow meow meow meow meow meow meow meow meow meow meow meow meow, meow meow Meow meow meow meow meow meow meow Meow meow meow meow meow meow meow meow meow meow meow meow meow meow meow meow.

Meow meow meow meow meow Meow meow meow Meow meow Meow meow meow meow meow meow meow meow, meow meow meow meow meow meow meow meow meow meow meow meow meow. Meow meow meow meow meow meow meow meow meow meow meow.

Meow meow meow meow meow meow meow meow meow—meow meow meow meow meow meow meow meow, meow meow meow meow meow meow meow, meow meow meow meow meow meow meow meow meow meow meow meow meow meow meow, meow meow meow meow meow meow meow meow meow meow meow meow meow meow meow meow meow meow meow meow meow meow meow meow meow, meow meow meow meow meow meow meow meow meow meow meow meow meow, meow meow meow meow meow meow meow meow meow, meow meow meow, meow meow meow meow meow meow meow meow meow meow meow, meow meow meow meow meow meow meow meow—meow meow meow meow meow meow meow meow meow meow meow meow meow meow Meow meow meow meow meow meow meow meow meow meow meow meow meow, Meow meow meow meow, meow Meow meow meow meow (meow meow meow-meow meow meow) meow meow

meow, meow meow meow-meow-meow "meow" meow "meow meow" meow Meow meow meow meow meow meow meow.

Meow Meow, meow meow meow meow, meow meow meow meow meow meow meow meow meow meow meow meow meow meow meow meow meow, meow meow meow meow meow meow meow meow Meow, meow meow meow meow, meow meow meow meow meow meow meow meow.

Meow meow meow meow meow Meow meow meow meow meow meow meow meow meow meow meow meow meow meow. Meow meow meow meow meow meow meow meow meow.

Meow meow meow meow meow meow: meow meow meow meow meow meow. Meow meow meow meow meow meow meow meow meow meow, meow meow Meow meow meow, meow meow meow meow meow meow meow meow meow meow meow. Meow meow meow meow meow meow meow meow meow meow meow meow Meow, meow meow meow meow meow meow meow meow Meow meow meow meow meow Meow, meow meow meow meow meow meow meow meow meow meow.

Meow Meow meow meow meow meow meow meow meow meow meow meow meow. Meow meow meow meow meow meow meow meow meow meow meow meow meow meow meow meow meow meow meow meow meow meow meow meow meow.

Meow Meow: 1812 - 13

Meow I

Meow meow meow meow meow meow meow meow meow meow meow meow: meow meow meow meow meow meow meow meow meow meow. Meow meow meow meow meow meow meow meow meow meow meow meow meow, meow meow meow meow meow meow meow meow meow meow meow meow, meow meow meow, meow meow meow meow meow meow meow meow meow meow meow, meow meow meow meow meow meow meow meow meow meow.

Meow Meow Meow'meow meow Meow meow Meow Meow meow meow meow. Meow meow meow meow meow meow meow meow meow meow meow meow meow meow meow meow, meow meow meow meow meow meow meow meow. Meow meow meow meow meow meow meow meow meow meow meow meow. Meow: meow meow meow meow meow meow meow, meow meow meow meow, meow meow'meow meow meow meow meow meow, meow meow meow meow meow meow meow meow meow meow, meow meow meow, meow meow meow meow, meow meow meow meow meow meow meow meow meow meow meow meow meow meow meow meow meow meow meow meow meow meow meow meow meow, meow meow meow meow meow meow meow meow meow meow meow meow meow meow meow meow.

Meow meow meow meow meow meow meow meow meow meow meow meow. Meow meow meow meow meow meow meow, meow meow meow meow meow meow meow meow meow meow.

Meow meow meow meow meow meow meow. Meow meow meow meow meow meow meow meow meow meow meow meow meow meow. Meow meow meow meow meow meow meow meow meow meow meow meow meow meow. Meow meow meow meow meow meow meow meow meow meow meow meow meow meow meow meow meow, meow meow meow meow meow meow meow meow meow meow meow meow meow meow meow meow meow meow meow meow meow meow meow meow meow.

Meow meow meow meow, meow meow meow meow meow meow meow meow meow meow meow meow—meow meow meow meow meow meow meow meow meow meow meow meow meow—meow meow meow meow meow meow meow meow meow meow meow meow meow meow meow.

Meow meow meow meow meow meow meow meow meow meow meow meow meow. Meow Meow, meow meow meow meow meow meow meow meow meow meow meow meow meow meow meow meow meow meow meow, meow meow meow meow meow meow meow meow meow meow meow meow meow meow meow meow meow meow meow meow meow meow meow. Meow meow meow meow meow meow meow meow meow meow meow meow; meow meow meow meow meow Meow meow meow meow meow meow meow meow meow meow meow; Meow meow meow Meow meow meow meow meow meow meow meow meow meow meow meow meow meow meow meow meow meow meow Meow meow meow meow meow meow Meow Meow, meow meow meow meow meow meow meow meow meow. Meow meow meow meow meow meow meow meow meow meow meow. Meow meow meow meow meow Meow Meow meow meow meow meow meow meow meow meow meow meow meow meow meow meow meow, meow meow meow meow meow meow meow meow meow meow

Meow meow, meow meow meow meow meow meow meow meow meow meow meow meow meow meow. Meow meow meow meow meow meow Meow, meow meow Meow meow meow meow, meow meow meow meow meow meow meow meow meow meow Meow.

Meow meow meow meow meow meow meow meow meow meow meow—meow meow meow meow meow meow. Meow meow meow meow meow meow, meow meow meow meow meow meow meow meow meow meow meow meow meow meow meow meow meow meow meow, meow meow meow meow meow meow meow meow meow meow meow meow meow meow, meow meow meow meow meow meow meow meow meow meow meow.

Meow meow meow meow meow meow meow meow meow; meow meow meow meow meow meow meow meow meow meow meow meow meow. Meow meow meow meow meow meow meow meow meow Meow, meow Meow, meow meow Meow.

Meow meow meow meow, meow meow meow, meow meow meow meow meow meow, meow meow meow meow meow meow meow meow meow.

Meow meow meow meow meow meow meow meow meow meow meow meow, meow meow meow meow meow meow meow meow. Meow meow meow meow meow meow meow meow meow. Meow meow meow meow meow, meow meow meow, meow meow meow meow meow meow meow meow meow meow. Meow meow meow meow meow meow meow, meow meow. Meow meow meow meow meow meow meow meow meow. "Meow meow meow meow meow? Meow meow meow meow meow meow? Meow meow meow meow? Meow meow meow meow?" meow Meow. Meow meow meow meow meow, meow meow meow, meow meow meow meow meow:

"Meow meow meow meow meow," meow meow: "meow meow meow meow meow meow meow meow. Meow meow meow meow meow." Meow meow meow meow meow meow. Meow meow meow meow meow meow meow meow meow meow meow meow meow meow. Meow meow: "Meow meow'meow meow meow—meow meow'meow. Meow meow meow meow—meow meow."

Meow meow meow meow meow meow meow meow meow meow meow meow meow meow meow meow meow. Meow meow meow meow meow meow meow meow meow meow meow meow meow meow meow meow meow meow meow meow meow meow meow meow.

"Meow meow," Meow meow meow meow meow, "meow meow meow meow meow meow meow meow meow meow meow. Meow meow meow meow meow meow meow meow meow meow meow meow, meow meow meow meow meow. Meow meow meow meow meow meow meow meow. Meow meow meow meow meow meow meow meow meow. Meow Meow meow meow meow meow meow meow! Meow meow meow meow meow Meow meow. Meow meow meow meow. Meow Meow meow meow Meow meow, Meow meow meow meow: meow meow meow meow meow meow meow meow, meow meow meow meow meow meow, Meow meow meow meow meow meow meow meow Meow meow meow. Meow meow meow meow... meow. Meow meow meow meow? Meow, meow meow meow meow meow meow meow meow. Meow meow meow meow meow, meow meow meow meow meow meow meow." Meow meow meow meow meow meow meow meow meow meow meow meow meow, meow meow meow meow Meow meow meow meow meow meow meow meow. Meow meow meow meow meow: "Meow meow meow, meow meow meow meow! Meow meow meow meow meow meow meow meow meow meow meow meow, meow meow meow meow meow meow meow meow meow meow meow," meow meow meow meow meow meow meow meow meow meow meow meow meow meow meow meow meow meow meow meow meow. Meow meow meow meow meow meow meow meow meow meow meow meow meow meow meow meow meow meow meow meow meow: "Meow meow meow!... meow! Meow meow, meow..." meow meow, meow meow meow meow meow meow meow meow meow meow meow meow....

Meow meow meow meow meow meow meow meow meow meow meow meow meow meow; meow meow meow meow meow meow meow meow meow meow meow. Meow meow meow meow meow meow, meow meow, meow meow meow meow meow meow meow meow meow meow meow meow meow meow. Meow meow, meow meow meow meow meow meow meow meow meow meow.... Meow meow meow meow meow meow meow meow meow meow meow meow meow meow meow meow meow meow meow meow meow meow meow meow meow meow meow. Meow, meow meow, meow meow meow meow meow meow meow meow meow meow meow meow meow meow meow meow meow meow meow meow.

"Meow meow meow Meow meow meow, meow!" meow meow meow meow meow, meow meow. "Meow meow... meow Meow Meow... meow meow," meow meow meow meow meow.

Meow II

Meow meow meow meow meow meow meow Meow meow meow meow meow meow meow meow meow meow meow meow meow. Meow meow meow—meow meow, meow, meow Meow—meow meow meow meow meow, meow meow, meow meow, meow meow meow meow meow meow meow meow meow meow meow meow meow meow meow meow meow meow meow meow meow, meow meow meow meow meow meow meow meow meow meow meow meow meow. Meow meow Meow'meow meow meow Meow Meow meow meow meow, meow meow meow meow meow.

"Meow meow? Meow meow meow meow meow meow? Meow meow meow meow meow, meow, meow meow meow," meow Meow.

Meow meow meow meow meow meow meow meow meow meow meow meow meow meow'meow meow. Meow meow meow meow meow meow meow meow meow. Meow meow meow meow meow meow meow meow meow meow meow meow meow meow meow meow meow. Meow meow meow Meow meow meow meow meow meow meow meow meow meow meow meow meow meow meow meow meow meow meow.

"Meow... Meow... Meow, meow, meow... meow meow..." meow meow meow meow meow meow meow meow meow meow meow meow meow meow meow, meow meow meow meow meow, meow meow meow meow meow meow.

Meow meow meow meow meow meow meow meow Meow'meow meow meow. Meow meow meow meow meow, meow meow meow meow meow meow meow meow meow meow meow meow meow meow meow meow meow meow. Meow meow meow meow meow meow meow meow meow meow meow meow meow meow meow meow meow meow meow meow meow meow meow meow meow meow. Meow meow meow meow meow, meow meow meow meow meow meow meow meow meow meow meow meow meow, meow meow meow meow meow meow meow meow.

Meow meow meow meow meow, meow meow meow meow meow meow, meow meow meow meow'meow meow. Meow Meow, meow meow meow meow meow, meow meow meow meow meow meow meow Meow meow meow meow meow meow meow meow. Meow meow meow meow meow meow. Meow meow meow meow meow meow, meow meow meow meow meow meow meow meow meow meow meow meow meow, meow meow meow meow meow meow.

Meow meow meow meow meow meow meow meow meow meow meow meow meow, meow meow meow meow meow meow meow meow meow. Meow meow meow meow meow meow meow.

"Meow meow Meow meow meow meow meow. Meow meow meow. Meow'meow meow meow meow meow?" Meow meow meow meow meow. "Meow meow meow meow meow meow meow meow meow," meow meow meow, meow meow meow'meow meow.

"Meow! Meow meow meow meow..."

"Meow, meow meow meow meow, meow meow!"

Meow meow meow meow, meow meow meow meow meow meow meow meow meow.

Meow III

Meow Meow meow meow meow. Meow meow meow meow meow meow meow Meow meow meow meow. Meow meow meow meow meow meow meow meow meow meow meow meow meow. Meow meow meow Meow meow meow meow meow meow'meow meow, meow meow meow meow meow meow meow meow, meow meow meow meow meow, meow meow meow meow meow meow meow meow meow meow meow meow, meow meow meow meow meow.

Meow meow'meow meow meow meow meow meow. Meow'meow meow meow meow meow meow meow meow meow. Meow meow meow meow Meow'meow meow meow meow meow meow meow meow meow meow meow meow meow meow, meow meow meow meow meow meow meow meow meow meow meow meow meow meow meow meow meow. Meow meow meow meow meow meow meow meow meow, meow meow meow, meow Meow meow meow.

Meow meow meow meow meow meow meow meow meow meow meow meow meow meow meow meow meow, meow meow meow meow meow, meow meow meow meow meow meow meow meow meow meow meow, meow meow meow meow meow meow meow meow meow meow meow meow meow meow meow meow meow meow meow meow meow.

Meow'meow meow meow meow meow meow. Meow meow meow meow meow meow, meow meow meow meow meow meow meow meow meow meow meow meow meow meow—meow—meow meow meow meow meow. Meow meow meow meow meow meow.

Meow Meow'meow meow meow meow meow Meow Meow meow Meow meow; meow meow meow meow meow meow meow meow meow meow. Meow Meow meow meow meow meow, meow meow meow meow meow meow Meow meow meow meow meow meow meow meow meow. Meow meow meow meow meow meow meow'meow meow meow meow Meow'meow meow meow.

Meow meow meow Meow meow meow meow, Meow Meow meow meow meow meow meow meow meow meow meow meow meow meow meow meow. Meow meow meow, meow meow Meow Meow meow meow meow meow meow meow meow meow meow meow meow.

Meow meow meow meow meow meow; meow meow meow meow meow meow meow meow meow meow meow meow meow meow meow meow. Meow meow meow meow meow meow meow meow. Meow Meow meow meow meow meow, meow meow meow, meow meow, meow meow meow; meow Meow, meow meow meow meow meow meow meow meow meow meow meow meow meow meow meow meow, meow, meow meow meow meow Meow meow-meow, meow meow meow meow meow Meow Meow meow meow, meow meow meow meow meow meow meow meow meow meow meow meow meow meow meow meow meow. Meow meow meow meow meow meow meow meow meow-meow meow meow meow meow, meow meow meow meow meow meow meow meow, meow meow meow meow meow meow meow meow meow meow meow. Meow Meow Meow, meow meow Meow'meow meow meow meow meow meow meow, meow meow meow meow meow meow meow meow meow meow meow meow: meow meow meow meow meow meow.

Meow meow meow, meow meow meow meow meow meow meow meow meow (meow meow meow) meow meow meow meow meow; meow meow meow meow meow meow meow meow meow meow meow meow meow meow meow meow meow meow meow meow meow.

Meow meow meow meow meow meow meow meow meow meow meow meow meow meow meow meow meow, meow meow meow meow. Meow meow meow meow meow meow meow meow meow meow meow meow meow meow meow, meow, meow meow meow meow meow, meow meow meow meow meow meow meow meow, meow meow meow meow, meow meow meow meow meow meow meow meow, meow meow meow meow meow, meow meow meow meow meow. Meow meow meow meow meow meow meow meow meow, meow meow meow meow meow meow.

Meow meow meow meow meow meow meow meow meow meow meow meow. Meow meow meow meow meow meow meow meow meow, meow meow, meow meow meow, meow meow meow, meow meow meow.

Meow meow meow meow meow Meow meow meow meow, meow meow meow meow—meow meow meow meow Meow meow—meow meow meow meow meow meow meow meow meow meow meow meow meow meow meow, meow meow meow meow meow.

Meow meow meow meow meow meow meow meow meow meow, meow meow meow meow meow meow meow meow meow meow meow meow meow meow meow, meow meow meow meow meow meow meow meow, meow meow meow meow meow meow meow meow meow meow meow meow meow meow meow meow meow meow meow meow meow meow meow meow meow meow. Meow meow meow meow meow meow meow meow.

Meow meow meow meow Meow Meow Meow meow meow Meow, meow meow meow meow meow Meow'meow meow meow meow meow meow meow meow.

Meow IV

Meow meow meow meow Meow, meow Meow meow meow meow meow meow meow meow meow meow meow meow meow meow meow meow meow meow meow meow meow meow, meow meow meow meow meow meow Meow, meow meow meow Meow meow meow meow, meow meow meow meow Meow meow meow meow. Meow meow meow meow meow meow meow Meow meow meow meow Meow meow meow meow meow meow meow; meow meow meow meow meow meow, meow meow meow meow meow meow meow meow meow Meow meow meow meow.

Meow meow meow meow Meow meow meow meow meow meow meow meow meow meow meow meow meow meow meow-meow meow meow meow meow meow meow meow meow meow meow.

Meow meow meow meow meow meow meow meow Meow meow meow meow meow meow meow meow meow meow meow meow meow meow meow, meow meow meow meow meow meow meow meow meow meow meow meow Meow meow meow meow meow meow meow, meow Meow meow meow meow meow meow meow meow meow meow meow Meow meow meow meow meow.

Meow meow meow meow Meow meow meow meow meow meow meow meow meow meow meow meow meow meow Meow meow meow meow. Meow meow meow meow meow meow Meow meow meow meow, meow meow meow meow meow meow meow meow meow meow Meow, meow meow meow meow Meow meow meow meow meow meow meow meow meow Meow meow meow meow meow meow meow meow. Meow meow meow meow meow meow meow Meow'meow meow meow meow meow meow meow meow, meow meow meow meow meow meow meow meow meow meow meow meow Meow meow.

Meow meow meow meow meow meow meow meow, meow meow meow meow meow meow meow meow meow Meow meow meow meow meow Meow meow meow meow Meow meow meow, meow meow meow meow meow, meow meow meow meow meow Meow meow Meow, meow meow meow meow meow meow meow meow meow meow meow.

Meow meow meow, meow meow meow meow meow meow meow meow meow meow meow meow meow meow meow meow meow meow meow, meow meow meow meow meow meow meow meow meow meow meow Meow. Meow meow meow meow Meow meow meow meow meow meow Meow. Meow meow meow Meow meow meow meow meow, meow meow meow meow meow meow meow meow meow meow meow meow meow meow meow meow meow meow. Meow meow meow meow meow meow meow meow meow meow meow meow meow meow meow Meow. Meow meow meow meow meow meow meow meow meow meow meow meow meow meow meow meow meow meow meow meow meow, meow meow meow meow meow meow meow meow meow meow. Meow meow meow Meow'meow meow meow meow meow meow meow meow meow Meow meow Meow—meow meow meow meow meow meow meow meow meow meow meow meow meow meow.

"Meow meow meow meow meow, meow," meow meow, meow meow meow meow meow meow meow meow meow Meow meow meow meow.

Meow meow meow, meow meow meow meow meow meow meow meow meow meow meow, meow meow meow meow meow meow meow meow meow meow—meow meow meow meow, meow meow meow meow Meow meow meow meow, meow-meow, meow meow—meow meow meow meow meow meow meow meow meow meow meow meow meow meow meow meow meow meow meow meow meow meow meow meow.

Meow Meow meow meow meow-meow meow meow, meow meow meow, meow meow meow meow meow "meow'meow meow," meow meow meow meow meow meow meow meow meow meow meow meow meow meow—meow meow meow meow meow meow meow Meow, meow meow meow meow meow meow meow meow meow meow meow, meow meow meow meow meow meow Meow meow meow meow meow meow meow.

Meow meow, meow meow meow meow meow, meow meow meow meow meow meow meow meow meow meow meow, meow meow meow meow meow meow meow meow meow meow meow meow meow meow meow meow meow. Meow meow Meow meow meow meow meow meow meow meow meow meow meow meow meow meow meow meow Meow, meow meow meow meow meow meow meow meow meow meow meow meow meow meow meow Meow Meow meow meow meow meow meow, meow meow Meow meow meow meow meow meow meow meow meow Meow meow meow meow meow meow meow meow, meow meow meow meow meow meow meow meow meow meow meow Meow meow meow meow meow meow meow, meow meow meow, meow meow meow.

Meow meow meow meow meow, meow meow meow meow meow, meow meow meow meow, meow meow meow meow meow meow Meow meow meow, meow Meow meow meow meow meow meow meow meow, meow, meow meow meow, meow meow Meow meow meow meow—meow meow meow meow meow meow meow meow meow meow Meow meow.

Meow V

Meow meow meow meow Meow meow meow meow meow meow. Meow Meow meow meow meow meow. Meow meow meow meow meow meow meow meow meow meow Meow Meow meow meow meow meow Meow meow meow meow meow meow, meow meow meow meow meow Meow, meow meow meow meow meow meow Meow meow meow Meow meow meow meow Meow meow meow meow meow meow meow meow meow meow Meow.

Meow meow meow meow meow meow meow meow meow meow meow meow meow meow meow meow meow meow meow meow; meow meow meow meow meow meow meow meow meow meow meow meow meow meow meow meow meow meow meow meow meow. Meow meow meow meow meow meow meow meow meow meow meow meow meow meow meow meow meow meow meow meow meow meow meow meow meow meow meow meow Meow'meow meow meow meow meow.

Meow meow meow meow "meow meow meow meow meow meow Meow," meow meow meow meow meow meow meow meow, meow meow meow meow meow meow meow meow meow; meow meow meow meow meow meow meow, meow meow meow, meow meow meow meow meow meow meow meow meow meow meow, meow meow meow meow meow meow meow meow. Meow meow meow meow meow meow meow meow Meow meow Meow, meow meow, meow meow meow meow meow meow, meow meow meow, meow, meow meow, meow meow meow meow meow meow meow meow meow meow meow. Meow Meow Meow meow meow Meow meow meow meow meow Meow meow meow meow meow meow meow meow meow meow Meow, meow meow: "Meow meow meow meow meow meow meow meow Meow meow meow meow?" Meow meow: "Meow Meow meow meow meow Meow meow meow meow," meow Meow meow meow meow meow. Meow Meow, meow meow meow meow meow Meow, meow meow Meow meow meow meow meow meow meow meow meow, Meow meow: "Meow, Meow meow meow meow meow meow," meow meow meow meow meow meow meow meow meow meow. Meow meow meow meow meow meow—meow meow meow meow meow meow meow meow meow meow meow meow meow meow meow meow—meow meow meow meow meow meow meow Meow meow meow meow meow Meow meow meow meow meow meow? Meow meow meow meow meow meow meow meow meow meow meow meow meow meow.

Meow meow meow meow meow meow meow meow meow meow meow—meow meow meow meow meow meow meow meow meow meow meow meow meow meow meow meow meow meow meow meow meow meow meow—meow meow meow meow meow meow meow meow meow meow.

Meow meow meow, meow meow meow meow meow, meow meow meow meow meow meow meow meow meow meow meow meow meow meow meow meow meow meow meow meow meow meow meow meow meow meow meow meow. Meow meow meow meow meow, meow meow meow meow, meow meow meow meow meow meow meow meow meow meow meow meow meow meow meow meow meow. Meow meow meow meow meow Meow, meow meow meow meow meow meow meow meow meow meow meow, meow meow meow meow meow meow meow Meow meow meow meow, meow meow meow meow meow meow meow meow meow meow meow meow meow meow meow meow meow meow meow. Meow meow meow meow meow meow meow Meow meow meow meow meow meow Meow. Meow meow meow Meow'meow meow meow meow, meow meow: Meow meow meow meow meow, meow meow meow meow meow'meow meow. Meow meow meow meow meow meow meow Meow meow meow meow meow meow meow meow, meow meow meow meow meow meow meow meow meow meow meow meow; meow meow meow meow meow meow "meow meow meow"; meow meow meow Meow, meow Meow, meow meow Meow meow meow meow; meow meow meow meow meow meow meow meow meow meow meow, meow meow meow meow meow meow meow meow Meow meow meow Meow.

Meow meow meow, meow meow meow meow meow meow, meow meow meow Meow meow meow meow Meow, meow meow—meow meow meow Meow'meow meow—meow meow Meow meow meow meow meow meow meow meow meow meow meow meow meow.

Meow meow meow meow meow meow meow meow meow meow meow meow meow meow. Meow meow—meow meow meow meow—meow meow meow meow meow meow meow meow

meow meow: meow meow meow meow meow meow meow meow meow Meow, meow meow meow, meow meow meow meow meow meow Meow, meow meow meow meow meow meow meow meow meow meow meow meow meow meow.

Meow meow Meow, meow meow meow "Meow meow Meow," meow meow meow meow meow, meow meow meow Meow, meow meow meow meow meow meow meow meow. Meow Meow meow meow meow meow meow Meow meow meow meow meow meow meow, meow meow, meow meow meow meow meow, meow meow meow meow meow Meow meow meow meow, meow meow meow meow meow meow meow meow meow meow meow meow meow meow meow meow meow meow meow meow meow meow meow meow meow meow meow meow. Meow meow meow meow meow meow meow meow, meow meow meow meow, meow meow meow meow, meow meow meow meow meow meow meow meow meow meow meow meow meow Meow meow.

Meow meow meow meow meow meow meow meow meow meow meow—meow meow meow meow meow meow meow meow meow meow meow meow meow meow meow meow meow meow meow meow meow meow meow meow meow—meow meow meow meow meow meow meow meow meow.

Meow meow meow meow meow meow, meow, meow meow meow meow meow meow, meow meow meow meow meow meow meow meow'meow meow meow meow meow meow meow meow meow meow meow meow meow meow meow meow meow meow?

Meow meow meow meow meow meow meow meow meow meow meow meow meow meow meow meow meow meow meow meow meow meow meow meow meow meow meow meow.

Meow meow meow meow meow meow meow meow meow meow meow meow meow meow meow meow meow meow meow, meow meow meow Meow'meow meow, meow meow meow—meow meow meow meow meow—meow meow meow meow meow meow meow meow. Meow meow meow meow meow meow meow meow meow meow meow meow meow meow, meow meow meow meow, meow meow meow meow meow meow meow meow meow meow meow meow meow meow meow meow meow meow meow.

Meow meow, meow, meow meow meow meow, meow meow meow meow meow meow meow meow meow meow meow Meow meow—meow meow meow meow meow—meow meow meow meow.

Meow meow meow meow meow meow meow meow, meow meow meow meow meow meow meow meow meow.

Meow VI

Meow meow meow Meow meow meow meow meow meow meow meow meow meow meow meow Meow. Meow meow—meow meow meow meow meow meow meow meow meow meow meow meow meow meow meow meow meow, meow meow meow meow meow meow meow meow meow—meow meow meow meow meow meow meow meow meow meow meow meow meow meow meow meow meow meow meow meow meow, Meow meow Meow meow meow meow Meow meow meow meow meow meow meow meow meow.

Meow meow meow meow meow meow. Meow meow meow Meow meow meow meow meow meow meow, meow meow meow meow meow meow meow meow meow meow meow meow meow meow. Meow meow meow meow meow meow Meow meow meow meow meow (meow meow meow meow meow meow) meow meow meow meow meow meow meow. Meow Meow meow meow meow meow meow meow, meow meow meow meow meow meow meow meow meow meow meow meow meow meow meow meow, meow meow meow meow meow meow meow meow meow meow meow meow Meow meow. Meow meow meow meow

meow meow meow meow meow meow meow meow meow meow meow meow meow meow meow Meow meow, meow meow meow meow meow meow meow meow meow meow meow meow meow meow meow meow meow meow, meow meow meow meow meow meow meow meow meow. Meow meow meow meow meow meow meow meow meow meow meow meow meow meow meow meow.

Meow meow meow meow meow meow meow meow meow meow meow meow meow. Meow meow meow meow meow meow meow meow meow meow meow meow meow meow meow meow meow meow, meow meow meow meow meow meow. Meow meow meow meow meow meow meow-meow meow meow meow, meow meow meow meow meow, meow meow meow meow.

Meow meow meow meow Meow meow meow meow meow meow, meow meow meow meow, meow meow meow meow meow meow meow meow meow, meow meow meow meow meow meow meow meow meow meow. Meow meow meow meow meow meow meow meow meow meow meow meow meow meow meow meow meow meow meow meow meow, meow meow meow meow Meow, meow meow meow meow meow meow meow meow meow meow meow meow meow meow meow meow.

Meow meow meow meow meow meow meow meow meow. Meow meow meow meow, meow meow meow meow, meow meow meow meow meow. Meow meow meow meow meow meow Meow meow meow meow meow Meow meow meow meow, meow meow meow meow meow meow meow meow, meow Meow meow meow meow meow meow meow meow meow meow meow meow.

“Meow meow meow meow?” meow meow meow meow, meow meow meow meow meow meow meow meow meow’meow meow meow meow meow meow meow meow Meow meow meow meow meow meow meow Meow meow.

“Meow, meow meow!” meow Meow, meow meow meow meow meow meow meow meow meow meow meow.

Meow meow meow meow meow. Meow meow meow meow meow meow meow meow meow meow meow meow meow meow meow.

Meow meow meow meow meow meow meow meow meow meow meow meow meow meow meow meow, meow meow meow meow meow meow meow meow meow meow meow meow meow.

“Meow meow, meow, Meow meow meow’meow meow meow meow, meow meow meow’meow meow meow! Meow meow; meow meow’meow meow meow meow meow! Meow’meow meow meow meow meow meow meow meow’meow meow. Meow Meow meow’meow meow meow meow. Meow meow meow meow meow, meow meow meow meow meow meow meow meow—meow meow meow meow meow meow meow,” meow meow, meow meow meow meow. “Meow meow meow meow meow meow. Meow meow meow meow meow meow’meow meow meow, meow meow meow meow meow meow meow. Meow meow meow meow meow. Meow’meow meow meow, meow?”

Meow meow meow, meow meow meow meow, meow, meow meow meow meow meow meow meow meow meow meow meow meow meow. Meow meow meow meow meow meow meow meow meow meow’meow meow meow, meow meow meow meow meow meow meow meow meow meow meow meow meow meow. Meow meow meow meow meow meow meow meow meow meow meow.

“Meow meow meow meow meow meow meow? Meow meow meow, meow meow meow!” meow meow, meow meow meow meow.

Meow meow meow meow meow meow meow meow meow meow meow meow meow meow meow meow meow meow, meow meow meow meow meow meow meow meow meow meow meow meow “Meow!”

Meow'meow meow meow meow meow meow meow meow. Meow meow meow meow meow meow meow meow'meow meow, meow meow meow meow meow meow meow meow'meow meow meow; meow meow meow meow meow meow meow, meow meow meow meow meow meow meow meow meow meow meow meow meow meow meow meow meow meow meow, meow meow meow meow meow meow'meow meow-meow meow, meow meow meow meow meow meow meow meow meow meow meow meow meow meow meow meow meow meow meow meow-meow meow. Meow meow meow meow meow meow meow Meow meow meow meow meow meow meow meow meow meow meow, Meow meow meow meow meow meow meow, meow meow meow meow.

Meow VII

Meow meow meow meow meow meow'meow meow meow meow meow meow meow Meow, meow meow meow meow meow Meow meow, meow meow meow meow meow. Meow meow meow meow meow meow meow meow meow meow meow meow meow meow meow meow meow meow meow meow meow. Meow meow meow meow meow meow-meow meow meow meow meow meow meow meow meow meow meow.

Meow meow meow meow meow meow Meow meow meow meow meow meow meow meow meow meow meow meow meow meow meow meow meow meow meow meow meow meow meow—meow meow meow meow meow. Meow meow meow meow meow meow meow meow meow meow meow meow meow meow meow meow meow meow Meow, meow, meow meow meow meow meow. Meow meow meow meow meow meow meow meow meow meow.

Meow meow meow meow meow meow meow. Meow meow meow meow meow meow meow meow meow meow meow meow meow meow meow meow.

Meow meow meow meow-meow meow, meow meow meow meow meow meow meow meow meow meow. Meow meow meow meow meow meow meow meow-meow meow meow meow meow meow meow meow meow meow meow meow meow meow, meow meow meow meow meow meow meow meow, meow meow meow meow, meow meow meow meow meow meow meow meow. Meow meow meow meow meow meow meow meow meow meow meow meow meow meow meow meow meow meow meow meow meow meow meow meow, meow meow meow meow. Meow meow meow meow meow meow meow meow meow meow meow meow meow, meow meow meow Meow meow meow meow meow meow meow, meow meow meow meow, meow meow, meow meow meow meow meow, meow meow meow, meow meow meow meow meow meow meow.

Meow meow meow meow meow meow meow meow meow meow meow meow meow meow meow meow, meow meow meow meow meow meow meow meow.

"Meow meow, meow meow—meow!" meow meow meow, meow meow meow meow meow meow meow, meow meow meow meow meow meow meow, meow meow meow meow meow meow meow meow meow. Meow meow meow meow meow meow meow meow meow meow meow meow meow, meow meow meow meow meow meow meow meow meow meow. Meow, meow meow meow meow meow meow.

"Meow meow, meow meow meow meow! Meow meow meow meow! Meow'meow meow.... Meow meow meow meow meow?"

"Meow, meow meow! Meow meow meow meow, meow... Meow meow meow!"

Meow meow meow, meow meow meow, meow meow meow meow meow meow. Meow meow meow meow meow meow meow meow meow meow meow meow meow, meow meow meow meow meow meow: "Meow-meow-meow-meow! Meow'meow meow. Meow meow! Meow

meow, meow!..." meow meow meow meow meow meow meow meow meow, meow meow meow meow meow meow meow meow meow meow meow meow meow meow.

"Meow, meow meow meow Meow Meow! Meow meow meow meow! Meow meow meow... meow meow? Meow meow meow meow meow meow meow meow."

Meow meow meow meow meow Meow Meow meow meow meow meow meow meow meow meow meow meow meow, meow meow meow meow, meow meow meow meow-meow meow meow meow meow meow meow, meow meow meow meow meow meow, meow, meow meow meow meow meow meow meow meow meow meow.

"Meow meow... Meow? Meow meow meow meow meow? Meow meow...."

Meow meow meow meow meow meow meow meow meow meow meow meow meow meow meow, meow meow meow meow meow meow meow meow.

Meow meow meow meow meow meow meow meow, meow meow meow meow meow meow meow meow meow meow meow meow meow meow meow meow meow meow meow meow meow meow meow meow meow meow meow. Meow meow meow meow meow meow meow meow meow meow meow, meow meow meow Meow-Meow (Meow) meow meow meow.

Meow meow meow meow meow meow meow meow meow meow meow meow meow meow meow meow meow meow meow meow meow meow meow, meow meow meow, meow meow meow meow, meow meow meow meow meow meow meow meow meow meow meow meow meow meow meow meow meow meow meow meow meow.

Meow meow meow meow meow meow meow. Meow meow meow meow meow meow meow meow. Meow meow meow meow meow meow meow meow, meow meow meow meow meow meow meow, meow meow meow meow, meow meow meow meow meow meow meow.

Meow meow meow meow meow meow meow meow meow meow meow meow meow meow meow Meow Meow meow meow meow meow meow meow, meow meow meow meow meow, meow meow meow meow meow meow meow. Meow meow meow meow, meow meow meow, meow meow, meow meow meow meow meow meow meow meow meow—meow meow meow meow, meow meow meow, meow meow meow meow meow meow meow meow meow meow meow meow meow.

Meow VIII

Meow meow meow meow meow meow meow meow meow meow meow meow Meow meow meow meow meow meow meow—meow meow meow meow meow meow, meow meow meow meow meow meow, meow meow meow meow meow meow meow meow, meow meow meow meow meow (meow meow meow meow meow meow meow meow meow meow)—meow meow meow meow meow meow meow meow meow meow.

Meow meow meow, meow meow meow meow meow meow meow meow meow meow meow meow meow meow meow meow. Meow meow meow meow meow meow meow meow meow meow meow meow meow meow meow meow meow meow meow meow meow. Meow meow meow meow meow meow meow meow meow meow meow meow meow meow meow meow meow meow meow—meow meow meow—meow.

Meow meow meow meow meow meow meow meow meow Meow Meow meow meow meow. Meow meow meow meow meow meow meow meow meow meow meow meow meow meow. Meow meow meow meow meow meow meow meow meow meow meow meow.

"Meow, Meow! Meow meow meow meow meow, meow meow meow meow meow? Meow meow meow meow meow meow meow meow meow? Meow meow meow meow!" meow meow meow-meow meow meow-meow meow, meow meow meow meow meow meow meow meow

meow meow meow meow meow meow meow meow meow. “Meow meow, Meow, meow meow meow meow meow!” meow meow meow meow meow.

Meow meow-meow meow meow meow meow meow meow meow meow, meow meow meow meow meow meow meow meow meow meow. Meow meow meow meow “Meow,” meow meow meow meow meow meow meow meow, meow meow meow meow meow meow meow meow meow meow meow meow meow meow meow meow meow meow meow meow meow meow, meow meow meow meow meow meow meow meow meow meow meow.

“Meow meow meow Meow Meow meow meow meow meow meow meow meow.”

“Meow, meow’meow meow meow meow, meow meow meow meow’meow meow meow meow meow meow meow meow?”

“Meow? Meow’meow meow meow!” meow meow meow meow.

“Meow meow meow meow meow meow meow meow?” meow meow meow meow, meow meow meow meow meow meow meow meow meow meow meow.

“Meow, meow meow,” meow meow meow-meow meow meow meow Meow meow meow meow meow meow meow, meow meow meow meow meow meow meow meow meow, “meow meow meow meow meow, meow meow meow meow meow meow’meow meow. Meow meow, meow! Meow’meow meow meow meow meow,” meow meow, meow meow meow meow meow meow meow meow. “Meow meow meow meow meow meow meow; Meow’meow meow meow meow; meow Meow meow’meow meow meow meow meow meow.”

“Meow’meow meow, meow’meow meow!” meow meow meow meow meow.

Meow meow meow meow meow meow meow meow meow meow.

“Meow meow meow meow meow Meow meow meow meow, meow meow meow meow meow meow meow meow meow meow meow meow meow meow meow meow meow,” meow meow meow, meow meow meow meow. “Meow meow meow meow meow meow-meow.”

“Meow Meow meow meow meow meow. Meow meow meow meow meow meow meow meow meow meow meow meow. Meow meow meow meow meow meow, meow,” meow meow meow meow. “Meow meow meow meow meow meow meow meow meow meow, meow meow meow meow, meow meow meow meow meow meow.”

“Meow meow’meow meow meow meow, meow,” meow meow meow meow meow; “meow meow meow—meow meow meow meow—meow meow meow meow meow meow meow meow, meow meow meow meow meow meow.”

“Meow, meow meow meow meow? Meow meow meow meow meow meow meow.”

“Meow meow meow’meow meow meow meow meow,” meow meow meow meow meow meow meow. “Meow meow meow meow meow meow meow, meow meow meow meow meow meow meow. Meow meow meow!”

“Meow meow’meow meow, meow,” meow meow meow meow meow meow meow meow meow, “meow meow meow Meow meow meow meow meow meow meow meow meow meow—meow meow meow meow meow meow—meow, meow meow meow meow meow meow meow meow meow meow, meow meow meow meow, ‘meow meow meow meow meow meow, meow, meow meow meow meow meow meow meow meow meow meow meow.’”

“Meow meow meow meow meow?” meow meow.

“Meow’meow meow meow meow! Meow meow meow meow! Meow, meow meow meow. Meow meow meow meow meow meow meow, meow meow meow meow meow meow. ‘Meow,’ meow meow, ‘meow meow meow meow meow meow meow meow meow meow meow. Meow,’ meow meow, ‘meow meow meow meow meow meow meow meow meow meow meow meow meow meow meow meow meow: meow meow meow meow meow. Meow meow,’ meow meow, ‘meow meow meow meow meow meow meow meow meow meow meow meow meow meow.’”

"Meow meow meow meow. Meow'meow meow meow meow meow! Meow meow meow meow meow meow meow meow meow meow," meow meow meow meow meow, meow meow meow meow meow Meow Meow.

"Meow'meow meow meow meow meow meow meow meow meow."

"Meow meow meow meow meow meow."

"Meow meow meow meow meow meow meow meow meow. Meow'meow meow."

"Meow Meow!"

"Meow meow meow meow meow? Meow meow meow meow meow meow? Meow meow meow'meow meow!"

Meow meow meow meow meow, meow meow meow meow meow meow meow meow meow meow meow. Meow meow meow meow meow meow, meow meow meow meow meow meow meow. Meow meow meow meow meow meow meow meow meow meow meow meow, meow meow.

"Meow meow meow meow meow meow meow Meow Meow!" meow meow meow meow meow, "meow meow meow meow meow meow meow meow!"

Meow meow meow meow meow meow meow meow meow meow meow Meow Meow.

"Meow'meow meow meow meow," meow meow, meow meow. "Meow Meow meow meow meow. Meow'meow meow meow meow meow meow'meow meow meow meow. Meow'meow meow meow...."

"Meow, Meow'meow meow meow meow meow meow meow...."

Meow meow meow meow meow meow meow meow meow Meow Meow.

Meow IX

Meow Meow meow meow meow meow meow meow meow meow meow meow. Meow meow meow meow meow meow meow meow meow meow meow meow, meow meow meow meow meow meow meow meow meow.

Meow meow meow meow meow meow meow meow meow meow meow meow meow meow, meow meow meow meow meow meow.

"Meow meow, meow," meow meow meow meow meow.

Meow meow meow meow meow meow meow, meow meow meow meow meow meow meow meow meow meow meow meow meow meow meow meow meow meow meow.

Meow meow meow Meow meow meow meow meow meow meow meow. Meow meow meow meow meow meow, meow meow meow meow meow meow meow meow meow meow meow. Meow meow meow meow meow meow; meow meow meow meow'meow meow meow meow meow meow. Meow meow meow meow meow meow meow meow meow meow meow, meow meow. Meow meow, meow meow meow meow meow meow meow meow meow meow meow, meow meow. Meow meow meow meow meow meow meow, meow meow meow meow. Meow meow meow meow Meow, meow meow meow meow meow meow meow meow meow meow, meow meow meow meow meow meow meow meow meow meow meow.

"Meow, meow meow meow, meow meow, meow meow! Meow meow meow! Meow, meow meow, meow meow," meow meow meow meow meow meow meow meow meow meow meow meow meow meow meow meow.

Meow Meow meow meow meow meow meow meow meow meow meow, meow meow meow meow.

Meow, meow meow meow Meow meow meow meow meow meow, meow meow meow meow'meow meow meow meow meow meow meow meow meow meow meow meow meow meow. Meow meow meow meow, meow meow meow meow Meow meow meow meow

meow meow meow, meow meow meow meow meow meow meow meow. Meow meow meow meow meow meow meow meow meow meow.

"Meow meow, meow meow, meow meow meow meow meow! Meow'meow meow meow meow meow. Meow meow meow?" meow meow meow—meow meow meow meow meow—meow Meow meow meow.

"Meow Meow Meow! Meow meow meow meow!" meow Meow, meow. "Meow meow meow meow..."

"Meow! Meow-meow! Meow!" meow meow meow, meow meow meow meow meow meow meow meow.

"Meow! Meow, meow, meow!" meow meow meow, meow meow meow meow meow.

Meow, meow meow meow meow, meow meow.

"Meow, meow meow, meow meow!"

"Meow! Meow meow meow Meow! Meow, meow meow! Meow meow meow meow meow meow meow?"

"Meow meow meow meow: meow meow meow meow meow meow meow meow meow meow meow."

Meow meow meow meow meow meow meow Meow meow meow meow meow meow meow meow meow meow meow. Meow meow meow meow meow meow meow meow meow meow. Meow meow meow, meow meow meow meow meow meow meow meow meow meow, meow meow meow meow meow meow meow meow meow meow, meow meow meow meow meow meow meow meow meow meow meow meow Meow meow meow meow.

"Meow meow meow meow," meow meow meow meow meow meow meow meow meow meow meow meow. "Meow meow meow meow meow meow meow."

"Meow Meow, Meow Meow! Meow meow meow meow! Meow! Meow meow meow meow meow...."

Meow meow meow meow. Meow meow, meow meow meow meow meow meow meow meow meow meow, meow meow meow meow meow meow meow meow: meow meow meow, meow meow, meow meow, meow meow meow meow meow meow meow meow meow meow meow.

Meow X

Meow Meow meow meow meow meow meow meow meow meow meow meow meow; meow meow meow meow meow Meow meow meow meow meow meow meow meow meow meow meow meow meow meow meow meow meow, meow meow meow meow meow meow meow meow meow meow. Meow meow meow meow meow meow meow meow meow meow meow Meow, meow meow Meow meow meow meow meow meow meow meow meow meow meow meow meow meow meow meow meow meow meow meow meow meow meow meow meow meow meow meow meow meow meow meow meow meow meow meow meow meow, meow meow meow Meow meow meow meow meow Meow—meow meow meow meow meow meow—meow meow (meow meow meow Meow'meow) meow meow meow meow meow Meow meow meow meow meow meow meow Meow Meow. Meow meow meow meow meow meow meow meow meow meow, meow meow meow meow meow meow meow meow meow meow meow Meow meow meow meow Meow meow. Meow meow meow meow meow meow meow meow meow meow meow meow meow Meow—meow meow meow meow meow—meow Meow meow meow, meow meow meow meow.

Meow meow meow meow meow meow meow meow Meow meow meow meow meow meow meow meow meow meow meow meow meow meow meow meow meow meow meow meow

meow meow′meow meow meow meow meow meow meow meow meow meow meow meow—meow meow Meow meow meow meow meow meow meow meow—meow, meow meow meow meow meow meow. Meow Meow meow meow meow meow meow meow meow meow meow meow meow meow meow meow meow meow meow. Meow meow meow meow meow meow meow meow meow meow meow meow meow meow. Meow meow meow meow meow meow meow meow meow meow meow meow meow meow meow meow meow meow meow meow meow meow meow. Meow meow meow meow meow, meow meow, meow meow Meow meow meow meow meow meow meow meow meow Meow meow, meow—meow meow meow meow—meow meow meow meow meow meow meow meow-meow meow meow meow meow meow.

Meow meow Meow′meow meow, meow Meow Meow Meow Meow Meow meow meow meow. Meow meow meow meow meow meow meow meow meow meow meow meow meow meow meow meow meow meow meow Meow. Meow meow meow meow meow meow, meow meow Meow meow meow Meow′meow meow meow meow meow meow meow meow meow meow meow meow meow meow meow. Meow Meow meow meow meow meow meow meow meow meow meow meow′ meow.

Meow meow meow, meow meow meow meow meow meow meow meow meow—meow meow Meow meow meow Meow meow meow meow meow meow meow meow meow meow′meow meow meow meow meow meow meow Meow Meow meow meow-meow meow meow meow—meow meow meow meow meow meow meow meow meow Meow′meow meow meow meow meow meow meow meow Meow, meow meow meow meow meow meow meow meow meow, meow meow meow meow meow, meow meow meow meow meow meow meow meow meow meow meow meow meow meow. Meow meow meow meow meow meow meow meow meow meow meow meow. Meow meow meow meow meow meow meow meow meow meow meow meow meow meow meow meow meow meow meow meow meow meow meow meow meow; meow meow meow meow meow meow meow meow meow meow meow meow meow meow meow meow meow meow meow meow meow meow meow meow meow.

Meow meow meow-meow meow Meow Meow meow Meow—meow “meow Meow” meow meow meow meow. Meow meow meow meow Meow meow meow meow meow Meow. Meow meow meow meow, meow meow meow meow meow, meow meow meow meow meow meow, meow meow meow meow meow meow meow meow meow meow meow meow meow. Meow meow meow meow meow meow meow meow meow meow meow meow, meow meow meow meow meow meow meow meow meow meow meow meow, meow meow meow meow meow meow meow meow meow meow meow meow meow meow, meow meow meow meow meow meow meow meow meow meow meow meow meow meow meow meow meow meow meow meow meow meow meow meow meow meow.

Meow, meow meow meow meow meow “meow-meow” meow “meow-meow,” meow meow meow meow meow meow meow meow meow Meow meow meow meow Meow meow meow meow meow meow meow meow meow meow: Meow, meow meow meow meow meow meow meow meow meow meow Meow, meow meow meow Meow meow meow meow meow meow meow meow meow meow meow meow meow meow meow meow meow meow Meow meow meow meow Meow, meow meow meow meow meow meow meow meow, meow meow meow meow Meow meow meow meow meow meow meow meow meow meow Meow′meow; meow Meow meow meow meow meow meow Meow meow meow meow meow meow meow meow meow meow. Meow meow meow meow, meow meow meow, meow meow meow meow meow meow meow, meow meow Meow meow meow meow meow meow meow meow meow meow. Meow meow meow meow meow meow meow meow meow meow meow meow meow meow meow meow meow meow meow meow meow meow meow meow meow meow Meow, meow meow meow meow meow meow meow meow meow meow Meow.

Meow meow meow Meow, Meow meow meow meow meow meow meow meow meow meow meow meow meow meow meow meow Meow meow meow meow meow meow meow meow meow meow.

"Meow meow meow meow meow Meow meow meow meow meow meow meow.... Meow meow meow, Meow meow meow meow meow meow meow meow meow meow meow meow meow meow," meow meow Meow, meow meow meow meow meow meow meow meow meow meow meow meow meow meow meow Meow meow meow meow meow meow meow meow.

Meow, meow meow meow, meow meow meow meow meow meow: "Meow meow meow meow meow meow Meow meow."

Meow meow meow Meow'meow meow Meow meow meow meow meow meow meow meow meow Meow. Meow meow meow meow meow meow meow meow meow meow meow meow meow meow meow meow meow meow. Meow meow meow meow meow meow, meow meow meow meow meow, meow meow meow meow Meow'meow meow meow meow meow meow.

Meow meow Meow meow meow meow meow Meow meow meow meow—Meow Meow, Meow Meow, Meow, meow meow—meow Meow meow Meow meow meow meow, meow meow meow meow meow meow meow meow meow meow. Meow meow meow meow meow meow meow meow meow meow meow meow meow meow meow meow meow meow meow meow meow meow, meow meow meow meow meow meow meow meow meow Meow meow.

Meow meow meow meow meow meow meow meow meow, meow meow meow meow meow meow-meow meow, meow "Meow!" meow Meow meow meow meow meow meow meow Meow, meow meow meow meow meow meow meow'meow meow meow.

Meow meow meow meow meow meow'meow meow meow meow meow meow-meow meow, meow meow meow meow meow meow meow meow meow meow meow, meow meow meow meow meow. Meow meow meow meow meow meow meow meow meow meow meow meow, meow meow meow meow meow meow meow meow meow meow meow meow meow meow meow meow meow meow meow meow, meow meow meow meow meow meow meow meow meow meow meow Meow.

Meow Meow meow meow meow meow meow meow meow meow meow meow meow meow meow meow meow meow meow meow, meow meow meow meow meow'meow meow meow:

"Meow Meow Meow!"

Meow meow meow meow meow meow meow meow meow meow meow meow meow meow Meow Meow, meow meow meow meow meow meow meow meow meow meow meow meow meow meow. Meow meow meow meow meow meow meow meow meow meow.

Meow meow meow meow meow; meow meow meow meow meow meow meow meow meow, meow meow meow meow meow meow meow meow meow meow meow meow meow meow. Meow meow meow Meow meow Meow. Meow meow meow Meow Meow.

Meow XI

Meow meow meow meow meow meow meow meow meow meow meow meow Meow meow meow meow meow. Meow meow meow meow Meow meow Meow. Meow meow meow Meow Meow meow meow Meow meow meow meow meow meow, meow meow meow meow meow meow meow meow meow. Meow meow meow meow meow meow Meow meow meow meow meow meow meow meow, meow meow meow meow meow meow meow meow meow meow meow-meow-meow. Meow Meow, meow meow meow meow meow Meow'meow meow, meow meow meow meow meow meow meow meow meow meow meow meow Meow'meow meow meow meow meow meow meow, meow Meow meow meow meow meow meow meow meow meow meow meow meow meow meow meow, "meow meow meow."

Meow Meow'meow meow meow Meow meow meow meow meow Meow meow meow meow meow Meow meow meow meow meow meow meow meow meow meow meow meow meow meow.

Meow meow meow meow meow meow Meow meow meow meow meow meow meow meow: "Meow meow meow meow meow Meow, meow meow meow Meow!" meow meow meow meow meow meow meow meow meow.

Meow meow meow meow meow meow meow meow meow meow meow meow meow meow meow meow meow meow meow meow meow meow meow meow meow Meow, meow meow meow meow meow meow meow meow meow meow Meow meow meow. Meow meow meow meow meow meow Meow meow meow meow meow meow meow, meow meow meow meow meow meow meow meow meow, meow meow meow meow meow meow meow meow.

Meow meow meow meow meow'meow meow meow meow meow meow meow meow meow meow meow meow meow meow meow meow meow meow.

Meow Meow meow meow meow meow meow meow meow meow meow meow meow meow meow meow meow meow meow meow meow meow meow Meow meow meow meow meow meow meow meow meow Meow.

Meow meow meow meow meow Meow, meow meow meow meow, meow Meow meow. Meow meow meow meow meow. Meow meow meow meow meow Meow meow, meow meow meow meow meow meow meow Meow meow meow meow meow meow meow meow meow meow meow meow, meow meow meow meow meow meow meow meow Meow. Meow meow meow meow meow meow meow meow meow meow meow meow meow, meow Meow meow.

Meow XII

Meow meow meow, Meow meow meow meow meow meow meow meow meow meow meow meow meow meow meow meow meow meow meow meow meow meow meow meow. Meow meow meow meow meow Meow, meow meow meow meow meow meow, meow meow meow meow meow Meow, meow meow meow meow meow meow meow meow meow meow. Meow meow meow meow meow meow "meow meow." Meow meow meow meow meow meow meow meow meow, meow meow, meow meow meow meow meow meow, meow meow.

Meow meow meow meow meow meow Meow'meow meow meow meow meow meow meow meow meow meow meow meow meow meow meow meow meow. Meow meow meow meow meow meow meow meow meow meow meow meow, meow meow meow, meow meow meow meow meow meow meow. Meow meow meow meow meow meow meow meow meow meow meow meow meow meow meow meow meow meow meow meow meow meow meow meow meow meow, meow meow meow meow meow meow meow meow meow meow meow, meow meow meow meow meow meow meow meow meow meow meow meow meow meow. Meow meow meow meow meow meow meow meow meow meow meow meow Meow Meow. Meow meow meow meow meow meow meow Meow Meow, meow meow meow meow meow Meow meow meow meow meow meow meow meow meow meow meow Meow' meow meow Meow, meow Meow meow meow meow meow meow meow meow Meow'meow meow, meow meow Meow meow meow meow meow meow meow. Meow meow meow meow meow meow meow meow meow Meow: meow meow meow meow meow meow meow meow. Meow meow meow meow meow meow meow meow meow meow meow meow meow meow meow meow meow meow meow meow, meow meow meow meow meow meow meow meow meow, meow, meow meow meow meow meow meow meow meow meow meow meow; meow meow meow Meow meow meow meow meow. Meow meow meow meow meow meow meow meow meow meow meow meow meow meow meow meow meow meow, Meow meow Meow, meow meow

meow meow Meow; meow meow meow meow meow meow meow, meow meow meow meow meow meow meow meow Meow meow meow meow meow meow meow meow meow meow meow meow meow meow.

Meow meow meow meow meow meow meow meow Meow meow meow meow meow meow meow meow meow meow meow meow meow meow meow meow meow meow meow meow meow meow meow meow meow meow meow meow meow meow, meow meow meow meow meow meow meow meow meow meow, meow meow meow meow meow meow meow meow meow meow, meow, meow meow. Meow meow meow meow meow meow meow meow meow meow meow meow meow meow meow meow meow. Meow meow meow meow meow meow meow meow meow meow meow meow meow meow meow meow meow meow meow meow meow, meow meow meow meow Meow Meow, meow meow meow meow meow, meow meow meow meow meow Meow.

Meow meow meow meow meow meow meow meow meow meow meow meow meow meow meow. Meow meow meow meow meow meow meow meow meow meow meow meow meow meow. Meow meow meow meow meow meow meow meow meow meow meow meow, meow, meow, meow meow. Meow meow meow meow meow meow meow meow meow meow meow meow meow, meow meow meow meow meow meow meow meow meow meow meow meow meow meow meow meow meow meow meow meow meow meow. Meow meow meow Meow meow, meow, Meow, meow, meow meow meow meow meow. Meow meow meow, meow meow meow meow meow meow meow meow meow, meow meow meow meow meow meow meow meow meow meow meow meow meow meow meow meow, meow, meow meow. Meow, meow, meow meow meow meow meow meow meow, meow, meow meow meow meow, meow meow—meow meow meow meow meow meow meow—meow meow meow meow meow meow meow meow meow meow meow meow meow meow'meow meow, meow meow meow meow meow-meow, meow meow, meow, meow meow meow meow. Meow meow meow meow meow meow meow meow meow meow meow meow. Meow meow meow, "Meow meow?" meow meow meow meow meow meow meow meow, meow meow meow meow. Meow meow meow, "Meow meow?" meow meow meow meow meow meow meow meow meow meow: "Meow meow meow meow Meow, meow Meow meow meow meow meow meow meow meow meow meow'meow meow."

Meow XIII

Meow meow meow Meow meow meow meow meow meow. Meow meow meow meow meow meow meow meow meow meow. Meow meow meow meow meow-meow meow meow meow meow meow meow meow meow meow meow meow meow meow meow meow meow meow. Meow meow meow meow meow meow meow meow meow meow meow meow meow meow meow meow meow meow meow meow meow meow meow meow meow meow, meow meow meow meow meow meow meow meow meow meow meow meow meow meow meow meow. Meow meow meow meow meow meow meow meow meow meow meow meow meow meow meow meow meow meow meow meow meow, meow meow meow meow meow meow meow meow meow meow meow meow meow meow meow meow meow meow meow meow meow, meow meow meow meow meow meow meow meow. Meow meow meow meow meow meow meow meow meow meow meow, meow meow meow meow meow meow meow meow meow. Meow meow meow meow meow meow meow meow meow meow meow meow meow, meow meow meow meow meow meow meow meow meow meow meow meow meow meow meow meow meow meow meow meow meow meow meow meow, meow meow meow meow meow meow meow.

Meow meow meow meow meow meow meow, meow meow meow meow meow, meow meow meow; meow meow meow meow meow meow meow meow meow meow meow meow meow meow meow meow meow meow meow meow meow meow meow.

Meow meow, meow meow meow meow Meow meow meow meow meow meow meow meow meow meow meow meow meow meow meow meow meow meow meow meow meow'meow meow, meow meow meow meow meow meow meow Meow—meow meow meow meow meow meow meow Meow meow meow meow meow meow meow meow meow meow meow meow meow meow meow—meow meow meow meow meow meow meow meow meow meow meow meow meow. Meow meow meow meow meow meow meow meow meow, meow meow meow meow meow meow. Meow meow meow meow meow meow meow meow meow meow meow meow, meow meow meow meow meow meow meow meow meow meow meow meow meow meow meow meow meow meow meow meow meow meow meow; meow meow meow meow meow meow meow meow meow meow meow meow meow meow meow meow, meow, meow meow meow meow meow meow, meow meow meow meow meow meow, meow meow meow meow meow.

Meow meow meow meow meow meow meow meow meow meow meow meow meow, meow meow meow meow meow meow meow meow meow meow meow meow meow meow. Meow Meow'meow meow meow meow meow meow meow meow meow meow meow meow meow meow meow meow, meow, meow (meow meow meow meow) meow meow.

"Meow, meow meow meow meow, meow meow meow meow meow meow meow meow meow meow meow meow meow meow meow meow meow meow meow meow meow," meow meow.

Meow meow meow—Meow meow Meow—meow meow meow meow meow meow meow meow meow meow meow meow Meow. Meow meow meow meow meow meow meow "meow." Meow, meow meow meow meow meow meow meow meow meow meow meow, meow meow meow meow meow'meow meow meow meow meow meow meow meow meow meow, meow meow meow meow meow meow meow meow meow. Meow Meow, meow meow Meow meow meow meow, meow meow meow meow.

"Meow, meow meow... meow, meow meow meow meow meow?" meow meow meow.

Meow Meow meow meow meow meow meow meow meow Meow, meow meow meow meow meow, meow meow meow meow meow meow meow meow meow meow meow meow, meow meow meow meow Meow'meow meow, meow meow meow meow meow meow meow meow meow meow meow meow meow meow meow meow meow meow meow meow meow meow.

Meow meow meow meow meow meow meow meow Meow meow meow meow meow meow meow meow meow meow meow meow meow meow meow meow meow.

Meow meow meow meow meow Meow'meow meow meow Meow meow meow Meow meow Meow Meow, meow meow meow meow meow meow meow meow, meow meow meow meow. Meow meow meow meow meow Meow meow meow meow meow meow meow meow Meow meow, meow meow meow meow meow meow meow meow meow meow meow meow meow.

Meow meow Meow meow meow Meow, Meow, meow meow meow meow meow meow, meow meow meow meow meow meow meow meow meow meow meow meow meow meow meow meow meow meow meow meow meow meow meow. Meow meow meow meow Meow meow meow meow meow meow meow meow meow meow meow meow meow, meow meow meow, meow meow meow.

Meow meow meow meow Meow meow meow meow Meow meow meow meow meow meow meow, meow meow meow, meow meow meow meow meow meow, meow meow meow meow.

"Meow meow meow meow meow, meow meow meow," meow meow.

Meow meow meow meow Meow meow meow meow meow meow meow meow meow meow meow meow meow Meow, meow meow meow meow meow meow meow. Meow Meow meow

meow meow meow meow meow meow Meow, meow meow meow meow meow meow meow meow meow meow meow meow meow meow meow meow meow.

Meow meow meow meow meow meow meow meow, meow meow meow meow meow, meow meow'meow meow, meow meow meow meow. Meow meow meow meow meow meow meow meow meow, meow meow meow meow meow meow meow meow meow meow meow meow meow meow meow meow meow meow meow. Meow, meow, meow, meow Meow meow meow meow meow meow. Meow Meow, meow meow meow meow meow meow'meow meow meow meow meow meow, meow meow meow meow, meow, meow meow meow meow meow meow meow, meow meow meow meow meow meow meow meow meow.

Meow meow meow meow meow meow meow meow meow meow meow meow meow meow meow meow meow meow. Meow meow meow meow meow meow meow meow meow meow meow meow meow meow meow meow meow meow meow meow meow meow.

Meow meow meow meow meow meow meow Meow meow Meow meow meow meow meow meow meow meow. Meow meow meow Meow meow meow meow, meow meow meow meow meow'meow meow, meow meow meow meow.

Meow meow Meow meow meow meow meow meow meow meow meow meow meow meow meow meow meow meow meow meow meow meow meow meow meow meow meow meow meow meow meow meow meow meow meow meow meow meow'meow meow meow meow meow meow meow meow meow meow, meow meow meow meow meow Meow meow meow meow meow meow meow meow Meow meow, meow meow meow meow meow meow meow meow meow meow meow meow meow.

"Meow, meow meow meow'meow meow," meow Meow meow meow meow meow. "Meow meow'meow meow meow meow meow meow. Meow meow meow Meow meow meow meow meow."

Meow meow Meow Meow meow meow Meow meow meow meow meow meow meow meow meow meow meow meow, meow meow meow meow meow meow meow meow meow meow meow meow meow meow meow meow meow meow meow meow, meow meow meow meow meow meow meow meow. Meow meow meow meow meow meow meow meow Meow Meow meow meow Meow meow meow meow meow meow'meow meow. Meow Meow meow meow meow meow'meow meow meow meow meow meow meow meow meow meow meow meow meow meow meow Meow meow meow meow meow'meow meow meow meow meow meow Meow. Meow meow meow meow meow meow meow meow, meow meow meow meow meow meow meow meow meow. Meow meow meow meow meow meow meow meow, meow meow meow meow meow meow meow.

Meow meow meow meow Meow meow meow meow meow meow meow.

Meow meow meow meow meow meow meow meow Meow Meow meow meow meow meow meow meow, meow, meow meow; meow meow meow meow meow meow meow meow meow meow meow meow meow meow meow meow meow, meow meow meow meow. Meow meow meow meow meow meow meow meow meow meow. Meow—meow meow meow, meow meow-meow meow, meow meow meow meow meow meow meow meow meow—meow meow meow meow meow meow. Meow meow meow meow meow Meow meow meow meow meow meow meow meow meow Meow meow meow meow meow meow Meow meow meow Meow'meow meow. Meow Meow meow meow Meow meow meow meow meow meow meow—meow meow meow meow meow meow meow meow meow meow meow meow meow meow meow meow, meow, meow meow meow. Meow meow meow meow Meow meow meow meow meow meow meow meow—meow meow meow meow meow meow meow meow meow meow meow meow meow meow meow—meow meow meow meow meow meow meow meow meow.

Meow XIV

Meow meow meow meow meow meow meow meow meow meow meow meow meow meow meow meow meow: meow meow meow meow meow meow meow meow, meow, meow meow, meow meow meow meow meow, meow meow meow meow, meow meow meow, meow meow, meow meow meow meow meow meow meow meow meow meow meow Meow meow meow meow meow meow Meow meow meow meow meow meow meow meow meow Meow. Meow meow meow meow meow meow meow meow meow meow, meow meow, meow, meow meow meow meow meow meow meow meow meow meow meow meow meow meow meow, meow meow, meow meow meow meow meow meow meow meow meow meow, meow meow; meow meow, meow meow Meow meow meow meow meow Meow meow meow meow meow meow meow meow, meow, meow, meow meow—meow meow meow meow Meow meow meow meow meow Meow. Meow meow meow, meow meow meow meow meow meow meow.

Meow meow meow meow meow meow meow meow meow meow Meow meow meow meow meow meow meow meow meow meow meow meow meow meow, meow meow meow meow meow meow meow meow meow meow. Meow meow meow meow meow meow meow meow: meow meow meow meow meow meow meow meow meow meow meow Meow, meow meow meow meow meow.

Meow meow meow Meow meow meow meow meow meow, meow meow meow meow-meow meow, meow meow meow. Meow meow meow meow meow, meow meow meow meow, meow meow meow meow meow meow.

Meow meow Meow meow meow Meow meow meow Meow meow Meow'meow meow, meow meow meow meow meow, meow meow meow meow meow meow Meow meow meow meow meow meow meow meow. Meow Meow meow meow Meow, meow meow meow, meow meow meow meow meow. Meow meow meow meow Meow meow meow. Meow meow meow meow meow meow Meow meow meow meow meow meow meow meow meow meow meow meow meow meow meow meow meow meow. Meow Meow meow meow meow meow meow meow meow meow, meow meow meow meow meow meow meow meow meow meow meow meow meow meow meow meow meow, meow meow meow meow meow meow.

Meow meow meow meow meow meow meow meow meow meow meow meow meow, meow meow meow meow meow meow meow meow meow meow meow meow meow meow meow.

Meow meow meow meow meow meow meow meow meow meow meow meow meow meow meow meow meow meow meow meow meow meow meow meow meow meow meow meow meow. Meow meow, meow meow meow meow meow' meow, meow meow meow meow meow, meow, meow meow, meow meow meow meow meow'meow meow meow meow meow meow meow meow meow meow meow. Meow meow meow meow meow meow meow meow meow Meow meow meow, meow meow meow meow meow meow meow meow, meow meow meow, meow meow, meow meow meow. Meow meow meow meow meow. Meow meow meow meow meow meow meow meow meow. Meow meow meow meow meow meow meow meow meow meow meow meow meow. Meow meow Meow meow meow meow meow meow. Meow meow meow meow meow meow-meow meow meow meow meow meow meow meow meow meow. Meow meow meow meow meow meow meow meow meow meow meow meow meow meow meow Meow. Meow meow meow meow meow meow meow meow meow meow meow, meow meow meow meow meow, meow meow meow meow meow meow meow meow meow Meow Meow meow meow Meow; meow meow meow meow meow Meow meow meow meow meow meow meow meow meow meow meow meow, meow meow meow meow meow meow meow meow meow meow meow meow meow meow meow. Meow meow meow meow meow meow meow, meow meow meow meow meow meow meow meow meow meow meow meow meow meow meow meow meow, meow meow meow. Meow Meow Meow meow meow.

Meow XV

Meow meow meow meow Meow Meow meow meow Meow meow meow meow meow meow meow meow meow meow meow meow meow meow. Meow meow meow Meow Meow meow meow meow meow meow meow meow meow Meow, meow meow meow meow meow meow Meow meow meow meow. Meow meow meow meow meow, meow meow meow meow meow meow meow meow meow meow meow. Meow meow meow meow meow Meow, meow meow meow meow meow, meow meow meow meow meow meow meow meow. Meow meow meow meow meow meow meow meow meow, meow meow meow meow meow meow meow meow meow meow meow meow meow meow meow. Meow meow meow meow meow meow—meow meow meow meow meow—meow meow: Meow meow meow meow? Meow meow meow meow meow? Meow meow meow meow meow Meow meow meow meow meow meow meow meow meow meow?—meow meow: "Meow, meow," meow, "Meow meow meow," meow meow meow.

Meow meow meow meow meow Meow meow meow Meow meow meow meow meow Meow meow meow meow meow. Meow meow meow meow meow meow meow meow meow meow meow meow meow meow. Meow meow meow meow meow meow meow meow meow meow meow meow meow meow meow, meow meow meow meow, meow meow meow meow meow.

Meow meow meow meow meow meow meow meow meow meow meow Meow meow Meow Meow meow meow Meow. Meow meow, meow, meow meow meow meow Meow Meow meow meow meow Meow'meow meow meow meow meow meow meow meow meow meow. Meow meow meow meow meow Meow Meow meow meow Meow meow meow meow meow meow—meow meow meow meow meow—meow Meow Meow, meow meow meow meow meow meow meow meow.

"Meow meow meow meow meow meow meow meow meow. Meow meow meow meow meow meow meow meow meow meow meow meow meow meow meow."

Meow meow meow meow meow meow meow meow meow meow meow meow meow meow meow meow meow meow meow meow meow, meow Meow meow meow.

"Meow meow—Meow meow meow meow meow!" meow meow. "Meow meow meow meow meow meow. Meow Meow meow Meow meow meow meow meow meow meow. Meow meow meow meow meow meow meow meow meow Meow.... Meow meow meow meow!"

Meow meow meow meow meow meow. Meow meow meow meow meow meow'meow meow, meow meow meow meow meow meow meow meow meow, meow, meow meow meow meow meow meow meow, meow meow meow meow meow meow meow meow meow meow meow meow, meow, meow meow meow meow meow meow meow meow meow meow Meow Meow.

Meow meow meow meow meow Meow, Meow Meow'meow meow meow meow meow meow. Meow meow meow meow meow Meow'meow meow meow meow meow meow meow meow meow meow meow meow meow:

"Meow meow meow meow meow meow?"

Meow meow meow meow meow meow'meow meow, meow meow meow meow meow meow meow meow meow, meow meow meow meow meow, meow meow meow meow meow meow, meow meow meow meow meow meow meow.

"Meow meow, meow meow'meow meow!" meow meow. "Meow meow, meow, meow meow meow meow meow meow meow! Meow meow meow meow. Meow meow meow meow meow meow." Meow meow meow meow Meow Meow meow, "Meow!" Meow meow meow, meow, meow meow, meow meow meow meow meow meow meow meow meow meow meow, meow meow meow meow meow meow meow meow meow meow, meow meow meow meow meow meow meow meow meow meow meow meow meow Meow meow meow meow meow meow meow meow meow meow meow meow meow meow meow meow meow—meow meow meow meow. Meow meow meow, meow meow, meow meow meow meow. Meow meow meow meow meow meow meow meow, meow meow Meow meow meow meow meow.

Meow meow meow Meow meow meow meow meow, meow Meow Meow, meow meow meow meow meow, meow meow meow meow meow meow meow meow meow. Meow meow meow meow meow meow meow. Meow meow meow meow meow meow. Meow meow meow meow meow meow meow meow meow meow meow—meow meow meow meow meow meow meow—meow meow meow meow meow, meow meow, meow meow Meow Meow meow meow meow meow.

"Meow, meow'meow meow meow meow meow meow," meow Meow. Meow meow meow meow meow meow meow meow meow meow meow meow meow meow Meow Meow meow meow meow meow Meow, meow meow meow-meow meow meow meow meow meow meow meow-meow meow meow meow meow meow meow meow meow meow. Meow meow meow meow meow meow meow meow meow meow meow meow meow meow meow meow.

Meow meow meow meow meow Meow meow meow meow meow meow meow meow meow meow meow meow, meow meow meow meow meow meow meow meow meow meow meow meow meow meow meow meow meow meow meow meow. Meow meow meow meow meow meow, meow meow meow meow meow meow meow meow; meow meow meow meow meow meow meow meow meow meow meow meow meow meow meow meow meow meow meow meow meow meow meow meow meow meow meow meow meow meow meow, meow meow meow meow meow meow meow meow meow meow meow meow meow meow meow meow meow meow meow meow: meow meow meow meow meow meow meow meow meow.

Meow'meow meow meow meow meow meow meow meow meow Meow'meow meow, meow meow meow meow meow meow meow meow meow meow meow meow meow.

Meow XVI

"Meow meow meow meow meow meow meow," meow Meow Meow. "Meow meow meow meow meow meow meow meow meow meow meow. Meow meow meow meow meow meow; meow meow meow meow meow Meow meow meow meow meow meow. Meow meow meow meow meow meow meow."

"Meow, meow meow meow meow meow meow meow meow?" meow Meow, meow Meow. "Meow meow meow meow meow meow meow meow meow meow. Meow meow meow. Meow meow meow meow meow meow!"

Meow meow meow meow, meow meow meow meow meow meow meow meow meow meow meow meow meow meow.

"Meow meow meow meow meow meow meow meow meow meow?" meow Meow. "Meow! Meow meow meow meow meow meow, meow meow meow meow, meow meow?"

"Meow, meow meow meow meow meow meow meow meow meow meow meow..." meow Meow Meow.

"Meow, meow, meow meow meow meow," Meow meow meow meow.

"Meow meow meow meow?" Meow meow, meow meow meow Meow'meow meow.

"Meow meow meow meow meow?" meow Meow Meow. "Meow meow meow meow meow meow..."

Meow meow meow meow Meow Meow meow meow meow meow meow meow Meow.

"Meow meow," Meow meow, "meow meow meow meow meow meow meow meow Meow meow meow meow meow meow meow meow meow meow meow... meow."

Meow meow meow meow meow meow meow meow meow meow meow. Meow meow meow meow meow meow meow meow meow Meow Meow, meow meow meow meow'meow meow meow.

Meow'meow meow meow meow meow meow, meow meow meow meow meow meow meow meow meow meow meow meow meow meow. Meow meow meow meow meow meow meow meow meow meow meow meow meow meow meow meow meow meow meow meow meow meow meow meow meow meow meow meow meow. Meow meow meow meow meow meow meow meow meow meow meow meow meow meow Meow. Meow meow meow meow meow meow meow meow meow, meow meow meow meow meow meow meow meow meow meow.

Meow Meow—meow meow meow meow meow meow meow—meow meow meow meow meow meow meow meow meow meow Meow Meow. Meow Meow'meow meow meow meow meow, meow meow meow meow meow meow, meow meow meow meow meow meow meow meow meow meow meow meow meow meow meow meow.

"Meow, meow'meow meow—meow," meow Meow.

Meow meow meow meow meow meow Meow meow, meow meow meow meow meow meow meow meow meow meow, meow meow meow meow meow, meow meow meow meow meow meow meow meow meow meow meow meow meow.

Meow meow meow meow meow meow meow meow meow meow meow meow meow meow meow meow meow meow meow meow meow meow meow.

Meow Meow meow meow meow meow meow meow meow meow meow meow meow meow meow meow meow meow meow.

Meow meow meow meow meow meow meow Meow' meow, meow meow meow meow'meow, meow Meow meow meow meow meow meow meow meow meow meow meow meow meow meow, meow meow meow meow, meow meow meow meow meow. Meow meow meow meow meow meow Meow Meow, meow meow meow meow meow meow meow.

"Meow, Meow meow Meow meow meow'meow meow meow meow meow meow meow, meow meow meow'meow meow. Meow meow meow meow. Meow meow, meow meow meow meow."

Meow Meow meow meow meow Meow Meow meow meow: "Meow meow meow meow meow meow meow meow meow meow meow meow."

Meow XVII

Meow meow meow meow meow meow, meow meow meow meow; meow meow meow meow meow meow meow meow Meow Meow meow meow Meow. Meow meow meow, meow meow meow meow meow meow meow meow meow meow meow meow. Meow meow meow meow meow meow meow meow meow meow meow meow meow meow meow meow meow meow meow meow. Meow meow meow meow meow meow meow meow meow meow, meow meow meow meow meow meow, meow meow meow meow meow meow meow meow meow meow meow meow meow. Meow meow meow meow meow. Meow meow meow meow meow meow meow meow meow meow meow. Meow meow meow meow meow meow meow, meow meow meow meow meow, meow meow Meow meow meow Meow Meow. Meow meow meow meow meow meow meow meow; meow meow meow meow meow meow meow meow meow meow meow meow meow meow meow meow meow.

"Meow meow meow meow, Meow?" meow Meow Meow, meow meow meow meow meow meow meow meow meow meow. "Meow meow meow meow meow," meow meow. "Meow meow meow meow meow meow meow."

"Meow," meow Meow meow meow meow meow meow meow meow meow meow meow. "Meow meow meow meow meow Meow meow meow meow meow! Meow Meow meow meow meow meow meow meow meow meow meow meow meow meow, meow meow meow meow

meow, meow meow. Meow Meow meow meow meow meow Meow meow meow meow meow meow meow. Meow meow Meow meow meow meow meow meow meow meow meow meow meow meow (Meow meow meow meow meow meow); meow meow meow meow meow meow meow meow meow meow."

Meow meow meow meow meow meow meow meow meow.

"Meow meow meow meow," Meow Meow meow meow, "meow meow meow meow meow meow Meow. Meow meow meow?"

"Meow Meow meow meow meow meow meow meow meow," meow Meow.

Meow meow meow meow meow meow meow meow meow meow meow meow meow'meow meow meow meow meow meow meow, Meow meow meow meow meow meow meow meow meow meow meow meow.

"Meow Meow meow meow meow meow meow," meow meow meow, meow meow meow meow, meow meow meow meow meow meow meow.

"Meow meow meow meow?"

"Meow. Meow meow Meow meow!"

"Meow meow, meow meow meow meow meow meow meow' meow meow meow meow meow meow meow Meow?" meow Meow Meow meow meow meow, meow meow meow meow, meow meow meow meow meow, meow meow meow meow meow meow meow meow meow meow meow.

"Meow," meow Meow, meow meow meow meow meow meow Meow Meow meow meow meow meow meow. "Meow meow meow meow Meow meow meow meow meow meow meow meow meow. Meow meow meow meow meow meow," meow meow meow, meow meow Meow meow meow meow meow meow meow meow meow meow meow meow meow meow meow, "meow meow meow meow meow meow. Meow meow meow meow meow meow meow meow meow meow, meow meow'meow meow meow meow meow meow meow meow meow meow meow meow meow. Meow meow meow meow meow... meow meow meow meow meow! Meow meow meow, meow meow meow meow," meow meow, meow meow meow meow meow meow meow meow meow meow meow Meow'meow meow.

"Meow, meow meow meow meow meow meow meow meow meow," meow Meow Meow.

Meow meow meow meow meow meow meow meow meow meow meow meow meow meow Meow. Meow meow meow meow meow meow meow meow meow meow meow meow, meow, meow meow meow meow meow.

"Meow meow meow meow meow meow meow meow Meow, meow meow meow meow meow?" meow Meow Meow.

Meow meow.

"Meow, meow meow! Meow meow meow meow meow meow meow meow meow meow Meow'meow meow. Meow meow meow Meow meow meow meow meow Meow meow meow meow meow—Meow meow meow meow meow meow!"

Meow meow meow, meow Meow meow meow meow meow meow meow meow meow meow meow meow meow meow meow meow meow.

"Meow meow'meow meow meow meow meow meow Meow meow meow Meow?" Meow meow meow meow meow meow. "Meow meow meow meow meow meow meow meow meow Meow meow, meow meow meow?"

Meow meow. Meow meow meow meow meow meow meow meow meow meow meow meow meow meow, meow Meow meow meow meow meow meow meow meow.

Meow meow meow meow meow Meow, meow meow. Meow meow meow meow meow meow meow meow meow meow meow meow meow meow, Meow meow meow meow meow meow. Meow meow meow:

"Meow, meow meow'meow meow meow Meow meow meow meow meow meow—meow meow meow."

"Meow, meow, meow meow!" meow Meow. "Meow meow meow?"

"Meow meow meow meow meow meow meow."

Meow Meow, meow meow meow meow, meow meow meow meow meow meow meow meow meow meow meow, meow Meow'meow meow meow meow meow.

Meow meow meow meow meow meow meow meow meow meow meow meow. Meow meow, meow meow meow, meow meow meow meow meow meow meow meow meow meow. Meow meow meow meow meow meow meow meow Meow meow meow meow meow meow meow meow meow meow meow meow meow meow—meow meow meow meow meow meow meow meow meow meow meow meow meow meow meow meow meow meow meow meow meow meow meow meow meow meow meow meow, meow meow meow meow meow meow meow meow meow meow meow meow meow meow meow meow meow meow meow meow meow meow meow meow meow meow meow meow—meow meow meow meow meow meow meow meow meow meow meow meow meow meow meow meow meow meow meow meow meow meow meow meow. Meow meow meow meow meow meow meow: meow meow meow meow meow meow, meow meow meow meow Meow'meow meow, meow meow, meow meow meow meow meow meow meow meow, meow meow meow meow. Meow meow meow meow meow meow meow meow meow meow meow meow meow meow meow meow meow, meow meow meow meow meow meow Meow'meow meow meow.

Meow Meow meow meow meow meow meow meow meow, meow meow meow meow meow meow meow meow meow meow meow. Meow meow meow meow meow meow meow meow Meow meow Meow, meow meow meow meow meow meow meow meow meow meow meow.

Meow meow meow meow'meow meow meow meow. Meow meow meow meow meow meow meow meow meow meow meow meow meow, meow meow meow meow meow.

Meow meow meow meow. Meow meow meow meow meow meow meow meow meow, meow, meow meow meow, meow meow meow meow meow meow meow meow meow meow meow meow meow. Meow meow meow meow meow meow meow meow meow meow, meow meow meow meow meow meow meow meow meow meow meow meow meow. Meow Meow meow meow. Meow meow meow meow meow meow meow meow meow meow meow'meow meow meow meow meow meow meow.

"Meow meow meow meow meow meow," meow Meow, "meow meow meow meow meow Meow meow meow: 'Meow meow meow meow meow meow meow meow meow meow meow meow, meow meow meow meow meow meow?' meow meow meow'meow meow meow meow meow meow meow meow meow! Meow meow meow meow meow meow meow meow meow meow meow meow meow meow, meow meow meow meow meow meow meow meow meow meow meow meow. Meow meow meow meow meow meow meow. Meow meow meow, meow meow meow. Meow meow meow meow meow," meow meow, meow meow Meow.

"Meow, meow," meow meow, meow meow meow meow. "Meow meow meow meow meow meow meow meow meow meow meow meow meow."

"Meow meow meow meow meow meow meow meow meow meow meow meow. Meow meow meow meow meow meow, meow meow, meow meow!" meow Meow. "Meow meow meow meow meow meow meow. Meow meow meow Meow meow meow... Meow meow meow meow?" meow meow, meow meow.

"Meow meow meow meow" (Meow Meow) "meow meow meow meow meow meow meow," meow Meow Meow.

"Meow, meow meow meow meow meow meow. Meow meow meow meow meow meow meow meow meow meow. Meow meow meow meow. Meow meow meow meow meow meow—meow meow."

"Meow, meow meow'meow meow."

"Meow, meow meow," meow Meow.

Meow meow meow meow meow meow meow meow meow meow meow meow meow meow meow meow meow meow meow meow.

Meow XVIII

Meow meow meow meow meow meow Meow meow meow meow meow meow. Meow meow meow meow meow meow meow, meow meow meow meow meow meow meow meow meow meow, meow meow meow meow meow meow meow, meow meow meow meow.

Meow meow meow meow Meow Meow, meow Meow, meow meow meow meow, meow meow meow meow meow meow meow, meow meow meow meow meow meow. Meow meow meow meow meow meow meow meow meow meow meow meow meow meow meow meow.

"Meow, meow'meow meow meow meow meow meow meow meow meow? Meow'meow meow meow meow? Meow meow meow meow meow meow," meow meow meow meow, meow meow meow meow meow meow meow, meow meow meow meow meow meow meow meow meow.

"Meow meow meow meow meow meow meow, Meow meow meow meow meow meow meow Meow meow meow meow meow meow," meow meow meow.

Meow meow meow meow Meow meow meow meow meow meow Meow meow meow Meow. Meow meow meow meow Meow, Meow meow meow meow meow meow meow meow meow.

"Meow, meow Meow? Meow meow Meow? Meow meow meow meow Meow?" meow meow meow, meow meow meow meow. "Meow, meow, meow meow meow meow meow Meow meow meow meow meow meow meow meow meow Meow," meow meow. "Meow? Meow meow Meow meow meow. Meow meow meow meow meow meow meow meow meow, meow meow meow meow meow," meow meow, meow meow Meow'meow meow meow, "meow meow meow meow meow meow meow!"

"Meow, Meow, meow meow meow meow meow meow meow meow meow?" Meow meow meow.

"Meow'meow meow meow meow meow meow meow, meow meow? Meow meow meow meow meow meow—meow meow meow meow meow meow!—meow meow meow meow meow meow meow, meow meow meow meow."

"Meow meow meow?"

"Meow meow meow meow meow meow meow. Meow meow meow meow meow meow."

"Meow meow meow meow meow?" meow Meow. "Meow Meow meow meow... meow meow meow," meow meow meow meow meow meow.

"Meow Meow meow meow meow meow, meow meow, meow meow meow meow meow."

"Meow meow meow meow meow," meow Meow. "Meow meow'meow meow meow meow meow meow meow meow meow. Meow meow meow meow meow... meow meow meow!"

"Meow meow meow meow meow? Meow meow meow meow?" meow Meow.

"Meow, Meow'meow meow meow meow meow meow meow. Meow'meow meow meow meow. Meow meow meow meow meow Meow meow meow meow meow," meow Meow, meow meow Meow meow, meow meow: "Meow meow meow meow meow meow meow meow meow

meow meow meow meow meow meow Meow meow meow, meow meow meow meow meow meow meow meow meow! Meow meow meow meow meow meow meow meow meow meow meow. Meow Meow meow meow meow meow meow meow meow meow meow meow?" Meow meow. "Meow, meow meow."

Meow meow Meow meow meow meow, meow meow, meow meow meow meow meow meow Meow Meow meow meow meow meow meow meow meow—"Meow meow meow meow? Meow Meow!"

Meow meow meow meow meow meow meow meow meow meow meow meow meow meow meow Meow Meow.

"Meow meow meow meow?" meow Meow.

"Meow meow meow meow meow," meow meow. "Meow meow meow meow meow meow meow meow meow meow meow meow Meow. Meow meow meow meow meow meow meow meow meow Meow, meow meow meow meow meow meow meow."

"Meow; Meow meow meow meow meow Meow Meow?"

"Meow meow meow meow meow meow meow meow meow meow. Meow meow meow meow meow."

"Meow, meow meow meow'meow meow meow meow meow," meow Meow. "Meow meow meow meow meow meow meow."

Meow meow meow meow meow meow meow Meow'meow meow.

"Meow meow meow meow meow," meow Meow. "Meow meow meow meow meow meow meow meow meow meow meow meow meow meow meow meow meow meow meow meow meow meow. Meow meow meow meow!"

Meow meow meow meow meow Meow meow Meow meow meow Meow, meow meow meow meow meow meow meow meow Meow Meow meow meow meow meow meow meow meow meow meow meow meow meow meow.

"Meow meow meow meow," meow Meow, meow meow meow meow meow meow Meow meow Meow. "Meow meow meow, meow-meow meow meow meow meow. Meow meow meow meow meow meow! Meow meow meow meow meow meow meow meow meow meow. Meow meow! Meow, meow meow'meow meow meow meow? Meow'meow meow meow meow meow meow meow, meow meow meow meow. Meow meow meow meow, meow meow meow meow meow meow meow meow meow meow meow."

Meow meow meow Meow Meow'meow meow meow.

Meow meow meow meow meow meow meow meow meow meow meow meow meow meow, meow meow meow meow meow meow meow meow meow. Meow meow meow meow meow meow meow meow-meow meow meow meow meow-meow meow meow meow meow, meow meow meow meow meow meow, meow meow meow meow Meow meow meow Meow. Meow meow meow meow meow meow meow, meow meow meow meow meow meow meow meow meow meow, meow meow meow, meow meow meow, meow meow meow meow meow meow meow meow meow meow meow meow: "Meow, meow meow meow! Meow'meow meow meow meow meow meow meow!"

Meow meow meow meow Meow Meow'meow meow Meow meow meow meow meow meow meow meow meow meow meow meow meow meow meow Meow meow meow meow meow. "Meow Meow meow meow; meow Meow meow meow meow meow meow meow meow meow." Meow meow meow meow meow meow meow meow meow meow meow meow meow meow meow meow meow meow meow meow meow meow meow meow. Meow meow meow meow meow meow meow meow meow meow meow meow meow meow meow meow meow meow meow meow meow meow, meow meow meow meow meow. Meow meow meow meow meow meow meow meow meow meow meow meow meow meow meow meow meow meow meow meow meow.

Meow meow meow meow meow meow meow meow meow meow meow meow meow meow meow Meow Meow'meow meow. Meow meow meow meow meow meow meow meow, meow meow meow meow meow meow meow meow meow meow meow.

Meow meow meow meow meow meow meow meow meow meow meow meow, meow Meow Meow meow meow meow meow meow Meow meow meow meow meow meow.

Meow meow meow meow meow, meow, meow meow meow meow meow. Meow Meow Meow meow Meow meow meow meow meow meow meow meow meow meow meow Meow'meow meow meow meow meow meow meow meow, meow meow meow meow meow meow meow meow meow meow meow meow meow meow meow meow meow meow meow meow meow meow. Meow meow meow meow meow Meow Meow meow Meow meow meow, meow meow meow meow meow meow. Meow meow meow meow meow meow meow. Meow meow meow meow meow, meow meow meow meow meow meow meow meow meow meow meow meow meow meow.

Meow Meow, meow meow meow meow meow, meow meow, meow meow meow meow meow meow meow meow meow meow.

"Meow meow meow meow meow Meow meow?" meow meow.

"Meow, Meow meow meow meow," Meow meow meow, meow meow meow meow meow meow meow meow. "Meow... meow... meow Meow? Meow—meow Meow meow'meow meow meow-meow meow. Meow meow meow meow meow meow meow meow meow meow meow meow," meow meow, meow meow Meow Meow meow meow meow, meow meow meow meow meow.

Meow meow meow meow meow meow meow meow. Meow Meow meow meow meow meow meow meow meow meow meow meow meow meow, meow meow meow meow meow meow meow meow meow meow, meow meow. Meow meow meow meow meow meow meow meow meow meow meow meow. Meow meow meow meow meow-meow meow meow meow meow meow meow meow meow meow meow.

Meow Meow meow meow meow Meow'meow meow meow meow meow meow meow meow meow meow meow meow. Meow meow meow meow meow meow Meow Meow.

"Meow, Meow meow meow meow meow," meow meow, meow meow meow meow meow meow meow meow. "Meow, meow meow! Meow meow Meow meow meow? Meow Meow meow? Meow, meow meow meow, meow! Meow meow meow meow. Meow meow Meow meow meow meow meow meow, Meow meow meow'meow meow meow meow meow meow meow. Meow Meow meow meow meow meow meow meow meow. Meow, meow meow, Meow meow'meow, Meow meow'meow..."

Meow meow meow meow meow meow meow meow meow meow meow.

"Meow," meow meow meow meow meow meow meow meow meow-meow meow meow. "Meow meow'meow meow meow Meow meow meow meow meow, meow Meow meow meow meow meow meow meow meow meow meow, meow Meow meow meow meow meow Meow meow meow meow meow meow. Meow meow meow meow meow meow meow, meow meow meow meow meow meow meow meow meow meow meow meow meow Meow meow meow meow meow meow... meow meow... meow meow. Meow meow, meow Meow meow? Meow meow meow Meow meow meow meow, meow meow!" meow meow meow meow meow, meow meow meow meow meow meow meow meow meow.

"Meow meow meow meow meow meow meow meow meow," meow Meow Meow. "Meow meow meow Meow meow meow. Meow meow meow meow meow meow meow meow meow meow meow meow..."

Meow Meow meow. Meow meow meow meow meow meow meow meow meow meow meow meow, meow meow meow meow meow meow meow meow meow meow meow meow

Meow meow meow meow meow meow meow meow meow meow meow meow meow Meow meow meow meow meow, meow meow meow meow meow meow meow meow meow meow.

Meow meow meow meow, meow meow, meow meow meow meow meow meow meow meow meow, meow meow meow meow meow meow meow meow meow, meow, meow meow meow meow Meow. "'Meow meow meow meow meow meow meow meow meow....' Meow, meow, meow meow meow meow meow? Meow, 'Meow meow meow meow meow meow meow meow meow.' Meow, meow meow Meow meow! Meow meow meow meow meow? Meow meow Meow meow!" meow Meow meow meow.

Meow XIX

Meow meow meow meow Meow'meow meow meow meow meow meow meow meow meow meow meow meow meow meow Meow.

Meow meow meow meow meow meow meow meow meow meow meow meow meow meow meow meow meow, meow meow: "Meow, meow meow Meow meow meow meow?" meow, "Meow meow meow meow 'Meow meow meow'?" Meow meow meow, meow meow meow meow meow meow meow meow meow meow Meow meow meow meow meow meow meow meow meow meow meow meow, meow meow meow meow meow meow meow meow meow, meow meow meow meow meow meow meow meow. Meow meow meow meow meow meow meow meow meow meow meow meow meow meow meow meow meow meow meow meow meow meow. Meow meow meow meow meow meow meow meow: "Meow'meow meow meow meow meow? Meow'meow Meow Meow meow? Meow Meow meow meow meow meow meow-meow? Meow meow meow meow—meow meow Meow Meow meow meow meow, meow meow meow meow meow meow meow meow meow: 'Meow meow! Meow meow meow meow meow. Meow'meow meow meow meow meow meow meow meow, meow meow meow, meow Meow...? Meow meow meow meow meow meow meow.'"

Meow meow meow meow meow meow meow Meow. Meow meow meow meow meow meow meow. Meow meow meow meow meow meow meow meow meow meow meow meow meow meow, meow meow meow meow meow meow meow meow. Meow meow meow meow.

Meow meow, meow meow, meow meow meow meow meow meow meow, meow meow. Meow meow meow meow meow—meow meow meow meow meow meow meow meow meow—meow meow meow meow meow meow meow meow meow meow meow meow meow meow meow. Meow meow meow meow meow meow meow meow meow meow meow meow meow—meow meow meow. Meow meow meow meow meow meow meow meow meow meow meow meow meow meow meow meow meow meow meow meow meow meow meow meow meow meow meow meow meow meow meow. Meow meow meow meow meow meow meow meow meow meow meow. Meow meow meow meow meow meow meow meow meow meow meow meow meow meow meow meow meow meow meow meow meow meow meow meow. Meow meow meow meow meow meow meow meow meow meow meow meow meow, meow meow meow meow meow meow meow meow meow meow meow meow meow meow meow meow meow meow meow meow meow meow meow meow meow meow meow meow meow.

Meow meow meow meow meow meow meow meow meow meow meow meow meow, meow meow meow meow meow meow meow meow meow meow meow meow meow meow meow meow'meow meow meow meow meow meow meow meow meow meow, meow meow meow meow meow meow meow meow meow meow meow meow meow meow meow meow. Meow meow meow meow meow meow meow—meow meow meow, meow meow meow, meow meow meow meow meow meow (meow meow, meow meow meow meow) meow meow meow meow meow meow meow meow meow—meow meow meow meow meow meow meow meow meow

meow meow, meow meow meow meow meow meow meow meow meow meow meow meow meow meow meow meow meow meow meow meow.

Meow meow meow meow meow meow meow meow meow meow meow, meow meow meow meow meow meow meow meow meow meow meow meow meow meow meow meow meow meow meow. Meow Meow, meow meow meow meow meow meow meow meow meow meow meow meow meow meow meow meow, meow meow meow meow meow, meow meow meow meow meow meow meow.

Meow meow meow Meow meow meow meow meow meow meow. Meow meow meow meow meow meow meow meow meow meow meow meow meow meow meow meow. Meow meow meow meow meow meow meow meow, meow meow meow meow meow meow meow meow meow meow, meow meow meow meow meow meow meow meow meow meow meow meow meow meow meow meow meow meow meow.

"Meow meow meow meow meow meow meow meow," meow meow, "meow Meow meow meow meow meow meow Meow meow. Meow meow meow Meow meow meow meow meow meow meow meow meow meow meow meow meow, meow meow meow meow meow meow meow meow meow, meow... meow Meow meow meow."

Meow'meow meow meow meow meow meow, meow meow meow meow meow, meow meow meow meow meow meow meow "meow meow" meow meow meow meow meow; meow meow meow meow meow meow meow, meow meow meow meow meow meow meow meow meow meow meow meow meow.

Meow XX

Meow Meow'meow meow meow meow meow, meow Meow meow meow meow Meow Meow meow meow meow meow meow: "Meow meow meow, meow, meow meow meow meow meow meow meow meow meow Meow meow—meow meow meow meow meow meow meow meow," meow meow meow meow meow meow, meow meow, meow meow Meow'meow meow.

Meow: meow meow, meow, meow, meow meow, meow meow meow. Meow meow meow meow meow meow meow meow meow meow meow meow meow meow meow meow meow meow meow. Meow meow meow meow meow meow meow meow meow meow meow meow meow. Meow meow meow meow meow meow meow, meow meow meow meow meow meow meow meow, meow meow meow meow meow meow meow meow meow meow meow. Meow meow meow meow Meow, meow meow Meow Meow meow meow meow meow-meow meow meow meow meow meow meow meow meow meow meow meow meow meow.

Meow meow meow meow meow meow Meow meow meow meow Meow Meow; meow meow meow meow meow meow meow meow meow. "Meow meow meow meow meow meow meow meow meow meow meow meow meow meow meow meow meow?" meow meow meow meow meow meow meow meow. Meow meow meow meow meow Meow meow meow meow meow meow meow meow meow meow meow meow. Meow meow meow meow meow meow meow Meow meow meow meow meow meow meow meow meow meow meow meow meow Meow Meow meow meow meow meow meow meow meow meow meow meow meow meow meow.

Meow meow meow meow meow meow meow meow meow meow meow meow meow meow meow meow meow meow meow meow meow meow meow meow meow meow meow, meow meow meow meow.

Meow Meow Meow meow meow meow meow meow meow meow meow meow Meow, Meow meow meow meow meow meow.

"Meow meow meow? Meow? Meow meow meow?" meow meow.

Meow meow meow meow meow meow meow meow meow meow meow meow meow meow meow meow Meow'meow meow.

"Meow meow meow meow meow meow meow, meow Meow meow meow meow meow meow."

Meow meow meow meow meow meow meow meow Meow meow meow meow meow meow Meow Meow, meow meow meow meow meow meow meow meow meow, meow meow meow meow meow meow meow. Meow meow meow meow meow meow meow.

"Meow meow'meow meow meow meow? Meow meow'meow meow meow," meow meow meow.

Meow meow meow meow meow meow meow meow meow meow Meow meow meow Meow meow meow. Meow meow meow meow meow meow meow Meow Meow meow meow.

"Meow Meow!" meow meow meow meow meow meow meow.

Meow meow meow meow meow meow Meow Meow'meow meow meow meow meow meow meow meow meow meow meow meow meow meow.

"Meow," meow meow, "meow meow meow Meow meow meow! Meow meow meow meow meow meow. Meow meow meow meow, Meow meow meow. Meow meow...."

"Meow meow meow?"

"Meow," meow Meow.

"Meow meow meow meow meow? Meow meow meow meow meow meow," meow Meow Meow, meow meow meow meow meow meow meow Meow'meow meow.

"Meow meow'meow meow meow meow—meow. Meow meow meow meow meow meow meow Meow meow meow meow meow meow meow Meow!"

"Meow, Meow meow meow meow meow meow meow meow meow. Meow meow meow meow meow."

Meow meow meow meow.

"Meow meow meow meow Meow?" Meow meow meow, meow meow meow meow meow meow meow. "Meow meow, meow, meow meow... Meow, Meow, Meow meow...."

Meow Meow: 1813 - 20

Meow I

Meow meow meow meow. Meow meow-meow meow meow Meow meow meow meow meow meow meow meow meow meow meow meow meow. Meow meow meow meow meow meow meow (meow meow meow meow meow meow meow meow meow meow meow) meow meow meow.

Meow meow meow meow meow meow meow meow meow meow, meow meow meow meow meow meow meow meow meow meow meow meow meow. Meow meow meow meow meow meow meow, meow meow meow meow meow meow meow meow meow meow meow meow meow meow meow meow.

Meow meow meow meow meow meow meow meow meow meow meow meow meow meow. Meow meow meow meow meow meow. Meow meow meow meow meow meow meow meow meow meow meow meow meow meow meow. Meow meow meow meow meow meow meow. Meow meow meow meow meow meow meow meow, meow meow meow meow meow meow meow meow meow meow meow, meow, meow meow, meow meow meow meow meow meow meow meow meow meow meow, meow, meow meow.

Meow meow meow meow meow meow meow meow meow "meow meow."

Meow meow meow meow meow meow meow meow meow meow meow meow, meow meow meow, meow meow meow meow meow meow meow. Meow meow meow-meow meow meow meow meow, meow Meow meow Meow meow Meow meow Meow, Meow, Meow, Meow, Meow, meow meow meow, meow meow meow meow meow meow meow meow meow meow meow meow meow meow meow meow meow meow meow meow meow.

Meow meow meow meow meow meow meow meow meow meow meow meow Meow meow, meow meow meow meow meow Meow Meow, meow meow meow meow meow meow meow meow meow meow meow meow meow meow meow meow meow meow meow meow, meow meow meow meow Meow.

Meow meow meow meow meow Meow meow meow, meow meow meow meow meow meow, meow meow meow meow meow meow meow meow Meow meow meow meow meow meow meow meow meow meow meow meow.

"Meow meow meow meow meow meow meow meow meow meow meow meow. Meow meow meow meow meow meow meow meow meow meow meow. Meow meow meow meow meow meow meow meow meow meow meow, meow meow meow meow meow meow meow meow Meow, meow meow Meow Meow, meow meow meow Meow, meow Meow meow meow, meow meow Meow meow Meow. Meow meow meow meow meow meow meow meow meow meow meow meow meow meow Meow meow."

Meow meow meow meow meow meow meow meow meow meow meow meow meow meow meow meow, meow meow meow meow meow meow meow meow meow meow.

Meow meow meow meow meow?

Meow meow meow meow meow meow meow meow meow meow Meow Meow (meow meow meow meow meow meow meow meow meow, meow meow meow Meow, meow meow meow meow meow meow meow meow meow) meow meow meow meow meow—meow meow meow meow meow, meow, meow meow—meow meow meow meow meow meow meow meow

meow meow meow meow meow meow meow meow meow (meow Meow Meow, meow meow meow Meow, meow meow meow meow meow meow) meow meow?

Meow meow meow Meow meow meow Meow meow meow meow meow meow meow, meow meow meow meow meow meow meow meow meow meow meow meow meow. Meow meow meow meow meow, meow meow meow meow meow meow meow meow meow meow meow meow meow meow meow meow. Meow meow meow meow meow meow'meow meow meow Meow, meow meow meow meow meow Meow meow, meow meow meow meow meow Meow meow meow meow, meow meow meow meow Meow meow meow meow meow Meow, meow meow meow meow meow meow Meow, meow meow meow meow meow Meow meow meow "meow" meow meow meow meow meow meow meow meow, Meow meow meow meow meow meow meow meow meow meow meow meow meow meow meow meow meow meow meow meow meow.

Meow meow meow meow meow meow meow meow meow meow meow meow meow meow meow meow meow meow meow meow meow meow meow meow meow meow meow meow meow meow; meow meow meow meow Meow meow meow meow meow meow; meow meow meow meow meow meow meow meow meow meow meow meow meow meow meow meow meow meow meow meow meow meow meow meow meow meow, meow meow meow meow meow meow meow meow meow meow meow meow meow meow meow meow—meow meow, meow, meow, meow meow (meow, Meow meow, meow meow meow). Meow meow meow meow meow meow meow meow meow meow meow meow meow, meow meow Meow meow meow meow meow. Meow meow meow meow meow meow meow meow meow meow meow meow meow meow meow meow meow meow meow meow meow—meow meow meow meow meow meow meow meow meow meow meow meow meow meow? Meow meow meow meow meow meow: meow meow meow meow meow meow, meow meow meow meow meow.

Meow meow meow meow meow meow meow meow meow meow meow, meow meow meow meow meow meow.

Meow II

Meow meow meow meow meow meow meow meow meow meow meow meow meow meow meow meow meow meow—meow meow meow Meow meow meow Meow, meow meow meow meow meow Meow, meow meow meow meow meow meow meow Meow, meow meow, meow meow meow—meow meow meow meow meow meow meow meow meow meow meow meow meow meow meow meow meow meow meow.

Meow meow meow meow meow Meow meow meow meow meow meow meow meow meow meow meow meow meow meow Meow, meow meow meow meow meow meow meow meow meow meow meow meow meow meow meow meow. Meow meow meow meow meow meow meow Meow, meow meow meow meow meow meow meow Meow meow meow meow Meow. Meow meow meow meow meow meow meow meow, meow meow meow meow meow meow meow meow meow meow meow. Meow meow meow meow meow meow meow meow, meow meow meow meow meow meow meow meow meow meow meow meow meow meow meow meow meow meow meow meow meow meow meow meow meow.

Meow meow meow meow meow meow meow meow meow meow meow meow?

Meow meow meow meow! "Meow meow meow meow; meow meow meow," meow meow.

Meow meow meow meow? Meow meow meow?

Meow meow meow meow meow meow meow meow meow meow meow meow meow meow meow meow meow. Meow meow meow meow meow meow meow meow meow meow meow meow. Meow meow meow meow meow meow meow meow meow; Meow meow meow Meow meow

meow meow; meow Meow meow meow meow meow meow meow meow Meow meow meow meow. Meow meow meow meow meow meow meow meow meow meow meow meow meow; Meow meow meow meow meow meow meow meow Meow meow meow meow.

Meow meow meow meow meow, meow meow meow meow meow meow meow meow meow meow meow meow meow meow meow meow meow meow meow meow meow meow meow meow meow meow meow meow. Meow meow meow meow meow meow meow meow meow meow meow meow meow meow meow meow meow meow meow, meow meow meow meow meow meow meow meow meow meow meow meow meow meow meow meow meow meow—meow meow meow meow, meow meow meow, meow meow meow meow.

Meow meow meow meow meow meow meow meow meow meow meow meow meow meow meow meow meow meow meow meow meow meow meow; meow meow meow meow meow meow meow meow meow meow meow meow meow meow meow meow, meow meow meow meow meow meow meow meow meow meow meow meow meow meow meow meow meow meow meow. Meow meow meow meow meow meow meow meow meow meow meow meow, meow meow meow meow meow meow meow meow meow meow meow meow meow meow meow meow, meow meow meow meow meow meow meow meow meow meow meow.

Meow meow meow meow meow meow meow meow meow meow meow meow meow, meow meow meow meow meow meow meow meow meow meow, meow meow meow meow meow meow meow meow meow meow meow meow meow meow meow meow meow meow meow meow meow (meow meow meow meow meow), meow meow meow meow meow meow meow meow meow.

Meow meow meow meow meow meow meow meow meow meow meow meow meow Meow meow meow meow meow meow meow meow meow—meow meow, meow meow, meow meow Meow, meow meow Meow, meow Meow, meow Meow, meow Meow, meow Meow, meow meow Meow—meow meow meow meow meow meow meow meow meow meow meow meow meow meow meow meow meow meow meow meow meow meow meow meow meow meow, meow meow meow meow meow meow meow meow meow meow meow meow meow meow meow Meow meow Meow, meow meow meow meow meow meow meow meow meow meow meow meow meow meow meow, meow meow meow meow meow meow meow meow meow meow meow meow meow meow meow meow meow meow meow meow meow meow meow meow meow meow meow, meow meow meow meow meow meow meow meow meow meow meow meow.

Meow meow meow meow meow meow meow meow meow meow, meow meow meow meow meow meow meow meow meow meow meow meow meow meow meow meow meow meow meow meow meow meow meow meow meow meow, meow meow meow meow meow meow meow meow meow meow meow meow meow meow meow meow meow meow meow meow meow meow meow meow meow meow meow meow meow, meow Meow meow Meow meow meow meow meow.

Meow III

Meow meow meow meow meow meow meow Meow meow meow meow meow meow meow meow meow meow meow meow meow meow meow meow meow meow Meow meow meow meow meow meow meow meow meow meow meow meow. Meow meow meow meow meow meow meow meow meow meow meow meow. Meow meow meow meow meow meow meow meow meow meow meow meow meow meow meow meow Meow meow meow meow: meow meow meow meow meow meow meow meow meow meow meow meow meow meow meow meow meow meow meow meow meow meow meow meow meow meow, meow meow meow meow meow meow meow meow meow, meow meow meow meow meow meow meow meow meow meow

meow meow meow meow meow meow meow meow meow meow meow meow meow meow, meow, meow meow meow meow meow meow meow meow meow meow meow.

Meow meow meow meow Meow Meow meow meow meow meow meow meow meow, meow meow meow meow meow meow meow meow, meow meow meow meow meow meow meow meow meow meow meow meow meow meow meow, meow meow meow meow meow meow meow meow meow meow meow meow meow meow meow meow meow meow meow meow meow meow meow meow meow meow meow meow meow.

Meow meow meow meow, meow meow, meow meow, meow meow meow, meow meow meow meow Meow, meow—meow meow meow meow meow meow—meow meow meow meow meow Meow meow, meow meow meow meow meow meow meow meow meow meow meow meow meow.

Meow meow meow meow meow meow—meow meow meow meow meow meow meow meow meow meow meow meow meow meow meow meow meow meow meow meow, meow meow meow meow meow meow meow—meow meow, meow meow meow meow meow meow meow meow, meow meow meow meow meow meow Meow. Meow meow meow meow. Meow meow meow meow meow meow. Meow meow meow meow meow meow meow meow meow meow meow meow meow. Meow meow meow, meow-meow, meow meow meow meow Meow, meow meow meow meow meow, meow meow meow meow meow meow, meow meow meow meow'meow meow meow meow meow meow meow. Meow, meow meow meow meow meow meow meow meow meow, meow meow Meow, meow meow meow meow meow meow, meow meow meow meow meow meow meow meow, meow meow meow meow meow, meow meow meow meow meow meow meow meow meow meow meow meow meow meow meow meow meow—meow meow meow meow meow meow meow, meow meow meow meow meow meow meow meow.

Meow meow meow meow, meow meow meow meow meow, meow meow meow meow meow meow meow meow meow meow.

Meow meow—meow meow meow meow meow meow meow meow meow Meow meow Meow, meow meow meow-meow, meow meow meow meow meow meow meow meow—meow meow meow meow meow meow meow meow meow.

Meow meow meow meow meow meow meow meow meow, meow meow meow meow meow meow meow meow meow meow meow, meow meow meow meow meow, meow meow meow meow, meow meow meow meow meow meow meow meow meow meow meow meow meow meow meow meow meow meow.

Meow meow meow meow meow meow meow meow meow. Meow meow meow meow meow meow, meow meow meow. Meow meow meow meow meow meow meow meow meow meow meow meow meow meow meow meow. Meow meow meow meow meow meow meow meow Meow, meow meow meow meow meow meow meow, meow meow meow meow meow meow, meow meow meow meow meow meow meow meow meow meow meow meow meow meow meow meow meow.

Meow, meow meow meow, meow meow meow, meow meow meow meow meow meow meow meow-meow meow meow meow meow. Meow meow meow meow meow meow meow meow Meow, meow meow meow meow; meow meow meow meow meow Meow Meow meow Meow meow meow meow meow; meow meow meow meow meow meow meow meow meow meow meow meow meow meow meow meow meow. Meow meow meow Meow meow'Meow meow meow meow meow meow meow meow meow meow meow—meow meow meow meow meow meow meow meow meow meow meow meow meow meow meow meow meow, meow meow meow meow meow. Meow meow meow meow meow meow meow meow meow meow meow meow meow meow Meow (meow meow meow meow meow meow) meow meow meow meow meow meow, meow meow meow meow Meow meow meow Meow, meow meow meow meow

meow. Meow meow meow meow meow meow meow meow Meow; meow meow meow meow meow, meow meow meow Meow meow meow Meow—meow Meow meow meow meow meow meow meow meow meow meow meow meow—meow meow meow meow meow meow meow meow meow, meow meow meow meow, meow meow meow meow meow meow, meow meow meow meow meow meow meow, meow meow meow meow meow meow meow meow.

Meow meow meow meow meow meow meow meow meow—Meow. Meow meow meow meow; meow Meow meow meow meow meow meow meow meow meow meow meow meow meow meow meow meow Meow meow Meow. Meow meow meow meow meow meow meow meow meow meow meow meow meow meow meow meow meow meow meow meow meow meow meow meow meow, meow meow meow meow meow meow meow—meow meow meow meow meow meow meow Meow meow meow meow meow meow Meow meow meow, meow meow meow—meow meow meow meow, meow meow meow meow meow meow.

Meow meow meow, meow meow, meow meow, meow meow meow meow meow meow meow meow Meow meow meow meow meow.

Meow meow meow meow meow meow meow meow meow meow meow meow meow meow meow meow meow meow meow meow meow. Meow meow meow meow meow—meow meow meow meow meow meow meow, meow, meow meow—meow meow meow meow meow; meow meow meow meow meow meow meow meow meow meow meow; meow meow meow meow meow meow meow Meow Meow meow meow meow; meow meow meow meow, meow meow meow meow meow meow meow meow meow meow.

Meow, meow meow meow, meow meow. Meow Meow meow meow meow meow meow. Meow meow meow meow meow meow meow meow; meow meow meow meow meow meow meow, meow meow meow meow meow meow. Meow meow meow Meow meow meow meow meow meow meow meow meow meow. Meow meow meow meow, meow meow meow meow meow meow, meow meow meow meow meow meow meow meow meow meow meow meow meow meow meow meow—meow meow meow. Meow meow meow meow meow meow meow meow. Meow meow meow meow meow meow. Meow meow meow meow meow meow meow meow meow meow meow meow meow meow meow meow meow meow meow meow meow meow meow meow meow’ meow meow Meow, meow meow meow meow meow meow meow meow meow meow meow, meow meow meow meow meow meow meow meow meow meow meow meow meow.

Meow IV

Meow meow meow meow meow meow meow meow meow meow meow. Meow meow meow meow meow meow meow, meow meow meow meow meow meow meow meow meow meow meow meow meow, meow meow meow meow meow meow meow meow meow meow.

Meow meow meow meow meow meow meow meow. Meow meow meow meow meow meow meow meow meow meow meow meow meow meow meow meow; meow meow meow meow meow meow; meow meow meow meow meow meow. Meow meow meow meow meow meow meow meow meow meow meow meow meow meow. Meow meow meow meow meow meow meow meow meow—Meow. Meow meow meow meow meow meow meow meow meow: meow meow meow meow meow meow meow meow meow meow meow meow meow meow meow meow meow meow meow meow meow.

Meow meow meow meow meow Meow meow meow Meow meow, meow meow meow meow meow meow. Meow meow meow meow meow, meow meow meow meow meow meow meow meow meow meow meow meow meow meow meow meow meow meow meow meow meow meow meow meow meow meow meow.

Meow meow meow meow meow meow meow meow meow meow meow.

Meow meow meow meow.

Meow meow meow meow meow. Meow meow meow meow meow meow meow meow meow meow meow meow meow: meow meow meow meow meow meow meow.

Meow meow meow meow meow meow meow meow meow meow meow meow meow meow meow meow meow meow, meow meow meow meow meow meow meow meow meow meow meow meow meow meow, meow meow meow meow meow meow meow meow meow meow meow meow meow meow meow meow meow meow meow meow meow meow meow meow.

Meow meow meow meow meow meow meow meow meow meow meow meow meow meow meow meow meow.

"Meow meow meow meow meow! Meow meow meow! Meow meow meow meow meow meow meow meow meow meow Meow meow meow meow?"

Meow meow meow meow meow meow meow meow, meow meow meow meow meow meow meow.

Meow meow meow meow meow meow meow meow meow meow meow Meow Meow, meow meow meow meow meow meow meow meow meow meow meow meow meow meow.

Meow meow meow meow meow meow, meow meow, meow meow meow meow meow meow meow meow meow meow meow?

Meow meow meow meow meow meow meow meow meow meow meow meow Meow meow, meow meow meow meow meow meow meow meow meow; meow meow meow meow meow meow meow meow meow meow meow-meow meow meow; meow meow meow meow meow; meow meow meow meow meow Meow. Meow meow meow meow meow Meow Meow; meow meow meow meow meow meow meow meow-meow meow meow meow meow: meow meow, meow meow meow, meow meow meow meow meow, meow meow Meow, meow Meow, meow Meow.

Meow meow meow meow meow meow meow meow meow meow meow meow. Meow meow meow meow meow meow meow meow meow Meow meow meow meow meow meow meow meow meow meow meow meow meow meow meow, meow meow meow meow Meow, meow meow meow meow meow.

Meow meow meow meow. Meow meow meow meow meow meow Meow meow meow meow meow. Meow meow meow meow meow?

Meow Meow—meow meow meow Meow, meow meow meow meow meow meow meow meow meow meow meow meow meow'meow meow, meow meow meow meow meow meow meow meow meow—meow meow meow meow meow meow meow meow meow meow meow meow meow meow meow meow meow meow meow meow meow meow meow meow—meow meow meow meow Meow meow meow meow meow meow meow meow meow meow meow meow meow meow meow meow meow meow meow meow meow meow meow—Meow Meow, meow meow meow meow meow meow meow meow meow Meow meow meow, meow meow meow meow meow meow meow meow, meow meow meow meow, meow meow meow meow meow meow meow meow meow meow meow meow, meow meow:

"Meow meow meow, meow meow meow, meow meow Meow Meow!... Meow meow meow meow meow meow meow meow meow meow. Meow meow meow meow meow meow meow meow meow meow meow meow meow Meow."

Meow meow meow meow meow meow meow meow meow meow meow meow meow meow, meow meow meow meow meow meow meow meow meow meow meow meow meow meow meow meow meow meow, meow meow meow meow meow meow meow meow meow meow meow meow meow meow meow meow meow meow meow meow meow meow.

Meow meow meow meow meow meow meow meow meow meow. Meow meow meow meow meow meow meow meow meow meow meow meow meow meow meow. Meow meow

meow meow meow meow meow meow meow meow meow meow meow meow meow meow meow meow meow meow meow meow. Meow meow, meow meow meow meow meow meow meow meow meow meow meow meow meow, meow meow meow meow meow meow meow. Meow meow meow meow meow meow meow meow meow meow meow meow meow meow meow meow meow meow meow meow meow meow meow meow meow meow meow meow, meow meow meow meow meow meow meow meow. Meow meow meow meow meow meow meow meow meow meow meow meow meow meow meow meow meow meow meow meow meow meow meow meow, meow meow meow meow meow meow meow meow meow'meow meow. Meow, meow meow meow meow meow, meow meow meow meow meow meow meow meow, meow meow meow meow meow meow meow meow meow meow meow meow. Meow meow meow meow meow meow meow meow meow meow meow meow meow meow, meow meow, meow meow meow meow meow meow meow meow meow meow. Meow meow meow meow meow meow meow meow meow meow meow meow, meow meow meow meow meow, meow meow meow meow meow meow meow meow.

Meow meow meow meow meow meow meow meow meow meow meow meow meow meow meow meow meow meow meow meow. Meow meow meow meow meow meow meow meow meow meow meow meow.

Meow V

Meow'meow meow meow Meow, meow meow meow meow meow, meow meow meow meow meow meow meow meow meow meow meow Meow. Meow Meow Meow meow meow meow meow meow, meow meow meow, meow meow meow'meow meow meow meow meow meow meow.

Meow meow meow meow meow meow: meow meow meow Meow meow meow meow meow meow, meow meow meow Meow Meow, Meow'meow meow, Meow'meow meow, meow meow meow meow' meow meow meow meow meow meow meow meow meow'meow meow. Meow meow meow meow meow meow meow meow meow meow meow meow meow, meow meow meow meow meow meow meow meow meow meow meow meow meow meow meow meow meow meow meow meow. Meow meow meow meow meow meow meow meow meow meow meow meow.

Meow meow meow Meow'meow meow meow meow meow meow meow. Meow meow meow meow meow meow meow meow meow meow meow, meow meow meow meow meow meow meow meow meow meow meow: meow meow meow meow meow meow meow meow meow meow meow meow meow meow.

Meow Meow meow meow meow meow meow, meow meow meow meow meow meow meow meow meow meow. Meow meow meow meow meow meow meow meow meow meow meow meow. Meow meow meow meow meow meow meow meow meow meow meow meow, meow meow meow'meow meow. Meow meow meow meow meow meow meow meow meow meow meow meow meow. Meow meow meow meow meow meow meow meow meow meow meow meow meow. Meow meow meow meow, meow, meow meow meow meow meow meow meow meow meow meow meow meow meow meow meow—meow meow meow meow meow meow meow meow meow meow. Meow meow meow meow meow meow meow;
meow meow meow meow meow meow meow meow meow meow meow meow meow meow meow meow meow meow meow meow meow meow meow Meow. Meow meow meow, meow meow meow meow meow meow meow meow meow meow meow meow meow meow meow meow meow, meow meow, meow meow meow meow meow meow-meow meow meow, meow meow meow meow: "Meow, meow meow meow meow meow meow meow meow meow meow

meow. Meow meow’meow meow meow meow meow.... Meow meow meow meow meow meow meow meow meow meow?”

Meow meow meow meow meow Meow meow meow; meow meow meow meow meow meow meow meow meow meow, meow meow meow meow meow meow meow. Meow meow meow meow meow meow meow meow meow meow-meow-meow Meow meow meow meow meow meow meow meow meow meow meow meow meow. Meow meow meow meow meow meow meow meow, meow meow meow meow, meow meow-meow meow meow meow.

Meow meow meow meow meow meow meow meow meow meow meow meow meow meow meow meow meow, meow meow meow meow meow meow meow meow meow meow meow meow meow; meow meow meow meow meow meow meow meow Meow meow meow meow meow meow meow meow, meow meow meow meow meow meow meow meow, meow meow meow meow meow Meow meow meow meow, meow meow meow meow meow meow meow meow meow, meow meow meow meow meow meow Meow meow meow meow meow meow meow Meow Meow.

Meow meow Meow meow meow meow Meow meow meow meow meow meow meow meow meow meow Meow’ meow. Meow meow meow meow meow meow-meow-meow, Meow meow meow meow meow meow meow meow meow. Meow meow meow meow meow meow meow meow meow meow meow meow meow meow meow meow meow meow meow meow meow meow meow, meow meow, meow Meow, meow meow meow meow meow meow meow meow meow meow meow. Meow meow meow meow meow meow meow meow meow meow meow meow meow meow meow meow meow meow meow, meow meow meow meow meow meow meow meow meow meow, meow meow meow meow meow (meow meow meow meow meow) meow meow meow meow meow, meow meow meow meow meow meow meow meow, meow meow meow meow meow, meow meow meow meow meow meow meow meow meow meow Meow meow Meow, meow meow Meow meow.

Meow meow meow, meow meow meow meow, meow meow meow, meow meow meow meow meow meow meow meow-meow, meow meow Meow meow meow meow meow meow meow meow meow. Meow meow meow meow meow meow Meow meow meow meow meow meow meow meow meow meow meow meow meow meow meow meow, meow meow meow meow meow meow meow.

Meow meow meow meow meow meow meow meow meow meow meow meow, meow meow meow meow meow meow meow meow meow. Meow meow meow meow meow meow meow meow, meow meow meow meow meow meow meow meow meow. Meow meow meow meow meow meow meow meow meow meow meow meow meow. Meow meow meow meow meow meow meow meow meow meow meow meow meow meow meow meow meow meow meow meow meow meow meow meow meow meow meow meow meow meow meow meow meow meow.

Meow’ meow meow meow meow meow. Meow meow meow meow meow meow meow meow meow meow meow meow meow. Meow meow meow meow meow meow meow, meow meow meow meow meow meow’meow meow meow meow meow meow meow meow. Meow meow meow meow meow meow meow meow meow. Meow meow meow meow meow meow meow, meow meow meow meow meow meow meow meow meow, meow meow meow meow. Meow meow meow meow—meow meow’meow meow—meow meow meow meow. Meow meow meow meow meow meow meow meow, meow meow meow meow meow meow meow meow meow meow meow meow meow meow meow meow meow meow. Meow meow meow meow meow meow meow meow meow meow meow meow meow meow meow; meow meow meow meow meow meow, meow meow meow meow meow meow meow meow meow meow meow meow, meow meow meow meow meow meow meow, meow meow meow meow meow meow.

Meow meow meow meow meow meow meow meow meow meow meow meow meow meow meow meow meow meow.

Meow VI

Meow meow meow meow meow Meow Meow meow meow Meow. Meow meow meow meow meow meow meow meow meow Meow meow meow, meow meow "meow meow meow meow meow meow meow meow," meow meow meow meow.

"Meow meow meow meow meow meow meow," meow Meow Meow meow meow, meow meow meow meow meow meow meow meow meow. Meow meow meow meow meow meow meow Meow meow meow meow meow meow meow meow meow meow meow, meow meow meow meow meow meow meow meow meow meow. Meow meow meow meow meow Meow meow Meow meow meow meow meow meow meow. Meow meow meow meow meow meow meow meow meow meow meow meow meow meow meow meow meow meow meow Meow.

Meow meow meow meow meow meow meow, meow meow meow' meow meow meow meow meow meow meow. Meow meow meow meow meow meow meow meow meow meow meow, meow meow meow meow meow meow meow meow meow meow meow, meow, meow meow meow meow meow meow meow meow meow. Meow meow meow meow meow, meow meow meow meow meow meow, meow meow meow meow meow meow meow meow meow meow.

Meow meow meow meow meow meow meow meow' meow Meow meow meow meow, meow meow meow meow meow meow meow meow meow meow. Meow meow meow meow meow'meow meow meow meow meow meow. "Meow'meow meow meow meow? Meow meow meow meow," meow meow meow meow meow.

"Meow meow meow meow meow meow? Meow meow meow meow? Meow meow'meow meow meow meow meow meow meow meow!" meow meow meow meow Meow'meow meow, meow meow meow meow meow meow, meow meow meow' meow meow meow.

"Meow, Meow, meow meow meow meow meow meow?" meow Meow, meow meow meow meow meow meow. "Meow meow meow meow meow Meow meow meow meow meow meow!"

"Meow meow meow meow," meow meow meow, meow meow meow meow meow meow. "Meow meow meow meow meow meow meow meow Meow meow meow meow meow meow meow meow, meow meow meow meow meow meow meow meow meow Meow meow meow meow meow."

Meow meow meow meow meow meow meow meow meow; meow meow meow meow meow meow meow meow meow meow meow meow meow. Meow meow meow meow meow meow meow meow meow meow Meow meow meow meow meow meow meow meow, meow meow meow meow meow meow meow meow meow meow. Meow meow meow meow meow meow meow meow, meow meow meow meow meow meow meow meow meow meow Meow. Meow meow, meow meow meow meow meow meow meow meow meow (meow meow meow) meow meow meow meow, meow meow meow meow meow meow meow meow meow, meow meow meow meow meow meow meow meow meow.

Meow meow meow meow meow meow meow meow meow meow meow meow meow'meow meow, meow meow meow meow Meow meow meow. Meow meow meow meow meow meow meow meow meow meow meow meow meow meow, meow meow meow Meow Meow meow meow meow meow meow meow meow meow.

Meow meow meow meow Meow' meow meow meow meow meow meow meow meow meow meow meow meow meow meow, meow meow meow meow meow meow meow meow meow meow meow meow meow meow.

Meow meow meow meow meow′ meow, meow meow meow meow, meow meow meow meow meow, meow meow meow meow meow meow meow meow meow meow meow meow meow meow meow meow, Meow meow meow meow meow meow-meow.

Meow Meow Meow′meow meow meow meow meow meow meow meow meow meow, meow meow meow meow meow meow, meow meow meow meow, meow meow meow meow meow meow meow meow meow meow meow meow, meow meow meow meow meow meow meow meow meow meow meow meow meow meow meow meow meow meow meow meow, meow meow meow meow meow meow-meow meow meow meow, meow meow meow meow meow meow meow, meow meow meow meow meow meow.

Meow meow meow meow meow, meow meow meow meow meow meow meow meow, meow meow meow meow Meow Meow meow meow meow meow meow meow meow. Meow meow meow meow meow meow meow meow meow meow meow meow meow. Meow meow meow meow meow meow meow meow meow meow meow meow meow meow meow meow meow meow meow meow meow. Meow meow meow meow meow meow meow meow, meow meow meow meow meow meow meow.

“Meow-meow, Meow!” meow meow.

Meow meow, meow, meow meow meow.

“Meow, Meow meow meow meow,” meow meow meow meow meow meow. “Meow meow meow meow, Meow? Meow meow, meow-meow! Meow, meow meow meow meow meow meow!”

“Meow meow meow, Meow′meow meow meow,” meow Meow Meow, meow meow meow meow meow.

Meow meow meow meow, meow meow meow meow meow meow meow.

“Meow, Meow,” meow Meow meow meow meow meow meow meow, “meow meow′meow meow meow meow meow meow meow meow meow Meow, meow meow meow meow meow meow meow meow! Meow meow meow meow meow meow meow meow meow, meow Meow meow meow meow meow meow meow meow meow… meow meow′meow meow meow meow meow.”

Meow Meow meow meow meow meow meow meow meow meow meow meow meow meow meow meow. Meow meow meow meow meow meow meow meow meow meow meow meow meow meow meow meow meow meow meow.

“Meow, meow,” meow meow, “meow meow meow meow meow meow meow meow meow, Meow. Meow Meow meow meow meow meow, Meow meow meow meow meow meow meow meow meow, meow meow meow-meow meow meow meow meow…”

“Meow meow meow meow meow,” meow meow meow meow. “Meow meow meow Meow meow meow meow…. Meow meow meow meow meow meow meow meow meow meow meow.”

Meow meow meow meow meow meow meow meow meow meow. Meow meow meow meow meow meow meow meow meow meow meow meow meow meow meow, meow meow meow meow meow meow meow meow meow.

“Meow meow meow meow meow meow meow meow meow meow,” meow meow. “Meow meow meow meow meow meow meow… meow meow meow meow meow meow Meow meow meow meow meow meow meow meow meow, meow Meow meow meow,” meow meow meow meow meow. “Meow meow′meow meow meow,” meow meow, meow meow, “meow meow meow meow meow meow, meow…”

“Meow meow meow meow meow meow,” meow meow meow meow meow meow. “Meow meow, Meow,” meow meow meow. “Meow meow meow meow.”

“Meow meow′meow meow! Meow′meow meow!” meow meow meow meow Meow Meow′meow meow. “Meow, meow meow meow meow meow meow, meow, meow meow meow, meow meow meow meow meow, meow Meow meow meow meow. Meow meow meow meow, meow, meow-meow meow meow,” meow meow meow meow. “Meow, meow meow meow meow

meow Meow meow meow.... Meow, meow'meow meow meow meow.... Meow, meow meow meow meow meow..." Meow meow meow meow meow, meow meow meow meow meow meow, meow meow, meow meow meow meow meow meow meow meow.

"Meow meow, Meow, meow?" meow meow meow, meow meow meow meow meow. "Meow? Meow meow. Meow meow meow meow!"

Meow meow meow.

"Meow meow'meow meow meow meow, Meow," meow meow, "meow meow'meow meow meow meow... Meow meow meow. Meow meow meow meow meow meow meow meow meow meow meow meow. Meow meow meow meow." Meow meow meow meow meow meow meow meow meow meow. "Meow meow meow meow meow meow meow meow meow meow meow meow meow meow meow meow meow meow.... Meow meow, meow-meow!" meow meow meow meow meow meow meow meow meow meow meow meow.

"Meow, meow Meow'meow meow!" meow meow, meow meow meow meow. "Meow!"

Meow meow meow. Meow meow meow meow meow meow meow meow meow meow'meow meow—meow meow meow meow meow meow meow meow meow meow, meow, meow meow meow.

Meow VII

Meow meow meow meow Meow meow Meow Meow meow meow meow Meow Meow meow meow meow, meow meow, meow Meow.

Meow meow meow meow meow meow meow meow meow meow meow meow meow meow meow meow meow'meow meow, meow meow meow meow meow meow meow meow meow meow meow meow meow meow meow meow meow Meow meow meow.

Meow meow meow meow, meow meow, meow meow meow meow meow meow meow meow meow meow meow meow meow meow meow meow Meow Meow meow meow meow meow meow meow Meow—meow meow meow meow meow.

Meow meow meow meow meow, meow meow meow meow meow meow meow meow meow meow meow meow meow meow meow meow meow meow. Meow meow meow meow meow: meow meow meow meow meow, meow meow Meow meow meow meow meow meow. Meow meow meow meow meow meow meow meow, meow meow, meow meow meow meow meow, meow meow meow meow meow meow meow, meow meow meow meow meow meow meow meow meow meow meow meow meow meow meow meow meow. Meow meow meow meow meow meow'meow meow meow meow meow meow meow meow meow meow meow meow meow. Meow meow meow meow meow meow meow meow meow meow meow meow meow, meow meow meow meow meow meow, meow meow, meow meow meow, meow meow meow meow meow meow meow meow, meow, meow, meow meow meow meow meow—meow meow meow. Meow Meow meow meow meow meow meow meow meow meow meow meow, meow meow meow meow meow meow meow meow meow. Meow meow meow meow meow meow meow meow, meow meow meow meow meow meow meow meow meow meow meow. Meow meow meow meow meow meow, meow meow meow meow meow meow meow meow meow meow meow meow, meow meow meow meow meow meow meow meow meow meow meow meow meow meow meow meow meow, meow meow meow meow, meow meow meow meow meow meow meow meow meow meow. Meow meow meow meow meow meow meow' meow meow meow, meow meow meow meow meow meow, meow meow meow meow meow meow meow meow, meow meow meow meow meow meow meow meow meow meow meow meow meow, meow meow, meow meow meow meow meow meow meow meow meow meow. Meow Meow' meow meow meow meow meow.

Meow meow meow meow meow meow, meow meow meow meow meow meow meow meow meow meow meow meow meow meow meow, meow meow, meow meow, meow meow meow meow meow meow meow meow meow meow meow meow meow meow meow meow, meow meow meow meow meow meow. Meow meow meow meow meow, meow meow meow meow meow meow meow (meow meow meow meow meow), meow meow meow meow meow meow meow meow meow meow meow meow meow meow meow meow meow. Meow meow meow meow meow meow meow meow meow meow meow, meow meow meow meow meow meow meow meow meow meow. Meow meow meow meow meow meow, meow meow, meow meow meow, meow meow meow meow meow meow meow meow meow.

Meow meow meow meow meow meow meow meow meow meow meow meow′ meow meow meow meow meow meow meow, meow meow meow meow meow meow meow meow meow meow meow meow meow meow, meow meow meow meow meow, meow meow Meow.

Meow meow meow meow meow meow meow meow meow meow—meow “meow” meow meow meow meow—meow meow meow meow meow meow meow meow meow. Meow meow meow meow meow meow meow meow meow meow meow, meow meow meow meow meow meow meow, meow meow meow meow meow meow meow meow meow meow; meow meow meow meow meow meow meow meow meow meow meow meow meow meow meow meow meow meow meow meow meow meow meow meow meow. Meow meow meow meow meow meow meow meow meow meow. Meow meow meow meow meow meow meow meow meow meow meow meow meow meow meow meow.

Meow meow, meow meow meow meow, meow meow meow meow meow meow meow meow meow meow meow meow, meow meow meow meow meow meow: “Meow meow meow meow; meow meow meow meow meow meow Meow meow′meow meow meow meow meow meow! Meow′meow meow meow meow meow meow′ meow—meow meow meow meow meow meow′meow meow! Meow Meow meow meow meow meow meow meow meow meow meow meow meow. Meow meow meow meow meow meow meow Meow meow meow, meow′meow meow. Meow meow meow meow, meow meow meow meow meow.... Meow′meow meow meow meow!” meow meow, meow meow meow meow. “Meow meow, meow meow,” meow meow, “meow meow meow meow meow meow meow meow meow meow meow meow meow meow, meow meow meow meow meow meow meow meow meow meow meow.”

Meow meow Meow meow meow meow—meow meow meow meow meow meow meow meow meow meow meow meow meow meow meow meow meow meow meow meow meow′meow meow. Meow meow meow meow; meow meow meow meow meow meow meow meow meow meow meow, meow meow meow meow meow meow meow meow meow meow meow meow meow meow meow meow. “Meow meow meow meow... meow meow′ meow meow meow meow meow meow. Meow meow meow meow meow meow meow meow meow meow—meow meow meow, meow meow meow meow meow!”

Meow VIII

Meow meow meow meow meow meow meow meow Meow, meow meow meow meow meow meow meow meow meow meow meow meow meow meow meow meow meow meow meow. Meow meow meow meow meow meow meow meow, meow meow meow meow meow meow meow meow meow meow meow meow meow meow meow meow meow.

Meow meow meow meow meow meow meow meow meow meow meow Meow, meow meow meow meow meow meow meow meow meow Meow meow meow meow meow meow meow meow meow meow meow. Meow meow meow meow meow meow meow meow meow,

meow meow meow meow meow meow meow meow meow meow meow meow meow meow meow meow meow meow. Meow meow meow meow Meow meow meow meow meow meow, meow meow meow meow meow meow meow meow meow meow meow, meow meow meow meow meow meow meow meow meow meow meow meow meow meow meow. Meow meow meow meow meow meow meow Meow meow. Meow Meow meow meow meow meow meow, meow meow meow meow meow meow meow meow meow meow meow meow meow meow meow meow.

"Meow meow meow meow!" meow meow, meow meow meow meow meow meow meow meow meow. "Meow meow meow meow meow meow meow meow meow meow meow meow... Meow meow meow meow meow meow meow, Meow?" meow meow meow.

Meow Meow meow meow meow meow meow meow meow, meow meow meow meow meow meow meow meow meow.

"Meow, meow meow meow meow, meow meow?"

Meow meow meow meow meow Meow Meow meow meow meow meow meow meow. Meow meow meow meow meow meow meow, meow meow meow meow meow meow, meow meow meow meow meow meow meow meow meow meow meow.

Meow meow Meow meow meow meow meow meow meow meow meow meow meow meow meow meow.

"Meow, Meow meow meow... meow meow meow meow, meow meow meow meow... Meow!" meow meow meow meow meow meow meow meow.

Meow meow meow. Meow meow meow, meow meow meow, meow meow meow meow meow meow meow. Meow meow meow meow meow meow meow, meow meow meow meow meow meow meow meow meow meow meow meow meow meow meow meow meow meow meow meow meow meow meow meow meow meow meow. "Meow meow meow meow, meow meow' meow, meow meow meow meow?" meow meow meow. Meow meow meow meow meow meow meow meow meow meow meow meow meow meow meow meow meow, meow meow meow meow meow meow meow meow meow meow meow meow meow meow meow meow meow.

"Meow," meow meow meow, meow meow meow meow, "meow meow meow meow meow; Meow meow meow meow meow. Meow," meow meow meow meow meow meow meow meow meow meow meow meow.

Meow meow meow meow meow meow meow meow' meow. Meow meow meow meow meow meow meow.

"Meow, meow meow meow meow meow meow?" meow meow meow meow meow meow, meow meow meow meow meow meow meow meow meow meow meow meow meow meow Meow'meow meow.

"Meow—meow meow meow meow meow. Meow, Meow, meow'meow meow meow meow meow!" meow meow meow meow. "Meow meow meow meow meow meow meow meow'meow meow meow, meow meow meow meow meow meow meow meow meow," meow meow meow meow meow meow meow.

Meow meow, meow meow meow meow meow meow meow meow meow meow meow meow meow meow meow meow meow meow meow meow meow meow, Meow meow meow meow meow meow meow meow meow meow meow meow meow meow meow meow meow meow meow meow meow meow meow. Meow meow meow meow meow meow meow meow meow meow meow, meow meow meow meow meow meow meow meow meow meow, meow meow meow meow meow meow meow meow meow meow meow meow meow meow.

"Meow, meow meow meow meow!" meow meow meow. "Meow meow meow."

"Meow meow meow, meow meow meow meow, meow meow meow'meow meow meow meow meow meow meow," meow meow meow meow, meow meow meow meow meow.

Meow meow meow meow meow meow Meow meow meow meow meow meow. Meow meow meow meow meow meow meow meow meow meow meow meow, meow meow meow meow meow meow meow meow meow meow meow. Meow meow meow, meow meow meow meow meow, meow meow meow meow meow meow meow meow meow. Meow meow meow meow meow meow meow meow meow meow meow meow-meow meow—meow meow meow meow meow, meow meow meow, meow meow meow. Meow meow meow meow meow meow meow meow meow meow meow. Meow meow meow meow meow meow meow, meow meow meow meow meow meow meow meow meow meow. Meow meow meow, meow meow meow, meow meow meow, meow meow meow meow meow meow meow meow meow meow meow meow meow meow. Meow meow meow meow meow meow meow meow meow meow, meow—meow meow meow meow meow meow meow meow meow meow, meow meow meow meow meow meow meow meow meow meow meow meow meow meow meow meow meow meow meow meow meow meow. Meow meow, meow meow meow meow, meow meow meow meow meow meow meow meow meow meow meow meow meow meow meow meow meow meow meow meow meow meow meow meow meow'meow meow meow meow meow. Meow meow meow meow meow meow meow meow meow meow meow meow meow meow meow meow meow meow meow.

Meow meow meow meow meow meow Meow meow meow meow meow meow. Meow meow, Meow meow meow meow meow meow meow meow meow meow meow meow Meow, meow meow meow meow meow. Meow meow meow Meow Meow meow meow meow meow meow meow meow meow. Meow meow meow meow meow meow meow meow Meow, meow meow meow meow meow meow, meow meow meow meow meow meow meow Meow' meow. Meow meow meow meow meow meow Meow meow meow meow meow meow meow meow meow meow meow, meow meow meow meow-meow meow meow meow meow meow meow meow.

Meow meow, meow meow meow meow, meow meow meow meow. Meow meow meow meow meow meow meow meow meow meow meow, meow meow meow. Meow meow meow meow meow meow meow meow meow meow meow meow meow, meow, meow, meow meow meow meow meow meow meow meow meow meow meow meow meow. Meow meow meow meow meow meow meow meow meow meow meow meow meow meow. Meow meow meow meow Meow' meow Meow' meow meow meow meow Meow Meow meow meow meow meow meow meow meow meow meow meow meow. Meow meow, meow meow meow meow, meow meow meow meow meow meow meow meow meow, meow meow meow meow meow meow meow meow meow meow meow meow meow meow. Meow meow meow meow meow meow meow meow meow meow meow meow meow meow, meow meow meow, meow, meow, meow meow, meow meow meow meow meow meow meow meow.

Meow IX

Meow meow meow meow meow Meow. Meow, meow meow meow Meow, meow. Meow meow meow meow meow meow meow'meow meow meow meow meow meow meow meow. Meow meow meow meow Meow meow meow meow meow meow meow meow meow meow meow meow, meow meow meow meow meow meow meow meow meow meow meow meow.

Meow meow Meow meow, Meow' meow meow meow meow Meow Meow Meow Meow meow meow meow meow Meow meow meow meow Meow.

Meow meow meow, meow meow meow meow meow meow meow meow meow meow meow meow meow, Meow meow meow meow meow meow meow meow Meow meow meow meow

meow meow, meow meow meow meow meow meow meow meow, meow meow meow meow meow meow meow meow meow, meow meow meow meow meow meow meow meow meow meow, meow meow meow meow, meow meow meow meow meow meow meow meow; meow meow meow meow meow meow meow meow meow meow meow meow meow meow meow meow. Meow meow meow meow'meow meow meow meow meow meow Meow meow meow meow meow meow'meow meow, meow meow meow meow, meow meow meow meow meow meow, meow meow meow meow meow meow. Meow meow meow meow meow meow meow meow meow meow meow meow meow meow meow meow meow meow meow meow meow'meow meow, meow meow meow meow, meow meow meow meow meow meow meow meow meow meow meow meow meow meow meow meow meow meow meow meow meow meow, meow meow meow meow meow meow meow. Meow meow meow meow meow meow, meow meow'meow meow meow meow Meow, meow meow, meow meow meow meow meow meow meow meow, meow meow'meow meow meow meow meow, Meow, Meow, Meow, meow meow meow, meow meow, meow meow Meow Meow, meow meow meow'meow meow, meow meow meow meow meow meow meow Meow Meow.

Meow Meow meow meow meow meow meow meow meow meow. Meow meow meow meow meow meow meow meow, meow meow meow meow meow meow meow meow meow meow meow meow meow meow meow meow meow meow meow meow meow meow meow meow meow, meow meow meow meow meow meow, meow meow meow meow meow meow meow meow meow meow meow meow meow meow meow meow meow—meow meow meow meow. Meow Meow meow meow meow meow meow meow, meow meow meow meow meow meow meow meow meow meow meow meow meow meow meow meow meow meow meow meow meow meow meow meow meow meow meow meow meow meow meow meow meow meow meow meow meow meow meow meow meow meow meow-meow. Meow meow meow meow meow meow meow meow meow meow meow meow meow meow meow meow meow meow meow meow, meow meow meow meow. Meow meow meow meow meow meow meow. Meow meow. Meow meow meow meow meow meow meow meow meow meow meow. Meow meow meow meow meow meow meow meow meow meow meow.

"Meow Meow'meow meow meow," meow Meow Meow. "Meow meow meow meow meow meow?" Meow meow meow meow meow meow meow meow meow meow meow meow meow meow meow meow meow. Meow meow meow meow meow meow, meow meow meow meow meow meow meow meow meow.

Meow meow Meow meow meow meow meow meow meow meow meow meow, meow meow meow meow meow meow meow meow. Meow meow meow meow meow meow meow meow meow meow meow meow meow meow, Meow Meow meow meow meow meow meow meow meow meow, meow meow meow meow meow meow meow meow meow meow.

"Meow meow meow meow meow meow! Meow meow'meow meow meow meow meow meow," meow meow.

Meow meow meow meow meow meow meow meow meow: "Meow, Meow meow meow meow Meow meow'meow meow meow meow."

Meow meow meow meow meow meow meow meow meow meow Meow meow meow meow meow, meow meow meow meow meow meow meow meow meow meow, meow meow meow meow meow meow meow; meow meow meow meow meow meow meow meow. Meow, meow meow meow meow meow meow meow meow meow meow meow, meow meow meow meow meow meow meow meow meow, meow meow meow meow meow Meow Meow'meow meow, meow meow meow meow meow meow.

"Meow, meow meow meow," meow Meow meow meow meow meow meow (meow meow meow Meow Meow meow meow meow meow meow meow meow meow meow), "Meow meow meow meow meow meow meow meow meow meow. Meow Meow meow meow meow meow, meow meow Meow'meow meow meow meow."

Meow meow meow meow meow meow meow meow meow meow meow meow meow meow meow meow meow meow meow meow.

"Meow'meow meow meow meow," meow Meow Meow. "Meow meow meow meow meow meow. Meow meow... Meow meow meow Meow meow meow meow meow, meow meow Meow meow meow meow meow." Meow meow meow meow meow meow meow meow meow meow meow meow meow meow, meow, meow meow meow meow meow meow meow meow meow meow meow.

Meow meow meow meow—Meow'meow meow meow meow, Meow'meow meow, meow meow meow meow meow Meow meow meow.

Meow meow meow meow meow meow Meow Meow meow meow meow meow.

Meow meow meow meow meow meow meow meow meow meow meow meow meow meow, meow meow meow meow meow meow meow meow meow meow.

Meow meow meow meow meow "meow meow Meow" meow meow meow meow meow meow meow meow meow meow meow meow meow. Meow meow meow meow meow meow meow meow, meow meow meow meow meow meow meow meow meow meow meow meow. Meow meow meow meow, meow meow meow meow meow, meow meow meow meow meow meow.

"Meow meow meow meow meow; Meow'meow meow meow meow meow meow," meow meow meow meow. Meow Meow, meow meow meow, meow meow meow, meow meow meow meow. Meow meow meow meow meow.

"Meow, meow, Meow meow meow meow meow—meow meow meow meow," meow Meow, meow meow meow meow meow meow meow (meow meow meow Meow Meow meow meow meow meow meow meow). "Meow meow meow meow."

Meow Meow meow meow, meow meow Meow meow meow, meow meow Meow meow meow, meow meow meow meow meow meow meow meow meow meow meow meow meow meow meow. Meow meow meow meow, meow meow meow meow Meow meow meow Meow meow meow meow meow meow meow meow meow meow. Meow meow meow meow meow meow. Meow meow meow meow meow Meow meow meow meow meow meow meow meow meow meow, meow meow meow meow meow meow meow meow meow meow. Meow meow meow meow meow meow meow meow meow meow meow meow meow, meow meow, meow meow meow meow, meow meow meow meow meow meow meow meow meow meow meow meow meow meow meow meow. Meow meow meow meow meow meow meow. Meow meow meow meow meow Meow meow meow meow meow meow: "Meow! Meow'meow meow meow!" Meow Meow meow meow meow meow meow meow meow meow meow meow. Meow meow meow, meow meow meow meow meow meow, meow meow Meow Meow. Meow meow meow Meow meow meow meow. Meow meow meow meow meow meow Meow meow meow meow meow meow meow, meow meow meow meow meow:

"Meow meow'meow meow meow meow'meow meow.... Meow, meow meow meow? Meow meow meow meow meow meow?"

"Meow meow meow meow meow meow meow meow meow meow... meow meow...."

Meow meow meow meow meow meow. Meow Meow meow meow meow meow meow meow meow meow meow meow meow meow meow. Meow meow meow meow meow-meow meow-meow-meow Meow, meow meow'meow meow, meow meow meow meow meow meow Meow meow meow meow Meow meow meow meow meow meow, meow meow meow meow meow meow meow meow. Meow meow-meow meow meow meow meow meow meow meow, meow meow meow meow meow meow meow meow meow meow meow meow meow, meow meow meow meow meow meow meow meow, meow meow meow meow meow meow meow meow, meow meow meow meow meow meow meow meow meow meow meow meow. Meow meow meow meow meow meow meow meow meow.

"Meow, Meow!" meow Meow Meow'meow meow meow meow meow meow. "Meow meow meow meow."

"Meow, Meow, meow meow'meow meow meow meow," meow meow Meow meow meow. "Meow'meow meow."

Meow meow meow meow, meow, meow meow meow meow meow meow meow.

"Meow meow!" meow meow, meow meow meow meow. Meow meow meow meow meow meow meow meow meow meow.

"Meow meow meow, Meow, meow Meow'meow meow meow?" meow meow, meow meow meow meow meow meow'meow meow meow meow meow meow meow meow meow.

Meow meow meow meow meow meow meow meow meow meow meow meow. Meow meow meow meow. Meow meow meow meow meow meow meow meow meow meow meow meow meow. Meow meow meow meow meow meow meow meow meow Meow meow meow meow meow meow meow.

Meow Meow meow meow meow meow meow, meow meow meow, meow meow meow meow meow meow meow. Meow meow meow meow meow meow.

"Meow meow meow meow meow meow meow meow," meow meow meow Meow, meow meow meow Meow. "Meow meow meow meow meow meow meow. Meow meow meow meow. Meow meow: 'Meow meow meow meow!' meow meow meow, 'Meow, meow'meow meow.' Meow meow meow meow," meow Meow Meow meow meow meow meow.

"Meow, meow." Meow Meow, meow meow meow meow meow meow meow meow, meow meow meow, meow meow meow meow meow, meow meow meow meow meow, meow meow meow meow meow meow. Meow meow meow meow meow meow meow meow meow meow meow meow meow.

"Meow meow meow meow meow meow meow. Meow meow meow meow meow meow," meow meow meow meow Meow.

"Meow meow meow meow meow Meow. Meow meow meow meow meow," meow Meow Meow meow meow meow meow.

Meow meow meow Meow meow meow meow meow meow meow meow meow meow meow meow meow. Meow meow meow, meow meow meow meow meow meow meow meow meow meow meow meow meow meow meow. Meow meow meow meow meow meow, meow meow meow meow meow'meow meow meow meow meow meow meow meow meow meow meow meow meow meow meow meow meow meow meow, meow meow meow meow meow meow meow meow meow meow meow meow meow meow meow meow meow Meow Meow meow meow meow.

"Meow meow meow, meow meow meow, Meow!" meow Meow Meow, meow-meow meow meow meow meow meow meow. "Meow meow Meow meow meow meow meow. Meow meow meow meow meow meow, meow meow meow meow meow meow meow meow meow meow. Meow, meow meow meow, meow, meow! Meow'meow meow meow meow meow meow," meow meow, meow meow meow meow meow meow meow meow meow meow meow.

Meow meow meow meow meow meow meow meow meow.

Meow Meow meow meow meow meow meow.

"Meow meow meow, meow meow meow meow meow meow meow meow meow," meow meow meow meow. Meow meow meow meow meow meow meow meow meow meow meow meow meow, meow meow meow meow meow meow meow meow meow meow meow meow, meow meow meow, meow meow meow meow meow meow meow meow meow meow meow meow meow meow meow meow meow meow meow meow.

Meow X

Meow meow meow meow meow meow meow meow meow, meow meow meow meow meow meow meow meow meow meow meow meow meow meow meow meow meow meow meow meow meow. Meow meow meow meow meow meow, meow meow meow meow meow meow meow meow meow meow, meow meow meow meow, meow Meow meow meow meow. Meow meow meow meow meow meow meow meow meow, meow, meow meow meow. Meow meow meow meow meow meow meow meow meow-meow meow meow meow meow meow meow meow meow meow meow. Meow meow meow meow meow meow meow meow meow meow meow, meow meow meow meow meow meow meow. Meow meow meow meow meow meow meow meow, meow, meow meow meow. Meow meow meow meow meow meow meow meow meow meow. Meow meow meow meow, meow meow meow meow meow, meow meow meow meow, meow meow meow meow meow meow, meow meow meow meow Meow Meow meow meow Meow Meow (meow meow meow meow meow meow meow, meow meow meow meow meow meow Meow Meow'meow meow), meow meow meow meow meow meow meow meow meow meow meow meow meow, meow meow meow meow meow meow meow meow meow. Meow meow meow meow meow meow meow meow meow meow meow meow meow, meow meow meow meow meow meow meow meow meow meow meow meow.

Meow meow, meow meow meow, meow meow meow meow meow meow meow meow meow meow meow meow meow meow meow meow meow meow, meow meow, meow meow meow meow meow meow meow meow meow meow, meow meow meow meow meow.

Meow meow meow meow meow meow, meow meow meow meow meow meow meow meow meow meow meow meow meow meow'meow meow, meow meow meow meow meow meow meow meow meow meow meow meow meow meow meow meow meow meow meow meow meow meow meow; meow meow meow meow meow meow meow meow.

Meow meow meow meow meow meow meow meow meow meow, meow meow meow meow meow meow meow meow meow meow meow meow meow meow meow meow meow meow meow, meow meow meow meow meow meow meow meow meow.

Meow meow meow meow meow meow meow meow, meow meow meow meow meow meow meow meow meow meow meow meow meow meow, meow meow meow meow meow meow meow meow meow.

Meow meow meow meow meow meow meow meow meow meow meow meow meow meow meow, meow meow meow meow meow meow meow meow meow meow meow meow meow, meow meow meow meow meow meow meow meow meow meow meow meow meow—meow meow, meow meow meow meow meow. Meow meow meow meow. Meow meow meow meow meow meow meow meow meow meow meow. Meow meow meow meow meow meow meow meow meow meow meow meow meow, meow meow meow meow meow meow meow meow meow meow meow meow meow meow meow meow, meow meow meow meow meow meow meow meow meow meow meow meow meow meow meow meow meow meow.

Meow meow meow meow meow meow meow meow, meow meow meow meow meow meow meow meow meow—Meow Meow, meow meow meow, meow meow, meow Meow. Meow meow meow meow meow meow meow meow meow meow meow meow meow meow meow meow meow meow meow meow, meow meow meow meow meow meow meow meow meow meow meow meow meow meow'meow meow, meow meow meow meow meow meow meow meow meow meow meow meow meow meow meow meow.

Meow meow meow meow meow Meow meow meow meow meow meow meow meow meow meow meow meow meow, meow meow-meow meow, meow meow meow—meow meow meow meow Meow, meow meow meow, meow meow meow meow, meow meow meow—meow meow meow meow meow meow meow meow meow. Meow meow meow meow meow Meow meow meow meow meow'meow meow, meow meow meow meow. Meow meow meow meow meow meow meow meow meow Meow meow meow meow meow. Meow meow meow meow meow

meow meow'meow meow, meow meow meow meow meow meow, meow meow meow meow meow meow meow meow meow meow meow meow meow. Meow meow'meow meow meow meow, meow meow meow meow meow, meow meow meow meow meow.

Meow'meow meow meow meow meow meow meow meow meow meow meow meow meow meow, meow meow meow meow meow meow meow, meow meow meow; meow meow meow meow meow meow Meow meow meow meow, meow meow meow meow meow meow meow meow, meow meow meow meow meow meow meow meow meow meow meow, meow meow meow—meow meow meow meow meow meow meow meow, meow meow meow meow meow meow meow meow meow meow meow meow meow meow meow. Meow meow meow meow meow, meow meow Meow meow meow meow meow meow meow meow meow meow meow meow meow meow meow meow meow meow. Meow meow Meow meow meow meow meow meow meow meow meow meow meow meow, meow meow meow meow meow meow meow meow meow meow meow—meow meow, meow meow meow meow meow meow meow. Meow meow meow meow meow meow meow meow meow meow meow meow meow meow meow meow meow. Meow meow meow meow meow meow meow meow Meow meow meow meow meow meow meow meow meow.

Meow meow meow meow meow meow meow Meow'meow meow meow, meow meow, meow meow meow meow Meow meow meow meow. Meow meow meow meow meow meow meow meow, meow meow meow meow, Meow'meow meow, meow meow'meow meow, meow meow meow meow meow meow meow meow Meow'meow meow meow, meow meow meow Meow meow meow meow meow meow meow meow meow meow meow meow meow. Meow meow meow meow meow meow meow meow meow meow, meow meow meow meow meow meow meow meow meow meow. Meow Meow meow meow meow meow meow meow meow meow meow meow meow meow meow meow.

Meow meow meow meow meow meow meow meow meow meow meow meow meow meow meow meow meow meow meow meow, meow meow meow meow meow meow meow meow meow meow meow Meow meow meow meow meow, Meow meow meow meow meow meow Meow'meow meow, meow meow meow meow meow, meow meow meow meow meow meow meow meow meow meow. Meow meow meow meow meow meow, meow meow meow meow meow meow, meow meow, meow meow meow meow meow meow—meow meow meow meow meow meow meow meow meow meow meow, meow meow meow meow meow meow meow meow—meow meow meow meow meow meow meow, meow meow meow meow meow meow meow meow.

Meow meow meow meow meow meow meow meow meow meow meow meow meow meow meow meow meow, meow meow meow Meow meow meow meow meow meow meow meow meow meow meow'meow meow meow meow meow meow meow meow meow meow meow meow, meow meow meow meow meow meow meow meow meow meow meow meow meow meow meow meow meow meow meow.

Meow meow meow meow meow Meow meow meow meow meow meow meow meow meow meow meow meow meow meow, meow meow meow meow meow meow meow meow meow meow meow meow. Meow meow meow meow meow meow meow meow meow meow meow meow. Meow meow meow meow meow meow meow meow meow meow meow meow meow, meow meow meow meow meow meow meow meow. Meow meow meow meow meow meow meow meow meow meow meow meow meow meow meow meow.

Meow XI

Meow meow meow meow Meow meow meow meow meow meow Meow meow meow meow meow meow meow Meow Meow, meow meow meow meow meow Meow meow meow meow meow meow meow meow meow meow meow meow meow meow meow meow meow Meow meow meow meow meow meow meow.

Meow meow meow meow (meow meow meow meow meow'meow meow) Meow meow meow meow meow meow meow meow Meow, meow meow meow meow meow meow meow meow. Meow meow meow meow meow meow meow meow'meow meow meow meow meow meow meow meow meow meow meow, meow meow meow meow meow meow meow meow meow meow meow. Meow Meow'meow meow meow meow meow meow meow meow meow meow meow meow meow meow meow meow, meow meow meow meow meow meow meow meow meow. Meow meow meow meow meow' meow meow meow.

Meow meow meow meow meow meow meow meow, meow meow meow meow meow, Meow meow meow meow meow meow meow meow meow, meow, meow meow.

Meow, meow meow meow meow meow meow meow meow meow meow meow meow meow meow meow meow, meow meow meow meow meow. Meow meow meow Meow meow meow meow meow meow meow meow meow meow meow meow meow meow meow. Meow meow, meow meow, meow meow, meow meow meow meow meow meow meow meow meow meow meow meow meow meow meow.

Meow meow meow meow meow meow meow meow, meow meow meow meow, meow meow, Meow, meow Meow Meow meow meow meow meow meow meow meow meow meow Meow meow meow meow meow meow meow meow meow.

"Meow'meow meow meow, meow meow—meow meow meow meow meow meow meow meow meow meow meow!" Meow meow meow meow meow meow meow meow meow meow meow meow meow meow meow.

Meow meow meow meow meow meow meow meow meow Meow, meow meow meow. Meow meow meow meow meow meow meow meow meow meow meow meow meow meow meow meow-meow-meow meow meow meow meow meow meow meow meow meow meow meow meow meow meow meow meow meow meow meow meow meow meow meow meow. Meow meow meow: "Meow meow meow, meow meow meow, meow meow meow meow meow meow, meow meow meow—meow meow meow Meow! Meow Meow meow meow..." meow meow meow meow. Meow meow meow meow meow.

Meow meow meow meow meow Meow meow meow meow meow meow meow meow meow, meow meow meow meow meow meow, meow meow meow meow meow meow meow meow. Meow meow meow meow meow meow, meow meow meow meow meow meow meow meow. Meow meow meow meow meow meow meow meow meow meow meow meow.

Meow meow meow meow meow meow meow meow meow Meow'meow meow meow meow meow meow meow meow, meow meow meow meow—meow meow meow meow meow meow—meow meow meow meow meow meow meow meow meow meow meow.

"Meow meow meow?" Meow meow meow meow meow meow, meow meow meow meow meow meow meow meow meow meow.

"Meow'meow meow, meow'meow," meow meow meow.

Meow meow meow meow Meow'meow meow meow meow meow meow meow, meow meow meow meow meow meow meow meow meow. Meow meow meow meow meow meow meow meow meow meow. "Meow'meow meow?" meow meow meow meow meow, meow meow meow meow meow meow.

Meow meow meow meow, Meow meow meow meow meow, meow meow meow meow meow, meow meow meow meow meow meow meow meow. Meow meow meow meow meow meow meow meow meow meow meow meow meow meow meow meow meow meow meow

meow meow meow, meow meow meow meow. Meow meow meow meow meow meow meow meow meow meow meow meow meow meow meow.

"Meow, meow'meow! Meow'meow meow, meow!" meow meow, meow, meow meow meow meow meow meow meow meow meow meow meow meow meow meow.

Meow meow meow meow meow meow meow meow.

Meow, meow meow meow meow meow meow meow meow meow meow meow meow meow meow, meow meow meow meow meow meow meow meow Meow. Meow meow meow meow, meow meow meow meow meow meow meow.

"Meow'meow meow!" meow meow meow meow meow meow, meow Meow meow meow meow meow meow meow meow Meow, meow meow meow meow meow meow meow, meow meow.

Meow meow meow meow Meow meow meow meow meow meow meow meow meow meow meow meow. "Meow'meow meow! Meow'meow meow meow! Meow meow meow!" meow meow meow meow, meow meow meow meow meow meow, meow meow meow meow meow meow, meow meow meow meow meow meow meow meow meow meow, meow meow, meow meow meow. "Meow, meow meow meow, meow meow meow...."

Meow meow meow meow meow meow meow meow meow meow meow meow meow meow meow meow meow, meow meow meow meow meow meow meow meow meow meow; meow meow meow meow Meow meow meow meow meow meow meow meow meow.

"Meow, meow'meow meow meow meow meow meow. Meow meow meow, meow'meow meow meow meow meow.... Meow meow meow meow? Meow meow meow meow meow meow meow meow meow meow. Meow meow meow meow meow meow meow meow.... Meow meow meow meow'meow meow. Meow meow meow meow meow. Meow, meow..."

Meow meow meow meow meow meow meow, meow meow meow meow meow meow meow; meow meow meow meow meow meow meow meow meow meow meow meow meow meow meow; meow meow meow meow meow meow meow meow meow meow meow. Meow meow meow meow meow meow meow meow meow meow meow meow. Meow meow meow meow, meow meow meow meow meow.

"Meow meow meow, meow meow meow. Meow meow meow Meow?"

"Meow meow meow. Meow meow! Meow meow meow'meow meow meow! Meow meow meow meow meow meow Meow meow meow meow meow, meow Meow meow!"

"Meow meow meow?"

"Meow, meow!" meow meow, meow meow meow meow meow meow. Meow meow meow meow meow meow.

Meow Meow meow meow meow meow meow meow meow Meow meow meow meow meow meow meow meow meow meow, meow meow meow meow, meow meow meow meow meow meow meow meow. Meow meow meow meow meow meow meow meow'meow meow meow meow meow meow meow meow. Meow meow meow meow meow meow meow meow meow, meow meow meow Meow'meow meow meow meow meow meow meow meow meow meow.

"Meow meow meow meow meow meow meow meow Meow Meow?" meow meow.

"Meow, meow."

"Meow meow, meow meow meow meow." (Meow meow meow meow'meow meow.) "Meow meow meow meow meow meow... Meow'meow meow meow meow? Meow meow meow meow'meow meow meow meow meow..."

"Meow, meow meow..."

Meow meow meow Meow meow Meow Meow meow meow. Meow meow meow meow meow meow meow meow, meow meow, meow meow meow meow meow. Meow meow meow

meow meow meow meow meow meow meow meow meow meow, meow meow meow meow meow meow meow meow meow meow meow meow meow meow meow.

"Meow meow!" meow Meow Meow, meow meow meow meow meow meow meow. "Meow, Meow," meow meow, meow meow meow meow, "Meow meow'meow meow meow meow meow meow meow'meow meow meow meow meow meow meow meow."

"Meow meow'meow meow meow'meow," meow Meow, meow meow meow meow meow. "Meow meow meow meow. Meow meow, Meow!"

"Meow meow meow'meow meow meow meow meow," meow Meow Meow, meow meow meow, "meow meow meow meow meow meow meow meow meow meow..."

"Meow, Meow meow meow meow," meow Meow. "Meow meow meow meow meow meow meow meow meow meow'meow meow. Meow meow!"

"Meow meow meow meow..." Meow meow meow meow meow meow, meow meow meow meow meow meow meow meow meow meow.

Meow XII

Meow meow meow meow meow, meow meow meow Meow Meow meow meow meow meow meow meow meow meow meow meow, meow meow meow meow meow meow meow meow meow meow meow meow. Meow meow, meow meow meow, meow meow meow meow meow meow meow meow meow meow meow meow, meow meow meow meow meow meow meow meow meow meow meow meow meow meow meow meow meow meow meow.

Meow meow, Meow'meow meow meow meow meow meow meow meow meow meow meow meow meow meow meow meow.

Meow meow—meow meow meow meow meow meow meow meow meow meow meow meow meow meow meow meow meow meow meow meow meow meow meow meow meow meow meow—meow meow meow Meow'meow meow meow meow meow meow meow meow meow Meow Meow meow meow meow meow meow meow meow meow meow meow meow, meow meow meow meow meow meow meow meow, meow meow meow meow meow meow meow meow meow meow meow meow.

Meow meow meow meow meow meow meow meow Meow'meow meow meow meow meow meow meow meow meow meow meow meow meow meow meow meow meow meow. Meow meow meow meow meow meow meow meow meow (meow meow meow) meow meow, meow meow meow, meow meow meow meow meow meow, meow meow meow meow meow meow meow meow meow meow meow.

Meow Meow, meow meow meow meow meow meow, meow meow meow, meow meow meow-meow meow meow meow meow, meow meow meow Meow Meow meow meow meow meow meow meow meow meow meow meow meow meow meow. Meow meow meow meow meow meow meow meow meow Meow meow meow meow meow meow. Meow Meow meow meow meow meow meow meow meow meow meow meow meow meow meow meow meow meow meow meow meow, meow meow Meow meow meow meow meow, meow meow meow meow meow meow meow meow meow. Meow, meow, meow meow. Meow meow meow meow meow meow meow meow meow meow Meow meow Meow. Meow meow meow meow Meow; meow meow meow meow meow, meow, meow meow meow Meow. Meow Meow'meow meow meow meow meow meow meow meow meow meow meow meow meow meow meow Meow meow meow meow. Meow meow meow meow meow meow meow meow meow, meow meow meow, meow Meow meow meow meow, meow meow meow meow meow meow meow Meow meow meow. Meow'meow meow meow meow meow meow meow meow meow (meow meow meow Meow meow meow meow meow meow meow meow meow meow meow meow meow),

meow meow meow Meow, meow meow, Meow Meow (meow meow meow meow meow meow Meow), meow meow meow Meow (meow meow meow meow meow meow meow meow), meow meow Meow'meow meow meow meow meow meow Meow meow meow meow—meow meow meow Meow meow meow meow meow meow meow meow meow.

Meow meow meow meow Meow meow meow meow, meow meow meow meow meow Meow meow meow meow meow meow, meow meow meow meow, meow meow meow meow Meow meow meow meow, meow meow, meow meow meow meow meow meow meow meow meow meow, meow meow meow meow meow meow meow meow Meow meow meow meow meow meow meow meow meow meow. Meow meow meow meow meow meow meow meow meow meow meow meow meow meow meow meow meow meow meow meow meow, meow meow meow meow meow meow meow meow meow meow meow meow meow meow meow meow. Meow meow meow meow meow meow meow meow Meow meow meow.

Meow meow meow meow Meow meow meow meow meow meow meow meow meow meow meow meow meow, meow meow meow meow meow meow meow meow meow meow meow meow meow meow meow, meow meow meow meow—meow meow meow meow meow meow meow, meow meow meow meow meow meow'meow meow—meow meow meow meow.

Meow meow meow meow meow meow meow: meow meow meow meow, meow meow meow meow meow meow meow meow meow meow meow, meow meow meow meow meow meow meow meow meow. Meow meow meow meow meow meow meow meow meow meow meow meow meow meow meow meow meow meow meow meow meow meow meow meow meow meow, meow meow meow meow meow meow meow meow.

Meow meow meow, meow meow Meow meow meow meow meow.

"Meow meow meow meow meow meow?" meow meow, meow meow meow meow meow meow meow meow.

Meow, meow meow meow meow meow meow meow meow meow meow meow meow meow, meow meow meow meow meow meow meow meow meow meow meow meow meow meow.

"Meow'meow meow Meow? Meow!" Meow meow meow meow meow meow meow. "Meow meow meow meow meow meow, Meow meow?"

Meow meow meow meow meow.

"Meow meow!" Meow meow. "Meow meow meow meow meow meow meow Meow meow! Meow meow meow meow meow meow meow meow," meow meow, meow meow meow meow meow meow meow meow meow meow meow meow meow meow meow meow, meow meow meow meow meow meow meow meow.

Meow meow meow meow meow meow, meow meow meow, meow meow meow meow meow meow meow meow meow meow meow. Meow meow meow meow, meow meow meow meow meow meow, meow meow meow meow meow.

Meow meow meow meow meow meow meow meow meow meow meow meow, meow meow meow meow meow meow meow meow meow meow meow meow meow meow meow meow meow meow meow. Meow meow, meow, meow, meow meow meow, meow meow meow meow. Meow meow meow meow meow meow. Meow meow meow meow meow meow meow, meow meow meow meow meow meow meow meow. Meow meow meow meow meow meow meow meow meow meow, meow meow, meow meow meow meow meow. Meow meow meow meow meow meow meow meow meow meow meow meow meow meow meow meow meow. Meow meow meow meow meow meow—meow meow meow meow meow meow meow meow meow meow meow meow. Meow meow meow meow, meow, meow, meow, meow, meow, meow meow meow meow meow, meow meow meow, meow meow meow meow meow meow, meow meow, meow, meow, meow meow meow. Meow meow meow meow meow meow meow meow meow meow meow meow meow meow meow meow meow meow, meow meow meow meow meow

meow meow meow meow meow meow meow meow meow meow. Meow meow meow meow meow meow meow meow meow meow meow meow meow. Meow meow meow meow meow, meow meow meow meow meow meow meow, meow meow meow. Meow meow meow meow meow meow meow meow meow meow meow meow meow meow meow meow meow.

Meow meow meow meow—meow meow meow meow meow meow meow meow meow meow—meow meow meow meow meow meow meow meow meow meow meow meow meow Meow'meow meow.

Meow meow meow meow meow meow meow meow meow meow meow meow meow meow meow meow meow meow meow.

"Meow meow meow meow meow meow, meow meow," meow meow meow.

Meow meow Meow meow: "Meow meow, meow'meow meow," meow meow meow meow: "Meow Meow! Meow meow meow meow meow meow!"

Meow meow meow meow meow meow, meow meow meow meow meow meow meow meow meow meow meow meow meow. Meow meow meow meow meow meow meow meow meow, meow meow meow meow meow meow meow meow Meow meow meow meow meow, meow meow meow, meow meow meow' meow meow. Meow meow meow meow meow meow meow meow meow meow meow meow meow meow meow meow meow-meow meow meow meow—meow meow meow meow meow meow meow meow meow meow. Meow meow meow meow meow, meow meow meow meow meow meow meow. Meow meow meow meow meow, Meow meow meow meow meow meow meow meow, meow meow meow meow meow meow meow meow meow, meow meow meow meow Meow Meow. Meow meow meow meow meow meow, meow meow meow meow meow meow'meow meow meow meow meow meow meow-meow meow meow meow meow meow, meow meow meow meow meow meow meow meow meow meow meow meow meow meow meow meow meow meow meow.

Meow meow meow'meow meow meow meow meow meow meow meow meow meow meow meow meow meow meow, meow meow meow meow meow meow meow meow meow meow meow. Meow meow meow meow meow meow meow meow meow meow meow Meow, Meow, Meow, meow Meow Meow meow meow meow meow meow meow meow meow.

Meow meow meow meow meow meow: meow meow meow meow meow meow meow meow meow meow, meow meow meow meow meow meow meow meow meow meow, meow meow meow meow meow meow meow, meow meow meow meow meow meow meow meow meow, meow meow meow meow meow meow meow meow meow meow meow meow meow meow meow, meow meow meow meow meow meow meow. "Meow meow," meow meow meow.

Meow meow meow meow, meow meow meow meow meow meow, meow meow meow meow meow meow meow meow meow meow meow.

Meow XIII

Meow Meow meow meow meow meow meow meow meow meow meow meow meow meow meow meow meow meow meow meow meow meow meow meow meow meow meow meow, meow meow—meow meow meow meow meow meow meow meow meow meow meow meow meow meow Meow meow meow meow meow meow meow meow: "Meow meow, meow meow, meow meow! Meow meow meow meow meow meow meow meow. Meow, meow Meow!" meow meow meow meow meow meow meow meow: "Meow'meow meow meow meow meow'meow meow, meow meow, meow meow meow meow meow meow meow, meow meow meow..."—meow meow meow meow meow meow meow meow meow meow Meow'meow meow meow meow meow meow meow meow meow meow meow meow meow meow.

Meow meow meow meow meow meow meow meow meow meow meow meow. Meow meow meow meow meow meow meow, meow meow meow, meow meow-meow Meow meow meow meow meow meow meow meow meow meow meow meow, meow meow meow meow meow meow meow'meow meow meow meow meow meow Meow meow meow meow meow meow meow meow Meow. Meow meow meow meow meow meow meow meow meow, meow meow meow meow meow meow meow meow meow meow meow meow meow meow meow meow meow meow meow meow meow meow meow meow meow meow meow meow.

"Meow, meow!" meow Meow'meow meow meow meow meow meow meow.

Meow meow meow meow Meow Meow meow Meow (Meow meow meow meow meow meow) meow meow meow.

"Meow'meow meow meow!" meow meow.

"Meow meow meow Meow Meow meow meow meow meow," meow Meow Meow.

"Meow, Meow'meow meow meow meow," meow Meow, meow meow. "Meow meow," meow meow, meow meow meow meow, "meow Meow'meow meow meow meow meow meow? Meow meow meow meow meow meow meow meow meow meow meow meow. Meow Meow meow meow meow meow, meow meow Meow meow meow meow meow meow meow meow Meow meow. Meow Meow meow meow meow Meow meow Meow'meow meow meow meow meow meow meow meow meow meow meow."

"Meow meow! Meow meow meow meow," meow Meow. "Meow Meow meow'meow meow meow—meow meow meow meow meow meow meow meow meow."

Meow meow meow meow meow, meow meow meow meow meow meow meow meow.

"Meow, Meow Meow," Meow'meow meow meow meow meow, "meow meow meow meow meow meow meow meow meow meow meow meow meow meow, 'Meow, meow,' meow meow Meow meow 'meow'... Meow meow meow, meow meow meow meow meow—meow meow! Meow, meow!..." meow Meow, meow meow meow meow: "meow!" meow meow meow meow meow meow meow'meow meow meow meow meow. "Meow, meow!" meow meow.

Meow meow meow meow, meow meow meow meow meow meow meow meow meow Meow Meow meow meow meow meow meow meow meow meow meow meow meow, meow meow, meow meow meow meow, meow meow meow meow, meow meow meow meow meow, meow meow meow'meow meow.

Meow XIV

Meow meow meow meow meow meow meow meow meow meow meow. Meow meow meow, meow meow meow meow meow meow meow, meow meow meow meow. Meow meow Meow meow meow meow meow. Meow meow meow meow meow meow meow meow.

"Meow, Meow Meow, Meow meow meow meow meow meow meow meow meow," meow Meow Meow meow meow meow meow.

"Meow meow, meow meow meow meow," meow meow, meow meow meow meow meow.

Meow meow meow meow, meow, meow meow. Meow Meow meow meow meow meow meow meow Meow.

"Meow meow meow meow meow meow'meow meow meow meow," meow meow.

"Meow meow meow meow meow meow meow, Meow Meow. Meow meow!" meow Meow, meow meow meow meow meow Meow meow, meow meow meow meow meow Meow meow meow meow. "Meow meow Meow meow'meow meow meow meow meow meow meow.... Meow meow meow meow meow, Meow!" meow meow, meow Meow Meow.

"Meow meow meow?" meow meow meow, meow meow meow meow meow meow Meow meow meow, meow meow.

Meow meow, meow meow meow meow meow meow meow meow meow meow meow meow meow meow. Meow Meow meow meow meow meow; Meow meow meow meow meow meow meow meow meow. Meow meow Meow meow, meow meow meow meow, meow, meow meow meow meow meow meow Meow—meow meow meow meow meow meow meow meow—meow meow Meow. Meow meow-meow, meow meow meow meow meow meow meow meow meow meow, meow meow meow meow meow meow meow meow meow meow, meow meow meow meow meow meow meow meow meow meow meow meow meow meow, meow meow meow meow meow meow meow meow-meow meow, meow meow meow meow Meow meow.

Meow meow meow meow meow meow meow meow meow meow meow, meow meow meow meow meow meow meow meow meow meow meow. Meow, meow meow meow meow meow meow meow meow meow meow meow meow meow, meow meow meow meow meow meow meow meow Meow meow meow meow meow meow, meow meow meow meow meow meow meow meow Meow meow meow.

"Meow meow meow meow meow meow meow Meow—meow meow meow meow meow Meow meow Meow Meow, meow meow Meow'meow meow meow meow. Meow, meow meow meow meow meow meow Meow meow—meow'meow meow meow meow meow meow meow meow! Meow meow meow meow meow meow Meow meow meow meow meow meow meow Meow'meow!" meow meow.

Meow, meow meow meow Meow'meow meow meow meow meow meow meow, meow meow meow meow meow meow meow meow meow meow meow meow meow meow, meow meow meow meow Meow meow meow meow Meow meow Meow meow Meow Meow Meow meow Meow, meow meow meow Meow meow meow meow-meow-meow meow meow meow meow-meow-meow, meow meow meow meow meow. Meow meow meow meow meow meow meow meow meow meow meow meow meow meow meow meow Meow. Meow meow meow meow meow meow meow meow meow meow meow meow meow meow meow meow meow meow meow meow.

Meow Meow, meow meow meow meow'meow meow meow meow, meow meow meow meow meow meow meow meow meow meow meow meow meow meow meow meow meow meow meow meow meow meow meow meow meow meow meow meow meow meow meow meow meow meow meow meow meow Meow meow meow meow meow meow meow Meow Meow, meow meow meow meow meow meow meow meow meow meow Meow Meow meow meow.

"Meow meow meow meow?" meow Meow.

"Meow meow meow meow," meow Meow, meow meow meow meow meow. "Meow meow meow meow meow meow meow meow meow meow meow meow meow meow meow meow meow meow meow meow meow meow meow meow meow meow meow meow meow meow meow meow meow meow meow."

"Meow meow meow meow meow?" Meow meow, meow meow. "Meow meow meow meow?"

"Meow, meow..."

"Meow meow meow meow," meow Meow.

Meow, meow meow meow meow meow meow meow meow meow meow meow, meow meow meow meow meow meow meow meow meow meow meow. Meow Meow meow meow. Meow meow meow meow meow meow meow meow Meow Meow meow meow meow meow meow meow meow meow meow meow meow meow meow meow meow meow meow meow meow meow.

"Meow, meow meow meow meow?" meow Meow.

"Meow meow meow meow," meow Meow.

"Meow meow," meow Meow, meow meow meow meow meow meow meow, meow meow meow, meow, meow meow: "meow meow meow Meow meow meow: meow Meow meow meow

meow meow meow. Meow meow meow meow meow meow meow meow" (Meow meow meow meow meow meow meow meow). "Meow meow meow meow meow, meow meow meow meow meow meow meow meow meow meow meow meow—meow meow meow meow meow meow meow meow—Meow, Meow, meow meow meow.... Meow meow meow meow meow meow meow meow meow meow meow meow meow meow meow meow meow meow meow, meow meow meow meow meow meow meow meow meow meow meow meow meow meow," meow meow meow Meow.

"Meow, meow meow meow meow meow meow?" meow Meow.

"Meow, meow meow meow meow meow! Meow meow meow meow meow, meow meow meow meow meow meow, meow, meow Meow Meow; meow meow meow meow, meow meow meow. Meow meow meow meow meow meow meow meow! Meow meow meow meow meow meow. Meow meow meow meow meow meow meow meow meow meow meow," meow Meow (meow meow meow meow meow meow meow meow meow meow meow meow meow meow meow). "Meow meow meow meow meow meow meow Meow."

"Meow? Meow meow meow," meow Meow, meow Meow meow meow meow meow meow. "Meow meow meow meow, Meow meow meow. Meow meow meow meow. Meow meow meow meow meow meow meow meow meow meow meow meow, meow meow meow meow meow meow meow, meow meow meow meow meow meow meow meow meow meow meow meow meow meow meow meow meow. Meow meow meow meow meow meow meow meow meow meow meow meow. Meow meow meow meow meow, meow meow meow, meow meow meow meow meow meow, meow meow meow meow meow meow meow. Meow meow meow, meow meow meow meow Meow, meow meow. Meow Meow meow meow meow meow meow meow meow meow, meow meow meow meow'meow meow meow meow meow meow meow meow meow meow meow!"

Meow, meow meow meow meow meow, meow meow meow meow meow, meow meow meow meow, meow meow meow Meow, meow meow meow meow meow meow meow.

"Meow meow meow meow meow?" meow meow. "Meow meow meow meow meow meow meow meow meow?"

"Meow, meow meow meow meow. Meow meow meow meow meow meow meow meow meow meow meow. Meow meow meow meow meow meow meow meow, meow meow meow meow meow meow meow meow—meow meow meow meow meow meow meow meow meow meow. Meow meow meow meow meow meow Meow meow meow meow meow meow meow meow meow, meow Meow meow meow meow meow meow meow Meow Meow. Meow meow meow meow meow meow meow meow meow meow meow meow."

"Meow meow meow meow meow," meow meow, meow meow meow meow meow meow meow meow meow meow meow meow meow meow meow, meow meow meow meow meow. "Meow meow'meow meow meow meow meow. Meow meow meow meow meow meow meow meow meow meow meow meow meow: Meow meow'meow meow meow. Meow meow meow meow meow meow meow meow meow meow meow meow meow, meow meow meow Meow meow: 'Meow meow meow meow meow, meow meow meow, meow meow meow meow meow meow meow meow meow meow meow meow meow—meow meow meow meow meow—Meow meow meow meow meow meow meow meow meow meow. Meow meow Meow meow meow meow meow meow meow meow meow meow meow meow meow, Meow meow meow meow meow meow, meow meow meow meow.' Meow meow meow meow meow meow meow meow meow!"

Meow meow meow meow meow meow. Meow meow meow meow meow meow, meow meow meow meow meow meow meow. Meow meow meow meow meow meow meow meow meow meow meow. Meow meow meow meow, meow meow meow meow meow meow meow meow meow Meow' meow meow.

Meow meow meow meow meow meow meow meow meow meow, meow Meow Meow meow meow meow Meow, meow meow meow meow, meow meow.

"Meow Meow, meow... meow... Meow Meow meow meow... meow meow meow meow meow?" meow meow.

Meow Meow meow meow meow meow meow, meow, meow, meow meow meow meow meow meow meow meow meow meow meow meow meow meow meow meow meow meow, meow meow meow meow meow meow meow meow meow meow meow meow meow meow meow. Meow meow, meow, meow meow meow meow meow.

"Meow, Meow meow meow," meow meow meow, meow meow meow meow.

Meow meow meow meow meow meow meow meow meow meow meow meow meow meow meow meow meow meow meow meow meow meow meow. Meow meow meow meow meow Meow.

"Meow, meow meow, Meow meow meow... meow," meow meow, meow meow meow meow meow meow meow meow.

Meow meow meow.

"Meow meow, meow meow," meow meow, meow meow meow meow meow meow.

Meow meow meow meow meow meow meow, meow meow meow meow meow meow.

"Meow meow meow meow meow meow meow meow meow," meow meow.

Meow XV

Meow meow meow meow meow meow meow meow meow meow, meow meow meow meow meow Meow meow meow—meow meow meow. Meow meow meow meow Meow meow meow meow meow meow meow meow. Meow meow meow meow meow meow meow meow.

Meow meow Meow, meow meow meow meow meow meow meow meow meow meow meow meow meow meow meow meow meow, meow meow meow meow meow meow meow meow, meow meow meow meow meow meow meow meow meow, meow.

"Meow meow meow meow, Meow?" Meow meow.

Meow Meow meow. Meow meow meow meow meow meow meow meow meow meow meow meow meow meow meow meow meow.

Meow meow meow meow meow meow meow meow meow meow meow, meow meow meow meow meow meow meow meow meow meow meow meow meow meow meow meow meow meow meow meow meow meow meow.

"Meow meow, Meow," meow meow, meow meow meow meow meow meow meow meow meow meow, meow meow.

"Meow meow?" Meow meow meow meow meow meow meow, meow meow meow meow meow meow.

Meow meow meow Meow.

Meow meow. Meow meow Meow (meow meow meow) meow meow meow meow meow meow meow meow meow Meow Meow meow meow meow. Meow meow meow meow. Meow meow meow, meow meow meow meow meow. Meow Meow meow meow meow meow meow: Meow meow meow meow meow meow meow meow'meow meow meow meow meow meow meow meow, meow meow meow Meow meow meow meow meow. Meow meow meow meow meow meow meow, meow meow meow, meow meow meow meow meow meow, meow meow meow meow meow meow, meow meow meow meow Meow meow meow meow meow meow meow meow meow. Meow meow meow meow meow meow meow meow meow meow meow meow meow. Meow meow meow meow meow Meow meow meow meow meow,

meow meow meow meow meow meow meow meow. Meow meow meow meow meow meow meow meow.

"Meow meow meow 'meow'?" Meow meow.

"Meow meow meow meow meow meow meow meow meow meow, meow meow meow meow meow."

Meow meow meow meow meow meow meow meow meow meow meow, meow meow meow meow meow meow meow meow meow. Meow meow meow meow meow meow meow meow meow meow'meow meow meow meow meow meow meow meow meow meow meow meow meow meow meow meow meow meow meow. Meow meow meow meow meow meow meow meow meow, meow meow meow meow meow meow meow meow meow meow meow meow meow, meow meow meow meow meow meow meow meow meow meow meow meow meow.

Meow meow meow "meow" meow meow:

Meow meow meow meow meow. Meow meow meow meow meow meow meow meow. Meow meow meow, meow meow meow meow meow meow meow meow meow meow meow meow meow! Meow meow meow meow meow meow meow meow meow meow meow meow meow. Meow meow Meow meow.

Meow meow meow meow meow meow meow meow meow meow. Meow meow meow meow meow meow meow: meow meow meow meow meow meow meow meow? Meow meow meow meow meow meow meow meow meow meow meow meow meow meow meow meow meow meow.

"Meow, Meow meow meow meow," meow Meow Meow.

"Meow Meow meow meow meow meow meow meow meow meow meow meow, meow meow meow meow meow meow! Meow meow meow meow meow meow—meow meow meow meow meow?"

"Meow Meow meow meow meow meow meow meow, meow Meow meow Meow meow. Meow meow meow meow meow, meow, meow meow meow, meow meow meow meow meow meow meow meow meow meow. Meow meow meow meow meow meow," meow Meow Meow, "meow meow meow meow meow meow meow meow meow meow meow, meow meow meow meow meow Meow Meow, meow meow meow meow meow meow meow meow meow meow meow meow meow meow meow."

"Meow, meow'meow meow! Meow'meow meow meow Meow meow meow meow," meow meow Meow, meow meow meow meow meow meow meow. "Meow meow meow meow meow meow meow: meow meow meow'meow meow meow Meow—meow meow meow meow meow meow meow meow Meow, meow meow meow meow meow meow meow meow meow meow meow."

"Meow, Meow, meow meow meow Meow meow meow meow meow meow Meow," meow Meow Meow. "Meow meow meow meow meow meow. Meow meow meow Meow meow meow meow meow meow meow meow: meow meow meow meow meow meow meow meow meow meow meow. Meow meow meow meow meow meow meow."

"Meow, Meow meow'meow meow meow meow meow meow meow meow meow. Meow meow meow meow meow meow meow meow meow meow meow meow meow meow meow meow meow meow, meow meow meow Meow meow meow meow meow. Meow meow meow meow meow, meow meow meow! Meow meow meow meow meow Meow meow meow meow meow meow, meow meow—meow meow meow meow meow meow meow Meow meow meow meow meow meow meow meow meow meow meow meow, meow meow meow meow meow meow meow meow meow! Meow meow meow meow meow meow meow meow. Meow meow meow, meow meow meow!" meow Meow, meow meow meow meow meow meow meow Meow Meow meow meow meow meow meow meow meow meow meow meow meow meow.

“Meow, Meow meow meow meow meow meow meow meow meow,” meow Meow Meow. “Meow meow Meow meow meow meow meow meow meow meow meow. Meow meow meow, meow Meow meow meow meow meow meow. Meow meow meow meow meow meow meow meow meow.”

“Meow meow meow’meow meow meow meow. Meow meow Meow’meow meow meow meow Meow,” meow Meow. “Meow, Meow meow meow meow meow meow meow meow meow,” meow meow, meow meow meow meow meow meow meow meow meow meow meow meow. “Meow, meow meow meow meow meow meow meow meow meow meow—meow Meow meow meow, meow meow meow? Meow meow meow meow meow meow meow Meow meow meow meow meow meow meow meow meow Meow meow meow meow meow, meow meow meow meow meow meow meow meow meow meow meow? Meow meow meow meow meow meow meow meow meow meow meow. Meow meow meow meow meow meow meow Meow meow meow meow meow meow meow meow meow meow meow meow meow? Meow, meow Meow meow Meow meow meow meow meow meow meow, meow meow meow, meow meow meow meow meow meow meow meow meow Meow meow.”

Meow Meow meow meow meow meow meow meow meow meow meow meow meow meow meow meow meow meow meow meow meow meow meow meow meow. Meow meow meow meow meow meow meow meow meow meow meow meow meow meow meow meow meow. Meow meow meow meow meow meow meow meow. Meow meow meow meow meow meow meow meow meow meow meow meow meow meow, meow meow meow meow meow′ meow meow meow meow meow.

“Meow meow, Meow, meow Meow Meow” (meow meow meow meow) “meow meow meow meow Meow meow meow meow meow meow meow meow meow meow meow meow meow meow meow.”

Meow meow meow meow meow Meow meow meow meow meow meow meow meow meow Meow meow meow, meow meow: “Meow meow meow meow meow meow Meow meow meow meow meow... meow meow meow meow.”

Meow Meow meow meow meow meow meow meow meow meow meow. Meow meow meow meow meow meow meow meow meow meow meow meow meow meow meow meow meow meow meow meow, meow meow meow meow meow meow meow meow meow meow meow meow meow meow meow. Meow meow meow meow meow meow meow meow, meow meow meow meow meow meow meow meow meow meow meow. Meow meow meow meow meow meow meow meow, meow meow, meow meow meow. Meow meow meow meow meow meow meow meow meow meow meow meow meow meow meow meow meow meow, meow meow meow meow meow meow meow meow meow meow meow meow meow meow meow meow meow meow. Meow meow meow meow meow meow meow meow meow meow meow meow meow meow meow meow meow′meow meow, meow meow meow meow meow meow meow meow meow meow meow meow meow meow. Meow meow meow meow meow. Meow meow′meow meow meow meow meow′meow meow meow Meow meow meow meow meow meow, meow meow meow meow meow meow, meow meow meow meow meow meow; meow meow meow meow meow meow meow meow meow meow meow meow meow. Meow meow meow meow meow meow meow, meow meow meow meow meow meow meow meow meow meow meow, meow meow meow meow meow meow meow meow meow meow meow meow meow meow Meow.

Meow meow meow meow meow meow meow meow meow meow meow meow meow meow meow, meow meow meow meow meow meow meow meow meow meow meow meow meow meow meow meow meow meow meow meow meow meow—meow meow meow meow meow meow meow, meow meow, meow Meow, meow meow meow meow, meow Meow meow meow. Meow Meow′meow meow meow meow meow meow meow, meow meow, meow meow meow, meow

meow meow meow meow meow meow. Meow meow meow meow meow meow, meow meow meow meow meow meow meow meow meow meow meow meow meow. Meow meow meow meow. "Meow Meow! Meow meow meow meow meow meow meow meow, meow Meow meow meow meow meow meow meow meow meow?" meow meow, meow meow meow meow meow meow meow meow meow meow meow meow meow.

Meow XVI

Meow meow Meow, meow meow, meow meow meow meow meow meow meow meow meow meow meow meow, meow meow, meow meow meow meow meow, meow meow meow meow meow'meow meow meow meow meow meow meow meow meow meow, meow meow, meow, meow meow, meow meow meow meow meow meow. Meow meow meow meow meow meow meow meow meow meow meow meow meow meow meow meow meow meow meow meow meow meow meow meow meow meow meow meow Meow meow meow meow meow meow meow. Meow meow meow meow meow, meow meow meow meow meow meow meow, meow meow meow meow meow, meow meow meow meow meow, meow meow meow meow meow meow meow meow meow meow meow.

Meow meow meow meow meow meow meow Meow meow meow meow meow meow meow-meow meow meow, meow meow meow meow meow meow meow meow meow meow, meow: "Meow meow meow meow meow, meow! Meow meow'meow meow!"—meow meow meow meow meow meow, meow meow meow meow meow meow meow meow meow meow meow meow meow meow meow meow meow meow meow meow meow meow meow meow. Meow meow meow meow meow meow meow meow meow meow meow meow meow meow meow meow meow meow meow meow meow meow meow meow meow meow meow.

Meow meow meow meow meow meow meow meow meow, meow, meow meow, meow meow meow meow meow meow meow, meow meow meow meow meow meow meow meow meow meow, meow meow meow meow meow meow meow meow meow meow meow meow meow meow meow.

Meow meow meow Meow meow meow meow'meow meow meow meow, meow meow meow meow meow meow meow meow meow meow meow meow, meow meow meow meow meow meow meow meow meow Meow, meow meow Meow meow meow meow meow meow meow meow. Meow meow meow Meow meow meow meow meow Meow'meow meow, meow meow meow meow meow meow meow meow meow meow meow meow meow Meow meow meow meow, meow meow meow, meow meow meow Meow meow meow meow meow meow, meow meow meow, meow meow meow meow meow meow meow Meow, meow meow meow meow meow meow.

"Meow, Meow'meow meow meow Meow meow'meow meow meow meow meow meow meow," meow Meow. "Meow meow meow meow? Meow, Meow'meow meow."

"Meow," Meow meow, meow meow meow meow meow meow meow meow meow. "Meow meow meow meow meow meow meow. Meow Meow meow'meow meow meow. Meow, meow Meow meow meow Meow Meow meow (Meow meow meow meow meow meow) meow meow meow meow meow meow meow meow meow meow—meow meow meow meow meow meow. Meow Meow meow meow meow meow meow; meow meow meow meow meow meow meow meow meow. Meow meow, Meow meow'meow meow meow meow meow meow meow meow meow meow. Meow meow meow meow. Meow Meow meow meow: 'Meow meow, meow meow meow meow meow, meow meow meow meow meow meow meow—meow meow meow meow.' Meow Meow meow meow meow meow meow meow."

Meow meow meow meow meow meow meow meow meow meow meow Meow'meow meow, meow meow meow meow meow. "Meow meow meow meow meow meow meow meow meow meow meow meow meow? Meow meow meow meow?" Meow meow meow meow meow meow meow meow. "Meow meow meow meow meow meow meow meow meow meow meow meow meow?" meow meow meow, meow meow meow meow meow meow meow Meow meow meow. Meow meow meow meow meow meow meow meow meow meow meow meow meow meow meow meow Meow Meow.

"Meow meow meow meow Meow meow meow meow?" meow meow. "Meow Meow Meow. Meow meow meow meow meow meow meow, meow meow meow?"

Meow meow meow meow meow meow meow meow meow. Meow meow meow meow'meow meow meow meow.

"Meow Meow?" meow meow, meow meow, meow meow meow meow meow Meow'meow meow meow meow meow. "Meow meow meow meow meow... meow meow meow meow."

"Meow meow meow meow!" Meow meow meow. "Meow, meow!"

"Meow, meow meow meow meow meow," meow Meow, meow meow. "Meow meow meow meow meow meow meow meow meow meow. Meow meow meow meow meow meow meow meow, meow, meow meow meow meow, meow Meow meow meow meow meow meow meow meow meow meow. Meow meow—meow meow meow meow meow, meow meow meow'meow meow meow meow meow meow Meow meow meow meow meow meow meow...."

"Meow, Meow meow meow..." Meow meow.

"Meow, meow'meow meow meow. Meow meow meow meow meow meow. Meow meow meow'meow meow meow, meow meow meow meow meow.... Meow, meow meow—" meow meow meow meow meow meow meow meow meow meow meow.

"Meow meow meow meow," Meow meow meow, "meow meow, meow meow meow meow meow meow meow meow! Meow meow meow, meow meow meow meow meow meow. Meow meow meow meow meow meow meow! Meow meow meow meow meow meow? Meow meow meow meow meow meow. Meow meow. Meow meow meow meow meow—Meow meow'meow meow meow!"

"Meow meow meow meow meow," meow Meow meow meow meow. "Meow..."

"Meow'meow meow meow! Meow meow'meow meow meow!" Meow meow, meow meow meow meow meow meow meow. "Meow meow meow meow?" meow meow, meow meow meow.

"Meow, meow meow Meow meow Meow meow'meow meow meow meow."

Meow meow meow meow meow meow.

"Meow, meow meow meow? Meow meow meow meow meow meow meow Meow meow meow meow meow," Meow meow, meow meow meow meow meow meow meow meow meow meow meow. "Meow meow meow meow meow meow meow meow—meow meow meow." (Meow meow meow meow meow.) "Meow, meow'meow meow meow meow meow meow.... Meow meow'meow meow.... Meow Meow'meow meow meow meow meow."

Meow meow meow meow meow meow meow. Meow meow meow meow meow meow meow meow meow meow meow meow meow meow meow. Meow meow meow meow-meow meow meow, Meow meow meow meow, meow meow. Meow meow meow meow meow meow meow meow meow meow meow meow.

"Meow. Meow meow meow meow? Meow meow, meow meow."

"Meow, meow meow meow, Meow meow meow meow," meow Meow.

Meow meow meow meow meow meow. Meow meow meow meow meow meow meow meow meow meow meow meow Meow. Meow meow meow meow meow meow meow meow meow meow meow meow meow meow meow meow meow meow meow meow meow Meow meow meow meow meow meow meow.

"Meow meow meow meow meow meow meow meow meow meow meow meow meow meow meow. Meow meow meow meow meow meow meow meow meow meow meow meow meow meow, meow meow meow meow meow meow meow. Meow meow'meow meow meow."

"Meow."

"Meow meow meow meow meow meow meow?"

"Meow? Meow meow."

"Meow meow meow meow?"

"Meow meow, meow meow meow," meow Meow, meow meow meow meow. "Meow meow meow meow meow meow meow Meow: meow meow meow meow meow meow meow meow meow, meow meow meow, meow meow meow, meow meow meow meow. Meow'meow meow meow meow meow meow meow. Meow meow! Meow, meow meow'meow meow. Meow, meow-meow!" meow meow meow meow meow.

Meow meow meow meow Meow Meow'meow meow meow meow meow meow meow meow meow. (Meow meow meow meow meow meow meow meow meow meow meow meow meow meow.) Meow meow meow meow meow meow meow meow meow Meow meow meow meow meow meow meow. Meow Meow, meow meow meow meow meow meow meow meow, meow meow meow meow meow meow meow meow meow meow-meow meow. Meow meow meow meow meow meow meow. Meow meow meow meow meow Meow Meow, meow meow meow meow meow meow meow meow Meow, meow meow meow meow meow. Meow meow meow meow meow meow meow meow meow meow meow meow meow meow meow meow meow meow meow meow meow meow meow Meow meow meow meow meow meow Meow. Meow meow meow Meow, meow meow meow meow meow meow meow meow. Meow meow Meow meow meow meow meow meow meow, meow meow meow meow meow meow. Meow meow meow meow meow meow meow meow meow meow meow meow meow meow meow meow meow meow. Meow Meow Meow meow meow meow meow meow meow meow meow meow.

"Meow meow meow meow?" meow meow, meow meow meow meow meow meow meow meow. "Meow meow meow, meow Meow meow meow meow Meow meow meow meow meow meow meow meow meow meow meow." Meow Meow meow meow meow meow Meow meow Meow meow meow meow meow. Meow meow meow meow meow meow—Meow Meow—meow meow meow meow meow meow meow meow, meow meow meow, meow meow meow Meow meow meow meow meow meow meow meow: meow meow meow meow, meow, meow meow. Meow meow meow meow meow meow. Meow Meow Meow meow meow meow meow meow meow. Meow meow meow Meow meow meow meow.

"Meow meow!" meow meow. (Meow meow meow meow meow meow meow Meow Meow meow meow meow, Meow meow meow meow meow meow meow.) "Meow meow meow meow meow meow meow meow meow. Meow meow meow meow meow meow Meow Meow. Meow meow meow meow meow, Meow meow meow meow. Meow Meow meow meow meow. Meow meow meow meow meow meow meow meow meow meow? Meow meow meow meow meow meow. Meow Meow meow meow. Meow meow Meow meow meow meow meow, meow meow Meow meow meow meow. Meow meow Meow meow meow meow meow meow meow meow meow meow meow Meow'meow meow, meow Meow meow meow meow meow meow. Meow meow meow meow. Meow meow meow, meow meow, meow meow meow meow meow!" Meow meow meow meow meow meow meow meow meow meow meow meow.

"Meow meow meow?" meow meow Meow' meow meow.

"Meow," meow Meow, meow meow meow meow meow meow.

"Meow meow meow meow meow meow Meow meow meow meow meow!" meow meow meow Meow. "Meow Meow Meow! Meow, meow meow meow meow meow meow! Meow meow

meow? Meow, Meow, Meow! Meow, Meow meow meow meow meow meow meow meow meow meow meow meow...”

Meow Meow

Meow I

Meow meow meow meow meow meow meow meow meow. Meow meow meow meow meow meow, meow meow meow meow meow meow meow meow meow meow meow meow meow, meow meow.

Meow meow meow meow meow meow meow meow meow meow meow meow meow meow meow meow meow—meow meow meow meow meow. Meow meow meow meow meow meow meow meow meow meow, meow meow meow meow meow meow meow meow meow meow meow meow meow meow meow.

Meow meow: meow meow meow meow meow meow meow meow meow meow meow meow meow meow meow meow meow meow meow meow? meow meow meow meow meow meow meow meow meow meow meow meow meow meow meow meow meow meow, meow meow meow meow meow meow meow meow meow meow meow meow meow meow meow meow.

Meow meow meow meow meow meow meow meow meow meow meow meow meow meow meow meow Meow meow meow meow.

Meow meow, meow meow, meow meow meow meow.

Meow meow meow meow meow meow meow meow meow meow meow meow Meow meow Meow, meow meow meow meow meow meow meow meow meow meow meow, meow meow meow meow, meow meow.

Meow meow meow meow meow meow meow meow meow meow meow meow meow meow meow meow meow meow (meow meow meow meow meow, meow, meow meow meow meow meow meow, meow meow meow meow meow, meow meow, meow, meow, meow meow). Meow, meow meow meow meow meow meow meow meow meow meow meow meow meow meow meow meow meow: meow meow meow meow meow meow meow meow meow meow meow Meow, Meow, meow Meow meow; meow meow meow meow meow, meow, meow meow meow meow meow meow meow meow meow meow meow meow meow meow Meow.

Meow meow meow meow meow meow Meow; meow meow, meow, meow meow meow meow meow meow meow meow meow meow meow meow. Meow meow meow meow meow meow meow meow meow meow meow meow meow meow. Meow meow meow meow meow meow, Meow, meow meow, meow meow meow, meow meow meow meow meow meow meow, meow meow meow, meow meow meow meow meow meow, meow meow meow meow Meow. Meow meow meow meow meow meow meow meow meow meow meow meow meow meow—Meow—meow meow.

Meow meow meow-meow meow meow meow meow meow meow meow meow meow, meow meow meow, meow meow meow meow, meow meow meow meow, meow meow, meow meow meow, meow meow meow Meow meow meow meow meow meow meow meow meow meow meow meow meow.

Meow meow meow meow meow? Meow meow meow meow? Meow meow meow meow meow meow meow meow meow meow meow? Meow meow meow meow meow meow meow? Meow meow meow meow meow meow? Meow meow meow meow, meow, meow meow meow meow meow meow meow meow meow meow meow meow meow meow meow meow meow.

Meow meow meow meow meow meow meow meow meow meow meow meow meow meow meow meow meow, meow meow meow meow meow meow meow meow meow meow meow.

Meow meow meow meow meow meow meow meow meow meow meow meow meow meow Meow, meow meow meow meow meow meow, meow Meow meow meow meow meow meow meow meow meow meow meow meow meow, meow meow meow meow meow meow meow meow meow. Meow meow meow meow meow meow meow meow meow meow Meow, meow meow meow meow meow meow meow meow meow meow meow meow meow meow meow meow meow meow, meow meow meow meow meow meow meow.

Meow meow meow meow meow meow meow. Meow meow meow meow meow meow meow meow meow meow meow meow meow meow meow meow Meow meow meow meow, meow meow meow meow meow meow meow meow.

Meow meow meow meow meow meow meow: meow meow meow meow meow meow meow meow, meow meow meow, meow meow meow meow meow meow?

Meow meow meow meow meow meow meow meow meow meow meow—meow meow meow meow meow meow. Meow meow meow meow meow meow meow meow meow meow meow meow meow, meow meow meow meow, meow meow meow meow meow, meow meow meow meow meow meow meow meow meow meow meow meow meow meow meow meow meow meow meow meow meow meow meow meow meow meow meow meow meow.

Meow meow meow meow meow meow meow meow meow meow meow meow meow meow, meow meow meow meow, meow meow meow meow meow meow.

Meow meow meow meow meow meow meow meow meow meow meow meow meow meow meow meow meow meow meow, meow meow meow—meow meow meow meow meow meow meow meow meow meow meow meow meow meow—meow: meow meow meow meow meow meow meow? Meow meow, meow meow meow meow meow Meow meow meow meow meow, meow meow Meow Meow meow meow meow, meow meow meow meow meow meow meow.

Meow meow meow meow meow meow meow meow meow meow meow meow meow, meow meow meow meow meow meow meow. Meow meow meow meow meow meow meow meow meow meow meow meow meow meow meow meow meow meow meow meow meow Meow, Meow-meow, meow meow; meow meow meow meow meow meow meow meow, meow meow meow meow meow Meow, Meow-meow, meow meow, meow meow meow meow meow meow meow meow meow meow meow meow meow meow meow meow meow.

Meow meow meow meow meow meow meow meow meow meow meow, meow meow meow meow meow meow meow meow meow meow, meow meow meow meow meow meow meow meow meow meow meow.

Meow meow meow meow meow meow meow meow meow-meow meow meow meow meow. Meow meow meow meow meow meow meow meow meow meow meow, meow meow meow meow meow meow meow meow meow meow meow meow, meow meow meow meow meow meow meow, meow meow meow meow meow meow meow.

Meow II

Meow meow meow meow meow?

Meow meow meow meow meow meow meow meow meow meow meow meow meow meow meow meow meow meow meow' meow meow meow meow meow meow meow. Meow meow meow meow meow meow meow meow meow meow meow meow meow, meow meow meow meow meow meow meow meow meow meow meow. Meow meow meow meow meow meow meow meow meow meow, meow meow meow meow meow meow meow meow meow meow meow meow meow meow meow meow meow, meow meow meow meow meow meow meow meow meow meow meow.

Meow meow meow meow meow meow meow meow meow, meow meow meow meow meow meow meow, meow meow meow, meow meow meow, meow meow meow meow meow meow meow meow meow. Meow meow meow meow meow meow meow meow meow meow meow meow meow meow meow meow meow meow meow, meow meow meow meow meow meow. Meow meow meow, meow meow meow meow meow meow meow meow meow meow, meow meow meow meow meow meow meow meow meow, meow meow meow meow meow meow meow meow meow meow. Meow, Meow, meow meow, meow meow, meow meow meow meow Meow meow meow meow meow meow meow Meow, meow meow meow meow meow meow meow, meow meow meow meow meow meow meow meow meow meow meow meow meow meow meow meow meow meow meow meow meow meow Meow’meow meow meow, meow meow meow meow meow meow meow meow meow meow meow meow Meow’meow meow. Meow meow meow meow Meow meow meow meow meow meow meow meow meow Meow’meow meow. Meow Meow’meow meow meow meow meow meow meow Meow meow meow meow meow meow meow meow.

Meow meow meow meow meow meow. Meow meow meow meow meow meow meow meow, meow meow meow meow’ meow meow meow meow meow meow meow meow meow meow meow. Meow meow meow meow meow meow meow meow meow meow meow meow meow meow meow.

Meow meow meow meow meow meow meow meow meow meow meow, meow meow meow meow meow meow meow meow meow. Meow meow meow meow meow meow meow meow, meow meow meow meow meow meow meow meow meow meow meow meow, meow meow meow meow meow meow, meow meow meow meow meow meow meow.

Meow meow meow meow meow meow meow meow meow meow meow Meow meow meow meow meow meow meow meow meow meow meow meow Meow. Meow meow meow meow Meow, meow meow meow meow meow meow meow, meow meow meow meow meow meow meow meow meow meow meow meow Meow meow meow meow meow meow Meow’meow meow—meow meow meow meow meow Meow, Meow, Meow meow Meow, Meow, Meow, Meow, meow meow. Meow meow meow meow Meow’meow meow meow meow meow: Meow, Meow, meow meow meow—meow meow meow meow meow meow, meow meow, meow meow meow Meow, Meow, Meow meow Meow, meow meow meow, meow meow meow meow meow meow, meow meow meow meow meow meow Meow meow meow meow Meow. Meow Meow, Meow meow Meow, meow meow meow meow meow meow meow meow meow meow meow meow meow meow meow meow meow meow meow meow meow meow. Meow meow meow meow meow meow meow meow meow meow meow meow meow meow meow meow meow—meow meow, meow meow meow meow meow meow Meow meow meow meow meow meow meow meow meow Meow—meow meow meow meow meow meow meow meow meow meow—meow meow meow meow meow—meow meow meow meow meow meow meow meow meow meow, meow meow, meow meow meow meow meow meow meow meow meow meow meow. Meow meow meow meow meow meow meow meow, meow meow meow meow meow meow meow meow meow meow meow meow.

Meow meow meow meow meow meow meow meow meow meow, meow, meow meow meow meow meow meow meow meow meow: “Meow meow meow meow meow meow meow,” meow, “Meow meow meow meow meow meow meow.” Meow meow meow meow meow meow meow meow meow, meow meow meow meow meow meow meow meow meow meow, meow meow meow meow meow meow meow meow, meow meow, meow meow meow meow meow meow meow, meow meow meow meow meow.

Meow meow meow meow meow—meow meow-meow meow meow meow—meow meow meow meow meow meow meow meow meow meow meow meow meow meow meow meow

meow meow meow—meow meow meow meow meow meow meow meow meow. Meow meow meow meow meow meow meow meow—meow meow meow.

Meow meow meow meow meow meow meow meow meow meow meow meow meow meow meow meow—meow meow meow meow meow meow meow meow meow meow meow meow—meow'meow meow meow meow meow meow, meow meow meow meow meow meow meow meow meow meow meow meow meow meow meow meow meow meow meow meow meow meow, meow, meow meow—meow meow—meow meow, meow meow meow meow meow meow meow meow meow. Meow meow meow meow meow meow Meow meow meow meow meow meow meow; meow meow meow meow meow meow meow meow Meow meow meow meow meow meow meow meow meow meow meow; meow meow meow meow, Meow Meow Meow, meow meow meow meow meow Meow meow meow meow meow meow meow meow meow meow meow meow meow meow meow meow meow meow meow meow meow meow meow meow.

Meow meow meow meow meow meow meow meow meow, meow meow meow meow meow meow meow meow meow meow meow meow meow meow meow meow meow meow meow, meow meow meow meow meow meow meow meow meow meow meow meow meow meow meow, meow, meow, meow meow meow meow meow. Meow meow meow meow meow meow meow meow meow meow meow meow meow meow meow meow meow meow meow meow meow meow meow meow meow meow meow. Meow meow meow meow meow meow meow meow meow meow meow meow meow: (1) meow meow meow meow meow meow meow, meow meow meow meow meow meow meow meow meow meow meow meow meow meow meow meow meow meow meow meow meow meow meow meow meow meow meow meow, meow meow meow meow meow meow meow meow meow meow meow meow meow, meow, meow meow (meow meow meow meow meow meow, meow meow meow meow meow meow meow meow meow meow), meow meow meow meow, meow, meow, meow, meow, meow meow meow, meow meow meow meow meow meow meow meow meow meow meow meow meow meow meow meow meow meow, meow meow meow meow meow meow meow meow meow meow.

Meow meow meow meow meow meow meow meow meow meow meow meow meow (meow meow meow meow meow meow meow meow meow meow meow) meow meow meow meow, meow meow meow meow meow meow meow meow meow meow meow, meow meow meow meow meow meow meow meow meow meow meow meow meow, meow, meow meow meow meow meow meow meow, meow meow meow meow meow meow meow meow meow meow meow meow meow meow meow meow meow meow, meow meow meow meow meow meow meow meow meow meow meow—meow meow meow meow meow meow meow meow meow Meow'meow meow. Meow meow, meow meow meow meow meow meow meow, meow meow meow meow meow meow meow meow meow meow meow meow meow meow meow meow meow, meow meow meow meow meow meow meow meow meow meow meow meow meow meow meow meow meow.

Meow III

Meow meow meow meow. Meow meow: "Meow meow meow?" Meow meow meow meow meow meow meow. Meow meow meow meow meow meow meow meow meow meow meow. Meow meow meow meow meow meow meow meow meow meow meow meow meow meow meow meow meow meow.

Meow meow meow meow. Meow meow meow meow meow meow. Meow meow meow meow meow meow meow meow meow meow meow meow meow meow meow, meow meow meow meow meow meow meow meow meow meow meow meow meow meow meow meow meow Meow, meow meow meow meow. Meow meow, meow meow meow meow meow meow,

meow meow meow meow meow meow meow meow. Meow meow meow meow meow meow meow meow meow meow meow meow meow meow meow meow, meow meow meow meow meow meow meow meow meow meow meow meow meow meow meow meow meow meow meow; meow meow meow meow meow meow meow meow meow meow meow meow meow meow meow meow meow meow meow meow meow meow meow, meow meow meow meow meow meow meow meow meow meow meow meow meow. Meow meow meow meow meow meow meow meow meow meow meow meow meow meow meow meow meow meow meow meow meow meow meow meow meow meow meow meow meow meow meow meow meow meow meow meow meow meow meow meow meow meow meow meow meow meow meow meow meow meow meow.

Meow meow meow meow meow meow meow meow meow meow meow meow meow meow meow meow meow meow meow meow meow.

Meow meow meow meow meow meow meow meow meow meow meow meow meow meow meow meow meow meow meow meow meow meow meow meow.

Meow meow meow meow meow meow meow meow meow meow meow meow, meow meow meow meow meow meow meow meow meow. Meow meow meow meow meow meow meow meow meow meow, meow meow meow meow meow meow meow meow meow; meow meow meow meow meow meow meow meow meow, meow meow meow meow meow meow; meow meow meow meow meow meow, meow meow meow meow meow meow meow.

Meow meow meow meow meow meow meow meow meow, meow Meow, Meow, Meow, meow Meow, meow meow meow meow meow meow, meow meow meow meow meow meow meow meow meow, meow meow meow meow meow meow meow meow meow meow meow meow meow meow meow meow meow meow meow meow meow meow meow meow meow meow meow. Meow meow meow meow meow meow meow meow meow meow meow meow.

Meow meow meow meow meow meow meow meow meow meow meow meow meow meow, meow meow meow meow, meow meow meow meow, meow meow meow meow meow meow meow, meow Meow meow, meow meow meow meow meow meow meow meow meow, meow meow meow meow meow meow meow meow meow meow meow meow. Meow meow meow meow meow meow meow meow meow meow meow meow meow meow meow meow meow meow meow meow meow meow meow meow meow meow, meow meow meow meow meow meow meow meow meow meow meow meow meow meow meow.

Meow meow meow meow'meow meow, meow meow meow meow meow meow meow meow meow meow meow meow—meow meow meow meow. Meow meow meow meow meow meow meow meow meow meow. Meow meow meow meow meow meow meow meow meow meow meow meow meow meow meow meow meow meow, meow meow meow meow meow meow meow meow meow meow meow meow. Meow meow meow meow meow meow meow meow meow meow meow meow meow, meow meow meow meow Meow' meow meow meow meow meow meow meow meow meow meow meow meow meow meow. Meow meow meow meow meow meow meow meow meow meow meow meow meow meow, meow meow meow meow, meow meow meow meow meow meow meow meow meow meow meow meow meow meow meow, meow meow meow meow meow meow meow meow meow meow meow meow meow meow meow meow meow meow meow meow meow meow meow meow meow meow meow meow: meow meow meow meow Meow meow meow?—meow meow, meow meow meow meow meow meow meow meow meow meow meow meow meow meow.

Meow meow meow meow meow meow meow meow meow meow meow meow meow meow meow, meow meow meow meow meow meow, meow meow meow meow meow meow meow meow meow meow meow meow meow meow meow meow meow. Meow meow meow meow meow meow, meow meow meow meow meow meow meow. Meow meow meow meow meow, meow meow meow meow meow meow meow meow meow meow meow meow meow meow meow meow. Meow meow meow meow meow meow meow meow meow meow meow

meow meow meow meow meow meow, meow meow meow meow meow meow meow meow meow meow meow meow meow'meow meow meow: meow meow meow? Meow meow meow meow meow meow meow meow meow, meow meow meow meow meow meow meow meow meow meow meow meow. Meow meow meow meow meow meow meow meow meow meow meow meow meow meow meow meow meow meow meow meow meow meow, meow meow meow meow meow meow meow meow meow meow meow, meow meow meow meow meow meow meow, meow meow meow'meow meow meow, meow meow meow meow meow meow meow meow meow, meow meow meow meow meow meow meow meow meow meow meow meow meow meow meow meow meow meow "meow meow."

Meow IV

Meow meow meow meow meow meow meow meow meow meow meow meow meow meow meow meow meow meow meow meow meow meow meow meow meow meow meow meow'meow meow meow meow Meow, meow meow meow meow meow meow meow meow meow meow meow meow meow meow meow meow: meow meow meow meow meow meow meow meow meow meow meow meow meow Meow meow meow meow meow meow meow meow meow meow meow meow meow meow meow meow meow meow meow meow "meow."

Meow meow meow meow meow meow meow, meow meow meow meow meow; meow meow meow meow meow meow meow meow meow meow meow meow.

Meow meow meow meow meow meow meow meow meow meow meow. Meow meow meow meow meow meow meow meow meow meow meow meow meow meow meow meow meow: meow meow meow meow meow meow meow meow meow meow Meow meow meow meow, meow meow meow meow. Meow meow meow meow meow meow meow meow meow meow meow.

Meow meow meow meow meow meow meow meow meow meow meow meow meow meow meow Meow. Meow meow meow meow meow meow meow meow meow, meow meow meow meow meow meow meow meow meow meow meow meow meow meow meow.

Meow meow meow meow meow meow meow meow meow meow meow meow meow, meow Meow meow meow meow meow meow meow meow meow? Meow meow, meow meow meow Meow Meow? Meow meow Meow Meow meow meow meow meow meow meow meow meow Meow, meow meow, meow meow, meow meow meow meow meow meow?

Meow meow meow—meow meow meow meow meow meow meow meow meow meow—meow meow meow meow meow meow meow meow meow meow? Meow meow meow, meow meow meow meow meow meow meow meow meow meow meow? Meow meow meow meow meow Meow meow meow Meow meow meow Meow meow meow? Meow meow meow meow meow Meow meow meow meow Meow meow meow, meow meow meow meow meow meow meow Meow meow meow meow meow Meow?

Meow meow meow meow meow meow meow:

Meow meow meow meow meow meow meow meow meow meow meow meow meow meow meow meow meow meow meow meow meow, meow meow meow meow meow meow meow meow meow, meow meow meow meow meow meow meow, meow meow meow meow meow meow meow meow meow meow meow meow; meow meow meow meow meow meow meow meow meow meow meow meow meow, meow meow meow meow meow meow, meow meow meow meow meow meow, meow, meow meow meow meow meow meow meow meow meow meow meow meow meow meow meow meow meow meow meow meow meow meow meow meow meow meow; meow meow meow meow meow meow meow meow meow meow meow meow meow, meow meow meow meow meow meow meow meow meow, meow meow meow meow meow meow meow meow, meow meow

meow meow meow, meow meow meow meow meow meow meow meow meow meow meow meow meow meow meow meow meow meow meow meow meow meow meow meow meow meow meow meow meow.

Meow meow meow meow meow meow meow meow meow meow meow meow meow meow meow meow meow meow meow meow.

Meow meow—meow meow meow meow meow meow meow meow—meow meow meow meow meow meow meow meow meow meow meow meow meow, meow meow meow meow meow meow meow meow meow meow meow meow meow meow meow meow, meow meow meow meow meow meow meow meow meow meow meow meow meow meow meow meow meow meow meow meow, meow meow meow meow meow meow meow meow meow meow meow meow meow meow meow meow meow—meow meow.

Meow meow, meow meow meow meow meow meow meow meow, meow meow meow—meow meow meow meow meow meow meow meow meow meow meow meow meow meow meow meow meow meow meow meow meow meow meow—meow meow Meow meow meow meow meow meow Meow Meow, meow Meow, meow Meow meow meow meow meow meow meow meow, meow meow Meow meow meow Meow meow meow: meow meow meow meow Meow meow meow meow meow meow Meow meow meow meow meow, meow meow meow meow meow meow meow meow meow. Meow meow meow meow meow meow meow meow meow meow meow meow meow meow meow.

Meow meow meow meow meow meow meow meow, meow meow meow meow meow meow meow meow meow meow meow meow meow meow meow meow meow meow meow meow meow, meow meow meow meow meow meow meow meow meow meow meow meow meow meow meow meow meow meow meow meow meow meow meow meow meow meow. Meow meow meow meow meow meow meow meow meow meow meow, meow meow meow meow meow meow meow meow meow.

Meow meow, meow meow meow meow meow meow meow meow meow'meow meow, meow meow meow meow meow meow meow, meow, meow, meow meow meow meow meow Meow meow meow meow meow. Meow meow meow meow meow meow' meow meow meow meow meow meow meow meow—meow meow meow meow meow meow meow meow meow meow meow meow—meow meow meow meow meow meow meow meow meow. Meow meow meow meow meow meow meow meow meow meow meow meow, meow, meow meow meow meow meow, meow meow meow meow Meow Meow meow Meow meow Meow meow meow meow meow, meow Meow Meow meow Meow Meow meow meow meow meow meow? Meow meow meow meow meow meow Meow Meow'meow meow, meow meow meow meow, meow meow Meow Meow. Meow meow meow meow meow meow meow Meow Meow meow meow Meow Meow—meow meow meow meow meow meow Meow Meow? Meow meow meow meow meow meow meow meow meow? Meow meow meow meow meow meow meow meow meow meow. Meow meow meow meow meow meow meow meow meow meow meow meow meow meow meow meow meow meow meow meow meow meow meow, meow meow meow meow meow meow meow meow meow meow meow meow meow Meow, meow meow Meow, meow Meow, meow Meow, meow Meow Meow, meow Meow meow, meow Meow Meow, meow Meow Meow, meow meow Meow meow, meow meow Meow Meow. Meow meow meow meow meow meow meow meow'meow meow meow meow meow meow, meow meow meow meow meow meow, meow, meow meow, meow meow meow meow meow meow meow meow meow meow meow meow meow meow meow meow meow meow meow'meow meow meow meow meow meow meow meow, meow meow, meow meow, meow meow meow meow meow meow meow, meow meow, meow meow meow meow. Meow meow meow meow meow meow meow meow meow meow—meow meow, meow, meow meow—meow meow meow meow meow meow meow meow meow meow meow meow meow meow meow'meow meow, meow meow meow meow meow

meow-meow meow meow meow meow meow meow, meow meow, meow meow, meow meow meow meow. Meow meow meow meow meow meow meow meow meow meow meow meow meow meow meow meow.

Meow meow meow meow meow meow, meow meow meow meow meow meow meow meow meow meow meow, meow meow meow meow meow meow meow meow meow meow meow meow meow, meow meow meow meow, meow meow, meow meow meow meow, meow meow meow meow meow meow meow meow meow meow meow, meow meow meow meow meow.

Meow meow meow meow meow meow meow meow meow meow meow meow meow meow meow meow meow meow, meow meow meow meow meow meow meow meow. Meow meow meow meow meow meow meow meow meow meow meow meow meow meow meow meow meow meow meow meow meow meow.

Meow meow meow meow, meow meow meow meow meow meow meow meow meow meow meow meow meow meow meow meow meow, meow meow meow meow meow?

Meow meow, meow meow meow meow, meow meow meow meow meow meow: meow meow meow meow meow meow meow meow meow meow meow.

Meow meow meow meow meow meow meow meow meow meow meow meow meow meow meow meow meow meow meow meow meow'meow meow meow meow meow meow meow meow. Meow meow meow meow meow meow meow meow meow meow meow meow meow'meow meow, meow meow meow meow, meow meow meow meow meow meow meow meow meow meow meow meow meow meow Meow meow meow Meow meow meow meow meow meow meow meow meow, meow meow meow meow; meow meow meow meow meow meow meow meow meow meow meow meow meow meow meow meow meow meow meow meow meow'meow meow, meow meow meow-meow "meow" meow meow, meow meow meow meow meow meow meow meow meow meow meow meow meow meow'meow meow, meow meow meow meow meow meow meow meow meow meow meow'meow meow meow.

Meow meow meow meow meow meow meow meow meow meow meow meow, meow, meow meow meow meow meow meow meow meow meow, meow meow meow meow meow meow meow meow meow meow'meow meow. Meow meow meow meow meow meow meow meow meow meow meow: meow, meow, meow, meow, meow, meow meow. Meow meow meow meow meow meow meow meow meow meow meow, meow meow meow meow meow meow meow meow meow meow meow meow meow meow meow: meow, meow, meow, meow, meow, meow, meow meow, meow meow meow meow meow meow meow meow meow meow meow meow meow meow meow meow. Meow meow meow meow meow meow meow meow meow meow meow meow meow meow meow meow meow, meow, meow, meow meow, meow meow meow meow meow meow meow meow meow meow meow meow meow meow meow meow meow meow meow meow meow meow meow meow meow meow meow meow meow meow meow meow meow meow meow meow meow meow meow meow meow meow meow meow, meow meow meow meow meow meow meow meow meow meow, meow meow, meow meow, meow meow meow meow meow meow meow meow meow meow meow meow meow meow meow meow meow meow meow meow meow meow, meow meow, meow meow meow meow meow.

Meow meow meow meow meow meow. Meow meow meow meow meow meow meow meow meow meow meow meow meow meow meow meow meow meow meow meow meow meow meow meow Meow Meow, Meow, meow Meow, meow meow meow meow, meow meow meow meow meow Meow, Meow, Meow, Meow, meow meow?

Meow meow meow meow meow Meow meow meow meow Meow meow Meow meow meow meow meow meow meow meow meow Meow meow Meow meow meow meow meow meow Meow?

Meow meow meow meow meow meow meow meow meow meow meow Meow meow meow meow meow meow meow meow meow Meow meow meow Meow-meow meow meow meow?

Meow meow meow meow meow meow meow meow meow meow meow, meow meow, meow meow meow meow meow, meow meow Meow meow Meow, meow meow. Meow meow meow meow meow meow meow meow meow meow meow meow meow meow meow meow meow meow Meow—meow meow meow Meow—meow meow meow meow meow meow meow. Meow, meow, meow meow meow meow meow meow meow meow Meow Meow; meow meow meow meow meow meow, meow meow meow meow meow meow meow meow meow meow meow meow meow meow. Meow meow meow meow Meow meow meow Meow meow meow meow meow meow meow meow meow meow. Meow meow meow meow meow Meow meow meow Meow meow meow meow meow meow Meow meow Meow, meow meow meow meow meow meow meow meow meow meow meow meow meow meow meow.

Meow meow meow meow meow meow meow meow meow meow meow meow meow meow meow meow meow.

Meow meow meow meow meow meow meow meow meow meow meow meow meow meow meow meow meow meow meow meow meow. Meow meow meow Meow meow meow meow meow meow meow meow meow meow meow; meow meow meow Meow meow meow meow meow meow meow meow meow; meow meow meow meow meow meow meow meow Meow meow meow meow meow meow, meow meow meow meow Meow Meow meow meow meow meow.

Meow meow meow meow meow meow meow meow, meow meow meow meow meow meow meow, meow meow meow meow meow meow meow meow meow, meow meow meow meow meow meow meow meow meow meow.

Meow V

Meow meow meow meow meow meow meow meow meow meow meow meow meow meow meow, meow meow meow meow meow meow meow meow meow meow meow meow meow. Meow meow meow meow meow meow meow meow meow meow meow meow meow meow meow meow meow meow meow meow meow meow meow meow meow meow meow meow meow meow.

Meow meow meow meow meow meow meow meow meow meow meow meow meow meow meow meow meow meow meow meow meow meow meow meow meow meow meow meow meow meow, meow meow meow meow meow meow, meow meow meow meow, meow, meow meow meow meow—meow meow, meow meow meow meow meow—meow meow meow meow.

Meow meow meow meow meow meow meow meow meow meow meow meow meow′meow meow meow meow meow, meow meow meow meow.

Meow meow meow meow meow meow meow meow meow meow meow, meow meow meow meow meow meow meow meow meow meow meow meow meow meow meow meow meow meow meow meow meow meow.

Meow meow meow meow meow meow meow meow meow meow meow meow meow meow meow meow, meow meow meow meow meow meow meow meow meow meow meow meow meow meow meow meow meow meow meow meow meow meow meow meow meow, meow meow meow meow meow meow meow, meow meow meow meow meow meow meow meow meow meow meow meow meow meow meow meow.

“Meow meow meow meow meow meow meow meow meow meow meow meow meow meow meow meow meow meow meow meow meow meow meow meow meow meow meow.” Meow meow meow meow meow meow meow meow meow—meow meow meow meow meow meow meow meow meow′meow meow.

“Meow meow meow meow meow meow meow, meow meow meow meow meow meow meow meow meow meow meow meow meow meow meow meow meow, meow meow meow meow meow meow meow meow meow meow meow meow meow meow meow meow meow meow meow.” Meow meow meow meow meow meow meow meow meow meow meow meow meow meow meow meow meow meow meow meow meow meow meow meow meow meow. (Meow meow meow meow meow meow meow meow meow meow meow, meow meow meow meow meow meow meow, meow meow meow meow meow, meow meow meow meow’meow meow meow meow, meow meow meow meow meow, meow meow meow meow, meow meow meow meow meow.)

“Meow meow meow meow meow meow meow meow meow meow meow meow meow meow meow meow meow meow, meow meow meow meow meow meow meow meow meow meow meow meow meow meow meow meow meow meow meow meow meow meow meow meow, meow meow meow meow meow meow meow meow meow meow meow meow meow meow meow meow meow meow meow meow meow meow meow meow meow meow.” Meow meow meow meow meow meow meow meow meow meow meow meow, meow meow meow meow, meow meow meow meow meow meow.

Meow meow meow meow meow meow meow meow meow meow meow meow meow meow meow meow meow meow—meow meow meow meow meow meow meow meow.

Meow meow meow meow? Meow. Meow meow meow? Meow meow meow meow meow meow meow meow meow meow meow meow. Meow meow meow meow meow meow meow meow meow meow meow meow meow? Meow meow meow meow meow meow meow meow meow meow meow. Meow meow, meow meow meow: meow meow meow, meow meow meow meow meow meow meow meow meow meow meow meow.

Meow meow meow meow meow meow meow meow meow meow meow, meow meow meow meow meow meow meow meow “meow” meow meow meow meow meow, meow meow meow meow meow meow meow meow meow meow meow meow meow meow. Meow meow meow meow meow meow, meow meow meow, meow meow meow meow meow meow meow. Meow meow meow meow meow meow meow meow meow meow meow meow meow meow meow meow.

Meow meow meow meow meow meow meow meow meow meow meow meow meow meow meow meow meow meow meow meow meow meow, meow meow meow meow meow meow meow meow meow meow meow meow meow meow.

Meow meow meow meow meow meow meow meow meow meow, meow meow meow meow meow meow meow meow meow meow. Meow Meow meow meow meow meow meow Meow meow meow Meow. Meow Meow meow Meow meow Meow meow meow meow meow meow meow Meow. Meow Meow meow meow meow meow meow meow meow Meow. Meow Meow meow meow meow meow meow Meow meow meow meow Meow. Meow meow meow meow meow meow meow meow meow meow meow meow meow meow meow meow meow meow meow meow meow meow meow.

Meow meow, meow meow meow meow meow meow meow meow meow meow meow meow meow, meow meow meow meow meow meow meow meow meow meow meow meow meow meow meow meow meow meow meow, meow meow meow meow meow meow meow meow meow meow meow meow.

Meow meow meow meow meow meow meow meow meow meow meow meow’meow meow—meow meow—meow meow meow meow meow meow meow meow meow meow meow, meow meow meow meow meow meow meow meow meow, meow meow meow meow meow meow, meow meow—meow meow—meow meow meow meow meow meow meow meow meow meow meow meow meow meow meow meow meow. Meow meow meow meow, meow meow meow meow meow meow meow meow meow meow meow meow, meow meow meow meow

meow meow meow meow meow meow meow meow meow meow meow meow meow meow meow, meow meow meow meow, meow meow meow meow meow meow, meow meow meow meow meow meow meow meow meow meow.

Meow meow meow meow meow meow meow meow meow meow meow meow “meow” meow meow meow meow meow.

Meow, meow meow meow meow meow, meow meow meow meow meow meow meow meow meow meow meow’meow meow meow meow meow meow meow meow meow meow.

Meow meow meow meow meow meow meow meow meow meow meow meow meow meow meow meow meow meow, meow meow meow meow meow meow meow meow Meow.

Meow meow Meow meow meow meow, meow Meow meow, meow meow meow meow meow, meow meow meow meow meow meow meow meow meow meow meow meow meow meow meow, meow meow Meow meow meow meow meow meow meow. Meow meow meow meow meow meow meow meow meow meow meow meow meow meow meow meow meow meow meow meow meow meow meow, meow meow meow meow meow meow meow meow meow meow meow: meow meow meow meow meow meow meow: meow meow meow meow meow meow meow meow meow meow meow meow meow meow meow meow, meow meow meow meow meow meow meow meow meow meow meow meow meow meow meow meow.

Meow VI

Meow meow meow meow meow meow meow meow Meow, meow meow meow meow, meow meow meow meow meow meow meow meow meow meow meow meow meow meow meow meow, meow meow meow Meow, meow meow meow, meow meow Meow meow meow meow meow meow meow meow’meow meow; meow meow meow meow meow meow meow meow meow meow meow meow.

Meow meow meow meow meow, meow meow meow, meow meow meow meow meow meow meow meow meow meow meow meow meow meow meow meow meow meow meow meow meow meow.

Meow meow meow meow meow, meow meow meow meow meow meow meow meow; meow meow meow meow meow meow, meow meow meow meow meow meow meow meow meow meow meow meow meow meow meow meow meow meow.

Meow, meow meow, meow meow meow Meow meow meow meow meow meow meow, meow meow meow meow meow meow meow meow meow meow meow meow meow meow meow meow. Meow meow meow meow meow meow meow meow Meow meow meow meow meow. Meow meow meow meow meow meow meow meow meow meow meow Meow, meow Meow, meow meow Meow; meow meow meow meow meow meow meow meow meow meow, meow meow, meow meow, meow meow meow meow meow meow—meow meow meow, meow meow meow meow meow meow meow meow meow meow meow meow meow meow Meow meow meow Meow.

Meow meow meow meow Meow meow meow meow meow meow meow Meow meow meow meow meow meow meow meow meow meow meow meow, meow meow meow meow meow meow meow meow meow meow meow meow meow meow meow meow meow meow Meow, meow meow meow meow meow meow meow meow meow meow meow (meow meow meow meow meow)—meow meow meow meow meow meow meow meow meow meow meow meow meow meow meow meow meow meow, meow meow meow meow meow meow meow.

Meow meow meow meow meow meow meow meow meow meow meow meow meow, meow meow meow meow meow meow meow meow meow meow meow meow meow, meow meow meow meow meow meow meow meow meow meow.

Meow meow meow meow meow meow meow meow meow meow meow meow meow meow meow meow meow meow meow meow meow meow Meow meow meow meow, meow meow, meow meow meow meow meow meow meow meow meow meow meow meow meow.

Meow meow meow meow meow meow meow meow meow meow meow meow meow meow meow. Meow meow meow meow meow meow:

Meow meow meow meow meow meow meow meow meow, meow meow meow meow meow meow meow meow meow meow meow meow meow meow, meow meow meow meow meow meow meow meow meow meow meow meow.

Meow meow meow meow meow meow meow meow meow meow meow meow meow meow meow meow meow meow meow meow meow, meow meow meow meow meow meow meow, meow meow meow meow meow meow meow meow meow.

Meow meow meow meow meow meow meow meow meow meow meow meow meow meow meow meow meow meow meow meow meow meow.

Meow meow meow meow meow meow meow meow meow meow—meow meow meow meow—meow meow meow meow meow meow meow meow; meow meow meow meow meow meow—meow meow meow meow meow meow meow meow meow, meow meow meow-meow meow meow meow meow meow meow meow, meow meow meow meow meow meow meow meow meow meow meow meow meow meow.

Meow meow meow meow meow meow meow meow meow meow meow, meow meow meow meow meow meow meow meow meow meow meow meow meow meow; meow meow meow meow meow meow meow meow meow meow meow meow meow meow meow meow meow, meow meow meow meow meow meow, meow meow meow meow meow meow meow meow meow meow.

Meow meow, meow meow meow meow meow meow, meow meow meow meow meow meow meow meow meow meow. Meow meow meow meow meow meow, meow, meow, meow meow, meow meow meow meow meow meow meow meow meow meow meow; meow meow meow meow meow meow. Meow meow meow (meow meow meow meow meow) meow meow meow meow meow meow meow meow meow, meow meow meow meow meow. Meow meow meow meow meow meow meow meow, meow meow meow meow meow. Meow meow meow meow meow meow meow meow, meow meow meow, meow meow meow meow meow meow meow. Meow meow meow meow meow meow meow meow meow meow meow meow, meow meow meow meow meow meow meow meow meow meow meow meow meow meow. Meow meow meow meow meow meow meow meow meow meow meow meow meow meow meow meow meow meow—meow meow, meow, meow meow meow.

Meow meow meow meow meow meow meow meow meow meow meow meow meow meow meow meow meow meow meow, meow meow meow meow meow meow meow meow meow meow meow meow meow meow meow meow meow meow, meow meow meow meow meow meow meow, meow meow meow meow, meow meow meow meow meow meow meow meow meow meow meow meow meow meow meow meow meow meow meow meow meow meow meow meow meow meow meow, meow meow meow meow meow meow meow meow meow meow, meow meow meow meow meow meow meow meow meow meow meow; meow meow meow meow meow meow meow meow meow meow meow meow meow meow, meow meow meow meow meow meow meow meow meow meow meow meow meow meow meow meow.

Meow meow meow meow meow meow meow meow meow meow meow meow meow meow meow meow meow meow meow meow meow.

Meow meow meow meow meow meow meow meow meow meow meow, meow meow meow meow meow meow meow meow meow meow meow meow meow meow meow meow meow meow. Meow meow meow meow meow meow meow meow meow meow meow meow meow meow, meow meow meow meow meow meow meow meow meow meow meow meow meow

meow meow meow meow meow meow meow meow meow meow meow meow meow meow meow meow meow.

Meow VII

Meow meow meow meow meow meow meow meow meow meow meow meow meow meow, meow meow meow meow meow meow meow meow meow meow meow meow, meow meow meow meow meow meow meow meow meow meow meow meow meow meow meow meow. Meow meow meow meow meow meow meow meow, meow meow meow meow meow meow meow meow meow meow meow meow.

Meow meow meow meow meow. Meow meow meow meow meow meow meow meow meow meow meow meow meow meow. Meow meow meow meow, meow meow meow meow meow meow meow meow meow meow meow meow. Meow meow meow. Meow meow meow meow meow meow meow meow meow meow. Meow meow meow meow meow meow meow meow meow meow meow meow meow meow meow meow meow meow, meow meow meow meow meow meow meow meow meow meow meow meow; meow meow meow meow meow meow meow meow meow meow meow meow meow meow meow meow meow meow meow meow.

Meow meow meow meow meow meow meow meow meow meow meow meow meow meow meow meow meow meow meow meow meow meow, meow meow meow meow meow meow meow meow meow, meow meow meow meow meow meow meow.

Meow meow meow meow meow meow meow meow meow meow meow meow meow meow meow meow meow meow meow meow meow meow meow, meow meow meow meow, meow meow meow meow meow meow meow meow. Meow meow meow meow meow meow meow meow meow meow, meow meow meow meow meow meow meow meow meow meow meow meow meow meow meow meow meow, meow, meow meow meow meow meow meow.

Meow meow meow meow meow meow meow meow meow meow meow meow meow meow meow meow meow, meow meow meow meow meow meow meow meow meow meow meow meow. Meow meow meow meow meow meow meow meow meow meow meow meow meow meow.

Meow meow meow meow meow meow meow meow meow meow meow meow meow. Meow meow meow meow meow, meow meow meow meow meow meow meow meow meow meow meow meow meow meow meow meow, meow meow meow meow meow meow meow meow meow meow meow meow meow meow meow meow meow meow meow'meow meow meow.

Meow meow meow meow meow meow meow meow meow meow meow, meow meow, meow meow meow meow, meow meow meow meow meow meow meow meow meow meow. Meow meow meow meow meow meow meow meow meow meow meow meow meow meow meow meow meow, meow meow meow meow meow meow meow meow meow meow meow meow. Meow meow meow meow meow meow meow meow, meow meow meow meow meow, meow meow meow meow meow meow meow meow meow meow meow meow meow, meow meow meow meow meow meow meow—meow meow meow meow meow—meow meow meow meow meow meow meow meow meow meow meow meow meow meow meow meow meow meow meow meow meow meow meow meow meow meow meow meow meow meow meow.

Meow meow meow meow meow meow meow meow meow meow meow meow meow meow meow meow:

Meow meow meow?

Meow meow meow meow meow meow meow meow?

Meow meow meow meow meow meow meow meow meow meow meow, meow meow meow meow meow meow meow meow, meow, meow meow meow meow meow meow meow meow meow, meow meow meow meow meow meow meow meow.

Meow meow meow meow meow meow meow meow meow, meow meow meow meow, meow meow meow meow meow meow meow meow meow meow meow meow, meow meow meow meow meow meow meow meow meow meow meow meow meow meow, meow meow meow meow meow meow meow meow meow meow meow meow meow meow meow meow meow meow meow meow meow meow meow meow meow meow meow meow meow meow meow meow.

Meow meow meow meow meow meow meow meow meow meow; meow meow meow meow meow meow meow meow meow. Meow meow meow meow meow meow meow meow meow meow, meow meow meow meow meow meow meow meow meow meow meow meow meow meow meow meow meow meow meow meow meow.

Meow meow meow meow, meow meow meow meow meow meow meow meow meow meow meow meow meow.

Meow meow meow meow meow meow meow meow meow meow—meow meow meow meow meow meow meow meow meow meow meow′meow meow meow meow meow meow meow meow meow meow meow. Meow meow meow, meow meow meow. Meow meow meow meow meow meow meow meow meow.

Meow meow meow meow meow meow meow meow meow meow meow, meow meow meow meow meow meow, meow meow meow meow meow meow meow meow meow meow meow, meow meow meow meow meow meow meow meow meow meow. Meow meow meow meow meow meow. Meow meow meow meow meow meow meow meow. Meow meow meow meow meow meow meow meow meow meow meow, meow meow meow meow meow meow meow meow meow meow meow meow, meow meow meow meow meow meow meow meow meow meow meow meow meow, meow meow meow meow meow meow meow meow meow.

Meow VIII

Meow meow meow meow meow meow meow, meow meow meow meow meow meow meow meow meow meow meow meow meow meow meow meow meow. Meow meow meow meow meow meow meow meow. Meow meow meow meow meow meow meow meow meow meow meow meow meow meow meow meow meow meow meow meow meow meow meow meow, meow meow, meow meow meow meow meow meow, meow meow: Meow meow meow meow meow meow meow meow meow meow meow.

Meow meow meow meow meow meow meow′meow meow meow, meow meow, meow meow meow meow meow meow meow.

Meow meow meow meow meow meow meow meow meow. Meow meow meow meow meow meow meow meow meow meow meow meow meow meow meow meow meow meow meow meow meow meow meow meow meow meow meow.

Meow meow meow meow meow meow meow meow, meow meow, meow meow meow meow meow meow meow meow, meow meow meow meow meow meow meow meow meow.

Meow meow meow meow meow meow meow meow meow meow meow meow meow meow, meow meow, meow meow meow, meow meow meow meow meow meow meow meow meow meow meow′meow meow meow meow meow meow meow meow meow meow meow meow meow meow meow meow meow meow meow meow meow meow meow meow.

Meow meow meow meow meow meow meow meow meow meow meow, meow meow meow meow, meow meow meow′meow meow meow meow meow meow meow.

Meow meow meow meow meow meow meow meow meow, meow meow meow meow meow meow meow meow meow meow meow meow meow meow meow meow meow meow meow meow meow meow meow meow.

Meow meow meow meow meow meow meow meow meow meow meow meow meow meow meow meow—meow, meow, meow, meow meow—meow meow meow meow meow meow meow meow meow meow (meow meow meow meow) meow meow. Meow meow meow meow meow meow meow meow meow meow meow meow, meow meow meow meow meow meow.

Meow meow meow meow meow meow meow-meow meow meow meow meow meow meow meow. Meow meow meow meow meow meow, meow meow meow meow meow meow meow meow.

Meow meow meow meow meow meow meow meow meow meow meow meow meow.

Meow meow, meow, meow meow meow, meow meow meow meow meow meow meow meow meow meow. Meow meow meow meow meow meow meow meow meow meow meow meow meow meow meow meow meow, meow meow, meow meow meow meow meow. Meow meow meow—meow meow meow meow meow meow meow—meow meow (meow meow meow meow) meow meow.

Meow, meow meow, meow meow meow meow meow meow meow meow meow meow meow meow meow meow (meow meow meow meow meow meow meow meow, meow meow meow, meow meow meow) meow meow meow meow meow-meow meow meow meow meow meow meow meow meow meow meow meow. Meow meow meow meow meow meow meow meow. Meow meow'meow meow meow meow meow meow meow meow meow meow meow meow meow meow meow meow meow meow meow.

Meow meow: Meow meow meow meow. Meow Meow meow meow meow meow meow meow meow meow. Meow meow meow meow meow meow meow meow meow meow meow meow.

Meow meow meow meow meow meow meow meow meow meow meow meow meow meow.

Meow meow meow meow meow meow meow meow meow meow meow meow meow meow-meow meow meow meow meow meow meow meow meow meow, meow meow meow meow meow meow meow meow meow meow meow.

Meow meow meow meow meow meow meow meow meow meow meow meow, meow meow meow meow meow, meow meow meow meow meow, meow meow meow meow meow meow meow meow meow meow meow meow meow meow meow meow meow meow meow meow meow meow. Meow meow meow meow meow meow meow meow meow meow meow meow meow meow meow meow meow meow meow meow meow meow meow meow meow, meow meow meow meow meow meow meow meow meow meow, meow meow, meow meow meow meow meow; meow meow meow meow meow meow meow meow meow meow meow meow. Meow meow meow meow meow meow meow meow meow meow meow, meow meow meow meow meow meow meow meow meow meow meow meow meow meow meow meow meow.

Meow meow meow meow meow meow meow meow meow meow meow meow, meow meow meow meow meow meow meow.

Meow meow meow meow meow meow meow meow meow meow meow meow meow meow meow meow meow meow meow meow meow meow meow meow meow meow meow, meow meow meow meow meow meow meow meow meow meow meow meow meow meow meow meow meow meow meow meow meow meow meow meow meow, meow meow meow meow meow meow meow meow meow meow meow meow meow meow meow meow. Meow meow, meow meow meow, meow meow meow meow meow meow meow meow meow meow meow meow meow meow meow meow meow meow meow meow meow meow meow meow, meow meow meow meow meow meow (meow meow meow meow meow meow) meow meow meow meow. Meow meow meow meow meow meow meow meow, meow meow meow,

meow meow meow meow meow meow meow meow meow meow meow meow meow meow meow, meow meow meow meow meow meow meow meow meow meow meow.

Meow meow meow meow, meow meow meow'meow meow, meow meow meow meow meow, meow meow meow meow meow meow. Meow meow meow, meow meow meow, meow meow meow, meow meow meow, meow meow meow, meow meow meow, meow meow meow, meow meow meow, meow meow meow, meow meow meow meow meow meow meow meow.

Meow meow meow meow meow meow meow meow meow meow meow meow meow meow.

Meow meow meow meow meow meow meow meow meow meow meow meow meow meow meow meow meow meow meow meow meow meow meow meow meow meow meow meow, meow meow meow meow meow meow meow, meow meow meow meow meow meow meow meow meow meow.

Meow meow, meow meow meow meow, meow meow meow meow meow, meow meow meow meow meow meow meow meow meow meow, meow meow meow meow meow meow meow meow meow meow meow meow meow meow meow meow meow.

Meow meow meow meow meow meow meow-meow, meow-meow, meow meow-meow Meow. Meow meow meow, meow meow meow meow meow meow meow meow meow meow'meow meow? Meow meow meow meow meow meow.

Meow meow meow meow meow meow meow meow meow meow meow meow meow. Meow meow meow'meow meow meow meow, meow meow meow meow meow meow meow meow meow meow? Meow meow meow meow meow meow.

Meow'meow meow meow meow meow meow meow meow meow meow meow meow meow. Meow meow meow meow meow meow meow meow meow meow meow meow meow meow meow meow meow meow meow? Meow meow meow meow meow.

Meow meow meow meow meow meow meow meow meow meow meow meow meow meow meow meow meow. Meow meow meow meow meow meow meow meow meow meow meow meow. Meow meow meow meow meow meow meow meow meow meow meow meow—meow meow meow meow meow meow, meow meow meow meow meow meow meow, meow meow meow? Meow meow meow meow meow meow.

Meow meow meow meow-meow meow meow meow meow meow meow—meow meow meow meow meow meow meow meow, meow meow meow meow meow—meow meow meow meow meow meow meow meow meow meow meow meow meow meow meow meow meow meow meow meow. Meow meow meow meow meow meow meow-meow meow meow—meow meow, meow meow meow meow—meow meow meow meow meow meow meow meow meow meow meow meow meow meow meow meow meow meow meow meow meow.

Meow meow meow meow meow meow meow meow meow meow meow meow, meow meow meow meow meow meow meow meow meow meow meow meow meow meow meow meow meow meow meow meow (meow meow meow meow meow meow meow meow meow meow, meow meow meow meow meow meow meow meow); meow meow meow meow meow meow'meow meow meow meow meow meow meow meow meow meow meow meow meow meow meow meow meow meow meow meow meow meow meow meow meow meow, meow meow meow meow, meow meow, meow meow meow, meow meow meow meow meow meow meow meow, meow meow meow meow meow meow meow meow meow meow meow meow meow meow.

Meow meow meow meow meow, meow meow meow meow meow meow, meow meow meow meow meow meow meow meow meow meow meow meow meow meow meow, meow meow meow meow meow meow meow meow meow meow meow meow, meow meow meow meow meow meow meow meow meow meow, meow, meow, meow meow meow meow, meow meow meow meow meow meow meow meow meow meow meow meow, meow meow meow meow meow meow meow.

Meow IX

Meow meow meow meow meow meow meow meow meow meow meow, meow meow meow meow meow meow meow meow meow meow meow meow meow meow meow meow, meow meow meow meow meow meow meow meow meow meow meow meow meow’meow meow meow meow meow meow meow meow meow meow meow meow meow.

Meow meow meow meow meow meow meow meow meow meow meow meow meow meow meow meow meow meow meow meow meow, meow meow meow meow meow meow meow meow meow.

Meow meow meow meow meow meow meow meow meow meow; meow meow meow meow meow meow meow meow meow, meow meow meow meow; meow meow meow meow meow meow meow meow meow meow meow meow meow meow meow meow meow meow—meow meow meow, meow meow, meow meow meow meow meow meow meow meow meow, meow meow meow meow meow meow meow meow meow meow meow meow, meow meow meow meow meow meow meow meow meow meow meow meow meow meow meow, meow meow meow meow meow, meow meow meow meow meow meow meow, meow meow meow. Meow meow meow meow meow meow meow meow meow meow meow meow meow meow meow meow meow meow meow meow meow meow meow meow meow meow meow meow meow meow meow meow, meow meow meow meow meow meow meow meow meow meow meow meow meow meow meow meow meow meow meow meow meow meow meow meow meow. Meow meow meow meow meow meow meow meow meow meow, meow, meow meow meow meow meow meow meow meow meow meow meow meow meow meow meow meow meow meow meow meow meow meow meow meow, meow meow meow meow meow meow meow meow meow meow meow meow meow meow. Meow meow meow meow meow meow meow meow meow meow meow meow meow meow meow meow meow meow meow meow meow meow meow, meow meow meow meow meow meow meow meow meow meow meow meow. Meow meow meow meow meow meow meow meow meow meow meow meow meow meow meow meow meow.

Meow, meow meow meow meow meow, meow meow meow meow, meow meow meow meow meow meow meow meow meow meow meow.

Meow meow meow meow meow meow meow meow meow meow meow meow meow meow meow meow meow meow meow meow:

Meow meow meow meow meow meow meow meow meow meow meow meow meow.

Meow meow meow meow.

Meow meow meow meow meow meow meow meow meow.

Meow meow meow meow meow meow meow meow meow meow meow meow’meow meow meow meow meow meow meow meow meow meow meow meow meow meow meow meow meow meow meow meow meow meow meow meow meow meow meow meow meow meow meow. Meow meow meow meow meow meow meow meow meow meow meow meow meow meow meow meow meow meow meow meow meow meow meow meow, meow meow meow meow meow meow meow meow meow meow meow meow meow meow meow meow meow, meow meow meow meow meow meow meow, meow, meow meow meow, meow meow meow meow meow meow meow meow meow meow meow meow meow meow meow meow meow meow meow meow.

Meow meow meow meow meow meow, meow meow meow meow meow meow meow meow, meow meow meow meow meow meow meow meow. Meow meow meow meow meow meow meow meow meow meow, meow meow meow meow meow meow meow meow—meow meow meow meow meow meow, meow meow meow meow, meow meow meow meow meow meow meow, meow meow meow meow meow meow meow meow meow meow meow meow meow meow meow meow meow—meow meow meow meow meow meow meow meow meow meow meow meow meow meow meow meow meow meow meow meow. Meow meow

meow meow meow meow meow meow meow meow meow meow meow meow meow meow meow meow meow meow meow meow meow meow meow meow meow meow meow.

Meow meow meow meow meow meow meow meow meow meow meow meow meow meow meow meow meow meow meow meow meow meow meow meow meow meow meow meow'meow meow meow meow meow. Meow meow meow meow meow meow meow meow meow meow meow meow, meow meow meow meow meow meow meow, meow meow meow meow meow meow meow'meow meow meow meow meow. Meow meow meow meow meow meow meow meow meow meow meow meow meow meow meow meow meow meow meow meow meow meow meow meow meow meow meow meow meow meow meow meow meow meow meow meow meow meow, meow meow meow meow meow meow meow meow meow.

Meow meow meow meow meow meow meow meow meow meow meow meow meow meow meow meow meow meow meow meow meow meow meow meow meow meow meow meow meow meow meow meow.

Meow Meow meow meow meow Meow meow meow meow meow meow meow meow meow meow meow meow Meow meow meow meow, meow meow meow meow meow meow meow. Meow meow Meow meow meow meow meow meow meow meow, meow meow meow meow meow, Meow meow meow meow meow meow meow meow meow meow meow meow meow meow meow meow meow—meow, meow, meow meow meow—meow meow meow meow meow. Meow Meow meow meow meow meow meow meow meow, meow meow meow meow meow, meow meow meow meow meow meow meow meow meow meow meow meow Meow meow meow meow meow meow meow meow meow meow meow meow meow meow meow meow. Meow meow Meow meow meow meow meow, meow meow meow meow meow meow meow meow Meow meow meow meow meow meow, meow meow meow meow meow meow meow meow meow meow meow meow.

Meow meow meow meow meow meow meow meow meow meow meow meow meow meow meow meow meow meow meow, meow meow meow meow meow, meow meow meow'meow meow meow, meow meow meow meow meow meow meow meow meow meow meow meow meow meow meow meow meow meow meow meow meow meow.

Meow meow meow meow meow meow meow meow, meow, meow meow meow meow meow meow meow meow meow meow meow meow, meow meow meow meow meow meow meow meow, meow, meow meow meow meow meow, meow meow meow meow meow meow meow meow meow meow meow meow meow meow meow meow meow meow meow meow, meow meow meow meow meow meow meow meow meow meow meow meow meow meow meow meow meow.

Meow meow meow meow meow meow meow meow meow meow meow meow, meow meow meow, meow meow meow, meow meow meow meow meow meow meow, meow meow meow meow meow meow meow meow meow. Meow meow meow meow meow meow meow meow meow meow meow meow meow meow meow; meow meow meow meow meow meow meow meow meow meow meow meow meow. Meow meow meow meow meow meow meow meow meow meow, meow, meow meow. Meow meow meow meow meow meow meow meow meow meow meow meow meow meow meow meow meow meow meow meow meow meow meow meow meow meow meow meow meow, meow meow meow meow meow meow meow meow meow meow meow, meow meow meow meow meow meow meow meow. Meow meow meow meow meow meow meow meow meow meow meow meow meow. Meow meow-meow meow meow meow meow meow, meow meow-meow meow meow meow meow meow meow, meow meow meow meow meow meow-meow, meow meow meow meow meow meow meow meow meow meow meow meow meow meow. Meow meow meow meow meow meow meow, meow meow meow, meow meow meow meow meow meow meow meow meow meow meow meow meow meow meow meow meow. Meow meow meow meow meow meow meow

meow, meow meow meow meow meow meow meow meow meow meow meow meow meow meow meow meow'meow meow, meow meow meow meow meow meow meow meow meow meow meow meow meow meow meow meow meow meow meow meow meow meow. Meow meow meow meow meow meow meow meow meow meow meow meow meow meow meow, meow meow meow meow meow meow meow meow meow. Meow meow meow meow meow meow meow meow meow meow, meow meow meow meow meow meow meow meow meow meow meow, meow meow'meow meow meow meow, meow meow meow meow meow meow meow meow meow meow meow meow meow meow meow meow meow. Meow meow meow meow meow meow meow meow meow meow meow meow meow meow meow meow meow, meow meow meow, meow meow, meow meow meow—meow, meow meow meow meow meow meow meow meow meow meow meow meow meow meow meow meow, meow meow meow meow meow meow meow meow meow meow meow meow meow meow meow meow meow meow meow meow meow meow meow meow meow meow meow meow meow meow meow meow meow meow meow.

Meow meow meow meow meow meow meow meow meow meow meow meow meow meow meow meow meow meow meow meow meow meow. Meow meow meow meow meow meow meow meow meow meow meow meow meow meow meow meow meow meow meow meow meow meow meow meow meow meow meow meow meow meow meow meow, meow meow meow meow meow meow meow meow meow meow meow meow meow meow meow meow meow meow meow meow meow, meow meow meow meow meow meow meow meow meow meow meow meow meow meow meow meow meow meow meow meow meow meow meow.

Meow X

Meow meow meow meow meow meow meow meow meow meow meow meow meow meow meow meow meow meow meow meow meow meow meow, meow meow meow meow meow meow meow, meow meow meow meow meow meow meow meow meow meow meow meow meow meow meow meow meow'meow meow.

Meow meow meow meow meow meow meow meow meow meow meow meow meow meow meow meow meow meow meow, meow meow meow meow meow meow meow meow meow meow meow, meow meow meow meow meow meow meow meow meow, meow meow meow meow meow meow meow meow meow meow meow meow meow meow. Meow meow meow meow meow meow meow meow meow meow, meow meow meow meow meow meow, meow meow meow meow meow meow meow meow meow meow, meow meow meow meow meow meow meow meow meow meow meow meow meow meow.

Meow meow meow—meow meow meow meow meow meow meow meow, meow meow meow meow meow meow meow meow meow meow meow meow meow meow meow meow, meow meow meow meow meow meow meow, meow meow meow meow meow meow meow meow, meow meow meow meow meow meow meow meow meow meow meow—meow meow meow meow meow meow meow meow meow meow.

Meow meow meow meow meow meow meow meow meow meow meow meow meow meow meow meow meow meow, meow meow meow meow meow meow meow meow meow. Meow meow meow meow meow meow meow meow meow meow meow meow meow meow. Meow meow meow meow meow meow meow meow. Meow meow meow meow meow meow; meow meow meow meow Meow meow meow meow meow meow meow meow, Meow meow meow Meow meow meow meow meow meow meow meow meow meow meow meow meow meow meow meow meow meow meow meow meow meow meow meow meow meow meow meow. Meow meow meow meow meow meow meow meow meow meow meow meow meow meow meow meow. Meow meow meow meow meow meow meow meow meow meow meow

meow meow meow meow. Meow meow meow meow meow meow meow meow meow meow meow meow meow, meow meow meow meow.

Meow meow meow meow meow meow meow meow meow meow meow meow meow meow, meow meow meow meow meow meow meow meow meow. Meow meow Meow meow meow meow meow meow meow meow Meow meow meow meow meow meow meow meow, meow meow meow meow meow meow meow meow meow meow meow meow meow. Meow Meow meow meow meow? Meow meow meow, meow meow meow: meow Meow meow meow meow meow meow meow meow meow meow meow meow meow meow? Meow meow meow meow meow Meow meow meow meow meow meow meow meow. Meow Meow meow meow meow meow meow meow meow meow meow meow meow meow Meow meow meow meow. Meow meow meow meow meow Meow meow meow meow, meow meow Meow meow meow meow meow meow meow meow meow meow meow Meow meow meow meow meow, meow meow meow meow meow meow Meow meow meow meow meow meow meow meow meow. Meow meow meow meow meow meow meow meow meow meow meow, meow meow meow meow Meow meow meow meow meow meow, meow meow meow Meow meow meow meow meow meow meow. Meow Meow meow meow meow meow meow meow meow meow meow meow meow meow Meow meow meow meow meow meow meow meow. Meow meow Meow meow meow meow meow meow meow meow meow meow meow meow, meow meow meow meow meow meow meow. Meow meow meow meow meow, meow meow meow meow meow meow meow meow meow, meow meow meow meow meow meow meow meow meow—meow meow, meow meow, meow meow meow.

Meow meow meow meow meow meow meow meow meow meow meow, meow meow meow meow meow meow meow meow, meow meow, meow meow meow meow. Meow meow meow meow meow meow meow meow meow meow meow meow meow meow meow, meow meow meow meow’meow, meow meow meow meow meow meow meow meow meow meow meow meow meow meow, meow meow meow meow meow meow meow meow. Meow meow meow meow meow meow meow meow meow meow meow meow, meow meow meow meow meow meow meow meow meow meow meow meow meow meow meow meow.

Meow meow meow—meow meow meow meow meow meow meow meow, meow meow meow meow meow meow meow meow, meow meow meow meow—meow meow meow meow meow meow meow meow meow meow meow meow meow meow, meow meow meow meow meow meow meow meow meow meow meow meow meow meow, meow meow meow meow meow meow meow meow meow, meow meow meow meow meow meow meow meow, meow meow meow meow meow.

Meow meow meow meow meow meow meow meow meow meow meow meow meow meow meow meow meow meow meow meow meow meow meow meow meow.

Meow meow meow meow meow meow meow meow meow meow meow meow meow meow meow meow, meow meow meow meow meow meow, meow meow meow meow meow meow meow meow meow meow meow meow meow meow. Meow meow meow meow meow meow meow meow meow meow meow meow meow, meow meow meow meow meow meow meow meow meow meow meow meow.

Meow meow meow meow meow meow meow meow meow meow meow meow meow meow meow meow meow meow meow, meow meow meow meow meow, meow meow meow meow, meow meow meow meow meow meow meow meow meow meow meow meow.

Meow meow meow meow meow meow meow meow meow meow meow, meow meow meow meow meow meow meow meow meow meow meow, meow meow meow meow meow meow meow meow.

Meow meow meow, meow meow, meow meow meow meow meow meow meow meow meow, meow meow meow meow meow meow—meow meow meow meow meow meow meow

meow meow, meow meow meow, meow meow meow—meow meow meow meow, meow meow meow meow meow meow meow meow meow meow meow meow meow meow meow meow meow, meow meow meow meow meow meow meow meow meow meow meow meow meow. Meow meow meow meow meow meow meow meow meow meow meow meow meow meow meow meow meow meow meow meow meow meow meow meow meow meow meow meow meow meow meow meow'meow meow meow meow.

Meow meow meow meow meow meow meow meow meow meow meow meow meow meow meow meow meow meow meow, meow meow meow meow meow meow meow meow meow meow meow meow, meow meow meow meow meow meow, meow meow meow meow meow meow.

Meow meow meow meow meow meow meow meow meow meow meow meow meow meow, meow meow meow meow meow meow, meow meow, meow meow, meow meow meow meow meow meow.

Meow meow meow meow, meow meow meow meow meow meow meow meow meow meow meow meow meow meow meow meow meow meow meow meow, meow meow, meow meow meow meow meow.

Meow meow meow meow, meow meow meow meow meow meow meow meow meow meow meow meow meow meow meow, meow, meow meow, meow meow meow meow meow meow meow meow meow meow meow meow meow, meow meow meow meow meow.

Meow meow meow meow meow meow meow meow meow meow meow meow'meow meow meow meow meow meow meow meow—meow meow meow meow meow, meow meow meow meow meow meow.

Meow meow: meow meow meow meow meow meow meow meow meow meow meow meow meow, meow meow meow meow meow. Meow meow meow meow meow meow meow meow meow meow meow meow meow. Meow meow meow meow meow meow meow meow meow meow meow meow meow meow.

Meow meow: Meow meow meow, meow meow meow meow meow meow meow, meow Meow meow meow. Meow meow meow meow meow meow meow meow meow meow meow meow meow meow Meow meow meow meow meow meow meow, meow Meow meow meow meow. Meow meow meow meow, meow Meow meow meow meow meow meow meow meow meow meow meow meow meow.

Meow meow meow meow meow meow meow meow. Meow meow meow meow meow meow meow meow.

Meow meow meow meow meow meow meow meow meow meow, meow meow'meow meow. Meow meow meow meow meow'meow meow meow meow meow meow.

Meow meow meow meow meow. Meow meow meow meow. Meow meow meow. Meow meow meow meow.

Meow meow meow meow meow meow meow meow, meow meow meow meow meow meow meow meow, meow meow meow meow meow meow meow meow meow meow meow meow meow meow.

Meow meow meow meow meow meow meow meow meow meow meow meow'meow meow.

Meow meow meow meow meow meow meow meow meow meow meow meow meow meow meow meow meow, meow meow meow meow meow meow.

Meow meow meow meow meow meow meow meow meow meow meow meow meow meow meow meow meow meow meow, meow meow, meow meow meow meow meow meow meow.

Meow meow meow meow meow meow meow meow meow meow meow meow meow meow meow meow meow meow meow meow meow meow, meow meow meow meow meow meow meow meow meow meow meow.

Meow meow meow meow meow meow meow meow meow meow meow meow meow meow; meow meow meow meow meow, meow, meow, meow meow, meow meow meow, meow meow meow meow meow meow meow meow meow meow meow meow meow meow meow meow.

Meow meow meow meow meow meow meow, meow meow meow meow meow meow meow meow, meow meow meow meow meow meow meow meow meow meow meow meow meow meow meow meow meow meow meow meow meow (meow meow meow meow meow meow meow meow meow, meow meow Meow'meow meow), meow meow meow meow meow meow meow, meow meow meow meow meow meow meow meow meow, meow meow meow meow meow meow meow meow meow meow meow meow meow meow meow meow meow meow meow meow (meow meow meow meow meow meow meow, meow meow meow meow meow meow meow meow meow meow meow meow).

Meow meow meow meow meow meow meow meow meow meow meow meow meow, meow meow meow meow meow meow meow meow meow. Meow meow meow meow meow meow meow meow meow meow meow meow meow meow meow meow meow meow meow meow meow.

Meow meow meow meow meow meow meow meow meow meow meow meow meow meow, meow meow meow meow meow meow meow. Meow meow meow meow meow meow meow meow meow meow meow meow meow meow meow meow meow meow meow meow meow.

Meow XI

Meow meow meow meow meow meow'meow meow meow meow meow meow meow meow meow meow meow meow meow meow meow meow, meow meow, meow meow meow meow meow meow meow meow meow, meow meow meow meow meow meow meow meow meow meow meow meow meow meow meow meow meow meow meow.

Meow meow meow meow'meow meow meow meow meow meow meow meow meow meow, meow meow, meow meow meow meow meow, meow meow meow meow meow meow meow meow meow meow meow meow meow meow meow meow meow meow meow meow meow.

Meow meow meow meow meow meow meow meow meow meow meow, meow meow, meow meow meow meow. Meow meow meow meow meow meow meow meow meow, meow meow meow meow Meow meow Meow meow meow meow meow meow meow meow meow meow meow meow meow meow meow meow. Meow meow meow meow meow meow meow meow, meow meow meow meow meow meow meow meow meow, meow meow meow meow meow meow.

Meow meow, meow meow meow meow meow meow meow meow, meow meow meow meow meow meow meow meow meow meow meow meow meow meow meow meow meow meow meow meow'meow meow meow meow meow meow meow meow, meow, meow meow meow meow.

Meow meow meow meow meow meow meow meow meow meow meow, meow meow meow meow meow meow meow meow meow. Meow meow meow meow meow meow meow meow meow meow.

Meow meow meow meow meow meow meow meow meow meow meow meow meow meow meow meow meow meow meow, meow meow meow meow meow meow meow'meow meow meow, meow meow meow meow meow meow meow meow, meow meow meow'meow meow meow meow meow meow, meow meow meow meow meow meow meow meow meow meow meow meow meow, meow meow meow meow meow meow.

Meow meow meow meow meow meow meow meow meow meow meow, meow meow, meow meow meow meow meow meow meow meow, meow meow meow meow meow meow meow meow meow meow meow, meow meow meow meow meow meow, meow meow meow meow meow meow meow meow meow meow.

Meow meow meow meow meow meow meow meow meow meow meow meow meow meow meow meow meow meow meow meow meow meow meow meow meow meow meow-meow meow meow—meow meow meow meow meow meow meow meow—meow meow meow meow meow meow meow.

Meow meow meow meow meow meow meow meow. Meow meow meow, meow, meow meow meow meow meow, meow meow meow meow meow meow meow meow meow meow meow meow meow meow meow meow, meow meow, meow. Meow meow meow meow meow, meow meow meow, meow meow, meow meow meow meow meow meow, meow meow, meow.

Meow meow meow meow meow meow meow meow meow meow meow meow meow meow meow. Meow Meow meow meow meow meow meow meow meow meow meow meow meow meow meow meow meow meow meow meow meow meow meow; meow meow meow meow meow meow meow meow meow meow meow meow meow meow meow meow meow meow meow, meow meow, meow meow meow meow meow meow meow meow meow meow meow meow meow, meow meow meow meow meow meow meow meow meow meow meow meow meow meow meow meow. Meow meow meow meow meow meow meow: meow meow meow meow meow meow, meow meow meow meow. Meow meow meow meow meow meow. Meow meow meow meow meow meow meow meow meow meow meow meow meow meow meow meow meow meow meow meow meow meow meow meow meow meow meow meow meow, meow meow, meow meow meow meow meow meow, meow meow meow meow meow meow meow meow meow meow meow meow meow meow meow.

Meow XII

Meow meow meow meow meow meow Meow meow meow meow meow, meow meow meow meow meow meow meow meow meow meow meow meow meow meow meow meow meow meow meow meow meow meow meow meow meow meow meow meow. Meow meow meow meow meow meow meow meow meow meow meow meow meow meow meow meow meow meow meow meow meow, meow meow meow meow, meow meow meow meow meow meow meow meow Meow meow. Meow meow meow meow meow meow meow meow meow Meow meow Meow meow meow meow meow meow meow meow meow.

Meow meow meow meow meow meow meow meow meow meow meow meow meow meow meow meow meow meow meow meow meow meow, meow meow meow meow meow meow meow meow meow meow meow meow meow meow meow meow meow, meow meow meow meow meow meow meow meow meow meow meow meow meow meow, meow meow meow meow meow meow meow meow meow meow meow meow meow.

Meow meow meow meow meow meow meow meow meow meow meow meow meow meow; meow meow meow meow meow meow meow meow meow meow meow meow meow meow meow meow meow meow meow'meow meow meow. Meow meow meow meow meow meow meow meow meow meow meow meow meow meow meow meow meow meow meow meow meow meow meow, meow, meow meow meow, meow meow meow meow meow meow meow meow meow meow meow meow meow meow meow meow meow meow meow meow meow meow meow meow meow meow meow meow meow meow meow meow.

Meow meow meow meow meow meow meow meow meow meow meow meow meow meow meow meow, meow meow meow meow meow meow meow, meow meow meow meow, meow

meow meow meow meow meow meow meow meow meow meow meow meow meow meow meow.

Meow meow, meow Meow meow meow meow, meow meow meow meow meow meow meow meow meow meow meow meow meow meow meow meow, meow meow meow meow meow meow meow, meow meow meow meow Meow meow meow, meow meow meow, meow meow meow meow meow meow meow meow meow meow meow meow meow meow.

Meow meow meow meow meow meow meow, meow meow meow meow meow meow meow, meow meow meow meow meow meow meow meow meow meow meow meow meow meow meow, meow meow meow meow meow meow meow. Meow meow meow meow meow meow meow meow meow, meow meow meow meow meow meow meow meow—meow meow.

Meow meow meow meow meow meow meow meow meow meow meow meow meow meow meow meow meow meow meow meow meow'meow meow meow meow meow meow meow meow meow, meow meow meow meow meow meow meow meow meow meow meow meow meow meow meow meow, meow, meow meow meow meow meow meow meow meow meow meow meow meow'meow meow meow. Meow meow meow meow meow meow meow meow: "Meow meow meow meow meow meow meow meow meow meow meow meow meow, meow meow meow meow meow meow meow meow meow, meow meow meow meow meow (meow meow meow meow meow) meow meow meow meow," meow meow meow meow meow meow meow meow: "Meow meow meow meow meow meow meow meow meow meow meow, meow meow meow meow meow meow meow meow meow meow, meow meow meow meow meow meow meow meow meow, meow meow, meow meow meow, meow meow meow meow."

Meow meow meow meow meow meow meow meow meow meow meow meow meow meow meow meow meow meow meow meow meow meow meow meow meow meow; meow meow meow meow meow meow meow meow meow meow meow meow meow meow meow meow, meow meow meow meow meow meow meow meow meow meow meow.

Milton Keynes UK
Ingram Content Group UK Ltd.
UKHW042319240324
439966UK00004B/492

9 798988 647713